# LES MIRACLES

DE LA

# SAINTE VIERGE

Cette édition a été tirée à cent soixante-sept exemplaires seulement et qui sont tous numérotés :

7 sur fort papier;
160 sur papier ordinaire.

N°

IMPRIMERIE DE ÉD. FLEURY, RUE SÉRURIER, 22.

# LES MIRACLES

DE LA

# SAINTE VIERGE

TRADUITS ET MIS EN VERS

### PAR GAUTIER DE COINCY

Prieur de Vic-sur-Aisne et religieux bénédictin de Saint-Médard-lès-Soissons.

PUBLIÉS

### Par M l'Abbé POQUET

Chanoine honoraire, Correspondant des Comités historiques,
Inspecteur des Monuments du département de l'Aisne, des Académies de Reims, de Beauvais & de Laon,
Secrétaire de la Société Archéologique de Soissons, Historiographe du diocèse;

### AVEC UNE INTRODUCTION,

Des Notes explicatives & un Glossaire, accompagnés de nombreuses Miniatures
et d'un très-curieux Frontispice.

Hec est Domina regum, decus mulierum, gemma immò et
regina virginum, congratulacio angelorum, consolacio miserorum,
refugium peccatorum, omnium est temperacio credentium.

*Sanctus Augustinus.*

A PARIS

Chez { PARMANTIER, éditeur, passage Delorme, 30 & 32.
{ DIDRON, rue Saint-Dominique-Saint-Germain, 23.

M. DCCC LVII.

## A Monsieur le Comte de Montalembert,

### Ancien Pair de France,

*L'un des Quarante de l'Académie Française.*

## Monsieur le Comte,

EN réclamant l'honneur de faire paraître sous vos auspices une publication que vous avez en quelque sorte inspirée, je ne fais que céder à un sentiment de vive reconnaissance, et remplir pour ainsi dire à votre égard un devoir de justice; car il y a vingt ans, alors que, le premier parmi les catholiques, vous inauguriez avec tant d'éclat et de bonheur l'étude du Moyen-Age, vous citiez aussi le premier avec éloge, dans votre magnifique introduction de l'Histoire de sainte Élisabeth, le nom d'un poëte du XIIIe siècle, cher à tous les cœurs soissonnais et à tous ceux qui, comme vous et moi, ont voué un culte d'amour et de douce confiance à la Vierge Immaculée. S'il vous a suffi de reproduire quelques vers charmants d'un pauvre moine oublié pour faire revivre sa mémoire, peut-être me sera-t-il permis d'espérer que la connaissance de la meilleure partie de ses œuvres complétera dans le monde savant une réhabilitation que vous avez si heureusement provoquée.

Vous auriez assurément, Monsieur le Comte, bien d'autres titres à cet hommage littéraire, s'il m'était accordé de les évoquer ici. Mais, dans la crainte de blesser une modestie que je respecte, je laisse à d'autres, quoique bien à regret, le soin de louer en vous l'historien et l'orateur. Je me borne à vous remercier, comme prêtre et comme Français, de ce que le premier dans notre siècle vous avez montré comment on pouvait se servir de la tribune et de la liberté politique pour défendre la vérité catholique et les libertés de l'Église, notre mère commune.

Je m'estime donc heureux, Monsieur le Comte, de pouvoir vous offrir, avec les productions naïves d'un vieux poëte chrétien, le fruit de quelques unes de mes veilles et de mes travaux. J'ose espérer que vous en agréerez la dédicace comme un témoignage vivant et durable de la sincère et respectueuse admiration avec laquelle je ne cesserai d'être,

Monsieur le Comte,

Votre très-affectionné et très-dévoué serviteur.
L'Abbé **POQUET**,
Chanoine honoraire de Soissons.

Villers-Cotterêts, 8 Janvier 1857.

# Introduction

> Le Prieur Gautier de Coincy, qui a élevé à la gloire de
> Marie un si beau monument dans ses Miracles.
> DE MONTALEMBERT.
> *Introd. à la Vie de sainte Elizabeth*, page 108.

Lorsqu'il y a vingt ans je commençai à m'occuper d'histoire locale, j'avais été amené, par la nature même de mes études, à m'occuper aussi d'archéologie, science toute nouvelle alors, malgré sa dénomination archaïque et dont rien ne faisait encore présager l'immense popularité qu'elle a obtenue depuis. A l'aide de ce double flambeau, j'entrai en plein Moyen-Age, compulsant avec une ardeur infatigable toutes les anciennes chroniques qui me tombaient sous la main et interrogeant avec non moins d'avidité les nombreux monuments que je rencontrais sur ma route. A mesure que je fouillais dans ces curieuses archives du passé et que, chemin faisant, je contrôlais les faits et les dates sur les édifices eux-mêmes, auxquels j'étais souvent redevable d'importantes rectifications et d'aperçus nouveaux, une profonde modification ou plutôt une révolution inattendue s'opérait dans mes idées d'autrefois.

Bientôt, ce moyen-âge, ce gothique (1), comme on se plaisait encore à le qualifier, dont j'avais souvent entendu parler avec un ton d'ironie et un certain air de pitié, qu'on m'avait dépeint comme une époque d'ignorance et de barbarie, m'apparut sous un aspect bien différent. Le dirai-je? Et pourquoi craindrai-je aujourd'hui de l'avouer? Plus je remontais le cours de

---

(1) Il n'y a pas vingt ans, on désignait encore sous le nom ridicule d'architecture gothique, d'écriture gothique, nos magnifiques cathédrales et nos inappréciables manuscrits. On n'en parlait que comme d'une architecture hybride, sans principes arrêtés, et marchant au hasard. Consultez, pour vous en convaincre, un incroyable article inséré dans un *Dictionnaire d'Architecture moderne*, en 2 vol. in-4°, au mot *Gothique*. Ne semble-t-il pas, en vérité, qu'une fois qu'on avait dit : « c'est un monument gothique, » tout était fini? L'édifice, quelque merveilleux qu'il fût d'ailleurs, n'en était pas moins jugé, condamné; on pouvait se dispenser de le voir, à plus forte raison de l'étudier. Les architectes français, élèves de l'école de Rome ou de la Grèce, pouvaient s'extasier à loisir devant les froides galeries du Parthénon et les gigantesques proportions de Saint-Pierre, dont ils reproduisaient les coupes d'une manière plus ou moins habile pendant trois ans, quand ce n'était pas pendant toute leur vie; mais il ne leur était pas permis d'admirer les monuments de leur pays, encore moins de penser à les imiter ou à les reproduire. Que pouvaient leur apprendre nos grandes églises, l'admiration de l'Europe? Mieux valaient sans doute pour eux les pyramides d'Egypte, les ruines de Balbec et de Palmyre! Malgré des réclamations incessantes, cette dénomination impropre n'a pas encore entièrement disparu de notre vocabulaire usuel; mais la signification en a pourtant été complètement changée, c'est là l'important. Nous ne savons pas, pour notre compte, quel genre d'architecture avaient les Goths. Nous ignorons même s'ils ont laissé sur le sol quelques traces vivantes de leur passage, au moins en fait de constructions. Dans tous les cas, ce ne sont pas assurément Notre-Dame de Chartres, de Laon et de Paris, encore moins les splendides cathédrales de Reims, de Bourges et d'Amiens?....

ces âges lointains pour arriver aux belles et incomparables époques des xiie et xiiie siècles, plus j'étais dans l'étonnement et l'admiration en constatant un vaste développement intellectuel et de sublimes productions qui attestaient, de la part de ces générations éteintes, d'incessants et d'héroïques efforts en tous genres.

On me demanderait inutilement aujourd'hui les preuves de ce que j'avance ; car ces preuves, encore palpitantes de réalité, sont écrites en caractères magnifiques et ineffaçables dans ces gigantesques constructions de notre architecture nationale, dans la finesse de ces sculptures répandues à profusion, dans ces peintures animées, dans ces poèmes d'une héroïque exaltation, dans cette langue pittoresque, dans cette liberté conquise avec tant de courage et au prix de si rudes sacrifices. Il me semblait voir en effet, dans ces pierres muettes, élevées avec tant de hardiesse, dans ces sculptures empruntant une variété de formes aussi surprenantes, dans ces miniatures si délicates, dans ces verrières si splendides, dans ces fresques si radieuses, dans ces vers si naïfs, dans ces épopées si grandioses, dans ces légendes si mystérieuses, mais dont le fond repose presque toujours sur une vérité, dans cette langue si candide qui travaille à se former un langage digne de sa grandeur future, enfin dans cet affranchissement si énergique et si persévérant, il me semblait voir, dis-je, un indéfinissable besoin de création, un mouvement extraordinaire et surhumain dont l'action avait dû échapper aux détracteurs passionnés ou irréfléchis de notre Moyen-Age catholique.

Ces prévisions instinctives chez moi, mais que des hommes d'un talent incontestable cherchaient à appuyer sur des raisons aussi nombreuses que solides (1), ne me trompaient pas. Et quand quelques années plus tard (en 1841), je fus appelé à faire partie de la Commission des Antiquités départementales de l'Aisne, commission créée dans le double but de faire connaître les monuments du pays et de veiller à leur conservation, je compris qu'indépendamment de ces édifices en pierre qui couvraient encore le sol confié à nos explorations, il devait y avoir, malgré nos pertes incalculables et le brutal vandalisme de 93, des souvenirs d'un autre genre, œuvres inconnues d'une vie patiente et laborieuse, trésors enfouis, destinés à dormir dans la poudre de nos bibliothèques, ou à passer continuellement des mains de l'ignorance dans celles bien plus dangereuses d'une avide spéculation.

Trois manuscrits, appartenant tous trois au Soissonnais, devaient attirer plus particulièrement mon attention, l'Évangéliaire de Louis-le-Débonnaire donné à l'abbaye de Saint-Médard par ce prince, en 827 ; le Rituel ou Cérémonial du Chapitre de la cathédrale, écrit vers la fin du xiie siècle (1180 à 1205) ; et le célèbre livre des Miracles de la Sainte-Vierge, longtemps conservé dans le monastère de Notre-Dame de Soissons.

Le vif désir que j'avais de retrouver ces ouvrages auxquels j'attachais une grande et réelle importance, me fit entreprendre des recherches qui, grâce à ma persévérance, ne furent pas infructueuses. Dans un voyage que j'eus occasion de faire à Paris, j'acquis la certitude que le premier de ces manuscrits qu'on avait dit perdu pour la France, avait, au contraire, été pieusement recueilli à la bibliothèque impériale. Le second n'avait pas tardé à l'y rejoindre, après des péripéties qu'il pourrait être intéressant de raconter, mais dont la narration nous éloignerait de notre sujet (2). Quant au troisième manuscrit, qu'était-il devenu ? Avait-il disparu comme l'Évangéliaire de Saint-Médard qu'on avait cru d'abord passé en pays étranger ? N'était-il pas tombé, comme le Rituel de Nivelon, entre les mains de quelque possesseur ignorant ou cupide ? ou bien avait-il eu au moins la chance d'être enseveli dans quelque dépôt public de la contrée ? Je l'ignorais alors, car l'histoire contemporaine et la tradition orale étaient également muettes.

---

(1) De Montalembert, de Caumont, de Rio. Voyez : *Vie de sainte Elizabeth*, introduction ; *Cours d'antiquités nationales* ; *De la peinture chrétienne*.

(2) La Société historique de Soissons vient de faire imprimer à ses frais, en caractères rouges et noirs, cet intéressant Rituel. Voyez la préface et les notes que nous avons été chargé de composer et qui sont insérées dans ce précieux ouvrage liturgique. Un volume in-4°.

A défaut de renseignements positifs, j'eus recours à mes propres souvenirs. Je me rappelais, quoique d'une manière vague, avoir vu autrefois au Grand-Séminaire de Soissons un vieux manuscrit en parchemin, dont les miniatures m'avaient paru alors fort curieuses, et surtout très-amusantes. Je me persuadai facilement que cet établissement, en sa qualité de maison de hautes études ecclésiastiques, avait pu, lui aussi, recueillir dans des jours plus heureux quelques épaves provenant de ces riches collections littéraires dont on avait dépouillé si gratuitement les couvents, et dont la distribution s'était faite avec autant d'insouciance que d'irrégularité.

Quelques jours s'étaient à peine écoulés, qu'en réponse à une lettre que je venais d'écrire à Soissons, on voulait bien m'informer qu'en effet la bibliothèque du Séminaire *possédait un magnifique manuscrit devant lequel les amateurs restaient muets d'admiration*. On ajoutait « que cet inestimable » volume contenait une foule de miracles attribués à la Sainte-Vierge. » Cette nouvelle me combla de joie, surtout lorsque j'appris que le vertueux et savant supérieur de cette maison offrait de mettre cet ouvrage à ma disposition, m'engageant à l'étudier et à le publier même, du moins en partie, si je le trouvais digne de cet honneur. Une telle proposition, faite avec une confiance et une cordialité dont j'étais justement fier, de la part d'un homme que je vénérais comme un père et que j'aimais comme un ami, m'allait trop bien pour n'être pas acceptée avec un empressement qu'on devine.

Dès que le précieux manuscrit fut en ma possession, mon premier soin fut de me mettre à le parcourir feuillet à feuillet, m'arrêtant avec un indicible plaisir sur chaque miniature, comme aurait pu le faire un jeune enfant en présence d'un de ces livres imagés si propres à piquer sa naissante curiosité. Hélas! mon Dieu! n'est-on pas enfant à tout âge et presque pendant toute la vie? Et l'enfant lui-même n'est-il pas déjà un petit homme ... en miniature du moins. Tel, je dois le dire, je me trouvai en face de ces riches et fraîches enluminures dont était parsemé le bel ouvrage que j'avais sous les yeux et que je contemplais avec tant de bonheur.

Toutefois, me borner à une stérile et individuelle admiration n'eût pas été remplir le but qu'on s'était proposé en me l'envoyant. Je me devais donc à moi même et aux autres d'envisager cette grande œuvre, déjà si intéressante du côté de l'exécution, sous un autre point de vue, et de vérifier si, en dehors de ce prestige séduisant des formes extérieures, elle conservait une valeur intrinsèque digne du public et de sa vieille renommée. C'est là l'étude à laquelle je me suis livré avec une longue et persévérante activité, sans rien négliger de ce qui pouvait la rendre recommandable. C'est le fruit de ce travail, mûri par plusieurs années de réflexions et de recherches, que je viens vous communiquer, cher Lecteur, espérant que vous le lirez avec tout le plaisir que j'ai mis à le composer. Voici tout mon plan, il est des plus simples. Après avoir considéré ce manuscrit dans sa forme matérielle et artistique, je tâcherai de vous le faire connaître en lui-même, c'est-à-dire dans le choix des matières qu'il embrasse; puis je donnerai dans une biographie succinte des détails ignorés sur la vie de l'auteur. Enfin, j'essaierai de venger sa mémoire des accusations imméritées dont il a été l'objet de la part de quelques écrivains auxquels on serait tenté de reprocher au moins une impardonnable légèreté.

§ **I**er.

Forme et titre du livre des Miracles. — Frontispice; son explication. — Table des matières. — Musique. — Miniatures et ornementations. — Lettres majuscules. — Procédés. — Divers manuscrits du même auteur. — Date présumée du manuscrit de Notre-Dame de Soissons.

Le manuscrit des miracles de la Sainte-Vierge forme un petit in-folio mediocri, en beau velin, contenant 246 feuillets à deux colonnes de 42 lignes chacune, enchâssés dans une mauvaise reliure de soie verte, moirée de fleurons rouges. Il est évident que cette misérable enveloppe n'est pas la couverture primitive qui a disparu on ne sait à quelle époque. Rien n'indique même

Forme & titre.

INTRODUCTION.

aujourd'hui en quoi elle pouvait consister. Le livre porte 34 centimètres de longueur sur 24 centimètres 03 millimètres de largeur, et l'écriture intérieure a 23 centimètres sur 16 de large. Sur le recto du feuillet de garde existe une légende très-fruste que j'ai eu quelque peine à déchiffrer, parce qu'elle est en partie effacée ou rendue illisible sous de nombreuses ratures d'encre noire :

> A très haulte, très illustre, très vertueuse
> princesse, Madame Henriette de Lorraine
> pour . . . . . . . . . . . .
> très glorieuse Vierge, mère de Jésu . . . du précieux
> soulier, de laquelle ci les Miracles.
> . . . . . .
> de sa Grandeur
> très humble et très obéissant serviteur.
> Deuxième d'Octob. Mil six cent trente-cinq.

Au bas :

> Ce livre appartient à son Altesse Madame
> de Lorraine, abbesse de ce monastère.

Cette suscription, qui établit un droit de propriété en faveur de l'abbesse de Notre-Dame de Soissons, soulève une question aujourd'hui insoluble : celle de savoir comment ce manuscrit était devenu sa propriété. Cette haute et puissante dame ne l'avait certainement pas fait exécuter à ses frais, puisque son origine paraît remonter au XIIIe siècle. Etait-ce un don particulier fait à cette illustre princesse ou à sa communauté, en vue de quelques services rendus ? Le monastère de Saint-Médard, auquel on serait tenté d'en attribuer la possession, forcé par des circonstances désastreuses, n'aurait-il pas été obligé de s'en dessaisir au profit d'une maison plus heureuse ? On peut faire beaucoup de suppositions, surtout en présence du chiffre de 1,200 livres inscrit en tête du second feuillet sur lequel est tracé en caractères assez modernes le titre suivant, titre qui nous paraît tout de circonstance pour l'abbaye de Notre-Dame, où se conservait depuis des siècles la relique du saint Soulier dont il est question dans cet ouvrage (1).

> Au saint Soulier de la Vierge.
> Soulier, ce pied divin que tu couvrais jadis
> S'environne à présent du croissant de la lune.
> S'il règle de ses pas le cours de ma fortune,
> Tu conduiras les miens devers le paradis.
> *Ipsa conteret caput tuum.*

> Effroy des âmes et des yeux,
> Démons, je vous offre la guerre.
> Ma Reine en montant sur les cieux,
> M'a laissé son soulier en terre.
> En vain vous menacez de flâme et de fer,
> D'un coup de ce soulier je renverse l'enfer.

Frontispice. En face de ce titre, qui est évidemment une interpolation du XVIIe siècle, se trouve un délicieux frontispice offrant une de ces larges compositions, telles que nous les rencontrons fréquemment au Moyen-Age dans les brillantes verrières de nos églises ou sur les riches panneaux de nos anciens triptiques. Figurez-vous d'abord un intérieur, une coupe d'édifice, divisé en trois compartiments séparés l'un de l'autre par un faisceau de colonnettes annelées, surmontées de chapiteaux à crochets et soutenues aux extrémités par deux vigoureux contreforts ornés de larmiers ; au-dessus règne une large corniche, espèce d'entablement garni de feuilles de vignes

---

(1) Ce titre a trompé la plupart des écrivains, qui n'ont fait que parcourir des yeux ce manuscrit sans prendre la peine de l'examiner à fond. Ces bouts-rimés, l'existence du saint Soulier conservé comme une relique à Notre-Dame, la présence de ce volume dans la bibliothèque du couvent leur ont fait croire que ce livre ne contenait en grande partie que le recueil des miracles opérés dans la cé èbre abbaye et dont un chroniqueur contemporain, Hugues Farsit, avait écrit la relation détaillée. C'est là une grave erreur généralement accréditée et dont nous démontrerons bientôt toute la fausseté.

déchiquetées, entremêlées de têtes fantastiques rappelant les mascarons de l'époque romane. Placez ensuite dans cet encadrement d'un caractère sévère, huit petits tableaux à personnages, deux au centre et trois dans chaque latéral, superposés les uns aux autres, et vous aurez déjà une idée de la disposition générale de cette grande scène dont la Sainte-Vierge est l'héroïne principale avec son divin fils. Le milieu représente, dans sa partie supérieure, le tableau de la maternité divine, et dans la partie inférieure, celui du crucifiement de notre seigneur Jésus-Christ. Dans les six tableaux rangés de droite et de gauche, l'ancien et le nouveau Testaments, dans ce qu'ils ont de figuratif et de réel relativement à l'idée principale du sujet, s'y sont donné rendez-vous en doctrine et en personne, les paroles et les choses. C'est l'emblème et la vérité, le symbole et la personnification en présence, se traduisant, s'interprétant mutuellement et faisant de cette composition tout à la fois idéale et vraie, une des plus belles et des plus ingénieuses que nous connaissons. Entrons dans quelques détails.

Tableau central. — Sur un fond violet parsemé de feuilles de vignes multicolores, la Vierge est assise sur un large fauteuil flanqué de pyramides à clochetons et de fenêtres ogivales. La sainte est revêtue d'une robe bleue et d'un manteau d'étoffe violette doublée de vert olive. Sa tête est ceinte d'une couronne tréflée sertie d'un nimbe d'or; elle tient de la main droite la tige d'une fleur au calice vert et aux rouges pétales. De sa main gauche, elle enlace légèrement son fils debout sur ses genoux. L'enfant Jésus porte le nimbe crucifère; d'une main il s'attache au manteau de sa mère, et de l'autre il saisit par une aile un chardonneret qui semble vouloir le pincer. Le champ du fauteuil est recouvert d'un drap d'or diapré de quatre-feuilles et bordé de petites croix de saint André. De chaque côté du siège, deux vierges debout, nimbées et couronnées, appuient leurs mains sur les contreforts du fauteuil; l'une porte un livre enveloppé dans les plis d'un manteau gris-cendre, doublé de rouge, et laissant apercevoir une robe d'un vert olive. L'autre est revêtue d'une robe rouge et d'un manteau d'azur. Trois cartouches placés au-dessus de leurs têtes portaient des inscriptions qui expliquaient bien certainement la présence et le rôle de ces deux saints personnages. Malheureusement, les caractères de ces légendes sont si altérés, qu'il y aurait peut-être de la témérité, vu l'état fruste où elles sont aujourd'hui, à en essayer la restitution. A force d'attention et de soin, nous avons cru pouvoir y lire encore : *Karitas*.... *Pietas*. *Misericordia*. Nous ne donnons toutefois cette interprétation que sous toutes réserves et comme une simple opinion, une conjecture probable. Au-dessus de ces sujets, sous le dôme d'une arcade ogivale, planent sept colombes aux ailes éployées, aspirant ou plutôt communiquant vers un point central à l'aide d'un filet ou d'un rayon d'or. Autour de chaque colombe d'un plumage ardoisé, on lit, sur autant de segments de cercles correspondants, les mots suivants avec ou sans abréviations. En remontant de droite à gauche : 1° *Sps* (Spiritus) *sapiè* (sapientiæ) ; 2° *Sps* (Spiritus) *intellectûs* ; 3° *Spûs* (Spiritus) *consilii* ; 4° *Spiritus fortitudinis* ; 5° *Sps* (Spiritus) *sciencie* ; 6° *Sps* (Spiritus) *pietatis* ; 7° *Spûs* (Spiritus) *timoris*. Ce sont les sept dons du Saint-Esprit : le don de sagesse, d'intelligence, de conseil, de force, de science, de piété et de crainte. Dans une bande transversale, entre les rayons divins et le fauteuil, on lit : *Duplex opátio* (operatio) *Spis* (Spiritùs) *sancti*, la double opération de Saint-Esprit, la naissance du fils de Dieu et la virginité de Marie. Sous le siège du fauteuil, on aperçoit dans des enfoncements ou niches, deux petits êtres, dont l'un debout et l'autre dans l'attitude de la prière, semblent contempler cette double scène avec un vif intérêt et une espérance pleine de consolation.

Deux autres tableaux ou sujets placés sur le même plan que celui dont nous venons de parler, occupent les arcades latérales de droite et de gauche. Le tableau de gauche, à fond d'or traversé de lignes diagonales formant des compartiments à moulures remplis de quatre-feuilles et de croix fleuronnées, présente trois personnages assis tenant à la main chacun une longue bande de parchemin ou phylactère sur lequel est inscrit une devise. Le premier de ces personnages porte une longue barbe et un bonnet de docteur; on lit sur le phylactère : *Súp* (super) *quem requiescet Sps* (Spiritus) *nisi super humilem*; au-dessus de sa tête : *Isaias*. C'est la grave et mélancolique figure du prophète Isaïe. Le troisième personnage est Osée. Il porte aussi une longue barbe, la tête nue, une figure agreste avec cette légende : *Ducam ed* (eam) *in solitudiné* (solitudinem) *et loquar ad cor ejú* (ejus). Au milieu de ces deux voyants de l'ancienne loi paraît un apôtre de la nouvelle loi : *Scs* (Sanctus) *Petrus*, Saint Pierre. La tête chauve de l'apôtre est seulement couronnée d'une légère mèche de cheveux assez courts et surmontée d'un nimbe circulaire. Sous son manteau violet pâle doublé de jaune et attaché par une agraffe d'or en losange, on découvre une tunique verte. Il a pour devise : *Estote prudétes* (prudentes) *et vigilate in orónibus* (orationibus).

Le tableau de droite est aussi occupé par trois personnages, deux de l'ancienne loi et un de la nouvelle : le fils de Sirach, *filius Sirach*, Jésus et Samuel. Le premier a sur la tête une espèce de toque, une longue barbe blanche descend sur sa poitrine ; des yeux fins et durs, une tunique vert-olive et un manteau violet doublé d'azur, avec cette légende : *Graciá súp* (super) *graciam mulier casta et pudorata*. Samuel porte aussi une barbe et des cheveux blancs, une figure soucieuse et méditative, une tunique d'un jaune fauve et un manteau violet doublé de rouge, avec cette sentence : *Melior est obediencia quàm victimo*. Au milieu, Saint Paul, *Scs* (Sanctus) *Paulus*; front chauve, longue barbe grisonnante, nimbe circulaire, tunique rouge, manteau gris-azur doublé de jaune. Cet apôtre se tourne vers Samuel en levant la main, et comme pour lui adresser cette parole si connue : *Virgo cogitá* (cogitat) *que Domini sunt*. Les deux apôtres ont les pieds nus, tandis que les quatre prophètes portent des chaussures noires.

Dans les deux tableaux au-dessous qui correspondent à ceux du dessus, sont représentées six vertus, trois dans chaque tableau, et personnifiant sous une forme humaine le contenu des sentences que nous venons de citer. Ces vertus sont toutes ornées des attributs de la sainteté, d'un nimbe d'or qui resplendit sur leur blonde chevelure. Une seule, la Prudence, porte une couronne sur la tête, comme une reine glorieuse. Peut-être doit-elle ce privilège à son titre de vertu cardinale! La première de ces vertus est l'Humilité, *Humilitas*; elle est placée au-dessous du prophète Isaïe avec cette devise : *Ecce ancilla Domini*, « Je suis la servante du Seigneur. » Sur qui doit reposer l'Esprit-Saint si ce n'est sur la créature humble ? La deuxième est la Prudence, *Prudécia* (Prudentia) avec cette légende : *Quomodo fiet istud?* « Comment cela se fera-t-il ? » Saint Pierre avait dit : Soyez prudents. La troisième vertu est la Solitude, *Solitudo*, avec cette sentence : *Ingressus Angelus ad eam*, « l'Ange alla trouver Marie. » L'esprit de Dieu l'avait conduit dans la solitude pour lui parler au cœur, lui faire des communications divines. La quatrième est la Pudeur, *Verecundia*, avec cette devise : *Turbata est in sermone ejus*, « Elle fut troublée à cette parole. » Le grâce tombe avec abondance sur la femme chaste et pleine de pudeur. La cinquième vertu est la Virginité, *Virginitas*, la main droite sur le cœur, avec cette épigraphe : *Virum non cognosco*. La Vierge, dit Saint Paul, pense aux choses de Dieu. La sixième et dernière vertu est l'Obéissance, *Obediécia* (Obedientia), avec cette légende : *Fiat mihi secundum verbum tuum*, « Qu'il me soit fait selon votre promesse. » L'obéissance vaut mieux que le sacrifice, selon le prophète Samuel. N'est-ce pas là une belle et touchante page d'iconographie religieuse et une magnifique traduction littérale, spirituelle et mystique de quelques passages de nos livres sacrés?

Douze lions, six de chaque côté, dos à dos et dans différentes attitudes, sont échelonnés au-dessous des vertus sur douze degrés figurant un escalier ou estrade; quelques arcades simulées forment toute la décoration de cette partie du tableau. Cette disposition d'animaux symboliques semble se rapporter d'une manière trop évidente aux versets 18, 19 et 20 du livre des Rois, pour que nous le passions sous silence.

*Fecit rex Salomon thronum de ebore grandem; et vestivit eum de auro fulco nimis, qui habebat sex gradus; et summitas throni rotunda erat in parte posteriori : et duæ manus hinc et indè tenentes sedile ; et duo leones stabant juxtà manus singulas. Et duodecim leonculi stantes super sex gradus hinc et indè : non est factum tale opus in universis regnis.*
Lib. Reg. III, Cap. X, ỳ 18, 19, 20.

Le roi Salomon fit aussi un grand trône d'ivoire qu'il revêtit d'un or très-pur. Ce trône avait six degrés et le haut était rond par derrière, et il y avait deux mains, l'une d'un côté et l'autre de l'autre, qui tenaient le siège ; et deux lions auprès des deux mains ; et douze lionceaux sur six degrés, six d'un côté et six de l'autre. Jamais rien n'a été fait d'aussi beau dans tous les royaumes du monde.

Tout ce qui est dit dans nos livres saints, du trône de Salomon, ne se retrouve-t-il pas ici autant que la disposition générale du sujet a pu le permettre, et en faisant la part de l'architecture alors en usage? Considérez le trône de la Sainte-Vierge; vous y remarquerez encore, contrairement aux motifs d'ornementation usités au XIII$^e$ siècle, la sommité du dosseret en rotonde, c'est-à-dire cintrée, les deux mains placées sur chaque pinacle comme deux soutiens; puis au-dessous, sur la grande arcade du dernier tableau, deux énormes lions accroupis avec cette devise : *Terror demonum, terror miserorum ;* entre ces deux lions, le vase dans lequel se trouvait la branche de lys que la Sainte-Vierge tient à la main.

Le trône du vrai Salomon sur la terre, c'est la Croix, c'est Jésus crucifié attachant au bois du Calvaire la sentence de notre condamnation. Aussi est-ce là le dernier tableau, la fin et la consommation de ce grand sujet que l'artiste religieux a réservé comme l'explication complète de sa noble et grande composition. Sur un fond losangé d'azur semé de fleurons rouges et d'or, apparaît Jésus en croix; une ligature verte, figurant la couronne d'épine, ceint sa tête inclinée à droite et ornée du nimbe crucifère; une large draperie flottante lui sert de ceinture; ses pieds superposés l'un sur l'autre sont retenus par un seul clou; de ses mains, de ses pieds et de la blessure qu'il a reçue au côté droit, le sang s'échappe en ruisselant le long de la croix, découle sur le flanc de la montagne et arrose dans sa course une tête décharnée dont les mâchoires gisent séparées. C'est la mort que le sang divin va vivifier et ressusciter. Au pied de la croix, se tiennent debout la Sainte-Vierge et le Disciple bien-aimé. Ces deux figures nimbées et magnifiquement drapées, sont d'une pose admirable. La Vierge, les mains jointes, est vêtue d'une robe bleue traînante que recouvre un manteau rose : sa douleur profonde, mais calme et résignée, est pleine de grandeur et de noblesse. Son fils penche sa tête vers elle comme pour lui dire : *Femme, voilà votre fils.* La figure de saint Jean a quelque chose de plus abattu; il porte la main droite sur sa poitrine et de l'autre il tient un livre à riches fermoirs. Un manteau gris-cendré et presque fermé, enveloppe sa tunique écarlate. Il a les pieds nus, tandis que la Sainte-Vierge et les Vertus sont chaussées de souliers noirs. Au-dessus de la traverse de la croix, dans un ciel étincelant de pourpre, on distingue un disque et un croissant dorés à-demi effacés : c'est le soleil et la lune qui assistent en témoins à ce grand évènement et qui y prennent une part importante. On remarque aussi, dans les angles des amortissements de ces divers tableaux, des démons velus et horribles, des médaillons et des figures répandus çà et là et comme émues de cette scène lugubre. Ce sont les anges de paix qui pleurent la mort de notre divin Sauveur. *Angeli pacis etiam flevere.* Encore une fois, quelle belle et riche composition! Quelle fidèle et savante traduction de nos livres saints, de nos croyances et de nos mystères! Quelle douce et puissante morale qui vous fait toucher au doigt ce qu'elle vous recommande et vous prêche! Que nous serions charmés de voir cette grande page de notre manuscrit, qui est tout à la fois un drame lugubre et consolant, reproduite sur nos vitraux modernes! C'est à des compositions de ce genre, fortement empreintes de symbolisme et d'iconographie religieuse, que doivent s'attacher nos peintres verriers dans la résurrection de l'art catholique qu'ils poursuivent avec tant de zèle. C'est le seul moyen de vivifier leurs œuvres et de donner de la chaleur et du ton à leurs dessins, tout en restant dans les bornes d'une sage création.

Après le frontispice, vient la table des matières. Bien que nous n'ayons pas jugé à propos d'en suivre l'ordre dans notre publication, ni d'éditer tous les sujets qui y sont indiqués, nous la donnerons cependant au paragraphe suivant, telle qu'elle se trouve à la première page du manuscrit. Nous y joindrons en note une autre table tirée d'un des plus beaux manuscrits de la Bibliothèque impériale. Disons seulement ici que la table générale indique 79 chapitres dont il en faut retrancher 16 relatifs aux Vies des Saintes qui n'y sont pas comprises. Reste donc, indépendamment des prologues, des traités moraux et des saluts de Notre-Dame, au nombre de 8, 55 faits légendaires ou miracles, en y comprenant celui de Sainte Léochade. Ces 55 légendes sont partagées en deux livres : 35 pour le premier livre et 20 pour le second livre. Ces poésies, Table des matières.

XIV                                                                                       INTRODUCTION.

outre les miracles, forment un ensemble de près de 40,000 vers de huit et de douze syllabes. L'histoire de Sainte Léochade, qui est une des pièces les plus considérables, est suivie de trois complaintes en musique. Il y a aussi un traité de la mort, de la brièveté de la vie, du mépris du monde, et une exhortation sur la chasteté adressée aux religieuses de Soissons. Puis les « Ave » de la Vierge « flourie neste et pure », enfin les « cincs joies. »

Musique.       Ces légendes et ces opuscules sont entremêlés de quelques cantiques notés, pleins de naïveté, de fraîcheur et d'une délicieuse harmonie. L'épilogue du livre, les Ave et les prières sont seuls en vers alexandrins. Le poète y est représenté sur une jolie miniature, remerciant à genoux la Sainte Vierge. (1)

(1) A notre sollicitation et à celle de M. Didron, notre ami, deux archéologues des plus distingués pour la musique du plain-chant, M. Félix Clément, dans les Annales archéologiques, t. 10, pag. 69, 159, 187, 242, et M. B....., professeur d'harmonie au Conservatoire, dans une lettre à M. Ed. Rodrigues, vice-président de la commission du plain-chant en France, ont bien voulu s'occuper de ces chants notés. Voici ce qu'ils nous en apprennent :

« En parcourant les folios du magnifique manuscrit de Gautier de Coincy, dit M. Félix Clément, dont le direc-
» teur des « Annales » nous donnait obligeamment communication, deux pièces notées fixèrent notre attention d'une
» manière particulière. La première est une longue séquence en l'honneur de la Vierge et commençant par ces mots :
« Ave gloriosa Virginum Regina. » C'est une énumération d'épithètes appliquées à Marie, une sorte de paraphrase
» des litanies qui lui sont consacrées. Nous ne citerons que cette seule strophe pour donner une idée de la souplesse
» du sentiment et de l'expression de nos poètes du Moyen-Age. « Venustate vernans rosa, sine culpe spina, caritate
» viscerosa, aurem luc inclina ; nos servos à ruina. »

» Dans la musique, on remarquera sans peine la progression du sentiment qui s'élève, de l'accent d'une timide
» salutation, aux appellations les plus solennelles et les plus retentissantes. Nous ne parlons pas du texte. Tout le
» monde peut juger de la fécondité de l'imagination du poète. Le vers « Stellæ decor, placans æquor, portus salu-
» taris » exprime d'une manière magique la splendeur calme de la Reine du Ciel et de la terre. Cette pièce servira
» à juger si nous avons raison de prendre parti pour la tranformation si calomniée du latin par les poètes du
» Moyen-Age. Nous espérons bien, ajoute M. Félix Clément, que la fête de l'Assomption ne se passera pas sans
» qu'on exécute sur quelque point de la France ce précieux « Ave gloriosa ». Le texte est aussi beau que le chant.

» Cette pièce d'une belle mélodie, d'une composition large et hardie comme la plupart des hymnes et des sé-
» quences des XIIe et XIIIe siècles, est écrite sur un mode mixte qui participe du 7e et du 8e ton. L'indication « orga-
» nista » qu'on voit à la tête et en marge du manuscrit, signifie, ce nous semble, que cette seconde moitié de
« l'Ave gloriosa » devait être chantée en « organum », c'est-à-dire en contrepoint improvisé par les chantres, ou
« chant sur les lèvres ». C'est le système le plus ancien d'harmonie, et, malgré les immenses progrès de cette
» harmonie, il s'était maintenu en France dans plusieurs cathédrales jusqu'à la révolution. D'après d'anciens statuts
» de l'insigne collégiale de Saint-Bernard de Romans, près de Valence, l'usage habituel de « l'organum » était
» interdit aux chanoines et réservé pour les grandes solennités.

» Le second morceau (Voyez page 153, « De la Sainte Léochade ») nous apparut au bas d'une vignette charmante.
» C'est une pieuse cantilène harmonisée à deux parties et d'autant plus intéressante qu'elle va nous offrir des
» renseignements sur la portion la plus obscure de l'art musical au XIIIe siècle, nous voulons dire le contrepoint. »
Puis, à l'aide de ce curieux fragment d'harmonie, le savant archéologue musicien venge non-seulement cette admirable musique religieuse du Moyen-Age du reproche injuste qu'on lui faisait d'allier aux phrases les plus mélodieuses et les plus douces un accompagnement d'une dureté intolérable et qui réprouvait le simple bon sens ; mais il démontre avec toute la clarté de l'évidence que bien avant la renaissance on connaissait tous les accords d'harmonie, l'emploi des septièmes et des sixtes successives, des quintes diminuées : une sorte de fugue irrégulière avec sujet, contre-sujet, réponses, imitations, repos, mouvement contraire et apogiature de la septième sur la sixte et de la quarte sur la tierce. (Voyez le développement de cette démonstration, pages 70 à 76, Annales archéologiques, t. 10.)

« Ce morceau offre malheureusement plusieurs fautes, commises du reste par le copiste qui n'était pas apparem-
» ment un habile musicien ; car lors même qu'il n'avait qu'à transcrire un simple chant, il plaçait les points avec
» assez peu de fidélité. Ce manuscrit irréprochable sous tous les autres rapports, porte des traces nombreuses de
» corrections en ce qui concerne la musique. » Cette altération de la composition musicale a pu être commise d'autant plus facilement que la copie de la musique réclame encore de nos jours quelque connaissance de cet art. M. Félix Clément a souvent remarqué que les copistes qui en sont chargés, fussent-ils des dessinateurs et des graveurs, rendaient souvent la musique inexécutable. Mais le fac-similé reproduit le manuscrit tel qu'il est, sans aucun changement avec ce qu'il a cru des erreurs. « Cette pièce semble écrite pour une voix de femme, qu'une » voix de ténor accompagnerait », page 73.

» Un troisième morceau « Mère Dieu », chant français, tiré aussi, paroles et musique, du manuscrit de Gautier de Coincy « Les Miracles de la Sainte-Vierge », a été reproduit en fac-similé dans les « Annales », t. 10, page 242.
» Nous avons choisi ce curieux exemple, dit le savant directeur de cette publication, d'abord parce qu'il est en

INTRODUCTION. XV

Malgré l'absence des pièces hagiographiques annoncées dans la table des matières, l'ouvrage n'en est pas moins complet quant au sujet principal qu'il a en vue, et d'un prix inestimable quant aux miniatures ; car ce qui rehausse à nos yeux ce manuscrit et lui donne un immense intérêt artistique, ce sont les soixante-dix-huit dessins historiés placés en tête de chaque légende. Ces dessins, quoique enchâssés dans un petit cadre de 7 à 8 centimètres de hauteur sur 5 à 6 de largeur, n'en sont pas moins des tableaux achevés retraçant presque toujours de la manière la plus fine et la plus heureuse l'idée principale et saillante du miracle, quel que soit le nombre de personnages qu'exige le sujet. Telle a été l'impression que ces charmants médaillons ont fait sur nous, que nous ne craignons pas d'être taxé d'exagération en disant que presque tous sont extrêmement remarquables par la pureté du dessin, quoiqu'un peu raide, et la vivacité du coloris aussi bien que par le choix et le genre de la composition. C'est dans l'ensemble et la perfection de ces divers caractères habilement combinés que consiste la puissance de l'artiste, l'éclat et la beauté de son œuvre. Que la vue se repose avec douceur sur ces touchantes et délicieuses productions du miniaturiste religieux ! Comme les yeux contemplent avec plaisir, comme le cœur se délecte sans bruit, en présence de ces poses naïves, de ces candides et silencieuses figures ! Sous ces arcades étroites, ne dirait-on pas qu'il y a là tout un monde qui vit, qui respire, qui s'agite. Comment retracer ces décors variés, ces draperies moelleuses, ces visages *parlants*, ces attitudes sévères de moines, de saints, toujours empreintes d'une indéfinissable mélancolie religieuse ! Quelles couleurs vives, après des siècles d'existence, des frôlements continuels ! Quel pinceau vigoureux et sûr de lui-même ! Quel prodige de patience et de talent ont demandé ces ravissantes images parfois légères et badines comme la Nonnain qui sort du monastère sur une haquenée et dit adieu à son cloître pour s'en aller au siècle qu'elle quittera plus tard pour redemander la paix à la solitude ; plus ordinairement graves et pieuses, représentant des scènes attendrissantes comme celle de ce moine de la bouche duquel on vit sortir après sa mort cinq roses blanches ; tantôt radieuses et angéliques comme celle de la douce Vierge apparaissant à une jeune fille au milieu d'un jardin parfumé de fleurs ; tantôt lugubres, sombres, horribles, lorsque le poëte introduit dans sa narration les monstres informes de l'empire de Satan. Dans ces groupes qui sont autant de monuments des croyances et de la théodicée du Moyen-Age pour le philosophe, l'archéologue découvre encore, sous ces formes de l'art, une attrayante manifestation de la symbolique chrétienne. Nous n'entrerons pas ici dans les détails si curieux que ces sujets pourraient nous offrir sous le rapport iconographique. Cette étude et les rapprochements si nombreux qu'elle occasionnerait sont des plus faciles, à l'aide des soixante-quatre miniatures que nous donnons avec le texte et les explications qui leur sont consacrés. Nous espérons que le simple trait que nous en avons fait exécuter, bien qu'il n'en reproduise que la pâle esquisse, ne laissera pas d'en faire deviner la beauté et la science, et même la gracieuse naïveté.

Miniatures.

français ; ensuite parce que c'est une sorte d'écho perpétuel, une répétition infatigable pour ainsi dire de syllabes finales et même de mots entiers ; enfin parce que, commencé en clef de fa, il continue en clef d'ut, puis en clef de fa, puis une clef d'ut et se termine enfin en clef de fa. Nous disons se termine fort inexactement, puisque la notation manque aux deux derniers mots, et que ces mots eux-mêmes n'achèvent pas le morceau, qui est beaucoup plus long. Seulement tout ce qui vient après *Quanta* n'est plus noté. On le chant en était connu de tous, ou l'on se contentait, après avoir commencé ce morceau en le chantant, de l'achever en le récitant. »

Quant à M. B...... qui a bien voulu traduire en musique moderne les trois morceaux de chants notés de Gautier de Coincy, il se borne à dire, en envoyant son travail à M. Ed. Rodrigues : « Je crois ma traduction exacte, autant que pouvait le permettre l'incorrection assez fréquente des textes. Tous ces morceaux sont à trois temps. Le rythme binaire n'a été introduit que vers le xɪᵛᵉ siècle. Avant cette époque, le principe de la mesure était ainsi formulé : *Est enim ternarius numerus inter numeros perfectissimus ; eò quod à summa Trinitate quæ vera est et pura perfectio nomen adsumpsit.* »

Dans le cantique de Sainte Léocadie, qui est le deuxième morceau dont nous venons de parler, M. B...... le divise en partie A et partie B qui serait l'accompagnement. Mais il prétend que la partie B de ce morceau ne peut être considérée comme formant harmonie avec la partie A. Quelques mesures seulement pourraient donner lieu à cette interprétation. La partie B doit être regardée, selon lui, comme une variante incomplète de la partie A, qui est évidemment la véritable cantilène de ce morceau. Il termine ses observations par une indication du manuscrit 2133 de la Bibliothèque impériale, intitulé « Miracles de la Sainte-Vierge ».

Le fond de ces belles miniatures, quoique varié dans la disposition et la nature des ornements qui retracent les riches inventions des peintures à fresque, est ordinairement identique pour le même tableau, à moins qu'il ne figure sur le premier plan un intérieur d'édifice. Les détails d'architecture et les motifs d'encadrements, sont du plus gracieux effet et ne gênent en rien la perspective qui paraît toujours bien observée, quoiqu'un peu forcée. Ici c'est un religieux qui sort du monastère; la légère aiguille du clocher gothique apparaît derrière lui dans le lointain; là c'est un évêque couché en son lit de repos, tout habillé : la Vierge, qui vient l'avertir pendant son sommeil, s'incline doucement vers lui, appuie une main sur son oreiller, tandis que de l'autre elle touche la draperie azurée doublée de rouge qui le couvre; en arrière de la reine des anges, deux vierges, portant une ondoyante chevelure, coiffées d'un cercle ou nimbe d'or, semblent s'entretenir ensemble. Plus loin la scène change : un démon au corps difforme et velu, mains d'homme, pattes d'ours, oreilles de chauve-souris, visage grimaçant et affreux, présente une physionomie des plus effrayantes. On peut dire, sans crainte de se tromper, de ces incomparables miniatures, qu'elles joignent à une ingénieuse décoration une mise en scène magnifique; les costumes simples, les draperies moëlleuses et flottantes, la finesse et la convenance des figures, la vérité des attitudes, la disposition des personnages, tout annonce qu'une main habile et exercée a passé sur cet admirable livre. Ce que dit l'historien de Sainte Elisabeth (Introd., p. lxxvj), trouve ici son application. « La peinture ne faisait que de naître et déjà elle annonçait son glorieux avenir. » Les miniatures du Missel de Saint Louis et des Miracles de la Sainte-Vierge, de Gautier de Coincy, » montrent ce que pouvait déjà produire l'inspiration chrétienne. Déjà la popularité de cet art » naissant était si grande, que l'on ne cherchait plus l'idéal de la beauté dans la nature déchue, » mais dans les types mystérieux et profonds dont d'humbles artistes avaient puisé le secret au » sein de leurs contemplations religieuses. »

Ornements.    Chaque page du manuscrit est divisée en deux colonnes séparées et comme encadrées de deux gros traits polychrômes, d'où jaillissent par intervalle des feuilles de vigne nuancées et se revêtant de couleurs éblouissantes. A la tête de chacune de ces pages, ce trait d'encadrement s'étale, se hérisse, s'ouvre en deux branches, se contourne, se tourmente en serpentant et se termine assez ordinairement par quelques dessins feuillagés ou des chimères ayant pour queues des expansions végétales de la plus grande finesse. Le milieu de la page est coupé par un petit rinceau léger, très-gracieux qui se contourne sur la ligne principale et s'achève, en s'échappant au loin, par trois feuilles de vignes qui s'épanouissent en festons au-dessus du texte. D'autres petits rameaux projettent de distance en distance leur tête lancéolée semblable à une espèce de dard. Au bas des pages, un double ornement de végétation s'allonge et circule en volutes feuillagées, en faisant sans cesse briller aux regards étonnés de nouvelles étincelles d'or et de pourpre, d'azur mélangé de rouge ou de blanc dont l'assemblage produit le plus charmant effet, quoique l'or, avec son reflet chatoyant, y domine toujours et y règne en maître.

Lettres majuscules.    Outre ces ornements déjà si nombreux, l'œil suit encore avec une vive curiosité toutes les lettres majuscules, grandes et petites. C'est là, on peut dire, que la main du dessinateur et son léger pinceau se sont exercés avec un rare bonheur. C'est là que sur un brillant fond d'or se jouent mille traits de plume, mille entrelacs gracieux et mille méandres qui se fuient, se croisent, s'éloignent, se rapprochent, se mêlent sans se confondre, pour s'éloigner encore. On distingue, dans ces petits chefs-d'œuvre de patience et d'adresse, les combinaisons les plus variées et les plus compliquées, et on dirait que pour les exécuter on a eu recours à tout ce qu'il y avait de plus simple et de plus difficile tout à la fois; des enroulements, des expansions de végétaux affectant les figures les plus bizarres en ont fait les principaux frais.

Indépendamment de ces grandes majuscules qui ont trois ou quatre centimètres carrés, on en remarque une foule innombrable d'autres qui, quoique de bien moindre dimension, n'en sont pas moins d'une grande beauté d'exécution et d'une délicatesse infinie. La finesse des traits et la multiplicité des contours est telle, que les yeux se perdent à en suivre les imperceptibles ramifications et les formes toujours nouvelles. L'artiste, comme une de ces hirondelles agiles qui, dans un jour d'été, effleurent la surface des eaux en traçant des milliers de cercles concentriques et de courbes qui se multiplient sans jamais se confondre, semble avoir promené sa plume ou son infatigable pinceau avec une légèreté et un succès inimaginables. Et cette opération si délicate, il a fallu l'exécuter, non sur le poli d'une pierre compacte et douce qui se prête à toutes les corrections, mais sur un parchemin dont les mieux préparés offrent encore de nombreuses aspérités et une dureté spongieuse. A cette vue, on se demande avec une surprise mêlée d'étonnement, comment il a pu placer tous ces ornemens si divers qui s'étendent comme les nervures de ces feuilles vivaces qui croissent dans les ruines, empruntant les contours les plus variés et les plus moëlleux; comment il a pu décrire ces traits, ces zigzags, ces trèfles, ces arabesques, ces enroulements capricieux qu'il faut renoncer à dépeindre; car nous devons l'avouer, pendant plusieurs années nous avons pu contempler à loisir ce manuscrit, et plus nous l'avons vu et étudié de près, plus nous l'avons trouvé indescriptible. Henri Gérente n'avait rien rencontré de plus beau dans les riches bibliothèques d'Angleterre (1). M. Didron, auquel on peut s'en rapporter en fait de goût et de science archéologique, le regarde comme un manuscrit unique en beauté. MM. Victor Hugo, Lassus, Viollet-Leduc, Félix Clément, ne pouvaient se lasser de l'admirer. Le fameux lithographe Engelman a pensé un instant à le reproduire en fac-similé. Il a fallu les préoccupations politiques de 1848 et la perspective d'une dépense d'un demi-million pour l'y faire renoncer.

Depuis quelques années, on a fait certainement de très-remarquables publications. Les vitraux de Bourges et les Mélanges des RR. PP. Cahier et Arthur Martin, les Annales archéologiques de Didron, la Paléographie de Silvestre de Sacy, les Peintures des manuscrits du comte de Bastard, les Arts au Moyen-Age de du Sommerard, le Moyen-Age et la Renaissance de Paul Lacroix et Ferdinand Seré, les luxueuses éditions de Curmer, nous ont habitué à de belles et magnifiques reproductions; mais aucune d'elles ne pourrait faire oublier notre manuscrit. Il y a dans ce livre, exécuté avec tant d'habileté et de sentiment, je ne sais quelle supériorité artistique qu'on ne rencontre pas ailleurs. Et telle est cette harmonie entre la pensée et son expression, entre l'idée et le coloris, qu'en considérant l'œuvre de ce moine ignoré on est tenté de s'écrier avec un écrivain de nos jours : « Voilà ce que savaient faire ces pauvres miniaturistes sur un morceau de parchemin large de six à sept centimètres, sur une égale hauteur ou à peu près. »

Je n'ai qu'un seul regret, celui d'avoir été forcé de donner au simple trait ces charmantes et délicieuses miniatures (2), ces gracieux enroulements rehaussés d'or, ces fonds si riches, si variés, qui ressemblent à des peintures à fresque ruisselantes des plus fraîches couleurs, ces belles et nobles figures qui trouvent jusque dans les plis onduleux de leurs robes une pose si digne et une attitude si convenable. Car dans ces petites images qui nous offrent l'ensemble d'autant de tableaux, que de vérité et de mouvement! Dieu y est toujours dans sa majesté;

---

(1) Ce jeune artiste, qu'une mort prématurée a enlevé à ses nombreux amis, ne craignit pas de m'avouer un jour où, revenant du congrès de Reims, il s'arrêtait à Saint-Médard-lès-Soissons, qu'il n'avait rien vu de comparable à ce manuscrit dans les bibliothèques d'Angleterre qu'il venait de visiter. On comprend tout le plaisir que j'éprouvais en entendant ces paroles, moi qui habitais alors, en qualité de Directeur de l'établissement des Sourds-Muets de Saint-Médard, l'ancienne abbaye où avait vécu, où était mort, où avait été inhumé le poëte Gautier de Coincy.

(2) Je dois ajouter que l'exécution de ces dessins a dû être confiée à un jeune homme encore peu familiarisé avec ce genre de travail. Mais la difficulté de communiquer au loin un livre d'un aussi grand prix, celle non moins grande de surveiller l'artiste qui trop souvent s'affranchit de la gêne que lui impose son modèle, et disons-le aussi, les dépenses considérables que cette reproduction aurait coûtées, m'ont obligé de me servir du seul instrument dont je pouvais disposer. Toutefois une consolation me reste : celle de pouvoir offrir ces miniatures avec une certaine confiance, puisqu'elles ont été calquées sur l'original lui-même. Honneur au jeune Villain, ancien élève sourd-muet de la maison que je dirigeais, d'avoir eu le courage de poursuivre à trois reprises différentes et avec une infatigable patience, une œuvre aussi longue que difficile! Heureux sans doute d'avoir pu élever à son tour un monument à la gloire de Marie, dans ces mêmes murs où le poëte du XIII° siècle avait conçu le plan de son bel ouvrage!

XVIII INTRODUCTION.

c'est un monarque puissant. Marie, toujours si tendre et si douce, est bien la libératrice des pécheurs, le soutien de ceux qui chancèlent, la consolation de ceux qui souffrent les maux du corps et ceux de l'âme; on sent que sa présence suave dissipe tous les nuages, adoucit toutes les angoisses, fait renaître l'espérance et la vie. Là, c'est le démon toujours acharné à notre perte, toujours hideux; c'est l'affreuse bête sortie du puits de l'abîme, douée d'une énorme malice, jouant un rôle redoutable, mais écrasée par Marie qui lui dispute les âmes et les porte en triomphe au ciel.

Procédés.    Ce serait peut-être ici le lieu de dire un mot des procédés que le Moyen-Age employait pour exécuter ces peintures qui font aujourd'hui notre admiration et qui laissent bien loin derrière elles nos plus belles chromolithographies modernes. Car ces moines artistes, tout modestes qu'ils étaient, en nous cachant leurs noms ne nous ont pas toujours dérobé leur secret, et Gautier de Coincy, dans un épilogue fort curieux de son livre, nous apprend qu'il s'empressait d'envoyer ses écrits à son excellent ami, Robert de Dives, abbé de St-Eloi de Noyon. C'était ce digne ami qui se chargeait de les *contrescrire* et de les *illustrer*, comme nous dirions prosaïquement de nos jours.

    Quar ne connois certes nului      Ne qui miex le sache atourner
    Plus volentiers de lui le lise      Flourir, ne paindre, n'aourner.
    Ne qui plustot le contrescrive,      . . . . . . (1) . . . . .

Les vers que nous venons de citer ne nous paraissent pas toutefois devoir être pris au pied de la lettre, car il serait difficile de croire qu'un seul homme ait pu être chargé à la fois de la transcription du manuscrit et de sa brillante enluminure. Il nous semble plus naturel d'admettre que le livre était d'abord confié à un habile calligraphe qui en reproduisait nettement le texte; puis la copie, dans laquelle on avait ménagé des intervalles pour y placer les tableaux et les lettres historiées, passait entre les mains du dessinateur qui traçait les contours, indiquait l'agencement des personnages et esquissait les sujets. Dans cet état il était remis au miniaturiste dont l'occupation était de le *flourir*, le *paindre* et l'*aourner*. Plusieurs moines étaient ordinairement employés à cette noble profession qui avait dans les maisons religieuses ses maîtres, ses ateliers où se formaient de jeunes élèves. Il ne faudrait peut-être pas de longues recherches, mais seulement une heureuse découverte, pour montrer que cet art si justement admiré dans nos bibles, nos missels et nos livres d'heures, comme les peintures de nos grandes églises et de nos splendides verrières, n'avaient peut-être pas d'autre origine que celle des fresques iératiques et traditionnelles de la Grèce. Voici ce que M. Didron, dont j'aime à citer l'autorité et les paroles, dit à l'occasion de ces fresques qui avaient si vivement piqué sa curiosité :

« Le premier couvent où nous entrâmes, en pénétrant dans le mont Athos, fut celui d'Esphig-
« ménou. La grande église nouvellement bâtie, était en ce moment échafaudée; un peintre de
« Karès, aidé par son frère et par deux élèves et deux jeunes apprentis, couvrait de fresques
» historiées tout le porche intérieur qui précède la nef. Le premier des élèves, qui était diacre et
» le plus âgé, devait reprendre l'atelier à la mort du maître.

(1) M. Paulin Paris, dans ses Manuscrits français, T. VI, p. 521, dit que Gautier s'empressait d'envoyer chacune de ses légendes, à mesure qu'il les composait, aux maisons religieuses de sa connaissance. C'est ainsi qu'il aurait adressé les premières à l'une des abbayes de Langres et qu'on les aurait aussitôt *contrescrites* dans un recueil général, compilé en l'honneur de la Mère de Dieu. Nous ne chercherons pas à élever des doutes sur un fait qui nous échappe, faute de renseignements ; mais si l'on s'en rapporte à l'épître dont nous venons de parler, on verra que c'est bien son livre, sinon tout entier, au moins une très-considérable partie et non une légende séparée qu'il envoya d'abord à l'ex-prieur de Saint-Blaise, Robert de Dive, et aux religieux de l'abbaye de Saint-Eloi de Noyon, dont il parle encore dans son poëme de Sainte Léochade. Ce n'était pas pour y rester, il est vrai, qu'il faisait cet envoi; car aussitôt la transcription faite le livre était destiné à courir le monde lettré et religieux. Il devait aller trouver les rois et les reines, les ducs et les duchesses, les comtes et les comtesses, les abbés et les abbesses, les moines et les nonnes; enfin, tous ceux qui avaient quelque dévotion à la Sainte-Vierge.

» Ma joie fut grande de ce hazard heureux qui paraissait me livrer le secret de ces peintures,
» et qui répondait ainsi aux inutiles questions que j'avais faites à Salamine et dans la ville
» d'Athènes. Je montai sur l'échafaud du maître-peintre et je vis l'artiste, entouré de ses élèves,
» décorant de fresques le Narthex de cette église. Le jeune frère étendait le mortier sur le mur ;
» le maître esquissait le tableau ; le premier élève remplissait les contours marqués par le chef
» dans les tableaux que celui-ci n'avait pas le temps de terminer ; un jeune élève dorait les
» nimbes, peignait les inscriptions, faisait les ornements ; les deux autres plus petits broyaient
» et délayaient les couleurs (1). »

N'est-ce pas ainsi qu'ont dû agir nos miniaturistes du Moyen-Âge, et l'atelier du peintre de Karès ne serait-il pas une image frappante de nos ateliers monastiques du xiii<sup>e</sup> siècle ? Le maître dessinateur, comme Robert de Dive, esquissait sans doute, d'après son imagination ou des cartons qui lui servaient de modèles, ces tableaux dont il avait puisé le motif dans la légende qu'il venait de lire, conservant toujours à chaque personnage son type invariable et iératique. Car il est à remarquer que ces artistes pleins de foi et d'amour pour l'antiquité sacrée respectaient trop la puissance des traditions catholiques, pour se permettre de les enfreindre à la légère. D'autres religieux profès ou novices, à l'exemple des disciples du peintre grec, travaillaient sous les ordres et les inspirations du chef monastique. N'est-ce pas là, au reste, ce que nous a révélé le poëte dans le passage précité ? Et ne nous est-il pas permis de croire qu'il y avait à Saint-Eloi de Noyon, sous la direction de l'abbé Robert, un de ces grands ateliers de peinture, qui étaient alors si nombreux dans nos abbayes ? Ce qui nous confirmerait au besoin dans l'opinion que nous venons d'émettre, ce sont bien moins les lacunes, les repos ou le changement d'écriture, qui sont presque imperceptibles, que la suppression partielle ou totale dans les lignes d'encadrement dont plusieurs manquent ou sont restées inachevées, tandis que la calligraphie en est toujours nette, identique et complète. Les traits sont souvent marqués au crayon, mais la main du peintre enlumineur n'est pas venue colorer ces traits, leur donner les reliefs et l'animation qu'ils attendaient et qu'ils attendront désormais sans espoir ; car il y a longtemps que l'école de Saint-Eloi de Noyon et l'atelier de Robert de Dive sont fermés ; et il n'est donné à personne aujourd'hui de les rétablir et de reprendre le pinceau que le temps et la mort ont brisé pour toujours entre leurs mains.

Malgré les légères omissions de détails, d'ailleurs insignifiants, que nous venons de signaler, nous ne craignons pas de répéter que ce manuscrit, envisagé seulement sous le rapport de son exécution graphique et matérielle, n'en est pas moins un monument de premier ordre et une œuvre d'art hors ligne. Nous ne sommes pas seul de cet avis, puisque d'après le sentiment des connaisseurs et des archéologues les plus distingués, c'est un des plus beaux ouvrages non-seulement de la miniature française, mais de celle de l'Europe et peut-être du monde entier.

Cependant ce livre, si remarquable qu'il soit, n'est pas l'unique en son genre. Moreri nous

<small>Divers Manuscrits.</small>

---

(1) **Manuel d'Iconographie chrétienne**, Introduction, pages xvi et xvii. — Gautier ne semble-t-il pas nous avoir lui-même initié à ces procédés artistiques, en nous laissant cette belle peinture d'un livre que la Sainte-Vierge tenait à la main et qui semblerait être son propre livre.

Entre ses mains un si biau livre
Conques si bel veu n'avoit ;
Et tout maintenant qu'il le voit
Desus son lit saut sus, ce li semble.
Ses ij mains a jointes ensemble,
S'est devant li agenoilliez ;
Si le deprie à yex moilliez,
Qu'ele li doint faire savoir
Qu'en ce biau livre puet avoir.
Le saint livre tout maintenant
Qu'ou't en sa sainte main tenant
La Mère Dieu li a ouvert,

Et si li monstre à découvert
A son doit l'entituleure.
Ou livre vit une escripture
Dou premier chef jusqu'en la fin
De vermillon faite et d'or fin ;
La lettre était si fremianz,
Si bien tournée et si rianz,
Qu'il sembloit que Dieu l'eust faite,
Et à ses beles mains portraite.
En dormant lut la letre d'or
Que qu'il aloit de d'or en d'or.
. . . . . . . . . . .

apprend dans son dictionnaire historique (Art. supplément) que « la collection des poésies de Gautier était autrefois dans la plupart des grandes bibliothèques de Paris et de la France. Outre celles de Saint-Médard, de Notre-Dame de Soissons, de Saint-Corneille de Compiègne, on les voyait aussi dans les bibliothèques de Charles V et de Charles VI, où le poëte était connu sous le nom de Danz (Dom) Gautiers. » On ajoute que cet exemplaire des princes français était passé plus tard parmi les livres du baron de Crassier. Lebœuf, dans sa dissertation sur l'état des sciences en France, dit aussi que dans le fonds de l'église de Paris se trouvait sous le n° 20, un manuscrit qui contenait la plus grande partie des poésies de Gautier de Coincy.

Nous connaissons à la Bibliothèque impériale un grand nombre de manuscrits (1) où les poésies de Gautier de Coincy ont été recueillies d'une manière plus ou moins complète, et dont quelques-uns offrent un texte plus ancien. Ces manuscrits, dont nous allons citer ici les principaux, en indiquant les numéros sous lesquels ils sont désignés, sont de différents formats et remontent à différentes époques; mais aucun d'eux, sans en excepter le nôtre, ne renferme la totalité de ses pièces, telle que l'indique la table des matières. Ils ne comprennent même pas toutes les chansons notées, ni la belle prose *Ave gloriosa* que nous avons donnée, page 755.

1° Le n° 509, in-folio, XIII° siècle, fonds de Sorbonne ; même écriture à peu près que celui de Soissons. Toutefois, les poësies de Gautier, quoiqu'ayant les mêmes titres, n'occupent guères que le tiers du volume dans lequel on a inséré une vie des Pères en vers et en prose. On y lit, en parlant de la Sainte-Vierge :

« Lui me plest et bien doit me plaere. »

2° Le n° 7024, in-folio parvo de 144 feuillets, vélin fin du XIII° siècle. Ce manuscrit, depuis le folio 102 jusqu'au folio 130, comprend quatorze miracles appartenant à Gautier de Coincy. Ces légendes sont terminées par la rubrique : « Explict li miracles que Notre-Dame fist por ceus qui la servirent. »

3° Le n° 7207, in-folio mediocri, papier XV° siècle. Ce manuscrit de 190 feuillets a pour titre : *Les Miracles de Notre-Dame, avec la passion Sainte Leochade et Sainte Cristine*. Des notules latines renfermant des sentences des Pères de l'église et des poëtes, sont placées à la marge. Ce volume est divisé en trois livres : le premier comprend 31 légendes et l'histoire de Sainte Léochade ; le second livre en comprend 24 ; le troisième livre est rempli par des moralités. Tous les titres sont en latin. A la fin on lit : « Ci finissent les miracles de Notre-Dame et la vie Sainte Leochade et Sainte Cristine, et fut achevé le dit livre le XIX° jour de décembre l'an mil cccc soixante v. Marguerite de Chauvigny ; plus bas : « Testut pbre. » M. Paulin Paris, *Manuscrits français*, T. VI, page 312, croit que ce volume fut écrit de la main de Marguerite de Chauvigny. « Le poëme de la vie de Sainte Cristine a près de 3800 vers de douze syllabes divisés en quatrains monorimes. Gautier nous apprend qu'il trouvait aussi le texte latin de cette vie dans l'abbaye de Saint-Médard :

Li sages Salemons qui fleurs fu de savoir  L'autriex li en un livre en l'encloistre Saint Mart
En divine escripture, à plusieurs fait savoir...  La vie d'une vierge dont volentiers m'aart.... »

Au prologue on lit cette tournure déjà française et qui annonce le progrès d'une langue qui se forme : « Au quel commant *pour* lui commant. »

4° Le n° 7208, in-folio parvo, vélin de 310 feuillets, est de la fin du XIII° siècle malgré la date de 1209 écrite au folio 275 (*Manuscrits français*, T. VI, p. 320). Ce manuscrit qui a paru si digne d'intérêt à M. Paulin Paris, est plutôt, comme le reconnaît l'excellent critique, un recueil général

---

(1) Il existe aussi plusieurs manuscrits des Miracles de la Sainte-Vierge en prose. Parmi ces derniers, nous pouvons indiquer le n° 7018, in-4° de 60 feuillets ; il contient le sommaire de 172 miracles dont 45 environ paraissent être les mêmes que ceux versifiés par Gautier de Coincy, sans cependant porter toujours les mêmes titres. Le n° 8987, in-folio magno, XIII° siècle, comprend cinq miracles.

compilé en l'honneur de la Mère de Dieu, que l'œuvre particulière de Gautier. A part le prologue et un certain nombre de pièces, le reste est du poëte Wace, du prêtre Hermant et de quelques écrivains en prose. Le volume débute ainsi : Ici commencent li chapitres del Miracles de Notre-Dame Sainte Marie; au lieu de s'ouvrir par la légende de Théophile, on reprend les choses de plus haut, par l'histoire de la Conception, de la Nativité, de l'Assomption, des Lamentations de Marie. On a jugé ce prodrome nécessaire pour parfaire le *Miscellanea*. Le chapitre des Miracles, qui se divise en quatre livres, offre de continuelles interversions tant dans le placement des sujets que dans celui des titres, en sorte qu'on a quelque peine à reconnaître à la première vue ceux qu'on peut sans craindre de se tromper attribuer à la plume de Gautier de Coincy. Outre ces pièces dont plusieurs n'offrent qu'une paternité douteuse, on y a ajouté de longues vies d'apôtres et de martyrs en prose ; celle de Saint Sébastien occupe près de trente colonnes à elle seule. « En sorte qu'on pourrait intituler ce manuscrit : *Vie et Miracles de Notre-Dame en vers, et passions de divers martyrs en prose*. Ce manuscrit présente aussi des divergences d'écritures qui font croire qu'il n'a pas été écrit par le même calligraphe. Les miniatures encadrées dans les lettres majuscules sont petites, sans éclat et sans finesse. Ce manuscrit à deux colonnes avec des initiales et des sujets enluminés, était autrefois relié sur bois recouvert de damas bleu à fleurs blanches; aujourd'hui il est en veau garni d'un aigle sur les plats, avec le chiffre de Napoléon sur le dos. »

5° Le n° 7218, in-folio parvo en maroquin rouge, ne comprend que des *comptes* (contes) joyeux parmi lesquels on a intercalé quelques légendes du poëte Gautier, légendes qu'on a regardées depuis comme de pieux fabliaux.

6° Le n° 85, in-4° XIIIᵉ siècle, fonds Lavallière. Ce manuscrit, que M. Paulin Paris regarde avec raison comme le plus beau des recueils que la Bibliothèque impériale possède de Gautier de Coincy, est en effet le plus remarquable. Il est relié en veau noir et coté 185 livres. Il porte sur les couverts une couronne de marquis, et un G et une S entrelacés, ce qui veut dire Guyon de Sardières. Il contient 325 folios, dont 256, à partir de la page 36 jusqu'à 292, rapportent les miracles de la Sainte-Vierge attribués à Gautier de Coincy. Le titre seul fait voir qu'on a inséré dans cet ouvrage des pièces étrangères, comme la Nativité, la Vie de Notre-Seigneur, l'Assomption. Ce manuscrit, dont nous parlerons souvent, est le seul qui puisse être comparé avec le nôtre. Aussi l'avons-nous presque toujours cité dans nos arguments à côté du nôtre. Nous avons même dit en donnant l'explication des miniatures, que la plupart d'entre elles offraient presque toujours des scènes plus nombreuses et plus détaillées, mais en faisant observer cependant combien l'exécution, le coloris et l'agencement des personnages laissaient à désirer. L'infériorité est manifeste tant sous le rapport de l'ornementation générale que sous celui de la finesse des sujets. Ces figures courtes et trapues, ces cheveux plats, ces enroulements épais, ces traits grossiers forment un ensemble de compositions assurément fort curieuses, mais qui manquent de délicatesse, de grâce et de dignité. Le nimbe d'or qui étincelle ordinairement sur la tête des personnes revêtues du caractère de la sainteté, est ici de couleur rouge, grise ou verte indistinctement. La couronne placée sur la tête de la Sainte-Vierge fait souvent défaut. A la page 160, il existe une lacune importante; les chants de Sainte Léochade y ont été omis ainsi que les sentences des Pères et des poëtes placées sur les marges. Cependant, l'écriture en est belle, nette et fine, ornée de riches encadrements qui se projettent autour des pages et se terminent par des figures de chimères, d'oiseaux et de chats sauvages. Ces divers animaux, armés de boucliers, semblent engager entre eux une espèce de joûte ou de tournoi. Il y a aussi un frontispice. Dans les Salus de la Sainte-Vierge, toutes les lettres sont ornées; mais dans la musique, la notation et les caractères de l'écriture sont plus grêles. Le chant *Entendez*, n'est pas noté.

7° Le n° 193, in-4° XIIIᵉ siècle, en parchemin, provient des religieux de Saint-Médard-lès-Soissons. Le premier livre contient 34 miracles et le second 26, avec les citations latines en marge et des vies de Saints. L'écriture en est très-fine; les lettres majuscules encadrent de petites miniatures servant à des sujets doubles et séparés par le jambage ou le trait intérieur de la lettre. La musique n'y est pas complète.

— 8° Le n° 7306, in-4° xiii° ou xiv° siècle, fonds de Cangé, 210 feuillets. Le titre est d'une date postérieure au manuscrit. On y a représenté en miniatures : la comtesse de Blois, Marie d'Avesnes, femme de Hugues de Châtillon, devenue veuve en 1241, et Ade de Soissons de Grantpré, mariée à Raoul de Nesles en 1220 et morte vers 1240. Ce sont ces deux princesses dont le poëte parle avec éloge dans un endroit de ses écrits. Il commence ainsi : De la pénitence de Théophile. L'ouvrage paraît incomplet ; on a essayé de retoucher le chant *Entendez luit ; Chantons sons et sonnet*. On y fait la distinction des deux expressions latine et romane, par ces mots *sons* et *sonnet*. L'encadrement ne présente qu'une ornementation très-uniforme ; l'écriture est petite et peu soignée. On ne s'est pas contenté de souligner les vieux mots, on les a quelquefois expliqués. Une seule lettre ornée représente la Vierge et l'Enfant-Jésus.

— 9° Le n° 7585, format grand in-4°, xiv° siècle, de 265 feuillets à deux colonnes. On y lit : Ce livre fut à Madame Agnès de Bourgogne, en son vivant duchesse de Boulonnais et de Donnemarie. Ce manuscrit commence par la vie de Notre-Dame et la passion du Seigneur, sa Nativité, son entrée à Jérusalem, sa résurrection, la mort de Marie et les xv signes de définement du monde.

Les légendes et les miniatures sont à peu près les mêmes que dans le manuscrit de Soissons ; mais les miniatures, sont loin d'avoir la même richesse d'exécution. Les personnages offrent en général un type trapu et grossier, et des scènes moins complètes. Ainsi, au miracle du riche homme et de la pauvre femme, il n'y a qu'un seul tableau, celui de l'usurier mourant. A la légende de Saint Hildefonse, au moment où Sainte Léochade se relève de son tombeau, on aperçoit deux anges qui soulèvent le couvercle du sarcophage marqué d'une croix au milieu et de quatre petites croix aux angles, comme le sont aujourd'hui nos pierres d'autel. Les sujets offrent aussi quelques variétés. Saint Basile, par exemple, est représenté allant au-devant de l'empereur Julien. Dans le tableau de l'enfant tué par un juif, le meurtrier se sert, pour la perpétration de son crime, d'une espèce de bêche. Le saint Soulier est enchâssé dans une arcature formant tableau ; ailleurs, un enfant porte un livre : c'est celui que le poëte envoie aux mondains. De la prière : *Gemme resplendissante*, on en a fait la *Proière de Théophilus que li bon prieur de Vi fist*.

— 10° Le n° 7580, in-4° ordinaire, contient 246 pages. Les titres sont en latin : *De Prelatis qui modo sunt ; — De quidam Judeo à Borourges*. Sainte Léochade y est appelée Leogarda. Ce manuscrit, très-incomplet, n'a jamais été fini. Il n'y a qu'une seule miniature, encore est-elle très-endommagée ; en retour, les majuscules y sont d'une ampleur démesurée et cantonnées par des quartiers de couleurs différentes.

— 11° Le n° 7625, petit in-4° xiv° siècle, est aussi un recueil très-incomplet ; le titre n'a pas même été terminé ; les caractères en sont très-petits, les lettres ornées abritent quelques miniatures, et l'on voit çà et là quelques filets dont les extrémités figurent des lézards ou des griffons. Ce volume est intitulé : *Roman de Théophile*, titre faux et insuffisant puisque le manuscrit contient plusieurs autres miracles, comme de l'image de Notre-Dame de laquelle ville secourut ; — du Clerc en la bouche douquel ; — dou Marcheans délivreré du Déable ; — du Clerc malade ; — Gentile Fame de Rome ; — Usurier, pauvre fame ; — dou l'Arcevesque de Tolete ; — au Clain enfant ; — de l'Enfant au Déable ; — des v seaumes ; — du Moine qui reçut chrestienne mort ; — du Moine qui s'occist ; — du Moine nonnain qui s'issist de l'abbeie ; — du Moine qui ne se rendit pas ; — du Chevalier ; — d'une Nonnain Abreja ; — d'un Lierre que Nostre-Dame soustint pendant trois jours ; — d'un Sacristain apparut ; — du Sarrazin ; — d'une Fame qui fist li mau ; — Nostre-Dame defend le Chatel ; — d'un Arcevesque à la chasuble ; — l'Excommunié.

On a ajouté à la fin du volume :

> Vous qui pechez par cette porte,
> Saluez l'enfant que je porte.

— 12° Le n° 7852, in-8° xv° siècle, fonds de Baluze, est une espèce de répertoire universel qui renferme aussi quelques pièces de notre poëte soissonnais.

## INTRODUCTION.

—13° Le n° 7987, in-8° aux armes de France, xiii° siècle, est un des plus authentiques et des plus curieux. On y trouve deux grandes miniatures représentant la Sainte-Vierge et Jésus-Christ, des anges dont les uns encensent et les autres portent des chandeliers comme pour un office solennel. Notre-Seigneur est assis dans un ovale tenant dans ses mains le globe du monde; aux angles du tableau sont figurés les quatre évangélistes; au bas, un moine à genoux : c'est sans doute Gautier de Coincy ou le moine Guillaume, car on trouve à la fin du volume : *Explicit liber Domini Galteri, prioris de Vi, scriptus per manus Guillaumi, monachi monasterii Maurignacensis; anno Domini* M. CC LX sexto. Ce manuscrit porte la date de 1266. Il est d'une écriture très-fine et pourtant très-nette.

Ces recueils ne sont certainement pas les seuls où sont consignées les pieuses légendes de notre poète; mais ce sont les principaux et cela nous suffit. Très-souvent, au xv° siècle comme de nos jours, on a inséré ces pièces dans des compilations où le moine a eu certes à rougir de se trouver. Nous ne parlerons pas de ces ouvrages tant soit peu lubriques et immoraux; nous préférons les passer sous silence. On doit aussi rencontrer dans quelques bibliothèques de province, formées pour la plupart des opulentes dépouilles des monastères, quelques manuscrits renfermant les œuvres de Gautier; je ne citerai que celui de la bibliothèque communale de Blois. Ce manuscrit, d'après les renseignements obligeants que je dois à la bienveillance de M. Dupré, bibliothécaire de la ville (1), n'a rien de remarquable sous le rapport de l'exécution matérielle. C'est un in-4° ordinaire sur vélin, à deux colonnes, écriture du xiii° siècle, comprenant 273 feuillets, reliure commune du siècle dernier. Aucune suscription n'indique ni son origine ni sa provenance; il n'a même ni titre ni frontispice; mais seulement l'intitulé des légendes à l'encre rouge. Les initiales sont dorées ou simplement coloriées; mais sans miniatures intercalées dans le texte. Il paraît que cet ouvrage présente aussi beaucoup d'abréviations, ce qui en rend la lecture difficile à ceux qui n'en ont pas l'habitude. Toutefois, on n'en jugerait pas ainsi en lisant les quelques vers du prologue que cite l'honorable bibliothécaire.

> A la loenge et à la gloire,
> En remembrance et en mémoire
> De la Reine et de la Dame
> Qui je command mon cors et m'ame,
> A jointes mains soir et matin.
>
> Miracles que truis en latin
> Translater vueil en roman meistre;
> Que cil et celes qui la lettre
> N'entendent pas, puissent entendre
> Qu'à son service fait bon tendre.

Il nous resterait maintenant à déterminer l'âge de notre précieux manuscrit. Si l'on s'en rapportait au sentiment de Dom Germain (*Histoire de N.-D. de Soissons*, page 62), ce livre serait contemporain de Gautier lui-même, c'est-à-dire de la fin du xii° siècle, puisqu'il estime que ce manuscrit avait près de cinq cents ans à l'époque où il écrivait, en 1675. Dom Grenier, auteur d'une note écrite de sa main sur le verso du feuillet de garde, lui assigne aussi environ six cents ans d'existence. On voit que les deux opinions ne diffèrent pas beaucoup, et que l'historiographe de Picardie est d'accord avec son docte confrère. Henri Martin et Paul Lacroix (*Histoire de Soissons*, tome 2) semblent avoir accepté de confiance ce jugement des deux bénédictins; car ils prétendent aussi que ce manuscrit a plus de six cents ans et qu'il a dû être fait dans la première moitié du xiii° siècle. Cette appréciation, quoique moins éloignée de la vérité, ne pourrait cependant pas se défendre; et pour peu qu'on examine ce livre, le genre de ses miniatures, il faut en reculer la date jusque dans la seconde moitié du xiii° siècle. La netteté de l'écriture, la correction du style, la finesse et la perfection des dessins, les caractères de l'architecture semblent exiger l'époque de Saint Louis et de la Sainte-Chapelle, plutôt que celle de Notre-Dame de Paris et de Philippe-Auguste ou de Louis VIII. Nous avions même hésité longtemps entre la fin du xiii° siècle et le commencement du xiv°; mais un examen plus attentif, le rapprochement avec d'autres produc-

*Date présumée.*

---

(1) M. Dupré a bien voulu joindre aux utiles renseignements qu'il me transmettait, une table sommaire des chapitres. Je suis heureux de trouver ici l'occasion de remercier l'obligeant bibliothécaire de Blois et de lui faire parvenir l'expression de ma vive gratitude.

tions du même genre, le jugement d'hommes savants dont nous suivons volontiers les opinions, ont fait cesser nos doutes. Il nous a semblé en effet, que cette beauté de forme, cette sagesse d'exécution ne pouvait convenir qu'au beau XIIIe siècle; car si dans les motifs d'ornementation le plein-cintre joue un certain rôle, on sent que ce ne peut être qu'un accident, une espèce de réminiscence ou de nécessité, puisqu'il est accompagné, détrôné par des bouquets largement épanouis, des fleurs développées, des bardeaux en plomb, des arabesques luxuriantes qui attestent un fini, une élégance qui n'appartiennent qu'à cette période grave et fleurie qui est sans égale dans le monde. Il existe sans doute, ainsi que nous venons de dire, des versions plus anciennes que la nôtre; mais à notre connaissance, il n'y en a pas de plus belles ni de plus gracieuses.

En voilà beaucoup sur la forme et la valeur matérielle du livre; examinons-le maintenant sous un autre aspect, voyons les matières dont il traite; cet aperçu ne sera pas moins intéressant que le premier.

## § II.

Histoire de la Sainte-Vierge. — Prédiction de sa venue. — Sa vie. — Sa grandeur. — Ses miracles. — Son culte dans l'univers. — Recueil de Gautier de Coincy. — Nature et but de ce recueil. — Table des sujets.

*Prédiction de sa venue.* Dans les glorieuses archives du catholicisme, il existe une histoire incomparable, qui n'est pas seulement un épisode admirable et dramatique, mais qui constitue à lui seul un fait surnaturel, une sainte et magnifique épopée qui a son origine, ses progrès, son dénoûment, à laquelle se rattachent tous les grands évènements de l'église et qui déroule avec elle, à travers les siècles, ses touchantes et gracieuses péripéties. Commencée aux premiers jours du monde, cette histoire, disons mieux, le développement de ce grand poëme épique de la femme réhabilitée par la Sainte-Vierge, se poursuit au milieu de toutes les vicissitudes humaines, pour ne se terminer qu'à la fin des temps; sublimes et consolantes annales où l'homme, aussitôt sa déplorable chûte, a pu lire en caractères ineffaçables, l'annonce de son pardon et la ruine de son implacable ennemi. « Je mettrai, avait dit le seigneur au démon, inimitié entre toi et la femme, entre ta postérité et » la sienne; elle te brisera la tête (1). » Grâce à cette sentence de l'Eternel, voilà déjà Marie, cette héroïne du catholicisme, placée, dans le plan divin de la rédemption, à une hauteur qui domine le monde et ses destinées futures. Révélée à l'exilé de l'Eden dans ces âges si voisins de la création, cette libératrice sera figurée dans l'antique alliance par le buisson incombustible de Moïse, par la toison merveilleuse de Gédéon, puis personnifiée dans les saintes femmes de l'Écriture; en sorte que la pieuse Esther, la courageuse Judith, la soigneuse Abigaïl, la chaste Suzanne, et jusqu'à la mélancolique fille de Jephté, deviennent des types précurseurs de celle qui est appelée à réunir d'une manière suréminente toutes les qualités éparses dans chacune des créatures les plus accomplies. Prédite plus tard avec un plus vif éclat par les prophètes, et comme désignée du doigt dans un avenir encore lointain, on croit voir poindre à l'horizon des temps de miséricorde cette tige féconde de Jessé, présentant dans le calice d'une fleur virginale le fruit de vie qui doit sauver le monde.

Au moment marqué pour l'accomplissement de ces grandes et solennelles promesses, les figures cessent, les ombres disparaissent; l'aurore, cette douce devancière du jour, se montre. Marie, cette fille du ciel attendue depuis si longtemps, paraît enfin sur la terre; sa naissance, quoiqu'illustre, n'a rien d'éclatant. Enfant obscure d'une de ces familles oubliées et déchues, malgré sa double origine de descendante des Rois et des Pontifes de Juda, les sacrifices et les épreuves

---

(1) Inimicitias ponam inter te et mulierem, et semen tuum et semen illius; ipsa conteret caput tuum. *Genèse*, ch. V, ỳ 15.

n'en partageront pas moins son humble existence. Élevée dès sa plus tendre jeunesse à l'école des privations volontaires, elle immole à Dieu ses plus légitimes espérances; confondue avec les filles d'Israël les plus pauvres et les plus délaissées, elle les surpasse en résignation et en vertus. Les changements de position si désirés des autres ne lui apportent que de nouveaux sacrifices et de nouvelles épreuves. Épouse et mère, elle en ressentira toute la sollicitude, sans en goûter les adoucissements et les charmes; elle ne trouvera dans l'époux que le ciel lui a donné qu'un protecteur et un gardien; et dans son fils, ce soleil de justice, un dépôt sacré dont la possession passagère et momentanée ne lui occasionnera que les plus cuisantes douleurs. Car tel sera son sort que, non contente de voir son divin fils succombant accablé sous le poids des accusations les plus injustes, victime innocente d'une haine sauvage et sacrilège, elle entendra l'inique et ignominieuse sentence qui le condamne au gibet. Mère désolée, elle ramassera son courage pour l'accompagner dans le trajet sanglant du calvaire; puis, placée debout au pied de cette croix qui se dresse, les yeux fixés sur ses plaies déchirantes, elle le verra exhaler son dernier soupir au milieu de la réprobation universelle, couvert d'injures atroces et d'exécrables malédictions.

Femme admirable et fortement trempée, quoique brisée sous le fardeau d'indicibles souffrances, elle trouve dans la vivacité de sa foi, dans l'ardeur de sa charité, toute l'énergie dont elle avait besoin pour laisser au monde un exemple à jamais mémorable de la plus complète abnégation! Ecoutez: Jésus, sur le point de consommer son sacrifice, n'ayant plus rien à donner au monde et à l'église qu'il vient de fonder dans son sang, il lui abandonne sa mère: *Ecce mater tua.* L'église accepte avec amour cette dernière largesse d'un Dieu mourant; elle se charge de ce précieux héritage, source intarissable de bénédictions et de gloire pour elle et ses enfants.

L'église a compris, d'après Saint Athanase, que le Saint-Esprit descendant sur Marie accompagné de toutes les vertus inséparables de la divine essence, la pénétrant, la remplissant tout entière de sa grâce, la comblant de toutes les perfections, elle a compris, dis-je, que cette vertu toute puissante qui est restée unie à elle depuis sa conception, doit rester durant toute la vie (1). Ornée de tous les dons célestes et de toutes les vertus de la terre, Marie jouissait sans aucun doute d'un grand crédit dans l'église naissante. Mais pour les saints, la mort est plus précieuse que la vie, et leur sépulcre est plus glorieux que leur berceau, en sorte que le trépas devient pour eux le premier jour de leur triomphe. C'est là, du moins, ce qui arriva pour la très Sainte-Vierge. Rien de plus célèbre et de plus édifiant que le récit que nous ont conservé les hagiographes de ses derniers moments, de son élévation dans le ciel au milieu des chœurs des anges. Une vie si pure, si chaste et si sainte, si courageuse au milieu de tant de persécutions, si calme au sein des tempêtes, avait laissé parmi les fidèles de la primitive église une de ces convictions profondes, ou plutôt un de ces cultes entraînants dont on ne peut se défendre, parce qu'ils sont fondés sur la vérité de Dieu et la réalité de la vertu. Pendant longtemps on aima à se rappeler ses exemples, jusqu'à ses paroles et à ses traits; et c'est sans doute autant pour tempérer les regrets que méritait cette triste absence d'une mère chérie que pour se rappeler sa mémoire vénérée, qu'on pria Saint Luc, le peintre évangélique, de tracer le portrait de Marie.

Sa Grandeur.

Quand nous n'aurions pas pour garant de cette créance populaire, durant les persécutions sanglantes de l'Église où les chrétiens furent obligés de cacher leur foi, leurs mystères et leurs espérances, les témoignages de Saint Ignace d'Antioche (2), de Saint Denis et de Saint Cyrille d'Alexandrie (3) proclamant le culte et l'éminente virginité de Marie, n'aurions-nous pas le reproche

Culte de Marie.

---

(1) C'est de quoi je suis intimement assuré, dit Saint Athanase; car je ne saurais croire que cette plénitude de grâces n'ait été que passagère en la Sainte-Vierge; je crois qu'elle lui a été communiquée pour tous les temps, en sorte que la présence du Saint-Esprit la fait éternellement pleine de grâce. *Biblioth. des Pères,* T. I, p. 564.
(2) Saint Ignace prétend que le prince de ce monde n'a pas connu la virginité de Marie. *Bibl. orig. Hom.* VI, in Sanct. Luc.
(3) Labbe, T. III, page 508.

éternel qu'on faisait aux fidèles, dès le VIᵉ siècle, de donner à Marie le titre ineffable de *Théotocos*, qui seul justifie tous les hommages de la plus tendre dévotion (1), reproche fait avec tant de persistance et de bruit qu'il donna naissance à une des plus coupables erreurs, mais pour aboutir à un de ces grands et solennels triomphes qui étouffent du même coup l'insolente révolte et affermissent profondément les vérités fondamentales de la religion. Nous voulons parler de cette sainte et imposante déclaration du concile œcuménique d'Éphèse, tenu en 431, dans lequel plus de deux cents évêques, la plupart couverts des glorieuses cicatrices du martyre, vinrent déposer de la foi de leurs églises, dire anathème à ces doctrines impies, contraires aux Saintes-Écritures et à la tradition des Pères, vengeant ainsi avec éclat la gloire de la Sainte-Vierge, Mère de Dieu. Tout le peuple d'Éphèse, disent les relations du temps, en apprenant ce jugement dont il avait devancé la sentence, poussa de grands cris de joie et combla de ses bénédictions enthousiastes tous les Pères du concile.

Une semblable manifestation, écho vivant des traditions apostoliques, appuyée d'ailleurs par des passages des Pères les plus révérés dans l'Église (2), constituait l'auguste Marie, non-seulement la plus grande sainte du christianisme, mais l'environnait d'un éclat incomparable dans le culte qui allait lui être rendu. C'était lui mettre, à la face du monde catholique, comme à la femme mystérieuse de l'Apocalypse, la lune sous les pieds, les douze étoiles sur la tête, et l'envelopper du soleil comme d'un manteau éblouissant de splendeur. Placée dès lors sur un trône de gloire, couronnée reine des hiérarchies célestes, donnée à la terre comme l'avocate et la protectrice du genre humain, elle devait le gouverner en dispensant ses faveurs. Et d'ailleurs, comme la mère du roi Salomon, ne pouvait-elle pas tout demander à son fils sans craindre d'essuyer un refus? « Peut-on douter, » dit Saint Jérôme, « que celle qui a été jugée digne de porter dans son chaste » sein le prix de notre rédemption, puisse nous obtenir les bienfaits de notre délivrance. Ce n'est » donc pas sans raison que nous nous efforçons de la célébrer dans nos assemblées, puisque » c'est à elle que nous sommes redevables de cet heureux commerce du ciel et de la terre. »

Ses Miracles.   Au reste, des faits éclatants sont venus confirmer cette croyance générale des peuples chrétiens. « En Italie, la terre bien-aimée, elle délivre Rome d'une peste (3); elle sauve Bénévent à la prière » de Saint Barbatus (4); elle aime à visiter son oratoire de Farfa, les trois cyprès qui l'ombra- » gent (5), et Thomas, son serviteur, qu'elle nourrit d'un pain céleste. Saint Marius la voit se » prosternant avec tous les anges devant la majesté de Dieu, et suppliant pour le salut de l'Italie (6). » En Orient, elle fait tomber une grêle meurtrière sur les Perses de Cosroès (7), parcourt avec un

---

(1) Lableiterie, Vie de Julien, 371; Fleury, T. IV, page 102; Tertulien, *de Carne Christi*, chap. XIII; Saint Irénée, liv. III, chap. 12; Saint Archelaüs, *Concordia*, T. II, page 655. Saint Cyrille d'Alexandrie donne cette vérité de la virginité de Marie comme la foi que les apôtres avaient enseignée, comme la doctrine des Pères dont il avait été instruit. C'est ce père qui termine ainsi un de ses discours :
« Je vous salue, ô Marie, Mère de Dieu, trésor vénérable de tout l'univers, brillante couronne de la virginité... Je » vous salue, vous, qui dans votre sein virginal avez renfermé l'Immense, l'Incompréhensible; vous, par qui la sainte » Divinité est glorifiée et adorée; vous, par qui la croix précieuse du Sauveur est exaltée par toute la terre; vous, » par qui le Ciel triomphe, les Anges se réjouissent, les démons sont mis en fuite, le tentateur est vaincu, la » créature coupable est élevée jusqu'au Ciel, la connaissance de la vérité est établie sur les ruines de l'idolâtrie; » vous, par qui les fidèles obtiennent le baptême et sont oints de l'huile de joie; par qui toutes les églises du monde » ont été fondées, et les nations amenées à la pénitence; vous enfin, par qui le fils unique de Dieu, qui est la » lumière du monde, a éclairé ceux qui étaient assis dans les ombres de la mort... Est-il personne qui puisse louer » dignement l'incomparable Marie. » Guillon, *Bibl. des Pères*, T. XIX, page 575.
(2) Saint Cyprien, Saint Alexandre d'Alexandrie, Saint Athanase, Saint Ambroise, Saint Basile, *Bibl. des Pères*, T. VI, pages 106, 230, 246.
(3) Baronius ad ann. 590, n° 15.
(4) Acta Sancti Barb. epis. Ben., n° 9 Boll. XIX, febr.
(5) Vita Sancti Thom, abb. Farf., n° sect. III Bened. passim.
(6) Acta B. Mart., abb Bodaneus n° 4, apud Boll. XXVII jan.
(7) Baron. ad ann. 672, 625.

» cortège de vierges les remparts de Constantinople et sauve l'ingrate cité des premiers assauts
» du Croissant (1). Elle place au centre des Gaules et des Espagnes, entre les mains de Saint Hil-
» dephonse et de Saint Bonet, deux vêtements sous lesquels de longues générations viendront
» s'abriter avec amour (2). Elle visite aussi l'Angleterre, et s'y montre à quelques bergers, en-
» tourée de deux vierges plus blanches que les lys, plus vermeilles que les roses, portant une
» croix d'or avec laquelle sa main divine bénit le lieu où Saint Egwin, évêque de Worcester,
» consacre un monastère (3). La malheureuse Espagne est surtout l'objet de sa sollicitude mater-
» nelle : aussi la nation reconnaissante des Goths consacre son retour à l'unité, en érigeant l'autel
» de Sainte Marie *in catholico* (4), comme l'attestait une inscription très-ancienne placée dans
» l'église cathédrale de Tolède. Saint Hildephonse n'est pas le seul qui reçoive d'elle un gage de
» protection. Pelage avec tout son peuple lui dut son salut le jour où, découvert en son dernier
» asile, trahi par de faux frères, sommé par un évêque apostat de se soumettre au Maure, il ré-
» pondit en invoquant la Vierge de Covadonga, dont la statue protégeait l'entrée de la grotte,
» son dernier refuge. Les yeux de la madone lancèrent des flammes; la montagne s'ébranla, les
» rochers se détachèrent, la terreur emporta les Maures; l'Espagne fut sauvée. » (5)

Plus les preuves merveilleuses de cette douce et puissante intervention de Marie se multipliaient dans la vie des nations catholiques, plus l'imagination des peuples, alors d'une croyance vive, était profondément impressionnée. A la vue de ces témoignages sensibles qui venaient déposer successivement et avec tant d'éclat en faveur du crédit et de la bienveillance de la Mère de Dieu, la confiance publique sentait le besoin de manifester sa reconnaissance par tous les moyens qui étaient en son pouvoir; car ce n'était pas assez pour elle d'en conserver le souvenir dans le foyer de la famille; elle voulait voir ces croyances si chères à la piété gravées sur des monuments durables. Soudain, d'innombrables églises s'élèvent sous son invocation; des fêtes (6) s'établissent en son honneur; sa vie, ses actions sont burinées sur le cuivre, sculptées sur la pierre et découpées dans l'ivoire, et la renommée de Marie va toujours croissant de siècles en siècles. On dirait que cette noble créature, destinée à faire oublier l'humiliation de la femme coupable, doit, elle aussi, avoir toutes les nations en héritage. Attendue comme son fils par des générations en larmes, prédite, annoncée comme lui, inséparable de lui, associée pendant sa vie à ses douleurs et à ses souffrances, il semblait naturel et légitime de la voir partager ses triomphes de la terre comme ses honneurs du ciel.

Certes, l'instinct des peuples, qui avait du reste pour guide l'Eglise, ne pouvait se tromper ni faire fausse route. Il comprenait que la mère du Dieu fait homme devait être regardée et honorée comme la véritable mère du genre humain; et pour rendre ce travail d'assimilation plus réel et plus complet, on admettait depuis longtemps, avec un empressement qui s'explique, que Marie n'avait pas payé le tribut commun à la mort (7) et que le divin sanctuaire où Jésus-Christ avait daigné prendre naissance, loin d'avoir été abandonné à la corruption, avait été au contraire enlevé de la terre et transporté au ciel dans la compagnie des anges, des archanges et de toutes les vertus célestes. Par une conséquence sinon rigoureuse du moins fort acceptable, l'autorité de Marie n'avait pas plus de limite que sa gloire. Tout lui devenait donc possible auprès de son divin

---

(1) Theoph. ann. XVI imp. Heracl. Bar. ad ann. 625, 626.
(2) Vita Sancti Boniti, vita Sancti Hildephonsi, n° 5, secul. II Renéd.
(3) Acta Sancti Egwini; Bolland. XI jan.
(4) Cité par Tamaio Salazar, ad diem 13 april. p. 615.
(5) Fleury, *Histoire Ecclés.*, liv. XLI, 41. Roderici Tolet. *de Rebus Hisp.*, liv. IV, ch. 2 Dom Pitra, *Introduct. à la vie de Saint Léger.*
(6) On institua d'abord les fêtes destinées à rappeler les principaux évènements de la vie mortelle de la Sainte-Vierge : sa Nativité, son Annonciation, sa Purification, sa Dormition, puis son Assomption. Saint Grégoire de Nicomédie nous parle, dès le IX° siècle, dans ses Homélies, de la Nativité de Marie, de sa Conception. *Bibl. des Pères*, T. XIX, p. 438. Germain de Constantinople mentionne sa Présentation au Temple, son Annonciation et son Assomption.
(7) Saint Jean Damascène, Saint Epiphane, *Bibl. des Pères* de Guillon, T. XIX, p. 450 ; T. XX, p. 17.

fils ; et telles étaient les idées ascétiques de cette époque, dit M. Paulin Paris, que l'on admettait sans difficulté que la mère de Jésus avait pour mission particulière d'adoucir les rigueurs de la justice divine. Souvent, au rapport des légendes, les plus grandes fautes étaient pardonnées à ceux qui professaient une entière confiance dans son intercession (1). Dépositaire de la puissance de son fils, qui n'avait rien à refuser à la plus digne des mères ; accessible à toutes les infortunes qui avaient recours à sa tendre sollicitude, Marie était placée comme une nouvelle médiatrice entre le ciel et la terre, entre les coupables et son fils. Touchante doctrine qui crée jusque dans les situations les plus désespérées, une espérance, un secours, le pardon et la miséricorde.

*Recueil de Gautier.*  Mais il appartenait aux XII<sup>e</sup> et XIII<sup>e</sup> siècles, ces remarquables époques où les esprits encyclopédistes tendent à généraliser les faits et à poser les bases d'une puissante synthèse, il appartenait, dis-je, à ces siècles auxquels rien ne peut être comparé dans l'histoire du monde (2), de recueillir ce vaste et précieux héritage des âges passés et de le transmettre avec de nouvelles richesses aux générations suivantes ; en sorte qu'on peut dire que c'est à partir de cette époque que date la véritable exaltation de Marie, par l'expansion merveilleuse qu'on donna partout à son culte. Marie fut partout, dans les écrits des chroniqueurs comme dans le laboratoire de l'artiste, sur les croix émaillées comme sur les autels dorés. Ouvrez les manuscrits, examinez les peintures, interrogez les édifices, tous vous parlent de Marie, retracent sa pieuse image et racontent sa gloire. Partout de grands monuments s'élèvent en son honneur, des statues se dressent, des fresques s'animent, les verrières étincellent, les mosaïques brillent, l'orfèvrerie se découpe, les nielles se remplissent, tout est en mouvement, tout s'agite pour consacrer les traditions anciennes et rendre hommage aux faits contemporains. Partout Marie occupe une place considérable aussi bien dans les annales de l'esthétique que dans celles de la religion. Car en même temps que les moines s'occupaient dans le silence du cloître à consigner dans les archives de leurs monastères les pieuses légendes racontées quelquefois par des pèlerins voyageurs, ou recueillaient les miracles qui s'opéraient sous leurs yeux, les artistes s'emparant de ces récits qui étaient venus jusqu'à eux, s'empressaient, de leur côté, d'en reproduire dans leurs œuvres les traits les plus saisissants et les plus compréhensibles (3) ; en sorte qu'on peut dire avec un auteur, que par les

---

(1) *Histoire littéraire de la France*, T. XX, pages 719, 734.
(2) *Annales archéologiques*, T. VI, page 55
(3) Toutefois, les écrivains et les artistes n'étaient pas les seuls qui eussent travaillé à cette glorification de la Vierge. Outre les Hugues Farsit, les Guibert de Nogent, les Herman de Laon et de Tournai, on pouvait citer de grands maîtres de la vie spirituelle, de grands prédicateurs dont les talents et l'éloquence entraînante avaient rendu populaire le nom de Marie. Parmi ces noms illustres dans l'Eglise, brille au premier rang celui de l'abbé de Clairvaux, le premier homme de la France. Homme extraordinaire et prodigieux s'il en fut jamais, esprit vif et cultivé, doué d'un caractère affable, d'une belle figure, d'une conversation agréable quoique d'une effrayante austérité pour lui-même ; d'une éloquence si onctueuse et si persuasive que sa langue paraissait une source de miel et de lait, cet homme, ce saint, cet apôtre, qui avait combattu à outrance l'hérésie, prêché la croisade, c'était Bernard, le dévot chapelain de la Vierge, qui avait composé tant d'homélies, pour satisfaire sa propre dévotion et l'imposer aux autres, et qui en mourant avait désiré être enterré aux pieds de ses autels comme pour lui rendre un dernier hommage
A peine cet illustre champion avait-il disparu qu'un autre héros non moins noble par la naissance que par les rares qualités de son cœur et de son esprit, parut dans la Provence et le Languedoc. Cet homme qu'on nous dépeint comme un missionnaire apostolique, amollissant dans ses discours ceux que l'éloquence impétueuse de Saint Bernard n'avait pu émouvoir, s'appelait Dominique. Dans ses luttes avec les hérétiques du Languedoc, il n'eut recours qu'à la voix de l'instruction, à la douceur, aux pratiques de la pénitence, à la prière, surtout à la dévotion à Marie à laquelle il attribuait toutes les conversions qu'il avait faites en établissant le Rosaire. *Vir apostolicus per omnia propugnans fidem, expugnans heresim verbis, exemplis, miraculis.* (Thierri d'Apolda, chap. 2, ÿ 35).
On pourrait ajouter à ces deux grandes figures celle de Saint François d'Assise, qui s'appelait Jean, mais qui reçut le nom de François parce qu'il entendait et parlait parfaitement la langue française, lui à qui, dans une de ses missions d'Allemagne, il était arrivé, étant dans une église de Spire, de répéter par trois fois, avec une espèce de ravissement : *O vierge Marie, pleine de clémence, pleine de bonté, pleine de grâce !* paroles qui furent depuis ajoutées au *Salve Regina* N'est-ce pas lui qui introduisit la coutume de chanter tous les jours cette antienne avec beaucoup de solennité dans cette église de la Portioncule où avait pris naissance en 1209 l'ordre des Frères

INTRODUCTION.   XXIX

légendes et par l'art, Marie brille autant qu'un riche diamant enchâssé dans l'or le plus pur. Or, ce sont ces grands souvenirs des âges déjà lointains, mêlés presque aux faits contemporains, que Gautier de Coincy entreprit, à son tour, de populariser dans ses chants, pensant élever ainsi un nouveau monument à la gloire de Marie que, dans sa pieuse ferveur, il avait prise pour sa dame et le sujet principal de ses poésies. Les simples titres de ses pièces, qui sont au nombre de plus de soixante, prouveraient au besoin que l'auteur de ces vers, loin de se donner, ainsi qu'on l'a dit et répété, comme l'inventeur de ces *prétendus* miracles, a bien soin de déclarer au contraire qu'il n'en est que le modeste traducteur. Son livre, quoique renfermant en partie l'histoire de la puissance de la Sainte-Vierge et de ses miracles, n'en était pas moins un extrait, un choix tiré d'une plus ample collection ou répertoire qui ne contenait pas seulement des faits locaux, mais des légendes appartenant à toutes les époques, depuis l'origine de l'Église jusqu'au temps où il écrivait. Qu'on lise.

  A Saint Maart où biau livraire      Vourai encore bèle matère
  Truis un biau livre donc biau traire    Et biau diz de la bèle Mère.

. . . . . . . . . . . . . . . . . . . . . . . . . . . . . . . . . . . . . . . .

  Se Diex m'ait huy et demain,       Ceus qu'arrière ai entrelessiez,
  Tant miracles me vient main à main,   Lors m'est avis que j'ai laissiez
  En grant livre où je le puis,        Et les meilleurs et les plus biaus.
  Que je ne sai ne je ne puis        Or vous reveil conter de cens
  Les plus plaisans choisir ne lire.      Qu'entrelessiez arrière avoie
  Quant à la foiz le preing à lire       Et d'ausi biaus et d'ausi granz.

. . . . . . . . . . . . . . . . . . . . . . . . . . . . . . . . . . . . . . . .

  Je n'i bée ore plus à penre,        Et biaus miracles y eslise,
  Ains y lerai un autre à penre.       De biaus, de genz et de granz pris,
  Qui ore veut lire s'i lise         Plus en y lais n'en ai pris.

Ces citations, rapprochées de celle qui va suivre, suffiront bien pour dirimer toute controverse à ce sujet.

  Miracles que truis en latin        Que cil et celes que la lettre
  Translater vueil en rime et mettre;    N'entendent pas puissent entendre (1).

Mineurs, dont la Sainte-Vierge était la patronne spéciale, coutume qui est encore usitée dans les couvents de la Trappe où ce chant touche singulièrement les étrangers qui l'entendent.

Après l'élan imprimé à la chrétienneté en faveur de la dévotion à Marie, par Saint Bernard dans le siècle précédent, ce furent ces deux grands ordres qui, d'après les règles de leurs saints fondateurs, ne devaient posséder d'autre patrimoine que la mendicité et leurs vertus, « qui portèrent ce culte à l'apogée d'éclat et de puissance dont il ne » devait plus descendre. Dominique, par l'établissement du Rosaire, et les Franciscains par la prédication du dogme » de l'immaculée Conception, lui élevèrent comme deux majestueuses colonnes, l'une de pratique, l'autre de théorie, » du haut desquelles la douce majesté de la Reine des Anges présidait à la piété et à la science catholique. Toutes » les œuvres, toutes les institutions de cette époque, surtout toutes les inspirations de l'art telles qu'elles nous ont » été conservées dans les grandes cathédrales et dans les chants de ses poètes, nous montrent un développement » immense, dans le cœur du peuple chrétien, de sa tendresse et de sa vénération pour Marie. » Voyez *Introduction à l'histoire de Sainte Elisabeth*, pages 82 et 83, in-12.

(1) Depuis longtemps déjà le peuple n'entendait plus le latin qui était resté la langue de l'Église et des actes publics; encore ces derniers étaient-ils d'un latin si plat et si barbare qu'on aurait pu le prendre presque pour la langue vulgaire. On sait qu'en faisant la conquête des Gaules, les Romains avaient introduit avec le joug de la servitude, celui de leur langue, et que, pendant les cinq siècles de leur domination dans ces contrées, elle remplaça dans les usages politiques et religieux la langue nationale dont les derniers vestiges se sont conservés, dit-on, en

XXX INTRODUCTION.

Nature de ce Recueil.

Il résulte de ces passages si précis, que le poëte traducteur, après avoir choisi, dans un riche et volumineux manuscrit de l'abbaye de Saint-Médard, quelques-uns des miracles qu'il jugeait les plus curieux et les plus édifiants, se contentait ensuite de les translater du latin en vers français ou romans, comme il le dit ailleurs. Ce qui ne veut pas dire toutefois qu'il se soit borné uniquement à rendre dans une version fidèle, quoique libre, le texte de l'original sans y rien ajouter. Il

Basse-Bretagne et dans les montagnes de l'Ecosse. Ducange, Pasquier, Dupleix et Saint Augustin, supposent que les Gaules perdirent l'usage de leur langue maternelle, tandis que d'autres prétendent avec Duclos, que la langue gothique ne put s'effacer du souvenir du peuple vaincu, et qu'il ne put jamais se débarrasser des mots qui avaient une correspondance intime et journalière avec ses pensées. *Eadem nos usquequáque lingua utamur, sed paulùlum variata.*

Pourtant, cette langue de Rome avait survécu à la ruine de l'Empire. Mais à l'arrivée des Francs, le latin déjà mêlé de grec et de gaulois, se corrompit de plus en plus par l'introduction d'un élément nouveau. L'idiome slave et germain en s'infiltrant peu à peu dans les habitudes des peuples du nord, dut faire subir une transformation au langage vulgaire gallo-romain. Ce fut pour empêcher l'invasion de cette langue barbare qui menaçait de détrôner le latin, que Charlemagne, ce grand partisan de la civilisation romaine dont il cherchait à recueillir les illustres débris, fit établir des écoles publiques dans les cathédrales et les monastères et qu'il ordonna que les instructions religieuses se feraient en latin. Mais les efforts de ce grand prince furent inutiles et semblent même n'avoir fait que hâter une substitution qu'il redoutait; car dès la fin de son règne, la langue vulgaire commençait à gagner les chroniqueurs. Déjà on abrégeait les noms de lieux et de personnes; on empruntait le tour et la syntaxe tudesques, et lorsque se forma vers cette époque le mélange de la nation germanique et de la nation française, le latin souffrit la plus grande altération; en sorte qu'en 813 un concile ordonna aux évèques de traduire certaines homélies des Pères en langue romane rustique et en langue théostique ou tudesque, afin que les peuples pussent les entendre. Au Xe siècle, la langue vulgaire envahit le clergé lui-même, puisqu'Aimon, évêque de Verdun, harangue ses collègues en français roman, dans le concile de Monzon-sur-Meuse. Sous le roi Robert, Nanterre, abbé de Saint-Michel, est envoyé en ambassade au roi de France, *Quoniam noverat eum sic responsis acutissimus ex lingue gallice peritià facundissimus* (Analect., t. 2, page 391). Dans le siècle suivant, le latin avait presque perdu son nom après avoir été en grande partie travesti dans la langue qu'il enfanta; le roman libre alors se répandit jusqu'en Orient. Au XIIe siècle, à cette glorieuse renaissance du vieux monde, la langue fait de nouveaux progrès, les sciences fleurissent, les ordres religieux se multiplient; il y eut une quantité prodigieuse d'écrivains et de poëtes ne parlant plus qu'en rimes romanes; ces nouveaux littérateurs semblaient sortir de terre aussi bien que les armées. Quelques années après, sous Louis-le-Jeune, la langue commence à paraître dans les provinces et veut lutter sérieusement contre le latin qui devient incompréhensible. Avec Philippe-Auguste, la langue romane s'avance de conquêtes en conquêtes; elle n'avait eu jusqu'ici que des jets de lumière, des lueurs passagères; mais alors la lumière se dilate, le jour monte, son éclat acquiert de la fixité. Le triomphe de la langue romane rend le latin inintelligible; le bannissement total des mots latins, la négligence dans le genre et dans le cas, le retranchement de plusieurs lettres dans les mots, surtout des voyelles, ayant défiguré les noms, principalement les verbes, réduisirent ceux qui ne savaient pas cette langue ou qui ne l'avaient pas étudiée, à ne plus entendre les écrits latins, quelque simple qu'en fût la latinité. Les trouvères et les troubadours, en popularisant cette langue nouvelle et nationale, l'ont aidée à s'enrichir et à se perfectionner; car la poésie, on le sait, est le plus vieil héritage des langues, et l'usage d'écrire des vers dans la langue populaire est plus ancien que d'écrire en prose vulgaire. Il ne faut pas croire, cependant, que dans la France la langue vulgaire fut uniforme; la différence des dialectes de la langue romane était si grande, que le roman qu'on parlait dans le Poitou était tout différent de celui qu'on parlait au fond de la province de Reims. Si on parvenait à dégager avec soin tous les éléments divers qui ont concouru à la formation de notre langue actuelle, on trouverait que, si la langue rustique du temps de Clotaire (1) suppose la coëxistence de plusieurs langues qui, avec le temps, ont dû se mêler et se confondre et donner naissance à un quatrième idiome, il serait naturel de penser que notre langue dérive de ce dialecte mixte et qu'elle a ses racines les plus profondes dans le latin, le gaulois et le franc. Ce serait peut-être ici le lieu de parler de la formation de cette langue poétique et de ses premières tentatives dans un idiome qui n'est ni picard, ni normand, encore moins breton, mais qui est soissonnais, champenois et un peu parisien; il n'est ni le pur latin, ni le gaulois corrompu, comme dit Fauchet, par la longue possession et seigneurie des Romains, mais un mélange vulgaire qui, d'après Lambert de Châteaudun, se traduit du latin,

Qui du latin la trest et roman la met.

(1) Après la victoire de Clotaire sur les Saxons, on dut composer un chant à l'usage de la Rusticité : *Carmen publicum juxtà Rusticitatem per omnem penè volitabat orum.*

nous avertit au contraire que très-souvent il a fait des digressions utiles (1), et que de ces récits saisissants il a dû tirer des moralités fréquentes, des exhortations, des encouragements, des reproches, dont l'application était facile à faire et coulait comme de source. C'est là la partie de ses œuvres qui lui appartient en propre et sur laquelle il devra être jugé. Nous traiterons ce chapitre au paragraphe IV, lorsque nous répondrons aux incriminations malveillantes dont Gautier de Coincy a été l'objet. Maintenant, voyons pourquoi le poëte a choisi de préférence un semblable sujet et le but qu'il se proposait.

Pour répondre à cette double question, nous n'aurions qu'à renvoyer à la lecture des deux prologues qui sont en tête du premier et du second livres. Dans le premier, le poëte commence par avertir ses lecteurs qu'il a choisi ce sujet de préférence à tout autre, parce qu'il est rempli de nombreux exemples qui portent au bien. Marie est à ses yeux la somme de tous les biens, la créature par excellence, sous le rapport des vertus et de la puissance. Marie est non-seulement une émeraude brillante, une rose vermeille, une douce et fertilisante rosée; mais c'est une fontaine de miséricorde et de toutes les vertus; en un mot, c'est la plus parfaite des créatures, la Reine du Ciel et de la terre. Son influence n'est pas moins grande sur l'individu que sur le monde; car elle remet dans la voie celui qui s'égare, soutient celui qui chancelle; elle rachète, par son fils, le pécheur, délivre le captif. Marie, cette vierge débonnaire, est donc bien redoutable au démon auquel elle fait éprouver d'affreuses défaites. Aussi que de prodiges opérés! Que de miracles édifiants il doit tirer de l'oubli où ils ont dormi si longtemps! Prenant donc le monde où il en était, le poëte religieux disposé à chanter ne voit rien de plus grand que Marie; c'était la grande figure de l'époque. Présagée dans l'antiquité comme la Reine du monde, elle devait en prendre possession, tout devait se ranger sous son empire, surtout les malheureux. Marie était, après Jésus, l'archétype de l'humanité; on pouvait grouper sous son nom toutes les vertus, la puissance, les douleurs. Quel beau et vaste sujet! comme il reflétait bien toutes les phases de l'humanité!

Le but qu'il se proposait n'était pas moins noble: faire connaître les mérites de Marie, les exalter, et pour cela citer les prodiges éclatants qu'elle avait opérés à différentes époques et en divers lieux du monde catholique. L'Orient et l'Occident, l'Asie, la Cilicie, la Palestine, la Turquie, l'Italie, l'Espagne, la France, l'Angleterre et l'Allemagne viennent à l'envie fournir des sujets au poëte.

A ces motifs déjà si puissants, le poëte nous déclare qu'un autre motif, d'un ordre tout moral, est venu s'y ajouter: substituer, s'il était possible, une poésie chaste à des chants profanes, des récits d'histoires vraies et édifiantes à des contes ridicules, à des fables licencieuses qui commençaient à se répandre dans la société chrétienne. Il paraît que les romans du Renard et de Romer, de Tardieu le limeçon, les chansons de Tibergeon et d'Amelot, ainsi que les poésies de Marot (Virgile), faisaient fureur dans le monde, et que les grands, les chevaliers et les princes recherchaient avec un empressement coupable cette littérature efféminée et lascive. C'est au moins ce

*But de ce Recueil.*

---

(1) De ce miracle plus n'i a
Ne mes livres ne me raconte.
Mes par la foi que doi le conte,
N'est pas roison comme resqueue
Que je n'i face un peu de queue.
Souvent m'est vis, par saint Romacle,
Que que je sui en plain miracle
Qu'en prison sui en une barge.
Mes quant sui fors, lors sui au large;
Lors pens et dis quenque je weil,
Quant moi convient suivre le fueil,

Je ne puis pas avec la lettre
Quanque je pens à joindre et metre;
Car trop i auroit de délai.
Por ce laissié à la foiz l'ai,
Por ce les queues j'ai mises;
Et si n'i faites tex devises
Que cui la queue ne plera,
Au paragrefe le lera,
Et qui la queue veut eslire,
Sans le miracle la puet lire.
*Page 611.*

que nous apprend Gautier de Coincy dans ces vers qui peuvent passer pour un véritable portrait des goûts de cette époque (1).

Aiment mes miex atruperies,
Risées, gas et truferies
Sonz et sonnez, fables et faintes,
Que vies de saint ne de saintes.
Longues fables et sermons cours
Demandent mes aval ces cours.
Larges menconges, bordes amples

Aiment mes miex que les essamples
Et les bons moz de l'Escriture.
De la parole de Dieu n'ont cure
Cil haut seigneur ces hautes dames
De la refection des âmes
N'ont mes ces riches genz talent.
. . . . . . . . . . . .

Il n'était pas douteux qu'aux yeux du poëte, on devait préférer à ces productions sensuelles, les récits des touchants miracles de la Vierge.

C'est li refuiz aus pecheeurs;
C'est li soulaz, c'est li confort
A tout foibles et à tout fort.
C'est li mires, c'est la mecine,
C'est li conduit, c'est la pecine
Dont tout li monde est curez.
. . . . . . . . . .
. . . . . . . . . .

Lessons les chant qui riens ne valent
Et les menconges qui avalent
L'âme en teniebres la desouz.
Chantons les chant piteus et douz
Et les conduit de Nostre Dame
Bien seurmonté aroit la gemme
Et bien deable enchanteroit
Qui por s'amour tant chanteroit.

Enfin, réchauffer la dévotion à Marie et pousser au développement d'un culte qui paraissait se refroidir; en un mot, instruire, édifier, chercher à rendre meilleur, tel est le but du poëte; où en trouver un qui soit plus digne, plus moral et plus élevé?

*Table des Sujets.* Pour avoir une idée nette et précise de l'étendue des œuvres poëtiques de Gautier de Coincy, il suffit de parcourir la table des matières que nous donnons ici, telle qu'elle se trouve en tête du manuscrit de Soissons. A l'aide de ce catalogue, il sera facile de distinguer les sujets réellement traités par l'auteur, de ceux qu'on pourrait faussement lui attribuer.

« Cy commencent I les miracles de Nostre Dame en la première partie; II le premier de Théophile; III de Saint Hyldefonse, arcevesque; IIII Des Papelars et des Beguins; V du Filz au juif qui à Borges fut délivré du brazier; VJ du Juif qui geta l'ymage de Nostre Dame en la chambre coïe; VIJ du Prestre que Nostre Dame deffendi de l'injure que son évesques lui vouloit faire; VIIJ du Clerc de Chartres en qui bouche V roses furent trouvées quant il fu deffoui du fossé; IX du Moine que Nostre Dame deffendi du Déables qui le vouloit tuer en guise de lion; X du Clerc que Nostre Dame guari de son let; XJ d'une noble Fame de Romme que le Déable accusa à l'Empereur; XIJ du riche Homme et de la pauvre fame; XIIJ de l'Abbesse que Nostre Dame deffendi d'angoisse; XIV du Clerc qui mit l'anel ou doi Nostre Dame; XV de l'Enfant que le Déables vouloit emporter; XVJ des cinc roses qui furent trouvées en la bouche au moine après sa mort; XVIJ du Moine resuscité de

---

(1) Toutefois, Henri Martin et Paul Lacroix se sont trompés, quand ils ont dit (*Histoire de Soissons*, t. 2), que Gautier de Coincy avait opposé son pieux poëme de Sainte Léochade aux romans chevaleresques de Chrétien de Troyes et aux fabliaux satiriques de Rutebeuf. Il est certain que Gautier de Coincy est bien antérieur à ces deux trouvères, comme il l'est à Thibaut de Champagne et à la plupart des poëtes érotiques de son temps; mais il n'est pas moins avéré que Gautier avait une grande aversion pour ce genre de littérature futile, pour toutes les *tansons*, *les jeux mi-parties* en usage à la cour de Soissons, de Coucy, de Provins et de tant d'autres princes poëtes. Ces compositions frivoles et dangereuses ne pouvaient convenir à un religieux austère. C'est en effet pour contrebalancer l'influence pernicieuse de ces pastourelles licencieuses, de ces récits fabuleux et romanesques, qu'il composa ses chansons pieuses et ses légendes sacrées que depuis longtemps on lisait en latin dans l'intérieur des couvents. Il s'agissait de les rendre populaires, et c'est ce qu'il s'était proposé en les traduisant en langue romane.

INTRODUCTION.                                                                             XXXIII

l'une et l'autre mort par la deserte Notre Dame; xviij de Girart qui s'ocist par le décevement au
Déable; xix de la Nonnain que Nostre Dame délivra de grant poine; xx du Moine qui onques ne
fu aux heures Nostre Dame; xxj du Chevalier à cui la volenté fu contée pour le fait; xxij de la
Nonnain à cui Nostre Dame abreja son *Ave Maria*; xxiij du Larron que Nostre Dame soustint par
troiz jours; xxiv du Sacristain que Nostre Dame visita; xxv du Sarrazin qui aora l'ymage Nostre
Dame; xxvj des deux Fames qui s'entrehaoient que Nostre Dame raccorda; xxvij de l'Ymage Nostre
Dame qui fu ferue d'un quarrel; xxviij de l'Abbé et de sa compagnie que Nostre Dame secourut
en la mer; xxix de Saint Boen qui fu évesques de Clermont; xxx du Miracle de l'escumenié qui
ne pouoit trouver qui le sousist; xxxj du riche Home à cui le Déable servi par vij ans; xxxij du
Clerc à cui l'on trouva une rose en sa bouche après sa mort; xxxiij du Moine que Nostre Dame
guari de son let; xxxiv du Chevalier à qui Nostre Dame s'apparut quant il oroit; xxxv du Moine
que Nostre Dame resuscita qui estoit peri par son peschié; xxxvj de la Nonnain qui lessa l'abbeie
et s'en ala au siècle; xxxvij de la Doutance de la mort et de la chetiveté du monde; xxxviij comment Sainte Leochade fu trouvée, — comment le corps de Sainte Leochade fu perduz, — comment il fu retrouvez, — comment Sainte Leochade par sa prière deffendi le pays de la foudre.
xxxix Ci commence le prologue des Miracles Nostre Dame en la seconde partie; xl le Miracle de
l'Empereris de Romme qui garda chasteté en moult de temptacions; xli de la Chasteté aux Nonnains; xlij le Miracle de Saint Basile; xliij comment Nostre Dame deffendi la cité de Constantinople; xliv de l'Enfant que Nostre Dame resuscita; xlv le miracle de la Fierte de Loon; xlvj du
Juif qui prit l'ymage Nostre Dame en gage; xlvij des deus Frères qui furent à Romme; xlviij du
Vilain qui a grant poine savoit son *Ave Maria*; xlix du Cierge qui descendi sus la viele ou vieleur
devant l'ymage Nostre Dame; l les Miracles de Nostre Dame de Soissons : — l'Enfant ravi en
avision; lj d'un Bouvier puni et guari; lij de la Fame qui recouvra son nes; liij le Miracle de
celui qui avoit le pié perdu; liv de la Fame de Loon qui fu délivré du feu par le miracle Nostre
Dame; lv de la Pucèle d'Arras à cui Nostre Dame s'apparut; lvj de l'Home noié en la mer;
lvij du Clerc qui esposua fame et puis la lessa; lviij le Miracle de Sardenay; lix le Miracle de
Constantinople. lx Ci fenissent les Miracles du second livre; lxj du Dépit du monde. lxij Ci commence les *Ave* de Nostre Dame. lxiij Des cinq Joie Nostre Dame. — lxiv Ci commencent les vies
des Saintes : la vie et la passion Sainte Katerine; lxv la vie et passion Sainte Agnès; lxvj la vie
Sainte Cretine, vierge et martyre; lxvij la vie et passion Sainte Agate; lxviij la vie et la passion
Sainte Luce; lxix la vie à la Sainte Magdeleine; lxx la Vie de l'Egyptiane; lxxj la Vie et la passion Sainte Cecile; lxxij la Vie et la passion Sainte Anastasie; lxxiij la Vie Sainte Géneviève;
lxxiv la vie et la passion Sainte Thècle; lxxv la vie et la passion Sainte Honorine; lxxvj la Vie
et la passion Sainte Marguerite; lxxvij la vie Sainte Justine; lxxviij la Conversion Saint Cyprien
et la pénitance; lxxix la Passion Saint Cyprien et Sainte Justine (1). »

(1) Dans un manuscrit de la Bibliothèque impériale, manuscrit dont nous parlerons à plusieurs reprises dans cet
ouvrage, nous avons trouvé à peu près la même indication, mais en termes différents. Voici ce que nous y avons lu :
Ci commence li prologues sur les myracles N. D. que Gautiers, prieur de Vi, moines de Saint Maurt translata. 1º Cy
commence les trebuches de la première partie dou livre; 2º d'un Arcevesque qui fu à Tolecte; 3º de l'Enfant à un
Giu qui se crestiena; 4º de la Taulete en coi l'ymage de la Mère Dieu estoit pointe; 5º de un Provoire qui tosjors
chantoit *Salve* la messe de Nostre Dame; 6º dou Clerc mort en cui bouche on trouva la flor; 7º de ung Moine que
Nostre Dame délivra d'un démon; 8º d'un Clerc qui fu malade que Nostre Dame sova; 9º de une noble Fame de
Rome; 10º dou Riche et de la veve fame; 11º de l'Abbesse que Nostre Dame délivra de grant angoisse; 12º de
l'Enfant qui mist l'anel ou doit Nostre Dame; 13º dou Jouvencel que li diables ravi, mais il ne le pooit tenir contre
Nostre Dame; 14º d'un Moine en cui bouches on trouva V roses nouvelles; 15º dou Moine que Nostre Dame resuscita;
16º de Celui qui se tua par l'amonestement dou dyable; 17º d'une Nonnain qui vaut pescher, mais Nostre Dame l'en
délivra; 18º d'un Moyne qui ne seoit as eure Nostre Dame; 19º dou Chevalier à cui volenté fu conté pour fait;
20º de la Nonnain Nostre Dame abreja ses salus; 21º dou Larron pendu que Nostre Dame soutint par deux jors;
22º dou Sacretain que Nostre Dame visita; 23º de l'Image Nostre Dame; 24º des deux Fames que Nostre Dame convertit; 25º de l'Image Nostre Dame qui se défendi dou quarel; 26º d'un Abbé qui nageoit en mer; 27º de un
Evesque de Clermont; 28º d'un Excomunié; 29º de l'Oroison Nostre Dame; 30º de celle même Oroison; 31º d'un

5

XXXIV           INTRODUCTION.

Hâtons-nous de répéter ici que le manuscrit ne contient pas ces vies de saintes qui y sont indiquées. Nous ne connaissons aucun exemplaire où elles soient toutes renfermées; nous croyons même que l'on aurait peut-être quelque peine à les réunir aujourd'hui, si tant est qu'elles aient jamais existé, au moins en vers, comme semble le dire la table que nous venons de donner. Maintenant que nous connaissons le livre et tout ce qu'il comprend, il nous importe de connaître l'auteur. Cette étude aura bien aussi son intérêt.

## § III.

Gautier de Coincy. — Lieu de sa naissance. — Son éducation. — Sa profession religieuse à Saint-Médard. — Sa nomination au prieuré de Vic-sur-Aisne; son genre de vie; ses occupations poétiques; son caractère; ses vertus, ses relations d'amitié. — Son rappel à Saint-Médard en qualité de grand prieur claustral. — Sa mort.

Les écrivains contemporains ne nous ont presque rien laissé sur Gautier de Coincy (1). La chronique de Saint-Médard, écrite un peu après la moitié du XIIIe siècle, est presque le seul monument qui en parle, encore son langage est-il si concis qu'elle se borne à nous rapporter quelques faits pourtant intéressants comme date, s'ils ne le sont pas toujours comme évènements. Ainsi elle nous apprend qu'en l'année 1193, Gautier se fit moine à Saint-Médard, sous l'abbé Bertrand, et qu'il était âgé de 15 à 16 ans, ce qui reporterait sa naissance à l'année 1177 (2).

*Lieu de sa Naissance.*    Les historiens ne sont pas d'accord sur le lieu de sa naissance. Les uns, comme le P. Daire et Moreri le font naître à Coigny ou à Coucy; d'autres, comme MM. Corblet et Lebas, supposent qu'il

---

Moyne; 32° d'un Chevalier; 33° d'un Moyne qui fu ou fleuve; 34° de la Nonnain; 35° Sainte Leochade — Cy commence li prologue en la seconde partie : 1° de l'Impératrice de Romme; 2° des Nonnains de Nostre-Dame de Soissons; 3° de la Chasteté aux Nonnains; 4° de Saint Basile, évesque; 5° Comment Nostre Dame defendi la cité de Constantinople; 6° de l'Enfant resuscité qui chantoit *Gaude*; 7° Comment li orfevre fu renluminé; 8° des Marcheans qui offrirent à Nostre Dame des deniers puis li tolirent; 9° Comment la Fierte fut boutée hors de l'église; 10° Comment li moustier et toute la ville fut arse par un dragon; 11° des deux Frères Peron, Estene; 12° d'un Vilain; 13° du Cierge qui descendi au jongleour; 14° Les Miracles Nostre Dame de Soissons; Item, dou Soulier le bouvier; 15° de Gondrée, comment Nostre Dame li rendi son nez; 16° Comment Nostre Dame rendi à l'home li pied; 17° d'une Fame qui fu délivrée à Loon du feu; 18° d'une Fame qui fu gueri à Arras; 19° Comment Nostre Dame sauva un home au fond de la mer; 20° d'un Clerc; 21° de l'Image Nostre Dame de Sardenay; 22° de un Moine de Chartres; 23° le Miracle qui defendi le samedi. *Explicit liber secundus.* — De la Misère d'home et de fame et de la doutance qu'on doit avoir de mourir. — Ci commence le prologue des Salus Nostre Dame. — Ci commence li Salu Nostre Dame. — Ci commence l'Assomption. — Le prologue de Saint Jérôme sur la Virginité, envoyé à Eustochium, fille de Sainte Paule.

(1) Il y a plusieurs poëtes du nom de Gautier, vivant à la même époque. Le premier est Gautier de Lille ou de Châtillon, chanoine et prévôt de la cathédrale de Tournai, auteur d'une épopée latine, en vers héxamètres, l'Alexandréide, qu'il composa vers 1180, et qui obtint une grande vogue. Le second est Gautier d'Arras, auteur d'un roman sous le titre d'Eracle, l'empereur, où il décrit la guerre d'Héraclius avec Chrosnoës, la perte de la vraie croix, sa restitution; enfin, l'origine de la fête de l'Exaltation. L'ouvrage entier contient 14,000 vers. L'auteur le dédia à Thibaud VI, dit le Jeune, comte de Blois, mort sans postérité en 1218. Le troisième est Gautier de Metz, auteur d'un poëme en langue vulgaire, intitulé « l'Image du monde, » véritable traité de Cosmogonie où, au milieu d'un amas de descriptions merveilleuses, il est parlé de l'île perdue que retrouve Saint Bieudant, et de l'Irlande que l'auteur donne comme renfermant le purgatoire de Saint Patrice. Cet ouvrage, accompagné de cartes grossières, est de 1245. Le quatrième est Gautier Map, poëte anglo-normand, qui reçut l'ordre de Henri, roi d'Angleterre, de mettre en français le poëme latin du Saint-Graal et celui de Lancelot du Lac; il vivait encore en 1210. *Dict. encyclop.*, T. 8, par Ph. Le Bas. Voyez, *Manuscrits français*, T. Ier. M. Francisque Michel suppose que Gautier Map, écrivit en latin, et que Borron le mit en vers français. Voyez le Rom. du Saint-Graal, imprimé à Bordeaux en 1841, par M. Francisque Michel. On parle aussi d'un Gautier de Compiègne, d'où notre poëte aurait extrait ses légendes les plus attaquées, *Hist. littéraire*, T. XIX; mais nous n'avons pu recueillir aucun renseignement suffisant sur cet auteur ni sur ses écrits.

(2) MCXCIII, Galterus de Coussiaco monachus factus est, tempore Bertranni abbatis, et erat quindecim vel sex decim annorum. *Spicileg* T. II, p. 799.

naquit à Amiens (*Gloss. du patois Picard*, page 59), ou à Saint-Amand. Pour nous, nous sommes portés à croire qu'il est né d'une famille noble, au bourg de Coincy, village du canton de Fère-en-Tardenois, entre Soissons et Château-Thierry, et où existait autrefois un ancien prieuré de l'ordre de Clugny (1). A défaut de documents positifs, toutes les présomptions les plus fortes semblent se réunir en faveur de cette localité. D'abord, le nom qu'il porte et que lui-même ne manque pas de prendre dans plusieurs endroits de ses écrits (2), les termes de la chronique elle-même, puis la tradition constante des écrivains du pays. On n'est pas mieux renseigné sur la manière dont s'écoulèrent ses premières années. Cependant on est autorisé à croire qu'il les passa dans une grande innocence, puisqu'il fut confié, dès sa plus tendre jeunesse (3), aux soins des religieux de Saint-Médard, qui tenaient alors une célèbre école dans les cloîtres de leur couvent (4).

<small>Son Éducation.</small>

C'est dans cette école ou académie publique qui jouissait depuis plusieurs siècles d'une grande réputation et où la jeunesse du Soissonnais venait s'initier aux sciences divines et humaines, que Gautier vint puiser les premières notions de la grammaire et de la dialectique. Il n'avait pas tardé à y faire profession sous l'abbé Bertrand, en 1193. Gautier fut alors témoin d'un évènement dont il rappelle souvent le souvenir avec énergie et qui semble avoir laissé sur lui des impressions profondes : l'irruption des Soissonnais contre l'abbaye de Saint-Médard. Gautier avait dû rencontrer dans cette maison, à l'époque où il y entrait, un religieux qui portait le même nom que lui et qui avait pu prendre un soin particulier de son éducation religieuse et littéraire. Ce moine, surnommé Gautier *Balena*, était son oncle. C'était un homme de mérite qui avait occupé la double charge de prieur de Vic et de l'abbaye, et qui, en 1196, devint abbé de Saint-Médard. C'est de lui que parle le jeune religieux, lorsqu'il dit dans son poëme de Sainte Léochade :

<small>Sa profession religieuse à Saint-Médard.</small>

Comment cest aventure avint  
Qu'à Vi de Saint-Maart revint,  
Ceste pucèle glorieuse,  
Ceste émeraude précieuse,  
Cist clairs saphirs, cist erchebocles,  
Souvent me conta un miens oncles,  
Un grand sires que prieur vi  
Et de Saint-Maart et de Vi,

Il gist à l'uis saint Benoiet.  
De Dieu soit cil benoiet  
Qui pricront por la soie ame,  
Quant passeront près de sa lame.  
Mes biaus oncles, li prieurs vi,  
Dont ait pitié le prix Dieu, vi.  
. . . . . . . . . .  
. . . . . . . . . .

<small>(1) Ce ne peut être que ce terme *Galterus de Coussiaco* du *Chronicon Sancti-Medardi*, qui a trompé le P. Daire dans son tableau historique des sciences en Picardie, et Moreri dans son dictionnaire historique. Ces deux auteurs ont traduit ce nom latin, l'un par *Coigni* et l'autre par *Coucy*. Cette manière de traduire que nous ne pouvons accepter quand nous avons le témoignage de Gautier lui-même, est venue très-probablement d'une faute d'impression. On aura lu dans le manuscrit *Coussiaco*, au lieu de *Consiaco* ou même *Coinciaco*; il n'a fallu pour cela que le déplacement d'une lettre, prendre une *n* pour un *u*. M. Le Bas, *Dict. encyclop.*, T. VIII, a trouvé plus commode de placer le lieu de sa naissance à Saint-Amand; nous ignorons sur quelle preuve il s'est appuyé, ainsi que M. l'abbé Corblet qui le fait naître à Amiens. Louis Racine avait lu *Coinfi* en voulant redresser Dom Germain qui avait parfaitement écrit *Coincy*.

(2) Gautier dit lui-même, page 10.

Pour ses miracles biau rimer,  
La langue Gautier de Coinsi  
Qui pour s'amour commence einsi.

(3) Au moyen-âge, les enfants nobles étaient souvent confiés, dès leur bas âge, aux communautés religieuses. Saint Ouen, né à Sancy dans le Soissonnais, était venu, dès l'âge de 5 ans, à Saint-Médard. En 1208, Gobert de Coucy devint moine à l'âge de 7 à 8 ans, dit la chronique, ce qui suppose qu'il y était déjà depuis plusieurs années.

(4) L'école monastique de Saint-Médard était en possession, depuis longtemps, d'une grande célébrité. L'abbé Geoffroy possédait le talent de bien enseigner la jeunesse (Vie de Saint Gosvin, abbé d'Anchain). Pierre Abeilard, que le concile de Soissons y relégua, ne nuisit pas aux études qu'on y faisait. Les principaux élèves qui en sortirent furent Anselme, évêque de Tournay, et Roger qui lui succéda en qualité d'abbé de Saint-Jean de Laon. — *Hist. litt. de la France*, Discours préliminaire; *Tableau historique*, par Daire, p. 48. Guibert de Nogent.</small>

XXXVI INTRODUCTION.

*Sa Nomination au prieuré de Vic.*

Ce fut cette même année, 1196, qu'on établit à Vic-sur-Aisne une petite communauté de moines destinés à desservir une chapelle dédiée à Sainte Léochade, et à prendre soin de tout ce qui avait rapport au culte de la Sainte (1). Son oncle mourut l'année suivante. En 1214, au mois d'août, Gautier, qui s'était fait remarquer parmi ses confrères par sa piété, son zèle et sa capacité, fut nommé prieur de Vic-sur-Aisne (2). Il avait alors 37 ans. Si l'on juge de sa nouvelle position par le tableau qu'il nous en a tracé, on voit que le prieur de Vic menait dans cette maison une vie pieuse et occupée, et que sa petite congrégation, composée de trois ou quatre religieux, offrait l'image d'une fervente communauté. Il nous apprend lui-même les charmes qu'avait pour lui cette existence qui s'écoulait si tranquille et si calme, à l'ombre d'un petit cloître, sous les arcades silencieuses d'une maison si peu considérable, mais si édifiante. *Voyez page 101.*

*Son genre de vie.*

*Ses occupations.*

C'est dans cette douce retraite, dont il fait un bel éloge, qu'il s'adonna à la poésie et qu'il traduisit en *romans* les pieuses légendes qui composent son grand ouvrage. En nous déclarant qu'il en avait pris le texte dans la bibliothèque de Saint-Médard, il semble nous avouer qu'il en avait emporté, sinon le recueil, au moins une copie; car on communiquait alors difficilement les précieux manuscrits qu'on tenait sous clefs, comme il le dit, dans de grandes armoires, quand on ne les enchaînait pas, comme à Saint-Jean-des-Vignes. Lui-même nous révèle à ce sujet de curieuses particularités (3).

Tant c'un miracle ait retrait
Dont mes livres mençion fait. *P. 461.*
. . . . . . . . . . .
Mes livres, conte et deviso. *P. 633.*
. . . . . . . . . . .
Tant miracles me vient à main
En grant livre où je le puis,
Que je ne sais ne je ne puis
Les plus plaisans choisir ne lire,
Quand à la foiz le preing à lire.

. . . . . . . . .
Ce livre ci n'est pas traitié
Pour teles gens bien le sachiez;
Ne de ces biaus fermians d'argent
Jà deffermez n'iert por tel gent.
. . . . . . . . . . .
Le biau miracle vueil retraire. *P. 650.*
De l'ymage de Sardenay
Encore conté miracle n'ay,
Ce m'est avis, plus merveilleus.

(1) La chronique de Saint-Médard se contente de dire : MCXCVI, *Monachi positi sunt apud Vicum.* Trompé par ces paroles, nous avions rapporté ailleurs, d'après les historiens du pays, que la translation des reliques de Sainte Léochade, de Saint-Médard à Vic-sur-Aisne, avait eu lieu cette même année. Nous croyons avoir fait erreur avec eux. En relisant avec plus d'attention le texte de Gautier, il nous a semblé que cette translation avait dû avoir lieu, non en 1196, mais au IX<sup>e</sup> siècle, vers 840, sous l'abbé Raoul I<sup>er</sup>.

Li bons abbés (Raoul), li bons senez,
La ville où fu norris et nez,
A cele fois n'oublia mie;
Ains y porta la Dieu amie
La sainte Vierge, c'est la Somme,
A Saint-Maart, le vieil preudomme
Ausi comme à force ravi;
Si l'aporta et miest à Vi.
Tenue l'a en grande chierte.
. . . . . . . . . .

L'abbé à Vi en sa chapelle
Porter en fist la demoisèle
A moult haute procession,
En un jor d'une ascension.
Encore dure en la mémoire
Chasqu'an, l'année au roy de gloire,
Au haut jor de l'Ascension,
Portons à grant procession
Par le châtel et par la ville.

(2) Galterus de Coussiaco, prior de Vico efficitur mense Augusto. *Chron. spicil.*, T. II, page 792.

(3)  A tant puis clorre le grant livre
Qui matère me donne et livre.
Leu y ai tant que ma teste
Qu'èle se deust, moult bien m'ateste.
Or l'en report en nos armaires
Ou nos prieurs, ou nos armaires

Je n'i béc ore plus à penre.
. . . . . . . . . .
Quant issus soi et eschapez,
Du grant livre as granz cleus chapez,
Ains que cestui ai finé,
J'ai dit *tu autem, Domine.* Page 686.

# INTRODUCTION. XXXVII

En latin, et moult de leus  
Et ce latin es biaus et genz.  
Mais pour ce que toutes les genz  
N'entendent pas très-bien la lettre  
Ici le vueil en roman mettre (1).

Pourtant cette vie si calme, et dont tous les moments étaient partagés entre les exercices de la vie monastique et le travail de la composition poétique, ne devait pas s'écouler avec la même sérénité. Pendant que le prieur de Vic était occupé à versifier ses touchantes légendes, il eut au milieu de la nuit une affreuse vision. Un horrible démon lui apparut pendant son sommeil, le menaçant de quelque épouvantable malheur. Ce fâcheux pronostic ne tarda pas à se réaliser. En 1219, l'année même de la prise de Damiette, des voleurs s'étant introduits furtivement, pendant la nuit, dans la chapelle du prieuré, située dans l'enceinte du château, y dérobèrent une châsse émaillée dans laquelle était renfermé le corps de Sainte Léochade, et une belle statue peinte et dorée de la Sainte-Vierge qu'il venait de faire exécuter. C'est à cette occasion que Gautier nous a laissé une pièce de poésie où il exhale en termes touchants et naïfs la profonde douleur que lui causa cette déplorable aventure, dont il raconte toutes les circonstances d'une manière extrêmement intéressante. Les trois complaintes en musique qu'il composa pour en perpétuer le souvenir, sont d'une poésie pleine de charmes et de simplicité; elles peuvent passer pour des petits chefs-d'œuvres de sensibilité et de grâces.

Nous ignorons quelle influence exerça sur sa santé cet évènement qui paraît lui avoir été extrêmement pénible (2), mais nous savons à n'en pouvoir douter, que Gautier était d'une constitution assez faible et qu'il menait une existence maladive. Il se plaint très-souvent dans ses vers d'avoir eu des maux de tête presque continuels.

Ici m'alaine vueil repenre  
Et mon las chief que moult ai tenre,  
Un petit ci recrierai,  
Et puis après recrierai  
Et redirai encor avant  
De ces miracles bien avant,  
Quant reposez serai un peu,  
Que remettrai les fers ou feu;  
. . . . . . . . . . . *P. 128, v. 857.*

. . . . . . . . . . . . . . . . . . . . . . . . . . . . . . . . .

La Mère Dieu qui est l'estoile,  
Qui à droit vent et à droit voile  
Maine et conduit touz nos amis,  
A rive m'a et à port mis.  
Ne m'os or, plus en mer enbatre,  
Ains prendrai port, s'irai esbatre,  
Et recrier un peu ma teste.  
Chantons, en chantonnet ma teste  
Qu'à la foiz fait bon reposer  
Joie et travail entreposer.  
Repos demant et repos weil.  
Li chief me deut, si fons li eil.  
. . . . . . . . . . . . . . . . . . . .  
Nes mes cuers m'en va destravant  
. . . . . . . . . . . . . . . . . . . .  
Et puisque j'ai mal en mon chief,  
Tuit mi membre sunt à meschief.  
Por le chief finer me convient. *P. 697, v. 408.*

Sans cette indisposition trop habituelle, Gautier nous apprend qu'il aurait continué son travail.

---

(1) Ce miracle n'en rommençoi. *P. 225, v. 505.*  
. . . . . . . . . . . .  
Et je meismes qui escrit  
En rommans met et le latin. *P. 177, v. 656.*

Le roman ou romance était la langue populaire de cette époque. C'était un composé des langues gauloise, latine et tudesque ou franque qui commençaient à former un idiome particulier, d'où est sorti notre langue française actuelle. Il est évident que tous ces éléments divers qui ont concouru à la formation de notre langue, y sont entrés dans des proportions bien différentes, et que le latin peut réclamer une part importante et capitale.

(2) Pucele ou toute sourt,  
Se ta douceur me fais le sourt,  
Brièye et courte iert ma vie  
Daigne ta vierge renvoyer,  
Qu'anemis por moi fausnoier  
M'a tolue et ravie.

Ne porquant si très-bien dure
La teste eusse et bien délivre
Encor feïsse le tiers livre ;

Mais dangereuse l'ai et tendre
Porce n'i veil plus atendre.

Ce troisième livre en effet, il ne l'entreprit pas, quoique nous ayons rencontré des manuscrits qui parlent d'un troisième et quatrième livres. Mais, c'est parcequ'ils ont assigné à ses œuvres morales un autre ordre.

C'est sans doute à cette complexion délicate et nerveuse, sœur de la mélancolie, qu'on doit cette teinte de tristesse que respirent parfois ses vers, comme ceux-ci où, déplorant le trépas d'amis ravis à son affection, il semble présager pour lui-même une mort prématurée.

N'ai or laisir que plus en face.
De la santé ou de l'espace
Que m'a donnée li douz Père
D'un peu loer sa douce Mère
Soit-il graciez et loez !
Touz mes amis m'a si hoez

Et assartez la mort amère,
Que croi, ce ne fust la Dieu Mère,
Ne m'eust jà tant lessié vivre
Que fait eusse ce grant livre.
La tierce part et non la moitié
De ce que tant ai esploitié. *P.* 673, *v.* 40.

Il est à remarquer cependant, que cette indisposition qui paraît avoir été chronique, non plus que le douloureux événement dont nous avons parlé, ne l'empêchèrent pas de se livrer à son goût pour la poésie, et qu'il n'en reprit qu'avec plus d'ardeur son œuvre de prédilection. Peut-être cherchait-il dans ces nobles occupations une utile diversion à ses chagrins intérieurs, un délassement nécessaire à une santé compromise qui allait s'affaiblissant et dont les dernières lueurs devaient s'éteindre dans ces lieux mêmes où s'était écoulée sa jeunesse.

Cette manière de parler de lui nous donne à entendre à quelle année il faut rapporter ses principaux ouvrages. On voit que le premier livre était déjà terminé, ou sur le point de l'être, en 1219, puisqu'en rappelant l'événement du vol des reliques, Gautier nous apprend que ce fut au moment où il avait commencé à rimoier (1). Il ajoute, dans un autre endroit, qu'il avait fini son premier livre l'année même. A l'en croire, ce fut pour le punir de son empressement et de son zèle à louer la Sainte-Vierge par ses traductions en langue romane, que le démon lui fit enlever la Sainte. Le second livre nous paraît avoir été composé après 1219, mais toujours à Vic et sans avoir éprouvé cette notable interruption, de quelques mois peut-être ; car il déclare dans son prologue, que s'il peut encore vivre un été, cela lui suffira pour achever son œuvre : preuve de son ardeur pour l'étude et de la facilité de son talent. Peut-être aussi sa pauvre et chétive santé s'améliorait-elle un peu pendant l'été. Pour prendre un peu de répit dans ce vaste labeur, il aimait à composer, après ses pièces les plus longues et les plus sérieuses, de petites chansons pieuses qui offraient une agréable distraction à son esprit fatigué. On peut donc, sans crainte de se tromper, assigner à cet ouvrage la date de 1218 à 1222. Il est certain, dans tous les cas, que ce fut dans la période de 1214 à 1233 que cette composition eut lieu ; car, soit que le poëte chante, qu'il raconte ou qu'il moralise, c'est toujours comme prieur de Vic-sur-Aisne.

Sa chanson ci finie, le prieur de Vi a.
. . . . . . . . . . . . . . .
Entendez la page présente

Que vous transmet, que vous présente
Li prieurs de Vi, Danz Gautiers.

Volant me prend que vous retrace
Une merveille que je vis,
Queque prieur ière de Vi.

(1) Dès l'année précédente, vers 1218, il avait traduit en vers la vie de Sainte Cretine, puisqu'en parlant de Sainte Léochade, dont la relation est toute entière de lui, il dit :

Pren avec toi Sainte Cretine
Dont rimoié l'autre an l'estoire.

INTRODUCTION.                                              XXXIX

Bien que nous manquions de détails précis sur le caractère de Gautier, il nous semble cepen-  **Son Caractère.**
dant assez facile de l'apprécier sous ce rapport. En dehors des renseignements historiques, le
meilleur moyen de connaître un homme, n'est-ce pas de le juger d'après ses œuvres? Or, les
œuvres d'un auteur, d'un poëte, ce sont ses écrits où se reflètent assez ordinairement les habitudes les plus intimes et où l'homme se révèle avec son cœur, ses vertus et ses passions.
Consultons-les donc, et peut-être nous fourniront-ils une partie des documents que nous avons
inutilement demandés aux chroniques contemporaines et aux appréciations modernes.

Sous le rapport moral, Gautier nous paraît avoir été un moine sérieux comprenant parfaitement  **Ses Vertus.**
les devoirs que lui imposaient la vie religieuse à laquelle il s'était voué et la charge de prieur
dont il était revêtu. Il suffit de lire ses écrits pour sentir qu'il remplissait ces saintes fonctions
avec une exactitude rigoureuse. Mais ce qui le distinguait surtout, c'était une foi simple et naïve,
telle qu'on la rencontre à cette époque, l'âge d'or des ordres religieux; foi qui ne pouvait admettre le moindre doute, même à l'égard des miracles les plus extraordinaires, qu'il rapporte
avec une conviction si vive et si profonde. Ecoutez-le.

    Mes trop souvent trop mal me fait
    Ce que je vois aucunes gens
    Que nus miracles tant soit granz
    Ne tant soit genz croire ne puent.
    Ains les murtrissent et enfuent
    A leur povair et obscurcissent;
    Leur péchié si les endurcissent,
    Que la douceur ne voient mie
    De Madame Sainte Marie.
    Nes des lettres sai-je tiens,
    Qui de venin sont si gletieus,
    Que leur cuer point ne se délite
    En la grâce Saint-Espérite.
    Le bien heent et ruent puer
    . . . . . . . . . . .
    De mau talent, d'ardeur dire,
    D'une douceur quant l'oent dire,
    D'un miracle, d'une vertu,
    Touz tens dient que c'est d'artu.
    . . . . . . . . . . .
    *Voyez pages 174 et suivantes.*
    Page 665, V. 673.

Voici ce qu'il répond ailleurs aux incrédules et aux mécréants:

    Si apertes, si escloircies,
    Si hautes, si autorisées
    Sont les œuvres la Virge monde,
    Par ouï dire a sauvé le monde.
    Que clerc ne lai douter n'en doit;
    Et s'il en doute, de son doit,
    Li doit chascun les yex pouchier.
    N'eust mie tant haut clochier,
    Ne tant église haute et bele,
    Tant moustier, ni tante chapele.

Sa piété n'était pas moins sincère que sa foi. Mais s'il avait une grande confiance en Sainte
Léochade (1), il avait une dévotion bien autrement ardente en la Sainte-Vierge, se recommandant
sans cesse à elle dans ses chants et suppliant ceux qui les liront

    Et qui diront pour m'ame
    Le douz salu la douce Dame.
    . . . . . . . . . . .
    Ceste page est ci fenie;
    Dame qui l'avez oie,
    Li povres prieurs vous prie
    Que vous ne l'oubliez mie.
    *Immo mente sedula.*
    Priez la Vierge Marie
    Que par sa grande courtoisie,
    Vous et lui doint bonne vie
    Et la douce compaignie.
    *Per eterna secula. Amen.*

(1)   Sus sa Virge ait moult aresté,
    Car je l'ain tant la fleur d'esté,
    La fleur de lis, la fresche rose;
    Si volentiers de nule chose
    Ne parle com de lui, par m'ame,
    Fors seulement de Nostre Dame
    Certes moult l'aim et moult m'i fi
    Et volentiers la magneli;
    De lui doit estre bien dizanz,
    Car gardée l'ai bien X ans
    Je gart son cors, gart que gart m'ame
    Je la commant lui et sa Dame.
    Sa Dame est cele et jor et nuit
    Si commandent li sage tuit.
    *P. 102, v. 1169. Voyez sa prière, p. 104, v. 1220.*

XL                    INTRODUCTION.

Son amour pour Marie était extraordinaire. Il la qualifiait, comme nous le verrons plus loin, des noms les plus doux. Si la madone se présentait à lui sous les traits les plus attrayants, il l'environnait aussi, à son tour, des images les plus vives et les plus suaves.

A ces hautes qualités de vertus, le prieur de Vic-sur-Aisne en joignait une qui leur donne un nouveau prix, une humilité profonde et vraie.

Li pri cu'un peu m'estraint mon chief
De ses très blanches mains polies ;
Si en dirai mains de folies.
Tant a en moi peu de savoir,
Se ne m'ensaigne, bien sai devoir,
Tost arai dit quanque je sai.
Des Trouveurs quaant je m'essai,
Ne me pris mie les essaies,
Mais por ce vest-je noires saies.
Et ils vestent les robes vaires.
Ne leur desplaise mes affaires ;
Quar trouverres ne sai-je mie ,

Fors de ma Dame de m'amie :
Ne menestiex ne sui-je pas ;
Mais les nuis que j'en trespas,
Et por ce que je en ai tensées
Aucunes foiz vaines pensées,
A la foi ce mi suis pris.
Je ne truis pas por avoir pris,
Ne por robes , ne por avoir,
Mais por l'amour la Dame avoir,
Qui tost revest les ames nues,
Et ses amans emporte es nues.
*Page 103, V. 1298.*

Il aime mieux plaire à Marie et aux personnes qui la servent qu'aux mondains, par des mots polis et *genz*.

Li simple mot charchié de fruit
Valent moult , miex si com je cuit ,
Et plus à l'ame sont vaillant
Que mot agu ne mot taillant,

Que plusieur dirent por renon,
Ou il n'a rien se fueille non.
A tex moz n'a point d'éficace.

Mieux vaut le grain que la paille. Il ne veut pas mettre son attention ni sa pensée à de telles compositions ; il laisse cela à d'autres.

Vous grant seigneur, vous damoisel ,
Qui a compas qui a cisel
Tailliez et compassez les rimes
Equivoques et léonines,
Les biaus ditées et les biaus contes ,
Por Dieu ne m'escharnissez pas
Si je ne di tout à compas.
N'ai pas les mos touz compassez ;
Se de biau dire me passez.

Avoir ni doi honte ne blasme ;
Encor sai bien qu'aucun me blasme
Quant de tel chose m'entremet.
Mais la Dame por cui g'i met
Ma pauvre cogitation
Set bien et voit m'entencion ;
Ele set bien la douce Dame
Guerredon d'ome ne de fame ,
Se de li non ne je n'atent.

On voit qu'il joint le désintéressement et le détachement de la gloire du monde à l'humilité ; car il dit encore ailleurs :

Un seul miracle encore vueil dire
Et puis si me reposerai.
Que le Diex plest, disons après
Je suis tout las et il sunt frès.
J'escouterai et cil diront
Qui sens assez por bien dire ont,
Se faire veulent plus biau dit ;
Or ont matere davantage.
Ne m'en tient mie à tant sage
Qu'en ce qu'ai dit n'ait à repenre.

Qui très bien garde i vourroit penre ,
Et qui n'i ait moult à limer
Qui taillaument vorroit rimer.
Asses de tiex mos a trepas,
Ou grant loisir ou n'ai pas
De regarder ne d'aluchier
Por chascun mot espluchier.
S'aucun l'amende et miex vous dire,
Bon gré l'en sai et Diex li Mere ,
Quar sont à luigne et à compas ,

INTRODUCTION.                                                                   XLI

Grant livre ne fait-on pas.                      Que m'a donnée li douz Père
N'ai or loisir que plus en face                  D'un peu loer sa douce Mère.
De la santé ou de l'espace                       Soit-il graciez et loez !....

Ce seul passage suffirait pour démontrer aux plus incrédules que Gautier n'a jamais cherché à paraître dans le monde comme *un bel esprit de couvent*. Il ambitionna encore moins la réputation dans le cloître *de bel esprit du monde*, comme on l'a prétendu sans aucun fondement. Gautier n'est même pas un trouverre, un de ces heureux poëtes qui, de si loin qu'on entendait les sons harmonieux de leurs violes, voyaient s'ouvrir les portes des châteaux hospitaliers, tandis que les puissants feudataires faisaient retentir l'air du choc de leurs armes de bataille, rompaient des lances en faveur de la galanterie. Pour lui, il ne cherche pas les fines délicatesses et les grâces de bien dire. Il ne prend ni l'épopée romanesque qui captivait les masses attentives et enthousiasmées par le récit des hauts faits des anciens preux, ni ces fabliaux dans lesquels ces « jougleurs » donnaient un libre cours à cette humeur grivoise, frondeuse et satirique qui constitue un des côtés saillants de l'esprit français. Poussé par cet esprit de réserve et de timidité, il va jusqu'à désirer qu'un de ces grands poëtes populaires qui ont le privilége du talent et l'éclat du génie puisse s'occuper de ce grand sujet, celui de chanter les louanges de Marie. Loin donc d'être un bel esprit à la mode, Gautier était au contraire un homme sévère pour lui et pour le clergé en général dont il se faisait une haute idée ; ce qui explique la critique un peu acerbe qu'il fait parfois de ses mœurs, dénonçant ses fautes avec une entière liberté de langage, aussi bien que celles des grands du monde et des gens du peuple ; flétrissant le vice, la simonie, l'ambition, l'avarice, l'impiété, l'orgueil partout où il les rencontre (1) ; dévoilant aussi avec une grande fraîcheur d'idées les beautés de la vertu, l'amour de la prière, de l'oraison (2), les chastes douceurs de la virginité (3), les grandeurs de la pauvreté et les avantages de l'aumône (4). Ne faut-il pas être sûr de son cœur, de sa vie et de ses sentiments pour tracer de semblables tableaux ?

Malgré cette vie de retraite et cette morale sévère qui règne dans ses écrits, Gautier n'était pas cependant un de ces esprits chagrins à qui la gaîté n'arrache jamais un sourire. Dans l'occasion, il savait même se livrer à une plaisanterie innocente. Un jour qu'il envoyait aux religieuses de Notre-Dame de Soissons, pour lesquelles il avait conservé une affection pleine d'une pieuse et sainte tendresse, il leur annonce joyeusement l'envoi d'un poisson qu'il avait pêché à Vic-sur-Aisne. Ce poisson, c'était son beau livre des Miracles, son œuvre de prédilection.

    Ici me prent, ici m'aart                        Com j'ai peschié à Vi-sur-Aisne.
    Grant volonté, par Saint Maart,                  Par un garçon, sus un asne,
    Qu'à mes Dames que moult ai chieres,             Leur tramet-je pas cest présens ;
    Aux Demoiselles, aux cloistrières                Ains leur envoi, ains leur présens
    De Nostre-Dame de Soissons,                      Par ces biaus livres et par ces pages
    Envoi un mes de tiex poissons,                   Qui parleront plus bel cuns pages.

Ainsi, quoiqu'éloigné de Soissons, le prieur de Vic n'en avait pas moins conservé des relations *Ses Relations d'amitié.* suivies non-seulement avec le monastère de Saint-Médard, dont Vic-sur-Aisne était une dépendance depuis la donation que Berthe, fille de Charlemagne, en avait faite en 814 ; mais avec des personnes du grand monde. Il comptait au nombre de ses amis intimes le vieux Raoul de Nesles, qu'on appelait toujours « li bons cuens » de Soissons, et qui était en effet fort considéré à cause de son expérience et de sa sagesse. Il y avait d'ailleurs sympathie entre ces deux hommes ; car

---

(1) Voyez pages 70 ; 440, v. 500 ; 479, v. 160 ; 485, v. 508 ; 499, v. 250 ; 539.
(2) Voyez pages 65, 255, v. 690 ; 752, v. 606.
(3) Voyez pages 775, v 270 ; 717 ; 743, v. 226
(4) Voyez pages 167, 689, v. 10.

tous deux avaient le goût de la poésie à un haut degré et ils la cultivaient avec un certain succès. A part donc les qualités sérieuses qui recommandaient si puissamment le comte de Soissons, il n'en aurait pas fallu davantage pour lier étroitement ces deux poëtes si bien faits pour se comprendre. Gautier entretenait aussi des relations d'amitié avec les pieuses comtesses de Blois et de Soissons. C'est même à la prière de l'une de ces dames qu'il traduisit quelques-uns des miracles arrivés à Soissons.

> Mais por ce un peu en sui en granz
> Que la contesse Ades m'en prie
> De Soissons qui moult est m'amie,
> Et qui moult aime de cuer fin
> La mère Dieu qui bone fin
> Lui doint donner et bone vie ;
>
> Et mon cuer plustost si raplie
> Pour ce qu'avindrent à Soissons
> Où me norri de ces poissons,
> De ces flaons et de ses miches,
> Messires Saint Muart, li riches.
> *Page 146.*

Les abbesses de Notre-Dame de Soissons et de Fontevrault, ainsi que l'abbé de Saint-Eloi de Noyon, Robert de Dive, avaient aussi une très-grande part dans ses affections, ainsi qu'il le proclame dans la curieuse épître à son livre.

> Li livres or tost, vat-en, vat-en.
> Va à Noion, plus n'i aten.
> Bien sai-je que jor et nuit l'abée
> Robert qui m'a m'amour robet,
> Mil foiz le me salueras ;
> Et lorsque contrescrit seras,
> Garde d'aler, jamais ne fines.
> Salue mi Roys et Roynes,
> . . . . . . . . . .
> Mes garde bien où que tu soies,
>
> A Roynes ou à Duchesses,
> Qu'à saluer pas ne m'oublies
> Mes deus espécians amis,
> Mes deus Contesses, mes deus dames,
> Desquèles daint mettre les ames
> En paradis li Reys des Roys.
> L'une est la Contesse de Blois,
> Et l'autre est celle de Soissons.
> . . . . . . . . . .
> *Page 684, V. 105.*

Et dans l'exhortation à la chasteté, il ajoute, page 709, vers 24 :

> Livre, va-t'en isnelement ;
> Salue-moi moult doucement
> L'abbesse de Nostre Dame
> Qui moult est certes douce fame.
> Les demoisèles les cloistrières
> Salue-moi, quant en cloistre ières,
> Cent mile foiz à tout le mains ;
> Et si leur di : qu'à jointes mains
> Moult doucement leur quier et proi
> Qu'èles prier veulent pour moi.
> . . . . . . . . . .
>
> Quant de Soissons départiras,
> V, c foiz saluer m'iras
> L'abbesse de Fontevvaut
> Que je moult aim et qui moult vaut.
> De son affaire ai tant apris,
> Que je moult l'aim et moult la pris.
> De touz les cloistres qu'èle garde
> Et de li daiat cèle estre garde
> Qui en ses flans ix mois garda
> Le Roy qui tout en sa garde a.

L'austère prieur de Vic pouvait avouer de semblables liaisons, sans avoir à en rougir. Ce commerce de sainte amitié qui l'attachait à ces hauts personnages, reposait sur une base inattaquable, sur la communauté de dévotion et d'amour que ces âmes d'élite avaient pour Marie, sans en excepter son cher ami Dom Robert, qu'il paraît avoir aimé avec une tendresse toute particulière, et qui rappelle, quoique avec une grande supériorité de sentiment, la belle ode d'Horace sur l'amitié et la magnifique expression du *dimidium animæ meæ*.

> Qui est un des moines qui vive,
> Qui plus aimme la douce Dame.
>
> . . . . . . . . . .
> C'est un des moines que je sache

Pour ce qu'il l'aimme, l'aim, par m'ame,
Plus a biaus dis de Nostre Dame,
Pieça que l'aim par bone foi.
. . . . . . . . . . . . . .

Bon compaignon m'a Diex donné.
Moi et lui doint amer la Dame
Qui de s'amour la nostre enflamme.
Pour lui nous entr'amon en dui.

C'est, à ce qu'il paraît, ce digne ami dont il fait le plus grand éloge, qui le poussait à ce travail sans lui donner, ainsi qu'il le dit, le moindre relâche.

Ades m'escite, ades me point
« Ades, » dist-il, « ades, ades.
» Avant, avant, après, après.

» Après, après, or tost, or tost. »
Et lorsque j'ai riens fais tantost
Des poinz le me trait et sache.

Gautier ne devait pas cependant terminer ses jours à Vic-sur-Aisne. Il lui fallut quitter ce séjour délicieux et la petite communauté qu'il affectionnait tant. Ses vertus et sa capacité l'avaient désigné depuis longtemps aux suffrages et au choix de ses confrères. Il ne pouvait donc échapper aux distinctions et aux charges de son ordre. En 1233, il fut nommé grand prieur claustral de l'abbaye de Saint-Médard, et installé le 19 juin, le jour de Saint Gervais et de Saint Protais, patrons du diocèse de Soissons (1). Gautier était resté 19 ans à Vic-sur-Aisne. Une fois investi de ses nouvelles fonctions, nous n'entendons plus parler de l'ancien prieur de Sainte Léochade; il semble qu'il ne songea plus qu'à se faire oublier et à se préparer à une mort prochaine, ce qui n'était pas difficile, au reste, pour un religieux comme lui, qui avait toujours vécu d'une manière exemplaire. Pour un homme animé de cette dévotion si tendre, versé dans la spiritualité, vivant depuis longues années dans un détachement absolu, qui est comme un lent apprentissage du tombeau, l'aspect de la mort n'avait rien de terrible ni de repoussant. Pourtant, avec cette vie qui s'éteignait de jour en jour, les idées sombres et mélancoliques ont dû faire un chemin rapide; aussi mourut-il trois ans après son élection, le 25 septembre 1236, le jour de Saint Prince, évêque et confesseur, n'étant âgé que de 59 ans (2). C'était, toutefois, une vie entière passée dans le cloître et dans un culte d'enthousiasme rendu à la vierge Mère. Nous pourrions presque lui appliquer ce que M. de Montalembert dit si bien du séraphique François d'Assises, cet italien au cœur si chaleureux pour le service de Dieu et de Marie, « qu'il a chanté ses miséri-
» cordes avec une tendresse sans égale, en sorte qu'on voit bien que chez lui c'était l'amour cé-
» leste (3). Il semble que » Gautier de Coincy « qui voyait Marie établie Reine du Monde, l'arche-
» type où toutes les croyances, les tendres affections, les douleurs, qui s'élançaient du cœur de
» l'homme venaient se fixer, dût être aussi la reine de la poésie chrétienne; et nous croyons que
» parmi ceux qui lui ont offert, dans leurs vers, le plus pur encens, il faudra un jour compter »
Gautier, » lui qui, dans ses Miracles, semble avoir voulu concentrer sur elle tous les rayons de
» tendresse, de beauté, de miséricorde et de puissance dont elle avait été environnée depuis
» douze cents ans par le monde catholique. » Et pourtant, on dit que les funérailles de ce dévot serviteur de Marie furent ensanglantées par les assauts que les Soissonnais venaient de recommencer sur l'abbaye. La guerre et la paix, le pardon de Dieu et la vengeance ne pouvaient donc pas se donner la main sur une tombe entr'ouverte !!! Mais la vie de cet homme, simple comme ses écrits, n'en avait pas moins été dignement remplie. Puisse l'avenir, appréciateur plus juste de ses vertus et de son mérite littéraire, lui réserver une place distinguée parmi les écrivains de cette époque, place que ses contemporains paraissent avoir oublié de lui assigner, et que d'injustes détracteurs modernes ont essayé vainement de lui contester.

_____

(1) M CC XXXIII. Galterus de Coussiaco, prior de Vico, magnus prior ecclesie beati Medardi efficitur, mense Junio, in die Sanctorum Gervasii et Prothasii. *Chronicon Sancti Medardi.*

(2) M CC XXXVI. Galterus de Coussiaco, magnus prior beati Medardi, obiit mense septembri, in die festivitati Sancti Principis, episcopi et confessoris. *Chronicon Sancti Medardi*, Spicileg., T. II, page 793.

(3) Introduction à l'histoire de Sainte Elizabeth, page XCVI, C. II.

## § IV.

Opinion erronée de quelques écrivains sur Gautier de Coincy. — Réfutation du compte-rendu de Louis Racine, de M. Amaury Duval, Ph. Lebas. — Reproches. — Réfutation. — Beautés. — Symbolisme.

*Opinion erronée de quelques écrivains sur Gautier de Coincy.*

La plupart des historiens, littérateurs ou biographes des derniers temps, qui ont eu à s'occuper de Gautier de Coincy, cédant à des entraînements ou à des préventions inexplicables, l'ont jugé, ainsi que ses œuvres, avec peu d'équité et un sans gêne révoltant. Moreri est peut-être le seul qui ait été moins sévère à son égard. Sans entrer dans une appréciation générale sur les poésies de cet auteur, il trouve que « ses chansons pieuses pouvaient être regardées comme un des plus » beaux morceaux qu'on puisse vanter pour la poésie de cette espèce, du règne de Philippe-» Auguste et de Louis VIII. » Les autres ont presque tous, d'après l'abbé Lebœuf, traité de fabliau la complainte de Sainte Leochade, et de contes dévots les pieuses légendes empruntées non-seulement à Hugues Farsit, à Guibert de Nogent, au moine Hermant, mais à Siméon le Métaphaste, à Saint Grégoire, à Marbodes, à Hugues de Clugny, et aux plus anciennes chroniques de l'Asie et de l'Europe (1).

Le premier écrivain qui a parlé de Gautier de Coincy est peut-être Dom Germain, auteur de l'histoire de Notre-Dame de Soissons, publiée en 1695. Voici ce qu'il en dit, nous copions textuellement : « On conserve dans l'ancien et célèbre monastère de Notre-Dame de Soissons, un » manuscrit des miracles de la Sainte-Vierge, décrits en vers français par Gautier de Coincy, re-» ligieux de Saint-Médard. Il avait composé cet ouvrage peu de temps après les prodiges arrivés à » Soissons ; ils en font la meilleure partie et sont représentés avec des tailles-douces fort agréables. » On a bien de la peine à entendre cette poésie, à cause du changement arrivé en notre langue... » Ce livre manuscrit, dont l'écriture est ancienne de près de 500 ans, contient de la doctrine et » rapporte des passages de quelques Pères et de quelques auteurs qu'on ne retrouve plus. Il se » conserve dans la bibliothèque de Madame d'Harcourt, abbesse de Soissons. »

Sur un indice aussi vague du docte bénédictin, Louis Racine, le fils du grand Racine, dans un voyage qu'il eut occasion de faire à Soissons, entreprit d'examiner ce livre et crut devoir en rendre compte à l'Académie dont il était membre. Dans un rapport fort long et fort détaillé qu'il adressa à cette savante compagnie, le 28 juillet 1744, il se propose de traiter trois points principaux ; faire connaître : 1° la forme et l'antiquité du manuscrit, l'état et le nom de l'auteur ; 2° le sujet de l'ouvrage ; 3° le style de l'écrivain. C'était, comme on le voit, envisager la question sous toutes ses faces et essayer une véritable charge à fond sur le pauvre moine dont on venait, fort inutilement, après de longs siècles de silence, troubler l'innocent repos.

*Réfutation du Compte-rendu de Louis Racine.*

Nous allons suivre M. Racine dans son aperçu critique, et le réfuter à notre tour dans ce qu'il a de faux et d'exagéré.

Le poète académicien commence par ouvrir bravement le feu en récusant, de prime-abord, la date assignée par Dom Germain, et qui, prise à la lettre, faisait de ce manuscrit une œuvre contemporaine à la naissance de l'auteur. Le style du poème et les caractères graphiques lui persuadent que le manuscrit ne peut être d'une époque aussi reculée. Cependant, dans la crainte de se compromettre, Racine se garde bien de dire quelle réduction il faudrait faire subir à l'opinion

---

(1) Il y a longtemps sans doute, que le recueil d'où Gautier de Coincy a extrait ses pieuses légendes a disparu ; mais on retrouverait encore la plupart de ces légendes dans d'anciens manuscrits latins de la Bibliothèque impériale. Dans les n°s 4976, 4980, 4985, 454 et 670 ; le *Liber de Laudibus B. M. V. seu Mariale* de Richard de Saint-Victor ; les *Flores chronicorum* de Besnard Guidon ; les manuscrits cotés 771, 772, 773, 774. Le manuscrit 772 est divisé en quatre livres. Le manuscrit de la bibliothèque de Cambrai, dont l'écriture a paru à M. Edelestand du Méril du XI° siècle, et plusieurs manuscrits des bibliothèques de province doivent renfermer un grand nombre de ces miracles.

du docte bénédictin (1), qui avait eu le tort, il est vrai, de se prononcer trop légèrement dans une question de ce genre, surtout en avançant qu'on avait bien de la peine à l'entendre, à cause des changements arrivés depuis dans notre langue. Comment admettre, en effet, qu'un homme comme Dom Germain, le collaborateur de Mabillon, qui avait passé sa vie à déchiffrer les chartes, les diplômes, les manuscrits, ait eu de la peine à lire cette belle écriture minuscule gothique. Nous reconnaîtrons donc volontiers, avec M. Racine, que l'intelligence de l'ouvrage n'exige qu'une légère application, même de la part des lecteurs qui ne seraient nullement familiers avec les vers composés dans notre langue ancienne.

Toutefois, il semble que l'académicien qui trouve cette lecture si facile, ait joué de malheur dans la citation qu'il en fait pour montrer que ce poëme est une traduction faite par un moine de Saint-Médard, auquel Michel Germain donne le nom de Coincy, et qui s'appelle lui-même Gautier de Coinfi. Et pour preuve de son interprétation, il rapporte l'invocation suivante qui termine le prologue du premier livre.

> La mère Dieu qui est la lume
> Qui tot éclaire et tot elume
> Elumer doint et elimer,
>
> Pour ses miracles biau rimer
> La langue Gautier de Coinfi
> Qui pour l'amour commence einsi.

En vérité, c'est à n'y pas croire. Il semblerait que M. Racine ait eu aussi quelque difficulté à lire le manuscrit, nonobstant son titre d'académicien, justifiant presque cette épigramme du Père Daire : « On peut avoir des titres et ne pas savoir les lire. » La leçon seule du manuscrit se chargera ici d'avoir raison de M. Racine et de sa lecture.

> La mère Dieu qui est la lime
> Qui tot escure et tot eslime
> Escurer daint et estimer,
>
> Pour ses miracles biau rimer
> La langue Gautier de Coinsi
> Qui pour s'amour commence einsi.

Ainsi, ce n'est donc pas la *lume*, mot qui n'a de sens dans aucune langue, qui n'est ni français, ni roman, ni latin ; car à quoi bon *lumer*, éclairer, la langue et les vers du poëte ? On ne voyait pas plus de son temps que du nôtre avec la langue qu'on n'a jamais comparée à un flambeau. Mais on comprend, dans un langage figuré, comme celui-ci, que Marie soit cette lime poétique qui corrige et polit les rimes du poëte, comme la lime matérielle qui mord le fer et le rend uni et brillant. La rime n'est-ce pas la langue, l'expression châtiée du poëte ? Son style n'est-ce pas lui-même ? Ses chants ne sont-ce pas les hommages qui doivent s'élever jusqu'à Marie, franchir les airs et aller porter leur parfum jusqu'au trône de sa gloire, comme ces éloges et ces vers qu'il lançait au vent de la publicité et qui devaient traverser les âges. Il est heureux, malgré que nous ayons fait, pour notre compte, beaucoup d'errata, que le manuscrit ne soit pas tombé pour l'impression, entre les mains du célèbre critique ; il nous en promettait bien d'autres !

« Le poëme est très-long, » ajoute M. Racine, « il forme un gros in-folio, orné de filets d'or à
» chaque page ; il contient soixante-quinze faits singuliers ; chacun de ces faits est représenté en
» taille-douce et dans des vignettes. Tous les religieux et toutes les religieuses sont des béné-
» dictins et des bénédictines, dont les habits ressemblent à ceux d'aujourd'hui pour la forme et
» la couleur. » Pourquoi qualifier de faits singuliers des évènements dont la plupart sont acceptés par la longue croyance des églises et les hagiographes les plus estimés ? Pourquoi porter le nombre de ces faits à soixante-quinze, tandis qu'il n'y en a, en réalité, que cinquante-cinq ? C'est vingt de moins, presque un tiers. Est-ce que l'amour de la vérité aurait porté le critique à regarder

Sa Forme.

---

(1) Cette manière d'agir, qui est simplement contradictoire, était en effet bien moins compromettante, et on sait que les académiciens de cette époque ne se flattaient pas d'être très-versés en paléographie, sauf toutefois l'abbé Lebeuf, dont il faudra bien un jour contrôler certaines opinions erronées.

comme des miracles de la Vierge toutes les têtes des chapitres indiqués dans la table? Quant à cette ressemblance d'habit des religieux de son temps avec celui des anciens bénédictins, quelle induction M. Racine prétend-il en tirer? A moins que ce ne soit une réfutation de ce qu'avait avancé l'historien de Notre-Dame, page 62, que vers 1220 « on avait changé l'habit de Saint Benoît, et » qu'au lieu de robes et de scapulaires noirs les religieuses prirent des cottes blanches avec des » pelliçons de toile presque semblables à celles des chanoinesses; car auparavant il est certain » que leur habit était entièrement noir, comme il se voyait dans un manuscrit de Saint-Germain-» des-Prés contenant les ouvrages de Paschase Radbert, » d'où le critique pouvait en conclure que le manuscrit était antérieur à cette époque. Nos réserves faites sur le changement de costume qui a pu exister à Notre-Dame, sans obliger les peintres miniaturistes qui vivaient en dehors du pays, à l'accepter dans l'exécution de leurs œuvres, nous n'éprouvons aucune difficulté à nous ranger, cette fois, à l'opinion de l'académicien.

*Son auteur.* L'original de ce manuscrit, à ce que croit M. Racine, était en prose latine, et selon toute apparence il aurait été composé par un moine de l'abbaye de Saint-Jean-des-Vignes de Soissons, que le traducteur nomme *Mestre Hue li Farsis* et qui doit être Hugues Farsit, contemporain de Saint Bernard.

Chose étonnante! il semblerait que M. Racine n'a pas essayé de lire la table des chapitres placée en tête du volume, ni même le commencement des prologues dont il cite cependant la fin. Car le poëte y déclare en plusieurs endroits que ces miracles il les trouve dans un beau livre à Saint-Médard. Il a bien extrait quelques miracles de Hugues Farsit, quatre sur trente dont se compose sa relation, relation qui se trouve d'ailleurs imprimée tout au long parmi les preuves de l'histoire de Notre-Dame, où M. Racine aurait pu la consulter, sans avoir besoin de recourir à la bibliothèque de Corbie (1).

Puis M. Racine termine cette première attaque par cette foudroyante conclusion : « On verra, » par ce que nous allons rapporter de cet ouvrage, qu'il fallait avoir d'étranges idées. Si l'on y » trouve de quoi s'édifier, l'étonnante simplicité qui y règne dans le ton du récit, prouve seule » que cet ouvrage est une production d'un siècle d'ignorance, et qu'il eut pour auteur et pour » traducteur deux des plus ignorants écrivains qui fussent dans ce siècle. »

Il fallait vraiment toute la hardiesse outrecuidante et le pédantisme fanfaron du XVIII° siècle pour oser formuler un semblable jugement et imprimer de pareilles injures. Qui oserait soutenir aujourd'hui que le XIII° siècle fut un siècle d'ignorance, et que Gautier de Coincy, élevé dans une des écoles monastiques les plus célèbres de France, initié à toutes les sciences sacrées et profanes, était un ignorant?... Non, jamais on n'admettra que l'inventeur, disons mieux, les auteurs de ces pieuses légendes étaient des ignorants, ni que le traducteur qui les a trouvées dignes de ses veilles et auxquelles il a ajouté de si belles et suaves pensées rendues par fois en vers si naïfs et si spirituels, soit un ignorant! (2)

*Sujet de l'Ouvrage.* « Le poëme, » continue M. Racine, « a la Mère de Dieu pour héroïne. Il contient le détail de » soixante-quinze miracles (de grâce, dites cinquante-cinq) tous absurdes, que la superstition » imagina seule et que seule elle peut avoir accrédité dans un siècle où on se faisait de la plus

---

(1) Le Père Daire et Dormay nous apprennent qu'il existait dans les bibliothèques de Corbie et de Saint-Jean-des-Vignes de Soissons, un autre traité manuscrit; ce n'était pas l'histoire de Notre-Dame de Soissons, mais un autre ouvrage sur les Sacrements. Les auteurs de la France littéraire, T. XII, pensent qu'il faut attribuer cette production à Hugues de Saint-Victor et non au chanoine régulier de Saint-Jean-des-Vignes. Ils ne veulent pas davantage qu'on mette sur son compte la relation anonyme des miracles opérés dans l'église de Notre-Dame de Roc-Amadour, en 1140; mais ils pensent qu'on peut lui attribuer avec plus de certitude deux autres pièces. La première est une lettre au chapitre général de Prémontré, assemblé à Coblentz. La seconde est une lettre à sa sœur Helvide. Ce qui ne paraît pas plus prouvé.

(2) Par le fait, cette insolente épithète qui, dans le langage de M. Racine, semble ne tomber que sur Hugues Farsit et son traducteur, appartient de droit à tous les écrivains qui, depuis le v° siècle de l'église, nous ont conservé quelques-uns de ces touchants récits.

» sainte des religions, une idée aussi contraire à sa pureté qu'à sa grandeur. L'écrivain, trom-
» peur de bonne foi, ce qui se rencontre assez souvent dans les mensonges de cette espèce, se
» donne pour témoin oculaire de presque tous ces miracles et place dans le Soissonnais la scène
» de la plupart d'eux. »

On ne comprend vraiment pas cette insultante et hypocrite accusation contre la pieuse et innocente crédulité du poëte, disons la croyance, et une croyance qui n'est pas si ridicule ni si dé-
raisonnable qu'on veut bien le dire. Pourquoi ce ton cagot et doctoral tout à la fois? Ne dirait-on
pas que tout le sang janséniste et plus coulé dans les veines de ce réformateur? Car après tout,
qui peut assurer que ces miracles sont absurdes? Qui peut dire que la plupart de ces faits, si
merveilleux qu'ils soient, ne sont pas réellement arrivés et qu'on doit les reléguer dans le domaine de la pure invention? N'est-il pas de la dernière imprudence, nous irons plus loin, de
la dernière témérité, de tenir un semblable langage, en présence de plusieurs de ces faits que
de nombreuses églises ont toujours regardés comme authentiques et miraculeux; témoins le miracle de Théophile, de Saint Hildephonse, de Saint Bonet, du verrier de Bourges, de Notre-Dame
de Soissons, de Laon, d'Orléans, de Chartres et de Constantinople? Que leur canevas ait été
brodé par la légende, enrichi par des historiens qui ne voyaient aucun inconvénient à augmenter
le merveilleux qu'ils rapportaient, cela est possible; on aimait à cette époque les grandes entre-
prises, les voyages lointains, les récits dramatiques, la poésie des légendes et non la narration
monotone, froide et décolorée que l'on rencontre dans quelques chroniqueurs sévères qui sou-
mettent toutes les œuvres extraordinaires, comme les œuvres communes, au criterium de la
raison. Quelle superstition y a-t-il à rapporter des faits qui vous parviennent avec toute la garantie d'authenticité dont on se contentait alors, que vous trouvez consignés dans des écrits qui
vous arrivent escortés de tous les témoignages des âges passés, des faits que des témoins ocu-
laires et contemporains vous rapportent, que vous voyez vous-même? Qu'y a-t-il de contraire à
la pureté et à la grandeur de la religion dans cette naïve croyance? Quoi, parce qu'on vous raconte
qu'une âme coupable a obtenu de rentrer dans son corps pour faire pénitence; qu'un clerc,
quoique mort par sa faute, fut trouvé dans sa tombe ayant des fleurs toutes fraîches dans la bouche
et le visage vermeil; qu'une dame romaine fut sauvée malgré un grand crime; qu'un moine noyé
au passage d'une rivière revint à la vie, vous criez au scandale! Mais où est donc le scandale?
Serait-ce dans le pouvoir qu'aurait Marie de sauver des pécheurs de la pire espèce? Mais, de
bonne foi, ne serait-il pas ridicule de refuser à la Vierge immaculée une puissance que l'église
accorde à d'illustres serviteurs de Dieu? N'a-t-on pas vu des évêques, de pauvres moines, de
faibles femmes, se jouer, pour ainsi dire, au milieu des merveilles, commander aux éléments,
aux maladies, à la mort et à l'enfer même? Et l'auguste Mère de Dieu ne pourrait pas être gra-
tifiée d'un semblable privilège? Est-ce que par hasard ces concessions libérales envers des pécheurs repentants, pleins d'une foi vive, malheureusement surpris dans le péché, lèseraient les
droits de la justice divine et présenteraient pour la société chrétienne de graves inconvénients? Ce
serait entendre singulièrement la tolérance qu'on nous prêche si souvent et ne pas comprendre
que Dieu, sa religion et les Saints sont tout amour : *Deus charitas est*, et que l'amour dans Dieu
s'exerce par la miséricorde, l'effusion de ses grâces et une entière union avec lui. Et où avez-
vous trouvé que le traducteur se donne pour témoin oculaire, lui qui ne cesse de répéter qu'il les
trouve dans son livre, lui qui, dans deux circonstances seulement, assure avoir rencontré des
personnes qui avaient vu ces miracles de leurs propres yeux? Comment avancer que l'inventeur
place la plupart de ces miracles dans le Soissonnais, quand il est avéré que tous, à l'exception
de quatre ou cinq, ont eu l'Europe et l'Asie pour théâtre?

Mais, réplique Monsieur Racine, « on y fait une mention fréquente d'une prétendue relique,
» aujourd'hui moins en vogue parce que le peuple est moins ignorant (dites croyant), qui toute-
» fois se conserve encore dans l'abbaye de Soissons où l'on prétend l'avoir reçue de Charlemagne.
» Si nous en croyons notre poëte, la belle Mahaut, abbesse de ce monastère, tira des offrandes
» que lui produisait la relique, dans un temps de contagion, de quoi faire rebâtir l'église. »

Quel si grand mal y a-t-il donc de conserver des objets qui ont été donnés par des rois comme Charlemagne, qui rendent la santé aux malades et qui font élever des églises comme Notre-Dame de Soissons, cette perle de l'architecture romane dans le Soissonnais? Il serait bien à désirer que l'école de M. Racine, qui n'est pas entièrement morte, n'ait pas autant décrié les précieuses reliques, objets d'une longue et sainte vénération qui, en disparaissant, ont aussi fait disparaître nos plus beaux monuments. Que n'ont-ils laissé « ces joujoux, » comme ils les appellent ironiquement, entre les mains du peuple qui ne songeait nullement à les mépriser, encore moins à les briser? Mais quand le peuple si bon, si sublime, tant qu'il est bien dirigé, si terrible et si furieux lorsqu'il est une fois égaré; quand, dis-je, le peuple eut appris à se moquer de ce qu'avaient respecté ses pères et à insulter le culte des souvenirs, alors il se rua avec fureur, non-seulement sur les reliques qu'il dédaigna, mais sur les temples eux-mêmes qu'il dévasta avant de les renverser. Hommes, monuments, châsses des Saints, tombèrent en un même jour, et l'art effrayé s'enfuit de notre sol. En pouvait-il être autrement? Ne devait-on pas arracher et anéantir les chefs-d'œuvre antiques qu'on ne cessait de couvrir de honte et de railleries, comme des institutions vieillies qu'il fallait rajeunir!... En les proscrivant au nom de la raison, oui de la raison... en délire, on obéissait à une conséquence féroce, mais malheureusement logique.

A l'appui de son étrange thèse, M. Racine cite les quatre miracles mentionnés plus haut et qui l'offusquent singulièrement, au point d'ajouter « que ces quatre prétendus miracles doivent faire juger de ces pieuses extravagances qu'il pourrait à la rigueur traiter de blasphèmes, si l'on ne faisait grâce à l'intention du poëte et à l'ignorance de son siècle. »

Nous sommes contrariés au-delà de toute expression de voir revenir si souvent sous la plume de M. Racine, d'ailleurs si bon, si pieux, ce reproche adressé à l'ignorance d'un siècle qu'il paraît si peu connaître. Mais, en vérité, nous ne savons que penser pour nous-même, après un jugement si casuistiquement sévère. Ses mânes irritées ne se soulèveront-elles pas d'indignation contre l'imprudent qui aura osé mettre au jour ces œuvres blasphématoires. Sous Saint Louis, la langue du blasphémateur était percée d'un fer rougi; comment se fait-il qu'on ait attendu jusqu'au XVIII<sup>e</sup> siècle pour imprimer cette tache d'infamie, cette flétrissure à son auteur? Ah! c'est que sans doute le siècle de Saint Louis était aussi un siècle d'ignorance; c'est d'ailleurs le siècle de notre poëte. Peut-être devrons-nous aussi à notre bonne foi, à notre ignorance, d'être épargné un jour et d'échapper aussi à une condamnation plus rigoureuse. Ah! cette parole est donc vraie : « Donnez-moi quelques lignes d'un homme, » disait Machiavel, « et je me charge de » le faire pendre. » C'est un bien plus grand supplice!... Mais, comme nous ne sommes pas fâché de nous justifier de notre vivant, on nous permettra, nous l'espérons, de raconter, d'après M. Didron « Annales archéologiques, page 120, » une légende des plus belles et des plus curieuses, extraite de la vie de Saint Berchaire, « Acta ord. Sancti Bened., T. II, p. 855. » C'est, à quelque différence près, celle tant blâmée par M. Racine, et en les comparant je ne sais celle qui obtiendrait la préférence. Toutes deux sont de charmantes histoires qui nous montrent l'homme, non tel qu'il devrait être, mais tel qu'il est malheureusement.

« Un frère nommé Hugues, fut rappelé des cloîtres de l'enfer par les mérites de Marie, la Mère
» de Dieu, et ceux de Saint Berchaire. Enfant, il avait été offert à Dieu; il était sous la discipline
» sévère des moines de Montier-en-Der, près de Saint-Dizier. La piété et les religieux âgés ne
» lui permirent pas de vivre à sa volonté; ils l'astreignirent non médiocrement aux divers exer-
» cices des arts et l'obligèrent, bon gré mal gré, à suivre la droiture de leurs actions. Cela se fit
» ainsi jusqu'à l'époque de la jeunesse.

» Mais à cet âge, par la force de la nature, il chercha à vivre à sa guise et en pleine dissolution.
» Comme les habitudes religieuses réprimaient et empêchaient une pareille conduite, il se prit
» de haine pour ce qu'il aurait dû aimer et s'enfuit à Châlons, méprisant le collège des frères
» avec lesquels il avait été nourri.

» Gibuin, évêque de Châlons à cette époque, ayant reconnu sa science, le retint avec bonté et

» l'engagea à renouveler les peintures de sa cathédrale, que la vieillesse et les siècles avaient
» voilées. Il lui permit d'employer à son gré le fruit de son travail. Tout en jouissant librement
» de la gloire et de cette vie mortelle, cet homme se mit à oublier au delà des bornes la vie
» future. Mais Dieu qui est plein de tendresse pour les hommes, et qui veut nous sauver plutôt
» que nous faire périr, saisi de compassion miséricordieuse, le retira merveilleusement des filets
» de la mort.

» L'évêque de Châlons qui le protégeait, allant consacrer à l'abbaye d'Hautvillers l'église des
» Saints apôtres Pierre et Paul, et de Saint Berchaire, martyr, l'emmena avec lui, comme un
» ami, par la volonté de Dieu. L'honorable abbé Béranger, ayant appris l'excellence des études
» et du talent de Hugues, supplia instamment l'évêque de le lui laisser. Le pontife retourna donc
» à son siège épiscopal. Quant à Hugues, l'abbé Béranger et ses moines l'installèrent dans une
» hôtellerie écartée et lui fournirent, selon ses désirs, tout ce qui lui était nécessaire, et même,
» ce qui est grave à dire, les choses superflues. Là, ils le prièrent de composer pour eux une
» belle image de la croix du Seigneur, comme ils le savaient en état de la faire.

» Mais le Sauveur du monde, qui est venu laver les crimes des coupables, ne permit pas qu'un
» homme qu'il avait déjà attendu longtemps, ni que des mains qui l'avaient méprisé, pussent
» dessiner impunément l'image de sa figure. En effet, l'artiste ayant composé le dessin d'une
» croix, et se mettant à sculpter une belle image du Rédempteur souffrant pour racheter le
» monde, fut saisi d'une maladie aiguë qui le conduisit à l'extrémité. Il souffrait des douleurs à
» peine tolérables et, les larmes aux yeux, implorait le secours des moines. Il les supplia de
» lui rendre au plus tôt l'habit monacal, sous lequel il confessait avoir vécu frauduleusement,
» comme un loup sous une peau de brebis.

» Les frères compatissant à ses cruelles angoisses, remplirent en pleurant l'hôtellerie où gisait
» le patient, et lui accordèrent régulièrement ce qu'il demandait avec ferveur. Mais l'ennemi des
» bons, le séducteur des âmes, le Diable, voyant ce malheureux déjà converti sous les habits
» qu'il avait longtemps et stupidement méprisés, se plaignit du préjudice qui lui était porté par
» l'ordre des moines qu'il déteste; il fit rage contre eux et rappela son génie fécond en ruses,
» pour inventer mille machinations. En conséquence, au milieu d'une foule immense de démons,
» on en vit paraître deux horribles, qui se précipitèrent avec une impétuosité barbare dans le
» domicile du malade; ils voulaient, si c'était possible, lui arracher violemment du corps son
» âme misérable. Mais, avec la protection de Dieu, des retards entravant leurs efforts, l'un re-
» procha à l'autre ces lenteurs dans l'exécution du dessein qui les avait amenés. Celui-ci ayant
» répondu que les os de l'illustre martyr Berchaire, qui reposaient là, protégeaient l'artiste,
» l'autre répliqua à son compagnon qu'il ne pouvait plus l'aider, parce que Hugues était muni
» du viatique de Jésus-Christ et défendu par les prières des moines de Saint Berchaire.

» Mais pendant que cette altercation se prolongeait et que ces deux démons effrayaient Hugues
» de leurs horribles clameurs, tout-à-coup, aux yeux du malade qui soutenait et voyait toutes
» ces luttes, apparut une main seule, une main miraculeuse, dont la miséricorde ineffable chassa
» les démons, fit un refuge au souffrant et, par l'autorité de Dieu, le délivra au moment où
» toutes ses forces l'abandonnaient.

» En effet, la mère de Dieu, touchée de pitié pour les prières des moines qui protégeaient le
» mourant de leurs vœux, s'empressa d'envoyer du secours pour soutenir la faiblesse de l'ago-
» nisant. Bientôt, cette Reine des Archanges vint elle-même fortifier de sa présence les membres
» du malade et empêcher que le Diable n'enlevât celui que son fils Jésus avait racheté de son sang.

» Effectivement, au sommet de la croix qui était étendue aux pieds de l'artiste gisant, on vit
» tout-à-coup briller un globe d'azur enveloppé de cercles blancs comme le lait, et orné en cer-
» taines places d'étoiles rayonnantes. Ce globe, selon la volonté de Dieu, s'ouvrit merveilleuse-
» ment en deux parties, et, dans le milieu, on vit la Reine du Ciel briller sous des vêtements
» fins et ineffables. Personne ne put douter que ce ne fût Marie, la Mère de Dieu. Cette sainte
» béatitude brilla d'abord au sommet, puis elle descendit le long de la croix jusqu'en bas, en

» semant d'or toute sa route, et s'assit au pied de la croix, comme une reine sur le trône de
» son fils.

» Hugues était brisé autant par les douleurs que par les assauts des démons ; la Vierge daigna
» le fortifier par ces paroles : — Malheureux homme, voilà que mon fils, ému de compassion
» par mes prières et par celles de Saint Berchaire, t'accorde du temps pour te repentir. Retourne
» donc au lieu où tu as été offert à Dieu et à ses Saints, et dorénavant mène une vie meilleure.

» En disant ces mots, Marie étendit une main miséricordieuse pour chasser la troupe des dé-
» mons, elle souleva le malade sur son séant et lui rendit la santé. Alors, les larmes dans les
» yeux, Hugues se mit à raconter aux assistants ce qu'il avait souffert et ce qu'il avait vu. »

Pourtant, dans un accès de tolérance philosophique, Racine tire cette conclusion d'un
moraliste austère. « Quelle atteinte ne devaient pas donner aux mœurs ces absurdes opinions qui,
» substituant des pratiques faciles et superstitieuses aux lois générales de la morale, entretenaient
» dans les cœurs corrompus une dangereuse sécurité ! Aussi, ces siècles, qu'on représente quel-
» quefois comme l'âge-d'or de la nature, furent-ils le règne du désordre et de la violence. N'en
» regrettons pas la vicieuse simplicité.... » Ecoutez un scrupule, la voix d'un remords ! « Cepen-
» dant, au travers d'une infinité de traits ridicules et bizarres, de récits bas et puérils, nous
» rencontrons quelquefois des morceaux écrits avec élégance, peints avec grâce, et qu'on pour-
» rait citer comme des exemples du style simple et naturel. »

Merci de ce tardif aveu. Vous nous montrez enfin que tout n'est pas à dédaigner dans ces
« romanciers » d'autrefois ; mais pourtant, permettez-nous de nous étonner un peu de cette morale
quelque peu sévère pour un homme du monde, à l'égard d'un confrère poëte. Pour nous, nous
le confessons ingénument, nous n'avons jamais regardé comme un mal pour les mœurs, que la
Mère de Dieu s'entremette en faveur des pécheurs, même les plus indignes ; qu'elle justifie cette
parole du « Memorare » : « Qu'aucun de ceux qui ont recours à elle ne périt pas pour la vie éternelle. »
C'est une pieuse pensée, une confiance générale dans l'Eglise. Faudra-t-il en conclure qu'on pourra
mettre son salut dans des pratiques superstitieuses ? Nullement ; et telle n'est pas la doctrine du
poëte. Est-ce donc après tout une superstition que de se réclamer à Marie, n'importe dans quelle
position ? Fait-on injure à Dieu en s'adressant à une créature comblée de ses grâces et qu'il a
élevée si haut dans le ciel et sur la terre ? Détruit-on par cette confiance cette invocation, le
fondement de la morale évangélique ? Lâche-t-on pour cela la bride aux passions ? Mais les malheureux placés dans cette détresse où Marie entend leurs cris, n'avouent-ils pas leurs péchés ?
N'implorent-ils pas leur pardon avec larmes ? N'en font-ils pas pénitence ? Le poëte préche-
t-il qu'il faut vivre comme eux ? Non ; non. Alors ne peut-on pas dire la même chose du bon
larron...? Une seule chose ressort de ce consolant enseignement : c'est que la miséricorde divine
s'exerce, se dilate, d'une manière vraiment extraordinaire, par Marie, « Omnia per Mariam. »

Racine a bien raison de faire l'éloge du poëte, de ses écrits et de son style ; cette pensée
nous réconcilie un peu avec lui. Nous n'avons qu'un regret, celui de ne pouvoir citer ici tous
les beaux morceaux qui sont sortis de sa plume et de son cœur. Qu'il nous suffise d'en indiquer
quelques-uns. Le premier nous retrace l'histoire d'une apparition de la Sainte-Vierge à un pauvre
moine, un de ses plus fervents serviteurs. Nous ne connaissons rien de plus gracieux.

Une nuit out oré assez
Tant que pesanz fu et lassez ;
A son lit vint, si se coucha,
Et le dormir lors le toucha.
Si s'endormi ignélement ;
Quar lassez iert moult durement
De penre geunes et orer,
Et de gémir et desplorer.
La Mère Dieu qui bien savoit
Le grant desterrier qu'il avoit

De remirer sa clère face,
Par sa douceur et par sa grace,
A cèle foiz bien l'en souvint
Et sa biauté monstrer li vint.
Au moine lorsqu'endormi fu
Sembla por voir que plain de fu
Fust li moustiers tout plain de flamme ;
Quar devant li vint une Dame
Qui fu plus clère que solaus
A méedi quant est plus haus.

## INTRODUCTION.

Et fu d'une robe vestue
Qui toute fu a or batue,
Plaine de pierres précieuses,
Si clères et si glori uses,
Touz li mousti rs resplendissoit
De la lueur qui en issoit.
Plus out les cheveus blons et sors
Et plus luisanz que n'est fins ors,
Et si très cler, si veil estoient,
Que II estoiles ressembloient ;
Resplendissant avoit la face
Plus qu'esmeraude ne topace ;
Une couleur avoit rosine
Si très esmerée et si fine,
Si déliteuse et si très bèle,
Rien ne feist rose nouvèle.
Le vis avoit si délitable,
Si cler, si doux, si amiable,
Qui si peust mirer assez,
De touz ses maus fust trespassez.
Tant parest bèle, qu'en cest monde
N'est nus tant ait bonne faconde
Qui la seust mie descrire.
Li secretains n'ose mot dire,
Bien soit que c'est, n'en doutez mie,
Nostre Dame sainte Marie ;
Bien soit que c'est la Damoisèle,
La sainte Dame et la pucèle

Que tantes foiz a remirée
Ou mireeur de sa pensée.
Il n'en soit mot, ce li est vis,
Que que mirant va son cler vis
Devant qu'il soit tout a délivre.
Entre ses mains un si biau livre
Conques si bel veu n'avoit
Et tout maintenant qu'il le voit
Desus son lit saut sus, ce li semble ;
Ses II mains a jointes ensemble,
S'est devant li agenoilliez ;
Si le déprie à yex moilliez,
Qu'ele li doint fere savoir
Qu'en ce biau livre puet avoir.
Le saint livre tout maintenant
Qu'out en sa sainte main tenant
La Mère Dieu li a ouvert,
Et si li monstre à descouvert
A son doit l'entituleure.
Ou livre vit une escripture
Don premier chef jusqu'en la fin
De vermeillon faite et d'or fin ;
La letre estoit si fremianz,
Si bien tournée et si rianz,
Qu'il sembloit que Diex l'eust faite
Et à ses bèles mains portraite.
En dormant lut la lètre d'or
Que qu'il aloit de d'or en d'or.

Voici, d'un autre côté, une peinture effrayante représentant la terrible vision d'une religieuse que la Sainte-Vierge délivra de la crainte de l'Enfer :

Lors li sembla touz sanz demeure
Que dui maufé plus noir que meure
Grant à l'heure l'emportoient ;
Et puis après si la lessoient
Seur une fosse toute seule
Qui avoit tant hideuse gueule,
Horrible et noire et ténébreuse,
Parfont et grant et périll use,
Qui sembloit tout sanz mentir
Tout le monde deust engloutir.
Cil puis, cele fosse, cil goufre
Iert plus puans mil tans que soufre.
Si grant pueur hors en issoit,
Tout l'air en empullentissoit
Et en issoit si grant fumière,
Li jors en perdoit sa lumière.
Grant peur a, moult s'en esmaie,
Qu'en la fosse ne fonde et chaie.
Si put la fosse et si la griève,
Por peu que li cuer ne li criève.
Groucier y ot les botereaus
Gros et enflez comme porceaus.
Moult a vermine là dedenz,

Serpens y a à aguz denz,
Granz lésardes et granz culeuvres.
Cil qui ont fait les puans euvres
En cele fosse sont plungié,
Puis demors et dérungié
De la vermine là dedenz.
Granz croisseiz y a dedenz,
Et de paumes grant bateiz.
D'eures en autres ot uns cris,
Une granz plaintes et un brais
Si très horribles et si lais,
Pour un petit que n'ist de sens.
Lors revoit venir de touz sens
Ennemis maufez et déables,
Moult lais et moult espoantables
Qui là trainent et aportent
Ames qui moult se desconfortent
Car il les gietent sanz delai
En cele fosse et en ce lai.
A donc aqueurent, ce vi semble,
A lui tuit cil déable ensemble,
Si la veulent en ce puis traire.
. . . . . . . .

LII                        INTRODUCTION.

Le morceau suivant, sur la mort, n'est pas moins énergique ni moins tranché que celui qui le précède ; mais nous donnerons à la suite un autre extrait d'une incomparable douceur, adressé aux religieuses de Notre-Dame de Soissons, pour les engager à la fuite du monde auquel elles avaient renoncé par leur profession.

Qui de la mort ne se porpense,
Enragiez est et forsenés.
Il n'est ne sages ne senez,
Qui bien ne voit et bien n'entent
Que mort partout ses bras estent.
Tout emble, tout ravist et hape,
Ni deporte ne roy ne pape
Bien se devroit chascun mirer.
Parfondement doit soupirer
Qui en la mort souvent se mire.
Ausint tue, un sage mire
Qui vestuz est de sebelin
Comme un sot vilain bebelin.
Sages et folz touz nous deffie.
Trop parest folz qui trop s'i fie.
Nus ne se puet vanter de mort,
Si mordanz est que partout mort.
Morz en touz lieus ses denz efliche,
Mort n'espargne ne povre ne riche.
Mort prent le fil, mort prent le pere.
Mort prent la fille, mort prent la mère.
Mort prent le bel, mort prent le lait.
Morz est cele qui rien ne lait ;

Touz prent la mort et tout atrape.
Tiex la porte desouz sa chape
Qui le cuer cuide avoir mout sain.
Tiex le porte dedenz son sain
Qui moult est fiers, cointes et gobes.
La mort desouz ces beles robes
Plus volentiers se muce et trait
Que souz la cuisse à un contrait.
Mort a assez plus grant délit
Quant èle queuve en 1 biau lit
Couvert de ver ou d'escarlate,
Qu'en 1 paillier couvert de nate.
La mort plus volentiers enfiche
Ses denz en une dame riche
Qui la gorge blanche a et polie,
Que une vielle grezelie.
Mort est si plaine de desroi,
Qu'assaut plus tost un joenne roy
Qui l'orgueilleus fet et le beau,
Qu'èle ne fet un viel ribaut.
Que vous feroie plus lonc conte ;
La mort n'espargne ne roy ne conte,
Joenne ne viel, ne droit ne tort.

---

Fuiez et despisez le monde ;
Tenez le cuer et le cors monde.
Si com la sainte Empereris
Sachiez que li sainz Espériz
En nous habite et en nous maint.
S'en vo de faute ne remaint,
Por Dieu tenez net le manoir
Où habiter doit et manoir
Et reposer jor et nuit Diex.
Aiez les cuers espiritiex,
Aiez net cuers, aiez net or,
Netes et pures com fins ors
Estre devez et glorieuses,
Et plus que pierres précieuses
Estre devez clères et bèles.
Sachiez, sachiez vos damoisèles
Qui à Dieu estes mariées,
Qu'estrangées et variées
De tout le mont devez estre.
Vous qui por règne céleste
Guerpi avez pères et mères,

Parens, amis, sereurs et frères,
Et coupées vos tresses blondes.
Gardez, gardez que cil vils mondes
A vous amer ne vous rapiaut.
L'amour du monde mort espiaut
Et mort perpétuel engenre ;
Por ce li fait perilleux penre.
Ostez du siècle vos ententes.
Se vos sereurs, se vos parentes
Ont leurs lorains, ont leur sambues,
Se parées sunt et vestues
Et richement apipoudées,
A vous qui estes bertoudées
Por Dieu servir et rooingnées,
En cloistre mises et coignées,
Gardez por Dieu de riens n'en chaille ;
Vous savez bien sans nule faille
Que cist vilz monde et sa gloire
Ne vaut la queue d'une poire.
Comme fumière trèsira,
Tout en nient tout porrira.

Style de l'Écrivain.    » Le peu de vers que nous avons transcrits du poème, » dit Racine, « peuvent donner une » idée de son style. » A vrai dire, nous ne nous serions jamais douté que vingt vers d'un poëte qui en a fait quarante mille, puissent le faire suffisamment connaître, surtout si ces vers sont pris au hasard parmi les plus faibles.

Racine trouve le style en général médiocre (1); c'est à peine si ses yeux, accoutumés à juger du mérite de la versification française, se sont arrêtés de temps en temps sur des descriptions agréables dont cet ouvrage est semé. Cependant, il en cite une en particulier, celle que le poète fait de la pauvreté d'une vieille femme qui, par pitié, consacrait son nécessaire au culte de la Sainte-Vierge. Il ne trouve pas moins de charme dans le tableau naïf d'une religieuse plus belle encore de cœur que de visage, et dans la manière dont l'auteur raconte l'aventure de cette jeune beauté qui succombe, dans la fleur de son âge, à la séduction. Il ajoute qu'il aurait pu citer encore d'autres morceaux auxquels le style donne quelque prix; mais, « malgré les rencontres » agréables qu'il a faites quelquefois dans le manuscrit, le fond lui a paru si absurde, qu'il n'a » pas eu la patience d'achever une lecture si fatigante. C'est sans doute pour cette raison, » conclue-t-il, « qu'un ouvrage conservé depuis si longtemps est si peu connu. » Il ne croit pas qu'aucun savant en ait encore fait l'examen, et il pense que les dames qui le possèdent ne l'ont conservé que comme on garde un livre dont l'antiquité, les ornements et les vignettes font tout le prix.

N'en déplaise à Racine, nous ne sommes pas de cet avis. Nous apprécions autant et plus que lui sans doute, ces magnifiques miniatures, ces arabesques si variées, ces fonds d'or si riches, ce coloris si frais, ces figures si nobles, cette étonnante profusion d'ornements polychromes; mais là ne se borne pas notre admiration. Nous regardons aussi le manuscrit, quant au fond, comme un précieux monument des croyances, des mœurs et du langage du XIII<sup>e</sup> siècle. C'est un temple qu'un poëme : il a son péristile, ses nefs, ses transepts, son sanctuaire. Ces miniatures

---

(1) Pour apprécier sainement le mérite littéraire de Gautier de Coincy, il ne faudrait pas le juger d'après la perfection où se trouve aujourd'hui notre langue, ni d'après les règles et les exigences de notre prosodie moderne ; mais se reporter, avec une sage impartialité, à l'époque où écrivait le poète, alors que notre langue, se débarrassant des langes de sa longue enfance, commençait enfin à pénétrer dans toutes les classes de la société et à se faire admettre dans le sanctuaire jusque-là inaccessible de la science et de la littérature ecclésiastiques. Si l'on se rend bien compte des difficultés nombreuses dont elle eut à triompher, on sera tenté de juger cette poésie naissante avec une certaine indulgence. On comprendra qu'avec un langage populaire qui se composait d'un grand nombre de mots et de terminaisons vieillies empruntés à des idiomes étrangers auxquels ils s'étaient trouvés mêlés, il n'était guère possible d'avoir un style châtié, élégant et majestueux. Dans une langue où la simplicité, disons mieux la rusticité, provoquait des inversions vicieuses qui violent toutes les règles de la syntaxe ou les confondent en ajoutant presque toujours les propositions que l'on supprime en latin dans le style élégant, on devait éprouver une indifférence naturelle pour les exigences de la versification moderne ; et les licences, comme il est facile de le concevoir, devaient être les principales règles de la poésie.

Il faut donc convenir qu'on entendait mal la poétique dans le sens rigoureux de la versification régulière, quant à la mesure des vers et à la quantité des syllabes. Le style était quelquefois négligé et barbare ; la contrainte des vers forçait les expressions auxquels on ajoutait des chevilles, des répétitions ou jeux de mots inutiles. La poésie, et notamment celle de Gautier, contient assurément de nombreuses fautes contre la prosodie, des licences fréquentes, des expressions dures et plates, des retranchements et des changements de lettres sans raison suffisante. On y compte pour rien les élisions, la facilité des rimes ; mais à part ces défauts qui tiennent, nous le répétons, à la formation de la langue, on remarque de la vivacité dans les images, de la force et de la richesse dans les idées, des expressions et des tours hardis, une naïveté délicieuse qui dépend toujours de l'idée et de l'image.

C'est bien là cette poésie du Moyen-Age qu'on nous dépeint si sublime dans son objet, si pure dans son inspiration, si simple dans sa forme : poésie qui est bien au-dessus de la poésie payenne par la richesse et la sublimité de ses idées, par la magnificence de ses images, l'onction et la tendresse du sentiment, la facilité de ce style sans prétention qui le rend accessible à toutes les intelligences et lui donne ce caractère populaire qui distingue toutes les œuvres et les inspirations chrétiennes.... « Combien est admirable ce génie chrétien, » dit l'abbé Sagette, « prenant son vol du berceau de Jésus, traversant l'écroulement du monde romain, s'arrêtant dans les monastères » pour répéter aux barbares de pieuses et touchantes légendes, d'abord douces et légères, ensuite plus graves, » arrivant de plein vol au sommet du Moyen-Age, célébré par une multitude de sublimes poëtes dont nous savons » à peine le nom, et trouvant dans Gautier de Coincy, comme dans Saint Bonaventure, une des plus précieuses et » des plus belles personnifications. C'est au siècle des cathédrales, des arts et des légendes que la poésie chrétienne » s'est épanouie dans toute sa fraîcheur. Nous avons notre siècle classique ; c'est le XIII<sup>e</sup> siècle, floraison éclatante » du génie chrétien. » *Annales archéologiques*, T. X, page 202.

gracieuses sont l'extérieur de ce temple matériel ; mais les fidèles en sont la partie spirituelle et morale ; Dieu en est le sanctuaire, c'est-à-dire l'objet de la foi, la relation nécessaire entre l'homme et Lui. C'est ce qui constitue le culte sacré, la divine liturgie.

De ce que ce culte, ces relations de l'homme avec la foi, n'aient pas été aussi épurés que le veut Louis Racine, faudrait-il en conclure que « la religion populaire se repaissait alors de ces contes » indécents, produits et multipliés par la fausse idée qu'on se faisait du pouvoir de la Vierge, » malgré les principes purs de la morale chrétienne. » Blâmant tout ce qui donnait un corps aux idées religieuses, Racine trouvait que « ces représentations matérielles et bizarres faisaient » retourner l'homme au paganisme ; » il voulait, dans son ardent puritanisme, que « ces plantes » étrangères et parasites qui s'attachent à l'écorce de l'arbre, en dérobent la sève, fussent » arrachées. »

La philosophie a entendu cet appel d'une raison orgueilleuse qui travaille à supplanter la foi. Qu'y avons-nous gagné ? Qu'y ont gagné la religion, les arts, « ces plantes parasites » d'Amiens, de Chartres, de Paris, Reims et de Laon ; car c'est à la dévotion à Marie et à une dévotion universelle et généreuse qu'on doit ces incomparables monuments. On a décapité nos flèches, brûlé nos archives, pillé nos manuscrits, abattu nos cloîtres, rasé nos monastères : on a détruit nos châteaux, fondu nos châsses, dispersé nos reliques, brisé nos croix, cassé nos cloches, en est-on plus heureux et la morale en est-elle plus vénérée, nos dogmes plus affermis ? « La philoso- » phie, » dit Bayle, *Dict.*, T. I$^{er}$, page 69, « n'a pas seulement ôté cette poudre corrosive qui » consume les chairs baveuses d'une plaie, ronge la chair vive, carie les os et perce jusqu'à la » moelle ; elle a été plus loin, elle a détruit les vérités et les monuments qui en étaient le symbole » et la personnification. Elle s'est assise en triomphe sur des ruines ! » Beau triomphe, assurément, que de régner sur des ruines, tristes résultats de la destruction et de la mort !...

*La France littéraire.* Les auteurs de l'histoire littéraire de la France n'ont pas été plus équitables à l'égard de Gautier de Coincy, puisqu'en voulant venger contre les reproches de Racine la mémoire de Hugues Farsit, ils n'ont pas craint d'accepter en partie le jugement passionné du célèbre académicien. (1)

M. Amaury Duval, dans un article littéraire et biographique, article fort malveillant du reste et qui ne comprend pas moins de quatorze pages et demie in-4° (T. XIX, *Hist. de la France litt.*), ne s'est pas contenté de la critique puritaine et acerbe de Racine, il a voulu y ajouter à quelques erreurs impardonnables pour un savant, une insinuation plus révoltante. Après avoir remarqué, à la lecture du prologue, que « Gautier ne se donne que pour un traducteur des contes dévots de » Hugues Farsit et du prêtre Herman, » il ne laisse pas de lui en attribuer aussi la majeure partie et de répéter que « le crédule Gautier paraît prendre à tâche de tromper ses lecteurs, en se don- » nant comme témoin oculaire des événements incroyables qu'il rapporte et qui ne sont que le » fruit de son imagination exaltée (2). » Il ne reconnaît donc en lui qu'un moine qui, « dans son » pieux délire, ne fait preuve ni d'imagination ni de goût, qui n'a que des idées communes et tri- » viales ; qui, lorsque dans ces récits il faudrait être naïf et vrai, emploie un style recherché, de » continuels et fatigants jeux de mots. De tels vers ne pouvaient être applaudis que dans les cou- » vents de religieuses. Et cependant, Gautier eut dans son temps une assez grande célébrité hors

---

(1) T. XII, page 294, article : Hugo Farsitus. — Ces auteurs, tout en défiant le critique de montrer dans la relation du moine de Saint-Jean-des-Vignes les exemples qu'il cite de la seconde, n'en cherchent pas moins à disculper Gautier de Coincy, en disant pour sa justification, qu'il n'a pas imaginé ces traits, mais qu'il les a tirés de Gautier de Compiègne. *Mar. Aug.*, liv. IV, chap. 76, page 438. Voyez la Patrologie de Migne, T. CLXXIX.

(2) M. Duval ne craint pas de dire, sans autre preuve que son jugement, que « Gautier avait conçu pour la Vierge » Marie un amour véritable qui l'enflamma et le dévora toute sa vie, et qu'elle était pour lui ce qu'est une amante » pour le plus passionné des hommes ; qu'il réunissait sur elle toutes les beautés qu'il apercevait dans les religieuses » d'un couvent qu'il dirigeait, lui adressant chaque jour des vers pleins d'amour, d'érotiques chansons ; il la voyait » dans ses rêves, et quelquefois même lorsqu'il veillait, sous les formes les plus voluptueuses. » On voit que ces juges inflexibles et outrés ne pardonnent même pas à un siècle où l'extase religieuse pouvait prendre des formes avouées.

» des cloîtres.... en sorte qu'on pourrait lui appliquer ce que Voltaire a dit d'un poëte du
» XVIII<sup>e</sup> siècle :

> C'était dans le monde *un bel esprit de couvent*,
> Et dans le cloître *un bel esprit mondain*.

Il y a là mensonge et calomnie tout-à-la-fois. Qu'on nous pardonne de ne pas revenir sur une appréciation que nous nous contentons de flétrir.

Le sceptique Dulaure n'a pas peu contribué à décrier la réputation littéraire du pauvre moine, en citant certains vers étranges peut-être, mais qui n'ont rien de blessant dans l'intention du poëte. On serait tenté de croire qu'il n'aurait pas jugé avec plus de sévérité les poëmes orduriers de Voltaire et de Saint-Just; peut-être même avec plus d'indulgence, qui sait ? {Dulaure.}

Trompé sans doute par ces injustes critiques qui se copiaient l'un l'autre en enchérissant, M. Le Bas a ramassé, lui aussi, à son tour, avec un soin qui nous étonne, ce qu'avaient dit avant lui ses prédécesseurs ; « regardant Gautier comme un romancier de la pire espèce, et qui
» ne s'est pas borné à broder des contes dévots et fabuleux, mais à en composer d'autres, fruits
» de son imagination exaltée. » *Univers pittoresque. Dict. de la France*, T. VIII, page 665. {Phil. Le Bas.}

Vraiment il y a de quoi prendre l'esprit humain en pitié, quand on voit des hommes graves, tenant le sceptre littéraire de leur époque, tomber dans de semblables erreurs. Nous ne voulons pas entreprendre de les réfuter; la tâche, quoique très-facile, en deviendrait par trop fastidieuse et inutile après ce que nous avons dit. Nous aimons mieux qu'on lise l'ouvrage qui sera la meilleure apologie qu'on puisse faire de l'auteur lui même. On trouvera, nous l'espérons, dans notre poëte, un homme convaincu, de bonne foi, incapable de mensonge; des sujets intéressants, bien amenés et racontés avec une charmante simplicité, un langage naïf, des expressions souvent heureuses, une tournure agréable. Ajoutons que ces pieuses légendes ont tout l'intérêt du drame, la variété du dialogue, la mise en scène des personnages, et qu'on pourrait les regarder comme l'origine de ces drames religieux qui se jouaient parfois dans les églises au Moyen-Age.

Sans vouloir rien ôter à la réputation littéraire du traducteur, il y a cependant d'autres reproches qu'on pourrait lui faire et qui lui sont personnels. Sur ce terrain, nous acceptons la discussion, mais en faisant nos réserves. On peut certainement reprocher à Gautier de Coincy, ses préjugés contre les juifs qu'il voue à l'enfer, ses déclamations contre le clergé, la licence de ses expressions. Mais il nous semble qu'avant de répondre à ces griefs exagérés, il y a ici une observation essentielle à faire : c'est qu'il ne faut pas perdre de vue l'époque où écrivait le poëte et se reporter par la pensée à ces âges déjà loin de nous, où la foi était entière, dans des temps où l'ordre social commençait à peine à naître, et où la langue française se formait. {Reproches.}

1° M. Henri Martin veut bien répondre au premier reproche et nous dire, avec toute la gravité d'un historien convaincu, que les juifs avaient toujours été vus de mauvais œil. « Outre le discrédit
» et les malédictions dont on les poursuivait, partout ils parlaient en termes criminels du Sauveur
» (et de sa Mère); remplissaient les villes où ils habitaient d'une foule de mescréans comme eux,
» vrai gibier du diable, dit Guibert, livre III, ch. 17. Aussi étaient-ils persécutés partout ; leur in-
» fâme trafic, leurs usures étaient une autre raison; aussi les frappait-on d'impôts onéreux et écra-
» sants. Ces accusations contre eux étaient devenues si générales, qu'à la fin du XII<sup>e</sup> siècle
» (1182) Philippe-Auguste les avait bannis de France. Les mêmes faits s'étaient répétés dans
» toute l'Europe. » (*Histoire de Soissons*, T. I<sup>er</sup>, page 455).

Est-il étonnant, après ces témoignages contemporains du poëte, que Gautier ait cru, comme les hommes de son temps, ait partagé même, si vous le voulez, des préjugés populaires, mais qui étaient universels; si toutefois l'on peut appeler préjugés des actes qui avaient malheureusement acquis un trop grand retentissement et qui reposaient sur des faits incontestables. Gautier devait donc aussi regarder les Juifs comme des endurcis, des incorrigibles, des hommes qui portaient au front une flétrissure légitime, puisqu'ils la justifiaient encore par les désordres et les abus de leur conduite actuelle.

2° Quant au second reproche, ses déclamations contre le clergé et les vices des seigneurs, remontons au xii° siècle. On sait que les guerres de cette époque avaient corrompu la discipline cléricale et monastique. Saint Bernard et Saint Norbert avaient entrepris de la relever par une sainte réforme. La ferveur des religieux avait été récompensée par de nombreuses donations ; mais les richesses des abbayes n'avaient pas tardé à y introduire le relâchement, l'ambition et la simonie, espèce de trafic des dignités ecclésiastiques qui nourrissait l'ambition. L'État, de son côté, affaibli par les divisions intestines et le conflit des seigneurs entre eux, avait toléré les usurpations, la dissolution des mœurs ; les communes, fatiguées des luttes qu'elles avaient livrées pour leur affranchissement, soutenaient avec peine le poids encore lourd de leur liberté naissante. Dans une situation aussi tourmentée, il devait donc y avoir nécessairement des abus de plus d'un genre ; et comment voulez-vous qu'un moine, dont la vie se passait dans le silence d'un cloître, qui n'était pas initié à cette vie aventureuse et agitée des passions, pût voir d'un œil tranquille, encore moins préconiser un ordre de choses qui lui paraissait répréhensible et condamnable aux yeux de la religion ?

3° Pour la licence des expressions, on l'a singulièrement exagérée, et à part quelques tableaux trop vifs, quelques expressions un peu crues, mais qui trouveraient leur justification dans la simplicité des mœurs d'alors, dans la formation d'une langue qui commence, dans les habitudes générales de l'époque, habitudes que l'on voit reproduites jusque sur nos cathédrales les plus chastes et les plus admirées, nous ne voyons rien de blâmable. Le poëte était d'ailleurs d'une conscience trop délicate et trop timorée, pour se permettre des libertés que ses devoirs et ses scrupules lui auraient interdits. Et puis, ajoute un illustre écrivain catholique, « ce que » nous appelons si souvent la licence du langage, n'est-il pas le résultat d'une certaine naïveté » honnête ou populaire inséparable de tous les monuments du passé, tant dans l'antiquité que » dans le Moyen-Age ? La Sainte-Bible et les Bollandistes en offrent les plus frappants exemples. » On pourrait donc appliquer à ces auteurs naïfs et simples, les excuses dont on environne nos » auteurs sacrés. »

Disons donc, en nous résumant, que Gautier, en versifiant les anciennes légendes dont quelques-unes avaient passé les mers et les autres venaient de s'accomplir dans son propre pays, presqu'à la porte de son couvent, paraîtra peut-être trop pieusement crédule et trop amoureux de la gloire de sa Dame, pour admettre l'ombre d'un doute ; mais il nous raconte avec une si charmante naïveté, avec une conviction si profonde et si énergique même, les faits qui vous paraissent les plus étranges, que vous êtes bien forcés de les admettre à votre tour. Beaucoup de savants, de littérateurs, de poëtes et de philosophes pourront sourire de pitié comme les philosophes du dernier siècle ; ils pourront ne voir qu'un obscur et misérable poëte, peu nous importe! Pour nous, nous y avons trouvé tout autre chose. Malheureusement, il en est de la poësie comme de la musique, de la statuaire et de la peinture ; chacun suivant son penchant particulier, et même sa disposition présente, prend ce qui lui convient et ce que l'artiste, assez souvent, n'a pas voulu y mettre. Quant à nous, et nous espérons bien qu'on sera de notre avis, nous ne cesserons de répéter que Gautier nous a paru au-dessus de sa réputation. Le merveilleux de ses sujets, la sage disposition qu'il en fait, la simplicité de son récit, la beauté de sa morale, l'exemple de ses vertus privées en ont fait non-seulement un écrivain remarquable, mais un poëte distingué qui ne craint pas la comparaison avec aucun des trouvères de cette époque, auxquels il n'est nullement inférieur en mérite littéraire, mais auxquels il est bien supérieur sur le fond des choses qu'il traite (1).

---

(1) A nos yeux, Gautier a une prééminence incontestable sur tous ses contemporains ; mais cette supériorité, il ne la doit pas moins au choix de son sujet qu'au mérite de sa narration ; car tandis que les poëtes ses confrères chantaient les amours profanes, les beautés passagères de la terre, les misérables passions des hommes, lui n'avait pas

## INTRODUCTION.

Quoiqu'il en soit donc de ces prétendus griefs qui sont sans valeur à nos yeux, nous ne craindrons pas de dire que si Gautier mérite quelques reproches, il les a surabondamment rachetés par ses véritables qualités d'écrivain et de poëte, par la beauté de ses sujets, le charme et la simplicité de ses récits, par la richesse de ses détails et la saveur de ses comparaisons. Il nous semble que si l'on voulait se donner la peine d'extraire de ses œuvres les morceaux choisis, on pourrait presque en faire un petit cours de littérature chrétienne qui serait aussi complet pour les lettres de cette époque que la Sainte-Chapelle le serait pour l'architecture. Qu'on se donne en effet la peine de parcourir cet ouvrage avec un peu d'attention, on y trouvera des narrations pleines de naïveté et de fraîcheur, des tableaux d'une touche ferme et colorée, des descriptions agréables, des définitions claires, des exemples de philosophie morale et pratique, des discours éloquents, des dialogues vifs et animés, des portraits tracés de main de maître, des parallèles d'une opposition frappante et énergique, et par-dessus tout des chants lyriques exhalant le parfum d'une exquise sensibilité. Est-il par exemple un récit plus touchant que la mort de Théophile; l'histoire du jeune enfant donné au Démon par sa mère et quittant plein de tristesse la maison paternelle; celle de l'enfant mis à mort par un Juif; les aventures et le retour de ce pauvre pèlerin revenant du Saint-Sépulcre; et celle non moins extraordinaire de ce naufragé que Marie sauve des fureurs de la mer en l'enveloppant de son manteau? (1) Quel tableau saisissant que celui où ce même Théophile, au milieu d'une nuit épaisse, s'engage au Démon! Quelle douceur dans celui de Gondrée et de la pauvre femme! (2) Où trouverez-vous une description plus gracieuse que celle qui nous dépeint la joie de Robert de Jouy guéri du mal des ardents? plus de mouvement que dans l'incendie suscité par un dragon, incendie qui dévore une ville

craint d'aller chercher son héroïne dans les cieux, « revêtue de toute la gloire et de la puissance d'en haut, en » même temps qu'elle était ornée de toutes les vertus les plus aimables et les plus douces; » il n'avait pas hésité à la faire descendre de son piédestal festonné et de son trône resplendissant, pour en faire la tendre amie et la bienveillante protectrice de toutes les souffrances humaines. On comprend tout l'éclat et la grandeur que devait répandre autour du poëte une semblable figure. Aussi plusieurs de ses récits s'élèvent-ils à la hauteur du drame dont ils empruntent toutes les qualités émouvantes.

En émettant cette opinion, qui est d'ailleurs confirmée par le sentiment de plusieurs critiques, notamment de M. Paulin Paris, *Manuscrits de la Bibl. impériale*, nous ne prétendons pas dire que la poésie de Gautier de Coincy soit sans défauts. Nous avons reconnu, au contraire, il n'y a qu'un instant, qu'à juger cette poésie comme celle du XIII° siècle en général, d'après les règles de notre prosodie moderne, on était obligé de convenir qu'on entendait mal la poétique. A la mesure des vers, à la quantité des syllabes et à l'emploi des rimes, on s'aperçoit bien vite que la contrainte de la versification forçait souvent les compositeurs à recourir à des additions de mots, à des changements d'orthographe, à des consonnances libres, et même à l'usage d'expressions qu'on peut regarder comme des chevilles et des répétitions inutiles, parfois fastidieuses, surtout lorsqu'à la fin des pièces elles dégénèrent en jeux de mots et en redondances puériles et sans valeur (1).

Malgré ces défauts de détails qui peuvent prêter des armes à la critique, mais qui nous semblent sans gravité dans la question que nous envisageons de plus haut, nous n'en persistons pas moins à soutenir que, parmi cette légion de poëtes que le nord enfantait alors et qui faisait dire que la langue d'oïle avait sa littérature aussi variée, aussi originale que celle du midi, Gautier n'en était pas moins à la tête de cette plébeïade qu'on nomme Raoul de Nesles, Raoul de Coucy, Thibaud de Champagne, Eustache de Reims, Thierri de Soissons, Blondiaux de Nesles, Gace Brûlé, Rutebeuf et Chrestien de Troyes. Quoi qu'on en dise, le prieur de Vic-sur-Aisne « l'emporte certainement sur » eux autant par le mérite de sa narration qui leur est bien supérieure, dit M. Paulin Paris, que par la nature et le » choix de ses sujets. » Et tandis que ceux-ci n'étaient habiles qu'à inventer d'érotiques subtilités et à les traduire en chansons frivoles et légères, celui-là, en les devançant de plusieurs années dans la carrière poétique, leur avait ouvert une voie de prudence et de sagesse dont malheureusement ils se sont écartés.

(1) Voyez pag. 67, v. 1743; 447, v. 152; 610; v. 177; 652, v. 101.
(2) Pag. 56, v. 292; 167, v. 148; 169, v. 248.

(1) Les principales licences poétiques de Gautier de Coincy consistent dans des additions de lettres, comme *ravid* au lieu de *ravi*, pour rimer avec David; *vainne serra* pour *vaine sera*; *ea*, *z* pour *e*, *lais* pour *lai* ou *laid*. Il emploie aussi *o* pour *e*, *o* pour *a* et *i*, *boise*, *venissent*; *es* pour *oi*, *ci*; *ele* pour *elle*; *eu* pour *u*, *seur*, *sur*, *c* pour *s* et pour *t*. *embrace*, *devocion*; *ie* pour *e*; *n* pour *m*, *non*; *e* pour *ou*, *ss*, *s*, *poine*; *en* pour *a*; *or* pour *ou*, *sorde* pour *sourde*; *s* pour *x* et vice versâ; *pris*; *t* pour *d*, *rent*; *z* pour *t*, *d*, *s*; *cum*, *com* pour *comme*. On trouve quelquefois des rimes latines avec les désinences grammaticales, telles que *Theophilum*. Quelques consonnances dures et embarrassées: *Je n'ai fait l'a entendu*; *S'il a fait ce que j'ai entendu*.

LVIII  INTRODUCTION.

d'Angleterre et un navire lancé à la mer ? (1) Quelle clarté dans la définition dogmatique des actes de foi prononcés par l'apostat Théophile, dans la paraphrase de l'*Ave Maria* et dans la démonstration de l'Incarnation de Jésus-Christ ! (2) Et ces nombreux dialogues entre les anges et les démons qui se disputent la possession d'une pauvre âme ! ces allocutions entre les Saints, Marie et son fils ! et ces magnifiques discours de l'ange en faveur du moine perdu, du poëte en l'honneur de la Virginité ! Que tout cela est beau ! voir même les paroles du Démon, dont les plaintes relèvent si haut la grandeur et la puissance de Marie ! (3) Quelle vérité dans ces portraits moraux de l'orgueil, de l'humilité, de la luxure, de l'avarice, de la folie ! Quelle candeur virginale et attrayante dans ceux de Sainte Léochade et de Marie ! (4) Quelle morale puissante dans cette peinture des revers de la fortune, de la fuite du monde, de la parure des femmes, des vices des grands et de la mort ! (5)

Mais ce qui nous enchante par dessus tout, c'est ce magnifique ensemble de louanges intarissables de la Mère de Dieu. On voit bien que cette grande et indescriptible figure domine le poëte et son œuvre. Quels titres cette héroïne catholique n'a-t-elle pas à la vénération de tous ? Elle n'a pas seulement une indéfinissable beauté, une haute puissance, disons-mieux, une prééminence sur toutes les créatures de Dieu, elle a toutes les qualités qui la feront chérir de tous les humains, la bonté, la tendresse, le dévouement d'une mère incomparable. (6) Aussi voyez à chaque page quel luxe de comparaisons ! que de suaves images quand il s'agit de qualifier Marie ! Non content d'épuiser dans son langage toute la nature et ses productions, les arbres, les fleurs, le poëte, inspiré par son amour, s'élève avec les éléments pour en faire un astre, une étoile, une lumière, puis, dans les Cieux, une reine revêtue de gloire et d'immortalité. Ici Marie « est plus douce que le miel, » et ici « plus brillante que la fleur de lys, plus fraîche que la rose qui embaume nos jardins. » Là, « c'est une rosée délicieuse qui pénètre la terre et exhale son parfum au milieu des épines. » C'est « la fontaine d'où découle la miséricorde; le large canal qui conduit dans les terres arides du cœur ses eaux fécondantes. » Ailleurs, « c'est l'ente qui nourrit de son savoureux fruit; » c'est « li corne, c'est la mamèle dont Dieu alaite ses orphelins. » Nourrice du monde, Marie en est encore la protectrice. C'est « la forteresse d'Israël, la tour d'ivoire qui nous met à l'abri des assauts de l'ennemi. » C'est « le pilote habile qui, au milieu des orages de ce monde, de la tempête des passions, nous dirige au port. (7) » C'est « le manteau de charité qui couvre et abrite le monde contre les vengeances divines. » Plus que tout cela, « Marie est l'émeraude, la gemme pure et claire qui enlumine la terre et réjouit les cieux. » Tantôt « lumière

---

(1) Pag. 187, v. 331 ; 224, v. 508.
(2) Pag. 55, v. 160 ; 738, v. 61 ; 83 ; v. 245.
(3) Pag. 463, v. 70 ; 496, v. 405 ; 343, v. 68 ; 715, v. 313 ; 464, v. 141 ; 619, v. 70.
(4) Pag. 70, v. 1873 ; 479, v. 160 ; 440, v. 500 ; 342, v. 32 ; 111.
(5) Pag. 544, v. 60 ; 711, v. 116 ; 471, v. 440 ; 440, v. 526 ; 483, v. 108 ; 626, v. 591 ; 449, v. 230 ; 539.
(6) Pag. 112, v. 130, 503, 170 ; 434, v. 212 ; 612, v. 510 ; 519, v. 699.
(7) Quelle belle prière à Marie et quelle riche figure !

» Et doucement por nous te prient
» Que en la mer, Mère de ce monde,
» Qui tant parest grant et parfonde
» Et où tant a de granz tourmente,
» A périllier ne nous consente ;
» Car nostre nef va si gaverant,
» Que souvent plungient li autant.
» Douce Dame, sainte Marie,
» Nostre nef est si esbarie,
» Par pou qu'èle n'asonde et noie.
» La mer du mont si fort undoie,
» Et les undes si nous assaillent,
» Qu'en nostre nef toute jour saillent.

» Dame qui de mer es estoile,
» Fiche ton vent en nostre voile
» Qui tost nous maint et tost nous port
» Au grant rivage et au grant port
» De Paradis où se déportent
» Tuit cil qui ci honneur te portent.
» Nus ne te puet honneur porter
» Tu ne le faces déporter
» Au Roy qui tes ventres porta.
» En toi servir grant déport a :
» Quar du ciel es fenestre et porte,
» Buer fu portez qui s'i déporte. »

magnifique qui dissipe toutes les ténèbres de l'obscurité, » tantôt « étoile scintillante dans la nuit et conduisant le navigateur au rivage désiré, » elle devient par le fait de sa mission, non-seulement « l'enseigne du paradis » portée devant nous, mais encore « le pont, la clef, la porte et la fenêtre du Ciel. » Est-il surprenant que Gautier de Coincy, au comble de l'admiration et comme électrisé en présence de ce trésor incommensurable de vertus, de cette Dame en qui il voit reluire la beauté « de cette loyauté qui porte largesse et secours à tous les enfants d'Eve, » de cette courtoisie qui en fait l'amie, « la mamèle du pécheur, » est-il surprenant, dis-je, qu'il cherche à « jonchier et à flourir son livre d'odorantes florètes prises dans son praël ? » Marie n'est-elle pas « le vergier, le praiaus » où le fils de Dieu vint se reposer à l'ombre de son humanité ? N'est-ce pas le sanctuaire divin de ce pain béni et descendu du ciel, qui nourrit le jour et la nuit les anges du Seigneur. Marie est donc la dame de tout ce que Dieu a fait (1).

Toutes ces brillantes qualités accumulées sur Marie sont exprimées dans une magnifique prose latine que nous avons insérée à la fin du volume, et qui est comme le riche écrin dans lequel sont renfermées toutes les splendides et gracieuses images reflétant, dans les emblèmes et les figures de l'Histoire-Sainte, un symbolisme bien plus élevé et plus mystérieux.

A propos de symbolisme, ce miroir ingénieux qui nous rend visible et nous fait toucher du doigt nos traditions sacrées, qui nous aide à traduire et à expliquer nos incompréhensibles mystères; qui donne la vie matérielle et sensible à tous les faits les plus ordinaires de l'histoire, comme aux évènements les plus insaisissables, que de curieuses études n'offrirait pas ce manuscrit! L'iconographie y pourrait faire une ample moisson. Les apparitions de la Sainte-Vierge, celle des anges, des saints, et même des démons; la mort, l'âme, le jugement, l'enfer; les clercs, les religieux, les chevaliers, les hommes du peuple, l'industrie, le commerce, l'Église, les voyages, tout se trouve écrit et figuré dans ce livre. La Sainte-Vierge nous y apparaît toujours en reine, la tête ceinte d'un diadème et environnée du nimbe d'or; une ondoyante chevelure blonde descend sur son manteau d'azur. C'est la forme que le peintre affectionne; assez souvent elle tient de la main gauche un livre à riche fermoir; mais plus ordinairement, surtout lorsqu'elle est représentée en statue, elle porte l'enfant Jésus dans ses bras. Les anges y sont presque toujours représentés en pied. Les saints n'ont rien de particulier; si ce n'est le nimbe simple et quelquefois le chandelier d'or dans leur main (2). Les saintes martyres portent des palmes. Le démon y est représenté sous différentes formes : tantôt sous une forme humaine, armé de cornes au front, des ailes de chauve-souris aux épaules, griffes aux pieds et aux mains, chair velue et couverte de longs poils; c'est là son costume habituel; mais, dans d'autres circonstances, il se transforme ou en homme, et on ne le distingue que par les deux cornes qu'il porte à la naissance des tempes, ou en lion, alors c'est le gros lion d'Afrique à l'épaisse crinière et à l'énorme queue traînante terminée en rameau. La mort, ou plutôt le départ de l'âme au moment de la mort, est figurée par la vue d'un petit être sans sexe sortant de la bouche du trépassé; dans plusieurs occasions, elle prend la charmante et allégorique ressemblance de la colombe

*Symbolisme.*
*Sa Richesse.*

---

(1) Ceci nous rappelle le langage d'un homme de foi qui disait, en parlant de Marie : « Son haleine respire la rose, » ses lèvres distillent le parfum, le lait et le miel sont sous sa langue; ses yeux ont l'éclat des étoiles, ses cheveux » un charme capable de séduire non-seulement les hommes, mais les esprits bienheureux. Elle est belle comme la » lune; c'est trop peu dire, elle est plus belle que le soleil, que tous les astres ensemble; la lumière elle-même » lui cède en beauté. » *Vie de Saint Joseph*, page 75.

(2) Les anges ont toujours joué un grand rôle dans la vie de l'homme et dans l'histoire de la religion, tant dans l'antiquité que dans les temps modernes. « Les anges », dit le Père Saigneri, « servirent d'infirmiers pendant sept » jours à un saint ermite dans sa dernière maladie. Ils furent les courriers d'Antoine, médecins pour Thimothée, » laboureurs pour Isidore, et les pilotes de ce saint vieillard dont Saint Paulin raconte l'histoire merveilleuse. » La légende de Sainte Azenor nous dit que cette sainte étant mariée à un roi soupçonneux qui sur la dénonciation » de sa mère l'emprisonna, il voulut la faire brûler; mais il se contenta de la mettre sur une barque sans rames et » sans voiles, et sur l'arrière, le marin avait vu pour pilote un ange debout, les ailes étendues. »

s'envolant vers les cieux (1). Le jugement nous est toujours représenté sous la figure de Jésus-Christ assis sur un siège, orné du nimbe crucifère et tenant le globe du monde de la main gauche. Devant lui se présente Marie, sa mère, ou à genoux avec des anges, ou debout en compagnie de saints ou de saintes. L'enfer est figuré par l'effroyable gueule du Leviathan, rempli de démons qui y précipitent les âmes. Les clercs et les religieux ont leur costume plus ou moins complet, mais ils ont toujours la tête rasée. Les chevaliers, lorsqu'ils ne sont pas revêtus de la cotte d'armes, ne portent qu'une longue robe qui les distingue des vilains. On pourrait aussi étudier la construction des édifices religieux, civils et militaires; l'ameublement des églises, des cloîtres, des intérieurs de maisons; les vêtements et les ornements sacrés; la confection des châsses, la forme des autels, des prie-Dieu, des sièges, des fauteuils et des stalles; les instruments aratoires; la disposition des navires, des barques; la défense des places, les usages privés, surtout les peintures à fresque, enfin une foule d'objets anciens qu'il serait fort intéressant de connaître et de comparer avec nos objets modernes. Que de ressources n'offrent pas aux investigations des savants, ces livres vénérables qui, en nous apportant le dépôt sacré de nos anciennes croyances, nous offrent encore les vieilles traditions de l'art catholique qu'elles ont si fidèlement conservées!

(1) Ces belles idées des âmes s'envolant vers le ciel sous la forme de colombes, sont de tous les temps et de tous les pays. On lit dans la vie de Sainte Aldégonde : « Aldégonde et sa sœur, conviées par les Anges et leur Reine à
» entrer dans un vaste palais appuyé sur sept colonnes, somptueusement décoré et embaumé de parfums, prennent
» un commun essor, comme deux oiseaux s'envolant au ciel, semblables à ceux dont il est dit qu'ils volent comme
» les nues et courent à leurs nids comme des colombes. » L'église ne chante-t-elle pas, de Sainte Scholostique, que l'âme de cette bienheureuse vierge pénétra dans le ciel sous la forme d'une colombe, en signe de son innocence : *Deus qui animam B. V. tuæ Scholasticæ, ad ostendendam innocentiæ vitam, in columbæ specie cœlum penetrare fecisti*. Dans la légende de Sainte Azénor, on lit : « J'ai vu au loin sur la mer, » dit-il au seigneur son père, « une barque, et dans cette barque une femme avec son enfant, son enfant nouveau-né suspendu à son
» sein blanc comme une colombe au bord d'une conque marine. » Dans une ballade du seigneur du Nann et la fée bretonne de Karrignan, on lit aussi : « Ce fut merveille de voir la nuit qui suivit le jour où on enterra la dame
» dans la même tombe que sa mère — de voir deux chênes s'élever de leur tombe nouvelle dans les airs — et
» sur leurs branches deux colombes blanches, sautillantes et gaies, — qui chantèrent au lever de l'aurore et
» prirent ensuite leur volée vers les cieux. » Dans le chant du Paradis : « Quand je regarde le ciel ma patrie, je
» voudrais y voler comme une petite colombe blanche. Aussitôt que mes chaînes seront brisées, je m'élèverai dans
» les airs comme une alouette — disant : Saint Pierre, ouvre-moi la porte, je ne pécherai plus jamais, plus jamais,
» plus jamais. *Per, digor ann nor d'in Birviken na bée hinn, na bée hinn, na bée hinn.* » Voilà ce que croit le paysan breton en voyant l'alouette monter au ciel : « Les âmes reviennent sous la forme d'oiseaux blancs se percher
« sur un chêne au bord de la mer. Chantez, petits oiseaux, — vous n'êtes pas morts loin de la Bretagne. »

# CONCLUSION.

Malgré ce que nous venons de dire à la gloire du poëte et de son œuvre, peut-être sera-t-on tenté de nous demander ce que nous avons prétendu faire en exhumant de l'oubli ces productions d'une époque lointaine, et, pourquoi cette résolution prise, nous ne les avons pas données aussi complètes qu'elles existent. A cette double question, notre réponse sera courte et comprise de tous, nous l'espérons du moins. Outre le désir bien naturel que nous éprouvions de faire connaître un de nos plus célèbres poëtes soissonnais, nous voulions aussi montrer que les compositions du Moyen-Age ne sont pas aussi à dédaigner qu'on affecte de le dire, et mettre en pratique ce religieux conseil de l'homme éminent auquel nous avons dédié ce livre : « Un jour, peut-être, les catholiques s'aviseront » d'aller chercher dans leurs œuvres quelques-unes des plus charmantes productions de la muse » chrétienne. « C'est là ce que nous avons voulu faire ; voilà ce qui explique pourquoi en faisant paraître la plus grande partie des ouvrages d'un poëte catholique et chrétien, nous ne nous sommes pas cru obligé de les publier intégralement. En laissant de côté quelques pièces intéressantes, sans doute, mais dont les principales sont déjà connues (1), en supprimant même certains passages qui touchaient à des points moraux, à des descriptions plus ou moins délicates, nous n'avons pas obéi à un scrupule exagéré qui nous aurait fait craindre de déprécier l'écrivain que nous avions exalté avec raison ; car nous n'ignorons pas que tous les amis dévoués de la vérité historique et littéraire, loin d'approuver des retranchements calculés, qui auraient pour principal effet de justifier des critiques dirigées contre un auteur, nous en demanderaient plutôt au nom de la justice, la restitution complète, dût cette restitution présenter certains inconvénients aux yeux des lecteurs timorés. Nous ne pensons pas qu'on ait ce reproche à nous faire, ni qu'on nous accuse d'employer, pour la défense du Moyen-Age catholique, le procédé que les philosophes du dernier siècle ont employé pour le décrier, en ne prenant dans une œuvre et dans une époque que le côté qui prête aux prédilections ou aux répugnances de ses lecteurs. Ce moyen, nous le reconnaissons, qui n'est qu'un indigne travestissement selon la mode du temps, ne serait pas plus propre à réhabiliter le Moyen-Age, qu'à le déconsidérer aux yeux de la justice

---

(1) Plusieurs de ces légendes ont été publiées. On trouve dans Barbazan, Fabliaux et Contes, T. 1er, page 270 : « Ci commence de Sainte Léochade qui fu Dame de Tolède, et du saint Arcevesque Chi commence uns miracle » de Nostre-Dame, d'un chevalier qui amait une Dame. » T. II, page 420 : « Du Varlet qui se maria à Nostre-Dame ; » Miracle de Nostre-Dame, qui gari un moine de son let. » Dans le 6e volume des Fabliaux de Méon : D'un Larron » que Nostre-Dame délivra » Dans les Fabliaux et Contes dévots de Legrand d'Aussy : « Du Miracle du moine sauvé » par Nostre-Dame en cité. » Dans le 11e volume des mélanges historiques publiés par Doublet de Boisthiband : « Histoire du siège de Chartres, par Rollot. » Dans les origines du théâtre moderne d'Ernestan du Méril : « Le » Miracle de Julien ou de Saint Basile. » Dans le théâtre du Moyen-Age : « Le Miracle de la femme délivrée d'être » arse. »

et de la vérité historique, qui deviendrait alors une chimère. Non, ce n'est pas le point de vue auquel nous nous sommes placé. Nous en avons dit assez pour faire connaître notre auteur sous toutes les phases où il peut être envisagé, et cela devait nous suffire. Les passages supprimés n'offrant généralement que des longueurs de détails souvent inutiles ou peu intéressants, ne nous ont pas paru nécessaires pour la gloire de l'auteur et la saine appréciation de ses œuvres.

En terminant notre travail, que nous reste-t-il donc à faire, sinon d'entrer dans les vues religieuses du poëte et de mettre son ouvrage et le nôtre sous la protection de celle qu'il fait bon de servir et qui

> En oubliance ne puet mètre
> Nul servise que on li face.

O Marie ! vous que la sainte Église catholique vient, par la bouche d'un immortel et bien aimé pontife, de déclarer Immaculée dans votre Conception, comme vous l'étiez déjà dans votre vie, permettez que je vous offre, à cette occasion, l'œuvre d'un de vos plus dévots serviteurs. Daignez accueillir ce fruit de ses veilles et des nôtres, comme l'expression d'un double hommage rendu à vos éminentes vertus, à votre puissante intercession et aux grâces incomparables dont vous ne cessez de féconder le monde chrétien. Cette publication si imparfaite qu'elle soit, nous vous l'adressons avec une confiance filiale, et dans votre personne sacrée, à la sainte Église romaine, notre mère chérie, comme un tribut solennel de notre profonde et respectueuse vénération pour elle, et un gage public de notre entière soumission à son infaillible autorité.

Qu'il nous soit permis de former, avec le pieux et naïf poëte, ce souhait parti d'un cœur plein d'espérance, d'amour en la Sainte-Vierge.

> A la fin de cest livre où j'ai peué jour maint,
> Saluer vueil la Dame où toute douceur maint.
> A sa douceur déprie doucement que tant maint,
> Que bonne fin me doint et que m'ame au ciel maint.
> Amen, Amen, Amen.

A vous, chers lecteurs, nous dirons :

Gautiers qui est de cors et d'ame
Sers à touz les sers Nostre Dame.
Cest livre où a mise sentente,
A touz ceus envoie et présente
Qui en cuer ont et en mémoire
La douce Mère au Roy de gloire,
Comme leur sers, comme leur frère
En Dieu et en sa douce mère,
Touz les salue doucement ;

A jointes mains moult humblement
Leur déprie par amitié
Qu'à la Royne de pitié
Qu'èle le consaut prier veulent
Por ce que en leur faiz l'acuellent,
Un povre ditié leur envoie,
A chascun prie qu'il le voie
Des yeux, du cuer et de la teste
Oes que cist amoneste.

# LES MIRACLES

DE LA

# SAINTE VIERGE

# LES MIRACLES

DE

# LA SAINTE VIERGE.

## LIVRE PREMIER.

### Ci aprez commence le Prologue des Miracles de Nostre Dame en la première partie.

Le poëte avertit ses lecteurs qu'il va traduire en vers les miracles de la sainte Vierge, afin de les faire comprendre au public qui déjà n'entendait plus la langue latine, et d'exciter au service de cette grande reine, la Somme de tous les biens. Il a choisi ce sujet de préférence à tout autre, parce qu'il est rempli de nombreux exemples qui portent au bien. Ces miracles sont si édifiants qu'il brûle de les tirer de l'oubli où ils ont dormi trop longtemps. S'il peut vivre seulement un été, il en traduira mot à mot les plus beaux et les plus intéressants. Il ne se flatte pas d'épuiser une matière aussi abondante; l'éloge de Marie est une mer inépuisable et sans fond. Ici donc il n'est pas nécessaire de recourir au mensonge. Marie a opéré tant de prodiges que chacun s'en étonne. Les renier, c'est renoncer à la qualité de chrétien, être hérétique. Gautier prend de là occasion de s'élever contre la folie des mécréants, comme si Jésus-Christ ne devait pas faire pour sa mère ce qu'il fait chaque jour pour l'honneur de ses saints. Puis pour donner une idée de son mérite, il la compare à une émeraude brillante, à la rose la plus belle des fleurs, à la rosée qui fertilise la terre. C'est une fontaine de miséricorde et de toutes les vertus, la plus parfaite des créatures, la reine du ciel et de la terre. Elle remet dans la voie celui qui s'égare, soutient celui qui chancelle: elle a racheté par son fils le péché d'Ève qui fut non une mère mais une marâtre. Le souvenir de cette dernière est plein d'amertume, et celui de Marie est plus doux qu'un rayon de miel. Mais cette vierge si débonnaire est bien terrible au démon; toutefois ceux qui la servent ne tombent pas sous son empire. Pour vaincre, Jésus lui-même a daigné se revêtir de cette armure. Aussi, quelle affreuse défaite pour le démon et les siens! Quelle guerre Marie continue à lui faire! Il n'y a pas d'autre voie pour aller au ciel. Le poëte termine son invocation en la priant de venir limer son langage; il ne demande pour toute récompense que de lui être agréable.

La miniature qui est en tête de ce prologue et qui a été fidèlement calquée sur celle du manuscrit représente, sur un fond d'azur parsemé de fleurs de lys d'or, un bénédictin dans l'attitude de la méditation, dictant ses vers à un jeune religieux son confrère. Dans le haut, au milieu d'un nuage de pourpre ondulé en festons, et environnée d'une troupe de chérubins dorés, apparaît la sainte Vierge couronnée et nimbée, portant d'une main une palme ou un lys, de l'autre un livre : sans doute l'œuvre du poëte qui, dédaignant l'invocation de la muse antique, a voulu placer ses chants et ses vers sous la protection de la grande héroïne catholique.

## Prologue.

*S. Augustinus dicit :*
Hec est domina regum, decus mulierum, gemma innô et regina virginum, congratulatio angelorum, consolacio miserorum, refugium peccatorum, omnium est temperatio credentium.

A la loenge et à la gloire,
En remembrance et en mémoire
De la roine et de la dame,
Cui je comment mon corps et m'ame,
A jointes mains soir et matin.
Miracles que truis en latin,
Translater vueil en rime et mettre; (1)
Que cil et celles que la lettre
N'entendent pas puissent entendre.
10 Qu'à son service fait boen tendre,
Tuit li sage doivent savoir.
Qui bien la sert qu'il fait savoir.
Qui ne la sert mout petit s'aime ;
Car de touz biens est-ce la saime (2).
La douce dame bien aprise,
Pourquoi ceste materre ai prise,
A traitier si bien la m'apreigne,
Que boen essample aucuns y preigue,
Et qu'ele gré m'en daint savoir.
20 Autre loier n'en quier avoir.
Montez serait en haut degré,
Qui la porroit servir à gré.
Si miracle sunt tant piteus,
Tant boen, tant douz, tant déliteus,
Tant savoureus et tant eslit,
Qu'el réciter ai grant délit.
Sovent mi vois mout délitant.
Escripture dit de lui tant,
Que chascuns se doit déliter,
30 En quanqu'est (3) de lui réciter.

Sade et doux est quanqu'est de li.
Si douz miracle enseveli
Dedens la lettre ont trop esté.
Mais si vivre puis un esté,
Des plus biaus en vorrai mettre,

*Magister Adam dicit :*
Cujus preces vicia, cujus nomen tristia, cujus odor favum in dulcedine, super vinum sapida, super nivem candida, super rosam rorida, super lunam lucida, veri soli lumen.

*S. Gregorius dicit :*
Bonum opus nobis in voluntate sit ; nam ex divino adjutorio erit in perfectione.

Tot mot à mot si com la lettre,
Et l'escripture le tesmoigne.
La mère dieu tel sens me doigne
Où aucun bien puisse puiser
40 Ma pauvre science espuiser ;
Quar assorber (4) assez tot puis,
Se j'en parfont puiser ne puis,
Qu'espuiser ne puet nus puiseres ;
Tant soit épuisanz espuiseres.
C'est mers conques nus n'espuisa :
Véez son non, M. et puis A.
R et puis I, puis A. et puis ;
Mer trouverés ne mie puis.
Marie est mers que nus n'espuise.
50 Plus y treuve qui plus i puise.
Ne m'estuet (5) pas bourdes (6) ataindre
Ne mecoignes (7) trouver ne faindre
Pour défaillance de matere ;
Car, en tanz lius fait la Dieu mère
Tant miracle, tante merveille,
Tous li mondes s'en esmerveille.
Bien set chascuns, c'en est la voire (8),
Que la glorieuse de gloire,
Puet assez plus com ne puet dire.
60 Qui de ce me vorroit dedire
Ne seroit mie crestiens ;
Mes Aubigois (9) ou Arriens.
Li pooirs est touz sa mere ;
Com à seigneur et com à père,
Sovent li prie et demande,
Et à la foiz li recommande,
Come à celui qu'ele norri.
Sovent m'avient que je sorri,
De mautalent (10), d'ardeur et d'ire,
70 Quant j'oi aucun buisnart dire :
Que les miracles ne croit mie

*Unde dicitur :* Vos ortorum, puteus aquarum viventium que fluunt impetu de Libano.

*Mag. Petrus Abaelart.*
Qui dicit verum non ba dicendo laborat, fingere falsa prius nititur loqui.

*Augustinus dicit :*
Hæc sola cui nulla virgo potest comparari, quia tanta est ut quanta sit non possit enarrari.

*Mag. Petrus Abaelart.*
Arrius infelix ! quia se non credidit, ecce tartareis flammis meruit sine fine subesse.

Sancti alii possunt orare domino, ipsa vero imperare. Unde dicitur : ora pvtrem, jube nato.

*Salomon dicit :*
Qui fatuus est agens stulticiam, sua non decet stulta verba componit.

---

(1) Je veux traduire en vers les miracles que je trouve en latin. — (2) Somme. — (3) En tout ce qui est. — (4) *Absorbere, absorbir, assorbir, assorber*, absorber, engloutir, détruire, anéantir. — (5) Il faut, il convient, il est important. Chanter m'estuet *(Chanson du roy de Navarre).* Il faut chanter. — (6) Bourdes, bordes, tromperie. — (7) Mensonges. — (8) Vérité, *veritas*. — (9) Albigeois, hérétiques répandus dans le haut Languedoc et principalement dans le diocèse d'Albi, reproduisant dans leur croyance et dans leur conduite toutes les erreurs monstrueuses de différentes sectes particulières qui avaient autrefois désolé l'église. — (10) Courroux, colère.

## PROLOGUE.

De madame Sainte Marie.
J'en desenis (1) touz quant je l'oi.
Comment feroit pour Saint Eloy,
Pour saint Joce ou pour saint Romacle.
Li rois du ciel nul haut miracle
S'il nes fesoit pour la pucèle
Qui l'aleta de sa mamèle,
Quant pour les autres ne fine oncques.
80 Qui me dira, que fera donques
Por la puissante dame célestre,
Qui jour et nuit siet à sa destre?
Que fera donques pour la dame,
Qui l'esmeraude est et la jemme (2),
Qui tant est pure et clere et fine,
Que tout le monde renlumine?
Cil qui ce dit n'est pas creanz,
Mes hérites (3) et mécreanz.
La mère Dieu puet assez plus,
90 Que tuit li saint du ciel lasus.

Ele est la fleurs, ele est la rose,
En cui habite, en cui repose
Et jour et nuit sainz esperiz.
Bien est dampnez, bien est periz,
Et déable bien le deçoit,
Qui ses miracles ne reçoit.
C'est la douceurs, c'est la rousée
Donc toute riens (4) est arousée;
C'est la dame, c'est la pucèle
100 En cui sainz flans chambre et cèle
Cil qui pour nous mourut en croiz;
C'est la fontaine, c'est li doiz
Donc sourt et viens miséricorde,
Douceurs, pitiez, pes et concorde.
C'est li tuyans, c'est li conduiz
Par où tout bien est aconduiz :
C'est la royne des archanges;
C'est la pucèle à cui li anges
Le haut salu dist et porta,
110 Qui tout deporz nous aporta.
Onques ne fu fame fourmée,
De touz bien fu si enfourmée,
Et pour ce prist en ses flancs fourme
Cil qui tout fet et qui tout fourme.
Mout est s'amour bonne à querre (5).
Dame est en ciel, dame est en terre,
Dame est en air, dame est en mer.
Trestouz li monz la doit amer.
Conceuz fu d'eureuse eure;
120 Qui bien la sert et bien l'enneure.
Ades (6) celui tient par la main
Qui bien la sert et soir et main.
Et s'il chancele ne fors voie
Tost le ramis en droite voie;
De touz perius (7) l'eschive et garde
Qui bien profondément y garde.
Deceuz est trop laidement
Qui ne la sert dévotement.
130 Qui ne la sert ne s'aime preu (8);
Quar de lui viennent tuit li preu.
Grant preu nous en vint ce me semble,
Quant nous délivra touz ensemble
Du grand outrage et deu forfet
Qu'Eve en la pomme avait forfet.
Petit devous Evain amer,
Quant ele morst le mors amer
Qu'achatons tant amèrement.
Cil qui l'apele mère, ment;
Quar marrastre fu mout amère.
140 Mes la pucèle est notre mère,
Qui en ses flans le roy porta,
Qui en mourant mort amorta
Qu'Eve à nous mordre avait amorsé :
Quar la pomme qu'ele out démorsé
Deu mors Evain vint la morsure.
Donc nous eust touz morz mort sûre,
Se diex ne fust qui par sa mort
De nous mordre la de sa mort.
Eve est amère et enfielée;
150 Marie douce et emmielée.
Le nom d'Evain vers le Marie
En la bouche mout me varie.
Moi semble bien quant nom Evain
Que tout en aie le cuer vain.

Comment que dit Evain ou Eve,
Ne truis douceur, saveur ni sève;
Touz est amers et enficlez.
Mes tant est douz et emmielez
Li nons de la douce Marie,
160 Que touz li cors me razasie.
Quant l'oi nommer ou quant le nom

---

(1) Sortir du bon sens; de *sensus*. — (2) *Gemma*, pierre précieuse. — (3) Hérétique. — (4) Terre, *res*, chose. — (5) *Querere*, chercher. — (6) Ades, *d'adherere* ou *tota dies*, dès, toujours, dès ce moment. — (7) Péril, *periculum*. — (8) Preu, prou, gain, utilité, *profectus*.

## PROLOGUE.

Ou siècle n'a nul si doux nom.
Tant douces sont ces trois silabes,
Que m'est avis que se sis labes,
Deseur le col me trebuchoient
Annuis ne mal ne me feroient;
Puisque Marie eusse en bouche.
Si tost com la langue i atouche,
M'en chiet (1) li miels aval (2) les lèvres.
170 Hé! diex com est soz et chalefres
Cil qui souvent ne s'en desjune!
Quar n'est si douce riens nes une.
Toute douceurs treuve dedens,
Qui bien la suce entre ses dens.
Mais nul nel set, si ne l'espreuve,
Com douce douceur il i treuve.
A cinq cenz doubles passe miel.
Quand le douz roy porta du ciel.
Bien doit ses nons cuer adoucir,
180 Bouche emmiller, langue solfir (3).
Il parest tant sades et douz
Que de douceur seuronde (4) touz
Qui de boen cuer l'apele et nomme.
Tant parest douz, c'en est la somme,
Que tout le cuer le courage,
Li radoucit et r'asonage (5).
Mes au maufez n'est pas ensiz;
Ains li est aigres com aisilz (6).
Tant est amers à l'ennemi
190 Qu'ançois com l'ait nommé demi,
Tel hide en a et tel freeur,
Que touz fremie de peeur.
Eureus est de grant eur,
Et dormir doit tout asseur,
Qui bien la sert et qui bien l'aime,
Et son douz nom sovent reclaime.

Qui bien la sert d'entier courage,
En touz gius a tel avantage,
Que li deables qui tout guille (7),
200 Guiller ne puet par nule guille.
Tant set de boule (8) li boulerres,
Et tant parest forz tribouleres,

Se nous n'avons qui no giu face
Ja (9) ne verrons Dieu en la face.
Tant set de tours, tant set de traiz.
Tost nous aura en l'angle traiz.
Nous serons pris et mat (10) ce cuit.
Si nous ne sommes mout recuit.
Enne (11) vout il Dieu tribouler
210 Et par faus traiz sa gent bouler?
Enne vout il Dieu par barat (12)
Tolir à jeu et faire mat?
Enne fit il un trop fort trait,
Quant il de paradis fors trait
Adam et sa mollier Evain?
Mes touz ces traiz fit il en vain?
Quar diex une tel fyerce (13) fist
Qui le mata et desconfit.
Quant li doux diex vit vers la fin
220 Que n'avait truie (14) nes daufin,
Et qu'anemis par son desroi
Chevalier, Roc, fierce ne roi,
Nes ne poon (15) ni voulait laissier
Au jeu se daigna abaissier,
Et fist un trait soutil et gent
Par quoi rescout toute sa gent.
Un soutil trait de loinz porvit
Ou déables goute ne vit.
Quant li boulerres qui tout boule,
230 Par son barrat et par sa boule
Eschec et mat li cuida d'ire.
Si soutilement trait notre sire
Et l'oiel au giu si bien ovri (16)
Que de sa fierce se couvri.
Si soutilement traire daigna,
Quant il li sist qu'il gaengna
Le jeu qui est presque perduz.

Si durement fut esperduz,
Li deables qui maint mal traite,
240 Quand Dieu la fierce eut avant traite,
Son sens perdi et son pooir.
N'aine (17) puis ni puet goute vooir,
Ainz n'en seut mot li ennemis.

---

(1) Tombe. — (2) En descendant, au bas, en bas. — (3) Delier, *saluta fieri*. — (4) Seuronde, severonde, *déborder*, *répandre*. — (5) R'asouage, réjouit, délasse, soulage. — (6) Vinaigre, assil, d'*oxalis*, verjus. — (7) Tromperie, ruse. — (8) Tromperie, astuce, boulerres, bouléeur, trompeur, fin. — (9) Déjà; le démon sait tant de ruses qu'il nous aura bientôt mis hors la vie. — (10) Maté, vaincu, abattu, de *mactare*. — (11) Est-ce que. — (12) Ruse, trahison, perfidie, de *baratum*, basse latinité. — (13) Dame, reine, la seconde pièce des échecs. — (14) Machine de guerre pour lancer des pierres, selon Froissart. — (15) Ne pouvait — (16) Et il ouvrit si bien l'œil au jeu qu'il se couvrit du corps de la reine. — (17) N'aine, *non unquam*, ne jamais.

Se l'cut à force en l'angule mis.
C'est fierce traist par tel sens,
Que l'anemi mate par tel sens.
Li traitres qui set maint trait,
S'esbahit tost quand ele trait.
A li n'en puet un trait savoir.
250 Quant il cuide le giu avoir,
Et touz en cuide estre asseur,
Se li fait ele un eschec pur,
Si très soutil et si bien fait,
Que lués (1) s'en giu pert tout-à-fait.
Diex quel roi ! edex quel fierce !
Ainz sonneroit le matin tierce
Que dit cusse ne retrait,
Com sont soutil et biau si trait.
Ceste fierce n'est pas d'ivoire ;
260 Ainz (2) est la fierce au roy de gloire
Qui rescout toute sa meisnée (3)
Qu'avoit déables defrainée (4).
Tele fierce doit acheter,
Qui le deables veut mater.
De touz traits soit toute la force
Cil qui de li servir s'aforce,
Et qui de boen cuer la sert et prie.
A son giu l'a n'en doutez mie,
Et trait si soutilement et boute
270 Que li deables ni voit goute.
De teles fierces n'est il plus.
C'est la fierce du ciel lasus ;
C'est la fierce par cui jadis
Nous recouremes (5) paradis
Que deables, par un faus trait,
Tolu (6) nous avait et fors trait.
Ceste fierce est si secorrans,
Si forz, si fiere, si corrans,
Ja n'iert si loinz que tost n'aqueure
280 Se le prions que nous sequeure (7).

Autres ni vont cun tot seul point :
Mes ceste cuert si tost et point,
Qu'ains qu'anemis ait desjeuné pris,
L'a si lacié et si souspris
Ne set quel part traire se doie.
Ceste fierce le mate en roie ;
Ceste fierce le mate en angle ;

Ceste fierce li tolt la jangle (8) ;
Ceste fierce li tolt sa proie ;
290 Ceste fierce touz jors l'asproie (9) ;
Ceste fierce touz jors le point (10) ;
Ceste fierce de point en point
Par fine force le dechace.
N'est riens el monde que tant hace (11) ;
Quar il a tout par li perdu.
Déable sunt tout esperdu ;
Déable sunt touz tormenté ;
Déable sunt tout foumenté,
En touz les lius où ele joue.
300 Mout est sages qui tant la loue,
Et tant la sert et soir et main,
Qu'a son giu daint mettre sa main ;
Quar cil cui giu ele veut faire
Riens ne peut perdre par mesfaire.
De tous boens traiz soit la maniere,
Et est de traire si meniere,
Ses amis trait forz de touz poinz.
Li deables a ses durs poinz,
Qu'il a si apres et si forz,
310 Touz nous eust par sen efforz,
El fonz d'enfer à force traiz
Et en anglez par ses faus traiz,
Se diex avant ne l'eut traite.
Li traites qui touz maus traite
N'iert (12) ja en lieu où nus la traie (13),
Qu'ariere loin ne se retraie.
A son service nous traions,
Et de fauz traiz nous retraions.
Si grand eur de bien traire a
320 Qu'en paradis touz nous traira.
Qui pres de moi se vorra traire,
Dorenavant morra retraire.
Com sunt soutil et biau li trait
Que la soutils mère Dieu trait.

La mère Dieu qui est la lime
Qui tost escure et tout eslime
Escurer daint et eslimer,
Pour ses miracles biau rimer
La langue Gautier de Coinsi
Qui pour s'amour commence cinsi.

(1) Aussitôt, promptement. — (2) Mais. — (3) Gens pour la mêlée. — (4) Desfrainée, déroutée, rompue. — (5) Recouvrimes. — (6) Tolu, enlever, de *tollere*. — (7) Secoure. — (8) Bavardage, caquet, de *joculatio*. — (9) Tourmenter, poursuivre, *asperare*. — (10) Observe avec attention, de *pingere*. — (11) Haïsse, subjonctif du verbe haïr. — (12) Es, iert, est. — (13) Traie, conduire, traîner, *trahere*.

# Chansons pieuses.

Avant d'aborder son sujet, Gautier de Coinsy qui est tout à la fois poëte et artiste, saisit son instrument et entonne quelques chants à la gloire de sa Reine. Il trouve dans l'exercice de la musique un utile délassement aux fatigues de la composition et un moyen de rendre son livre plus agréable. Il voulait sans doute aussi opposer ses cantiques pieux à toutes les chansons licencieuses qui commençaient à courir le monde, et consoler ceux qui, dans le cloître, se livraient aux plus rudes travaux de la pénitence.

La miniature suivante représente l'intérieur d'une salle d'étude, ornée de caissons, éclairée par plusieurs petites fenêtres ogivales accouplées, pratiquées dans une ouverture carrée ; une colonnette soutient la retombée des ceintres et partage l'édifice en deux parties. D'un côté un religieux assis sur un banc, le capuchon sur la tête, présente un manuscrit ouvert ; de l'autre un pupitre à trois étages. Sur le degré inférieur une bouteille d'encre ; sur le second degré qui peut s'élever et s'abaisser au moyen de la tige en spirale, un encrier, des rouleaux de parchemin et des livres ; au-dessus, le pupitre proprement dit.

*Unde dicitur : Lux eclipsim nesciens, virginis est castitas, ardor indeficiens, immortalis caritas.*

Ainz qu'ovrir veuille le grant livre
Qui mout me donne et moult me livre
Grant matere longue et prolipse ;
De la pucele qui l'eclipse,
Le grand broillat et l'oscurté ,
Jeta du mont par sa purté
Chanter vous weil II chançonnetes.
Mout volentiers chant chançons netes.
Quant à la foiz sent a meschief
10 Mon las de cervél et mon chief.
Ja n'i aurai si mal par m'ame,
S'un petit chant de notre Dame
Lors ne resoie en mout bon point.
Pour s'amour qui au cuer me point
Et le courage me soulieve,
Un petitet si ne vous grieve,
Ainz que plus lise weil chanter,
En cest livre vorrai planter
De lius en lius chançons noveles
20 De notre Dame mout très beles.
Des légeretes et defors
Cïert grant soulas et grand confors
A ceus qui lués baissent les chieres
Qui à Cluigni et à Ronchieres
Vont maintenant com leur a conté ;
Ce qu'au preu de lor ames a monté.
As sermons a plus qu'as caroles
Dou parage de Ronceroles.
Anemis si les en olie
Plus que savoir aimment folie.
30 Pour aus tolir leur Ronchier,
Tout cest livre vorrai jonchier
Et flourir d'odourans floretes.
Cïert de flories chançonnetes
Qui si très doucement fierront

*In libro sapiencie legitur : Vani sunt omnes homines in quibus non subest sciencia dei. Stultorum infinitus est numerus.*

Tout li cuer ceus eclarront,
Qui la rose aiment fresche et bele
Dont diex daigna fere sa mere.
Pour ce que la très douce Dame
De l'amour de ma lasse d'ame
Et de mon cœur a le saël.
Des floretes de mon prael ,
S'ele santé me done et livre
Tout enflorer vorrai cest livre,
Dont bé à faire mes presenz
Et aus futurs et as presens.
Par maint pays irei divers,
Quant gere touz mangiez de vers.
La sainte fleurs, la sainte rose
Où est toute douceurs enclose,
Touz ceus escrire par sa grace
Ou saint livre de vie face,
Qui cest livre contreescriront
Et qui pour m'ame prieront,
Quant le liront ou orront lire.
Or weil a tant traire ma lire
Et atremper weil ma viele :
Je chanterai de la pucele
Dont li prophete tant chanterent,
60 Et qui M. ans ainz l'annuncierent
Qu'engerée ne née fust
Ne clofichiez fust diex en fust.
Qui que vous chant chançons polies ;
De risées et de folies
Je ne weil pas chanter tex chans ;
Car trop i a pleurs et deschans ;
L'ame souvent pleure et déchante
Dou chanteur qui tiex chanz y chante.
Qui l'anemi vieut enchanter,
70 De la grant Dame doit chanter

*Unde dicitur : Prophete predicaverunt nasci salvatorem de virgine Maria.*

*Augustinus dicit: Illas sancti expectabant potrisicha ; hanc preconizabaniar prophete, omnes quos spiritus sanctus attigerat optabant videre.*

Dont jour et nuit li angre chantent.
Deable endormant et enchantent

Tuit cil qui chantent son douz chant.
Or escoutez comment j'en chante.

## PREMIÈRE CHANSON.

### I.
Amours qui bien set enchanter,
As pluseurs fait tel chant chanter
　　Dont les ames deschantent.
Je ne weil mes chanter tel chant ;
Mes por celui noviau chant chant
　　De cui li angre chantent.

### II.
Chantez de lui tuit chanteur.
S'enchanterez l'enchanteur
　　Qui souvent vous enchante.
Se de la mere Dieu chantez,
Tous en chantent iert enchantez,
　　Buet fu nez qui en chante.

### III.
Qui veut son cointe acointement
Acointer si doit cointement ;
　　Quar tant est sage et cointe
Que nus ne si puet acointier
Ne li estuit désacointier
　　Quan qu'anemis acointe.

### IV.
La nus ne si acointera
Devant ce qu'il desacointera
　　Por li toutes acointes.
Pour s'amour les desacointiez,
N'iert acointe dieu n'acointiez
　　Nus s'il n'est ses acointes.

### V.
Mere dieu ! tant faiz a prisier ;
Ton pris ne puet langue esprisier ;
　　Tant en soit bien aprise.
Chacun te prise et je te pris.
Ies où la fleur de pris
　　Char piteuse a prise.

### VI.
Char précieuse en tes flans prist,
Par quoi le soupernant souprit,
　　Qui touz nous vient souspenre.
Mais qui à toi servir se prent,
Sa soupresure nel sousprent.
　　A toi se fait bon penre.

### VII.
Dame en qui sont tout bon confort,
De mes pechiez me desconfort ;
　　Mais ce me reconforte.
Que nus n'est tant desconfortez,
Par toi ne soit renconfortez ;
　　Tes conforz toz conforte.

### VIII.
Dame com grant dame conforz ;
Est tes secors et tes conforz,
　　Mainte ame as confortée.
Conforte moi grant confort as.
L'Egypciene confortas
　　Qui ert descontée.

### IX.
Douce dame, qui bien te sert,
L'amour ton douz fil en desert.
　　Bien est droiz com te serve.
Touz cil qui bien te serviront,
Joie sanz fin deserviront.
　　Diex doint que je la deserve !

### X.
Las ! ainz nul bien ne deservi ;
Quar si petit ai Dieu servi.
　　M'ame a mort deservie.
Dame or m'aprend si à servir,
La joie puisse deservir,
　　Où d'angres ies servie.

### XI.
Douce Dame, sanz finement
Servir te doit-on finement.
　　Com ors ies afinée.
Les tiens afines com or fin ;
Et si leur donnes à la fin
　　Joie qui n'iert finée.

### XII.
Celui pri-je au definer,
Qui por nous vout en croiz finer :
　　Qui tout commence et fine,
Qui commencement et finz.
Touz nous face, à la fin, si fins
　　Qu'aions la joie fine.　　Amen.

## DEUXIÈME CHANSON.

### I.

Qui que face rotruenge novele,
Pastorele son sonet ne chançon.
Je chanterai de la sainte pucele
Es cui sainz flans le fiuz dieu devint hom.
Il est avis certes quand je la nom,
Goutes de miel degoute de son nom.
Je ne weill mes chanter se deli nom,
D'autre Dame ne d'autre Damoisele
Ne ferai mes se dieu plest dit ne son.

### II.

De tot son cuer et de toute s'entente
Loer la doit chascuns et jour et nuit;
Tant com vivrai chasqun lui doit de rente,
Par fine amor, chanconete ou conduit.
A seurz port, touz ceux mainne et conduit
Qui de bon cuer entrent en son conduit.
En li servir sunt tout li grant deduit;
Car c'est et fu la très savoureuse ente (1)
Qui tous nous pest de son savoureus fruit.

### III.

Qui bien la sert, et qui l'a en memoire,
Faillir ne puet qui grant loier n'en ait.
En ses sainz flans porta le roy de gloire,
Et s'el nourri de son savoureus lait.
La mere dieu voir endormir ne lait
Nului qui laint en ort peché ne lait.
Quant il y chiet erraument l'en detrait.
Qui bien la sert jour et nuit sanz recroire
Paradis a defraîné par fin plait.

### IV.

Marions nous à la virge Marie;
Nus ne se puet en lui mesmarier.
Sachiez de voir à li qui se marie
Plus hautement ne se puet marier.
Asseur est en air, en terre, en mer,
Qui bien la sert et bien la veut amer.
Amons la tuit en li n'a riens amer.
Ja ne faudra à perdurable vie,
Qui de bon cuer la vorra reclamer.

### V.

Qui veut edier la royne celestre,
Nus n'a povair qui le griet ne mesmaint.
Ele est du ciel porte et pont et fenestre;
Cui mettre veut par deforz ne remaint,
Par lui y sunt entre mains et maint.
A jointes mains li de pri (que tant maint),
Par sa douceur qu'à fine fin me maint.
Au jugement touz mete à la destre
De son douz fil ou toute douceur maint.
Amen.

## TROISIÈME CHANSON.

### I.

Royne celestre!
Buer fusses tu née.
Tant es de haut estre,
Pucele sacrée,
Qu'en ciel à sa destre
T'a diex coronnée;

Car, de ta mamele
Qui tant est emmielée,
Fu sa bouche bele
Peue et abreuvée.
Haute damoisele!
Virge beneurée!
Touz li mons t'apele,
Par tout ies reclamée.
Haute pucele! pure et monde,
De toi sovit la rousée

(1) Quar c'est et fu la frutefianz ente
Qui enfer a effructié par son fruit. (*Variante*.)

Dont as toute la riens du monde
  Norrie et arousée.
  Royne ennourée!
  Buer fusses engenrée;
Car plus ies douce et plus plesanz,
Et plus sade cent mille tanz
  Que mieux en fresche rée.
  Riens qu'a saveur,
  Sans ta saveur,
  Ne m'est a savourée.
  Certes qui ne bée,
  De toute sa pensée,
A toi servir tout en apert,
Puis bien dire que s'ame pert,
  Et qu'ele en iert dampnée.
  Mes qui te sert,
  Dieu en sert.
  Que buer fusses tu née!

## II.

  Fontaine de grace,
  Mere Dieu, Marie,
  Queque chascuns die :
  Fouz est qui l'oublie.
  Tourne nous ta face,
  Qui tant est polie.
  De nous touz efface
  Toute vilanie.
  Enbasmée rousée,
  De nouvel espiniée,
  Touz li mons t'alose,
  Et vers toi s'umilie;
  Quar en toi se repose,
  Et en toi se recrie,
  Cil qui toute chose
  De nient forme et crie.
Qui de bon cuer à toi s'otroie,
  Qui t'aime sert et prie,
Tu l'as tost mis a bonne voie
  Et retrait de folie.
  En toi n'a boidie,
  Barat ne loberie,
  Tricherie ne fauseté.
Pour ce a cil bien son sort geté
  Qui à toi se marie.
Tu as biauté et loiauté,
  Valeur et courtoisie.
  Ne feloie cil mie

Qui de toi fait s'amie;
Car cil qui t'aime, de cuer fin
Ne peut faillir à fine fin,
  N'a perdurable vie.
  Por ce t'enclin,
  Por ce m'aclin
  A toi virge Marie.

## III.

  Rose fresche et clere,
  De saint espir plaine.
  Tu es fille et mère
  Au filz dieu demaine.
  Tant fu ta matere
  Nete et pure et saine,
  Qu'en toi prist ton pere
  Forme et char humaine.

  Dame qui tant sainte,
  Et qui tant fu eslite,
  Que grosse et enceinte
  Fus du sainte espérite.
  Oiés ma complainte,
  Et envers moi t'apite.
  Ma lampe est estainte,
  M'ame en enfer escripte.

  Dame pitiez te preigne,
  Se deslace la corde;
Que deable plus ne m'estingne
  Qui m'enlace et encorde.
  Ainz que morz me morde,
  Fai que me desamor
  De vilenie de pechié.
Las! las! chetis! tant ai pechié
  Que ma vie est trop orde!
  Cuer ai de fer :
  Du feu d'enfer
  Ja ne cuit que je restordre.

  Mère de concorde
  Fai ma pais et ma corde.
Pechiez m'a tout taint et nerci.
Doiz de douceur, merci, merci.
  A ton douz fil me racorde.
  Maint descorde
  As recordé,
  Fonz de miséricorde.....

## QUATRIÈME CHANSON.

### I.

Talenz m'est pris or endroit
Qu'a moult haut ton
De la plus haute qui soit
Vous die un nouviau son.
Sa hautesce ne saroit dire nus hom.
Por ce ne vueil si haut droit,
Chanter se déli non.
Dex me doint sa haute amor.
N'est dame de sa valour
Nonques ne fu a nul jor,
Nule de si haut nom.

### II.

Ses noms est partout le mont,
Si au-dessus,
Neis li angre joie en font
En paradis la sus.
Des douceurs qui en li sunt
Tant en dit nus
Tant en parfont,
Qu'encor n'en ait plus.
Son cuer doit estre tous tens
Débonnaire, douz et frans
Quant en precieux flans,
Du Dieu ix mois ou plus.

### III.

En ses flans cil s'en serra
Qui soir et main,
Quanque en ciel et en terre a
Enclot dedenz sa main.
Entor si bon umbre a,
Et si très sain,
Que dex en li s'aumbra
Et jut dedenz son sain.
Ce fut lente où crut li fruiz,
Dont li déable fut souduiz
Qui toz nous avait destruiz
Par le forfait d'Evain.

### IV.

Eve à morz toz nous livra
Par son fourfait ;
Marie nos delivra
Par sons tot refait.
Qui de douz cuer l'amera
Et de parfet ;
Ja ior dampnez ne sera
Por riens qu'il ait meffait ;
Car de touz ceus tret l'amer
Qui la veulent reclamer.
Diex, diex, diex, com douz amer
Si douce dame fet.

### V.

En si douce a grant déduit,
En s'amour n'a point d'amer ;
Ainçois i a grant fruit.
Chascuns la doit reclamer
Et jour et nuit ;
Car c'est l'étoile de mer
Qui tout le mont conduit.
Qui l'aime et sert en ce mont,
Ne puet estre qui ne mont
Devant Dieu la sus à mont.
Por Dieu amon la tuit.
Amen.

## CINQUIÈME CHANSON.

### I.

Efforcier mestuet ma voiz,
Quant de celui me souvient,
Qui la sorse est et la doiz

Donc tout le bien nos sourt et vient.
Trop est cuvers trop est froiz
Qui ne l'aimme doute et crient.
   He! mere au roy du ciel,
   Plus ies douce de miel !
   Osté de moi le fiel.
   Belle douce dame,
   Mere dieu, aies merci,
   Merci, merci, merci,
   De ma chaitive d'ame.

## II.

Mere dieu, tu es la fleur
Où li sires descendi,
Qui en croiz pour pecheurs
Ses sainz membres estendi.
Paradis ta grant douceur,
Douce dame, nous rendi.
( Saus est par toi li monz.
   Porte du ciel et ponz,
   Doiz de douceur et fonz.
   Bele douce dame,
   Mere Dieu, aies merci.....

## III.

Mere dieu, tu es la torz,
Qui deffens et escremis
Du deable et de ses torz
Tes servanz et tes amis.
Tant nous rent de granz estorz
Li decevanz annemis,
   Tost nous aroit temptez
   Veincuz et seurmontez
   Se n'iert tes granz bontez
   Bele douce mere...

## IV.

Mere dieu tout son temps pert,
Qui à toi servir n'entent ;
Mes cil dame qui te sert,
Et à toi honorer entent.
L'amour de ton filz en desert,
Et paradis en atent.
/ Tu ne pueuz à nul fuer
   Haïr ne geter puer
   Nului qui taint de cuer,
   Bele douce dame,
   Mere dieu...

## V.

Mere dieu, à ton filz douz
Qu'aletas de ton douz let ;
Deprie que ça desouz
En obli nus ne nous ait ;
Mes si fins nous face touz,
Qu'à la fin soions si fet,
   Toi et li de cuer fin,
   Loer puissions sanz fin.
   Bele douce dame,
   Mere dieu, aies merci
   Merci, merci, merci.   Amen.

## SIXIÈME CHANSON.

### 1.

Quant ces flouretes flour voi,
Et chanter oi ces chanteurs ;
Por la fleur chant qui a en soi
Toutes biautez toutes valeurs ;
Elle est et mere et fille a roy,
Roses des roses, fleurs des fleurs,
Certes moult l'aime. Diex doinst qu'aint moi
Et quele y mete bonnes meurs.

## II.

La fleur dont chant est fleurs royaus.
De nule fleurs tant de bien n'ist (1).
C'est li vergiez ; c'est li praiaus
Où li s'aumbre et gist.
C'est la pucele emperiaus
Qu'apelons Mere Jhesucrist
Où li filz dieu qui tant fu biaus,
Por nous sauver et char et sans prist.

## III.

Mere dieu, trop a le cuer vain,
Qui ne te sert par grant deduit ;
Car tu portes en ton douz sain
La douce espice et le douz fruit,
De quoi nous sommes soir et main
Rasacié et peu tuit.
Sacraires fu du sacré pain
Qui les angres pest jour et nuit.

## IV.

Dame, seur touz nous est li tiens,
Douz et piteuz, dignes et hauz ;
Tu es li doiz de touz les biens ;
Tu es du ciel pons et portaus.
Dame, tu es de toute riens.
Touz li conforz, tu es li consauz ;
Par tes prieres touz nous soustiens ;
Car seur touz sainz pueus et vaus.

## V.

Dame d'aval, dame d'amont,
Dame de quanque dieu a fait ;
Ta grant douceur bien nous semont
Que te servommes tuit à fait.
Dame bien on monte le mont ;
Bien sont garni, bien sont refait
Cil qui te servent en cest mont ;
Car ja leur lit ou ciel est fait.

## SEPTIÈME CHANSON.

### I.

Pour conforter mon cuer et mon courage,
Un son dirai de la vierge ennourée,
Qui en ciel est et en terre aourée,
Qui touz nous a delivré du servage.
A li amer chascuns ententis ;
Quar tant parest debonnaire et gentis,
Touz ses amans met ou ciel et marie ;
Moult se fait bon marier à Marie.

### II.

En nostre dame amon haut mariage ;
Car lors qu'a li s'est l'ame mariée,
De fole amour moult tost l'a variée,
Et moult tost l'a retraite de folage.
Moult parest fous est moult et enfantis
Qui ne la sert malades et santis.
Touz ceus dourra qui bien l'aront servie
Joie sans fin et perdurable vie.

### III.

En cele en cui toutes douceurs repose,
Chascuns te doit amer de toute s'ame.
Amer te doit touz hons et toute fame,
Et honorer pardessus toute chose.
Dame du ciel, la porte desserras.
Dame en hauz lieu tous ceus y asserras
Qui bien t'aront servie et reclamée.
Bien ert de dieu qui t'aura amée.

### IV.

Fleurs d'esglentier et fleurs de lys, fresche rose.
Fleurs de touz biens, fleurs de toutes fleurs,
[Dame.
En tes sains flans cil s'enclost, clere gemme,
Qui en son poing toute riens a enclose.
En tes sains flans li roy des roys portas ;
En tes douz flans touz depors aportas ;
  La déportant portée
Qui au monde à toute joie aportée.

(1) Ne sort ; *issir*, sortir, *exire*.

### V.

Dame, de cui tante douceur recorde,
Et tant de bien toute sainte escripture.
Moult est cil fox et de male nature,
A toi servir qui touz tens ne s'acorde ;
Qui moult ne t'aimme obscurs est moult et laiz ;
Mes cil qui t'aimme est plus blans que nus laiz.
Qui t'amera, pucele delitable,
En paradis serra à riche table.

### VI.

Fluns (1) de douceur, fons de misericorde,
Medecine et doiz qui tout le monde cure ;
De touz pechiez touz nous leve et escure ;
Et à ton filz, Dame, touz nous concorde.
Chascuns de nous, Dame, s'est tant meffaiz.
Se tu nous lais jugier selonc nos faiz,
Dampnez seron en flambe perdurable.
Merci, merci, royne esperitable. Amen.

(1) Fleuve ; *fluvius*.

---

## Ici commencent les Miracles de Nostre Dame.

### Premièrement de Théophile.

Le miracle de Théophile est une des plus anciennes (1) légendes et des plus célèbres du christianisme ; en voici le sujet tel que nous l'a conservé l'histoire.

Théophile était vidame de l'évêque d'Adana, ville de la seconde Cilicie. Sa piété, sa conduite exemplaire lui avaient attiré l'estime générale, et à la mort de son évêque on voulut l'élever à la dignité piscopale. Mais il refusa par modestie cet insigne honneur et l'on fut obligé de nommer un autre évêque à sa place. Le prélat nouvellement élu ôta à Théophile sa charge de vidame. Celui-ci en ressentit un tel dépit qu'il fit pacte avec le diable par l'intermédiaire d'un juif de la ville qui communiquait, quand il le voulait, avec le démon. L'esprit infernal fit les plus belles promesses à Théophile, et lui donna l'assurance qu'il serait réintégré dans ses fonctions, et qu'il commanderait à son évêque, s'il voulait renier sa foi et son baptême et lui donner par écrit l'acte de sa renonciation revêtu de sa signature et de son cachet. Théophile consentit à tout ce qui était exigé de lui. Le prince des ténèbres, enchanté d'avoir fait une telle conquête, emporta en enfer l'acte maudit. Peu après, Théophile fut rétabli dans sa vidamie. N'écoutant que les conseils perfides du juif et de Satan, il afficha une impiété révoltante et se livra à tous les plaisirs des sens. Cependant il fit de sérieuses réflexions sur son état et reconnut son erreur. Il adressa alors à Dieu et à Marie de ferventes prières et donna tant de marques d'un sincère repentir, qu'il obtint son pardon par l'intercession de la sainte Vierge. Cette bonne mère lui rendit l'acte qu'il avait si inconsidérément livré au diable et qu'elle avait tiré de l'enfer. Théophile mourut dans l'église d'Adana, trois jours après avoir fait abjuration et avoir reçu la communion des mains de l'évêque ; il fut enterré au lieu même où il avait rendu le dernier soupir. L'église l'a mis au rang des saints et elle célèbre sa fête le 4 février de chaque année (2).

Il n'est personne qui ne remarque tout ce qu'avait de beau cette belle et instructive légende ; aussi peut on la

---

(1) Sigebert de Gembloux qui écrivait vers le milieu du XI$^e$ siècle fixe cet évènement à l'année 537 ; voir t. IX de l'Hist. litt. de la France, p. 539. Aldéric, religieux de Trois-Fontaines, au diocèse de Châlons-sur-Marne, qui vivait au XIII$^e$ siècle, donne pour date au miracle 538.

(2) La plupart des renseignements que nous reproduisons ici nous ont été fournis par une savante notice de M. Maillet, bibliothécaire de Rennes, qui a publié ce miracle en 1838, d'après un vieux manuscrit de cette bibliothèque, et par M. Achille Jubinal, le docte éditeur des œuvres de Rutebœuf, 2 v. in-8°.

regarder, comme l'a fort bien dit M. Maillet, comme un des premiers chaînons de nos origines dramatiques, tant par la variété du dialogue que par la mise en scène des personnages. On trouve là en effet tout l'intérêt et la conduite adroite d'une grande et merveilleuse tragédie. On y expose d'abord le sujet. Les belles qualités de Théophile font une impression profonde sur le cœur ; on se passionne pour ce jeune vidame si vertueux ; son humilité, sa défiance de lui-même, le refus d'un poste brillant ne font qu'attacher davantage à ses vertus. Puis au milieu de cette admiration, le héros vient à tomber. Ses vertus se sont flétries au souffle de l'envie, le péché est entré dans son cœur. Bientôt dans cette âme fanée par le désordre de l'incrédulité et des plaisirs surgissent des remords accablants, des résolutions généreuses. Mais comme l'homme tombé a besoin du secours d'en haut, une ombre mystérieuse et presque divine lui est apparue réclamant son abjuration. Alors l'espérance du pardon a de nouveau réveillé sa foi et ouvert à ses immenses et intarissables regrets les sources de la miséricorde. Accablé de ses larmes, écrasé sous le poids de sa douleur et de ses espérances, Théophile meurt et un cantique de joie célèbre sa mort bienheureuse.

Euthychien, né dans la maison de Théophile et témoin oculaire, a écrit cette histoire en grec, puis Siméon le Métaphraste d'après lui ; elle fut depuis traduite en latin par Paul, diacre de Naples, mise en vers au $X^e$ siècle par la fameuse abbesse de Gandesteim, Rhosswitha (1), et, sur la fin du $XI^e$, par Marbode, $34^e$ évêque de Rennes (2). Nos trouvères ne restèrent pas en arrière des poètes latins et ils célébrèrent en langue d'oïl l'histoire de Théophile. Gautier de Coinsy et ensuite Rutebœuf se sont servis de cette légende pour composer leur miracle de Théophile, que Legrand d'Aussy a analysé. Mais on ne compte dans le poëme de Rutebœuf, qui a été récemment publié, que 664 vers de différents rythmes, tandis que celui du moine de Soissons en contient plus de deux mille et offre des scènes plus attendrissantes et des détails plus variés. Il paraît qu'il existe aussi une édition d'un vieux poëme flamand sur le même sujet et remontant au $XIV^e$ siècle. Le cardinal Pierre d'Amiens, p. 101 ; saint Bernard, t. 2, col. 700 ; saint Bonaventure, *speculum B. M. lect.* 9, p. 444 ; Albert-le-Grand, Bib. Mariana, t. 20, p. 24 ; Trithème, Vossius, Vincent de Beauvais, Albéric de Trois-Fontaines, Villon et quelques autres font allusion à ce miracle. L'histoire de Théophile se trouve aussi conservée dans les deux recensions grecques (3) et dans un grand nombre de manuscrits latins qui sont aujourd'hui dans différentes bibliothèques.

Les arts au moyen-âge ont souvent reproduit sur divers monuments la légende de Théophile ; elle se déroulait sur la pierre en plusieurs endroits, particulièrement au flanc gauche de Notre-Dame de Paris où l'on voyait plusieurs groupes d'un travail remarquable. On admirait surtout parmi les bas-reliefs de la rue du Cloître celui qui représentait l'histoire d'un homme qui a vendu son âme au diable. C'est précisément celle de Théophile. La scène de la Vierge qui intercède pour lui auprès de son divin fils a toujours attiré l'attention des connaisseurs, mais ce groupe a été mutilé en 1828, et la tête de la Vierge qui était pleine d'expression a été enlevée.

Ce sujet fut sans doute ciselé comme le suppose avec raison M. Jubinal sur d'autres cathédrales ; on le taillait dans le bois ; on le grava sur l'ivoire des diptiques, et il fut imagié sur la laine des tapis historiés. M. Didron l'a vu peint sur verre dans les cathédrales de Laon, du Mans et de Troyes. Je l'ai aussi retrouvé sur des manuscrits et sur des boiseries. On le représenta sur des tableaux (4), et même sur la scène à Aunay, au Mans, en 1539.

La miniature qui est en tête de ce poëme et qui a été calquée sur celle du manuscrit représente Théophile à genoux, effrayé et soutenu par le juif, son ami, donnant à Satan l'acte de son engagement. Cette charte porte l'empreinte d'une tête de chauve-souris ou de démon. Le prince des ténèbres est assis sur la pointe d'un rocher dans toute l'horreur de son costume : ailes de chauve-souris aux épaules, cornes sur le front, griffes aux pieds et aux mains, chair velue et couverte de longs poils, laissant entrevoir d'autres figures monstrueuses semées çà et là sur son corps. Sept autres démons plus petits, plus hideux l'un, plus hideux l'autre, occupent le tableau à différentes distances. L'un tient une chaudière de feu qu'un autre allume à force de souffler, un autre s'apprête à verser sa chaudière toute rouge de flammes, les autres s'attachent aux vêtements des malheureuses victimes ou se cachent en ricanant à l'ombre du rocher infernal.

La miniature du manuscrit de Rennes offre une composition plus simple. Elle représente la sainte Vierge rendant à Théophile l'acte qu'il avait donné au diable ; Théophile est à genoux ; la Vierge est placée sur une estrade avec l'enfant Jésus portant le nimbe crucifère et la boule du monde. Un simple filet chevronné avec des points aux angles forme l'encadrement du petit tableau et partant toute l'ornementation.

Le beau manuscrit in-$4°$ de la Bibliothèque nationale représente deux actes de cette scène attendrissante. Dans le premier, Théophile endormi dans une chapelle de l'église d'Adana, reçoit de la sainte Vierge son engagement ; le démon apparaît derrière une arcade sous les traits d'une bête féroce. Dans le second, Théophile à genoux remercie la sainte Vierge, c'est le motif de la miniature de Rennes.

---

(1) Surius, t. 1, p. 42. On a publié il y a déjà quelques années ce texte d'après les manuscrits Coislin, n° 283, et d'après un manuscrit de la bibliothèque impériale de Vienne. — (2) Boll. fev. t. 1, p. 480, 483, 487. — (3) Voir les œuvres de Rutebœuf, t. 2, p. 532. — (4) Hist. de Nancy par l'abbé Lionnais, t. 1, p. 234.

## DE THÉOPHILE.

Pour ceus esbatre et déporter (1)
Qui se déportent emporter
Honneur cele qui Dieu porta ;
Miracles où grand déport a
Rimoier vueil par grand déport ;
Car en trouver moult me déport
De cele qui fist la portée
Qui toute joie a aportée,
En lui loer est mes deporz ;
10 Car c'est la rive et li droiz porz
Qui touz les douz dépors aporte
Et qui du ciel est pons et porte.

Il m'est avis que truis en livre
Qui matière me donne et livre,
Qu'ainz que Persans par leur povair
Romme venissent asseoir,
Un évesque out douz et propice
En la contrée de Celice.
Cil évesques out un visdame (2)
20 Qui moult honneroit Nostre Damé
Et par paroles et par fez.
Li bons iert et si parfez
Que moult estoit de grand renom.
Théophilus avait à nom.
Tant estoit douz et tant humains
Qu'il ne povoit tenir aus mains
Tout ne donnast à povre gent.
N'estoit pas sers à son argent ;
Car son argent si le servoit,
30 Que l'amour dieu li deservoit.
Ses évesques tant com vesquie
Garde le fist de s'éveschie ;
Car sanz doutance bien savoit
Que tant de bien en lui avoit
Et tant estoit de sainte vie,
Ne fesist nul vilennie

Pour promesse ne pour avoir.
Sages hons iert, de grant savoir
Et plains de grant discrécion ;
40 Tant iert de grant religion
Et plain de grant humilité
Q'il n'avait clerc en la cité
N'en l'éveschié de tel renon.
La sade vierge, au sade non,
Qui nommée est vierge Marie
Honoura moult toute sa vie ;
Bien la servi et bien l'ama ;
S' à son besoing la réclama
Ne cuit que pas la trouvast sorde,
50 Car n'est douceur en li ne sorde.

Quequ'il estoit en si haut pris,
A son evesque est un mal pris
Donc ne puet estre respassés.
Quant fu du siecle trépassés,
Tuit s'assemblèrent clerc et lai
Sunt esleu (3) sans point delai,
En l'onneur Dieu et Nostre Dame
Théophilum leur bon vidame.
Communaument prennent à dire
60 Com n'i pourroit meilleur eslire ;
Ne plus discret ne plus ydoine (4).
Thophilus est en agoine
Et effrées trop durement,
Car il set bien certainement,
Se tele honeur prent et embrace
Vainne gloire, qui maint mal brace (5)
Tost le pourra si embracier
Que maint mal li fera bracier.
Ainc tant ne l'en seurent proier,
70 Dire leur vousist n'otroier
Leur sires fust ne leur évesques.
Lors firent tant que l'archevesques

---

(1) D'après le manuscrit 2,710 de la Bibliothèque nationale, le poème est précédé d'un prologue qui se trouve au manuscrit 6,987 de la même bibliothèque ; ce prologue, intitulé *Li sessime est de Theophilus*, contient l'histoire en abrégé de cet évènement et finit ainsi :

    Ce fist Peros du Neble
    Qui en trover tus s'escervele.

Il y a quelques différences entre ce manuscrit et celui que nous reproduisons. Celui de la bibliothèque met *chaus* pour *ceus*, *honor* pour *honneur*, *en* pour *et*, *lor* pour *leur*, *celi* pour *cele*, *trover* pour *trouver*... *s* pour *z*. Il supprime aussi certaines lettres. — (2) Le vidame (*vice dominus*) était établi pour la conservation des droits de l'Eglise. Il tenait la place de l'évêque et le représentait en tant que seigneur temporel. Il n'y en avait qu'un seul dans chaque évêché. Ces fonctions étaient alors fort révérées, et celui qui en était revêtu n'avait de supérieur immédiat que l'évêque. Voici comment les canons du concile de Calcédoine définissent le mot *œconomus* qui équivalait à celui de *vicedominus*. « *Quia in quibusdam Ecclesiis Episcopi sine œconomo res ecclesiasticas tractant, placuit omnes ecclesias habentes episcopos etiam œconomum habere de proprio clero, qui gubernet ecclesiæ res cum arbitrio sui episcopi.* » — (3) Ont élu. — (4) Propre, *idoneus*. — (5) Pille, broye, de *branchium*.

Par ses letres tost le manda
Et durement li commanda
Qu'alast à lui ne lessast mie,
Et receust la seignourie
Que diex li avait envoié.
N'i ala pas cele foiée,
Mès plus qui pout s'en délaia,
80 Com cil qui moult s'en esmaia.

Quant li peuple vit le délai
Tuit s'asamblèrent clerc et lai,
Et à grand force li menèrent ;
A l'arcevesques le présenterent.
Li arcevesques qui bien savoit
Le bien que Dieu mis i avoit,
De sa venue fist grant feste,
Assez le prie et amonneste
Que s'onneur preingne isnelement (1)

90 Théophilus moult humblement
As piez li chiet sans démourée,
Face moillié et esplorée ;
A jointes mains merci li crie,
Et doucement por Dieu li prie
Qu'en tel point com il est le lest
Et de ceste honneur le relest.
Quar n'est pas digne de tel chose.
L'archevesque forment le glose
De ce que tel honneur refuse.
100 Mès Théophilus si s'escuse
Et cil forment pleure et soupire,
L'archevesque n'en soit que dire
Por savoir et por esprouver
Si le pourroit en point trouver
Que ceste honneur vousist avoir,
Donné li a par grant savoir
Trois jours d'induces (2) et d'espace.
Ne set l'archevesque que face,
Quar au tierz jours en rest plus froiz
110 Que ne fu'à la première foiz ;
Ains por nului ne vout rien faire.

Quant li pueple vit ceste afaire
Et l'arcevesque ensement,
Un autre ont pris isnelement.

Maintenant li noviaus évesque
Quant ordené l'out l'arcevesque,
A grant joie s'en repera.
Maus consaus lores tant le mena
Et tant le taria (3) envie,
120 Théophilum sa seignourie
Toli et fist nouviau vidame.

Anemis, qui deçoit mainte ame
Et qui de duel font et remet
Quant voit nului qui s'entremet
De Dieu servir et de bien faire,
Moust grant joie out de cette afaire.
Li decevans, qui set maint tour,
Jour et nuit tant tournée entour,
Et tant l'asaut et tant le tente,
130 Et tant durement le tourmente,
Et tout l'espront d'ardour et d'ire
Ne set que faire ne que dire,
Por un petit Dieu ne renoie
Por un petit qui ne se noie
Por un petit qui ne s'estrangle.
« Ha! las! fait-il, or sui en l'angle (4),
» Or sui-je mas, or sui-je pris !
» Haus clers estoie de haut pris :
» Or ai tant fet par moi-meismes
140 » Que chifres sui en argorismes.
» Bien m'ont déables empechié
» Quant je ne reçui (5) l'éveschié,
» Comme musars bien i musai
» Quant tel honneur je refusai.
» Miex vueil m'ame soit essilié (6),
» Que je haus hons ne soit encore
» En feu d'enfer et graillé.
» Ahi! maufez! quar aqueur hore (7),
» Et si me di en quel maniere
150 » A m'onneur revenrai arriere,
» Ahi! maufez! quar acourez,
» S'à c'est besoing me secourez,
» Vostre home et vostre clerc serai,
» Et touz jours mès vous servirai.
» Ne servirai mès en ma vie
» Ne Dieu ne sa mère Marie ;
» A pertement puis bien voair
» De moi aidier n'ont nul povair. »

---

(1) Aussitôt. — (2) Trève, répit, *induciæ*. — (3) Mss., pestilla, tourmenta. — (4) Dans l'angle de l'échiquier, par allusion au jeu des échecs. C'est la répétition de la figure du prologue,

Qui bien le sert d'entier courage.

Nous en avons encore d'autres exemples. — (5) Reçu — (6) Exilée, *exilium*. — (7) Maintenant, *hora*.

En la vile un juif avoit
160 Qui moust d'engien et d'art savoit,
De treiet (1), d'enfantomerie,
De barat et d'enchanterie,
Que devant lui apertement
Faisoit venir à parlement,
Les anemis et les déables.
Cil juif iert si decevables,
Et tant savoit barat et guile
Que des plus sages de la vile
Avoit tournez à sa créance.
170 Tant savoit d'art de nigromance,
Qu'à l'anemi fere faisoit
Toutes les riens qui lui plaisoit.
Par son conseil aloit mainte ame
Ou feu d'enfer et en flamme.

Théophilus li radoutez
Qui engigniez et assotez
Fu comme vous avez oï,
Et qu'anemis out esbloi
Si qu'en li n'out sens ne raison,
180 Au juif vint en sa maison,
Com cil que le déables porte
Tout coiement (2) hurte à la porte.

Cil, qui faite out mainte mal œuvre,
Moult tost aqueurt et la porte œuvre.
Quant il le voit si esperdu,
Bien set qu'il a le sens perdu
Et que déables l'ont souspris.
Théophilus, qu'avoit espris
Vainne gloire trop durement,
190 Aus piez li chiet ignelement :
« Sire, fait-il, por Dieu, merci !
» Tant ai le cuer taint et nerci
» Pour un petit je ne part d'ire.
» Mès évesques, mon nouviau sire,
» Cui Diex destruie ainsi l'asol! (3)
» Bouté m'a jus de l'asol
» Et mis en are, en espace.
» Si dolenz sui, ne sai que face :
» Tolue m'a ma seignourie,
200 » S'en ai tel duel et tel envie
» Pour un petit d'ire ne crief.

» Se je par vous ne vien à chief
» Se je pas vous ne rai (4) m'onneur,
» Mourir m'estuet à desonneur. »
Cil, qui moult set d'art et d'engien,
A ses paroles entent bien
Que souspris l'a li annemis :
« Certes, fait-il, biau douz amis,
» Si vous fussies un tribouliérres,
210 » Uns usiriers, un amassierres,
» Un flateeur, un serf à gré,
» Encore fussies en haut degré
» Donc l'évesque vous a jus mis.
» Tuit vos prelaz, biau douz amis,
» Tant sai-je de leur afaire,
» Des bones genz n'ont mès que faire.
» Leur bénéfices touz emportent
» Cil qui les granz bourses aportent;
» Nus ne n'a riens si ne l'achate,
220 » S'il ne losenge, (5) ou si ne flate;
» De jour en jour vos lois empire;
» Tuit vos prélas, bien le puis dire,
» Honneur ne portent nul preudomme.
» Fait vous a en, ce est la somme,
» Biau douz amis, grant desonneur;
» Mès plus aurez encor d'onneur
» Conques n'eustes en nul tempoire
» Se mon conseil en voulez croire. »

« Bien croirrai, fet-il, biau sire,
250 » N'en rouverez faire ne dire
» Que je trop volontiers ne face,
» Mès aidez-moi, par vostre grâce. »

Li juif, qui plein estoit de fiel,
Qui au chétif (6) desous le miel
Mucié le venin et repont,
Simplement li dit et respont :
« Biau douz amis, comme senez (7)
» Demain au soir ci revenez :
» Tout seul sans nulle compaignie,
240 » Qui sages est-il ne doit mie
» Reveler partout son afaire.
» Qui puet il doit moult d'amis faire;
» Mais de mil doit un seul eslire
» Li sages por son secré dire.

*Ihs filius Syrac dicit :*
*Multi pacifici sint tibi,*
*consiliarius vero unus de*
*mille. Eccl.*

(1) Ruse. — (2) Sans bruit, en cachette. *Quiète.* — (3) Terrain vague, de *solum.* — (4) Ravoir, avoir. —
(5) Louange, *laudes agere.* — (6) Malheureux, las, il y a transposition avec le manuscrit de Paris qui porte :

Qui ot mucé desoz le miel
Ou las, le venin, ci repont;

(7) Homme de sens, sensé.

*Seneca dicit :*
Cunctis esto benignus,
nemini blandus, paucis familiaris, omnibus æquus.

» Qui son conseil à chascun conte
» Souvent en a ennui et honte.
» Ouvrer devez seléement (1),
» Sachiez que moult privéement
» Ceste afaire vourrai traitier.
250 » Jà ne se saura si guetier
» Vostre évesque, ce sachiés bien,
» Que ne soiez tout, mau gré sien,
» Sire de lui et de ses choses;
» Jà ne seront si bien encloses.
» Certes, quant vous revenrez demain,
» Je vous menrai tout main à main
» Mon roy et mon seigneur véoir :
» J'ai à sa court si grand pooir
» Que bien vous cuit faire de lui.
260 » Garder n'en parler à nului
» Devant que vous ci revenrez.
» Certes, bien fustes engendrez
» S'à lui vous povez acointier.
» Je vous i cuit si enpointier (2)
» Qu'il vous fera encore évesque,
» Ou apostole ou archevesque. »

Théophilus li desvoiez
Li dervez, li fausnoiez (3)
Congié a pris, si s'en repaire
270 Tout coiement à son repaire.
Lendemain, lorsque nuitié fu
Com cil qui fu espris du feu
Qu'avoit soufié li anemis,
Tout seul au chemin se r'est mis;
Chiés le juif en vient tout droit,
Qui moult grant ferte en faisoit.
Assez la beise, assez l'acole.
Jà l'enmerra à tele escole,
Où malement iert escolez :
280 « Ne soies tristes n'a dolez (4),
» Fait le juif, biau douz amis :
» Je me sui jà tant entremis
» Et tant penez de vostre afaire,
» Qu'à monseigneur vous ferai faire
» Quauqu'oserez de bouche dire.
» Par moi vous salue mesire,
» Et par chierté vous a mandé,
» Et il m'a dit et commandé
» Et si me a remi moult court
290 » Que je vous main véoir sa court
» A la grant feste qu'il demainne. »

Li desloiaus tant l'enmaine
Au theatre fors de la vile
Bien le deçoit et bien le guile :
Si ferres li boute en courroie;
Bouter le fait en tel roie
Ou il perdra le cors et l'ame
Se Dieu n'en fet et Nostre Dame.

Li juif plain d'iniquité,
300 Quant le tient fors de la cité,
Moult le conforte et l'aséure;
Mès la nuit tainte est et oscure,
S'en a grant hide et grant fréur
N'aies doutance ne peur,
Fait li juif, pour chose qu'oies
Ne por merveilles que tu voies;
Ne te seigne por nule rien
Ce te commant je et deffent bien;
Ne por riens nule qui t'apère
310 Ne reclame dieu ne sa mère.

Théophilus sans contredit
Tout li otroie quanqu'il dit.
Li souspreuans qui l'a souspris
Maintenant l'a par la main pris
Et si li dist : « Liève ta teste;
» Or puez véoir la haute feste
» Que je pièça t'avoie dite;
» Bien pues véoir n'est pas petite
» La grant joie que cil demainnent
320 » Qui monseigneur portent et main-
Théophilus tremble et fremie; [nent. »
Tel paour a ne set qu'il die.
Avis li est, quant t'en prant garde,
Touz li pais espraigne et arde;
D'anemis voit plus de cent mile.
Avis li est qu'entor la vile
Procession voisent faisant.
Ne sont pas mu, coi, ne taisant
Ainz font tel tumulte et tel bruit
330 Tout le pais ce semble bruit (5)

(1) Sainement, sagement. — (2) Mettre en bon état. — (3) Fausses voies, fourvoyé. — (4) Chagrin, de *dolere*.

(5) Mss 2710. Tout li pais en croule et bruit.
En noise faire se déportent,
Lor seingnor mainnent et comportent
Et plus qu'orages vont bruiant
Moult tort s'en fut tornez fuiant
Théophilus, se il osat....

Leur mestre et leur seigneur compor- [tent,
Chandeliers et cierges portent,
Et blans mantiaus ont afublez.
Lors fust volentiers reculez
Dant Théophilus si osast,
Por le juif qui ne glosast.
Enmi eus touz voit un déable
Si grant, si espoentable,
Qu'à son semblant fet bien sembler
540 Terre doit faire trembler :
Des autres est princes et sire.
Théophilus ne soit que dire ;
Moult se va près qu'il n'ist du sens,
Tant voit d'anemis en tous sens,
Nus ne saroit dire le nombre.
Bien aura tressailli son ombre
S'il n'ist du sens ainz qu'il retourt ;
Mès n'a povair qu'il s'en retourt ;
Quar le juif, qui moult se painme,
550 Entre eus le trait à quelque painne,
Et bien li dist qu'il ne se saint
Ne ne reclaint ne sainte ne saint.

Quant l'a véu li anemis,
Au juif dist : « Di moi, amis,
« Qui est ci hons ne dont vient-il ? »

« Sire, fait li lerres, c'est cil
» De cui tant prié vous avoie ;
» Il est entrez en bonne voie
» Se vous le voulez avoier.
560 » Biau sire, di li avoie ier
» Qu'à nuit à vous ci l'enmeroie,
» Et que de lui vous prieroie.
» Grant mestier a de vo conseil,
» Et je li prie lo et conseil,
» Qu'il face quanque vous vourrez ;
» Quar de bien faire li pourrez
» La moitié plus qu'il ne vourroit
» Ne que souhaidier ne pourroit.
» Por ce l'ai-je ci amené.
570 » Ses évesque l'a mesmené,
» S'en a le cuer taint et nerci ;
» Conseilliez l'en, par vo merci. »

Li déables respont à tant :

« Pour ce que tu m'en pries tant,
» S'il renoie sans demourance
» Et son baptesme et sa créance,
» Dieu et sa mère, sainz et saintes,
» Encor li dourrai honneurs maintes.
» Cele mesmes qu'a perdue
380 » A grant feste li iert rendue,
» Et si iert de l'évesque si sire
» Commander ne vorra ne dire
» Que l'évesque lort droit ne face.
» Mès il ne puet avoir ma grâce
» Ne ne puet estre que je l'aie (1)
» Se sa créance ne renaie (2),
» Son dieu et sa mère Marie
» Que jour et nuit tant me tarie (3)
» Et tant m'esqueut (4) de touz mes droiz
390 » Que je la hes en touz endroiz ;
» Et si convient, sans nule esloingne,
» Que bonne chartre encor m'en doin- [gne.
» Maint crestien moult déçu,
» Quant du mien ont assez éu,
» Et mes honneurs et mes hautèces,
» Mes granz avoirs et mes richèces,
» Si se confessent et repentent,
» Ainsi me guilent et me mentent.
» Mes honneurs prennent et reçoi-
400 » Et puis après si me deçoivent [vent, (5)
» Lors droit que à confession viennent.
» Ne sai où vont ne que devienent ;
» Jà puis un seul n'en reverrai.
» Jà crestien mès ne crerrai
» Se n'en ai lettres ou séel ;
» N'en m'enteurront mès por chael. »

Théophilus li desvoiez,
Com cil qui touz est faunoiez (6),
Aus piez li chier isnelement,
410 Si le baise moult humblement ;
Quainqu'il a dit tout li otroie,
Et dieu et la mère renoie,
Et sacrement, foi et baptesme.
Por la chose estre encor plus pesme,
Por afermer plus fermement (7),
Por plus dampner dampnéement
Bonne chartre l'en a donnée
De son anel bien scelée,

*Ystoria dicit :*
*Tunc introivit in vice do-*
*minium Sathanas et dixit :*
*Abnega Christum et ejus*
*Genitricem.*

(1) Aide, *adjuvare*. Quelques manuscrits portent *oie*. Voir œuvres de Rutebœuf, t. 2, p. 285, par Achille Jubinal. — (2) Renier. — (3) M'attaque, me provoque. — (4) Mss. me tost, enlever. Rutebœuf, *ibid*. — (5) Ce vers et le précédent manquent dans quelques manuscrits. — (6) Mss. forvoiez. — (7) Dans plusieurs manuscrits, les 18 vers suivants ont été omis, même dans le Théophile de M. Achille Jubinal.

Que ne querra mès en sa vie
420 En dieu n'en sa mère Marie;
Moustier n'y église n'amera,
Ne bien n'aumosne ne fera.
Ce dist : ses seaus et tesmoigne
Li déables sans plus d'aloingne
En enfer ses lettres emporte.
Moult est joyauz, moult se déporte
Quant par guile le vidame
A fait renoier Nostre-Dame
Que tant amée et tant servie
430 Avoit touz les jours de sa vie ;
Et qui tant est de grant renon
Pou parlait on se de lui non.

Par la providence divine,
Si com mon cuer le devine,
La nuit mesmes que ç'avint
A l'évesques tel vouloirs vint
Que durement le tourmenta
Et durement le dementa (1)
Quant out Théophilum osté
440 Pour nului de sa prevosté.
Moult le reprent sa conscience,
Pour ce qu'il iert de grant science
Et de sainte vie et d'onneste.
La matinée, à moult grant feste,
Théophilum a tort mandé,
Prié li a et commandé
Qu'il repreigne sa seignourie,
Par couvent qu'en toute sa vie
Jamès ne l'en courroucera,
450 Ne jamès chose ne fera
Dont li doie mau gré savoir :
De lui et de tout son avoir
Et de l'esvechié soit tout sire.
Tant par iert liez, ne soit (2) que dire
Théophilus de ces nouveles :
Moult li plaisent, moult li sunt beles,
Tant a fait et tant esploitié
Qu'il rest plus sires la moitié

Conques devant esté n'avoit.
460 Li juif qui assez savoit
De guile et de male aventure,
Privéement, par nuit obscure,
Assez souvent alloit à lui :

« Biau très douz sires, à nului
» Ne dites, fait-il, nostre afaire.
» A monseigneur te ferai faire
» Plus que n'oseras souhaidier.
» Encor te cui-je tant aidier,
» Se nostre afaire très bien celes
470 » Que de Rome seras apostoiles.
» En (3) ne vois-tu, biau douz amis,
» Comme sires t'a sort remis
» Et r'assis en ta seignourie
» Ton dieu, ne sa mère Marie
» S'en féissent tout leur povair,
» Ne te péussent rasseair.
» Serviz les as moult longuement,
» Mès bien saches certainement
» Qu'ainz Deus servir bien ne te vint.
480 » Onques encore honneur n'avint
» A nul homme qui l'ait servie
» Cele Dame, cele Marie
» Dont crestiens font si grant feste.
» Garde, sus les yex de ta teste,
» Se tu veus que nus bien t'aviengne,
» Jamais de li ne te souviengne.
» Sus toute riens de ce te garde
» Que n'eis s'ymage ne regarde;
» Ne t'en porroit nus bien venir.
490 » Noblement te doit contenir,
» Et cointement dorenavant
» L'usage que tenoies devant
» Te commant-je tout à lessier;
» Hom se puet bien trop abessier
» En trop d'umilité avoir.
» Riches hons es de grant avoir :
» Si doiz estre cointes et bobes (4)
» Tu doiz avoir mignotes robes,

*Cave sedens dicit.
Quod taciturn vis no,
nemini dixeris. A que s
silentium exigis quod t.
ipse non prestiteris.*

*Innocentius Papa:
Hodie vir quietus sic
litis, vir religiosus spe
crita, vir simplex fa...
reputatur : deridetur sta
justi simplicitas*

---

(1) Se lamenta, se chagrina, *dementire*. — (2) Ne sait que dire. — (3) Var. dont. — (4) Mss. 2710, Achille Jubinal.
Var. gobes, signifie ainsi que bobe, vaniteux, fier, rempli de soi-même. En voici un exemple:

    Li bois, recuevrent lors verdure,
    Qui sunt sec tant com yver dure;
    La terre meismes s'orgoille
    Por la rouséé qui la moille.
    Et oblie la poverté
    Où ele a tot l'yver esté.
    Lors devient la terre si *gobe*
    Qu'el valt avoir novele robe.
        Roman de la Rose, vers 53.

Gautier lui-même se sert de cette expression dans une autre pièce de ce premier livre.

» Biaus palefroiz et biaux destriers,
500 » Dorez lorains, dorez estriers,
» Sele dorée, esperons d'or,
» Boif et menjue assez et dor,
» Et fai tout ce qu'au cors plera ;
» Quar assez iert qui mal trera.
» Tant ai-je bien du siècle apris,
» Quar partout est vis et despris (1),
» Et assez treuve mesacointes
» Qui ne se tient nobles et cointes ;
» Qui se tient vil, chascuns l'avile
510 » Simples hons ne vaut une bile.
» Trop papelarz estre souloies
» Quant tu a genoillons lavoies
» Les piez la povre ribaudaille.
» N'afiert pas à homme qui vaille
» Qui leve les piez à un truant,
» Quar craseus sunt ort et puant.
» Bien assotez certes estoies
» Quant tu du tien les revestoies
» Et en esté et en yver.
520 » Fi ! miex vousisse que li-ver
» Touz les eussent demengiez !
» Tu réstoies si aengiez
» De vermines que tous puoies.
» Par ta haire que tu vestoies.
» Tu renduroies si grant painnes ;
» De geunes et de triclainnes
» Jaunes iert cum piez d'escoufle,
» Tout ce ne vaut une viex moufle.
» Boif et menjue et si t'aaise :
530 » Homme qui sueffre trop mesaise
» Ne puet mie longuement vivre.
» Je te commant tout à délivre.
» Que tu t'aaisez en touz endroiz,
» Tu es biaus clerc et bien adroiz,
» Si doiz ton cors tout chier tenir,
» Et si te doit si contenir
» Que joeune, viel, petit et grant
» De toi servir soient en grant. »

Théophilus le juif croit
540 Qui nule nuit ne se recroit
Que conseillier ne vienge à lui ;
Théophilus ne croit nului
Fors le larron qui tout l'anchante
Théophilus ne list ne chante,

Théophilus n'entre en yglise,
Théophilus ne fet servise
Ne chose nule qu'a dieu plaise ;
Théophilus aime miex aise,
Richesse, honneur et seignourie
550 Que ma dame sainte Marie,
Que tant souloit devant amer.
Théophilus perille en mer,
Théophilus desve (2) et fausnoie
Théophilus enfondre et noie,
Théophilus a cuer de fer,
Théophilus ou feu d'enfer
S'enfuit le trot et les grans saus,
Saint Martin lest et prent les saus.
Théophilus lest Jhesucrist
560 Et sa mère por Antecrist ;
Théophilus a tant meffait,
Se Nostre Dame ne le fait,
Qu'à nul jour mais n'aura merci.
Bien doit avoir le cuer nerci ;
Quant por un peu d'onneur terrestre
A renoié le roi celestre
Et au maufé vendue s'ame.
Ainz n'eurent mais si fier vidame,
Ce dieu tuit par la cité,
570 Si l'out le déable escité
Et mis ou cuer si grant orgueil
Qu'à paine daigne tourner l'ueil
Ne regarder vers povre gent.
Il leur souloit donner l'argent
Et les souliers et les coteles,
Mès aus mesiaus et aus meseles
Souloit besier et piez et mains.
Théophilus c'est or du mains,
A bestourné si son afaire
580 Talent n'a mes de nul bien faire :
Si demain cointement,
Qu'il n'a mès nul acointement,
A nul tant soit ne fiers ne cointes,
Povres gens et povres acointes
A-il du tout désacointié.
A l'anemi s'est acointiés,
Qui tant le fait musart et cointe
Qui de touz biens les désacointe.

Devant estoit humbles et douz,
590 Or est cointes, fiers et estouz ;

*Ihs filius Syrac dicit :
Congregationi pauperum
affabilem te facito.*

---

(1) Que par toi est vil et despris. Ruteboeuf, t. 2, p. 286. Ce qui offre un sens bien différent. — (2) Est fou, hors de sens, *deviatus*.

## MIRACLE.

*Petrus Abaelart :*
Turgidus in verbis factis
temerarius omnes urget
et jugulum provocat ipse
sonus.
Intolerabilius nihil est
quam vita superbi cunc-
taque transcendit sordida
luxuria.

*In libro Sapientiæ :*
Fili, eleemosinam pau-
peri ne defraudes et oculos
tuos ne transverteris a pau-
pere.

*Isidorus dicit :*
Desperatio pejor omni
peccato : nihil habet in-
columne qui mentem vertit.

Devant iert frans et débonnaires,
Or est cuvers et deputaires (1);
Devant estoit bon crestiens,
Piteus et douz et paciens
Et plains de grant religion :
Or a toute s'entencion
En vauité et en luxure;
De nule honneur n'avoit ainz cure,
Mais or i bée ades et pense;
600 Devant souloit faire despense
De touz ses biens à povres gent :
Or amoncele or et argent
Por lui lever et essaucier;
Povre gent souloit deschaucier,
Or les boute, fiert et ledenge.
De touz biens faire si s'estrange,
Et si bestourné tout son estre,
Ne c'est mès cil qui souloit estre;
Si laidement est décéuz,
610 Que trebuchier est or chéuz
Ou pechié désesperoine;
En dieu n'a mès nule fiance,
N'en sa mere, n'en saint n'en sainte.
Déable ont si la lampe estainte
Qu'il ne soit mais quel part il tourne,
S'il anuite ne s'il ajourne;
De dieu et de touz biens s'esloigne;
La volonté de sa charoigne,
Quelqu'ele soit asouvist toute :
620 Aveuglez est, ne voit mès goute.

Théophilus est en mal point,
Vers enfer droit son cheval point,
Ne si n'ia ne frein ne bride;
Grant merveille est s'il n'a grand hide,
Quar le déables li a toutes
Son frain et ses renes deroutes.
Mès Madame sainte Marie,
Qui ses amis onques n'oublie,
Ne voust soufrir qu'il fust perduz.
630 Quant il vi qui fu si esperduz
Que ses chevaus, par fin effors,
Qui mout estoit tyrans et fors,
Ou val d'enfer s'en avaloit,
D'un frein qui cinc (2) cens mars valoit
Son cheval si li enfrena

Qu'à droit chemin le ramena;
Elle sout bien qui li convint.
En lieu et en temps li souvint
De ce que tant l'avoit servie
640 Et amé toute sa vie.
La Dame, en cui pitiez est toute,
Quant vit qui véoit mès goute,
N'il n'avait mès sens ne memoire,
Son piteuz, filz le roy de gloire,
Piteusement en dépria,
Et li douz Diex, qui tout cria,
Par les prières sa douce mère
Out tiel pitié de sa misère
Qui ne vout mie geter puer,
650 Ainz li rendit les yex du cuer.

Quant Dieu droit sens li out rendu,
Que son cheval, col estendu,
Vint vers enfer droit esleissié (3),
Son frain, qu'avait devant lessié,
A deus poinz prist et renpoingna.
Cil qui son frein en son poing a,
Légièrement son cheval tourne
Et de mal pas bien se destourne.
Se l'escripture ne nous ment,
660 Nostre cheval, nostre jument
C'est nostre lasse de charoingne.
Sachiez (4) porvoir ne nous besoingne
Que ses aviaus touz li façons.
S'ou col le frain ne li laçons
Ele sera si orgueilleuse,
Si regibanz, si reveleuse,
Se diex m'ait et Nostre Dame,
Qu'ele voudra chevauchier l'àme
Et en enfer droit l'enmerra ;
670 Jà por nului n'en remerra.
Ait frain en bonne conscience.
N'est nus, tant soit de grant science,
Se cetui frain forment n'en poingne,
Que folement souvent ne poingne.
Qui conscience ne reprent,
Plus tort au mal qu'anbieuse prent,
Cui conscience ne remort,
Jour et nuit point contre la mort
Sachiez porvoir, n'en doutez mie,
680 Cui conscience ne chastie,

*Salomon dicit :*
Initium sapientiæ ti-
Domini : timor Domini e
pellit peccatum et repri
vitium; cautum facil ho
nem atque sollicitum.

(1) Vassal, informe, libertin. *Deputaire* peut avoir le même sens et signifie aussi de mauvaises mœurs, du mot latin *depudere*, sans pudeur. Ces deux pensées de l'orgueil, l'esprit et l'infâmie dans les mœurs, sont rendues dans ce passage de P. Abaelart. — (2) Qui bien cent maz valoit. Œuvres de Rutebœuf. — (3) Esblessié, Mss. œuvres de Rutebœuf. — (4) Mss. de voir. Œuvres de Rutebœuf.

A nul bien faire ne s'areste,
Ainz en bestiaus comme beste.
Hons qui n'a point de conscience,
S'autant avoit ou plus science
Comme out Ilaires ou Ambroises.
Ne li vaut-ele deus framboises.
Quant plus sens a es mains li vaut
Quant conscience li défaut
Touz ses droiz sens li en faillis :
690 Quant il plus set, pis et baillis ;
Quant il plus set, plus se meffait,
Se bien n'ensaigne et bien ne fait
Conscience, c'en est la somme,
En li fors frains dont li preudomme
Sont refrené et retorme.
Ne voit si viel ne si chenu,
S'il n'a ce frain, se diex me saut
Qui tost n'ait fait un mauvais saut.
Théophilus mal saut sailli
700 Quant conscience li failli,
Et lors que diex li renvoia
A droit chemin le ravoia.

Théophilus, qyant se pompense
Du grant forfet et de l'offense
Qu'a fait à Dieu et à sa Mère,
De mainte larme chaude et clère
Eslève et arouse sa face.
Si grant duel a, ne set qu'il face ;
Moult a grant duel, moult a grant ire;
710 Souvent pleure, souvent souspire ;
Maint soupir gete et mainte lerme :
Ne garde l'eure ne le terme
Que vif déable estranglé l'aient
Ou qu'en enfer tout vif l'entraînent.
Lors se reprent à Dieu proier,
Lors (1) se reprent à saumoier (2).
Lors se reprent à jeuner,
Lors se reprent à aüner (3)
Povres genz et povres malades ;
720 Lors si sest douz, lors si sest sades
Maus à lessier et bien à faire;
Lors si sest douce l'aspre haire,
Lors si sest douce de ce pluie.
De plourer ses pechiez ne fuie
Ne jour ne nuit, ne sort ne tempre;
Sainz Esperis si li atempre

Si devote dévocion
Et si poignant conspunction
Dedent son cuer que tant séjour
730 Ses péchiez pleure nuit et jour.

« Las ! fet-il, que devenrrai?
» Las ! quel conseil de moi penrrai ?
» Las ! qu'ai-je pensé ! que je fet !
» Las ! par moi seul ai plus mesfet
» N'ont meffet ne ne mefferont
» Tout cil qui furent ne seront !
» Las ! fausnoiez, las ! surfeuz,
» Las ! engigniez, las ! deceuz,
» Las ! mau baislis ! las ! forstatez !
740 » Las ! sus touz autres ressotez,
» Las ! sus touz autres mescréanz,
» Com sui vaincuz et recréanz !
» Com je perdis sens et némoire
» Quant por un peu de vaine gloire,
» Por convoitise et por jactance,
» Guerpi ma foi et ma créance !
« Las ! las ! las! las ! plus de cent foiz !
» Las ! las ! com doit estre destroiz !
» Las ! las ! com doi angoisseus estre,
750 » Quant je le puissant Roi céelestre
» Ai renoié por l'anemi !
» Las ! bien me doit le cuer par mi
» De fine angoisse et de duel fendre !
» Las ! las ! bien me devroie pendre
» Et estrangler à mes y mains !
» Las ! tant ai fet cest or du mains
» Jamès nul jour de mon mefet
» N'aurai meni se diex ne fet
» Par la prière de sa mère,
760 » Qui l'estoile est luisanz et clère
» Qui touz les péchéeurs avoie
» Par sa douceur et met a voie.

» Ame chetive que feras ?
» Di moi que tu responderas
» Quant dieu venra au jugement
» Et monsterra apertement
» Le vermeil sanc, le glorieus,
» Le saintisme, le précieus,
» Qui de son saint flanc degouta
770 » Quant Longis la lance i bouta (4) ?
» Quant te dira li puissanz sire

(1) Mss. dont. — (2) Mss. ourer. M. Jubinal prétend que ces deux vers ne se trouvent que dans les manuscrits 6987 et 2710. — (3) aüner : d'*adunare*, réunir, rassembler. — (4) On a judicieusement remarqué que ces six vers offrent un rapprochement assez frappant avec le commencement de la *Complainte d'Outre-Mer*.

» Voici la honte et le martire
» Voici le costé et le flanc,
» Voici les plaies et le sanc
» Que je por t'amour respandi !
» Que diras-tu? quar le me di,
» Chétive, adonques que diras?
» Chétive, adonques où iras?
» Lasse ! lasse ! que pourras dire
780 » Quant courrouciez iert nostre Sire
» Et aïriez si durement
» Que trembleront communément
» Angre et archangre tout ensemble
» Aussi com fait la fueille ou tremble?
» Chétive, adonques que feras?
» Chétive, adonques où muceras (1)?
» Comment aras adonc povair
» Regarder l'oses ne véoir ?
» Que diras-tu, chétive, adonques
790 » Quant trestuit cil qui furent onques
» Bons et mauvès communément,
» Verront trestout apertement
» Tes renoianz renoicries
» Et tes pullentes pullenties ?
» Que diras-tu quant Jhésu-Crist
» As renoié por Antecrist?
» Que diras-tu, chétive d'ame,
» Quant tu verras la douce Dame,
» Qui nommée est virge Marie,
800 » Qu'as renoié et déguerpie ?
» Di-moi, di-moi, di, renoiée
» Di-moi, di-moi, di, fausnoiée
» Di-moi, di-moi, di, di, mescle,
» Quant verras la sainte Pucèle
» Dont fist li roys du ciel sa mère,
» Qui plus reluist, qui plus est clère
» Que clers solans en droit medi,
» Que diras-tu ! quar le me di
» Lasse ! se tu parler péusses
810 » Moult tort conclus certes m'eusses,
» Coupes n'i a se je tout fait.
» Seur en sont tout li meffait ;
» Vendue t'ai, lasse ! au déable
» Por un pau d'onneur trespassable.
» Se tu povait sus moi avoies
» Trainer certes me devroies
» Par tout le monde à une corde
» Por aaisier ma charoingne orde
» Et por un peu de seignourie,

820 » Lasse, t'ai-je tant enhaïe
» Qu'en feu d'enfer t'ai ton lit fet !
» Ha ! las ! dolanz ! tant ai meffet.
» Quant renoiai por le déable
» Le haut seigneur espéritable
» Et sa très douce sade Mère !
» Las, las, las, las, comme fu amère
» L'eure que je chai sus terre !
» Las ! aucun jour me venront querre
» Déables à tout leur cros de fer,
830 » Pour trainer ou feu d'enfer. »

Quant li las s'est tant tourmentez,
Tant complains et tant dementez,
Quant a plouré si longuement
Et souspiré parfondement,
» Las ! las ! fait-il queque fait aie,
» Querre m'estuet il à ma plaie
» Se sage sui aucune cure.
» Se cele qui de touz maus cure
» Un peu s'en vouloit entremetre,
840 » Tost i saroit grant conseil metre,
» La sainte Dame haute et digne
» Tant est piteuse et tant bénigne,
» Et tant est douce et tant est sade
» Que ne déjete nul malade.
» A son saint temple m'en irai,
» Toute ma vie i gemirai,
» Et nuit et jour d'entier courage
» Li prierai devant s'ymage,
» En souspirant, à nuz genouz,
850 » Qu'à son chier fil, qui tant est douz,
» Me face ma pès et m'acorde
» Par sa très grant miséricorde.
» Je sui à lui si descordez
» Que n'i puis estre racordez,
» Ne repaisiez, fors par li seule.
» Dex ! qu'as-tu dit, desloiaus gueule?
» Dex ! qu'as-tu dit, gueule pullente ?
» Dex ! qu'as-tu dit, gueule sanglente?
» Di-moi comment l'apeleras,
860 » Di-moi comment la nommeras,
» Di-moi comment seras tant osé
» Qu'oses nommer la fresche rose
» Qui tant est bele, fresche et clère
» Que diex en vout faire sa mère?
» Di-moi, di-moi, fausnoiée,
» Quant tantes fois renoiée

(1) Mucer, cacher, où te cacheras-tu?

» Pour le déable et déguerpie,
» Comment seras-tu tant hardie
» Que nommer oses son saint non,
870 » Qui tant parest de grant renon?
» D'ou feu d'enfer, lasse! arderas
» Si tost com tu la nommeras!
» Ha, las! péchierres tant ai fet
» Et pechié tant et tant meffet
» Que cherrai en désespérance!
» Las! que je dit or! fu-ce enfance
» Quar assez puet dieu de lassus
» Plus pardonner que péchier nus
» En désespoir jà ne cherrai;
880 » Mes orendroit quanqu'en terre ai,
» Sanz retenir riens qui soit née.
» Guerpis sanz nule demourée,
» En l'onneur dieu, qui me cria,
» Le siècle et tout quanqu'il y a,
» Et le déable et s'acointance
» Guerpis sans demourance. »

Li bons péchierres à tant s'adrèce
Tout en plourant moult tost s'adrèce
Vers une église Nostre-Dame :
890 Si li commande cors et âme
En l'église entre sans demeure :
Laienz gémist et laienz pleure ;
Laienz geune et laienz veille ;
Laienz fet-il tant de merveille
N'est nus qui réciter le sache.
Ses cheveux trait, ses cheveux sache,
Son vis dépièce et esgratine,
Son pis débat et sa poitrine,
Et à terre souvent s'estent.
900 Théophilus à riens n'entent
Fors à prier la douce Dame
Que doint avoir merci de s'ame.
« Mère, fait-il, au Roy du ciel,
» Qui plus es douce de nul miel,
» Qui plus douce et plus savoureuse,
» Plus debonnaire et plus piteuse,
» Plus souez et plus bénigne
» Et plus très sainte et plus très digne
» Que ne porroit langue retraire,
910 » A bonne fin me donnes traire.

» Ha ! mère au roy qui tout créa,
» Ains nus de cuer ne te pria,
» Cui ta douceurs fesist le sourt.
» Dame en cui toute douceur sourt,
» Sacrée Virge débonnaire,
» Ne sai que dire ne que faire
» Se ta douceur ne me regarde
» M'ame et mon cors met en ta garde. »(1)

Théophilus quarante jours
920 En abstinences et en plours
Dedenz le temple demoura.
Adès gémi, adès ora
A nus genouz et à nus coutes ;
Mais cele où les douceurs sunt toutes,
Quant voit qu'il a tant travaillié,
Tant geuné et tant vellié,
Et qu'en son cuer a tant d'anui,
Vers mie nuit s'apert à lui.
Théophilus tremble et tressue
930 Tout maintenant qu'il a veue
La vision de Nostre Dame.
Avis li est que feu et flamme
Doie saillir de son cler vis,
Si très fierte est, ce li ort vis.
Et si le despit et desdeingne
Qu'ele regarder ne le daingne
Ainz dit moult dedaingneusement
Que trop est plains de hardement
Quant il apèle ne reclaimme
940 Quar lui ne ses prières n'aimme.
« Di, va, fait-ele, renoiez !
» Comment ies-tu si fausnoiez
» Que tu le haut Seigneur apeles
» Que j'aletai de mes mameles,
» Ne moi ne lui porquoi reclaimmes,
» Quant tu ne l'un ne l'autre n'aimmes?
» Ta puant bouche orde et glueuse
» Comment est si présumptueuse
» Que moi ne lui apeler ose?
950 » Di-moi, comment serai tant ose
» Qu'à mon douz fil dépri por toi,
» Quant as guerpi et lui et moi?
» Trop a présumpcieus courage
» Quant au déable as fet homage,

---

(1) Notre manuscrit, ainsi que le manuscrit 6987, ne contiennent pas le vers suivant du manuscrit 1672

Garde que déable ne l'aient

au reste ce manuscrit ne renferme pas le vers qui devait rimer avec celui-ci.

4

MIRACLE

> Se tu cuides qu'aidier te doie !
> Cuides-tu donc que je soie
> Si soufranz et si débonnaire
> Mes anemis doie bien faire ?
> Cuides-tu donc que je bien face
960 > Nului qui moi ne mon Fil hace ?
> Cuides-tu donques qu'aidier doie
> Celui qui le Seigneur renoie,
> Qui char et sanc prist en mon cors ?
> Voirs est qu'il est miséricors,
> Mès justes est si durement
> Que, quan qu'il fait, fait justement.
> Mes bons amis estre souloies,
> Quar jour et nuit moult me servoies ;
> Mais tu as si mué ton estre
970 > Que li déable tout péestre
> Prestement t'enporteront ;
> Tout péestre te geteront
> En leur joiole et en leur chartre.
> Bon escript ont et bone chartre
> Que tu es leur et mors et vis.
> Tu as tant fet, ce m'est avis,
> Nus ne puet mès sanz force faire,
> Nul conseil metre en ton afaire ! »

Théophilus souspire et pleure ;
980 La mère Dieu souvent aeure,
La mère Dieu souvent déproie
Qu'ele l'escout et qu'ele l'oie,
Et pitié doint avoir de s'âme.
« Laisse mon ester, fait Nostre Dame ;
> Trop durement m'as courrouciée
> Quant as mon fil et moi laissiée
> Pour un petit d'onneur terrestre ! »
— « Ha ! douce Mère au Roy celestre,
Celi respont li las adonques
990 En souspirant, « il n'avint onques
> Ne n'avenra ja à nul fuer
> Que nus qui te priast de cuer
> Secours n'eust tost et aïe.
> Douce Dame sainte Marie,
> Douce pucele débonnaire,
> Que pourrai-je dire ne faire
> Se ta douce miséricorde
> A ton douz filz ne me racorde ?
> Que devenra, ma douce Dame,
1000 > Se ne sequeurs ma lasse d'âme !
> Haute Virge, haute pucele,

> Haute Royne, en es-tu cele
> Dont Dex daingna sa mère faire
> Pour pécheeurs à lui retraire ?
> Se ta douceurs d'ame refroide
> Et tu deviens fière ne roide,
> Que devenra ma lasse d'âme ?
> Clère esmeraude, clère gemme,
> Se ta clarté, qui tant est fine,
1010 > Mes granz ténèbres n'enlumine,
> Que pourrai donques devenir ?
> Quel chemin pourrai-je tenir,
> Ne quel sentier, ne quele voie,
> Se ta clarté ne me r'avoie ?
> Clarté du ciel, clarté du mont,
> Clarté d'aval, clarté d'amont,
> Dame du ciel, dame de terre,
> Porte de paradis et serre,
> Dame et Royne des archanges,
1020 > Dame qui siez desus les anges
> A la destre le Roy de gloire,
> Ains nus ne tut en son mémoire,
> N'ains nus merci ne te cria,
> N'ains nus de cuer ne te pria,
> Tant es-tu plaine d'amistié,
> Que n'en eusses lors pitié.
> Mère au Seigneur de tout le monde,
> Pucèle pure, nete et monde,
> Cent mile foiz te cri merci !
1030 > Tant ai le cuer teint et nerci,
> Tant sui dolenz et espris d'ire
> Et tout honteus, ne sai que dire.
> Douce Dame, pleine de grâce,
> Tant sui dolenz ne sai que face
> De ce que tant t'ai courrouciée !
> Se tu vers moi es aïriée,
> Douce Dame, tu as grant droit.
> Bien sai que bien deust lors droit
> Desouz mes piez la terre fendre
1040 > Et feu d'enfer ma langue espendre,
> Qui renoiai ton douz Fil et toi.
> Douce Dame, ce poise-moi (1) ;
> Douce Dame, n'en puis plus faire ;
> Douce Dame, tout mon afaire
> Sez bien et voiz, or te conviengne ;
> Moi ne chaut que li cors deviengne,
> Bele et douce piteuse Dame,
> Mès que merci aies de m'âme.
> Douce Dame que qu'aie fait,

Dicitur in psalmo :
Misericors, et miserator,
et justus Dominus.

(1) Pèse-moi, chagrine-moi, de *ponderare*.

1050 » Je me repens de mon meffait.
» Se ne fust, Dame, repentance,
» Jeune, aumosne et pénitance,
» A mal port fussent arrivé
» Cil et celes de Ninive ;
» Raab, qui tant fu pécheresse,
» Légière, fole et lécheresse,
» Jamais merci ne recouvrast
» Se penitance n'i ouvrast.
» Se penitance n'eust fait
1060 » A David pais du grant meffait
» Qu'il fist d'Urie por sa fame,
» Qu'eust-il fait, ma douce dame?
» Que reust, Dame, fait saint Pierre,
» Qui tant fu durement péchierre
» Et qu'anemis tant faunoia
» Que dieu par troiz foiz renoia ?
» Saint Cypriens, ma douce Dame,
» Qui fist à mainte enceinte fame
» Traire et sachier l'enfant du cors,
1070 » Se diex ne fust miséricors
» Et pénitance n'i venist (1),
» Où allast ne que devenist ?
» Et tout li mondes tout à fait
» Chascun jour, Dame, tant meffait
» Que il fondrait v (2) fouz d'abisme
» N'iert pénitance, et tu méisme
» Qui les soutiens par ta proière,
» Bele très douce Dame chière,
» Se n'estoit vraie repentance,
1080 » Confession et pénitance,
» De mal en pis chascuns iroit
» Et touz li mondes périroit.
» Des granz péchiez et des meffaiz
» Que j'ai pensez et diz et faiz,
» Douce Dame, sui repentanz,
» Dolens, tristes et dementanz
» Si durement com j'onques puis.
» Fluus de douceur, fontaine et puis,
» Mère et nourrice au sauvéeur,
1090 » De ce repentent li péchéeur
» Aies pitié de moi qui tant t'apèle !
» Tant ai veillié en ta chapele,
» Tant jeuné et tant ouré,
» Et tant gémi et tant plouré,
» Et tant me repent durement,
» Que je sai bien séurement

» S'ausi douce es tu com tu sieuz (3) estre
» Pitié te penrra de mon estre,
» Et à ton Filz ma pais querras.
1100 » De nule riens ne requerras,
» Ce sai-je bien tout sanz doutance,
» Qu'il ne face sans demourance »

La haute Dame glorieuse,
L'umble pucele, la piteuse (4),
La douce virge sainte et digne,
La débonnaire, la bénigne,
Cele en cui sourt toute pitiez,
Toute douceurs, toute amistié,
Cele qui est la droite adrèce,
1110 Qui touz les pécheurs adrèce,
Cele qui est la droite voie
Qui touz les desvoiés avoie,
Cele qui est touz li confors
De touz foibles et de touz fors,
Cele qui tout est clère et fine
Que tout le monde r'enlumine,
Cele qui est de si haut estre
Que du ciel est porte et fenestre,
Cele qui est tant débonnaire
1120 C'om ne puet dire ne retraire,
Cele qui est plus enmielée
Que nouviaus mieuz en fresche rée,
Quant li las qui s'umelie,
Qui tant l'apèle et tant la prie,
Qui tant gémist et qui tant pleure,
De lui s'aproche sanz demeure,
Et si li dist moult doucement :
« Irée m'as trop durement,
» Mès tante larmes en as plorée,
1130 » Et m'image as tant aorée
» Que touz li cuers de toi m'apite.
» Porce que tant par est parfite
» Et tant vraie ta repentance
» Et qu'en moi as tèle fiance,
» A mon douz filz ta pais querrai,
» A ses sainz piez ainz l'en cherrai
» Que tes péchiés ne te pardonne,
» Et que sa grâce ne te donne,
» Mès ançois vueil sanz délaiance
1140 » Oïr ta foi et ta créance.

» En-ne (5) croiz-tu sanz nul obstacle

(1) Manuscrit. Vasist.— (2) Var., cl. — (3) Var., seus. — (4) Quelques manuscrits contiennent ce vers qui rime seul.
Cele qui de touz biens est mère.

(5) Manuscrit. Var , dont.

» Que cil qui fist son habitacle
» En mes costez et en mes flans,
» Fu diex et est et iert en touz tans?
» En-ne croiz-tu bien fermement
» Que cil qui fist le firmament,
» Et de nient le monde cria,
» Pour houre tant s'umilia
» Que char et sanc vout en moi penre,
1150 » Et que le cuer por out si tenre,
» Et tant fu douz et tant humains
» Qu'il estendi et piez et mains
» En croiz por racheter le monde?
» En-ne crois-tu que la sainte onde
» La saintisme iaue (1) et li sainz sans
» Qui dégouta de ses sainz flans
» De mort d'enfer te rachetà? »

Théophilus lors se geta
Tout pleurant as piez Nostre Dame :
1160 « Je croi, fait-il, de cuer et d'ame,
» Douce Dame, quanque vous dites.
» Bien croi que li Sainz-Espérites
» En vos sainz flans le Roy conçut
» Qui mort en croiz por nous reçut.
» Bien croi et si ai grant raisons
» Qui fu vrais diex et fut vrais hons.
» Il fu humains, il fu célestres;
» En croiz mourut com hons terrestres,
» En croiz mourut l'umanitez ;
1177 » Mès au tiers jour la déitez
» L'umanitez resuscita,
» Et ses amis d'enfer geta.
» Bien croi sa resurrection.
» Bien croi sa sainte ascension.
» Bien croi et sai certainement
» Qu'il revenra au jugement
» Et jugera et mort et vis.
» Qui ce ne croit, il m'est avis
» Qu'il ne pourra mie sans estre.
1180 » Bien croi au haut seigneur céleste,
» Bien croi de vrai cuer et de fin
» Qu'il règne et régnera sanz fin.
» Bien croi et sai estoile clère,
» Qu'il vout de toi faire sa mère.
» Bien croi et sai, quiex que je soie,
» Que ta volonté est la soie
» Et que la suie est la tuie.
» Haute pucele douce et puie (2),

» Bien croi et sai de cuer et d'âme
1190 » Que du ciel est royne et dame.
» De paradis es clés et serre ;
» Dame es du ciel, Dame es de terre;
» Dame es d'aval, Dame es d'amont.
» Se li déable enignié m'ont,
» Douce Dame, pitiez t'en preigne
» Et ton douz Fil prier en deingne.
» Mon secours es et ma fiance,
» Ma séurtez et m'espérance ;
» Mon cuer du tout en toi s'afie.
1200 » Douce Dame, sainte Marie,
» Douce Dame très glorieuse,
» Tant es douce, tant es piteuse
» Que nus de cuer ne te requiert
» Lors droit ne face quanqu'il quiert.
» Je te requier en grant angoisse.
» N'est nus qui ma douleur connoisse,
» N'est nus qui sache ma tristèce,
» N'est nus qui sache ma destrèce,
» Mon destourbier ne mon afaire,
1210 » Fors tu, pucele débonnaire,
» Et ton douz, le Roy de gloire.
» Je t'ai eue en grant mémoire,
» Je t'ai amée durement,
» Je t'ai servie longuement ;
» Mès ainsi est que li déables,
» Li soudoiant, le decevables,
» Li aguetans, li envieus,
» Li froiz, li fel, li annuieus,
» Par son barat m'as si soupris
1220 » Qu'en son laz m'a lacié et pris.
» A l'ainz m'a pris et à la ligne.
» Ne gart l'eure qu'aux mains me teigne,
» Ne gart l'eure tout vif me preigne,
» Ne gart l'eure si me soupreigne
» Qu'ensemble emport le cors et l'âme;
» Haute pucele, haute Dame,
» Douce Dame, sainte Marie,
» Mes las de cors m'âme et ma vie
» Dore en avant met en ta garde,
1230 » Se ta douceur ne me resgarde ;
» Tout ai perdu et plus et mains ;
» M'ame et mon cors met en tes mains. »

La sainte Dame espéritable,
La débonnaire, l'amiable,
Quant le las qui merçi crie

---

(1) Manuscrit Var. eue, eau. — (2) *Pius*, pieuse, Var. pieue.

  Et qui tant doucement la prie,
  Respondu l'a moult doucement,
  Et si li dist moult liément :
  » Théophilé, Théophilé,
1240 » Or ont déable tout filé,
  » Or ont déable tout perdu,
  » Or sont-il mat et esperdu,
  » Quant reconnois d'entier corage
  » Le roy qui te fist à s'ymage.
  » Bien as déable déçéu
  » Quant mon fil a reconnéu
  » Que renoies por lui avoies.
  » Tu es entrez en bones voies
  » Quant ton pechié as tant plouré,
1250 » Et tant veillié et tant ouré.
  » Tant m'as prié et tant requise
  » Que grand pitiez m'est de toi prise.
  » Ma douceur m'a tant recordée
  » Qu'à toi sui toute racordée,
  » Et si ferai toute t'acorde
  » Au douz roi de miséricorde. »
  A tant de lui s'est départie
  Nostre Dame sainte Marie.

  Théophilus, qui moult fu liez,
1260 Trois jours adès agenoilliez
  Dedanz le temple demoura.
  Adès gémi, adès oura ;
  Ainc n'i menja, n'onques n'i but,
  N'onques du temple ne so remut.
  Tant par out grant dévoçion,
  Et tant out grant contriçion,
  Et de lermes tele habundance,
  Qu'environ lui tout sanz doutance,
  Se l'escripture ne me ment,
1270 Arousa tout le pavement.
  En chaudes larmes fondi touz,
  Et fu touz jours à nus genouz
  Devant l'ymage Nostre Dame.
  De tout son cuer, de toute s'ame
  La mère dieu merçi cria,
  Et ele pas ne ne l'oublia.

   La tierce nuit revint à lui
   La douce dame qui nului
   Ne desdeigne ne ne despit
1280 Puisque de cuer l'apèle esprit.
   La douce dame débonnaire
   La tierce nuit à lui repaire.
   Chière li fait si délitable,

  Si piteuse, si amiable,
  Que tout le saoule et refait
  Du douz semblant qu'ele li fait,
  La sainte virge glorieuse
  Li dist à douce vois piteuse :
  « Par mes prières, biau douz amis,
1290 » Cil qui en croiz à tort fu mis
  » Tes chaudes lermes a véues
  » Et tes prières a reçéues :
  » Bien li soufist ta penitence,
  » Ce saches-tu tout sanz doutance.
  » Or gardes bien dès qu'à ta fin
  » Que tu le serves de cuer fin,
  » Si que t'âme soit affinée,
  » Ains que ta vie soit finée,
  » Ausi comme en fournaise or fins.
1300 » Prochainement venra ta fin ;
  » Or garde qu'ele soit si fine
  » La grant joie aies qui ne fine. »

  Théophilus, qui a grant joie,
  Aus piez la mère dieu se ploie ;
  Assez pleure de chaudes goutes.
  « Dame, fait-il, en toi sunt toutes
  » Les granz pitiez et les douceurs.
  » Douce Dame, à touz péchéeurs
  » Es tu confort et pénitance ;
1310 » Dame toute as leur espérance,
  » Et leur conseil et leur aie.
  » Douce Dame, sainte Marie,
  » Encor frémis tout de péeur ;
  » Jamès nul jour n'ière asseur
  » Devant que je r'aie l'escript
  » Qui ma mort devise et descript.
  » Las ! c'est la riens qui plus m'acore ;
  » Las ! li déables l'out encore ;
  » Las ! cil escriz est en enfer ;
1320 » Mès il n'i a porte de fer,
  » Tant soit de fer d'enfer ferrée,
  » Que tost ne l'aies defferrée.
  » Douce Dame, quant toi serra,
  » Ja de si loins ne te verra
  » Le déable qui ne s'enfuie.
  » Douce Dame, si ne t'ennuie,
  » Je te requier, je te depri
  » Que tant faces par ta merçi,
  » Que r'avoir puisse cele chartre.
1330 » Ja li déable en si forte chartre
  » N'en si fort lieu ne l'aront mise
  » Ne la r'aiés à ta devise

» Toutes les fois qui te serra.
» Bien sai que jà Dieu ne verra
» M'âme devant que je la r'aie. »

« Jà de tout ce riens ne t'esmaie,
Fait Notre Dame, « biaus douz amis.
» Quant ton affaire a sus moi mis,
» Jà n'i auras tant de meschief,
1540 » Que je n'en viengne tout à chief. »

La mère Dieu à dont s'en part,
Et Théophilus d'autre part
Troiz jours ou temple sejourna,
Ainz jour ne nuit ne s'en tourna.
La tierce nuit tant out weillié,
Tant jeuné, tant traveillié,
Et tant plouré et tant gémi,
Que devant l'autel s'endormi.
La mère Dieu la débonnaire,
1550 A tout l'escrit à lui repaire
Dont il estoit en tel fréur ;
Près s'aproche du pécheur.
La mère Dieu par sa franchise
Et si li a la chartre mise
Desus le pis moult doucement.
Théophilus isnelement
De la joie s'est esveilliez.
Durement s'est esmerveilliez
De la chartre quant l'a veue.
1560 Dedenz son cuer en a eue
Si grant léesce et si grant joie
Tout li courage l'en effroie.
Si durement s'en esmerveille
Qu'à poines soit si dort ou veille ;
Si grant joie a, ne soit qu'il face.
Envers le ciel lieve sa face,
Piteusement pleure et souspire.
» Ha, mère Dieu ! que pourrai dire, »
Ce dit li las tout en plourant.
1570 « Tant toi trouvée secourant
» Tant bénigne et tant débonnaire
» Que ne sai dire ne retraire.
» Douce Dame, bien puis véoir
» Ta grant douceur et ton pooir ;
» Haute Dame de haut renon,
» Lorsqu'apelai ton puissant non

» Et dès qu'en toi mis m'espérance,
» Perdi déable sa puissance.
» Si tost com vist li anemis
1580 » Que mon afaire oi sus toi mis,
» Esbaubis fu, mas et confus.
» Ha, douce mère Dieu ! Com fus
» Conçéue d'eureuse heure !
» Secourus est tost sanz demeure
» Qui ta douceur daigne secourre.
» A toi servir doit chascuns courre
» Haute pucèle, soir et main.
» Se vivre puis desqu'à demain,
» Je te feroi si grant honneur
1590 » Et à l'anemi tel deshonneur,
» Que tout mon errament dirai
» En plaine yglise et gehirai (1). »

Ce fu la nuit d'un samedi
Que Nostre Dame li rendi (2)
La chartre de perdiçion.
Li las par grant devoçion
L'en merçia à jointes mains
Plus de mil foiz à touz le mains.
En lendemain sanz demourée,
1400 Face moillié et esplourée,
Théophilus sa chartre a prise.
Plorant vient à la mestre église,
Où l'évesque chante la messe.
De gens i treuve moult grant presse
Si com en jour de diémaine (3)
Sainz Espérites, qui le mainne,
Dès qu'à l'autel le mainne droit :
Et chiet au piez l'évesque lors droit
Que l'Evangile fu leue.
1410 En audience a conneue
Sa destinée (4) et sa purté.
N'est nus, tant eust de durté,
Sil l'entendist, qu'il ne plorast
Et le douz Dieu n'en aorast,
Où tant a de douce douceur
Que mort ne veut de péchéeur
Ainz veut sa gracieuse grâce
Qu'il se convertisse et bien face.

Théophilus de chief en chief
1420 Sa destinée et son meschief,

---

(1) Mss. 7887 Var. Que ja d'un moi n'en mentirai.
(2) La dame d'umaine nature
Qui tant est douce, nette et pure,
Ces deux vers se trouvent dans plusieurs manuscrits. — (3) Dimanche. *Die dominicâ*. (4) Sa conscience.

En soupirant conte et recite,
Si com sainz Espéris l'escite,
Qui si l'esprent et fait si chaut
De boire honte ne li chaut,
Ainz en convoite à boire assez
Porce que miex soit respassez
Du venin dont est en touchiez.
Aus piez l'évesque s'est couchiez,
Se vomist tost et gete hors
1430 La grant ordure de son cors,
Por l'âme faire nette et monde.
A l'évesque et à tout le monde
Apertement dit et descuevre
Son meffait et sa vilaine euvre.
Chascuns se saigne et esmerveille
Quant il raconte la merveille
Que li monstre hors de la ville
Li boulierres qui, par la guille
Guillée tost li eust s'âme,
1440 Se Diex ne fust et Nostre Dame.
Chascuns plora, chascuns gemi
Quant il leur dist qu'à l'anemi
Eust fait hommage et li grée (1).
L'évesque r'a tout éffrée
Quant la chartre leu a et monstrée
Que Nostre Dame a raportée
D'enfer, où cil l'avoit reposté
Qui mainte âme graille et tosté.

Tout li pueples pleure et souspire
1450 Quant Théophilus prent à dire
En quel manière et en quel guise
La mère Dieu par sa franchise
Conseillié l'a et visité
Voiant touz ceus de la cité
Et l'évesque a la chartre lite,
Et quant finé fu et dite,
Li évesques qui moult fu humains,
Envers le ciel tendi ses mains,
A yex moilliés gloréfia
1460 Le grant Seigneur qui tout cria
Et Madame sainte Marie ;
A haute voiz plorant s'escrie :

« Venez avant touz et toutes
» A nuz genouz et à nuz coutes
» Le douz Seigneur gloréfiez,
» Qui à tort fu crucéfiez

» Et qui tant est piteus et douz,
» Qui nous daigna racheter touz
» De clere rosé et de clere sanc
1470 » Qui dégouta de son saint flanc ;
» Venez avant, seigneur et frère,
» Gloréfier la douce mère
» Le douz Seigneur qui tout cria,
» Qui de nous touz tel merçi a
» Que par sa grant misericorde
» A son douz filz touz nous racorde.
» Venez, venez, venez véoir
» La grant douceur et le pooir
» De la puissant dame celestre.
1480 » Venez avant, et clerc et prestre,
» Venez avant, et clerc et lai,
» Venez, venez sanz nule delai
» La merveillant merveille oïr
» Dont nous devons tuit resjoïr.
» Venez avant, petit et grant,
» Venez véoir com est engent
» La mère Dieu, la débonnaire,
» De péchéeurs de péchié traire ;
» Venez loer sanz nule séjour.
1490 » A jointes mains et nuit et jour,
» La mère au Roy qui tout cria ;
» Qui à son filz merçi cria
» Por racorder ce péchéeur.
» Venez, venez véoir en quel fréeur
» La mère Dieu déable a mis ;
» Venez véoir com anemis
» Est enginiez et deçeuz.
» En ses las est cist los chéuz,
» Mais cele tost l'en a forsmis
1500 » Qui n'oublie onques ses amis.
» Venez véoir le riche trait
» Qu'à la riche mère Dieu trait :
» Au déable a fait tel eschec
» Que ce qu'il tenoit en son bec
» A-il laissié par fine force.
» La mère Dieu, de ce qu'est or ce,
» Joue si bien quant elle daigne,
» Qu'à un seul trait le gieu gaiengne.
» Maint gieu perdu a gaiengnié,
1510 » Et s'a maint bon trait enseignié
» A ceus qui à leur gieu l'atraient.
» Moult tost arière se retraient
» Li déable quant il la voient.
» A ce chétif ici avoient

(1) Manuscrit. Var. féauté, ligée.

# MIRACLE

*Salomon dicit :*
*Altissimus habet odio peccatores et miserius est penitentibus.*

» Par leur guile guilée s'âme ;
» Mais lorsqu'à jeu vient Notre Dame,
» Un si bon trait li enseigna
» Quan qu'ont perdu regaigna.
» Lorsque son bon corage vit
1520 » Si soutilment son jou porvit,
» Qu'il recouvra par un seul trait
» Quan qu'il avait devant mestrait.

» Venez véoir sanz delaiance
» Com grant chose est de pénitance
» Et com ele a grant efficace.
» Venez véoir com a grant grâce
» Et com est douce au sauvéeur
» Chaude lerme de péchéeur.
» Venez véoir la chaude lerme,
1530 » Com fructefié à l'âme et germe

*Gregorius dicit :*
*Quis post baptisma inquinavimus vitam; baptisemus lacrimis conscientiam.*

» Bone semence et bone graine.
» Venez véoir cum lerme a graine,
» Grant preu a l'âme et grant profit.
» Venez véoir cum desconfit
» Lerme l'ordure de péchié.

*Ysidorus dicit :*
*Lacrima penitentie apud Deum pro baptismate reputatur.*

» Vous qui souvent avez péchié,
» Chaudes lermes plorez souvent,
« Car je vous ai bien en couvent,
» Lerme est si fort quand ele enchaude,
1540 » Tout le péchié art et eschaude;
» Lerme est si clère et si très fine
» Que tout espure et tout afine,
» Et renlumine et esclarcist
» Quanque péchié taint et nercist.

*In evangelio legitur :*
*Vigilate et orate ut non intretis in tentationem.*

» Petit et grant, venez véoir
» Com oroison a grand pooir :
» Oroison est plaine de miel,
» Oroison transperce le ciel,
» Oroison est douce et piteuse,
1550 » Oroison est si savereuse,
» Quant est de lermes destrampée,
» L'ire Dieu a-lors atrampée.

*Jacobus dicit :*
*Multum enim valet deprecatio justi assidua.*

*Petrus dicit :*
*Estote prudentes et vigilate in orationibus; omnes omnimus in oratione estote.*

» Venez véoir tuit péchéeur
» Com est plaisans au Sauvéeur
» Et délicteuses afflictions,
» Repentances et contrictions
» Venez véoir en audience
» Qu'est de jeune et d'astinence.
» Vous savez bien que Moysès

*Moyses famulus Domini jejunavit xl diebus et xl noctibus ut legem Domini mereret. Descendit Moyses de monte portans secum duas tabulas lapideas scriptus utrasque digito Domini.*

1560 » Quarante jours tout près à près
» En la montagne jeuna,

» Quant Dieu les tables li donna
» Où escript out de son doi
» Les commandemenz de la loi.
» Cis bons péchierres qui ci gist
» Devant la mère Jhésucrist,
» A jéuné xl jours
» En granz soupirs et granz doulours
» Et la royne glorieuse,
1570 » Qui débonnaire est et piteuse
» Et qui douce est plus de nul miel,
» Racordé l'a au roy du ciel
» Et la charte li a rendue
» Qu'ai devant vous dit et leue.

*Augustinus dicit :*
*Jejunium purgat mentem, sublevat sensum, carnem spiritui subjicit.*

» Loons la tuit à une acorde,
» Loons sa grant miséricorde,
» Loons sa puissance et sa force ;
» Quoi si forz est qu'enfer efforce ;
» Par sa force asprée enfer
1580 » Dépéçié a les huis de fer.
» Enfers brisiez et praez,
» Enfers est mas et effréez,
» Enfers tressue, enfer frémist,
» Enfers doulouse, enfer gémist,
» Enfers lamente, enfer souspire,
» Enfers ne set qui puist mesdire
» Quant perdu a la grant goulée
» Qu'avait jà prise et engoulée.
» Déable sont tout desvoié,
1590 » Tout hors du sens, tout faunoié,
» Tout esgaré, tout esperdu
» De ce qu'il ont celui perdu
» Qu'avoient pris et engoulé.
» Bien sont honi, bien sont boulé
» Li goulafre, li rechinié.
» Assez avoient esquignié
» De ce qu'ainsi l'avoient pris,
» Mais la pucèle de haut pris,
» Qui touz li mons aeure et prise,
1600 » Leur a rescoussé ceste prise.

*Leo papa :*
*Fons hortorum, puteus aquarum, via lucis, splendens sydereus, tibi plaudit chorus ethereus, te feridat princeps tartareus*

» Loons la tuit, et clere et prestre,
» La douce mère au Roy célestre,
» Qui tant parest de douceur plaine,
» Que nostre frère nous ramaine
» Qui perduz ert et adirez.
» Il est deschauz et deschirez ;
» Povres et nuz à nous revient ;
» Et le revestir le nous convient.
» Vestoy-li la première estole

*In evangelio legitur :*
*Cito proferte stolam primam et induite illum, date annulum in manu ejus et calceamenta in pedibus ejus, et adducite vitulum*

et occidit et<br>
is et epulemur<br>
meus mortuus<br>
est, periit et in-

1610 » Dont l'Evangile nous parole ;
» Vestez-le bien sans nule atente ;
» Gardez que piez ait chaucemente
» Et qu'en sa main ait riche anel ;
» Ociez tost le cras véel,
» Quar il est droiz, si com me semble,
» Tuit doions hui mengier ensemble,
» Granz noces faire et grant convive,
» Quar Dieu nous a à bone rive
» Arrivé et mis nostre frère
1620 » Par les prières de sa mère.

» Loons tuit la douce Dame
» Qui a ressuscité l'âme
» Qui en péchié estoit estainte.
» Loons tuit la Douce sainte.
» Loons tuit la dame puissant.
» Loons tuit la virge aidant.
» Loons tuit son grant conseil.
» Loons tuit, je vous conseil,
» Quar toute riens loer la doit.
1630 » Ele est si fors que de son doit
» Boute-ele jus le mur d'enfer ;
» Enfers qui a les dens de fer
» Dou son ne puet rien detenir ;
» Ele le fait tout desenir,
» Ele le fait tout fremir.
» S'il en devoit tout tournier
» De mautalent, d'ardeur et d'ire,
» Et s'il s'en devoit tout défrire,
» S'en traira-ele encore mainte âme ;
1640 » Car sa mestresse est et sa dame.
» Souvent la despoille et desrobe ;
» En enfer n'a mauffé si gobe,
» Tant soit velus, granz ne patez,
» Lors qu'il la voit ne soit matez
» Et qui grant voie ne li face.
» Ele par a si bele face
» Et si clerc de grant pooir
» Que l'anemi ne l'ose véoir.
» Si grant clarté ist de son vis,
1650 » Que vraiment leur est avis,
» Se devant li ne s'enfuioient,
» Que tout li oel l'en endouroient.
» Li doux Diex fist sa douce mère
» Si plaisant, si bèle et si clère,
» Qu'en li se mirent si archange,
» Si saint, ses saintes et si ange ;
» Il meismes souvent s'i mire.
» A sa biauté conter ne dire

» Nule langue ne souffiroit.
1660 » Où est la langue qui diroit,
» Douce Virge, douce pucèle,
» Com tu es douce, sade et bèle ?
» Sus toutes riens es gracieuse,
» Sus toutes riens es déliteuse,
» Sus toutes riens es bèle et sage,
» Sus toutes riens as doux corage,
» Sus toutes riens es débonnaire,
» Dame, nus ne porroit retraire
» Com par est douce et grant t'aiue,
1670 » Douce pucèle, Virge et piue,
» Dame sans venins et sanz fiel,
» De toutes les vertuz du ciel
» Hui en c'est jour loée soies,
» De ce que tu as bonnes voies,
» Ce péchéur nous as remis
» Et retolu aus anemis.
» Douce Dame, douce pucele,
» Dame sus toutes biautéz bele ;
» Dame sus toutes clartéz clère ;
1680 » Prie ton Fil, prie ton Père,
» Qui tout le monde a en sa main,
» Que touz nous gart et soir et main,
» Et tiex euvres faire nous face,
» Par sa douceur et par sa grâce,
» Partir puissions touz à sa gloire.
» Amen, dient clerc et provoire. »

Quant li évesque tout pardit out
Et qui li sist et qui li plout,
Théophilum sanz demorée,
1690 Qui la face out moust esplourée,
A fait drecier et relever.
Pour l'anemi faire crever,
Et por honir lui et sa guile
Voient le commun de la ville
Fait li évesques la chartre prendre
Et si l'a fait ardoir en cendre.
Quant ele fu bruie et arse
Et la cendre partout esparse,
Moust fu Nostre Dame aourée,
1700 Et mainte lerme i ont plourée.
Assez i plorèrent et clerc et lai ;
Et l'évesque sanz nule délai,
Quant out la messe définié,
Théophilum a communié.
Lors droit qu'en la bouche li mist
Le précieus cors Jhésucrist,
Si vis si grant clarté rendi,

dicitur :<br>
pulchra es amica<br>
nec macula non est in te.<br><br>
hortus dicit :<br>
quem cœli pictor<br>
us et extrà pinxit<br>
à coto polivit eam.<br>
lucis speculum<br>
s obumbrat. Hunc<br>
flectit curia tota<br>
ecclesiam.<br><br>
Philippus dicit :<br>
virgo clara est et<br>
virtutum radia-<br>
er quam totum il-<br>
ecclesiam.

Undè dicitur :<br>
Mediatrix nostra que es<br>
post Deum spes sola tua<br>
filio nos representas.

Historia dicit :<br>
Post explationem autem<br>
sacrorum misteriorum, The-<br>
ophilo percepto sacre com-<br>
munionis mysterio, statim<br>
refulsit facies ejus sicut<br>
sol.

Qu'ausi com solaus resplendi;
Li clers devint, c'en est la somme,
1710 Face d'ange out, ne mie d'omme.
Tuit cil qui ce miracle virent
Moust durement s'en esjoirent,
Et durement s'en merveillèrent;
Dieu et sa Mère en mercièrent
Grant et petit communement.
Théophilus isnelement
Repairies est à la chapele
Devant l'ymage à la pucele,
Ouit les trois avisions.
1720 Moust fu en granz afflictions,
Moust geta lermes et souspirs
Com cil en cui li Sainz Espirs
A ombrey iert et descenduz.
En croiz se gist touz estenduz
Devant l'ymage Nostre Dame.
» Dame, fait-il, ma lasse d'ame,
» En ta garde met et commant.
» Douce Dame, par ton commant
» Ton douz filz prie sanz délaie
1730 » Que tost à bonne fin me traie.
» Puisqu'il est tant miséricors
» Qu'il a soufert que son saint cors
» Ai reçéu quelque je soie,
» Dedenz mon cuer en ai tel joie
» N'est riens ou mont que je convoit
» Fors tant que bonne fin m'envoit. »
La douce Dame glorieuse,
La douce virge, la piteuse
Son péchéeur n'oublia mie;
1740 Son finement et son trespas
Qu'il désiroit tant durement
Venir li fist prochainement.

Théophilus, ce dist l'estoire,
Ainz puis ne vout mengier ne boire
Qu'out reçéu son sauvéeur.
Moust en li out douz péchéeur,
Et moust par ama doucement
La mère au douz Roy qui ne ment,
Et moust la servi volentiers.
1750 Troiz jours demoura toz entiers
En oroisons devant s'ymage.
Tant la pria d'entier courage,
De chaut cuer, d'ardant et d'engrès,
Qu'ainz en troiz jours ne plus cuns grès
Ne se croulla ne ne se mut.
Droit au tiers jor quant finer dut,

Ses compaignons a touz mandez;
Les a à Dieu touz commandez.
Baisiez les a, com bien apris,
1760 Et puis à touz congié a pris.
« Seigneur, fait-il, à Dieu le Père
Et à sa douce sade mère,
» Qui de moi facent leur commant
» Dorcenavant touz vous commant. »
Puis ne leur dist ne plus ne mains;
Mès vers l'ymage estent ses mains,
Et si se rest agenoilliez
Piteusement à yex moilliez,
La douce mère Dieu regarde :
1770 « Dame, en tes mains et en ta garde
» Commant, fet-il, mon espérite. »
Si tost com la parole out dite,
La bouche ouvri et rendi l'ame
Devant l'ymage nostre Dame.
Si compaignon, quant mort le virent,
Assez pleurèrent et gémirent.
De toutes pars li pueples vint;
Ou lieu méesmes où ce avint
L'enterrèrent moult hautement
1780 Et clerc et lai communement
Dieu et sa mère de cuer fin
Glorefièrent de sa fin.

Cest miracles n'est pas de fables,
Ainz est vrais et si estables,
Qu'en sainte Eglise est reçeuz
Et en maint haut couvent leuz.
A oïr est moult deliteus,
Et s'est moult doux et moult piteus
Pour péchéeur réconfort.
1790 Nus ne se doit desconfort
Por nul péchié dont il se dueille,
Puisque servir et amer weille
Nostre Dame sainte Marie;
N'est nus qui soit en ceste vie
Ne tout preudom ne de haut estre,
Qui asséur doie jà estre.
Fous et fole est, sanz nule doute,
Cil et cele qui ne se doute.
N'i a si bon qui ne meschiée,
1800 Ne si seur qui tost ne chiée
Ou qui ne fasse aucun fol saut
Quant anemis un pou l'asaut.
Théophilus fu tost chéuz,
Tost enginciez, tost decéuz,
Qui tant estoit de grand renon

*Beatus homo qui semper est pavidus, facere nichil totum nisi primo carne solitum; dûm poteris enim non debes dicere tici.*

C'on ne parloit se deli non.
Anemis a moult grant puissance,
Et tant set de la vielle dance,
Qu'à sa dance fait bien baler
1810 Ceus qui plus droit cuident aler;
Assez souvent guile et mesmaine
Ceus qui plus font la Mazalaine;
Quar un breuvage leur fait boire
Qu'il destrempe de vaine gloire.
Vaine gloire est si très male herbe,
Donc touz les enyvre et en herbe,
Si très cuisanz, si très amère,
Qu'il n'est si preudons, ne de mère,
Si l'engloute nes une goute,
1820 Que la mort à l'ame n'engloute.

Vaine gloire est trop mal bevrages.
Pluseur en boivent, c'est domages.
Assez puet-on de ceus véoir
Qui d'eus garder ont grant pooir,
Et qui moult sont religieus ;
Mais il par sont si glorieus
Et si saisi de vaine gloire,
Ne daignent mais mengier ne boire
Avec leur povres compaignons.
1830 Humilitez a compagnons.

Se nous voulons aucun bien faire
Qui doie à Dieu séoir ne plaire,
Humilitez, c'en est la voire,
Estrenglé et murdrist vaine gloire,
Et s'ocist orguel et en herbe
Humilitez est si sainte herbe
Que Dieu méesmes la planta.
Ainz li douz Diex ne se vanta
En nul escript que nus leust
1840 De vertu nul qu'il eust,
Fors seulement d'umilité !
Ele est de tele autorité
Que li douz roys de Paradis
A ses apostres dist jadis
Por ce qu'orgueil jetassent fuer,
Qu'il iert douz et humble de cuer.
Li cuer n'i fu mie palestres :
Bien enseigna li piteus pestres
Qu'il estouvient par estouvoir
1850 Humilité de cuer mouvoir;
Quar tiex fait humble par dehors

Qui l'orgueil a mucié au cors;
Tel fait semblant d'umilité,
Qui touz est plein d'iniquité;
Tel fait semblant q'umbles est touz,
Qui moult est fiers, fel et estouz;
Tel a la face pâle et megre,
Qui le cuer a felon et egre ;
Tiex a vestue l'aspre haire,
1860 Qui aspres est et de mal aire;
Et tiex vestue a bele robe,
Qui le cuer n'a mie si gobe
Ne si soupris de vaine gloire
Com tiex afuble chape noire;
Tex fet semblant de torterele,
Qui par dedanz est cresserele ;
Tex fet le simple et le marmite,
En cui orguex maint et habite ;
Tex a moult humble et douz le vis,
1870 Qui ou cuer est déables vis ;
Tex a l'abit moult reguler,
Qui le cuer a cointe et seculer.

Orguex assez souvent se muce
En papelart a grant aumuce ;
Orguex assez souvent se cole
Et desouz voile et desouz cole ;
Orguex assez souvent repaire
Et desouz sac et desouz haire ;
Orguex se muce partout se glace
1880 S'umilitez lors ne l'en chace.
Ou monde n'a si vil habit
Où à la foiz orguex n'abit.
Orguex se muce en mainte robe,
Orguex toutes vertuz desrobe,
Orguex toutes vertuz despoille,
Orguex touz biens conchie et soille,
Orguex maint vaillant homme empire,
Orguex partout veut estre Sire,
Orguex partout est malicieus,
1890 Orguex est aigre (1),
Orguex touz jours en venin tempre,
Orguez put touz et tart et tempre,
Orguex de touz maux es acointes,
Orguex est fiers, orguex est cointes,
Orguex est froiz et envieus,
Orguex est fel et convoiteus,
Orguex ne prise fol ni sage,
Orguex est plain de grant outrage,

(1) Ce vers n'est pas terminé dans le manuscrit. Ailleurs il y a comme aisiex, *vinaigre*.

*Ambrosius dicit*:
Cupiditas atque superbia
in tantùm sunt unum malum, ut nec superbus sine cupiditate nec sine superbia possit cupiditas inveniri.

*Augustinus dicit*:
Vitanda nobis est superbia quæ et angelos novit decipere.
*Ysidorus dicit*:
Per superbiam mirabilis angelorum creatura cecidit de cælo, secundùm quod dicit Lucifer : Ascendam super altitudinem nubium et ero similis altissimo.
*Jhesu filius Syrac dicit*:
Odibilis coràm Deo et hominibus superbia.

*Jhesu filius Syrac dicit*:
Quantò magnus es humilitate in omnibus et coràm Deo invenies gratiam.

*Propheta* :
Omnis qui se exaltat humiliabitur, et qui se humiliat exaltabitur.
*Ysidorus* :
Quantùm humilitate inclinatur cor ad ima, tantùm proficit in excelso.
*Ysidorus* :
Elacio excelsos dejecit et arrogantia sublimes humiliavit.
*Ysidorus* :
Invidus membrum est dyaboli cujus invidia introivit in orbem terrarum.

*Salomon* ;
Invidus altèri irascescit opimus. Sicub. non invenêre tyranni mojus tormentum.

Orguex est plain de grant desroi ,
1900 Orguex cuide estre filz de roy ,
Orguex li cucins pierre cuide estre ,
Orguex en tant d'orgueilleus estre ,
Que sous ses pieds veut tout sosmettre ;
Orguex fu nez, ce dit la letre , \
Et concéuz en paradis ;
Orguex jeta du ciel jadis
Le plus bel angre que Diex fist ;
Quar par orgueil tant se meffist ,
Qu'il vout semblans et parans estre
1910 En paradis au Roy celestre ;
Mès quant vit s'outrecuidance ,
Par sa force, par sa puissance,
Ou feus d'enfer le balança. ⸝
Onques nus hons ne s'avança
D'estre orgueilleus , bien le sachiés.
Fi ! escopez et décrachiez
Doit estre orguex de touz preudommes ;
Fi ! fi ! orguex tuit d'errachommes ,
Quar tant parest d'orde matère
1920 Qu'il put à Dieu et à sa mère.
Orguex put plus que ne fait sete ;
Mès humilitez est si nete ,
Si debonnaire, si bénigne ,
Si plesans, si douce, si digne,
Si sainte, si pure, si monde,
Qu'à Dieu plest et à tout le monde.
La letre dit , n'en doutez mie ,
Qui s'essauce Dieu humilie ;
Qui humble cuer a si cil s'essauce.
1930 Humilitez les humbles hauce ,
Humilitez touz les suens lieve ;
Mès orguex qui si fort s'alieve,
Qui dès qu'au ciel se vout lever ,
Les siens ne fait fors qu'agrever ;
Orguex les orgueilleux avale , ⸝
Orguex fait homme megre et pâle ,
Orguex fait home soussiant ,
Orguex fait home defriant.
Orgueilleus home a male vie ,
1940 Que tout le cuer li runge envie :
Si près de lui se glace et muce
Que tout le sanc li boit et suce.
Orguex est trop suceans sansue ,
Orguex touz jors tout son sanc sue
Quant aucun voit qui le seurmonte ; ι
Mès humilitez si se donte
Que nule foiz n'a nule envie
De nul bien que nus ait en vie.

Toutes et tuit , sachiez de voir
1950 Nule vertu com puist avoir ,
Riens ne li vaut ne ne profite,
S'umilitez en lui n'abite.
Amer Diex ne puet en nul fuer
Homme qui n'est humbles de cuer.
Li Roys du ciel , nostre douz Père ,
Ama moult miex sa douce Mère
Por sa très grant humilité
Ne fist por sa virginité.
Humilitez quant ele est fine ,
1960 Touz biens esclaire et enlumine ;
Nule vertu n'aime Dieu plus.
Tant com detint Théophilus
Humilitez dedenz son cuer
Ne pout déables à nul fuer
Tant le s'eust bien espier ,
Ne decevoir ne conchier ;
Mès erraument qui la lessa
Tost le vainqui , tost le plessa ,
Tost l'out lassé et amati ,
1970 Et en son cuer lors li flati
Orguex, envie et vaine gloire,
Par quoi renoier et mescroire
Li fist Jhesucrist et sa Mère.
Tant sunt tuit de povre matère ,
Que fous est qui en lui se fie ,
N'en sa bonté se gloretie.
Tant est notre matère mate ,
Qu'anemis tost nous vaint et mate ;
Moult erraument le pié nous glace ,
1980 Se Diex ne nous tient par sa grace.
Quant anemis un peu nous boute ;
Por ce est cil fous, ce n'est pas doute,
Et trop a fole entencion
Qui por sa grant religion
Monte en orgueil n'en vainne gloire ;
Quar, au tesmoing de saint Grégoire,
N'est nus , tant soit de grant pooir ,
S'il n'est chéuz , ne puist chéoir. ⸝
Nus bien preudons est tost chéuz ,
1990 Por ce est-il fous et durféuz
Qui por bonté qu'il ait en lui
Est fiers n'orgueilleus à nului ;
Quar à la foiz est avenu
Que bon mauvais sont devenu ,
Et à la foiz par Dieu r'avient
Qui moult mauvés moult bon devient,
Por cest fous qui nului desprise ,
Quar Diex humble péchéur prise

*Gregorius dicit* :
Qui sine humilitate virtutes congregat, invenium portat pulverem : gloriusam ancille sua, deponens potentes de sede et exaltavit humiles.

*Ysidorus dicit* :
Humilitate et exaltens, ne exaltatus humilieris.

*Paulus apost. dicit* :
Qui gloriatur in Domino glorietur.
*Ysidorus dicit* .
Quavis quisque sit justus, nunquam tamen nõ est ut in hâc vitâ sit securus.

*Gregorius dicit* :
Aut lapsi sumus, aut labi possumus, si lapsi non sumus.
*Paulus apost. dicit* :
Qui se existimat stare, videat ne cadat.
*Salomon dicit* :
Verte impios et non erunt.

*Seneca dicit* :
De felicitate hominis timus judicat dies.

*Undè dicitur* :
Superabundat gracia ubi abundavit delictum et profundum superbum, velut publicanus pharisæum,et versa impenditur ubi nullum præcedit meritum.

*Undè in evangelio* :
Publicani et meretrices

Miex qu'orgueilleus juste ne face,
2000 Et plus tost li donne sa grace.

Humble Royne, humble ancèle,
Humble Dame, humble pucèle,
En qui Dieu prist humanité,
Mete en nos cuers humilité,
Et tout orgueil en doint hors metre.
Qui se vorra bien ademetre
A lui servir bien le sachiez,
Jà n'iert si ort bien le sachiez,
Ne d'ort péchiez tant deslavez
2010 Par lui ne soit tost eslavez
Qui bien la sert ne puet périr :
El est tant large de mérir
Touz les services c'on li fait,
Que tout sunt riche, et sot refait
Tuit cil qui son service font.
Douz Diex, com touz cil se refont
Qui ta très douce mère honneurent
Et en sa vigne bien labeurent !
N'est nus, s'entrer veut en sa vigne,
2020 N'ait son denier, tant tart i viengne.
Touz li mondes la doit servir,
Quar nus ne porroit deservir
Le grant louier que cil recouvrent
Qui à li sunt et à li euvrent.
Tuit cil sunt riche et recouvré
Qui un seul jour i ont ouvré.
Théophilus bien y ouvra,
Quar en s'ouvrage recouvra
Ce qui ne peust recouvrer
2030 En ouvraigne où seust ouvrer.
Riches soudées li paia
Quant à son filz le rapaia
Qu'avoit guerpi et renoié.
Desvé sunt tuit et fausnoié
Cil qui ali servir ne queurent
Et en sa vigne ne labeurent ;
Quar ele paie assez souvent
Mil tant qu'ele n'ait en convent.
De li bien paier parest si tenre,
2040 Que plus paie com n'ose penre.
Ses paiemens est si des livres,
Que por sous paie mars et livres.
Toute largesse de li vient ;
Il est bien droit et bien avient

Qu'ele soit large et soir et main,
Quar tout le monde a en sa main.
Ne doit avère estre ne chiche
Dame si haute ne si riche ;
Riche est desus toutes richèces,
2050 Large desus toutes largèces,
Douce dessus toutes douceurs.
Bien besoigne à nos péchéeurs
Qu'ele soit douce ; si est ele.
C'est li cornez, c'est la mamèle
Dont Diex ses orphelins alète ;
La mamèle à tout ades traite
La douce mère au Sauvéeur
Por alctier le péchéeur
Si tost com il crie merci.
2060 Bien doit avoir le cuer nerci
Qui jor et nuit ne la réclaimme,
Qui ne la sert et qui ne l'aimme ;
Quar ce est la norrissanz norrice
Qui aleta et est norrice,
Qui tout le monde pest et norrist.
Tant est douce qu'adès souvrist (1)
A ceus qui de bon cuer la proient
Et leur genous devant li ploient.
Ele est tant douce, elle est tant piüe
2070 Qu'escondire ne soit s'aiüe,
Ne refuser a nesun (2) fuer
A nului qui la prit de cuer.
Douce et piteuse doit bien estre,
Quant de ses douz flancs daigna nestre
Li très doux Diex miséricors.
Bénéoit soient tuit li cors
Qui sa douce douceur recordent
Et qui à li servir s'acordent.
Quar par sa grant miséricorde,
2080 Maint descordé à Dieu acorde :
Nus n'est à Dieu tant descordez
Ne dorz péchié tant encordez,
Sa douce mère ne racort
Mès qui à li servir s'acort.
Théophilus y racorda
Que li déables encorda
Encordé à moult cordez cordons.
S'ali servir nous racordons
Moult tost rompra cordons et cordes
2090 Et fera toutes les concordes.

---

(1) Var. Sourit. — (2) Var. Neis.

On trouve dans quelques manuscrits de la bibliothèque nationale (1) une espèce d'épilogue qui a pour titre : *C'est la prière de Théophilus*. Cette pièce a été publiée par M. Achille Jubinal dans ses notes et éclaircissements sur Rutebœuf. Ce n'est guères qu'une répétition des pensées et des sentiments qui sont exprimés dans le miracle et surtout dans les cantiques ou chansons pieuses que nous avons mis au commencement de cet ouvrage. Comme cette pièce ne faisait pas partie de notre manuscrit et qu'elle n'offre d'ailleurs qu'un médiocre intérêt, nous n'avons pas jugé à propos de la reproduire.

## De saint Hyldefonse, Archevêque de Tholete. (2)

Cette pièce (3), qui est au moins aussi considérable que la précédente par le nombre des vers, l'est bien moins par l'intérêt de l'action (4). Elle ne contient guères qu'un bel éloge des vertus de S. Ildefonse, archevêque de Tolède, et deux miracles opérés en sa faveur. Le premier regarde l'invention du corps de sainte Léochade, martyrisée à Tolède. Voici comme le fait est rapporté. Le 9 décembre de chaque année on célébrait avec une grande pompe la fête de sainte Léochade, patronne de la cité; une foule innombrable de pèlerins venait prier au tombeau de la sainte. Un jour que S. Ildefonse s'était approché du lieu où reposaient les reliques vénérées, pour prier, il voit tout-à-coup le cercueil s'ouvrir, l'église éclairée d'une lumière éblouissante, et la sainte environnée de gloire se dresser toute droite dans sa fosse; une odeur de parfum, symbole de sainteté, s'exhale de la tombe. L'archevêque avance, prend la sainte dans ses bras, entonne une *antienne* qu'il avait composée en son honneur. Mais la sainte lui échappe; à peine parvient-il à couper une portion de sa robe qu'il fait enchâsser dans un vase de vermeil.

Après avoir raconté ce fait, le poëte faisant allusion aux ouvrages qu'Ildefonse avait composés contre les impies et les juifs, il s'attaque aux mécréants et surtout aux juifs qu'il déteste à cause de leur incrédulité, de leur usure et de leur fourberie.

Le second miracle est une vision de la Sainte Vierge au pieux prélat. La sainte lui apparait pendant la nuit, tenant

---

(1) Voir les Mss 7218, p. 191. 428 supplément français 175, belles lettres françaises, bibliothèque de l'Arsenal, œuvres de Rutebœuf, t. 1. p. 327.

(2) S. Ildefonse, disciple de S. Isidore de Séville, qui fut un des plus grands ornements de l'église d'Espagne, naquit à Tolède en 607 Dès sa jeunesse il fonda de ses biens un monastère de filles et se consacra à Dieu dans celui d'Agali dont il fut abbé. Ramené ensuite et malgré lui à Tolède par l'autorité du prince Reresuinte, il en fut ordonné évêque en 658. Il tint le siège neuf ans et deux mois et fut enterré dans l'église de sainte Léochade, aux pieds de son prédécesseur Eugène II (1). Il laissa, dit Fleury, plusieurs ouvrages divisés en quatre parties. La première contenait, entre autres, le traité de la virginité de la sainte Vierge, qui est le seul que nous ayons. La seconde partie contenait ses lettres; la troisième, les messes, les hymnes et les sermons; la quatrième, plusieurs petits ouvrages en vers et en prose, entre autres des épitaphes et des épigrammes. Il a continué le catalogue des hommes illustres de S. Isidore. On lui attribue un autre traité sur la virginité de la sainte Vierge et douze sermons pour quelques-unes de ses fêtes, mais les savants ne croient pas qu'ils soient de lui.

(3) Manuscrits St-Germain 1850, de La Vallière 2710. Elle a été publiée dans les contes et fabliaux sous ce titre : *Ci commence de sainte Léochade, dame de Tholète et du saint arcevesque.* Ce titre est le plus vrai et convient mieux à la pièce entière, quoique la majeure partie soit cependant étrangère à ce sujet.

(4) Cette circonstance jointe aux motifs d'un ordre plus élevé et dont nous avons rendu compte dans notre introduction nous ont engagé à en supprimer la plus grande partie.

(1) Son corps fut ensuite porté à Zamora, et l'archidiacre Julien lui consacra cette épitaphe :

> Alfonsi Jacet hoc corpus venerabile saxo :
> Sed virtute magis nobilitate micat
> Invenit juvenis portum, secloque relicto,
> Cœnobii cellas Agaliensis amat
> Hinc Toletanam raptatur præsul ad urbem
> Cui fuit in votis sede latere suâ.

Mabill. Secul. Bened. Spana Sagrada. T. 3, p. 275, 490, 522. Spicil. T. 2. Fleury, liv. 39, n. 40. Martyrol. rom. 23 janv. Act 55 bened. T. 2. Bibl. pp. paris T. 8, p. 264. — Labbe script. Eccles. T. 10, p. 505 Dup. T. 7, p. 110. Baluz. T. vi. Godescard. Vies des Saints. T. i.

dans ses mains le livre qu'il avait composé en son honneur. Quinze jours après, elle s'était montrée à lui de nouveau dans la chaire de l'église et lui avait apporté du ciel une aube sans couture qui devait lui servir tous les samedis et à toutes les fêtes de la Sainte Vierge. Il paraît que Siagrius, son successeur, ayant eu la témérité, nonobstant la défense bien connue, de mettre cette aube et de s'asseoir dans la chaire, fut frappé de mort subite.

Gautier de Coincy prend occasion du châtiment infligé au prélat vaniteux pour déclamer contre le luxe et les vices qu'il reproche au clergé de son temps; il l'accuse en général de donner les places du sanctuaire à des personnes entachées de simonie et d'une ignorance grossière. Des hommes parvenus par une semblable voie ne pouvaient être que des ministres relâchés, pleins d'ambition, d'orgueil, d'avarice et de mépris pour les pauvres dont il fait une peinture touchante. — Il plaint le sort des écoliers dont on s'occupait si peu et qui ne peuvent plus parvenir aux places qu'ils méritent, depuis qu'on a supprimé les élections. On voit que si les écoles monastiques tombaient, celle de Boulogne avait le privilège de former des sophistes et des dialecticiens subtils.

Dans la pièce suivante intitulée dans notre manuscrit des Papelarts et des béguins, il attaque avec une force extraordinaire la conduite hypocrite des faux dévots auxquels il reproche les crimes les plus monstrueux. Puis à propos de la vie édifiante et de la sainte mort d'Ildefonse enterré dans l'église de sainte Léochade, il montre comment ses reliques furent apportées à Saint-Médard-de-Soissons et de là transférées à Vic-sur-Aisne.

La miniature du manuscrit représente l'invention des reliques de sainte Léochade. S. Ildefonse, à genoux, saisit de ses deux mains le vêtement de la sainte qui a elle-même soulevé la pierre de son sépulcre; à côté de l'évêque est le roi d'Espagne debout, la couronne d'or à fleurs-de-lys sur la tête, accompagné du clergé et des dignitaires de son royaume.

Dans le manuscrit de la bibliothèque nationale, la scène est représentée un peu différemment. Le roi est assis sur son trône, une sainte reine est à genoux; l'archevêque se présente avec son clergé la crosse en main; sainte Léochade sort à moitié de son tombeau.

Un arcevesque out à Tholete
Qui mena vie sainte et nete;
Hyldefonsus estoit nommez.
Moult iert hauz clercs et renommez;
Moult iert vaillanz, moult iert gentils,
Moult iert à touz bien ententis;
Mès desus toute créature
Metoit entente, et cuer et cure
En servir la sainte pucèle
10 Qui tous le mons sert et apèle.
Li Roys du ciel nostre douz père,
Por ce que tant ama sa mère,
Maint biau miracle fist por lui.
Deus en deting quant je les lui,
Que vueil retraire assez briément.
Veritez est que doucement,
De tout son cuer, de toute s'ame
Amoit et servoit Nostre Dame.
Après la mère au Roy de gloire,
20 Moult eut en cuer et en mémoire
Madame Sainte Léochade;
De la pucèle douce et sade,
De la pucèle sainte et digne
Fist mainte sequence et mainte ympne :
Moult l'enoura tant com vesqui.
Chascun an par l'arcevesqui

Semonnoit li sainz arcevesques
Contes et dux, Abbez, Evesques
A la feste la damoiselle.
30 Si l'ama la sainte pucèle,
Moult hautement assist s'amour
Tant d'onneur li fist à un jor
Qu'ainz tant n'en orent li ancestre
La douce mère au Roy célestre.

A ce tempoire iert tiex li us,
Ce nous raconte Eladius,
Uns arcevesque de Tholete
Que chascun an par fine dete
S'assembloient sans nul delai,
40 Et haut et bas et clerc et lai (1)
A ceste grant solempnité.
A donc gesoit en la cité
La sainte vierge encore en terre :
De malades por li requerre
Grant multitude i asembloit
Per ses prières, ce leur sembloit,
Souvent estoient alegié
Des maus dont erent agrégié.

En un avens ce truis avint
50 Qu'à ceste haute feste vint.

(1) Les grands, les petits, les clercs et les laïcs.

A granz genz et à grant compaigne
Moult hautement un Roy d'Espaigne
Qui out non Recessiudus.
Tant y out Princes, Contes, Dus,
Que granz ennuis seroit du dire :
Li gentils clerc, li gentils sire,
Qui moult fu liez de feste faire,
Moult se pena de ceste afaire.
Moult fist haute procession,
60 Comme cil qui sentencion
Fichié avoit et à ancrée
En servir la virge sacrée.
Quant commenciée fut la messe,
Amenez fu parmi la presse,
Avironnez d'Abbés, d'Evesques,
Li Sainz hons, li sainz arcevesques,
Qui le cuer out douz et propice,
Por faire le devin office ;
Cil qui le cuer out douz et piu,
70 Quant aprocha près de son liu
Où reposoit la Sainte Jame,
Qui avouée estoit et Dame
Du pais et de la cité,
Plourant par grant humilité,
S'oroison fist et sa prière.
O es merveille grant et fière (1)
Que por lui fist Dex et la Virge,
Plus grant merveille avenir-ge
N'oï ainz dire, ne nu lui (2)
80 Que fist la Virge et Dieu por lui,
Devant touz ceus de la cité,
Queque par grant humilité
Agenoillant et en plorant,
Devant la Virge aloit orant.
En air la tombe c'est levée,
Qui tant iert grant et tant iert lée,
Et tant pesanz, ce truis ou livre,
Que xxx homme fort et delivre
Plain pié ne la levassent pas.
90 En mi la fosse isnelle pas
Se r'est dréciée la pucele,
Si bele et si plaisanz com cele
Qui tant out bel e cler le vis ;
De sa biauté, ce leur fu vis,
Toute l'Eglise enlumina.
Sutilitez tant en mi n'a
Sa grant biauté sachent escrire.
Ce miracle fist nostre sire
Por le bon clerc, por le preudomme
100 Qui jor et nuit, c'en est la somme,
Devant la Virge estoit orans.
Unes odeurs vint tant odorans
Du sépulcre, quant il ouvri,
Que li douz Diex bien descouvri
Qui moult iert sainte et glorieuse,
Nete esmérée et précieuse
La sainte Fleur, la sainte Rose
Qui là dedenz estoit enclose.
Chascuns se saigne et esmerveille
110 Du miracle et de la merveille.
La letre dit qui le nous conte,
Qu'ains ni out Prince, Duc ne Conte,
Tant hardiz fust, abbez n'evesques,
Qui la touchast, fors l'arcevesques.
Parfecte amor, ce dit la letre
Paour et doute fet fors metre.
Li soutils Clers, li bien apris
Que Sainz Espérites a pris
Et embrasé out de la flame.
120 Embracier s'amie et sa Dame
Hardiement et tost osa ;
Une anticnne *speciosa*
Qu'il méesmes de lui faite out,
En commença plus qu'il pout.
N'est mie nez qui jà vous die
Le douz chant et la mélodie,
Et les loenges qu'à Dieu firent
Et cil et celes qui ce virent.
Tant i out noise qu'il sembloit
130 Que la cité toute trembloit :
Maintes lermes i out plourées,
Et maintes faces arousées.

L'arcevesque assez ploura
Quequ'entre ses bras demora
La Sainte Virge Léochade :
En souspirant li dist : « O ! qu'a de
» Douceur, douce pucèle, en toi !
» Douce Virge, prie por moi.
» A ton ami, à ton espous.
140 » Douce Virge, prie pour nous,
» Clere esmeraude, clere gemme,
» A ton seigneur et à ta Dame,
» De prier daingne tiex nous facent
» Que touz meffais de nous effacent. »
Li Sainz hons, plein du Saint Espir,

*Salomon :*
Valida est mors, ut mors dilectio.

(1) Extraordinaire. Cette locution est encore usitée dans la langue picarde. — (2) *Non legi*, je n'ai pas lu.

Mout rajete parfont soupir
Quant voit que la Sainte pucèle,
Qui est simple et tant est bele
Dont a tel joie et tel soulaz ;
150 Li reschape d'entre ses braz,
Et en sa fosse se retrait ;
Quanqu'il puet envers lui le trait,
Et en plourant crie moult fort
Qu'aucuns aucun coutel aport ;
Quar s'estre puet, il ne veut mie
Qu'ainsi s'en voist la dieu amie,
Ne que la fosse soit reclose
Qu'il n'en detigne aucune chose
Por metre en or ou en argent.
160 Mès tel tumulte i a de gent
Si très grant feste, si grant joie
N'i a ne Clerc, ne Lai qui l'oie.
Li roys qui fu en sus de lui,
Quant voit qu'oïs n'est de nului,
De sa chaiere est descenduz,
En oraison s'est étenduz ;
Puis vient vers lui sans demorée,
Face moilliée et esplourée ;
Un coutelet li a tendu ;
170 Mès un pou a trop atendu,
Quar jà bien près perdue l'out,
Et ne quedent plustost qu'il pout
En trancha ce qu'on pout avoir,
Ne le donnast por nul avoir.
Isnelement en tel manière
Se iert le tombe assise arriere,
Et la fosse serrée et close.
Léochade la fresche Rose,
La Sainte Fleur de Paradis,
180 Ainsi se démoustra jadis
A la sainte sollempnité,
A Tholete, la grant cité.
Quant la messe fu célébrée,
L'arcevesque, sans demorée,
En un vessel d'or et d'argent,
Tout en apert voyant la gent,
M'est ce qu'il avoit de s'amie,
Mais le coutel ne vout-il mie
Au Roy rendre quant le requist,
190 Ainz l'enseira moult tost et mist
En son trésor, en son sacraire :
Encore en font haut saintuaire
Cil et celes de la contrée.

Se li sains hons l'ont ennourée,
Plus l'ennoura encore puis.
Ne vous sai dire ne ne puis
Com il l'ama de tout son cuer,
Ne ne vous sai dire à nul fuer (1)
Comment de cuer, de cors et d'ame
200 Amoit et servoit Nostre Dame ;
Il l'ama moult, bien le prouva,
Maint soutil dit de li trouva,
Maint biau conduit (2), mainte sequence
Encore oppose et encor tence
Li soutils Clers, li bien créanz
Par ses biaus dix aus mescréanz,
Aux faus Juifs, au faus hérites
Que confunde Sainz Espérites.

Moult les hai, et je les haiz,
210 Et Dieu les het, et je si faiz
Et touz li mous les doit haïr,
Car leurs erreurs ne veut haïr (3).
Moult se vantent de letréure,
Mais n'entendent de l'Escriture
Ne l'efficace, ne la force :
De la noiz vont rungant l'escorce,
Mais ne sevent qu'il a dedenz
Pechie leur aace les denz.
Ne sevent tant que brisier sachent
220 L'escaille et le noel hors sachent.
Petit vaut noix s'en ne l'escaille ;
Li noiaus gist desous l'escaille.
L'Escriture n'entendent mie,
La croste en ont et nous la mie ;
N'i voit nient qui ne l'escroute ;
Touz li biens gist desouz la crouste ;
Trop ont les yex du cuer couvers,
Jà ne saront mès descouvers,
Devant qui veront Antecrist.
230 L'incarnacion Jhésucrist
Longtens nous veulent dénoier,
On les devroit pendre ou noier.
Li déables leur dort es testes
Qui bestiaux les fait com bestes.
De Ihesuchrist l'avènement
Sentirent neis li élément ;
Leur afaire trop est horribles,
Que neis les choses insensibles,
Qui riens n'entendent ne ne sentent,
240 A Dieu leur créateur s'asentent.

*Gregorius dicit :*
*Omnia elementa auctorem suum venisse testata sunt.*

(1) En aucune manière. — (2) Sorte de cantique. — (3) Quitter, abandonner.

Trop durement leur durtez dure,
Il sunt plus dur que pierre dure;
Il sunt plus dur qu'acier ne fer.
Li ciel, la mer, la terre, enfer,
Nès li caillo, les pierres dures,
Et toutes autres créatures,
A leur créateur s'asentirent,
Et sa venue bien sentirent.
Le ciel à lui bien s'asentoient
250 Et sa venue bien sentoient,
Quant leur estoile i envoièrent,
Et les trois Roys y avoièrent.
Bien le connut la mer horrible,
Quant por lui fu coie et paisible,
En lui servir se déporta,
Quant le soutint, quant le porta;
Et la terre le Sauveur
Bien reconut, car tel peeur
Out de sa mort et si grant doute,
260 Qu'ele en trembla et fremi toute.
Bien le cognurent, ce me semble,
La lune et li solaus ensemble;
Quar de sa Sainte Passion
Orent si grant compassion,
Que tout en furent noir et taint,
Et leur clartez toute est estaint;
Nès les pierres et li chaillieu (1)
Et les roches cognurent Dieu.
De sa mort orent tel tristece,
270 Tele angoisse, tele détrece,
Qu'esquartelèrent et partirent (2)
Et esmièrent et fendirent.
Neis Dieu cognut li fel enfers,
Quar de ses buies, et de ses fers,
De ses brasiers et de ses flammes
Geta por lui les lasses d'ames
Que si lonc temps avoit tenues.
Plus bestial que bestes mues
Sunt tuit Juif, ce n'est pas doute,
280 Aveugle sunt, ne voient goute,
Quar miracle, ne prophécie,
Ne raison nule com leur die,
Leur cuers ne pueent amolier,
Ne vueulent croire notrier.
Ce méesmes qu'à leur yex voient :
Ce que prophécie avoient,
Ne voudront croire, quant le virent;

Au Roi Herode bien le dirent
Qu'en Bethléem celui nestroit
290 Qui tout le mont gouverneroit (3),
Ainz qu'il venist bien l'anoncièrent,
Quant venuz fu, s'el renoièrent.
Seur toute rien sunt assoté,
Ne croient pas, li radoté,
Que venuz soit encore Messies.
Il atendent les prophécies
Qui mil ans a sunt avenues.
Le juste ont jà pleu le nues,
Rosilié ont pieça li ciel;
300 Li mont dégoute lait et miel;
De Dieu connoistre n'ont povoir,
Pechiez nes lest goute voiar.
Petit sorent et petit virent,
Quant il le Roy des Roys pendirent,
Par envie et par desroi.
Unction puis n'orent, ne Roy.
Le grant Seigneur ont pieça mort
Qui en mourant tua la mort...
Les prophécies pas n'entendent,
310 Messie out mort que tant atendent;
Descenduz est et remontez,
Qui les aroit touz enfrontez,
Ars et bruiz en une flame,
N'en seroit Diex ne Notre Dame
Vengié à droit, si com semble,
Ges bruiroie touz ensemble.
Plus volontiers ne mengeroie,
Moult volontiers Daus (4) vengeroie,
Li douz Seigneur qui tout cria,
320 Noise ne fist, ne ne cria.

Le fils la Virge pure et monde,
Li douz aigniaus qui tout du monde,
Les granz pechiez et les meffaiz,
Quant por nous fu morz et deffais,
Por nous fu traiz et desachiez,
Batuz, escopiz (5) et decrachiez (6),
De fiel, de sil (7) empoisonnez,
Et d'aubespines couronnez.
Li douz aigniaus, li douz sauverres
330 Por nous pendu fu comme lerres;
Por nous soufri assez viltance :
A la parclose d'une lance
Le cuer li fendirent par mi (8)

---

(1) Cailloux. — (2) Se partagèrent, s'ouvrirent en deux. — (3) Var. Garroleroit, *sauveroit*. — (4) Dieu. — (5) Conspué. — (6) Couvert de crachats. — (7) Fiel. — (8) Par le milieu.

Certes vengies seroit permi,
Se la puissance en estoit mive (1).
De moi n'out-il ne pes ne trive (2),
Trop sunt felon de grant povoir
As crucéfiz pues véoir
Qu'asses li firent de la honte
340 Li recreanz. Li Roy, li conte
N'en feront plus, c'est tout alé,
Li cuer leur sunt tant avalé;
Pais en ont faite par avoir,
Grant honte doit li filz avoir.
Et trop parest de vile matère,
Qui prent rachat du sanc son père :
Diex les porroit par grant raison
Touz apeler de trahison,
Miex que Judas qui le vendi;
350 Ce qu'il en out, lors le rendi,
Et lors gehi qu'il out pechié,
Lors out tel duel de son pechié,
Qu'il se pendi à ses II mains.
Cil pechent plus, ne mie mains;
Car chascuns jour vendent le sanc
Qui dégouta de son saint flanc.
Judas rendi, cil pas ne rendent,
Cil s'estrangla et cist se pendent
Et estranglent à leur II poins,
360 Pire de lui sunt en touz poins;
Plus vont avant, plus sunt charchié,
Chascun jour font de Dieu marchié;
Que plus vivent, plus le tormentent,
Crestien se font, mès il mentent.
Diex les het plus Gieu ne face,
Jà ne verront Dieu en la face :
Maufez a son grant croc de fer,
Por pendre au haut gibet d'Enfer.
Les haus hommes touz entraine,
370 Chascun jour forgent la chaine
Dont les Judas seront pendu :
Mar ont le saint sanc Dieu vendu.
Déables à leur croc les ensachent,
Au sac d'enfer touz lez ensachent,
Des chiens pullenz touz le sachiez,
Mar ont les sachez ensachiez,
Non sachanz est qui les en sache

Bien vueil qui chascuns haus hommes
Qu'enfers touz les en sachera; [sache,
380 Jà Diex un fors n'en sachera.
Tuit sunt perdu, devoir le sachent,
Par le mauves avoir qu'ensachent.

Trop grant avoir sus Juis puisent,
Par les juis le monde espuisent,
Par leur usure adolenté :
Maint juif chrestienté
Par leur usures crestiens
Metent haut homme en fors liens,
En forz enneaus et en forz buies.
390 Diex, bien est droiz que les destruies
Et les bruisses du feu d'enfer :
Cuers ont d'acier, cuers ont de fer,
Quant il ainsi ta povre gent
Crucefiant vont por argent.
Diex, en la letre nous remembres
Ce qu'en fait à tes povres membres
Fait-on à toi sanz nule doute :
Qui povre fiert, toi hurte et boute.
Povre gent font mourir à glaive.
400 Quant te feri Longis (3) du glaive,
Ne feri pas si en parfont,
Ne si grant cop comme cil font :
Maint en ont mort et acovré
Diex, bien est droit qu'avec covré
Ou feu d'enfer chient et fondent,
Quar par nus le mont confondent.
Douz Diex, haut homme, pou te doutent,
Douz Diex, ou cuer souvent te boutent
Et leur lances et leur espiez,
410 Il te cloufitent mains et piez :
Il t'assaillent, il te deffient,
Et chascun jor te crucefient.
Tuit sont perdu, c'est or du mains,
Les consciences et les mains
Toutes sanglantes ont du sanc
Qui degoute de ton saint flanc;
Car de ton sanc et de tes plaies
Pris ont avoir et faites paies :
Petit t'aimment, il y pert bien.
420 Diex, tu les doiz com un vil chien

---

*atulus dicit :*
*ficutur se nosee*
*factis autem negant.*

*Dicit Dominus in evan-*
*gelio :*
*Quod uni ex minimis*
*meis fecistis, mihi fecistis,*
*dicit Dominus.*

---

(1) Var. Mieve, *mienne*. — (2) Trieve, *trèves*. — (3) D'après une très-ancienne tradition qui a eu cours pendant tout le moyen âge, notre Seigneur aurait reçu le coup de lance sur la croix des mains de Longin, soldat romain qui, s'étant converti à la foi, aurait souffert le martyre. On a plusieurs histoires de saint Longin; mais il n'y en a aucune de bien authentique. Voir *Act. ss.* Bollandus, 15 mars. Tillemont, *Hist. eccl.*, t. I, note 38, sur J.-C., p. 477. Surius, d'après Métaphraste. Allatius, *de Simeonib.*, p. 101. S. Chrysost. *in Math. homil.*, 89. D'Herbelot, Bib. orient., p. 855, 874. Dict. de la Bible, t. 3, p 221.

Ferir du pié et dire fi.
Diex, tien ma foi, je te t'afi
Plus que Juis haïr les doiz,
Tu leur cuiras encore les doiz,
Si cuisaument si con je cuit
Qu'ou feu d'enfer seront tout cuit.
En grand vilté, doux Diex, te tienent
Quant ceus gouvernent et soustienent
Qui tant héent toi et ta mère;
430 De li mainte parole amère
Li chien puant mout souvent dient,
Et quant de li, douz Diex, mesdient,
Si te couroucent, si te grievent,
Toutes tes plaies te rescrievent.
Diex, quel outrage et quel desroi!
Diex, s'un jour ere en lieu de roy
Por Rains, por Rome ne por Roie
Lessier un vivre ne pourroie.
D'eus endurer est grant ledure,
440 Mès sainte Eglise les endure
Por la sainte mort ramembrer
Dont il nous doit tous temps membrer
Li cucefix et li Ebrieu
Nous renouvelent la mort Dieu.
Les laies gent n'ont autre escrit;
Ce leur moustre, ce leur descrit
De Jhesucrist la passion,
Pou en out de compassion,
Ce m'est avis et Conte et Roi,
450 Quant ceux qui firent ce desroi
Sueffrent entr'eux nient plus que chiens :
Fi, fi, plus pueent ne fait fiens,
Quant Antecriz li renoiez
Iert ars, bruis et foudroiez
Lors seront bien li recréu
Que folement aront créu :
A la fin icil qui vivront,
Ce dit la letre, sauz seront;
Mès tout dampné seront li autre,
460 Li mal gaingnon (1), li felon viautre (2),
Moult les hay Hildefonssus,
Moult les assaut, moult leur quert sus
Et maine à inconvénient;
Quant qu'il afernment il nient
Com soutils clerc tout leur despreuve.
Amer deussent, bien leur preuve,
La Mère Dieu sus toute chose;
C'est la grant fleur, c'est la grant rose

(1) Waignon, chien-matin. (2) Viautre, bâtard.

Qui issue est de leur orine,
470 Si com la rose de l'espine.
Assez les blame, assez les chose.
La Mère Dieu sus toute chose
Ama li clers si doucement,
Et ele lui si tendrement,
Com vous orres ni ara gueres,
Boens fu ses clers et ses vicaires.

Moult sert a riche vicairie
Qui sert à la Virge Marie :
Riche provende ou ciel deservent
480 Et riche et pauvre qui la servent.
Diex a moult tost celui renté
Qui sert sa mère à volenté :
Lors à son pain boen à sa table
Qui bien la sert de cuer estable,
Et netement, bien le sachiez,
A la cours Dieu est lors sachiez,
Lors est tous sires de la court
A aller à Dieu treuve court
Le chemin, la sente et la voie
490 Cil qui Nostre-Dame y avoie.
Nostre-Dame si set une adrèce
Par out ses amis y adrèce
Au doi leur monstre la monjoie.
Maintenant, se Diex me doint joie,
Treuve Dieu cui ele l'enseigne,
Mais nus sanz li n'en set enseigne.
Cui Nostre-Dame à Dieu n'avoie,
N'en puet oïr, n'en veut n'envoie
Par Nostre-Dame de Lonc-Pont
500 Si très-mal pas et si lonc pont,
Et si grant mer a jusqu'à lui,
Pou y voi mes aler nului,
Et tel i muet qui n'i va pas
Tuit doutent Loncpont et mal pas.
Etroite et longue est tant la voie,
Qu'a envis mais nus si avoie;
Lonc pont y a perilleus,
Et si a tant garous et leus,
Le pont ne puet passer nule âme
510 Se ne l'aie Nostre-Dame.
La mer du pont si roide cuert,
Cui Nostre-Dame ne secuert,
Tost est cheuz, tost est noiez.
Frénétiques et faunoiez
Est qui de cuer ne l'aime et sert;

Car qui de cuer n'essaie et sert,
Ne puet passer l'étroite voie
Qui au très-grand seigneur avoie,
Que charnel ouil ne virent onques
520 Nostre-Dame est notre quanconques
Servons-la tuit et fol et sage ;
Qui ne la sert d'entier courage,
Ne puet passer le hideus pont,
Car le déables s'i repont,
Qui a touz ceus lieve les planches
Qui la servent as mains esclanches (1)
D'edier les siens n'est esclanchière.
Sa charoigne n'est nus tant chière
Ne la travant en lui servir.
530 Qui s'aide puet deservir,
Ce pont passe seurement.
Prier li devons durement
A nus genous qu'el nous regart,
Que nous deffende, que nous gart
De ces guarous et de ces leus
Et de ce pont tant périlleus !
Cil leu desvé, cil leu guarou
Ce sunt déable qui saou
Ne puecent estre de nous mordre.
540 Qui ne les fuit mors est par mordre.
Cil pont, cele mers, c'est ci mondes,
Nus n'est si justes ne si mondes (3)
Qui ne périsse à ce passage,
Si Nostre-Dame outre nel nage :
La Mère Dieu saus mer passer
Touz ses amis fait trespasser
Certe grant mer et ce grant pont,
Et por les gouarous les repont
Dedenz le sain saint Abraham.
550 Touz ses amis de tout aham
Jeta la Dame des Archanges.
Le pain dont Dieu reput les anges,
Le pain du ciel, le pain de vie
Donne à touz ceus, ne doutez mie,
Qui bien la servent de bon cuer.
Qui tel provende jete puer,
Bien a les yex du cuer bendez :
Cil qui bien l'aime, a provendez
Est maintenant ou ciel lassus.
560 Tant la loa Hildefonsus,
Tant l'ama, tant la servi,
Provende ou ciel en déservi ;

Que plus vesqui et plus l'ama,
Que plus vesqui, plus s'enflamma
A li servir dévotement,
Et ele ainz sans définiment
Erres d'avoir le pain de vie
Li démostra sa douce amie
Leochade, la sade Rose,
570 Qui desierroit sus toute chose.
Après por bone bouche faire,
La Mère Dieu, la débonnaire,
Aparoir se daingna à lui.
Le livre dit, où je le lui,
Que quinzaine ne tarda mie
Quant véue out sa douce amie :
Quant il revit sa douce Dame,
La grant esmeraude, la jame
Qui tant est pure, nète et fine,
580 Qu'ele esclaircist et enlumine
Le ciel, la terre et tout le monde,
Le soutilz clerc la Virge monde
Parama (4) tant de tout son cuer,
Toutes ententes geta puer
Por lui loer, por lui servir,
Et por s'amour miex déservir.
De la sainte virginité
Un livre fist si biau dité (5).
Si biau diser ne peust,
590 Se grant amour à li n'eust,
Sachiez très-bien seurement.
Nus ne loe si vraiment,
Comme cil fait qui amors point
Se loen peu com n'aime point.
Ententivement qui list son livre
Etendre y puet tout à délivre
Qu'il l'ama tant que plus ne pout,
De ce livre tel gré li sout.

La douce dame glorieuse,
600 La douce Virge, la piteuse,
Que devant lui une nuit vint,
Entre ses bras le livre tint.
Moult doucement l'en mercia,
Et vers lui moult s'umilia.
Après la sainte avision,
Par plus ardant dévocion,
De meilleur cuer et plus affet
La servi ainz que n'avoit fet,

---

(1) Bras gauche, c'est-à-dire, qui la servent avec peu de fidélité. — (2) Corps. — (3) Pur, *mundus*. — (4) Aima extrêmement. — (5) Si bien écrit.

Et servir fist à maintes genz.
610 Son servise tant li fu genz,
Et tant l'ama et tant li plout,
Qu'à li de rechef s'aparut.
Et en la chaiere de l'église
La vint comme Royne assise,
Et fu tant bèle, c'est la somme,
Ne saroit dire langue d'omme.
En sourriant à bèle chière
Une aube li donna moult chière,
Plus blanche assez, ce li est vis,
620 N'est nois negiée ou fleur de lis.
« Biau très-douz chiers amis, fet-ele,
» Ceste aube qui tant parest bèle,
» De paradis t'ai aportée :
» Garde que soit si bien gardée,
» Que nus, fors toi, ne la reveste,
» Tant soit haut jor, ne haute feste.
» Biau douz amis, mes je te di,
» Qu'à ma messe le samedi,
» En l'onneur de moi la revestes,
630 » Et mes vegiles et mes festes ;
» Et si tenras de moi tel fie
» Qu'en la chaiere où je me sie.
» Te serras tout com toi serra,
» Mes nus, fors toi, ja ni serra,
» Maus l'en venra s'il si assiet,
» Et sachez bien qui ne me siet
» Que l'aube veste se tu non
» Qui tant aimmes moi et mon non.
» Il n'i a ne pièce ne cousture,
640 » Si l'ai taillie à ta mesure,
» Que n'est trop grande ne trop petite.
» Por ce que tes cuers se délite
» En mon service nuit et jour.
» La te doing-je pas grant amour. »

Quant l'arcevesque s'esveilla,
Moult durement se merveilla ;
Lors sailli sus que creva l'aube (1),
Ou moustier vint et trouve l'aube
Qui venue est de Paradis.
650 Tant com vesqui, les samedis
Se revestit moult saintement
Au service et au sacrement
De la sainte Vierge sacrée.
Se li sainz homs l'out ennourée,
Plus l'ennoura après assez ;

De lui servir ne fu lassez
Jusqu'à son saint définement,
Et il finit si finement,
Qu'en Paradis en ala l'ame
660 Par la prière Notre-Dame.

Après lui vint Siagrius,
Qui moult fiers et moult plus
Cuida valoir de son ancestre,
Et dist qu'ausi estoit-il Prestre
Et Arcevesque com estoit
Cil qui cele aube revestoit.
Fol fu qui si grant offense
Qui la vesti sur la deffense
Que faite avoit la mère au Roy
670 Qui het orgueil et tel desroi.
En la chaiere vout séoir,
Mais il n'en pout avoir pooir,
Ainçois mourut de mort soubite
Dont Diex nous gart par sa mérite
Et par les prières de sa Mère :
Qui ne la crient, il le compère.
Siagrius pou la douta,
Car tant d'orgueil en li bouta
Li déables et embati,
680 Qui le tua et abati
Ne ressembla pas son ancestre,
Qui fu bons Prelaz et bon Prestre :
Bons Prelaz fu Hildefonsus,
Son cuer touz temps estoit lasus,
Ne mie es choses transitoires.
Assez fist livres et estoires,
Vies de sainz, vie de saintes
Fist li preudom et dita maintes ;
Tant ama Dieu nés en jonesce,
690 Qu'il jeta hors toute richesce.
Moult estoit grant ses patremoines,
Dieu le donna, puis devint Moines,
Abbéz fu ains, Evesques puis.
Isidorus li parfonz puis (2),
La grant fontaine de Clergie
Son mestre fu toute sa vie.
Bien y parut que bon mestre out ;
Qui bien sa vie entent et ot
Entendre puet bien et savoir.
700 Qu'eut grant bonté et grant savoir
De tex Prélaz n'est-il or gueres,
Car mirouers et essamplaires

---

(1) Il se leva aussitôt que le jour parut. — (2) Puits, *puteus*.

Fu de touz biens tant com vesqui,
N'acheta pas s'Archevesqui,
Ne se provendes ne vendi,
Pour Dieu donna tout et tendi.
Quamqu'à donner out li preudom ;
Ne donnent mes gueres preud on
Nostre Prélat, bien le sachiez,
710 Se dant denier n'i est sachiez,
Petit donnent, mes en nul leu
Qu'assez n'i ait du poil du leu.....
Li bons Prelaz Hyldefonsus
Dont je vous ai parlé dessus,
A droit son pueple prêcha,
Quar par ses fait n'enpêcha
Le bien que sa bouche enseignoit :
A bien faire les enpeignoit (1)
Li bons Clers par dit et par fait,
720 Com cil qui touz estoit parfait.
Moult crut et amenda son lieu,
Ses ouailles garda du leu
A son povair et escremi,
Souvent ploura, souvent gemi
Les siens pechiez et les autrui.
Chose ne fesist à nului
Qu'il ne vousist qu'on lui fesist.
Don ne servise ne presist
De bénéfice ne de rente,
730 Mès selon Dieu, sanz autre entente,
Ses biens départait li Dieu sers,
As preudommes et as bons clers,
Ja n'i éust nus avantages
Ne por avoir, ne por parages.
Ne fist trésor d'or ne d'argent,
Mais jour et nuit por povre gent
Grant trésor fist et assembla
Ou ciel où nus ne li embla.
Cil le sé tot et cil le semble
740 Qui si l'aimme et cil l'assemble,
Si le se doit chascuns embler
Et mettre ou ciel et assembler :
Là l'asembla Hyldefonsus.
Nuef anz touz plainz et petit plus
Fu Arcevesque de Tholete :
Lors li convint paier la dete
Que la mort doit notre nature.
Faite li fu sa sépulture
Lez Eugène, son ancestre :
750 Ne vout gesier, ne ne vout estre

En autre lieu, ce dit sa vie,
Qu'en l'Eglise sa douce amie
Ma Dame sainte Léochade.
L'Arcevesque la Virge sade
Honora moult tant com vesqui,
L'Eglise de l'Arcevesqui
De la pucèle estoit adonques ;
Ne vous sai dire, n'i fui onques,
Se la chose est puis remuée ;
760 Pleu a puis mainte nuée.

Et s'avint puis par une guerre
Qu'arse fu et destruite la terre ;
La Virge a donques, sainz et saintes,
De la terre (2) et reliques maintes
De la ville furent ostées.
N'en voudrent par faire tostées
Prince de France qui la furent,
Li plus puissant plus en reçurent
Et portèrent en divers lieus.
770 La Virge out Loys le pieus,
Le fils au bon roy Charlemaine
Qui à ce temps métoit grant paine
A redéfier Saint-Maart,
Que li Wandle plein de mal art
Avoient ja ars et destruit.
De ce moult bien no livre estruit
Qui moult sont viés et ancien,
Que cil roys Saint Sébastien
Aporter fist à son tempoire ;
780 Et le grant clerc le grant Grégoire
Qui de Rome fu apostoles,
De ces ij flamboians estoiles
Qui tant sunt granz et tant sunt clers,
Enlumina li Empereres
La grand valée de Soissons,
Por faire à ces ij granz poissons (3)
Déliteuse saveur et sade,
Nous donna Sainte Léochade,
Là fu grant temps en no ciboire
790 Lez Saint Maart, lez Saint Grégoire,
Et de lez Saint Sébastien ;
Du roy qui se plait basti en
Bon repos soit huy mise l'ame.
Riches saphirs et riche jame.
Assist et mist en no ciboire
Quant y mist li et Saint Grégoire
Et le martir, le bon preudomme,

(1) Excitait, exhortait. — (2) Var Filatière. — (3) Astres.

Qui fu confanouiers de Rome.

Souvent avoit povres moissons
800 En la valée de Soissons :
Quant li martir fu aportez,
Li pais iert li avortez,
Ni povoit croistre n'un ne el ;
Car sus la porte Saint-Voël
Ert un déable à séjour
Qui estonnoit et nuit et jour
Toute la ville par sa voiz.
Souvent crioit li fel, li froiz
A voiz haie, à voiz hideuse,
810 A voiz horrible et ténébreuse :
*Ve tibi Suessio, peribis ut Sodoma.*
De son fort poing tout condoma
Li vrais martirs, li faus devin,
De Rome le pain et le vin.
Ces ij cors sainz nous aportèrent,
Et le déable trébuchèrent
Jus de la porte Saint-Voël,
Ainz n'i lessièrent nul voël,
En ce qu'ont dit li anemis ;
820 Son dit ont tout à nient mis,
Et faussée ont sa prophecie.
Leure soit ore la béneie
Qu'à nous vindrent ci dui seigneur,
Ainz n'out Soissons joie gregneur :
Quar par eus ij s'en est fuiz
Li Déables et esmouiz.
Ainz puis sa voiz n'i fu oie,
Ni devoit pas estre joie,
Car de si loins com l'en l'ooit,
830 Croistre nus biens il n'i pooit.
Oï estoit, n'en doutez mie,
Bien largement lieue et demie ;
Granz ert la voiz, haute et horrible,
Plus ert hideuse ni ert terrible.
La viés cloche de no moustier,
Qui ne se daigne nés lochier,
Se n'est por feu ou por meslée,
Brisée fu et effellée.
La voiz horrible et annuieuse,
840 Par la venue glorieuse
Du confesseur et du martyr,
Le Déables en firent partir,
Lorsqu'ils entrèrent en la ville :

Peu li valut contre aus sa guille.

Si granz genz out à leur venue,
La moitié de la gent menue
Ne puet la cité contenir.
Moult hautement y fist venir
L'Empereris, l'Empereres,
850 Li piteus Roys, li piteus peres,
D'aus honorer fu moult engrant,
Possessions leur donna grant.
Tant amena et Dus et Contes
Et hautes genz, qu'il n'en fu contes :
Toute fu plaine la valée.
As miracles out tele alée,
Que touz li mons y acouroit,
Car tant de genz y secouroit
Par leur prières Jhesucris,
860 C'uns livres granz en fu escris (1) ;
Tant out miracles voirement
A leur saintisme avenement,
Que refaiz fu d'un grant aport
Nos granz moustiers que par deport
Fonda et fist n'est pas doutance,
Le filz au premier Roy de France (2)
Qui recéu out baptesme.
Saint Remi, Saint Maart méesme
Lui et son père baptizièrent ;
870 Clodovéus le père apelerent,
Clotaires out li filz a non :
A son tems fu de grant renon.
No viez moustier édéfia
Sus Saint-Maart, quant devia,
Por ce que fait l'out crestien :
Saint-Maart le viel, l'ancien
Por ce l'apelent moult de genz.
Moult est li livres biaus et genz
Des cors sainz et de leur venue ;
880 Le cuer de joie me remue
Por amour d'eus quant tien leur livre.
Lassus ou ciel sanz fin puist vivre
Li bons Roys, li bons Empereres
Qui si granz pierres et si cleres
Enséela en no ciboire.
Saint Sebastien, Saint Gregoire
A lessier ici me convient,
De la bele me resouvient
Que por eus ai entrelessié

---

(1) Liber translationis, inter acta ss. Voir Boll., t. 1er, au 20 janvier. — (2) Clotaire qui fut enterré dans la crypte de Saint-Médard, ainsi que Sigebert, son fils.

## DE S. HYLDEFONSE.

890 En leur cyboire l'a lessié ;
Mès se je puis, je l'en trerai ;
N'amie pas ne leur lairai ;
Ainz i feroie grant desroi.
N'est pas raison que fille à Roy
Entre aus soit seule et estrajère.
Sièce et escrive en sa chaiere,
Et estudit li Apostoiles,
En courtines de blanches toiles :
Entende bien qui li conseille
900 Li blans Coulons dedenz s'oreille.
N'ai nul talent, bien le puis dire,
Que m'amie apraigne à escrire,
Ainz weil que Vi sus Eisne en viegne
Et des malades li souviegne
Qui la requierent nuit et jor :
Là vueil qu'elle soit à séjour ;
Et qu'ait par lui son biau cyboire.
Laist ce bonhomme Saint Gregoire
Escrire et amender ses livres ;
910 Il n'en sera jamais delivres ;
Tant en a il tout entour lui,
Il ne doit ja véoir nului,
Fors le coulon qui li descrit
Et met au cuer quanqu'il escrit.
Bien est métier qu'il y entende
Et par escrit nous part et tende
Ce que por lui Diex nous envoie :
N'ai que faire que lez lui voie
La bele Virge Léochade.
920 Ele est tant bele, ele est tant sade,
Qui tost porroit à lui entendre,
Et le Saint Colons mesentendre.
Il n'a talent qu'ele s'en vigne
A son hanap de cep de vigne :
Tost me dorroit espoir à boire,
Se la lessoie en son cyboire :
Là n'a nient n'en lerai mie,
En cele ancienne abbeie
Ne vueil je que plus soit enclose.
930 Il qui ades escrit et glose,
Avec ces moines soit recluz,
Et mainne bien vie de recluz.
Je ne l'en quier mouvoir à pièce,
En sa chaiere assez se sièce,
N'ot ses repons et ses hystoires.
Il a assez Clers et Provoires
Et Chevaliers et autre gent.
Léochade au cors bel et gent

Certes ne li lerai mie ;
940 Assez a autre compagnie.
La letre dit qui le m'ensaigne,
Lez lui est à toute s'ensaigne,
Li bons Chevaliers anciens
Mesire Saint Sébastiens
Qui l'église deffent et garde.
De cele part n'aura-t-il garde,
Et s'est lez lui Tilbucius ;
Si est Martha et Marius,
Et Abacuc et Audifaus,
950 Et Marcelliens et Marciaus,
Et si est Abdon et Sennès,
Prothus et Jacinthus aprés ;
Si est Saint Marciaus et Saint Pierres.
Tex esmeraudes et tiex pierres,
Tex luminaires et tex estoiles :
A, de lez lui li Apostoiles.
D'autres cors sainz il r'a-il tanz,
Ne vous sauroie à dire quanz.
D'autre part à l'autre costé
960 Le ront a ceint et à costé
Troi Arcevesques a tout le mains :
C'est Saint Gildart et Saint Romains,
Et Saint Remi, ce dit l'estoire,
De Rouen fu à son tempoire
Chascuns de ces trois Arcevesques.
Avec eus est li bons Evesques
Mesire Saint Maart li vieus :
Encore est-ce cil que j'aim mieux.
Seue est l'église et li cyboires.
970 Laiens avec ces vieus Provoires
Ne weil-je plus lessier m'amie,
De main au soir n'i sera mie.
Non voir, se je puis anque nuit,
Se je onques puis, cui qu'il anuit.
Grant Chastelaine en vorrai faire,
Car ele est de moult haute afaire.

Comment cest aventure avint
Qu'à Vi de Saint Maart revint
Ceste pucele glorieuse,
980 Ceste esmeraude précieuse,
Cist clers saphirs, cist ercheboeles,
Souvent me conta un miens oncles,
Un grant Sires que Prieur vi
Et de Saint Maart et de Vi.
Il gist à l'uis Saint Benoiet :
De Dieu soient cil benoiet

Qui prieront por la soi ame,
Quant passeront près de sa lame (1).
Mes biaus oncles, li prieurs vi (2),
990 Dont ait pitié le prix Dieu vi,
Et de touz autres crestiens,
Me dist uns moines moult anciens,
Oï conter qui r'avint puis,
Quant trouvé furent en un puis
Les cors sainz qui report i furent
Dès lors que li Wandle corurent.
Qui grant desroi firent par France,
Q'uns abbé par grant porvance,
Por amender ses lieus et croistre
1000 Par l'asentement de son cloistre.
Qui s'envis s'i aploia,
Des cors sainz prist, ses (3) envoia
Par ses chastiaus et par ses viles.
Son non me dist li abbés Miles,
Li plus douz clers que junques vi,
Et dist qu'il estoit nez de Vi.
Raoul out non si com je truis,
Porter en fist vers Ville-Gruis (4)
Si com je truis Saint-Florien ;
1010 Saint Onésime l'ancien
Qui fu Evesques de Soissons,
A Docheri au gros poissons
Porter i fist à moult grant joie :
Assez de lieus vous nommeroie
Où porter fist maint saintuaire.
Mès je requier au letuaire (5)
Qu'un petit r'ai trop eslongié,
A touz les autres preing congié.
Cist letuaires c'est la sade,
1020 La savoureuse Léochade,
Qui me refait tout en la bouche
Lorsque ma langue un peu y touche.
Li bons abbés, li bons senez,
La ville où fu norris et nez
A cele foiz n'oublia mie,
Ainz y porta la Dieu amie ;
La Sainte Virge, c'est la somme,
A Saint-Maart le viel preudomme
Ausi come à force ravi,
1030 Si l'aporta et mist à Vi.
Tenue là en grant chierte.
Moult conviendroit avoir fierte.
Moult conviendroit lancier et traire,

Qui par force l'en voudroit traire,
A ce qu'il a en la rivière
Hardiz serjanz de grant manière.
En un d'eus a plus de mellée
Qu'en un yver n'a de grellée.

L'abbés à Vi en sa chapèle
1040 Porter en fit la Damoisèle
A moult haute procession,
En un jour d'une Ascension.
Encore dure en la mémoire.
Chasqu'an l'amie au Roy de gloire,
Au haut jor de l'Ascension,
Portons à grant procession,
Par le chastel et par la ville.
Cil de Tholète par leur guille
Dient qu'encore la r'aront :
1050 Je cuit jamais ne le r'aront (6).
Se tant atendent qu'il la raient
De grant folie nous esmaient.
Aincois feveriers devenra mais
Qu'à Tholète le r'aient jamais.
Ja pour toute leur nigromance
Ne l'aront, mais bien leur mant-ce (7).
Tholète est toute en païennée ;
Encor fust-ele ou païs née,
Ne les prise un pois boien,
1060 Car il sunt tout demi poien.
Demorée est à demourance
Ou douz païs de douce France :
A Vi sus Aisne est demourée ;
Là est servie et honorée.
Ne r'ira mès à Saint-Maart.
Quant ele en vint si fort l'a art,
Qu'un de ses bras li esraia (8) ;
S'ele m'en croit n'i r'ira ja.
Le lieu de Vi moust aime et l'estre
1070 Bien a monstré qu'ele veust estre.
Encor vivent ceus qui me dirent
Que leur pères les larrons virent
Qui la ravirent et emblèrent ;
Mès li dui lors y aveuglèrent :
Le tiers les ners ont si retrais,
Si boçu fu et si contrais,
Qu'einz puis sus ses deus piez n'ala.
Une viez croiz encore a là
Qui faite i fut à ce tempoire,

(1) Sa tombe. — (2) Var. Gui. — (3) Les envoya. — (4) Villejuif. — (5) Je reviens à l'électuaire. — (6) Var. ne se raseront. — (7) Je le leur fais savoir. — (8) Arracha.

1080 Por ce miracle estre en mémoire.
　　　Li lieus li plest, n'en parle nus,
　　　Et ele y siet et avient plus
　　　La Sainte Vierge glorieuse
　　　Qui ne fait pierre précieuse
　　　Sus listes d'or ne sus argent.
　　　Là, la requièrent moult de gent,
　　　Et requerront jusqu'à la fin.
　　　Qui la requerront de cuer fin,
　　　Par ses prières li aquiert
1090 Ce que justement li requiert.
　　　Chastelaine est et avouée
　　　Du pais et de la contrée :
　　　Ne cuit cors saint jusqu'à Saint Gile
　　　Plus soit amée en une vile,
　　　Qu'est la pucèle à Vi sus Aisne.
　　　Qu'amée i soit bien le desraine !
　　　Et bien desert qui soit servie,
　　　Car Dex, com por sa bone amie
　　　Y fait miracles jor et nuit.
1100 Dames, Dames, ne vous anuit ;
　　　Sachiez, se seu ne l'avez,
　　　Du felon mal que vous savez,
　　　Est la Virge fisiciane :
　　　Mainte maladie chrestiene
　　　Sane par an la Virge et cure
　　　Bien esprouvé avons sa cure
　　　Par les grans maus qu'amortiz,
　　　Donné nous a maint biaus tortiz,
　　　Mainte roele, maint biau cierge,
1110 En li avons bon concierge ;
　　　Maint Parisi, mainte roele
　　　D'outre Roie nous aroele.
　　　Plus gaaingne de granz chandeles
　　　Ne fait nostre grant Apostoiles,
　　　Ou grant moustier à Saint-Maart,
　　　Au bien voir dire qui l'aart
　　　Pour essaucier son non et croistre.
　　　Vout qu'ele issist hors du cloistre ;
　　　Mès de semaine n'iert cloistrière.
1120 Lez lui en son petit cloistre iere
　　　Plus volentiers qu'en un grand cloistre.
　　　Murmure tant pas n'i puet estre.
　　　Petit avient que grant murmuire
　　　En granz cloistres n'en granz murs muire,
　　　Volentiers croist entre mesieres.
　　　Ne cuit Moine dèsqu'à Mesieres
　　　Qui plus de moi hace sele herbe,

*Sapientia :
Ite vos à murmura-
tio nichil prodest,
tractione parcite
Os quod mittitur
iuam.

(1) Elle n'y rentrera pas de longtemps.

　　　Quar l'ame ocist, tue et enherbe.
　　　Trop volentiers revient tele plante ;
1130 Mortel pechié fait qui la plante :
　　　Assez plus tost croist et semence
　　　Que ne face bone semence.
　　　Cil qui langues ont seursemées,
　　　Tiex semences ont tost semées
　　　Ou feu d'enfer soient semé,
　　　Tuit medisent, tuit semsemé.
　　　Por ce me tieng en petit cloistre
　　　Que leur semence ni puet croistre.
　　　Hors du cloistre est une Damoisele,
1140 N'i renterra mes des mois ele (1).
　　　Dex gart les Moines et l'Abbé,
　　　Car aincois A devendra B,
　　　L'iave bons vins, bons vins cervoise,
　　　Qu'ele en leur cloistre s'en revoise.
　　　Trop est à Vi enchaienée ;
　　　Ains sus terre ne chay née
　　　Qu'amasse tant, fors Nostre Dame.
　　　Por li depri qu'ele aint m'ame.
　　　S'amour touz tens me renouvele ;
1150 Faite li ai fiertre nouvele,
　　　Riche cyboire, riche lit,
　　　Or se report, or se delit.
　　　Soit à repos, soit à séjour,
　　　Diex doint qu'encor voie le jour,
　　　Véoir la puisse ma lasse Dame
　　　La sus es chambres Nostre Dame ;
　　　De Nostre Dame est si privée,
　　　Biens qu'ele weille ne li vée
　　　Trop por sera vilanie et cointe,
1160 S'ele à la dame ne m'acointe ;
　　　Por Dieu li pri si m'i acoint,
　　　Que de touz maus me desacoint.
　　　Reposer la lerai atant,
　　　A celui m'en irai a tant
　　　Cui miracles j'ai commenciez :
　　　De Dieu seroie détenciez,
　　　S'a sa Mère ne m'en r'aloie,
　　　Qui tout le mont a li raloie
　　　Sus sa Virge ai moult aresté,
1170 Car je l'ain tant la fleur d'esté,
　　　La fleur de lis, la fresche rose ;
　　　Si volentiers de nule chose
　　　Ne parle com de lui, par m'ame,
　　　Fors seulement de Nostre Dame.
　　　Certes moult l'aim et moult m'i fi

## MIRACLE

Et volentiers la magnefi ;
De lui doit estre bien disanz,
Car gardée l'ai bien X ans (1).
Je gart son cors, gare que gare m'ame
1180 Je la commant lui et sa Dame.
Sa Dame est cele et jor et nuit
Si commandent li sage tuit.

Nostre Dame est Dame des Dames,
Dame des cors et Dame d'ames :
A ceste Dame qui veut estre,
Riches est tost, et de haut estre ;
Tost est riche qui s'i commande,
Nés li povres cui ele mande,
A s'omosne (2) et à san mandé,
1190 Au Dieu convive sont mandé.
Touz mes amis pri et commant
Que touz deviengnent si commant.
Celui qui si veut commander,
N'ose anemis rien demander ;
Dieu et si angre saluz mandent
A trestouz ceus qui s'i commandent.
Mère Dieu, se vous commandez,
Quant au grant plet serai mandez,
Deffendez-moi com vo commant,
1200 A vous mains jointes me commant.
Hildefonsus vo bons amis,
Bien commandez s'estoit et mis
En vostre franche commandise,
Quant vous franche par vo franchise
De son livre le merciastes,
Et la riche aube li donastes
Où n'avoit pièce ne cousture :
Il soia bien en vo cousture,
Et bien ouvra en vostre vigne.
1210 Ha ! Mère Dieu, quar te souviègne
De ce chétif, de ce dolent :
Mon las de cuer qu'ai si volant,
De sus l'amour fai asséoir,
Se tu me donnes le pooir :
Moult est en grant ma volentez.
Tout autre amor est dolentez
Envers la toue et enfertumbe :
Bien sai que s'ame en enfer tumbe,
Qui ne t'aime de tout son cuer.

1220 Ha ! Léochade, douce suer,
Douce virge, douce pucele,
Rose esmerée, fleur nouvele,
De moi aidier ne te feing mie (3) ;
Se par toi a si haute amie
Pooie avoir com Nostre Dame,
Séurement s'en iroit m'ame
Devant celui qui la cria :
Bone parole, bon lieu a.
Assez souvent à li paroles,
1230 Aide-moi par tes paroles,
Clere esmeraude, clere gemme,
Sa pucele es, elle est ta Dame.
Por Dieu à li me ramentoi,
Moult grant fiance ai en toi :
En ses chambres es à sejour,
Et si la sers et nuit et jour :
Des Virges es et des puceles
Qui son lit font, et tu es de celes
Qui la lievent et qui la couchent.
1240 Je crois qu'à son saint lit n'atouchent,
Fors seulement angres et puceles ;
Vous la servez et tu es de celes
Dont Diex parle en l'évangile,
Qui ne sourent barat ne guile,
Et qui fouirent vanité (4),
Et qui de leur virginité
Entiers garderont les seaus.
Quant por deduire en ses praiaus
Maine ses Virge la Royne,
1250 Pren avec toi Sainte Cretine (5)
Dont rimoiai l'autr'an l'estoire :
Si li priez que face en gloire
Por celui faire un petit lit
Qui chante tant de lui et list.
Saint Joachim et tu Sainte Anne,
Priez vo fille qu'en icst anne (6).
Jamais enchair ne me laist
En ort pechié vilain ne laist.
Qui de li fait Dame et amie
1260 Et bien la sert je n'en dout mie,
Que de pechié ne l'escremisse (7)
Et s'il i chiet, par lui n'en fisse,
Et qu'ele ou ciel par grant delit
Ne li face faire son lit.

*Undè dicitur :*
*Veni in ortum meum,*
*soror mea sponsa : tiroli*
*mitram meam cum aromatibus meis*

---

(1) Vingt ans. — (2) Aumône. — (3) Ne fais pas semblant. — (4) Var. N'ainz ne firent iniquité. — (5) Le poëte avait écrit en vers l'année précédente la vie de sainte Cretine ou Christine, vierge et martyre. Notre manuscrit l'annonce dans sa table, mais nous n'avons pu encore retrouver ces vies qui sont au nombre de seize. — (6) Année, *annus*. — (7) Ne le défende, ne le préserve.

Qui bien se prent à lui amer,
Tost li atret le fiel amer
Et l'amertume du courage :
Petit puent douter leur age
Et le torbeillon l'anemi
1270 Cil qui de cuer sont si ami.
Celui qui l'aime fermement
A tost, ce sai seurement,
A Dieu servir a dominé
Se je *tu autem Dominé*,
A ce miracle die avoie
Plus briement outre m'en iroie,
Sermon ou a trop de delai
Heent souvent et Clerc et lai :
. . . . . . . . . .
1280 Dorenavant m'estuet plungier
Où puis Ma Dame, se je puis,
Mais tant deduit a en son puis,
Et tant i sourt de granz merveilles,
S'il y avoit cent mille seilles,
Ne porroit-il estre espuisiez
Seurement touz i puisiez :
Si très douce yaue en son puis sourt
Que li muet, li sot, li sourt,
Tuit mechaignie, tuit contrefait,
1290 Lorsqu'il en boivent un seul trait,
Tuit sont gari et tuit sont sain.
Le seelant cuer de mon sain
De s'iaue doint abevrer cele
Qui enfanta Virge pucele :
Adés fusse ses escriveins,
Mais sort sui-je quant je escris, veins,
Por ce que redout le meschief,
Li pri cu'un peu m'estraint mon chief
De ses très blanches mains polies;
1300 Si en dirai mains de folies.
Tant a en moi peu de savoir,
Se ne m'ensaigne, bien sai devoir,
Tost arai dit quanque je sai.
Des Trouveurs quaant je m'essai,
Ne me pris mie les essaies,
Mais por ce vest-je noires saies,
Et ils vestent les robes vaires,

Ne leur desplaise mes affaires;
Quar trouverres ne sai-je mie
1310 Fors de ma Dame de m'amie :
Ne menestiex ne sui-je pas,
Mais les nuis que j'en trespas,
Et por ce que je en ai tensées,
Aucunes foiz vaines pensées,
A la folce mi sui pris.
Je ne truis pas por avoir pris
Ne por robes, ne por avoir,
Mais por l'amour la Dame avoir,
Qui tost revest les ames nues,
1320 Et ses amans enporte es nues.
Je ne truis pas pour avoir robe,
Mais por la Dame qui m'enrobe,
Quant anemis m'a desrobé.
Cil deçéu sont et lobé
Qui jor et nuit treuvent les lobes
Por guaigner chevaus et robes :
Je ne truis mie por avoir,
Mais por l'amour la bele avoir
Qui n'a compaigne ne pareille.
1330 A sa biauté ne sa pareille
Riens que Diex ait apareillié,
Bien l'a de tout despareillié,
Quant où ciel appareillié l'a.
A ceus biens apparcillie l'a
Qui cil de mal se despareillent
Et à lui loer s'apareillent.
Loons la tuit la bien membrée,
Par tout doit estre ramembrée :
Ou ma langue demembrerai
1340 Oie bien la ramembrerai,
Enfers celui démembrera
Qui bien ne la ramembrera.
Souvent nous doit de li membrer,
Quant Diex se vout en li membrer;
Enfer touz temps nous demembrast,
S'en li de nous Dieu ne membrast;
Quant sa douceur de nous membra,
En ses sains membres se membra,
Por ce nous doivent tuit li membres
1350 Souslever quant de lui nous membre.

# Miracle de sainte Léochade.

## § I.

### Comment sainte Léochade fu trouvée.

Nous avons cru devoir placer ici un petit poëme relatif à sainte Léochade, qui est le complément naturel de la légende précédente et lui donne un nouvel intérêt. On sait que sur la fin du XII<sup>e</sup> siècle, vers 1194 ou 1196 (1), les religieux de St-Médard avaient jugé à propos de transférer au château de Vic-sur-Aisne les reliques de sainte Léochade. Ils voulaient pourvoir à leur sûreté par ce transport. La cérémonie s'exécuta avec une sorte de pompe. Les reliques ayant été déposées dans l'église du château, l'abbé de Saint-Médard, Gautier III, établit auprès de l'église une communauté de ses religieux, qui devaient célébrer l'office canonial et prendre soin de tout ce qui avait rapport au culte de la sainte.

En 1219, l'église de Vic-sur-Aisne, ou plutôt la chapelle du château fut volée de nuit. On enleva la châsse de sainte Léochade. On en ôta les reliques que les malfaiteurs jetèrent dans la rivière d'Aisne. On retrouva ces reliques par un pur hasard, la veille de la Pentecôte de cette même année. Milon de Bazoches, abbé de Saint-Médard, les recouvra et fit les perquisitions nécessaires pour s'assurer si c'étaient bien les mêmes ossements qui avaient été conservés dans la châsse avant le vol. Ceux qu'il consulta sur ce sujet reconnurent les reliques. L'abbé fit faire un buste d'argent où il enchâssa le chef de la sainte. On transféra ce reliquaire le jour de la Madeleine, au mois de juillet suivant. Le même fait est consigné dans le *chronicon* du monastère de Saint-Médard (2) où l'historien Carlier l'a trouvé.

Voyons comment Gautier de Coincy, témoin oculaire de ce grave évènement, l'a rendu à son tour.

Le poète débute par un brillant éloge de la sainte Vierge, toujours sa principale héroïne, et dont sainte Léochade est une compagne fidèle. Puis, entrant dans le fond de son sujet, il raconte que pendant qu'il était occupé à versifier, le démon lui apparut, pendant son sommeil, sous une forme horrible, lui rappelant les rimes élogieuses qu'il composait à la louange de sa Dame. Le démon n'avait osé l'attaquer, grâce au signe de la croix dont il s'était aussitôt armé, mais il avait disparu en le menaçant de quelque épouvantable malheur.

Une nuit donc, la châsse de sainte Léochade et une image de la Vierge qu'il avait fait peindre furent enlevées de la chapelle pendant son absence. Toute la ville jusqu'aux plus jeunes enfants furent dans la tristesse et le deuil pendant

---

(1) Hist. du Valois. T. 1, p. 504. T. 2, p. 25.

(2) MCCXIX. Corpus beatæ Leochadiæ virginis a latronibus nocte furatur; posteà verò in fluvio Axonæ invenitur in vigiliâ Pentecostes; et caput ejusdem virginis in vase argenteo per manus Milonis abbatis in die beatæ Mariæ Magdalenæ apud Vicum reponitur. Milo abbas obiit in die sanctorum Crispini et Crispiniani, et Radulphus de Briâ abbas successit *Chronicon* apud Spicileg. T.II, p. 792.

Pendant les troubles de la ligue, 1590, les royalistes commandés par le sieur de Humières, s'étant emparés du château de Vic, pillèrent les maisons et les églises. La châsse de sainte Léochade qui était toute couverte de lames d'argent et accompagnée de divers ornements précieux excita la cupidité des vainqueurs. Ils brisèrent cette châsse après en avoir jeté les reliques. Un soldat royaliste, ajoute Carlier, plus religieux que les autres, recueillit ces reliques et les porta au sieur de Lepine, curé d'Haramont, dans l'espérance d'un salaire qui lui fut accordé. Le curé les transféra au couvent de Longpré, près de Villers-Cotterêts, où il avait une sœur religieuse. On établit à cette occasion une fête de sainte Léochade dans l'église de ce monastère; on solennisait cette fête tous les ans le troisième jour de décembre. Hist. du Valois. T. III.

Une partie de ces reliques est restée à l'abbaye de Longpré et se trouve encore aujourd'hui dans l'église d'Haramont; une autre partie a été restituée au bourg de Vic : nous croyons avoir reconnu une partie de la mâchoire inférieure avec quelques dents. Le reste du corps, lors des irruptions des Sarrasins en Espagne, fut d'abord transféré dans le Haynant, à Saint-Guislhin, près de Mons; puis, dans le cours du XVI<sup>e</sup> siècle, rendu à la ville de Tolède par l'ordre de Philippe II, roi d'Espagne.

quatre jours. Mais le cinquième jour, la veille de la Pentecôte, les précieuses reliques furent retrouvées dans la rivière d'Aisne. Une joie immense éclata dans toute la ville ; et le bon prieur avoue ingénument qu'il ne verra sans doute jamais une aussi belle fête. Lui-même tira la sainte de l'eau le samedi jour de la fête de saint Urbain Ensuite dans son enthousiasme il rapporte la naissance royale de la sainte, son enlèvement, les miracles qu'elle opère, le concours innombrable des personnes qui viennent se réclamer à elle dans le lieu même où elle fut déposée ; après avoir été retrouvée dans la rivière. Les malades, les affligés s'y rendaient en foule, les fiévreux s'y baignaient, les quarternaires étaient guéris. Le sentier qui conduisait à ce bain salutaire était battu par les pas des passants, et une croix qui avait la vertu de dissiper les maux de dents et d'oreilles avait été plantée comme une enseigne vivante pour l'étranger qui venait y prier.

On retrouva aussi l'image sur l'autel de saint Christophe où on l'alla chercher en grande procession. Les voleurs avaient enfoui cette image dans la terre ; mais fort inutilement ; on n'avait jamais pu faire passer la charrue dans l'endroit où on l'avait enterrée.

Cet évènement, ajoute l'historien poëte, est arrivé en 1219, comme on le voit écrit sur un cierge, l'année même de la prise de Damiette et de la mort de l'abbé Miles qui avait fait mettre le chef de la Vierge dans un reliquaire d'argent émaillé d'un fin or.

Le lendemain de la Pentecôte, on avait porté, en grande procession et avec une joie extraordinaire, la nouvelle châsse au pré Herbout. Il y eut sermon par l'aumônier du couvent, et le chef était montré par Rahaut, abbé de Saint-Eloy, qui emporta une des dents de sainte Léochade.

Après le récit de cette translation, le prieur rapporte de nouveau le martyre de la sainte sous Dacien, sa constance dans les tourments, les fréquentes visites qu'elle recevait des anges dans sa prison ; il fait aussi l'éloge de ses rares vertus, de son mépris pour les biens de ce monde. Aussi pour la glorifier, Dieu a permis qu'il sortît de ses ossements une odeur délicieuse qui attire à elle de divers lieux ceux qui souffrent. L'eau où elle a été jetée était plus douce qu'ailleurs, et les pèlerins en emportaient avec confiance.

Gautier finit par trois complaintes pieuses. Dans la première, il déplore avec amertume la perte malheureuse qu'il vient de faire et invite naïvement la vierge à revenir. Il raconte encore le malheur qu'il attribue à la jalousie du démon. Il peint d'une manière touchante la désolation des malades à qui on a enlevé leur bienfaitrice. Lui-même que va-t-il devenir? Osera-t-il bien se montrer après un pareil évènement qu'on peut reprocher à sa négligence ; il ne pourra que gémir et se morfondre dans sa douleur.

Dans la seconde, Gautier fait éclater sa joie. L'objet de ses larmes est retrouvé ; il veut que chaque année on vienne à la croix qui a été plantée en mémoire de cet évènement. Il revient encore sur la pensée que ce malheur fut l'effet de la jalousie du démon à cause des miracles que la sainte opérait. Quelle audace aussi de la part des voleurs dont la punition a été exemplaire! Quelle bonté de la part de Dieu de n'avoir pas permis que ces restes sacrés soient entraînés par le courant ! On reviendra chaque année à cette croix en procession pour demander à Dieu de détourner du pays les adversités qui pourraient le menacer.

La troisième est une espèce de prière à la vierge martyre, un éloge de ses vertus, un détail de ses miracles, son amour pour le pays qu'elle a adopté.

Quatre délicieuses miniatures expliquent tout ce petit drame.

Première miniature. Fond rose coupé de lignes et de carrés ; une petite habitation située sur le bord d'une rivière, peut-être la chapelle dont la porte est encore entr'ouverte ; un homme porte une châsse sur ses épaules ; un autre s'est avancé dans une barque jusqu'au rivage et s'apprête à recevoir le dépôt dans sa nef. C'est sans aucun doute la scène de l'enlèvement.

Deuxième miniature. Fond d'azur également coupé de lignes d'or et semé de croix de saint André. Assis dans sa douleur, la figure abattue, le prieur Gautier se livre à son désespoir ; un jeune moine, les regards inquiets, un livre à la main, se promène dans un cloître.

Troisième miniature. Fond très-riche multicolore orné de ronds occupés par de petites croix. Le prieur accompagné de son clergé et de son peuple arrive sur le bord de la rivière où l'on a déposé la châsse ; il se baisse avec une joie inquiète pour reconnaître les ossements sacrés. C'est un silence de stupéfaction auquel va succéder la joie la plus vive ; tous les personnages étonnés partagent ce sentiment ; un clerc porte une croix fleuronnée ; un autre tient un livre ouvert et chante.

Quatrième miniature. Fond d'azur coupé de lignes diagonales en or, dont les carrés sont occupés par des croix. Un religieux à genoux au pied de la vierge martyre ; celle-ci lève la main droite et tient une palme de la main gauche ; elle a le nimbe d'or, un manteau rouge qui laisse entrevoir une robe bleue. Derrière la sainte, des épis de blé. On voit qu'on lui demande de détourner les orages et les tempêtes.

Dans le manuscrit de la bibliothèque nationale, la scène est plus complète, quoiqu'exécutée en petit, puisqu'une miniature de la grandeur des nôtres contient ordinairement plusieurs faits : 1° Deux hommes emportent une châsse sur leurs épaules; un autre l'image de la sainte vierge. 2° Un religieux couché, des hommes et des femmes devant cette image. 3° Une barque montée par trois hommes qui sondent la rivière. 4° Un moine en chape portant la châsse. 5° Trois hommes pendus : c'est la punition des voleurs. 6° L  p¹ eur et ses moines emportant l'image.

*In evangelio :*
Date nobis de oleo vestro, quia lampades nostre extinguntur.

*Undè dicitur :*
Sol luna lucidior, luna sydcribus; sic Maria clarior creaturis omnibus.

*Hyldebertus :*
Omnes virtutum species et aromata totum te simul thuris odore sui; tu sine defectu radius; tu flos non spina; tu sine nube dies, tu sine sorde parens.

*Undè de eâ dicitur :*
Pulchra es decora filia Jerusalem.
*Undè dicitur :*
Multe congregaverunt divitias : tu supergressa es universas.

    Que de memoire ne dechaie,
Talent me prent que vous retraie
Une merveille que je vi
Queque pricurs iere de vi.
D'une pucelle Nostre Dame,
D'une esmeraude, d'une gemme,
Qui tant est bele et tant est clère,
Que Diex l'a mise avec sa mère,
Pour reposer et nuit et jour,
10 Pour estre à joie et à séjour.
Ceste virge, ceste pucele
Qui tant est gente et tant est bele,
A non la Virge Léochade.
Ele est tant douce, ele est tant sade,
Et en tous biens tant enmielée,
Que plus douce est que miel en rée.
Ele n'est pas des virges foles
Qui leurs lampes et leurs fioles
Voudrent emplir de l'oile aus sages.
20 Si fu vers Dieu vrais ses couraiges,
Et si garde sa lampe et s'oile
Qu'ausi luist clere comme estoile.
Ele est tant bele, ele est tant clère
Devant Dieu et devant sa mère,
Qu'ausi luist cler come li solaus
A meedi quant est plus haus.
Mais sa biauté ne pren-je mie
A Madame Sainte Marie.
Bien le devrais chier comparer
30 Qui saint ne sainte comparer
Vourroit à la dame du ciel
Ne plus qu'au basme un peu de miel,
Un peu de glace à une gemme.
Tant parest bele Nostre Dame
Toutes biautés la soie efface :
Nostre Dame a tant bele face,
Tant clere couleur et tant fine,
Tout Paradis en enlumine ;
Ses biautés sunt ses grans mérites
40 Que Diex sus toutes à eslites.
Toutes virges sunt ses puceles,
Ses meschines et ses anceles.
Por ce souef sentent et flairent
Qu'entour la Mère Dieu repairent.
La Mère Dieu est la grant gemme,

La grant Royne, la grant Dame,
Qui tant est bele et tant est clere
Et tant desmerée matere,
De sa biauté tuit cil resclairent
50 Qu'en tour lui vont et repairent;
C'est lucifer qui le jor porte,
C'est la fenêtre, c'est la porte
Qui le cler jour ça nous envoie,
Qui nos conduit maine et avoie
Devant que li clers jours apert.
Nule chose bele ne pert :
Autel vous di de Notre Dame,
S'ele n'estoit la clere gemme
Toute biautéz seroit estainte.
60 Brians ne parroit ne saint ne sainte,
Odor ne bon flairer ne rendroient
Sil entor lui ne le prenoient.
La Mere Dieu est la grand rose
En cui toute douceur repose ;
Ceste rose est de tele douceur
Et si plaine de bonne odeur
Qu'ele refrait le cors l'ame.
Il n'est nus ne nule fame
Sun petitet en puet sentir,
70 Jamais son cuer puist alentir
De lui sevir, tant com il vive.
Ceste oudeur l'ame ravive,
Qu'en peschié ne puet démourer :
Qui tele oudeur puet ondourer
Pigmens ne basme n'autre chose
Nest si soef com ceste rose.
Si enpigmente ces floretes,
Ses fleurs de lis, ses violetes,
Qui entour lui vont et repairent,
80 Qui plus soef que pigment flairent.
Tes floretes fait bon flairier
Se cest mot weil bien esclairier.
Ces fleurs ce sunt ces demoiseles,
Ses saintes virges, ses puceles,
Qui tele odeur traient de lui ;
N'est nule odeur envers celui
Ne soit coureus, amere et fade.
De celes fleurs est Léochade
Ma demoiselle, m'avouée,
90 Seur toutes virges l'ai douée

*Undè dicitur :*
Speciosa facta es et sicut in deliciis tuis. sancta Dei Genitris.

*Magister Philippus*
Beata est virge elata per virtutum radiationem per quam totum illustravit Ecclesiam.

*Undè dicitur :*
Fraguscit ultra omnia balsama pigmenta et thimiamata purpura et violis, recidis ut rosa, candens ut lilis.

*Undè dicitur :*
In odore unguentorum tuorum currimus, adolescentule dilexerunt te nimis.

Et de mon cuer et de mon cors ;
Mais Nostre Dame en met defors ;
Car ce seroit nienz à dire,
Trop haute amor pert et à dire,
Et si pert Dieu son cors et s'ame
Qui l'amour pert de Nostre Dame ;
Qui de s'amour son cuer confit
Le déable si desconfit,
Se grant estoit plus d'un clochier
100 Ne l'oseroit-il aprochier.
N'ose aprochier home ne fame
Qui bien s'aveut à Nostre Dame.
Sachiez por voir, sachiez sans doute,
Si forment crient, si forment doute,
Ceste Dame, ceste Royne,
De peeur la queue trayne
Tout maintenant qu'il l'ot nommer.
On ne le puet miex asómmer,
Desbareter ne desconfire ;
110 De mau talent prent à défrire
Et venin sue plus d'un lot
Tout maintenant que nommer l'ot.
Ses agus denz bien li aace
Et bien la queue estroit li lace ;
Qui son douz non souvent reclaime,
Qui bien la sert, honueure et aime,
Tant est elle de haut afaire
Qu'assaillir n'ose ne mefaire
Por toute sa queue apeler
120 Nului qui la veille apeler.
Li cuer li faut et tout li membre,
Lors c'uns pécherres li ramembre
L'autrier meust tout desmembre ;
S'il ne meust de lui membre
Et se li de moi ne membrast
Membre à membrer ne desmembrast.

Quant je me pris à amoier
A ces miracles rimoier,
Tel duel en out et tel contraire
130 Le cuer me vout sachier et traire.
A mie nuit plus grant d'un sesne
Devant moi vint à Vi sus Esne ;
Mau talentis, chaus et boulans,
Erraailliez et reboulans,
Noirs et cornus, lais et covez ;
Se Diex ne fust mes avouez
Et sa très-douce sade Mère
De cui traitoie une matère,
La nuit meesmes que ce fu

140 Estaient meust et ars du feu
Qui de la gueule li sailloit.
De parole moust m'asailloit
Et disait : faus moines, prouvez,
Jour et nuit moult vous esprouvez
A biau trouver de cele Dame
Qui m'a tolue et tôt maint ame ;
En li losengier et flater
Et en moi honnir et mater
Soutilliez et jor et nuit ;
150 Mais cui qui griet ne qui qu'ennuit,
Quar duel et honte et contraire ai
Le cuer du ventre vous trerai,
Quant tant la loez et prisiez
Et moi gabez et dispisiez.
A tant me vout sanz delaier
Fichier ou cors et entaier
Ses agus cros et ses grant pates ;
Mais de peeur fui si aates
Tout en dormant me trestournai ;
160 Men vis et ma face aournai
Du signe de la vraie croix
Et s'écria à haute voix :
Douce Dame, Sainte Marie,
Je muiz, je muiz, aie ! aie !
Lorsqu'il oi le non piteus,
Le bon, le douz, le deliteus ;
Tost me guerpi, si s'en tourna ;
Mais en fuiant se trestourna
Et dist bien seusse devoir
170 Qu'il me cuidoit si decevoir
Et en tel duel mon cuer esbatre,
Qu'il me feroit mes paumes batre,
Mes cheveus traire et détirer
Plaindre, gemir et souspirer.
Trop me tint bien ma convenance.
Quant je l'oi mis en oubliance,
Si l'en sout-il bien souvenir.
Si grant duel me fist avenir
Se Diex adurer l'endurast,
180 Ma vie gueres ne durast.
Por moi honnir, por moi grever,
Por moi le cuer fere crever,
Por tormenter toute la vile,
Par son barat et par sa guile,
Mauveses genz fist assembler ;
Si me fist ravir et embler
Le cors la sainte damoiselle,
La sainte virge, la pucele,
La plaisant, la douce, la sade,

8

MIRACLE

190 Qu'apelons Virge Léochade.
Pour plus acovrer mon courage,
Avec la pucele une ymage
De madame sainte Marie
Embler me fist par sa boidie.
Faite entaillier l'ymage avoie
Et paindre au miex que je savoie,
En l'onneur de la glorieuse ;
Tant estoit bele et deliteuse
Qu'assez cuidoient moult de gent
200 Que toute fust d'or et d'argent.

Alez ere fors de la vile,
Quant li déables, par sa guile,
Chaer y fist cest grant orage.
Tel duel en oi en mon courage
Et tel tristeur quant l'oy dire
Par un petit ne parti d'ire.
Vraiement cuit et croi par m'ame,
Si Diex ne fust et Nostre Dame
De duel me fust le cuer crevez.
210 Par la vile iert un duel menez
Si douloureuz, quant je revins
Que je ne sai que je devins.
Tel tristece vi en mon corage
Et de la honte et du domage.
Dex ! que fu ce roys Jhesucris
Si hideux brais, si hideux cris,
Mortex hons oir ne peust,
Qui mortel duel au cuer eust,
Nes li petit enfanconnet
220 De v ans, de vi ou de set ;
Leur poinz et leur paumes batoient,
Et les puceles lamentoient.
Quatre jors plains et quatre nuis
Dura cist ennuieus ennuis,
Mes cele a cui m'en atendi,
Devant cui piez m'en estendi,
Plus de cens fois à tout le mains
Droit au quint jor entre les mains
Nous renvoie no damoiselle.
230 Li cuers de joie encore moisele
Toutes les foiz qu'il m'en souvient.
A demander pas ne convient
Se grant joie out aval la vile,
Car samedis iert et vegile
De la joieuse penthécoste,
N'avait sus lui coissin ne coste
La douce virge Leochade ;
Mais en Aisne qui moult iert rade

Trouvée fu la Dieu amie,
240 En troiz famis enselevie ;
Glacie iert et eschapée
A ceus qui l'avoient hapée.
Qui bien parfondement i garde
De lui fu cil custode et garde,
Qui por iij jours garda sanz paine
Jonam où ventre à la balaine,
Et qui garde en terre et en mer
Touz ceus qui la veulent amer.
Tant l'ama ceste demoisele
250 Que morte en fu joenne pucele
A Thoulete, souz Dacien,
Qui tormenta maint crestien.
Quart jor en l'iaue ses cors iut
Qu'ainz la roideur ne le remut.

Ce fu miracles et merveille,
Maint sages hons s'en esmerveille.
S'aucun demande par-effance
Comment est Dieu de tel soufrance
Qu'il endura tel vilanie ;
260 Sachiez que Dex n'amende mie
Maintenant toutes ses laidures.
Assez en endura de dures
Tant comme en terre vout durer ;
Assez puet Dieu plus endurer
Que nus ne face de laidure ;
Il est moult douz et moult endure ;
Mais quand il a tant enduré
Un coup fiert si desmesuré
Et si très-dur, c'en est la somme,
270 Que le cors tue et l'ame assomme.
En l'iaue vit quart jor li cors ;
Tout fust perdus cist grant trésors
Se Diex ne fust qui qu'en pesast
Se Diex desus ne s'apesat.
Aval l'iaue sen fust alez ;
Mais Diex n'est pas si engalez
Qu'en durer ne soufrir vousist
S'amie l'iaue li tousist.
He Diex com ies misericors !
280 Ne vousis mie que li cors
De la pucele fust peris,
Ne ne vout pas Sainz Esperis
Que joieuse ne fust la feste.
Ja si joieuse com fu ceste
Ne verrai mais en mon vivant.
Li cors m'ala si ravivant
Lors cour m'en out nouveles, dites

Touz revesqui mes esperites.
Tout ausi com à Jacob fist,
290 Quand Ruben li nonça et dist
Que Joseph iert Sires d'Egypte :
Ainz n'atendi queue ne suite
Quant les nouveles en oy ;
Si joieusement m'esjoy
Qu'il m'est avis que je le voie,
Quant vins à lui si me doloie
Faillie ja m'estoit l'alaine (1).
Ainz n'embraça Paris Helaine
Si durement cour je fis li.
300 Mon duel oi tost enseveli
Tout maintenant que je la tins.
Samedis iert assez matins
Et festoit feste saint Urbain,
Quand ele issi de ce dur bain.

La douce virge Léochade,
Amie Dieu plaisanz et sade,
De joie encore le cuer me pleure.
Ne te vousis baignier estre eure ;
Ainz t'en issis assez matin.
310 Diex parlera moult fort latin
A ceus qui si froid baing te firent ;
Quar envers lui trop se meffirent.
Moult cruelment leur doit requerre
Male fin facent-il sus terre ;
Ce doint li roys de paradis
Tel fin facent com fist jadis
Dathan, Abyron et Choré !
Si par m'avoient acovré
Que ne sentoie point mon cuer.
320 Ha ! douce amie, douce suer,
Clere esmeraude, clere gemme.
A Tholete donc tu fus dame,
N'avoies pas tel baing apris.
Haute pucèle de haut pris,
De royal sanc née et estraite,
Trop laidement t'avoie traite
Ta chemise li maufeteur,
Li mau larron, li traiteur,
Li foi mentie, li parjure ;
330 Mais Dex n'est pas si burelure,
Si enfes ni si poupeillons
Voler ne faces aus papeillons,
Si ail fait c'ai entendu,
Quar li troi en sunt ja perdu.

(1) Il ne pouvait plus respirer.

Cist ne s'en puent mais chifler,
Bon mestre estoient derifier
Filatieres, firtres et chasses.
Diex ra déjà tendues ses nasses
Ou li autre ierent en nassé ;
340 Son affaire a si compassé
Qui ne li puent eschaper,
Bien peussiens aler graper.
Haute pucele glorieuse,
Sade virge, douce et piteuse,
Se tu ne fusses retournée ;
Mes de sens fus si aornée,
Et tant fu sage et bien aprise
Qu'oir vousis tout ton servise
La vegile de Penthecoste.
350 C'est une feste qui moult couste ;
Mès cestes guaires ne cousta,
Quar Sainz Espirs nous ajousta
Une tel feste avec la siue
Qui fu tant douce et fu tant piue
Tout en fumes en pimenté.
Moult i ouvra Diex piument é ;
Com ou cuer pou a de piument
Qui le piu Dieu ne sert piument.
Le jor si nous empiumenta
360 Li Roys qui tout le piument a
Et conrea d'un tel conroi
Que conrée fu mes com roi.
Li Roys qui touz les siens alose
Le jour nous pescha tele alose,
N'a si bonne desqu'a Losanne.
Ceste alose par Sainte Osanne
En mainte terre grant los a
Li roys du ciel lors l'alosa,
Et chascun jor encore alose.
370 Léochade, c'est ceste alose
Qu'en tant lieus a Dex alosée.
Diex arouse de tel rousée
Léochade, sainte espouse
Qui de santé tout ceus arouse
Qui la requierent de bon cuer.
Au potenciers fait geter puer
Leur potences et leur bastons ;
Tiex vient a li a atastons
Et apuiant desus les gens
380 Qui s'en reva et biaus et gens ;
Tiex va tout droit s'ele ne fust
Qui alast ore a piez defust ;

Tiex vient ali touz forsenez
De son moustier ist fors senez ;
Tex fame vient à lui moult malade
Qui s'en reva halegre et rade ;
Tele à baston vient clochant,
Quant le pays vient aprochant,
Que nes de vooir son chochier
390 Let son baston et son clochier ;
Tele a lui vient de son mal maté
Cui maladie ele est tost maté.
N'est par merveille se genz viennent
Aus miracles qui i aviennent,
A granz tropiaux et à granz routes,
Qu'ele guarit rouz et de routes.
Criant i vient tiex comme bues
Qui les pierres i pissent lues.
A lui ne vient nus tant enfers,
400 Mais qu'en créance soit bien fers
Maintenant ne soit repassez.
Biaus miracles refait assez
Li Roy du ciel, par sa prière,
Sus le fleuve, sus la rivière
Ou dépecié fu sa chasse
Maint gries malades i repasse.

La Sainte Virge enbasmée,
Si bone semence a semée
Là où ses sainz cors fu baigniez :
410 Fieuvreus n'i vient tant mechaingniez,
S'il est creans et il s'i baigne,
Friçons ne fievre li remaingne.
Meesment les quartanieres
Garir i vi encor nagueres.
Li baigneoirs est biaus et genz
Baigner i queurent moult de genz.
La fleur de lis, li eglentiers,
S'i baigua quatre jors entiers.
Droiz est que l'iaue bien s'en sente
420 Et que batue i soit la sente.
La croiz i est, ceste bone ensaigne
Qui de bien loins le baing ensaigne.
Mainte vertu i a Dieu faite
Nes au croc dont ele fu traite
Fait Diex miracles et merveilles,
de maus de denz, de maus d'oreilles
Guarir j'ai veue mainte ame.
Bien doit ouvrer la très-grant Dame,
La très-grant fleur, la très-grant rose,
430 En cui Sainz Esperiz repose,
Quant ensi euvrent ses floretes.

Léochade est des violetes,
Et des floretes Nostre Dame ;
A li ne vient malade fame
Ne s'en revoist legiere et saine,
Por la douleur et por la paine,
Por les hontes, por les laidures
Quele endura durement dures
Quant Daciens la mist en chartre.
440 Li donna Diex seel et chartre
Que ne la requeroit ja fame,
Demoisele ne nule dame
Prochainement ne fust sanée
Del malage qui eschanée
A mainte dame et empalie.
Par ce malage est defalie
A mainte dame sa couleur.
Maintes en murent, c'est douleur.
Li droiz nons est un peu vilains,
450 Si l'enforrai por les vilains
En fleurs vermeilles et en roses ;
Ce sont paroles assez closes.
La maladie est assez rade.
La sainte virge Leochade
De Ihesucrist en a le don.
Moult doivent Dieu grant guerredon
Tuit cil qui ont tele avoée.
Bien fust nostre joie aloée
Se tel pucele nous lesast ;
460 Li chastiaus trop en abessast
S'ele n'i fust tost revenue.
La vile rist de sa venue ;
Quar d'ordure et de vilanie
Le chastel et la vile nie.

La grant royne, la grant dame,
La grant esmeraude, la gemme
Qui tout enlumine et resclaire,
Après por bone bouche faire,
Quant renvoyée out sa pucele,
470 S'ymage qui tant estoit bele
Dont ci-devant dist vous avoie,
Nous renvoia à moult grant joie.
La riche dame, l'espiciere
Qui en sa riche aumosniere
Tant espèce, fresche et nouvele
Apres citoval et canele,
Nous departi clous de girofle ;
Quar sur l'autel à saint Cristofle,
Raporter nous fist nostre ymage
480 Que li larron, par leur outrage,

Enfoy avaient en terre.
Joieuscment l'alâmes querre
A joieuse procession.
Trop firent grant trangression
Cil qui l'avoient enfouie.
La Mère Dieu n'amoient mie,
Quant fere oserent tel outrage
A sa samblance et à s'ymage.
Laidement vers lui se meffirent
490 Quant s'ymage li enfouirent
Et sa Virge voudrent noier.
Ce ne pourroit nus hons noier
Qu'il ne fussent désespéré.
Diex leur fera un tel peré,
Qu'il aura ce cuit tel poivre
Qui moult sera porrie et noire.
La Mère Dieu ne voulait mie
Sa bele ymage fust perie.
Quant ele vout tost fu trouvée ;
500 Là fu veue et esprouvée
Sa puissance, sa courtoisie,
Devant quele fust deffouie ;
Ainc ne pout faire passer outre,
Ne la charrue, ne le coutre ;
Li varlez qui la terre aroit
Qui volenté et tems aroit.
Un biau tretié en vorroit faire ;
Mais je ni veuil demeure faire,
Quar devant ai moult demouré.
510 Beu avait trop demouré
Li déables et engorgié
Quant ce malice avait forgié.
Bien cstoit coquembers par m'ame,
Quant guerroier vouloit la Dame,
Por cui cil entre ades en loy
Qui plus a cuer par saint Eloy,
Et plus a fors et durs les bras
N'out fer n'agus ne fier-à-bras.
Sa puissance n'est mie mole,
520 Ne torne mons, ne torne mole :
N'as rage cuer, n'as rage pance
N'ont envers lui point de puissance.
Trop fait à lui mal batailllier ;
Bien set déables cataillier
Celui qui de rien le courrouce ;
N'est cucns ne roys s'envers li grouce
A un seul coup ne l'ait froé
Nostre Dame a bon avoé.

Cist champions tant la tient chiere
530 Lorsqu'ele fait un peu de chiere
Ne de rien a mau talent n'ire,
Si se courouce et si s'aire,
Sous ses piez fait terre trembler.
Il fait à lui mal assembler ;
Car il tant de grant effors,
Biens ni feroit sanses li fors.
Cist champions touz tens a destre
Et garde la Dame à ce destre ;
Si la tient chiere et si la garde
540 N'est nus se par mal le regarde,
Del poing ne l'ait lors afronté :
De ce champion grant bonté
A ses amis fait nostre Dame.
Il n'est nus hons nè nule fame,
S'a son besoing de cuer l'apèle
Que por deraisnier sa querèle,
Ne li envoit tout maintenant
Tel baston en sa main tenant,
Nes li Deables s'en effroient,
550 Et lors s'en fuient qu'il voient.
Cist champions est Ihesucris,
Ce dist David en ses escris,
Qu'il est tant granz, puissanz et fors,
Que nus tant soit de grant effors,
Por rien qu'il die ne qu'il face,
Fuir ne puet devant sa face.
A lui ne puet champir nule ame.
Ce grand champion Nostre Dame
A tout son baston m'envoia,
560 Quant Deables me gerroia ;
Lorsque sen baston destendi,
Ainsi l'esmia et fendi
Com les chapole d'une nois ;
Ce fut le signe de la crois
Dont li doux Diex si m'escremi,
Quant puis Déables ne cremi,
Ains s'ensfui sans repairier ;
Quant de moi se vout esclairier,
Embler et ravir fist celui
570 Dont il m'eust enseveli
En tristece toute ma vie,
Se Madame Sainte Marie
Si haut conseil n'i eust mis.
Conchiez est li anemis,
Et de la Virge et de l'ymage
Faire m'en cuida grant domage ;
Mais il m'a fait preu merveilleus.
La lestre dit, en moult de lieus,
Qui convient bien qu'escandels vingne

## MIRACLE

*rendit, et eo plus perdicat. Quod limphis mergitur tandem cum extrahitur solito plus ami.*

580 Por aucun bien qui i avingne.
De cestui est grant bien venuz;
Li hideux aus guernons guernus
Le nom la Sainte Demoisele,
La Sainte Virge, la pucele,
Cuida grater et effacier,
Noier en Esne et englacier;
Mès Dieu soufrir ne le vout mie,
Ainçois a si le non s'amie
Enluminé et esclasci.
590 Nus ne va ne par ça ne par ci
La merci Dieu qui bien n'en die.
Tex la eure et tiex la prie;
Tex la reclaimme et tiex l'apele,
Et tex vient ore à sa chapele
Qui devant nient n'en savoit.
Li traïtres grand duel ravoit
De l'ymage qui tant iert bèle
Et honorée en sa chapèle,
Embler en fist l'or et les pierres;

*Sic ars hostis delusa est, non per orbem est effusa virginis opinio*

600 Mès si Diex m'ait et saint Pierres
Orest plus bèle qu'ainz ne fu,
Et si a plus clarté et fu
Et luminaire que devant.
Bien sai qu'il va de duel crevant,
Quant nus la mere de Dieu aeure,
Bien doi noter le tens et l'eure
Qu'à Vi avint ceste aventure
Por ce la mes en escripture;
Qu'il est bien droiz que qu'il aviengne
610 Qu'à ceus qui venront en souviengne,
Et qu'ades dient gros et gresle
A l'ennemi qui fist en Aisne
Ruel la pucele et rua;
*Dic, impie Zabule, quid valet nunc fraus*
[*tua.*

Sa faire vueil relacion
Des anz de l'incarnacion,
Lors out escrit ou cierge nuef
Mil et cc. et dis et nuef;
Cel an fu prise Damiete;
620 Cel an s'acuita de sa dete
A la mort mes bons abbés Miles,
Là où d'abbés avoit IJ miles.
N'en avait-il un plus honneste;
Le chief de la Virge à grant feste
Ançois qu'il venist à sa fin,
En cler argent et en or fin,
Envessela à ses IJ mains.
Plus gentilz cleres ne plus humains

Ne porta croce à son tempoire,
630 Ne si ne fu puis saint Gregoire,
Mieudre ausmonier si com je cuit,
S'ame a ou ciel son pain bien cuit;
En haut siège se doit séoir
S'aumosne y a point povoir.
Abbés fu de quatre abbeies,
Que riche fist et replanies.
Ele li a moult grant sanz doute
Aumosne ou ciel mainte ame boute.
Abbés fu quant recordé l'ai
640 De Marciènes et de Tournai,
Et puis de Saint-Remi de Rains,
De Saint-Maart au deraiens.
Là gist son cors souz une lame
Devant l'autel, Diex en ait l'ame
Par les preces, par la priere
De la Virge que moult out chiere.

Lendemain de la Penthecoste,
Ce sai-je bien, je fui de jouste,
Portée en fu ou pré Herbout,
650 Où bèle place et bèle herbe out,
A grant joie la damoisèle.
Procession i out moult bèle
Et si biau i fist nostre Sire,
Que qui là fu, il pout bien dire
Qu'après douleur si doulereuse,
Ne vit uns joie si joieuse.
Tant i out gent si com moi semble,
Conques mais tant n'en vi semble:
Nostre aumosnier fist le sermon,
660 Qui puis fu abbés du Meson.
L'abbés de saint Eloy Rahous,
Qui rasaziez et saous
De la gloire du ciel puist estre,
Revestuz com abbés et prestre,
De la Virge montra le chief.
Tuit le virent de chief en chief
Et par dehors et par dedenz.
Une en porta de ses sainz denz.
Mout out le jor grant joie à Vi,
670 Quant que l'ennemi nous ravi,
Nous ramena tout Nostre Dame.
N'out ou pays home ne fame
Qui rien vausist, qui rien seust,
S'à cele feste esté n'eust
Mors et traiz ne cuidast estre.
Le jor la Royne celestre
Sa pucele fit grant honneur;

*Psalmista: Hec est dies quam fecit Dominus; exultemus et lætemur in eâ.*

S'anemis n'eust fait deshonneur
Qui de la Virge estoie garde.
680 La Mère Dieu qui touz ceus garde
Qui sunt de lui servir en grant,
Cent tans me fist honneur plus grant
Qu'il ne m'avait de honte faite.
Ceste Virge dont j'ai retraite
Et rimoié ceste matere,
Bien est de Dieu et de sa mere ;
Tout ceus qui l'aront en mémoire
A son espous le Roy de gloire
Puet moult valoir et moult aidier,
690 Ele n'out pas por souhaidier
L'amour le Roy de Paradis ;
Ainz dist l'estoire que jadis
Tant en souffri ennui et paine
Nes li oirs ennui et paine.

Li vuareus, vuareus Daciens,
Qui tant ocist de crestiens,
Et qui saint Vincent tormenta,
Assez la blandi et tenta
De lui avoir fu moult en grant ;
700 En son cors vi biauté si grand,
Que ja vie ne li tousist,
Se ses vouloirs faire vousist ;
Mès l'esmerée damoisèle,
Qui tant estoit polie et bèle,
En son biau cors out si biau cuer,
Conques à lui anes un fuer,
Son cors ne vout abandonner
Por promettre ne por donner.
Tant out haut cuer ce est la somme,
710 Conques ne vout terrien home,
Ne roy, ne prince, ne baron,
A Seigneur penre n'a baron
Onques ne se pout assentir.
Que Daciens peust sentir
Ne touchier sa polie char ;
Moult li tournast à grant eschar
Se Dieu lessast por l'anemi,
Et por un monstre, son ami ;
Et s'a Dieu se fesist parçonnier
720 De son biau cors tel pantounier ;
Cil out li cors cui fu li cuers ;
Touz les autres en mist de fuers,
Plus nette fu qu'argent ne ors,
Diex out le cuer, l'ame et le cors.
Daciens ne l'osa deffaire ;
Quar trop estoit de haute affaire

Et estraite de hautes genz ;
Mais son biau cors qui tant est genz
En mainte guise tormenta.
730 Por ce qu'enfer grant torment a.
Por ce qu'estre ne vouloit soie,
Son bliaut et ses dras de soie
Souvent li faisoit despoillier ;
Si la fesoit battre et roillier
Tant que li couroit li clere sanc
Et les mamèles et le sanc.
Quant vit qu'il ne l'a pout mater
Ne par blandir ne par flater,
Pour batre ne por escorchier,
740 Et qu'ele ne plus qu'un porchier
Ne prisoit lui ne son affaire
Et ses vouloirs ne vouloit faire,
En chartre la fit avaler,
Morir de froit et enjaler,
Morir de faim, morir de soif ;
Mès une prisoit une viés soif,
Ne chaut ne froit paine ne laste ;
Se ie n'avoie si grant haste
De traire affinnement ceste euvre :
750 Si grant matere a lui m'œuvre,
Q'un grant liure en porroie faire.
Daciens qui en cuida traire
En aucun tems sa volenté
En torment et en dolenté,
Dedens sa chartre la lessa
Et à saint Vincent s'eslessa ;
Ausi com fait li vareus leus
Qui de char d'ome est familleus.
Quant devouré l'out et vengié,
760 A la pucèle ou enfangié
Avoit son courage et son cuer
S'en repaira mes à nul fuer.
La Virge ne l'en vout atendre
Joennète estoit encore et tendre,
Sout grant peur quant oy dire
La desverie et le martyre,
La cruauté et le maçacre
Qu'il avoit fait du bon dyacre.
Assez ploura , assez gemi ;
770 A Ihesuchrist, son bon ami,
Pria de vrai cuer et de fin
Qu'il la traisist à bone fin.
Et si fist-il sanz plus atendre.
En la chartre fist lors descendre
Angres, archangres, damoiseles,
Saintes Virges, suintes puceles

*Unde dicitur :*
*Nobilitatem generis nobilitat nobilitas actionis.*

*Unde dicitur :*
*Toletana genere seli Sto vere gaudet Leochadia, eorum folget speculo, clara gentis filiis, stirpe pollens egia, fortis sanclæ fidei candoris virginei nen corrupti filii Dacianum despicit donna stans non defecit, vento sine pluvia.*

*Unde dicitur :*
*Jussa penis effici non consentit judici virginis constantis.*

*Diù clausa carcere crebro cæsa veste fundit undas sanguinis.*

*Famem, sitim patitur, nec sic vincitur virtus sacre virginis.*

*Lupus dentes acuit morsus, egens metuit et furorem subitum Sponsa sponsum invocat ; sponsus sponsæ collocat paradyso sponsum.*

Qui en chantant l'ame enporterent ;
Au Roy du ciel la presenterent.
IX jors fina dedenz decembre,
780 Ce nous dit sa vie et remembre.

Li Roys du ciel ne vouloit mie
Que li vareus mengast s'amie
Qui touz estoit sanglanz et tainz,
Et devourer saintes et sainz.
Moult ama Diex et ele lui,
Ce dit sa vie ou je le lui ;
Que por l'amour de Dieu conquerre,
Lessa quant qu'ele avoit en terre ;
Père, mère, parens, amis.
790 Tout son cuer out en lui si mis ;
Tout jeta puer quanqu'out ou monde,
Et pour ce qu'ele fu si monde
Et que si mondement l'ama,
En bon repos l'ame mise a,
Et le cors tant honneure en terre,
De divers lieux la fait requere,
Et à haitiés et à malades ;
De ses os ist nus flers si sades
Qu'encor en est plus odorans
800 Et plus soef l'iaue courans
Là où baingnié furent si os.
De lui loer sui bien si os,
Que je afichier os bien et dire
N'iert jamais jour que nostre Sire,
Miex ne naint la rive et le port,
Et soeffler l'iaue n'en port,
Et plus Sade n'en soit à boire.
Legièrement de vous tuit croire
Se trop ne sommes députaire ;
810 Puis que li cors si soef flaire
Que moust soef en flaire l'ame
Et soef en flaire la dame.
Quant si souef iert la pucele,
Sachiez de voir que si fait ele
Si sainte odeur en la rose a
Ou Dex dormi et reposa
Et ses vertus et ses mérites
De sainte sout si confites,
Qu'uns flers en ist si très saintismes,
820 Que si delite Diex meismes
Et tuit li angre et tuer si saint ;
S'il est ancuns qui a droit saint
Gart que deli soit touz tens près ;

Car i a en lui péchié n'excès
Ne demorra devoir le sache,
Se soutilment l'oudeur en sache.
Sa sainte odeur qui odorra,
En ort péchié ne demorra ;
Touz iert curez de cors et d'ame :
830 Bien odorer fait tele dame.
La Mère Dieu si soef eut,
Que nus odorer ne la veut
De tous ses maus lors ne garisse.
N'est bonne oudeurs qui de li n'isse,
Plus soef eut de nul pigment ;
Si les odore finement
De basme et de muguélias.
Dex ! tant donné mugué li as,
Qu'aussi est en mugueliée
840 Con sel fust en mugué liée.
Qui ne s'est mugué de son mugué
En muguez est de mauvez mugué ;
Mais tuit cil bien s'enmugelient
Qui entor aus s'enmuguelient
Diex doint tous nous enmuguelit
Et qu'entour nous s'enmuguelit.

C'est premier livre ci define (1),
La grant dame, la gent royne,
Qui mere et royne est de gloire ;
850 En cui honneur, en cui mémoire
M'entente ai mise et ma cure ;
A tous ceus doint bone aventure
Et bone fin quant il morront,
Qui l'ont oy et qui l'orront,
Et qui diront ici por m'ame
Le douz salu la douce dame.
Ici m'alaine vueil repenre
Et mon las chief que moult ai tenre,
Un petit ci recrierai,
860 Et puis après recrierai
Et redirai encor avant
De ces miracles bien avant,
Quant reposez serai un peu,
Que remettrai les fers ou feu ;
Se j'ai laisir et se je puis
Encor vourrai puiser ou puis
Qui tant est larges et parfonz :
Rive n'i treuve nus ne fonz.
La grant fontaine, la grant sourse
870 Dont toute joie nous est sourse ;

---

(1) Cette pièce termine en effet dans le Mss le livre premier des Miracles.

Si nous eslet et si nous nit
Qu'ou ciel puissons faire nos nit,
Et ainz la fin si fins nous face,
Sanz fin voion sa fine face.
Ci mes arçons est destenduz
Quant Dieu plaira si r'iert tenduz,
N'ai or laisir que plus le tende ;
Quar il estuet qu'ailleurs m'entende.
Touz à s'amour nous face tendre
880 Le piteux roys qui sa char tendre
Por nous touz en croiz estendi ;
Dites *amen : tu autem di.*

## Complaintes.

### Comment le corps de sainte Leochade fu parduz.

#### I.

Las ! las ! las ! las ! par grand delit
Ai desque ci chanté et lit ;
  Or m'a fait tel contraire
Li anemis, li fel, li froiz ;
Las ! las ! las ! qu'à haute voiz
  Crier m'estuet et braire.

#### II.

Las ! las ! porquoi me remuai,
Quant je ma Dame perdue ai,
  La virge Léochade,
Qu'amoie tant de tout mon cuer.
Revenez tost, ma Douce Suer,
  Ma Douce Amie et sade.

#### III.

Hé ! Mère au Roy de tout le mont ;
Avec ta mère emblée m'ont
  Larron ta bèle ymage,
Devant cui Mère tant polies
Mes las de cors afebloies
  En iert tout mon aage.

#### IV.

Bien m'avoit dit li anemis
Que je mar estoie entremis
  De cest livre ci faire ;
Qu'encor ne feroit souspirer,
Mes cheveux traire et détirer,
  Haut crier et haut braire.

#### V.

De duel me fust le cuer remis ;
Mes tes confors Dame i a mis,
  Et tex et m'espérance,
Et ta douceur me secourra.
Ta douceur souffrir ne porra
  Qu'aie tele meséstance.

#### VI.

Pucèle où toute pitié sourt,
Se ta douceur me fait le sourt,
  Brière et courte iert ma vie.
Daigne ta Virge renvoyer
Qu'anemis por moi fausnoier
  M'a tolue et ravie.

#### VII.

Virge, revien sanz demourer ;
Jà ne te finent de plourer
  Et privé et estrange :
Se je te pleur, j'ai moult grant droit,
Ton moustier me semble orendroit
  Plus laiz c'une viez grange.

#### VIII.

Virge, revien sanz délaier ;
Par ton moustier tout estraier
  Vont criant ti malade.
Plorant me dient li auquant
Las ? Verrons, mais ne tant ne quant
  De sainte Léochade.

## IX.

Las! las! Prieurs, que devenrai!
Jamais en nul lieu ne venrai
  Que chascuns n'en mesdie :
Petit et grant diront a fait
Que la Virge, par mon meffait,
  Perdue est et périe.

## X.

Dolenz prieurs, et que dirai?
Tant de douleur et tant d'ire ai,
  Que ne sai, las! que dire.
D'ire chascun en médira;
Chascun tant de duel et d'ire a,
  Pour peu n'enrage d'ire.

## XI.

Las! las! touz jours mes gémirai;
Noier en Aisne je m'irai,
  Se Diex ne me ravoye.
Las! por peu je me despoir.
Las! las! qu'a dit espoir, espoir;
  Que grant duel sunt grant joie?

## XII.

Anemis bien m'as abatu ;
Bien m'as en grant duel embattu ;
  *Rugiens leo qua de.*
Malice en toi quant assembler
Fesis larrons por moi embler
  La bèle Léochade.

## XIII.

Trop laidement m'as effréé ;
Trop laidement as vi praéé
  Laidement la contrée.
As trébuchié et mis ou fanc ;
Ains y eust x muis de sanc
  Qu'a force en fust portée.

## XIV.

Chastiaus de Vi quar crie ou brai ;
Mis t'ai ou fanc mis t'ai ou brai,
  Quant je t'ai adirée
Cèle qui tout resclarcissoit ;
Tout li vaus en resplendissoit
  Et toute la contrée.

## XV.

Chastiaus de Vi droit ai se pleur,
Mis t'ai en tristèce et en pleurs,
  Quant perdue ai la gemme
Donc tant estoie honnourez.
Rendez-la nous, sainz Honourez,
  Rendez-la nous, No Dame.

## XVI.

Mère Dieu qui Virge effantas
Et qui ton père a enfant as ;
  Plourant d'entier courage,
Te déprions et clerc et lai
Que nous renvoies sans délai
  Ta pucèle et t'ymage.

## XVII.

Pour le déable desvoier,
Daignes ta Virge renvoier.
  Touz iert forsenez d'ire
Li réfrouignéez, li ors camus
Se tu *Deum te laudamus*
  Chanter nous faiz et dire.

### Comment le corps de sainte Leochade fu retrouvé.

#### I.

Seur ce rivage, à ceste croiz,
Devons chasqu'an, à haute voiz,
  Loer Dieu et sa Mère ;
Si piuement nos regarda,
No Damoisèle nous garda,
  Dedenz cette iaue clère.

#### II.

Loons tuit Dieu et clerc et lai,
Qui quatre jours dedenz cest lai
  Garda nostre avoée.
A males gens li fist glacier
Li déables qui effacier
  Cuida sa renommée.

#### III.

Envie avoit li envieus
Des biaus miracles glorieux
  Que Diex por sa pucèle
Faisoit et fait sanz nul séjour.
Ses nons essauce chascun jour
  Que buer fust ele née.

#### IV.

Li déables cuida son non,
Qui tant par est de grant renon
  Abatre par envie ;
Quant si saint os furent ravi,
Si très grand duel en out à Vi,
  N'est nez qui le vous die.

#### V.

Trop hardi et trop os
Cil qui emblèrent son saint cors
  Et sa flerte quassèrent.
Il parfirent trop grant meffait ;
S'en sunt pendu, mort et deffait ;
  Onques l'an ne passèrent.

#### VI.

Se Diex ne fust si secourant,
Aisne qui est grant et courant
  Tost l'en cust portée ;
Se Diex sus li ne s'apesast
Perdue fust qui qu'en pesast
  Ja ne fust mes trouvée.

#### VII.

Bien est déable déceuz ;
Li nons la Virge en est creuz,
  Et plus est renommée
Conques devant n'avait esté :
Ci venrons mais chascun esté ;
  Car ci fu retrouvée.

#### VIII.

Lez ceste croiz, moust douz baing a ;
Troiz jors ou quatre s'i baingna
  La Virge Léochade.
Jamais n'iert jors n'en soit plus douz ;
Li rivages et li pors touz
  Et l'iaue plus très sade.

#### IX.

De Dieu loer soyons en grant,
Et si faisons tuit feste grant :
  Chasqu'an seur cest rivage,
Jà n'i venra tant méchaiugniez,
Se par créance iert baingniez
  N'i perde son malage.

#### X.

Chasqu'an, à ceste invencion,
Venrons ci à procession,
  Por la Virge honnorée.
Qui ne l'aimme fous est nais ;
Tout enlumine le pais
  Et toute la contrée.

## XI.

Li hauz Sires qui lassus maint,
Touz ceus et toutes celes maint
  En la gloire céleste
Qui ceste joie maintenroit,
Et qui chasqu'an ici venroit
  Por essaucier sa feste.

## XII.

Prions li tuit sanz nule délai,
A jointes mains et clere et lai,
  Que vueille et daint requerre
Au haut seigneurs de vérité,
Cest pais gart d'aversité,
  De tempest et de guerre.

## XIII.

Déprions lui tuit à la fin,
Qu'ele a Dieu deprit de cuer fin,
  Que cest an, par sa grace,
De tous ses biens nous doint planté
Et qu'il envoit joie et santé
  Touz ceus de ceste place.

## XIV.

Déprions li ententiument
Qu'au piu Dieu prit por nous piument,
  Diex par sa grande mérite
A bien faire touz nous avoit,
Et par ses preces nous envoit
  Vi la sainte Espérite.

---

**Comment sainte Leochade, par sa prière, defendi tout le pais de la foudre.**

### I.

De la sainte Léochade,
La Virge glorieuse,
L'emmiélée, la sade,
La douce, la piteuse,
Devons ci, ça me semble,
Faire feste et memoire.
Diex nous maint touz ensemble
Par ses preces en gloire.

E sainte pucèle sanz fiel,
Prie à ton ami douz
Qu'en gloire du ciel
Nous conduie et maint touz.

### II.

Haute Virge honnourée,
Dame fus de Tholète;
Mais tant fus esmerée
Et tant fu pure et nete,
Conques ne daingnas estre
Espouse à roy, n'à conte,
Fors au haut roy célestre
Qui touz les roys seurmonte. E sainte...

### III.

Pucèle débonnaire,
N'est nus qui seust dire
La douleur, le contraire,
La honte, le martyre
Qu'endura ta char teure
Por sauver l'espérite :
Ce nous doit bien apenre
Que haute ta mérite. E sainte...

### IV.

Bien i pert, Virge chière,
Que por tes amis veilles,
Dex fait par ta prière
Miracles et merveilles.
Nus en pelerinage
Ne vient à ta chapèle,
N'i perde son malage
Se de bon cuer t'apèle.   E sainte...

### V.

Deus foiz, Virge sacrée,
Nous as été ravie;
N'en pues estre portée,
Quar il ne te plest mie,
Tu aimes la contrée.
Fresche rose espanie,
Quar moult ies amée,
Honnourée et servie.   E sainte...

### VI.

Virge, par ta requeste,
Consaut li roys de gloire
Touz ceus qui font ta feste
Et qui t'ont en mémoire :
Déprie au roy célestre
Qu'il gart, par sa puissance,
Cest pais et cest estre
De toute mésestance.   E sainte...

### VII.

Léochade déprie
A la dame des angres;
C'est la Virge Marie
Qui siet sur les archanges,
Par sa grant courtoisie,
Si parfez touz nous face
Qu'en pardurable vie
Vooier puissons sa face.   E sainte...

---

## Les Miracles de Notre-Dame de Soissons.

Le monastère de Notre-Dame de Soissons fut au moyen-âge un des sanctuaires les plus célèbres de la France; on y venait en pelerinage dès le IX<sup>e</sup> siècle. Mais en 1128, disent les historiens (1), « un fléau terrible désola
» successivement les cités de Chartres, Paris, Soissons, Cambrai, Arras. C'était le trop fameux *Mal des Ardents*.
» Le corps, une fois enflammé par ce mal, brûlait avec des tourments insupportables jusqu'à ce que l'âme s'en
» séparât. La maladie insinuant son venin sous la peau livide et gonflée, sépare la chair des os et la consume; la
» douleur, croissant de moment en moment, force le malheureux malade à souhaiter la mort, et il ne peut
» cependant obtenir ce remède suprême, jusqu'à ce que le feu rapide, après avoir fait sa pâture des extrémités,
» envahisse les parties vitales; alors, chose merveilleuse, ce feu qui dévore sans douleur, transit les malades
» d'un froid glacial, et rien ne peut les réchauffer; puis, soudainement, lorsque la grâce divine fait disparaître ce
» froid précurseur de la mort, ces mêmes parties vitales sont envahies par une telle chaleur, que le mal du
» chancre (la gangrène) s'y joindrait, si on ne le prévenait par des médicaments. Rien n'est horrible comme de
» voir les malades et les gens récemment guéris et de parcourir des yeux, sur leurs corps et leurs visages mutilés
» et décomposés, les traces de la mort à laquelle ils viennent d'échapper. »

(1) Nicolas, moine de St-Crépin, *de vitâ Godefridi*, liv. 1, ch. 25 — Anselme, abbé de Gembloux, *chronicon*. — Robert Du Mont, continuation de *Sigebert, chronicon* — Henri Martin, *Hist. de Soissons*, t. 1, p. 490 — Hugues Farsit, *Hist. de Notre-Dame*, p. 554-482. — Ancien bréviaire. — Jean de Salisbery, *epist.* — Honorius d'Autun. — Vincent de Beauvais, liv. 28, *Specu'um, hist* — Guillaume de Nangis. « Anno 1128, multi in regno Franciæ *sacro igne* accensi sunt; qui convenientes Suessionis in Ecclesià B. Dei Genitricis Mariæ, sanati fuerunt meritis et precibus sanctissimæ Virginis. » Cette contagion, qui dura jusqu'à la fin du XII<sup>e</sup> siècle, se renouvela au milieu du XIV<sup>e</sup>, puisque Agnès de Houzoy, trésorière de l'abbaye, ordonna, en 1350, qu'on sonnerait les grosses cloches toutes les fois qu'il plairait à Dieu de faire éclater sa miséricorde par la guérison de cette maladie, *in omni miraculo ardentium*.

Cette protection de Marie dura visiblement jusqu'au milieu du XVII<sup>e</sup> siècle, dit Michel Germain qui, outre les nombreux miracles consignés dans le livre de Hugues, en cite quatre d'Anselme de Gembloux, et deux arrivés l'un pendant les guerres de religion, et l'autre au commencement du XVII<sup>e</sup> siècle.

En présence d'un mal qui menaçait de tout envahir et dont les remèdes humains ne pouvaient arrêter la contagion, on eut la pieuse pensée d'avoir recours à la sainte Vierge. A Soissons, les malheureux attaqués de cette affreuse maladie affluaient dans l'église de l'abbaye de Notre-Dame et invoquaient la Vierge avec des cris et des plaintes si lamentables, que tout homme qui les entendait ne pouvait plus goûter de repos. Bientôt le peuple de Soissons se pressa tout entier sous les voûtes de l'église et dans les murs de l'abbaye : les communautés religieuses s'y rendirent, pieds nus, de la cathédrale et des autres églises. Mille voix s'élevèrent incessamment vers le ciel pour implorer sa pitié, et le ciel se laissa fléchir ; non seulement l'intensité du mal n'augmenta plus, mais l'épidémie s'éteignit assez promptement. Le célèbre légendaire Hugues Farsit rapporte que tous les malades furent guéris au même instant, et que, la veille de ce bienfait, plusieurs de ceux qui languissaient étendus sur le pavé de l'église, avaient vu des clartés célestes flamboyer à travers les verrières.

Pendant neuf jours consécutifs, par l'ordre de l'évêque Gosselin, tous ceux qui étaient guéris vinrent l'un après l'autre baiser le Saint-Soulier (1) qu'on promenait processionnellement autour de l'église Notre-Dame. Une fête annuelle, sous le titre de *la Déclaration des Miracles de la Sainte-Vierge*, fut instituée le 6 octobre à Soissons, en mémoire de la délivrance miraculeuse de la ville, et le pape Alexandre IV ordonna, en 1254, l'observation de cet anniversaire dans tout le diocèse.

Les donations que ces évènements attirèrent à l'abbaye permirent d'entreprendre la reconstruction des églises de Notre-Dame et de Saint-Pierre. Dans l'intervalle de quinze à vingt ans, une église neuve remplaça l'ancienne. Les auteurs se sont trompés, lorsqu'ils ont avancé, sur des preuves incomplètes et contestables, que l'architecture de ce magnifique monument n'avait point la moindre affinité avec le style ogival ; les croisées à plein cintre bordées d'une riche sculpture composée d'oves, de feuillages et de figures d'animaux ; les grosses colonnes cannelées qui s'appuyaient au mur extérieur de la nef, la façade nue et sévère avec les trois portes cintrées, n'avaient pas empêché la nouvelle architecture de pénétrer à l'intérieur de la splendide basilique. Les nervures à ogives, les arcades à tiers-points régnaient au-dedans comme à Saint-Pierre, dont les tronçons mutilés sont là pour attester que déjà le style ogival, soit innovation, soit plutôt nécessité, avait fait irruption dans l'intérieur des temples, lorsqu'il avait laissé au roman fleuri le privilège d'orner les fenêtres et les portes. On cite comme principalement remarquable l'abside ou coquille à quatre étages de colonnes.

Hugues Farsit rapporte que la construction de cette église, commencée par ordre du ciel, fut signalée par un prodige : Un serrurier de Laon qui avait passé un marché avec l'architecte pour l'entretien des outils des tailleurs de pierres, voulut rompre son marché qu'il trouvait désavantageux, et retourner chez lui ; mais à peine arriva-t-il à la montagne de Crouy, que ses pieds restèrent enchaînés au sol sans qu'il pût faire un pas, et il n'en recouvra l'usage que devant l'image de la sainte Vierge.

L'église de Notre-Dame, si remarquable par son architecture, ses sépultures et notamment les tombeaux de S. Drausin et de S. Voué, a complètement disparu, à l'exception de deux fenêtres romanes très-curieuses encadrées dans une habitation particulière (2) Une de ses tours que le bénédictin Michel Germain appelle *une pièce des plus hardies et des plus délicates*, et postérieure au reste de l'édifice, ne coûta presque rien. L'architecte qui en fut chargé, s'étant aperçu qu'elle penchait, craignit de la voir s'écrouler et s'enfuit sans réclamer le salaire qui lui était dû.

La dédicace de l'église se fit vers le milieu du XII<sup>e</sup> siècle, du vivant de l'abbesse Mathilde de Toulouse, fille du comte Raymond et de Constance de France, fille de Louis-le-Gros.

Les historiens ne sont pas d'accord sur l'époque précise où fut commencée cette église ; souvent même ils se

---

(1) Cette relique était un véritable soulier, une sorte de petite bottine fort modeste. Il paraît que vers le talon le cuir formait une petite bande pour arrêter la chaussure et la lier autour de la jambe. On ignore encore aujourd'hui l'origine et la provenance de cet trésor. La tradition locale voulait que la possession en fût aussi ancienne que le monastère ; d'autres la regardaient comme un présent de Charlemagne à sa sœur Giselle, abbesse de Notre-Dame. On possédait de plus une image miraculeuse de la sainte Vierge et une ceinture qui était aussi fort révérées. Ces dernières reliques avaient été rapportées de Constantinople par Nivelon, évêque de Soissons, et données à sa nièce Helvide de Cherizy. *Hist. de Notre-Dame.*, p. 397-443.

Dom Germain, p. 558, prétend que cette image miraculeuse était aussi un des instruments dont Dieu s'est servi pour opérer ces merveilles : ce qu'il est difficile d'admettre, puisque cette relique n'aurait été donnée qu'en 1205. Quant au Saint-Soulier, on s'en servait pour donner 'a Bénédiction, et on le baisait avec respect. Il était enchâssé dans un reliquaire d'argent doré. J'ai lu quelque part que M. de Fitz James, évêque accusé de jansénisme, avait défendu d'exposer cette relique à la vénération des fidèles. Au XVIII<sup>e</sup> siècle, tout avait changé.

(2) Voir la notice historique et archéologique publiée par M. l'abbé Poquet, in-4°, et le Bulletin de la société historique et archéologique, t. II, p. 33. On sait que les duellistes, les joûteurs du moyen-âge avaient l'habitude de venir passer en prière au tombeau de S. Drausin la nuit où ils devaient faire des armes, afin d'obtenir la victoire sur leurs ennemis.

contredisent. Michel Germain semble admettre, page 88, qu'elle fut commencée en 1128 et achevée vers le milieu du XIIe siècle; il ajoute, page 83, qu'en 1146 on construisit la nouvelle église sur les fondements de l'ancienne; puis, page 147, il suppose que l'abbesse Mathilde entreprit peu après 1148, avec les offrandes du pays de Liège, la construction de l'église. D'autres supposent après Michel Germain, page 148, que le miracle de l'enfant guéri par les mérites du Saint-Soulier eut lieu vers 1146, et que la princesse Mathilde de Toulouse qui était abbesse de Notre-Dame résolut d'obéir à l'ordre du ciel. Pour nous, il nous paraît certain que le miracle doit être rapporté à l'an 1128, suivant le témoignage d'Hugues Farsit, qui place cette date en tête de son livre des miracles, que l'église aura dû être commencée presqu'aussitôt avec les offrandes des fidèles; puis, cette vaste basilique nécessitant une dépense incroyable, il aura fallu envoyer les reliques du monastère en pays étrangers, comme c'était alors la coutume, pour terminer plus promptement cette grande œuvre, dont la construction avait pu durer vingt ans. Quoi qu'il en soit, il semble hors de doute que la dédicace s'en fit d'une manière solennelle du vivant de l'abbesse Mathilde, qui mourut en 1162.

Gautier de Coincy qui voulait mettre en langue vulgaire et composer un choix des miracles de la sainte Vierge, n'a pas essayé de versifier tous ceux rapportés par Hugues Farsit; il s'est contenté d'en prendre quatre qui intéressaient plus spécialement le Soissonnais et où éclatait d'une manière plus frappante la puissance de la Vierge. Nous allons les donner avec l'original sur lequel il les a traduits.

I.

Le premier arriva, dit le naïf traducteur (1) d'Hugues Farsit (2), « lorsque l'efficace de l'intercession de Notre-
» Dame commença d'éclater par des miracles, pour le secours de ceux qui brûlaient du feu ardent. Un jeune
» garçon de onze ans, natif de Vaux, proche de Soissons, sur la rivière d'Aisne, lequel gardait les pourceaux de
» ses parents, fut frappé de ce mal au pied. Cet accident obligea sa mère à l'apporter dans l'église de Notre-
» Dame. A peine y fut-il entré qu'il reçut aussitôt sa guérison, de quoy cette femme eut une extrême joye, et elle
» le ramena malgré lui à sa maison. Cet enfant, pressé du désir de retourner voir sa bienfaitrice et de lui rendre
» de nouveau ses devoirs, prioit sans cesse sa mère de luy permettre d'aller à Soissons; mais ne pouvant obtenir
» d'elle cette permission, il pria Notre Seigneur d'y pourvoir, même par une douleur nouvelle, si c'étoit sa
» volonté. Sa prière fut exaucée; il se sentit tout d'un coup brûlé de la même ardeur, mais plus fort qu'auparavant.
» Sa mère s'en étant aperçue, se repentit vivement de sa dureté; et comme elle voyoit que le mal s'augmentoit
» sans cesse, elle le porta de nouveau dans l'église de Notre-Dame où il reçut la même grâce qu'auparavant. Après
» avoir été guéri, il se laissa aller au sommeil, jusqu'à ce qu'ayant été éveillé par le bruit que faisoit le peuple qui
» accompagnait la procession de l'église cathédrale, il publia les merveilles que Dieu venait de faire par les mérites
» de sa très-sainte Mère.

» Tout le monde s'étant arrêté pour entendre cet enfant, il rapporta que, durant son assoupissement, son esprit
» avait été ravy en Dieu, et que dans cette vision, il avait aperçu la sainte Vierge prosternée devant le trône de
» son Fils, qu'elle priait de vouloir détourner ce fléau de son peuple : à qui Notre Seigneur répondit : *Ma Mère,
» vous êtes l'Étoile de la Mer; que votre volonté soit faite.* Il ajouta que Notre-Dame s'étant plaint que son Eglise
» était négligée à l'égard des bâtiments, Notre Seigneur l'assura qu'il la rendrait une des plus considérables du
» pays, et que non seulement les fidèles de la province contribueraient à l'orner et à l'embellir, mais que l'on
» viendrait des pays situés au-delà de la mer et du Rhin, offrir de quoi la bâtir de nouveau avec plus de magnifi-
» cence. Il dit aussi qu'une partie des malheurs des Soissonnais venait de ce qu'ils négligeaient de réparer les
» ruines de ce temple. Peu de temps après, on vit l'accomplissement de cette prédiction; car les fidèles de toutes
» conditions et de tous les pays firent des offrandes dont l'église fut rebâtie.

» Mais on ne pouvait assez s'étonner d'entendre cet enfant parler de l'histoire de l'ancien Testament, qu'il

(1) Michel Germain, *Histoire de Notre-Dame*, page 365.
(2) Hugues Farsit, ami et contemporain de S. Bernard, qui lui donne le titre de maître et de docteur, était un homme influent, recommandable par ses vertus et un théologien distingué. On peut voir dans les lettres 35 et 36 l'estime que l'abbé de Clairvaux faisait de ses ouvrages. Outre l'histoire des Miracles de Notre-Dame, il avait en effet composé un ouvrage sur les sacrements, que S. Bernard appelle *Opus utile et laudabile, ubi nihil nisi quod sanæ fidei, quod doctrinæ saluberrimæ, quod ædificationis spiritualis est deprehendi.* Oper. S. Bernard, in-8°, t. 1, p 94. Le traducteur des lettres de S. Bernard, de Villefore, suppose avec quelque raison, d'après la lettre 36, qu'il devint en 1228 abbé de Saint-Jean de Chartres, et il ajoute : On peut juger combien grande était son érudition par la beauté des livres de sa bibliothèque qu'il laissa en mourant à l'église de Soissons.

» rapportait en vers sans hésiter. Il récitait aussi le nouveau Testament avec autant de facilité que s'il en eût fait
» la lecture dans un livre. Il relevait les mérites et la virginité de S. Joseph avec des éloges qui surprenaient tout
» le monde ; et entre autres choses, il dit ces mots de luy :

» *Qui tenet sceptrum florentis virgæ, custos erit gloriosæ puellæ*

» Trois semaines après qu'il fut retourné en pleine santé chez ses parents, il mourut comme il l'avait prédit, et
» en rendant les derniers soupirs, on vit son visage brillant d'une blancheur et d'une clarté si extraordinaire,
» qu'il paraissait beau comme un ange ; les assistants reconnurent qu'il y avait en lui quelque chose de surnaturel
» et de miraculeux. » *Histoire de Notre Dame*, p. 565 et suiv.

## II.

Le second miracle s'opéra sur un nommé Boson, serviteur d'un seigneur du Soissonnais. « Cet homme, d'un
» caractère bizarre, avait coutume, lorsqu'il en avait le loisir aux jours de fêtes et de dimanche, de visiter l'église
» de Notre-Dame. Un jour qu'il revenait d'y faire ses dévotions, entendant ses compagnons parler avec respect du
» Saint-Soulier, il se moqua d'eux et leur dit qu'ils étaient bien de légère croyance, et qu'assurément il y avait
» longtemps que les souliers de la Vierge étaient pourris. Cette parole scandaleuse fut suivie d'un prompt châtiment;
» car au même instant la bouche lui tourna vers les oreilles et le derrière de la tête avec des douleurs qui lui ap-
» prirent un autre langage. Tout ce qu'on put faire fut de reconduire ce misérable à Notre-Dame. Il se jeta aux pieds
» de l'autel, ses compagnons parlant pour lui et racontant l'accident qui venait de lui arriver, tandis qu'avec des
» larmes et des cris épouvantables, il sollicitait la Mère de Miséricorde. L'abbesse Mathilde accourut à ce bruit,
» soulagea le plus qu'elle put ce pauvre affligé, et après des instantes prières, prit le Saint Soulier et en fit sur luy
» le signe de la croix. Aussitôt, l'enflure de son visage cessa, et le reste du mal disparut peu après. Ce Boson,
» touché d'un si grand bienfait, voulut, par un sentiment de reconnaissance, se donner entièrement au service
» de Notre-Dame ; ce qu'il fit après en avoir obtenu congé de son maître. » *Ibid.*, p. 568.

## III.

Le troisième miracle est celui de Gondrée ou Gondrade, du village d'Audignecourt (1), au-delà de la rivière
d'Aisne. « Cette femme vint à Notre-Dame avec son mari nommé Thierry, pour être délivrée du *feu sacré*, qui lui
» avait gâté le visage et la bouche, et avait brûlé toute la chair du nez jusqu'à l'os, la lèvre d'en haut jusqu'aux
» dents, et la mâchoire avec la gencive des grosses dents. Elle obtint sa guérison ; mais, semblable à ces lépreux
» de l'évangile, elle s'en retourna sans faire les actions de grâce qu'elle devait ; parce que ces sortes de miracles
» étaient fort ordinaires, on n'y faisait plus tant d'attention. Cependant, quoique la douleur fût cessée, la diffor-
» mité que cette plaie avait causée resta sur son visage et donnait de l'horreur à ceux qui la regardaient ; en sorte
» que ses plus proches parents ne pouvaient plus la souffrir. Se voyant ainsi rebutée de tout le monde, elle se
» couvrit le visage d'un linge mouillé ; mais cet artifice ne lui servait de rien, car on ne pouvait supporter la
» puanteur qui sortait de sa playe. Cette humiliation lui ouvrit les yeux ; elle reconnut son ingratitude et fit vœu
» de retourner à Soissons rendre ses devoirs à Notre-Dame.

» Ayant donc acheté un cierge pour le porter le lendemain, elle se coucha fort triste ; mais à peine eut-elle
» pris un peu de repos, que s'éveillant elle sentit le linge qui était sur son visage couler, de sorte que ne pouvant
» le faire tenir, elle demanda secours à ceux du logis, qui ne voulurent pas se lever à cause du grand froid qu'il
» faisait. Elle continua néanmoins de prier et demanda de la lumière, d'autant qu'elle avait senti la chair revenir
» à son nez et à sa lèvre, ce qui empêchait le linge de demeurer sur la playe : puis s'apercevant entièrement du
» miracle, elle s'écria de toutes ses forces : *Mon Dieu, aidez-moi ; sainte Vierge, secourez-moi!* Ceux de la
» maison, tout étonnés de ce bruit, se lèvent, apportent de la lumière ; et voyant le visage de cette malheureuse
» parfaitement guéri, ils s'habillent aussitôt bien joyeux, ils l'accompagnent à Soissons, et publient ce miracle
» dans toute la ville.

» Hugues l'arsit qui y était présent ajoute qu'il avait vu cette femme et qu'il ne paraissait sur son visage aucune
» marque de sa playe, si ce n'est que la chair nouvellement recrue paraissait tant soit peu plus blanche que l'autre,
» quand on y regardait de près. »

(1) Et non d'Oignoncourt, comme le dit dom Germain, p. 362. Aujourd'hui Audignicourt, dans la vallée de
Morsain, entre Vic-sur-Aisne et Blérancourt.

## IV.

Le quatrième miracle arriva en 1152. « Un nommé Robert de Joüy (canton de Vailly), qui est une dépen-
» dance de l'abbaye de Notre-Dame, avait un mal fort dangereux à la jambe et au pied, tellement qu'il ne pouvait
» marcher : l'enflure de ces parties malades s'accrut beaucoup, et il s'y fit un apostume d'où il sortait une puanteur
» extraordinaire. Il se fit porter à l'église Notre-Dame, espérant de recouvrer la santé ; mais tout le monde le
» fuyait, et les gardes de l'église furent contraints de le faire sortir, tant la mauvaise o leur qui sortait de sa playe
» était insupportable. Cet infortuné se voyant ainsi rebuté et forcé de perdre de vue le saint autel, s'en alla fort
» triste, et s'appuyant comme il pouvait sur des potences, jetait force larmes, se plaignant à la sainte Vierge et
» lui disant : »

*O Vierge sainte, encore que je n'aie pas reçu la guérison dont mes péchés m'ont rendu indigne, souffrez
que je vous dise que je ne manquerai jamais de confiance en votre bonté; et que je sors de votre Eglise, ce
n'est que par contrainte; mais j'espère bien que vous me serez un jour favorable; car je ne demande pas seulement votre miséricorde comme les autres, mais trouvez bon que je vous demande justice, puisque j'ai l'honneur
de vous appartenir en propre, étant avec toute ma famille votre vassal et homme de corps, auquel en cette qualité
vous ne devez pas refuser votre protection. Sauvez donc moi la vie, si vous voulez que je vous serve.*

« Ayant dit ces paroles pleines d'une humble espérance, il se retira en sa maison de Joüy, où ses parents le
» supportèrent quelque temps, mais il leur devint aussi insupportable et surtout la nuit, quand il mettait son pied
» à l'air pour lui donner quelque rafraîchissement : ce que même sa femme et ses enfants ne purent plus souffrir,
» Néanmoins, ces horribles souffrances n'ébranlèrent pas la confiance du fidèle Robert, qui suppliait sans cesse
» la sainte Vierge et lui demandoit *justice*. La Vierge lui apparut enfin une nuit pendant qu'il dormoit, et le guérit
» entièrement de son mal. Là-dessus s'étant éveillé et se trouvant sain, il quitta le lit de grand matin et accourut
» à l'église de Notre-Dame embrasser le grand autel avec une joie et une dévotion qui lui faisoit verser une abon-
» dance de larmes. Le sacristain le voyant en cette posture, craignit qu'il n'y eût de l'égarement dans son esprit,
» et lui fit quitter l'autel; mais lui couroit çà et là dans l'église, frappoit plusieurs fois le pavé de son pied et
» crioit tout haut : *Voicy le pied que Notre-Dame a guéry*. Tout le peuple se moquoit de luy et le vouloit chasser
» hors de l'église, l'estimant hors de bon sens à cause du bruit qu'il faisoit. Mais il leur dit : *Ne croyez pas que
» ma joie vienne de folie ; l'on me connait assez en ce lieu-cy, dont je suis serf et homme de corps, je m'appelle
» Robert de Joüy ; la sainte Vierge m'a guéry la jambe et le pied dont vous ne pouviez pas sentir la puanteur
» il y a trois semaines.* Puis il frappoit du pied sur le pavé, disant : *Voicy le pied de la sainte Vierge Marie.*

» Cette guérison étant devenue publique, parce que cet homme fut reconnu de chacun, on sonna les cloches
» comme marque de réjouissance, et on rendit à Dieu et à sa sainte Mère des actions de grâces. » Ce miracle est
aussi le dernier que Hugues Farsit nous a laissé par écrit.

## Prologue.

Se Diex m'ait huy et demain,
Tant miracles me vient à main à main,
En grant livre où je le puis,
Que je ne sai ne je ne puis
Les plus plaisans choisir ne lire.
Quant à la foiz le preing à lire
Ceus qu'arrière ai entrelessiez,
Lors m'est avis que j'ai laissiez
Et les meilleurs et les plus biaus.
10 Or vous revoil conter de ceus
Qu'entrelessiez arrière avoie,
Et ne porquant j'en trouveroie,

Et d'ausi biaus et d'ausi granz.
Mais por ce un peu en sui en granz
Que la contesse Ades (1) m'en prie
De Soissons qui moult est m'amie,
Et qui moult aime de cuer fin
La mère Dieu qui bone fin
Lui doint donner et bone vie ;
20 Et mon cuer plustost si raplie
Pour ce qu'avindrent à Soissons
Où me norri de ces poissons,
De ces flaons (2) et de ses miches,
Messires Saint Maart, li riches.

*Salomon dicit :
N one fidelis auxerlis
que longius oculo non procedit.*

(1) Femme du comte Raoul dit *le bon comte de Soissons*. Ade était en effet une dame très-pieuse ainsi que son
mari. — (2) Flan, pâtisserie, de *flato*, *flando*, basse latinité; ou de *flatus*, vent, *flavens*, couleur jaune, ou de
*Flandre*, où ils ont été inventés.

## § I.

### De l'Enfant qui fut ravi en avision. (1)

La Miniature de ce premier miracle représente l'intérieur d'une Chapelle ou la nef d'une Eglise. Des peintures à fresque sur fond d'azur coupé de lignes d'or remplies de croix et de fleurs-de-lys d'or revêtent les parois des murs. Une femme à genoux soutient un jeune enfant assis sur la dalle et montrant son pied attaqué par la maladie. Un religieux tenant à la main le saint Soulier semble les exhorter à la confiance. A côté un autel. Sur l'autel l'image de la sainte Vierge nimbée d'or, tenant debout sur ses genoux son fils orné du nimbe crucifère.
Dans le manuscrit de la Bibliothèque Nationale, la Miniature comprend quatre circonstances du même miracle. On voit 1° une foule de monde qui inonde l'Eglise; l'enfant assis avec sa mère. 2° La vision de l'enfant; Jésus-Christ bénissant sa très-sainte Mère. 3° Le prêtre faisant toucher le saint Soulier. 4° L'enfant assis et le clergé qui l'interroge.

Quant à Soissons tant de genz vindrent,
A granz miracles qui avindrent
Au saint Soller, la bele Dame,
De Vaus une moult povre fame

Y aporta un suen enfant,
Qui maladie avoit si grant,
Que feu d'enfer les pieds ardoit.
Cil enfès les porciaus gardoit

(1) *De puero in visione rapto.*

Inter initia benedictionis hujus cœlitus effusæ, quidam puer undennis pecorum custos ardens pedibus à matre suâ advectus est, paucos dies ibi fecit, et remedio doloris accepto, ad domum revectus est. Erat autem de Vallibus, quæ villa est ultrà Axonam inferiùs juxtà ripariam ejusdem fluvii; sed dùm nutu divino puer idem non immemor tanti beneficii flagraret desiderio visendæ domus beatæ Virginis, et super hoc quotidiè molestus matrem perurgeret, ut Suessionem quasi pro gratiarum actione redire deberent; illa penitùs non acquiescente, quia sano, inquit, copia non datur, statim necessitas redivivæ infirmitatis compellat quod sanè desideranti negatur : audiat me, qui intuetur corda et desideria peccatorum. Expavit mater, et posthabitâ omnium curâ, ad urbem domumque beatæ Virginis pariter regrediuntur. Ex pristinâ igitur passione et præsenti renovatione jam artus ejus inutiles efficiebantur, et tamen secundo accepit gratiam liberationis et suaves habuit somnos, et ad ingressum processionis Matris Ecclesiæ, dùm frequens turba comitaretur, à quiete excussus ob gratiarum actionem rumpit clamoribus æthera, et in se celebrata denuò beneficia testatur, narrat et omnibus se raptum fuisse antè Deum, et Dominum nostrum Dei Genitricem pro populo supplicantem vidisse, ut dignaretur Deus hunc morbum à populo evertere, et hanc scintillam quæ acciderat auferre, et ad hoc à filio suo responsum benignè accepisse : *Mater, tu es maris stella, fiat omnis voluntas tua*. Dùm item quæritur eadem Virgo beata super domo suâ quæ vilis et abjecta præ cæteris erat; item à filio suo audivit, quod de trans mare et de trans Rhenum pecuniam faceret afferri, de quâ domus ejus ædificaretur, et in omnium oculis respicientium claritate magnâ et gloriâ illustraret eam : populo etiam suessionensi mala evenire ex parte Dei prædixit, quia suæ Genitricis Ecclesiam non reficeret. Et quidem nullus ex eâdem urbe ignis invasit, quæ et qualia restent nescimus. Hujus autem visionis tam in claritate quâ excolitur ab omni ætate et sexu et conditione, quàm in copiâ munerum et oblationum tot sunt testes, quot hodiè superstites qui videre volunt. Nam puer se post paulò moriturum esse testatus est, et itâ evenit, neque mensem supervixit, mirum autem valdè et de hoc puero erat, quod ab initio mundi omnem historiam veterem retexens totam narrationem suam cursum rithmicè digerebat. De novâ etiam lege textum evangelii et actus Domini sic ordine recensebat, tanquam omnia in libro legeret et dictata ab aliis pronuntiaret. Super sanctitate etiam virginitate Joseph qui fuit custos et sponsus sacræ Virginis, inter cætera ait : *Qui tenet sceptrum florentis virgæ custos erat gloriosæ puellæ*. Et mirum ubi legimus Joseph florens virginitatis tenuisse, per quam etiam beatæ Mariæ virginitas assertionem acciperet. Renovantur et hic dona antiqua Sancti Spiritûs, qui pastorem puerum implens, Citharistam facit et Prophetam Dùm hæc ergò tam copiosè narraret, sicut fluvius torrens quem spiritus Domini cogit, clausis oculis tanquam lucem transitoriam exosus; laicis et illitteratis vix dignabatur facere verbum, tanquam ignorantiam eorum pertæsus, qui magna et profunda intùs audiebat et lumen non hujus sæculi intuebatur. Qui autem linguas infantium facit disertas, et infirma mundi elegit ut fortia, quæque confundat, etiam hunc testem suæ glorificationis facere dignatus est. Constituti igitur tempore testimonii expleto, ut diximus, post paulò decessit; cujus etiam faciem tanta gratia perfuderat, ut candore et claritate vultus angelicum nescio quid et divinum assignaret.

En Vaus qui est lez Gronfroicort (1),
10 Lez Fontenai où Aisne court.
Petit estoit ne mie granz.
Li livres dit n'avoit qu'onze ans.
Li puant feu qui art sans flamme
Moult tost guéri l'out Notre Dame,
Qui est soutix (2) cyrurgiane.
En Vaus la povre crestienne
A tout son enfant s'en revint.
En l'an après, grant vouloirs vint
A l'enfant de r'aler arrière.
20 Sa mère en fait mainte prière;
Souvent li prie à jointes mains
Que, chaqu'an, une foiz au mains,
A Nostre Dame la ramaint,
Que feu d'enfer ne le mesmaint (3).
Chasqu'an ce dit la vient requerre
Que sainz ses membres gart sus terre.
Mais sa mère de ceste chose
Assez souvent le blasme et chose (4),
Et dit qu'il ne porroit por ceaus
30 Cui bestes garde et qui porceaus.
Souvent prieres l'en fait grans.
Mais la vielle est moust ahurtans (5).
Ausi come teles sunt y a.
Celi respont : « Ya ya,
» Or du router, or du router;
» Trop te puis bien amignoter
» Sun petitet me voiz irier;
» Je te cuit jà si atirier
» Que tu d'aler n'auras courage
40 » A Soissons en pélérinage ? »
Li valletons (6) forment (7) faire
Des paroles qui li ot dire
Et si respont iréément :
« Or doint li Sires qui ne ment
» Quant mener sain ne mi voulez,
» Qu'à vostre col si com solez (8)
» Mi reporter par estouvoir (9);
» Si ferez vous ce, croi je voir. »
Ainz qu'ait dite sa parole,
50 Le feu d'enfer qui genz afole
Es piez li rest maintenant pris
Et si griément le raespris (10),

Qui brait et crie toute jour.
Lors ni vient metre nul séjour
Ne le raport à Nostre-Dame.
Tout en plorant la povre fame
La letre dit, se bien m'en membre
Quant il vint qu'il n'avoit membre,
Que tant ne quant peust mouvoir.
60 Près d'un des huis par estouvoir
La povre fame jus (11) le couche.
Là gist ainsi comme une couche.
Là pleure assez et brait et crie.
Mès, madame sainte Marie,
La grant royne glorieuse,
La douce Dame, la piteuse,
De cele ardeur, de cele rage
Si l'adoucist, si l'asouage (12),
Que maintenant s'est endormiz.
70 Si com Diex plout ses esperiz
Ou ciel monta ignelement.
Ne dormi pas moult longuement,
Car la grant presse et la grant tourbe
Si le griève, si le destourbe
Que maintenant s'est esperis
A l'esveiller n'est pas seris.
Mais à voiz clère, à haut escrie :
« Douce Dame, sainte Marie,
» Gloréfiée soies tu !
80 » De ce qu'estaint as le grief fu
» Dont si griement estoie espris.
» En paradis ai bien apris
» Là où tu as portée m'ame
» Que de terre ies et de ciel Dame. »
Entour lui viennent clers et lai;
Et il leur conte sans délai
Qu'en paradis a esté s'ame,
Et qu'aveuc Nostre Dame
Qui déprioit nostre Seigneur,
90 Oster daingnast par sa douceur
De son pueple ceste grief plaie,
Ce feu d'enfer qui tant en plaie,
Qui tant en as ars et espris.
Et tel respons en avoie pris,
Que respondit li très douz Père :
« Bèle très douce chière Mère,

(1) Ferme située au-dessus du petit hameau de Vaux, dépendance de Berny-Rivière, entre Fontenoy et Nouvron. Gonfrecourt dont nous avons plusieurs chartres dans le cartulaire de Saint-Médard, présente encore des restes des tourelles et des fossés qui en défendaient l'accès. — (2) Subtil, habile chirurgien. — (3) Tourmente, maltraite, malmene, *male minare*. — (4) Gronde, reprend. — (5) Heurté, choqué — (6) Diminutif de *valet*. — (7) Fortement, grandement, *fortiter*. — (8) Avez coutume, de *solere*. — (9) Estouvoir, de *estuet*, vieux français, nécessité. — (10) Repris. — (11) Jus, à bas, à terre, de *jussum*. — (12) Soulage.

» Vous estes estoile de mer,
» Seur toute rien vous doi amer,
» Seur toute rien vous ai eslite,
100 » Quanque vous plest, tout me délite.
» Vos volentez en touz endroiz
» Weil que soit faite et il est droiz. »
La douce Mère Jhesucrist
Refait li enfes a donc dist :
« Biau très douz fils, moult me desplest,
» Quant à Soissons n'est si vous plest
» Assez plus bèle ma maison.
» Biau très douz chier, n'est pas raison
» Qu'ele des autres soit la pire.
110 » Douce Mere, fais nostre Sire
» D'outre la mer, d'outre le Rin
» Vindront par tens li pélerin,
» De cui aport vostre chapèle
» Faite sera plaisanz et bèle ;
» Et por ce qu'ainsi grant poverté
» Cil de Soissons l'out tant souferté
» A mautalent m'ont escité,
» S'envoierai sus la cité
» Si grant flael (1), tuit crieront
120 » Et tuit merci vous prieront. »

Seigneur, por Dieu, dit l'enfanzon,
A ce sachiez que la leçon
Est toute vraie que j'ai dite,
Que por tens rendrai l'esperite.
A ce sachiez sans contredit
Qu'il est tout voir (2) quanque j'ai dit,
Que plus d'un mois ne vivrai.
Sans revenir lors m'en irai.
Mestre Hue (3) li Farsis dit,
130 Qui i parla et qui le vit,
Qu'onques letre n'out conneue
N'onques letre n'avoit veue ;
Et lorsque s'ame du ciel vint
Tiex clers et tel devin devint,
Que toute sout divinité.
Tuit li bon clers de la cité
Son parfont (4) sens oir venoient
Et leur doutances demandoient.
Tant iert bons clers, c'en est la somme,
140 Qu'à trop grant peine à nul lai homme
Se trop soutiz n'estoit d'entendre,

Daignoit parler ne reson rendre.
Moult parloit à letrée gent,
Latin parloit si beau, si gent,
Tuit li bon clers s'en merveilloient
Et à merveilles l'escoutoient.
Le viez testament, le nouvel,
En rime et en mètre trop bel
Contoit si bel, si à délivre (5)
150 Com s'il le leust en un livre.
Quant parla de la saintée,
Joseph qui iert de grant ée,
Quant à sa garde out Nostre Dame,
Comme s'espouse et com sa fame.
Moult grant loenge de lui fist
Aveuc plusieurs choses en dist :
*Qui tenet sceptrum florentis virgine*
*Custos erat gloriose puelle.*
Si grant clarté lasus à mont (6)
160 Veue avoit que de cest mont.
La graut clarté, la grant lumière
Ausi haoit comme fumière ;
Nes regardoit ne le pooit,
Mais tout ades les iex clooit (7).
Sainz esperites ses grant dons
Renouvela et fist à dons.

Ce miracle tieng à moult bel
Cil qui David le pastorel,
Le harpëur, le chistariste,
170 Fist son prophète et son psalmiste.
De cestui pastourel refist
Son prophète ; quar quant qu'il dist
Avint après ignelment ;
Et sachiez bien certainement
Qu'esclairier vout li très douz père
Qu'on honnourast sa douce mère
Seur toutes choses doucement.
Quant vint à son définement
Et de partir l'ame en convint,
180 Si biaus, si blans, si cler devint,
Qu'il ressembloit un angelot.
Trestout ausi com dit l'ot,
Li feu d'enfer par Soissons prist,
Et d'uns et d'autres tant esprist,
Non à Soissons tant seulement,
Mès loing et près communement

---

(1) Fléau, *flagellum*. — (2) Vérité. — (3) Hugues Farsit, auteur du livre des miracles de Notre-Dame de Soissons, dont il avait été le témoin oculaire. — (4) Profond. — (5) Affranchi libre, *deliberare*. — (6) En haut, *ad montem*. — (7) Fermait.

Qu'à grant tourbe criant venoient
A Soissons où touz garissoient
Au saint soller, la bèle Dame.
190 Si com li filz la povre fame
Dire l'out oi vraiement
Li roys des roys qui pas ne ment,
D'outre le Rin et de l'Empire,
Ausi com dist l'out Nostre Sire,
Grant et petit y acouroient.
Du grant aport qu'il aportoient
Edifiée fu l'église
Qui bèle et gente est à devise ;
Où il a or moult biau couvent
200 De bèles dames qui souvent,
Non pas souvent, mais sans sejour,
Servent et loent nuit et jor
La douce mère au roy célestre.
Aveuques elles veille et doint estre

La douce mère au créateur.
Moust parsont sages quant l'atour
Et le beubans (1) du mont guerpissent
Et les joies qui tost fenissent,
Por les joies qui n'aront fin.
210 S'eles bien servent de cuer fin
Celui qui épure et affine
Touz ceus qui l'aimment d'amor fine.
Chascune si affinera
Que de fin fine finera.
Si leur dépri moult finement
Quant saront mon définement
Finement prient la finée.
Joie me doint qui n'iert finée.
Diex qui seur touz purs et fins
220 Si finement afint leur fins,
Que quant venra au définer,
De fine fin puissent finer.

*Paulus dicit :*
*Semper gaudete ; sive*
*intermissione orate ; in om-*
*nibus gratias agite.*

*Versificator :*
*Preterit absque mora*
*quod præsens exhibet hora ;*
*nil de præsenti ; esto fit*
*amabile mentis.*

(1) Pompe, magnificence, vanité, orgueil.

## § II.

### Du Bouvier puni et gari (1).

Miniature. Fond d'azur parsemé d'arabesques surmontées d'arcades à trèfles ornées de crochets reproduisant l'intérieur d'une chapelle. Une religieuse, sans doute l'abbesse Mathilde, vêtue d'une longue robe noire, un camail ou capuchon sur la tête, s'apprête à toucher avec le Saint Soulier la figure horriblement contractée du bouvier. A côté de ce dernier est assis un jeune enfant dont il tient la main et qui le soutient. Trois personnes compatissent à la situation de ce misérable et semblent attendre avec étonnement le résultat de cette sainte opération.

Dans le manuscrit de la Bibliothèque Nationale, on lit seulement ce titre : *Item du soulier le Bouvier.*

Ici, après weil remoller
Un miracle du Saint Soller

Qui assez est biaus et bies.
Ce me raconte et dit mes bries

(1) *De cujusdam rustici temeritate vindicata.*

(3) Servus cujusdam militis suessionnensis operi rusticano deputatus aliquotiens vacuus festis diebus unà cum suis sodalibus de villà ad memoriam beatæ Dei Genitricis Mariæ venire consueverat. Sed aliis pro suo posse oblationes facientibus, et soccum beatæ Virginis honorantibus, ille nihil offerebat. Cùm vice quâdam illis regredientibus, et inter alia Dei magnifica de socco prædicto sermonem habentibus, Boso, hoc enim nomine vocabatur servus ile, subjecit. *Verè vos stulti stis, si ipsum soccum sanctæ Mariæ putatis ? Jam certè diù est quod putruisse potuit.* Vix benè verba finierat, cùm ecce os blasphemum distorquetur usque versùs aurem cum tantà violentià et tormento, ut præ angustià oculi ejus penè elidi ex capite viderentur, et angustiis perurgentibus, totâ facie inversâ et in tumorem conversâ, et ab humano usu exterminatâ, horrorem intuentibus excutiens fatigato anhelitu, ut potè qui tortori suo traditus erat, vix in hæc verba prorupit, ut ad Ecclesiam sanctæ Dei Genitricis reduceretur. Et sic factum est. Et projectus ante altare spectaculum suæ vesaniæ et vindiciariæ potestatis cui traditus erat, aliquandiù exhibuit. Artabatur autem corpore in tumorem verso spiritus in visceribus ejus, fumifero anhelitu vicinas auras polluebat. Vox ejus ut rugitus, lingua et ore negante officium. Tùm pietate permoti Mathildis abbatissa et cæteri qui aderant, applicuerunt eum ad altare. Quo amplexato signatur reliquiis et socco, et cœpit ameliorari et ab urgente tumore relaxari. Quid plura ? Et facies et corpus ejus integerrimæ restitutum est sanitati. Hujus ille Boso beneficii non immemor, ut potè qui de mortis faucibus erat erutus, dominum proprium suum ut absolveret cum à suo famulatu rogavit et impetravit. Jam enim deinceps nolebat homini servire, sed ei se dedere per quam obtinuit sanitatem, et Ecclesiæ servitio se subjecit.

Qu'au tens qu'avoit si grant alée
A Soissons, la bonne valée,
Un chevalier avoit i près
Qui un bouvier gros et espes
10 Avoit qui avoit non Buesars;
Estalufrez iert et buisnars.
Li foux vilains de fol afaire,
Les festes quant n'avoit que faire,
Avé compaingnons qu'il avoit
Au Saint Souler souvent aloit.
Au Saint Soller ades offroient
Si compaignon quant le besoient.
Il n'ofrist ja tant y venist,
Por nule rien qui avenist.
Un jor avint quant reparoient (1),
20 Que des miracles moult parloient
Que Diex faisoit à Nostre Dame.
Ce dit li uns : « Foi que doi m'ame
» A Soissons en pélérinage,
» Fais bon servir par bon courage
» Au Saint Soller méesmement (2)
» Où lui ardant communement
» Restaignent tuit et jor et nuit. »
Li uns respont : « Si com je cuit,
» Qui par bon cuer au main le baise,
30 » Toute jor en est plus a aise,
» Et plus haitiés (3) et plus seurs,
» Et si l'en vient plustost eurs. »
Par le cuer bien se dit Buesars :
« Trestouz li siècles est musars,
» Par les costez, par les mameles,
» Par le pomon, par les boueles (4),
» Ne par les denz sainte Warie,
» Je ne pris (5) un euf de blarie
» Ce soller dont alez routant.
40 » Ces nonnains vous vont asotant
» Qui d'un soller font saintuaire
» Por notre argent sachier et traire.
» Por la gueule, por la gargate,
» D'un viez soller, d'une çavate,
» Si faites ore si grant feste.
» Par la gorge ne par la teste,
» Ne par le cuer sainte Warie
» Le maufez nos i acharie.
» Onques ni vieng qu'il ni ait presse.

50 » Cele vielle, cele abcesse,
» Tout l'avoir Dieu met en sa bourse
» Et jor et nuit ades en boursé.
» Mès queque facent povre gent,
» Ja ni aura de mon argent
» Une maaille toute seule.
» Ma borse tieng si par la gueule,
» Que je deniers fors n'en saudra (6),
» Mès au moure (7) qui miex vaudra
» Ou au bon vin l'envoierai.
60 » Là assez miex l'emploierai.
» Se ce fust le soller Nostre Dame,
» Diex ne déable, ne homme ne fame,
» Si nel gardast enfer n'en fust,
» Que mil anz a porriz ne fust,
» Par le foie sainte Warie,
» Li déables bien nous tarie
» Et bien nous deçoit et barate,
» Quant nous baisons tele çavate. »
Li fous bouviers, li fous bobers (8),
70 Li fous vilains, li coquebers (9),
Ains qu'ait pardite la merveille
Li tuert la bouche, seur l'oreille
Et la langue li sailli fors.
Si tormentez fu lors ses cors,
Et li maufé qui lors soufla
Si malement lors le soufla,
Qu'ausi fu gros comme une couche;
Ne ni parut iex nes ne bouche.
Li déables lors l'enuay
80 Gueule bace lors chay,
Com enragiez se déjctoit,
Et de sa bouche fors getoit
Tant de venin et tant d'escume,
Qui resembloit pot qui escume.
Quant longuement out escumé
Et li déables l'out tumé (10)
Sus et jus (11), par ci et par là,
A moult grant paine un pou parla;
Et dist si com il puet parler,
90 Qu'à Nostre Dame, au Saint Soller,
Le portast en ignelement (12).
Si compagnon moult bèlement
Lor sunt saisi et enchargié;
Porté l'en ont et deschargié

*Salomon dist:*
*Qui fatuus est aperit stultitiam; ista non decent studia verbo composita.*

(1) Retournaient. — (2) Principalement, *Maximè*. — (3) Gai, sain, *hilaris*. — (4) Intestins, boyaux, de *botellus*, *budellus*, de *burbalia*. En lyonnais *bouaille*, en italien *budello*. — (5) Estime. — (6) Sautera, *salire*. — (7) Manger. *Mourus*, petit sac qu'on suspend à la tête des chevaux pour leur faire manger l'avoine. — (8) Plaisant — (9) Nigaud, sot, impertinent. — (10) Enflé, *tumefactus*. — (11) Haut et bas. — (12) Promptement.

Devant l'autel à Nostre Dame.
Maint homme y a et mainte fame
Qui l'esgardoient à merveille.
Chascun se saigne et s'esmerveille
Porce qu'ainsi li anemis
100 Dedenz lui s'est muciez et mis.
Li anemis si le demaine
Que si très fort soufle et alaine,
Que trop hide est du voir
Et sue de si grant pooir
D'une sueur si très puante,
Tout le moustier en enpullente.
Comme uns tors (1) crie, muit et brait.
Si sont hideus et grant si brait,
Pluseur en ont si grant fréeur,
110 Le moustier vuident de peeur.
Ne puet sooir, ne puet ester,
Ne puet en lui nul arrester;
Mès ça et là se va tumant.
La bouche ausi li va fumant,
Com ce c'estoit une fornaise.
C'est à bon droit, s'est à malaise
Quant il sifla (2) du Saint Soller.
Son haubert (3) bien li fist roller
La mère Dieu à celle foiz,
120 Quequ'il estoit si très destroiz (4)
Et getoit brais et cris si hauz.
Là seurvint la bele Mahaus (5)
Qui à ce jor iert abeesse.
Entor lui fait rompre la presse
Qui moult estoit espesse et grant
Com celle qui moult est en grant
De la santé à ce malade.
Du Saint Soller, du douz, du sade,
Por cui Diex fait tantes merveilles,
130 Le vis, la bouche, les oreilles
Et tout le cors entièrement
Seignier li fait moult doucement.
Du Saint Soller et des reliques
Quant seignies fu li frénetiques,
Li fors du sens, li enragiez,
Maintenant est en souagiez,
Et lors s'enfuit li anemis.
Devant l'autel en croix s'est mis.
Assez gemist et assez pleure,
140 Et Nostre Dame moult a eure (6)

De ce qu'ainsi l'a visité.
Grant joie i ont, par vérité.
Là mère Dieu gloréfièrent
Et cil et celes qui là ièrent.
Onques puis li vilains bucsars,
Si soz ne fu ne si musars (7)
Du Saint Soller qu'il mesdeist;
Puis ne fu jours bien ne deist
Que du Saint Soller Nostre Dame
150 Ne devoit mes douter nule ame.
Au chevalier merci cria.
Tant le servi, tant le pria,
Qu'il le quita et fut delivres.
Tant com vesqui ce dit li livres.
A Nostre Dame se voa;
Ains puis ailleurs ne se loa.
Mais ou labour de l'abbeie
Laboura tant com fu en vie,
Et travailla li bons bouviers.
160 Bien se conroie de plouviers.
Et bien saoule et refait s'ame
Qui aimme et sert bien Nostre Dame;
Et qui bien l'aimme, bien la doute;
Mès pluseur sont, ce n'est pas doute,
Qui des sainz veulent copoier (8)
Celui doit on les yex poier (9),
Voire crever foi que doi m'ame
Qui coupoie seur Nostre Dame.
Qui en coupoie, qui en jure,
170 Il fait à Dieu plus grant injure,
Et plus la chose il est pesme
Que s'il juroit de li meesme.
Celui meesmes si fait il
Et d'autre part certes tuit cil
Sont bien vaincu et recreant,
Ne cler ne sont il pas veant (10),
Cui la honte com fait leur mère
N'est assez plus aige et amère
Que ne soit cèle com leur fait.
180 Or i pensommes tuit à fait,
Et no cuers prendons l'autrui.
Si Dex m'ait demain et hui,
Si m'ait Diex sans nule truffe,
Qui me dourroit une grande buffe
Ne me porroit mie à nul fuer
D'assez si croupir sus le cuer;

*Paulus dicit :*
Non jurabis, ne forte perjures.
*Salomon dicit :*
Vir multùm jurans replebitur egestate, et non recedet a domo illius plaga.

(1) Taureau. — (2) Se moqua. — (3) Orgueil. — (4) Affligé — (5) Mathilde. — (6) Prie, *orare*. — (7) Bateleurs, gens dont l'occupation est de faire rire. — (8) Blâme., réprimander, *culpare*. — (9) payer. *pagamentum*. — (10) Voyant, *videre*.

Ne tant ne me forseneroie
De la moitié com je feroie,
De ma mère se vive estoit.
190 Se qui que soit la molestoit
Et qui li porteroit honneur,
Gré l'en sairoie assez greigneur (1),
Et assez plus l'en ameroie.
De moi meesmes ne feroie
De ce se tienent bien à moi
Tuit li pluseur, si com je croi.
Du grand Seigneur qui dirons donques,
N'est ne ja n'iert ne ne fu onques,
Nus qui sa mere amer peust
200 Autant com il ne ne seust ;
Quant li douz roys, li très douz pere,
Qu'onneur portons et père et mère,
Nous dit et commande en la loy
Dont seroit ce bien à besloy
S'il n'en ouroit ausi la siue (2)
Qui plus est douce et plus est piue ;
Et qui miex vaut toutes ne font
Celes qui furent et qui sunt.
Sachiez que Diex, sans nule doute,
210 A touz ceus donne s'amour toute
Qui honnourent sa douce mère.
Mais sa douceur, li très douz père,
En mautalent mire (3) et en ire (4)
Tantost com ot de lui mesdire ;
Puis que sa mère ot demembrer,
De douceur ne li puet membrer ;
Puis que sa mère ot dépécier,
Il le convient lors corroucier,
Il sueffre assez de lui meesme.
220 Mais à sa mère faut la rime ;
Puis qu'a li vient, c'est tout alé,
Tout respondu et tout kalé.
Diex por sa mère c'est la somme
Si fort faire tout assomme.
Forsenez est qui li meffait ;
Car c'est cele qui li meffait
Entre Dieu et homme et moienne,
Toutes les pais fait et moienne.
Qui que vers Dieu est en descorde,
230 Se sa mère ne si acorde,
N'est sainz ne sainte qui peust
Faire la pais ne ne seust.

⸺ Uns ribaus con tenoit por sot

Une foiz dit un trop bon mot.
Or m'est mont bel qu'il m'en souvient,
Vous savez bien qu'assez avient
Que ribaus et tremeleeur
Sont moult desloial jureur,
Cis ribaus qu'ai ramenteu,
240 Avec un autre durfeu,
As des juoit et à hasart
En une place d'une part ;
Mès li des li tourna le dos
Si qu'il perdi tout dèsqu'as os ;
Tantost sans nule demourance,
Ou par assisse ou par cheance
Out tout perdu de ci as braies.
Foie et pomon, boeles et plaies,
Et quenqu'en la bouche li chiet,
250 Jure por ce qui li meschiet,
Et desloiauté jure mainte ;
N'espargne Dieu, ne saint ne sainte :
Puisqu'il la sache ramembrer
Que tout ne veille desmembrer ;
Mès ne dit nule vilanie
De madame sainte Marie,
Fors cune foiz par meschéance
Qu'out perdue une grande chaance.
« A donc, » dit il, « de si fait gieu,
260 » Maugrez ait or la mère Dieu. »
Mais maintenant bati sa coupe,
Ses compains lors li fist la loupe
Et dist : « Or est moines renars,
» Trop ies mauvès, trop ies couars,
Fait ses compains par le cuer bieu,
» Tu as trestout desmembré Dieu,
» Tout ausi bien com d'une hache
» Desmembre li bouchiers sa vache,
» Et sa mere a nes un fuer
270 » N'ose jurer foie ne cuer,
» Langue ne gueule ne guargate,
» Tu ne vaus mie une çavate. »
Ribaus n'est pas hardis jurere
Qui espargne Dieu ne sa Mere.
Por la boudine saint Fiacre,
Puisque de Dieu fait tel maçare,
Et tu le viens bien corroucier,
Q'atens tu tant à dépécier
Et à desmembrer les entrailles,
280 Les froisures et les courailles,
Et touz les membres de sa mere.

(1) Plus grand, plus considérable, *grandior*. — (2) Sienne. — (3) Traiter, changer. — (4) Colère, *ira*.

Multi ut fallant perjurant et per fidem sacramenti fidem faciant verbi.

« Ahi ! ahi ! » fait il, « maus lere,
« Com povrement crois ore en Dieu :
» Par la sainte Couroie bieu,
» Ne por l'eguiser, sainte gemme,
» Se courroucoie Nostre Dame
» Qui me feroit ma pes à Dieu. »
Quant un ribaut tout plein de gieu,
Boillans d'ardeur, forsenez dire,
290 Sont si biau mot et si bon d'ire,
Mettre y devòmmes grant esgart.
De ce bon mot si Diex me gart,
Diex meesmes bon gré l'en sout.
Quant bien entendent nes li sout,
Quant Dieu par droit et par nature
Par deseur toute créature
Vieut con honneurt sa douce Mère,
En est il bien fouz et chimère,
Soit clers, soit lais, soit hons, soit fame,
300 Qui de douz cuer la douce Dame
N'onneure et sert seur toute chose.
Qui contre li nes drécier s'ose,
Maintenant la Diex abatu.
Là n'avient c'est tout dartu,
Autre gieu que cist sont assez.
Trop laidement ennassez
Qui la corruce et qui l'aïre ;
Car Diex ne puet jouer ne rire.
Forsenez est qui le courrouce.
310 Qui tant ne quant envers li grouce,
Trop enfes est et soteriaus.
Des brebençons, des coteriaus
Atant ses filz por li vengier,
Qu'envers li fait trop mal genglier.
Cil coterel, cil brebençon
Ce sunt déable qui tençon

Aiment moult miex que pais ne facent.
Male aventure ades pourchacent.
Moult par sont trop appareillié
320 Et tost armé et moult sunt lié ;
Quant Diex le sueffre à desrengier.
Aucune foiz à lui vengier,
Aucun delai met li douz pere ;
Mais com fait nient sa Mere
Et mesdit nes de son soller,
Toute la terre fait crouler,
Et por peu tout ne boute jus.
A ce ne s'accorde ja nus
Qu'il mesdie de Notre Dame.
330 Diex partout boute feu et flame
Et tout abat et acravente,
Lorsque sa Mère voit dolente.
Acraventer Busart bien sout,
Quant de sa Mère mesdit out,
Lors saillirent cil coterel
Qui l'enfle vilain boterel
Batirent tant se si piteuse,
Ne fust la Virge glorieuse,
Mors fust en cors et mors en ame.
340 Se ne fust la très douce Dame,
De male mort fust mort Busars.
Quant en mesdist trop fu musars.
Quant en mesdit trop s'amusa
Et trop musardement musa.
Qui la courrouce bien s'amuse
Et seur son nes met bien sa muse.
Sa muserie est trop musarde.
Je li lo bien que sa muse arde ;
Car plus est foz que fole muse
350 Amusez est qui ainsi muse.

## § III.

### De la fame qui recouvra son nez qu'elle avoit perdu (1).

Miniature. Fond d'or avec des enroulements en arabesques aussi en or. La sainte Vierge environnée de quatre anges ailés à la blonde chevelure, touche de sa main droite la figure d'une femme étendue sur un lit soutenu par des tréteaux peints en vert. Cette malheureuse est seulement enveloppée d'une couverture rose doublée de vert.

Ançois que fors du livre issons
Des miracles qui à Soissons

Avindrent si grant et si haut,
Au tens l'abeesse Mahaut,

(1) *De fœmina quæ nasum recuperavit.*

Unum refero miraculum, cujus simile utrùm legerim auditum, aut visum in præteritis sæculis nescio. Mulier

Encor deus biaus vous retrairons,
Et puis aux autres nous trairons.

Au tens qu'au Saint Souler venoient
De toutes parts cil qui ardoient,
D'Audeignecourt vint une fame,
10 Paumes batant à Nostre Dame,
Qui apelée estoit Gondrée.
Ou vis pariert si effondrée
Du feu d'enfer, par si grant rage,
Qu'ele n'avoit point de visage;
Ne si n'avoit ne nes ne bouche.
Mestre Hue qui bien y touche
Es miracles qui traite et dit,
Conques de ses deus iex ne vit
Si tres hideuse créature.
20 Tant pariert laide à desmesure,
Qu'aucune genz les iex cloient
Regarder nes ne la poient :
Dès le menton jusques es iex
De char n'avoient mie plein piex.
Gens l'esgardoient à merveilles :

Les gencives jusques as oreilles
Nues avoit et descouvertes;
Et si vous puis bien dire à certes,
Com la vooit parmi les denz
30 Desqu'en la gorge le dedenz.
Li feu d'enfer de l'ardent forge
Ja li ardoit d'entor la gorge,
La char, le cuir et les couennes.
Nostre Dame prist si en bonnes,
Tout maintenant qu'a lui se plaint
Le feu d'enfer lors li estaint.
Ci miracles fu biau et granz;
Mais à Soissons à moult de genz
Ne sembla pas moult grant à don,
40 Car sa fontaine à tiex randon
Faisoit lors corre Nostre Dame,
Qu'à son Soller ne venoit ame
A Soissons en pélerinage,
Sanez ne fu de son malage.

Lorsque Gondrée a donc vint,
Le feu d'enfer mourir convient;

quædam nomine Gundrada, virum habens nomine Theodoricum, commanens in riparia ultra Axonam fluvium qui præterlabitur urbem suessonicam, de villâ quæ dicitur Audiguncurtis, inter cæteros quorum membra ignis ille judicialis depascebat, venerat ad Ecclesiam beatæ et gloriosæ semperque virginis Mariæ Genitricis Dei et Domini nostri Jesu Christi, opem flagitans medicinalis gratiæ per eamdem matrem misericordiæ. Invaserat enim idem ignis faciem et ora prædictæ mulieris, et jam cum horrore intuentium quidquid carnulentæ cartilaginis in naso ejus prominebat, et labium superius quod naso subjacet usque ad maxillares et gingivas molares erat, ignis tabificus depopulans turpaverat. Quid plura? Misericordiam postulavit et obtinuit, et extinctus est à facie ejus vastator ignis : sed quia generale erat et publicum, quasi minus miraculum computatur; nam majora sequuntur, et virtus inusitata in eâdem personâ celebratur. Interim licet beneficio gratiæ caruerit tanto dolore, non tamen evasit visionis honorem, misericordiam et judicium tuum circumferens Domini. Omni ergò occursante jam molesta et odiosa fiebat, et coacta est redire ad suos, ut gratia consanguinitatis temperaret importabilem ejus conversationem, sed et hoc modo parùm profecit, omnibus erat gravis ad videndum. Compulsa est ergò præter oculos totam faciem madenti panniculo velare, nec tali ammoniculo vix aliquid fecit, quo excusare odium et nauseam vel beneficio humanitatis et consanguinitatis valeret. Quod faceret, quo se conferret, à quorum conversatione non abiceretur, quæ suorum etiam domesticorum odio maledictio jam respergebatur? Sic ergò omni necessitate circumclusa, omni humano ope desperata, utiliùs subit consilium, et copiosiùs occurrit auxilium, et jam frigescentem fugientem fidem revocans, culpat se ipsam velut immemor prioris beneficii copiosam in misericordiâ matrem misericordiæ, id est Christi genitricem Mariam, per oblivionem velut post habuerit. Rediviva igitur fide et spe velut armis accincta, in crastino iterùm parat proficisci ad memoriam beatæ et gloriosæ Virginis quæ est in urbe suessonicâ. Confecta itaque pro suâ paupertate candela quam offerret, iterùm est dormitum. Eâdem nocte maturiùs evigilans, et sollicita quam citiùs elucesceret, memor sponsionis suæ ac propositi, nimiùm prolixas noctes, ut potè ante æquinoctium vernale quæritur. Tunc sensit laxatum fluitare panniculum quem ori suo obèiderat; quem dùm restringere, sensumque reducere nititur et parùm proficit; coacta est circunjacentium implorare auxilium; dùmque morantur somno vel frigore tardi, illa nihil minùs quæritur lucernam accendi et auxilium sibi ferri. Cùm interim sensit carnem sub digitis et panniculo pressam inolescere, et nesciebat quia caro est nasi et labii reformati : sed dùm sæpiùs reducit pannum, sæpiùsque per idem attrectat creaturam noviter plasmatam. *Deus*, inquit, *et sancta Maria, adjuva; Deus, sancta Maria, adjuva.* Ad quam vocem turbati et exciti, maturiùs inferunt lumen; tunc verò novum plasma pignusque redivivæ resurrectionis in naso et in labio ejus reformatis stupent celebratum, et fit gaudium quasi reduce vitâ ex mortuis. In crastino candelam pro gratiarum actione oblatura proficiscitur ad urbem quam in aliis votis destinaverat. Quid mirum si tunc recens recognoscentibus se fecit miraculum, quæ in totâ vitâ suâ circumferens tantam Dei misericordiam, testimonium divinæ gratiæ publicè exhibuit? Vidimus eam et nos, et in restauratione beneficii in nullo prorsùs detrimentum patiebatur, sed similis erat carni reliquæ caro recens, nisi quia diligenter intuentibus lucidior videbatur. Ardor igitur fervensque fides populorum non erubescebat nasum et ora ejus osculari, quasi quod modo recenter manibus ipsius Dei esset factum.

Mais ne s'en ose aler arriere
Quant si li fait mauvese chiere,
Ses Barons qui a non Thierris,
50 Qu'ele ni treuve gieu ne ris.
Povres hons, mes nequedent
Porce que li perent li dent,
Et que tout est d'orrible chiere
Vouroit qu'elle geust en biere.
Nus piez vorroit estre à Saint Gile,
Ne repairast jamais à vile,
Ne james n'entrast en sa court.
Et trestuit cil d'Audringnicort
Vourroient qu'ele fust noiée.
60 Toute est la lasse dévourée.
Ja soit se qu'ele soit guarie,
A Ma Dame Sainte Marie
Jour et nuit se va dolousant;
Plaine santé va goulousant;
Mes tant parest grevaine chose,
La Mère Dieu prier n'en ose.
Au Saint Soller va jor et nuit,
Tant i va nus cui il n'anuit.
Là va gémir, là va plourer;
70 Mès n'i puet pas moult demourer;
Car nes les gardes fors la chaçent;
N'est riens ou monde que tant haçent.
Ne set la lasse que devingne,
Ne set ou voist, ne set ou vingne.
Nus ne l'aimme ne ne tient chiere;
Nus ne l'avoit en mi la chiere,
Ne la hace plus cun Crapout.
A val Soissons miex qu'ele pout,
Si com besoigne la chaça,
80 Son pain graut pièce pourchaça.
Miex qu'ele pout fist toutes voies;
Mès si lède est aval ces voies,
Que trop iert lède à regarder
Qui les enfans deust larder;
N'alassent il nes cele part
Plus la doutoient cun Lepart.
Haye estoit seur toute rien:
Ne verrez mais, ce sachiez bien,
Si lède riens tant com vivez.
90 Les denz avoit si desrivez,
Les gençives si descharnées
Et les narines si chevées,
Que tant par espoantable
Qu'ele sembloit un vif déable:
Qui l'esgardoit en mi le vis
Il sembloit bien et iert avis

Qu'ele deust la gent mengier.
Enfans fouir et desrengier
Faisoit souvent aval ces rues;
100 Et des granz genz et des menues
Haye estoit plus cuns viez Viautres.
Li uns enfes crioit aux autres:
« Fuions, fuions, vez-ci Gondrée
» Qui de maus lous soit effondrée. »
Les douces genz as piteus cuers
Ausi com s'ele fust leur seurs,
Piteusement à lui parloient,
Et leur aumosnes y faisoient;
Mès li félon aus félon cuers
110 Tout ausi la chaçoient fuers
Com un Waignon de leur meson.
Froiteries et deraisons
Les froites genz moult li fesoient;
E assez souvent li disoient:
« Or fors à cent maufez d'enfer,
» Vielle déable, denz de fer,
» Avis déables à cent mile,
» Que faites vous en ceste vile?
» Es nasée, vielle dentarde,
120 » Ralez vous en, mau feu vous arde,
» Ralez en à Auclingnicort.
» Enserrez vous en une cort.
» Ne devez ja entrer en voie,
» En lieu n'en place ou en vous doie
» Vooir preudomme ne preu de fame.
» Trop piteuse est or Nostre Dame
» De Soissons et trop amiable
» Quant ele a sané tel déable,
» Tel maufé, tele barboiere.
130 » Nous vous dourrons tel palpoiere,
» Se jamais entrez ça dedenz
» Que touz vous froerons les denz.
» Puilente vielle, rechingnée,
» Honnie soit votre lignée
» Et trestuit cil qui à vous montent,
» Quant ne vous tuent ou afrontent,
» Ou ruent en une quarriere;
» Se n'en ralez moult tost arriere,
» Vielle horrible, vielle hideuse,
140 » En Aisne, en la fosse voiseuse
» Serez noiée, ce sachiez,
» Ou fes granz denz, arez sachiez,
» Ou du pont en Aisne saurez
» Ne qu'à la mort ja ni faurez. »
Ne set Gondrée qu'ele face.
Ne vient en quarrefour n'en place;

*Versificator:*
*Non frontes nares faciem*
*qui decorares.*

## LES MIRACLES

    Ne ne puet aler en nul leu
    Qu'on ne la haçe plus q'un leu.
    Si com besoingne li aprent,
150 Un viez drapel la lasse prent ;
    Sa face en cueuvre desqu'as iex.
    Pa derriere si com puet miex
    L'atache à une viez cordèle :
    Ainsi cuide estre un peu plus bèle.
    Ainsi la lasse toute voies
    Son pain pourchaçe aval les voies.
    Moult a laidures et rampones
    Quant li défaillent ses aumosnes,
    Et s'en reva la lasse fame
160 A Saint Gervais (1), à Notre Dame,
    A Saint Crespin, à Saint Maart (2).
    Lendemain reva d'autre part,
    A grans poine, à grant ahan,
    A Saint Ligier, à Saint Jéhan,
    Et puis à Saint Crespin en Chaie (3).
    Ele set bien comment qu'il chaie,
    Faillir ne puet as abbeies
    Qu'ele n'i ait moques et mies.
    Ainsi cuide vivre et durer ;
170 Mais ne la puent endurer.
    Par la cité si leur ennuie
    Chascuns la fiert ; chascuns la huie.
    Quant voit que ne peut demourer,
    A Notre Dame va plourer :
    « Dame, » fait ele, « Dame, Dame,
    » De la plus esgarée fame
    » Aiez merçi qui onc fust née !
    » Pucèle douce et mielée !
    » S'encor vers moi ne te rapite
180 » Ta grant douceur, si sui despite
    » Que ne trouverai nule terre
    » Où en me lest nes mon pain querre.
    » Rose fresche, rose espanie,
    » Quant de la vile sui banie
    » Et widier m'estruet la cité,
    » A ta très douce piété
    » Mon las de cors commant et m'ame. »

    Ainsi la lasse povre fame
    Du moustier part toute esplourée ;
190 De Soissons ist sans démourée,
    S'en revient à Aucliagnicort.

    Là tint encor plus povre cort
    Qu'ele ne faisoit à Soissons ;
    Souvent falloit à gros poissons.
    Ne li fist moust biau ris
    Son baron qui a non Tierris,
    Quant ele entra en sa meson ;
    Ainz plus dolenz ne fu mes hom.
    Moult miex vousist estre sanz fame,
200 Et miex vousist que Nostre Dame
    En porre ardoir l'eust lessiée
    Que revenist ainsi fessiée.
    Moult li faisoit petit de bien ;
    Car povres iert, si n'avoit rien.
    Et d'autre part tant iert hideuse
    Et à voir tant douloureuse,
    Ne la vooit nule foiée
    Qu'il ne vousist que fust noiée.

    Moult est Gondrée mau venue
210 En ville est par tous tenue ;
    Chascun la fuit, chascun l'estrange,
    Et li privé et li estrange.
    Nes ses parens sont encor cil
    D'assez qui plus la tiennent vil ;
    Tiex est du siècle la coustume ;
    En povreté quant aucun tume
    Ou chiet en longue fermeté,
    Si parent tost puer l'ont jeté.
    Ne set la lace qu'ele face.
220 Son drapelet devant sa face
    Moille souvent por miex tenir ;
    Mais a tout ce ne puet venir
    En lieu où chascun ne le hace.
    Ne set la lasse qu'ele face.
    Moult durement se désespère,
    Ne puet dormir, mengier ne boire,
    Tant a de honte et de contraite.
    Ne vous saroie pas retraire
    Comment la lasse bone fame
230 S'est démentée à Nostre Dame,
    Et adonc et plusieurs foiés,
    A nuz genous, à mains ploiés,
    Souvent le requiert et déplore
    Qu'encor l'entende et qu'encor l'ore :
    « Hé ! Mère Dieu, « ce dit la lasse, »
    » Ou du tout en tout me respasse,

---

(1) Eglise cathédrale de Soissons — (2) Monastères célèbres situés aux portes de la ville. — (3) Autres abbayes soissonnaises.

» Ou tu prochaine mort m'envoie.
» Ne puis aler ne champ ne voie
» Com ne me gat, com ne me huit ;
240 » Chascun me het, chascun me fuit ,
» Chascun me despit et desdaigne.
» He ! Douce Virge, Digne, daigne
» Reconforter ceste chétive ,
» Ne sueffre pas que j'ainsi vive.
» Miex vueil morir ignelement
» Que vivre ainsi honteusement. »

Un jor avint que moult ora ,
Et moult gemi et moult plora.
A la vesprez, sans demorée ,
250 Couchiée s'est tout esplorée.
Ne dormi mie longuement ,
Ainz s'esveilla soudainement
Et de rechief assez ploura ,
Et moult dévotement oura ,
Et moult propose en son cuer
Qu'ele ne laira à nul fuer
Qu'à Soissons bien main n'en revoist
Cui qu'il en griet ne cui qu'il poist.
Devant l'autel la bone Dame
260 Gemira tant la lasse dame,
De son las cors departira
Ou aucun conseil y metra
La Mère Dieu en son malage.
Lors se pourpense en son courage ,
Ainsi com le vieut Nostre Sire ,
Qu'ele a encor un peu de cire
Dont devroit faire une chandèle
Por porter à la clere Estoile
Qui touz les desvoiéz avoie.
270 Lors s'est levée à moult grant joie ;
Deus buchetes a alumées
Qui de soir ierent démourées :
Si fait un peu de chandelete ,
Car n'avoit qu'un peu de cirete.
Moult volentiers faite l'eust
Et longue et grant s'elle peust ;
Mès la lasse n'avoit de quoi ,
Tout bèlement et en requoi
Se rest endormie en son lit.
280 La Mère Dieu qui par délit
Out la chandèle remirée
Que la povre fame a tirée ,
Out par si grant dévotion
Et qui la grant contriction

Et la douleur vit de son cuer ,
Tenir ne se puet à nul fuer
Que n'en eust pitié trop grant ,
Porce que l'avoit en grant.
La Dame du ciel et de terre
290 De li à son moustier requerre.
Tant est piteuse et tant est tendre ,
Qu'ele ne puet nes tant atendre
Qu'à Soissons soit à lui venue ;
Ainz seur son lit descendue ,
Si com pitiez la point et touche ,
Si li refait nouvele bouche ,
Et à ses doiz blans et soucz ,
Li fait et forme un si biau nez ,
Et tout le vis si li refaite
300 Qu'assez plus bele est et miex faite
Conques devant n'avoit esté.
Quant tout ceu fait la fleur d'esté ,
La fleur de lis , la fresche rose
Où est toute douceur enclose ,
La povre fame est éveillié.
Durement s'est emerveillié
De ce que jors encor n'est mie.
La saison est onques partie ;
Car li livres fait mention
310 Qu'il iert li equinoction
Qui est à l'issue d'iver ,
En printans qu'appelômmes ver.
A donc fu ce que Nostre Dame
Visita l'esgarée fame
Qui tant iert vile et dechaciée.
De tout son cuer out dépriée
La Mère Dieu la pauvre fame ,
E la grant Royne , la grant Dame ,
Qui tant est douce et debonnaire
320 Li ratira si le viaire ,
Qu'ele rout tost à son devis ,
Et nez et bouche, face ou vis.
Quant la lasse fu esveillié ,
Qui toute estoit esmauveillié ,
Pour aler au matin requerre
La Dame du ciel et de terre ,
En son cuer , à grant joie eue
De ce qu'en dormant a veue.
Ce li est vis la douce Dame.
330 Quant voit la lasse bone fame
Qu'encor n'est mie à la jorner ,
Son drapel prent à retourner
Qui li glace ce li iert vis
Et chiet tout contre val le vis.

Deus foiz ou troiz vis li reglace.
Quant l'a remis de seur sa face,
Quant voit qu'à chief n'en puet venir
De ce drapel faire tenir,
A ceus de la meson escrie :
540 « Por Madame Sainte Marie,
» Por mon drapelet qui me chiet,
» Aucun de vous pri qui se liet
» Et qu'il me viengne un peu aidier. »
Ja ni fineroit de plaidier :
Respondent cil cui n'en est rien,
Et qui la heent plus cun chien.
La dolente qui ne sait mie
Que Madame Sainte Marie
Si doucement l'a visitée,
550 Deuz foiz ou troiz s'est escriée,
Si doucement leur prie et dit :
» Pour Dieu, alumez un petit,
» Tant qu'atiré mon drapel aie. »
« Ne nous laira dormir, Dame, aie
« Por le cuer. » Bien font entr'eus cil
Qui mout la tienent en porvil,
Qui ennuié et las en sont,
La sourde oreille tuit li font.
De li gabent, jouent et rient;
560 Li uns à l'autre ciflent et dient :
« Dame Tyeberge, Dame en pais
» Ne nous laira jamais en pais,
» N'iert ja en lui qu'elle m'ennuit;
» Avoir puist ele mal nuit
» Et demain male matinée,
» Com male vielle estatinée. »
De lui cifloient tuit ensemble;
Moult grant mestiers iert ce me semble
A la lasse de bone fame,
570 Que piteuse fust Nostre Dame
Plus qu'il n'estoit entre aus touz,
Moult est siècles fel et estouz.

Quant ele voit qu'à son apel
N'en venront mie son drapel,
Toute dolente, en soupirant,
Miex qu'ele pout va atirant.
Quant le remis de seur son vis,
Au nes le sent, ce li est vis,
A donc se seigne et esmerveille :
580 Dormir cuide, mes ele veille.
V foiz ou vi touche et retouche
Le nes avant, puis la bouche,
Puis le menton et puis la face.

Si grant joie a, ne set quel face;
Mais toutes voies dormir cuide,
Se met grant paine et grant escuide
A savoir s'ele dort ou non.
« Je dort, » fet ele, « ce faiz mon.
» Non faiz; si faiz, Sainte Marie
590 » Qui m'aroit donc si bien garie
» Et si sanée en petit d'eure. »
La lasse a donc de joie pleure,
Et à deus mains de rechief touche
Plus de vint foiz et nes et bouche.
Quant ele voit à la parclose
Que toute vraie est ceste chose,
A haute voiz s'est escriée :
« Haute Royne Couronnée,
» Douce Dame Sainte Marie!
600 » Aie! aie! aie, aie!
» Douce Dame Sainte Marie!
» Aie! aie! aie! aie! »
Par troiz foiz s'escria ainsi,
Puis a dit : « Merci! merci!
» Pour Dieu, por Dieu, venez vooir
» La grant vertu et le pooir
» De Madame Sainte Marie.
» Sanée m'a toute et garie.
» Sanée sui, sanée sui;
610 » Cele à qui sui, serai et sui
» Et ou mes cuers est touz remes,
» Rendu m'a face, bouche et nes. »

Sus sont sailli petit et grant,
Le feu alument, car en grant
Sont moult de vooir ceste affaire.
Plustost que chascuns puet esclaire
A lui s'en viennent qui miex miex
A granz enviz croient leur yex.
Du grant miracle quant le voient,
620 De pitié pleurent et lermoient.
Moult durement s'en esmerveillent;
Les genz de la vile s'esveillent,
Et qui miex miex tuit i aqueurent.
Petit et grant de pitié pleurent;
En plourant dit la lasse fame :
« Vez-ci le biau nez Nostre Dame
» Ce a Nostre Dame manouvré
» Soutilement a en nuit ouvré. »
Dès qu'ajourna, la bone fame
630 A Soissons vint à Nostre Dame
Qui si bien l'a reconfortée,
Et sa chandele a aportée.

Offerte l'a moult humblement
Devant l'autel dévotement.
La bone fame assez ora
Et chaudes lermes moult ploura.

Quant d'oraison fu relevée,
Entour lui ou grant aunée
Et de granz genz et de menues.
440 Tuit aqueurent d'aval ces rues,
Por regarder la grant merveille.
Chascun se saigne et esmerveille,
Et esbahi sunt tuit affait
De ce que Nostre Dame a fait.
Por un petit qui ne l'afolent,
Tant la baisent et tant l'acolent
Cil et celes qui la cognoissent,
De lui baisier trestuit s'angoissent.
L'abbeesse des bones dames,
450 Li preudomme, les preudefames,
Qui de grant tens la connoissent,
Grant joie en font, moult la festoient.
Le nes li baisent et la bouche,
Moult volentiers chascun i touche ;
Chascun li baise le viaire
Ausi com un haut saintuaire.
Cil qui le viennent esgarder
Et de bien près veulent garder.
Dient : « De la moitié si bele
460 » N'est la viez char com la nouvele ;
» Si plaisanz d'assez ne si bele
» N'est la viez char com la nouvele ;
» Si plaisanz d'assez ne si joenne. »
Cil qui maint gas, mainte rampone
Dit avoient la bone fame,
En l'onneur Dieu et Nostre Dame
A jointes mains merçi li crient
Et envers li moult s'umilient.
Cele ou Dieu a mise sa grace
470 Humblement a moillié face,
Petit et grant tort leur pardonne.
N'avoie desqu'à Ronne
Dite la joie ne retraite
De la feste qui li fut faite.
Por ce miracle qui fu hauz,
La bonne abeesse Mahauz
Moult hautement sonner en fist
La haute Mère Jhésucrist,
Et loin et près communement
480 Loée fut moult hautement.

Qui ce miracle bien remire,
Bien puet penser et bien puet dire
Que retraire ne saroit ame
La grant douceur de Nostre Dame.
Seur toutes pitiez est piteuse,
La douce Virge glorieuse
Qui en ses douz flans glorieus
Porta le trésor précieus
Qui touz racheta d'enfer.
490 Cuer a d'acier, cuer a de fer,
Cuer a de grez et de chailleu,
Qui de l'amour la Mère Dieu
N'est tost boillanz et tost espris.
C'est miracle nous a apris
Que nus de cuer ne la requiert
Qu'ele ne face quanqu'il quiert.
Cis miracle bien nous esclaire
Que Nostre Dame set mieuz faire
Que nus ne saroit deviser.
500 Soufler, espeure et atiser
Nous doivent touz et enflammer
Si douz miracle à lui amer.
De seur touz autres, en touz lieus,
Sont si miracles merveilleus,
Piteus et douz et debonnaire.
Bien nous monstre, bien nous esclaire
Nostre Dame, Sainte Marie
Sa grant douceur, sa courtoisie
Par les miracles deliteus
510 Que fait si douz et si piteus
Par tout le monde tout à fait ;
Mès trop souvent trop mal me fait
Ce que je voi aucunes gens
Que nus miracles tant soit granz,
Ne tant soit genz croirent ne puent ;
Ains les murtrissent et enfuent
A leur povair et obscurcissent ;
Leur pechié si les endurcissent,
Que la douceur ne voient mie
520 De Madame Sainte Marie.
Nes des lettrez sai-je de tieus,
Qui de venin sont si gletieus,
Que leur cuer point ne se délite
En la grace Saint Esperite.
Le bien heent et ruent puer.
De venin a tant en leur cuer
De tousique desqu'amonnée
Qu'il frient plus que charbonnée.
De mautalent, d'ardeur et d'ire,
530 D'une douceur quand l'oent dire

*Versificator dicit :*
Gaudia vera poli mala
lingua retexere neli.

*Propheta :*
Sapientes sunt ut faciant
mala, bonum autem facere
nescient.

*Abailart :*
Parliq non verbis sapientis se proûtetur, solis concessa est gracia tantis bonis.

    D'un miracle, d'une vertu,
    Touz tens dient que c'est d'artu,
    Et tout ades vont contrepoil.
    Des sages sont, pas ne leur coil
    De cui la lettre et Dieu parole,
    Fol sont en faiz et en parole :
    Sage sont pour ce que mau facent,
    A leur povair tout bien effacent ;
    Des yex du cuer ne voient goute ;
540  Ferir les y puist male goute.
    Puisqu'est ainsi qu'il n'ont pooir
    Ne volonté de bien vooir,
    De bien dire ne d'escouter.
    Simples genz font souvent douter,
    Por ce qu'il gabent et qu'il rient
    D'aucunes choses que cil dient.
    Qui volentiers gens atreroient
    A bones œuvres s'il pooient
    Et au service de la Dame,
550  Que chascun doit de cors et d'ame
    Servir ades jor et nuit ;
    Mès n'est nus biens ne leur ennuit.
    Bien à oïr les amegroie
    Et plus encraissent de deus doie
    Quant aucun mal oent retraire.
    Maus à oïr touz les esclaire ;
    Bien à oïr touz les confont.
    Li cuer tout leur remet et font.
    Quant retraire oent aucun bien.
560  Comme waingnon, matin ou chien
    Vont groignant quant on leur conte
    Aucune rien qui à Dieu monte,
    Et sa douce Mère chière ;
    Le groing tournent lors et la chière
    Qu'aucun miracle oent conter.
    Diex ! Diex ! quel afronter
    D'une maçue ou d'un pestel,
    Touz tens touz tenz aresteil
    Metent ou bien quant dire l'oient,
570  Se vomir le venin osoient.
    Qui seur leur cuers leur gist et croit,
    Il diroient trestout debout,
    Mien escient foi que doi m'ame
    Qu'il n'aimment mie Nostre Dame.
    Pour ce qu'ele est tant débonnaire,
    Tant sont félon et députaire,
    Que miracles n'aimment ne crient ;
    Et s'à la voix aucun en voient
    De quanqu'il peut l'amenuisent.
580  Si faites genz si fort menuisent,

    Que par un peu je ne fent d'ire.
    N'est si grand bien si l'oent dire,
    Qu'une barre en contre ne metent.
    La douceur Dieu à nient metent ;
    De la douceur Dieu endurcissent,
    Et de clarté oscurcissent.
    N'est si grant bien ou mal ne glosent,
    Quant Nostre Dame blasmer n'osent.
    Cil qui plain sont tout de tosique,
590  A donc si dient qu'autentique,
    Ne vrai ne sunt pas si miracles.
    Pour mettre en contre aucun obstacle,
    Dient que tout sunt apocrife.
    Qui les desment, qui les rebife,
    Il fait que preus foi que doi m'ame,
    Et bon gré l'en set Nostre Dame.
    Viez est leur vie orde et amère,
    Quant la douceur de la Dieu Mère,
    La grant vertu et le grant pooir,
600  Oïr ne veulent ne vooir,
    Et la Dieu grace à escient
    Tienent à fable et à nient,
    En créance afermer devroient,
    Des biaus miracles quant les oient
    Et le vraus nom de ceus au mains
    Que cil escristrent à leur mains,
    Qui à leur yex propres les virent.
    Sachiez de voir que ja se virent
    Si faites gens en mescréance ;
610  Car en aus n'a foi ne créance
    Se la fussent par saint Pharon,
    Où ressuscita Dieu Lazaron,
    Ne que Juif ne le creussent.
    Mais à fantosme tout tenissent
    S'aveuc le roi Pharaon fussent
    Jà Moy sen creu n'eussent
    Por nule chose qu'il desist,
    Ne por nule signe qu'il fesist,
    Ne plus qu'il fist li renoiez
620  Qui en la mer en fu noiez.
    Les yex du cuers n'ont mie ouvers,
    Ainz les ont vueles et couvers
    Aussi com à la Sinagogue.
    De tiex genz en son dialogue
    Dist saint Grégoire à Perron,
    Que plus sont dur que dur perron ;
    Leur cuer parsent si endurci
    Et de pechié tant ot oscurci,
    Si com fu li cuer Pharaon,
630  Que jà tant ne leur dira on

*Gregorius dicit :*
Ad hec visibilia mirac[u]la obstupescunt, et venti audicionem ad fidem insensibilium pertrahunt, atque hec quod mirum semper agitur foris, hocque sit est longe mirabilius que senciatur.

Vertuz, merveilles ne miracles,
Que lors n'i getent leur obstacles,
Que lors ne gobent et chachinnent
Touz ceus hoent, touz ceus rechignent,
Et en contre touz ceus se crestent,
Qui bien dient et amonnestent.
Trop mal usage ont entrepris,
Dampné seront s'en ce sont pris.

 Ce miracle qu'ai raconté
640 Virent tuit cil de la conté
De Soissons et d'autre diz mile.
Grant ne petit n'out en la vile
Qui Gondrée ne conneust
Et qui grant hide n'en eust,
Por ce que tant par iert hideuse.
Et la pucèle glorieuse,
Qui piteuse est et debonnaire,
Plus que ne puet langue retraire,
Por esbaubir ceus qui groignoient
650 Des miracles que pas ne croient,
La reforma et fist si bèle,
Qu'en tout Soissons n'avoit pucèle
Plus biau nes ne plus bèle bouche
Eust de li, si com cil touche
Qui fist le miracle et escrit.
Et je meismes qui escrit
En rommans met et le latin,
Vi en m'enfance, en men matin,
Une nonnain de Nostre Dame
660 Qui, Gondrée, la povre fame
Dont je vous cont, baisa et vit
Et le bon cuens Raoul m'a dit

De Soissons qu'assez li conta
Li cuens Yves qui la baisa
Le nes plus de cinquante foiz.
En celui faut créance et foiz;
Qui n'en croit celui qui la vit,
De male mort muire et de vit,
S'il ne s'amende tant i met.
670 Soit clers, soit lais qui s'entremet
De metre obstacle et contredit
En ce que preudom conte et dit,
Et qu'afferme Sainte Escripture,
Qui nostre foi nous asseure
Et doctrines sages et fous.
En s'epistre nous dit saint Pous,
Qu'à no doctrine sunt escrit
Et à no preu tuit li escrit,
Qui va en contre vrais miracles.
680 De maus rasoirs, de maus novacles (1)
Ait il la langue decoupée.
Simple gent à tost descoupée,
Et tost les yex, le cuer leur poie,
Qui rit de miracles et decoupoie.
Bien seront cil la gueule et coupe
Qui de bien faire gent descoupe.
A bien dire nous acoupons;
Car par pieces et par coupons
Iert en enfer tout decoupez.
690 Cil par cui bien est descoupez
S'a leur denz leur langues coupoient.
Cil qui des miracles coupoient;
Ce seroit certes moult bons cons
Maufez leur rompe à touz les cous.

*In evangelio legitur:*
*Quæcumque scripta sunt*
*ad nostram doctrinam,*
*scripta sunt ut per pa-*
*tienciam et consolacionem*
*scripturarum spem habea-*
*mus.*

(1) Novacula. *Juvenal.*

## § IV.

### Comment Nostre Dame guari celui qui avoit le pié perdu (1).

Fond d'azur semé de quatre-feuilles lancéolées. La sainte Vierge, accompagnée de quatre jeunes vierges auréolées, dont une tient un falot, relève d'une main le malade sur son séant, et de l'autre lui touche le pied qui est énorme par son enflure.

Qui vieut oir vers moi se traie,
Talent me prent qu'encor retraie

De la soutil physiciane,
De la sage cyrurgiane,

(1) *De quodam ab ægritudine pedis mirabiliter liberato.*

Sed et anno Dominicæ Incarnationis millesimo centesimo tricesimo secundo, dùm inter cæteros in Ecclesià beatæ

De Soissons une bele cure.
Nostre Dame plus d'enfers cure
Que tuit li haut physicien,
Ne tuit li bon cyrurgien
De Montpellier ne de Salerne.
10 Maus tant soit gries, ne feu d'enferne
Ne puet durer por rien qui vingne
En lieu n'en place où elle vingne.
Il n'est nus maus tant enragiez,
Que lors n'en soit sort assouagiez
Cui daigne nes du doi taster.
Moult ce fait certes bon haster,
Et moult est sages qui se paine

Et qui met cuer entente et paine
En acointier Dame si sages.
20 Ne doit douter nus gries malages
N'en fermeté de cors ne d'ame,
Nus qui bien soit de Nostre Dame.
De bèles cures parfait tantes,
Nus ne saroit à dire quantes.
Curez est lors de cors et d'ame
Cil et cele cui Nostre Dame
Daigne atouchier nes de son doit.
Cil bien curez tost estre doit,
Et si est il c'est or du mains
30 Qui chiet entre ses blanches mains.

Virginis excubaret quidam nomine Robertus de villâ quæ dicitur Johi, quæ villa est ejusdem Ecclesiæ, sanitatem pedis sui hoc ordine consequutus est. Erat autem morbus irremediabilis, toto pede in tumorem verso, et pluribus pustulis sauciato, ità ut assiduâ sanie defluens tanto fœtore, vicinum aerem corrumperet, ut intolerabilis omnibus fieret. Undè custodes compulsi sunt ei denuntiare ut exiret, quia jam ulteriùs eum pati non poterant. Manserat enim ibi jam plurimo tempore, et omninò desperatus à medicis toto pede solvebatur in putredinem. Exivit ergò de Ecclesiâ invitus ad suos reversurus, de quibus spem habebat ob consanguinitatem debere sibi præstari obsequium compassionem : discedens tamen beatam Mariam, contestatus est hoc modo : *O gloriosa Domina, et si per multos dierum in isto loco præstolatus sum, opem tuam quam nondùm accepi, tamen putrescentibus membris, et fatiscentibus fides animæ nec fatiscit, nec deficit. Invitus ergò discedo, sed compellor exire. Tu verò, pia et clemens et imperiosa Domina, ubicumquè sim à Filio tuo salutem mihi potes impetrare. Tuus enim (fortè servus), tuus sum census capite à progenitoribus meis : undè non solùm peto gratiam, sed etiam exigo debitum quod soles his impendere qui tui sunt.* Ardens flamma mea, Domine Jesu : *Respice in servum matris tuæ, ecce recedo et morior, quoniam à te divellor, summe Deus, recordare servi tui et servi Matris tuæ. Iteratis doloribus affligitur cor meum, quia à te recedo. Hujus intuitu levigatus dolor mihi corporeus et oblivionem transit penè.* His dictis abiit. Reversus igitur domum in primis, sicut solitum est, patienter à suis portatur, sed processu temporis jam in tædium et nauseam cœpit verti. Nam tantus erat fœtor, ut noctibus dùm pedem suum ob calorem proferret ad aerem, nec conjux ejus, nec pueri ferre poterant. Ipse tamen è precibus non cessabat, sed irrequietis vocibus opem beatæ Virginis inclamabat. Ubi ergò satis visum est, et delectata est pia Domina non dolore patientis, sed perseveranti fide credentis et amantis, in unâ noctium dormienti apparuit cum tanto splendore, qualem mortales oculi ferre poterant. Reverberabat igitur lux syderea aciem contra intuentis et claritatem ulteriùs ejus ferre non poterat. Dùm igitur visum est ei quod unâ manu cervicem juvaret, statuens eum in lectulo sedere, et alterâ manu tenens pedem suum extenderet; experrectus homo novitate visionis, deindè temptatâ progressione perfectè sanatum se experimento didicit. Quantam, igitur, lætitiam habuerit, quantumve gaudium familiolæ suæ fecerit, quantasve gratias Deo gloriosæ Virginis egerit, non est facilè dictum; neque enim capiens apud se, parat regressionem ad Ecclesiam Dominæ suæ et sanatricis suæ, et præ nimiâ exultatione nihil satis festinatum erat, omnisque mora sibi longa videtur. Ingressus igitur Ecclesiam adiit altare, quod congressus vociferans, quantùm lacrymarum cum gaudio et gratiarum actione ibi expenderit, quia perseverante et non lacescente fide cordis etiam corporis sanitatem consequutus sit, meliùs novit ipse Deus qui verba devotionum format, et ea tenet apud se vivo intellectu. Avulsus igitur ab altari similis bacchanti, cœpit discurrere intra sancta Sanctorum, et pede sano pulsans tellurem, percunctantibus causam tantæ lætitiæ, nihil aliud respondebat, dicens : *Hic est pes Dominæ meæ sanctæ Mariæ, hic est pes Dominæ meæ sanctæ Mariæ.* Et pede terram iterùm et iterùm pulsans, ordinem et causam tantæ exaltationis insistentibus exposuit. *Nonnè,* inquit, *ego sum de Johi homo Dominæ meæ sanctæ Mariæ, quam vos intolerabilem pedis mei fœtorem de Ecclesiâ expulsistis. Nonnè ista et isto ordine sanavit me pia Virgo Domina mea Mater Domini mei Jesu Christi?* Hæc igitur persequutus, facilè fecit fidem dictis, et nota persona, quia erat in cliente Ecclesiæ, et exhibitio operis, quia cujus pedem putridum fœtensque cadaver aspexerant, nunc sanissimum et fortem attendebant. Nota persona et evidens miraculum. Mox igitur tympana dant vocem suam, et laus Domini et gloriosæ Virginis de virtute et misericordiâ, in commune celebratur. Venient tempora afflictionis et miseriæ, in quibus dùm a piis mentibus reducentur ad memoriam dies isti, quos agimus in pace, et plenitudine rerum temporalium, et quia Ecclesia ab omnibus gentibus veneratur et colitur, et religio multiplicior est quam in præteritis temporibus. Hæc igitur fideles recolentes dùm suas persecutiones his prosperis conferent, magis dolebunt. Undè præcipuè diebus istis in Ecclesiis sanctæ Dei Genitricis miracula tanta et tam multa celebrari credimus, contestante Deo signis et prodigiis, et variis virtutibus Incarnationem Filii sui; ut quia tempus infestum Antichristi imminere operamus, tantò constantiùs fideles pro hâc veritate moriantur, quantò certior omnium gentium testimonio et laude celebratur.

La Mère Dieu a si sains doiz,
Si biaus, si blans, si lons, si droiz,
Que guaris est tout maintenant
Cui ele en touche tant ne quant.
Tost guarist ame de péchié
Et sane tost cors entéchié.
Quant saner daingne le las cors
Qui muert ausi com fait un pors,
Et qui touz va en porreture.
40 Sachiez qu'en l'ame met grant cure
Qui durra sanz definement.
Or, entendez por Dieu comment
La douce Dame resjoi
Un sien homme qui, de Joi
Aporter se fist à Soissons.
Ses vendanges et ses moissons
Et sa gaaingne avoit perdue,
Porce qu'avoit ou pié eue,
Lonc tens, ne sai quel maladie.
50 Se vous voulez quel maladie
Venir je ne saroie à chief.
Le pié avoit à tel meschief
Et la jambe si borrouflée,
Si vessiée et si enfléc,
Si plaine de treus et de plaies,
Qu'il y avoit, ce croi de naies
Et d'estoupes de Migeron.
Boé et venin tout environ
De toutes pars en sailloit fors.
60 En grand martire estoit ses cors,
Et jambe et pié avoit porri.
Qui lui donnast tout Montorri (1),
Ne tout l'avoir d'une grant terre,
Ne marchast il deux pas à terre.
Robers cil hom iert apelez :
Ses piez iert bien endrapelez ;
Mes nequedent si fort puoit,
Que de puer la gent tuoit.
Quant ou moustier fu aportez,
70 Assez i treuve d'amortez
Et de malades qui se plaignent :
Li un ardent, li autre estraingnent,
Li un pleure, li autre crie.
Robert qui a grief maladie,
Moult durement pleure et gemist ;
Mes de son pié saut fort et ist
Qui de decourre onques ne fine
Une si puante puasine,

Que trestuit cil du moustier crient,
80 Et as gardes en plorant prient
Qu'aucuns d'aus fors por Dieu le mete ;
Quar il put plus que nule sete.
Nes la pueur tot tout le cuer
Aus dames qui chantent en cuer.
Robert a donc est forz boutez.
Aux huys de fors s'est acoutez.
Là pleure et brait et huche et crie :
« Douce Dame, Sainte Marie,
» Fors de l'église me boute-on,
90 » Et si sui tes sers et tes hon,
» Et de Joy ta vile nez.
» Seigneur, » fait il, « vous vilanez
» Quant me boutez fors com un chien.
» Las ! las ! las ! las ! Or, puis je bien
» Dire que privez mal achate. »
A l'uis de fors sus une nate,
Par plusieurs foiz moult se demente.
« Ahi ! » fait il « pucèle gente,
» Vierge sacrée ! débonnaire !
100 » Que pourrai je dire ne faire !
» Que pourrai je dire, douce Dame,
» Quant je ne voi homme ne fame
» Tant soit de malage soupris,
» Bruis de feu d'enfer n'espris
» A ton soller qui ne garisse ;
» Et il te plest que je languisse
» A grant douleur ici et muire,
» Com un torel moz ici muire,
» Et com un ours crier et braire.
110 » Et tu n'ies nes tant debonnaire
» Que tu me daignes escouter,
» Quant de ceens me voiz bouter
» Com un waingnon fors et chacier.
» En as tu cuer plus dur d'acier,
» Quant de santé tant ne m'envoies
» Raler m'en puisse toutes voies.
» Ja n'est il Dame nus consaus,
» En ciel n'en terre tant soit haus,
» Com est li tiens après ton fil.
120 » Cil povre saint que feront il,
» Se prier les vois et requerre,
» Quant tu qui du ciel et de terre
» Roynes ies et Empereris
» Sueffres qu'ainsi soie peris
» Qui t'ai requise à grant meschief,
» Et qui tes hons sui de mon chief,

(1) Belle ferme près de La Ferté-Milon, dépendante de Dammard, *Dominus Medardus*.

» Qui demouré ai ci tel pièce,
» Que mes las piez tout me depièce.
» Se faille à toi en ceste vile
140 » Où ardans as estains x mile,
» Et où tu faiz tant haut miracle,
» A saint Eloy n'a saint Romacle,
» A saint Fiacre n'a saint Gile,
» Que querrai je? Dame di le. »
Ainsi li las sanz nul sejour,
Aus huys de fors et nuit et jour
A Nostre Dame se demente;
Mes si ses piez l'air enpullente,
Qu'à pluseurs semble et est avis
140 Que touz en sont plains li parvis
De pullentie et de charoigne.
Lors li dist on sanz nule aloingne
Que s'en la vile plus demeure,
Ne tant ne quant, ne jor ne eure,
Qu'ausi trainer par saint Gile
Le fera t'on fors de la vile
Com un cheval mort de morille.
Quant voit li las com si la ville
Que trainer fors le vieut-on,
150 Lors crie et dist à moult haut ton :
« Hé ! Mère au roy de paradis,
» J'ai ci esté ix jours ou x,
» Si comme cil qui esperoie
» Qu'à Joy m'en ralasse à joie,
» Par ton conseil et par t'aie;
» Mais ains ni fist ma maladie
» S'agrégier non, ma douce Dame :
» A mes enfans et à ma fame
» Reporterai povres nouveles.
160 » Des soulerez et des coteles
» Leur guaingnasse à grant planté
» Se tu m'envoiasses santé;
» Mais, Douce Dame, toutes voies
» Por ce se santé ne m'envoies
» Désespérer ne me veil pas.
» Comment qu'il voit mes cuers li las
» En ta douceur encore s'espoire.
» Douce Mère au douz Roy de gloire !
» Encore en toi ai grant fiance.
170 » Dame encor gist grant espérance
» Et repose dedenz mon sain;
» Quant toi plera et fort et sain,
» Ou que je sois fait m'aras
» Et loins et près bien en saras
» A chief venir où que je soie.
» D'une coignié me feroie

» Couper le pié sans démourance,
» Se n'ert la très ferme espérance
» Qui en mon cuer est a ancrée.
180 » Puisqu'est ainsi, Virge Sacrée,
» Que la vile vuidier m'estuet
» Et autrement estre ne puet,
» A toi congié pren, Douce Dame,
» Et te commant mon cors et m'ame,
» Porter n'en ferai ane vois,
» Mon cuer te lais et je m'envois. »

Ainsi li las moult longement
S'est desmentez moult doucement
A Ma Dame Sainte Marie.
190 Ne sai s'on l'emporte ou charie;
Mès tant fet qu'il est à Joy.
Sa femme un pou le conjoy
La première nuit que la vint;
Mais ains que jors passassent vint,
De lui fu moult lasse et tanée.
Moult fust ore pure et bien vanée
Fame qui n'anuiast tiex hon.
A ce tout de fi le set hon
Qu'eles tes ont et biaus et nès
200 Leur font eles mauves chevès.
Assez souvent teles y a.
Robert forment s'umilia
A sa fame et à ses enfans;
Bien set que la peur est granz
Qui de lui chiet, sourt et degoute.
Por peu sa fame hors n'el boute
De sa meson assez souvent.
« Je vous metrai, » fait ele, « au vent,
» Sire vilains, ors conchiez,
210 » S'etes nes tiex que mot diex. »
Ne set li las que devenir :
Ne puet aler, ne puet venir.
Sa fame à grand dangier le couche.
Plus le despit cune viez souche.
Ne fait nule riens qu'il commant,
Du tout veut faire à son commant.
Se talent a d'aucune chose
Et demander ne rouver l'ose.
Les pas jure que Dieu passa
220 Que mar fu tiex qu'il le pensa,
Quant qu'ele fait seur son pois.
Quant vient porée lors a pois,
Et quant vient pois lors a porée.
Moult est dolente en sa courée
Quant il tant vit et il tant dure.

*Salomon dicit :*
*Meliùs est habitare in*
*terra deserta quàm cum*
*muliere rixosa et iracunda.*
*Tria sunt quæ non sinunt*
*homines in domo manere*
*fumus, stillicidium et mala*
*uxor.*

Vie li mainne pesme et dure.
A grant plenté en est de teles
Ne prisent mie deus viez peles;
Leurs barons puis qu'il sont malades,
230 Moult tost leur sunt coureus et fades,
Et des mesons lors leur harnesses.
Seur leurs barons se font mestresses;
Mais Salmons dit vraiment
Que la meson pent laidement
Et trop va mal puisque la fame
Seur l'homme en est mestresse et Dame.
De la Robert ne sai que dire,
Quant ele voit qu'ades enpire;
Si le despit, si le desdaingne,
240 Que nes touchier à lui ne daingne.
Se Nostre Dame à cui tant pense,
De lui aidier ne se pourpense.
Trop me venra à grant merveille
Et si dira qu'ele sommeille;
Quar espérance et bone foiz
Au ciel li font plus de cent foiz
Chacune nuit lever les mains.

« Hé ! Mère Dieu, » fait il, « au mains
» Quant ne te plest que je respas,
250 » Bon finement et bon trespas,
» Prochainement Dame m'envoie
» Prochainement, Dame m'avoie
» A ce que tu as porveu.
» Tant ai langui, tant ai geu,
» Que jambe et pié ai tout porri;
» Je n'ai enfant, je n'ai norri
» Qui mais i daint tendre la main.
» Miex aim la mort hui que demain.
» Tant par sui ors, pucele monde,
260 » Que flair et pu à tout le monde. »

Une nuit out assez oré,
Et tant gemi et tant plouré,
Qu'il s'endormi tout en plorant.
Cele que treuve secourant,
Et cil et cel qui qu'il soient,
Qui doucement souvent l'asproient,
A donc atendre ni vout plus.
La grant Royne de lasus,
Qui de ciel et de terre est Dame,
270 Quant voit que fiex et fille et fame
Du tout en tout l'ont adossé,
Et com une charoingne en un fossé,
Du tout l'out mis à nonchaloir,

Aidier li veut lors et valoir.
Lors veut moustrer qu'ele set faire;
Lors veut moustrer la debonnaire,
Vieut, ce m'est vis cyrurgiane.
La très douce phisiciane,
Qui tant parest de franche orine,
280 Que trestouz ceus sanc et orine
Qui ont en lui bone fiance,
Quant voit la grant perseverance
Qui li las a et a eue,
De pitié est toute meue.
Du las pitiez tel li est prise,
Qu'endurer ne puet sa franchise,
Ne por le plus, ne por le mains
Qu'ele moesmes de ses mains
Qui tant parsunt bèles et sades
290 Et saines por taster malades,
Taster et saner ne le vingne.
Ne ne vieut por rien qui aviengne
Que nus fors ele mete main.
He ! he ! si m'ait Diex demain.
Il n'a si merveilleuse fame
En tout le mont com Nostre Dame;
Merveilleuse certes est ele
La sainte Virge, la pucèle.
Si très douce est et si très piue,
300 Que nule douceur à la siue
Comparer ne se puet ne penre.
La Mere Dieu parest si tenre,
Si piteuse, si debonnaire,
Que ne li put que ne li flaire
Enfer tant soit plain d'anposture,
Puisqu'ait pensée nete et pure
Où est qui osast nes penser
Que taster daingnast n'a deser,
Ne m'anoier por nule chose.
310 La nete fleur, la nete rose;
La nettéez de tout le monde,
Home tant ort et tant immonde,
Si plain de bendiaus et de naies,
Si plain de treus, si plain de naies,
Si plain de rogne et de poacre
Ou saint Eloy ou saint Fiacre,
Qui tiex gens seuent manoier,
Il deust viaus bien envoier;
Mes bien savoit cest or du mains
320 N'avaient pas si soues mains
Comme ele avoit ne si très sades
Por bien saner très malades,
Et san savoit assez plus qu'il

Voire que plus milante mil.
He! Mère Dieu qu'est or de Dames,
De puceles, de hautes fames,
Qui leur nes moult en estoupassent
Et qui tout pourriz le lessassent,
Ainz qu'il daignassent atouchier,
530 Lever nel daignoit ne couchier,
Nes s'amoillier Dame tierrée;
Mes tu Dame qui es la rée
Dont sourt toute douceur et ist
Por ce que de cuer te requist,
Moult le daingna bien aprochier
Et ses griés plaies atouchier.

La grant Dame de tout le monde
Qui tout sorrist et seuronde
De douceur et de piété,
540 Quant li las a si déjeté
Que nes sa fame le déjete,
N'est m'est nus qui main y mete;
A donc primes s'en entremet;
A donc sa sainte main y met.
Li las Robers, li languereus,
Qui iert tant las et doulereus,
Qui n'atendoit se la mort non
En reclamant Dieu et son non,
Et en priant la douce Mère
550 Qu'eust pitié de sa misère.

Une nuit endormi ce fu,
La douce Mère au Roy Ihésu,
Qui Royne est de tout le mont,
De Paradis là sus amont,
Ce li sembla descendre vit
En sa meson et en son lit.
Tant par fu bèle, c'est la somme,
Qu'il n'est bouche ne langue d'omme
Qui raconter le vous seust;
560 Ne n'est yex d'omme qui peust
Esgarder son vis ne vooir,
Tant par est clers de grant pooir.
Moult doucement par grant délit
Le malade assiet en son lit.
D'une main le chef li soustient
Et à l'autre le pié li tient.
Lorsque sa main polie et sade
Touché li a au pié malade,
Touz est sanez, ce li est vis,

(1) Il manque ici un vers dans l'original.

570 Ne sait que plus vous en devis.
De fine joie lors s'esveille,
Moult s'esbahist, moult s'esmerveille,
Quant son pié sent guari et sain;
Son las de cuer dedenz son sain
De joie li sautele et vole.
Li las son pié baise et acole,
Et tant est liez ne set que dire.
Il ne trouvast en pièce mire
Qui le sanast si doucement.
580 Du lit saut sus ignélement,
Si queurt et saut par sa meson.
Plus grant joie ne fist mes hon.
Croire povez, quant sain le virent
Que grant joie et grant feste en firent
Si voisin, si enfant, si fame.
A Soissons, à la bèle Dame,
Le lendemain s'en vient tout courant.
Le mestre autel tout en plourant
Baisié a tant et embracié,
590 Qu'à grant paine l'en ont chacié
Les gardes qui ne le cognoissoient.
Desconneu por ce l'avoient
Que durement iert enpiriez,
Amaigris et mal atiriez.
Robers qui sainz iert et delivres,
Trestout aussi com s'il fust yvres.
Entour l'autel souvent couroit,
Du pié sané souvent feroit
Granz cous de seur le pavement,
400 Et si crioit moult hautement :
« Vez-ci le pié, la bèle Dame,
» Vez-ci le pié, la douce Dame. »
Lors dient clerc et chapellain :
« Boutez le fors, ce fol vilain,
» Ce vilain yvre cel en coistre.
» Oir le puet on desqu'en cloistre :
» Tel feste fait et tel criée
» Com se la feve avoit trouvée.
» Boutez le fors, se vous povez,
410 » C'est un bobers, un soz noez. »

« Seigneur! Seigneur! » ce dit Robers,
« Je ne suis pas vilains bobers ;
» Auçois sui Robert de Joy
» Que Nostre Dame a esjoy.
» Vilain bobers ne sui je mie (1) ;
» Ains sui, ains sui Robert joie,

» Robert, Robert, sui porte joie.
» A Joy joians m'en r'irai,
» Qui qui en pleure je m'en rirai,
420 » Grant joie ici à moi afiert. »
Lors fiert li las, fiert et fiert
V foiz ou vi moult liement
Du pié de seur le pavement.
En plorant dit à chascun ame :
« Vez-ci le beau pié Nostre Dame ;
» Vez-ci le pié ici, ici,
» Qu'ele m'a fet siue, merci. »
A donc l'ont tout reconneu ;
Car laiens ont assez ieu.
430 Nes les Dames le reconnoissent,
Qui de demander moult s'angoissent
En quele manière, en quel guise,
La Mère au Roy qui tout justise
Santé rendue li avoit.
Cil qui parler moult savoit,
Tout mot à mot et tout atrait
En plorant conte et tout atrait
Tout ce qu'avez devant oy.
Par le moustier sunt resjoi,
440 Et clerc et lai, et home et fames,
Les cloistrières, les bonnes dames,
Méesmement les jouvenceles
Qui cleres voiz ourent et bèles,
De chant firent grant mélodie.
Es clochiers fu la sonnerie
Et longue et grant et merveilleuse.
Au Saint Soller, la glorieuse.
A Soissons, la riche valée
Tans miracles et tèle alée,
450 Et si com truis à ce tempoire,
Que fete fut moult bèle histoire,
Moult biau treitiez et moult biau lires.

Ainsi avint que nostre Sires
Devant li dist et annonça,
Et par l'enfant le prononça
Porce que vueil que chascun ame
Sache en quel a Nostre Dame
Au Saint Soller en l'ardant feu,
La très grant alé à Soissons fu
460 Escrire ci le vucil et metre.
Se je des aus selonc la letre,
Faire vous vueil narracion,
Lors out en l'Incarnation

Trente et un an et cent et mil,
Cel an meismes, ce dit, cil
Qui cest escrit apropria,
Pape Innocent dedia
Saint Maart, le viel de Soissons.
Lors i out chars, tartes et poissons.
470 Moult i convint riche conroi,
Quant Apostole i out et Roi,
A ce qu'Abbés i out et Vesques
Autant come en vin bescheus besches.

Mestre Hue (1) qui haut clers fu,
Qui les ardans vit et le fu,
Et qui parler oy l'enfant
Qui en si peu out apris tant,
Es miracles qui traita dist
Qu'à ce yex propres tout ce vit ;
480 Qu'en escrist mist et plus encor.
Trop couvenroit eu que en mon cor
Se mon livre vouloie escrire,
Quanque au sien oi conter ne dire.
Je n'en porroie à chief venir ;
Por ce m'en veil à tant tenir
La très grant Dame, la très bèle,
Vers cui soller, vers cui semele
Nes feu d'enfer ne puet durer.
Soufrir ne daint ja n'en durer
490 Celi pri je la douce Dame,
Que feu d'enfer n'en cors n'en ame,
Nul de nous touz puist atouchier ;
Et au lever et au couchier
Nous commandons tuit en sa main.
Se la servommes soir et main
De vrai courage et de cuer fin,
Ja à la vie n'a la fin
Du feu d'enfer n'arommes garde.
Feu d'enfer n'a pooir qui larde
500 Celui ne cele qui s'aart.
A lui servir, par saint Maart,
En feu d'enfer n'iert cil ja ars,
Qui à s'amour siert bien a ars.
Por Dieu, por Dieu que ni ardous,
A lui amer nous aerdons.
A lui se fait bon aerdoir,
De lui amer devons ardoir ;
Por Dieu chascun si si aerde,
Que de s'amour jor et nuit arde.

(1) Hugues Farsit dont nous avons parlé.

# Les Miracles de Notre-Dame de Laon.

Tandis que de toutes les parties de la France les populations effrayées affluaient au monastère de Notre-Dame de Soissons pour y solliciter la guérison du mal des *Ardents*, les chanoines de l'église de Laon avaient déjà, dans leurs pérégrinations lointaines, entendu les peuples qualifier la patronne de leur célèbre basilique du nom de *Notre-Dame-des-Miracles*. Voici dans quelles circonstances.

L'église de Laon, une des plus illustres de la France au moyen-âge et dont l'origine remonte à saint Remi, archevêque de Reims, éprouva au commencement du XIIe siècle une épouvantable catastrophe dont les causes, sans doute multiples, ont concouru avec la féroce énergie de cette malheureuse époque à la destruction complète d'une des plus florissantes cathédrales. Herman, écrivain contemporain et témoin inoffensif de ces luttes affreuses qui venaient troubler jusqu'au silence du cloître, raconte ainsi ce sanglant évènement (1) :

Gérard de Cherizy, châtelain de Saint-Vincent, fut assassiné par ses ennemis tandis qu'il était en prières dans la cathédrale de Laon. On eut beau laver le pavé du temple, on ne put faire disparaître toutes les taches de sang qui souillaient les dalles du sanctuaire. Quelques spectateurs effrayés entendirent de la bouche du docteur Anselme, homme renommé par sa sagesse, son éloquence et sa vertu, que ce sang ne pouvait s'effacer que par le feu, l'incendie de la cathédrale.

Et en effet, peu de temps après, Gaudri, évêque de Laon, est cruellement massacré à son tour par les siens, dans une sédition populaire ; le feu prend à la cathédrale qui est incendiée avec dix autres églises, ainsi que les maisons des chanoines et des autres bourgeois. La ville en cendres et sans habitants, ajoute cet historien, ressemblait à un désert, et les passants, à la vue de ses ruines amoncelées, versaient des larmes de tristesse (2).

On avait cru pouvoir rétablir l'église cathédrale, en construisant à grands frais quelques arcs-boutants depuis le mur qui sépare la nef du chœur jusqu'à l'autre mur extérieur ; mais lorsque l'ouvrage fut achevé, le mur calciné

---

(1) Ces faits sont relatés par deux écrivains contemporains, Guibert et Herman. — Guibert, abbé de Nogent-sous-Coucy, est un des plus grands historiens de son siècle. Sa vie fut entièrement consacrée à la piété et au travail. Ses principaux ouvrages sont : une Histoire des premières Croisades ; un Traité des Reliques des Saints ; des Commentaires sur la Bible ; un Eloge de la sainte Vierge ; un Traité de l'Incarnation contre les Juifs. Mais le plus curieux de ses ouvrages est sans contredit l'Histoire de sa Vie, en trois livres. Il raconte tout ce qui s'est passé sous ses yeux, et surtout les détails si saisissants sur l'établissement de la Commune de Laon. Dom Luc d'Achery a publié ses ouvrages en 1651, in-fol. Né en 1153 à Clermont (Oise), mort à Nogent en 1124, après avoir gouverné pendant vingt ans son monastère.

Herman, moine de Saint-Vincent de Laon, et ensuite abbé de Saint-Martin de Tournay, a écrit la Vie et les Actions de l'évêque Barthélemy ; les trois Livres de saint Ildefonse sur la Virginité de la Mère de Dieu, qu'il avait trouvés manuscrits à Châlons, ainsi qu'un Traité sur l'Incarnation de Jésus-Christ. Il a aussi composé trois livres des Miracles de la sainte Vierge. Ce dernier ouvrage, qui se trouve parmi ceux de Guibert de Nogent, est dédié à l'église de Laon et à Barthélemy, auquel il était très-attaché. Dom Lelong, hist. de Laon. Mort en 1131.

(2) Ce fut, dit Guibert de Nogent, *de vitâ suâ*, liv. 3, ch. IX, de la maison du trésorier, qui était en même temps archidiacre, qu'on vit le feu de l'incendie s'étendre en rampant jusque sur l'église. Le pourtour intérieur de cette basilique avait été richement décoré de tentures en drap et de tapisseries, en l'honneur des fêtes qu'on solennisait alors.... Quant aux tapisseries, plusieurs devinrent la proie de l'incendie, parce qu'elles étaient suspendues à des cordes qu'un petit nombre d'hommes n'auraient pu tirer hors de leurs poulies. Les plaques d'or de l'autel, les tombeaux des saints, ainsi que l'espèce de cintre qui s'élève au-dessus et qui s'appelle couvercle, *Sanctorum feretra erepta cum ipsa proeminenti eorum, quam sic vocitant repa*, et tout ce qui les entoure, furent, je crois, détruits

par l'incendie s'affaissa, et l'on sentit la nécessité d'une nouvelle reconstruction (1). Pour subvenir à cette dépense, le clergé et le peuple, suivant les conseils du docteur Anselme et de son frère Raoul, convinrent de faire une quête par les provinces de France, en portant une châsse de reliques sauvées de l'incendie (2). Cette châsse était artistement travaillée en or, couverte de pierreries, et l'on y avait gravé des vers écrits en lettres d'or qui célébraient les merveilleuses richesses qu'elle renfermait (3). On choisit pour porter et accompagner ce précieux dépôt sept chanoines de bonnes mœurs, Boson, deux Robert, Anselme, Herbert, Boniface et Odon, et six laïcs, Richard, Jean Piot, Lambert, Odon, Boson et Thierri de Bruyères.

« Ils partirent le 7 juin 1112, et après plusieurs jours de marche, ils arrivèrent à Issoudun, en Berri. Les
» saintes reliques y furent reçues avec vénération et placées dans l'église. Deux malades qui depuis longtemps ne
» pouvaient ni marcher ni se tenir debout, furent guéris ; ils accompagnèrent la châsse jusqu'à Laon, travaillèrent
» assidument à la construction de l'église, et lorsqu'elle fut achevée, l'un retourna dans son pays, l'autre resta à
» Laon au service d'un hôpital où il mourut. D'Issoudun, les chanoines allèrent à Beaugency (4) Le seigneur était
» un homme si cruel, qu'il répandait la terreur dans le voisinage ; mais, touché de la guérison de son fils sourd-
» muet de naissance, il dépouilla tout-à-coup sa férocité et courut à l'église. Prosterné devant la châsse, il rendit
» ses actions de grâces à Dieu, demandant humblement pardon de ses crimes, et il destina son fils à servir dans
» l'église de Laon le reste de ses jours. Moi-même, dit Guibert, je l'ai entendu publier à Nogent un si grand
» miracle. De Beaugency, on alla à deux châteaux voisins dont les seigneurs se réconcilièrent. De là, on se rendit
» à Tours. L'archevêque de cette ville, Raoul d'Orléans, reçut honorablement les saintes reliques. Les chanoines
» de Saint-Martin allèrent au-devant et furent témoins de la guérison d'une femme alitée depuis huit ans, et d'un
» jeune homme sourd-muet qui accompagna la châsse jusqu'à Laon et demeura sept ans chez l'archidiacre Guy.
» De Tours, on marcha sur Angers, où la femme d'un nommé Fulbert fut délivrée d'un accouchement très-dan-
» gereux, aussitôt qu'elle eut honoré les reliques qu'on avait portées chez elle. Ceux qui les accompagnaient,
» sortis d'Angers, passèrent par le Mans et parvinrent à Chartres, la veille de la Nativité de la sainte Vierge. Ives
» évêque de cette ville, alla avec son clergé recevoir hors des murs la châsse qu'il fit déposer dans la cathédrale.
» Une femme affligée depuis longtemps et nourrie dans la maison de l'évêque, obtint sa guérison. Deux miracles
» se passèrent presqu'en même temps. Enfin, les chanoines arrivèrent à Laon le 20 septembre, chargés de présents
» et publiant les merveilles de leur voyage.

» Aussitôt le retour des pieux pèlerins, c'est-à-dire pendant l'automne et l'hiver, on se mit à l'œuvre avec une
» activité extraordinaire ; mais comme l'argent qu'ils avaient rapporté ne suffisait pas pour achever un si grand
» édifice, l'évêque Barthélemi résolut d'envoyer en Angleterre, royaume alors célèbre par la pureté de sa religion
» et par ses richesses. Il choisit neuf chanoines versés dans les lettres et le chant : c'étaient le prêtre Boson et
» son neveu, le prêtre Raoul, Mathieu et son parent Boniface, Robert, Anglais de nation, Jean, prêtre de la
» paroisse Saint-Martin, Hélinand et Amisard. Ils se munirent d'un autel portatif et partirent de Laon le 25 mars
» 1113, la veille des Rameaux, accompagnés dans une partie du chemin par le clergé et le peuple A leur arrivée à
» Nesle, un jeune homme sourd-muet de naissance recouvra la parole. A Arras, un aveugle avancé en âge et
» privé de la vue depuis douze ans, ayant appris que l'on venait d'apporter en cette ville les reliques de l'église de
» Laon, s'informa quelle était la forme de la châsse qui les contenait ; et aussitôt qu'on lui en eût fait la des-
» cription, il s'écria en pleurant que dans sa jeunesse il y avait travaillé par ordre de l'évêque Elinand : il fit même
» connaître les reliques qu'elle renfermait, et après avoir passé la nuit près de la châsse, il recouvra la vue. De
» là ils s'acheminèrent vers Saint-Omer. Une jeune fille paralysée d'une main fut guérie en lavant ses mains avec

et mis en cendres par ce feu. Ce qu'il y a de certain, c'est qu'un des plus nobles clercs qui s'était enfermé sous un de ces couvercles et n'osait en sortir de peur de tomber dans les mains des bandes de bourgeois qui erraient çà et là, vit bientôt les flammes briller autour de lui. Courant alors vers le trône épiscopal et brisant avec le pied le châssis vitré qui l'entourait, il sauta en bas et se sauva. — Le crucifix de Notre-Seigneur, richement doré, orné de pierres précieuses et garni d'un vase de saphir, placé sous les pieds de la sainte Image, tomba par terre entièrement fondu ; et quand on le retira des décombres, ce ne fut pas sans qu'il eût perdu beaucoup de sa valeur.

(1) Guibert, ch. XII, ajoute que Dieu ne pouvait permettre que le mur contre lequel Gérard avait été assassiné, quoique privé de sentiment, fût exempt de châtiment.

(2) Il y avait entre autres un magnifique reliquaire que l'on portait dans une châsse de grand renom ; il contenait des morceaux de la tunique de la Vierge, mère de Dieu, de l'éponge dont on humecta la bouche de notre Sauveur, et de la vraie croix. Je ne sais pas bien s'il n'y avait pas aussi quelques cheveux de notre divine reine. Guibert, l. 3, p. 74.

(3) Spongia, crux Domini, cum sindone, cum faciali
Me sacrat, atque tui Genitrix et Virgo capilli.

(4) Busensiacus. N'est-ce pas Busançay, comme le traduisent D. Luc d'Achery, et après lui M. Guizot. Herman *Busensi*, vulgò Baugency. Note de l'éditeur.

» l'eau qui avait touché les reliques. Les chanoines s'embarquèrent à Wisan pour gagner Douvres, d'où ils arri-
» vèrent à Cantorbéry, après avoir été délivrés miraculeusement et par la protection des saintes reliques, d'un
» grand et immense danger. Après avoir traversé plusieurs villes de la Grande-Bretagne, ils entrèrent à Salisbury,
» où l'évêque leur fit beaucoup d'accueil en considération d'Anselme, qui avait été précepteur de deux de ses
» parents. Ils allèrent à Willon, abbaye de filles, qui était la sépulture du vénérable Bede, puis à Darmouth,
» patrie du roi Arthur, où résidait Algaire, qui avait étudié à Laon. On les retint trois jours dans le château de
» Totneff et autant dans celui de Bemestable, où l'épouse du seigneur, sœur du vidame d'Amiens, les combla de
» présents. Ils passèrent ensuite à Bristol. Il se trouvait alors dans le port de cette ville plusieurs vaisseaux mar-
» chands arrivés d'Irlande; ils montèrent dessus afin d'acheter des habits; mais informés par leur hôte que les
» Irlandais étaient dans l'usage de se saisir des étrangers pour les vendre aux barbares, ils en descendirent
» aussitôt. L'évêque de Bath, accompagné de son clergé, reçut avec honneur les saintes reliques qui opéraient
» partout des guérisons miraculeuses. Enfin les chanoines repassèrent en France sans accident et arrivèrent à Laon
» le 6 septembre, après cinq mois et demi d'absence.

» Ce voyage ayant procuré à l'évêque Barthélemi cent vingt marcs d'argent et beaucoup d'ornements, le prélat,
» avec l'aide de Dieu et les collectes des fidèles de France et d'Angleterre, poussa les travaux de réparation avec
» tant d'activité, qu'il put les voir achevés l'année suivante. On n'avait employé que deux ans et demi pour cette
» reconstruction. La dédicace de cette église se fit le 6 septembre de l'an 1114, jour où l'on célébrait celle de
» l'ancienne cathédrale. Raoul, archevêque de Reims, Barthélemi de Laon, Lisiard de Soissons, Guillaume de
» Châlons, Godefroy d'Amiens et Hubert de Senlis, s'y trouvèrent avec 200,000 personnes de tout âge et de tout
» sexe, transportées de joie de voir que l'on avait élevé en si peu de temps sur les ruines de Laon, une église
» beaucoup plus belle que la première et qui devait la surpasser en gloire par un renouvellement de piété et par
» de nouveaux établissements de dévotion (1). »

Ici se présente une question archéologique de la plus haute importance. La cathédrale actuelle de Laon (2) est-elle l'église dont on vient de parler et qui fut dédiée en 1114, comme l'assurent les écrivains contemporains?

L'opinion commune, dit M. Devisme (Hist. de Laon, t. 1, p. 225), est que la cathédrale fut totalement consumée par l'incendie de 1112. Mais ce n'est là, selon lui, qu'une pieuse exagération. Beaucoup de preuves déposent contre l'entière destruction. Guibert dit 1° que l'archevêque de Reims vint à Laon pour réconcilier l'église, ce qu'il n'aurait pu faire s'il n'en fût resté la plus grande partie; 2° il ajoute qu'avant le départ des *quêteurs*,

---

(1) Herman, lib. I et II, p. 550 et suiv. Dom Lelong, p. 214, 215 et 216.

(2) La cathédrale de Laon est sans contredit une des plus belles et des plus intéressantes de la France. Sa vaste étendue, l'élévation de ses voûtes et surtout la hardiesse de ses tours en ont fait un monument du premier ordre et peut-être unique dans le monde. La cathédrale de Laon peut soutenir sous bien des rapports le parallèle écrasant avec les splendides basiliques de Reims, d'Amiens, de Chartres et de Paris. Elle a sur elles l'avantage immense d'être plus ancienne et d'offrir un curieux mélange des styles roman et gothique qui en font un édifice du plus haut intérêt pour l'histoire de l'art; à quoi il faut ajouter la beauté de la conception, la variété des formes, le grandiose des proportions, la magnificence de l'exécution. — Pour nous, petite exagération, soit amour trop naturel pour un monument à l'ombre duquel nous avons en quelque sorte grandi et puisé nos premières impressions de jeunesse, rien ne pourra jamais remplacer la cathédrale de Laon. Ses flèches aériennes qui touchent à la région des nuages et qui semblent quelquefois courir à leur suite; ces étroites, longues et transparentes ouvertures où le vent aime à se jouer, où passe l'éclair pendant l'orage; ces nombreuses verrières, ces magnifiques rosaces où se brise l'éclat du jour; ces longues allées, cette forêt de colonnes, ces admirables chapelles, ces belles fermetures, ces sculptures des chapiteaux, des boiseries; en un mot, ces détails prodigieux ont de bonne heure produit sur nous un effet magique que les années n'ont pu affaiblir; et chaque fois que nous revoyons ces tours si mystérieuses, si chères à notre enfance, nous les saluons toujours avec ce souvenir de vénération, d'amour et de joie que nous avons rarement et à un même degré, éprouvé pour d'autres monuments.

Pour bien comprendre la cathédrale de Laon et son originale beauté, il faut la voir, l'étudier de près et dans tous ses détails. C'est tout un poëme en pierre dont personne jusqu'ici n'a percé la mystérieuse origine ni décrit les innombrables merveilles. C'est une œuvre de génie qui attend encore son historien et son architecte. Son plan a la forme d'une croix latine dont voici les dimensions :

| | | Élévation des voûtes, | 24 m. |
|---|---|---|---|
| Longueur dans œuvre, | 109 m. 66 c. | | |
| de la nef, | 52   66 | de la clef de la lanterne, | 40 |
| de la lanterne et des transepts, | 13   34 | des tours, | 56 à 59 |
| du chœur, | 43   66 | de la flèche du portail sud, | 75 |
| Largeur des transepts, | 53   33 | | |
| de la nef, | 11   » | | |
| des bas-côtés, | 5   30 | | |
| des chapelles, | 4   66 | | |

l'église avait commencé par le zèle du clergé, ce qui suppose qu'elle existait encore et n'avait besoin que de grandes réparations ; 3° Herman, témoin oculaire, s'exprime ainsi : *Sicut enim quondam per David regem, filiumque Salomonem, omnipotens Deus urbem Jerusalem excellenter glorificavit, sed postmodùm propter peccata inhabitantium per Nabuchodonosor regem funditùs destrui permisit, sic etiam ecclesiam nostram quam, ut prædictum est, per multa tempora insigni gloriâ sublimaverat, in diebus nostris, non quidem ex toto destrui, sed nimiâ passus est tribulatione vexari.* p. 528. Il dit encore, page 534, qu'avec les offrandes des fidèles pendant

Quatre magnifiques tours, dont deux placées sur le grand portail et deux sur les portails latéraux, accompagnent l'édifice et rappellent une disposition de la vieille église de Tournay. Le voyageur qui les aperçoit de loin, dit M. Melleville auquel nous empruntons cette description, « demande si elles ne sont pas suspendues dans les airs. Grâces » à leurs proportions, à leur position sur une colline isolée, les tours de la cathédrale de Laon portent leur sommet » à une élévation sans égale en Europe (1) »

Le portail se compose de trois arcades ogivales surbaissées, s'avançant en porches, soutenues par des pieds-droits lisses, ornées de colonnes dans les angles et surmontées de quatre tourillons à jour. — L'archivolte formée de cordons fleuronnés nettement fouillés, est coiffée de frontons aigus dont le centre est occupé par des sujets sculptés

(1) Elles sont à 175 mètres au-dessus de la plaine environnante.

l'automne et l'hiver, on avait réparé la plus grande partie de l'édifice, *ex magnâ parte reparatum est*. Or, comment supposer qu'en aussi peu de temps et avec de si faibles ressources, on ait pu achever en deux ans et demi un édifice aussi gigantesque. M. Devisme croit donc à une simple réparation, et il ne serait pas éloigné, s'il y trouvait moins d'élégance et de délicatesse, à en faire honneur à l'illustre Laonnois saint Remi. C'est pousser un peu loin l'amour du compatriotisme.

Un autre his orien de Laon, M. Melleville, t. 1, p. 130, précédé par un jeune archéologue, M. Jules Marion, cherchant tous deux à établir la concordance des textes avec le style de l'édifice, admettent une destruction à peu près entière de la vieille église ; car ils ne supposent pas qu'on ait pu achever un édifice aussi considérable dans le court espace de deux ans, comme le disent les chroniqueurs contemporains et la légende du Bréviaire laonnois, sans doute d'après leur témoignage. *Bartholomæus templi instaurationem tantâ diligentiâ provexit, ut ante sesquiannum omni ex parte absolutum fuerit opus etiamnum superstes singulari artificio peritis commendabile.*

très-frustes. — Les côtés des portes sont ornées de colonnettes lisses ou cannelées, droites ou torses, et les tympans sont chargés de sculptures, d'entrelacs mêlés de bouquets d'artichaux.

Au-dessus du porche règne une rangée de neuf fenêtres ogivales garnies de colonnettes et d'un double cordon de fleurons et de quatre-feuilles. Le milieu est occupé par une arcade cintrée où se développe une rose accompagnée de chaque côté d'une fenêtre ogivale. La rose est divisée en un grand fleuron entouré de 48 compartiments disposés sur deux rangs. Un cordon de roses épanouies et de feuilles d'acanthe encadre ce tableau transparent.

Les fenêtres qui s'ouvrent au-dessus des porches latéraux et dont les archivoltes sont supportées par des figures d'hommes étrangement contournées, sont décorées de voussures remarquables par la perfection du travail. Ces fenêtres sont couronnées par une galerie ogivale divisée en trois parties, et surmontées d'un balcon à jour. A partir de ce balcon, les tours s'isolent et forment deux hauts étages. L'étage inférieur est carré et percé sur chaque face par deux ouvertures à lancettes géminées. L'étage supérieur, éperonné de tourillons à jour, est éclairé par de longues ouvertures cintrées.

Le portail du midi, flanqué à gauche d'une haute tour, se compose dans le milieu de deux grandes portes ogivales séparées par un étroit trumeau et surmontées d'un grand fronton aigu dont les rampes se hérissent de feuilles de chardons. La tour se divise en trois étages, au lieu de deux comme celles du grand portail.

Les fenêtres sont de simples ogives de petite dimension encadrées de deux colonnettes, et leurs arcs extérieurs, presque toujours ornés de roses épanouies, reposent sur des figures d'animaux ou des têtes grimaçantes. — Les contreforts sont carrés et peu saillants ; ils s'élèvent le long des bas-côtés et se replient en arcs-boutants.

Les raisons qu'ils en donnent, c'est que l'on ne reconnaît plus dans la cathédrale actuelle les dispositions décrites par Guibert, et qu'on ne voit aucun raccord dans les murs existants. L'église de Laon, ajoutent-ils, était sans doute en bois comme tant d'autres ; de là cet incendie complet et si rapide qui alla jusqu'à brûler les murs, ce qui explique ces paroles de Guibert et d'Herman : *Inter ipsum parietem medium qui exustior fuerat. Combustæ concremantur.* On procède à une restauration totale, *velut à fundamentis.* Quand l'archevêque de Reims vient pour réconcilier l'église, il peut à peine rebénir une chapelle avec deux ou trois autels restés seuls debout au milieu des ruines de l'édifice. Mais appuyés sur les anciens historiens, les chroniques et les traditions populaires, ils en font honneur à l'évêque Barthélemi qui gouverna le diocèse de Laon de 1113 à 1150. *Ecclesiam simul et domos episcopales cœpit renovare velut à fundamentis reparare.* Herman, liv. 1, ch. 11. On sait que ce grand évêque fonda dix abbayes, appela les religieux du Temple et de Saint-Jean-de-Jérusalem, qu'il fit construire l'église de Foigny, qui, commencée en 1122, fut achevée en 1124, quoiqu'elle fût longue de 400 pieds et large de 80. La voûte était soutenue par 44 piliers, et on comptait à son pourtour 18 chapelles. (Hist. de Foig , p. 11.) Foigny présentait la plus grande ressemblance avec la cathédrale de Laon ; elle accusait aussi l'époque de transition, le mélange du plein cintre et de l'ogive. Barthélemi le dit dans sa justification : *Dieu et les fidèles savent si j'ai fait tous mes efforts pour rétablir la cité et la grande église.*

INTÉRIEUR. — Le vaisseau de la cathédrale se compose d'une large nef et de deux collatéraux assez étroits Ces bas-côtés sont surmontés de larges et belles tribunes, comme à Saint-Remi de Reims. Une haute coupole ou lanterne carrée occupe le point d'intersection des transepts. L'extrémité du chœur se termine par un chevet carré percé d'une rosace et de trois fenêtres à lancettes. Les bas-côtés sont flanqués de 32 chapelles dont 15 dans la nef, 14 dans le chœur, 2 dans les transepts et celle des fonts.

Cette construction est soutenue par 10 gros piliers carrés dont les faces sont découpées en colonnettes engagées ; 51 grosses colonnes isolées et 1300 colonnettes de toutes dimensions ; 1140 disposées en faisceaux et se mariant aux nervures des voûtes. 4 roses et 200 fenêtres étagées sur trois rangs éclairent l'édifice dans toute sa longueur. On compte 46 travées dans la longueur et 18 dans les branches de la croix.

*Protinùs hinc Mariæ succensa recondere templa*
*Non tardat.....*

Un service annuel célébré jusqu'à la Révolution perpétua la dédicace de 1114. Ces auteurs ont cru reconnaître dans le grand portail, la chapelle des fonts, à quelques fûts de colonnes, à des têtes de chapiteaux d'une grande simplicité et d'un style particulier, à la nudité des arcs-boutants, à de nombreux vices de construction, tels que l'irrégularité des travées, les zigzags des allées latérales, à quelque chose d'indécis et de lourd, à l'emploi fréquent du plein cintre, à la présence de l'évêque bienfaiteur occupant dans la rose une place principale au chevet carré, autant de preuves de leur opinion, et ils ont ainsi catalogué cette grande construction et ainsi fixé l'âge des diverses parties de l'édifice :

Portail principal, nef, chœur, transepts, de 1112 à 1150.
Tour du portail du nord, fin du XII$^e$ siècle.
Tour du portail du midi, fin du XII$^e$ siècle ou commencement du XIII$^e$.
Décoration intérieure des porches, XIII$^e$.
Chapelles des transepts, de 1205 à 1272.
Partie inférieure du portail du midi, rose, XIV$^e$.
Balcon terminal du portail occidental, XV$^e$.
Balustrade des chapelles, XVI$^e$.

D'autres archéologues, entre autres MM. Didron et Vitet (1), contestent la première de ces assertions chronologiques. Je regrette de n'avoir pas sous la main l'opinion de M. Didron, qui tient aujourd'hui parmi les modernes, le sceptre archéologique ; ses raisons ont été déduites dans quelques articles du *Journal de l'Aisne* ; mais à son défaut, je vais citer le second avec d'autant plus de plaisir qu'il nous offre une rétractation dont nous lui savons gré :

« Quelques mots encore sur une église à laquelle on attribue en Picardie une ancienneté presqu'aussi extraor-
» dinaire que celle dont on fait honneur, en Normandie, à la cathédrale de Coutances. Nous voulons parler de l'an-
» cienne cathédrale de Laon. L'histoire de cette grande église, remarquable à beaucoup d'égards par son archi-
» tecture, est mêlée à celle des sanglantes catastrophes qui signalèrent, dans la ville de Laon, l'établissement de
» la Commune. Au moment où les bourgeois venaient de massacrer leur évêque, la cathédrale prise et reprise
» d'assaut devint tout-à-coup la proie des flammes. L'incendie fut violent ; il dévora une moitié de la ville, et

La voûte est partout ogivale et habillée de nervures épaisses formées de trois tores ou d'un large bandeau avec deux tores. Les bases des colonnes offrent beaucoup de variété ; elles sont cylindriques, carrées et hexagones. — Les chapiteaux sont toujours cylindriques, ornés de feuilles plates, découpées, roulées en forme d'artichaut, quelquefois recourbées en crochets. — Les tailloirs offrent beaucoup de ressemblance avec la base ; quelques-uns sont séparés des chapiteaux par des consoles ou corbeaux. — On voit aussi des colonnettes détachées de la colonne principale et seulement retenues par un anneau ; les travées des transepts sont soutenues par des colonnettes au lieu de colonnes.

Les tribunes sont éclairées par des arcades géminées reposant sur une colonnette. — On croit remarquer dans quelques parties de l'église des débris d'un édifice plus ancien. — Ce qui reste des vitraux peints est admirable d'effet, et la rosace du chevet peut encore passer pour une des plus belles verrières de France.

Le sol est jonché de dalles tumulaires ; elles sont au nombre de 306 (1) ; quelques-unes sont encore très-bien conservées et faciles à estamper.

(1) M. Vitet a fait un singulier usage de son esprit et de sa science lorsque, dans un rapport au ministre de l'intérieur en 1831, page 58, il a osé écrire : « La cathédrale de Laon est très-vaste, mais c'est là son principal mé-
» rite ; sa façade est d'une lourdeur désespérante et d'une irrégularité sans motifs, sans effet, sans esprit. Elle n'est
» bonne qu'à déconsidérer l'art du moyen-âge ; il faut en détourner les yeux.... Les autres parties de l'édifice mé-
» ritent moins de dédain : l'intérieur est assez grandiose ; mais le chœur qui se termine carrément n'a rien de très-
» beau. Les voûtes qui se croisent et ces colonnettes isolées rattachées seulement par un anneau de loin en loin, ne
» font qu'emprisonner la colonne principale.... Bizarre arrangement ; bizarrerie encore plus disgracieuse que de voir
» ces bœufs sculptés servant de jets d'eau ; vilaines bêtes qui font l'effet d'un cauchemar. » — M. Vitet était bien mal inspiré et travaillé sans doute par quelque affreux cauchemar, lorsqu'il a consigné ces impressions désolantes. Il ne sera jamais permis de dire que « l'église Saint-Martin de Laon, quoique moins renommée que la cathédrale, est
» bien autrement intéressante. » C'est là une hérésie archéologique des plus considérables et qu'un homme de la valeur de M. Vitet doit rétracter au plus tôt, s'il ne l'a déjà fait.

Plusieurs auteurs ont cherché à expliquer la présence insolite de ces vilaines bêtes dont parle M. Vitet. D'après une tradition assez répandue dans le pays, lors de l'érection des tours, on aurait construit des plans inclinés qui

(1) Nous avons un plan exact de la position de ces 306 pierres tumulaires, et l'inscription de 66 d'entre elles. Quant aux 240 autres légendes, elles sont ou entièrement effacées ou illisibles. Quelques-unes ne portent aucune trace d'inscription.

» l'église fut en partie détruite. C'était en 1112 (1). Deux ans après, en 1114, grâce à des quêtes abondantes,
» grâce à l'ardeur du clergé et de la population, tout était réparé et le culte était solennellement rétabli dans
» l'église.

» Venait-on seulement de restaurer l'édifice? L'avait-on reconstruit complètement! L'opinion commune croit à
» une reconstruction. Si cette opinion était fondée, si l'église qui subsiste aujourd'hui était celle de 1114, cet
» immense édifice serait l'œuvre de deux années et quelques mois. Une telle supposition ne peut se soutenir. Quelque
» nombreux que fussent les ouvriers, quelqu'abondant que fût l'argent, il était matériellement impossible qu'un
» si vaste vaisseau pût être élevé et couvert dans l'intervalle de deux ans et demi. Un pareil tour de force ne serait
» pas plus admissible avec les procédés employés aujourd'hui qu'avec ceux dont on se servait alors. Ajoutons que
» parmi les monuments du moyen-âge dont on sait exactement l'histoire, monuments moins grands pour la plu-
» part que la cathédrale de Laon, plus richement dotés soit par le zèle des fidèles, soit par la munificence de nos
» rois, l'église de Saint-Ived de Braisne, par exemple (2), il n'en est pas un seul dont la construction n'ait duré
» vingt, trente, quarante, et même jusqu'à soixante ans. (3). Il est donc évident que les travaux qui s'exécutèrent
» à Laon de 1112 à 1114 étaient des travaux, non de reconstruction complète, mais seulement de restauration.
» Comment d'ailleurs, conserver le moindre doute, puisque le moine Herman, témoin oculaire du désastre, nous
» apprend que l'église n'avait pas été entièrement détruite, mais qu'elle avait seulement souffert de grands dom-
» mages. Lib. 1, ch. 1. *Bartholomæus episcopus cujus industriâ cathedralis ecclesia in brevi reparata iterùm
» fuit consecrata.* Gallia, t. IX, col. 529. Il est donc évident que l'église fut réparée et non reconstruite. Si au
» lieu du mot *reparata*, on lisait *restaurata*, il serait possible de croire à une reconstruction, car le mot *restau-
» ratio* a presque toujours cette signification dans les auteurs du temps, tandis qu'ils ne se servent du mot *reparare*
» que dans le sens de notre verbe réparer.

» Ainsi, la cathédrale de Laon consacrée en 1114, n'était autre que l'ancienne cathédrale, monument à plein
» cintre d'une assez haute antiquité, qu'on venait de consolider, de réparer, afin de pourvoir aux besoins du culte.
» Au bout d'un demi-siècle environ, ces murailles calcinées auront de nouveau menacé ruine, et il aura fallu
» les rebâtir de fond en comble. De l'église actuelle, construction faite évidemment d'un seul jet, bien qu'on y
» rencontre quelques disparates; monument dont certains chapiteaux conservent encore une forme un peu romane,
» mais où l'ogive domine presqu'exclusivement, et qu'il est difficile de ranger parmi les œuvres de l'époque de
» transition, tant il semble appartenir plutôt au XIIIe siècle qu'au XIIe.

» Est-il besoin de dire que, puisque les travaux de 1114 n'ont été nécessairement que des travaux de restau-
» ration, il est impossible de supposer que le monument restauré se soit conservé jusqu'à nos jours, et que ce soit
» encore lui que nous ayons devant les yeux? D'abord on ne découvre pas sur la maçonnerie de la cathédrale
» actuelle la moindre trace d'une reprise, d'une réparation aussi importante que dût être celle de 1114 : en second
» lieu, la cathédrale de Laon, d'après le témoignage des historiens, était déjà très-ancienne lorsqu'elle fut incendiée.
» Croire à sa perpétuité, ce serait donc admettre l'existence d'un monument entièrement à ogive, non plus au
» début du XIIe siècle, mais bien avant l'an 1000. Ce serait faire un acte de foi encore plus complaisant que celui
» qu'on nous demande pour la cathédrale de Coutances.

» Au reste, il suffirait, pour se convaincre, de jeter les yeux sur un autre monument encore debout dans la
» ville de Laon, l'église de l'ancienne abbaye de Saint-Martin. Cette collégiale n'ayant été reformée et régularisée
» par saint Norbert qu'en 1124, et le nombre des religieux ne s'étant augmenté dans une proportion assez consi-
» dérable pour motiver la reconstruction de l'église, qu'environ douze ans après, on ne peut faire remonter cette

---

s'étendaient jusque sur la place du Bourg, d'autres disent, et il n'en coûte pas davantage, à plus d'une lieue dans la campagne, et au moyen desquels les bœufs pouvaient monter les matériaux jusqu'à la hauteur voulue. Ce serait pour perpétuer ce souvenir qu'on aurait placé les bœufs en pierre dont il est question. Pour moi, dit M. Jules Marion, s'il m'est permis de proposer une solution de ce curieux problème, il me semble qu'on peut trouver l'explication de cette bizarrerie dans un fait raconté par l'abbé Guibert de Nogent. Parlant de la construction de la cathédrale de Laon, Guibert raconte que, pendant qu'on élevait le toit de l'église, un clerc était allé au bas de la montagne chercher les matériaux nécessaires à la construction. Il remontait à la ville, lorsqu'un des bœufs qui traînaient le char tombe de lassitude. Le clerc essaie inutilement de le relever : il ne savait comment faire pour continuer sa route, lorsque tout-à-coup un bœuf arrive en courant et se place de lui-même sous le joug de l'animal tombé. Marchant aussitôt avec rapidité, il conduit le char de matériaux jusqu'à l'église. Arrivé là, le clerc s'inquiète déjà, ne sachant à qui rendre le bœuf qui lui avait été si utile, lorsque celui-ci, à peine délié, retourne sans guide d'où il était venu. (Essai hist. et archéol. sur la cathédrale de Laon, p. 25. Guibert, de Vitâ suâ, lib. III, chap. 13.)

(1) Herman. (Lib. III, ch. 1 Gallia christ., t. IX, col. 530.) Dom Lelong (Hist. du diocèse, p. 215.)
(2) Commencée en 1180 et dédiée en 1216. Admirable modèle du style ogival de transition.
(3) Reims, 30 ans; Saint-Denis, 60 ans.

» reconstruction qu'à 1140 ou tout au plus à 1156. Eh bien ! à l'exception de la façade qui est beaucoup plus ré-
» cente, l'église entière n'est percée extérieurement que de fenêtres à plein cintre; sa forme, son aspect général,
» les sculptures de la corniche, les moulures qui relient les cintres des fenêtres, tout en elle appartient au style
» roman de la dernière époque.

» Que ceux qui verront cette église de Saint-Martin de Laon la comparent avec la cathédrale, et qu'ils se de-
» mandent s'il est possible de supposer que, de ces deux édifices, la cathédrale soit le plus ancien. Admettons
» même, si l'on veut, l'hypothèse d'une reconstruction totale en 1114, hypothèse démentie par les faits, il n'en
» sera pas moins hors de toute vraisemblance qu'à côté d'un monument où le style à ogive semble déjà presque
» parvenu à son entier développement, il se soit élevé vingt ou trente ans plus tard, dans la même ville, un autre
» monument servilement fidèle, par ses formes extérieures, aux lois de l'ancienne architecture, et se rattachant à
» l'époque de transition par quelques arcades à ogive qui se montrent timidement à l'intérieur. »

Il résulte de ces appréciations si différentes, que la solution de ce problème est plus difficile que jamais à ré-
soudre. Nous n'oserions avouer, pour notre compte, que la construction de l'église pût remonter à l'année 1114.
Notre conviction est qu'elle est tout-à-fait postérieure à cette époque. Cependant, en face de textes si positifs, d'une
tradition si constante, comment supposer la complète destruction de l'église restaurée ou reconstruite par Barthélemi, église remplacée par une conception bien autrement vaste, d'une hardiesse prodigieuse, sans qu'il en soit fait
mention dans les chroniques locales ? Comment expliquer cet étrange silence, quand il s'agit d'une œuvre aussi
colossale qui a dû demander des années et exiger des ressources immenses ? Quel évêque de Laon, de 1150 à 1250,
a pu entreprendre un ouvrage aussi extraordinaire, en poursuivre l'achèvement et échapper aux regards de l'histoire qui inscrivait minutieusement sur ses tablettes des constructions bien moins importantes et d'un style différent,
les châteaux d'Anizy, de Presles, les salles de l'évêché ? Nous espérons qu'on reviendra un jour sur cette question
si brûlante au point de vue de l'art, qu'on parviendra enfin à concilier ensemble des autorités en apparence si di-
vergentes. Nous allons nous contenter aujourd'hui de constater que le moine de Saint-Médard, qui écrivait dans le
premier quart du XIII<sup>e</sup> siècle, vers 1219, parlait de la cathédrale de Laon comme d'un édifice achevé à l'époque
fixée par Herman dont il traduisait en partie la merveilleuse légende relative au voyage des reliques en Angleterre.

Notre manuscrit ne nous offre qu'une seule miniature représentant un seul de ces divers épisodes, la guérison de
l'aveugle d'Arras. C'est un ancien orfèvre qui, dans sa jeunesse et du temps de l'évêque Elinand, a travaillé à la
châsse de Laon. L'aveugle est conduit par un jeune homme vêtu d'une tunique rouge. Tous deux s'avancent un bâton
à la main. Le vieil orfèvre s'appuie sur son jeune conducteur; il porte un surcot gris-cendre avec une pèlerine, une
espèce de capuchon vert sur la tête et un chapeau à rebords. Les deux pèlerins approchent de la châsse qui est placée
sur un autel portatif recouvert d'une longue draperie blanche. Cette châsse, toute resplendissante d'or, avec ses toits
imbriqués, sa nef à rosaces ornée de quatre-feuilles, ses arcades tréflées, ses incrustations sculptées dans sa partie
inférieure, offre l'image d'une petite église. Un chanoine, revêtu d'une chape rose doublée de pourpre avec fermoir
d'or, s'appuie sur la table-autel où est déposée la châsse. La scène se passe dans l'intérieur d'une chapelle ou
habitation couverte en larges tuiles. Le fond d'azur est coupé par des lignes d'or formant des carrés occupés par des
croix d'or fleuronnées. La porte est soutenue par des ferrures en fleurs-de-lys.

Les miniatures de la Bibliothèque Nationale sont plus riches et plus complètes. Nous en avons quatre au lieu d'une
seule, qui se divisent en onze sujets que voici :

*Comment li orsfevres fu renluminez.* — 1° Départ des clercs de Laon portant une châsse flanquée de tourelles
aux côtés; d'autres clercs s'avancent au-devant d'eux pour aller recevoir la châsse. 2° Dépôt de la châsse; un des
chanoines prend une des tourelles pour la faire palper à un aveugle qui veut en juger par lui-même. 3° Le peuple
à genoux devant la châsse.

*Des marcheans qui offrirent à Notre Dame des deniers, puis li tolirent.* — 1° Deux barques dans l'une desquelles sont placées les saintes reliques. 2° Une barque fait naufrage; les chanoines élèvent les reliques dans ce
moment de détresse, pour calmer la tempête.

*Comment la fierte fu boutée hors de l'église.* — 1° Deux chanoines en chape portent la châsse. 2° Deux clercs,
un laïc ôte l'aube sur laquelle est déposée la châsse; deux clochettes au-dessus. 3° et 4° Un prêtre fait sortir
la châsse.

*Comment li moustiers et toute la ville fu arse par un dragon.* — 1° Un dragon à cinq gueules vomissant
des flammes. 2° Un dragon au dessus d'une barque qu'on s'empresse de charger d'effets précieux.

# Les miracles de la fierte de Loon et du cierge qui y aluma [1].

## § I.

### Comment li orsfevres fu renluminez [2].

Assez savez qu'assez Loon
La bèle église de Loon,
Et en adroit riche est et bèle.
La lettre me dit et révèle
Quant la viez fu arse et detruite,
Ançois que ceste fust estruite,
Li filatère de l'église,
Qui riche et bel sunt à devise,
Porté furent en Engleterre,
10 Por gaingnier et por acquerre ;
Et à aler et au venir
Tant biau miracles avenir
I fist li Sires, li douz Père,
Pour essaucier le non sa Mère,
Q'un moult grant livre en porroit faire
Qui les vourroit dire et retraire.

Quant à Arraz la fierte vint,
Moult biau miracles y avint,
Et hautement fu receue.
20 Uns orfevre, qui sa veue
Perdue avoit par grant viellesce,
X ans ou plus; quant la léesce,
Quant de la fiertre de Loon,

Durement enquiert li vieus hon
De la fiertre la vérité,
La faiture, la quantité.
La vérité quant en entent,
Plorant les mains vers le ciel tent ;
Giete un souspir si parfont :
30 « Hé! Mère au roy de tout le mont,
» Douce Dame, Sainte Marie,
» Por Dieu, » fait il, « aie! aie!
» Ceste fiertre, par grant entente,
» A Loon fis en ma jouvente,
» Au tens le bon évesque Elinant,
» Qui saintuaire i mist moult grant ;
» Le chief i mist saint Valeri,
» Et le chief saint Montain ausi.
» D'autres cors sainz i mist assez.
40 » Douce pucèle, respassez,
» Par vostre douce piété,
» Mes ius de ceste cécité ;
» En tel manière qu'à grant joie,
» La fiertre que vos fis, revoie. »
Li bien créanz, li bons homs vieus,
Maintenant fist laver ses yex
Du lavement des saintuaires.

*In evangelio :
Omnia possibilia sunt
credenti.*

---

(1) Nous n'avons pu trouver à quelle circonstance le cierge pouvait faire allusion.

(2) *De aurifice cœco illuminato Attrebati.* Herman, lib. 2, ch. 11, p. 534.

Indè circa Parasceven, Attrebatum urbem venientes, non minùs honorificè suscepti sumus. Et ecce quidam aurifex senex in câdem urbe manens, qui jam per duodecim annos oculorum lumine privatus fuerat, audiens feretrum sanctæ Mariæ laudunensis advenisse, interrogabat formam, vel qualitatem, seu quantitatem ejusdem feretri. Quàm cùm didicisset, protinùs ex imo pectoris trahens alta suspiria, lacrymasque ubertim profundens : Heu! inquit, hoc feretrum manibus meis composui ego peccator in juventute meâ, jussu Domini Helinandi laudunensis Episcopi. In hoc idem Episcopus preciosas reliquias posuit, inter quas fuit caput sancti Walarici (S. Valeri) abbatis nec non et caput sancti Montani, qui sicut ab eodem Episcopo audivi, cùm oculorum visum amisisset, ortum sancti Remigii beatæ Cilliniæ matris ejus prænunciavit, sibique de lacte ejus lumen reddendum subjunxit, quod et posteà contigit Sed ô tu, piissima Dei genitrix, quam hodiernâ die hùc gaudeo advenisse, faciesne misericordiam tuam in me peccatore, ut instar sancti Montani recepto lumine, feretrum tuum quod composui, rursùm possim videre. Talia cum lacrymis dicendo, rogavit ut ex lymphâ, quâ reliquiæ lotæ fuerant, oculi sui tangerentur. Quo facto, de ipsâ aquâ bibit, sicque per totam noctem pervigil coram feretro mansit. Manè facto, lumen recepit, Deoque et piæ Matri ejus gratias egit.

Ignelement ne tarda guaires,
Li rendi cele sa lumière
50 Qui de bien faire est coustumière.
Cent foiz baisa la fiertre adonques,
Et vit plus cler que fait not onques.
Miracles i out plus de cent,
Ainz qu'au port fussent de Wicent (1).

## § II.

### Des marcheans qui donnerent l'offrende Nostre Dame et puis li retolirent (2).

Li clerc qui la fiertre portoient,
Qui sage et bien lettré estoient,
Deseur le port treuvent assez
Riches marcheanz amassez
Qui aloient en Engleterre
60 Por acheter laines et querre.
De la fierte ourent moult grant joie;
Car moult portoient de monnoie.
Si se doutaient durement
D'avoir aucun encombrement.
Quant il vindrent presqu'en mi mer,
Un signe virent moult amer :
Une galie de loing virent,
Dont durement tuit s'esbahirent.
Cil de la nef qui plus savoit,
70 Coldistannus à non avoit;
De la nef iert Sires et Mestres,
De mer savoit moult bien les estres.
« Seigneur, » fait il, « se cest galie
» Ne pris nos vies une alie.
» Se Diex nel fait, ne la garrons,
» Ou siècle n'a si fors larrons,

» Com sunt Uslague et Galiot. »
Chascun qui ce dire li ot,
La face a toute tainte et palie.
80 Chascun vousist estre à Pavie.
Grant peeur ont, c'est or du mains;
Chascun plorant estraint ses mains
Envers la fiertre Nostre Dame.
En la nef n'a home ne fame
Qui ne s'escrit et qui ne die :
« Douce Dame, sainte Marie,
» Par ta douceur, par ta merçi,
» Ne nous consent à périr çi. »
A moult grant haste, à moult grant presse
90 Li uns à l'autre se confesse;
Nes li prestres sanz nul délai
Se confessent moult tost au lai;
Li uns en l'autre moult s'apresse
Entour la fiertre à moult grant presse,
Que nus n'i puet mais aprochier.
Voler à poindre et abrochier
Voient vers aus leur anemie,
Plus qu'oisiaus ne vole mie.

---

(1) M. Didron s'autorise avec raison de ce passage pour montrer que l'importante cité d'Arras avait au XII<sup>e</sup> siècle des orfèvres renommés. (*Annales archéologiques*, t. x.)

(2) *De liberatione clericorum sanctæ Mariæ in mari à piratis.*

Postmodùm mare transire sperantes, ventumque prosperum expectantes, tempore pascali, in festo Marci evangelistæ, summo manè apud portum, qui vocatur Wisant, à nautis convocati, navem intravimus. Nobiscum etiam plures negotiatores introierunt, qui propter lanam emendam de Flandriâ in Angliam ire volebant, seque nobiscum securiùs transire sperabant, plus quàm trecentas marcas argenti secum in sacculis et marsupiis ferentes. Magister navis vocabatur Coldistannus. Cùm ergò quasi circà medium maris venissemus, unus ex sociis nostris à longè prospiciens, vidit procul navem velut in littoris angulo positam. Quod cùm præfecto Coldistanno indicâsset, ille juvenem usque ad summitatem mali, explorandi causà jubens conscendere, ex dictis ejus animadvertit piratarum qui per mare prædandi causà discurrunt, navem adesse, statimque nimis perterritus, indicavit omnibus mortem propinquam imminere.

Protinùs omnes timore necis reddimur exsangues, è vestigio enim cernimus navem appropinquantem instar volucris advolantis, lanceas et clipeos cum gladiis corruscantes, loricas etiam solis splendore perfusas relucentes. Peccata nostra invicem confitemur, et quia mors jam ad januam adesse videtur; non expectatur presbyter ad suscipiendam confessionem, sed etiam ipse presbyter rerum imminentium periculo perturbatus laico confitetur. Negotiatores quoque

Cele galiée iert si ferrée,
100 Si aguë, si acerée,
N'est nule nef si l'atainsist,
Ne la perçast hors et frainsist.
Avironnée est toute d'armes,
De fors escuz et de gisarmes,
De fors lances, de fors espiez.
Ne puent estre sus leur piez.
Si grant peeur ont tel y a,
Se grant douleur, se grant cri a.
Dedenz la nef n'est pas merveille ;
110 Se Diex par sa Mère n'i veille,
Tuit seront mort sanz delaier.
Es marcheans n'a qu'esmaier,
Quant la mort voient à leur yex,
Deseur la fiertre qui miex miex
Ruent et guerles et frambauz,
Et plorant dient à cris hauz :
« Tant seulement sauve nos cors,
» Haute Royne, et touz nos ors
» Et notre argent, tout sanz devise
120 » Soit tiens por parfaire l'église. »

Coldistannus quant aprochiée
Voit la galiée à une archiée,
Au mestre de la nef s'escrie :
« Mestre Buesars, ne dormez mie,
» Je m'avez vous conté, biau frère,
» Que vous portez une filatère
» Où des cheveus à Nostre Dame ;
» Seur Dieu vous créant et seur m'ame,
» Se vous, vers aus, le voulez tendre,
130 » Tout maintenant sanz plus atendre
» Perdu auront tout leur povoir;
» Ne ja ne l'oseront vooir. »
Au grant besoing preudom se preuve,

Son cuer a repris mestre Bueve.
La filatère à deus mains prent,
Si com li lais hons li aprent,
Vers les Uslagues l'a tendu ;
Et puis si leur a deffendu
Du pooir, de l'autorité
140 A la Mère au Roy de vérité
Qui ne leur facent vilanie,
Ne que leur nef n'aprochent mie.
Si tost com il a finé sa voiz,
Et encontre aus out faite croix
Deus foiz ou trois du filatère,
Tel miracle fist la Dieu Mère,
Que lors leva un si fel venz,
Qui d'eus gréver fu si fervenz
Et si leur galie angoissa,
150 Que tres parmi le mas froissa
Si raidement entre eus chai.
Touz li plus fiers s'en esbahi
Et si feri le mestre d'aus,
Les yex li fist voler en daus ;
Tout le rompi et defroa,
Si belement à li joa,
Tout celui le fist en mer voler,
S'ame en enfer por Karoler,
Lors s'en ala les panz noez.
160 Légièrement croire povez
Qu'en la nef out à donc joie;
Ainz ne sourent ne vent ne voie
Ne nouvèles de la galie.
Li vens si tost l'out hors jalie,
Qu'ains ne sourent qu'èle devint;
Ne vous diroient pas pas tel vint,
Com fui la joie que cil firent
Que cil miracle en la mer virent.
Moult fut loée Nostre Dame.

*Paulus dicit :*
*Sine fide impossibile est placere Deo.*

*Augustinus dicit :*
*Homini fideli totus mundus divitiæ. In tantùm ad Deum prævalet fides, ut homines super mare pedibus fecerit ambulare.*

prædicti jam de vitâ desperantes, in tanto positi periculo, sacculos et marsupia sua cum totâ pecuniâ Dominæ nostræ offerunt, et super ejus feretrum projiciunt, cum nimio fletu misericordiam ejus implorantes, ut corpora sua tantummodò de piratarum manibus, et exitio mortis eripiat, totamque pecuniam eorum propter ecclesiam suam restaurandam ipsa retineat.

Intereà piratæ fiunt propinquiores paulatim, ità ut jam vix jactu sagittæ distare viderentur. Sed cùm in tantâ necessitate positi omninò de vitâ desperaremus, Bosonem presbyterum quem cæteris provectiorem videt Coldistannus exhortatur, ut assumptis sanctæ Mariæ reliquiis, potestatem sibi nocendi piratis interdicat. Illicò ex fide viri animatus, genibus flexis coram feretro, Matrem Domini lacrymis perfusus suppliciter invocat ; deindè velociter surgens, supradictum phylacterium capillis ejus preciosum, cum timore et devotione fidenter accipit, ipsoque Coldistanno viriliter cum utroque sustentante, in eminentiorem puppis locum ascendit, et manu contra hostes elevatâ, ne ultrà veniant, ne nobis nocendi potestatem habeant, ex auctoritate Dei, Matrisque sanctæ Mariæ adjuvando, prohibet et interdicit Et, ò mira divinæ virtutis potentia, mox ut verba complens signum crucis de eodem phylacterio contra hostes fecit, dicto citiùs, vento vehementi et contrario, navis eorum impulsa retrò propellitur, malus navis eorum frangitur, parsque ejus super unum ex ipsis decidens, eum exterrebrat, et in mare mortuum præcipitat.

Jesu bone, Jesu bone, quæ nobis tunc afflait lætitia et exultatio ! Concidisti sæcum perturbationis nostræ, et circumdedisti nos lætitiâ misericordiæ tuæ. Quantus tibi protinùs, Matrique tuæ Dominæ nostræ laudes erepti de

470 En la nef n'out hom ne fame
La Mère Dieu n'en aourast
Et qui de joie ne plourast.

Ne tarda guaires quant à part
Vindrent à joie et à deport.

## § III.

### De la laine aus marcheans qui fu arse.

Queque li clerc entre aus disoient
Q'une partie renderoient
Aus marcheans de leur avoir.
Li marcheans, par mau savoir,
A la fiertre viennent tout haut ;
180 Si reprent chascun son frembaut,
Encor distrent-il à envis :
« Dex vous saut, Dame, grand merçis. »
A tout leur bourse s'en alèrent,
Onques denier ne l'en donnèrent ;
Mais je croi qu'il l'achetèront
Quant Nostre Dame apelèront.
Ele iert vers eus sorde ou dormans,
Autel ont fet com li Normans,
Qui, en la mer, Saint Michael
190 Promist sa vache et son vael ;
Mais tant fu fox et estapez
Quant de la mer fu eschapez,
Qui dist : « Michael, Michael,
» N'auras ne vache ne vael. »
Ce qui donnèrent retolirent ;

Mais en la fin mal en joirent.
Bien cinc cens mars par Engleterre
Aloèrent en laines querre.
Au port de Douvre de leur laines
200 Deus hales firent toutes plaines.
Quant assemblée toute fu,
La foudre l'art si de son fu,
Que toute fu arse et brulée.
De male cure fu esmulée,
Foudre si toute la frapa,
Conques viaure n'en eschapa.
Leur avoir ont male foison,
N'ourent puis viaure ne toison ;
Mais à grant honte s'en reviendrent,
210 Povre et dolent trestuit devindrent.
Cil bien s'ocient et s'afolent
Qui à Dieu donnent et retolent.
Onques ne vi nuli joir,
Lci le puet hom bien oir.
Cil qui en eus ont point de sen,
Por Dieu, por Dieu chastient sen.

## § IV.

### Comment la fiertre fu boutée hors de l'église.

Mestre Buessart et si chanoine
Qui n'ert clerc ierent et aoienne,
Quant fors se virent du péril,

220 La douce Dame et son douz Fil
En merçièrent durement,
Et servirent plus doucement.

morte persolvimus. Ventus si quidem, ventus qui hostibus nostris erat contrarius, nobis factus est prosper et salutaris ; ita ut cum gaudio recolentes canticum Moysis, tam celeriter nos transvehi miraremur. Brevi itaque morâ interpositâ, Luti ad portum pervenimus, disponentes partem pecuniæ reddere negotiatoribus, quam ipsi timore mortis Dominæ nostræ donantes super ejus feretrum posuerant, nimiò turbati projecerant. Sed illi mox ut littus attingentes viderunt se necis evasisse periculum, pristini metûs obliti, sine nostrâ licentiâ unusquisque sacculum suum et marsupium assumpsit, Dominæque nostræ solo verbo gratias agentes, nihil ei reliquerunt.

Quam tamen exindè vindictam Matri suæ judex justus fuerit filius suus, audiant omnes qui sua Deo dantes, rursûs ea auferunt. Cùm enim totâ penè Angliâ circuitâ, maximos lanæ acervos emendo pecuniam suam expendissent, ipsaque lana quamdam magnam domum super littus maris, quod Dobras (*Douvres*) dicitur, sitam replessent, ecce nocte transitûs sui diem præcedente, subitò incendio domus eadem cum totâ lanâ cremata est, sicque illi omnibus amissis pauperes effecti, serò pœnitentes doluerunt se injuriam fecisse Reginæ cœli.

Quant la fiertre vint en la vile
Qui nommée est Cantorbile,
L'arcevesque et si chanoine,
Et tuit si clerc et tuit si moine,
A grant feste la requeillirent,
Et granz oblacions i firent.
Par le pais loins et près furent;
250 La besoingne, si com il durent,
De leur église porchacèrent,
Et grant avoir i gaaignèrent.
Tant biau miracle apert i fist
La douce Mère Jhésucrist,
Que de moult loins gens i venoient,
Et tout li bien y aplouvoient.
La fiertre ala tant çà et là,
Que Vint à Xerpilierca,
Une vile de grant renon:
240 Mais en françois ne sai le non,
Et nus ne le me doit requerre;
Car bien sachiez qu'en Engleterre
Ne fu pas née ma norrice.
En la vile out un doien nice
Qui moult estoit combles et riches;
Mais moult par est avers et chiches.
Sanz plus douze chanoines estoient :
Nouvele eglise faite avoient;
Mais parfete ne par iert mie,
250 N'ou fu ele puis en leur vie.
En cele vile, ce me semble,
Une foire d'un jor assemble,
Ainsi com est la foire au pont (1).
Si avoit tant de gent adont,
Que toute en est plaine la vile.
Cele foire siet la végile
Tout droit de Sainte Trinité.
Li puissant Roys de vérité
Lors vout monstrer en quel manière
260 Sa Mère veut com tiengne chière :
Si com Dieu plout ainsi avint.

(1) Foire de Soissons.

Quant la fiertre en la vile vint,
Qu'il plout si bien et reversa,
Que nus au champ ne conversa,
Gastez ne fust touz et moilliez,
Touz en boez et touz soilliez.
Vint mestre Bueve et tout li autre
Au mal doien, au felon viautre,
Et li prient, par sa franchise,
270 Que leur fiertre lest en s'église.
Tant se viaus non s'il li ennuie,
Que soit passée cele pluie.
« Seigneurs François, » fait li covez,
« Entrer ceenz vous ne povez;
» Car en tout l'an n'avon no feste
» Qui tant nous vaille com fait ceste;
» Et nostre offrende et nostre aport
» Ne voulon pas que France enport.
» Cui qu'il en poist ne cui que nuit,
280 » Ceenz n'enterrez vous en nuit.
» Metez vous tost au bouretier,
» Ailleurs querez autre moustier.
» Cil cleriastre sermoneur
» Sont tuit si fort tribouleur,
» Que herbe font pestre à simple gent,
» A pluseur tolent leur argent,
» Par leur barat, par leur engien;
» Tiex ne set pas.ij.mos de bien
» Qui un moustiers plain de gent guile,
290 » Par son barat et par sa guile.
» Par ce deçoivent moult de genz,
» Qui filatères ont moult genz,
» Li uns presche à haute voiz
» Que le doit porte sainte Croiz;
» Et li autre jure qu'il a,
» Des sains jours que Diex jeuna,
» Enséelé en un cristal;
» Li autres ra en un cendal
» La jointe de l'Acension;
300 » De la Purification

*De puellâ infirmâ curatâ apud Christikercam.*

De Wintoniensi civitate venimus ad villam quæ dicitur Christikerka, id est Christi ecclesia, ubi in octavis Pentecostes annuum festum, et conventus celeberrimus solebat esse negotiatorum. Appropinquante ergò eidem villæ, tantâ subitò tamque vehementi depressi sumus inundatione pluviæ, ut nunquam anteà nos similem vidisse meminerimus. Ecclesiam ipsius oppidi decanus quidam cum duodecim canonicis tenebat, qui rogantibus nobis ut susciperemur, respondit ecclesiam illam necdùm ex integro fore constructam, ideòque nos non recipiendos, ne solitam amitteret negotiatorum oblationem. Vix tamen nobis concessit, ut donec nimietas pluviæ cessaret, feretrum Dominæ

» Ita li autres plaine fiole ;
» Li autres dit c'une chanole
» Et une coste a de touz sainz ;
» Tiex saintuaires, tiex cors sainz
» Aportez vous, espoir, de France. »
Cil qui assez out mesestance
Et la acointé n'ont nului.
Tout l'ont prié, que par ennui,
A grant peine et à grant prière,
310 Seur un povre autel, là derrière,
Sueffre en la fin, ce dit la letre,
La fiertre Notre Dame à metre.
Et tant sanz plus que trespassée
Soit la grant pluie et la nuée,

Li marcheant d'aval la vile,
Qui à Douvre et à Cantorbile,
Et à Londres et à Wincestre,
Veue avoient le haut estre
Et les miracles merveilleus
320 Que Dieu fesoit en moult de lieus,
Après la fiertre de Loon,
Au viel doien, au viel brohon
Honte et laidure ont assez dite.
Ne fu pas l'offrende petite
Qu'entor la fiertre lors offrirent.
Le mestre autel tuit deguerpirent,
Ains puis n'i out denier d'ofrende ;
Et à la fiertre fu si grande,
Que d'esterlins i out x livres
330 En peu de tens, ce dit li livres.

Li soz vieillars, li folz, li lors,
Li enviellis de mauvais jors,
Quant voit qu'ainsi s'offrende adire,
Tant en a duel, tant en a d'ire,
Que bouter fait la fiertre fors ;
Et si plouvoit si très bien lors,
Qu'il sembloit que les nues toutes
Crévées fussent et déroutes.
« Or fors, » fait il li pautonniers,
340 » Assez avommes sermonniers.
» Or fors, or fors, fort guileeur,
» François sunt tuit bareteeur.
» Onques un seul n'en poi amer.
» Ralez vous en de la la mer,
» Ou à Paris ou à Soissons ;
» Ci ferez vous povres moissons. »

Li fel Anglés en tel guise
De son moustier et de s'iglise
Boutée a fors et conjoie
350 Nostre Dame, sainte Marie.
Or consaut Diez mestre Buevon ;
Or treuve il bien qui moult treuve bon.
Anglois felons et pautonnier,
Quant au deseur est du denier,
Essample d'aus ici praingne hon,
Mestre Bueve et si compaignon
Sont si vaté et si soillié,
Et leur cheval sont si soillié,
Com si d'un flos sachié estoient.
360 Ne sevent où mucier se doient,
Ne ne sevent où puissent traire.
Tant ont anui, tant ont contraire,
Tant ont de honte et tant ont d'ire,
Ne le vous sai conter ne dire ;
Car tant par pleut desvéement
Et si très deslavéement,
Qu'à poine puet nus vooir goute.
La sainte fiertre ausi dégoute
Com estoit traite de Marne (1).
370 Se Diex m'ait, je cuit, mar ne
La vieut herbegier li doiens.
Certes n'est pas vrais crestiens,
Quant par si très grant eslavace
La Mère Dieu ainsi dechace,
Par si fort tens com vous oez.
Mestre Bueves touz en boez,
Trestouz noiés, trestouz vatez,
Plorans, dolans, tristes, matez,
Et il et tuit li autre ensemble,

*Paulus dicit :*
*Radix omnium malorum cupiditas.*

*Isidorus dicit :*
*Cupiditas omnium crimi-*
*num materia est.*

---

nostræ super quoddam minus altare poneretur, in remotâ ejusdem ecclesiæ parte. Sed cùm videret quosdam negociatorum qui miracula Wintoniæ gesta audierant, feretrum Dominæ nostræ cum oblationibus expetere, et majus altare dimittere, felle commotus iracundiæ, jussit illud de ecclesiâ ejici Ejecto feretro, non est facile dictu quantam anxietatem patiebamur, quoniam et immensitas pluviæ tam nos quàm equos nostros adhuc vehementer deprimebat, et totâ villâ negotiatoribus repletâ, nusquàm nobis hospitandi locus patebat.

(1) Rivière des anciennes provinces de Champagne et de Brie qui donne aujourd'hui son nom à plusieurs départements.

380 A tout leur fiertre, ce me semble,
　　D'uis en huis vont aval ces rues ;
　　Mais de granz genz et de menues,
　　De marcheanz, de genz estranges
　　Si plaines sunt maisons et granches,
　　Que herbegier ne les vieut nus.
　　En la fin vont tant sus et jus,
　　Qu'une matrone, vielle fame,
　　Por l'amor de la Douce Dame,
　　A d'eus eue grant pitié.
390 Son baron a moult enditié,
　　Que son hostel ne refust mie
　　A madame Sainte Marie ;
　　Mais liement et sans arest,
　　Sa grant maison miene li prest
　　Que loée a deus mars d'argent,
　　Et remant à la bone gent,
　　A marcheans qui l'ont loée,
　　Que leur meson est aloée,
　　Et qu'ailleurs quierent autre hostel.
400 « Vous dites bien il n'i a tel, »
　　Respont li bourgois à sa fame :
　　« Miex vient herbegier Nostre Dame
　　» Que gaaignier ij mars ne troiz.
　　» Venez avant, seigneur Françoiz,
　　» Bien soiez vous venuz, » fait il ;
　　» Se vous esties ore mil,
　　» Si soiez vous tuit bien venu. »

　　Maugré le viel veillart chenu
　　Le viel doien, le rasoté,
410 Leur garnement qui sunt croté,
　　Ort et soillié et enboé,
　　Par le bourgois qui l'a loé
　　Laver et tuerdre fait la dame.
　　Moult se pena la bone fame
　　D'aiesier aus et leur chevaus ;
　　Dras de lin, toiles et buschaus
　　A ses pucèles fait tost prendre.

　　La maison fait ausi portendre
　　Com se fust une haute église.
420 Hautement ont la fiertre assise
　　Seur une moust riche establie
　　Qu'il ont parée et establie ;
　　Leur saintuaire ont entor mis.
　　Un marcheans, un Dieu amis,
　　Trois cloches que avoit à vendre
　　Iguelement et tost fait pendre
　　As granz tatres de la maison.
　　Tel proesce ne fist mais hom
　　Si durement les fait sonner,
430 Tentir, bonder et resonner
　　Font la vile et toutes les rues.
　　De toutes pars sont genz venues
　　Et marcheant tuit i aqueurent.
　　Qui tendrement li plusenr pleurent
　　De la honte qu'il ont veue
　　Qu'en la vile a la fiertre eue.
　　De granz cendaus et de samis,
　　De chiers poiles et de tapis,
　　La meson ont faite si bèle,
440 Conques ne moustier ne chapèle
　　Ne fu plus bèle encourtinée.
　　Un marchant sans demourée,
　　Qui n'estoit pas trop enroés,
　　En haut s'escrie : « Oés, oés,
　　» Oés, oés, petit et grant,
　　» Le ban que font li marcheant.
　　» Se marcheant a en la vile
　　» Qui mais en nuit voist par saint Gile
　　» Au cras doien, à l'aversier,
450 » Offrir maaille ne denier
　　» As compoignons, c'en est la fins,
　　» Paiera v sous d'esterlins. »
　　Qui lors veist genz esmouvoir,
　　Qui lors veist genz à plouvoir,
　　Il doist bien ce fu merveille.
　　Moust i fu granz la nuit, la veille,

Sed in tantâ miseriâ citiùs nos respexit Dominæ misericordia. Nam matrona quædam calamitati nostræ compatiens, virum suum exorat, ut domum novam quam ædificaverat, eamque negotiatoribus pro duobus marcis locaverat, cœlesti Reginæ quæ à decano de ecclesiâ expulsa fuerat, ipsâ die commodet, et in eâ tam ipsam, quâ clericos ejus sequenti nocte hospitari permittat, negotiatoribusque mandet ut iterùm sibi aliud hospitium quærent. Annuit maritus conjugis precibus, nosque jam penè pluviæ vehementiâ madefactos, et deficientes in domum suam novam suscepit, vestesque nostras luto perfusas ablui fecit et exsiccari ; feretrum et reliquias Dominæ nostræ competenti loco decenter cortinis exornato collocat ; deindè nobis omnem hospitalitatis humanitatem exhibere curat.

U nus ex negotiatoribus tres campanas, quas venales habebat, ad domûs ejusdem laquearia suspendit, earumque sonitu convocat socios, et locum ascendens eminentiorem, quomodò decanus feretrum de ecclesiâ suâ ejecerit, refert, et ut nullus eorum ad ipsam ecclesiam eat, sed omnes potiùs ad hospitium nostrum divinum officium audiri onveniant, exhortatur. Postremò cuncti pariter congregati, unanimiter edictum proponunt, ut, si quis negotiatorum ecclesiam ingrederetur, quinque solidos sociis persolveret. Erat autem tunc sabbatum ante octavas Pentecostes.

Granz li apors et grant l'offrande
De marcheanz fu riche et grande;
Mais petit ou nient offrirent
460 Et trop petit d'onneur li firent,
Ce sachiez bien cil de la vile,
Mais mar le firent, par saint Gile.

Li bon bourgois qui, par sa fame,
La sainte fiertre Nostre Dame
En sa meson ont ostelée,
Grant bergerie longue et lée
Au chief de cele vile avoit
Q'uns siens povres voisins gardoit,
Qui une fille avoit contraite,
470 Si boçue, si contrefaite,
Qui bien vousist qu'elle fust morte.
Une des jambes avoit torte
En tel guise et en tel manière,
Que li doit aloient derrière,
Et li talons aloit devant.
A la fiertre tout maintenant
Li borgois aporter les fait.

La nuit y veille tout à fait.
Quant la messe la matinée
480 Moult hautement fu célébrée,
Maistre Buessars moult doucement
Du très saintisme lavement
Des saintuaires li fait boire,
Et la Mère le Roy de gloire,
Por ses hostes relescier,
Touz ses membres fait redrecier,
Et saut en pied saine et sauve.
Lors n'i a chevelu ne chauve
Le Roy du ciel n'en glorefit
490 Et sa Mère n'en magnefist.
Li marcheant, après mengier,
Tuit se prennent à desrengier
Et tout enportent leur avoir.
Mien escient qui font savoir,
Et madame Sainte Marie
De la vile s'est departie;
Faite li ont mauvese chière,
Par tens verront que peu la chière.

## § V.

### Comment le Dragon arst l'église et toute la vile (1).

Or entendez qu'a en cest fuel,
500 Por en avant venir vous vueil
A ce pourquoi je commençoi,
Ce miracle n'en rommençoi;
Se porce non que ja orrez,
Por vérité dire porrez;
Qu'ainz n'oïstes conter nului

Miracle apert plus de cestui.

La fiertre encore n'estoit mie
De la vile lieue et demie,
Quant li clerc qui derrière estoient
510 Trop grant ha! hai! après aus oient.
Seur granz destriers bien remuanz,

---

Tantam itaque hospitis nostri benevolentiam protinùs ostendit Domina nostra se gratanter recepisse. Habebat siquidem idem hospes noster propè oppidum unum domum, in quâ boves ejus et pecora servabantur, ibique manebat quidam pauper rusticus eisdem pecoribus custodiendis deputatus. Hujus rustici filia, puella parvula, tortum pedem à nativitate habebat, ità ut calcaneus in anteriori parte, digiti verò pedis, in posteriori positi essent. Rogati ergò ab hospite nostro, ut de aquâ reliquiarum lotarum ejusdem puellæ pes debilis contingeretur, fecimus eam abduci. Bibit ex aquâ ipsâ, pesque ejus ex câ lotus est. Vigilavit coràm feretro illâ nocte. Manè autem facto, dùm more solito missam coràm feretro in eâdem domo solemniter cantaremus, (altare siquidem portatile et omnia missæ necessaria nobiscum ferebamus,) ecce puellula sanata, pedem suum rectum omnibus ostendit, dominosque suos, qui nos benignè receperant, magnificè lætificavit.

(1) *De incredibili vindictâ Dei ibidem factâ.* (Ch. XI, p. 558.)

Post prandium eâdem die dominicâ, licentiâ ab incolis acceptâ, gratiarumque actione pro beneficio eorum redditâ, de oppido exivimus. Sed non distulit justus Judex Matri suæ factam injuriam vindicare. Vix enim dimidio stadio procul recesseramus, cùm ecce post nos clamore cursores super equos adveniunt, et ut ardenti villæ succurramus,

Touz traveilliez et touz suanz,
Après aus gens apoindre voient
Qui paumes batant leur crioient :
« Merci ! merci ! seigneur chanoine ;
» Por Dieu, por Dieu, sanz nule essoine,
» Retournez tost, la vile art toute. »
Cil qui la vile n'aimme goute,
Enquerrant vont, en quele guise,
520 Ne comment est si tost esprise.
« Seigneur, » font il, » lorsqu'en issistes
» Et lorsque la fiertre en partistes ;
» Uns granz Dragons issi de mer
» Qui la vile vint enflammer ;
» L'église a ja toute enbrasée
» Et la vile toute enflammée. »

A leur gardes leur fiertre lessent,
Et vers la vile tost s'eslaissent
Dont ne sont mie moult dolant.
530 Le grant dragon voient volant,
Qui tant parest espouantable,
Conques ne fu plus lais déables.
Cinc testes a granz et hideuses
Qui ardant flamme si périlleuses,
Getent par gueule et par nariles.
Les genz dolentes et frarines
Aval la vile vont fuiant,
Et li dragons va tout bruiant
Et tout ardant de chief en chief.
540 Onques mais vile a tel meschief,
Ne fu tournée en si peu d'eure.
Cil va braiant, cil crie et pleure ;
Et cil ses paumes va batant.
Duel et tristece y par a tant,
Que chascun pleure, brait et crie,
Et li déables ne dort mie.
Li dragon a l'orrible gueule,
Meson n'i lait fors cune seule
Que ne bruisse tout et arde.
550 La Mère Dieu si celui garde

Où herbegiée la nuit fu
Qu'ele onques gardé n'out du fu.
La Mère Dieu n'oublia mie
A garder nes la bergerie,
Sa bone ostesse et son bon oste.
Rien qui leur fust en nule coste ;
Ains li dragon ne damaja ;
Mais en peu d'eure si a jà
Toute la vile arse et bruie,
560 Qu'il semble que s'en soit enfouie
Et conques vile n'i eust.
N'est hons se devant n'el seust
Qui seust où le moustier fu.
Li dragons qui porte le fu
Li moustier primes enbrasa
Et de feu si tost la rasa,
Ce dit li livres, par saint Pierre,
Qu'ainz n'i lessa ne fust ne pierre ;
Ainz brui tout ignelement
570 Nes les pierres du fondement.
De ce furent li marcheant
Moult eureus et moult chéant
Que la fiertre moult honorèrent
Quant Nostre Dame honneur portèrent.
Il firent certes grant savoir
Et leur sauva tout leur avoir.

Li fel Anglois, li fel doiens,
Qui couvoitise en ses liens
Lié avoit lacié et pris,
580 Quant son moustier voit tout espris
Et sa meson voit tout espenre,
Tout son avoir fait moult tost penre,
Livres, robes, deniers, avoir,
Et quanqu'il puet ou monde avoir
En une nef qui est au port
Moult tost commande que tost port
Auques menoit près de la rive.
Moult s'entremet de grant vuisdive,
Quant il contre Dieu contrepense ;

*Isidorus dicit :*
*Nunquam satiari possit*
*cupiditas. Semper avarus*
*eget ; quacumque magis ac-*
*quirit, tantùm amplius quæ-*
*rit.*

exorant. Respicientes post tergum, videmus totam villam succensam cremari. Interrogantes verò quomodò id contigisset, audivimus ab eis draconem de proximo mari egressum, nobis discedentibus, in villam advolasse, et primitùs ecclesiam, deindè quasdam domos flammâ, quam ex naribus suis amittebat, succendisse. Quod audientes et humanâ curiositate tantum prodigium videre sitientes, deputatis feretro idoneis custodibus, velociter super equos ad vicum recurrimus, cernimusque draconem incredibilis longitudinis quinque capita habentem, per nares flammas sulphureas emittentem, et de loco ad locum volantem, domosque strigillatim succendentem. Redeuntes verò usque ad ecclesiam, jam eam invenimus concrematam, et sic incredibiliter, ut non solùm ligna, sed et ipsi parietes, imò maximi lapides, ipsaque altaria in favillam et cinerem funditùs essent redacta, ità ut omnibus inspicientibus stupor exindè mirabilis incuteretur.

Decanus verò, ubi vidit domum suam et ecclesiam succensam, vestes et supellectilem suam festinanter colligens et circumligans ad navem quæ in proximi maris littore defixa erat, fecit deferri, sperans ea ibi ab igne salvari. Sed

590 S'une chose li asnes pense,
Un autre pense li asniers.
Li granz dragons qui tant iert fiers,
Quant la vile a toute bruie,
Vers la nef qui bien est garnie,
Voulez s'en est li feu i boute;
Se l'art si fort et bruist toute
Que nes dedenz la mer art ele ;
Ni demeure nes estencele
Toute ne soit bruie ne arse,
600 Sainniez de felenesse i arse.
Est li Anglois, si com moi semble,
Ses paumes bat et hurte ensemble
Et va criant par la marine.
Moult est dolenz et moult narine.
Moult a douleur, ire et tristèce,
Et j'en ai certes grant léesce,
Et touz en sui je liez, par m'ame,
Quant tout brui l'a Nostre Dame.
Mon courage bien en essiau,
610 Sa fiertre li mist en essiau ;
Et ele si l'a mis en rost,
Qu'il riens nule qu'il a n'en rost.
Touz est rostis et graillés.
Qui qu'il en poist, j'en sui touz liés.
Tristes, dolenz et esperduz,
Par prés, par chanz et par crduz,
Après la fierte va braiant,
Ses cheveus ront et va traiant ;
La Mère Dieu souvent escrie ;
620 Merci requiert et merci crie ;
Se Nostre Dame vient, si l'ait,
Et s'ele le vieut, si le lest
Ne l'en ferai nule autre force ;
Mès, je sai bien de qu'est orce
Se merçi crie qu'il l'aura,
Piteuse est si ne lui saura.
Merçi veer, s'il la requiert;
Merçi treuve, merçi conquiert.

Ja n'aura fait si grant folie
630 Cil qui de cuer merçi li crie.

Cil miracles bien moustre au doit
Que touz li mondes douter doit
La puissant Mère au Roy puissant.
Laidement se va abuissant
Et laidement chiet et chancèle,
Soit clers, soit lais, soit cil, soit cèle,
Qui la dame ose corroucier,
Qui d'amender, qui d'adrecier
Touz ses tors fais à tel pouair.
640 A ce miracle puet vooir,
Qui bien le list ententieument,
Qui cil qui la servent picument,
Par tout la treuvent douce et puie,
Et par tout ont la Dieu aie ;
Et si repuet moult bien entendre
Que son filz bien la soit deffendre,
Et qu'en la fin touz ceus confont
Qui nule chose li meffont.
Le fel Anglois dont j'ai conté,
650 Por tout l'auoir d'une conté
Ne deust il, foi que doi m'ame,
Sainte fiertre Nostre Dame
Fors de s'église avoir boutée.
Qui me donnast une boutée,
Foi que doi Dieu, d'esterlins blans
Ne la boutasse par tel tens
Du moustier sainte Léochade.
« He ! Mère Dieu, pucèle sade,
» Dame seur toutes debonnaire,
660 » Com par fu fel et de mal aire,
» Li fel Anglois, li fel covez,
» Quant il a vous qui tant povez,
» Osa faire si grant vergoingne. »
Deus des aumosnes de Bourgoingne
Voir si je y fusse li donnasse.
Plus volentiers je ne menjasse

---

draco protinùs ac si propter hoc solum venisset, navem volatu petens, cuncta quæ in eâ erant, succendit; deindè, mirum dictu et incredibile auditu, ipsam quoque navem cremavit. Ad domum quoque hospitis venientes, et quomodò se haberet scire volentes, invenimus eum, salvâ domo et omnibus quæ habebat, exultantem, suamque liberationem bonæ hospitæ suæ cœli Reginæ deputantem. Non solùm verò ipsa domus ejus, in quâ hospitati fuimus, sed et alia procul posita, in quâ pecora ejus servari diximus, mansit illæsa, ità ut de omnibus rebus suis nihil omninò perdiderit. Negotiatores etiam, qui multam nobis impenderant benevolentiam, ità superna fovit gratia, ut aut nihil, aut parùm de rebus suis amiserint. Quia enim ibidem consuetudo erat, uno tantùm die durare mundinas, finito prandio, jam omnes sarcinas collegerant, et circumligatas antequàm draco veniret, reposuerant. Terrorem tamen maximum illis incussit aspectus draconis, ità ut eos cursim per diversa videremus fugientes. Decanus verò ille qui feretrum Dominæ nostræ de ecclesiâ ejecerat, serâ motus pœnitentiâ, nudis pedibus illuc prosecutus est, et coràm eo prostratus, judiciaque Dei justa protestatus, quod malè gesserat sibi indulgeri exorabat.

Gaitié l'eusse et espié
Tant que de *pugno impie*.
Si livrasse tel livroison
670 Qui ne couvast jamais oison.
En Engleterre, c'est la somme,
A maint bon clerc et maint preudomme
Et qui moult aimment Nostre Dame ;
Mès li doiens, foi que doi m'ame,
Ce m'est avis petit l'out chière,
Quant il li fist si laide chière.
Bien s'en vengea, je l'en merci,
Moult vigucreuse fu ici.

Li miracles si très grant fu
680 Du grant dragon et du grant fu,
Si horrible, si merveilleus,
Com en parole en moult de leus ;
Et toute en fu espouantée
Engleterre et la contrée.
Ainz, puis la fiertre en lieu n'ala
Par de çà mer et par de là,
Qu'ele ne fust si festoiée,
Qui sembloit bien mainte foiée
Que du ciel i fust Nostre Dame
690 Descendue en cors et en ame.
Du grant aport qu'en aportèrent
En peu de tens moult avancèrent
La bèle église de Loon.
Mestre Bueve et si compaignons
Et loins et près, li Roys de gloire
Tant miracle à ce tempoire
Fist por la fiertre de Loon,
Qu'un moult biau livre en escrit on (1).
Au tens l'évesque Bertremil,
700 Troize ans tout droit et cent et mil
Lors out en l'Incarnation.
Bien est devez certes li hon,
Et hors du sens est bien la fame
Qui n'onneure et seurt la grant dame
Por cui Dex fait tante merveille.
Bien nous semont, bien nous esveille
Li Roys du ciel, li très douz père,
De bien servir sa douce Mère.
Nos las de clerc meesmement
710 Amer devons plus tenrement
La Mère Dieu ne font li lai.

(1) Le livre d'Herman dont nous avons parlé.

Amons, amons sanz nul delai
La Sainte Virge, pure et monde ;
Laissons pour lui l'amour du monde
Qui touz les suens engingne et fause
La Mère Dieu n'est mie fause.
Vraie est s'amour bone et faitice ;
Mais trop parest bolengeice
L'amour du siècle et trop est vaine.
720 Siècle fait bien de fleur d'avaine
Aus nous sachanz et aus avueles
Boens Chanestiaus et bones mueles,
Pain d'orge veut por pain abroie.
Qui bien le siècle enpoigne et broie,
Et bien l'essaie et bien le taste,
Moult le treuve de povre paste.
Pain d'orge veut por pain moflet,
Pour buisnars tien et por cofflet.
Celui qui rien alui achate ;
730 Car trop y a guile et barate.
Touz li siècles est boulengiers,
Truillerres faus et losengiers ;
Mais Madame Sainte Marie
Riens ne set de boulengerie ;
En li n'a se plaine euvre non.
La sade Virge, au sade non,
Donne à touz ceus le pain de vie
Qui l'ont amée et bien servie.
Toute est antière et toute est vraie.
740 Mais siècles est si plain d'ivraie,
Si endormans, si plain de guile,
Qui touz les suens endort et guile,
Et au besoin ades leur vent ;
Mais tant par aimme vraiement
La Mère Dieu touz ceuz qui l'aimment,
Qui la prient, qui la réclaiment,
Qu'adez leur est, par verité,
Escus en toute adversité.

En ce miracle bien treuve t-on
750 Comment aida mestre Buevon,
Quant assaillis fu en la mer ;
Si tost com la veut reclamer,
Des Uslagues le delivra,
Et si bon vent lors livra,
Qu'il le conduisit par grant deport
Et arriva à seur port.

A lui amer qui se duira,
A seur port le conduira.
Avugles est bien et esduiz
760 De lui amer qui bien n'est duis.
Qui s'ame veut à Dieu conduire

D'amer sa Mère se duit duire.
Au port du ciel nage et conduit
Ceus qui de lui amer sont duit.
Si grant douceur si bien nous duie,
Qu'au port du ciel touz nous conduie.

## De une fame de Loon qui fu délivrée du feu par le miracle Nostre-Dame.

Les deux écrivains dont nous avons déjà parlé dans le miracle précédent (1) ont inséré dans leur livre des louanges de la sainte Vierge un évènement tragique arrivé aussi de leur temps, sous l'épiscopat d'Elinand, vers 1096. Voici ce fait rapporté par l'historien dom Lelong (2).

« Un fermier nommé Guillerme et sa femme Théodeberte avaient une fille unique mariée à Albuin, qui demeurait
» avec eux à Chivi, près de Laon. C'était un jeune homme d'une jolie figure, et sa belle-mère lui témoigna tant
» d'affection, qu'on l'accusa d'inceste. Cette calomnie la jeta dans une tristesse extrême et dans une espèce de
» désespoir, qui lui fit croire qu'elle ne pourrait laver cette prétendue infamie que dans le sang de son gendre.
» De pauvres étrangers qui venaient alors se louer pour les vendanges lui parurent propres à son dessein. Elle en
» suborna deux du Hainaut en leur promettant à chacun vingt sols, qui feraient aujourd'hui 66 livres 12 so's
» 6 deniers de notre monnaie. Les ayant fait cacher dans la cave et se trouvant seule avec son gendre, elle lui dit
» d'aller tirer du vin. Au moment qu'il alloit emplir la bouteille, les assassins l'étranglent, le portent sur un lit et
» le couvrent de ses habits. Le père étant de retour avec sa famille, la mère dit à sa fille d'aller éveiller son mari
» pour dîner. Sa surprise fut grande lorsqu'elle le trouva mort : ce n'était que cris et gémissements. On ne s'oc-
» cupa plus que des funérailles. Ibert, vidame de Laon, homme sage et d'esprit, ayant été informé de cette mort
» subite, la soupçonna violente, se rendit à Chivi avant que le corps fût enterré, fit des perquisitions, visita le
» cadavre et trouva la cause de la mort. Guillerme, Théodeberte sa femme et leur fille Guiburge sont arrêtés et
» conduits à Laon chargés de chaînes ; mais, durant le chemin, Théodeberte touchée de compassion pour les
» innocents, s'avoue seule coupable, et sur sa déclaration, son mari et sa fille sont mis en liberté. Cette malheu-
» reuse femme étant arrivée à Laon, fut jetée dans un cachot, ensuite présentée à l'évêque pour être jugée en
» présence du clergé et du peuple. Les sentiments furent partagés ; mais sur l'avis d'un nommé Quentin, homme
» très-versé dans la jurisprudence, on la condamna à être brûlée vive. Comme on la conduisait au supplice, elle
» demanda en grâce qu'on lui permît de faire une courte prière dans l'église de Sainte-Marie, ce qui lui fut accordé ;
» là, elle fait une humble confession de son crime devant les assistants, attendris la plupart jusqu'aux larmes, et
» se prosternant sur le pavé, elle se recommande avec de grands gémissements à la sainte Vierge. Sa prière finie,
» elle se lève, fait le signe de la croix et marche vers l'endroit où l'on avait préparé le bûcher ; c'était sur le
» penchant de la montagne, près d'une chapelle de Saint-Juste, construite par les Bretons du voisinage. On l'at-
» tache à un poteau, nue en chemise, les mains liées derrière le dos. Bientôt le feu réduit en cendre toutes les
» matières combustibles ; mais il ne touche ni à la femme ni à ses liens. Ses ennemis allument de nouveau un feu
» plus considérable que le premier. Théodeberte est encore épargnée ; il n'y eut que ses liens qui furent consumés.
» Les amis du mort entrent en fureur, veulent pour la troisième fois rallumer le bûcher, et jettent des pierres
» contre cette infortunée qui leur crie : » *Accordez moi, je vous prie, le pardon de mon crime ; ne voyez-vous
» pas que la B. Vierge à laquelle je me suis recommandée veut bien me couvrir de sa protection.* « On cesse donc
» de la tourmenter. Le vidame alors la fait retirer du milieu du feu ; elle avait le corps sain : on y remarquait
» seulement quelques contusions qui étaient l'effet des pierres qu'on avait jetées contre elle. La chemise dont elle
» était couverte, ses cheveux même, rien n'était endommagé. On la conduisit processionnellement à la cathédrale
» décemment vêtue, jusqu'au pied du grand autel, et tous les spectateurs s'unirent à elle pour rendre grâces à

(1) Guibert. *De laude B. Mariæ*, ch. 10. Herman, liv. 3.
(2) Hist. du Diocèse de Laon, page 198.

» Dieu et à la sainte Vierge. Le vidame, au sortir de la cathédrale, conduisit chez lui cette femme à qui il rendit
» toutes sortes de bons offices, avant de la renvoyer à Chivi où elle mourut trois jours après.... »

La miniature du manuscrit montre l'infortunée Théodeberte liée par les mains à une colonne gothique soutenant une construction qui paraît un peu moins chétive que la misérable construction couverte de chaume dont il est question. La malheureuse est environnée de flammes ardentes qui se dressent et rayonnent autour d'elle comme autant de serpents. Sa figure est calme et résignée. Des spectateurs, étonnés du prodige qui s'offre à leurs regards, car elle ne paraît pas souffrir, tant les flammes la respectent, la considèrent avec stupéfaction. Le vidame semble montrer du doigt le prodige et adresser des paroles de saisissement à ceux qui sont à côté de lui.

La scène est un peu différente dans le manuscrit de la Bibliothèque Nationale. On voit dans le premier tableau un homme étendu sur un lit, une femme le touche au cou; les assistants sont glacés d'effroi. C'est la femme d'Auboin qui se présente pour le réveiller, tandis qu'il est mort. Dans le second tableau, la malheureuse Théodeberte paraît devant l'évêque de Laon. Dans le troisième tableau, elle est jetée dans un brasier. Dans le quatrième, elle pardonne au vidame sa cruauté.

Il y a aussi quelques variantes dans le texte, et les deux auteurs qui ont relaté ce fait ne sont pas entièrement d'accord sur quelques points importants, comme on pourra s'en convaincre en comparant les textes originaux.

Les historiens modernes qui en ont parlé d'après eux ont encore été plus loin; soit ignorance des textes, soit mauvaise foi, ils ont ou mal traduit l'original, ou exagéré les détails de ce fait (1). On va en juger par les textes que nous allons reproduire.

*Miraculum de muliere Teodeberta nomine ab igne liberata.*

<small>*De Laudibus B. Mariæ, Cap. X apera Guiberti Inchol., p. 302.*</small>

Chiviacus villa est Episcopi Laudunensis, ab ipso oppido interstitio fermè duûm millium distans, in quâ vir quidam cum suâ conjuge commanens, filiam ex ipsâ inter alios liberos extulisse dignoscitur.

Quæ annorum nubilium cùm habitudinem attigisset, et jucundiori tunc tempori opportunitas substantiæ arrisisset, adolescenti cuipiam nuptam datur. Hunc utriusque parentis affectio sibimet caritudine tanta contraxit, ut sine privatæ rei dispendio juveni cum puellâ sub eisdem ædibus mensa thorusque forent. Cùm igitur in paternis illa cum viro sic ageret, et mira mater diligentia eum causâ excoleret, non major poterat reperiri puellæ amor ad puerum, quàm socrus ad generum. Ipsa igitur celebribus eum ornabat induviis, opiparè satagebat in epulis; ipsa faciem ac crines eluere, cubitum ituris mollia sternere; quærenti mancipium prima assistere; officium præter thalamos in omnibus præoccupare filiæ, et ut universa contrahant, non matronæ imperium, sed discursus exhibere pedissequæ: nihil tamen adulterium moliebatur hæc cura. Ut scilicet quasi ad se ei ingerendam distraheretur à filiâ, sed ut ætati lubricæ propriis filiam obsequiis commendaret, et adolescenti totis urbanitatibus accurato filiæ affectam alliceret.

Intereà diaboli versipellis astutia in partem retorquere sinistram quidquid benevolâ intentione fiebat, et socrui per maledicos nævum multæ fœditatis inurere, quod videlicet nequaquam gratiâ prolis id faceret, sed ut eidem pro filiâ sese mutaret. Cùm igitur incrementum sumeret in dies tam absoleti rumoris acerbitas, et mulieris animum concuteret tantæ falsitatis intoleranda malignitas, quanto se sentiebat super illatione probri hujus insontem, tantò ægriùs ferebat dici, undè quod pietatis studio exercebat, vulgi ipsa verteretur in fabulam. His itaque post aliquod tempus evicta molestiis, cœpit quem tantoperè arserat subitò fastidire juvenculum, verens ne de cætero nota viveret, si eum quotidiè præ oculis haberet, undè non à suo eum, quod satis, contubernio discutere, sed perimere jam destinat. Boni enim consuluisset si eum solummodò à sui frequentiâ dimovisset: at illa ad ferrum se contulit, malens hominem de medio fieri, quàm obscenæ putaret opinioni.

Autumnali itaque tunc tempestati promota cum duobus pueris pactum ex placito locat: vicenos quinque solidos pollicens si eum, uti docebunt sequentia, trucidarent. Erant autem ij, ut fertur, genere Nervi, qui vindemialibus lucris adducti, in provinciam Laudunensem sese contulerant. Ibidem ergò, aliquandiù cùm mercedis, tùm inusitatæ escæ moratos mulier prælibata sponsione aggreditur: iidemque acres ex naturâ, animo, pretio exacuti, explendo facinori coarmantur.

(1) C'est ainsi qu'un historien de Laon, t. II, page 175, parlant de cet évènement, dit que Guiberge était une des filles de Guillaume et de Théodeberte, tandis qu'Herman dit positivement qu'elle était fille unique: que les père et mère couchaient dans le même lit, tandis qu'on dit qu'ils habitaient la même maison; que cet assassinat fut commis par deux marchands: ce sont des hommes loués pour les vendanges. La légende dit que le gendre resta: on a mis rentra; Ibert vint de suite, on suppose que ce fut longtemps après. Comment interpréter aussi librement l'original?

Quâdam igitur die virum propriam ex industriâ quippiam forâs acturum dirigit, filiam pari'er aliorsùm falsò nactâ occasione transmittit; quibus ab cæde digressis, penum mulier secretò aperit, conductitios satellites introducit, hocque à foris obserato, generum nec mora est vinum præsuris exhibeat sollicitare intendit : qui sumpto ocyùs lado cellarium reserat, sed priusquàm in vas vina deponeret, ab iis qui latebant intrò pervaditur, et illicò, strangulatur; quod factum cùm illa rescisset, jubet corpus statim ab ejusdem sceleris auctoribus tolli, et in domus superiora delatum lecto, quo cum filiâ cubitare consueverat, supinari; sabanoque ac vestibus ac si somnolentem operiri.

Exacto intereà exiguo temporis spatio, herus domum redivit, ac filia : et de prandio in commune tractare cœperunt : quibus solitum accelerantibus larem, filiæ mater eloquitur : Vade, ait. et maritum quo modo dormitum sese deposuit excitare festina. Procedit ad stratum usque juvencula, soporatum juvenem nomine vocat, tactuque morantem provocat : cùm ne utique ille compellenti ac vellicanti conjugi responderet, defunctum cunctis complosis à palmis inclamitat : concitatur familia, vicinia glomeratur, tantò miserabiljùs subito illius illacrymantes casui, quantò justiùs super ejus intestatione dolebant. Funere igitur ab omnibus verâ animorum ægritudine conclamato, mater generi, filiæ homicida, fucatis mœroribus obstrepebat, cæteris placidior ejulabat. Tantò ergò lamentabiliùs bonas hominis habitudines, lepiditatem morum, verbi elegantiam, scitæ insignia formæ, et ad hæc obtutus prosequebatur invisos, quantò magis infaustæ crudelitatis ausus fieri verebatur apertos.

Quo talibus modis elato, mulier et eventus utrobique siluit. Verùm mulier fœdi facinoris conscia ad se versum prima prosiliit, et infructuosi pœnitudine criminis acta presbiterum, cujus diœceseos erat, factâ confessione consuluit : à quo tanto malo convenientibus addicta jejuniis, aliquandiù sub eodem medicinæ spiritualis fasce delituit. Plurimo autem emenso tempore, inter ipsam et presbyterum aboriri conti_it simultates : quam presbiter canonicæ conditionis impatiens, quo atrociori potuit jaculatur probro. Generi necem fronti mulieris impegit. Hoc parentes juvenis ac si terrifico tonitru experrecti, ad prætorium IBERTI, Vicedomini Laudunensis, rem referunt. Is quantùm in re militari vivacior, tantùm extitit in episcopii publicâ procuratione ferocior. Quid verborum laciniis trahor? Vicedominus villæ se intulit; fœminam corripit; juri sistit; causam erigit, mulier non diffitetur, sententia Lauduni ferenda differtur.

Porrò dùm cum ipsâ idem causidicus cognationis ejus aliquos eidem notæ subigeret : In me, ait, unicam his liberis arma contorque. Neminem ex veris pro certo consciam iniquitatis objectæ.

Erat verò Elinandus per idem tempestatis episcopus, vir planè quantùm litteraturæ invalidus, tantùm administrationi foresticæ et ecclesiasticæ præsertim institutioni non nescius. Latione igitur pontificis traductâ in curiam, cùm vicedominus hæreret animus quid facto conveniens videretur, à quodam grammatico ei suggeritur, quod dignè satis culpa incendii plecteretur; quod ille pro suorum morum acredine cum avidâ fame legisset, quasi censuram publicam suâ allegatione id roborat.

At illa adeò triste judicium cùm sibi accidisse prospiceret, quæ jam diù facti pertæsa doluerat, nunc miserabiliùs sæculo huic desperata concutitur, quoque magis ei impræsentiarum omnia præciduantur, eò universa animi acies statui futuro exponitur.

Ab apparitoribus itaque postulat, ut ad cathedralem misericordissimæ nostræ Matris ecclesiam ire liceat : et quis id prophanus abnueret? Multo comitatu, qui propuniendæ exitio expectando convenerarent, miserabiliter succenturiata progreditur, et in mediâ basilicâ ad suæ purgationis cumulum, reatum proprium sub generali audientiâ confitetur. Deinceps communis sæculorum Dominæ pietatem humi imploratura consternitur. Quantis ad eam, quæ neminem miserum aversatur suspiriis, quantò angore rugierit, ipsa ex sequenti testificatur eventu.

Indè à suo executore citata, petiit ab oratione supplicium.

Ecclesia beati Justi paululùm montibus devexo posita, circumsitis illic Britonibus oratorium præstat. Illic ministri vicedomini in promptu habuêre tugurium, ad cujus furcam pedibus ac brachiis fœminam solâ tectam subuculâ colligentes, sumptis ex vineâ proximâ arundinibus et spinulis. Illius antra tegetis strue multâ conferciunt, ignemque subjiciunt. Quo exesa materiei congerie in favillam prunasque deposito, mulier consumptis libera nexibus stare videtur in medio.

At parentes generi, quem illa peremerat, ejus invidentes saluti et ereptionem ejus ignis deputantes inertiæ, animositate sacrilegâ rursùs ad sarmenta, fruticesque concurrunt ; focos circa illam usquequaquè reficiunt ; qui etiam impietate quam rabida, quæ solius fumi vaporibus poterat effocari, libratam miraculo non credentes, porrectis per ignis medium hastilibus, atrocissimè fustigabant. Quod solùm valdè eam focis innocentibus hæsit; nam cùm tota hæc profligata fuisset ambustio, remanserat item discriminis expers.

At Vicedominus tantæ spectaculo novitatis attonitus, omnibus nostratium regionum personis et partibus inaudito, barbariam protinùs exhorruit rusticanam, eosque à propulsandâ jam sanctâ fœminâ heroïcâ, ut par erat, severitate dispecuit, et per officiales extemplò direptis ignibus, sibi adsciri præcrepit, Quâ sibi exhibitâ, dùm eam circùm circà ex circumstantiis eventum aucupando, dispicit, non dico interulam, sed ne crinium vel ciliorum particulam ne minimè quidem addictam læsioni comperit, in quo potissimùm sola vincula experta ignes obstupuit.

Assumpta itaque Laudunum ipse contendit, et satis copiosiori urbem frequentia ingreditur ad gloriam, quam pridem habuerit cùm proficisceretur ad pœnam. Quam Vicedominus cùm domum propriam divertere potuisset, et curam inflictis doloribus adhibere; beata illa renuit, sed non aliàs planè ituram, quàm ad eam quæ se salvaverat, dixit. Vestigium igitur ad ecclesiam retorquet, mediâ basilicâ Dominæ suæ pro beneficiis nostro tempore inauditis gratulatura persolvitur. Indicibile est quid ibidem fuderit lacrymarum! Tacebimus jubilos qui multiplicitatem singultuum exhalabant, cùm nusquam cohibere sese valeret turba videntium; quibus superexcellens, super tantæ subsidio peccatricis generaliter præbebatur exemplum. Tunc eam Vicedominus sola indutam lineâ cùm pavimento hæreret, sublata ab humero lacerna operuit; et post inexplebiles orationes et gratias, à terrâ exemptam domum ducit; quam quia hastarum impulsibus læsa erat, et ignium commaculata favillis, balneis et quibus potuit fomentis, nec non et stratum mollitie mulcens, dùm se putat restituere sospitati, post triduum consuluit. Deus ipsius sempiternæ saluti: tertio enim die salvatricis suæ manibus spiritum secura deposuit; à quâ planè potuit corporale exitium deprecari, in animâ meruit fusâ libertate beari: ex qu⟨o⟩ etiam Benedictæ ipsius claruit misericordissimum pectus; quod cùm fœminæ illi tanta viscera in exteriori periculo prætendisset, post gratiæ suæ experientiam noluit eam mundana denuò conversatione fœderi, sed mox quam cremendo imaginarie sine læsurâ purgaverat, ad apicem supremæ liberationis eduxit. Vocabatur autem mulier eadem Teodeberta.

Cele qui est de tel manière
Que de touz biens faire est manière,
Un jor qui fu, fist à Loon
Un miracle que moult loon.
Or vous taisiez et si loez
Porce qu'en soit ses nons loez.
A sa loenge le dirai ;
Ja se Dieu plest n'en mentirai.
La douce Virge glorieuse
10 Certes n'est mie besoingneuse
D'atraperies ni de faintes ;
De haus miracles, d'euvres saintes
Fait tant et à maintes foiz faites,
Qu'estre contées ne retraites
Ne porroient pas langue d'omme.
De mes mençonges, c'est la somme,
N'a pas besoignes Nostre Dame,
Et ançois que dampnasse m'ame,
Assez miex ne vourroie traire
20 Que dire trufes ne retraire.
Un douz miracle or entendez,
Et vos oreilles me tendez.

A Loon truisque fist jadis
La Mère au Roy de Paradis,
Au tans li bon évesque Elinant,

Un miracles merveilles gent.
La lettre dit où, je le lui,
Près de Loon, à Chiévi,
Un maieur out assez preudomme,
30 La lettre Guillaume le me nomme,
Et sa fame out anon Soybors :
Une fille ourent qui Wibors
Ce m'est avis iert apelée.
A un vallet l'ourent donnée
Qui Aubouins avoit anon.
La bonne fame et li preudon
Cele meschine tant amoient
Por ce que plus d'enfanz n'avoient,
Qu'en un manoir, si com moi semble,
40 Manant estoient tuit ensemble.
La dame estoit courtoise et sage,
Et moult amoit de douz courage
La douce Mère au Créateur ;
Mais por ce qu'est de bel atour
Et qu'ennourer moult bel savoit,
Le vallet qui sa fille avoit,
Qui moult estoit et biaus et gens,
A dire pristrent moult de gens
Qu'il tenoit la fille et la mère.
50 A la dame fu moult amère
Ceste nouvèle quant le sout,

*De muliere ab incendio liberatâ Civiaci.*

In villâ siquidem, quæ Civiacus vocatur propè Laudunum, vir quidam Guillermus nomine manebat, ejusdem procurator villæ, cum uxore suâ Soiburgæ, qui unicam filiam suam nomine Gviburgem cuidam viro, nomine Albvino, in matrimonium sociaverunt, eosque unicè diligentes secum in domo communi habitare fecerunt. Cùm non multò post turpis infamiæ rumor per multorum ora volitare, atque in dies augmentari cœpit, juvenem illum relicto propriæ uxoris thoro, soceri adulterinâ fraude violare cubile, matreque cum filiâ abuti illicitè. Quod ubi ad matronæ illius

Por ce qu'ains mais mal renon n'ont,
Ne coupes n'a en tout ce blasme.
Moult het sa vie et moult la blasme.
Tant dolente est tant pleine d'ire,
Ne set que faire ne que dire.
Tant durement est destourbée,
Que durement jor et nuit bée,
Pense et repense et subtilie,
60 Comment ceste grant vilanie
Abatre puist et effacier.
Cil qui les maus set touz bracier,
Qui Kayen fist murtrir Abel,
Moult est joians, moult li est bel,
Quant aperçoit que cele fame
Qui moult paramoit Nostre Dame,
Si durement est destombée.
Ou cuer li met une pensée
Dont ele iert arse en vive flamme,
70 Se Diex m'i fait et Nostre Dame.
Jour et nuit tant l'assaut et tente,
Que son cuer met tout s'entente
A ce qu'aucun conseil puist penre
Par quoi murtrir face son genre.
Car chascun dit que de sa Dame
Tout autel fait com de fame.
Chascun li met sus tout de bout
Si que la ville toute en bout.

Tant embrasa li anemis
80 Le mau brasier qu'out en lui mis,
Qu'il avint qu'en unes vendanges,
De ribaus et de gent estranges
Ont grant plenté aval la vile.
Lors li déables, par sa guile,
Por faire ardoir la lasse fame

Et por dampner et perdre s'ame,
Deus fors ribaus li a fait penre
Et louer por murtrir son genre.
En son celier, moult en parfont,
90 Les ij ribaus un soir repont;
Et quant la messe fu sonnée,
En lendemain la matinée
Avec la fille va le père :
Malade un peu se fet la mère.
Aubouins qui le glais en chauçe,
Ignelement se vet et chauçe.
Cele qui coiement veut faire
Le mal murtre, le mal à faire,
Et sus et jus et çà et là,
100 La mesnée toute envoia.
Quant par l'ostel ne voit nului,
Fors seulement que li et lui :
« Biau douz filz, » fet ele, « Aubouin,
» Va si m'aporte un peu de vin;
» J'ai si très soif, jà serai morte. »
Aubouins moult la reconforte,
Com cil qui cuide que voir die
Et qu'ele ait soif et maladie.
Ou celier est tost avalez
110 Li douz aigniaus tost est alez.
Si tost com chiet entre les leus,
Pris et saisi entre aus deux;
Sa lasse gorge li estraingnent
Tant qu'il le tuent et estraignent.
Ne li ont fait ne sanc ne plaie.
La tortorele qui fresaie
En peu de tens est devenue.
Toit coiement, à mosche nue,
En son lit reporter leur fait,
120 Por miex couvrir ce grant meffait.

*Versificator dicit :*
*Femina que non est filia,*
*femina non est.*

aures alioquorum relatione pervenit, inæstimabilis vi doloris intrinsecùs attracta et falsi criminis turbata, profundà corpit animositate revolvere, quâ arte criminis hujus nævum à se valuisset detergere.

Cùmque miris machinationibus suis præ dolore impatiens, penèque extra se posita interiùs æstueret, diabolicà tandem inspiratione infecta, atque infectione armata, deliberavit animo, innocentemque jam rea extinguere, id solùm suæ infamiæ seductione diabolicà remedium sperans. Et ecce jam hyemali ingruente algore, vindemiale et autumnale tempus transierat; quo scilicet multi ex diversis partibus ad colligendas sub mercede vindemias illa solent in loca confluere. Ex his itaque duos pauperes sibi eligens, datà pro optione mercede, fidem ex eis infidelis exegit, ut commissum silentio tegerent, atque ad committendum crudele et nefandissimum scelus, sicut mente voluebat, dexteras præpararent. Designavit igitur locum, determinavit diem et horam, quo videlicet de abditis latenter exurgentes, innocentis subitò guttur invaderent et suffocarent. Sed jam funestus ille imminebat dies, cùm manè, horà diei primâ, vir ejus, sicut quotidiè consueverat, in suam procurationem exivit, familia huc illùcque dispersa est, filia quoque foràs egreditur. Remanserunt soli Adam et Eva, agnus innocens et sæva leæna. Intraverunt etiam latenter, illà tamen procurante, promptuarii secreta duo præducti pauperes. Tandem mulier convenientem destinati sceleris nacta horam, blandis primùm intermixtis colloquiis, demùm præcipit ut ad interiora promptuarii descendens vinum deferret. Ille nihil mali suspicatus, simpliciter quasi matri obtemperans; accepto vase festinus ad interiora descendit. Cùmque vinum in vase susciperet, illi subitò de abditis exurgentes, guttur innocentis invadunt, et con-

Ausi com s'il dormoit le queuvre.
Cil qui fet ont ceste male euvre,
Moult tost au large se sunt mis;
Grant pooir a li anemis,
Après ce ne demeure guaires.

Quant du moustier revient li maires,
Sa fille après est repairiée,
Et tost fait à sa mesniée :
« Metez la table et si mengons. »
130 Lors saut Robin et Ermengons,
La table metent et la nape.
Li maires rue jus sa chape
Et dist : « Or tost et pain et vin.
» Or tost, » fait il, « fille Aubuin.
» Apelez tost si mangerons,
» Demain espoir vendengerons.
» Ne vueil or pas longues sooir
» Nostre afaire veil pourvoir. »
« Or du haster, » cele respont
140 Qui la vérité tait et repont.
Encor gesir voi Aubouin
Dist li maires : « Par saint Martin
» Ne le tien mie por fol;
» Il a bien reprist, par saint Pol,
» Le cras de ceste matinée. »
Cele qui la fort destinée
De son baron ne savoit mie,
Vers le lit cuert et si s'escrie,
Par grant amour et par grant feste :
150 « Frère Aubouin, levez la teste
» Et si nous dites s'il est jors? »
Cil qui touz est muianz et sors,
Oir ne respondre ne puet.
Quant ele voit qu'il ne se muet,
Toute la robe jus li sache.
Cil ne se muet ne cune estache.
Qui touz est jà pales et tainz.
Quant cele voit qu'il est estainz
Et que mors est sanz nul resort,
160 Quanqu'ele puet s'escrie fort.
En haut s'escrie : « Mère! mère!
» Ci, a nouvele moult amère.
» Mors est mes bons sire :
» Jà est plus jaune que n'est cire. »
La Mère ausi com rien n'en sache,
Ses poinz detuert, ses cheveus sache.
Crie la fille, brait la mère,
Et trop grant duel refait li père.
De toutes pars les genz aqueurent,
170 Qui Aubouin crient et pleurent.
Ici ne veil arester pas;
Conreez est ignelepas,
Enseveliz et mis en bière,
Porcequ'est mors en tel manière,
Et que vallez iert biaus et gens,
Moult par est plains de moult de gens.

La nouvele qui tost ala,
Ala et vint tant çà et là,
Qu'à Loon vint sanz nul delai.
180 Li livres dit on leu l'ai
Qu'à Loon un vidame avoit
Qui apelez Ybers estoit.
En la cité, c'en est la somme,
N'avoit d'assez si très sage homme,
Se plus ne fust cruiex que sages.
Tant iert li cuers et li courages
Et fel et fiers de ce vidame
Jà n'eust d'omme ne de fame
Pitié ne jà ne le plainsist,
190 Puisque jugemenz l'atainsist.
Quant d'Aubouin ot la nouvèle
Ne li est pas plaisanz ne bèle.
Moult se merveille durement :
Comment si très soudainement
Si biau vallet mis est en bière.
Tant pense avant, tant pense arrière,
Qu'il perçoit bien par son savoir
Qu'aucun barat i puet avoir.

---

tinuò suffocant; susceptumque, dominà jubente, inter manus ad lectum deferunt; coopertumque propriis vestimentis, quasi dormientem componunt.

Intereà vir domum egreditur, filia familiaque ad horam prandii revertuntur. Præparatis omnibus, mater filiæ præcepit ut virum suum excitet. Quæ festina ad lectum jacentis, et extinctum invenions exclamat. Commoti ad vocem clamoris, omnes pariter irruunt; postpositoque prandio, ad funeris exequias convertuntur.

Fama protinùs totam complet regionem : Albvinum, paulò antè sanum, in lecto suo mortuum esse inventum.

Erat eo tempore Lauduni quidam vicedominus, Ilbertus nomine, vir sapiens, et profundi ingenii, sed plus justo crudelis.

Hic ubi hujusmodi famam audivit, mirari primò, deindè suspicione quâdam cœpit animo permoveri.

16.

Toute très pensez est toute jour.
200 Mais lendemain, sanz nul sejour,
Com hons soutils de grant manière,
Ainz qu'ou moustier viengne la bière,
A Chevi s'en vient bien main.
« Si m'ait Diex, » fait il, « demain
» De ce vallet sui moult dolanz. »
De l'enquerre n'est mie lanz
Où il fu mort, quant, ne commant.
Quant voit que par enquerement
Chose n'en ot qui li souflse,
210 Com hom trop cruiex en justise,
Du pié boutée a jus la bière.
Iréement de grant manière,
Tout le suaire a dépécié.
Maintenant qu'il le voit blécié
Entor la gorge noir et taint,
De mautalent les deuz estraint
Et dit : « Murtris est, par saint Père. »
La mère et la fille et le père
Qui qui en doit groingnoier,
220 Iguelement et tost loier
A fait les mains derrière le dos.
En debatant de bastons gros,
A Loon les en fait mener.
Moult les fait batre et mesmener.
Ainz qu'il viengnent en mi la vile,
Aqueurent genz plus de x mile.
De toutes pars genz i aqueurent.
Piteuses genz de pitié pleurent,
Et li félon rient de joie.
230 Porquoi lonc conte vous feroie ;
Devant l'Evesque sont venu
En leur chemises trestout nu.
Quant la lasse de bone fame
Voit ce maufé, ce mal vidame
Qui si l'esmesmaine et essille,
De son baron et de sa fille
Moult grant pitiez au cuer l'en prent.

Ainsi com Sainz Esperis l'esprent,
Quanqu'ele puet en haut s'escrie :
240 « Ces innocenz ne tuez mie ;
» Car coupes n'ont en ceste afaire.
» Moi ardoir faites et deffaire,
» De moi justise faites prendre ;
» Car je murtrir fis mon biau gendre.
» Par moi gist il li las en bière ;
» Homicide sui et murtrière. »
Sa fille et son baron delivre,
Et à la mort ainsi se livre.
La lasse ainsi en sa chemise
250 Avalée est en chartre et mise.
Tant que li Evesques soit estruit
Comment ses cors sera destruit.

Li bons Evesques Elinans
Ou li pueples iert aclinans,
Et il et tout li haut clergiers,
Au miex qu'il pout s'est conseilliez
Qu'est à faire de tel murtrière.
Cil dit avant, cil dit arrière,
Ne point ne sont d'une acordance.
260 Un mestre y out de grant bobance,
De grant afaire et de grant non,
Mestre Quentins avoit anon.
Moult iert bons clers, mais peu en ce
Pris et sai droit sa grant science
Que ne l'avoit pas arousée
Sainz Esperis de sa rousée.
Trop fu cruiex, sauve sa grace,
Quant il ne prist bien garde à ce
Que sa douceur Dex tant avive,
270 Qui veut que li pechierres vive,
Et qu'il face sa penitance.
Taillaument rua sa sentance,
Et si dist par droit au vidame
Que maintenant en une flame

*In evangelio :
In qua judicio judicaveritis, judicabimini ; in qua mensura mensi fueritis remecietur vobis.*

---

Et illo quidem die sustinuit, manè autem facto subsequentis diei, festinus antequam defunctus ad tumulum deferretur, cum suis ad locum venit et quasi nescius ex industriâ quomodò contigisset, diligenter investigare cœpit. Cùmque nullius ratione animo suo satisflerat, ultra inquisitiones, impatiens, ad feretrum accessit, diruptisque violenter, quibus corpus contectum fuerat pannis, nec mora suffocationis certa indicia reperit.

Statim ut fremebundus leo in ultionem sceleris sæviens, virum cum uxore, et filiâ, diris innexos vinculis Laudunum ad supplicia trahebat. Cùmque crudeli vexatione traherentur, tunc illa : « Innocentes, inquit, injustè opprimere, » tantique sceleris nescios pœnis ac suppliciis nolite vexare. Ego hujus criminis conscia, ego viri interfectrix et sola » rea ; in me omnium pondera tormentorum ; in me totius ultio sanguinis convertetur ; isti velut inculpabiles re- » laxentur. » Quo illo audito, demissis illis, noxam, et ore proprio confessam, sub arctâ custodiâ mancipatam episcopo præsentavit. Cùmque clero et populo præsente diversi diversas promerent sententias, unus inter clericos extitit qui vocabatur magister Quintinus, benè quidem litteris eruditus, sed non benè de lege divinâ medullitùs instructus, nec interiùs in unctione Sancti Spiritùs irroratus. Hic ergò datâ sententiâ igne cremendam adjudicavit.

Devoit estre arse la murtrière.
Cil n'en fist pas dolente chière
Du jugement quant il l'oi;
Mes durement s'en esjoi.
Nus plus cruiex de li ni fust,
280 Si res a res si fust a fust.
La justise et le doit raoit
Que nus es mains ne li chaoit
Alez ne fust sans nul délai.
Encor li clers fist pis du lai
Qui si cruelment la jugea;
Mest jugiez qui mau juge a.
La lasse ou clerc ot felon juge,
Clers est devez qui ainsi juge.

D'ardoir la lasse si se haste
290 Li vidames qui d'un bon haste
Ne menjast pas si volentiers
S'eust jeunez ij jors entiers.
Et li parens au mort restoient
Près de lui, qui l'amonestoient
Qu'isnélement fesist et tost
L'ordre murtrière metre en rost.
Hors de la chartre l'ont sachiée;
Moult cruelment li ont laciée
Une grant hart entor le col
300 Que blanc avoit la lasse et mol.
Quant voit la lasse qu'est alée,
Tout en plorant s'est escriée,
Et jointes mains prie au vidame
Qu'ou mestier (1) la très douce Dame
Un seul petit la lest ourer,
Et ses pechiez plaindre et plorer.
A moult grant poine li otroie;
Mès tout li pueples moult l'en proie.
Quant à s'eglise vient la lasse,
310 Entor lui a de gent tel masse,
Et si grant pueples i a pluet,
Qu'à grant poines entrer i puet.
En plorant brait la lasse et crie :
« Douce Dame! Sainte Marie!

» Aiez pitié de ma misère,
» Dame qui es la douce Mère
» Au douz Seigneur qui tout cria.
» De ceste lasse qui si a
» Grant mestier de ta grant aie,
320 » L'ame sequeur et l'ame aie;
» Car jà le cors iert essifliez,
» Bruis en flamme et grailliez. »
Moult vraiement sans démorée
De ses pechiez s'est confessée,
Et voiant clers et voiant lais,
Ne croi qu'en pièce voies mais
Fame de tele repentance.
Lors s'escria sanz démorance
Li vidames qui cruiex fu :
330 « Or tost, or tost, au fu, au fu,
» N'ai que faire de tel delai. »
De pitié pleurent clerc et lai,
Guaires n'ia grant ne petit,
Qui en priant por li ne prit.
La dolente qui la mort doute
En lermes font et remet toute
A nostre Dame se doulouse;
De chaudes lermes tout arouse
Et moille tout le pavement.
340 Au pueple prie doucement
Qu'il deprit Dieu et Nostre Dame
Que par le feu et par la flamme
Ou doit ses las de cors bruir,
Le feu d'enfer puist defuir
Et eschaper sa lasse d'ame.
Devant l'ymage Nostre Dame
S'est la lasse pasmée en croix.
Au revenir à basse voix
Souspirant prie Nostre Dame
350 Que son douz fil deprit por s'ame;
Quar li cors iert ja trespassez.
« Or tost, or tost passez, passez, »
Fait li vidame qui la haste.
« Or tost, or tost, un moult biau haste
» De vostre cors verrai je faire

(1) Moustier, église.

Quo ille judicio audito, instigantibus etiam defuncti amicis, implere statim quod judicatum fuerat, maturavit.
Cùmque misera duceretur ad supplicium, ut ad beatæ Dei Genitricis ecclesiam, juxta domum episcopalem, mora sibi concederetur orandi. Quo perveniens in conspectu cleri et populi humiliter, puraque confessione totius atratæ iniquitatis seriem peroravit; plauresque ad compassionem lacrymarumque effusionem inflexit. Indè pavimento prostrata, cum multo fletu corpus et animam suam sanctæ Mariæ commendavit; postque surgens, faciemque et totum corpus signo crucis muniens egreditur et ad locum supplicii ducitur.

» Orde murtrière de pute aire. »

La dolente, la lasse fame,
Quant ot et entent le vidame
Qui si s'aire et si s'effondre,
560 Plus le redoute que la foudre.
Tant peu com a d'espace et d'aise,
Le pavement baise et rebaise
Plus de cent foiz moult doucement.
Adonc se lièvc ignélement ;
Du signe s'arme de la croiz,
Et puis s'escrie à haute voiz :
« Hé ! Mère Dieu, pucèle monde,
» Dame et Royne de cest monde,
» Empéreris du ciel et Dame,
570 » Par le tourment de ceste flame,
» Par ceste mort pesme et honteuse,
» Haute pucèle, glorieuse,
» Du feu d'enfer m'eschive et garde. »
En plorant lors le ciel esgarde
Et jete un moult parfont soupir,
En reclamant le Saint Espir,
En reclamant de toute s'ame
La grant douceur de Nostre Dame.
Du moustier ist sans démourée
580 La lasse fame, l'esplourée,
Tout sanz plus faire et sanz plus dire.
La lasse au lieu de son martyre
Tout debatant en ont menée.
Après lui a tele aunée,
Que plaines sunt toutes les rues
Et de granz gens et de menues.
Fors de la vile, toute seule
Ont une viez maison d'esteule.
La lasse fame en sa chemise
590 Ont là dedenz boutée et mise :
A une estache fort la loient
De grosses cordes qu'il avoient.
De toutes pars si fort l'estraingnent,
Que dèsqu'as os la char li fraingnent.
De buche, de coispiaus, d'estrain,
De pesaz, d'esteule, de fain,
Cele meson en ont emplie.

Li vidames a donc s'escrie :
« Or tost, or tost : le fu, le fu. »
400 Là où cele liée fu
De fors cordes et de fors hars,
Boutent le feu de toutes pars.

Lors saut li feus et la fumée ;
La meson est lors alumée
Plus tost qu'un feu de chenevoz.
Cil qui cuers ont douz et devoz,
Quant partout voient feu et flame,
En plorant prient Nostre Dame
Qu'ele ait pitié ignélement
410 De celui qui si doucement
A sa douceur s'est commandée.
Cil qui n'ont pas saine pensée
Et qui félon sunt de corage,
Entour le feu mainnent grant rage ;
Souvent li crient : « S'èle a chaut. »
C'est à bon droit ne leur en chaut.
Les douces gens por lui déprient.
Li félon eschignent et rient,
Et dient que c'est à bon droit.
420 La meson est arse, lors droit
Et tresbuche tout en un mont.
Dès qu'as nues lassus amont
Saillent et volent les flamesches ;
Lors est si fiers et si reveshes
Li grant brasier et la grant flame,
Tuit dient de la lasse fame
Pieça s'en est l'ame fuie
Et la char toute arse et bruie.

Mais la douceur de Nostre Dame
430 Ou grant brasier, en la grant flame
La lasse fame si bien garde,
Qu'encor n'i pert, n'encor n'a garde
En l'ardant flame est toute s'ame ;
N'ele n'est plaie, n'ele n'est saine,
N'ele ne brait, n'ele ne crie ;
Ainz semble que soit endormie
A l'estache qui art encor ;
Ne ses chevous qui moult sunt sor

---

*Versificator :*
Non gaudet lenis misereri
affligere penis, non fit
mansuetus miserorum san-
guine letus.

*Versificator :*
Larga Dei pietas nescit
sibi ponere metas.

---

Ibi omnibus vestimentis præter lineam, quâ sola corporis nuditas tegebatur, exuitur ; domum in quâ cremari debebatur, introducitur. Tunc per suras nexibus involutis, strictisque manibus post tergum, ad stipitem, qui in medio positus erat et cui tota domus illius fabrica innitebatur, duris fortiter vinculis nectitur. Circumpositisque lignis et stipulâ, tota domus interiùs repletur. Post hæc clauso ostio ignis supponitur, nec mora flammarum globi ad superiora producuntur.

Intereà flammâ crudeliter omnia devastante, tota fabrica in favillam redigitur ; illa tamen inter prunas sana et immobilis stare videtur.

A si la flame defouiz,
440 Qu'encor un seus n'en est bruis.
Quant li parent le mort la voient,
Qui sanz doutance bien cuidoient
Que toute fu arse et bruie,
Moult est leur joie esvanouie.
Com cil qui guaires ne l'ont chière,
Huiant li vont : « Orde murtrière,
» Ainsi n'eschaperez vous pas.
» Arse serez en eslepas
» Par la bouele et par les plaies. »
450 Palis et soiz, buissons et haies,
De toutes pars vont raportant,
Et d'un et d'el i metent tant,
Que plus qu'ençois refont grant feu.
Mais ce que vaut douter trop peu
Doit tout le mont cui Diex aie,
Petit doute leur envaie,
Leur grant ire ne leur grant flamme,
Puisqu'en aie a Nostre Dame
Et son douz fil, qu'entre ses denz
460 Ens en la flamme là dedenz,
En soupirant prie et apèle.
Maint charbon vif, maint estencèle,
Cil qui la fust voler veist,
Et moult grand hide l'en preist
Du feu horrible et de la flamme.
Or en conviengne Nostre Dame ;
Car nul sanz lui de tel meschief
N'en porroit pas venir à chief.
Si anemis qui se déportent
470 En lui ardoir ou feu aportent
Tant de merveilles, que l'ardure
Plus que devant la moitié dure ;
Mais la douceur, la grant rousée
De la dame qui arousée
A toute riens par sa douceur,
Ou grant brasier et en l'ardeur
Arouse si la lasse fame,
Qu'ele ne sent ne feu ne flame.
En mi le feu est à estal,
480 Ne li puet faire li feu mal.
Mal ! qu'ai dit ! Ainz li fait bien

Et aide, n'en doutez rien ;
Quar les cordes et les fors hars
Dont sus et jus de toutes pars
Si cruelment estoit loiée,
Arse li a ceste foiée.
Tuit si loien sunt ars en cendre ;
Or puet ses mains vers le ciel tendre.
La lasse fame, l'essiliée,
490 Que si avoient bresilliée,
Toute droite est en mi la flamme.
N'a en la place home ne fame,
Quant li feu prend à décheoir,
Apertement ne puist véoir
Comment au ciel estent ses mains.
Que vous diroie plus ne mains ;
Moult près s'en va Dieu ne renoient.
Si anemi quant il la voient,
Com félon, vilain et engrès,
500 Qui les cuers ont plus durs que grès,
D'ire et de duel trestuit tressuent.
Par grant air assez li ruent
Blostres et pierres et cailleus ;
Mais si d'eus l'escremist Dieus
Qui n'ont pooir de lui maufaire.
La lasse adonc ne se puet taire ;
Ains leur a dit moult humblement :
« Seigneur, seigneur, or bèlement
» Que Nostre Dame ai a escu,
510 » Honte n'aiez d'estre vaincu.
» Seigneur, seigneur, » ce dit la fame,
« Quant par les preces Nostre Dame,
» Qui Dame et Royne est des ciex,
» Espargnié m'a li douz Diex,
» Espargniez moi, si ferez bien.
» Sachiez por voir que nule rien
» Ne sent de chose que me face ;
» Quar Diex me garde par sa grace
» Et par les preces de sa Dame
520 » A cui j'avou mon cors et m'ame. »

A ces paroles qu'ele ont dites,
Si espira Sainz Esperites
Touz ceus qui furent en la place,

---

Furentes autem inimici ad sepes undique et circumquaquè currentes et quidquid ad manus habere poterant deferentes, satis priore majorem lignorum et stipulæ cumulum super eam congerunt.

Rursùm copiosior flamma succenditur, consumptisque celeriter lignis et stipulâ, nihilominùs illa sana et incolumis conspicitur : quoque miraculum magis augmentabat, ignis, qui contra eam nullam vim habuit, vincula, quibus colligata fuerat, consumpsit. Cùmque et tertio furentes iterùm flammas conarentur apponere, lapidesque contra eam vehementer jacerent. Tunc illa miserabiliter exclamans : « Parcite, quæso, inquit, mihi parcite. Nonne videtis quod » piissima sancta Dei Genitrix, cui corpus meum hodiè commendavi, misericorditer me adjuvet. » His auditis, illi

Que chascun à moilliée face
De ce miracle Dieu mercie
Et Madame Sainte Marie.
Du miracle, de la merveille
Li vidames trop se merveille;
Tout en plorant en haut s'escrie :
530 « Bèle Très douce chiere amie!
» De ce brasier venez tost fors ;
» Gardez, n'arez ne que mon cors
» Du grant brasier, de la grant flamme. »
Atant vient fors la lasse fame.
Li vidames fors du cheval
Est tost sailluz, et du grant mal
Qu'il li a fait merçi li crie
Et à ses piés moult s'umilie.
Tout en plourant la lasse fame
540 De terre lièvе le vidame.
Tout li pardonne doucement
Et tout les autres ensement.
Qui lors veist pueple plourer,
Graçier Dieu et aourer
Et Madame Sainte Marie
Ne se tenist de plourer mie.
Trestuit les gardent à merveille;
Les deus pars a clere et vermeille
Plus que devant n'avoit esté;
550 Ausi clere com fleur d'esté,
Et coulourée comme rose.
Merveille fu de ceste chose,
Et tout li mont s'en merveilla.
Bien parut que bien i vella
La Mère au Roy qui tout justise;
Quar ainz ne fu nes sa chemise
Du grant brasier en la fumée,
Tant ne quant arse n'enfumée;
Ainz fu après le feu assez (1)
560 Blanche et bèle plus qu'ainz ne fu;
Et ce pout bien chascun vooir
Conques li feus por nul pooir
Si hardi ne fu ne si fous,
Qu'un trestous seul de ses chevous,
Osast touchier, bruir, nuller.

Bien doit crier, braire et usler,
Bien doit ses poins batre et detordre,
Bien est puans et de pute ordre,
Cil qui de cuer, de cors et d'ame
570 N'onneure et sert la douce Dame
Qui si sequert, qui si aie
Ceus qui de cuer queurent s'aie.

C'est miracles n'est pas mains granz,
Ce m'est avis, que des enfanz
Que Dieu sauva en la foùrnaise;
Mes ceste fu en l'ardant braïse
Mise por crime et cil por foi.
Ne sai que je die parfoi ;
Mes il m'est vis foi que doi m'ame
580 Que qui de cuer sert Nostre Dame
Et de bon cuer à lui s'avoie,
Si cheanz est que de Dieu joie.
Cil qui se veulent avoier
Sont si chéanz de bien jouer,
Qu'ades jetent XVIII poinz
D'arester ci n'est mie poinz.
Ainz irai outre en ma matère.
Moult fu loez Dieu en sa Mère
De la merveille qui avint.
590 A moult grant joie s'en revint
La dolente, la lasse fame,
Droit à l'église Nostre Dame.
A tout le pueple est repairié;
Ou feu perest si esclairié,
Que nez et purs est touz ses cors,
Trestout aussi comme est purs ors,
Quant il s'espure en la fournaise.
Li Vesques moult la cole et baise,
Et li clergiez trestout ensemble.
600 En l'église, si com moi semble,
A moult grant joie est reçeue.
Tant y a gent grosse et menue,
Et tante cloche i bruit et sonne,
Qu'à pluseurs est avis qu'il tonne.
Ne vous saroie raconter nus
Comment *te Deum laudamus*

(1) Il manque ici un vers.

misericordià commoti, illam affligere desistunt ; ipse quoque vicedominus eam statim commonuit, ut de igne egrederetur.
 Egressam omnes circumdant, et tam corpore, quàm capillis ac veste prorsùs illæsum admirantur; sicque cum gaudio sanctæ Mariæ repetunt ecclesiam, eamque Deo et piæ Matri ejus gratias referentes usque ad majus altare deducunt. Quot ibi lacrymæ præ nimià exultatione ab universis effusæ fuerint; quotquot laudes piæ Dominæ Matri decantatæ nullus facile valet referre.

Chantez i fu sollempnelment ;
Grant feste font et endement,
Que de joie chantent et pleurent,
610 Et Dieu mercient et aeurent.
En croiz se gist la lasse fame
Devant l'ymage Nostre Dame.
Maint souspir fait grant et parfont
Et en lermes si très parfont,
Que tout moille le pavement.
Moult merçie très doucement
Nostre Dame, Sainte Marie,
De son secors et de s'aie.

Quant d'oroison fu redrécié,
620 A sa maison, à sa mesnié
Retourner vout sanz délaier.
Li vidames qui a paier
Se vout à lui de grant meffaiz
Et des annuiz qui li ot faiz.
Tant la tient court et tant la proie,
Que cele nuit à moult grant joie
En sa meson est démourée.
Com un cors saint l'a ourée
Et servie toute la nuit.
630 Moult li proie toute la nuit,
La laidure qui a faite,
A lui s'accorde, à lui s'a faite,
Et envers lui moult s'umilie.
« Sire, » ce dit la Dieu amie,
» Vers moi de riens ne t'ies meffaiz,
» Quant tant par iert granz mes meffaiz,
» Qu'ardoir c foiz me deussiez ;
» Se tant ardoir me peussiez ;
» Mais la douceur de Nostre Dame
640 » Que je requis de toute m'ame,
» Sauvée m'a et garantie.
» Se faite m'avez vilanie,
» La Mère Dieu le vous pardoingne ;
» Et bone fin par tens me doingne. »
Ses desirriers bien lui avint :
La fin vouloit et ele vint.

Ne que troiz jors ne vesqui puis,
Ce dit la letre où je le truis ;
Por ce que s'ame iert espurée,
650 Et nétoié et escurée
En tantes tribulacions,
Devine dispensations
Ençois que chaist en nul vice
Et ençois que muast malice
L'entendement la bone fame,
Ne fictions deceust s'ame.
La fin hasté, par vérité,
Ou non de sainte Trinité,
En pleurs et en dévoçion
660 Et en vraie confession
Droit au tier jour de ceste vie
Se departi la Dieu amie.
Croire devons qu'ele parti
Quant de cest siècle départi
A la grant joie où partiront
Cil et celes qui serviront
La grant Royne, la grant Dame
Que touz hons doit et toute fame,
Et par raison et par droiture,
670 Amer seur toute créature.

Cist miracles bien nous en orte
Que la grant Dame qui est porte
De Paradis servez la tuit.
En son servise a tant de fruit,
Que trestuit cil qui l'ont servie
Trouvé i ont le fruit de vie.

Cist miracles bien nous esclaire
Que moult parest Diex débonnaire,
Miséricors, piteus et douz ;
680 Quar les péchiez pardonne touz,
Tout maintenant qu'on s'en repent.

Cist miracles bien nous aprent
Que grant chose est de pénitance,
Et bien nous monstre sanz doutance,

*In libro sapientiæ :
Ne malicia mutaret intellectum illius aut ne fictio deciperet animam illius.*

Post hæc vicedominus mulierem ad domum suam ducit, ciboque ac potu copiosè refecit, orans ut sibi indulgeat, quod in eam crudeliter sævierat.
Indè mulier Civiacum ad propriam domum reversa, post triduum, sicut credimus, divinâ misericordiâ vocata, spiritum reddidit et de labore ad requiem transmigravit, forsitan *ne malitia mutaret intellectum illius, aut ne fictio deciperet animum ejus* Cui tantam misericordiam precibus suæ Matris præstiterat omnipotens Deus, quatenùs omnes, qui hoc audirent, dicerent post veram confessionem in auxilio sanctæ Mariæ spem suam confidenter ponere, et de misericordiâ ejus nunquam desperare.
Hoc miraculum tempore Domini Helinundi episcopi gestum Lauduni, non unus, aut duo, vel tres viderunt, sed tota penè Laudunensis civitas conspexit.

*Salomon dicit :*
*Altissimus odio habet*
*peccatores et misertus est*
*penitentibus.*

Que moult à tost confessions,
Pénitance et contrictions
Apaisié Dieu et acordé.
Sains Augustins m'a recordé
Ou livre de confession
690 Qui puet avoir contriction,
Et puet dévotement ourer
Et ses pechiez plaindre et plorer
Ignélement à Dieu s'acorde.

*Gregorius dicit :*
*Oratio levit, lacrimas*
*cogit, illa ungit, ista pungit.*

Et sains Gregoires nous recorde
Qu'ouroisons Dieu a douceurs trait
Et la lerme force li fait.
Oroison Dieu moult adoucist ;
Mais lorsque la lerme douce ist
Du péchéour, ele a tel force
700 Que la douceur de Dieu s'efforce
A ce que le peché pardonne
Et que sa grace otroie et donne.
Se nous voulons de cuer ourer,
Nos pechiez plaindre et deplourer,
Ausi com fist la bone fame
Du grant brasier et de la flamme
Du feu d'enfer n'aront ja garde.
Qui ce miracle bien esgarde,
Bien est enfés et bestiole
710 S'il ne se deront et afole
En bien servir et ennourer,
En endurer, en aourer
La grant Dame, la glorieuse,
La très douce, la très piteuse,
Qui debonnaire est tant et piue
A ceus qui requeurent s'aiue
Et qui l'aimment de cuer fin,
Qu'ades leur donne bonne fin.
Let est escuz, espiez et lance
720 A ceus qui ont en lui fiance.
Quant ou grant feu, en la grant flamme
Sauva et garanti la fame.
Por ce qu'ennourée l'avoit,
De tant peu comme ele savoit,
Comme fame nourrie à vile.
Avoir doivent bien par saint Gile,
En sa douceur, en sa puissance,
Grant seurté, grant espérance,

Li bien discré et li bien sage
750 Qui la servent d'ardant courage
Et tempre et tart et main et soir.
Avoir i doivent grant espoir
Cil et celes qui que il soient,
Qui devant lui souvent se ploient.
Qui devant lui souvent s'aclinent,
Qui chascun jor cent foiz l'enclinent
Et aorent à nuz genouz,
En recordant son saluz douz,
Et qui de lui sanz nul sejour
740 Chantent et lisent chascun jor.
Rendi por ce qu'ausi bone ame
N'ait simples hons ou simple fame.
Com li soutils s'il le desert ;
Mais toutes voies qui plus sert
Et plus discrez est deservir,
Plus doit avoir et deservir.
Et si fait il, ce n'est pas doute,
C'il ne voit preu ainz ne voit goute,
Et bien soupris l'a li maufez
750 Qui espris n'est et eschaufez
De bien servir la douce Dame
Qui si sauva la bone fame
Com ci devant avez oy.

A Loon furent esjoi
De ce miracle durement,
Et clerc et lai communement ;
Et des privez et des estranges,
Faites en furent granz loenges.
De ce miracle merveilleus
760 Loée fu en moult de lieus
La haute Dame, l'onnourée ;
Et moult en est encor loée
La douce Dame de Loon.
Por ce miracle encore loon ;
Bien son non doit être loez
En ce miracle bien loez.
Cil ne vaut pas qui ne la loé
Un œuf de quaille ne d'aloé.
Loons la nuit, loons, loons,
770 Bien le nous loé ici, loons.

## De la pucèle d'Arras [1] à qui Nostre-Dame s'aparut.

Avant la révolution de 1789, la ville d'Arras était un lieu célèbre de pèlerinage. Parmi les reliques qui y attiraient la foule des pèlerins, on pouvait compter un morceau considérable de la vraie croix, des cheveux de la sainte Vierge, son voile, la sainte manne et la sainte chandelle. Nous parlerons plus longuement de cette dernière relique comme ayant un rapport plus direct au sujet qui nous occupe.

« En l'année 1105, dit M. de Linas, *Annales archéol.*, t. x, p. 321, une peste horrible, nommée « le Mal des Ardents, » ravageait la ville d'Arras et ses environs. Rebelle aux prières des ministres de la religion comme aux remèdes des médecins, cette épidémie menaçait de durer encore longtemps, lorsque dans la nuit du mercredi 25 mai, la sainte Vierge apparut à deux ménétriers fort célèbres, nommés Itier et Norman. Marie leur enjoignit de se lever, d'aller à Arras et de prévenir l'évêque qu'il eût à veiller la nuit du samedi suivant, dans sa cathédrale, parce qu'au chant du coq, une femme, vêtue comme elle l'était, descendrait de la voûte tenant à la main un cierge de cire blanche. Elle les avertit qu'elle ferait tomber quelques gouttes de cette cire dans l'eau destinée aux malades, et que ceux qui en boiraient avec un vif sentiment de foi, seraient guéris. »

Après une courte hésitation dissipée par une seconde apparition, les deux jongleurs, quoiqu'à des distances éloignées l'un de l'autre, prirent tous deux la route d'Arras et allèrent trouver l'évêque pour lui rendre compte de leur mission. Lambert de Guines, un des prélats les plus recommandables qui aient gouverné ce diocèse, occupait alors le siège d'Arras. Accompagné des ménétriers si miraculeusement envoyés vers lui, il se rendit la nuit du

---

(1) Arras, l'ancienne *Nemetacum*, puis capitale des Atrébates, est aujourd'hui chef-lieu du Pas-de-Calais et une de nos villes les plus considérables du nord de la France.

Suivant la tradition, saint Diogène, d'origine grecque, envoyé vers la fin du IVe siècle (384) par le pape saint Syrice pour évangéliser ces contrées encore idolâtres, aurait bâti sur le point le plus élevé de la ville et dans un lieu consacré aux cérémonies païennes, une église dédiée à la sainte Vierge, sous le nom de Notre-Dame. Au bout de dix-huit ans, cette église fut détruite de fond en comble par les Vandales, et le saint évêque martyrisé dans sa cathédrale.

Un siècle après, Arras était redevenu une cité riche et opulente, lorsqu'en 500, saint Vaast y fit son entrée solennelle, au bruit des miracles qu'il opérait. A son arrivée, le nouvel apôtre interrogeant les souvenirs des anciens chrétiens, n'avait pas tardé à retrouver sous un amas de ruines l'autel de la primitive église et l'image de la sainte Vierge. Une nouvelle basilique, placée sous le même vocable, s'éleva bientôt sur le même emplacement. Renversée en 883 par les invasions des Normands, elle fut brûlée par le feu du ciel en 1030. On rebâtit de nouveau cette église en 1040, ainsi que la crypte qui subsiste encore et qui offre, dit-on, de nombreuses analogies avec Saint-Germer. Reconstruite avec toute la richesse de l'architecture ogivale et sur le modèle de nos grandes cathédrales, l'église de Notre-Dame d'Arras était composée de trois nefs, d'un déambulatoire qui se prolongeait autour du chœur et de l'abside où rayonnaient trois chapelles, dont deux étaient dédiées, l'une à Notre-Dame de l'Aurore, et l'autre, celle du milieu, plus large et plus profonde, à Notre-Dame des Fleurs. Elle affectait la forme d'une croix latine avec transepts ; ses dimensions étaient considérables. Sa longueur dans œuvre était de 115 mètres, et sa largeur dans les transepts, de 70 mètres. Elle était divisée en 16 travées dont 5 pour le chœur et 11 pour la nef, qui passait pour la partie la plus ancienne de l'édifice. Les piliers étaient cantonnés de quatre grosses colonnes et de quatre colonnettes ; des arcades simulées encadrées de petites colonnettes se découpaient contre les parois des nefs latérales. A voir l'architecture plus svelte du chœur et des transepts, leurs colonnes géminées, leurs larges fenêtres à meneaux, on pouvait juger que cette partie était en effet postérieure à la nef. L'extérieur offrait un ensemble sévère et majestueux ; ces quatre tours qui flanquaient le portail et les transepts, ces contreforts dont les pyramides aiguës s'élançaient vers le ciel, ces galeries en dentelles qui ceignaient ses reins, sa position sur le point culminant de la cité, lui donnaient une physionomie grandiose et pittoresque. Malheureusement, la gloire et l'ornement des Atrébates a disparu dans des jours de calme et de restauration, sous le marteau des démolisseurs, malgré les pressantes et énergiques réclamations des amis des arts et de la religion. En 1858, la ville d'Arras obéissant à un mouvement aveugle imprimé à la France

samedi dans sa cathédrale. Au chant du coq, la sainte Vierge apparut comme elle l'avait promis, et apporta le cierge célèbre qui devait être exposé si longtemps à la vénération des fidèles.

Les guérisons se multipliaient dans Arras ; les malades des environs affluèrent dans cette ville, et la sainte chandelle confiée à la garde des deux jongleurs, vit se former autour d'elle le noyau d'une confrérie où entrèrent les plus éminents personnages du pays. Cette confrérie de la sainte Chandelle ou des Ardents eut bientôt sa chapelle spéciale, et en 1215, une splendide pyramide haute de 28 mèt. 70 cent., supportant une tour carrée à trois étages, surmontée elle-même d'une autre tour octogone à deux étages et coiffée d'une flèche élégante, hérissée sur ses arêtes de crosses végétales et terminée par un délicieux bouquet d'où s'élançait un ange sagittaire, s'élevait sur la petite place du Marché, aujourd'hui de l'Hôtel-de-Ville.

C'est dans ce précieux monument que fut déposée la sainte Chandelle, enveloppée de son étui d'argent massif avec ornements de vermeil. Ce curieux et bel ouvrage d'orfévrerie, le plus intéressant peut-être du nord de la France, renferme encore aujourd'hui quelques fragments de la relique, quelques parcelles du cierge miraculeux. (V. la description, *Annal. archéol.*, p. 328.) Cette relique et le monument qui la conservait ont, à toute époque, joui d'une grande célébrité dans la France entière. Il en a été de cette pyramide comme de tous les monuments religieux d'Arras. Proscrite en 1791, elle fut aussitôt démolie par les habitants eux-mêmes. M. Didron propose avec infiniment de raison aux habitants d'Arras, comme motif de réparation légitime, de relever cette charmante et gracieuse pyramide à la gloire de Dieu, pour conjurer les fléaux, les fièvres ardentes et les pestes, y compris le choléra, qui ravagent périodiquement l'humanité. Nous nous associons à ce vœu qui rendrait à la ville d'Arras un monument qui n'est plus, et raviverait peut-être des pratiques religieuses qui tendent chaque jour à disparaître.

C'est sans doute vers ce même temps qu'il faut rapporter une autre apparition dont l'histoire locale paraît n'avoir conservé aucun souvenir. Voici ce fait :

Une jeune fille de la riche cité d'Arras, étant un jour à se promener dans le jardin de son père, aperçoit à côté d'elle une dame majestueusement vêtue qui lui demande si elle la connaît. L'enfant tremblante ose à peine répondre. La dame la rassure et lui déclare qu'elle est la mère du Fils de Dieu. Enhardie par cette bonté, la jeune fille lui demande pourquoi elle a daigné lui apparaître. Alors la sainte Vierge lui annonce que par une grâce toute spéciale, elle l'a choisie pour être une de ses pucelles ; mais que pour répondre à cette faveur, elle doit être aussi pure que la rose, fuir les vanités du monde et conserver la fleur de sa virginité. La vision ayant disparu, la jeune fille s'en retourne joyeuse à la maison de son père et sans révéler à ses parents rien de cette merveilleuse aventure.

Parvenue à l'âge nubile, la jeune fille est recherchée en mariage ; mais elle refuse obstinément toutes les propositions les plus avantageuses. Ses parents, qui ne comprennent rien à ses refus opiniâtres, la maltraitent. La jeune fille leur raconte alors la vision qu'elle a eue. Son père, loin d'y ajouter foi, la force de se marier. Dans sa douleur, la malheureuse s'adresse à la sainte Vierge qui, à l'aide d'une horrible maladie, la délivre du danger qu'elle court de perdre son innocence et d'être infidèle à sa promesse.

À la suite d'une opération douloureuse et qui lui a laissé une plaie mortelle, elle se complaint doucement à Notre Dame. On la porte à demi-morte dans l'église d'Arras où elle raconte de nouveau à l'évêque la vision qu'elle a eue autrefois. L'évêque, prélat des plus recommandables et qui jouissait d'une grande réputation de sainteté,

par nos architectes officiels, faisait relever sur l'emplacement de l'ancienne cathédrale et dans le style néo-grec du Panthéon et de la Madeleine, une nouvelle église dédiée à saint Nicolas.

Ce qui fait encore plus regretter la perte de l'église Notre-Dame, c'est qu'elle renfermait une foule d'objets intéressants. Outre les statues en bosse de chevaliers, les pierres tombales qui recouvraient la sépulture des évêques et un labyrinthe octogone (1), on admirait dans cette basilique de magnifiques verrières, des fonts de baptême d'un grand prix, un jubé orné de bas-reliefs, les figures de la passion sculptées, revêtues de fines couleurs et de brillantes dorures (2).

(1) Ce labyrinthe était en carrés jaunâtres et bleus d'environ 23 cent. En suivant à genoux, comme c'était l'usage, la ligne de pierres bleues et en récitant les prières ordinaires, on mettait une heure à terminer ce pieux pélerinage. Aussi, dans certaines localités, appelait-on ces sortes de dédales *la lieue*. Notice de M. Dubray, p. 20. *Hist. de la cathéd. de Poitiers*, t. 1, p. 296 ; t. 2, p. 208.

(2) On conservait encore dans cette église une ancienne châsse dans laquelle il y avait de la laine qui, selon une ancienne tradition autorisée par saint Jérôme et par plusieurs graves auteurs, tomba en Artois avec une pluie fort grosse, l'an 371, pendant une grande stérilité ; et elle engraissa tellement les terres, qu'elle fut appelée *Manne*, à l'exemple de celle dont Dieu nourrit son peuple dans le désert. C'est en mémoire de cette protection qu'on fait une fête solennelle tous les ans, en actions de grâces, le deuxième dimanche d'après Pâques. La sainte manne existe encore aujourd'hui, mais la châsse qui renfermait cette curieuse relique, oubliée ou plutôt délaissée dans l'église de Saint-Nicolas d'Arras, n'attire plus la foule. Tous les ans, on célèbre encore une messe en souvenir du prodige ; mais les fidèles ne s'empressent plus comme autrefois d'y assister, indifférents qu'ils sont pour la gloire et la piété que répandit jadis sur leur pays cette grande dévotion. Les papes Clément VI, en 1342, et Caliste III, en 1455, avaient accordé un an et quarante jours de pardons et d'indulgences à ceux qui visiteraient l'église d'Arras et y honoreraient la sacrée manne audit jour ou durant l'octave, ce que le peuple d'Arras et des lieux circonvoisins avait coutume de faire à jeûn, d'après une ancienne et pieuse tradition. *Dict. des pèlerinages*, art. Arras, t. 1, p. 228.

charmé de rencontrer tant de vertu et de résignation dans une pareille épreuve, en eut grande pitié et chercha à la consoler. Il fit casser le mariage ; mais il pensa en même temps qu'il valait mieux confier la jeune femme à la garde de son époux qui la regarda désormais comme une sœur.

Réconfortée par cette sage décision, la jeune fille s'en retourna dans sa maison ; mais sa maladie, loin de diminuer, alla toujours en empirant, tellement qu'on fut obligé de la ramener dans l'église Notre-Dame dans un état désespéré, dans l'espoir d'obtenir pour elle la guérison que la sainte Vierge accordait si fréquemment dans le Mal des Ardents. Sa prière fut exaucée, et elle sortit de l'église complètement guérie.

Le poëte porte ensuite un défi aux mécréants, à ceux qui oseront contredire ce miracle. Félons contradicteurs qui regardent les prodiges les plus avérés comme des fables ou de pieuses fraudes ; hommes pervers qui préfèrent les contes ridicules à la vie édifiante des saints ; pauvres gens destinés, à cause de leur folle incrédulité, à être la pâture des brasiers éternels.

La miniature représente cette apparition. On aperçoit entre les arbres verts d'un jardin une jeune fille de douze à quinze ans, à la chevelure blonde, robe verte, revêtue d'un long surcot rouge sans manches. La sainte Vierge porte la couronne et le nimbe d'or ; elle tient à la main un livre à fermoir aussi à couverture d'or. Elle est très-élégamment drapée dans une espèce de manteau bleu doublé de rouge, qui recouvre une robe d'un jaune clair. Le champ de la miniature offre un fond en or sur lequel sont dessinés, au moyen de lignes horizontales et verticales en noir, une espèce de grille ou damier dont les vides sont occupés par de petits boutons rayonnants de couleur pourpre et blanchâtre alternativement.

Le manuscrit de la Bibliothèque Nationale porte ce titre : *D'une fame qui fu guéri Arras*. C'est toutefois le même sujet, comme on peut s'en convaincre par les miniatures qui représentent : 1° L'apparition de la sainte Vierge. 2° Une femme et un homme dans un lit ; l'homme se lève. 3° Nouvelle apparition de la sainte Vierge à cette femme malade dans son lit. 4° Le mari et sa femme. Ceci explique certaines circonstances du fait que nous avons dû passer sous silence ; les détails un peu libres dans lesquels est entré l'auteur pour raconter complètement cet évènement, ne seraient plus acceptables aujourd'hui ; nous avons donc dû les supprimer. Autres temps, autres mœurs. Nous l'avons fait avec d'autant moins de scrupule, qu'ils n'ajoutaient presque rien à la nature du récit.

Mes livres me dit et narrraz
Qu'en la riche cité d'Arras
Out jadis une meschinete
Qui moult estoit douce et simplete.

Si com Diex plout un jor avint
Qu'ele ou jardin son père vint,
Toute seule, sanz compaingnie.
Nostre Dame sainte Marie,
La douce Mère Jhésucrist,
10 Si com li ploust, si com li sist,
S'aparut à la pucèle,
Si glorieuse, si très bele,
Que raconter ne le saroie.
La meschinete si s'effroie
Et si durement s'esmerveille,
Ne set s'el dort ou s'el veille.
La fleur de lis, la fresche rose
Ou courtoisie est toute enclose,
Que vraiement, par vérité,
20 A une vraie simplicité,
Lors dit à la simple guarcete :
« Bèle amie, bèle fillete,

» Sez-tu qui sui ne com j'ai non ? »
Cele respont en tremblant : « Non,
» Ne vous connois, ma Douce Dame. »
Lors li a dit la clere gemme :
« Bèle fillete, bèle amie,
» Je sui la Mère Dieu, Marie. »
Le sade non quant ele entent,
30 En soupirant les mains li tent,
Et moult parfont l'a enclinée.
Quant un peu est asseurée,
Lors a parlé moult simplement :
« Hé ! bèle Mère Dieu, comment
» Vous daingnez, « fait la pucelete, »
« Apparoir à ceste garcete. »
« Bèle fille, « fait Nostre Dame, »
« Porce que vueil le prix de t'ame,
» A toi me sui apparue.
40 » Je vueil, por ce sui ci venue,
» Que tu soies de mes pucèles,
» De mes virges, de mes ancèles,
» Se tu veus faire mon commant.
» Je t'amonest, di et commant
» Que nete soies comme rose,

» Et garde bien, seur toute chose,
» La fleur de ta virginité,
» La fause amor, la vanité
» Eschive et fui de ce fol monde,
50 » S'a droit vieus estre pure et monde.
» Por moi servir bien purement,
» Garde ton cors si netement,
» Qu'a ce nul jor je ne l'asentes
» Que baron aies ne ne sentes.
» Ainsi seras de mes ancèles,
» De mes virges, de mes pucèles. »

Ainsi de lui s'est départie
Nostre Dame Sainte Marie.
Et la pucèle d'autre part
60 Liée et joieuse s'en départ,
Et à l'ostel est retournée.
En son courage, en sa pensée,
Ceste chose si bien céla,
Conques nului n'en revéla ;
Si simplement puis se maintint,
Qu'a merveille chascun la tint.

Mais quant ce vint qu'ele out aage,
Requise l'a en mariage.
A ses amis et à ses genz
70 Uns vallez jusnes, biaus et genz,
Au mariage que bon s'entent
Tuit li ami moult tost s'asentent.
Cele ne si vieut assentir
Que jà atouchier ne sentir
Ne quiert homme jor qu'ele vive.
Mais à folie et à wisdive
Li tient li pères et la mère ;
Assez la bat et fiert li père,
Et la mère moult la ledoie.
80 La meschine qui moult s'effroie,
A donc leur a reconneue
La vision qu'avoit veue.
Mes li père ne l'en croit mie ;
Ainz tout tourne à truferie.
Tant la tient court et tant l'efforce,
Que maugré sien, à fine force,
Au vallet la fait espouser.
Moult se commence à doulouser
Et à complaindre en son courage
90 Quant voit outre le mariage :
« Hé ! Mère Dieu, Virge pucèle,
« Fait la lasse, » sequeur t'ancèle ;
» S'aucun secors de toi me sort,

» Tout le monde trouverai sort ;
» Ne truis nului qui m'en consaut.
» Chascun me fiert, chascun m'assaut ;
» Chascun me baubist et assote ;
» Chascun me tient por garce sote.
» Douce Dame, sainte Marie !
100 » Si sui dolente et esmarie ;
» Ne sai que dire ne que faire.
» Haute Royne débonnaire !
» Dame piteuse, virge et piue,
» Se ton secors n'ai et t'aiue,
» Ma chastéez est violée,
» Et m'ame morte et afolée. »
En tel manière la dolente
Moult se complaint, moult se demente ;
Se Nostre Dame n'en souvient,
110 Bien voit qu'à force li convient
Brisier son saint commandement........
La lasse brait, la lasse crie,
Se complaint, doulouse et demente ;
Sa grande plaie si la tormente,
Ne set que puist faire ne dire.
Onques trouver ne pot puis mire
Tant s'en seust bien entremetre
Qui nul conseil y seust bien metre.
Ne set la lasse que puist faire,
120 Tant a douleur, ire et contraire,
Que ne se puet du lit mouvoir.
Ainz gist ades, par estouvoir.
Moult se complaint à Notre Dame ;
Moult li prie que penst de s'ame ;
Car alez est li las de cors.

Uns evesques ot Arras lors
Qui moult estoit de grant renon,
Alusius avait a non.
Tant fait la lasse con li porte
130 Si com fame demie morte.
A l'evesque s'est confessée ;
La vision li a contée
Qu'ele veue out en s'enfance ;
Et puis li dist sanz delaiance
Ces faiz et toute s'auction.
Quant l'evesques s'entention
Voit si très pure et si très saine,
Pour peu que li cuers ne li saine,
Tant par a grant compassion
140 De la grant tribulation
Qui voit que de la dolente endure,
Faire fesist moult grant laidure.

A son baron ignelement
Et lors sans nul delaiement,
D'aus deux fesist *divortium*;
Mais il s'apensa que li hom
Qui espouse est la garderoit
Miex qu'uns estranges ne feroit,
Et par raison et par droiture.
150 Li bons evesques par grant cure
Au miex qu'il puet la reconforte;
A son baron moult bien en orte,
Por l'amour au bon Roy celestre
Que ses frères apraigne à estre,
Quant ses barons estre ne puet;
Et se riens nule li estuet,
Que de son propre ne souffise,
Il li sera, à sa devise,
Moult largement n'en redout mie
160 Avoir touz les jours de sa vie.
Moult l'a l'evesque conforté;
A son ostel est reportée;
Mes la lasse est a tel martyre,
Que jor et nuit sa plaie enpire;
Grant piece vit a tel contraire,
Qu'anuis serait de ce retraire.

Par le plesir du juste juge
Qui tout ades justement juge,
Jà soit ce que maint jugement
170 Face à la foiz occultement,
Que que la lasse languissoit
Qui de son lit onques n'issoit.

Li feu d'enfer si fors s'esprist
Par tout Artois et tant esprist,
Et d'uns et d'autres que redire
Ne vous saroie le martyre,
La braerie, la criée
Qui est par toute la contrée.
Se li piteus Père de gloire
180 Tramis n'eust à ce tempoire
Une sainte phisiciane,
Pour sauver la gent crestienne.
A Arras, la riche cité,
Tuit fussent, par ars, par vérité
Communement et clerc et lai.
La lettre dit où trouvé l'ai
Que li douz Roys, li très douz Père,
A sa très douce sade Mère
Donna a donc si grant pooir,
190 Que nus ne la venoit véoir

A Arraz, à son bon moustier,
Estainz ne fu sans détrier
De la douleureuse arsion;
Mais qu'il eust contriction
De ses pechiez et repentance.
Cil feu d'enfer sanz demourance
La lasse fame dont je cont,
Si cruelment resprist a dont
En la mamèle et si grièvement,
200 Qu'ele se fist ignélement
Porter ou moustier Nostre Dame.
Que plus vesqui la lasse fame
Et plus ses maus li empira.
Le feu d'enfer si l'atira,
Que lors toute arse ont la mamèle.
A donc se prist en sa forcèle
Si ardaument li ardant feus,
Que lors li fist ix si granz treus
Et si hideux de grant pooir,
210 Que nus ne l'osoit nes véoir,
Tant iert horrible et tant hideuse.
En l'église la glorieuse,
La lasse ainsi languist grant pièce.
Li piz li chiet touz et de pièce
Et desqu'as costez va li feus.
Avec les autres languereus
Languist la lasse là dedenz.
La Mère Dieu entre ses denz
Moult doucement souvent déprie
220 Qu'ele la jet de ceste vie;
Quar tant par est sa vie dure,
Et tant par sueffre grant ardure,
Que de mourir a tel envie,
Qu'avis li est que mort soit vie,
Et vie soit pire que mors.
Mes cele en cui est touz confors,
Quant voit si grant sa maladie
Qu'il n'est que ost nes cuider mie,
Que puist plus vivre ne durer,
250 A donc primes la vit curer.
Quant voit la Virge pure et monde
Que despité est de tout le monde,
De baron, de père et de mère,
A donc primes l'estoile clère
Qui enlumine tout le monde,
Si netement la cure et monde,
Que touz li mons s'en esmerveille;
Cele qui fait tant merveille
Que touz nous fait esmerveillier;
240 Cele qui set si bien veillier

Quant mestiers est por ses amis,
Quant voit son affaire à ce nis,
Que touz li mons sa mort convoite,
De lui secourre a donc s'esploite;
A donc primes s'en entremet;
A donc primes sa main y met;
A donc moustre sa demourance,
Sa grant douceur, sa grant puissance.

La lettre dit qui le devise,
250 Qu'une nuit ot tant en l'église
Et de malades et d'ardanz,
Que moult i fu la presse granz.
A donc la lasse, l'esbarie
A madame sainte Marie
Moult longuement s'est dementée :
« Hé! Mère Dieu, Virge sacrée, »
« Ce dit la lasse, la chétive, »
« Ne sueffre pas que je plus vive
» A tel douleur, à tel martyre;
260 » Quar, douce Dame, bien puis dire
» Qu'ainz créature ne fu née
» Qui plus fust onques déjetée,
» Ne plus despité que je sui.
» Ce poise moi que jonques fui,
» Et douleur est que je tant dur.
» Hé! douce Dame, le cuer dur
» En as tu plus assez de fer,
» Quant tu ainsi du feu d'enfer
» Ardoir me laiz piz et forcèle.
270 » Hé! Mère Dieu, jà sui je cèle
» Qu'en m'enfance si chiere eus,
» Que tu amor t'apareus.
» Jà desis-tu, Virge pucèle,
» Qu'à ta servant et à t'ancèle
» M'avoit ta douceur esleue.
» As me tu, Dame, deçeue,
» Et ta saintisme avision
» Devenra elle illusion,
» Fausetez et fantosmerie? »
280 A Madame sainte Marie
La lasse fame, la dolente,
Tant se complaint, tant se demente;
Tant brait, tant crie, c'est la somme,
Que fame n'a entor lui homme
Sain ne malade cui n'anuit.

Mais quant ce vient vers mie nuit,
Taire l'estuet, par estouvoir;
Car plus ne puet langue mouvoir,

Tant par est foible et tant afflite,
290 Qui n'a en lui fors l'espérite.
Lors clost les yex la lasse fame,
Se commant son cors et s'ame
A la divine piété.
La lettre dit par vérité
La lasse lorsqu'est endormie,
L'esglise voit si esclaircie,
Qu'il semble que mil estoiles
Ait là dedenz et mil chandoiles
Et mil tortiz touz enbrasez.
300 Queque ses cuers est tresvasez
De la clarté qu'ele a veue.
Du ciel laiens est descendue
Une grant dame, une royne
Qui tant est clère, pure et fine,
Et tant par est bèle à devis,
Que l'église, ce li est vis,
Esclarcist plus ses clers viaires
Que ne fesist nus luminaires,
Ne que ne fesist nus solauz,
310 Quant plus luist cler que plus est hauz.

Là où gisoit la lasse fame
Tout droit venue est cèle dame;
Et si li dist moult doucement :
« Bèle amie, s'ignelement
» Viex de touz maus estre sanée,
» Lièvre tost sus sanz demourée,
» Et si va tost plus n'i atent,
» Devant mon saint autel l'estent;
» Là guarras sanz démourance.
320 » Mais que foi aies et créance. »
« Hé! Mère Dieu, » cele respont;
« Por tout l'avoir de tout le mont
» N'iroie mie un tout seul pas. »
La Mère Dieu ignelepas
Par sa douceur, par sa franchise,
Doucement l'a par la main prise;
Dès qu'à l'autel l'en a menée,
Si travailliée, si penée,
Est ce li semble quant là vient,
330 Qu'à rendormir lors l'en convient.
Devant l'autel dort doucement,
Mais ne dort mie longuement.
Quant répairiée est Nostre Dame;
« Sachiez, » fait ele, « bone fame,
» Que gueriée ies tout plainement;
» Et por ce tout certainement
» Et vraiement tes cuers le croie

» Qu'a parlé ta bouche à la moie,
» Tuit li ardant que baiseras,
540 » Demain quant tu t'esveilleras,
» Estaint seront du feu d'enfer. »

Devant l'autel dormi moult fer
Dès qu'au grand jor la bone fame.
Toute l'église Nostre-Dame
De genz fu plaine ainz qu'esveilliée
Fust la lasse qui moult fu liée.
Si tost com ele s'esveilla,
Chascun forment s'en merveilla,
Quant il dormir voit ceste dame
550 Si près de l'autel Nostre Dame.
Aucun qui ne la connut pas,
Vers lui s'en vint plus que le pas,
Du pié la hurte iriéement.
« Or sus, or sus ignelement.
» Fuiez de ci, » fait il, « amie;
» Quant vous ci estes endormie,
» Vous n'estes mie très bien sage. »
Cèle qui ne sent nul malage
En piez saut sus ignelement,
560 Tout autressi légierement
Com sainz n'eust douleur sentie.
Quant ele sent qu'ele est guarie
Et que plus est halègre et saine
Que n'est poissons qui noé en Saine,
Hautement, à haute alenée,
Quanqu'ele puet s'est escriée :
« Douce Dame, sainte Marie,
» Aie, aie, aie, aie. »

En l'église ne remaint ame
570 N'aqueure entor la bone fame ;
Et la lasse l'autel embraçe,
En plourant à moilliée face.
Plus de cent foiz la cole et baise;
Si est joianz, si est a aise,
Qu'ele ne set que fere doie.
Tout li pueples pleure de joie ;
Et Nostre Dame sanz delai
Tuit en mercient clerc et lai.
De ce ne fut pas oublieuse
580 Que dit li out la glorieuse.
Touz les ardanz ignelement

A la baisier moult doucement
Dont i avoit grant presse adonc
Lors fist corre à grand r'adonc.
La Mère au Roy de vérité,
Sa fontaine de piété,
La puet chascun à l'ueil vooir
La grant vertu, le grant pooir
De la très douce Mère Dieu.
590 On ne doit pas tenir à gieu
Si fait miracle com est cist.
La douce Mère Jhésucrist,
Par sa douceur et par sa grace,
Donna adonc tel efficace
Au baisier de la povre fame,
Conques le jor ne baisa ame,
Tant fust du feu d'enfer souspris,
Tant enbrascez ne tant espris,
Tant cruciez ne tant destrainz,
600 Que maintenant ne fust destainz.

La Mère Dieu bien i ouvra ;
Cele meesmes recouvra
Santé si très entièrement,
Que se li livres ne me ment,
Plus blanche fu s'arse mamèle
Que ne fu l'autre et moult plus bèle,
Et li ix treu qu'ou piz avoit
Que li evesques bien savoit :
Et trestuit cil de la cité
610 Où tant avoit horribleté,
Que li paroient tuit li os
Si saine furent et si clos,
Tant regarder nus ni seust,
Que james s'en aperceust......
Conques nul jour ne fu plus saine.
Ne cuit pas qu'en une semaine
Conté eusse ne retraite
La grant joie qui là fu faite.
Et tout sanz dire, poez croire,
620 Que grant joie et grant baudoire,
Là où tant out de genz sauées.
Par tout Arras furent sonnées
Toutes les cloches hautement.
A jointes mains et doucement
La grant Royne de lassus
En mercia Alusius (1)

---

(1) Alisius. Nous n'avons pu trouver le nom de cet évêque dans le nécrologe épiscopal. Ce ne pourrait être que Lambert de Guines, quatrième évêque, homme d'une grande sainteté, sacré à Rome en 1093 et mort en 1115; ou Robert d'Arras, mort en 1131. Cet évêque établit l'usage de dire au chœur le petit office de la sainte Vierge, usage qui s'est conservé jusqu'à l'expulsion du chapitre, en 92.

Li bons evesques, li bon sire
Ce haut miracle fist escrire
Et metre en grant autorité
430 Par tout Arras la grant cité (1).

Pour ce miracle contredire,
Si rien i sevent contredire,
Vingnent avant li mescreant
Qui sunt si faus et mau créant,
Que mains miracles contrebatent,
Et contredient et abatent.
Qui sunt si felon, si sunt rebous,
Qu'il puent plus que ne font bous.
Puant leur vie est et amère.
440 A Dieu puant et à sa Mère,
A touz sainz et à toutes saintes.
A fables tiennent et à faintes
Les hauz miracles con leur conte.
Plus volentiers oent un conte
Ou une trufe s'en leur conte.
Avoir puissent il male honte !
Si aront il n'en dout de rien,
Quar il ne croient ne que chien.
Si com tardius li limeçons,
450 Lut et chanta les iii liçons
Seur la bière dame coupée
Que renard avait escroupée,
Qu'il ne feroient, par saint Gile,
Un bon sermon d'une évangile.
Ceus et celes qui bien le dient,
Gabent ades et contralient.
Vies de saints, vies de saintes
Tiennent à fables et à faintes.
Leur langues arde male flame
460 Nes les miracles Nostre Dame.
Aucune foiz vont contrestant
Certes, certes, iés haiz trestant
Que je n'en puis mon pensé dire,
Ades i treuvent à redire,
Et ades les vont biquetant.
Aucun foiz dient que tant
N'en est mie con en dit,
Et contrebat et contredit
Metent en touz les biens qu'il oient.
470 Il m'est avis que pas ne croient

Si fait larron très fermement;
Ainz croient enfermement.
Cuers ont plus durs que ne soit fers,
Por aus baille jà enfers.
Aucune foiz, aucun d'aus dit
Que maint miracle sunt escrit
Qui ne sont vrai ne autentique.
Diex ! quel tuer ! Diex ! Diex ! qui que
Ainz tiex larrons, tiex menesterex
480 Iés haiz de mort ausi fait Dex,
Sa douce Mère et tuit si saint,
Sainte Marie Dex me saint
Pour ce s'aucun sermoneur,
Gouliardois et jongleeur,
Qui toute jor par ces viletes
Firtres comportent et clochetes,
Fauz miracles font à la foiz.
Se diront cil en cui font foiz
Et cui croire ne doit nule ame;
490 Que les miracles Nostre Dame
Sunt ausi faus et controuvé.
Ha ! ha ! ha ! ha ! larron prouvé,
Larron, larron, larron, murtrier,
Pire que cil qui fist murtre ier.
Ci a trop povre couverture.
Nus n'est tant fous, tant chuleure,
Qui bien ne sache sanz doutance
Que tant parest de grande puissance
Et tant par est de haute affaire
500 La Mère Dieu qu'ils fait faire
Au roy des roys qui lassus siet,
Quanqu'il li plest, quanqu'il li seet,
Li très douz Diex, li très douz Père,
Tant hauz miracles por sa Mère
Fait loinz et près, bien le puis dire,
Que nus nes puet numbrer n'escrire
Li haut miracle, li haut fet
Qui jor et nuit par le mont fait
Nostre Dame Sainte Marie.
510 Ce set bien, chascun ne sont mie
Des miracles truanderez
Que truant font as mousterez,
As croisses voies, ad fontaines.
Si très vraies, si très certaines,
Si apertes, si esclaircies,

*Paulus dicit :*
Inanes et ineptis fabulas
devita; nam sicut mulus
mures bonā colloquiā cor-
rigunt, ita prava colloquia
bonos mores corrumpunt.

---

(1) Nous avons écrit à M. le bibliothécaire de la ville d'Arras pour avoir quelques renseignements sur ce fait historique. Après des recherches aux archives de la préfecture et dans les nombreux manuscrits qui existent dans la célèbre bibliothèque de Saint-Vaast, on nous répond qu'on n'a rien trouvé dans les chroniques ni dans les légendes locales de relatif à cet événement.

Si hautes, si auctorisées
Sont les œuvres la Virge monde,
Par cui Diex a sauvé le monde,
Que clerc ne lai douter n'en doit.
520 Et s'il en doute de son doit,
Li doit chascun les yex pochier.
N'eust mie tant haut clochier
Ne tant église haute et bèle,
Tant moustier ne tante chapèle,
La Mère Dieu, c'en est la somme,
Se li clergiez et li haut homme
Bien ne seussent et véissent
Par quel raison tant en féissent.
Tant haut miracle fist et fait,
530 Par tout le mont tout à fait,
La Mère au Roy qui tout cria,
Que mais si simple enfant n'i a
Qui, sanz doutance, bien ne sache
Qu'èle est le piliers, li estache
Qui tout soutient et tout comporte.
Qui honneur certes ne li porte,
Et ses miracles bien ne croit,
Il ne croit mie que Diex soit,
Ne que Diex ait point de puissance.
540 Mescréanz est tous sanz doutance,
Qui bien ne croit qu'ele ait tel grace,
Qu'il n'est chose que Diex ne face,
En ciel, en air, en mer, en terre,
Cèle un petit l'en vint requerre.
Nostre Dame est de tel mérite,
Que Diex meismes s'i délite
En faire quant qu'il li agrée,
Dès les plantes jusque en la grée.
Puist feu d'enfer bruir celui
550 Soit clerc, soit lais ni lais nului
Qui combat et contredit
Ce que la letre de lui dit,
Et les miracles que ditèrent
Li haut clerc qui s'i délitèrent.
En son saint nom auctoriser
Por esprendre, por atisier
A li servir les bonnes gens,
Par les miracles biaus et gens,
Par les merveilles merveilleuses
560 Et par les vertuz glorieuses

Que fist et fait par tout le monde
La Mère Dieu, la Virge monde.
A touz besoins est reclamée,
Et auctorisiée et amée
Par deseur toute créature.
Trop parest de male aventure,
Qui n'aime moult quanqu'ali monte,
Et qui volentiers ne raconte
Les hauz miracles, les hauz faiz
570 Que fait encore et qu'èle a faiz
Por espenre et por enflammer
Les bonnes genz à lui amer
Et à faire son douz servise.
Touz nous esprent, touz nous atise
A lui amer sa courtoisie.
Cun rainselet de tanesie
Ne prise cil son cors ne s'ame
Qui de l'amour la douce Dame
N'est touz espris, touz embrasez.
580 De l'amor Dieu est jà chasez,
Et jà son lieu ou ciel a pris
Qui de s'amour est bien espris.
Sainz Espérites bien esprent
Celui qu'à lui servir aprent;
Mais le Déables bien refroide
Celui qui a pensée froide
De lui servir, de lui amer,
Et bien se puet chetis clamer.
Bien est cil froiz et angelez
590 Et au Déable est bien alez
Qui ne la sert et qui ne l'aimme,
Qui jor et nuit ne la reclaimme.
Qui ne la sert, si Diex me voie,
Ne puet aler à bone voie.
Qui ne la sert de cuer entier,
Du ciel perdu a le sentier.
Povrement croit, povrement sent
A lui amer qui ne s'asent.
Tuit cil qui assentiront,
600 A Dieu la droite iront.
Trop par a peu mémoire et sens
Qui ne s'assentent à ses assens;
Qui veut à Dieu trouver la sente
A bien sa Mère s'asente.

## Ce miracle comment Nostre Dame fut ferue d'un quarrel au génoil.

On sait qu'au moyen-âge, à cette époque de luttes souvent barbares, la religion et sa douce croyance avaient seules le droit de s'interposer entre les combattants et de mettre dans la balance de la cupidité et de la vengeance le poids de la justice et de la générosité ; en voici un exemple remarquable.

Dans un château des environs d'Orléans, le peuple venait de construire à ses frais une nouvelle église en l'honneur de la sainte Vierge. On avait placé sur l'autel une belle image de Marie que l'on vénérait avec une grande dévotion. Mais le démon, travaillé d'une infernale jalousie, ne tarda pas à susciter une guerre terrible contre ce peuple qu'il voulait anéantir. A la vue d'une armée formidable qui venait assiéger leur ville, et dans la crainte de ne pouvoir soutenir l'attaque, les habitants se transportèrent à l'église, et détachant l'image de l'autel, ils vont la planter sur le rempart du château, contre les parois extérieures de la porte, à l'endroit même où devait se donner l'assaut. Un combat acharné s'engage vis-à-vis de l'image, qui reçoit un trait d'arbalète dans le genou. Le sang jaillit aussitôt. Ce prodige rend un nouveau courage aux assiégés qui repoussent l'ennemi en lui faisant essuyer une perte énorme. Les assiégeants eux-mêmes, terrassés par cet évènement, se prosternent devant l'image de la sainte, la reconduisent avec larmes à l'église, lui offrent de riches présents et jurent de ne jamais venir attaquer le château.

La miniature de notre manuscrit et celle de la Bibliothèque Nationale reproduisent de la manière la plus frappante la circonstance la plus intéressante de ce miracle. Sur un fond à losanges d'or et d'azur semé de fleurs-de-lys blanches se détache une vaste construction militaire surmontée d'un fluet et maigre donjon ; des guerriers armés de toutes pièces se dressent sur les murs crénelés, lançant une grêle de pierres. L'un d'eux, revêtu d'une espèce de tunique d'or brochée de lions lampassés, tient suspendue l'image de la sainte Vierge et de son Fils qu'elle embrasse ; cette image est peinte sur un fond d'or trilobé à la manière d'Alber Durer. On aperçoit à la hauteur du genou un trait qui pénètre dans les chairs et qui fait jaillir des gouttes de sang. Au bas des remparts, un groupe de cavaliers armés de cottes de maille, de gantelets, de boucliers ; à leur tête un chef montrant du doigt cette blessure, se retourne vers sa troupe qui considère ce prodige avec étonnement.

Un esceris truis que, près d'Orliens,
Un chastel a où moult de biens
Fist une fois la Mère au Roy
Qui tost abesse grant desroi.
Cist Chastiaus a non *Avers non*,
Ou *Avenon*, ou *Avernon* (1).
En ce chastel out bone gent,
Un nouviau moustier bel et gent
Firent en l'ouneur Nostre Dame.
10 N'out ou chastel homme ne fame
Qui n'i aidast à son povair.
Sus l'autel firent asseoir
Une ymage fresche et nouvèle
De Nostre Dame moult très bèle.
Cele ymage moult honoroient

Tuit cil du chastel et servoient
De luminaire hautement.
Mès Déables qui durement
Estoit dolens de ceste affaire
20 Por les honneurs qu'il voient faire
La Mère Dieu et tempre et tart.
De convoitise qui tout art
Le prince de la terre esprist,
Tant que granz genz et grant ost prist.
Si vint cele vile asseoir,
Com cil qui iert de grant pooir
Penre et tuer vouloit la gent
Por gaaingnier l'or et l'argent.
Ainsi vouloit tout leur avoir,
30 Par force et par haussage avoir.

*Paulus dicit : Radix omnium est cupiditas.*

*Ysidorus dicit Cupiditas omnium num materia est.*

(1) Peut-être Averdon, dans l'Orléanais.

Et por ce fist cele assemblée
En larrecin et en emblée.
Quant cil dedenz bruire les oent,
De leur chastel les portes cloent;
Au miex qu'il puecnt se deffendent.
Mès quant il voient et entendent
Que ne porront vers aus durer
Ne leurs granz assaus endurer,
A l'église s'en vont courant.
40 La Mère Dieu tout en plorant
Deprient tuit que les consaut.
L'ymage portent à l'asaut
De sus la porte l'ont portée.
Qui lors oïst la grant criée,
Dur cuer eust s'il ne plorast.
Ni out celui ne l'aourast
Ni a celui plorant ne die :
« Douce Dame, sainte Marie,
» En toi est toute no fiance.
50 » Seurté nule, n'espérance
» N'avons n'en nous n'en nostre force.
» De nous aidier, Dame, t'esforce;
» Quar cil de hors sunt fier et fort.
» N'avons aide ne confort
» S'en toi non, bèle douce Dame. »
Cil qui Déable de sa flame
Avoit espris et embrasez
Ne prisièrent ij pois frasez
Ne Nostre Dame, ne s'ymage ;
60 Ains les essuillent par tel rage,
Que maubailli et domagié,
Desconfiz et descouragié
Sont cil dedenz en poi de terme.
Lors ront getée mainte lerme,
Et maint haut cri et maint haut bret ;
Quar bien cuident tuit entreset
Qu'arraument soient desconfit.
Ni a celui qui mes s'afit,
En force n'en secours qu'il aient
70 Près de l'ymage tuit se traient,
Si se tapissent tout entoure,
Se font de lui deffense et tour.

Un archier out près de l'ymage,
Qui grant desroi et grant dommage
Faisoit souvent à ceus de hors ;
Souvent por garantir son cors,
Dérière l'ymage se muçoit,
Et touz les suens resbaudissoit.

De hors out un arbalestrier
80 Moult bien armé seur un destrier,
Une arbaleste en sa main porte.
Celui qui voit desus la porte,
Por grant orgueil en haut escrie :
« Moult est, » fait il, « courte ta vie,
» Se tu la porte ne nous œuvres ;
» Ce l'ymage donc tu te queuvres,
» Encor soit elle et grant et large,
» S'en auras tu mauvèse targe.
» Li méismes ferrai-je, si
90 » Se tu faiz plus escu de li
» Que parmi li si com un chien
» T'esboulerai maugré sien. »
« Bien y pourraies vij ans traïre,
» Quant me feroies nul contraire, »
Fait cil qui iert derrièrs l'ymage ;
« Car je me rens et faiz hommage
» A ma Dame Sainte Marie.
» Ele soit tant de l'escremie
» Que de tes couz m'escremira,
100 » Et partout me garantira.
» N'est tiex escuz ne tele targe ;
» Car nule foiz onques ne targe.
» A ceus aidier qui si afient
» Et qui l'apèlent et déprient. »
Maltalentis et espris d'ire,
Li recommence cil à dire
Une rampone moult amère.
« Se Diex et sa vielle de Mère ;
» Sus sains, » fait il, « juré l'avoient,
110 » Garantir pas ne te pourroient
» Que je ne t'ocie orendroit. »
Un quarrel en coche lors droit,
Et si le trait par tel air
Mort l'eust fait et jus chair,
Se Diex et l'ymage ne fust.
Jà soit ce qu'elle soit defust,
Par la volenté Nostre Dame,
Ainsi com ce fust une fame
Vers le quarrel qui si destent,
120 Ignelement son génoil tent.
En son génoil le coup reçut.
Encore i est puis ne s'en mut.
La letre dit, bien le sachiez,
Ainc puis n'en pout estre sachiez.
La Mère Dieu nel vouloit mie
Que cil perdist encore la vie
Qui commandez s'estoit à lui
Tuer le vout mais il failli.

Cest miracle virent x mille.
130 Moult durement cil de la vile
Por cest miracle s'esvertuent;
Moult en ocient, moult en tuent.
Cil qui estoit dériers l'ymage
Joie et duel out en son corage :
Joie out de qu'il fu garis ;
Més de ce fu il maris
Que l'ymage avoit ferue.
De lui vengier moult s'esvertue.
Si l'a feru d'une seette,
140 Gueule bace mort le gète.
Tuit cil de la vile ensement
S'esvertuent moult durement ;
Car bien sevent n'en doutent mie,
Que l'ymage est en leur aie.
S'en sunt si fier et si engrés,
Que des murs errachent les grés
Et les granz pierres qu'il leur ruent.
S'en ocient assez et tuent.
Cil de dehors bien s'aperçoivent
150 Que trop s'engingnent et deçoivent,
Quant il ont pris à celle guerre
Qui Dame est du ciel et de terre.
Bien s'aperçoivent sanz doutance
Que cil dedenz n'ont pas puissance,
Par quoi deffendre se peussent
S'en leur aie ne l'eussent.
Par son genoil bien leur ensaingne
Qui du chastel porte l'ensaigne,
Et qu'il ne puent avoir garde,
160 Puisqu'il l'ont mise en l'avant-garde.
Desarmé sunt sans demourée ;
S'ont l'ymage tuit aourée.
De ce qu'ont fait moult s'en repentent.
Contre terre trestuit s'estendent.
Merci crient de leur meffait
Et de l'outrage qu'il ont fait.
Li sires monte sus la porte,
En plorant l'ymage raporte ;
Chascuns i fait lors sa portée,
170 Tant qu'ou moustier l'ont raportée.
Mais le quarrel ne porent traire
Por chose qu'il seussent faire.

Asses d'onneur le jor li firent,
Et granz offrendes i offrirent ;
Et li princes li fist grant don,
Et s'i li mist en abandon
S'ame et son cors qu'il en sa vie.
Force nule ne seursaillie
Sus le chastel mes ne feroit
180 Et qu'en vers lui se mefferoit.
Qui nule force y vorroit faire,
La Mère Dieu, la débonnaire,
En tel guise et en tel manière
De l'averse gent pautonnière
Sa vile et sa gent délivra.
He Diex ! com cil le cuer ivre a,
Qui ne la sert et tempre et tart ;
Quar de seete ne de dart
Que li Déables sache traire
190 Ne puet cil avoir nul contraire
Qui se muce desous ses èles ;
Quar elles sunt si forz et teles,
Percier nes puet li anemis.
Qui desous s'est muciez et mis
Ne puet avoir nule péeur ;
Ains est assez plus asseur
Que n'est chastiaus ferme sus mote.
Bien est cil sot et cele sote
Qui là ne se repont et muce
200 Que Déable ne s'avertuce.
Là ne li puet nul anui faire
Tant y sache lancier ne traire,
Douter nel puet ne cuer contrait.
Qui près de lui se muce et trait,
Muciez est sus riches tapiz.
Cil qui desouz li s'est tapiz,
D'encombrier est bien descombrez
Qui desouz li s'est aumbrez ;
Quar tant y a à umbrant umbre,
210 Que nule ennui ne nul encombre,
Nus n'a qui vueille à umbrer.
Déable nel puet encombrer,
De touz encombriers se descombrent.
Cil et celes qui si aumbrent,
Sachiez qu'entour li saint umbre a,
Quant Diex en son cors s'aumbra.

### Du filz au juif qui à Borges fu delivré du brasier par le miracle Nostre Dame.

Le miracle que nous reproduisons ici offre une ressemblance si frappante avec un autre trait bien connu de l'histoire ecclésiastique, que malgré l'autorité de notre poëte qui le rapporte à des circonstances de temps et de lieu différents, nous sommes portés à croire le fait identique. Nos lecteurs en jugeront. Voici ce que nous lisons dans les annales de l'église, sous la rubrique de 552 (1) :

« Dans le temps que Mennas était patriarche de Constantinople, il arriva dans cette ville un miracle bien éclatant. — C'était une ancienne coutume dans cette église, que, quand il restait beaucoup de particules du corps de Jésus-Christ après la communion des fidèles, on envoyait quérir des enfants dans l'âge de leur innocence, pour les leur faire consommer. Il arriva que l'on amena parmi les autres le fils d'un verrier juif. Comme ses parents lui demandèrent pourquoi il revenait si tard, il leur dit ce qu'il avait mangé avec les autres. Le père en fureur lia son fils et le jeta dans la fournaise. La mère affligée le cherchait par toute la ville. Enfin, au bout de trois jours, elle vint à la porte de la verrerie, appelant son enfant par son nom, sans savoir ce qu'elle faisait dans l'excès de sa douleur. L'enfant répondit du fourneau, et la mère ayant rompu les portes, le vit debout au milieu des charbons, sans avoir ressenti aucun mal. On le retira, on lui demanda comment il avait été garanti du feu, et il dit qu'une femme vêtue de pourpre venait souvent jeter de l'eau pour éteindre les charbons autour de lui, et lui donnait à manger quand il avait faim. L'empereur Justinien ayant appris ce miracle, fit baptiser la mère et l'enfant, et les mit dans le clergé; c'est-à-dire que l'enfant fut lecteur et la mère diaconesse. Mais le père refusant obstinément de se faire chrétien, l'empereur le fit empaler comme meurtrier de son fils. »

Voyons maintenant l'évènement raconté par notre poëte, évènement identique pour le fond, comme nous l'avons dit, mais qui diffère dans quelques détails.

Un juif qui habitait Bourges avait un jeune fils d'une grande beauté. Cet enfant, très-aimé de ses compagnons à cause de sa gentillesse, allait souvent à l'école avec eux. Son père, qui blâmait cette fréquentation, le frappait rudement. L'enfant ayant vu un jour plusieurs de ses camarades recevoir la sainte communion, s'approcha aussi de l'autel sur lequel il avait remarqué une belle image de la Vierge. Arrivé en face du tableau, le petit juif le considère avec attention ; il n'avait jamais rien vu d'aussi ravissant. Au lieu du prêtre, ce fut l'image qui prit l'hostie dans le ciboire et qui le communia de sa main. Cette action terminée, le jeune enfant retourna chez son père, la figure resplendissante de joie. Etonné de cet éclat inaccoutumé, le père court vers son fils, l'embrasse et le questionne pour savoir d'où il venait. L'enfant répond naïvement qu'il vient de communier avec ses condisciples. A peine cette parole lui est-elle échappée, que le père, outré de fureur, le jette à terre, puis le précipite dans son four à vitre dont il stimule l'activité en y jetant des matières inflammables. A cet affreux spectacle, sa femme échevelée, frappant des mains, s'élance dans la rue appelant au secours. Le peuple se rassemble en foule et inonde la maison; on ouvre le four et on trouve l'enfant tranquillement assis sur un brasier ardent, sans lésion ni brûlure. Les assistants témoins de ce prodige éclatant rendent grâces à Dieu ; ils se précipitent sur le malheureux père et le jettent à son tour dans la fournaise où il est bientôt consumé. La foule s'attroupe auprès de l'enfant si miraculeusement sauvé, pour lui demander comment il a pu être préservé du feu. Le jeune enfant leur raconte alors que la dame qui l'a communié le matin est venuo avec lui dans la fournaise ; qu'elle l'a environné de son manteau, et qu'il s'est aussitôt endormi sur la braise comme sur un lit parfumé. Le peuple, attendri par ce récit, remercia la très-sainte Vierge ; et à la joie de tous on le baptisa, lui, sa mère et une foule de juifs convertis à la vue de ce miracle.

Ce qui n'empêche pas le poëte, qui conserve toujours une secrète haine contre les juifs, de blâmer leur opiniâtre aveuglement à l'endroit des prophéties qui sont si claires.

(1) Voyez suppl. 32. n. 52. *Martyr. Rom.* 25 *aug. Evagr.* IV, c. 36. — *Hist. Eccl.* de Fleury, t. VII, page 474. Hist. édifiantes, p. 157.

Notre miniature a saisi le moment le plus dramatique de cette scène touchante, celui où le juif, vêtu d'une tunique rouge, la calotte sur la tête, l'œil hagard et insensible comme un homme qui a longtemps prémédité le crime, jette à l'aide d'une pelle dans une fournaise ardente son jeune fils vêtu d'une robe bleue. A voir cet enfant à la blonde chevelure, au regard plein de douceur, les mains appuyées l'une sur l'autre, on dirait un petit ange tranquillement assis, attendant le passage de quelque âme pieuse. Plus loin, sous une entrée d'escalier, une femme se précipite en s'arrachant la chevelure, elle lance dans sa fuite un regard de colère et de malédiction au bourreau de son fils. Un fond en échiquier bleu, rose et or, remplit le champ du tableau qui n'est pas occupé par des personnages ou des constructions.

Le manuscrit de Paris présente encore ici quatre circonstances du même fait, divisées en autant de tableaux encadrés dans une seule miniature. Le premier tableau représente l'intérieur d'une église : la Vierge et l'enfant Jésus sur une estrade ; un prêtre revêtu d'une chasuble et tenant à la main un ciboire, communie une foule de jeunes enfants qui, les mains jointes, s'approchent de l'autel. Dans le deuxième tableau, le malheureux juif jette son fils dans un four ; une femme saisie par la douleur tend les bras. Dans le troisième tableau, le juif est précipité dans une fournaise ardente. Dans le quatrième tableau, le petit enfant, sa mère et une foule de personnes. On croit pouvoir distinguer dans ce groupe les juifs par un rond qu'ils portent à la ceinture.

A Bourges ce truis lisant
D'un juif verriers, mesdisant,
Fist Nostre Dame tiex merveilles
Pieça noistes ses pareilles.

Un juif out eu un juitel
Micus entendant et moult plus bel
De touz les autres juitiaus.
Por ce qu'il iert plaisans et biaus,
Tuit li clerçon de la cité
10 Le tenoient en grant chierté ;
Souvent aloit à leur escole.
La char qu'il avoit tendre et mole
Souvent son père li batoit
Por ce que à l'escole aloit.
Tant y ala et tant y vint,
Ainsi com Dieu plout qu'il avint
Qu'à Pasques vit communier
Pluseurs clerçons à un moustier.
Entr'eus se mist por faire autel.
20 Un ymage out desus l'autel
Qui moult estoit de bèle taille ;
Desus son chief une touaille,
Un enfançon en son devant.
Li juitiaus quant vint devant
La regarda, par grant entente ;
Quar moult li sembla bèle et gente.
Ses cuers li dit bien et révèle,
Ainc mes ne vit chose tant bèle.
Avis li est en son courage
30 Qu'en lieu du prestre vint l'ymage,
Desus l'autel prise à l'oublée
Que le prestre avoit sacrée.

Si doucement le communie,
Que li cuers touz l'en rasazie.
Chiés son père s'en repaira,
Toute sa face se resclaira
De la grant joie qu'il avoit.
Quant son père si bel le voit,
En contre queurt et si l'embrace.
40 « Bouche si bèle front et face
» Dont vient, mon filz, » fait il, « si biaus?
« Biau père, » dist le juitiaus,
Com enfes qui ne soit nier,
« Je vieng de moi communier
» Avec les clerçons de l'escole. »
Mais ains qu'out dite la parole,
Contre terre l'a si rué,
Par un petit ne l'a tué.
Mautalentis et espris d'ire,
50 Au juitel commence à dire :
« Tu es cheus en maus liens,
» En despit de touz crestiens,
» Et en viltance de leur loi,
» Ferai granz merveilles de toi. »
De maltalent et d'ire espris,
Par les cheveus l'enfant a pris,
Tout debatant le trait grant erre
Au fournel où faisoit son voirre.
Si l'a geté en la fournaise
60 Qui toute estoit plaine de breze ;
Et por l'enfant plus espeurre,
Seches buches queurt li chiens peure.
S'a la fournaise tost emplie.
La mère aqueurt et brait et crie ;
S'afubleure à terre rue ;

*Unde dicitur :*
*A puero stulto et ebrio*
*extorquetur veritas.*

*Salomon dicit :*
*Melior est vicinus p[ro]p[e]*
*quam frater pr[oc]ul.*

Paumes batant, saut' en la rue ;
Ses cheveus ront et detirant.
« Hareu ! hareu ! à cest tirant ;
» Quar acourez, » fait elle, « tost. »
70 En petit d'eure y out tel ost,
De genz y out plus de x mile.
Assemblée est toute la ville.
Grant noise mainnent et grant bruit.
Au grant brasier sont sailli tuit.
Le feu traient de la fornèse ;
L'enfant treuvent qui sus la brèse
S'iert entenduz par tel delit
Com s'il geust en un biau lit.
Ainc en chevel n'en vesteure
80 N'eut arsion ne bruleure.
Graciez en fust Jhésucriz
A haute voiz et à haut criz
De trestouz ceux qui l'enfant virent.
L'enragié chien moult tost saisirent.
Quant batu l'orent et beté,
En la fornaise l'ont geté.
Le feu si est moult tost aers.
Quant greilliez fu touz et ars,
Entour l'enfant se rassemblèrent.
90 Moult doucement li demandèrent
Comment estoit que touz ne fu
Ars et bruis en ce grant fu ?
Tuit s'en merveillent fol et sage.
« Par foi, » fait il, « la bèle ymage
» Qui hui matin me sorrict
» Quant ele m'a communiet,
» Avec moi vint en la fournaise ;
» Lors m'endormi si fui aaise,
» Et si me semble bien sanz faille
100 » Qu'el me couvri de sa touaille
» Qu'elle out sus l'autel afublée ;
» Puis ne senti feu ne fumée.
» Ainz moi tant dormi sus la brèse,
» Qu'encore sui je plus à èse. »

De pitié tuit et toutes pleurent,
Et s'en mercient et aeurent
A jointes mains la bèle Dame
Qui du brasier et de la flame
Par sa douceur l'a délivré.
110 A un provoire l'ont livré
Qui le bautize à moult grant joie,
La Mère après lui se bautoie
Ou non de sainte Trinité.
Pluseurs juis par la cité
Por le miracle qu'apert virent,
A nostre loi se convertirent,
Dieu servirent toute leur vie,
Et Madame sainte Marie
Qui cest miracle daigna faire
120 Por eus à creance atraire.
Bien leur moustra qu'avengle estoient
Tuit li juif qui ne croaient
Qu'ele estoit la Virge flourie
Dont Diex parla par Isaie.
Bien leur moustra la damoisèle
Qu'ele iert la Virge pucèle
Où char et sanc prist Jhésucrist.
Mais devant que viengne autecrist,
Ne crerront il en prophecie
130 N'en riens nule qu'en leur en die.
En leur erreur ont trop duré.
Si durement sunt a duré,
Que plus sont dure que pierre dure.
Certes hauz hons qui les endure
Ne doit mie lonc temps durer,
Ne doint Nostre Dame endurer
Ne ses douz filz jà ne l'endurt.
Qui les endurt qui jà durt
Trop y a dur endurement.
140 Vers eus sui durs si durement
S'estoie roys pour toute roie
Un seul durer je n'en lairoie.

## De Girart qui s'ocist par decevement au Déable, com il aloit à Saint Jacques [1].

Un homme riche de la terre de Bourgogne avait pris la résolution de faire le pèlerinage de Saint-Jacques en Galice, alors très-célèbre dans le monde chrétien. Mais la nuit qui précéda son départ, tourmenté par le démon et échauffé par la fumée du vin, il se laissa aller au péché. Quoiqu'agité par les remords, il n'eut pas le courage d'aller confesser son péché. Le lendemain, après avoir entendu la messe, il se mit en marche avec ses compagnons. Le démon qui a en horreur les aumônes et les pèlerinages, essaya de le détourner de son voyage. Il lui apparut sous la figure de saint Jacques, et il lui persuada que tout ce qu'il allait faire ne l'empêcherait pas d'être damné; que sa seule ressource, dans cette critique circonstance, était de faire ce qu'il lui commanderait. Cet homme ignorant et simple, le prenant pour un envoyé du ciel, tombe à ses pieds et le prie avec larmes de venir à son secours. Le Démon lui ordonne alors, pour effacer son péché, de prendre son épée et de se la passer au travers de la gorge. Girard, sans défiance, exécute l'ordre de Satan. Ses compagnons le voyant mort, s'enfuient effrayés dans la crainte de passer pour ses assassins. Satan se saisit aussitôt de l'âme et l'emporte avec lui dans son empire. Mais à quelques pas de là, et non loin d'une église, il fait la rencontre de saint Jacques et de saint Pierre. Un combat s'engage entre ces deux apôtres et le Démon; celui-ci réclame le mort comme lui appartenant. Saint Jacques, de

---

(1) Saint Jacques-le-Mineur, patron de l'Espagne, est surnommé le Juste et le frère du Sauveur. On sait qu'il fut le premier évêque de Jérusalem qu'il gouverna spirituellement pendant trente années, l'édifiant par ses vertus et par sa foi. Étant monté le jour de Pâques au sommet du temple pour prêcher le peuple, il en fut précipité par les prêtres juifs et lapidé par la populace. Un foulon finit par l'assommer d'un coup de bâton. Il mourut l'an du Seigneur 63, le 1er mai. C'est le jour où l'on célèbre sa fête conjointement avec celle d'un autre apôtre, saint Philippe.

Les traditions de l'époque ne sont pas d'accord sur l'époque où l'on transféra à Compostelle, capitale de la Galice, le corps de saint Jacques, trouvé en 808 par Théodomir. Les unes supposent que ce fut au commencement du IXe siècle, et que peu de temps après, sous Ramire I, à la bataille de Logrono, saint Jacques lui-même, monté sur un cheval blanc, décida la victoire que les Espagnols remportèrent sur les Arabes d'Abd-er-Rahman II (1). Les autres soutiennent que la tête de saint Jacques fut apportée de Jérusalem au temps de l'empereur Alphonse, et envoyée à Compostelle par Urraque, mère d'Alphonse. La translation de cette précieuse relique fut faite par l'archevêque, vers 1125. Le reste du corps retrouvé d'une manière miraculeuse fut aussi apporté en Espagne, lors de la prise de Jérusalem. Quoi qu'il en soit de cette date, il n'en est pas moins vrai que le pèlerinage de Compostelle (2) fut un des plus célèbres; et si cette dévotion, autrefois si vive, s'est affaiblie dans ces derniers temps, le souvenir n'en est pas moins resté populaire. Il n'est personne qui, en vous montrant au milieu du firmament, durant une belle nuit, ce grand cercle étoilé et d'un bleu pâle qu'on appelle la voie lactée, ne vous dise que c'est le chemin de Saint-Jacques en Galice, par où les âmes se rendent après la mort au tombeau du Saint, si elles n'ont fait ce voyage pendant la vie.

L'église où l'on conserve les reliques de saint Jacques est un édifice somptueux. Le portail est précédé d'un double perron orné d'une balustrade de pierre de taille. La figure du saint patron est sur le maître-autel (3); c'est un petit buste de bois toujours éclairé par cinquante cierges blancs. On voyait dans l'église une trentaine de lampes d'argent suspendues et toujours allumées, et six grands chandeliers aussi d'argent, de cinq pieds de haut, donnés par Philippe II. Les pèlerins français avaient une chapelle particulière dans cette cathédrale. Elle était entretenue jadis par les rois de France. L'église est entourée de vingt-trois chapelles et possède une crypte beaucoup plus belle que l'édifice supérieur.

---

(1) Depuis cet événement, tout propriétaire d'un arpent de terrain dut payer à Saint-Jacques de Compostelle une redevance annuelle en grains ou en vin.
(2) Campus stellæ, Compostelle est située au milieu de la presqu'île que forment les rivières de Tambra et d'Ulla, dans une agréable plaine.
(3) Plus tard, saint Jacques fut placé dans une chapelle éclairée seulement par le dôme. La statue en or massif, haute de deux pieds, était posée devant l'autel. L'encadrement et le tabernacle étaient en argent; les reliquaires en vermeil, enrichis de diamants et placés sur des tablettes en argent. Toutes les nuits, mille bougies brûlaient autour de la sainte image. On fait voir la tête du saint qui porte encore les traces de son martyre; mais le pèlerinage, qui commença vers l'an 800 et fleurit aux XIIIe et XIVe siècles, a considérablement diminué vers le XVIIIe.

son côté, reproche vertement à Satan sa ruse et sa fourberie. Il ne permettra pas qu'un pélerin qui l'a invoqué périsse. Saint Jacques s'en rapporte, dans cette affaire, au jugement de la Mère de Dieu. Le Démon refuse cet arbitrage, comme lui étant trop hostile. Il va même jusqu'à se plaindre de la puissance que Dieu accorde à Marie, puissance qui irait jusqu'à dépeupler l'enfer. Forcé à la fin d'accepter cette médiation si contraire à ses intérêts, le Démon et saint Jacques se rendent auprès de la sainte Vierge. Marie, le refuge des pécheurs, décide que Girart ayant péché par ignorance et trompé par la ruse, son âme reviendra habiter son corps, afin de lui laisser le temps d'effacer ses iniquités. Cette sentence prononcée, le Démon s'enfuit, abandonnant l'âme aux deux apôtres, qui la replacent dans son corps. Bientôt Girart se réveille comme d'un profond sommeil et dans l'admiration de voir sa gorge guérie; on ne voyait plus en effet que la cicatrice du coup d'épée.

Le pélerin Girart vint ensuite à l'abbaye de Cluny où, d'après les conseils du saint homme Hugues, il servit Dieu le reste de ses jours sous l'habit monastique.

Saint Hugues (1) rapporte en effet cet évènement singulier arrivé de son temps; nous le trouvons aussi consigné dans la vie de Guibert de Nogent (lib. 3, p. 522, in-fol.), d'où nous avons extrait ce qui suit.

Les choses que je vais raconter maintenant, dit Guibert, et dont notre âge n'a jamais entendu parler, je les tiens d'un certain moine très-pieux et vraiment humble appelé Geoffroi, *Joffredus*. Dans la Bourgogne était un seigneur auquel appartenaient le château de Semur et plusieurs autres encore; pour qu'on démêle bien ce qui, dans l'histoire de sa vie, porte le cachet de la vérité, nous croyons devoir rapporter les propres paroles dont ce moine s'est servi. Voici textuellement son récit :

« Juvenis quispiam in superioribus terrarum sibi contiguarum partibus fuerat, qui fœminæ cuidam non uxoriæ, » id est debito, sed usurario, ut secundùm Solinum loquar, id est indebito amore cohæserat. Is aliquandò aliquan-
» tisper resipiscens, ad sanctum Jacobum Galiciam orationis gratiâ meditatur abire. Sed in ipsâ piæ intentionis
» massâ quiddam fermenti inseritur; nam cingulum mulieris secum in illâ peregrinatione asportans, eo pro ejus
» recordatione abutitur, et recta ejus oblatio non jam rectè dividitur. Intereundum ergò Diabolus occasionem in-
» cursandi hominem nactus, apparet ei in specie Jacobi, et ait : Quò tendis? Ad sanctum, inquit, Jacobum. Non
» benè, ait, vadis. Ego sum Jacobus ad quem properas, sed rem meæ dignitati tecum indignissimam portas. Cùm
» enim in totius fornicationis volutabro hactenùs jacueris, modò pœnitens vis videri, et quasi aliquem boni initii
» prætendens fructum, ad meam te tendere præsentiam profiteris, cùm adhuc obscenæ mulierculæ tuæ balteo ac-
» cingaris. Erubuit homo ad objecta, et credens reverà apostolum, infert. Scio, Domine, quondam me et nunc
» etiam flagitiosissimè operatum; dic, quæso, quid ad tuam clementiam proficiscenti consilii dabis. Si vis, ait,
» dignos pro perpetratis turpitudinibus fructus pœnitudinis facere membrum illud undè peccâsti... pro meâ et Dei
» fidelitate tibi abscinde, et postmodùm ipsam vitam, quam malè duxisti, tibi pariter desecto gutture adime. Dixit,
» et ab oculis ejus se subtrahens, in multâ mentis hominem perversitate reliquit.

» Ad hospitium igitur nocte perveniens, Diabolo, non putatur apostolo, qui se monuerat, obedire præproperat.
» Dormientibus itaquè sociis, mentulam sibi primò præcidit, deindè cultrum gutturi immergit. Cùm stridorem
» morientis et crepitum sanguinis prorumpentis comites subaudissent, exciuntur à somno, et, lumine adhibito,
» quid circà hominem factum fuerit, vident. Mœrent deniquè, tam funesto sodalis sui exitus attendentes, sed quid
» à Dæmone consilii acceperit nescientes. Quia ergò quâ id causâ ei contigerit, ignorarunt, tamen illi curam
» exequiarum non negarunt; quodque taliter mortuo indebitum fuerat, pro compergrino, ut videbatur, suo mis-
» sarum officia celebrari mandârunt. Quibus ad Deum fideliter fusis, placuit Deo, ut resarcito vulnere gutturis,
» vitam per apostolum suum repararet extincto. Exsurgens igitur homo, et cunctis suprà quàm dici potest redivivum
» stupentibus fari incipit. Suscitantibus itaque qui aderant, quidnam animi in se interficiendo habuerit, de diabolicâ sub
» apostoli nomine apparitione fatetur. Inquisitus quod judicium post sui homicidium, in spiritu censura subicrit,
» ait : Antè Dei thronum sub præsentiâ communis Dominæ Dei Genitricis Mariæ, ubi patronus meus apostolus,
» sanctus Jacobus aderat, delatus sum. Illic cùm quid de me fieret coràm Deo tractaretur, et beatus apostolus
» memor intentionis meæ, licet peccatricis, et adhuc corruptæ, pro me benedictam illam peccaretur, ipsa ex ore
» dulcissimo sententiam protulit, homini misero indulgendum fore, quem malignitas Diaboli sub sanctâ specie sic
» contigit corruisse, Deo jubente rediisse. »

---

(1) Hugues de Cluny, né en 1024, descendait des anciens ducs de Bourgogne. Ayant rejeté les vues d'ambition que sa naissance pouvait lui inspirer, il se consacra à Dieu dans l'ordre de Cluny. Son mérite et sa piété l'en firent élire abbé après la mort de saint Odilon, en 1040. Il gouverna cette grande famille avec autant de zèle que de prudence. Une mort sainte vint terminer ses travaux en 1109, à 85 ans. C'est lui qui, à l'aide des libéralités d'Alphonse IV, roi de Castille, fit bâtir l'église qui subsiste encore à Cluny. Il nous reste de lui *sept lettres*, *des statuts et réglements*, où l'on voit la vie que l'on menait dans le célèbre monastère dont il était le chef, et quelques ouvrages ascétiques pleins d'onction et de piété. *Bibliotheca cluniacensis*, p. 491 et suiv.

Le vieillard qui m'a raconté ces détails, ajoute Guibert, m'a dit les tenir de cet homme ressuscité que lui-même avait vu, il disait même qu'il lui restait à la gorge une large et visible cicatrice qui portait en tous lieux témoignage de ce miracle.

Miniature. Fond d'azur, semé de fleurs-de-lys d'or. Une campagne, des arbres d'un feuillage vert-noir. Quatre personnages. Le Démon, vêtu d'une espèce de manteau vert sombre, pieds nus comme un apôtre, la chair chargée de longs poils ; tête à cheveux bouclés surmontée de deux cornes rouges. Un homme vêtu d'une robe rouge et d'un surtout rose-pâle se perce la gorge de son épée et laisse échapper sa canne ou bourdon de voyage. Deux autres pèlerins, la robe ramassée sur les reins, comme des voyageurs, le considèrent avec effroi.

La miniature du manuscrit de Paris est encore ici plus complète quant aux accessoires. Elle offre quatre tableaux : 1° Un homme se donne la mort ; un Démon emporte son âme à califourchon ; deux apôtres, saint Jacques et saint Pierre. 2° La sainte Vierge, les deux saints et l'âme les mains jointes en prières ; derrière la Vierge, le Démon avec de longues oreilles pendantes. 3° Saint Jacques et saint Pierre reçoivent cette âme pour la remettre dans son corps. 4° Girart à genoux au milieu d'une troupe de religieux, se revêt de l'habit monastique.

*Jeronimus dicit :*
Inter epulas et illicebras voluptatum etiam ferreas mentes libido domat.

*Gregorius dicit :*
Dum societe venter distenditur, aculei libidinis excitantur.

*Anastasius dicit :*
Ebrietas perturbationem pignit, furorem cordis flamma libidinis.

*Isidorus dicit :*
Pocula instrumenta sunt luxuriæ.

*Versificator dicit :*
Quam sunt vicini Venus et eplacio vini.

Un biau miracle vous weil dire,
Qu'en son tempoire fist escrire
Saint Hue, li abbes de Clingni,
Pour ce que n'el mette en oubli ;
Briement le weil en rime metre.
Un richomme out, ce dit la letre,
En cele terre de Borgoingne,
Qui sanz respit et sanz aloingne
Saint Jaque vout aler requerre.
10 Lenz ne fu mie de pourquerre
Ne de targier son estouvoir.
Mes celle nuit qui dut mouvoir
Tant le taria li maufez
Et fu de vin si eschaufez,
Qu'il vint à une soie garce ;
Quar son pelerinage par ce
Tolir li vout li anemis
Qui de maint mal s'est entremis.
Quant out faites ses volentez,
20 Moult fu dolenz et tourmentez ;
Mes il n'out pas tant de science
Qu'il netoiast sa conscience.
A son provoire lendemain
La messe fu chantée (1) main ;
Si mut avec sa compaignie.
Li Déables qui n'aimme mie
Aumosne ne pélerinage,
Por destourber son saint voiage
Devant lui vint en guise d'omme
30 Et si li dit, ce est la somme,
Qu'il iert saint Jaques, li apostres,

« Chetis, » fait il, « tes patenostres,
» Tes oroisons ne tes proieres
» Que te valent? quant perduz ieres.
» Dampnez seras sans finement
» S'orendroit tost isnelement
» Touz mes commandemenz ne faiz.
» En tantes choses ties meffaiz
» Et envers Dieu et envers moi,
40 » Que perdue iert l'ame de toi.
» Mes si tu croirre me voloies
» Et mes commandemenz faisoies,
» T'ame en iroit toute florie
» Lassus en pardurable vie. »
Li simple homs au piez li chiet.
« Sire, » fait il, « quanqu'il vous siet
» Me commandez et je ferai ;
» De rien en contre ne serai
» Se Diex m'ait et Nostre Dame,
50 » Bien sai que por le preu de m'ame
» A moi vous iestes demoustrez.
» Moult grant amistié me moustrez,
» Quant vous por moi venez en terre,
» Bien vous doit on de loing requerre. »
Lors le commence à aorer
Et moult tendrement à plorer.
Lors li a dit li anemis :
« Saches por voir, biau douz amis,
» Qu'en paradis t'en venras droit
60 » Se tu m'obeis orendroit....
» Isgnelement, sanz demourée,
» En ta gorge boute t'espée.

(1) Au départ d'un pèlerin, on chantait autrefois une messe solennelle. Nous avons encore dans un vieux rituel de Soissons, du XIII° siècle, le détail des cérémonies qui se faisaient dans cette circonstance.

» Tout maintenant qu'auras ce fait,
» T'ierent pardonné ti meffait,
» Et s'auras joie pardurable. »
Li simples hons croit le Déable ;
Quar bien cuide que voir li die
Et que saus soit mais qu'il s'ocie.
S'espée sache toute nue
70 Son membre coupe si se tue.
Si compaignon quant mort le virent,
Plus tost qu'il porent s'enfouirent.
De plus atendre n'ourent cure
Com ne deist par aventure,
Por son avoir l'eussent mort,
Si fust tuit jugié à mort.
Li Déables ne dormi mie.
Maintenant a l'ame saisie
Si l'emporte plus que le pas.
80 Lèz un moustier à un trespas
Encontre saint Jaque et saint Pierre :
« Metez la jus, » font il, « lechierre ;
» Metez la jus, n'est mie vostre. »
« Or bèlement, seigneur apostre, »
Ce leur respont li anemis ;
« Se je m'en sui tant entremis
» Que lacié l'aie en mes las,
» Dites que tort je vous en fas,
» Quant tués s'est à ses deus mains.
90 » Avez y vous ne plus ne mains.
» Il est tout miens, je l'aurai tout.
» Rien n'i avez en seurque tout ;
» Il ne fist onques se mal non. »
« Tais fait saint Jaques mon non,
» L'as tu guilé et deçeu ;
» Tu n'as passage ne treu ;
» En pelerin qui me requiere,
» A cesti ci bon garans iere,
» N'aura mes hui garde de toi.
100 » Quanqu'il a fait, fait a par moi.
» Deçeu l'as en ma semblance ;
» Mais riens ne vaut ta decevrance,
» Et nequedent de ceste afaire
» Nule force ne t'en weil faire ;
» Ains me apui à jugement
» La Mère au haut Roy qui ne ment. »
« Jaques, » ce dit li anemis :
» Ce poise moi quant tu as mis
» Cest jugement sus cele Dame ;
110 » Ses jugemenz nous tot mainte ame ;
» Car ele juge en tel manière,
» Que ce devant torne derrière ;

» Et s'a de Dieu si grant povair,
» Que quant qu'el dit convient soair :
» Jà ne jorrons je ne dout mie
» De jugement que ele die.
» Avis nous est qu'ele mesprent,
» Que ele part touz jors et prent.
» Onques ne fu si fière Dame ;
120 » Ne remaindroit en enfer ame
» Ce cuit se Diex la vouloit croirre,
» Quanqu'ele vieut li fet acroirre.
» Moult sui dolenz quant tant la croit ;
» Car ele ne lasse ne recroit
» Nul jour de nous faire domage.
» S'on encline un pou s'ymage
» Si leur veut ele lors aidier,
» Devant lui fait mauvais plaidier ;
» Car il n'est nus qui la desdie
130 » De chose nule qu'ele die.
» Touz jors nous plaidie et querèle ;
» Ne poons joir de querèle,
» Puis qu'ele viengne entre ses mains
» Que tendiroie plus ne mains
» Toutes nous tot nos eschances.
» Nous en avons si granz pesance,
» Que dire en sommes tout boillant.
» Ele nous va si triboillant,
» Touz jours quant devant li plaidommes,
140 » Que maintenant abaubi sommes.
» Dolenz sommes et espris d'ire
» Quant nous n'osommes contredire
» Nul jugement qu'ele nous face,
» Ne de rien qu'ele nous mefface
» Ne nous veut onques Diex droit faire.
» Diex met sus li tout son afaire,
» Ses jugemenz et ses querèles.
» Dolenz sommes, enz es bovèles,
» De ce que Diex l'a fait si dame,
150 » Que par sa force nous tot mainte ame.
» De ceste ci ja ne jorrons
» Et ne porquant droit en orrons,
» Puis qu'est issint seigneur apostre
» S'ele sera ou vostre ou nostre. »

A Nostre Dame en vont lors droit,
Por oir jugement et droit.
Por droit juga la douce Dame
Que revenist à son cors l'ame
Por espaneir les meffaiz
160 Qu'avoit par ignorance faiz.
Li Déables lors s'enfuirent,

L'ame lessièrent et guerpirent.
Li dui apostre l'ont reprise
Si l'ont raportée et remise
Ou cors dont ele estoit issue.
Li cors s'estent et se remue
Com cil qui de la mort s'esveille.
Li pelerins moult se merveille
De sa gorge qu'il treuve saine,
170 Ne ne li deut ne ne li saine ;
Mais là tout droit où l'out coupée
Parut tout jours li cous d'espée,
Qui au miracles fu garans.
L'autre plaie fu a si parans....

Tuit cil qui cest miracle oirent
Moult durement s'en esjoirent ;
La Mère Dieu en mercièrent
Et saint Jaque moult en amèrent.
Li pelerins à cui ça vient

180 Tout maintenant à Clugny vint,
Par le conseil l'abbé Huon
Qui moult estoit saintismes hon.
Vesti l'abit de moniage
Et servi Dieu tout son aage
Et Madame sainte Marie
Qui rendue li out la vie.
A Dieu servir si s'atourna,
Qu'au siècle puis ne retorna.
Tost en egrist moines et torne
190 Puis qu'il au siècle s'en retorne,
Trop par est egres li retors.
La Mère Dieu qui les bons tors
A ceus qui l'aimment fait torner.
D'égrir nous gart et de torner
Si qu'au siècle ne retornons.
S'a le servir nous atournons
D'enfer touz nous destournera
Et touz au ciel nous tornera.

*Salomon dicit :*
Sicut avis transmigrans
de nido suo, sic vir qui re-
linquit locum suum.

*Horatius :*
Celum non animum mu-
tant qui trans mare currunt.

## 𝕯𝖚 𝕮𝖑𝖊𝖗𝖈 𝖉𝖊 𝕮𝖍𝖆𝖗𝖙𝖗𝖊𝖘 𝖊𝖓 𝖖𝖚𝖎 𝖇𝖔𝖚𝖈𝖍𝖊 V 𝖗𝖔𝖘𝖊𝖘 𝖋𝖚𝖗𝖊𝖓𝖙 𝖙𝖗𝖔𝖚𝖛é𝖊𝖘 𝖖𝖚𝖆𝖓𝖙 𝖎𝖑 𝖉𝖊𝖋𝖋𝖔𝖚𝖞 𝖉𝖚 𝖋𝖔𝖘𝖘é.

L'histoire que nous rapportons ici est celle d'un de ces hommes qui, après s'être engagés dans les degrés de la cléricature, secouent le joug d'une sage et sainte discipline pour se livrer plus librement à leurs passions, sans pouvoir toutefois chasser les remords qui s'élèvent de temps à autre dans ces consciences coupables, et leur font prendre des résolutions salutaires. C'est là le fait du clerc de Chartres. Ce malheureux, séduit par l'amour des plaisirs, s'abandonna à une vie mondaine et sensuelle. Cependant, au milieu des égarements qui lui avaient fait négliger ses plus essentiels devoirs, il ne serait jamais passé devant une image de la Vierge sans s'agenouiller et sans verser un torrent de larmes, en se frappant la poitrine. Or, il arriva que cet infortuné pécheur fut mis à mort avant d'avoir pu se réconcilier avec l'église. Comme il n'avait donné aucun signe de repentance, le clergé ne crut pas devoir lui accorder les honneurs de la sépulture ecclésiastique. On se contenta donc de le renfermer dans une bière et de le faire enterrer, hors de la ville, dans une fosse destinée aux malfaiteurs.

Mais la sainte Vierge se ressouvint du pauvre clerc : au trentième jour de son décès, elle apparut à un prêtre de la cité, lui ordonnant d'avertir le clergé pour qu'il eût à pourvoir aux funérailles de son serviteur d'une manière convenable. Le chapitre se réunit le lendemain de grand matin, et après avoir entendu le récit de cette merveilleuse vision, le clergé se rendit au lieu où le clerc avait été inhumé sans honneur. On déterra le cadavre, et on lui trouva un visage plein de fraîcheur, une langue vermeille et cinq roses nouvellement épanouies dans sa bouche. Son corps était aussi beau que s'il était en vie. A cette vue, tous les assistants, émus de joie, fondent en larmes en exaltant la puissance de la Vierge. On le porte ensuite à l'église, et après le chant solennel de la messe, on l'enterra dans *le plus beau lieu* du cimetière.

La miniature de notre manuscrit représente le moment où le clergé, étant parti en procession de l'église, s'est rendu en dehors de la ville pour obéir à l'injonction de la sainte Vierge. Un homme armé d'une espèce de longue houe ou de pique ressemblant à une faux, creuse la terre et met à découvert le corps d'un homme nu. Ce mort est couché sur le dos ; on aperçoit cinq roses rouges sur le penchant du fossé; un arbuste à fleurs blanches, probablement un sureau, s'élève sur le sommet de ce petit tertre. — Un grand nombre de clercs, dont plusieurs en chapes violettes, portant des livres d'or, et précédés de la croix fleuronnée d'or, assistent à cette exhumation. — Le champ du tableau est semé de damiers, les uns en or plein, les autres échiquetés de seize autres damiers plus petits et alternés de diverses couleurs.

Le manuscrit de Paris porte pour titre : *Dou Clerc mort en cui bouche on trouva la flor.* On voit : 1º Un clerc à genoux devant une image de la sainte Vierge. 2º Le clerc recevant dans la gorge un coup de sabre qui le tue. 3º Trois moines à table avertis de cet évènement. 4º La Vierge apparaît à un clerc pendant la nuit. 5º L'exhumation. 6º L'évêque et le clergé vont chercher le mort qui est porté sur un brancard ; un drap d'or en échiquier est placé sur le cercueil. Ces six miniatures ne valent pas une seule des nôtres. Les figures en ront mauvaises de dessin, petites et rapetissées. Elles sembleraient plutôt appartenir au XIIe siècle par leur raideur et leur platitude, qu'au XIVe, qui a déjà de la grâce dans les formes et du moelleux dans les contours, comme on peut s'en convaincre par nos dessins.

   A Chartres fu ce truis un clers
Orgueilleus estoit et despers
Et du siècle moult curieus,
Et s'estoit trop luxurieus
Qu'il ne povoit estre tenus.
Ses affaires estoit venuz
A ce qu'il n'en pensoit a el
Ne por Pasques ne por Noël,
Ne por vigile ne por feste,
10 Ne se tenist ne cune beste.
Du tout avoit perdue honte
Que les sages refraint et donte.
A ce avoit mis tout son afaire
Que ses vouloirs vouloit touz faire.
Mais tant avoit en lui de bien,
Qu'il ne passast por nule rien
Devant l'ymage Nostre Dame,
Tant fu en grant de nule fame
Ne de riens nule enbesoigniez
20 Devant qu'il fust agenoilliez.
A genoillons, face moilliée,
La saluoit mainte foiée,
Batant son piz moult humblement.
Quel folz qu'il fust moult doucement
Amoit la Mère au Roy celestre.
Mes li Déable en son chevestre
Le demena en tel manière,
Qu'il fu ocis et mis en bière
Qu'ains a provoire ne parla.
30 Lors fu assez qui mes parla ;
Lors fu assez qui dist du pis :
« C'est à bon droit qu'il est ocis, »
Ce dist chascuns ; « toute sa vie
» Il use en vilanie. »
Du clergie fu le conseil tiex

Qu'il distreut tel menesteriex
En leur cymentère jà ne gerroit.
Leur cimentere en enpirroit
Et reprouvé seroit ades,
40 Ce qu'il estoit mors desconfes.
Hors de Chartres en un fossé
Com un larron l'ont enfossé.
Mais cele où sourt toute pitiez,
Tante douceurs, tante amisticz,
Et qui les siens oncques n'oublie,
Son péchéeur n'oublia mie.
La douce Dame, la saintime,
Se demonstra au jour trentime
A un des clers de la cité.
50 Moult doucement l'a escité,
Et dist porquoi ne de quel conte
Son chevalier ont fait tel honte.
« Ains ne connui, » fait il, « par m'ame,
» Vo chancelier, ma douce Dame,
» Douce Dame je ne vi onques. »
La Mère Dieu repont adonques :
« Ce fu li clers, » fait ele, « frère,
» Qui hors de vostre cymentère
» L'autriex si vilment enfouistes.
60 » Assez de honte li feistes ;
» xxx jours a ne plus ne mains.
» Souventes foiz à jointes mains
» S'agénoilla devant m'ymage.
» Quel fol qu'il fust en son courage,
» Avoit moult bon proposement ;
» A chaudes lermes doucement
» Me saluoit jor et nuit.
» Cuidez vous dont qu'il ne m'emuit
» Quant vous l'avez si adossé,
70 » Que mis l'avez en un fossé.

» Metez le hors, je le comant.
» Di le clergié que je li mant,
» Ne me puet mie repaier,
» Se le matin sans delaier
» A grant honneur n'est mes amis
» Ou plus bel lieu de l'aitre mis. »
Tout le clergié le clerc assemble
Bien matinet à touz ensemble.
Tout en plourant dit et commande
80 Ce que la Mère Dieu leur mande.
Chascuns le tient à grant merveille,
Chascuns s'en saigne et s'en merveille.
Au clerc s'en queurent clerc et lai
Deffoui l'ont sans nul delai ;
Quar volentiers chascun y touche.
Si fremiant et si fleurie
Com se lors droit fut espanie.
Chascuns les garde à grant merveille ;
La langue avoit aussi vermeille
90 Comme est en mai rose nouvèle ;
Saine l'avoit entière et bèle,
Trestout ausi com s'il fust vis.
A chascun semble et est avis
Qu'encore un pou se remuast
Et que il encore saluast
Jhésucrist et sa douce Mère.
De mainte lerme chaude et clère

I out mainte face arousée.
Chascuns disoit ; « Dame honorée,
100 » Qui Dieu porta en tes sainz flaus,
» Com cil emploie bien son tans,
» Qui de bon cuer te sert et prie !
» Douce Dame Sainte Marie,
» Com bon fu nez et cil et cele
» Qui de bon cuer touz jours t'apele ! »
Lermes i out à grant plenté.
Quant assez ourent lamenté,
Porté l'en ont à moult grant presse
Et enfoui, après la messe,
110 Ou plus biau lieu du cymetère.
Oir povez qui por la Mère
Le Roys des cieus ses genous ploie
Que sa poinne bien i emploie.
Qui ses ploiz veut bien emploier,
En si fait ploi se doit ploier.
Sa poinne bien y emploia,
Quant ses genous por li ploia
Le clerc qui iert si desploiez.
Nus n'est si en mal emploiez
120 La Mère Dieu ne l'en desploit ;
Mais que à lui servir s'emploit,
A lui servir a riche emploite,
Son esploit fait qui s'en esploite,

*Jeronimus dicit :*
*Frequenter orandum,*
*Ilezo corpore mens est ad-*
*genda ad Dominum.*

---

## De saint Bon qui fu évêque de Clermont [1].

Saint Bon ou Bonet (2), 30ᵉ évêque de Clermont, fut un des serviteurs les plus dévots à la sainte Vierge à la fin du VIIᵉ siècle. Un jour, poussé par une ferveur extraordinaire, il se rendit dans une église dédiée à l'archange saint Michel, afin d'y passer la nuit en prières. Tout-à-coup, il entendit une agréable et délicieuse symphonie qui

---

(1) Clermont, autrefois la capitale de l'Auvergne, parait devoir son origine aux Romains et être l'ancienne *Augustonemetum*. Vers le milieu du IVᵉ siècle, elle changea cette dénomination pour celle de *Urbs Arverna*, qu'elle conserva jusqu'au Xᵉ siècle. Le nom de Clermont lui vient d'un château fort bâti sur un monticule qui le domine et qui s'appelait *Clarus Mons*.

Clermont, malgré son aspect sombre et triste, est encore par sa situation une des cités les plus pittoresques de la France. Des fontaines nombreuses et d'une admirable limpidité, le Puy-de-Dôme et le ciel nuageux de ce pays de montagnes, lui donnent un caractère particulier plein de poésie. C'est à Clermont que se prêcha la première croisade, ce sublime pèlerinage armé qui porta au centre de l'Asie la gloire du nom chrétien.

(2) Saint Bonet, *Bonus*, *Bonitus*, *Bonifacius*, issu d'une famille très-distinguée, remplit d'abord sous quatre

paraissait venir du ciel. Il était alors minuit. Le saint, effrayé et tremblant, s'était caché derrière un pilier où il redoublait ses prières.

Bientôt la mélodie s'était rapprochée du saint évêque, et l'église s'était remplie d'anges, de patriarches qui venaient en chantant, précédés d'une croix ; des chœurs d'apôtres, de confesseurs et de martyrs suivaient le cortège. Soudain, une clarté extraordinaire illumine tout l'édifice qui est comme inondé de ces flots de lumière. C'est la Mère de Dieu qui, la couronne sur la tête, le visage resplendissant, s'avance majestueusement dans le temple ; une foule de vierges accompagne leur reine toute étincelante de rayons de feu, au milieu d'un concert si doux, si harmonieux, qu'on croirait que le ciel tout entier est descendu sur terre.

Quand la Vierge s'est assise sur son trône, un ange vient demander le moment où la messe doit commencer. La Vierge répond qu'elle veut que cette messe soit célébrée par son digne chapelain, saint Bonet. A ces mots, l'évêque saisi d'une nouvelle crainte, s'enfonça si fort sur le pavé, que l'empreinte de ses pas y est demeurée depuis (1). Malgré sa frayeur, les saints ne tardent pas à le revêtir des habits les plus riches, et les anges, les patriarches, les prophètes, le conduisent au pied de l'autel pour commencer le saint sacrifice qui s'achève au milieu des chants et des cantiques les plus ravissants.

La messe terminée, la Vierge débonnaire se rend dans le chœur et donne à l'évêque, en récompense de sa piété et de son zèle à la servir depuis si longtemps, la chasuble avec laquelle il avait officié, puis elle disparaît aussitôt.

Le saint évêque prit le vêtement sacré, et le lendemain, dès l'aube du jour, il revint à Clermont, publiant la grandeur de ce miracle dont il avait une preuve frappante entre les mains. Car, cette chasuble apportée du ciel ne ressemblait en rien aux ouvrages de la terre ; on ne voyait en effet dans ce tissu ni pièce ni couture, aucun envers ; l'étoffe en était fine et légère comme le souffle du vent, à peine si on pouvait en sentir le poids ; sa blancheur surpassait celle de la neige qui pend aux branches des arbres dans la saison des frimas.

L'évêque déposa cette précieuse chasuble dans le trésor de son église, où on l'exposait à la vénération des fidèles aux jours de fête.

Après la mort de saint Bonet, son successeur, homme vain et plein d'orgueil, s'imagina aussi d'aller veiller à Saint-Michel, comptant bien que la même faveur lui serait accordée. Il vint donc à l'église de l'Archange pour y passer la nuit ; mais fatigué par l'excès du vin, il s'endormit au lieu de veiller. Il en fut quitte cependant pour la honte qu'il en éprouva, et la sainte Vierge, toujours miséricordieuse, lui laissa le temps d'amender sa vie.

De ce dernier fait le poëte tire une conséquence morale ; c'est que l'ivresse est non seulement une mauvaise action, réprouvée par l'Ecriture et condamnée par l'expérience, mais un crime qui exclut du ciel, détruit le corps et l'âme et empêche de prier. C'est une honte et un opprobre que de faire un dieu de son ventre, comme dit l'apôtre saint Paul. Soyons donc sobres, si nous voulons que nos prières soient agréables à Dieu. Veillons sur nous-mêmes ; car nous avons affaire à un ennemi qui est toujours prêt à nous dévorer.

Miniature. — Intérieur d'une petite église à fond rose enroulé d'arabesques d'or ; un autel d'une grande simplicité recouvert d'une nappe blanche avec franges et bordure de chevrons et de trèfles ; au-dessus une croix d'or fleuronnée. — Au bas de l'autel, à genoux, un évêque mitré et nimbé, chasuble à collet brodé d'or, recevant un vêtement rose doublé de vert. Debout une femme, le nimbe et la couronne d'or sur la tête, portant une robe marron-clair, manteau bleu à revers rouges, présente la chasuble à saint Bonet ; deux anges vêtus l'un d'une tunique rouge, l'autre d'une tunique vert-pâle, tiennent chacun un chandelier.

Le manuscrit de la bibliothèque nationale est toujours plus explicite. Ici encore nous avons quatre circonstances du même fait : 1° L'évêque à genoux devant l'autel. 2° Un ange conduisant l'évêque à la sainte Vierge. 3° L'évêque disant la messe en présence de la sainte Vierge et des anges. 4° La Vierge donnant à l'évêque une chasuble ou une aube ornée de losanges et d'un point noir au milieu.

rois la place importante de chancelier et s'acquitta avec une rare capacité des diverses missions dont il fut successivement investi. Il fut nommé évêque à la prière de son frère saint Avit II, évêque de Clermont, qui, à son lit de mort, voulut l'avoir pour successeur. Saint Bonet gouverna l'église pendant dix ans avec une édification extraordinaire, puis il se démit de son évêché pour se retirer dans l'abbaye de Manlieu, où il vécut quatre ans dans la pratique de la plus austère pénitence (1).

(1) On dit que ce saint, en se pressant contre le pilier comme pour se cacher, y pratiqua une petite profondeur. La pierre devint molle et lui fit la place que l'on dit y voir encore aujourd'hui. *Hist. des pélerinages*, t. 2.

(1) Dans un vitrail du XVIe siècle, à l'église de saint Bont, à Bourges, le saint évêque de Clermont est représenté mourant au milieu de religieux assemblés autour de lui, quoiqu'il soit certain qu'il mourut à Lyon le 15 janvier 710, à l'âge de 86 ans, à son retour de Rome où il avait fait un pélerinage. *Hist. de la peinture sur verre*, t. 4, p. 83. *Dict. d'iconograp.*, t. 1, p. 108. Godescard, *Vie des Saints*, t. 1, p. 275, 15 janvier.

Queque volentez me semont
D'un sains Evesque de Clermont
Un sains miracle vous weil dire.
En escrit truis que cil haut Sire
A son tens fu de haut renon ;
Nez fu de France Boens out non.
Cil Boens servoit tant bonnement
La Mère au bon Roy qui ne ment,
Que toute s'entente avoit mise
10 En amer lui et son servise ;
Chapelains fu toute sa vie
Nostre Dame Sainte Marie.
Touz jors la servi volentiers,
Touz jours li fu loiaus rentiers.
En riens n'avoit si grant deduit
Com en li servir jor et nuit,
Moult l'ennoura touz jors en terre.
De saint Michiel aler requerre
Li prist un jor moult grant talent.
20 Il y ala, n'en fu pas lent,
S'offrande et s'oroison i fist.
L'archange pria et requist
Qu'il dépriast à Nostre Dame
Merci daingnast avoir de s'ame.
Veillier i vout et il s'i fist.
Si com Diex vout talent l'en prist
Enz l'eglise seul demoura.
Assez gemi, assez ploura,
Moult fu en grant dévoçion.
30 La nuit fist mainte affliction,
Mainte oroison et maint soupir ;
Quar espris iert du saint Espir.
Vers mie nuit que qu'il ploroit
Et moult dévotement oroit,
Un chant du ciel descendre oy
Dont li cuers tout li resjoi.
Tant fu li chant biaus et piteus,
Plaisans et douz et déliteus,
Nel vous sauroie faire entendre.
40 Tel clarté voit sus li descendre,
Que ne voit goute, ce li semble,
Touz li cors li fremie et tremble ;
Quar bien li semble que l'église
De toutes pars soit toute esprise.
De ce qu'il voit a tel merveille,
Qu'il cuide dormir et si veille.
A jointes mains souvent déprie
Nostre Dame sainte Marie
Qu'ele en son sens le tiengne et gart.
50 Lors c'est tornez à une part

Si s'est lez un pilier tapi,
Ses mains jointes devant son piz.

Lors aprocha la mélodie
Que de si loins avoit oie.
Le moustier voit tout emplir d'angres,
De patriarches et d'archangres.
Devant eus portent une croiz
Et vont chantant à haute voiz
Unes loenges et uns sons
60 Dont tant est haut et cler li tons,
N'est nus en terre s'il l'oist.
Cui li cuers touz ne li resjoist.
Après li angres qui chantoient
Après granz processions venoient
Apostres, confesseurs et martirs.
Lors voit, ce li semble, espartirs
Tèle clarté ferir laiens
Que la première fu naiens.
Cele clarté vint du cler vis
70 La Mère au Roy de Paradis
Qui ens l'esglise et lors entrée
Comme royne coronnée.
Si grant clarté entour li a
La Mère au Roy qui tout cria,
Qu'il n'est langue qui jà le die.
De chant y a tel melodie
De dames et de damoiseles,
De saintes virges, de puceles
Qu'au saint Evesque por voir semble
80 Que li cieus et la terre tremble
Et que touz li mons en resonne.
Couronnée est d'une couronne
Qui tant est bele et glorieuse,
Resplendisanz et précieuse,
Toute l'église en reflamboie.
Aval le moustier a tel joie
Que n'oi tel homme ne fame.
Uns angres vient à Nostre Dame
Qui assise est en la chaière
90 Et dist ma douce Dame chière
Commander quant bon vous sera
Qui ceste messe chantera.

« Je weil, » fait ele, « et si commant
» Que Boen, mes chapelains, la chant,
» Nes est et digne de ce faire ;
» Tant sai je bien de son affaire. »
Quant li Evesques oy ces mos,
Qui bien cuidoit estre repos,

Ne sout que dire ne que faire.
100 Quant se cuida arriere traire,
Il enfonça si durement
Ens es pierres du pavement,
Que du miracle tesmoing sont
Li pas qui perent et perront.
La Mère Dieu n'el hay pas
Ce tesmoingnent encore li pas.
Saintes et saint grant joie firent,
Si richement le revestirent,
De raconter seroit grant charche.
110 Angres, prophete, patriarche
Devant l'autel l'en ont conduit.
Moult dut amer si haut conduit.
Lors fu la messe iguelement
Commenciée si hautement,
N'est nus retraire le seust;
Tant soutillier ne si peust
Qui lors oy chanter archangres,
Deschanter puceles et angres,
Traibloier virges sainz et saintes.
120 Beles notes y oist maintes.
Bien peust voirement dire
Que n'el het mie Nostre Sire
Ne sa Mère quant l'enlevoie
A tele feste et à tel joie,
Et si peust très bien veoir
Qu'ou ciel a cèle grant povair
Et bien en est Dame demaine
Qui teles genz conduit et maine.

 Quant la messe fu célébrée
130 Qui fu si hautement chantée,
Que ne sauroie langue retraire,
La Mère Dieu, la débonnaire,
L'umble, la douce, la piteuse,
L'emmielée, la saveurese,
Venue en est parmi le cuer.
A l'Evesque qui de bon cuer
L'avoit servi longuement
Et si li dist moult doucement :
« Biau douz amis, je ne weil mie
140 » Que por naient m'aies servie,
» Ains averas ceste chasuble ;
» A mon servise ades l'afuble.
» Si bien le t'ai fait atirer,
» Ne puet enviesir, n'empirer. »

 A tant de li c'est departie
Nostre Dame, sainte Marie.

L'Evesque prit le vestement.
Lendemain tost iguelement
Qu'esclairci fu et ajourné
150 Et son affaire eut atourné
A Clermont tost s'en repaira.
Par ceste chasuble esclaira
Cest miracle et cest merveille.
Chascun qui la voit s'en merveille.
Quele chasuble ce puet estre?
Bien pert n'est pas d'euvre terrestre ;
Quar nus ni muse si grant piece,
Cousture i puist trouver ne piece.
Tele est dehors comme dedenz,
160 Tenue et legière comme venz;
Tant parest souef sanz mentir,
Qu'à poine la puet on sentir ;
Et c'est plus clerc et plus très blanche
Que noif negiée n'est sus branche.

 Li bons Evesques, li preudom
Qui Nostre Dame en fist le don,
Enz s'eglise li enserra.
Nus ne la voit ne ne verra
S'il n'est haut jor ou haute feste.
170 Vie mena sainte et honeste
Li bons preudom, tant endura ;
Mais Nostre Dame n'endura
Puisque veuz out ses affaires
Qu'en cest siècle demourast guaires.

 Li livres dist où je le lui
C'un fol evesque out après lui.
Tant fu fol et de fol affaire,
Qu'ainsi qu'il fist cuida faire.
« Par foi, » fist il, « je m'en irai
180 » A saint Michiel si veillerai ;
» Car je peus bien et cuit par m'ame
» Se seul m'i trouvet Nostre Dame,
» Tost me feroit messe chanter.
» De tant me puis je bien vanter
» Que chanterres sui ausi boens
» Voire miendres que sire Boens
» Qui ele donna la chasuble
» Qui n'est mie noire ne nuble.
» Tost me dorroit par aventure
190 » Chape ou chasuble, aube ou ceinture,
» S'ele m'avoit oï chanter.
» Tele eglise fait bon hanter
» Où l'on treuve tiex aventures,
» Aler y weil granz aleures. »
       20.

Ainsi comme il le dist si fist,
Monseigneur saint Michiel requist.
La nuit première que là vint,
Bon vin, ne sai s'il fu avint,
But tant que touz s'en entesta.
200 Après souper ni arresta
En l'eglise s'en est alez ;
Mais tant de mes out en malez
Et tantes foiz besié sa coupe,
Qu'il estoit ivres comme soupe.
Quant dut orer, quant dut veillier,
Ne quist ne coute n'oreillier,
Ains s'endormi ignelement
Touz plas desus le pavement.
Tant pariert ivres, c'est la somme,
210 Qu'ains de la nuit ne fist c'un somme.
Au matinet quant s'esveilla,
Si durement s'en merveilla.
Nus ne s'en doit esmerveillier.
Menuement se doit seigner ;
Et si fist il car il out droiz
Mien escient plus de cent foiz ;
Quar li miracles conte et dit
Qu'eus en sa chambre et en son lit,
A Clermont dont iert meus,
220 Se treuva li durfeus.
La Mère Dieu, la debonnaire,
Nul autre mal ne li vout faire ;
Ains li donua tens et espace
De lui amender par sa grace.

Cist miracles bien nous descuevre
Qu'en ivresce a moult mauvesce euvre.
La Mère Dieu n'avoit que faire
D'ame yvre ne de son affaire.
Jà ne verra ivre sa face.
250 Bien n'oroison que ivre face
A Nostre Dame ne puet plaire.
Oroison qui le fort vin flaire.
Ne li porroit soef flairier
Ne doit devant li repairier.
Quiex oroisons puet donc cil faire
Qui a de vin si grant contraire,
Qui si s'en ivre et si s'en joute,
Cent cubes fait en une route,
Et tant menjut et tant englout,
240 Qu'à chascun pas gient et sanglout.
Quiex oroisons puet il donc dire
Qui oroison veut bien confire
Et atremper à sa droiture

Dévotement et par grant cure
Et sobrement li covient faire.
Mes pluseurs sunt de tel afaire,
Que l'ame et le cors en deçoivent,
Quant tant menjuent et tant boivent.
Cil qui trop boit, il en est pire,
250 S'ame destruit, son cors enpire.
Li Evesques moult s'empira,
Li vins qui but si l'atira,
De Dieu prier ne li souvint ;
Mes à dormir lors li convint.
Ou siecle n'a si bon devin
Ne soit soz se trop boit vin.
Bien doit haïr si goriant gorge,
Li engorgierres qui engorge
Si grant gorgiées et englout,
260 Qu'à chascun mot gient et sanglot.
Ne puet estre qu'enfers n'engloute
Gorge qui de mengier est gloute.
N'engorions mie tex gorgiées ;
Jà ne n'aurons tant engorgiés
Qu'elle nous vaillent un grain d'orge,
Puis qu'engorgiée sunt en gorge.
Hom qui trop boit et trop menjue
Ocist son cors et s'ame tue.
Tout sanz doutance bien sachiez
270 Hons qui sis mes a en sachiez
Dedenz sa panse et entassés,
De Dieu servir est tost lassés ;
Quar chargiez est de tel despoise,
Qui petit vaut et qui moult poise
Dure vie a pesant et male.
Cil qui porte si pesant mal
Trop y a mal en malement.
Tele male poise malement.
Cil qui si malement en malent
280 A envis leur chances avalent.
Por Dieu à nuz genous ploier
Si mal ploiant sont aploier,
Que ne porroient une vaine
Qui leur dorroit un mui d'avaine.
Il sunt si plain et si farsi,
Ainz venront ou au pont d'Arsi.
De terre fussent redrecié
Vers enfer sunt tout adrecié
Et leur ames tout droit y mainent.
290 Tuit cil qui en ivresce mainent
Qui sougiez est a glouie,
Plus en est vis en ceste vie
En l'autre siecle en est perduz.

Bien est remés et mont perduz
Et chascun jor en mal jor entre
Hons, puis qu'il fait Dieu de son ventre.
Grant honte y a et oprobre.
Tenons nous nes, tenons nous sobre,
Se nous voulons que nos proveires
300 Soient plaisant, netes et chères
A ma Dame sainte Marie.
Se li Déables nous tarie
Qui soit maint tor et maint assaut,
Déprions la que nous consaut.
En Déable a mal aversaire.
Tost nous fera si grant contraire,
Se ne veillons et sommes sobre.
Donc à touz jours aurons opprobre ;
Quar cherchant va tout ajournée
310 Comme lion gueule bace,
Qui puist mengier et devorer.
Veillier nous couvient et orer,
Se de lui nous voulons estordre ;
Quar plus legierre est de genz mordre
Que loutre de mengier gardons.
Se nous de lui ne nous gardons,
Tuit sommes mort, se Diex me gart.
Prions cèle que nous regart,
Qui en ses flans le Roy garda
320 Qui tout le monde en sa garde a.
Déable n'osent regarder
En riens nule qu'ait à garder.
Bien est garde quan qu'ele garde ;
Après Dieu n'est si gardant garde.

*Petrus:*
Sobrii estote et vigilate,
quia adversarius vester dyabolus, et cetera.

*Augustinus:*
Sobrietas, perseverancia inestimabilis est animi fortitudo.

*In evangelio legitur:*
Vigilate et orate, ne intretis in temptationem.

*Jacobus:*
Resistite dyabolo, et fugiet à vobis.

## Du cyerge qui descendi sus la vièle au vieleeur devant l'ymage Nostre Dame.

Le pèlerinage de Notre-Dame de Roc-Amadour (1) est un des plus anciens de la France. Nous croyons faire plaisir à nos lecteurs en reproduisant ici une description pittoresque d'un lieu qui a été si célèbre durant tout le moyen-âge et jusqu'à nos jours.

« Au milieu de l'antique province du Quercy, non loin de ces vallées fameuses par les conquêtes romaines, près de cet *Uxelodunum* (Cahors) tant célébré dans les éloquents commentaires de César, à quelque distance des belles vallées de Figeac et de Saint-Céré, parmi ces montagnes si souvent arrosées de sang par les fureurs de l'hérésie, dans un pays aride, stérile, couvert de cailloux épars, s'élèvent presque jusqu'au ciel ces montagnes dont la hauteur fatigue et épouvante les yeux. Une prairie étroite, appelée autrefois la Vallée Ténébreuse, tantôt submergée par un torrent qui l'inonde, tantôt laissée dans une affreuse sécheresse par les eaux qui disparaissent

---

(1) Roc-Amadour (département du Lot), *Rupes Amatoris*, ou *quasi Amator Rupis*, disent les historiens, ou Roche de saint Amadour (1), ermite qui vivait, dit-on, du temps des apôtres, et qui s'y retira pour vénérer une statue de la sainte Vierge qu'il avait sculptée de ses propres mains dans un morceau de bois. D'autres auteurs avec plus de vraisemblance le font contemporain de saint Martial de Limoges, qui évangélisa l'Aquitaine au IIIe siècle, et fit partie de la mission des sept évêques envoyés dans nos Gaules sous le pontificat de saint Fabien, vers l'an 245, pour convertir ses habitants à la foi chrétienne. Roc-Amadour était déjà en grande vénération du temps de Charlemagne. On croit même qu'on y conserva longtemps la Durandal, la célèbre épée du paladin Roland, neveu de l'illustre empereur. Les fidèles avaient tant de confiance en ce lieu de dévotion, que l'on y tint les Etats de la province pour demander au ciel l'extinction des hérésies des Albigeois.

(1) Son premier nom aurait été Zachée, Juif, époux de sainte Véronique. Univ.

en un moment, se prolonge entre deux chaînes de rochers qui l'entourent et la resserrent de tous côtés. Du fond de la prairie on aperçoit d'abord quelques maisons bâties sur le premier plan de la montagne ; d'autres maisons surmontent les premières et sont à leur tour surmontées par d'autres habitations qui semblent attachées au roc contre lequel elles sont construites. Le lieu de Roc-Amadour, formé par une rue unique qui s'étend en diagonale depuis le milieu de la montagne jusqu'à la vallée, avait autrefois huit portes accompagnées de tours. De quelque côté qu'on arrivât, il fallait en franchir quatre pour arriver aux escaliers qui conduisent à l'église ; il n'en subsiste aujourd'hui que la moitié.

» Au-dessus de toute la ville paraît à pic, sur un roc escarpé, l'église de Roc-Amadour et les rochers les plus élevés qui l'environnent, la surpassent et paraissent, en se recourbant, la couvrir d'une ombre tutélaire. On dirait que ces masses énormes vont s'écrouler et s'abîmer dans leur chute. C'est, selon l'expression de l'Ecriture, *la retraite cachée dans le trou de la pierre ;* semblable au nid de ces oiseaux sauvages qui ont établi leur demeure dans les fentes de ces vieilles cellules consacrées autrefois par l'oraison et la prière, et qui remplacent par leurs cris les cantiques harmonieux des épouses fidèles du Seigneur ; car ces rochers maintenant sans accès, formaient autrefois la clôture d'un monastère (1). Sur la plate-forme la plus élevée, paraissent les ruines d'un ancien castel, du haut duquel les armées catholiques, dans les temps des crises religieuses, protégeaient la chapelle de Marie et ses fidèles servantes contre la rage des hérétiques (2)

» Nous voici au pied de cet ancien et magnifique escalier qui conduisait autrefois, par 278 (3) degrés, à la chapelle de Marie ; maintenant je n'en trouve plus que 200 ; le temps a détruit le reste ; encore ceux qui ont échappé à ses ravages ne présentent plus que l'image d'une triste dévastation. Là, le cœur opprimé d'un sentiment pénible, ne peut que s'écrier avec le prophète : « Comment les pierres du sanctuaire ont-elles été dispersées? » Cependant ces ruines ont encore je ne sais quoi d'imposant. Aussi, le pieux pèlerin a-t-il coutume de fléchir les genoux en abordant cette échelle sacrée, et de gravir jusqu'au sommet dans cette posture humble et suppliante, en récitant quelques prières à la gloire de la sainte Vierge. Le premier plan de cet escalier se compose d'une centaine de marches et aboutit à une plate-forme où s'élevaient quelques maisons servant autrefois d'habitations à quatorze chanoines qui se consacraient à la très-sainte Vierge. Là commence l'enceinte des chapelles, une porte antique en forme de clôture ; la porte s'ouvre, et l'on a la vue d'un nouvel escalier entouré de nouvelles ruines.

» Oublions l'église principale pour nous occuper avant tout de la chapelle des miracles. Peut-être vous attendez-vous à voir un de ces édifices relevé par toutes les ressources de l'art ; peut-être croyez-vous qu'une statue magnifique repose sur un autel du marbre le plus éclatant? Regardez un des murs, c'est le rocher même qui commence la voûte de l'église ; le sanctuaire est étroit et fait cependant la moitié de l'édifice ; l'autel n'est que de bois, sa construction paraît remonter à saint Martial ; des figures en relief décorent le devant de l'autel ; trois anciens tableaux enchâssés dans une boiserie partagée par des colonnes, servent de base à une niche élégante, semblable à un demi-dôme soutenu par de petites colonnes. Tout est couvert d'une antique dorure ; c'est là que repose la statue miraculeuse de la très-sainte Vierge ; elle est petite et noire comme celle des anciens pèlerinages ; l'Enfant Jésus est assis sur les genoux de sa Mère, appuyé sur l'un des bras et soutenu par l'autre. Le dôme de la chapelle se termine par un petit clocher environné de vitrages, et dans lequel on aperçoit intérieurement une cloche sans corde, qui sonna plusieurs fois d'elle-même, lorsque la sainte Vierge opérait quelque signalé prodige (4).

» Avant les ravages de l'hérésie et de l'impiété (5), cette chapelle était enrichie de magnifiques offrandes; quatorze lampes d'argent pendaient à la voûte les unes au-dessus des autres, entrelacées comme une espèce de chaîne. Il

---

(1) Il n'existe plus que des débris informes, quelques cellules creusées dans le rocher de cet ancien monastère de filles, que le pape Paul II, dans une bulle de 1463, qualifie déjà de *Monasterium vetustissimum*. Il en est de même des quatorze maisons canoniales. Des huit portes d'enceinte qui étaient placées sur le chemin et aux différentes stations de la voie sacrée, il n'en reste que deux debout.

(2) Ce fort était imprenable. En montant sur le toit de l'église de Notre-Dame, dit M. Delport, on parvenait à un escalier en colimaçon, pratiqué dans les fissures du rocher ; il conduisait à un vaste fort situé sur le sommet de ce même rocher, qui le rendait inattaquable de ce côté. Les ruines de ce château ont été aliénées en 1830, et une maison religieuse devait s'élever dans l'intérieur du fort.

(3) C'est probablement 218, comme le dit M. de Crazannes dans son rapport.

(4) On dit que cette cloche mystérieuse sonnait toute seule quand un chrétien était exposé en mer à quelque naufrage, et qu'il implorait la vierge du Roc-Amadour.

(5) La piété y avait en effet rassemblé des richesses considérables qui furent pillées par le fils d'Henri II. De nombreuses offrandes les remplacèrent bientôt ; mais les protestants pillèrent de nouveau ce sanctuaire en 1572 et emportèrent, disent les traditions locales, plus de 1500 quintaux d'or et d'argent. En 1793, on enleva de ce lieu beaucoup de meubles, vases, lampes, et d'*ex voto* en argent qui furent envoyés à Toulouse et fondus à l'hôtel des monnaies de cette ville.

ne reste plus que des souvenirs ; on voit encore cependant quelques mauvais tableaux, témoins pieux des grâces obtenues par l'entremise de Marie.

» Près de la chapelle miraculeuse est celle de Saint-Sauveur, où les chanoines célébraient leur office ; et sous cette église, une autre construite en l'honneur de saint Amadour, dont la dévotion pour Marie était sans bornes, et dont l'histoire est enveloppée de nuages et de narrations fabuleuses qu'une saine et religieuse critique ne saurait admettre. Il est certain toutefois que saint Amadour bâtit, en l'honneur de Marie, la petite chapelle qui existe encore à la place même où on la voit aujourd'hui, quoiqu'elle ait souffert quelques dégâts et subi quelques réparations ; qu'arrivé à l'heure de la mort, ce saint solitaire ne cessait de répéter, au moment de rendre le dernier soupir, la salutation angélique qu'il avait eue sans cesse à la bouche durant sa vie ; que sa chapelle miraculeuse a été consacrée avec son autel par les mains de saint Martial, évêque de Limoges ; que l'image de la sainte Vierge trouvée à Roc-Amadour, remonte à la même époque que la chapelle (1) ; qu'enfin ce pèlerinage, qui date du III<sup>e</sup> siècle, est l'un des plus anciens que la France a présenté à la vénération publique (2). »

Le XII<sup>e</sup> siècle que nous avons déjà signalé comme nous offrant une recrudescence de dévotion envers la sainte Vierge, donna naissance à une foule de pèlerinages et augmenta l'importance de ceux qui existaient auparavant. D'après les traditions que nous venons de rapporter, on voit que le pèlerinage de Notre-Dame de Roc-Amadour, déjà fréquenté au IX<sup>e</sup> siècle, acquit une grande célébrité vers 1140.

C'est sans doute vers cette époque que Pierre de Siglar, troubadour renommé, se rendit au sanctuaire de Notre-Dame de Roc-Amadour, où il rencontra un grand nombre de pèlerins venus des lointains pays. Sa prière terminée, le jongleur prend sa vièle entre ses doigts et fait retentir la chapelle des plus doux accords. Le peuple ému par ces accents religieux, se rassemble auprès du barde chrétien. Le poète musicien chanta longuement les louanges de sa Dame, et à la fin il se sentit inspiré de lui demander un des cierges qu'il voyait placés sur une estrade et qu'on avait offerts à la Vierge en reconnaissance de quelque faveur obtenue. C'était, disait-il, pour l'éclairer pendant son souper et un témoignage que ses chants lui avaient été agréables. La Madone, sensible à cette naïve prière, fit descendre sur la vièle du jongleur le cierge tant désiré.

Un moine nommé Girars, gardien de l'église, regardant ce fait merveilleux comme un acte de magie, saisit le cierge et le replace sur l'estrade. Pierre de Siglar, animé d'une nouvelle confiance, reprend avec vivacité son instrument et fait entendre des accords d'une mélodie ravissante. Le moine, courroucé à son tour, s'é ance avec la rapidité de la biche sur le cierge qu'il remet de nouveau sur l'estrade et l'attache solidement Le ménestrier, sans se déconcerter de la colère du sacristain, recommence ses soupirs et ses plaintes sur son instrument. Tandis qu'il s'accompagne sur sa vièle, son cœur s'élève jusque dans les cieux ; il supplie avec larmes la Vierge de confirmer le miracle qu'elle vient de faire à deux reprises différentes.

Soudain son vœu est exaucé. Le cierge redescend une troisième fois sur la vièle du jongleur. Le peuple, à la vue d'un prodige si bien constaté, environne Pierre de Siglar et fait sonner les cloches en signe de réjouissance. Le jongleur offrit ce cierge miraculeux à l'autel de Marie, en reconnaissance de ce bienfait, et revint chaque année présenter à la Vierge de Roc-Amadour un cierge de la pesanteur d'une livre. Depuis cette époque, il n'entra jamais dans aucune église sans y jouer de son instrument en l'honneur de la Reine des cieux. A sa mort, son âme bienheureuse s'en alla au ciel avec les anges, par la miséricorde de Notre-Dame.

Dans l'application morale de cette pièce, le poëte parle de la nécessité d'accorder dans les prières et dans les chants les sentiments du cœur avec les vibrations de la voix. Il inflige un blâme mérité à ceux qui agissent autrement, qui ont besoin d'avoir recours à la boisson pour chanter plus fort. Dieu n'a que faire de ces chants, car il recherche surtout l'intention. Il cite comme modèle le saint roi David, dont l'esprit était ravi au ciel quand il touchait de sa harpe. Il faut, ajoute-t-il, joindre à une bonne vie l'exemple des bonnes œuvres ; faire d'abord le bien, puis l'enseigner ensuite aux autres. Exhortation aux clercs et aux moines pour les engager à élever leur cœur à Dieu dans les chants. C'est le moyen de nous associer ici bas aux mélodies des esprits célestes, et faire aujourd'hui l'apprentissage des cantiques sacrés qui retentiront dans l'éternité à la louange de Dieu.

Miniature. Fond, damiers or, rose, bleu, formant des lignes diagonales très-harmonieuses. Huit cierges sur une estrade, le neuvième a laissé une place vacante. Un autel peint en porphyre ; au-dessus, un diptique en bois

---

(1) A l'exception de ce qui a été creusé dans le rocher et dont le travail n'indique aucune date certaine, le style de l'architecture, des ornements, des sculptures en bas-reliefs, attestent que les parties les plus anciennes des constructions religieuses ne remontent pas plus haut que le XII<sup>e</sup> et le XI<sup>e</sup> siècle.

(2) L'abbé C., Etoile du Matin, t. v, p 326. — Voir Statistique du département du Lot, 2 v. in-4º. — Histoire critique et religieuse de Notre-Dame de Roc-Amadour, 1 v. in-8º. — Rapport sur les antiquités religieuses de Roc-Amadour, par M. le baron de Crazannes. — Univers 15 octobre 1858. — Dict. des Pèlerinages, t. 2, p. 318.

orné de crochets. La Vierge tenant d'une main un lys, et de l'autre l'enfant Jésus; elle est, comme toujours, nimbée et couronnée; elle porte une robe bleue, un manteau rose doublé de vert. — A genoux aux pieds de l'autel, Pierre de Siglar, revêtu d'une robe écarlate, tient un instrument à quatre cordes avec archet, semblable à nos violons actuels Trois personnages dans le fond du tableau; l'un, sans doute le sacristain Girard, est vêtu d'une espèce d'amict ou capuchon vert; on croit le reconnaître à son air inquiet et farouche.

Manuscrit de Paris 1° Un homme à genoux jouant de la vièle devant une image; un moine sacristain et d'autres personnes. 2° Le sacristain reprenant le cierge. 3° Le cierge descend une seconde fois 4° Le jongleur s'avance le cierge à la main devant l'autel.

La douce Mère au Créateur
A l'église à Roche Amadeur
Fait tant miracles, tant haus faiz,
Qu'un moult granz livres en est faiz (1).
Pluseurs foiées leu l'ai.
D'un juglecur, d'un homme lai,
Un moult courtois miracles i truis
Que raconter weil se je puis,
Por faire entendre à aucun ame
10 La courtoisie Nostre Dame.

Ou pais out un juglecur
Qui de la Mère au Sauveeur
Chantoit le lai moult volentiers
Quant il venoit par ses moustiers.
Ménestereus iert de grant renon,
Pierres de Syglar out anon.
A Roche Amadeur, ce me semble,
Où granz pueples souvent s'asemble,
En pélérinage en alla.
20 Moult de pélérins trouva là
Qui de lointains pais estoient
Et qui moult grant feste faisoient.
Quant s'oroison a dite et faite,
Sa vièle a sachiée et traite;
L'arçon as cordes fait sentir
Et la vièle retentir.
Fait si qu'entor, sauz nul delai,
Assemblent tuit et clerc et lai.
Quant Pierres voit que tuit l'entendent
30 Et les oreilles tuit li tendent,
Bien est avis, si bien vièle,
Que parler veille sa vièle.
Quant saluée out doucement
Et loée moult longuement
La Mère Dieu d'entier courage

Et enclinée out moult s'ymage,
Moult hautement dist et cria :
« Hé! Mère au Roy qui tout cria,
» Dame de toute courtoisie,
40 » Se riens te plest, riens que je die,
» Je te requier qu'en guerredon
» D'un de ces cierges me fai don
» Dont entor t'ai as tant lasus,
» Que loins ne près n'en vi mes plus.
» Dame sanz pareil et sanz per,
» Por faire feste à mon souper,
» Un de tes biaus cierges m'envoie;
» Plus ne te quier se Diex me voie. »

Nostre Dame sainte Marie,
50 Qui fontaine est de courtoisie
Et de douceur est sourse et doiz,
Du ménestérel ot bien la voiz;
Car maintenant, sans plus atendre,
Seur la vièle fait dessendre
Tout en apert voiant la gent,
Un moult biau cierge et un moult gent.

Uns moines qui out anon Girars,
Qui moult estoit fel et waignars,
Qui le moustier adonc gardoit
60 Et qui ces choses regardoit,
Com hom plain de mélancolie
Le miracle tient à folie.
« A perron, » dist, « cest enchanterres,
» Boutencourroie et traiterres. »
Entre ses mains le cierge prent,
Si le rassiet en haut et prent.

Li ménestreus qui assez sout,
Le moine voit enresde et sot

---

(1) Ce livre est celui d'*Ugo Sursitus* qui écrivait, vers l'an 1140, son Livre *De Miraculis Virginis Rupis Amatoris*. Cet auteur mentionne le pélérinage de Roc-Amadour et les miracles nombreux qui y étaient opérés, comme un fait dont l'origine se perd dans les temps voisins du berceau du christianisme dans les Gaules. *Rapport*.

Si ne met pas son sens au suen ;
70 Quar il entent et perçoit bien
Que Nostre Dame l'a oy ;
S'en a le cuer si esjoy,
Que de joie lermoie et pleure.
La Mère Dieu souvent aeure,
Et de sa très grant courtoisie
Dedenz son cuer moult l'en mercie.

La vièle prent de rechief,
Vers l'ymage lièvre le chief ;
Si bien chante et si bien vièle,
80 N'est sequence ne kyrièle
Qu'escoutissiez plus volentiers ;
Et li cierges biaus et entiers
Seur la vièle redescent.
Le miracle virent v cent.

Li fous moines, li frénétiques,
Qui le chief a plain de reliques,
Quant venir jus revoit son cyerge,
Plus tost que cers, biche ne chievre
Es genz se fiert et entourbe ;
90 Si faire si se destourbe
Qu'à poines puet un seul mot dire,
Par grant courrai et par grant ire
Son chapeau arrière sache,
Au ménestérel dit : « Que bien sache
» Com cil qui n'a de sens demie
» Que son cyerge n'ara il mie.
» De ce qu'il voit trop se merveille
» Et trop le tient à grant merveille.
» Onques mes ce dit en sa vie
100 » Ne vit si grant enchanterie. »
Le ménestérel, le jugleeur,
Claimme souvent enchanteeur.
Mautalentis et d'ire espris,
Le cyerge entre ses mains repris,
Amont remonte iréement,
Si le rassiet mout fermement,
Et bien le loië et bien l'atache ;
Au ménestérel die : « Que bien sache
» Que ne fu pas tex tregeterres
110 » Symon Magus, li enchanterres,
» Comme il fera se james sus
» Le fait descendre de lassus. »

Li ménestérex, c'en est la somme,
Qui maint musart et maint sage homme,
Et loins et près avoit veuz,

De tout ce n'est point esmeuz.
L'enresdie, l'impacience
Du moine suefre en pacience.
Tant est trempez que nes un fuer ;
120 Nule rien ne met à son cuer
De riens que li fous moines die ;
Mes sa chançon, sa mélodie
Recommenciée a de rechief.
Bien set que Nostre Dame à chief
Venra moult bien de ceste afaire
Se sa chançon li daigne plaire.
En viélant souspire et pleure,
La bouche chante et le cors eure.
La Mère Dieu doucement proie,
130 Par sa douceur qu'elle encor l'oie
Et qu'encor face repairier,
Por plus le miracle esclairier,
Le biau cyerge une foiz au mains
Que sotement, d'entre ses mains,
Li a en guise d'enragé
Deuz foiz li moines enragé
Qui touz est soz et idiotes.

Entor li a de genz granz flotes
Qui esbahi et esmeu
140 Sunt du miracle qu'ont veu.
Tuit s'en merveillent, tuit s'en saingnent,
Au doit le cierge s'entresaingnent
Qui jà deus foiz est avalez.
Pierres endormis n'engalez
N'a pas les doiz seur la vièle ;
Mais si chante et si vièle
Devant l'ymage Nostre Dame,
De pitié fait plourer mainte ame.
Quel son que rende la vièle,
150 Li cuers si haut chante et vièle,
Que dèsqu'à Dieu s'en va li sons ;
Car maintenant, si com lisons,
Au ménestérel qui Diex consaut
Rafait li cyerges li tiers saut,
Troiz fois la Dame li tendi
Que miex du moine l'entendi
Et qui assez fu plus courtoise
Du feu moine qui de la noise
Est esbaubiz et estonnez.
160 Chascuns crie : « Sonnez, sonnez,
» Plus biau miracle n'avint mais
» Ne n'avenra ce cuit jamais. »

Par le moustier font moult grant feste,

Et clerc et lai, et cist et ceste ;
Et tant de cloches vont sonuant,
Ni oissiez nes Dieu tonnant.
Qui lors veist le ménestérel
Le cyerge offrir desus l'autel,
Mercier Dieu et Nostre Dame
170 Dur cuer eust, foi que doi m'ame,
Se de pitié ne fust meuz.
Ne fust pas fous ne durfeuz,
Ainz fu courtoiz, vaillanz et sages ;
Car tant com dura ses aages,
Chasqu'an, si com je truis ou livre,
Un moult biau cierge d'une livre
A Roche Madeur aporta.
En Dieu servir se deporta,
Tant com vesqui, en tele guise,
180 Qu'ains puis n'entra en nule église
Ni veillars sanz nul delai,
De Nostre Dame sort ou lai ;
Et quant Dieu plout quant sa fin vint,
A la gloire du ciel parvint,
Et devant Dieu en ala l'ame,
Par la prière Nostre Dame
Dont il chantoit si volentiers,
Et qui d'un cyerge estoit rentiers
Chascun an à Roche Madeur.

190  Nous provoires, nos chantadeur,
Nous clerc, nous moine, nous rendu,
Se bien avons tuit entendu
Ce miracle que j'ai retrait ;
Dévotement, haut et atrait
Chanter devons tuit nuit et jour
De la Dame qui ou séjour
De Paradis touz ceus enmaine,
En lui servir qui metent paine.
Mes je voi moult certes d'iceus
200 Qui vain en sont et pereceus
De Dieu servir pluseurs ne chaut.
Pluseur resont qui froit ne chaut
A Dieu ne font de rien qu'il dient.
Assez braient et assez crient,
Et leur gorges assez étendent ;
Mais les cordes pas bien ne tendent.
De leur vièles ne ne tirent,
Par ce leur chant trop en empirent.
La bouche à Dieu ment et descorde,
210 S'a li li cuers ne se concorde.
Diex vieut de deus la concordance.
Se li cuers bale, espringue et dance

Coloie et pense à fol delit,
Dieu ne sa Mère nul delit.
N'ont en la bouche sele organne
N'en qu'en un asne s'il rechanne,
En l'orguenex ou verbloier,
Ou deschanter ou quintoier,
Ne fait Diex mie moult grant force ;
220 Mais quant la bouche bien s'efforce,
Li cuers li doit si reforcier
Et si les cordes renforcier,
Et de sa vièle et si estendre,
Qui li clers sons sanz plus atendre,
Au premier mot sanz plus amont,
En Paradis lassus amont.
Lors est à Dieu leur chançon bèle.
Mes pluseurs ont tele vièle,
Qui tempre et tart est destrempée,
230 Se de fort vins n'est atrempée.
Queque li cuers penst ne ne die
Jà de la bouche mélodie,
N'istera fors si iert recinée ;
Mais quant li vins l'a meccinée
Et ferré a ferrez la teste,
Lors orguenent et font grant feste
Et esmeuvent tout un couvent.
Aucun cognois qui a souvent
La vois malade, floibe et quassé,
240 Si li fort vin ne la respassé ;
Mais quant bon vin bien la conforte
Et feru l'a le filz, la torte,
Lors chante haut et lors s'envoise.
Ce fait bon vins, ne fait cervoise.
Tele chançon n'est mie bèle ;
Dieu n'entent pas tele vièle ;
Car puisqu'ivresce trait l'arzon,
Petit i out Diex de parçon.
Puisque li vins touche les cordes,
250 Touz li chanz est plain de descordes :
Puisque li vins li cuers esmuet,
La bouche Diex oir ne puet.
Bouche n'entent Diex à nul fuer
S'il n'a devotion en cuer.
Du cuer couvient sordre la doiz
Qui fait à Dieu plaire la voiz.
En la voix haute, en la voix clère
Force ne fait Diex ne sa Mère.
Tiex chante bas et rudement
260 Qu'escoute Diex plus doucement
Ne fait celui qui se cointoie,
Quant orguene et haut quintoie.

La clère voiz et haute et bèle,
Le son de harpe et de vièle,
De psaltère, d'orgue et gigue,
Ne prise pas Diex une figue,
S'il n'a en li devotion.
Diex escoute l'entencion,
Non par la voiz ne l'instrument.
270 Qui Dieu loer veut doucement
Ausi le lot com fist David.
Ses cuers ou ciel estoit ravid,
Quand il looit Diex en sa harpe.
Bien chante cil vièle et harpe,
Qui en son la eure et prie
Queque la harpe ou la voiz crie.
Et de ce bien se gart qui harpe
Que la main tiengne seur la harpe.
La main les euvres senefie
280 Quant li hons est de bone vie
A donc harpe il si bien et chante,
Que les Déables touz enchante,
Si com David les enchantoit
Quant por le roi Saul harpoit.
Il sont assez bon chanteeur,
Bon clerc et bon précheur
Qui moult préchent et moult crient;
Mes rien ne font de quanqu'il dient.
Qui ainsi chante et ainsi harpe,
290 La main n'a mie seur la harpe.
Ne sa harpe ne sa vièle
A Dieu n'est pas plaisanz ne bèle.
Qui le bien dit et amoneste,
Si ne le fait il est bien beste.
Son sens ne vaut une viez mcèe;
Car de son sens est lampiers ruèe.
Ne soions pas tel menestrel :
Faisons le bien, il n'i a tel,
Et puis après si l'enseignons.
300 En tous les biens nous enpeingnons
Et en bien faire et en bien dire,
Prenons tuit garde au menestrel
Qui tant chanta devant l'autel,
Que Nostre Dame l'entendi
Et un beau cierge li tendi.
Du cierge dit la motions
Que tost muet Dieu devotion.

S'a Dieu voulons en chantant plaire,
Ne faisons par force en haut braire,
310 Ou crier n'en les guargueter;

Mais feson force de jeter
En Dieu le courage et le cuer.
Nos clers, nos moines, quant en cuer
Chantons nos hautes kyrièles,
Nos sequences, nos ympnes bèles,
Gardons que soit nos cuers lassus.
Tant comme à Dieu sachez que nus
Ne biau ne list, ne biau ne chante,
Se tout son cuer en Dieu ne plante.
320 Quecqu'il chante, saumoie et list.
Chantons, chantons par tel delit,
Que li douz Diex nos douz chans oie.
Pensons, pensons à la grant joie
Et as douz chanz du ciel lassus.
Lorsque li cuers descent ça jus
Et à la bouche ne s'acorde,
La bouche nient et il descorde,
Et entre aus deus grand descort a,
Por ce dist hons *sursùm corda*
330 Que raisons est que li cuer mont.

Quant nous chantons lassus à mont,
Lors est bèle la concordance.
A donc no voiz sans detriance
Se melle et joint, n'en doutez mie,
A la saintisme mélodie
Et as loenges qui sunt dites
Jor et nuit des sainz Espérites
Qui loèrent ades sanz fin
Dieu et sa Mère de cuer fin.
340 S'ainsi chantons com je l'ai dit.
Sachiez por voir sanz contredit
Cler sonnera nostre vièle,
Et nos chançon iert clère et bèle.
Que no vièle ne descort,
Prions cele qu'ele l'acort,
Qui *Domine* fist à Dieu acordance.
Tu qui cuer as qui encore dance
Et qui vers Dieu es en descorde,
S'a li servir tes cuers s'acorde,
350 Si ta vièle en cordera
Et si ton chant concordera
Qu'à Dieu sera cors accordez.
Nes tu qui aiimmes encor dez
Et qu'anemis tient en ses cordes,
S'a son servise un peu t'acordes;
Tes cordes se descorderont
Si qu'au cors Dieu t'acorderont.

## Du prestre que Nostre Dame deffendi de l'injure que son évesque li vouloit faire porce que il ne savoit chanter que une messe de Nostre Dame.

Un saint prêtre, mais d'une ignorance profonde, fut un jour accusé devant son évêque, comme étant incapable de remplir les devoirs de sa charge. L'évêque le manda devant lui et lui interdit toutes les fonctions ecclésiastiques; il l'obligea même à quitter son bénéfice. Le pauvre curé eut beau demander son pardon à l'évêque, il ne put l'obtenir. Il fut contraint de s'éloigner au plus vite du palais. Mais voici que vers le milieu de la nuit, lorsque l'évêque reposait dans son lit, la sainte Vierge lui apparut, en lui disant d'un air indigné que s'il ne rétablissait, le lendemain, son dévoué chapelain dans son grade, son âme serait precipitée dans l'enfer avant trente jours. L'évêque, effrayé, se hâta de faire appeler le pauvre prêtre dès le matin, et se jeta à ses pieds en implorant son pardon. Le poëte en conclut avec raison qu'on ne peut que gagner au service de Marie.

Notre miniature représente cette apparition de la sainte Vierge à l'évêque. On voit, en effet, sur un fond composé de losanges d'or et d'azur avec fleurs-de-lys blanches, un évêque couché tout habillé dans son lit; sa mitre est à côté de lui. La sainte Vierge, portant une robe bleue et un manteau rose, accompagnée de deux anges au nimbe d'or, réveille doucement l'évêque qui paraît plongé dans un profond sommeil.

Le manuscrit de la Bibliothèque Nationale porte pour titre : *D'un prouvoire qui toujours chantoit SALVE la messe de Notre Dame.* La miniature est partagée en quatre petits tableaux. 1er tableau. Un prêtre à genoux, un évêque le bénit. 2e tableau. L'évêque assis, la crosse à la main, renvoie le prêtre. 3e tableau. La sainte Vierge apparaît à l'évêque. 4e tableau. L'évêque, à genoux, demand pardon au prêtre.

*Versificator dicit :*
Pro nichilo ducit dicens
aliquando commissa : nec
putat errorem si dicit esse
Dominus.
*Versificator :*
Quidam dixit mis dôm
dierie debuit avis.

Un miracle truis d'un prouvoire
Qui la puissant Mère de gloire
Qui nommée est Virge Marie
Honoura moult toute sa vie.
Mais bien vous puis de lui tant dire
Qu'il ne savoit chanter ne lire
En romonancier, chartre ne brief,
Ne ne savoit longue ni brief.

Une messe sanz plus savoit,
10 *Salve sancta parens*, qu'avoit
Aprise d'enfance et d'usage.
N'en Karesme ne charnage,
N'à Penthecoste n'à Noel,
Ne chantast jà nul foiz el.
C'estoit touz jors touz ses efforz
Et por les vis et por les morz.
Ceste messe tant seulement

Chantoit touz jours dévotement,
En remembrance et en mémoire
20 De la haute Dame de gloire.

Devant l'évesque acusé fu.
L'évesque dist qu'en mi un fu
Le deust l'en par droit géter,
Et comme un fols batre et béter;
Car il ne savoit plus ne mains
Et si sacroit entre ses mains
Le haut Seigneur qui tout cria.
Li chapelains merçi cria;
Mais il n'en pout merçi avoir.
30 Sanz conseil fu et sanz avoir.
N'out que donner ne que prometre,
L'évesque lors li fist demetre
De sa paroisse et de sa cure.
Moust fermement afiche et jure,

S'il ne wide sa dyocèse,
Qu'escorchié li ert ou rèse
Et la coronne et tuit li doit ;
Quar sus autel chanter ne doit.
Ne doit chanter ce dist tel prestre,
40 S'en un four non ou sus trestre.
Bouter le fist hors de sa court,
Se cele où toute pitié sourt
Pitié n'eust du chapelain
Il fu entrez en mal pelain.
Pitié en out, bien i parut ;
Quar à l'évesque s'aparut
La nuit meismes que ça vint.
Vers mie nuit devant lui vint,
Et dist moult airéement :
50 « Ce saches tu certainement,
» Se tu bien matinet demain
» Ne rapèles mon chapelain
» A son service et à s'onneur,
» L'ame de toi a deshonneur
» Ainz xxx jours départira
» De ton cors en enfer ira. »
En l'évesque n'out qu'esmaier.
Le chapelain sanz délaier
Fist ramener. Quant il le vit,
60 As piez li chiet et si li dit :
« Qu'il ait por Dieu merçi de lui
» S'il li a fait honte et ennui.
» Il li amende à sa devise
» Et si reface son servise
» En tel manière com il sout ;

» Puisque la Mère Dieu le vout,
» Ne le doit mie desvouloir. »

Pes out li prestres à son vouloir,
A l'évesque pardonna s'ire.
70 Toute sa vie fu touz sire
De lui et de toutes ses choses.
Cèle qui la rose est des roses
Fait bien servir jour et nuit,
Cui veut aidier nus ne li nuit.
Qui a en lui sens ne savoir,
Par cest miracle puet savoir
Que son service pas ne pert
Qui la douce Mère Dieu sert.
Sachiez por voir certainement
80 Qui bien la sert et netement
Son olivier a si courant,
Touz jours la treuve si courant
Et à la mort et à la vie.
Son provoire n'oublia mie
Quant l'évesque sus li courut,
Mais erraument le secourut.
Li bons prestres bon enchanta
En touz ses chant si douz chant a,
Que de li fait trop bon chanter.
90 Ne puet déables enchanter
Nului qui volentiers enchant.
Si sont plaisant et douz si chant,
Que cil qui de bon cuer les chante,
Le déable endort et enchante.

*Undè dicitur* :
Gaude, rosa pura, decens, speciosa, semper recens, flos immarcessibilis.

*Undè dicitur* :
Decantemus totâ die semper Virginis Mariæ laudes et preconia.

---

## 𝔇𝔲 𝔪𝔬𝔦𝔫𝔢 𝔮𝔲𝔢 𝔑𝔬𝔰𝔱𝔯𝔢 𝔇𝔞𝔪𝔢 𝔡𝔢𝔣𝔣𝔢𝔫𝔡𝔦 𝔡𝔲 𝔇𝔢́𝔞𝔟𝔩𝔢 𝔮𝔲𝔦 𝔩𝔢 𝔳𝔬𝔲𝔩𝔞𝔦𝔱 𝔱𝔲𝔢𝔯 𝔢𝔫 𝔤𝔲𝔦𝔰𝔢 𝔡𝔢 𝔩𝔦𝔬𝔫.

Un moine très-dévoué à la sainte Vierge, mais qui avait contracté dans ses occupations de sacristain la malheureuse habitude de boire, se trouva un jour dans l'impossibilité de regagner sa cellule. Cependant il avait essayé de marcher ; et lorsqu'il rentrait dans le cloître, le Démon se présenta à lui sous la figure d'un taureau rugissant. A la vue de cet animal furieux, il avait invoqué la sainte Vierge qui s'était hâtée de venir au secours de son serviteur, et le Démon s'était enfui à l'approche de cette femme redoutable. Mais il avait bientôt reparu sous la forme d'un chien terrible. A la prière du moine, la Vierge s'était montrée de nouveau menaçant le démon. Le sacristain, toujours chancelant et troublé par la peur, arrivait cependant à la porte de sa chambre où il voit un lion qui s'élance sur lui la gueule béante. Le moine pousse des cris de détresse; la Vierge reparaît une troisième fois et frappe avec indignation le Démon en le menaçant de l'attacher au fond des enfers s'il ose revenir. A ces mots, l'ennemi s'évanouit en fumée, et la Vierge prenant avec bonté le moine par la main, elle l'aide à se coucher. Cet attouchement merveilleux dissipe soudain son ivresse. Mais honteux de sa faute, le religieux n'osait adresser une parole à sa libératrice. Alors la Vierge le bénit et lui ordonne d'aller se confesser le lendemain matin à un moine du couvent qu'elle lui désigne. Le sacristain, un peu enhardi, lui demande son nom. Dès qu'il l'apprend, il se met à pleurer amèrement. Non content de la remercier de ses bienfaits, il se lève pour lui baiser les pieds par respect. Mais la sainte Vierge avait disparu. Fidèle aux recommandations qu'il avait reçues de sa libératrice, il alla le lendemain se purifier auprès du pieux confesseur, et tous deux servirent la sainte avec plus de ferveur et de dévotion.

Entre toutes ces diverses circonstances, notre miniaturiste a choisi celle où le moine gravit les marches d'un escalier, et où un énorme lion, les yeux enflammés, la gueule béante, les deux pattes appuyées sur la rampe, s'élance sur le pauvre moine. La Vierge, vêtue d'un robe blanche, est armée d'une espèce de serviette dont elle frappe le Démon. Elle est seule, et, contre son habitude, elle ne porte pas de manteau.

Dans le manuscrit de Paris, toutes les principales circonstances de ce fait sont exprimées dans autant de petits cadres. 1° Le Démon transformé en taureau, la Vierge qui le menace; à côté, le moine les mains jointes. 2° Un gros chien s'élançant sur un religieux; la Vierge vient à son secours. 3° La Vierge frappant avec une baguette un lion qui se précipite sur un moine. 4° Le religieux dans son lit; la Vierge qui lui apparaît. 5° Le religieux à genoux devant la Vierge. 6° Un abbé étend les mains sur le coupable qui implore son pardon.

*Augustinus dicit:*
Ebrietas radix est omnium criminum, origo omnium vitiorum, turbacio capitis, subversio sensûs, tempestas linguæ, procella corporis, naufragium castitatis. Ebrietas est turpitudo morum, dedecus vitæ, honestatis infamia, animæ corruptela.

Qui qui d'ivresce est entechiez,
Il est sougis à touz pechiez.
Homo ebriosus servus est omnium viciorum.

Uns moines fu d'une abbeie,
Qui Madame sainte Marie
Amoit de si amoureus cuer,
N'entrelessast mie à nul fuer
Ne ses œuvres ne son servise.
Secrestains estoit d'une église
Et un des meilleurs du couvent,
Se trop ne s'enyvrast souvent.
C'est grant douleur quant ceste taiche
18 A maint preudomme fait domaiche,
Plusieurs en sont trop entechié.
Cist secrestains par son pechié
Une nuit vin tant l'envyra,
Que de boire trop s'enyvra.
Grant talent out et grant désir
Quant yvres fu d'aler gésir.
Mes cil le sout bien espier
Qui tout bée à couchier
Bien soit le mal monter et croistre.
20 Si tost com il entra en cloistre
Moust plain de vin et eschaufez,
En contre lui saut li maufez,
En guise de torel muiant,
Cornes levées, tout bruiant,
Pour lui hurter courut tout droit.
Tout enfronté l'eust lors droit,
Si qu'en saillist hors la boelle,
Se ne fust une Damoiselle

Qui acourut pour lui aidier.
30 Mais il n'est nus qui souhaidier
Seust si bèle Damoiselle
Ne si plesanz com estoit celle.
En un chenise moult aournée
Acourut toute eschévelée,
Une tovaille en sa main destre.
« Fui toi ce ne peut estre, »
Fait la pucèle à l'anemi :
« Que rien m'effaces mon ami. »
La grant biauté de la pucèle
40 Qui tant estoit plésant et bèle,
Le déable tout esbloy,
Si erraument com il l'oy,
De sa voie se destourna
Et enfuie moult tost tourna.
Quant li déable s'enfui,
La pucèle s'esvanui,
Et le moine fu tout délivres.
Mais il estoit encor si yvres,
Qu'aval le cloistre chancelloit
50 Et ne pourquant Dieu apeloit,
Moult coiement à voix serie,
Et Madame sainte Marie.
Quant près de l'église aprocha,
Li Déables qui tost brocha,
A l'encontre li r'est venuz
Com un waingnons noirs et veluz,

*Abaelardus d Qualiacumque fercula religiosis modò neges summi mali.*

*Versificator:*
Càm post vina li vini, sed tua labe

Au vis li saut com esragiez;
Les denz li eust esrachiez
Et trestout vif le desmembrast,
60 Se la pucèle ne membrast
Qui li avoit devant aidié.
Plus tost ne li eust souhaidié,
La Damoiselle recourut
Et hautement le secourut.
L'anemi lors a renchacié
Et durement l'a menacié
S'il y revient une autre foiz.
Dolenz et mas, honteus et coiz,
Li Déables lors si s'en départ,
70 Et la pucèle d'autre part
Se rest du moine départie,
Qui de paour tremble et fremie.
Par le cloistre souvent chancèle,
Moult lui poise de la pucèle
Qui n'est lez lui s'estre peust
Tant qu'à son lit mené l'eust,
De tost forment aler se poine,
Au moustier vient à quieuque poine.

Mais un lion treuve à l'entrée :
80 Denz rechingnies, gueule bée;
A la gorge li est saillis.
Jà fust li moines mal baillis,
Se la pucèle demourast
Que le lion la devourast.
Mais ele vint à moult bon eure,
Iriément li courut seure.
D'une verge tant le bati,
Que contre terre l'abati.
Tant l'a batu, tant l'a roissié,
90 Por peu ne l'a tout defroissié.
Lors recommande à l'anemi
Que mais ne viengne à son ami ;
Et s'il y vient por voir le sache,
Ou fons d'enfer à une estache
Sera liez en tel manière,
N'ira jamais n'avant n'arière.
Queue bessant s'en est fouis,
Courouciés, maz et esmuis,
Ausi com fumière devint,
100 Ains puis au moine ne revint.

La pucèle le sacrestain
Moult doucement prist par la main,
Tout maintenant dés'enivra
Que sa blanche main li livra.

Tout main à main jusqu'à son lit
L'en a mené par grant délit.
Li moines est honteus et pris
Quant de vin a esté soupris;
N'ose parler à la pucèle
110 Ne demander qui est-èle.
N'ose dire ne plus ne mains.
La pucèle à ses blanches mains
Le lit au moine a descouvert;
Ens l'a couchié et puis couvert.
Moult en soit bien venir à chief;
Son oreillier desouz son chief
Li a bouté moult doucement,
Et puis après moult saintement
L'a segnié de sa bèle main.
120 « Garde, » fait-èle, « que demain
» Bien matin et sanz nule essoine,
» Soiez confès à mon bon moine
» Qui tant me sert et soir et main,
» N'est pas merveilles si je l'ain,
» Qui me salue plus souvent
» Que tuit li moine du couvent. »

Le non du moine li a dit.
« Dame, » fait-il, « sanz contredit
» vostre plaisir ferai partout ;
130 » Mais s'estre puet je vous pri moult
» A jointes mains, de cuer piteus,
» Que vostre douz non déliteus
» Por vo plaisir me daigniés dire.
» Vous m'avez fait, Dieu le vous mire,
» Si grant secours et si grant bien,
» Que plus vous aim que nule rien. »
« Puisque tu veus savoir mon non,
» J'ai, » fait-èle, « Marie anon.
» Cil en mes flans char et sanc prist,
140 » Qui me cria et qui me fist.
» Je sui sa Fille et sui sa Mère ;
» Il est mon Fils et c'est mon Père. »
Li secrestains sans demourée,
Face moilliée et esplourée,
La Mère Dieu ses mains tendi,
Merci et graces li rendi
De ce que l'out dés'enyvré
Et que ainsi l'out délivré
Du tor, du chien et du lion.
150 Par moult très grant dévocion
En souspirant à yex moilliez,
Devant li s'est agenoilliez.
Moult erraument son lit wida,

*Versificator :*
*Tu mihi, nate Pater, et
tu mihi, filia Mater.*

Et ses sainz piez baisier cuida.
Mes erraument que vers li vint,
Onques ne sout qu'elle devint,
Perdue l'out ame n'en sout mot
Plus tost que us n'euvre ne clot.
Chaudes lermes assez ploura.
160 Lendemain plus ni demoura
Au saint moine tout plourant vint
Tout ce que la nuit lui avint,
Tout mot à mot li a conté.
Cil qui fu plains de grant bonté
Sa pénitence li enjoint
A ferme fussent et a joint
En vraie amor tant com vesquirent
La douce Mère Dieu servirent
Mieus qu'il n'avoient onques fait.

170 Ha ! très douz Diex com sunt refait
Cil qui servent ta douce Mère !
Biau sire Diex, glorieus Père,
Com tu ceus as bien espirés,
Qui tout leurs cuers ont atirés

A ton servise jour et nuit !
Aversité nule n'ennuit
Nului qui la serve de cuer.
Endurer ne puet à nul fuer
Qu'oit destorbier honte ne poine.
180 Cil qui de lui servir se poine,
Moult est cil plains de grant enfance
Qui délivré out la délivrance.
S'alui servir n'est moult délivrés :
Quar nous trouvons en moult délivrés
Que de touz périlz se délivrent
Cil qui à lui servir se livrent.
Li moines fust à mort livrés,
Se par lui ne fust délivrés.
Si tost com sa main li livra,
190 De l'yvresce le délivra.
Qui s'ame veut à Dieu livrer,
D'yvresce se doit délivrer ;
Quar saint Pol nous dit en son livre
Qu'ivresce rent luxure et livre ;
A luxure est moult tost livrez
Qui n'est d'ivresce délivrez.

*Augustinus dicit :*
Ebrietas in utroque sexu
cuncta mala semper apperit
et nefanda committit.

*Paulus dicit :*
Nolite inebriari vino in
quo est luxuria.

---

## Du sacrestain que Nostre Dame visita.

Dans une de ces grandes abbayes qui furent si communes au moyen âge et qui renfermaient, outre les moines proprement dits, une foule de frères lais ou convers qu'on nommait aussi *renduti*, se trouvait un de ces frères qu'on avait chargé des soins de l'église. Ce religieux avait une très-grande dévotion à la sainte Vierge, et son plus plus grand bonheur, lorsqu'il était fatigué des travaux de sa journée, était de s'asseoir sur son lit et de pleurer ses péchés. Souvent même, tandis que les autres frères dormaient, il se levait pour aller s'agenouiller devant une image de la sainte Vierge où il priait longtemps. Dans ses pieuses oraisons, il lui adressait la parole comme si elle eût pu l'entendre, lui demandant comme une insigne faveur qu'elle voulût bien se montrer à lui. Or, il advint qu'une nuit, après avoir longuement prié, il alla se coucher et s'endormit profondément. Pendant son sommeil, la sainte Vierge lui apparut. Il lui sembla tout à coup que le monastère était en feu, et aussitôt il vit devant lui une Dame plus brillante que le soleil ; sa robe d'or battu et couverte de pierreries jetait au loin des éclairs éblouissants ; sa blonde chevelure surpassait l'éclat de l'or le plus fin ; ses yeux resplendissaient comme des étoiles étincelantes ; sa figure effaçait la splendeur de l'émeraude et de la topaze ; sa couleur vermeille et d'une finesse indéfinissable lui donnait une beauté ravissante ; c'était tout un ensemble de grâces et de charmes inexprimables. Le religieux devina bientôt la nature de cette apparition ; mais il craignait de faire le moindre mouvement. Toutefois, ayant aperçu entre les mains de la Sainte un livre magnifique, il s'élance soudain de son lit, se jette à ses genoux, les yeux baignés de larmes, la priant de lui dire ce que contient ce livre. La Vierge l'ouvre et lui en montre le titre. C'était un ouvrage d'une exécution remarquable, un chef-d'œuvre; car depuis le commencement jusqu'à la fin du volume, l'écriture était de vermillon marié avec un fin or; les lettres étaient *si fremianz*, *si bien tournées*, *si rianz*, *qu'il semblait que Dieu les eût faites de ses propres mains*. Le religieux, quoiqu'endormi, assembla ces lettres d'or et crut lire que ce livre contenait la prophétie d'Isaïe. Il avait bien le désir de continuer cette intéressante lecture; mais il ne pouvait détacher ses regards de la Mère de Dieu. Touché de la tendresse la plus vive, il se mit à verser des larmes et il lui demanda comme une faveur la permission de baiser ses pieds sacrés. La Vierge lui répondit avec un gracieux sourire qu'elle lui accordait même d'embrasser son aimable visage. Ému de joie, le sacristain tombe à ses pieds et se réveille au milieu de son bonheur.

Il fut si heureux de cette douce et étonnante vision, que, livré tout entier à ses pensées, il pleurait de tendresse tandis que ses frères chantaient mâtines. Comme on ne l'avait pas vu ouvrir la bouche à l'office, on l'accusa de paresse, et le lendemain matin il fut *discipliné* en chapitre. Le saint religieux ne chercha pas à s'excuser. Les reproches qu'il reçut dans cette circonstance ne firent qu'augmenter son amour pour la sainte Vierge.

Le poëte finit par une exhortation où il engage tous les chrétiens à être des dévots serviteurs de Marie, c'est le moyen de ne pas perdre son temps. Il faut la prier à genoux. Cet usage en a converti plusieurs dont il avait connu les excès. Il cite l'exemple de Théophile et de ce moine qui fut sauvé par la puissance de cette Mère de miséricorde.

La miniature qui rend ce fait de la vision est une des plus jolies du manuscrit. Sur un fond d'or quadrillé et semé de petits fleurons, se détache une jolie chapelle percée de baies ogivales et ornée d'une corniche en arabesques; l'une de ses ouvertures est surmontée d'un pignon avec trois fenêtres flanquées de deux clochetons armés de crochets. Les murs sont teintés d'une douce couleur de rose-pâle. A l'intérieur, les parois des murs sont peints en rouge, semés de feuilles de vignes d'or enroulées; un autel, un coussin; entre les deux arcades, quatre personnages. La Vierge, vêtue d'une robe gris-cendre, manteau bleu-pâle, ouvre un manuscrit. A genoux, les mains jointes, un moine en contemplation devant cette figure. Dans le haut, et comme descendant de la voûte, des anges portant des encensoirs d'or et une navette.

Le manuscrit de Paris porte dans un encadrement une arcade tréflée avec des tourelles. On voit : 1° Un moine devant une image de la sainte Vierge. 2° Un moine à genoux; la Vierge lui remet un objet. 3° Le religieux couché; apparition de la Vierge tenant un livre. 4° Le religieux battu de verges en présence de ses frères.

Se près de moi vous voulés traire,
Jà vous verrai dire et retraire
Une avision moult piteuse,
Douce, plaisant et déliteuse.
Il fu ce truis une abbéie
De Madame sainte Marie,
Où il avoit moines assez
De mains divers lieus amassez.
Laicus servoient le saint frère
10 Jhésucrist et sa douce Mère.
Un secretain laiens avoit
Qui moult dévotement servoit
La haute Dame, la pucèle
Qui sus toutes est haute et bèle.
En un moustier avoit son lit.
Moult li tournoit à grant délit
Quant il povait seus demourer
Ses péchiez gémir et plourer.
Chascune nuit, par fin usage,
20 S'agenouilloit devant l'ymage
Nostre Dame sainte Marie.
Por nule riens ncl lessast mie.

Assez ploroit de chaudes goutes,
A nuz genouz et à nuz coutes,
Sa char, ses os, ses ners, ses vaines
Lassoit souvent en penre lermes.
Cest usage tenoit adés
Devant matines et après.
Devant l'ymage adés oroit
30 Et longuement y demouroit.
Souvent l'aloit moult remirant ;
Souvent disoit en soupirant :
» Haute Dame, haute pucèle,
» Quant en terre es si très bèle,
» Moult par es bèle es ciex lasus.
» Haute royne, il n'est voir nus
» Qui ta biauté seust retraire.
» Haute royne, débonnaire,
» Haute pucèle, haute Dame,
40 » Tu es l'escharboucle et la gemme
» Qui tant est clère et pure et fine,
» Qui tout Paradis enlumine,
» Dame, tuit cil de Paradis
» Se remirent en ton cler vis.

*Undè dicitur :*
Tu es pulchra Dei sponsa,
tu regem Christum enixa.
Domina es in celo et in terra.
Tu es enim Patri cara,
tu es Jhesu Mater bona, tu
sancti Spiritûs es templum facta.

» Ton vis n'est pas oscurs ne troubles ;
» Ains est plus clers à quatre doubles
» Que li solaus en plain esté.
» Quiex que chetis que j'aie esté,
» Je te déprie, ma douce Dame,
50 » Véoir te puist ma lasse d'ame ;
» Puisque li cors ne puet véoir.
» Dame, tu as si grant povair,
» Tant par ies douce et bénigne,
» De toi véoir me faces digne.
» Toutes les foiz qu'il te serra,
» Buer fu cil nez qui te verra.
» Buer fu cil nez et conçeuz
» Qui saoulez et repeuz
» De toi véoir iert, douce Dame,
60 » Ou soit en cors ou soit en ame. »
Li sainz moines en tel manière,
Quant avoit faite par sa proière,
Ainsint parloit à cèle image,
Et descouvroit tout son courage.

Une nuit out oré assez
Tant que pesanz fu et lassez ;
A son lit vint, si se coucha,
Et le dormir lors le toucha.
Si s'endormi ignélement ;
70 Quar lassez iert moult durement
De penre geunes et orer,
Et de gémir et deplorer.
La Mère Dieu qui bien savoit
Le grant desierrier qu'il avoit
De remirer sa clère face,
Par sa douceur et par sa grace,
A cèle foiz bien l'en souvint
Et sa biauté monstrer li vint.
Au moine lorsqu'endormi fu
80 Sembla por voir que plain defu
Fust li moustiers tout plain de flamme ;
Quar devant li vint une Dame
Qui fu plus bele que solaus
A méedi quant est plus haus.
Et fu d'une robe vestue
Qui toute fu a or batue,
Plaine de pierres précieuses,
Si clères et si glorieuses,
Touz li moustiers resplendissoit
90 De la lueur qui en issoit.
Plus out les cheveus blons et sors
Et plus luisanz que n'est fins ors,
Et si très cler si oeil estoient,

Que II estoiles resembloient ;
Resplendissant avoit la face
Plus qu'esmeraude ne topace ;
Une couleur avoit rosine
Si très esmerée et si fine,
Si déliteuse et si très bèle,
100 Riens ne feist rose nouvèle.
Le vis avoit si délitable,
Si cler, si douz, si amiable,
Qui si peust mirer assez,
De touz ses maus fust trespassez.
Tant parest bèle, qu'en cest monde
N'est nus tant ait bonne faconde
Qui la seust mie descrire,
Li secretains n'ose mot dire,
Bien soit que c'est, n'en doutez mie,
110 Nostre Dame sainte Marie ;
Bien soit que c'est la Damoisèle,
La sainte Dame et la pucèle
Que tantes foiz a remirée
Ou mireeur de sa pensée.
Il n'en soit mot, ce li est vis,
Que que mirant va son cler vis
Devant qu'il voit tout a délivre.
Entre ses mains un si biau livre
Conques si bel veu n'avoit
120 Et tout maintenant qu'il le voit
Desus son lit saut sus, ce li semble ;
Ses II mains ajointes ensemble
S'est devant li agenoilliez ;
Si le déprie à yex moilliez,
Qu'ele li doint fere savoir
Qu'en ce biau livre puet avoir.
Le saint livre tout maintenant
Qu'out en sa sainte main tenant
La Mère Dieu li a ouvert
130 Et si li monstré à descouvert
A son doit l'entituleure.
Ou livre vit une scripture
Dou premier chef jusqu'en la fin
De vermeillon faite et d'or fin ;
La letre estoit si fremianz,
Si bien tournée et si rianz,
Qu'il sembloit que Diex l'eust faite
Et à ses bèles mains portraite.
En dormant lut la lètre d'or
140 Que qu'il aloit de d'or en d'or.
Les letres lut et assembla
Adonc y out, ce li sembla :
*Ci commence la prophécie*

*Du prophète saint Ysaie.*
Moult volentiers si li pleust
En ce saint livre assez leust ;
Mais si volentiers regardoit
La Mère Dieu que touz ardoit
De son riant vis remirer.
150 Adonc commence à souspirer
Et à plorer moult tendrement,
Et si li dist moult doucement :
« Haute Royne, glorieuse,
» Haute Dame, douce et piteuse,
» Virge sacré et débonnaire,
» S'à ta douceur ne doit desplaire,
» Je te requier, je te dépri,
» Que tu daingnes par ta merçi
» Ma lasse bouche à aisier
160 » D'une foiz tes sainz piez besier. »
Nostre Dame sainte Marie
Riant li dist : « Je ne weil mie,
» Biau douz amis, que jà atouche
» A mes piez ta sainte de bouche
» Qui tantes foiz m'a saluée ;
» Mais en ma face colourée,
» Biau douz amis, me siet et plest
» Que ta bèle bouche me best. »

La douce Dame glorieuse,
170 La débonnaire, la piteuse,
Doucement s'est vers lui bessiée,
Et cil l'a en plorant bésiée
En sa face qu'est plus rouvente
Que n'est florete ne florie ente
As piez li est plorant cheux.
Si est de joie repeuz,
Et siest plain de léesce,
Que bien li semble que tristesce
Destourbier paine de malage
180 N'aura jamés en son aage.
De la grant joie s'esveilla.
Moult durement s'en merveilla.

De cele sainte avision
Moult en out grant contriction
Et durement en merçia
La Mère au Roy qui tout cria.
Grant joie en out, il eut grant droit.
Matines com sonna lors droit
Chanta li convens hautement ;
190 Mais il ploroit moult tendrement
Et piteusement soupiroit.

La Mère Dieu tant remiroit
En sa pensée et en son cuer,
Qu'ains ne dist mot la nuit en cuer.
Ades véoit celi iert vis
La Mère Dieu en mi le vis.
De la présence Nostre Dame
A si joant le cors et l'ame,
Si saoulé et si refait,
200 Que quant qu'il voit oublie a fait.
Avis li est qu'il encore sente
La sainte oudeur de la sainte ente
Qui aporta la sainte fleur
Qui pest les angres de s'oudeur.
De la Royne glorieuse
Sent une odeur si savereuse,
Qu'il y met si s'ame et son cuer ;
Qu'il n'entent riens qu'on die en cuer.
Onques la nuit ne puet mot dire,
210 Respons chanter ne leçon lire.
Lendemain fu déceplinez
Ains que chapistre fust sonnez ;
Quar il avoit, ce distrent tuit,
Trop pérèceus esté la nuit.
Li preudom fu obédiens,
Benignes, douz et paciens.
Si ne se vout mie escuser
Ne décepline refuser,
Se Nostre Dame out bien amée,
220 Et déprié et réclamée.
Plus la ama après assez ;
Ains puis ne pout estre lassez
De lui servir ne soir ne main.

Se Diex m'aït hui et demain,
Il fait que sages qui la sert.
Si m'ait Diex tout son tens pert
Qui ne la sert de cuer entier.
Soions trestuit si droit rentier ;
Soions trestuit si chapelain ;
230 Soions trestuit si secretain ;
Soions trestuit vers lui enclin.
Face chascun parfont enclin
Et ploit son cuer et son courage,
Quant il passe devant s'ymage.
Saluons la à nuz genouz.
Moult en est li saluz plus douz,
Quant le genoil un peu se duelent.
Cil qui leur ames sauver veulent,
Cest usage doivent apenre.
240 N'est nus si mole ne si tenre
22.

*In evangelio :*
In pacientia vestra possidebitis animas vestras.
*Salomon dicit :*
Qui pacietur molla gubernatur prudencia.
*Gregorius dicit :*
Gloriosius est in furiam tacundo fugere, quàm respondendo superare. Quantùm sis mitis monstrat vitacio litis.

La charoingne qu'ainsi n'el face.
La Mère Dieu donne sa grace
Tost à celui qui si le fait.
Nus pechierres tant n'a meffait,
S'à nuz genouz souvent la prie
Que n'el retort de vilanie.
Tant parest plaine d'amistié,
Que de celui a lors pitié
Que nus genouz à terre voist.
250 Je cognois tel qui moult avoit
Le cuer saillant, fol et volage
Quant a usa cest bon usage ;
Et cist us l'a tel atourné,
Que retrait l'a et retourné
Des mauvais tours où il tournoit.
Ennemis si le bestornoit,
Que touz estoit à mal tournez ;
Mais par cèle est il retournez
Qui Theophilum retourna
260 Du mauvais tour où il tourna.
Bien est tournez a droit sentier
Cil qui la sert de cuer entier.
Servons la tuit, sanz nul sejour,
Et tempre et tart, et nuit et jour
Si com li bons moines fesoit
Cui ses servises tant plaisoit,
C'onques n'en puet recréanz estre.
Et la puissanz Dame celestre
Por ce qu'ele out en tel mémoire,
270 Coronna s'ame et mist en gloire
Quant il parti de ceste vie ;
Quar durement l'avoit servie.
Tant com vesqui, tant com dura
Pénitances tant endura,
Que merveille iert comment duroient
Si génoil qui tant enduroient.
Por la douce Dame endurèrent
Mainte durté tant com durèrent
A agenoillier bien s'endure
280 A nus genouz sus pierre dure.
Cil qui bien l'aimment bien durement.
Certes tout dur endurement
Sont por lui bon à endurer.
Touz ceus fera vivre et durer
En joies qui sanz fin durront
Qui à servir bien l'endurront.

---

## Comment Nostre Dame guari un clerc de son lit qui trop griément estoit malade.

L'histoire ecclésiastique nous apprend qu'au moyen-âge une foule de personnes riches entraient dans les degrés de la cléricature pour y chercher une vie plus parfaite, ce qui n'empêchait pas quelques-unes d'entre elles de reprendre dans la suite une vie toute séculière. Le clerc dont nous allons parler nous en offre un triste exemple. Il paraît qu'après avoir foulé aux pieds ses saints engagements, il s'était livré à toutes les joies du monde sans s'occuper de son âme. Au milieu de ses égarements, il avait néanmoins conservé une excellente habitude, celle de ne jamais passer devant l'image de la sainte Vierge sans la saluer et réciter à genoux la prière de l'*Ave Maria*. Il continua toujours cette sainte pratique jusqu'à ce qu'étant tombé malade, il perdit connaissance et fut attaqué d'une horrible frénésie. Dans sa rage, il mordait les personnes qui l'approchaient, se mangeait la langue et les lèvres, se déchirait les mains. Sa figure devint tellement enflée qu'il était méconnaissable, et si affreuse que personne n'osait la regarder.

On avait épuisé toutes les ressources de la médecine, mais en vain. On était dans la plus grande appréhension sur le sort du malade, lorsqu'un jour, au milieu de ses cruelles insomnies, le clerc crut voir près de son lit un ange qui priait la sainte Vierge en sa faveur, lui représentant dans les termes les plus touchants l'obligation où elle était de venir au secours d'un homme qui l'avait saluée et bénie tant de fois. L'ange avait à peine terminé sa prière, qu'une Vierge d'une beauté ineffable s'était en effet abaissée vers son lit, arrosant de son lait sacré sa bouche et sa figure. Au même instant, le clerc étonné se réveille et se trouve grandement soulagé et bientôt guéri.

Gautier ajoute qu'il lui faudrait un jour d'été pour raconter toute la joie qui éclata à cette occasion. Ce miracle fut suivi de la conversion du pauvre clerc qui abandonna sa vie mondaine et déréglée pour s'attacher le reste de ses jours au service de la Mère de Dieu.

Miniature. — Fond en losanges alternés d'or et d'azur semé de fleurs-de-lys d'or. Un religieux couché sans vêtement; sa tête repose sur un coussin; couverture rose doublée de jaune-pâle. La sainte Vierge, couronne et nimbe d'or, robe rose, manteau bleu doublé de rouge. Deux saintes portant chacune une palme blanche à la main, robe rose, bleue, manteau rouge et bleu.

La miniature de la Bibliothèque nationale présente : 1° Le clerc à genoux devant une image de la sainte Vierge. 2° Un malade lié sur son lit avec trois doubles cordes ; quatre personnes lui prodiguent des soins et veillent sur lui. 3° Un ange, les mains jointes, lui apparaît. 4° La Vierge lui présente la mamelle en présence de l'ange. On voit que ce dernier trait diffère un peu de notre miniature quant à la représentation de l'action ; le nôtre est plus vrai comme traduction du texte.

Pour pluseurs genz plus enflammer
Et Nostre Dame miex amer,
Un douz miracle weil retraire
D'un clerc qui fut de grant afaire.
Riche d'amis et plain d'avoir,
Qui ses vouloirs vout touz avoir,
Son frain du tout abandonna
Et tout au siècle se donna.
Au siècle mist toute sa cure,
10 Seculiers fu à démesure ;
Moult li chaloit petit de s'ame.
Mais tant y out que Nostre Dame
Paramoit tant en son courage,
Que jà ne trespassast s'ymage,
Ne por peresce ne por l'asté,
Ne por essoine ne por hasté,
Devant que l'eust saluée
A genoillons, teste enclinée.
Quant dit avoir le douz salu
20 Qu'à moult de genz a tant valu,
Moult doucement ses mains joignet
Et de rechief s'agenoillet
Contre terre dévotement ;
Et si disoit moult humblement :
« Li sains ventre soit béneis
» Qui te porta, roy Jhésucris ;
» Et bénoites soient les mamèles
» Qui t'alaitièrent si sunt èles.
» Nos sires es et nos sauverres,
30 » Et de tuit le mont racheterres. »
Moult longuement tint cest usage

Tant qu'il chai en un malage
Qui l'alita et tint lonc tens,
Tant qu'il perdi mémoire et sens.
Puis si chai en frenesie,
Une devée maladie.
Les genz mordoit com esragiez,
Et moult en out de domagiez,
S'en ne l'eust pris et loié.
40 Le grant mal l'out si derroié
Et si durement l'enraia,
Qu'à ses denz sa langue menja ;
Ses lièvres dehors et dedenz
Démenja toutes à ses denz ;
Et de ses mains les doiz eust
Touz démengiez si li l'eust.
Si li enfla forment le vis,
Ne cogneust hons qui fust vis
N'en paret voir, ne nes ne bouche,
50 Ainsi gesoit comme une couche.
Horribles iert à démesure ;
S'iert si puanz et plain d'ordure,
Que nus ne le daignoit véoir,
Quar cil qui chiet en non povoir.

La Mère si riches et si cointes,
Qu'assez ne truit de mésacointes,
Cist clers par fu tant agrégiez,
C'onques ne pout estre alégiez
Ne par mire ne par mécine ;
60 Mès la Dame qui tout mécine
Et de touz maus la mécine a,

Moult doucement le méçina.

Tant vit malades qu'il avint,
Ce li sembla, c'uns angres vint
Moult près du lit où il gésoit,
Qui moult piteusement disoit
Tout en plorant à basse vois :
« Dame, qui fleurs, fontaines et dois
» Ies de toute miséricorde,
70 » La grant douceur comment s'acorde
» Que tant ton clerc endure.
» Dames onques mais ne fu tu dure,
» Cointe, fière ne dédaigneuse.
» Ha ! Douce Dame glorieuse,
» Ce que puet estre que je voi,
» Mère Dieu, avoie moi ;
» Ne sueffre plus que ci languisse,
» Ne si honteusement périsse,
» Cil qui tant t'a lonctens amée,
80 » Et dépriée et reclamée.
» Douce Dame, Sainte Marie,
» Se ta douceur ne li aiee,
» Que li aura donques valu
» Ce que tant a dit ton salu ?
» Ses bèles lèvres out sont èles ?
» Et sa langue qui tes mamèles,
» Tes sainz costés et tes sainz flans
» Béneissoit il en touz tens ?
» Dame en qui sourt toute douceurs,
90 » Qu'atenz tu tant que ne sequeurs ?
» Se ne sequeurs dans les tuens,
» Dame, qui secourra les tuens ?
» Se tu ne pues, qui le porra ?
» Se ne sequeurs, qui secourra ?
» En ies tu, Dame, des archangres,
» Ene siez tu desus les angres
» Lès le costé et lès le destre
» De Jhésucrist, le roi celestre ?
» En es tu Dame la pucèle,
100 » Qui aletas de ta mamèle
» Le Roy du ciel com ton fil ?
» Quanque tu veus enc veust il ?
» Ha ! Douce Mère au Sauvéeur,
» Que feront donques pechéeur,
» S'en toi defaut leur espérance ?
» En n'ies tu toute leur fiance ?
» Haute Dame, haute Royne,
» En n'ies tu mires et méçine
» Qui touz maris guarist et cure ?
110 » Comment auras tu des autres cure,

» Se de cestui n'a grant pitié ?
» Ce vers cestui n'as amistié,
» Qui tant de foiz par bon courage
» S'agenoillet devant t'ymage,
» Envers les autres qu'auras donques ?
» Ha ! Mère Dieu, si n'avint onques
» Que la douceur qui en toi court
» Vers pechéeurs feist la sourt,
» N'est nus pechierres s'il bien t'aimme,
120 » Ne sequeurres s'il te reclaimme.
» Par ta douceur s'il te regarde,
» Je suis ses angres et sa garde ;
» S'il estre puet, je ne weil mie
» En tel manière fenist sa vie. »
Queque li angre ce disoit,
Sus le chevaiz où cil gisoit
Est descendue une pucèle
Si aournée et si très bèle,
Que ne sauroit langue retraire ;
130 Et si part iert tant débonnaire,
Qu'il li disoit moult doucement :
« Biau douz amis, tien je t'ament
» Ce que je tant ai démouré.
» Mon saint ventre as tant honoré
» Et béneoit par maintes foiz,
» Qu'il est bien mes raison et droit,
» S'il en moi point d'amistié,
» Que je de toi aie pitié. »
Adonc s'abaisse sus le lit,
140 Moult doucement et par grant délit
De son douz sain trait sa mamèle
Qui tant est douce, sade et bèle.
Si li boute dedenz la bouche ;
Moult doucement partout li touche
Et arouze de son douz lait.
A tant s'en va donnant le lait,
Tout maintenant est esveilliez,
Moult doucement est merveilliez,
Quant voit que touz est respassez ;
150 Plus alégié se treuve assez
C'onques n'avoit devant esté.
Un jor me convendroit d'esté,
Se retraire vous en vouloie
La grant léesce et la grant joie,
Les granz graces, les granz loenges
Que privé firent et estranges.
Le clerc du siècle s'estrania
Et son afaire tant chania,
Bien aperçut à son afaire
160 N'iert proesce fors de bien faire.

Moult démena puis sainte vie ;
Nostre Dame sainte Marie
Ama si et d'amoreus cuer,
Que por s'amour geta tout puer.
Bien vout por lui bien acointier
Ses acointes désacointier.
Bien vit s'amour desacointoit
Qui tiex acointes acointoit.

Si si acointa cointement,
170 Que touz mauvez acointement
Por l'acointer désacointa.
Certes qui si cointe acointe a,
Acointe acointe est acointiez.
La Mère Dieu désacointiez.
Cil qui sa cointe Mère acointe,
Nule acointance n'est si cointe.

### Du moine que Notre Dame gueri de son let.

Voici un nouveau trait qui a quelqu'analogie avec celui que nous venons de citer. On ne sera donc pas fâché de les étudier ensemble et de les comparer.

Un moine, très-grand serviteur de Marie, fut atteint d'une grave maladie : c'était une espèce de râlement qui lui ôtait l'usage de la parole et l'agitait horriblement. Le mal fit des progrès si rapides, qu'en peu de temps le pauvre religieux sentit son visage se couvrir d'apostumes et de plaies hideuses. Un jour on avait trouvé le patient si affaibli, que toute la communauté, pensant qu'il allait mourir, se rendit en toute hâte auprès de lui. Tel était son épuisement, qu'on lui administra le sacrement de l'extrême-onction sans être sûr qu'il vécût encore. Sa figure était si grosse, qu'on ne distinguait plus aucun trait du visage. On n'osait même le toucher, tant était grande la puanteur qui s'exhalait de ses plaies. Son teint étant devenu pâle et livide, on crut qu'il avait passé de vie à trépas. Déjà on lui avait baissé le chaperon sur la figure et on disposait tout pour ses funérailles.

Mais lorsque les religieux vinrent pour l'ensevelir, quel ne fut pas leur étonnement, lorsqu'ils le virent se lever de son lit et se plaindre amèrement de ce que le bruit qu'ils faisaient et leur malhonnêteté lui avaient fait perdre la visite de la sainte Vierge. Effrayés de cette résurrection inopinée, la plupart des religieux avaient pris la fuite, croyant à quelqu'illusion du Démon. Mais les plus sages l'entourent et écoutent le récit qu'il leur fait. Il leur raconta alors qu'une Dame, plus gracieuse qu'une fleur épanouie, plus vermeille qu'une rose et plus fraîche que la rosée de mai, lui avait apparu, qu'elle s'était appuyée doucement près de lui, avait essuyé ses plaies avec un linge d'une blancheur éblouissante ; puis elle avait porté sa main délicate à son front, en lui demandant comment il se trouvait. Il avait répondu avec tristesse qu'il allait mourir honteusement. « *Non, avait repris la Vierge aussitôt, il n'en sera pas ainsi, je ne puis le souffrir.* » Elle lui avait donné de son lait pour arroser sa bouche et ses plaies ; et il était si complètement guéri, qu'il n'en restait aucune trace sur sa figure.

Le poëte finit cette légende par une touchante prière à la sainte Vierge, dans laquelle il rappelle ses attributs et les cures merveilleuses qu'elle opère, cures bien supérieures à celles des plus célèbres écoles de médecine ; puis il jette en passant quelques-unes de ces grandes pensées qui lui sont familières. Il veut qu'on se hâte de bien faire, parce que l'horloge de la mort marche rapidement et sans régularité ; souvent elle sonne *complies* et *nones*. Nous sommes si fragiles, que l'espace de tourner la main, l'homme le plus robuste est dans la tombe. Celui donc qui pense à la mort n'a aucune estime pour la force et la jeunesse. Nul ne peut échapper au coup de la mort ; et puisque nous ne savons ni le jour ni l'heure, veillons toujours, afin que Dieu ne nous surprenne pas durant notre sommeil.

Miniature. — Fond d'or enrichi d'arabesques aussi d'or. Un religieux couché dans un lit avec ses habits ; coussin rouge ; couverture rose doublée de vair ; bois de lit orné de compartiments avec des quatre-feuilles. La sainte

Vierge, robe rose, manteau bleu doublé de vair. Trois anges aux ailes d'azur, l'un d'eux porte un chandelier d'or. Trois religieux regardant avec effroi.

Dans le manuscrit de Paris, on distingue : 1° Le frère couché sans vêtements ; des religieux autour de lui. 2° La sainte Vierge avec un phylactère. 3° Le moine et ses frères. 4° Une troupe de religieux de chaque côté.

*Paulus dicit :*
*Corrumpunt mores bonos*
*colloquia mala.*

Biens est que nous le bien dions ;
Car male collocucions
Blesce et corront les bonnes muers,
Et moult empire les pluseurs.
Bien fait qui bien dit et retrait ;
Quar maint homme sache et retrait
De fol pensé et d'envie fole.
Essamples de bonne parole
Ça en arrière nostre ancestre
10 La conversacion et lestre
Des bones gens qui le bien fistrent
Et en mémoire et en escrit mistrent ;
Por ce qu'essample i preissiens
Et que nous nous i murissiens.

Un miracle d'un moine truis
Que weil retraire, se je puis,
Si com la letre le m'ensaingne
Por ce qu'aucun essample y praingne.
Un moine fu ça en arrière
20 Qui moult amoit et tenoit chière,
Et moult avoit en grant mémoire
La douce Mère au Roy de gloire.
Dévotement et de bon cuer
Chantoit et travailloit en cuer.
Mès jà n'eust tant traveillié,
Ne tant chanté ne tant veillié,
Ne demourast assez souvent
Jor et nuit après le convent,
Tout seus dedenz une chapèle
30 Où un image avoit moult bèle
De Madame sainte Marie.
Ses oroisons, sa letanie
Et le servise entièrement
La Mère au Roy qui ne ment
Disoit adès, par fin usage,
Jor et nuit devant cele ymage.
Cest usage longuement tint.
Onques essoine nel detint
Que là n'alast adès orer,
40 Ses pechiez gemir et plourer.
Que qu'il tenoit ce bon usage,
Cheuz est en un grief malage

*Basilius :*
*Sicut ex carnalibus escis*
*alitur homo, ita ex divinis*
*eloquiis interior homo nutri-*
*tur ac pascitur.*

Qui moult le griève durement ;
N'a pas geu moult longuement,
Quant à la gorge li reliève
Une raancles qui moult li griève
Et qui raancle si griément,
Que bien vous puis dire briément
Parler ne puet, nul seul mot dire.
50 Souvent pleure, souvent soupire,
Souvent la Mère Dieu reclaimme
Qu'a moult amée et moult ainmme.
Hideus et lais est comme un moustres ;
Tout le vis a couvert de bloustres,
De granz boces et de granz cleus ;
Et si a tant plaies et treus,
Qu'il put ausi comme une sete.
Moult se detuert, moult se dejète
Et moult sueffre grant passion ;
60 Se de lui n'a compassion
La Mère Dieu, mal est baillis.
Un jour par est si defaillis,
Com dit que l'ame en va sanz faille,
Lors n'i a moine qui ne saille
Et qui hastivement n'i queure.
La Mère Dieu que le sequeure
Chascun prie à basse voiz,
Lève bénoite et la croiz
A li convens tost aportée.
70 « L'ame en est, » font plusieurs, « alée. »
« Non, est encor, » li autre dient.
A grant doutance l'ennuilient ;
Quar ne sevent s'est mors ou vis.
Tant a enflé et gros le vis,
Qu'il n'i pert oil, ne nes, ne bouche.
Moult a enuis, chascun y touche ;
Car ou visage a tant de plaies
Plaine d'estoupes et de naies,
Et tant en saut venin et boe,
80 Que tout son lit soille et enboe.
Leur nes estoupent li pluseur
De leur manches, por la pueur,
Por ce qu'il est pales et tains.
Cuide chascun qu'il soit estains
Et que l'ame s'en soit partie.

Lors commence la commandie
Et l'osèque, ce m'est avis.
Le chaperon desus le vis
Sachié li ont, sanz plus atendre.

90 Mès cèle qui piteuse et tendre
Est desus toute créature
Le secourut grant aleure.
La douce Mère au Roy de gloire
Qu'il out en cuer et en mémoire,
A lui s'apert blanche et fleurie
Plus que n'est fleurs qu'est espanie,
L'arousanz rousée de mai.
Dorenavant peu m'en esmai
Quant la Dame s'en entremet
100 Qui en touz maus méçine met.
La haute Dame, glorieuse,
L'umble, la douce, la piteuse,
Moult doucement lez lui s'apuie;
Toutes ses plaies li essuie
D'une touaille assez plus blanche
Que noif negiée n'est sus branche.
Moult doucement s'en entremet,
Sa blanche main polie met
Desus son front moult doucement;
110 Puis li a dit piteusement :
« Comment vous est, biaus douz amis? »
« Haute Dame de Paradis, »
Fait cil qui bien l'a conneue,
« J'ai un malage qui m'argue
» Et justise si durement,
» Mourir m'estuet honteusement.
» Se vraie douceur ne m'en garde, »
« Biaus douz amis, or n'aies garde, »
Fait Madame sainte Marie;
120 « Por ce que m'as de cuer servie,
» Souffrir ne puis que plus languisses,
» Ne se honteusement fenisses,
» Par temps sauras combien je t'aim. »

A tant de son savoureus sain
La douce Dame, la piteuse,
Trait sa mamèle savoureuse,
Si li boute dedenz sa bouche,
Et puis si doucement li touche
Par sa douceur et par ses plaies.
130 « Dorenavant doutance n'aies, »
Fait elle à lui, « biaus amis douz;
» Car sanez es et garis touz.
» Et sache bien, biau douz amis,

» Qu'en la gloire de Paradis
» Tes espérites partira
» Quant de ton cors départira. »

A tant de lui se départist
La douce Mère Jhésucrist.
Ensevelir jà le vouloient
140 Et metre en bière, quant le veoient
Remuer et estendellier.
Moult se pranent à merveillier,
En piez saut sus lors qui s'esveille.
Souvent se saingne et se merveille
De Nostre Dame qu'a perdue.
« Ahi, » fait il, « gens esperdue,
» Mal doctrinée et mal aprise,
» La Mère au Roy qui tout justise,
» Nostre Dame sainte Marie
150 » Orendroit s'est de ci partie.
» Gens mal duite, mal enseignié,
» Vostre parler l'en a chacié;
» Vilanie trop grant feistes,
» Quant aprochié la veistes.
» Lez moi desus cest povre lit
» Quant un siège par grant délit
» Moult tost ne li appareilliastes,
» Por ce qu'onneur ne li portastes
» S'en est elle si tost partie.
160 » Ha! las! dolens jà en ma vie
» Ne verra mes si bèle chose.
» Fleur d'esglentier ne fresche rose
» N'est pas si fresche ne si gente,
» Si vermeille ne si rouvente,
» Ne si clère comme est sa face.
» Ha! las! chetis ne sai que face,
» Quant je si tost l'ai adirée,
» S'un peu l'eusse remirée
» Sa clère face et ses clers yex,
170 » A touz jors mais m'en fust il miex.
» Las! tant est plaine de biauté,
» Que si n'avoit autre clarté
» En paradis que son cler vis,
» S'est il trop cler, ce m'est avis.
» De biauté n'a nule pareille.
» Ce ne fut mie grant merveille
» Se Dieu sa Mère en daigna fere. »

Touz li convens de ceste affaire
Esbahis est moult durement.
180 Tuit li pluseur moult ignelment
Vers le moustier s'en sunt foui.

« Cist estoit mors, » font il jui;
« Or l'ont resuscité Déable. »
Li plus discret, li plus resnable
Moult entour lui sunt demouré.
Moult ont gemi, moult ont plouré
Ainçois que raconté leur ait
Comment de son savoureus lait
La Mère Dieu l'avoit gari.
190 De croire fussent esbari,
Mes ce leur fait croire par force
Que la roifle et toute l'escorce
Voient chevé du visage.
Onques nus hon de tel malage
Si netement ne fut garis.
Il meismes fu esbaris
De ce que si sanez estoit
Du grief malage qu'il avoit.
Ce dist chascun qui li est vis,
200 Qu'il a assez plus cler le vis,
Plus bel, plus cler et plus luisant
C'onques n'avoit eu devant.
Moult hautement sonner en firent,
Et granz loenges en rendirent
Au Roy du ciel et à sa Mère.
Miex en amèrent tuit li frère
Nostre Dame sainte Marie;
Et assez miex en fu servie
De ceus qui cest miracle virent
210 Et qui après conter l'oirent;
Et li moines qui fu garis
Ne refu soz et esbahis;
Ains la servi si finement,
Que s'ame ala au finement
En la joie qui ne define.

« Ha! Mère Dieu, comme par ies fine!
» Comme ies douce, comme ies piteuse!
» Haute pucèle glorieuse,
» Haute Mère au Roy de gloire,
220 » De ceus qui t'ont en leur mémoire
» Comme ies touz jors memoriaus!
» Royne et Dame, emperiaus,
» Pucèle douce et débonnaire,
» Comme est couvers et députaire,
» Comme est député estracion
» Qui grant consideracion
» Ne met en remirer tes euvres!

*Psalmista :*
*Vir stultus insipiens non*
*intelliget hoc.*

» Si soutilment et si bien euvres!
» Dame, tes mains par sont si bèles,
230 » Que des viés euvres faiz nouvèles,
» Si savoureuses si polies,
» Que n'est malades s'el manies,
» Tant poacreus ne plain de plaies,
» Tout maintenant sané ne l'aies.
» Dame, tu as si polis doiz,
» Si biaus, si blans, si lons, si droiz,
» Que buer fu nez qui tu atouches.
» Tu fais nues nes et neuves bouches,
» Nouviaus yex, nouveles oreilles.
240 » Dame, tu faiz tantes merveilles,
» Tout le mont fes esmerveillier,
» En Salerne n'a Monpellier (1)
» N'a si bone fusicienne.
» Tant est soutilz cirurgienne,
» Si j'avoie cent miles bouches
» Et parlaisse assez de touches,
» Se cinc cens milliers d'ans vivoie,
» Raconter mie ne porroie
» Les granz merveilles que tu faiz
250 » Tu rafaites tous les deffaiz;
» Tu fais toutes les bèles cures;
» Mesiaus garis et lépreus cures;
» Quanque te siet fais à délivre,
» Ardans restains, mors faiz revivre.
» Contrais redresces, tors relièves,
» Toutes loenges sunt trop brièves
» A toi loer, pucèle munde.
» Haute Dame, par tout le monde
» Fais tant de merveillaus merveilles,
260 » Que tous les sages esmerveilles,
» A toi servir et jor et nuit.

Por Dieu, Seigneur, servons la tuit
Et tempre et tart dévotement.
Nous ne savons com longuement
Trop l'atente périlleuse;
Car mors est si impétueuse
Et si hative, qu'èle sonne
Asses souvent complie et nonne.
La mort n'a mie droite horloge;
270 Por ce conseil et por ce loge
Que nous nous hastons de bien faire.
Tant sommes tuit de povre affaire,
Que nous n'avons point de demain.

*Job :*
*Dies nostri velocius tran-*
*sierunt quam a texente tela*
*scinditur : homo natus de*
*muliere, brevi vivens tem-*
*pore, repletur multis mise-*
*riis : qui quasi flos egre-*
*ditur et conteritur et fugit*
*velut umbra.*

(1) Ecoles célèbres pour l'étude de la médecine.

En tant com en torne sa main,
Est un fors hon mors ou malades.
Nus n'est si fors, nus n'est si rades
Que mort ne l'ait tost acoisié.
Nus n'a le cuer tant envoisié,
S'à la mort veut penser a droit,
280 Tristre et pesant ne l'ait lors droit.
Qui à la mort pense souvent,
Pou puet prisier force et jouvent;
Qui le siècle aime trop et croit,
Cousteus escot sus s'ame acroit;
Qui trop le croit jà n'en jorra.
Qui touz tens pense qu'il morra,
Jeroimes dit et l'escripture,
Tost despit toute créature.
Bien devons tuit douter la mort
290 En traïson les pluseurs mort.
De sa morsure nus n'eschape;
Tiex fait tailler nouvelle chape,
Qui elle queut un viés suaire.
La mort en son viés bréviaire
Touz nous fera chanter vigile.
« *Veilliés, veilliés,* » fait l'évangile,

« *Vous ne saves le jour ne l'eure*
» *Que mort vendra qui tout deveure.* »
Veillons, veillons, Diex le nos reuve.
300 S'en la fin Diex dormant nos treuve,
Mors sommes en cors et en ame.
Trop dort li hons, trop dort la fame
Qui a péchié mortel s'ahurte;
Tant que mort vient qui se le hurte
Que le cors tue et ocist l'ame.
Se bien servons la très grant Dame,
A veillier si nous apenra,
Jà mors dormans ne nous penra.
Riche aprisure et bone aprent
310 Cil cui à le servir se aprent;
Car tant est franche et bien aprise,
Que ceus qu'èle aimme a si aprise
En pou de tens tèle aprisure,
Qu'il heet toute mesprisure.
L'anemi guilent et souprennent
Tuit cil qui son service aprennent.
Sainz Espéris le nous apraigne,
Et de s'amor touz nous espraigne.

---

## Du Clerc qui mist l'anel ou doi Nostre Dame.

Le moyen-âge, cette époque si féconde en constructions religieuses, nous apprend que, dès qu'il s'agissait d'élever un monument à la foi catholique, les populations s'empressaient d'y contribuer de tout leur pouvoir, soit en travaillant de leurs propres mains, soit en apportant leurs offrandes au pied de quelques images ou statues antiques qui avaient la vénération des siècles. C'est dans une de ces circonstances qu'éclata le miracle dont nous allons parler. Un clerc étant à jouer devant le portail d'une de ces églises qui était alors en voie de reconstruction, alla s'agenouiller devant une statue de la sainte Vierge. Epris tout à coup d'une vive affection pour Marie à la vue de son image, le clerc lui promit de l'aimer et de la servir pendant toute sa vie; et en signe d'amour, il lui donna une bague de grand prix. A peine avait-il fait son présent, que la Sainte recourba son doigt de manière à ne pouvoir ôter l'anneau. Tous les assistants, témoins de ce prodige étonnant, conseillèrent au clerc de se consacrer de suite au service de Dieu et de sa sainte Mère.

Mais le clerc n'obtempéra nullement à ce sage avis. Séduit par l'amour du monde, il oublia toutes ses promesses et songea à s'établir. Irritée de cette conduite parjure et injurieuse, la sainte Vierge lui apparut pendant la nuit, à deux reprises différentes, lui adressant de sanglants reproches. Touché de ces salutaires avertissements, le clerc s'enfuit dans la solitude et se consacra au service de Dieu en embrassant la profession religieuse.

La miniature qui nous offre le trait le plus saillant de cet évènement est d'une charmante composition. Sur un riche fond losangé et orné de croix fleuronnées, se dessine un groupe de huit personnes d'âge et de costumes différents. Un clerc habillé en violet place un anneau au doigt de la sainte Vierge. La statue, assise sous un magnifique dais ogival, est revêtue d'une robe bleue et d'un manteau marron doublé de vert. L'enfant Jésus, placé sur les genoux de sa Mère, porte le nimbe crucifère et une boule dans la main.

Le manuscrit de Paris a pour titre : *De l'enfant qui mist l'anel ou doit l'image Nostre Dame.* Cependant, dans l'exécution, on voit : 1° Un clerc à genoux devant une image. 2° Le lever pendant la nuit, quand la Vierge apparaît. 3° Une seconde vision pendant le sommeil. 4° L'enterrement d'un religieux ; la bière est recouverte d'un drap d'or et des vêtements de sa profession.

Tenez silence, bèle gent,
Un miracle qui est moult gent
Dire vous weil et réciter,
Pour les péchéurs esciter
A soudre ce qu'à Dieu promètent.
Trop laidement tuit cil s'endetent,
Et si se tuent et afolent,
Qui riens promètent quant ne solent
A Dieu n'à sa très douce Mère.
10 Mon livre dit et ma matère,
Que devant une viez église
Une ymage orent les gens mise
Por l'église qu'il refaisoient.
Au pié de l'ymage metoient
Leur aumosne li trespassant.
Souvent s'aloient amassant
Les joennes gens en cèle place
A la pelote et à la chace.

Un jour joaient une grant flote
20 De clerçonnez à la pelote
Devant le portiau de l'esglise
Où cèle ymage estoit assise.
Un des clerçons jouant moult bel,
Qui en sa main tint un anel
Que s'amie li out donné.
Amours l'out tant enfriçonné,
Por grant chose ne vousist mie
Que li enneaus qui fut s'amie,
Fust ne perduz ne peçoiez.
30 Vers l'église s'est avoiez
Pour l'anel metre en aucun lieu,
Tant que partis se soit du gieu.
Que qu'il pensoit en son courage,
Regardez s'est si voit l'ymage
Qui estoit fresche et nouvèle ;
Quant l'a véue si très bèle,
Devant lui s'est agenoilliez,

Dévotement à yex moilliez
L'a enclinée et saluée.
40 En pou de tens li fu muée
La volenté de son courage.
« Dame, » fait il, « tout mon aage,
» Dore en avant vous servirai ;
» Quar onques mais ne remirai
» Dame, meschine, ne pucèle
» Qui tant me fust plaisant ne bèle.
» Tu es plus bèle et plus plaisanz
» Que cèle n'est cent mile tans
» Qui cest anel m'avoit donné.
50 » Je li avoie abandonné
» Tout mon courage et tout mon cuer ;
» Mais por t'amour weil geter puer,
» Li et s'amour et ses joiaus.
» C'est anel ci qui moult est biaus
» Te weil donner par fine amor,
» Par tel convent que jà nul jor
» N'aurai mais amie ne fame
» Se toi non, bèle douce Dame. »

L'anel qu'il tint bouta lors droit
60 Ou doi l'ymage qu'out tout droit.
L'ymage lors isnelement
Ploia son doi si fermement,
Que nus ne l'en peust retraire,
S'il ne vousist l'anel defaire.
Moult out li enfes grant frëeur,
En haut s'escrie de pëeur ;
En la grant place ne demeure
Grant ne petit qui n'i aqueure,
Et il leur conte tout à fait
70 Quant que l'ymage out dit et fait.
Chascuns se saigne et s'en merveille,
Chascuns li loe et li conseille
C'un tout seul jor plus n'i atende :
Mais lest le siècle et si se rende

DE NOTRE-DAME.

    Et serve Dieu toute sa vie
    Et Madame sainte Marie,
    Qui bien li monstre par son doit
    Que par amors amer la doit,
    N'autre amie ne peit avoir.
80  Mais il n'out pas tant de savoir
    Qu'il li tenist sa convenance ;
    Ains la mist si en oubliance
    Que peu ou nient l'en souvient.

    Un jour ala, li autre vint,
    Li clerçons crut et amenda
    L'amour s'amie li benda
    Si fort les yex qu'il n'i vit goute.
    La Mère Dieu oublia toute ;
    Si fu très fous qu'il ne se crut,
90  D'amer cele ne se recrut,
    Cui li aneaus avoit esté,
    Son cuer i out si aresté,
    Que por lui lessa Nostre Dame,
    Si l'espousa et prist à fame.
    Les noces fist moult riches faire ;
    Car il estoit de grant afaire,
    De grant parage et de grans gens....
    La douce Dame débonnaire
    Qui plus douce est que miel en rée,
100 Lors droit à lui s'est demoustrée....
    Au clerc sembloit que Nostre Dame
    Le doit moustroit à tout l'anel
    Qui merveilles li séoit bel,
    Quar li doiz est polis et droiz.
    « Ce n'est mie, » fait ele, « droiz
    » Ne loiauté que tu me fais ;
    » Laidement t'ies vers moi meffaiz ;
    » Vesci l'anel à ta meschine
    » Que me donna par amor fine ;
110 » Et si disoies que cent tans
    » Iere plus bèle et plus plaisans
    » Que plus bèle que tu seusses.
    » Loial amie en moi eusses
    » Se ne m'eusses deguerpie.
    » La rose lesse por l'ortie
    » Et l'églentier por le seuz.
    » Chétis tu es si deceuz,
    » Que le fruit lesses por la fueille,
    » La lamproie por la setueille.
120 » Por le venin et por le fiel
    » Lesses la rée et le douz miel. »
    Li clers qui moult s'esmerveilla
    De la vision, s'esveilla ;

    Esbahiz est en son courage,
    Lez de lui cuide trouver l'ymage ;
    De toutes pars taste à ses mains
    Ne n'i treuve ne plus ne mains.
    A donc se tient pour deçeu
    Quant à sa fame n'a geu ;
130 Mais il n'en puet venir à chief,
    Ains s'est endormis de rechief.

    La mère Dieu isnelement
    Li reparut iréement ;
    Chière li fist moult orgueilleuse,
    Orrible, fière et dédaigneuse.
    Bien semble au clerc et est avis
    Ne li daingne tourner le vis,
    Ains fait semblant qu'èle le hace,
    Si le ledenge et le menace
140 Et dit assez honte et laidure,
    Souvent l'apèle faus, parjure,
    Et foi mentie et renoié.
    « Bien t'ont Déable desvoié
    » Et avuglé, » fait Nostre Dame, »
    « Quant tu por ta chétive fame
    » M'as renoié et deguerpie
    » Por la pullente pullentie. »...

    Li clers saut sus tout esbahis,
    Bien soit qu'il est mors et trahis
150 Quant corroucié a Nostre Dame.
    Se tant ne quant touche à sa fame,
    Bien soit qu'il est mors et peris.
    « Conseilliez moi, Sainz Espéris, »
    Ce dit li clerc tout en plorant ;
    « Quar se ci vois plus demourant
    » Perduz serai tout sanz demeure. »
    Du lit saut sus, plus n'i demeure,
    Si l'espira la bèle Dame
    Qu'ains ne soilla n'omme ne fame.
160 Ains s'enfui en hermitage
    Et prist habit de moniage.
    Là servi Dieu toute sa vie
    Et Madame sainte Marie.
    Ne vout ou siècle remanoir
    Avec s'amie à la manoir
    Que il avoit par amour mis
    L'anel ou doi com vrais amis.
    Du siècle tout se varia,
    A Marie se maria.
170 Moine et clerc qui se marie
    A Madame sainte Marie.

*Abaelart :*
Religio juvenis est levis,
impulsu mentis est tan-
quam torrens impetuosus
aqua

Moult hautement s'est mariez;
Mais cil est trop mesmariez
Et tuit cil trop se mesmarient
Qui as Marions se marient ;
Par marions, par mariées,
Sont moult dames desmariées.
Pour Dieu ne nous mesmarions,
Lessons Maros et Marions,
180 Si nous marions à Marie
Qui ses amis es ciex marie.

---

## Des cinc roses qui furent trouvées en la bouche au moine après sa mort.

Le miracle que nous rapportons ici montre que ce n'est pas la science, mais la dévotion qui plait à la sainte Vierge.

Un simple religieux très-dévot à Marie ne savait que le *Miserere* et sept psaumes qu'il avait appris dans son enfance. Dans son ingénieuse ignorance, il avait cependant trouvé le moyen de rattacher cinq de ses psaumes au mot *Maria*. Ces psaumes, qui composaient toute sa philosophie, étaient : *Magnificat; Ad Dominum; Retribue servo tuo; In convertendo; Ad te levavi.*

A sa mort, on trouva dans sa bouche cinq roses d'une merveilleuse fraîcheur et aussi vermeilles que si l'on venait de les cueillir sur leurs tiges.

Ce miracle montre combien Marie est aimable et débonnaire ; avec quel zèle nous devons la servir, puisque c'est rendre hommage à Dieu qui l'a choisie pour sa mère.

Miniature. Intérieur d'une chambre ; un religieux couché sur un lit à un seul dossier ; le moine est revêtu de sa bure noire; cinq roses blanches s'exhalent de sa bouche. Auprès de lui des religieux ; l'un porte une croix fleuronnée reposant sur une hampe rouge ; un autre, revêtu d'une magnifique chape blanche ornée d'un feston brodé doublé de rouge, tient d'une main un bénitier d'or, et de l'autre le goupillon ; quatre autres moines confondus dans leur douleur viennent contempler leur confrère défunt. Les parois des murs sont couvertes de peintures roses formant des losanges que coupent des lignes blanches réunies par une espèce de bouton.

Le manuscrit de la Bibliothèque Nationale donne toujours le sujet plus complet : 1° Un moine à genoux devant la sainte Vierge et l'enfant Jésus qui bénit. 2° Le moine endormi dans la mort; ses frères placés de chaque côté de son lit semblent le pleurer.

---

*Salomon dicit :*
Simplicitas justorum dirigel eos.

*Jeronimus dicit :*
Multù melius habere rusticitatem sanctam, quàm peccatricem eloqoeotiam.

*Alibi dicitur :*
Non queras in monacho lingue nitorem, sed animi pietatem. Monachum multum loquens, multis displicet.

Un brief miracle moult aoine
Conter vous weil d'un simple moine ;
Simples estoit et simplement
Servoit Dieu dévot et dévotement.
N'iert pas tiex clers com sainz Ausiaumes
La miserele et VII séaumes,
Et ce qu'apris avoit d'enfance
Disoit par moult bone créance,
Selonc la simple entencion
10 Servoit, par grant dévoçion,
La Mère Dieu que moult amoit;
A nuz genouz la réclamoit
Tout en plorant par maintes foiz.
Mais moult estoit ses cuers destroiz
Et destourbez de grant manière,
Quant ne savoit propre prière
Dont il feist propre mémoire
De la propre Dame de gloire.

Il en fu tant en grant porpens,
20 C'une en trouva selonc son sens.
Cinc pseaumes prist ses maria
A cinc letres de Maria.
Tant out de sens qu'il sout bien metre
Une pseaume à chascune letre.
N'i quist autre philosophie
Ou non de la virge Marie
Que moult amoit et tenoit chière ;
Disoit souvent ceste proière.
Des cinc pseaumes sont ci le non
30 *Magnificat. Ad Dominum.*
*Retribue servo tuo.*
Li quars est *In convertendo.*
*Ad te levavi* le cinquisme.
En l'onneur du douz non saintisme
Dist ceste sainte salmodie.
Tant com dura et fu en vie,
Et quant Dieu plout qu'à sa fin vint,
Moult biau miracle en avint;
Quar trouvées furent encloses
40 En sa bouche v fresches roses,
Clères, vermeilles et foillues,
Com s'il fussent lors droit coillues.

Cest miracle bien nous esclaire

Que amiable est et débonnaire
La douce Mère au Roy de gloire ;
Qui chascun jor en fait mémoire.
Ne puest mie estre desconfiz ;
De ce doit estre chascun fiz.
Cist miracle nous doit apenre
50 Qu'à lui servir nous devons penre ;
Quar ele rent hautes mérités
Ces v pseaumes que j'ai cités.
Que ces v roses sénefient
A touz letrez lo qu'il les dient.
Chascun jor une foiz au mains
A genouz et à jointes mains
Devant l'ymage à la pucèle
Qui aleta de sa mamèle
Et norri son fil et son père.
60 Bien sert cil Dieu qui sert sa Mère.
S'amour ne puet nus déservir
Si tost com par lui bien servir :
Riches désertes en deservent
Et cil et cèles qui la servent.
Joie sanz fin déserviront
Tuit cil qui bien la serviront.
Dex doint chascuns de nous la serve
Tant que sa douce amor déserve.

## 𝔇𝔲 𝔈𝔩𝔢𝔯𝔠 à 𝔮𝔲𝔦 𝔬𝔫 𝔱𝔯𝔬𝔲𝔳𝔞 𝔲𝔫𝔢 𝔯𝔬𝔰𝔢 𝔢𝔫 𝔩𝔞 𝔟𝔬𝔲𝔠𝔥𝔢.

Un clerc plein de l'amour du monde avait dissipé tout son avoir d'une manière déplorable. Son oncle, abbé d'un riche couvent, lui en avait fait souvent de vifs reproches, mais inutilement. Ce nouveau prodigue, après avoir épuisé toutes ses ressources, revint demander des conseils à son oncle et réclamer des secours de sa charité. Ce bon oncle crut le moment favorable pour donner des conseils salutaires à son neveu et recommanda à ce pauvre égaré de dire au moins chaque jour une oraison à la sainte Vierge, afin d'obtenir son salut éternel. Le neveu se prit à rire de l'efficacité de cette prière et répond insolemment qu'il préfère les pastorelles d'Olivier et de Roland à ces patenôtres qui ne peuvent convenir qu'à de vieux moines. L'abbé, après l'avoir repris de nouveau de ses désordres, l'abandonna à son mauvais sort. Après avoir dissipé les sommes qu'il avait cependant obtenues de son oncle, il tomba dans une extrême indigence qui lui ouvrit les yeux. Etant revenu vers son oncle, il lui promit enfin de dire cette prière. Mais tels furent les scandales de sa vie, qu'on fut contraint de l'excommunier. Cependant, il demeura toujours fidèle aux recommandations de son oncle quant à la récitation de la prière. Il mourut frappé des foudres de l'église sans trouver un prêtre pour le réconcilier. Personne ne voulut prier pour lui, et il fut enterré sans honneur, quoiqu'il fût décédé avec un extrême repentir.

La sainte Vierge, touchée de cet affront qu'on vient de faire à son serviteur, apparaît pendant la nuit au doyen du chapitre et lui adresse des reproches de sa conduite. Le doyen, qui ne croyait sans doute pas à la vérité de cette vision, ne se mit pas en peine d'obéir aux injonctions de Marie. La sainte Vierge lui apparut une deuxième fois, même incrédulité. Mais s'étant montrée une troisième fois, elle le menace de mort s'il n'obéit pas à ses ordres; et pour preuve de la vérité, elle lui déclare qu'il trouvera une rose pleine de fraîcheur dans la bouche du défunt. L'évènement justifia la prédiction De là suit une exhortation à bien servir Marie.

*Salomon:*
Quid prodest habere stulto divitias, cum sapientiam non possit emere.

*Juvenalis:*
Cantabit vacuus coram latrone viator.

Il fu uns clers, uns damoiseaus,
Qui le cuer out si plain d'oiseaus
Et tant fu druz et envoisez,
Qu'il ne pooist estre aquoiez.
De letres iert bien enbeuz;
Mais tant iert soz et durfeuz,
Qu'il ne pensoit à nul bien faire.
Un oncle avoit de grant affaire,
De grant sens et de grant reson,
10 Abbés estoit d'une méson
Qui moult estoit comblée et riche;
De son neveu qui si s'en fiche
En vanité et en luxure
Est moult dolens et par grant cure
Souvent le chastie et reprent.
Mais tant est foulz que rien n'en prent
A son cuer chose qu'il die.
En vanité et en folie,
En lecherie et en luxure
20 Despent son avoir et sa cure,
Tout aloa son héritage,
Et quan qu'il out en fol usage.
Quant povreté l'out adolé
Et tout le sien out afolé,
En musardie est despendu.
A son oncle le bon rendu
Venuz en est ignelement;
Si li prie moult doucement
Por aumosne et por charité
30 Se viaus non por propinquité
Que conseil mète en son affaire
Et qui lui doint aucun bien faire
Que povreté si le guerroie,
Que eschec et mat li dit en roie,
Quant li preudom son neveu voit
Qui tout le sien gasté avoit
Et geté puer en fol usage,
Grant duel en a en son corage.

Bien voit qu'il a mal esploitié;
40 Mais plus li poise la moitié
De ce qu'il voit tout en apert
Que s'ame dampne et son cors pert;
Qu'il n'a de ce qu'il apovroie,
Dedenz son cuer auroit grant joie
S'il s'en povoit bien entremètre
Qu'à droit sentier le peust mètre.
« Moult me poise, » fait-il, « biaus nies,
» Quant tu assez plus sages n'ies ;
» N'ies par saint Pierre et par saint Pol,
50 » Grant mestier à celui de fol
» Qui le fait voir de soi méesmes ;
» Tes affaires par est si pesmes,
» Que Diex, ne le siècle, ne le honte,
» Ne te refraint, ne te donte,
» Et le cors et l'ame apovroies ;
» Ne pourquant, se tu me vouloies
» Créanter sus sainz et jurer,
» Et sus ta foi asseurer
» Que mon commandement feroies,
60 » Ne por riens nule n'el leroies,
» Je te dorroie tant du mien,
» Qu'il te devroit soufire bien. »
Cil qui moult petit prisé a,
Son oncle esgarde et sourris a ;
« Dites, » fait-il, « ce qu'il vous siet,
» Se ce n'est chose qui me griet ;
» Tost le ferai par aventure. »
« Biaus nies, de la pucèle pure
» Qui aleta le Roy céleste
70 » Une oroison apris d'un mestre
» Qu'en mémoire oi et en usage.
» N'est nus tant plains de grant folage,
» S'il l'a en cuer et en mémoire,
» Que la douce Dame de gloire
» Tost ne le mette à bones voies.
» Biaus nies, se dire la vouloies

*Versificator:*
Non est opus falle suspendere cimbala collo : de stulto stulta procedunt somnia multa.

*Ysidorus:*
Mores hominis lingua pandit.

*Abaielardus dicit :*
Si taceat stultus sapiens
reputabitur esse, nil sic ut
sermo procedere corda so-
let.

*Salomon dicit :*
Qui fatuus est aperit
stultitiam suam; stulticia
pudorum stolto.

*Undè dicitur :*
Homo juvenis sum, fecio
opus quod mihi delectat, et
posteà penurism age; hoc
est decere; percusium me
crudeli gladio, et posteà ad
medicum vado.

*Salomon dicit :*
Lingua sapientium ornat
sapientiam, os fatuorum
ebullit stultitiam.

*Salomon :*
Via stulti recta; in oculis
ipsi qui autem sapiens est
audit consilia.

» Chascun jor une fois au mains,
» A genous et à jointes mains,
» Devant l'ymage Nostre Dame,
80 » Moult t'en vendroit grant preu à l'âme,
» Si feroit-il au cors meismes. »
« Or, voi-je bien, » fait-il, « or primes
» Sire veillars qui me gabés.
» Cest coustume de ces abbés,
» Quant n'ont talent de riens donner,
» Si commencent à sermonner.
» N'ai nul talent qu'à pièce die
» Patenostre ne paterlie,
» Ne proière ne miserèles.
90 » Plus volentiers chant pastorèles
» Et d'Olivier et de Roulant.
» Cil moine, cil abbé croulant,
» Doivent touz jours lez un piler
» Siaumes rungier et mormeler.
» Grant musardie cuidez ore,
» Se vous cuidez que j'aie encore
» D'oroison dire tel courage
» Com vous qui estes del aage
» Et du tempoire sainte Tiècle.
100 » Quant j'aurai tout usé mon siècle,
» Faiz mes aviaus et mes vouloirs,
» Lors serai moines blans ou noirs,
» Grivelez, bruns ou bis, ou bèges. »
« Biaus nies, je ne sui mie plèges, »
Fait li preudom, « que tu tant vives
» Que tu à bien faire t'avives
» Touz tens t'en doi amonnester. »
« Tesiez, bons hons, lessiez mester,
» Je ne pris pas II cincerèles
110 » Vos siaumes ne vos miserèles,
» Nes li parler tout m'encombrise;
» Tiex muert moult tost qui moult se
[prise. »
« Biaus très douz nies, » ce respont l'abés,
« Tu escharnis clergié et gabés
» Quant tu n'amendes ton affaire,
» Et tu ne mes paine à bien faire. »
» Bons hons, tout vostre biens soit vostres,
» Jà ne m'aident patenostres,
» Ne proières ne miserèles,
120 » Miex aim sonnez et pastorèles
» Que je ne fais itiex entroignes. »
« Or te doint Diex tant de besoingnes, »
Fait li preudom, « et tant d'angoisses,
» Que tu vers Dieu te recognoisses! »
« Qui cherra, » fait-il, « si soit pris,

» Tout vos sermon moult petit pris. »

En tel manière s'en ala,
Tant peu com il avoit gala
Et geta puer si folement,
130 Que povretez iguelement
A son oncle le rachaça,
Et sus sa fiance embraça
Chascun jor l'oroison à dire;
Ne s'en daigna onques dédire
Quant fiance l'out et juré;
Mes le cuer out si aduré
Et aoisé en fol usage,
C'onques por ce son fol usage
N'amenda ne ne vout bien faire;
140 Ains enpira tant son affaire
Et tant fist de chétivetez,
Qu'escommuniés et getez
Et bannis fu de sainte église.
L'oroison qu'il avoit aprise
Par a ama si durement,
Que chascun jor dévotement,
A genous et à jointes mains,
Une foiz la disoit au mains.
Mais tant par est de pute affaire,
150 Ne s'acordast à nul bien faire
Se tout le mont juré l'eust.
N'iert vilanie com seust
Desloiaus vices ne pechiez
Dont il ne fust trop entéchiez,
Que qu'il menoit si cruel vie,
Une vilaine maladie
Si très cruelment l'asailli,
Que li cuers lors li défailli.
Ne puet avoir, ce est la voire,
160 Confession ne provoire
Pour l'esquemenée où estoit,
Et d'autre part on despisoit
Si durement lui et son estre.
Ains ne trouva ne clerc ne prestre
Qui à sa fin estre vousist
Ne déprier com la sousit.
Quant voit que mort si le souprent,
Ne qu'à nului pitié n'enprent;
Ains l'a geté touz li mons puer :
170 Mon grant douleur a à son cuer.
Plorant par grant dévoçion
Et par très grant contriçion.
Ses meffez gehist et recorde
Et blasme lui et sa vie orde.

*Salomon dicit :*
Vir supplet animo in-
constans est in omnibus viis
suis

*Scriptum est : Immutabilis
est sensus malorum.*
*Undè dicitur :*
Crescente malicia crescere
dat et pena.
*Versificator :*
Qui scelus annectit, hunc
amplior ultio picetit.
*Ysidorus :*
Usus difficile vincitur;
consuetudinis vinculo vix
solvuntur.

*Versificator dicit :*
Per delum cordis fugit
omnis mencio sordis.
*Gregorius dicit :*
Unumquemque Deus de
servo fine eua de vita pre-
terita iudicat : ergo sua
fine unumquisque aut jusli-
ficatur, aut cundemnatur

« Douz Diex, » fait-il, « miséricors,
» Si voirement com ton saint cors
» Livras por nous à passion,
» Daigne hui avoir compassion,
» Par la prière de ta Mère,
180 » De cest chétif qui a misère
» Et a douleur fine et trépasse. »
A faible voiz piteuse et basse
Requiert et prie Nostre Dame
Que sequeure sa lasse d'ame.
Moult tendrement pleure et soupire,
Et l'oroison commence à dire
C'usée avoit si longuement.
La bouche ovri ignelement :
Quant l'oroison finée et dite,
190 Si rendi l'ame et l'espérite.
Nus n'out pitié de lui ne cure,
Neinc n'out obsèque ne droiture
Que crestiens avoir deust ;
N'onques ne vourent qu'il geust
Ne clerc ne lai en cimetère.
Honteusement, à grant misère,
En un fossé geter le firent,
D'un pou de terre le couvrirent.
Mais la pucèle sainte et digne,
200 La débonnaire, la bénigne,
Cèle où sourt toute courtoisie,
Cèle qui ceus onques n'oublie
Qui fait li ont aucun servise,
Au doyen de la mestre église
S'est démonstrée ignelement,
Et moult li monstre iréement
Le grant outrage qu'il a fait.
« Trop grant orgueil, trop grant forfait
» As fait, » fait Nostre Dame à lui,
210 « Quant enfouir as fait celui
» En un fosse honteusement
» Qui m'a servie longuement.
» Trop durement tu mesfeis
» Quant assoudre ne le feis
» Et quant ne soufris qu'il eust
» Quant que preudom avoir deust
» Dévotement et par grant cure
» Demanda toute sa droiture.
» Outrage fu quant il ne l'out ;
220 » Mes tant fu sages et tant sout,
» Qu'au Roy du ciel se confessa
» Quant vit que mort trop la pressa.
» Ce fu haute confession
» Tant fu grans sa contriction.

» Ains que m'oroison eust dite,
» Que j'enportai son espérite
» En paradis entre mes bras.
» Saches por voir que touz ceus bas
» Qui touz ceus n'aimment et honneurent,
230 » Qui me servent et qui m'aeurent.
» Du fossé le fai geter fors,
» Et puis après metre son cors
» En laitre fai honnestement. »
Ainc por cest amonnestement
Riens n'en vout faire li doiens.
Je ne cuit pas que nus doiens
Doie par lui meismes faire
Sans grant conseil si fait affaire.
Dedenz son cuer tense et oppose
240 Et despute de ceste chose ;
Et en la fin la vision
Et atournée à esclusion.
La Mère Dieu, la débonnaire,
Une autre nuit à lui repaire
Et de rechief li amonneste
Grant destourbier et grant moleste
A li doiens de ceste chose.
Au chapistre parler ne n'ose,
N'en faire nule mencion ;
250 Ains tient tout à illusion,
Com cil qui cuidier n'ose mie
Que Madame sainte Marie
De tel musart s'entremeist
Por nul bien qu'il onques feist.
Mes la pucèle glorieuse,
Qui est plus douce et plus piteuse
Que ne porroit langue retraire,
La tierce foiz à lui repaire
Et dist moult aireement
260 S'il ne fait son commandement,
De male mort morir l'estuet.
Mes son sen clerc en aitre en fuet
Honneur et grant preu y aura
Et sache bien qu'il trouvera
Pour provance de ceste chose,
En sa bouche une fresche rose.

Li doiens fu de ceste affaire
Touz asseurs et du parfaire
S'entremist moult quant s'esveilla
270 Touz li pueples se merveilla
Quant il oy ceste nouvèle.
Une rose fresche et nouvèle
Maintenant qu'il le défouirent,

Trouvèrent en sa bouche et virent.
Assez loèrent clerc et prestre
La douce Mère au Roy célestre
Qui des suens est si curieuse.
En l'onneur de la glorieuse
Por lui ont fait moult haut servise,
280 Enfouy l'ont ens en l'église,
A grant honneur et à grant feste.
Bien est bestiaus comme beste,
Bien ydiotes et bien ivres,
Qui touz jours n'est fres et délivres
De servir la Mère au haut Roy
Qui prent tel cure et tel conroy
De ceus qui son service font.
Bien esbaubist et bien confont
Et bien amuse le Déable,
290 Qui de douz cuer et d'amiable,
Sans fétardie et sans faintise,
Jour et nuit fait son saint servise.
Li Déable bien amusa
Cist clers quant dist et ausa
L'oroison que vous ai nommée.
Por cest miracle l'ont usée
Maint preudomme et usent encore.

Li Déable tue et acore
Qui en cuer a et en mémoire
300 La douce Mère au Roy de gloire ;
Quar il set bien que par nul art,
En nule homme n'en nule fame
Qui de cuer serve Nostre Dame.
Servons la tuit bien nous besoingne.
A Dieu ne puet faire besoingne,
Ne puet avoir ne part ne art.
Tant le sache souvent requerre
Qui sa Mère ne sert en terre.
Servons la tuit et clerc et lai
310 Que cest cele qui nul delai
Ne met à ses amis secourre.
L'en n'i doit pas aler, mes corre
A lui servir le courant cours.
Si secourans est ses secours,
Courant grant cors les siens secourt.
Quant li Déables sus leur court
Que veut que courant le sequeure.
A son servise corant queure,
A touz ses besoins secourra
320 Celui qui de cuer y courra.

FIN DU PREMIER LIVRE DES MIRACLES.

# LES MIRACLES
## DE
# LA SAINTE VIERGE.

―――――◦―――――

## LIVRE SECOND.

### Ci après commence le Prologue des Miracles Nostre Dame en la seconde partie.

Dans ce prologue, le poëte prévient ses lecteurs que, loin d'avoir épuisé son sujet, il trouve encore dans le riche manuscrit conservé à Saint-Médard des faits si intéressants pour la gloire de Marie, sa chère héroïne, qu'il ne peut les passer sous silence. Voilà ce qui explique la continuation de son ouvrage. Deux motifs puissants le guidaient, au reste, dans cette composition : opposer ces miracles si édifiants aux fables et aux contes ridicules qu'on débitait alors ; pousser au développement du culte de la sainte Vierge qui paraissait se refroidir. Il avoue ingénument son infériorité littéraire ; mais ne vaut-il pas mieux dire la vérité dans un langage plein de rudesse, que de mentir avec toutes les finesses de l'éloquence? Edifier, voilà son but ; et chez lui la foi est au-dessus de la poésie, et l'Ecriture Sainte est bien supérieure à toutes les séductions de la littérature profane. Il laisse donc aux grands seigneurs, aux damoiseaux, les rimes composées avec art qu'on déclamait à la cour des princes. Pour lui, peu soucieux de cette gloire humaine, il ne se met pas en peine du jugement que les hommes porteront sur ses écrits. Il sait qu'on le blâme, mais les reproches ne peuvent l'atteindre ; il ne travaille pas pour avoir une récompense ici bas. Il déclare, toutefois, qu'il aurait gardé le silence, s'il avait vu des maîtres plus habiles s'occuper de ce grand sujet. Mais hélas ! il n'a rencontré que des hommes aimant les *longues fables et les courts sermons*, un oubli déplorable de la parole de Dieu, pourtant si avantageuse, si consolante et si douce. Le poëte, par un contraste frappant, fait voir le danger des mauvaises paroles ; il s'élève avec raison contre ceux qui s'y livrent et ne craignent pas de les écrire. Il est aussi sans pitié pour le mensonge et le respect humain, qui empêchent d'écouter le récit des miracles de la Vierge dont il fait le plus bel éloge. Puis, il exalte les vertus de Marie ; il voudrait qu'on la saluât au moins le soir et le matin.

Gautier exhorte ensuite ses lecteurs à laisser de côté les chants voluptueux de Tibergon, d'Amelot, de Marot et de Maroie, pour s'appliquer aux louanges de Marie. Il ne peut être permis, à des ecclésiastiques surtout, de s'oublier au point de donner la préférence à ces chansons licencieuses ; et les personnes lettrées ne doivent-elles pas avoir infiniment plus de plaisir à citer des exemples édifiants, des faits glorieux, qu'à se saturer de semblables vanités ? Rareté de ces âmes vertueuses qui abandonnent les amertumes de l'amour profane pour se livrer aux douceurs du service de Marie.

Quant à lui, fatigué de ses veilles, il aime à se récréer par des chants pieux ; sa tête appesantie trouve dans ce délassement musical un repos à ses travaux et un encouragement à la vertu.

Miniature. — Fond rose-pâle coupé en losanges par des lignes d'or, chaque compartiment occupé par une fleur de lys d'or. Trois religieux dont l'un, le poëte lui-même, présente à un groupe de personnes du monde un magnifique volume couvert d'or : ce sont ses poésies qu'il offre aux séculiers.

Dans le manuscrit de la Bibliothèque Nationale, on a répété la miniature du premier livre et à peu près la nôtre. C'est un moine assis sur un fauteuil ; devant lui s'élève un pupitre qui porte un grand livre ; une colonne soutient une arcade surbaissée accompagnée d'une tourelle.

## Prologue.

A Saint Maart où biau livraire
Truis un biau livre donc biau traire
Vourai encor bèle matère
Et biau diz de la bèle Mère.
Le biau seigneur de Paradis,
Li biau sires qui fist jadis
Parler l'anesse Balaam
Me gart d'encombrier et d'ahan.
Par sa douceur et par sa grace
10 Et si parler ma bouche face
Et si traitier cette matère,
Gré m'en sache sa douce Mère.
Encor weil dire aucune chose
A la loenge de la rose,
De l'ercheboucle, de la gemme,
De l'empereris, de la Dame,
De la virge, de la pucèle
Qui tant est bonne et tant est bèle,
Pure, sainte, nète, esmerée,
20 Tant bénoite et tant sacrée,
Et tant bien i out et tant bien flaire,
Que Diex en fit saint sacraire.
Qui bien l'aimme de cuer entier,
Bien est entrez ou droit sentier,
Ou droit chemin et en la dresce
Qui devant Dieu tout droit l'adresce.
Moult près de Dieu le piteus père
Apellit cil son lit et père,
Qui de bon cuer sert la pucèle
30 Dont il vout faire chambre et cèle.
Mais sachiez bien, c'en est la fins,
Que dodins est et buisnars fins,

Foux, estapez et durfeuz,
Qui ces miracles a leuz,
Se bien ne set et bien ne voit
Que touz li mons servir la doit.
Et bien ne voit tout en apert,
Que s'ame dampne et que Dieu pert
Qui ne la sert par grant entente.
40 De ses miracles plus de trente
Ai mis en ce premerain livre.
Puisqu'à mon chief saint me livre
En commencier weil le secont.
Talent m'en prent qu'encor vous cont
Ce que la lettre de lui conte.
Plus délitant sont tuit li conte,
A bonnes genz, par saint-Omer,
Que de Renart ne de Romer,
Ne de Tardiu le limeçon.
50 La douce Dame tel leçon
Me doint de lui conter et lire,
Si bien traiter et si bien dire,
Que pluseur genz puisse enflammer
A son servise bien amer.
Par mi le voir outre en irai.
Moult rudement espoir dirai
Com cil qui n'a pas grant savoir.
Mais saint Ierolme fait savoir,
Et bien le dict l'autoritez,
60 Que simplement la véritez
Vaut miex à dire rudement
Que biau mentir et soutilment.

En ces miracles à retraire

*In vitâ Patrum :
Si vis cor mundum habere, numquam te inzolius fabulis occupes. Quicquid turpe est contra sanctitatem, numquam sit agas, aut delecteris audire.*

*Jeronimus dicit :
Multò meliùs est vera rusticitas, quàm discreta mala proferre.*

## PROLOGUE.

A profiter bé plus que plaire;
Plus weil ensuivre le prophète
Que je ne face le poëte.
Plus penre weil sur saint Iehan
Et sus saint Luc que sur Lucan.
Plus bé à penre en l'évangile
70 Qu'en Juvenal ne qu'en Virgile.
Plus bé à plaire à Notre Dame
Et se bé plus à aucun ame
A s'amour sachier et atraire
Par simplement le voir retraire,
Que je ne bé à plaire aus genz
Par dire moz polis et genz.
Li simple mot charchié de fruit
Valent moult miex, si com je cuit,
Et plus à l'ame sunt vaillant,
80 Que mot agu ne mot taillant
Que pluseur dient por renon
Où il n'a riens si fueilles non.
A tos moz n'a point d'éficace,
Ne bé je mie fi qu'à ce;
Ne doit baer hons qui riens vaille.
Miex vaut li grains ne fait la paille.
Ne weil à ce metre m'entente,
Ne mes cuers voir ne me mente.
Vous grant seigneur, vous damoisel,
90 Qui à compas, qui à cisel
Taillez et compassez les rimes
Equivoques et léonines,
Les biaus ditiés et les biaus contes
Por conter aus Roys et aux Contes.
Por Dieu ne mes charnissiez pas,
Se je ne dis tout à compas,
N'ai pas les moz tout compassez.
Se de biau dire me passez,
Avoir n'i doi honte ne blasme;
100 Encor sai bien qu'aucun me blasme
Quant de tel chose m'entremet.
Mais la Dame por cui g'i met
Ma povre cogitaçion,
Set bien et voit m'entençion.
Elle soit bien la douce Dame
Guerredon d'ome ne de fame,
Se de li non je ne n'atent.
Ele set bien, je m'i entent,
Por esciter celles et ceus,
110 Qu'à lui servir voi perceus.
S'aucun mastin por ce m'a baie,
Je ne dourroie un grain de baie.
N'est pas ordre, ce vout disant

Par derrière li mesdisant,
M'entente met à rimoier.
Mes petit pris leur groingner.
Si cèle gré m'en vout savoir
Cui gré je bé moult à avoir.
Assez petit pris leur abai,
120 Noir moine et blanc et gris et bai,
Et tempre et tart, soir et matin,
Et en romanz et en latin,
Doivent loer la Virge monde
Par cui Diex a mondé le monde.
Chascun loer doit la Dieu Mère.
Tant par sunt de chaste matère
Li mot sacré et béneoit;
Ne cuit qu'envers saint Benoit
De nule chose m'en efface.
130 Ne n'iert jà tiex sauvé sa grace
Qu'il ot parlé de riens qui mont.
La Dame de tout le mont
Sainte ne saint n'ose acuser
Nului qu'ele weille excuser,
N'escuser chose qu'ele acust.
Moult li dépri qu'ele m'escust
Envers celui qui tout acuse.
Nes li fous pensez et encuse.
Jà ceste affaire n'en preisse,
140 S'un de ces grands mestres veisse
Qui son estude i vousist metre;
Mais ne s'en veulent entremetre
Por ce qu'il voient, c'est la somme
Que chevaliers, prince et haut homme
Aiment mes miex atruperies,
Risées, gas et truferies,
Sonz et sonnez, fables et faintes,
Que vies de sainz ne de saintes.
Longues fables et sermons cours
150 Demandent; mais aval ces cours,
Larges mençonges, bordes amples,
Aiment mes miex que los essamples
Et les bons mots de l'Escriture.
De la parole Dieu n'ont cure
Cil haut seigneur, ces hautes dames;
De la réfection des ames
N'ont mes ces riches genz talent;
Bien escitent à mautalent,
A grant courroux et à grant ire
160 Le grant seigneur qui bien soit dire
En l'évangile où il parole :
Qui de Dieu est, sout sa parole.
N'est pas de Dieu, mais de Déable

*Gregorius dicit :*
la dilectionis divina non verba, sed veritas est a-nanda.

*Abaelardus :*
Erecte non fidis pomorum quisque cibatur, et sexus verbis ante ferendus est

*Versificator :*
lucidis talis superatur seye fidelis,

*Psalmista dicit :*
Acuerunt linguas suas sicut serpentes: venenum aspidum sub labiis eorum; horum sunt adversum me lingua dolosa. Posuerunt adversum me mala pro bonis. Obscurentur oculi eorum, ne videant. Fiat habitatio eorum deserta, Deleantur de libro viventium et cum justis non scribantur.

*Ysidorus :*
Qui laudem non appetit, nec contumeliam sentit.

*Undè dicitur :*
Tu fecunda, tu fecundans, mater mundi mundum mundans, exemplar mundicici.

*Psalmista :*
Deus scit cogitationes hominum quàm sint vanæ.

*Salomon :*
Risus vester in dolore miscebitur, et extrema gaudii luctus occupat.

*Paulus :*
A veritate auditum avertent, ad fabulas autem convertentur.

## PROLOGUE.

*In evangelio: Qui est ex Deo verba Dei audit; propterea vos non auditis, quia ex Deo non estis.*

    Qui het sermon et aimme fable,
    Qui de Dieu est et de l'escole,
    Quant annunciet ot sa parole,
    L'oreille de son cuer aeuvre
    Se la reçoit et met à euvre,
    Et tant li siet et tant li plest
170 S'ame saoule tout et paist.

*Jacobus: Estote factores verbi et non audientes tantùm fallentes uosmetipsos.*

    Il n'est nus hons tant dissoluz,
    Tant trenchant ne tant esmoulus,
    S'ot volentiers la Dieu parole
    Ne le retrait d'uevre fole.
    Ele est tant nete, ele est tant pure,
    Tout le netoie et tout l'espure;
    Si le chastie, si l'amande,
    Ne lait en lui teche ne mande.

*In evangelio legitur: Jsu vos mundi estis propter sermones meos.*

    La Dieu parole grand bien fait;
180 Tuit cil qui l'aimment sunt refait.
    A Dieu servir les cors esprent,
    Et l'ame ou ciel la voie aprent.

*Isidorus dicit: Qui ociosa verba non reprimit, ad noxia citò transit.*

    Fole parole rest si male,
    L'ame en enfer rue et avale.

*Isidorus dicit: Unus sermo cito polluit mentem.*

    Vaine parole l'espérite
    Assez souvent à mal escite.
    Sachiez de voir, vous qui oez,
    Les moz soilliez et enboez,
    Felonies, détractions,
190 Vostre vie, vostre actions
    Est moult mauvese et moult amère,
    A Dieu desplet et à sa Mère.
    Sachiez que Diex à vous s'aire,
    Quant les bourdes vous font rire
    Faites escrire et escrisiez
    Et les bons livres despisiez

*In evangelio: De omni verbo ocioso quod locuti sunt.*

    Qui le voir dient et retraient.
    Cil grant seigneur ceax avant traient
    Et ceax en cappent et en juppent
200 Qui les antrupes leur antrupent.

*Paulus dicit: Nemo vos seducat inanibus verbis. Inanes et ineptis fabulas devita.*

    Cil en enfer vont en jupant,
    Qui vont tex jupes en jupant.
    Por Dieu, seigneur atrupeur,
    De vos ames aies peur!
    Tant atrupez d'atruperies,
    Que vos ames ierent péries.
    Sachiez le bien certainement,
    Que l'ame ocist bouche qui ment.

*In evangelio: Os quoddam mentitur occidit animam.*

    Li menteur en enfer boutent
210 Et aus et ceus qui les escoutent;
    Por ce les fait mal escouter,
    Arrier les doit chascun bouter.

    Bien a les yex crevez du cuer,
    Bien jete s'ame et rue puer,
    Et vie maine trop amère
    Cuil qui de Dieu et de sa Mère
    Touz tens parler volentiers n'ot,
    Voir seur celui bien n'en ot.
    Ne nus nul bien n'i puet noter
220 Qui roteries ot router.
    Plus volentiers un routeeur

*Gregorius dicit: Ociosum verbum est quod aut utilitate caret rectitudinis, aut ratione justæ necessitatis.*

*Non sunt apta legi quæ sunt contraria legi.*

    Qui de la Mère au Sauveeur
    Un biau miracle réciter.
    Tuit nous devommes déliter
    En raccorder ses granz douceurs;
    C'est li refuz aux pécheeurs;
    C'est li soulaz, c'est li conforz
    A touz foibles et à tous forz.
    C'est li mires, c'est la mécine,
230 C'est li conduiz, c'est la pécine
    Dont touz li mondes est curez.
    Trop parest cil desseurez
    Qui moult n'a chier quanque li monte;
    Toute douceur passe et seurmonte.
    La grand douceur qui de li vient,
    Certes bien siet et bien avient
    A preudomme et à preudafame.
    Souvent parout de Notre Dame
    Et volentiers parler en oie,
240 Car de lui sourt toute no joie.
    Qui très bien l'aimme il la renomme
    Moult volentiers souvent et nomme.
    L'auctorité qui de ce touche,
    Dit qui convient parler la bouche
    De l'abondance de son cuer.

*In evangelio legitur: Ex abundantiâ cordis os loquitur.*

    Avenir ne puet à nul fuer
    Qui on cuer a ne l'ait en bouche.
    Langue qui volentiers la touche
    Soit béneoite si est ele.

*Seneca dicit: Imago animi sermo est. Unde illa oratio viri: Qualis oratio, talis usus et vita.*

250 « Hé! Mère Dieu, virge pucele,
    » Com il te fait bon atouchier
    » Et au lever et au couchier.
    » Bouche est trop fole qui bouchiée
    » Touche devant qui t'ait touchiée;
    » Qui de bon cuer, Dame, te touche,
    » Tu li refaiz toute la bouche
    » Et tout le cuer li adouciz.
    » Dame emmielez est et jouciz,
    » Tes sades nons en touz les biens,
260 » Douce Dame, seur toute riens
    » Ies donce et sade et savoureuse.

*Petrus Rigo: Ave, virgo Maria, Ex cujus memoria Mira fit suavitas. Hæc vox mel est faucibus, Hæc vox mel est auribus, Hæc vox cordis claritas.*

» Virge, pucèle glorieuse,
» Bien se conroie et bien se digne,
» Et bien se refait et saoule,
» Et bien Déable ensigne et boule
» Qui ton doux non souvent reclaimme;
» Qui bien te sert et bien t'aimme,
» Et moult fait cil grant courtoisie,
» Qui en son tens et en sa vie
270 » Si le fet faire de toi dit
» Aucun biau mot, aucun biau dit.
» Cil et celes qui estudient
» En aucun bien qui de toi dient.
» Il m'est avis qu'il font que sage
» Et moult metent en bon usage
» Et leur entente et leur pensée.
» Hé! Mère Dieu qui encensée
» Et honnorée ies des sainz angre,
» Et qui loée ies des archangres,
280 » En Paradis et jor et nuit,
» Je te déprie qu'il ne t'ennuit,
» Se te loc a non digne bouche,
» Et ton douz non souvent atouche.
» Très douce Mère au Sauveeur,
» Loenge à bouche à pécheeur,
» Ce sai-je bien n'est mie bèle.
» Douce Virge, douce pucèle,
» Porce que te plaise la moie,
» A toi amer mon cuer amoie
290 » Et me netoie de touz vices,
» Dame encor soit foux et nices,
» De toi paroil moult fiement
» Présumpcion et hardement.
» Pucèle douce n'iet en moi
» La grant douceur que sent en toi.
» Bien sai, bien sai, pucèle monde,
» Tant est ou ciel, tant est ou monde
» Grant ta hautèce et l'excellence,
» Qu'il n'est bouche ne éloquence
300 » A toi loer qui puist soffire.
» Mais toutes voies qui set dire
» Aucun bien de toi et retraire
» Por esciter et por atraire
» Aucunes genz à ton servise.
» Tant parest plaine de franchise,
» Que cuit et croi bon gré l'en saches
» Et à t'amour plustost l'ensache
» Qui s'aime point, qui point sachier.
» A t'amour doit chascun sachier.
310 » A toi loer, pucèle gente,
» Doit chascun clerc metre s'entente.

» Chascun ton nom doit souhai,
» Et seurlever et essaucier.
» Por Dieu, clerc petit et grant,
» Soions engrés, soions en grant,
» Soions ardanz, soions espris
» De la pucèle de haut pris.
» Loer ades soir et matin
» Et en romans et en latin.
320 » Chantons de lui sonz et sonnez.
» Ne soit clerçons ne clerçonnez
» Qui ne la serve et aint et lot.
» De Tibergon et d'Amelot
» Lessiez ester les chançonnettes,
» Quar ne sont pas leur chançons netes. »

Clerc bien à Dieu boute arrière,
Bien est entrez en la charrière
Qui en enfer droit le charoie,
Qui de Maret et de Maroie,
330 Qui le guile, qui le souprend,
Qui en enfer la voie aprend.
Chante et déduit plus volentiers
Que de celi qui les sentiers
Du ciel aprent à ses amis.
Clers bien a Dieu arrière mis
Et bien li tourne les talons,
Et bien roncins et estalons
Devient as huies le Déable
Qui lait la Dame espéritable...
340 Et poignans plus que chance trape
Déable saut, Déable trape,
Et trop domaine grand boudoire.
Quant puet un clerc ou un provoire
Qui dire doit les Dieu paroles,
Faire chanter chant de Karoles,
Dire gabois et lecheries
Et chanter chant de lecheries.
Il m'est avis que sainte bouche
Qui le cors Dieu base et atouche,
350 Ne devroit pas mençonges dire,
Ne vanitez chanter ne lire.
Quant genz lettrés sont ensemble,
Plus granz deduiz est, ce me semble,
De raconter vraies hystoires,
Bonnes essamples, paroles voires,
Et de traire les sainz faiz
Des sainz hommes et des parfaiz;
De parler de sainz et de saintes,
Que de trufer trufes et saintes.

*Isidorus:*
*Sermo vanus, vane cons-*
*cientie judex est.*

360 Lessons les chanz qui rien ne valent
 Et les mençonges qui avalent
 L'ame en ténèbres la desouz.
 Chantons les chanz piteus et douz
 Et les conduiz de Notre Dame.
 Bien seurmontée aroit la gemme
 Et bien Déable enchanteroit
 Qui por s'amour tant chanteroit,
 Ses bons amis estre peust,
 Et tant que s'ame rapeust
370 De la gloire de Paradis.
 Mais mal partout tant par a dis,
 Entre quarante n'en voi mie
 Qui de li vueillent faire amie.
 Miex aiment mes l'amour amère
 Que l'amour douce la Dieu Mère.
 Le venin prennent et le fiel,
 Le basme lessent et le miel.
 Comme li lai au mal s'eslaissent,
 Et por Marot, Marie laissent.
380 Ce font il bien mes li bien sages
 Tournent à lui tout leur courage.
 Seur toute amor la siene eslisent,
 Souvent de lui chantent et lisent ;
 Qui bien en vieut chanter et lire,
 De Dieu a paié moult tost lire ;

As eslis Dieu nous eslisons,
Se nous de lui souvent lisons.
Leu en ai tant que ma teste
Bien me tesmoigne et bien m'ateste
390 Que tout sui vain et tout lassez.
 Mais iere jà touz trespassez,
 S'un petitet chanter par m'ame ;
 Puis des douz chanz la douce Dame
 Ançois que du livre secont
 Rien vous die ne riens vous cont.
 Talent me prent que de li chant
 Et nouviau dit et nouviau chant
 Por vous esbatre et déporter,
 Et por mon chief reconforter.
400 Chanter en weil par grant déport,
 Car en ses chanz moult me déport.
 En ses douz chanz a déport tant,
 Que je m'i vois moult déportant.
 En li servir qui se déporte,
 Du ciel à s'ame euvre la porte.
 Que celle où tant déport a,
 Que touz dépors ix mois porta,
 A la fin touz nous doint porter
 En Paradis por déporter.
410 Or entendez par grant déport
 Comment por lui je me déport.

# Chansons pieuses.

### PREMIÈRE CHANSON.

#### I.

Pour la pucèle en chantant me déport
Qui touz déporz et toute joie aporte;
Moult se déporte en déportant déport,
En lui porter honneur qui se déporte.
Ne puet venir n'arriver à droit port
En lui porter et honneur ne li porte;
Car c'est li ponz et la planche et la porte
De Paradis où tout sunt li déport.

#### II

Ame de cui sunt tuit bien recorde,
Ramentoi moi à ton fil et racorde;
Trop moult à lui mi péchié descorde,
Plourant te prie que tu faces la corde.
Pucèle, à toi vont tuit li descordé;
Quar li doiz es de pais et de concorde.
Fluns de douceur, fons de miséricorde,
Quant le plairas tost m'aras acordé.

#### III.

Pucèle où tuit queurent li desvoié;
Touz desvoiés a droite voie avoie.
Maint esgaré a par toi ravoié
Li roys qui est véritez, vie et voie.
Dame par cui sunt tout bien envoié,
Tel volenté de toi servir m'envoie,
Qu'en Paradis ta clère face voie.
Ravoie-moi, lonc temps ai forvoié.

#### IV.

Porte du ciel, pucèle de grand pris,
Com buer fu nez qui t'aimme, sert et prise;
A toi servir s'est tost aers et pris,
Qui de t'amour, fleur de pris, est épris.
Qui ta douceur, douce Dame, a aprise,
Toutes amours desdaigne et desprise.
Qui bien te sert, pucèle bien aprise,
Jà de mort n'iert engingniez ne soupris.

#### V.

Dame, tant fus par pensée et par faiz
Esmerée, nete et pure et parfaite,
Que de ta char vout li Roys estre faiz,
Qui de nient toute chose avoit faite.
Dame par cui estainz fu li meffaiz
Qu'Eve avoit fait qui tant s'estoit meffaite,
Par ta douceur à ton douz fils m'a faite,
Des granz péchiez dont vers lui sui meffaiz.

### DEUXIÈME CHANSON.

#### I.

Ma vièle vieler veut un biau son
De la bèle qui seur toutes a biau non,
En cui Diex devenir hons vout jadis
Dont chantent en Paradis
Angre et archangre à haut ton.

## II.

Qui de s'ame veut oster le fiel amer,
Nostre Dame jor et nuit doit réclamer.
Fole amor pour lui amer jetons puer.
 Qui ne l'aimme de douz cuer
 Bien se puet chetif clamer.

## III.

Cil et cèle qui sert par dévoçion
La pucèle où prist incarnaçion
Por nostre rédemption li douz Diex,
 Son lit a jà fait es ciex,
 Chambre jà et meson.

## IV.

Fresche rose, fleur de lys, fleur d'églentier,
Qui t'alose aime et sert de cuer entier,
Bien a trouvé le sentier de lassus ;
 Mais loinz en sont et en sus,
 Cil qui ne sont ti rentier.

## V.

Virge monde, par cui Diex monda le monde,
Si monde moi qu'en Paradis m'ame mont.
Ti ami ont bien le mont seurmonté.
 Ti ami vont tout monté
 Devant Dieu lassus amont.

## VI.

Porte du ciel, de Paradis, planche de ponz,
Sorse de miel, de douceur pécine et fonz,
D'enfer tant est parfonz nous deffent
 Qui nous crient peu a de sen,
 Car n'i a rive ne fonz.

## VII.

Douce Dame, par moult vraie entençion
Cors et ame met en ta protection.
Prie sanz dilation ton Fil douz
 Qu'il nous face vivre touz
 *In terrâ viventium.*

## TROISIÈME CHANSON.

### I.

S'amour dont sui espris
De chanter me semont,
Celi lo, celui pris
Qui le pris a du mont.
De prisier son grant pris
Plusieurs foiz espris.
Mont li bien qu'en ai apris,
Or li pri si me mont,
Si me lit m'ame amont
Où déliteus pourpris,
Qu'a pour pris là amont.

### II.

Paradis bien pourprent
Et bien i fait son lit,
Qui Nostre Dame en prent
A servir par délit.
L'anemi bien souprent
Qui de lui chante et lit.
Sainte Escripture aprent
Que chascun si délit.
N'es nus cui péchiez lit,
S'à li servir se prent,
Ne l'en jet des lit.

### III.

Nus n'est tant engluez
D'orz vices ne soilliez,
Tost ne soit essuez
S'il l'apèle yex moilliez.
Souvent la saluez
A genouz despoilliez.
Tant que toute tressuez
Vous y agenoilliez
Et la char ainz tuez
Qu'ou feu d'enfer boilliez.

#### IV.

Ce siècle et les dégras
De la char laissons tuit ;
Quar plus que verreglaz
Glace siècles et fuit.
Trop chier vent ses soulaz ;
Je n'i voi point de fruit.
Qui que laint, je le haz.
Ne lo com sui a puit ;
Mes plourant jour et nuit.
Celi tendons les bras
Qui tout le mont conduit.

#### V.

Pucèle en qui Jhésus
Prit incarnation,
Envoie nous ça jus
Vraie confession ;
Et se fait tant lassus,
Par intercession,
De nous touz n'envoist nus
En la grant arsion
N'en la dampnation
*Ubi erit fletus*
*Et stridor dentium.*

## QUATRIÈME CHANSON.

#### I.

Hui matin à la journée,
Toute m'ambleure,
Chevauchai par une prée ;
Par bonne aventure
Une flourete ai trouvée
Gente de faiture.
En la fleur qui tant m'agrée
Tournai lors ma cure.

Adonc fis vers des qu'asis
De la fleur de Paradis..

*Refrain :*

Chascun lo qui l'aint et lot ;
O, o ma tel dorenlot
Por voir tout à un mot ;
Sache qui mot mar voit Marot,
Qui lai Marie pour Marot.

#### II.

Qui que chant de Marie,
Chascun an li doit par dete
Une reverdie.
C'est la fleurs, la violete,
La rose espanie,
Qui tele oudeur
Donne et giète,
Touz nous rasasie.
Haute oudeur seür toute fleur
A la Mère au haut Seigneur.
Chascun lo......

#### III.

Chant robins de Robardeles,
Chant li soz des sotes ;
Mais tu clers qui chantes d'eles,
Certes tu t'asoles.
Laissons ces viez pastoureles ;
Ces vielles riotes.
Si chanton chançon nouvelles,
Biaus dis, beles notes,
De la fleur dont sanz sejour
Chantent angre nuit et jour.
Chascun lo.....

## CHANSONS PIEUSES.

### IV.

Laissons tuit le fol usage
D'amour qui foloie ;
Souvent paie le musage
Qui trop i coloie.
Amons la bèle et la sage,
La douce, la quoie
Qui est de franc courage.
Nuli qui ne faunoie,
En apert se dampne et pert
Qui ne l'aimme, honneure et sert.
Chascun lo......

### V.

Amons tuit la fresche rose,
La fleur espanie,
En cui Sainz Esperiz repose ;
N'ia tele amie.
Celui qui l'aimme et alose
N'en troublie mie.
Li donne à la parclose
Pardurable vie.
Le pourpris du ciel a pris
Qui de s'amour est épris.
Chascun lo......

### VI.

A la fin pri la royne,
La dame du monde,
Qui la doiz et la péçine,
Qui tout cure et monde,
Qu'ele laist m'ame orphéline,
M'ame orde et immonde.
Si qu'à la fin soit bien fine,
Bien pure et bien monde,
Et vous touz de ça desouz
Daint mener ou païs douz.
Chascun lo......

## CINQUIÈME CHANSON.

### I.

D'un amour qu'oie et serie
Chanter vueil seriement.
Gart vilains me escout mie
Seur escommunement.
Nus qui aint vilainnement
Ceste chanson n'en comment.
N'est pas dignes qu'il en die
Nes le refait seulement.
*Refrain :*
Vilaine genz, vous ne les sentez mie
Les douz maus que je sent.

### II.

D'amours la joiaus joie
M'esjoist joieusement.
Toute joie est esjoie
Par son esjoissement.
Joissons la durement
Et se l'amons doucement.
Qui sa douceur a sentie,
Dire puet bien vraiment.
Vilaine genz......

### III.

N'a pas Marot l'ame, mes Marie ;
Tele a non qui represent.
Marot l'ame mesmarie,
Marie en fait Dieu présent.
Sachent futur et présent,
Nus ne l'aimme ou tens présent,
Quant il part de ceste vie,
Quant son douz fil vous présens.
Vilaine genz......

### IV.

Amons la rose espanie
Où Diex prist aumbrement.
Qui ne l'aimme ne gart mie
Le ciel ne le firmament.
Qui bien ne l'aimme erraument
Crit li merci se l'aimment.
Qui ne l'aimme gart ne rie,
Mais touz tens pleurt et lament.
Vilaine genz......

### V.

Amons la tuit, la vraie amie
Qui la voie ou ciel aprent.
Laissons l'amie ennemie
Qui l'ame engigne et souprent.
Qui fole amour entreprent
Ades péche, ades mesprent,
Ades sert et ades pie,
Assez donne et petit prent.
Vilaine genz......

## SIXIÈME CHANSON.

### I.

Jà pour yver, pour noif ne pour gelée,
Mère esbaubiz, periceus nus ne maz
Que je ne chant de la dame honnourée
Qui Jhésucrist porta enterre ses braz.
Chascun an faiz de la Virge sacrée
Un son nouvel dont tout l'an me soulaz,
Dire puet bien qui a s'amour bien bée.
    Vous ne sentez mie
Les douz maus d'amer ausi com je faiz.

### II.

Ne devroit pas amours estre apelée ;
L'amour de quoi li cors a les dégraz.
Quant l'ame en est sanz finement dampnée,
N'est pas ainz est guile et baras.
Pour ce pourchaz l'amor beneurée
Dont l'ame atant à touz jours les soulaz ;
Si faire amour m'atalente et m'agrée.
    Vous ne sentez mie......

### III.

Vous qui amez la grant rose espanie
Où Sainz Espériz reposa et vit,
Vous en aurez la pardurable vie ;
Mais que vos cuers ne se varit ne mut.
Vous qui par truit amez et par boidée,
Sachiez qu'à Dieu vostre amour flaire et put.
Dampnez serez par votre légerie.
    Pour Dieu, traiez vous
    En la qui n'amez mie.

### IV.

Qui vent avoir bien savoureuse amie,
Aint de vrai cuer ne jà ne se remut.
Celi dont Diex parla par Isaye,
Qui de Jessé barjona, nait et crut,
Jet puer et rut amor de vilanie.
De fole amour die ades trout et trut,
Et puis après tout hardiement die :
Por Dieu, traiez en là qui n'amez mie.

### V.

Querons le grain, laissons aller la paille ;
Laissons l'amer qui tue l'ame et l'avoir.
S'amons de cuer et de courage,
Sanz cui amor nus ne puet Dieu avoir.
S'il fait savoir qui pour s'amour travaille.
Nus ne l'aimme, ce sachiez bien devoir,
Si très petit que nul tant miex n'en vaille,
Toutes les heures que je pens à lui.
    En cui je miex valoir,
    En doi je miex valoir.

### VI.

Dame en cui touz li mondes prises moult,
Moult volentiers vous lo, pris et renon ;
Por vostre amour qui m'esprent et atise,
Pluseur foiz ai fait maint dit et maint son.
En guerre don requier à vo franchise,
De vostre amour autant com un siron ;
Tant en vaut miex qui touz li ors de frise.
    Douce dame, car n'amez
    Jà ne pris je se vous non.

## VII.

Votre amour, Dame, a tele efficace,
Que nus n'en a si petite parçon,
Du roy du ciel n'en ait l'amour, la grâce,
Por ce servir et amer vous doit on.
N'est voir nus hons cui li douz Diex tant hace,
N'en ai merçi si vous sert de cuer bon.
Nus ne vous sert qui bone fin ne face.
Cui dourrai ge mes amours,
Mère Dieu s'a vous non.

## Le miracle de Saint Basile.

Tout le monde connaît la fin tragique de Julien l'apostat; mais les auteurs, quoique tous d'accord sur le fait principal, n'en ont pas moins laissé des relations très-diverses et qui nous offrent des détails intéressants qu'il importe à l'histoire de conserver. L'épisode que nous allons rapporter ici n'est pas un des moins curieux, et on aimera, nous en avons la certitude, à le comparer avec les différents récits qui en ont été faits et qui sont consignés dans l'histoire de l'église de Fleury, t. IV, liv. 15, p. 104.

On sait que l'empereur Julien ayant résolu de faire la guerre aux Perses, marcha contre eux à la tête d'une armée nombreuse. Favorisé par la fortune, Julien remporta d'abord quelques avantages; mais s'étant avancé inconsidérément dans l'intérieur du pays, il rencontra sur sa route les ravages, la disette et une armée formidable qui inquiétait sa marche et attaquait son arrière-garde. « Julien (1) qui s'était avancé sans armes pour découvrir
» le pays, étant averti de cette attaque, y courut prenant seulement à la hâte un écu, sans mettre sa cuirasse ou
» par oubli ou à cause de la chaleur qui était extrême. Mais aussitôt un autre avis l'appela à l'avant-garde. Les
» Perses y furent repoussés; et comme ils tournaient le dos, Julien se mit à crier en levant les bras, pour exciter
» les siens à les poursuivre, quoique ses gardes l'avertissent de se retirer. Alors un dard poussé par un cavalier du
» côté des Perses, lui effleura le bras, et perçant les côtes, lui entra bien avant dans le foie. Il s'efforça de retirer
» le dard jusqu'à se couper les doigts, et tomba sur son cheval. On l'emporta promptement; les médecins em-
» ployèrent tout leur art. Après le premier appareil, se sentant un peu soulagé, il demanda ses armes et son cheval
» pour retourner au combat; mais comme il perdait son sang et ses forces, il s'arrêta. Ayant demandé le nom du
» lieu où il était tombé, il apprit qu'il se nommait Phrygie; et se souvenant d'une ancienne prédiction, il se tint
» pour mort. Il mourut en effet au milieu de la nuit, le sixième des calendes de juillet, à l'âge de trente-et-un ans,
» huit mois et vingt jours. »

« J'ai rapporté, ajoute Fleury, la mort de Julien suivant le récit d'Ammien Marcellin qui était présent, et de Libanius, contemporain et païen comme lui. S. Grégoire de Nazianze dit qu'elle était différemment racontée tant par les présents que par les absents. Les uns disaient qu'il avait été tué par un de ses propres soldats, et les Perses le reprochèrent depuis aux Romains; d'autres par un bouffon de l'armée des Perses; d'autres par un Sarrazin. S. Grégoire ajoute que Julien étant blessé, fut porté sur le bord du fleuve, et qu'il voulut se jeter dedans, afin de se dérober aux yeux des hommes et passer pour un dieu, comme Romulus et quelques autres; mais qu'un de ses

---

(1) Libanius, or funeb, p. 303-304. Philostrate, VII, ch. 15. Ammien, 27, ch. 2. Supplément.

eunuques le retint et découvrit son dessein. Théodoret ajoute : On dit qu'étant blessé, il emplit aussitôt sa main de son sang et le jeta en l'air en disant : *Tu as vaincu, Galiléen.* Sozomone rapporte la même circonstance ; d'autres disaient qu'il avoit jeté son sang contre le soleil, lui reprochant de favoriser les Perses.

« On raconte aussi plusieurs visions célestes qui découvrirent cette mort en divers lieux. Un officier de Julien allant le trouver en Perse, faute d'autre logement, coucha dans une église qu'il trouva sur le grand chemin. La nuit, il vit une grande assemblée d'apôtres et de prophètes, qui déploraient les maux que l'empereur faisait à l'église et délibéraient des moyens de l'en délivrer. Après qu'ils se furent entretenus longtemps, deux d'entre eux se levèrent, exhortant les autres à prendre courage, et quittèrent promptement la compagnie, comme pour aller détruire l'empire de Julien. L'officier craignant l'évènement de cette vision, interrompit son voyage et coucha encore au même lieu. La nuit suivante, il vit la même assemblée ; et tout d'un coup, les deux qui étaient partis revinrent comme de loin dire aux autres que Julien avait été tué. Le même jour, Didyme l'aveugle, célèbre docteur de l'église d'Alexandrie, étant chez lui très-affligé de l'égarement de l'empereur et de l'oppression des églises, passa la journée en jeûnes et en prières, et ne voulut pas même prendre de nourriture. Lorsque la nuit fut venue, il s'endormit dans une chaire où il était assis, et crut voir des chevaux blancs courir en l'air, montés par des gens qui criaient : Dites à Didyme : Aujourd'hui à sept heures, Julien a été tué ; lève-toi donc, mange et l'envoie dire à l'évêque Athanase. Didyme marqua l'heure, le jour, la semaine, le mois ; et la révélation se trouva véritable. Car la septième heure de la nuit est, selon nous, une heure après minuit, qui est celle où Julien mourut. Pallas dit avoir appris cette histoire de la propre bouche de Didyme.

» Saint Julien Sabas, fameux solitaire de l'Osroëne, dont le monastère était à plus de vingt journées du camp de l'empereur, eut aussi révélation de sa mort. Il savait les menaces qu'il avait faites contre l'église ; et il y avait dix jours qu'il était en prières, lorsque ses disciples lui virent tout d'un coup retenir ses larmes, prendre un visage serein et témoigner même de la joie contre son ordinaire ; car il avait toujours un air triste et pénitent. Ils lui en demandèrent la cause, et il leur dit : Le sanglier furieux et immonde qui ravageait la vigne du Seigneur, est étendu mort. Ils chantèrent des cantiques d'actions de grâces ; et quand la nouvelle fut venue, ils connurent que l'empereur était mort le même jour et à la même heure que le saint vieillard l'avait connu. On met au nombre des prédictions de cette mort, un mot ingénieux d'un grammairien chrétien d'Antioche, qui étant distingué par son savoir, était familier avec le sophiste Libanius. Celui-ci, pour se moquer de sa religion, lui demandait un jour : Que fait maintenant le fils du charpentier ? Il fait un cercueil, répondit le grammairien (1).

Il faut ranger au nombre de ces révélations particulières, et dont l'histoire a cru devoir tenir compte, celle arrivée au grand évêque de Césarée, l'illustre saint Basile.

Julien, en allant faire la guerre aux Perses, était passé par Césarée. Saint Basile, en sa qualité d'évêque, s'étoit présenté devant l'empereur pour lui offrir les dons de la cité. Mais Julien les avait reçus avec ironie et dédain, comme indignes de lui. Il avait adressé les plus sanglants reproches à saint Basile qui, par son zèle, avait converti toute la ville de Césarée. L'empereur n'avait quitté cette cité qu'en proférant contre son évêque, ses monuments, sa piété et ses habitants, les menaces les plus effrayantes. Le peuple éploré et connaissant les sentiments irrités et persécuteurs du prince contre la religion chrétienne, se pressa en foule sous les voûtes d'une église dédiée à la sainte Vierge, et priait saint Mercure, patron de la ville, de les secourir dans une circonstance aussi critique. Saint Basile, quoiqu'ému du danger, avait promis à son peuple la protection de la sainte Vierge. Pendant trois jours consécutifs, les fidèles s'étaient condamnés aux jeûnes et à la prière, afin de détourner le fléau qui les menaçait. Saint Basile en avait donné l'exemple ; et un jour qu'il s'était endormi en oraisons, il avait vu descendre du ciel une foule innombrable de chevaliers plus blancs que des lys. Tel était leur nombre, qu'ils couvraient l'étendue de la ville et le sommet de la montagne. Au milieu de cette armée céleste, paraissait assise sur un trône élevé, une dame magnifique et environnée de gloire. C'était la sainte Vierge qui mandait saint Mercure pour lui ordonner d'aller mettre à mort l'impie Julien, l'exterminateur de son nom et de celui de son fils.

A peine avait-elle prononcé ces mots, qu'on vit apparaître un chevalier armé de toutes pièces, lance levée et monté sur un coursier qui fait trembler la terre sous ses pas. Avant son départ, le chevalier vient saluer sa Reine en s'inclinant profondément. Celle-ci lui donne ses derniers ordres. Soudain le chevalier, le regard en feu, se précipite aussi prompt que la foudre qui promène la destruction dans les campagnes. Aussitôt ce départ, la sainte Vierge appelle saint Basile et lui fait présent d'un beau et excellent livre. Le saint évêque, encore sous le coup de cette apparition, s'était hâté de regagner la ville pour annoncer cette bonne nouvelle à son peuple ; puis s'étant rendu de suite à l'église dédiée à saint Mercure, pour vérifier le fait de la vision, il demande au gardien qu'il vient de réveiller, où sont les armes de saint Mercure ; ces armes ont disparu depuis matines. Saint Basile ne conserve

---

(1) Sozomem, VI, ch. 2 et 12. Lib. or. fun., p. 323-325. S. Grég. de Nazianze, or. 4, p. 116, 147. Ammien, 25, ch 6, p. 451. Théodoret III, hist., ch. 24-25; VI, ch. 2, p. 510. Lausen, hist., ch 4. Philoth., l. 2, p. 775. Fleury, p. 103, 106, 107.

plus aucun doute sur la révélation qui lui a été faite ; il la communique avec tous ses détails aux fidèles rassemblés dans l'église de Notre-Dame, qui tous, fondant en larmes, témoignent à Marie leur reconnaissance. Tous ensemble s'acheminent ensuite vers l'église de saint Mercure, où saint Basile voit, à son grand étonnement, le saint patron couvert de son armure. Saisissant alors la lance dont la pointe est encore ensanglantée, l'évêque la montre à tous les assistants.

En actions de grâces de cette délivrance miraculeuse, on chanta un *Te Deum* et une messe où chacun voulut communier ; ensuite le peuple se livra à l'allégresse pendant sept jours. Le septième jour, le peuple était encore à l'église, lorsqu'arrive à toute vitesse le philosophe Libanius, réclamant la protection de son ancien élève. On lui conseille de se rendre à l'église où il trouvera le saint évêque. Saint Basile s'enquiert alors de son précepteur des détails de la mort de Julien. Libanius lui raconte que l'empereur étant sur le bord de l'Euphrate, environné de toute son armée, un chevalier redoutable, monté sur un cheval magnifique et portant une longue lance semblable à celles qu'on emploie dans les tournois, s'approcha brusquement de lui, et malgré les soldats qui le gardaient, le transperça d'outre en outre de sa lance ; et telle était la vitesse de son cheval, qu'il disparut sans qu'on eût à peine le temps de le voir. Julien se sentant frappé à mort, avait jeté un cri déchirant et lancé ses malédictions contre le ciel.

Libanius, touché par cet évènement qui lui a enfin ouvert les yeux, demande à se faire chrétien et à recevoir le baptême. Cette conversion est l'occasion d'une nouvelle réjouissance pour la ville.

L'exemple de Julien fournit au poëte des applications nouvelles. Beaucoup de princes de son temps voulaient, comme Julien, déclarer la guerre à Dieu et à ses saints, en s'emparant des biens des églises. Ces hommes irréligieux marchent à cette conquête impie comme s'il s'agissait de ravager un territoire ennemi. Gautier attribue à cette conduite coupable les châtiments qui tombent sur eux. Sans égards comme sans pitié pour les clercs et pour les moines, ces grands seigneurs les traitaient comme des voleurs de grand chemin. Bien différents de leurs ancêtres qui faisaient passer leurs richesses au ciel en édifiant des églises, en les enrichissant de leurs dons, ceux-ci refusent d'acquitter leurs aumônes, et loin de défendre les églises fondées par leurs pères, ils cherchent à les dépouiller de leurs possessions ; et plus ils sont puissants, plus le clergé a à souffrir de leurs prétentions. Agir ainsi n'est-ce pas s'attirer les châtiments de l'enfer et une mort très-prompte ? Car les saints qu'ils ont combattus sur la terre leur font sentir le sort de Julien tué par saint Mercure. On ne peut durer ni vivre longtemps en guerre avec Dieu. La mort du corps n'est rien, et les rois et les empereurs ne peuvent se soustraire à ses coups ; et le double haubert et la platine de Julien n'ont pu le sauver de la colère de Marie ni de la condamnation éternelle. Voilà qui est terrible et effrayant. Servons donc la sainte Vierge qui, par ses prières, accorda à saint Basile la délivrance de sa ville et la conservation de son église.

Notre miniature figure le combat de saint Mercure contre Julien. Saint Mercure, gantelé, éperonné, casqué, auréolé et monté sur un cheval blanc, comme les chevaliers du moyen-âge, vise son adversaire qu'il frappe dans la poitrine. Julien, le cimeterre à la main, la couronne impériale sur la tête, entouré de quelques cavaliers qui, le sabre aussi levé, cherchent à défendre leur empereur, se renverse sur son cheval. La figure calme et juvénile de saint Mercure offre un singulier contraste avec celle de Julien dont les yeux roulent des regards affreux.

Le manuscrit de la Bibliothèque nationale représente : 1° Julien à cheval ; saint Basile lui apporte les présents de la ville. 2° La lutte ; un chevalier frappe l'empereur. 3° Le peuple devant une statue de la sainte Vierge. 4° Saint Basile et son peuple à genoux remercient la sainte Vierge.

*Salomon dicit :*
*Superbum sequitur humilitas, et humilem spiritum suscipiet gloria.*

Un miracle trop merveilleus,
Qui les princes trop orgueilleus
Poindre doit moult et esciter,
Ici après weil réciter.

Par ce miracle que vueil lire,
Savoir pourrez que de Dieu l'ire
Desert moult tost et cele et cil
Qui preudomme tient en por vil ;
Et l'orgueilleus qui moult se prise,
10 Moult tost confraint Dieu et debrise.

Dex l'orgueilleus grate et efface ;
L'umble s'amour donne et sa grace.
Ce me raconte ma matère
Qui Juliens, li emperère,
Qui Dieu guerpi et renoia,
Quant ceus de Perse guerroia
Es parties vint de Césaire.
A ce tens iert de haute affaire
Saint Basiles si fu il puis
20 Moult fu preudom, si com je truis,
Nostre Dame moult ama.

## DE SAINT BASILE.

L'empereur moult enflamma
De mautalent, d'ardeur et d'ire
Li bien qu'il oi de lui dire.
Quant conté fu à saint Basile
Qu'ainsi passoit près de la ville,
Cil granz sires, cil emperère,
De la cité à touz ces frères
Issus s'en est isnelement.
30 L'empereur moult humblement
Encline et sa compaigne toute.
L'empereres toute sa route
Arester fait il por le saint home;
Puis li a dit, c'en est la somme,
Com cil qui plain de grant outrage
Avoit le cuer et le courage.
« Basile, bien voi à ton estre
» Grant philosophes cuides estre;
» Mais assez sui foi que doi toi
40 » Plus grant philosophes de toi,
» Et plus sages et plus soutiz. »
« Ce sache Diex, li doux, li piz, »
Humblement respont li preudom;
« Bien vourroie que Dex tel don
» Donné t'eust, si sages fusses,
» Droite créance et vraie eusses,
» Pour ce que voi que moult de gens
» Présens te font riches et gens,
» Et que chascun de sa viande
50 » Aporte t'ost qui moult est grande;
» Ici t'aport de la cité
» De nostre pain par charité. »

Li sainz hons et si compaignon
Qui n'i atendent se bien non,
Troiz pains d'orge li ont tenduz.
Et il adonc s'est estenduz
Seur les estriers moult fièrement,
Et si commande irécment
Que receu soient li pain,
60 Et com lor port et dont du fain.
« Orges, » fait il, « tout par nature
» Viande à beste est et pasture.
» Présent m'ont fait de leur pain d'orge,
» Certes pour m'ont pesant d'or, je
» Ne leroie que ne leur face
» Honte moult grant ou nes d'efface.
» Honte moult faite par ma gorge,
» Cil truant, cil cheval chamorge,
» Je leur ferai honte et contraire,
70 » Ne m'en porroit nes Dex retraire. »

Saint Basiles qui aperçoit
Son grant orgueil, son fain reçoit,
Et puis li dist : « O Emperères,
» De ce dont vif je et mi frères
» Ce saches tu de vérité;
» Offert t'avons par charité,
» Et tu le fain à tes chevaux.
» Donner nous fais certes ces maus,
» Ne te tieng mie moult a ber,
80 » Quant tu issi nous fait gaber. »

Li tyrans, plains d'outrequidance,
Irécment, par grant bobance,
Dit au saint homme ignelepas :
« Passer ne puisse nes un pas,
» Se tu jamais n'en douter mie,
» Goute de crostes ne demie.
» En touz tens mes mangeras fain,
» Ou tu morras de male fain;
» Jamais de pain ne gousteras,
90 » Mais com beste herbe broutteras
» Por ce qu'as Diex ies anemis.
» Quant les Persans arai soumis,
» Par ceste vile reperrai.
» Adonc de toi si m'esclairrai,
» Que toi et touz tes compaignons
» Tuer ferai com viex waignons,
» Et sachiez bien de vérité,
» Quant Césaire, ta grant cité,
» Que convertie as maugré moi
100 » A ta créance et à ta foi,
» Au repairier essourberai
» Et arrier toute la ferai.
» Puisque le peuple m'asemblé,
» J'aim assez miex que soit emblé
» Ou que port chardons et espine
» Qu'ele portast les gens frarines
» Qui chrestien sunt appelé.
» Ne pris leur loi un oef pelé.
» Bien sai, bien sai, je n'en dout mie,
110 » Que la cité as convertie
» A la créance qu'as lessiée,
» Et s'as l'ymage dépéciée
» Qu'en la cité descrite avoie,
» Et l'ymage dame Maroie
» Qui Mère fu à ton Seigneur
» Plus riche et plus bèle et greigneur
» faite as faire tele ne fu.
» Quant revenrai enz ou feu
» Ardoir et bruir la ferai,

*Salomon dicit:*
*Cum observationibus loquitur pauper, et dives effabitur rigide.*

*Salomon:*
*Ante ruinam exaltatur cor.*

*Innocentius papa:*
*Superbia intolerabilis omnibus, odiosa inter omnia vicia, tu semper es prima, non autem peccatum te recedente dimittitur. Scriptum est enim : Initium omnis peccati superbia.*

## LE MIRACLE

*Horatius :*
Percutient montes, nascetur ridiculus mus.

120 » Et son moustier trébucherai,
   » Et jeterai tout en un mont,
   » Quar plus le hai que riens du mont. »

   Ainsi de lui part li tyrans.
   Li sainz hons mas et soupirant,
   Seur le chemin est demourez.
   En la cité touz esplourez
   Est repairies ignelement.
   Tout le pueple communement,
   Et clers et lais assembler fait.
130 Tout en plourant et tout atrait,
   Leur raconte le grant outrage,
   La desvené, la grant rage
   Que l'emperère a proposée.
   Grant duel y a et grant criée.
   Tenrement pleurent et lamentent,
   Grant et petit moult se démentent.
   Cil qui de sens a grant plenté
   Et de son cuer a en Dieu planté,
   Moult les conforte durement
140 Et si leur dit moult doucement
   C'un peu l'escoutent et entendent
   Cil qui du tout s'atendent.
   Volentiers oent sa parole.

*Dominus in evangelio :*
Nolite timere eos qui occidunt corpus, autem animam occidere non possunt.

   « Seigneurs Dex a dit qui parole
   » En l'évangile à ses amis,
   » Nous dit que nous les anemis
   » Qui le cors tuent ne doutons,
   » Car vaillissant ij biaus boutons,
   » Ne pueent pas meffaire à l'ame.
150 » Mais celui cui en l'ardent flame
   » Du feu d'enfer la puet bouter,
   » Seur toutes riens devons douter.
   » Celui devons douter sanz doute
   » Qui cors et ame en enfer boute.
   » Diex en puissanz seur toute chose.

*Jeronimus :*
Deo placere curantes, minas hominum non timeunt.

   » Le martyre dont nous propose
   » Cil tyrans a martyrier
   » Nous puet s'il veut bien détrier,
   » Et si plest que nous muirons,
160 » Ne devons mie ij sirons
   » Prisier la joie de cest mont
   » Envers celui de la amont ;

*Horatius :*
Grata superveniet quæ non sperabitur hora.

   » Et nequedent se par avoir,
   » Puis aus tirans poons avoir
   » Qui convoiteus est durement.
   » Je vous di bien certainement
   » Que je lo bien que la querommes,
   » Et nous et nos cité sauvommes

*Abuielardus dicit :*
Ad requiem sanctos constat pervenire morte, cùm tamen ad mortem nemo venire velit.

   » Et essauçons la sainte foi
170 » Qu'aguabois tient et abesloi.
   » S'estre ne puet sanz contredire,
   » Recevons tuit por Dieu martire.
   » Por vie briève et trespassable
   » Arons la vie pardurable. »
   De tout l'argent et de tout l'or
   De la cité font un trésor
   Et se le baillent tout ensemble
   A saint Basile, ce me semble.
   Quanqu'il a dit tout ont gréé,
180 Mat et dolent et effrée,
   Vont à l'église saint Mercure.
   Tuit li déprient par grand cure
   Deffendre doint aus et la vile
   Par le consaut de saint Basile.

   Quant plouré ont tant et gémi,
   Monté ont le mont Didimi
   Où une église avoit nouvèle
   De Nostre Dame moult très bèle.
   Le grant mont montènt sanz délai
190 Communément et clerc et lai ;
   N'i remaint nus qui tost n'i queure.
   La Mère Dieu qui les sequeure,
   Plorant, dépriant à hauz cris.
   « Dame, » font il, » cil antécriz,
   » Cil emperères Juliens,
   » Cil hérites, cil arriens,
   » Ardoir fera, par sa grant rage,
   » Ton saint moustier, ta sainte ymage,
   » Et la cité et nous trestouz,
200 » Si li vrais Dex, li pieux, li douz,
   » Que nourresis de ton douz lait,
   » Vivre et durer longues le lait. »

   Li grant Basile, li preudon,
   Au pueple fait moult grant sermon ;
   Et puis leur dit tout en plourant :
   « Propice, douce et sequorant
   » Trouveront tost, n'en doutent mie,
   » Nostre Dame sainte Marie.
   » S'il l'apèlent d'entier courage,
210 » Ce grant tempest, le grant orage
   » Apaisera sanz demourée,
   » La sainte Virge, l'onnourée,
   » Quant li plera, en petit d'eure,
   » Cui tuit li mont prie et honneure. »

   Trois jors jeunent tuit ensemble,

Et trois nuit veillent, ce me semble,
Par mout très grant contriction
Et en grant lamentacion,
Devant l'ymage Nostre Dame.
220 Li sains hons qui de toute s'ame
La douce Mère Dieu ama,
Moult doucement la réclama
De douz cuer et de douz courage,
A nus genouz devant s'ymage.
« Dame, » fait il en soupirant,
« De ce larron, de ce tyrant,
» Qui veut confondre crestiens,
» Ocierre et mettre en ses liens,
» Si nous deffent et si nous venge,
230 » Qu'onneur, graces, pris et loenge
» En ait tes fis et toi ausi. »
En oroison s'endort ainsi
Tout en plourant devant s'ymage.

La Mère Dieu qui douz courage
A de seur toute créature,
Qui la pensée nète et pure
Voit du preudomme qui l'apèle
A nus genouz en sa chapèle,
Grant pitié a et grant tenreur
240 Por le pueple geter d'erreur.
Por le saint homme soulacier
Et por son saint non essaucier,
De Julien sanz déloiance,
Cèle nuit vout penre venjance,
Et à saint Basile s'apert
Qu'ele moult aimme bien i pert ;
Ele a grant droit s'ele mont l'aimme,
Car moult la sert, prie et réclaimme.

Queque saint Basile sommeille,
250 Une trop merveillant merveille
Descendre voit de Paradis ;
De chevaliers plus blans que lis
Descendre voit plus de cent mile.
Tant en y a toute la vile
Couverte en est et la montagne.
En mi cele sainte compaigne,
Assise est sus une grant trône,
Une grant dame, une personne,
Qui tant est granz et merveilleuse,
260 Si très bèle, si glorieuse,
Que ne porroit dire hons ne fame.
Moult finement dit cele dame
A ceus qui sunt tout environ :

« Apelez moi Mercurion,
» S'ira ocirre Julien
» Qui a ocis maint crestien ;
» Qui mon non et moi tient por vil,
» Et blasme moi et mon douz fil. »
Et maintenant qu'ele out ce dit,
270 Un chevalier apoindre vit
Armé seur un grant destrier,
Lance levée, si très fier,
Qu'à saint Basile très bien semble
Que souz ses piez la terre tremble.
Cil chevaliers, cele royne
A saluée et puis l'encline
Moult bien et moult profondement.
Ele li dist iréement :
« Va tost, va tost, sanz délaiance,
280 » De Julien me prent venjance ;
» Mon cuer a iré et escité,
» Et tolir toi vient et ta cité. »
Sainz Mercures quant Nostre Dame
Voit a irée feus et flamme,
C'est bien à saint Basiles avis
Li saut et ist parmi le vis.
Poignant s'en va sanz plus respondre.
Vis est que trébuchier et fondre
Touz li pais desouz li doie,
290 De la mort est près à ij doie.

Li emperères Juliens
Or se gart bien li arriens ;
Car touz à fais ses enviaus.
Jà ses haubers ne cuns bliaus
Ne li venra contre la lance
Du chevalier qui si se lance.
Cèle royne grans et bèle,
Le grant Basile a donc apèle,
Moult doucement li donne et livre
300 Entre ses mains un moult biau livre
Où escrite a mainte merveille.
En dormant si s'en esmerveille,
Qu'esveilliez est et esperis,
« Ha ! Mère Dieu, Sainz Esperis,
» Qu'est ce fait il que j'ai veu ?
» Ha ! Mère Dieu, com durfeu, »
Fait li preudom, « font trestuit cil
» Qui corroucent toi et ton fil. »

Libanius, un moult haut hons,
310 Ceste meesmes visions,

## LE MIRACLE

En tel manière et tout ainsi
En Perse où iert revint ausi.
Saint Basile qui se merveille
Durement de ceste merveille,
Tout sanz plus un sien compaingnon,
Moult tost esveille ou boulon.
A la cité moult tost repaire
Où saint moustier, ou saint sacraire
Où gist le cors de saint Mercure,
320 Venus en est grant à l'eure
Pour esprouver ceste merveille.
La garde du moustier esveille,
Lors li enquiert par moult grant cure
Où sont les armes saint Mercure.
Cil jure et dit tout sanz doutance
Ses haubers, ses escuz, sa lance
Ou sacraire laiens estoient
Encor quant matines sonnoient.
Lors croist li cuers à saint Basile,
330 Bien set ausi comme évangile
Sa vision vraie et sainte.
De joie pleure lerme mainte.
A jointes mains Dieu en merçie
Qui les humbles ne despit mie,
Ains les alieve ades et monte;
Les orgueilleus refraint et donte
Et abat leur outrequidance.
Liez et joiaus, sans délaiance,
Li bons veillars, li bons chanus,
340 Tout le grant cors est revenus
Où moult en l'église la Dame
Trouva maint home et mainte fame.
Tout le puepler qui dort esveille,
La vision et la merveille
Qu'il a veue en plourant conte.
« Ha! Mère Dieu, » fait il, « com te
» Devommes tuit bien honnourer,
» Et encliner et aourer
» A nus genouz, à nus coutes.
350 » Les puissances en toi sont toutes ;
» Trestouz li mons amer te doit.
» Bien ai veu que de ton doit
» Acraventer pues tout le mont.
» Ah! Mère au Roy de la amont,
» Com paries de grant effors,
» Com paries grant, com paries fors,
» Com ies puissanz et merveilleuse,
» Com ies ignele et viguereuse,
» De tost aidier ceus et secourre
360 » Qui à t'aide veulent courre. »

Quant le puepler a tout esveillié,
« Soiés, » Fait il, « joiant et lié,
» Et clerc et lai, petit et grant,
» Et de servir soiez en grant
» La douce Mère au Roy célestre
» Qui tempesté a la tempeste
» Dont tuit estions tempesté ;
» D'iver nous a mis en esté,
» Et de février nous a fait mai.
370 » Dor en avant petit mosmai
» Des granz menaces Julien ;
» Car jà Déable du lien
» En enfer ont lié s'ame.
» Sainz Mercures et Nostre Dame
» De lui ont moult bien vengié,
» Qu'el fous d'enfer l'ont enfangié.
» James de lui n'avommes garde ;
» Ce fait la Dame qui bien garde
» Touz ceus de touz leur anemis
380 » Qui bien leur cuers ont en lui mis »

Plorant par grant devotion,
Lors leur conte la vision
Que veue a de Nostre Dame.
A donc n'i a home ne fame,
Ne viel ne joenne, clerc ne lai,
La Mère Dieu, sanz nul délai,
N'ait merçiée et aourée.
De joie y a tel plorée,
Qu'en lermes fondent tuit et toutes.
390 A nus genous et à nus coutes
Dévotement, de douz courage,
Aorant vont la sainte ymage.
Quant assez ont glorefié,
Loé et magnefié
La douce Mère au Roy de gloire,
Après la saintisme parole,
Repairié sunt tuit à la vile,
Après monseigneur saint Basile.
Ou moustier entrent saint Mercure,
400 Et lors la lance et l'armeure
Du saint martir ou moustier treuvent
Qui tesmoignent bien et bien preuvent
Que sainz Basiles avoit dit.
Quant li sainz hons la lance vit
De vers le fer tainte et vermeille,
Moult durement s'en esmerveille,
Et nequedent n'a par peeur,
Qu'ele du sanc l'empereeur
Ne soit ainsi toute moilliée

410 Et en son cors tainte et soilliée.

Quant saint Basiles voit la lance
Ensanglantée, là s'élance,
En haut la liève, en haut la monstre.
« Seigneurs, » fait il, » ou cors le monstre
» Qui nous avoit tant menaciez,
» A ci fers ci este glaciez.
» Saint Mercure a bien jousté,
» Juliens à tort a jousté.
» Les letres dit de ce fer
420 » Que s'ame jà bout en enfer.
» Or, puet brouster s'erbe et son fain ;
» Nous, se Diex plest, arons du pain.
» Le Roy du ciel gloréfiez
» Et sa Mère magnefiez
» A haut ton et à haute vois ;
» Car de touz biens est sorse et dois
» Ceste cité a délivrée
» Qui à martyre estoit livrée.
» De Juliens sommes delivre ;
430 » Vez ci l'escrit, vez ci le livre
» Qui touz nous jete de doutance ;
» Vez ci l'espée, vez ci la lance
» Dont a esté touz tresperciez ;
» Partout enfer en jà herciez,
» Et traynez et desachiez,
» Sanz nule doute le sachiez. »

*Te Deum laudamus* chantèrent,
Et de rechief assez loèrent
La Mère Dieu toutes et tuit.
440 Par la cité a si grant bruit,
Tant loent Dieu, chantent et sonent,
Que le pais tout en estonnent.
Por oir le devin servise,
Tuit s'en vont à la mestre église ;
Et quant la messe est definie,
Li sainz hons touz les commenie.
Sept jours entiers dura la feste,
Ce dit la lettre qui l'ateste.
Au jour septisme, ce me semble,
450 Assez èrent tout ensemble,
Clerc et lai à la mestre église
Por escouter le saint servise.
A tant es vous tout fuiant,
Libanium qui tout bruiant
Seur son destrier entre en la vile,
Durement huche saint Basile
Comme desvez, comme esbahis.

« Las ! las ! » fait il, « mors et trahis
» Sui se ne truis tost ce saint homme. »
460 Cil Libanius, c'est la somme,
Estoit uns soutils clers paiens
Que fait tout mestre Juliens
Avoit de lui et de sa cort.
Ne set li las quel part i tort ;
Tant durement est esbaris.
Au moustier vient touz esmaris.
Pluseur li dient par la vile
Qui trouvera le saint Basile
Et le peuple communement.
470 Descenduz est ignelement,
Et en plorant leur dit et conte
A quel douleur, à quel honte,
D'orrible mort est et d'amère
Mors et ocis li emperère.

Sainz Basiles lors li enquist
Où il fu mors et qui l'ocist :
« Sainz hons, » fait il, « enten, enten,
» Deseur le fleuve Eufraten,
» Maugré touz ceus qui le gardoient,
480 » Qui tout armé ades estoient ;
» Ocis leur fu entre leur mains.
» Or a vij jours, ne plus ne mains.
» Uns chevaliers et granz et fors,
» Touz seus l'ocist par son effors.
» Cent chevaliers touz fervestuz
» Ne prisa mie ij festuz
» Qui gardoient l'empereur.
» Seur un destrier tout sanz peeur,
» Comme tonnoires bruiant, vint,
490 » D'une trop grant lance qu'il tint
» L'empereeur parmi le cors
» Féri si fors, que par defors
» Ensailli hors toise et demie.
» Touz li cors encor me fremie
» Et le cuer ai tout effréé
» Du felon coup du desréé.
» Ses destriers parcouroit si tost,
» Qu'ains ne sout nus en toute l'ost
» Où il tourna ne qu'il devint ;
500 » Si grant merveille ainz mes n'avint.
» L'empereres quant le féri,
» Un brait jeta et un grant cri
» Si très pesme, si doulereus,
» Encor en sui tout peureus,
» En maudisant Dieu et sa Mère.
» D'orrible mort, pesme et amère,

*Psalmista dicit:*
*Mors peccatorum pes-*
*sima.*

» Maintenant fu assoubitez.
» Dorenavant la véritez
» De votre foi est toute aperte ;
510 » La nostre voist à male perte.
» Ce poise moi conques en fui.
» Sainz hons, sainz hons, à toi a fui,
» Et a secours et a garant
» Apertement et aparant
» Que riens ne vaut lait de païens ;
» Ne la pris mais tj pois baiens.
» En créance goute ne voient.
» Tuit chancèlent et tuit forvoient,
» Fors seulement li crestien.
520 » Bien es prouvé par Julien
» A tant noiant toute la vile. »
Plorant aus piez saint Basile,
Sa foi guerpist dolente et pesme,
Crestienté quiert et baptesme.
Sainz Basile, sanz demourée,
Sa vision li a contée,
Et de la lance la merveille
Qui encore est toute vermeille.

Libanius, sanz délaiance,
530 Guerpist sa foi et sa créance,
Et le baptise et le purefie
Porceque de si sainte vie
Voit le saint homme saint Basile.
Plourant voiant ceus de la vile,
Ses deciples est devenuz.
Li bons veillars, li bons chanuz,
Reçou l'a à moult grant joie.
Raconter pas ne vous saroie,
Ne jà par home n'iert retraite,
540 La grant feste qui là fu faite.
Son avoir a chascuns repris.
La Mère Dieu loenge et pris
En rendent tuit petit et grant.
De lui servir furent en grant ;
Plus ententis, plus apresté
C'onques devant n'eurent été.
La Mère au Roy qui tout justise
Ainsi s'ymage, ainsi s'église,
Ainsi sa cité délivra.

550 Dit vous ai quanqu'en men livre a.
Ce Julien, le renoié,
Qui Dieu avoit tant guerroié.
Mais dire vous puis bien sanz livre
Qu'à cent mile maufez se livre

Qui Dieu et sa Mère guerroie ;
Et nequedent moult trouveroie
De haus princes, par mainte terre,
Qui contre Dieu a prise guerre
Et encontre trestouz ses sainz.
560 Pou voi haut home ne soit cainz
D'autel cainture com Juliens.
Encore est pire uns crestiens
Et de poieur ceinture ceins,
Qui guerroie saintes et sainz
C'uns Sarrasins nus mescréans.
Haus hommes voi si mescréans,
Que plus tost Dieu qu'autrui guerroient.
Ausi volentiers conquerroient,
Tel y a tex est leur matère,
570 Seur Dieu et seur sa douce Mère
Et seur ses sainz chastel ou vile,
Comme il feroient, par saint Gile,
Seur Persans ne seur Sarrazins.
Por ce les fiert li palazins,
Por ce muerent de mort soubite,
Por ce la mort les a soubite,
Por ce chieent de passion.
Ne pitié ne compassion
N'out mes de Dieu ne de ses sers.
580 Un clerc, un moine ou un convers
Plus volentiers rainberont
Q'un larron routier ne feront
Se pris l'avoient en la route.
Si defaillie et si deroute
Est foiz en aus ne n'i a point :
Chascun seur Dieu chevauche et point ;
Chascun vers Dieu Tournai aapris ;
Chascuns de mal faire est espris,
Autant ou plus com Juliens.
590 Les bons princes, les anciens,
Leur ancesseurs pas ne resemblent ;
Car il donnèrent et cist emblent.
Leur ancesseur, li bon preudomme,
Savoient bien qu'à la personne
Après aus riens ne porteroient
Des granz richèces qu'il avoient.
Par ce devant aus les trammistrent
Et tant en Paradis en mistrent,
Qu'ore en sunt riche et asasé.
600 Espris furent et enbrasé
De Dieu servir et de bien faire,
S'aparut bien à leur affaire ;
Car sainte église édéfièrent
Et de leur biens tant y donnèrent,

*H) Libertus dicit:*
*Pax, dos, libertas, re-*
*verentia praeteriere : bulla,*
*rapina, jugum, contemptu-*
*eis subiére : quos premit,*
*expoliat predonum turba*
*frumentum extulit, excoluit*
*sanctorum cura parentum*
*quaeque sacris ducibus ri-*
*sêre prioribus annis. Sunt*
*mihi subjecto tyrannide*
*atque tyrannis.*

Que leur enfant après leur vie
Pesance en ont duel et ennic,
Et de leur dons si se descoupent,
Quequan qu'il puent les recoupent.
Cil qui plus sunt de grant bobant
610 Vout sainte église plus robant;
Cil qui la doivent plus deffendre
Sont cil qui plus y veulent prendre.
Li plus puissant, plus la confondent,
Plus la bertondent, plus la tondent,
Plus l'asolent, plus la champartent,
Plus la maschent, plus la papetent,
Plus la poilent et plus la plument.
Sachent il bien qu'en enfer tument
leur lasses d'ames et trebuchent,
620 Quant il ainsi nous espeluchent
Et quant ainsi nous vont pelant.
Ne leur vois mie trop celant,
Ains leur di bien, tout en apert,
Que s'ame dampne et s'ame pert
Et bien se coupe la gargate,
Qui, par bruilaz et par barate,
Par roberie, ne par force,
Tout sainte église riens n'efforce.
Sachent, sachent baron et prince,
630 Seur sainte église qui riens pince
Et qui ses rentes li recoupe,
Dieu meesmes sa bourse coupe
Et sa Mère tout s'aumonière,
Quanque bone gens aumosnière
Sainte église jadis donnèrent,
En la Dieu bourse le mucèrent
Et repostrent en Paradis.
Li sage prince de jadis
Ou ciel faisoient leur trésor;
640 Mais riens n'en font cil qui sunt or.
Adonc donnèrent et or tolent;
Lors se sauvèrent et or s'afolent;
Lors furent douz, or sunt amer;
Lors sourent Dieu moult bien amer,
Et or le sevent bien haïr.
Diex les het si, de grant air
Qu'apaines mes puet on durer
Que haus hons longues puist durer.
A peines mes puet otroier,
650 Qui leur jors puissent nes moier.
Nus vout ausi com sont Batel;
Peu voi cité, peu voi chastel
Où il ait mes ancien prince
Pour leur mesfez Diex si les pince

Que là où sont plus espincié
Sont il de mort mors et pincié.
En Paradis n'a saint ne saintes
Qui leur face aucune en painte.
Li saint du ciel trestout afait
660 Vers cui se sont souvent meffait;
En aus grever metent leur cure,
Tout autel font com saint Mercure
Qui Julien assoubita.
Pendue l'uiel mort soubite a;
Qui guerroie sainte ne saint.
Sainte Marie, Dex me saint,
Il les devroient aourer,
Servir du leur et honnourer,
Et il et leur choses assaillent,
670 Pincent, recoupent et retaillent,
Par ce que Dieu, saintes et sainz
Vont corceant, meurent il ainz
Et ledement si com véez.
Qui contre Dieu est desréez
Et de mal faire encouragiez,
Ne puet ne que chiens erragiez
Durer ne vivre longuement.
Ainz muert et chiet soudainement
Au cors n'a mie grant péril,
680 Car toutes voies mourront il;
Mes pitiez est trop grant de l'ame
Qui muert en perdurable flamme.
N'en a pooir que de la wit,
Mais en mourant tout ades vit.
Chastient sen, chastient sen,
Se mémoire ont en aus ne sen.
Apertement puet on vooir
Que trop est Diex de grant pooir.
Bon chapeter ne le fet pas.
690 Diex ne fiert mie isnelepas,
Ains atent moult ala foiée;
Mes quant la paunie a desploié,
Il donne un tel hariaplat,
Qu'en enfer fait vouler tout plat
Un Roy ou un Empereeur
Qui de ses cous n'a grant peeur.
Il n'est pas certes crestiens
Quant l'emperères Juliens
Se prist à lui et à sa Mère.
700 Ne fu pas sages, par saint Père;
Forsenez fu, foi que doi m'ame,
Quant guerroier vout la grant Dame
Por qui cil veut ades champir,
Qui puet abatre et estampir

A un seul coup une grant ost
Et tuer tout le mont tantost.
Forscnez est et devez cil
Que Dame qui a si fait fil,
Ne doute plus que nule foudre.
710 Si fort s'aire et si effoudre
Li puissant Roy, li puissant Père,
Quant courroucie voit sa Mère
Que tout le monde fait trembler.
Certes trop mal fait assembler
A champion qui fiert tiex cous
De touz buisnars est li plus fous,
Qui rien la dame ose meffaire
Qui tant par est de grant affaire,
Et si par a fort champion,
720 Trop par ont fole entençion
Et se par fu trop fausnoiez.
Li emperères renoiez
Quant vout tel Dame guerroier
Ardoir s'iglise et pecoier.
De lui se fust vengiée tost;
Ains ne lessa por trestout l'ost.
Par les prières saint Basile,
Son moustier, s'ymage et sa vile
Delivra la Dame du ciel.
730 Qui bien la sert, par saint Michiel,
Sagement set faire son preu;
Mais cil de sens par a trop peu
Qui ne la sert ententilment.
« Hé! Mère Dieu, com soutilment,
» Com puissamment, com bel, com tost,
» De ceus qui sunt de ton acost
» Et qui leur cuer ont en toi mis,

» Venges de tous leur anemis. »

N'est emperères, roys ne dus
740 Mort et bouté ne l'aies jus
Plus tost com ne tourne sa main,
S'il te courrouce soir ne main.
Juliens mar te renoia,
Mar t'assailli ne guenoia,
Car il n'est nuz puissant roync
Qui porter puisse ta hayne
N'envers tes cous puisse durer,
Tant le sache bien en murer
Ne tant couvrir de fort escu.
750 Juliens avoit trop vescu
Quant à toi y prist a atine,
Double hauberz, double platine.
Ne fors cuirée, n'auquetons
Ne lui valurent deus boutons
Contre la lance saint Mercure.
De cors ne d'ame n'a cil cure
Qui envers toi commence guerre;
Car Dame ies de ciel et de terre.
Bien ont monté li tien le mont;
760 Car royne ies de tout le mont,
Et de ton doit pucèle monde
Agraventer puez tout le monde.
Virge qui le monde mondas
Et seurmonté tout le monde as,
Fai nous cest mont si seurmonter,
Que le haut mont puissons monter,
Là où Diex maint lassus amont
La grant douceur touz nous y mont.

---

## Comment Nostre Dame deffendi la cité de Constentinnoble.

Sous le règne de Théodore, un certain Muselinus vint camper sous les murs de Constantinople, espérant s'emparer de la ville et des richesses immenses qu'elle contenait. Le barbare attaqua à la fois la cité par terre et par mer, joignant la menace à la ruse pour surprendre les assiégés. Pressés de toutes parts et sachant le sort qui leur était réservé, les habitants de Constantinople avaient eu recours à saint Germain, leur patriarche. Ils le supplient d'intercéder pour eux auprès de Marie, afin qu'elle les délivre de ce danger. Les supplications d'un peuple ayant à sa tête un Saint, sont presque toujours sûres d'être exaucées.

Après des assauts réitérés, Muselinus n'est pas plus avancé que le premier jour; les traits qu'il lance sur la ville rejaillissent sur ses soldats. Etonné de ce prodige, le roi musulman invoque Mahomet, son Dieu. Mais levant les yeux au ciel, il en voit descendre une dame d'une merveilleuse beauté. Ses vêtements de pourpre et d'or, l'éclat de son visage répandent au loin une lumineuse clarté. Un innombrable cortège de vierges habillées de blanc accompagnent leur reine qui reçoit dans un pan de son manteau tous les projectiles lancés contre les remparts et les renvoie à l'ennemi auquel elle fait essuyer des pertes considérables.

A la vue de ce miracle, le prince païen fait lever le siège et entre dans la ville pour rendre hommage à la protection de la Vierge et reconnaître la vérité de notre foi. Muselinus se retire après avoir laissé des présents considérables et promis une alliance inaltérable.

Exhortation à la confiance en Marie, dont saint Germain célébra la victoire par une hymne qu'il avait composée et qu'on chantait chaque année en procession, en mémoire de cette délivrance. Bonheur de celui qui met en elle son espérance.

Miniature. Sur un fond de losanges rose et azur coupés de compartiments qui enserrent des fleurs-de-lys d'or, se profile l'aspect d'une ville fortifiée, une espèce de citadelle défendue par un donjon à créneaux; une catapulte ou pierrier est dressé contre le rempart et prêt à lancer des projectiles. Des soldats, sans doute des Turcs coiffés du turban, montent à l'assaut. Au-dessus des remparts, la sainte Vierge couronnée et nimbée sort des nuages et s'abaisse sur la ville en étendant son manteau sur les murs et sur les assiégés pour les défendre.

Dans le manuscrit de Paris, on voit d'abord un roi la couronne en tête, montant un cheval caparaçonné, tenant un bouclier, des soldats au-dessus d'une catapulte, la Vierge suspendue au-dessus des murs. Ensuite un roi à genoux devant la croix; un prêtre aussi à genoux devant un autel, les assistants sont dans la même posture.

Au tens que de la cité noble
Qui nommée est Constentinnoble,
Iert, ce me conte ma matère,
Théodosius l'emperère
Et patriarches saint Germains.
Uns Sarrazins, uns roys moult plains
De grant orgueil, de grant bonbance,
Par sa très grant outrecuidance,
Vint Constentinnoble asseoir.
10 Com cil qui est de grant pooir,
De grant affaire et de grant non.
Muselinus avoit anon.
Mussars iert il par vérités,
Par foleur, par iniquités.
Les murs vouloit fraindre et abatre
Et Sarrazins dedenz en batre.
Por tout fourbir et por tout pendre,
Car fait li avoit on entendre,
Et je croi bien que c'estoit voirs,
20 Que dedenz iert touz li avoirs.
N'iert pas touz, mais sanz doutance
Croi bien et cuit que toute France
A ce tens plus n'en avoit pas.
Mais bien en ostèrent le cras,
Riens n'i laissièrent fors le maigre,
François qui trop sunt fier et aigre,
Quant la cité par ij fois pristrent
Et par force empereeur fistrent

Du conte Baudouin de Flandres
30 Dont l'autrier fu si grant escandres,
Que cil qui fu puis pedouins
Qui se veut faire Baudoins.
Il m'est avis qu'il fu trop sot;
Car ne plus que miaule un bussot,
Faucon resemble à esprevier,
Ne que mastins semble levrier,
Ne que sèche semble plais,
Ne sembloit Bertran de rais
Le gentil conte Baudouin,
40 De Buisnardel et de buin.
Beu out trop quant de viez nate
Pourpre veut faire n'escarlate.
Plus fu musart de museline
Le felon païen de put lin
Qui assise à Constentinnoble
Destruire veut la cité noble
Par force et par hausage avoir
Tout le trésor et tout l'avoir
Comme cil qui moult set de guerre.
50 Par mer fist assaut et par terre,
Et par derrière et par devant.
Moult durement les va grévant;
D'engiens y a grant multitude,
Grant paine i met et grant estude
A ce qu'il puist entrer dedenz.
Le cuer, la boucle et les denz

Jure souvent de Mahommet
Que se dedenz tost ne le met,
Touz les metra à tel meschief,
60 Que de chascun penra le chief.
Cil dedenz sunt si ségié
Et si griefmens sunt agrégié,
Qui ne leur puent eschaper;
Et si les puent atraper,
Sanz nule doute sevent bien,
Jà d'eus merci n'auront li chien.
Entour la ville, entour les murs,
Sarrazins voient tant et Turs,
Qu'il sevent bien qu'il n'ont deffense
70 Se Dex et sa Mère ne pense.
Pour ce que trop en ont grant charche,
A saint Germain le patriarche
Déprient por Dieu et por s'ame
La Mère Dieu, la douce Dame
Déprit que prit à son douz Fil
Jeter les doint de ce péril.
De peeur sont tout escité;
Chascune nuit par la cité
Portent les dames granz poignies,
80 De granz tortiz, de granz soingnies
Devant l'ymage Nostre Dame
De tout son cuer, de toute s'ame,
Devant s'ymage à jointes mains.
Souvent li prie saint Germains
Que sa cité et ses créans
Deffende et gart des méscréanz.

Roys Muselins qui defor muse,
Dit ne se prise une viez muse,
Et moult se tient por amusé
90 Quant par dehors a tant musé.
D'ire et d'ardeur art et esprent
Quant la cité plustost ne prent.
Si com Diex plest un jour avint
Que la cité assaillir vint.
Par grant vertu, par grant air;
Mes quant plus l'a fait en vair
Et assaillir par plus grant rage,
Tout ont li sien plus grant domage.
Li mangonnel et les perrières
100 qui pierres ruent granz et fières,
As murs ne font point de domage
Ne que feroie fres fourmage.
Tout maintenant que murs flatissent,
Ausi arrière resortissent,
Com se li mur ièrent de fer.

« Ce sont ce croi li mur d'enfer, »
Ce dit li roys à ses paiens;
« Nes empirrons ij bois baiens. »
Tuit cil qui ce miracle voient
110 Paien et Turs moult s'en effroient
Et tienent trop à grant merveille.
Pour céans de la ville Dex veille,
Ce dient tuit petit et grant.
Roys Muselins qui moult en grant
Est de penre cele cité
Si durement a escité,
Le cuer de mautalent et d'ire,
Ne set qui puist faire ne dire.
Quant voit sa gent a tel meschief.
120 Par ire au ciel lieve le chief
Et Mahommet son Dieu déprie
Qu'à cest besoin ne l'oublit mie.
Avis li est que touz vis arde.
Que qu'il ainsi le ciel regarde,
Moult grant merveilles a veues;
Descendre voit de vers les nues
Une dame si merveilleuse,
Si très bèle, si glorieuse,
Et d'une pourpre o or batue
130 Si acesmée, si batue,
N'est nus qui le seust retraire.
Tout enluminé et tout esclaire
La contrée de celui est vis
De la clarté de son cler vis.
De blanche gent toute florie
Avec lui a tel compagnie,
Qu'il en y a plus de cent mile.
Tant en voit tout autour la vile,
Nus ne saroit dire quantel.
140 D'un des quorons de son mantel
Cele dame grans et plenière
Deffent la vile en tel manière,
Gréver ni puet nus ne meffaire,
Tant i sache lancier ne traire,
Ces granz labes pesans et fières.
Quant getant vont ces granz perrières,
Cele royne glorieuse,
Cele grant dame merveilleuse,
En son mantel reçoit les cous
150 Et rebondist la pierre entre eus.
Del miracle, de la merveille
Li roys paiens moult s'esmerveille;
Bien set que c'est euvre devine.
Sa gent paienne et sarrazine
Maintenant fait arrière traire,

*Jacobus dicit:*
Multum enim valet deprecatio justi assidua.

*Petrus dicit:*
Estote prudentes et vigilate.

*Salomon dicit:*
Pro sanitate infirmum deprecatur, pro vita mortuum rogat.

Ni laisse plus lancier ne traire ;
Désarmer lors fait toute s'ost.
As portes est venuz tantost
A saint Germain et aus preudommes
160 De la cité si com trouvommes,
Le haut miracle a raconté.
En peu de tens l'a si donté
La douce Mère au Roy de gloire,
Que bien li fait savoir et croire
Que de folie s'entremet
Cil qui aouré Mahommet.
Son cuer li a si escité,
Qu'entrez s'en est en la cité.
A tout mil hommes s'englement
170 Par les églises humblement
Aourant va Dieu et sa Mère
Et relenquist sa foi amère.
Granz offrandes fait et granz dons
Et la créance juré a dons
Que se nus guerre n'envaie,
Fait seur la vile, en leur aie
Et en leur force ades sera,
Et qui seur eus riens meffera,
Il meffera seur lui ausi.
180 Congié a pris et tout ainsi
Par grant amour d'aus se départ,
Si amassour, si acopart,
Si amirant, si amuafle,
Vaillant une fueille de rafle,
N'ont pas conquis en leur assaut.
Moult a sailli certes bon saut
Qui son cuer a en celui mis
Qui si sequeurt tost ses amis
En touz periex et en touz cas.
190 N'est pas touz sainz, ains est touz qu'as
Et de nul bien ne tient nes goute.
Qui s'amour n'a mise en lui toute.
Li patriarches saint Germains
La Mère Dieu tendi ses mains
Quant des paines se vit délivres,
Et ce trouva, ce dist le livres,
Une loenge, une sainte ymne
De la pucèle haute et digne
Qui dame et royne est de gloire.
200 Que chascun an clerc et provoire,
Par la cité en remembrance
De cele sainte délivrance,
Chantent et dient à grant joie.
Ceste loenge nous diroie,
Mes trespassée por ce l'ai

Que dout et crien trop le delai.

Cist miracles bien nous ateste
Que cil est bien soz en la teste
Et bien devroit estre loiez
210 Com fors du sens, com desvoiez,
Qui du cuer n'aimme Nostre Dame.
La mort juré a bien de s'ame
Qui tout son cuer à lui n'apuie ;
Car plus que toire et plus que suie
Est toute amor sure et amère
Envers l'amour de la Dieu Mère.
Moult par est voir de fole affaire
Et moult petit set son preu faire,
Cil qui l'aimme volagement.
220 Vers enfer pris a vol je ment,
Ains iest jà pieça volez
Qui apris n'est et escolez
De Nostre Dame bien amer.
Cil bien se plunge et noie en mer,
Et enfer fait bien son lit
Qui ne la sert par grant délit.
Mais cil ou ciel fait bien sa couche
Et bien aaise s'ame couche,
Cil bien l'amour de Dieu desert
230 Qui de bon cuer l'onneure et sert.
Qui son cuer en lui a mis,
Des déables, des anemis
Ne puet avoir garde ne doute.
Qui bien en est nului ne doute.
« Hé ! Mère Dieu, haute pucèle,
» Haute royne, en ies tu cèle
» Qui tant ies fors puissanz et noble
» Qui deffendis Constentinnoble
» D'un des corons de ton mantel?
240 » Qui de t'amour un seul chantel,
» Doucce Dame, porroit aquerre,
» Petit porroit douter la guerre
» De l'anemis ne les assaus,
» Tout le grant cours, touz les granz saus.
» A toi servir, ma douce Dame
» Courre doit cil qui aimme s'ame ;
» Car l'anemi ne ses estors,
» Touz ses assaus ne touz ses tours
» Douter ne puet un oef tourné
250 » Qui son cuer a à toi tourné.
» Dame es cui flans Dex se tourna,
» Mur, forteresce ne tour n'a,
» Ains est honnis au chief du tour
» Cil qui de toi ne fait sa tour. »

### Comment saint Jéroime raconte de l'ymage Nostre Dame que le Juif geta en la chambre coie.

Saint Jérôme (1) rapporte qu'un Juif de Constantinople, ardent ennemi du christianisme et calomniateur passionné du culte rendu à la sainte Vierge, vint un jour dans la maison d'un de ses amis. Ayant aperçu près d'une fenêtre un tableau de la Sainte, il demande à son ami ce que représentait cette image. A la réponse qu'on lui fait que c'est l'image de la Mère de Jésus-Christ, le Juif entre en fureur et blasphème avec emportement de voir que dans la moindre des chapelles, il y a jusqu'à sept ou huit tableaux du même genre. Dans sa colère, il saisit l'image et la jette dans un lieu privé.

La sainte Vierge ne put souffrir impunément cet outrage, et elle se vengea du Juif avec éclat. Attaqué tout-à-coup d'une terrible maladie, le malheureux poussait des cris affreux et s'agitait convulsivement comme un possédé.

Le chrétien, effrayé, ne savait que faire ; mais un peu revenu à lui, il courut à l'endroit où le Juif avait jeté l'image, qu'il nettoya avec soin et replaça avec honneur. Cette image devint très-célèbre dans le pays, et les pèlerins y venaient avec dévotion de diverses contrées lointaines. Plusieurs guérisons miraculeuses s'y étaient opérées à l'aide d'une onction faite avec une huile qui avait touché la sainte image.

Miniature. Sur un fond échiqueté d'or, de bleu et de rose, apparaît une maison couverte en tuiles et en plomb, avec lucarne et cheminée. A l'intérieur trois hommes, l'un renversé à terre et tirant horriblement la langue ; un autre retire des communs le tableau où est peinte la figure de la sainte Vierge et de son fils ; le troisième applique à ce dernier quelque chose sur les yeux. C'est sans doute la guérison de quelqu'aveugle par l'huile sainte.

Le manuscrit de Paris complète le récit de notre écrivain. Il intitule ce miracle : *De la tauletè en coi l'image de la Mère Dieu estoit painte*. La miniature présente quatre sujets : 1° Le Juif et son ami considèrent l'image. 2° Le Juif détache le tableau. 3° Trois affreux démons empoignent ce malheureux pendant son sommeil. 4° Trois personnes avec des vases versent d'une liqueur ; d'autres sont en marche.

Un biau miracle nous recite
Sainz Jeroimes, qui nous escite
A la pucèle bien amer
En qui amor n'a point d'amer.
Cest haut miracle ce dit fist
La Haute Mère Jhésucrist
Dedenz la riche cité noble
Qui nommée est Constentinnoble.
Par aventure ainsi avint
10 C'un juif en la meson vint
D'un crestien dont iert acointes.
Malicieus estoit et cointes ;
Crestienté moult despisoit,
Et moult volentiers médisoit
De la puissant Dame celestre.
Près de lui en une fenestre
Garda et vit en une tablète
Où peinte avoit une ymagète
A la semblance Nostre Dame.
20 « Di moi, » fait il, « di moi, par t'ame,
» Cest ymage de cui est èle ? »
« Ele est, » fait il, « de la pucèle
» Qui tant fu pure et nete et monde,
» Que li Sires de tout le monde
» Humanité prist en ses flans. »
Au juif bouli touz li sans,
Quant il oy parler de lui.
« Aeures tu, » fait il, « celui
» Que ne daingnâmes onc nommer ?
30 » L'en te devroit voir assommer
» Ou acovrer comme une vache.
» Un viez piler ou une estache
» Tout ausi bien puez aourer,
» Et encliner et ennourer

---

(1) Nous devons avouer que, malgré nos recherches, nous n'avons pu trouver le fait ici raconté et attribué à saint Jérôme.

» Comme cèle dont tu me contes.
» Fi! » fait li chiens, « c'est trop grant
 [hontes,
» Trop grant viltance, trop grant dieus,
» Que nus hons croit que li grant Dieus
» Fust nez de tèle mariole;
40 » Il en est mais tel cariole,
» Ni a moustier ne mousteret
» Où il n'en ait ou sis ou sept.
» Ainz mais si grant honte n'avint. »

A la tablète courant vint,
Si l'a par mautalent getée
Parmi le treu d'une privée.
La Mère Dieu qui fu l'ymage
Ne vout soufrir ce grant outrage.
Cruelment et tost li meri,
50 Quar passion lors le feri.
Si li sailli la langue hors,
L'ame enportèrent et le cors
Tout maintenant li anemi.
Tel paour out que tout frémi
Li crestiens de ceste afaire;
Esbahis fu, ne sout que faire.
Mais si tost com cuers li revint,
A la privée courant vint,
L'ymage quist, si la trouva.
60 Com loiaus hons bien se prouva,
Lavée l'a et netoiée,
Si l'a remise et ratirée,
Plus bèlement que n'iert devant.

*Profitetur dicit :*
*Tale Dei vultum nichil*
*nequam transit inultum.*

La demoisèle en qui devant
Li roys des roys daingna seoir,
Y demoustra moult grant pooir;
Quar vile fist de la tablète
Où pourtraite estoit s'ymagète,
Sourdre et venir à tel esploit,
70 Que les empoles en emploit
As pelerins qui la venoient.
Touz cil qui de l'uile s'oignoient,
Mes que creanz fussent adroit,
Sain et guari ièrent lors droit.

Cest miracle pas ne defaut,
Quar la sainte cèle qui tant vaut,
Apertement en saut encore;
S'ame et son cors tue et acore
Cil qui la Mère Dieu corrouce.
80 Ne doit pas estre au juif douce;
Car trop la héent durement
S'il comperent moult crieument
Comme Chaon frient et fondent,
Quant son saint non tout ne confondent;
Por ce les as si confonduz,
Les fricleus, les enfonduz,
Que li mondes les confont
Porce qu'il li firent et font,
Et qu'il n'ont foi ne fondement.
90 Les feri Dieu ou fondement,
Porce sunt il tout enfondu,
Flestri, foncié, fade et fondu.

*Legitur in psalmo:*
*Et percussit inimicos*
*suos in posteriora obpro-*
*brium sempiternum dedit*
*illis.*

---

## Le miracle du riche homme et de la povre vielletté.

Dans une certaine paroisse que le poëte ne nomme pas, deux personnes placées dans des conditions bien différentes, vinrent à décéder le même jour. L'une était un homme riche, usurier et avare, l'autre une pauvre vieille femme n'ayant pour habitation qu'une misérable chaumière. Les jours de son pélerinage sur la terre s'écoulaient dans une profonde tristesse, et elle ne se nourrissait ordinairement que d'un pain de larmes; la faim et le froid, ces hôtes habituels de l'indigence, venaient souvent visiter sa demeure. Sa couche n'était composée que d'un amas d'herbes dures où reposaient ses membres fatigués; mais, sous ces haillons hideux de la misère, la pauvre mendiante cachait un cœur d'or, une âme excellente et généreuse ; plusieurs fois elle en avait donné des preuves sensibles en employant les offrandes qu'on lui donnait pour acheter une petite chandelle qu'elle faisait brûler en l'honneur de la sainte Vierge.

L'usurier, cet homme dont de gros intérêts avaient décuplé la fortune, était aussi devenu un riche fier et orgueilleux. Mais la mort, cette terrible mère de l'égalité, vint un jour s'attaquer à lui dans le dessein de renverser toute sa superbe. Déconcerté à son approche, notre usurier se fit transporter cependant dans un lit richement orné ; il est bientôt environné de sa femme, de ses enfants qui entourent sa couche. Tous le pleurent. Le curé de la paroisse arrive de son côté en toute hâte ; il trouve la maison en larmes et le riche qui se meurt. Le prêtre qui se connaissait probablement en médecine, lui tâte le pouls, fait fermer les portes et les fenêtres, afin que la clarté du jour ne fatigue pas trop le malade ; puis il le console en l'engageant toutefois à faire son testament, comme il convient à un homme sage et prudent. Le malade lui répond qu'il n'a pas à s'en préoccuper, attendu qu'il laisse toutes ses richesses à ses héritiers naturels. Malheur de ceux qui s'en rapportent à leurs héritiers pour exécuter leurs dernières volontés.

Pendant que cette scène se passait chez l'usurier, la pauvre femme dont nous avons parlé était à l'agonie de son côté. La malheureuse *vieillette* gisait abandonnée dans sa chaumière. Dans sa détresse, elle n'avait pour la soigner qu'une pauvre jeune fille ; elle la pria de faire mander le prêtre afin de la communier. Cette fille accourt toute haletante chez le riche où elle trouve le prêtre qu'elle supplie de vouloir bien venir de suite. Celui-ci répond qu'il ne peut quitter ce cher malade dans la position critique où il est. La jeune fille s'en retourne tristement et transmet à la bonne vieille la réponse du prouvaire. A ces mots, la vieillette, sans se troubler, se recommande à Jésus-Christ et à sa sainte Mère.

Ce prêtre avait heureusement, pour l'aider dans son ministère, un saint diacre qui très-probablement était revêtu du sacerdoce et faisait l'office de vicaire. C'était un homme plein de zèle et d'une conduite exemplaire, quoique jeune d'âge, il était ancien dans la vertu. Ce jeune diacre qui accompagnait son curé n'avait pas entendu sans chagrin la réponse qu'il venait de faire ; il s'était même permis de l'en reprendre secrètement et avait fini par lui demander l'autorisation d'aller communier la pauvre malade, ce qu'il avait obtenu sans difficulté.

Le bon diacre ayant pris les saintes espèces, était donc allé promptement chez la vieillette qu'il trouva seule. Mais une grande clarté resplendissait sur le lit de la malade où, à son grand étonnement, il n'avait pas tardé à voir douze jeunes filles d'une beauté merveilleuse. Au chevet du lit, une dame éclatante de majesté essuyait de ses blanches mains la sueur qui découlait du front de la pauvre femme ; le linge dont elle se servait était d'une blancheur qui surpasse celle du lys. Le diacre, effrayé de cette vision, était tenté de fuir ; mais revenu de sa stupeur, il s'était aussitôt avancé vers le lit avec la sainte hostie. Toutes les jeunes filles s'étaient levées à son approche pour adorer notre Seigneur Jésus-Christ. Le diacre tremblait comme la feuille du bois qui frémit et soupire sous l'agitation des vents. La sainte Vierge le rassure et lui dit de s'asseoir près du lit et de confesser cette bonne femme. Le clerc obéit.

Après que la vieillette fut communiée, une des demoiselles qui accompagnait la sainte Vierge, exprime la pensée que cette bonne femme ne doit pas mourir de suite. La sainte Vierge répond qu'il faut que le corps souffre encore pour se purifier, et elle ordonne à ses filles de reprendre le chemin du ciel pour revenir plus tard prendre cette âme. Le cortège céleste disparaît donc, et le clerc heureux de cette vision se hâte de retourner auprès du prêtre pour la lui raconter. Le curé était encore chez l'usurier qui se débattait à outrance, criant dans un affreux délire qu'on lui ôtât les chats enragés qui l'étouffaient.

Le clerc voyait en effet sur le lit du moribond une foule innombrable de démons noirs comme des charbons, velus comme des bêtes fauves, armés de griffes et de dents aiguës, langue saillante et enflammée, longue queue avec laquelle ils se battaient les flancs. Le diacre, frissonnant de peur, prie la sainte Vierge de le délivrer de tout péril et sort aussitôt de la maison du riche pour aller revoir la pauvre vieille dont la maison, quoique sale et hideuse, était bien préférable à ce palais habité par l'enfer.

A son arrivée, le diacre voit encore la sainte Vierge qui était revenue pour chercher l'âme de la bonne vieillette. Il s'agenouille humblement et la prie les yeux humides de larmes. La sainte Vierge lui ordonne soudain de faire la recommandation, et bientôt elle emporte l'âme de la défunte dans ses bras. Ses vierges se prennent à entonner un cantique ravissant.

Le bon diacre ensevelit cette pauvre femme, et l'office terminé, il retourne chez l'usurier où son doyen était encore. Là, un triste spectacle l'attendait. Le riche, semblable à un antéchrist, se tordait les mains dans sa douleur, poussant des hurlements affreux. C'est qu'aussi les démons redoublaient de fureur et attaquaient ce misérable avec une rage démesurée. L'âme, torturée dans son corps, se plaignait de son sort, lorsqu'un démon répond à ses lamentations par le détail des supplices qu'elle sera condamnée à endurer dans l'enfer. Outre les punitions matérielles ordinaires, telles que ces crapauds, ces lézards, ces sangsues, ces couleuvres qui sucent la cervelle du damné, dévorent sa langue, rongent son cœur, l'avare aura une peine particulière à subir, ce sera de voir, pendant toute l'éternité, suspendu à son cou cet argent si injustement acquis. En disant ces mots, un des démons le frappe à la gorge avec un croc de fer enflammé, et lui fait rendre le dernier soupir.

L'avare meurt et tombe en frémissant dans les enfers. Le diacre, bouleversé par cet évènement s'enfuit effrayé. Mais la sainte Vierge lui apparaît de nouveau et lui donne l'assurance qu'il mourra bientôt et que son âme ira au ciel.

On comprend quel parti on devait tirer de cette morale d'une vérité si saisissante. C'est que les richesses de ce monde damnent les âmes, tandis que la pauvreté les sauve des tourments de l'enfer.

La miniature de notre manuscrit, une des plus jolies qui existent dans ce riche ouvrage, présente les deux sujets dont il est question dans cette pièce. Sur un fond d'or à losanges semés de fleurons se détachent deux habitations. L'une, à droite, laisse apercevoir sous une arcade cintrée un homme malade couché dans un lit, ayant une espèce de voile sur la tête. Le curé, la tête couverte d'un capuchon noir, lui tâte le pouls; une femme à côté. Au-dessus du chevet du malade, un démon noir et velu est assis; au pied du lit un coffre-fort, le coffre de l'iniquité et de l'avarice. A gauche, on voit une scène plus douce. Dans une chaumière couverte de roseaux, une pauvre femme couchée dans un lit se lève en joignant les mains pour recevoir la sainte communion que le prêtre lui apporte dans son ciboire d'or. Le diacre est revêtu d'une chape rouge et soutient le ciboire avec une espèce de linge ou voile. Au chevet du lit, la sainte Vierge soulevant la tête de cette pauvre femme. Plusieurs figures de vierges, la tête ceinte d'une couronne de fleurs; des anges et des chérubins en adoration.

Le manuscrit de la Bibliothèque Nationale représente : 1° Une femme malade couchée; un prêtre lui apporte la sainte communion. 2° Apparition de la sainte Vierge. 3° L'avare, aussi couché, à qui on lit un testament; trois démons acharnés à sa perte. 4° Un religieux agenouillé devant la sainte Vierge.

*Ysidorus dicit :*
Cupiditas omnium criminum materia est; ignis inextinguibilis cupiditas et insaturabilis; avarus non impletur pecuniâ; et qui amat pecunias fructus non capiet ex eis.

*Augustinus dicit :*
Plus est pauperi videre cælum stellarum quàm diviti lectum inauratum.

*Sanctus Franciscus :*
Gribz de taguriu in celum ascendimus, quàm du palatis.

Tuit li miracles Nostre Dame
Sont si piteus et douz, par m'ame
N'est nus qui bien les recitast
Que touz li cuers les apitast.
Un en weil dire et réciter
Que toutes genz doit esciter
A servir la haute pucèle
Qui du douz lait de sa mamèle
Nourri le puissant Roy celestre.
10 En escris truis qu'il fu un prestre
Chiches, avers et couvoiteus;
Encore en est assez de tieus.
En la paroisse ce proviore
Tout en un jor, c'en est la voire,
Une fame et un hons moururent;
Mais leur fais moult diverses furent.
La fame iert povre et li hons riches,
Usuriers forz avers et chiches.
Fame estoit une viellete
20 En une povre mesonnete
Close de piex et de serciaus,
Comme une viez souz à pourciaus.
Maint jour avoit pesant et triste;
Quar pou pain avoit et mau giste.
En la meson close de soif,
Avoit souvent et fain et soif,
Toute pelue estoit de fain.
En son lit n'out pesaz ne fain,

Mes estramier qui mont iert cours,
30 Que c'onqueilloit parmi ses cours;
Par dessus n'out c'un drap de chanve
Viez et efrez, mauvais et tenue.
En lui n'avoit barat ne guille;
Son pain querait aval sa ville.
Autre moisson ne moissonnet.
Quant aucun preudom li donnet
Ou poitevine ou maaillete,
S'achetoit une chandelete,
Lors si l'offroit la bone dame
40 En l'onneur Dieu et Nostre Dame.

Li usuriers riches estoit,
Quar ij pour iij tout jours prestoit.
C'iert li plus riches qu'on seust.
Ne prisoit voisin qu'il eust
Vaillant la queue d'une poire;
Ne remanoit marchié ne faire
Que n'engendrassent ses denrées
Qu'avoit d'usures engendrées.
Moult est usure, enfrune et gloute,
50 Mes n'a tant qu'ele n'engloute.
Tout li mont doit hair usure.
C'est un Déables qui pasture.
Gueule baée nuit et jour.
Ainsi la nuit comme le jour

*Ysidorus dicit :*
Nunquàm saciari poluit cupiditas.

*Juvenalis :*
Crescit amor nummi quantùm ipsa pecunia crescit.

*Innocentius papa :*
Tantalus silit in undis et avarus eget opibus cui tantùm est quod habet quantùm quod non habet; quia nunquàm acquisitis utitur, sed semper inhiat acquirendis.

*Undè dicitur :*
Cupiditas inexplebilis bestia est que societate famam perit.

*Gregorius dicit :*
Repente hora qua nesciunt in proviso exitu rapiunt atque absorbente profundo cruciandi eternis incendiis deputant.

Tant parest plain de grant menjue,
Plus muert de faim quant plus menjue.
Mes morz qui n'est mie à amordre
Des usuriers malement mordre,
Cil usurier si parfont mort,
60 Mourir l'estuet de male mort.
Si tost com la mort l'asailli,
Touz tressua et tressailli.
Porter se fist en un biau lit
Qui parez iert par grant délit
De couvertoirs, de coutes pointes
Et d'oreillers mignoz et cointes.
Moult fu li lis de grant atour.
Si parent vindrent tout entour,
Si fil, ses filles et sa fame,
70 Qui plus plainnent le cors que l'ame.
Li uns pleure, li autre crie;
Li prestres ne s'oublie mie,
A tout son clerc y vient courant.
Toute la gent treuve plourant
Por l'usurier qui se decuert
Et qui à grant angoisse muert.
Au pous li a tasté li prestres,
Les huys fait clorre et les fenestres
Que ne li face mal as yeux.
80 « Sire, » fait il, « il iert mieux
» S'un petitet poez suer;
» Mais gardez vous de remuer.
» Il y a encor biaus amis
» En vous quanque Dieu y a mis.
» Confortez vous en vo courage,
» Assez de plus felon malage.
» Voit on maint home retorner;
» Mais toutes voies atorner
» Devez moult bien tout vostre affaire,
90 » On ne puet pas trop de bien faire.
» Se vous faites vo testament
» Dont garrez vous plus erraument
» Pour ce n'aures vous se bien non.
» Preudom estes de grant renon,
» De granz gens et de grant affaire
» Si devez moult de granz les faire. »
« Sire prestre, » fait il, « je les
» Tont mon affaire et tout mon les
» Sus mes enfans et sus ma fame. »
100 « Voire biau sire, » fait la dame, »
» Bien l'atirrons une autre foiz;
» Recouvrez vous, tenez vous coiz,
» N'aures, se Diex plest, se bien non
» Non voir dame ce n'aura mon. »

Ce li reponnent fil et filles
A cui il n'est mie ij billes
Que l'ame à l'usurier deviengne;
Mais que chascune et chascun tiengne
Sa partie du grant avoir.
110 N'est mie plain de grant savoir
Cil qui bien veut faire por s'ame
Quant il s'en atent à sa fame,
N'a ses enfans, ce m'est avis.
Li mors à mors, li vis à vis
Dedenz sa povre mesonnete
Fu acouchiée la vieillete
Et agravée fu d'un malage.
Moult doucement en son courage
Requiert et prie Nostre Dame
120 Que son douz fil deprit por s'ame,
Par sa douceur et par sa grace,
Ne treuve qui nul bien li face
Ne de lui servir s'entremete,
Fors une povre pucelete.
Par cèle mande le prouvoire
Que por l'amor au Roy de gloire
Tost la viengne communier.
Cèle qui ne vout oublier
Toute esperdue et tout plorant
130 Chiés l'usurier en vient courant
Ou grant duel mainent si ami.
Au prouvoire que vit en mi
Dist la pucèle esperdue :
« Sire, la vielle de no rue
» Vous mande que sanz detrier
» La viengniés tost communier ;
» Ne cuit que jà voit la nuit.
» Ni vendrez pas à tens ce cuit,
» Se vous tost ne vous mauoiés. »
140 « Pucèle, » fait li renoiés
Qui l'usurier le pous portaste,
« Or, n'aiez mie si grant haste,
» N'est par grant force s'el m'atent ;
» Car ne muert vielle quant pié tent.
» Vielle ne muert, ce est la somme.
» Se mort à force ne l'asomme,
» Ceste ne morra mie encore.
» Au Roy du ciel quar pleust ore
» Qu'ele fust jà pourrie en terre,
150 » Et cist preudom qui si me serre,
» Tost ausi sainz que jonques fu,
» Preudom estoit certes mar fu.
» Tant fermement l'aim de mon cuer,
» Que laissier nel puis à nul fuer. »

Quant l'entendi la pucelete,
Plorant s'en vient chiés la viellete,
En soupirant li a dit : « Dame,
» Diex ait merci de vostre ame,
» Que li prestres ne vendra mie. »
160 La vielle li a dit : « Amie »
Qui jà tenoit la mort au cuer,
En plorant dist : « Ma douce suer,
» Puisque venir ne veut li prestres,
» Je me commant au Roy celestres
» Et à sa douce vraie Mère.
» Li cors assez a de misère,
» Or penst la Mère Dieu de l'ame. »
Li prestre out tost la povre fame
Por l'usurier arrière mise ;
170 Quar espris fu de convoitise.
Moult durement estoit en graut,
Que riches les eust et grant,
Peu li chaloit de l'autre affaire.

Un dyacres out moult débonnaire
Li prestres en sa compagnie,
Qui moult iert plain de courtoisie
Et s'estoit moult bons crestiens,
De muers chanuz et anciens,
Mais assez iert d'aages jones.
180 Quant il oi les granz rampones
Que ses sires ainsi disoit
Que la viellete despisoit,
Au cuer en out douleur et ire ;
Mais por les genz n'osoit mot dire.
Moult soupiroit parfondement ;
Quar il soit bien certainnement
Se la viellete ainsi devie,
Que c'iert péchiez et vilanie.
Au prestre vient si li conseille
190 Priveement dedenz l'oreille
Que c'iert moult grant périls à s'ame
S'il ne va à la povre fame.
« Diex aide com fait conseil, »
Fait li prestres, « tout m'en merveil
» Où vous avés si grant sens pris.
» Sages estes et bien apris
» Et courtois si Diex me sequeure,
» Quant me loez qu'orendroit queure
» Communier une truande
200 » Qui d'uis en huys son pain demande
» Et cest riches lesserai.
» Certes, biau mestres, non ferai,
» N'ai nul talent que je le lais

» Devant qu'ait dévisé ses lais. »

« Sire, sire, » fait li dyacres,
« Se Diex m'ait et saint Fiacres,
». Grant péril a ou détrier,
» Je la courrai communier
» Se vous voulez ançois qu'aviengne,
210 » Chose donc honte nous aviengne. »
« Dont ales tost, » ce dist li prestres,
« Car je ne veil mie seus estre. »

Li clers qui fu moult bien apris
Le cors Nostre Seigneur a pris,
A l'ostel à la povre fame
S'en vient touz seus, mes n'i treuve ame.
Si grant clarté y a veue,
Que grant peeur en a eue.
Ou povre lit à la viellete
220 Qui couvers iert d'une nateite,
Assises voit XII pucèles,
Si avenans et si très bèles,
N'est nus tant penser i seust
Qui raconter le vout peust.
A coutée voit Nostre Dame
Sus le chevez la povre fame
Qui por la mort sue et travaille.
La Mère Dieu d'une tovaille
Qui blanche est plus que fleur de lis,
230 La grant sueur d'entor le vis
A ses blanches mains li essuie.
Pour peu li clers ne tourne en fuie
De la grant peeur qu'il en a.
Mais moult doucement la cena
De sa très douce main polie
Nostre Dame sainte Marie.
Li clers à cui li cuers revint,
Moult humblement vers le lit vint.
La Mère Dieu et ses pucèles
240 Qui tant sunt avenanz et bèles,
Levées sunt isnelement,
Si s'agenoillent humblement
Contre le cors au Sauveur.
Li dyacres a tel peeur,
Que touz ses cors frémie et tremble.
Ainsi com fait la fueille ou tremble ;
Mais cele en cui pitiez est toute
Li dist : « Amis, or n'aies doute,
» Mais séez vous por grant delit
250 » Lez ces pucèles en ce lit. »
Li clers n'i va plus demourant,

28

Ou lit s'asist tout en plorant.
« Or tost, amis, » fait Nostre Dame,
« Confessiés ceste bone fame,
» Et puis après tout sans fréeur
» Recevra tost son Sauvéeur
» Qui char et sanc vout en moi prendre. »
Li clers qui out le cuer moult tendre
A plourer prist moult tendrement.
260 La povre fame isnelement
Qui de mal iert moult apressée,
Moult doucement a confessée,
Et puis en la bouche li mist
Le précieus cors Jhésucrist.

Quant ele fu communiée,
Couverte l'ont et ratirée
La Mère Dieu et ses pucèles.
Lors dist une des demoisèles
A madame sainte Marie :
270 « Encore, Dame, n'istra mie,
» Si com moi semble du cors l'ame. »
« Bèle fille, » fait Nostre Dame,
» Traveillier lais un peu le cors,
» Ainçois que l'ame en isse hors,
» Si que purée soit et nete,
» Ainçois qu'en Paradis la mete.
» N'est or mestier qui soions plus,
» Ralon nous en ou ciel lassus ;
» Quant tens en iert bien reviendrons,
280 » En Paradis l'ame emmerrons. »

A tant laissant la povre fame
Si s'en départ la sainte Dame.
Moult à li clers grant joie eue
De Nostre Dame qu'a veue ;
Onques mes joie n'out greigneur.
Plus tost qu'il pout à son seigneur
Est repairiez qui l'atendoit.
Chiés l'usurier qui s'estendoit
Et dégetoit jambes et bras.
290 « Ostez, ostez, » fait il, « ces chas,
» Jà m'auront les yex esrachiés. »
Ainsi crie comme erragiés.
Tel péeur a pour peu ne desve,
Ce dit chascun je cuit qu'il resve ;
C'est li malage qui l'argüe ;
Tel péeur a que tout tressue.

Li clers qui voit ceste merveille
Souvent se saigne et esmerveille

De ce que nus n'en voit fors il,
300 Il en voit bien cinc cenz ou mil
Entour le lit à l'usurier
Plus noirs que sac à charbonnier.
Com gaingnon sont veluz et grant,
De l'estrangler ont grant talant.
Granz ongles ont et aguz denz,
Dedenz la gueule la dedenz
Souvent leur poues li embatent
Et de leur queues le débatent.
Et li autre revont saillant,
310 De trestre en trestre baaillant ;
Par leenz a tel sailleis,
De chaz et si grant miauleis,
Qui semble bien au clerc sanz doute
Que por les chaz n'oie nus goute.

Li dyacres sanz nul fable
Soit bien que ce sunt li Déable
Qui de l'usurier veulent l'ame.
Souvent déprie Nostre Dame
Qu'ele le gart et escremisse
320 Si que du sens par peeur n'isse.
« A cent Déables, » fait il, « le lais
» Cest usurier touz ses lais,
» Sa grant pecune et son avoir.
» Je ne quier jà nient avoir.
» Je m'en revois à la vieclete ;
» Miex vaut sa povre mésonnete,
» Encore soit ele noire et sale,
» Que cist palais et ceste sale. »

A sa vieclete s'en repaire ;
330 Quar son obsèque vorra faire
Si tost com l'ame en iert partie.
Mais madame sainte Marie
Qui Dame est du ciel et de terre,
L'ame estoit jà venue querre
A tout sa bèle compaingnie.
Cele où sourt toute courtoisie
Et où toute douceur repose.
Le clerc qui avant aler n'ose
Apele moult courtoisement
340 Et si li dist moult doucement
Qu'il viengne avant et qu'il se siece.
Quant sis se fu, lès li grant pièce,
A ses piez s'est agenoilliés,
Et si li prie à yex moilliés
Que si plest que commant l'ame
Qu'ele isse de la povre fame

Trop la travaille durement.
La Mère Dieu piteusement
Vers la viellete s'est tornée.
350 » O tu ame béneurée ! »
Fait la pucèle glorieuse,
« Ne soies mi peureuse,
» Mais vien t'en hors seurement,
» Je t'enmerrai joieusement
» Devant mon Fil, le Roy de gloire.
» Eue m'as en grant mémoire,
» Si t'iert meris sanz nule fin.
» Tuit cil qui m'aimment de cuer fin,
» Quant de cest siècle partiront,
360 » A la grant joie s'en iront.

Qui est as angres départie
A cest mot est l'ame partie
Du saint cors à la povre fame;
Receue l'a Nostre Dame
Entre ses braz moult doucement,
Les xij vierges hautement
A chanter pristrent un haut ton,
Si déliteus, qui n'est nus hon
Qui raconter le seust mie.
370 Lassus en pardurable vie,
Tout en chantant l'ame enportèrent
Au haut Seigneur la présentèrent
Qui trestouz ceus coronne en gloire
Qui en cuer l'ont et en mémoire
Sa douce Mère et nuit et jour.
Li dyacres sanz nul sejour
La bone fame enséveli;
Quar grant pitié avoit de li,
Et quant il out enséveli
380 Et par dite sa létanie,
Tout son servise entièrement
Li a paié moult doucement.
Moult est joians, moult est aaise,
Jamais n'iert riens qui tant li plaise
Com servir la Mère au haut Roy
Qui prent tel cure et tel conroy
De ceus qui la servent en terre.
A tant s'en va son seigneur querre
Qui iert encore à l'usurier
390 La mort li veut dire et noncier
De la vielle qui est finée
Qui fu de moult bone heure née.

Chiés l'usurier s'en vient à tant;
Assez treuve paumes batant

Pour l'usurier qui se mouroit,
De duel sa fame s'acovroit.
Ses filz crient, ses filles braient;
Leur cheveus rompent et detraient.
Li usuriers qui jà traioit
400 De foies en autres si braioit,
Ce sembloit estre uns antécriz.
« Biau Sire, Diex Roys Jhésucriz, »
Ce dit li clers ce que puet estre,
« Jetez moi à honneur de cest estre. »
Moult est li clers en grant fréeur,
Moult a grant hide et grant fréeur;
Souvent fait croiz en mi son vis.
La méson est, celi est vis,
D'anemis plaine et de maufez.
410 Fers quant il est bien eschaufez,
N'est si boillans, ardanz ne chauz,
Si coulorez ne si vermauz
Com sont li croc qu'ont à leur cos.
Cil qui estoit li mestres d'os,
Vers l'usurier tout courant vint,
Son croc ardant qu'à son col tint
A l'usurier fiche ou gavai.
« Lasse ! dolente que ferai, »
Fait l'ame qui gemist et pleure,
420 « Com fui or née de male heure !
» Lasse ! lasse ! lasse ! esgarée !
» Lasse ! pourquoi fu je criée?
» Lasse ! ci plus ne remaindrai.
» Lasse ! lasse ! que devendrai?
» Lasse ! porquoi n'emmoi-je plus
» La grant joie du ciel lassus
» Que la vanité de ce monde?
» Lasse ! or ne truis qui me réponde.
» Lasse ! or ne truis qui me sequeure,
430 » Quar tout mi mal me queurent seure.
» Ahi ! ahi ! lasse ! dolente !
» Porquoi ne mis toute m'entente
» A bien faire tant com j'ai peu.
» Ou feu d'enfer, en l'ardant treu
» Me convient, lasse ! ardoir sanz fin?
» Mi marc d'argent, mi marc d'or fin
» Ne me pueent mestier avoir;
» Tant convetai mauvais avoir
» Que dampnée en serai sanz fin. »
440 « N'i a mestier de chat sain
» Par ça saurez, « fet li Déables; »
« N'avons que faire de vo fables;
» Ou feu d'enfer serez plungiée,
» Pointe démorse et dérungiée

*Augustinus dicit:*
Usura est plus accipere
quàm dare.

*Jeronimus dicit:*
Comoda fratri tuo et accipe quod dedisti, et nichil superfluum queras.

*Unde dicitur:*
Vermis eorum non moritur et ignis non extinguetur. Habit Dominus ignem et vermes in carnes eorum, ut urentur et sentient usque in sempiternum.

*Gregorius dicit:*
Pavor hominum! animas apostate angeli excipient à corpore exeuntes ut sint eis terrores in penis qui fuerunt suasores in viciis.

» De boteraus et de couleuvres.
» Tant avez fait de puans euvres,
» Qu'assez aurez male aventure.
» Los granz bourses plaines d'usure
» Au col vous seront jà pendues.
450 » Crapous, lezardes et sansues
» Cervele et yex vous suceront,
» Langue, palais vous mengeront,
» Et rungeront le cuer du ventre.
» Huy en cest jor douleur vous entre
» Qui jamès jor ne vous faudra,
» Quant la chaleur vous assaudra,
» Du feu d'enfer bien porrez dire
» C'usuriers suefrent grant martire.
» Ne vous puet mes nus délivrer;
460 » Je vous vorrai par tous livrer
» Au mestre et au seigneur d'enfer. »
Lors hauce son croc de fer
Qui plus est chauz que fer en forge;
S'el retiert si parmi la gorge,
Que l'ame en fait par force issir.
Li usuriers fait un soupir,
Si son départ la lasse atant,
Ou feu d'enfer tout débatant
L'ont porté li anemi.
470 Quant mort le virent si ami,
Si fil, ses filles et sa fame,
Trop grant duel firent, mais à l'ame
Ne fist ci Diex point de secours.
Li dyacres s'enfuit le cours,
Par peu que pasmé n'est cheuz
Por les Déables qu'a veuz.
Tel peeur a par peu n'enrage.
Doucement prie en son corage
Nostre Dame que le sequeure.
480 La Mère Dieu en icele heure
S'est au dyacre aparue.
« Grant peeur a, » fait ele, « eue ;
» Mais n'aies doute, biaus amis,
» Sachez por voir li anemis
» N'a nul pooir en ton afaire ;
» Mais or t'efforce de bien faire,
» Car en brief terme fineras,
» Et saches bien que sauf seras. »
Quant il ces mos a entenduz,
490 Contre terre s'est estenduz,
Moult doucement l'a aorée.
Nostre Dame sanz démorée
S'en est seurée et départie.
Tant amenda li clers sa vie,

Que quant ce vint au finiement,
Qu'il défina si finement,
Qu'en Paradis en ala l'ame.

Povres hons et tu povres fame
Qui cest miracles orras conter,
500 Légierement te doiz douter
A convoitier mauvais avoir.
Par cest miracle pués savoir
Que mainte ame trébuche et maine
Ou feu d'enfer richesce humaine,
Et povretez sauve mainte ame.
Miex ama Dieu la povre fame
Que l'usurier qui tant avoit
Deniers, que nombre n'en savoit.
Ses avoirs peu li profita.
510 Bien povez voier quel profit a
En acquerre mauvesment.
En l'évangile apertement
Nous en dit Diex toute la somme :
Quiex prens, fait il seroit à homme,
Se tout le monde conqueroit
Et à la fin perduz estoit.
L'évangile dit en apert,
Que riens n'acquiert cil qui se pert,
Qui tout le monde auroit conquis
520 S'il fust perduz qu'auroit conquis.
Cil usurier, cil roboeur,
Cil avocat, cil plaideeur,
Qui jà ne querroient finer
De tollir et d'arrapiner.
Que feront il biau sire Diex ?
Assez en voi certes de tiex
Qui n'aimment pas tant à aquerre
Paradis com richèce en terre.
Je cognois certes plus de mil
530 Qui sunt pires que ne fu cil
Que le Déables, à cros de fer,
Entraineroit en enfer.
Boule et baras tant monteploie,
Que touz li mondes s'i aploie.
Tant a par tout barat et guile,
Que li uns frère, l'autre guile.
Chascuns veut mes vivre de boule,
Miex est vaillans cil qui miex boule.
Tant a par tout de plaideriaus,
540 D'esquevins, de serianteriaus,
De larrons, de chapeteurs,
De heraus, de hoqueteurs,
Que nus preudom ne puet mes vivre.

*Hyldebertus dicit :*
Divitie multis iter obstruxere salutis ; multos argentum traxit ad interitum.

*Innocentius papa :*
O falsa divitiarum felicitas que feliciter divitem vexciter efficit infeliciter! opes mundi non auferunt, sed efferunt egestatem ; ægri enim sufficit medicum pauperi quorum plurimum viti quàm ubi multe divitie et multi qui comedunt eas, opes namque non faciunt divitem, sed egenum.

*In evangelio legitur :*
Quid prodest homini si mundum universum lucretur, anime verò sue detrimentum patiatur.

*Versificator dicit :*
Quid prodest homini possessio multa gazarum, cum moriens cito de medio tollatur earum.

*Jeronimus dicit :*
Usuras quærere, est fraudare, aut rapere nichil interest.

*Abaelart :*
Sunt multi festres, sed in illis rarus amicus ; hos natura creat, gratia probos eum.

*Salomon dicit:*
*Comedunt panem pietatis*
*et vinum iniquitatis bibunt.*

Glotonnie si les enyvre
Et si sont plain de grant malice,
Que s'il pooient le calice
Tolir au moine ou au provoire,
S'iroient cinc sous sus boire.
550 Ne clerc ne lai ne leur eschape,
Nes Dieu toudroient il sa chape,
S'il le pouaient atraper.
Il n'entendent fors à haper
Et à ravir si comme escoufle
Ne dourroient une viez moufle.
Que leur lasses d'ames deviennent;
Mais que les cors à aise tiennent.
Ne puet preudom durer en trous,
D'autrui morsiaus ont cras les cous

*Job dicit:*
*Ducunt in bonis dies suos*
*et in puncto ad inferna descendunt.*

Dont morsiaus viegne ne leur chaut.
560 Mais qu'il ait ou froit ou chaut,
De male mort seront demors
Que tant menjuent de mal mors.
La mort mordant touz les puist mordre;
Quar ne s'en veulent desamordre.
Bien masche et bien englout sa mort
Qui à si maus morsiaus s'amort.
S'il ne laissent tele amorsure,
La mors qui a male morsure,
A aus de mordre s'amordra;
570 Et si très granz mors en mordra
Que tuit de male mort morrunt,
Chastient s'en cil qui morrunt.

*Psalmista dicit:*
*Veniat mors super illos*
*et descendant in infernum*
*viventes.*

---

## De l'enfant que le Déables vouloit enporter.

    Un mari et son épouse, illustres tous deux par leur naissance, leurs belles qualités et surtout par leur charité pour les pauvres, après avoir bien élevé les enfants qu'ils avaient eus pendant une sainte union, firent vœu de vivre dans une continence perpétuelle le reste de leurs jours. Ils furent longtemps fidèles à leurs engagements. Mais, vaincu par le Démon qui l'obsédait jour et nuit, le mari succomba un jour à la violence de la tentation. Sa femme affligée lui rappelle la promesse qu'ils avaient faite et la grandeur du péché. Cédant à la fin aux instances de son mari, elle maudit l'enfant qui pourrait naître de cette union et le donna au Démon. La malheureuse femme mit au monde un fils d'une grande beauté et doué du naturel le plus heureux. Dans un âge encore tendre, cet enfant faisait déjà l'admiration de tous, et sa mère elle-même l'aima beaucoup; mais cette pauvre femme, toujours sous le coup de la promesse qu'elle avait faite au Démon, dévorait ses larmes en silence, n'osant révéler à personne sa fatale promesse. L'enfant avait grandi, et il avait douze ans révolus, lorsqu'un horrible Démon vint le réclamer à sa mère, l'avertissant toutefois qu'il ne viendrait le chercher que dans deux ou trois ans. A cette nouvelle, la malheureuse mère désolée ne parlait jamais de son fils qu'en pleurant, et chaque fois qu'il revenait de l'école elle l'étreignait dans ses bras et le mouillait de ses larmes. L'enfant ne comprenant rien à ce chagrin de sa mère, lui demanda un jour la raison de cette tristesse et la pressa avec tant d'instance, qu'elle lui révéla son fatal secret. A ces mots, l'enfant se prit alors à pleurer à son tour, et dans la nuit même il quitta le toit paternel et s'enfuit seul à Rome pour consulter. Le pape adressa cet intéressant jeune homme, avec des lettres de recommandation, au patriarche de Jérusalem, *le plus sage homme qui fût en terre.* L'enfant, muni de ses lettres, se dirigea par terre, car il redoutait les tempêtes de la mer, vers Jérusalem. Dès son arrivée dans la ville sainte, il se rendit auprès du patriarche auquel il raconta ses malheurs. L'évêque et son conseil furent émerveillés de la grâce et de la beauté de ce jeune homme, et après y avoir réfléchi longtemps, le patriarche l'envoya à un saint ermite qui, dans sa retraite, recevait la visite des anges. Cet anachorète demeurait dans un petit bois sauvage et d'un accès périlleux, à deux grandes journées de chemin. L'enfant déjà fatigué de sa longue route, hésitait à continuer son voyage; mais encouragé par les paroles du saint vieillard, il partit en pleurant amèrement, s'adressant en marchant à notre Seigneur et à sa sainte Mère. Le pauvre enfant n'avait plus qu'un jour de grâce, et ce délai expiré, le Démon avait des droits sur lui. Mais il marcha avec tant de vitesse, qu'il put arriver assez à temps auprès de ce saint ermite. L'homme de Dieu attendait cette visite ; car le Seigneur qui lui envoyait chaque jour un pain à l'heure de none, avait miraculeusement doublé sa portion. Le jeune homme, harassé de fatigue, se présenta à la porte de l'ermite le samedi de Pâques et lui remit ses lettres de recommandation. Aussitôt que le saint en eut pris connaissance, il conduisit le jeune voyageur dans sa chapelle, l'engageant à mettre sa confiance en Marie dont il lui montra la puissance ; après quoi il lui imposa les mains et le bénit. Puis ayant prié jusqu'à vêpres et pris un léger repas, ils récitèrent matines, restant en oraisons jusqu'au jour et répandant beaucoup de larmes. Dès que l'aube matinale eut reparu sur l'horizon, l'ermite se revêtit de ses habits sacrés et célébra l'office divin. Le jeune homme devait communier à cette messe ; mais le saint homme appréhendait beaucoup que le Démon ne se présentât avant cette réception. Sa crainte n'était que trop fondée ; car la messe était à peine commencée que, malgré les précautions de l'ermite qui avait placé l'enfant entre l'autel et lui, le Démon vint pour l'enlever de force. Le prudhomme crie aussitôt vers Dieu et sa sainte Mère ; il soupire, il pleure, il tend les bras, redouble ses prières et ses cris. Cependant il continue l'office, et rien ne peut dépeindre sa joie, lorsqu'il entend son petit serviteur lui répondre ; il lui donne la paix à baiser, puis la sainte communion. La messe terminée, l'enfant raconta au saint ermite comment la sainte Vierge l'avait délivré du Démon. Tous deux se mirent à remercier Dieu avec une grande effusion de cœur. L'ermite, avant de congédier le vertueux jeune homme, *le doctrina moult doucement*, lui recommandant avant tout de chercher à sauver son âme en préservant son corps de toute souillure. Il le renvoya donc au patriarche qui le reçut avec une grande joie, ainsi que tous ceux qui avaient eu connaissance de cet évènement. Après un court séjour à Jérusalem, l'enfant revint dans la terre de ses pères, fit la joie de ses parents et fut dans la suite un fidèle et dévot serviteur de Marie.

Miniature. Intérieur d'une chapelle gothique, sur un fond d'or à losanges semés de fleurons. Parois fond rouge grillé d'or, avec dessin et bordure d'or. Un prêtre revêtu d'une chasuble d'or, tendant les bras. Au bas de l'aube une plaque d'or qu'on rencontre assez fréquemment au moyen-âge. La sainte Vierge vêtue d'une robe bleue, d'un manteau gris-cendre, une chaussure noire aux pieds, armée d'un bâton, tenant d'une main un jeune homme qu'elle défend et fustigeant de l'autre un horrible démon noir et velu.

Dans le manuscrit de Paris, le même fait occupe six tableaux : 1° Plusieurs femmes ; des religieux ; un d'eux met la main sur la tête d'un petit garçon. 2° L'enfant est rasé, tristesse de sa mère. 3° L'enfant à genoux devant un prêtre revêtu d'une chape et d'un bonnet pointu ; il porte aussi la croix. 4° L'enfant à genoux avec son parchemin devant le patriarche. 5° La messe, l'enfant et le Démon debout sur ses pieds fourchus. 6° La sainte Vierge, l'enfant et trois démons.

*Salomon dicit :*
Qui custodit os suum
custodit animam suam ;
mors et vita in manibus
linguæ.

*Gregorius dicit :*
Sapiens verbis utitur
paucis ; modum loquendi
ne transeas ; plus dilige
audire quam dicere.

*Cleobolus dicit :*
Auribus sepius utere
quam lingua.

*Psalmista dicit :*
Vovete et reddite Domino
Deo vestro.
*Abailardus :*
Quæ voveas discernæ
prius multumque diuque
consilium tarde post lua
vota sequi : omne nimis votum solvi majore licebit et
cambire bonum pro meliori juvat.

Entendez tuit, faites silence ;
N'i a si fol que cil en ce
Que je dirai bien se remire.
Pour vérité ne puist bien dire
Que cil n'aimme son cors ne s'ame
Qui n'enneure et sert Nostre Dame.

En escrit truis qu'jl fu uns hons
De grant afaire et de grant nons ;
Fame out vaillant, cortoise et sage ;
10 Ou saint ordre de mariage
Moult loiaument andui vesquirent ;
Maint bien et mainte aumosne firent.
Quant leur enfant assé nez orent
Au mieus et au plus biau qu'il porent,
Que d'un seul lit firent II faire.
Tant amendèrent leur afaire
Le preudom et la preudefame,

Voèrent Dieu et Nostre Dame
Et continence et chastée.
20 Dieu promistrent qu'en leur aé
N'a sembleroient en un lit
Por déliter un fol délit.
Cest saintisme proposement
Tindrent andui moult longuement ;
Mais li Déables envieus
Qui de mal faire est curieus
Et qui touz jours a grant envie
De touz les biens com fait envie.
Tèle envie out de ceste chose,
30 Qu'il les deçut à la parclose.
Le preudome tant taria,
Que tout son cuer li varia ;
Tant li ala en tour et vint,
C'une nuit de Pasques avint
Qu'enflammez fu d'une tel flame,

*Innocentius papa :*
Si potest ignis sum utero, concipere, quia quantumcumque pugnator numquam tamen ex toto jehennus ille potest expelli.

Son lit lessa por le sa fame.
Quant la dame vist ceste afaire,
Dolente fu, ne sout que faire ;
Merçi li crie assez souvent.
40 « Le veu, » fet ele, « et le convent
» Que vous avez à Dieu promis,
» Ne brisiez pas, biau douz amis.
» Saigniés vous bien, alez gésir,
» Si refregniez vos fol désir ;
» Plus bestiau seroit que beste
» Qui en tel nuit et en tel feste
» Feroit si grant énormité. »
Cil que anemi out escité
Quant qu'ele dit moult prisa peu.
50 Quant vit la dame que son veu,
Outre son gré brisoit le sire,
Toute airée prist à dire :
« Qui que biau soit né qui qu'ennuit,
» Se enfant concevons en nuit,
» Au Déables le doing et otroi. »
Moult joians de cel otroi,
Li Déables quant il l'oy....
Quant les ix mois accomplir durent,
La dame acoucha d'un beau fil.
60 N'el hai pas ne ne tint vil
Por la promesse ains l'ama tant
Com mère doit amer enfant.
Tant par fu biaus, tant par fu gens,
Que clerc et lai et toutes gens
A merveilles le regardoient.
Mes entre aus touz ne se gardoient
De la promesse que la mère
Au Déables fist tant amère ;
Mes bien le sout li anemis.
70 A lettres fu li enfes mis :
Ne trouvast on de son aage
Enfant ne si soutil ne si sage ;
Moult par estoit biaus et bien faiz,
Sages en diz et plus en faiz.
A toutes gens estoit séans ;
Mes en ce estoit trop meschéans
Qu'au Déable donné l'avoit.
Sa mère qui souvent lavoit
De chaudes larmes son cler vis ;
80 Quar il li est ades avis
Que Déables l'en doit porter.
Ne s'en povant reconforter ;
Mais en son cuer si le céla,
C'onques nului n'en révéla.
Mes cil qui nul péchié n'oublie

Sa promesse n'oublia mie.
A la dame vint le Déables,
Moult lait et moult espoentables,
Au jour dou douzième an tout droit.
90 « Dame, » fait il, « faites moi droit ;
» Tenez moi bien ma convénance.
» Ne l'ai pas mis en oubliance :
» D'ui en iii anz la vueil avoir ;
» N'el lairoie por nul avoir. »
Li Déables à tant s'en part.
Par un petit d'ire n'a part.
La dame, quant ot ces nouvèles,
Son pis débat et ses mamèles,
Et a tel duel et tel contraire,
100 Que granz ennuis est du retraire.
Chascune nuit quant de l'escole
Vient li clerçons, plourant l'acole
Et tout le muelle de ses lermes ;
Quar trop aproche et vient li termes
Qu'il iert perduz par son meffait,
Se Dieu et sa Mère n'en fait.
Tel duel en a et tel ennui,
Ne puet oir parler de lui
Qu'ele ne pleurt isnelement
110 Et soupire si très tendrement,
Que tout son cuer remet et font.
Elle soupire si parfont,
Que li enfes, se n'est pris garde,
En soupirant souvent les garde
Et si li dit piteusement :
« Mère, li cuers tout me desment
» De ce grant duel que vous voi faire.
» Véez vous rien en mon affaire
» Qui vous messie ne desplaise ;
120 » N'iert jamès nul ior aiese
» Devant que m'aurez dit porquoi
» Vous plourez tant ? Tout en requoi
» Dites le moi, ma douce mère.
» Tout ades joue à moi mon père
» Et rit et gabe et esbanoie,
» Toutes les gens font de moi joie.
» Mère, sauz vous tant seulement
» Vous soupirez si tendrement
» Toutes les foiz que me véez,
130 » Mes cuers en est touz effréez.
» Si suis dolenz et espris d'ire,
» Ne sai que faire ne que dire.
» Par un petit mes cuers ne criéve.
» Douce mère, forment me griéve
» Quant vos vers yex voi tant plorer.

» Dites moi tost, sanz demourer,
» Porquoi vos cuers est si desiroiz. »
Sa mère ainsi, par maintes foiz,
Aresne assez ainz qu'el li die.
140 Tant la tient courte et tant la prie,
Qu'ainsi li dit comme à confesse
Comment de lui fist la promesse
Et l'otroiance à l'ennemi.
Assez plora, assez gemi,
Quant il oy ceste nouvèle.
A jointes mains souvent apèle
La Mère Dieu qui le consaut.
Près est de faire mauvais saut
Se sa douceur ne le conseille.
150 S'il est dolenz n'est pas merveille;
Quar l'aventure est moult amère.

La nuit guerpi et père et mère,
Leur grant avoir et leur richèce;
Plains de douleur, plains de tristèce
S'en est emblez à mie nuit,
Tout seul, sanz compaingnon, s'enfuit.
Ne soit sage homme en nule terre
Où il ne voist conseil requerre.
Chascuns li dit, c'est la somme,
160 Que conseillier s'en voist à Romme.
A Romme en vient à l'apostoile;
Tout li conte, riens ne li coile.
L'apostole ne soit que dire.
Unes letres a fait escrire,
Au clerçonnet les donne et cherche.
« Biau filz, » fait il, « au patriarche
» De Ierusalem t'en iras;
» Tout ton affaire li diras;
» Ne sai nul plus sage homme en terre.
170 » Passe la mer, va le requerre
» Qui te consent, di li par toi, li mant
» Et par ces letres li commant. »
Li clerçons prent le parchemin.
Moult se démente par chemin;
Moult se complaint; moult se démente;
Moult doute en mer la grant tormente.
Le vis en a taint et nerçi;
A Dieu souvent crie merçi :
Maint pesme jor et maint amer
180 Out ainz qu'il fust outre la mer.
Au patriarche en vint tout droit
Qui maint sage homme fist lors droit
Assembler por lui conseillier.
Il les fait touz esmerveillier

Qui tant parest pesant et dure,
Quant il leur conte l'aventure.
Tendrement pleurent et soupirent;
Quar onques mais enfant ne virent
Qui tant fust biaus ne gracieus.
190 « Trop par sera Diex oublieus, »
Ce dist chascun, « se il l'oublie.
» Nostre Dame sainte Marie
» Prier li doint par sa merçi;
» Bien doit avoir li cuer nerçi
» La dolente qui tant meffist
» Qu'au Déable si biau don fist. »
Li patriarches se pourpense
Moult longuement, tant qu'il s'apense,
Si com Diex vout d'un saint hermite
200 Qui menoit vie si parfite
Que li angres le visitoient
Et bouche à bouche à li parloient.
Tout en plorant l'enfant apèle
Qui plus ert douz c'une pucèle.
« Biau très douz filz, à un hermite
» En qui sainz Espériz habite,
» Par mon conseil tost t'en iras;
» Ceste merveille li diras.
» Il parest tant de sainte vie,
210 » Se Dieu por toi de bon cuer prie,
» Je sais certainement et croi
» Que Diex aura merçi de toi;
» Mais la voie est forment douteuse,
» Longue et grief et périlleuse.
» Il est manans en un boscage
» Si périlleus et si sauvage,
» Qu'à II jornées en touz sens
» N'a nul recet, si com je pens. »
« Lors, » fait li enfes, « que je ferai
220 » Jamais nului ne trouverai
» Qui me consaut à mon vouloir.
» Bien doit celle le cuer douloir
» Qui en si grant poine m'a mis. »
« Confortez vous, biau douz amis, »
Fait li preudon, « Diex qui avoie
» Les desvoiés et met à voie,
» Bon conseil et tel vous envoit
» Qu'au saint home tost vous avoit. »
Unes lettres li baille et livre
230 En tel manière s'en délivre.
A tant li enfés s'en départ
Por peu que li cuers ne li part,
Ne soit que die, ne que face.
Courant li vont aval la face

Les chaudes lermes très qu'au sain ;
Quar nul conseil loïal ne sain
Ne puet trouver ne ça ne là.
Nostre Seigneur moult apela
Et Madame sainte Marie.
240 Li cuer de ce tout li frémie
Que si pou jusque à son terme a
Que Déables atermina.
N'i a c'un ior ne plus ne mains.
Souvent déprie, à jointes mains,
Le Roy du ciel qui là le maint
Où le sainz homs converse et maint.
Et Dieu qui bien l'enfant porvit,
Tant le mena que le reçoit, vit
Où manans estoit li sains homs,
250 Qui ne vivoit se du pain non,
Que Diex li envoiet à nonne.
N'avoit autre blé, n'autre anonne ;
Un pain de rente avoit ou ciel,
Plus blans que nois, plus douz que miel.
Diex qui tout soit et qui tout voit,
Por l'enfant qui venir devoit
Sa provende li a doublée ;
Deus pains assez plus blanz doublée
Par un saint angre li envoie.
260 Si sainz hermites out grant joie ;
Car bien soit que chose est certaine
Qu'aucun hoste Dieu li amaine,
A jointes mains Dieu en mercie
Et Madame sainte Marie.

Le clerçonnet dont je vous di
A l'ermite le samedi
De la sainte Pasque assena,
Si com Diex vout qui le mena :
Mais moult fu las et mau menez.
270 Salué l'a comme sénez,
Tout en plorant, à basse voiz,
Du haut Seigneur qui en la croiz
Por nous ses membres estendi,
Et puis ses letres li tendi.
Si sainz hermites les desploie ;
Li cuers tantost li atendroie
Que les letres commence à lire.
Esbahis est, ne soit que dire ;
Assez pleure des yex du chief.
280 Quant de l'enfant voit le meschief,
Maint soupir giete et mainte lerme ;
Bien voit que n'a li enfés terme
Fors seulement très qu'à demain.

Tout plorant le prist par la main,
En sa chapèle l'a mené
De ce qu'il le voit si séné,
Si simple, si bel et si douz,
Se merveille li sainz honz touz.
« Biau filz, » fait il, « Diex gart ton cors,
290 » Il parest tant miséricors.
» Jà ne croirrai ne te giet puer
» S'en li te fies de bon cuer.
» Et bien sachés, biau très douz frère,
» S'en sa très douce sade Mère
» Fiches ton cuer et t'esperance,
» Ne puez avoir nule doutance
» De Déable ne d'anemi. »
« Sire, par Dieu, priez por mi, »
Fait li enfés ; « j'ai tel fréeur
300 » Et tel doutance et tel péeur,
» Que me frémient tuit li membre. »
« Biau sire, » fet il, « si te remembre
» De la puissant Dame celestre,
» Touz liez et tout seurs pues estre :
» Conchiez est li anemis.
» S'il t'avoit voir en enfer mis,
» En cep, en huies ou en fers
» Ne seroit si hardi enfers
» Por rien qui poist avenir
310 » Qu'il t'osast mie détenir.
» Dame est du ciel, Dame est d'enfer ;
» N'i a si fort porte de fer
» Qu'èle n'eust tost dépéciée,
» Quant un petit est corrouciée.
» Si viguereuse est et si fière,
» Que d'un regart ou d'une chière
» Fait èle tout enfer trembler.
» Rien ne li puet tolir n'embler
» Li Déables de ses effors.
320 » La Mère Dieu parest tant fors
» Et de si très puissanz povair,
» Que l'anemi ne l'ose voiair.
» Là riens que il plus het que èle ;
» La Mère Dieu parest tant bèle,
» Resplendissanz, luisanz et clère,
» Que jà en lieu où èle apère
» Li Déable ne verront goute.
» Biau trèz douz filz, or n'aies doute, »
Fait à l'enfant li sainz hermites.
330 » Jà se Diex plest maus espérites,
» En toi n'auras ne plus ne mains. »
Lors l'a saignié de ses II mains.
Quant jusqu'à vespre ont geuné,

Des ii pains sont desgeuné
Que li angres leur aporta.
Le joenne clerc reconforta
Au miex qu'il pout li sainz hermites.
Quant leur matines orent dites
Dévotement, si com il durent,
340 En oroisons jusque au jor finirent,
A nuz genous et à nuz coutes.
Li sainz hermites maintes goutes
Ainz qu'il fust jor des yex plora;
Quar moult dévotement ora.
Quant li saint jors fu ajornez,
Revestuz est et atornez
Por faire l'ofice dévin
Qu'on fait de pain d'Eve et de vin.
Isnelement plus que porra
350 Le clerc comménier vourra,
Et commander au sauvéeur ;
Quar il a moult très grant péeur
Que li Déables ne le praingne
Et par sa guile n'el sourpraingne,
Ains qu'il le puist comménier.
Li Déables qui espier
Sout bien son jor et son termine,
Le jour vouloit estre en saisine
De son don et de sa promesse.
360 Si tost com commença la messe,
Li bon preudon, le Dieu amis,
Entre lui et l'autel a mis
Le clerçonnet moult doucement.
Mais quant ce vint au sacrement,
Ains n'el sout mot li sainz hermites
Devant que mauvais espérites
Tolu li out le clerc a force.
« Ha! Diex, » fait il, « et qu'est or ce?
» Souferrés vous si granz merveilles !
570 » Ha! Mère Dieu, et que t'esveilles,
» Or parés tu trop endormie?
» Douce Dame sainte Marie, »
Fait li preudon touz esperduz,
« Ne sueffre pas que soit perduz
» Cil qu'en ta garde avoie mis. »
Moult fu dolens le Dieu amis,
Assez gemi, assez plora,
Et durement se dementa
A Dieu et à sa douce Mère,
580 Et mainte lerme chaude et clère
Aval sa face li courut.
Mès, erraument le secourut
La Mère au Roy qui tout cria,

Si tost com dist *per omnia*
Le clerc oy qui par bon sen
Li respondi tantost *amen*.
Quant li sainz hons le clerc oy,
Moult durement s'en esjoy.
Dieu en mercïe en son courage,
590 Plorant li tourne son visage;
La pais li donne et cil la prent.
Que Diex à son servise aprent
Et cil que Diex out bien apris,
Le cors nostre Seigneur a pris;
Moult doucement le comménie.
Quant la messe fu définie,
Au saint hermite a tout conté,
Comment vaincu out et donté
Nostre Dame sainte Marie
400 Le Déable et sa compaign'e
Qui l'enportoient trestout pestre,
Si tost com la Dame célestre
Por lui rescourre venir virent,
D'entour lui tost se départirent
Et s'en tournèrent tuit en fuie
Plus tost que vent qui chace pluie.
Moult hautement en merçia
La Mère au Roy qui tout cria,
A jointes mains, li sainz hermites.
410 « Biau filz, » fait il, « sainz Espérites,
» Par sa douceur t'a regardé
» Cele qui t'a si bien gardé,
» Où que soiés, soit de toi garde
» Dor en avant, biaus amis, garde,
» Seu sauver veus ton cors et t'ame
» Que de bon cuer serves la Dame
» Qui gardé t'a de l'anemi. »
« Sire, » fait il, « Dieu mete en mi
» Tel volenté de lui servir
420 » Que s'amor puisse deservir. »
Moult doucement le doctrina,
Por ce qu'enfant qui doctrine a
Touz jours en est miex doctrinez.
De bone estrainne est estrenez
Enfés qui a bone doctrine.
Por ce fait bien qui le doctrine.
Assez plorèrent et gémirent
Andui quant il se départirent.
Moult fu piteus li départirs
450 Cil qui estoit plus que martirs.
Laissier n'el vout en l'ermitage;
Car trop estoit de joenne aage.
Droit s'en revint au patriarche.

*Psilorus dicit:*
Non reconciliet Deum
multiplex orationis sermo,
sed purissima orationis in-
tencio.

*Versificator:*
Computatur tristi meritis
clementia Christi.

*Horatius dicit*
Testa recens it
servabit odorem.

*Salomon:*
Noli subtraher
disciplinam; si cum
seris cum virgis,
rietur.

De reconter seroit grant charche
La grand feste que de lui firent
Il et si clerc quant il le virent.
Moult furent lié de l'aventure.
Cil qui ama sa norreture,
Au mains qu'il pout y séjourna,
440 Moult volentiers s'en retourna
En son païs et en sa terre ;
Car il n'est nus tant sache guerre
Qui puisse trouver, ce sachiez bien,
Si douz païs comme le sien.
N'est nus qui jà demander doie
Se la mère out ou cuer grant joie
Quant son enfant vit repairier.
Le cuer li dut bien esclairier,
Rire et jouer dedenz le sain,
450 Quant son enfant vit sauf et sain
Qui ne cuidoit jamais voier.
La Mère Dieu et son povair
Loèrent tuit petit et grant.
Li clers se vit forment en grant

De servir Dieu toute sa vie
Et Madame sainte Marie.
De lui amer si s'enflamma,
Que si très sadement l'ama,
Que toute amor li seut àmer
460 Por lui très sadement amer.
La douce Dame glorieuse
A amer est si savereuse,
Que que un peu y met son cuer,
Humaine amor giète lors puer.
Humaine amor ses amis fausse ;
Mès la Mère Dieu n'est pas fausse.
Mauvais amans et faus seroit
Cil qui d'amer la fausseroit ;
Car jà nului ne faussera
470 Cil qui la fausse, faus sera
Devant Dieu ou ciel faus seront
Qui l'ont fausséee faus seront.
Or doint Diex qui le fausommes
Et bons nous face, se faus sommes.

---

## D'un Moine resuscité de l'une et l'autre mort par la déserte Nostre Dame.

Un moine de Saint-Pierre de Cologne mena longtemps sous un habit religieux une vie mondaine et séculière. Malgré la dissipation dans laquelle il vivait, il avait cependant conservé une grande dévotion à saint Pierre. Étant tombé malade, il eût recours à quelques médicaments dont l'effet fut de le conduire à la mort sans avoir pu se confesser. Les démons accoururent en foule pour enlever son âme. A cette vue, saint Pierre, son glorieux patron, demanda pour lui pardon à Dieu, en le priant de lui permettre d'emporter son âme au ciel. Mais le Seigneur lui répond que ce séjour n'est réservé qu'aux âmes pures et innocentes. Saint Pierre voyant que sa prière n'était pas exaucée, s'en vint trouver les archanges, les apôtres et les martyrs, pour les engager à unir leurs prières aux siennes ; mais Dieu resta inflexible à ces nombreuses supplications. Saint Pierre, déconcerté par cet insuccès, s'adressa alors à la sainte Vierge qui a recours à son fils. Comment un fils comme Jésus n'exaucerait-il pas sa mère? Mais aussi comment introduire dans les tabernacles éternels une âme coupable. Il est donc décidé au tribunal du souverain juge que l'âme retournera habiter son corps, afin qu'elle puisse se purifier de ses souillures. Lorsque saint Pierre entendit cette parole, il se hâta de venir délivrer le moine des mains du démon ; il le confia alors à deux anges qui le conduisirent à un autre moine de l'abbaye qui le confessa. Le moine raconte son aventure qui émerveille tout le couvent.

Exhortation à recourir à la sainte Vierge, la véritable source de l'innocence et du pardon. Exemple de ce moine qui mena depuis une vie édifiante et sainte.

Notre miniature représente une double scène. Dans la partie inférieure du tableau, dont le fond est traversé de lignes diagonales formant des damiers multicolores, on aperçoit un religieux bénédictin revêtu de ses habits, étendu sur un lit, les bras croisés sur sa poitrine, les pieds nus; huit religieux debout près de son lit prient pour lui. Sur le côté, un horrible démon noir et velu emporte sur ses épaules un être nu, c'est l'âme du moine décédé. Le défunt, les mains jointes, prie saint Pierre qui vient la réclamer. L'apôtre a le nimbe d'or, les pieds nus, une robe rouge et le manteau bleu.

Dans la partie supérieure, sur un fond d'azur losangé d'or, orné de quatre-feuilles, le Fils de Dieu, les pieds nus, assis sur un siège porté par les nuages, le nimbe crucifère sur la tête, robe bleue, manteau rose, étend la main vers sa sainte Mère qui arrive avec deux vierges martyres portant des palmes blanches dans leurs mains. De l'autre côté arrive aussi saint Pierre accompagné de deux autres apôtres. On reconnaît le vicaire de Jésus-Christ à la mèche de cheveux fixée sur son front chauve comme une étoile radieuse, et ses collègues à la nudité de leurs pieds.

Dans le manuscrit de la Bibliothèque nationale, on voit : 1° Un moine couché, un petit être enlevé par le démon; un saint religieux. 2° La sainte Vierge, Notre Seigneur et des religieux. 3° Un saint religieux, saint Pierre, la sainte Vierge et deux anges. 4° Mort de ce moine; un saint religieux reçoit son âme entre ses mains.

Si com mon livre me tesmoigne,
A Saint Pierre devant Cologne
Out un moine ça en arrière
Qui fu divers de grant manière.
Le cuers avoit despers et aveule;
Ne cremoit Dieu, ordre ne reule.
Regars iert prévos et baillieus,
De maint reçoit et maint lieux;
Ses habit iert moult réguliers,
10 Mes ses cuers iert moult séculiers;
Que toute avoit mise sa cure
En vanité et en luxure.
Mais quiex qu'il fust fous ne léchierre,
Moult fermement amoit saint Pierre.
Que qu'il menoit si fole vie,
Un pou le prist de maladie
Dont il se fist médeciner
Por ce qu'il cuida terminer.
Médicine prist, ne sai quèle;
20 Mes èle fu si fors et tèle,
Que mors fu sanz confession.
Déables a grant procession
Por l'ame avoir i acourrurent,
Si la prist, si com il durent.

Quant saint Pierre vit son ami
Qu'enportaient li anemi,
Au Roy du ciel merçi cria.
Moult doucement li dépria
Par sa pitié, si li pleust,
30 De son moine merçi eust,
Et que por lui tant en feist,
Qu'en paradis l'ame en meist.

« Comment, Pierre, » fait nostre Sire,
« Veus me tu donc desdire?
» En ne dis-je par le prophète
» Que mon saint non n'aura quiète,
» N'en ma meson n'abiteroit
» Nus qui sanz taiche ne seroit?
» Pierre doit donques habiter
40 » En Paradis ne deliter
» Cil ne fist onques se mal non,
» Q'onques n'emma moi ne mon non. »

Quant vit saint Pierre que Diex fere
Rien n'en vouloit de ceste afaire,
Prier l'en fist à ses archangres,
A ses apostres, à ses angres,
A ses martirs, à ses confés.
Mes por ce qu'iert mors desconfés,
A leur preces ne consenti
50 Li Roys qui onques ne menti.
De ses sainz out prières mainte;
Mes onques Dieu n'a saint n'a sainte
Ne veut otroi faire ne don
Que l'ame alast s'en enfer non.

Quant saint Pierre vit ceste afaire,
Esbahis fu, ne sout que faire.
Venuz en est à Nostre Dame.
« Dame, » fait il, « se de ceste ame
» Ta grant douceur ton fil ne prie,
60 » Jà par nous touz n'aura aïe.
» Or t'en doint, Dame, souvenir
» Nous ne poons à chief venir.
» Nostre prière riens ne vaut,

*Psalmista dicit :*
*Domine, quis habitabit in tabernaculo tuo, aut quis requiescet in monte sancto tuo : qui ingreditur sine macula et operatur justitiam.*

» Mes tu es li ars qui ne faut.
» N'ains ne failli ne ne faura.
» Ta proière moult miex vaura
» Que toutes les nos à cent doubles.
» Dame, ton filz n'iert jà si troubles,
» Si dolenz ne si courrouciez
70 » Qui ne soit touz resfleçiez
» Tout maintenant qu'a li paroles
» Moult li sont douces tes paroles.
» Moult li sient et moult li plaisent
» Quant tout li saint du ciel se taisent,
» N'un tout seul mot n'osent sonner
» Si le vas tu à raisonner
» Et deprier hardiement;
» Tu as sus lui commandement
» Com sus celui, haute pucèle,
80 » Qui tout norris de ta mamèle.
» Il est ton filz, tu es sa mère,
» Tu le pries comme ton père
» Et commandes comme à ton fil.
» Mon moine iert mis en essil.
» Bèle très douce Dame chière,
» Se n'el sequeurs par ta prière,
» Bien sai devoir que toutes voies
» Auras merçi se por lui proies. »
« Pierre, Pierre, » dit Nostre Dame,
90 » En moult grand poine et por ceste ame,
» De mon douz filz me fierai
» Tant que por toi l'en prierai. »

La Mère Dieu lors s'est levée,
Devant son filz s'en est alée
Et ses virges toutes après.
De lui se tint Pierre près;
Quar sanz doutance bien savoit
Que sa besoigne faite avoit,
Puisque cèle l'avoit en prise
100 Ou forme humaine avoit prise.

Quant sa Mère vit li douz Sire
Qui de son doit daigna escrire
Qu'en honourant et père et mère,
En contre lui a chère clère,
Se leva moult festivement
Et si li dist moult doucement :
« Bien veigniez vous, ma douce Mère. »
Comme douz filz, comme douz père.
Doucement l'a par la main prise
110 Et doucement lez lui assise.
Lors li a dit : « A douce chière,

» Que veus ma douce Mère chière,
» Mes amies et mes sereurs ? »
» Filz, » fait ele, « por péchéeurs
» Retraire d'enfer et de poine,
» Char en mes flans preis humaine.
» Pour ce, biau filz, de toi me fi
» Tant que por eus touz jors te pri.
» Filz encore ait été péchierres,
120 « Cist moine dont prie saint Pierres
» N'en sueffre pas, puisqu'il m'en prie,
» L'ame soit morte ne perie. »
« Douce Mère, » fait nostre Sire,
« Bien que dies ne doi desdire,
» Vos vouloirs sont mes volentez,
» Que mon cuer est ou vostre entez.
» Ma douce Mère, vos prières
» Sus toutes autres ai je chières?
» Riens que veilliez ne me dessiet;
130 » Mais à faire quanqu'il vous siet
» Mon cuer se délite et déporte.
» Mère du ciel estes et porte,
» Qui que vous siet y poves metre.
» Sus vous ne m'en quier entremetre;
» Mais por ce, Mère, que je dis
» Qu'ou haut manoir de Paradis
» En nul tempoire ne menroit
» Nus qui sanz teche ne seroit.
» Perron commant par vo prière
140 » Que l'ame envoist ou cors arrière
» En Paradis iert ramenée
» Et à grant joie coronée
» Quant espurgiée iert sa malice. »

Lorsque saint Pierre oy ce,
Moult tost son moine secourut,
Et à toutes ses clés y courut.
Si desconfist touz les maufez,
Quar moult estoit d'ire eschaufez,
De ce tant se déportoient
150 En cèle ame qu'il emportoient.

Quant de leur mains l'out délivrée,
A deus jouvenciaus l'a livrée
Qui moult estoient gent et bel.
L'ame pristrent li jouvencel
Qui moult estoit jouant et liée,
A un saint moine l'ont bailliée
Qui fu moine de s'abeie.
Tout com il out esté en vie
Cil sainz homs moult la conforta

160 Que qu'à son corps la raporta.
　　Mais ains qu'il l'ait ou cors remise,
　　Li prie que por son servise
　　Sa miserele por lui die
　　Tout comme il iert en ceste vie,
　　Et si repraigne à la foiz cure
　　De nétoier sa sépulture.
　　En son cors est l'ame rentrée;
　　Quant ceste chose a créantée,
　　Touz li convent moult se merveille
170 Quant voit du moine tel merveille.
　　Tout en plorant et tout a trait
　　Leur raconte tout et retrait
　　Ce que devant oy avez.
　　« Seigneurs, » fait il, « vous ne savez
　　» Comme cil dort de mortel somme
　　» Et comment s'ocist et asomme
　　» Cil qui la Mère Dieu n'onneure. »
　　Touz li plus durs soupire et pleure
　　Ainz qu'ait ne dit ne parconté
180 Le grant secours et la bonté
　　Qu'a fait à sa dolente d'ame
　　La grant douceur de Nostre Dame
　　Par la prière de saint Pierre,
　　Bien a le cuer plus dur que pierre.

　　Cist miracles bien nous ensaigne
　　Que devant touz porte l'ensaigne
　　La Mère Dieu en Paradis.
　　Trop est enfers et maladis
　　Et trop het s'ame et s'entroublie
190 Qui ne l'onneure et sert et prie;
　　Quar ele est tant de haute afaire,
　　Que par lui seul puet plus faire
　　Que tuit li saint du ciel ne font.
　　S'ame et son cors tue et confont,
　　Et contre Dieu fiance guerre
　　Qui ne l'onneure et sert en terre.
　　N'est nus chetis tant aterrez,
　　Ne tant lachiés ne tant serrez,
　　N'en ordure n'en vilennie,
200 Se d'entier cuer la sert et prie,
　　Qu'ele n'ele giet hors de pechié.
　　Si tost com sommes enséchié,
　　Net de péchié, taint et nerci,
　　Courons à li, crions merci,
　　Et ele nous lors secorra;
　　Se nous voulons touz nous verra
　　En Paradis mener et metre.
　　Ele se sout bien entremetre
　　De rapaisier à son douz fil
210 Li las de moine qu'en essil
　　Entrainoient li Déable;
　　Puis out le cuer si amiable
　　A lui servir et si très douz,
　　Que nuit et jor à nus genouz,
　　A grant soupirs et à grant plours
　　La merçioit de son secours.
　　A lui servir tost s'aploia;
　　Ains puis son cuer ne coloia
　　N'à lecherie n'à luxure,
220 Ne de baillie n'out plus cure,
　　Mais tout à cloistre se bailla,
　　Certes fort tour et fort bail a
　　Moine qui au cloistre se baille.
　　Mes n'i a mes ne blanc ne baille
　　Qui ne cuit estre mau baillis,
　　Si n'est ou prévos ou baillis.
　　Certes trop nous mau baillissons,
　　Quant hors de nostre cloitre issons;
　　Quar n'est pas si tost mau baillie
230 L'ame en cloistre com en baillie.

*Apostolus dicit:*
*Nemo militans Deo* [...]
*placet se negociis seculi*
*ribus, ut ei placeat cui* [...]
*probavit.*

## 𝔇u 𝔐oine que 𝔑ostre 𝔇ame resuscita qui estoit péris par son péchié.

Nous avons rapproché à dessein cette miniature de la précédente, parce qu'elle offre de nombreuses analogies, et quant à l'expression du sujet, et quant à sa nature. Ce tableau est aussi divisé en deux tableaux bien distincts. Au premier plan, une rivière; un religieux enseveli dans les flots. Dans le second plan, deux horribles démons velus emportent un petit être; deux anges s'empressent de venir le délivrer de leurs mains. A quelque distance, la sainte Vierge sort des nuages; elle porte un livre d'une main et indique le sujet de l'autre.

Manuscrit de Paris : 1° Une rivière; le moine tombe. 2° Le démon emportant l'âme du mort; deux anges en disputent la possession. 3° L'âme, la Vierge; le démon en fuite. 4° Le moine et ses frères.

Voici le sujet de la pièce.

Un moine dont la conduite avait d'abord été très-exemplaire, finit par céder à la tentation et tomba dans l'habitude du péché. Le malheureux sortait souvent de son cloître pendant la nuit à l'insu de ses frères, et ne rentrait ordinairement au monastère que pour chanter matines. Une nuit donc qu'il avait à repasser le fleuve, il ne monta qu'avec une secrète appréhension la barque qui devait le ramener au rivage. C'est qu'en effet l'eau lui paraissait noire et agitée. Cependant, après s'être recommandé à Marie, il s'élance dans le frêle esquif. A peine était-il arrivé au milieu du fleuve, que l'embarcation chavire, et le moine tombe dans l'eau où il se noie. Les démons se présentent à grande joie pour enlever son âme. D'un autre côté, deux anges viennent à son secours. Un combat sérieux s'engage entre les deux partis; chacun d'eux apporte ses raisons. Les anges proposent de s'en remettre au jugement de la sainte Vierge. Les démons s'y opposent et préfèrent le jugement de Dieu comme étant plus impartial. Ils reprochent à Marie son immense largesse et ses nombreux pardons. Le débat durait encore lorsque Marie se présente elle-même à cette audience et adresse de sanglants reproches à l'esprit tentateur et décide que l'âme du moine retournera dans son corps pour y faire pénitence de ses péchés.

Pendant ce temps-là, l'heure des matines était écoulé; on cherchait en vain le sacristain. Après avoir exploré toute l'abbaye, les frères se dirigent enfin vers le fleuve et le trouvent mort dans l'eau. On se préparait déjà à l'ensevelir, quand on reconnut qu'il revenait à la vie.

Le poëte cite à ce propos l'histoire d'un prouvaire de Sens qui ne craignait pas de célébrer indignement et voyait chaque jour un hideux crapaud dans le calice. Exhortation donc à vivre dans une grande pureté, afin de ne pas exposer à une horrible profanation le corps et le sang de Jésus-Christ. Reproches adressés aux femmes qui se fardent et se parent pour plaire aux hommes; elles perdent leur âme pour si peu de chose, pour *un fumier ennégié et pour un buisson fleuri*. Eloge des femmes vertueuses qui sont *plus netes, plus soef que violette, que fleur de lys et fresches roses*. On doit honorer partout une femme pieuse comme on honore Marie, parce qu'une bonne mère nous a aussi donné la vie, nourris de son lait et a fait de nous des enfants de Dieu, des frères de Jésus-Christ.

Cele en qui prist humanité
Li puissanz Roys de vérité
Deffende ceus de pestilence
Qui un petit tendront silence.
Tant c'un miracle aie retrait
Dont mes livres mençion fait.

   Uns moines fu en une église
Qui moult amoit le douz servise
La douce Mère au Roy de gloire.
10 En cuer l'avoit et en mémoire
Et tant l'amoit de douz courage,
Que jor et nuit devant s'ymage
S'agenouillet assez souvent.
Ne cuit qu'eust moine en convent
Plus de lui fust religieus.
Mais Déables qui envieus
Est de ceus qui bien veulent faire,
Out grant duel de ceste affaire.
Tant l'asailli, tant le tenta,
20 C'une pensée li entra
En son courage qui tant crut,

Qu'elle l'engigna et déçut.
Encor fust il musars et vains,
La Mère Dieu à jointes mains
Saluoit moult dévotement
Et requeroit moult doucement
Son conseil, sa force et s'aie.
Quant il aloit en sa folie,
Tant y ala et tant i vint,
30 Que laidement l'en mesavint.
Tant li poz au puis qu'il brise.
Une nuit issi de l'église,
Si com l'en traist li anemis
Qui n'estoit pas ses bons amis;
Mais ne fait pas de ce folie
Qui s'agenoille et humilie
Devant l'ymage Nostre Dame.
Si li commande et cor et ame,
A tant s'en part sanz délaier,
40 Le flun passe sans esmaier.
N'ose pas faire grant demeure
Por matines sonner à eure,
Au flun s'en vint et au passage.

Cil qui le cuer n'avait pas sage,
En la nef entre iguelement.
La Mère Dieu moult doucement
Va dépriant que le consaut.
Près est de faire mauvés saut
Se Nostre Dame n'el conseille.
50 S'il a peour n'est pas merveille;
Car levé voit noire et hideuse,
Noire, ondoiant et perilleuse.
Encor vient il de sa folie
Si requiert il merçi et prie
La douce Mère au Roy de gloire.
Jà commençoit l'invitatoire
Des matines la douce Dame,
Quant li Déable qui mainte ame
Par sa guile engigne et confont,
60 En mi le flun, ou plus parfont,
Sa nef li verse, si le noie.
L'ame de lui à moult grant joie
Ont ravie li anemi.
Quant issi du cors moult gémi
Et dolosa sa lasse d'ame
Et moult réclama Nostre Dame.
Au rescourre lui angre viennent;
Mais li Déable qui la tiennent
Moult fièrement li contredient.
70 « Elle est nostre, » li angre dient;
« Car en la croiz du sacré sanc
» Qui déçouta de son saint flanc
» Li Roys du ciel le racheta;
» De la prison d'enfer geta
» Et deslia de vos liens
» Dieu par sa mort touz crestiens. »
« Seigneur angre, » font li Déable,
» Diex en la croiz, ce n'est pas fable,
» Rescoust de nous touz ses amis;
80 » Mais cist estoit ses anemis;
» Car il metoit toute sa cure
» En lecherie et en luxure.
» Vous savez bien son vœu trespasse
» Et que sa rieule brise et quasse
» Moine, nonnain, convers, converse.
» Qui maint en luxure et converse.
» Vers Dieu n'avon de rien mespris
» S'atrapé l'avommes et pris
» En luxure et en males œuvres.
90 » Aus botereaus et aux couleuvres
» D'enfer le feron demengier.
» Par tens le cuidons enfangier
» Et trainer à crocs de fer

» Ou puis et ou bourbier d'enfer;
» Car en la boue et en l'ordure
» Et en bourbe de luxure
» L'avommes, tout prouvé, pris.
» Nous en aurommes plus grant pris
» De nos prévos et de nos mestres
100 » Que de cent bobelins champestres.
» Trop sommes liés quant conchier
» Poons un moine et espier.
» Tant que pris est à aucun vice,
» Vilain sont si fol et si nice,
» Guaires n'i estuet soutilier
» Por aus découvre et conchier.
» En aus petit nous déportons,
» Ou feu d'enfer les emportons
» A fouz à cens et à milliers.
110 » Mes quant tenons par les illiers
» Ces nonnains, ces convers, ces moines,
» Ces provoires et ces chanoines,
» Il si souvent braient et crient,
» Et tant losengent et tant prient
» Dieu et sa Mère jor et nuit.
» Jà nul ne n'aurions recuit,
» Se n'iert luxure nostre amie
» Qui touz les deçoit et conchie.
» Lonc tens l'avons tuit espié
120 » Cestui nous a bien conchié;
» Ains mais avoir ne le peûmes,
» Tant à guetier ne le seûmes.
» Devant ne sai que mariole
» Qui tient un enfant et acole
» Toute jor satoit acroupant.
» Ce nous aloit si acroupant
» Et destourbant toute nostre affaire,
» Ne lui pooions, nul mal faire,
» A grant poiane l'avons eu.
130 » Moult fesoit le coc empleu
» Li papelars, li ypocrites.
» Bien avon ses œuvres escrites,
» N'en poons estre faunoié. »
« Par vo guile l'aves noié, »
Font li angre, « et déçeu;
» Por ce que tort avez eu,
» Ne voulons pas qu'emportez l'ame.
» Le jugement de Nostre Dame
» En voulons tuit ançois avoir. »
140 « Maufé puissent ore joir, »
Font li Déables, « de cest plait.
» Mal por mal, assez miex nous plest
» Que nons aillons au jugement

*Psalmista:*
Judas es, Domine, rec-
tum judicium tuum.

*Innocentius papa:*
Ipse est judex justus,
fortis, longanimis, qui nec
prece, nec precio, nec a-
more, nec odio declinat a
semita rectitudinis, sed via
regia semper incedit.

    » Li haut jugeur qui ne ment.
    » C'au plait n'au jugement sa Mère
    » De droit jugier est trop avère;
    » Mais Dieu nous juge si adroit,
    » Plainement nous lest nostre droit.
    » Sa Mère juge en tel manière,
150 » Qu'elle nous met touz jors arrière
    » Quant nous cuidons estre devant.
    » Ele nous va touz jours grévant,
    » En lui n'iert jà quel ne nous nuise;
    » Touz tens nos droiz nous amenuise.
    » Ainc jugement ne départi
    » Que n'eussions le pis parti.
    » De toutes riens qu'elle depart,
    » Avons touz jors la prieur part.
    » Ele retient tout à son eus;
160 » Uns jugemenz nous fait touz neus;
    » Et si soutiez et soir et main,
    » Qu'entant com on torne sa main,
    » Nous a une ame bescocié.
    » Jà ne l'aurons si acrocié
    » Ne prise à si présent forfait,
    » S'elle le jugement en fait,
    » Que maintenant ne la nous toille.
    » N'est si chetif Diex ne la soille,
    » S'elle l'en veut un peu requierre,
170 » Por Dieu vous saut, peut on conquierre.
    » Son cors, sa force et s'aie,
    » S'un dolenz fait une acroupie
    » Ou un enclin devant s'ymage,
    » Lors li porte si bon courage,
    » Qu'ainz briseroit les huys de fer
    » Et toutes les portes d'enfer,
    » Un tout seul jor nous lessast l'ame.
    » En ciel et en terre est plus Dame
    » Par un petit que Diex ne soit.
180 » Il l'aimme tant et tant la croit,
    » N'est riens qu'elle face ne die,
    » Qu'il desveille ne contredie.
    » Quant qu'elle veut li fait acroire,
    » S'elle disoit la pie est noire
    » Et l'eue trouble est toute clere.
    » Si diroit-il voir, dit ma Mère,
    » Il est otrans, tout li otroie,
    » S'ele faisoit d'un aufin otroie.
    » Si droit il que bien atrait.
190 » Souvent nous mesjove et mestrait.
    » Souvent nous fait d'ambesas tarnes;
    » De II et de II quines quarnes.
    » Elle a les dez et la chéance;

    » Trop nous avint grant meschéance
    » Et trop nous fu pesme et amère;
    » L'eure que Dieu en fist sa Mère;
    » Car n'osons chose contredire
    » Qu'elle veille faire ne dire.
    » Assez avons tuit engloutics
200 » Et de laidures et d'estoudies
    » Qu'ele nous a maintes foiz faites.
    » Jà tant n'auron de raison traites,
    » Qu'elle nous vaillant un bouton.
    » De cest moine, de cest glouton
    » N'iron nous à lui plaidier;
    » Tost li voudroit espoir aidier,
    » S'ele en fesoit le jugement.
    » Li droiz jugierres qui ne ment
    » le jugement a pieça fait.
210 » Soit bien chascun s'euvre et son fait
    » Que Diex que là li jugera
    » Chascun où il le trouvera
    » Ou soit en mal ou soit en bien.
    » En cestui ci n'avez vous rien,
    » Le jugement bien en savons,
    » Puis qu'en la fin trouvé l'avons
    » En lecherie et en luxure;
    » Il est nostre; Diex ne n'a cure,
    » En besoignez n'estiez pas,
220 » Quant vous passastes un seul pas
    » Por rescourre tel menesterel.
    » Ralez vous en, il n'i a tel. »

Quenque li maufé députoient
Aus angres qui tristes estoient
Quant ne savoient reson rendre
Par quoi il seussent deffendre
Ne derainnier la lasse d'ame,
Au jugement vint Nostre Dame
Qui nommée estoit Marie.
230 Seigneurs, ne vous mervcilliez mie
Se je vous die que Nostre Dame
Vint au plait por rescorre l'ame,
Ne m'en prenés à soupresure;
Car nous trouvons en l'escripture
Com ne puet mie reson rendre,
Ne faire apertement entendre
As terriens choses celestres,
Fors par semblance des terrestres;
Toutes les incorporiens choses
240 As corporiens sont li encloses.
Si couvertes et si oscures,
Que par semblances et par figures

*Psalmista:*
Tu reddes unicuique se-
cundum opera sua.

*Ezechiel propheta:*
Justicia justi super eum
erit; impietas impii super
eum erit. Ubicunque cor-
ciderit arbor, ibi erit sive
ad austrum, sive ad aqui-
lonem.

*Gregorius dicit:*
Incorporeæ corporeis n'si
per corporea patrati bon
possunt.

30

Faire entendant les nous convient.
Au jugement la Dame vient.
La Mère au Roy qui tout justise,
De mautalent et d'ire esprise,
As anemis qui tiennent l'ame
Iréement a dit la Dame :
« Leus enragiez, sauvages bestes,
250 » Comment vous monta-il es testes
» C'osastes fere tel outrage,
» Tel desverie et tel rage
» Que vers celui tendistes main
» Qui tant me servoit soir et main,
» Et tantes foiz par bon courage
» S'agenoillot devant m'ymage?
» Pulentes bestes, leu vuarol,
» Serez vous jà nul jor saol
» De genz noier et soubiser,
260 » D'ames mengier et tranglouter?
» Dieu foi mentie et renoié
» Par grant barat l'avez noié ;
» Mais riens n'i vaut barat ne guile,
» Se vous esties v cens mile
» Des plus mestres maufez d'enfer,
» A cros et à forches de fer
» S'il le vous convient il vis metre
» Puisque je m'en vueil entremetre. »
« Dame, » font il, « de quest or ce
270 » Faite nous avez mainte force ;
» Mais on a dit par maintes fois
» Que force n'estoit mie drois,
» Et force est ce que vous nous faites
» Nes envers Dieu vous vous meffaites
» Et assez petit le prisiez
» Quant vous ses jugemenz brisiez. »
« Jà de tout ce ne vous tamez ;
» Alez à lui si vous l'amez,
» Se tort vous faiz fait Nostre Dame. »
280 « Dame, » font il, « il n'est nule ame
» Qui de vous puist nul droit avoir ;
» Quantque dites tient Diex avoir.
» Onques de vous droit ne nous fait
» Qui la court a si à le plait,
» Vostre povair chier nous vendez,
» Quant vous porrez si l'amendez. »
« Larrons fossiers, » fait Nostre Dame,
« En Paradis n'enterroit ame
» Qui vo malice vorroit croire. »
290 « Dame, » font il, « li Roys de gloire
» Cest jugement a piera dit ;
» Cil sont nostre sanz contredit

» Qui en péchié mortel sont pris.
» Por ce n'aurons de riens mespris
» Se nous avons prisé ceste ame. »
« Vous y mentez, » fait Nostre Dame,
« Larron meurtrier, Dieu anemi.
» Quequ'il voiait assez gemi,
» Sa dolente et sa luxure,
300 » Et ce dit Diex en l'escriture,
» Qu'enconques euvres gemira,
» Li pechierres que sans sera,
» Par ce point l'ame avez perdue,
» Et d'autre part gent esperdue,
» Plain de malice et plain d'engien ;
» Ains qu'il noiast vous savez bien,
» Et ains qu'il entrast en la nef,
» Moult doucement et moult souef
» Reclamoit il moi et mon fil.
310 » Ançois qu'il fust en nul peril
» Encommença il mes matines.
» Vos tençons ne vos aalines
» Ne pris je mie un bouton. »
» Or envoiés, mauves glouton,
» Or envoiés, » fait Nostre Dame,
« En homme qui me sert n'en fame
» Ne povez vous riens conquester.
» Or envoiez, lessiez mester,
» Petit vous puet vo guile aidier,
320 » Puisqu'a certes vueille plaidier.
» Or envoiés vias vias,
» Ci ne vaut riens vostre baraz. »

A tant sont tout barat et anui :
A tant sont tout esvanui :
A tant se metent à la fuie
Plustost que vent ne chace pluie.
A tant s'en depart Nostre Dame ;
Mais tout avant commande à l'ame
Son cors repraigne ignelement
330 Et qu'ele vive chastement.
Bien li a dit et par grant cure
Qu'eschit et fuie ades luxure ;
Ele la het tant durement,
Son neis estoupe ignelement,
Que cil ou cele vers lui vient,
Qui tele ordure aime et maintient.
Que qu'ainsi ces choses avindrent
En l'églyse le Seigneur vindrent
Qui durement s'en mervielloient
340 De matines qui ne sonnoient,
Et plus encore se mervelloient

Du secretain qui ne trouvoient
Par les huys. Quant trouvé ouvers
Et ses affaires descouvers,
Querant le vont par l'abbéie.
En la fin quant n'en treuvent mie,
Envers le flun sunt avoié.
Là l'ont trouvé mors et noié.
Tout en tour li grant duel menèrent,
350 Assez gémirent et plorèrent
Por ce qu'ainsi estoit périz.
Quant y rentra li espériz,
Moult se merveillent quant il voient ;
Ensévelir jà le vouloient
Qu'il s'est levez et qu'il se seigne.
Ce ne fust cèle bone enseigne,
Foy s'en fust de péeur ;
Mais par ce sont plus asseur
Qu'il fait l'enseigne de la croix
360 Et qu'il mercie à haute voiz
De son secors et de s'aie
Nostre Dame sainte Marie.
En soupirant dit tout à trait :
« Ha ! Mère Dieu ! com sunt refait
» Tuit cil qui ton service font,
» Car la perrière es qui confont
» Et qui ou fous d'enfer fait fondre
» Ceus qui les tuens veulent confondre.
» Fluns de douceur, fontaine et fons,
370 » Cil sus qui tu ta douceur fons
» Ne puet mie estre confonduz,
» Au fondant feu d'enfer fonduz.

Ce que devant vous ai retrait,
Tout en plorant et tout a trait
Aus compaignons dit et récite.
Ne fu pas la joie petite,
Que le Seigneur en demenèrent
*Te Deum laudamus* chantèrent
A haute voiz et à haut ton,
380 Et touz les sainz sonner fist-on.

Tuit cil qui cest miracle virent,
Moult durement s'en esjoirent
En Dieu et en sa douce Mère.
Li secretains et tuit li frère
Nostre Dame miex en amèrent
Et durement en eschivèrent
Luxure, l'orde, vil pullente,
Qui le cors soille et enpullente,
Et en enfer en l'ardant flamme
390 Art et bruist sa lasse d'ame.
Cist miracle bien nous enseigne
Que clers ne moine ne se praingne
N'à lecherie n'à luxure.
Qui s'entente i met et sa cure,
De s'ame perdre est curieus.
Luxure est si enboant boë,
Que le cors soille et l'ame enboë.

En escrit truis qu'il out vers Sens
Un provoire si hors de sens,
400 C'un seul jor jà n'entrelassast
Qu'à péchié ne s'abessast.
Lorsque il levez s'en estoit,
Hardiement se revestoit
Pour faire l'office dévin
Com fait de pain levé et de vin.
Quant il au sacrement venoit,
Assez souvent li avenoit
Pour son péchié, por sa malice,
Qu'il véoit en mi son calice
410 Un grant crapout lait et hideus.
Tant parest noirs et ténébreus,
D'ire et d'ardure tressuans
Que li venin ors et puans
Par mi la gueule li bouloit
Si laidement le rebouloit
Et patéoit vers lui ses pates
Qu'avoit plus noires que çavates,
Que por un peu n'issoit de sens.
A l'arcevesque vint à Sens.
420 Si li conta ceste aventure ;
Dévotement et par grant cure
Se confessa de son malice ;
Ainsi chaça de son calice
Confession le boterel...
Qui Dieu netement servir veulent
Qui que li lais covingne à estre
Li moine, li cler et li prestre,
Net doivent estre à tout le mains,
Moult doivent bien garder leur mains
430 Qu'en vilain lieu ne les atouchent.
Tuit cil qui dieu liévent et couchent.
Qui le cors Dieu manoier doit,
Ne doit touchier ne main ne doit
Au mal bubuis, au mau malan
Qui tantes gens met en malan,
Plusieurs se gardent malement ;
Si va siècle communement,
De lui garder n'a mais nus cure ;

## LES MIRACLES

*Magister P. Abaelart:* Nec dubites illam proprie diffedere forme Que cavet aspectum compta prius nisi sint.

*Augustinus dicit:* Mulier quæ vultum suum ob splendorem genarum aliquo fusco infecerit.

*In Isaie prophetia:* De filiabus Syon promissa sempiterna manebit.

*Versificator dicit:* Fumina se nescit, quia nulla femina senescit.

*Crocodillus acrore dicitur.*

    Si monteploie et croist luxure,
440 Neis maintes fames peu se gardent,
    Ces pullentes qui si se fardent,
    Et qui affublent ces hardeaux
    Font des plus sages robardeaus.
    Tele se fait moult regarder
    Par son blanchir, par son farder
    Qui plus est laide et plus est pesme
    Que péchié mortel en quaresme;
    Tele est hideuse comme estrie,
    Tele est vielle, noire et restrie,
450 Qui plus est gent c'une fée,
    Quant est painte et atifée.
    N'i a si vielle ne si grille
    Neis du merdier, du cocodrille.
    Fame bien doit, c'en est la somme,
    Puir à Dieu et à homme,
    Qui vis a paint taint et doré
    Cocodrilli de *stercore.*
    Ainsint sont mes ensafrainées
    Com s'estoient en safran nées.
460 Si se florissent, si se pèrent,
    Pasques flories de loin pèrent.
    Mais à un mot vous en dit tront,
    De loin ahen, mes de près pront.
    Chascune se paint mais et farde,
    N'i a torchepot ne giffarde,
    Tant ait desouz povre fardel
    N'ait cuvrechief, manche et hardel,
    Et qui ne veille etre fardée
    Por plus souvent estre esgardée.
470 Assez ont merde on leur fardiaus,
    Clamons tout quite as rabardiaus
    Et les fardiaus et les cordèles,
    Et les membres et les cors d'èles.
    Bien est de merde encordèles
    Cil qui couche son cors d'èles;
    Car cuer en cors ont si commun,
    Qu'autant en aimment vi comme un.
    Trop sunt mes plainnes de revel,
    Trop en y a de hastivel,
480 Et trop dentées sus angoisse,
    Et trop Déable les angoisse
    Parce qu'elles ainsi se paingnent,
    Maint preudomme en enfer enpaignent.
    Mainte ame ont morte et domagiée
    Com leuve, cum liesse enragiée
    Doit on fouir la fame fole;
    Car le cors tue et l'ame afole.
    Son affaire a trop agrégié,

    Qui por un fumier ennégié
490 Et qui por un buisson flouri
    Pert Paradis et champ flori,
    Et la grant joie ou cil iront
    Qui vraiement Dieu serviront.
    Pour Dieu, por Dieu, vous, bones dames,
    Ne vous griert pas se foles fames
    S'un petit ai ici blasmées.
    Vous, bones dames, enblasmées
    Estes de basme et de touz biens.
    Bone fame, n'en dout de riens,
500 Est si très sainte et si très nete
    Qu'eut plus soef que violete,
    Que fleur de liz ne fresche rose.
    Et Diex en li maint et repose.
    Nule esmeraude, nule gemme
    N'est tant nete com nete fame.
    Tant esmerée ne tant pure,
    Par desus toute créature
    Doit preudefame estre honorée;
    Estre par tout doit aourée
510 Fame qui est de bon renon.
    Se ce n'est, or ce por ce non
    Que le grant Roys qui tout puet faire,
    Sale et palais, chambre et sacraire
    Fist du saint ventre Nostre Dame.
    Si devons honorer fame,
    Se ce n'iert or pour ce non
    Que cil qui Roys de Roys a non
    Faire daingna, par grant délit,
    Son oreille et son saint lit
520 Du sacré ventre Nostre Dame.
    Si devons nous jor et nuit fame
    Et encliner et aourer,
    Amer, servir et honorer.
    De fames sommes tuit issu,
    Et tout ourdi et tout issu.
    Nous ne poons vivre sans eles,
    Tuit sunt norri de leur mamèles.
    Diex les consaut toutes ensemble.
    Les bones devons, ce me semble,
530 Honorer de tout noz pooir;
    Mes des foles nes le vooir
    Tuit nous clerc devommes fouir,
    Car l'ame font à Dieu puir.
    Clerc bien est folz qui les aproche,
    Qui le cors Dieu lieve ne couche,
    Ne doit à elles atouchier.
    Tiengne chascuns son cors tot chier;
    Car saint Pol dit, se bien m'enmembre,

*Salomon:* Melius est nomen bonum quam divicie multe.

*Magister P Abaelart:* Nil melius muliere bona, nil quam mala pejus. Omnibus ista bonis, prestat et illa malis.

*Undè dicitur:* Salve, mater pietatis et totius Trinitatis nobile triclinium ubi mater incarnati spiratus majestati preparas hospicium.

*Undè dicitur:* Summi beni reclinatorium dulcis vini dulce cellarium quem dulcorans dolcedo dulcius preelegit in sibi proprium res celorum.

*Isidorus dicit:* Aspectus mentis suscitat, animum tollit, est vulnerat.

*Undè dicitur:* Oculos meus deprolatos est animam meam.

*Apostolus:* An nescitis quia membra vestra templum sunt Spiritus Sancti.

« De Jhésuschrist sont tuit membre ;
540 » Se par péchié ne périssons,
» Temple de Saint Espérit sons. »
Tuit sommes membre Jhésucrit ;
Mais membre devient d'antécrist
Et bordelière fait de s'ame
Cil qui s'aert à fole fame.
Bains fole fame ne fait monde
Ne cornille blanche ne monde.
Lais est li dires et ors li faires
Et ne porquant de tiex affaires
550 Sont li pluseur tout coustumier.
Toute nuit gisent ou fumier
Et en l'ordure tuit se noient ;
Lendemain tiennent et manoient
Le haut Seigneur qui tout cria.
Ha ! Diex, com grant douleur a a ;
Com grant douleur, com grant domage ;
Car, ce dit la divine page,
Son juise menjue et boit
Indignement qui le reçoit.
560 Li las ! li las ! que feront donques
Qui jor et nuit ne finent onques
D'estre en yvreel et en luxure,
Et lendemain tout plain d'ordure
Le cors nostre Seigneur reçoivent ;
Sa char menjuent, son sanc boivent.
Trop périlleus est leur affaire ;
Se Diex n'estoit si débonnaire,
Tant puis, tant doux et tant humains,
Leur senglans doiz, leur ordes mains ,
570 Li feus d'enfer tout leur ardroit.
Qui de bon oeil esgarderoit
Ce que nous monstre l'escripture ,
Sus toute riens fuiroit luxure.
Tant soit de tours, tant soit de lutte ,
Que desvez est qui à lui lutte.

Tuit si tours sont si soudeant,
Nus ne la vaint, fors en fuiant.
Cil qui à Dieu ne veut puir,
Sus toute rien la doit fouir.
580 Tant puanz est l'orde pullente,
L'ame envenime et enpullente,
Le cors enerve et enaigrist,
Et l'ame tourne et enaigrist.
Luxure tout le cors et l'ame,
Et si tout Dieu et Nostre Dame.
Son domage a bien entachié
Qui s'ame pert, por tel vuachié.
Wachiez est, ce n'est pas doute,
Car l'ame suelle et honnist toute
590 Por ce vous nous dit sainte escripture :
*Fuiez, fuiez, fuiez, luxure !*
Fuions la tuit ! fuions ! fuions !
Ne cuer ne cors n'i apuions.
Qui s'i aert, qui s'i apuie,
Le porcel resemble et la truie ;
Quant plus se soille et plus s'enboë,
Tant li siet plus et plaist la boë.
En fiens et en bourbier habite
Qui se soille, qui se délite
600 En l'orde boë de luxure.
Qui son cuer i met et sa cure
Bien est semblant à la quarrete
Qui toute jor bourbe et bourbete.
Bourbetant va sanz destourbier
Et bien bourbete en ort bourbier ,
Qu'en tel bourbier va bourbetant.
En luxure a de borbe tant
Qu'on doit celui com ors beter
Qui veut tel bourre bourbeter.
610 Cler qui en tel bourbier s'enbourbe,
Ou puis d'enfer en l'orde bourbe.

---

### De la Nounain que Nostre Dame delivra de grant blasme et de grant poine.

Dans une abbaye de femmes que le poëte ne nomme pas , mais célèbre par sa régularité, il y avait une religieuse qui n'était pas moins distinguée par la ferveur de sa piété que par sa haute naissance. On remarquait surtout en elle une grande dévotion envers la sainte Vierge. Le Démon , jaloux de cette vertu si éclatante, chercha à la faire tomber dans ses filets. Dans une sortie qu'elle fit en dehors du couvent, elle rencontra un seigneur puissant de la contrée qui, épris de sa beauté, voulait l'épouser. Les dons les plus riches vinrent à l'appui de ses demandes. Ce chevalier, aveuglé par sa folle passion, proposa à la religieuse de l'enlever et de la conduire dans sa terre. La proposition fut acceptée; mais au jour convenu, à minuit, à l'heure où il fallait dire adieu au cloître, à ses parents qu'elle laissait inconsolables, la nonnain s'endormit. Il lui sembla, pendant son sommeil, voir deux affreux démons d'une noirceur effrayante l'emporter à l'heure même, puis la laisser seule à l'entrée d'une horrible ouverture semblable à la gueule béante d'un monstre dévorant. Ajoutez que de cet épouvantable cratère sortait une noire et épaisse fumée qui obscurcissait la clarté du jour et répandait une exhalaison infecte. Une terreur subite s'empara de la pauvre religieuse. Déjà elle croit entendre les grouillements des crapauds et le sifflement des serpents; elle suit la marche tortueuse du lézard et les bonds de la couleuvre. C'est dans ce gouffre que sont précipités tous ceux qui ont fait de mauvaises actions. Un cri horrible répété d'heure en heure la glaçait d'effroi. Soudain elle voit arriver d'affreux démons qui jettent les âmes dans cette fosse profonde. Elle-même se sent entraînée dans l'abîme par une foule de ces esprits pervers acharnés à sa perte. Effrayée de cette vision, elle implore Marie comme une mère. Marie vint, mais comme à regret, d'un pas lent et avec un visage très-indifférent. Quant à elle, elle redouble ses cris. Cependant, la sainte Vierge s'approche. La religieuse lui expose le sujet de sa peine. La sainte lui fait des reproches de sa conduite. Les démons en profitent pour essayer d'accomplir leur néfaste dessein. Mais la sainte Vierge s'y oppose énergiquement et retire du gouffre infernal sa fidèle servante, en lui adressant une touchante exhortation pour l'engager à conserver sa chasteté.

La religieuse s'éveille alors, et elle congédie avec une réponse sévère les messagers de son séducteur. Encouragement à s'attacher à Dieu qui connaît le fond de nos cœurs.

La miniature de notre manuscrit peint cette affreuse vision dans tous ses détails. On y voit d'abord un monstre, le léviathan, la gueule béante avec ses dents acérées. Une religieuse entraînée par plusieurs démons qui se précipitent dans cet abîme. La sainte Vierge tenant la religieuse d'une main pour la retirer de ce gouffre infernal et fustigeant de l'autre un épouvantable démon qui s'enfuit à toute vitesse. Puis la même religieuse sortant de la gueule du monstre et la sainte Vierge qui lui adresse quelques paroles touchantes.

Dans le manuscrit de Paris, qui porte pour titre : *D'une Nonnain qui vout péchier, mais Nostre Dame l'en delivra*, on remarque : 1° Un homme assis et un serviteur assez jeune. 2° Le même serviteur et une religieuse. 3° La religieuse. 4° Des démons portent deux âmes, l'une la tête en bas. 5° La religieuse et Notre Dame, un démon entre les deux. Au bas, dans une profonde coupe, une religieuse au milieu des flammes.

Mes livres me dit et révèle
D'une nonnain qui moult fu bèle
Un biau miracle, moult piteus,
Et à oïr moult deliteus.

Il fu, ce truis, une abeïe
Où moult out bèle compaingnie
Et biau couvent de bèles dames
Et si out moult de saintes fames.
Laiens avoit une meschine
10 Qui moult estoit de haute orine
Et qui moult iert religieuse.
La douce Dame glorieuse
Servoit par grant dévoçion.
Moult out de sa religion
Grant envie li anemis.
Tant l'espia, qu'à ses amis
Fu por esbatre un jor alée,
Un haut homme de la contrée
De sa biauté si enflamma,

20 Que si très asprement l'ama,
Pour un petit n'issoit du sens.
Li déables qui en maint sens
Soit tiex afaires asproier,
Tant li fist donner et proier,
Son fort courage li ploia.
Par messages tant la proia
Et par biaus dons tant l'assailli,
Que riens fors en lui ne failli.
Leur afaire si atremprèrent,
30 Que jor assistrent et nommèrent
Qu'en emblée la venroit querre,
S'il l'emporteroit en sa terre
Et si l'espouseroit à fame
Et seroit sa mie et sa fame.

Li chevaliers n'oublia mie
Le jor qu'il out mis à s'amie;
Ne cele pas ne l'oublia.
Vers mie nuit, quant espia

*Versificator:*
Accipit optatam rem qu
l argitur amator.

*Ovidius dicit:*
Res ingeniosa dare.

*Undè dicitur:*
Obsequiorum viscitudin
amisantur mater et filia.

L'eure douleureuse et amère
40 Que Dieu lairoit et père et mère
Por vanité et por luxure,
Endormi soit par aventure.
Lors li sembla touz sanz demeure
Que dui maufé plus noir que meure
Grant à l'eure l'enportoient ;
Et puis après si la lessoient
Seur une fosse toute seule
Qui avoit tant hideuse gueule,
50 Parfont et grant et périlleuse,
Qui sembloit tout sanz mentir
Tout le monde deust engloutir.
Cil puis, cele fosse, cil goufre
Iert plus puans mil tans que soufre.
Si grant pueur hors en issoit,
Tout l'air en empullentissoit
Et en issoit si grant fumière,
Li jors en perdoit sa lumière.
Grant peur a, moult s'en esmaie,
60 Qu'en la fosse ne fonde et chaie.
Si put la fosse et si la griève,
Por peu que li cuer ne li criève.
Groucier y ot les botereaus
Gros et enflez comme porceaus.
Moult a vermine là dedenz,
Serpens y a à aguz denz,
Granz lésardes et granz culeuvres.
Cil qui ont fait les puans euvres
En cele fosse sont plungié,
70 Puis demors et dérungié
De la vermine là dedenz.
Granz croisseiz y a dedenz,
Et de paumes grant bateiz.
D'eures en autres ot uns cris,
Une granz plaintes et un brais
Si très horribles et si lais,
Pour un petit que n'ist de sens.
Lors revoit venir de touz sens
Ennemis maufez et déables,
80 Moult lais et moult espoantables
Qui là trainent et aportent
Ames qui moult se desconfortent ;
Car il les gieteat sanz delai
En cele fosse et en ce lai.
A donc aqueurent, ce li semble,
A lui tuit cil déable ensemble,
Si la veulent en ce puis traire ;
Mais hautement commence à braire

Et à huchier « aie, aie,
90 » Douce Dame sainte Marie ! »
Que qu'ele crie en tel manière,
Une Dame voit moult arière
Qui Nostre Dame resembloit ;
Mes moult cointe, ce li sembloit,
Ne li daignoit torner son vis ;
Et s'est si loing, se li est vis,
Et vient si atart et si lent,
De li secorre n'a talent.
Mais toutes voies bret et crie :
100 « Haute pucèle, aie, aie ! »
Quant ele l'out assez huchiée,
Nostre Dame s'est aprochiée
Du puis où si orde estuve a,
Et si li dist : « Qui es tu, va,
» Qui m'apeles si durement ? »
» A ! Mère au Roy qui ne ment, »
Ce li respont en plorant cèle ;
« Je sui vo nonne et vo pucèle
» Qui tantes foiz vous a servie.
110 » Douce Dame sainte Marie !
» Je sui la lasse, la dolente
» Qui ne sui onques nul jor lente
» De vostre douz servise faire.
» Royne douce et débonnaire,
» Se vo grant douceur ne m'aie,
» Cist puis m'aura transgloutie ;
» Se vous n'avez de moi merci,
» Tuit cil déables qui sunt çi
» En cest puis jà me trairont
120 » Et trébuchier enz me feront.
» Haute Dame, haute pucèle,
» Secourez vostre povre ancèle
» Qui vostre est en cors et en ame. »

« Lesse mester, » fait Nostre Dame,
« N'ies mais m'ancèle ne m'amie ;
» Celui por qui m'as déguerpie
» Huche qui te viengne secorre.
» Je ne te dois mie rescorre ;
» Car n'ies mais moie ainçois es soë ;
130 » Or viengne à toi si te rescoë,
» Geter te viengne de péril
» Cil por qui laiz moi et mon fil. »

A ces paroles, ce li semble,
Tuit li déable tout ensemble
En cel horrible puis sachié ;
Mais erraument s'est enbrunchié

Nostre Dame dedenz le puis,
Et si li dist : « Soufrir ne puis
» Qu'en cest puis ci soies périe
140 » Por ce que tu m'as tant servie. »
Sa main li tient sanz nul délai,
Si l'a sachié hors du lai.
Tuit li déable s'enfouirent
Si tost com la Mère Dieu virent.
« Bèle amie, » fait Nostre Dame,
« Se merçi veus avoir de l'ame,
» Gardes que jamais n'aies cure
» De vanité ne de luxure.
» Ou feu d'enfer font cil leur lit
150 » Qui acomplissent leur délit
» Et les vouloirs de la charoigne ;
» Dore en avant celui esloigne
» Qui te vouloit à Dieu fortraire.
» Ou feu d'enfer vouloies faire
» Ton lit quant tu fauter vouloies.
» Mon Fil à cui sacrée estoies,
» Por s'amour te dois netement
» Touz jours tenir et chastement.
» Bien t'a monstré que deviendront
160 » Tuit cil qui de luxure tendront.
» Bèle fille, » fait Nostre Dame,
« Luxure tue le cors et l'ame ;
» Le cors honnist et l'ame tue,
» Et en enfer la giète et rue.
» Mes chastée l'ame et le cors
» Espurge plus que n'est fins ors.
» Chastée est de tel nature,
» Le cors netoie et l'ame espure ;
» Le cors honneure et l'ame essauce ;
170 » Et tant la lière et tant l'essauce,
» Qu'en Paradis tout droit l'envoie
» Chastée est la droite voie,
» Li droiz chemins, la droite adrèce
» Qui les chastes ou ciel adrèce. »

La demoiselle lors s'esveille ;
Merveilleusement s'esmerveille
De la merveille qu'a veue.
Li messagier sanz atendue
Viennent à lui que ses amis
180 Privéement li a tramis.

« Fuiez, fuiez, dieu anemi,
» Ne vueil, » fait ele, « nul ami
» Ne nul mari se celui non
» Qui Roys et Roys et Dieu a non.
» Mes amis est mes espous,
» N'ai mes talent qu'aie autre espous.
» Mes cuers à lui s'est apuiez.
» Fuiez de çi ; fuiez, fuiez ;
» Messages estes à l'ennemi
190 » Qui me vouloit à mon ami
» Par guile tolir et fortraire. »
Tant leur a dit honte et contraire,
Qu'à leur seigneur sunt retorné.
D'ire a le cuer aigre et torné.
S'en est en son cloistre retornée,
Ainc puis n'en pout estre tornée.
Bien vit nonne ne povait mie
Souvent issir de s'abeie
N'aler jouer à ses amis ;
200 Qu'aucune foiz li anemis
Ne li feïst aucun jamber.
Li déables soit tant daber,
Que tost li fait tel chose faire
Dont vers celui la fait meffaire ;
Quant sanz s'amie s'en retourne,
Tout sanz retour la nonne atourne
Qui li a mis l'anel ou doit.

« Ha ! Diex, com bien garder se doit
» Fame qui a si haut baron.
210 » Ou mons n'a prince ne baron,
» Tant li seust granz dons donner
» Où se deust abandonner.
» N'el di pas por ce non sunt èles ;
» Quar espouses sunt et ancèles
» Au haut Seigneur, au haut espous
» Qui, sanz taster voine ne pous,
» Soit et perçoit quanqu'eles pensent.
» Certes, s'eles bien se porpensent
» Tout leur cuer et tout leur penser,
220 » A cest espous doivent penser ;
» Quar il voit toutes les pensées
» Ains que li cuers les ait pensées ;
» De lui ne fait mie despense
» Celui qui à tel espous pense. »

## De la Nonnain à cui Nostre Dame abreja son Ave Maria.

Le trait suivant prouve ce que dit un vieil adage français : *que ce ne sont pas les prières les plus longues qui sont les meilleures*, mais les plus ferventes.

Une sainte religieuse, nommée sœur Eulalie, personne d'un rare mérite et d'une vie exemplaire, avait contracté l'habitude de dire dévotement à chaque office de la sainte Vierge, le rosaire ou les cent cinquante *Ave Maria* qu'elle récitait à genoux et les mains jointes. Comme cette bonne sœur était d'ailleurs très-occupée dans le couvent et que d'un autre côté elle ne voulait pas manquer à ses saints exercices, il lui arrivait souvent de remplir ses devoirs de piété avec une certaine précipitation. Une nuit qu'elle s'était couchée après matines, elle vit tout-à-coup une grande lumière flamboyer au-dessus de son lit, et une Reine plus radieuse que Lucifer lorsqu'il précède l'aube matinale, apparaître devant elle. A ces traits, elle a bientôt reconnu Marie qu'elle a saluée tant de fois. La pauvre religieuse, quoiqu'étonnée de cette visite inopinée, désirait cependant savoir pourquoi la sainte Vierge avait daigné se montrer à elle. La Vierge lui apprend que c'est pour lui donner la certitude que tous ses péchés lui sont pardonnés en faveur des services qu'elle rend, et qu'un jour elle recevra la gloire du ciel pour récompense. Aucune bouche, ajoute le poëte, ne pourrait retracer la joie que Marie éprouve lorsqu'on la salue avec l'archange Gabriel. Toutes les fois qu'on lui répète cette prière toujours si nouvelle et si douce, il lui semble que le mystère qui lui a été révélé soit encore sur le point de s'accomplir. On ne peut trop méditer cette belle prière, et il ne faut pas se hâter en la récitant. La sainte Vierge en avertit Eulalie ; voilà pourquoi elle réduisit son rosaire en chapelet ordinaire, à la récitation des cinquante *Ave Maria* seulement.

Le poëte profite de cette circonstance pour reprocher au clergé d'accomplir le devoir de la prière publique comme une tâche pénible et dont on s'acquitte au plus vite. Il trouve qu'on se presse moins quand il s'agit des repas et du confortable de la vie, où les joies et les jeux sont admis. Il ne veut pas que la psalmodie soit précipitée, et il faut joindre l'attention du cœur à la prière des lèvres, sans cela on ne s'entend pas ; et à quoi peuvent servir les mouvements d'une articulation mensongère, si la pensée est absente ? N'est-ce pas abuser du patrimoine de Jésus-Christ ? le clergé et les religieux n'ayant reçu leurs nombreuses possessions que pour se livrer avec plus de ferveur à cet important ministère.

Notre miniature représente cette apparition de la sainte Vierge dans la cellule de la sœur. Marie, revêtue d'une robe bleue émaillée d'or, drapée dans un manteau gris-cendre, tient un livre de la main gauche et étend la droite vers la religieuse qui est couchée avec ses habits. A son chevet un groupe de vierges, et deux anges portant chacun un chandelier d'or et des cierges allumés ; l'un est à genoux au pied du lit.

Dans le manuscrit de Paris, on voit : 1° Une religieuse en prières devant Notre-Dame. 2° Une religieuse aussi couchée, à qui apparaît la sainte Vierge.

A la loenge de la Virge
Qui Dieu porta, me ratierge
Pour un miracle réciter
Dont moult se doit déliter
Tuit cil qui servent volentiers
Cele qui est voie et sentiers
Et adresce de Paradis.

En escrit truis qu'il fu jadis
Une moult très saintisme nonne ;
10 Prime, tierce, midi et nonne,

Et les eures entièrement
La Mère au Roy qui ne ment
Chantoit par grant dévoçion.
Moult iert de grant religion
Et de très sainte renommée,
Seur Eulalie estoit nommée.
La douce Mère au Roy de gloire
Avoit en si très grant mémoire
Et tant l'amoit de tout son cuer,
20 Que por nule essoine à nul fuer
Un seul jor ne li lessast,

Que s'ymage ne saluast
Par cent et cinquante foiés,
A jointes mains, jambes ploiés.
Mes qu'avenoit souvent
Qu'essoigniée iert en couvent
Et por ce que pas ne vousist
Que nus essoignes li tosist.
Ce nombre à dire et parfaire
30 Moult se hastoit en cest afaire.
Cest usage grant pièce tint,
Et tant c'une nuit li avint
Qu'après matines fu couchiée.
Quant se fu couverte et seignée,
Dormir cuida ignélement.
Mes cèle vit soudainement
Une clarté desus son lit,
Si grant, que nus si grant ne vit ;
Et vit venir une royne
40 Plus luisant, plus clère et plus fine
N'est Lucifer quant l'aube crière.
Encontre lui ses II mains lière
Tout en plourant la bone fame.
Bien s'aperçoit que c'est la Dame
Que tantes foiz a saluée.
A nus genous et enclinée
Grant joie en a dedenz son cuer.
« Dors tu, » fait-èle, « bèle suer ? »
« Haute Royne, nennil voir ;
50 » Mes je désir moult à savoir,
» Bèle très douce sade Dame,
» Comment à si pécheresse fame
» N'à si chétive com je sui
» Daigniés parler. » « Amie, à cui
» Parlerai je, s'à cèles non
» Et à ceus qui aiment mon non ?
» Fille, ne soies esbarie, »
Fait ma Dame sainte Marie,
« De cele que tant as aimée,
60 » Et deprié et reclamée.
» Toute es quite de tes meffaiz
» Par les servises que me faiz,
» Et si t'en iert abandonnée
» La gloire du ciel et donnée.
» Moi, se tu veus que miex me sient
» Li salu, je demant que chieent
» Dore en avant les II parties,
» Et la tierce tout a trait dies
» Dévotement et de bon cuer ;
70 » Quar bien sachiez, ma douce suer,
» Qui me salue bien a trait,

» Tel bien et tel joie me fait
» Et tel douceur au cuer m'en touche,
» Ne porroit dire humaine bouche.
» Suer, cist saluz m'est si très biaux,
» Que touz jors m'est frès et nouviaus.
» Qui de bon cuer me le prononce,
» Autressi grant joie m'anonce
» Com fist Gabriel, li archaungres,
80 » Quant me dist que li Roys des angres
» Si amberroit en mes sainz flans.
» Frès et nouviaus m'est en touz tans,
» Quant vient à *Dominus tecum*.
» Tant m'est sades et de douz sum,
» Qu'il m'est avis qu'en mon saint ventre
» Saint Esprit de rechief entre.
» Au cuer en ai si très grant joie,
» Qu'il m'est avis qu'enceinte soie,
» Si com je fui quant mon douz Père
90 » Daigna de moi faire sa Mère.
» Si grand léésce au cuer me touche,
» Que ne sauroit raconter bouche.
» Fille, je t'ai bien en convent,
» Qui cest salu me dit souvent,
» Dévotement et de cuer fin,
» Faillir ne puet à bone fin.
» Mais bien ne me salue mie
» Que trop se haste, bèle amie.
» Cest mauvais et grant folie,
100 » Je t'en chastie, fille Eulalie. »

A tant s'en parti Nostre Dame.
Touz ses saluz la bone fame
Abréjà lors jusqu'à cinquante.
Mais cist miracles créante
Que cist L miex valurent
Et à la Mère Dieu miex plurent
Ne faisoient III cinquantaines.
Mainte affliction, maintes vaines
Fist puis et prist la bone fame
110 Devant l'ymage Nostre Dame.
Tant la servi tout son aage
De cors, de cuer et de courage,
Qu'à la gloire du ciel parti
Quant du siècle s'en départi.

Cist miracles qui garde y prent
Durement chastie et reprent
Mainz clers, mains moines, mains pro-
[voires ;

*Propheta dicit ;*
*Ad quem aspiciam nisi ad humilem et quietum et trementem verba mea.*

Quar au marchié et à ces foires
Semblent bien que fuir s'en doivent
120 Quant il verseillent ou psaumoient.
Por nient dit et ne chante heure
Cil qui les mos bien n'a saveure.
Que vaut morsiaus que bien ne mache?
Il dient leur heures en thache.
Ce m'est avis, si sunt ignèles
Ainz c'on ait dit II miserèles
Ont il dites et murmulées,
Bauboiées, et brédélées
Et leur heures et leur matines.
130 Mauvèses sunt tiex antines ;
Quar Dex n'entent chose qu'il dient.
Ains en pleure et déable en rient.
Déable en rient qu'il ont droit,
Quar ne dit nul mot adroit.
Ne servent Dieu fors en fuiant ;
Mais trop leur iroit ennuiant
Et s'en feroient moult grant fables
Qui trop les hasteroit as tables ;
Tost i auroit cheveus de trais.
140 De souvent boivre et à granz trais.
N'est nus d'euz onques trop lassez.
Boivre et mengier veulent assez,
Mais ne veulent pas Dieu servir
Et leur provendes déservir,
Li déables qui soit maint trait,
Boire et mengier les fait a trait,
Gaber, jouer, bourder et rire ;
Mais quant ce vient as heures dire
Si les pétèle si et époint,
150 Que n'i feront metre ne point.
N'est pas merveille se s'en rit,
Qu'ainsi que li uns ait son vers dit,
A li autres tant bauboie,
Que l'autre vers a moie.
Plusieurs en sont trop négligent.
Cil ne s'aquite bel et gent
Ni la saveur de moz n'entrait
Qui ne saumoie un peu a trait.
Se li cuers bien s'entent et veille
160 A ce que la bouche verseille.
L'escripture dit tout à fait
Qu'assez petit de preu li fait.
Li psalmistes méesment
Nous dit : *psalmoiés sagement.*
Cil sagement chante et psalmoie
Et ses prières bien emploie
Qui à la bouche met le cuer.
Mais les proières rue puer
Cil que n'entent à ce qu'il dit.
170 Sachez que Dex tost escondit
Bouche qui sanz cuer le requiert.
En sa proière peu conquiert
La bouche qui sans cuer li prie ;
Quar n'entent chose qu'ele die.
S'à ses véaus et à sa proie
Pense li cuers bouche qui proie.
Bouche qui proie et de quel conte
Puisque li cuers ses berbis conte.
Que vaut bouche seurs les livres,
180 Quant li cuers conte mars et livres ?
Bouche por quoi chante ne lit,
Quant li cuers pense à fol délit ?
Et il estraint, pince et embrace
Ce que la mort à l'ame brace.
Bouche, por quoi chante matines,
Quant li cuers met en galatines
Grant bars, granz luz et grant lamproies ?
S'à la foire est, mes cuers atroics
A Mustereul ou au lendit.
190 Que vaut quanque ma bouche dit ?
Que vaut quanque dient mes levres ?
Plus que mes cuers est si guilleres,
Que toute jor s'en va ribant
Par le pais et regibant.
Que me vaut chose que je die,
Quant mes cuers fait chastiaus en Brie ?
Et ne descorde la vièle,
Quant cil ni pense qui vièle,
Oil certes moult malement.
200 Ainsi sachez certainement
Que la bouche ment et descorde,
Quant à li cuers ne s'acorde.
Bouche escharnist Dieu et faunoie
Qui sanz son cuer l'apèle et proie.
Ele le gabe, èle le chifle ;
N'il ne set s'èle chante ou sifle.
En chantant paie le musage
Cil qui s'ause à tel usage.
Gardon nous ent et clerc et moine,
210 Li crucifiz, son patrimoine,
Por lui servir nous a charchié.
Nous i ferons mauvès marchié
Se nous ne servons sanz séjour
Sa douce Mère et nuit et jour.
Prions que vers lui tex nous face
Que nous puissions avoir sa grace ;
Sanz lui ne la puons avoir.

*Versificator dicit:*
Dulce merum sumas iterum, quia nil operatur; unicâ potiora repetitio binâ sequatur.

*Gregorius dicit :*
Habundare in conviviis loquacitas solet semper enim voluptas committatur epulis.

*Psalmista dicit :*
Psallite sapienter

*Sinaragdus :*
Cantat sapienter qui quod psallit intelligit. Nemo enim sapienter agit qui quod operatur non intelligit. Si quis ergo ith animum suam intendit in singula verba psalmodiæ sicut intentus est in discretione saporis ciborum isto est qui compleuit quod dicitur.
Psallite sapienter.

*Laurentius dicit :*
Si tu ipse dicta tua et preces intelligis, quomodo te exaudiet Deus ; genua tua incurvasti in terram, et mens tua foris per diversa discurrit.

*Alibi dicitur :*
Corpus quidem intùs, cogitacio foris mens tua pecunia numerat et usuras; sed unquam est sine gemitu orandum.

*Ysidorus dicit :*
Oratio cordis, non labiorum ; longé est à Deo animus qui in orationee agitationibus seculi fuerit.

Por ce dions qu'il fait savoir
Qui tant la sert et tant la prie
220 Vers son douz filz l'ait en aie.
Esploitons nous de lui servir
Tant que nous puissions déservir
De Paradis la grant coronne ;
Ausi com fist la bonne nonne
Qui tante foiz la salua.
Cil qui en us son saluz a ;
Mais qu'il le die de bon cuer,
Perduz ne puet estre à nul fuer.
Saluons la toutes et tuit
230 Dévotement et jor et nuit.
Saluons la grant et petit,
Se nous voulons que por nous prist.
Saluons la et clerc et lai,
A viéler aprent douz lai ;
Et de s'ame grant conseil prent
Qui cest salu use et aprent.
En bon usage cil s'a use
Qui ses genouz escorche et use
En saluer lui et s'ymage.
240 Qui bien l'aimme de fin courage,
Ses genouz doit bien esnuer
Por lui plainement saluer.
Le preu de s'ame monteplie
Qui devant lui ses genouz plie.
Touz ceus conduit et mainne en gloire

Qu'il ont en cuer et en mémoire.
L'amour au Roy du ciel déservent
Tuit cil qui volentiers la servent.
De Dieu n'aura jà bèle chière
250 Qui sa Mère ne tenra chière.
Diex het touz ceus et giète puer
Qui ne la servent de bon cuer.
La douce Dame a si grant grace,
Que ses douz filz veut com en face
Autant ou plus comme de lui.
Li Roys du ciel n'aimme nului
Se sa Mère ne porte honneur.
Ne puet morir à deshonneur
Cil qui la douce Dame honneure ;
260 Et qui n'el fait Dieu deshonneure.
Dieu et si saint deshonneront
Ceus qui sa Mère ne n'orrunt.
Trop laidement se deshoneurent
Cil et cèles qui ne l'onneurent
Que par lui est tout honnouré.
Cist siècles, par saint Honouré,
Ne dureront une seule heure
S'ele n'estoit qui por lui heure,
Et por ce est droiz que la orons
270 A nuz genouz et henourons.
Bien doit de nouz estre honourée
Quant ele est des angres aourée.

Verbum supernum prodiens.
Unde dicitur :
Verbum bonum et suave
personemus illud ave per
quod Christi fit conclave
virgo mater filia.

---

## Du Moine qui onques ne fist as heures de Nostre Dame, et pour ce il fut sauf.

Dans le monastère de Saint-Sauveur de Pavie, vivait un prieur si fidèle au service de la sainte Vierge, qu'il n'eût voulu pour rien au monde manquer à réciter son office. Ce bon religieux vint à décéder, et au bout d'un an il apparut au sacristain, nommé Hubert, au moment où ce frère se levait pour allumer ses lampes, avant matines. Le frère Hubert ayant entendu une voix, fut saisi de frayeur et se hâta de regagner sa cellule où il ne tarda pas à s'endormir. Mais le prieur s'étant approché de lui, lui fait des reproches de ce qu'il ne lui a pas répondu. Il lui raconte alors qu'il revenait d'une contrée lointaine dont la douleur, l'ennui, les souffrances et le martyre sont le partage, qu'il a lui-même souffert d'affreux tourments, mais qu'il doit sa délivrance à la sainte Vierge.

Le sacristain révéla le lendemain cette vision consolante à toute la communauté, et lui-même mourut bientôt après cet évènement.

Il faut être dur pour ne pas aimer Marie et s'ennuyer à son service. Il blâme ceux qui sommeillent à l'office et s'écoutent assez pour aimer à s'asseoir, tandis qu'ils resteraient longtemps debout et sans se plaindre dans tout autre endroit qui leur plairait mieux que l'église.

Miniature. Fond losangé d'or, orné de fleurons aussi d'or. Intérieur d'une chapelle ogivale flanquée de contreforts avec larmiers et clochetons à crochets. Plafond avec encadrement à losanges rouges et marrons. Deux religieux : le prieur, la robe relevée, laisse voir sa jambe et ses pieds nus ; le sacristain s'avance vers une lampe suspendue dont il tire le cordon.
Manuscrit de Paris : 1° Deux religieux ; l'un s'occupe dans l'église. 2° Un religieux couché ; un autre religieux l'avertit. 3° Un religieux à genoux devant ses frères. 4° Le religieux mort ; ses frères auprès de lui.

En escript truis qu'en l'abbeie
De Saint Sauveur de Pavie,
Ça en arrière out un prieur
A poine trouvast-on poieur.
Li livres dit qui en parole
Soz iert en faiz et en parole ;
Mais bien sachiez certainement
Qu'iez fouz qu'il fust, dévotement
Servoit la Mère au Roy célestre.
10 Por nule rien qui peust estre,
Ses heures jà ne trespassast
Ne nule riens tant n'el lassast
Que nule foiz jà s'ascist
En demertre que les deist.
Morir l'estut quant ses jors vint
Enjouiz fu qu'il le convint.
Au chief de l'an, si com Diex plout,
Un secretain en l'église out
De grant affaire et de grant non,
20 Frère Hubers avoit a non.
Devant matines se leva,
Queque ses lampes aluma.
Une voiz oy haute et clère
Qui l'apela « Hubert, biau frère. »
Li secretains out tel freur,
Recoucher s'ala de peur.
Lors s'endormi, si com Diex vout.
Cil qui devant apelé l'out,
Erraument est a lui venuz.
30 « Comment, » fait il, « t'ies tu tenuz
» Que ton prieur n'as respondu ? »
Lorsque cil l'out reconnu,
Moult doucement li prent à dire :
« Comment le faites, biau douz sire ? »
« Je le faiz bien, » fait il, « biau frère,
» Dieu merçi et sa douce Mère.
» Mes il n'est nus qui peust dire
» La grant douleur ne le martire,

» L'ennui, la poine ne la hen
40 » Quoi endure trestout cest en.
» Je sui venu d'une contrée
» Où mainte poine ai endurée.
» Cèle contrée est moult diverse ;
» Car mainz déables y converse.
» Li mestres d'eus a non Simyrna,
» Or a un an qui m'enmena.
» Souffert y ai grant passion ;
» Se n'en eust compassion
» La Mère Dieu, la débonnaire,
50 » Qui servise souloie faire,
» Moult volentiers quieus que je fusse.
» Jamais nul jor merçi n'eusse.
» Par aventure vint par là,
» Bien me cognut, si m'apela
» Et si m'a dit qu'il estoit droiz
» Por ce qu'ades estoie droiz
» A ses heures quant les chantoie,
» Que part eusse en la grant joie
» Où cil partent et partiront
60 » Qui la servent et serviront.
» En tel manière, biau douz frère,
» Me délivra la douce Mère.
» Le Roy du ciel par sa douceur,
» Et jeta fors de la douleur
» Et des tourmenz que je soufroie.
» Qui de bon cuer la sert et proie,
» Il ne puest estre desconfiz,
» De ce soiés seurs et fiz. »

Li secretains la matinée
70 Sa vision a révélée
A dant abbé et au couvent
Qui en merçient moult souvent
Nostre Dame sainte Marie.
Frère Huberz ne vesqui mie
Grammtnt puis que ce li avint ;

Prochainement à sa fin vint.

Cist miracle nous certefie
De madame sainte Marie
La grant douceur et la pitié
80 Qu'ele a mainte ame respitié
De maint pécheur de mort d'enfer.
Le cuer a d'acier ou de fer
Qui cest miracle ot et entent,
Se touz jours mes ne bée et tent
A son service bien paier.
A Dieu se puet tost à paier
Qui sert sa Mère de bon cuer.
Moine et clerc qui dort en cuer,
A ses matines n'à ses heures,
90 N'aimme s'ame vaillant 11 meures.
Assez souvent y soumeillons.
Dex doint que nous nous esveillons
Quant devons faire son servise.
Moult vient celui de grant franchise,
De grant sens et de grant proesce
Qui en l'onneur de lui se dresce
Lorsque son service commence.
Mais par saint Gile de Prouvence,
Assez puet t-on trouver de ceus
100 Qui sunt fétarz et périceus
Ou moustier plus qu'en autre lieu.
Au baastiaus ou à un gieu
Seroient bien demi jor droit ;
Mais si très fétars sont lors droit
Qu'en saint église et en cuer viennent,
Qu'à trop grant poine se soustiennent.
En saint église si se duelent
Que jor et nuit séoir se veulent.

Péreceus y sont et fétart
110 Tout li pluseur et tempre et tart.
Por Dieu ne nous afétardons ;
De Dieu vient tart aus fétars dons.
Dieu touz ses biens delaie et tarde
Et à fétart et à fétarde ;
Quar tant li desplest fétardie,
Qu'il n'entent rien que fétart die.
Esveillons nous au Dieu service ;
Quar déables celui justice
Et bien l'enchante et bien l'endort
120 Qui trop y siet et trop y dort.
Li déables qui nous engingne,
Moult durement rit et eschingne ;
Et moult grant joie a en son cuer
Quant endormir nous puet en cuer.
Moult fait grant feste et grant baudoire,
Quant il nous puet faire recroire
Au servise la douce Dame
Qui li ravist et tot mainte ame.
Jà se Dieu plest ne recrerrons
130 Ne por nului ne recrerrons.
Servons la tuit, quar il est droit
Et qui servir ne la puet droit.
Si la serve viaus en séant,
Et ne porquant trop messéant,
Est à celui qui trop si siet,
Qui ses servises voiet dessiet,
Au Roy du ciel si desserra,
Qu'en Paradis jà ne serra.
Diex le nous face si séoir,
140 Qu'en Paradis puissions séoir
Où se reposent cil et sient
Qui font les choses qui li sient.

---

## Du Chevalier à cui la volenté fu contée pour fait après sa mort.

Un chevalier riche et puissant, homme plein de vanité et d'orgueil, sans respect pour les droits les plus sacrés et les mieux établis, ne songeait qu'à augmenter ses nombreuses possessions par des voies injustes. A tous ces vices il joignait une irréligion condamnable. Jamais on ne le voyait s'incliner devant un crucifix ni devant aucune image des Saints, si ce n'est devant celle de la sainte Vierge qu'il aimait d'un amour tendre. Quelquefois même, par une bizarrerie de dévotion, il enlevait à autrui ce qu'il offrait à Marie. Cette sainte pratique lui fut cependant utile et servit à sa conversion ; elle l'amena à fonder une abbaye où il devait mettre des religieux qui honoreraient Dieu et sa Mère.

Un jour qu'il était à table, il se sentit tout-à-coup inspiré d'aller visiter le lieu où il devait placer ce monastère. Il le trouva si convenable, qu'il arrêta cette fondation, se promettant de s'y retirer et de suivre la règle qui y serait établie. Peu de temps après avoir formé ce projet, il vint à mourir sans avoir eu le temps de se confesser. Tout le monde fut affligé de cette mort, mais personne ne conservait aucune espérance de salut pour lui.

Les démons accoururent aussitôt pour saisir l'âme du défunt; les anges vinrent de leur côté, se disputant cette possession et faisant valoir chacun leurs droits réciproques.

Un ange prit alors la route du ciel, afin de savoir le résultat de ce débat; il en revint tout joyeux et portant à la main une coule et disant que le chevalier serait en effet devenu la proie des démons, sans la puissante intervention de Marie, qui demanda avec les termes les plus touchants que ce pécheur pût entrer dans le ciel. Son fils Jésus accorda tout à sa Mère en faveur de son bon vouloir. Les démons se plaignent de ce jugement et du crédit de la sainte Vierge, qui obtient tout ce qu'elle demande, jusqu'à les faire mépriser et à dépeupler l'enfer.

En cet instant, les anges saisissent le chevalier dans leurs bras, le revêtent de l'habit religieux et chantent des psaumes; les démons prennent la fuite, les esprits célestes l'emportent en Paradis où ils le présentent à leur Roi.

Ce miracle est une nouvelle preuve de la douceur et de la puissance de Marie. Il ne faut que l'appeler à notre secours pour éviter l'enfer et entrer dans la bonne voie. L'exemple de ce chevalier le montre d'une manière évidente. Il ajoute que les chevaliers de son temps ne sont pas encore las de guerroyer contre la sainte église, ce n'est pas assez de rendre esclave le clergé, ils voudraient encore lui enlever ses biens et jusqu'à ses vêtements. Leur unique occupation est d'épier l'occasion de s'emparer par ruse de toutes les possessions cléricales. N'est-ce pas être pires que les mécréants, de ravir à Dieu et à l'église les donations de leurs ancêtres. Sous le spécieux prétexte que les moines doivent se contenter de peu, les grands *retaillent* le patrimoine du Christ, sans s'embarrasser des foudres de l'excommunication. On voit qu'ils ne rougissaient pas d'aller souvent visiter les abbayes pour y manger et emporter ensuite des provisions du couvent. Honte pour des fils d'arracher aux églises les objets que leurs pères ont donnés si généreusement!

Notre miniature comprend encore ici deux scènes différentes encadrées dans le même tableau. Au premier plan, sur un fond rose-pâle semé de carrés réticulés d'or, *opus reticulatum*, un chevalier est couché sur un tertre; il a les pieds et la tête nus, une robe bleue. Son âme s'exhale de son corps sous la forme d'un petit être nu dont le pied gauche est encore dans la bouche du mourant; deux horribles démons noirs et velus viennent pour la saisir; deux anges aux ailes éployées se précipitent de la région des nuages pour s'opposer à cet enlèvement et défendre le pauvre chevalier. Un autre démon, penché sur un petit arbuste, se serre la tête de désespoir. Au deuxième plan, sur un fond losangé d'or et d'azur avec des fleurs de lys, Jésus-Christ, assis sur une estrade, tient d'une main une sphère figurant le globe du monde, tandis qu'il étend la droite pour bénir sa sainte Mère prosternée à ses genoux; deux anges aussi à genoux l'accompagnent. Le Christ a le nimbe crucifère, une robe bleue, le manteau rose et les pieds nus. La sainte Vierge est revêtue d'une robe brune-violette, d'un manteau bleu-vert; elle présente à son fils la mamelle qui l'a allaitée. Les petits anges ont des vêtements délicieux, l'un rose et l'autre gris-blanc, les ailes bleues et roses.

Le motif de cette scène nous paraît avoir quelque ressemblance, éloignée sans doute, avec un bas-relief qui surmonte la porte d'entrée du château de La Ferté-Milon. Dans un encadrement orné de choux frisés et d'une arcature trilobée, on distingue encore un personnage largement drapé, tenant une boule de la main gauche; la main droite a disparu; à ses pieds est une reine accompagnée de quatre anges, dont l'un en avant est agenouillé; les trois autres sont debout. L'un d'eux porte la queue de son manteau. Un cinquième ange s'abaisse de la voûte des cieux.

Le manuscrit de la Bibliothèque Nationale offre quatre petites miniatures inscrites dans une seule : 1° Un repas; deux convives et un serviteur. 2° La sainte Vierge; Jésus-Christ et un ange assis sur le même banc. 3° Mort du chevalier; le diable emporte son âme; deux anges s'y opposent. 4° Le démon; les deux anges, un petit être nu qu'on s'apprête à revêtir d'un habit bleu.

    Ceus qui aimment doucement
    La Mère au douz Roy qui ne ment,
    Un douz miracle weil retraire
    Qui moult leur doit doucement plaire.

    Il fut jadis uns chevaliers

Riches, puissans, cointes et fiers;
Asses avoit viles et bours,
Forteresces, chastiaux ne tours;
Moult iert riches, ce est la voire;
10 Mais tant iert plains de vainne gloire,
Tant fiers, tant cointes et tant veules,

*Salomon dicit:*
Abominatio Domini est omnis arrogans.

*Jhesus filius Syrac:*
Odibilis coram Deo et hominibus superbia!

*Ysidorus dicit:*
Qui inflammant superbia vento pascuntur.

Qui sembloit bien qu'en ses esteules
Eust trouvé tout le pays.
Umbragés iert et estais
A Dieu servir et à bien faire ;
Mais à rober et à mal faire
Estoit vistes et remuans.
Por avolez et por truans,
Tenoit moinnes, clers et prouvoires,
20 Abbeies blanches et noires.
Faisoit assez domage et honte
Que vous feroie plus lonc conte ;
Por vérité vous puis bien dire
Qu'il iert en son païs si sire
Et puissans d'amis et d'avoir
Nus n'en pueent nul droit avoir.
Maint mal faisoit par sa puissance ;
Tant pariert plains d'outrequidance,
Qu'il ne prisoit une cerise
30 Saint et sainte, moustier n'église.
Tant parestoit de fol courage,
Que jà ne crucifiz n'image
N'enclinast en lieu où il fust,
Ne c'une pièce d'un viés fust.
Et ne pourquant en grant mémoire
Avoit la Mère au Roy de gloire.
Tant iert de diverse matère,
Dieu haoit et amoit sa Mère ;
Il l'amoit tant en son courage,
40 Que jà n'enclinast nule ymage
Ne aorast se la soie non.
Ne jà ne reclamast nul non
Por péril ne decors ne dame,
Fors le très douz non Nostre Dame.
A Dieu et à sainz et à saintes
Toloit choses et rentes maintes ;
Mais à lui jà riens ne tosist
Ainçois li donnast et sousist.
A Dieu et à ses sainz toloit
50 Et à sa Mère assez soloit.
Ausi comme s'elle eust parti,
En lonc temps ne se departi
Li chevaliers de cest usage.
Mais Diex qui fait tost de fol sage
Et qui tost giète de misère
Ceus qui aimment sa douce Mère,
Ne vouloit pas qui fust périz ;
Quar n'est nus biens ne soit mériz,
Ne nus maus qui ne soit vengiez.
60 En peu de temps fu moult changiez ;
Quar sains Espirs si l'espira,

Unde dicitur :
Nullum malum impuni-
tum, nullum bonum irre-
muneratum.

Que dedenz son cuer atira
Et proposa veraiement
Qu'il feroit sanz délaiement
Une abbeie et fonderoit,
Et que gens d'ordre y metroit
Qui serviroient sanz séjour
Dieu et sa Mère nuit et jour.

Un jor que qu'il sist à table,
70 D'un lieu li souvint délitable
Où bien seroit cele abbeie,
Et s'auroit bois et praerie,
Pescheries et gaaignages.
Et tant le tint court ses courages,
Que il mut por aler véoir
Comment porroit plus bel séoir.
Le lieu trouva si convenable,
Si bon, si bel, si délitable,
Et si li plout et si li sist,
80 Qu'il voa à Dieu et promist,
S'il li donnoit espace et vie,
Que fonder peust l'abeie,
Tant y dorroit terres et rentes
Que provendes bèles et gentes,
A touz jors, mais li moines auroient
Qui là dedenz Dieu serviroient.
Et out à Dieu bien en convent ;
Lorsque l'abé et le convent
Por Dieu servir y auroit mis,
90 Que ses enfants et ses amis
Por lui servir déguerpiroit,
Et dras monniaus vestiroit
Et si vivroit tout sanz resordre
Selonc la rieule et selonc l'ordre.
Ne tarda mie longuement
Après ce saint proposement,
C'un mal le prist dont il fu mors.
Erraument fu estains et mors
Sanz prestre et sanz confession.
100 Grant duel, grant lamentation
Tuit si parent firent de lui ;
Mès en la terre n'out nului
Moine ne clerc, homme ne fame
Ne maudeist le cors et l'ame.

Li déables alors acoururent
Qui l'ame prist et reçurent ;
Angres vindrent d'autre partie
Qui distrent : « N'enporterez mie,
» Ele est nostre. « Non est. » Si est,

110 » Nes Diex n'i porroit mettre arest, »
    Font li déable, « En nul endroit,
    » Puisque faire nous vousist droit.
    » Sauf ne puet, est tex roberres,
    » Se Diex ne veut estre menterres.
    » Diex meismes ne diroit mie
    » C'onques feist bien en sa vie.
    » Nes un tout seul petit ne grant,
    » Se vous en estes si en grant,
    » Que nul tort nous en veillies faire.
120 » Nous nous metons de ceste afaire
    » Et apuions au jugement
    » Au Roy qui por nului ne ment.. »

    Un des angres s'en part lors droit
    En Paradis s'en va tout droit
    Por aporter le jugement.
    Ne tarda mie longuement;
    Moult liez et moult joianz revint.
    En sa main une coule tint.
    « Le jugement, » fait il, « a dit
130 » Le droyz Roys qui nus ne desdit,
    » Toute vous fust jugié l'ame, »
    Fait li angres, « se Nostre Dame
    » Au jugement ne fust venue.
    » Par droit fesant vous fust rendue
    » Et en enfer l'enportissiez;
    » Mes el l'en prist si grant pitiez
    » Quant èle vint au jugement,
    » Qu'à son douz filz dist doucement :
    » Biau très douz Filz, je te dépri
140 » Que de ceste ame aiez merci,
    » Biau très douz Filz, souviengne toi
    » Que char et sanc a pris en moi,
    » Por racheter les péchéeurs.
    » Ficx, encor fust de males meurs,
    » Cist chevaliers dont je te proi,
    » S'ennoroit il m'ymage et moi ?
    » Et nus, biau Filz, se por toi non
    » Ne porte honneur moi ne mon non.
    » Biau, sades Filz, quiex que meffaiz
150 » Cil las de chevaliers ait faiz.
    » Je veil por ce que je te pri,
    » Pitié en aies et merci,
    » Et que s'ame soit amenée
    » En Paradis et coronnée. »

    « Bèle Mère, » dist nostre Sire,
    » Ne doi desvouloir ne desdire
    » Vostre plaisir ne vo vouloir.

    » Quanque voulez, je veil vouloir
    » Por péchéeurs à moi retraire.
160 » Vou-je de vous, ma Mère, faire
    » Porce que cist voé avoit.
    » Jà soit ce que nus ne savoit
    » Que du sien propre une abbeie
    » Feroit de moult grant seignorie
    » En l'onneur de moi et de vous,
    » Et qu'il leroit tout à estrous,
    » Fame et enfans et héritage
    » Por prendre habit de moniage.
    » Je li otroi que qu'il ait fait,
170 » Que ses vouloirs vaille le fait
    » Et qu'orendroit sanz atendue
    » Une coule li soit vestue.
    » Lors si est nus sanz nule essoine
    » En la grant joie où sunt li moine
    » Qui tart et tempre me servirent
    » Et tout le monde por moi guerpirent. »

    « Du ciel aport cest jugement, »
    Fait li angres, « n'iert autrement;
    » Quanque Dieu dist, est touz estables. »
180 « Ore au maufez, » font li déables;
    « N'est si péchiérre homme ne fame,
    » Nous perdons tout par cèle Dame,
    » Se s'aide, quiert et porchace
    » Tout son vouloir de Dieu ne face.
    » Il est tout fait quant qu'èle dit.
    » Nus ne puet mestre contredit
    » De clers, de moines, de nonnains,
    » De chevaliers et de vilains;
    » Fust enfers plains jusqu'à la gueule
190 » S'elle ne fust trestoute seule.
    » Par li sommes deshérité,
    » Et esseillié et bareté,
    » Par li sommes vil et despit. »

    Li saint angre sanz nul respit
    L'ame pristrent entre leur bras.
    De la coule par grant soulaz
    Le vestirent et atornèrent
    Et moult doucement commencèrent
    A chanter : *Exurgat Deus*,
200 *Et dissipentur inimici ejus.*
    Tuit li déables s'enfuirent.
    Maintenant que cest vers oirent,
    Li saint angre l'ame enportèrent;
    En Paradis la présentèrent
    Au Créateur qui la cria.

He! Diex qui en mireeur ci a
A péchéeur qui bien se mire
Moult a dur cuer qui ne soupire.

Qui cest miracle ot réciter.
210 Touz nous doit poindre et esciter
La grant douceur de Nostre Dame;
Quar n'est nus homs ne nule fame,
Tant soit chétis ne déceuz,
Ne tant soit fous ne durfeuz,
Se de bon cuer l'apèle et proie,
Qu'èle n'el mète en bone voie;
Et qu'à son douz filz tant ne face
Que s'amour li done et sa grace.
Cist chevaliers bien la ama,
220 Bien la servi et reclama.
S'elle ne fust en l'ardant flamme,
Du feu d'enfer fust arse s'ame;
Quar il avoit tante abbeie
Désertée et mau baillie,
Que li déables à cros de fer
L'entrainassent en enfer.
S'enfer du chevalier adonques
L'ame perdi ne l'en chaille onques ;
Quar des autres aura assés.
230 Nus chiers n'est mes lassés
De sainte église gerroier.
Ne béent mais à péchoier
Autres lances n'autres espiez.
Touz nous veulent couper les piez
Quant nos chapes ne leur lessons.
Cil meismes que nous pessons
Nous veulent et fouler et batre.
Ce sont chevalier abat quatre
Qui vont jouster au ni de pie.
240 Chascuns guete, mais et espie
Par quel barat et par quel guile
Tolra à Dieu ou boure ou vile.
Il sunt pire que mescréant,
Bien sunt vaincu et recréant,
Quant ce tolent au Roy célestre
Que li donnèrent li ancestre.
Leur ancestre ça en arrière

Sainte église tindrent moult chière
Et donnèrent chastiaus et viles.
250 Mais se Dex m'ait et saint Giles,
Cil qui or sunt, sunt mes si tesve,
Por peu chascun n'enrage et desve,
Quant ses pères y laissa rien,
Touz dirent mes qu'en peu de bien
Auront assez et clerc et moine.
Au crucéfiz son patremoine
Retaille mes chascuns et tot.
Il ne leur chaut s'on les absot
Ne que s'en les commenie.
260 Volentiers mes se commenie
Chascuns du pain saint bénoiet
De Dieu soient il bénoiet ;
Quar en si grant chierte nous tiennent,
Que visiter souvent nous viennent.

Tuit dient mes et povre et riche
Que moult sades est pain de miche.
Tant par sunt mes de povre affaire,
Quant ne nous pueent plus meffaire
Si nous veulent-il esmengier ;
270 Et quant ce vient après mengier,
N'en n'ia nul, se trop n'est riches,
Qui volentiers n'enport II miches
S'autre chose n'en puet porter.
N'i veulent mais riens aporter ;
Mes enporter hors se déportent.
Des églises li fil enportent
Ce que leur père y aportèrent.
En aporter se déportèrent ;
Mes cil s'en vont plus déportant
280 En reporter qu'en aportant.
Tuit dient mes que reporter
Est plus déportans qu'aporter.
En nous tolir ont grant déport
Sanz raporter touz les enport.
Li maufez qui moult se déporte,
Quant chevalier sus son col porte
Sa sainte église ne raportent
Ce qu'à force et à tort enportent.

*Salomon dicit:
Aquæ furtivæ dulciores
sunt, et panis absconditus
suavior.*

### Du Larron que Nostre Dame soustint par III jours as fourches pendant et le délivra de mort.

Un voleur de profession avait cependant l'habitude de se recommander à la sainte Vierge avant de se livrer au larcin. Souvent même il faisait quelque présent à la Sainte des objets qu'il avait dérobés; et s'il lui arrivait de rencontrer quelque malheureux, il le soulageait volontiers par amour pour sa protectrice. Mais il ne fut pas toujours heureux dans son métier. Il fut pris un jour en flagrant délit et condamné à être pendu. On lui passa une corde autour du cou et on l'attacha aux fourches patibulaires. La sainte Vierge, ce *memento* perpétuel de ceux qui l'invoquent dans les circonstances les plus critiques, vint au secours du malheureux patient, et pendant deux jours elle le soutint de ses blanches mains sans qu'il endurât aucune douleur. Le troisième jour, ceux qui l'avaient attaché au gibet le trouvant sain et sauf, s'imaginent qu'ils ont mal fait leur devoir et que la corde n'a pas été assez serrée. Pour réparer cet oubli, ils veulent lui enfoncer l'épée dans la gorge; mais le glaive ne put pénétrer, grâce à la puissante intervention de Marie. Le voleur s'écrie alors que c'est la sainte Vierge qui le protège. On le détacha de la potence avec la plus grande joie. Le même jour et à la suite de cet évènement, il dit adieu au monde et se retira dans un monastère.

Il fait donc bon à servir Marie qui ne rejette personne, fût-il larron, *fossier* ou *robeur*. Tous ceux qui se mettent sous sa protection sont sauvés. Il n'y a ni à Montpellier ni à Salerne de médecin qui, comme Notre-Dame, guérisse de tous les maux.

Miniature. Fond rose avec lignes symétriques d'or formant des carrés détachés aussi d'or. Un homme en chemise pendu par le cou à une potence. La sainte Vierge le soutient d'une main et de l'autre empêche l'épée de pénétrer dans la chair. Six personnes et les deux exécuteurs, dont l'un met la main à son épée. Toutes ces personnes portent différents costumes et une espèce de capuchon pointu sur la tête.

Miniature du manuscrit parisien : 1º La sainte Vierge soutient un petit homme pendu sur deux fourches. 2º Notre Dame; les hommes qui veulent tuer le voleur. 3º Le voleur et des religieux. 4º Prise d'habit au milieu des religieux.

Ci après vueil metre en brief
Un miracle et court et brief.
Assez briément le vueil retraire,
Quar des autres ai moult affaire.

Un lerres fu ça en arrière
De trop merveilleuse manière.
La douce Mère au Roy de gloire
Avoit en si très grant mémoire,
Toutes les foiz qu'enbler aloit,
10 En sa garde se commandoit;
Et puis qu'à li s'iert commandez,
Ausi com s'il i fust mandez,
Enbler aloit hardiement.
Et sachiez bien certainement
Lors que rien nule emblée avoit,
S'aucun mésaesie savoit

Fust povre homme, fust povre fame,
Por l'amistié de Nostre Dame
Moult volentiers bien lui faisoit;
20 Et doucement l'en aiésoit.
Le larreçin tant a usa
Et déable tant l'amusa,
Qu'au larreçin fu pris prouvez.
Conseil n'en puet estre trouvez
Qu'en enface se pendre non ;
Car il iert de si grant renon,
Que l'en pendit. Chascun fu tart
Ou col li jacent lors la hart ;
Si l'ont aus fourches encroé.
30 La douce Dame, au non loé,
Que li lerres tant fort ama,
Dedenz son cuer moult reclama.
Cèle qui nus des siens n'oblie,

Moult erraument vint en s'aie.
Ses blanches mains souz ses piez tint,
Et II jours ainsi le soustint,
Qu'ains n'i soufri douleur ne poine.
Bien est devez qui ne se poine
De lui servir à son povoir.
40 Au secont jour, por lui vooir
Vindrent cil qui pendu l'avoient.
Quant sain et sauf pendant le voient,
Tuit s'en tiènent por déçeu.
« Nous avions fort vin beu, »
Font-il, « quant cest larron pendisme ;
» Mauvaisement y entendisme.
» La hart n'est pas lacié adroit. »
Leur espiez sachent lors tout droit ;
En la gorge fichier li veulent ;
50 Tant s'en efforcent qu'il s'en duèlent ;
Mais ne les pueent enz glacier
Ne plus qu'en un hiaume d'acier.
Ne li forfirent plus ne mains ;
Quar en contre tenoit ses mains
La Mère au Roy qui tout cria.
Elles li lerres s'escria :
« Fuiés, fuiés, ne vaut nient ;
» Bien sachiez tuit à escient,
» Que madame sainte Marie
60 » En secors m'est et en aie.
» La douce Dame me maintient
» Et sous ma gorge sa main tient.
» La douce Dame débonnaire
» Ne me consent nul mal affaire. »
A grant joie fu despendu
Lorsque cest mot out entendu.
Du haut miracle qu'apert virent
Loenge et graces en rendirent
Au Roy du ciel et à sa Mère.
70 Le jor meismes devint frère
Et moines en une abbeie.
Nostre Dame sainte Marie
Servi touz jors dévotement ;
Quar il soit bien certainement
Que son servise bien rendoit.
Qui à lui servir entendoit,
A lui servir nul plus n'atende ;
Mais ses mains chascuns à li tende
Et si li crit souvent merçi.
80 Moult doit avoir le cuer nerçi
Qui ne la sert et qui ne l'aimme.
N'est tant chetis, s'il la reclaimme,

N'un petitet la vueille amer,
Que ne li ost le fiel amer
Et le venin d'entour le cuer.
La Mère Dieu ne giète puer
Larron, fossier ne robeur.
La Mère Dieu ne pécheur,
Tant péchiérres soit ne dégiète,
90 Quant il peut plus que nule sète ;
Si li donne èle tel meçine
Plus out souef qu'espèce fine.
La Mère Dieu touz péchiez cure ;
Nus péchiérres n'entre en sa cure
Qui maintenant ne soit curez.
Péchiérres est asseurez
Puis que il chiet entre ses mains.
Tant est ses cuers douz et humains
Et tel us a et tel coustume,
100 Qu'à nului n'est fière n'enfrume,
N'à robeur, n'à roberesse,
N'à pécheur, n'à pécherresse,
Touz les soustient, touz les gouverne.
N'à Monpellier ne à Salerne
N'a si soutil fusicien.
N'est crestienne ne crestien,
Tant soit en sus de Dieu boutez
Ne dors péchiez tant engroutez,
Se s'orine li moustre adroit,
110 Qu'èle cure ne l'ait lors droit.
Jà n'iert si granz la maladie,
Que mal qu'il ait n'iés qu'il le die,
Qu'èle erraument conseil n'i mète.
Ele le doit faire de dète,
Ele ne doit par droit finer,
Por péchéeurs médéciner
Vout Dieu de lui sa Mère faire.

Virge sacrée debonnaire !
Douce Dame ! douce pucèle !
120 Douce Dame ! tu iés cèle
Qui à touz maus mécine portes
Et les desconfortez confortes.
Quant un larron reconfortas,
Aux tuens donés tost confort as.
Dame tant douz, Dame tant fort,
Sont ti secors et confort,
Que nus ne puet desconforter
Nului que vueilles conforter,
Nus desconforz ne desconforte.
130 Celui qui tes confors conforte.

## Le miracle du Sarrazin qui aoura l'ymage Nostre Dame.

Un Sarrazin avait en sa possession une image de la sainte Vierge pour laquelle il avait une grande dévotion et un soin tout particulier. Ce tableau, orné de vives et riches couleurs, était d'une rare beauté. Le musulman se prosternait au moins une fois chaque jour devant cette image, et personne autre que lui n'aurait osé y toucher, même pour en ôter les ordures. Un jour qu'il était en prière devant cette image, il lui vint un doute dans l'esprit. Dieu, avec sa toute puissance de créateur, supposé qu'il pût devenir homme terrestre, pouvait-il être en même temps Dieu et homme tout ensemble? D'un autre côté, fût il devenu homme pour le salut des hommes, pouvait-il naître d'une vierge? S'il pouvait croire ces mystères, il se ferait chrétien à l'heure même. Agité de ces perplexités, il voit soudain naître du sein de Marie les signes de sa maternité. *Beata ubera que lactaverunt Christum*.

Ce miracle opéré pour la guérison d'un seul, convertit plusieurs Sarrazins et païens témoins de ce prodige.

Le poëte s'élève à cette occasion contre la malpropreté dans laquelle on laissait parfois les images et les autels. Il voudrait qu'on eût au moins pour les églises le soin qu'on a pour sa table et ses ameublements.

La miniature de notre manuscrit offre, sur un fond en damier coupé de lignes horizontales et diagonales, la vue d'une petite chapelle avec toit bleu uni ; on voit sur les pans de l'arcade deux monstres, et sur le fronton un oiseau aux ailes éployées. A l'intérieur, dans une niche, l'image de la sainte Vierge assise, tenant l'enfant Jésus dans ses bras. A ses pieds un Sarrazin un turban sur la tête, les mains jointes, revêtu d'une robe verte.

Manuscrit de Paris : 1° Un Sarrazin devant une image ; c'est le motif de notre miniature. 2° Une foule de religieux ; un homme baptisé ; il est plongé jusqu'au nombril dans une cuve baptismale semblable à celles que nous rencontrons dans plusieurs de nos églises du treizième siècle.

Queques d'oïr estes en grant  
Oés un miracle moult grant.  
Ce dit mes livres et ma page,  
C'uns Sarrazins out un ymage  
A la semblance Nostre Dame.  
A dire ne vous sai, par m'ame,  
Où la trouva ne dont li vint ;  
Mais en moult grant chierté la tint  
Et moult la garda netement.  
10 De riches couleurs richement  
Estoit painte en une tablète.  
Li Sarrazins cèle ymagète  
Avoit en moult grant révérence  
Et aussez s'estoit en ce  
Por ce que tant iert bèle et gente,  
Que chascun jor, par fine rente,  
L'aoroit une foiz au mains,  
A genouz et à jointes mains.  
Cèle ymage tenoit si chière,  
20 Ne soufrist en nule manière  
Que nus fors lui y atouchast ;  
Ne nule ordure y aprochast ;  
Ne que près eust mucelote,  
D'iraigné ne de barbelote.  
Si com Diex vout, un jour avint  
Que devant cèle ymage vint.  
Moult longuement l'a regardée  
Et durement en sa pensée  
Se merveilla se voir puet estre  
30 Que Mère fust à Roy célestre.  
Cèle dont estoit cèle ymage.  
Moult durement en son courage  
S'en esbahist et s'en merveille.  
« Par foi, » fait-il, « ce fut merveille,  
» Si li granz Dieu qui tout cria  
» Pour homme tant s'umilia  
» Qu'ons terriens puist devenir ;  
» Mais ce ne peust avenir  
» Par nule raison, ce me semble,  
40 » Qu'ons peust estre et Diex ensemble ;  
» Et d'autre part s'il avenist  
» Que Diex por hons devenist,

» Ne voi-je pas nil ne puet estre
» Que d'une virge peust nestre.
» Fame ne puet, ce est la somme,
» Concevoir sanz coutume d'omme
» Ne plus c'une pièce de fust.
» Si je savoie que voir fust
» Que d'une virge fust Diex nez,
50 » Jà seroie chrestiennez.
» Encore en cui sanz plus atendre ;
» Mais je ne puis véoir n'entendre
» Comment ce peust avenir.
» Si ne m'en sai à quoi tenir. »
Que qu'il pensoit en tel manière,
Une heure avant et l'autre arrière
Et dévisoit en son courage,
Tout maintenant de cèle ymage
Voit naistre et sourdre II mamèles
60 Si glorieuses et si bèles,
Si petites et si bien faites,
Com si lors droit les eust traites
Fors de son sain une pucèle
Ainsi com d'une fontenèle
Clère œille en voit sourdre et venir.

Cest miracle fist avenir
La Mère Dieu, la débonnaire,
Pour lui de mescréance traire ;
Quar il l'avoit moult honorée
70 L'ymage et longuement gardée.
Li Sarrasins sans démourance
Guerpi sa foi et sa créance ;
Bautiziez fu et sa mesniée
Tout après lu et bautiziée.
Par le miracle qu'apert virent,
Leur créance et leur loi guerpirent
Maint Sarrazin et maint paien ;
Ne prisièrent un pois boien
Ne Mahommet ne Tervagan.
80 Oir povez qu'à grant lagan
Est cèle douce et débonnaire
Qui soit si douz miracle faire.
Li Sarrazin n'i perdi rien
En ce qui la servi si bien
N'en ce que bien la nétoia.
La douce Dame grant joie a
Quant on la sert de bon corage,
Et quant on porte honneur s'ymage,
Bien nous devons déporter
90 En sa semblance honneur porter,
Quant un payens si déporta.

Clers quiex qu'il soit moult grant tort a,
Ne si n'est pas cortois ne sages
Qui ne nettoie ses ymages
Et les autiex à tout le mains.
Trop a li clers chières ses mains
Qui un autel noier ne daingne.
Celui verroie que l'iraingne
Crevast an deus les yex, par m'ame,
100 Qui sus l'ymage Nostre Dame
Ordure voit quant ne l'en oste.
Orde a la pensée et en poste,
Et envers Dieu trop se meffait
Cil qui ce voit quant plus n'en fait.
Ne voi prouvoire ne dyacre
S'il voit sus son archédyacre
Poutie plume ne plumète
Qui tost ne la bout jus et mète.
Sus les autiex agrant compaingnés
110 Voient logiés les iraingnés
Ne si daingnent deslogier.
Miex leur venroit chanter d'Ogier
A tex y a que chanter messe ;
Quar Déables si les apresse,
Qu'en la messe peu se déportent.
Mais volentiers l'offrende enportent,
La coquille volentiers vuident.
Mais aux iraingnés qui desvuident
Entour leur autiex soir et main
120 Ne daingnent-il tendre la main.
Trop est mes peu qui s'entremète
De sainte église tenir nète.
Cil à qui plus de biens il vient,
C'est cil à qui mains en souvient.
Ou monde n'a si fol bergier
S'un preudomme doit hébergier
Qui ne netoit viaus sa méson.
Nous qui avon sens et réson,
Ne deingnons mie fere autel.
130 Clerc qui ne tient net son autel
Où jor et nuit par grant délit
Où cocche Diex et fait son lit,
Moult est certes ors et enpoz.
Tiex muce ses deniers en poz,
Et tiex put touz, tant à d'avoir,
Qui chaut assez petit d'avoir
Ne bel autel ne bel ymage.
Par foi cest desverie et rage,
Que par autel sommes tuit riches
140 Et vers autel sommes tuit chiches.
Tiex par son autel bien gobes

Et tiex en a chevaus et robes,
Fremans, borses, et mars et livres
Qui n'a bréviaires ne livres.
Et qui liez est si estroit
Que ses autiex muert tout de froit.
De ceux y a à grant plente
Qui en folie ont si ente
Et si plungié tout leur corage,
150 Et qui sunt si fol et volage,
Que petit ou nient leur chaut
Se leur autel ont froit ou chaut,
Nus ne les tiennent et descouvers.
Sont leur liz parés et couvers
De couvertures et de tapiz;
Mais déables si est tapiz
Qui jor et nuit siet et crout,
De s'ame peut bien dire trout.
Prestres qui a plus grant délit
160 A parer sa chambre et son lit
Que son autel ne sa chapèle,
S'il requiert Dieu ne si l'apèle
A son besoing, c'est merveille
Si ne li fait la sourde oreille.
Leurs moustiers tiennent ors et sales;
Mès leurs chambres et leurs granz sales
Font lambroissier, paindre et portraire.
En leur moustier ne font pas faire
Si tost l'ymage Nostre Dame
170 Com font Ysengrin et sa fame.
En leur chambres où il reponnent
Les gelines qui la mort ponnent.
Bien est vilains et de vil estre
Li clerc, li moines et li prestre
Qui miex atire son manoir,
Que celui où Diex doit manoir.
Se sainte église n'aornommes
Qui les granz rentes en avommes,
Les granz offrandes, les granz donz,
180 Les laies genz que feront donc?
Tiex eust certes povres braies.
Tiex fust cinceus et plain de naies
Se Diex ne fust et sainte église
Qui or traine, pelice grise;
Tiex est moult plain de grant forfait.
Tiex sa coronne a envis fait;
Et tiex fait queue de maslart
Qui n'eust guères de cras lart
Se Diex ne fust et la coronne;
190 Tiex est ore riche personne,
Espincés cointes et gaillars,

Qui fust povres coquins paillars,
Se sainte église et Dieu ne fust.
Les cuers ont de fer ou de fust,
Quant de celui ne leur souvient
Dont touz li biens leur sourt et vient.
Tant en robes sont mes dérobés,
Tant ont les cuers cointes et gobés,
Et tant sont plain de grant outrage,
200 Qu'autel, ne crucéfiz, n'ymage
N'enclinent mes fors de l'oreille.
Si m'ait Diex cest grant merveille
Quant laies genz pueent bien faire;
Quar en nous out povre essanplaire.
Se sainte église n'ennorons
Qui touz ses biens li dévorons,
Qui en avons l'or et l'argent,
Que feront donc la laie gent?
Ne sai que j'en die, per m'ame,
210 Se nous l'ymage Nostre Dame
Et le son douz filz n'aorons
Dévotement et enorons
Qui sages et discrez devons estre.
Uns vilains bobelin champestre
Qui de Dieu parler n'oi onques,
Par quel raison l'ennora donques?
Honourer doit cil qui est sages
Et sainte église et ses ymages.
Onques en Dieu cil ne se fit
220 Qui n'ennoure son crucéfit;
Et cil ausit ne se fit mie
En madame sainte Marie,
Qui s'ymage, quant il la treuve,
Ne porte honneur, soit viez ou neuve.
Pou l'ennoure, ce m'est avis,
Qui voit sus son glorieus vis
Poudre, n'iraingné, n'autre ordure,
S'il ne l'en oste par grant cure.
Ne l'aimme pas d'entier courage
230 Qui voit ordure sus s'ymage,
S'il ne l'en oste sanz demeure.
Cil qui s'ymage et lui honneure
Ne puet estre deshonnourés.
En Paradis iert honnourés
Qui Nostre Dame honneure en terre.
Se Paradis voloit conquerre
Honourons la tuites et tuit
A nos pooers et jor et nuit
Ausi com li bons paiens fist
240 Qui Paradis par lui conquist.
A lui servir nos cuers tournons

Dore en avant ni séjournons.
A leur preu faire trop séjournent
Cil qui touz les jors qui ajournent,
Ne la servent tout à journée
En joie où èle est séjournée.
Auront tuit cil joiant séjour

Qui bien la servent nuit et jour.
Tuit joiant jor ajourneront
250 A ceux qui là séjourneront.
Diex nous idoinst touz atorner
Por faire à joie séjorner.

## Des deux fames qui s'entrehaoient que Nostre Dame racorda.

Le fait suivant est l'histoire de deux femmes jalouses et ennemies. Navrée de douleur et emportée par la colère, l'une d'elles adresse à sa rivale les reproches les plus amers sur sa conduite coupable ; elle lui expose sa peine et les mauvais traitements auxquels elle était en butte depuis que son époux lui avait ôté ses affections. Touchée par ce récit, l'autre tombe à ses pieds, lui demande pardon et lui proteste qu'à l'avenir elle vivra dans la chasteté en se vouant à Marie ; puis elles s'embrassent en pleurant et se réconcilient.

Miniature. Fond d'or en arabesques ; une petite chapelle, un toit rouge uni ; clocheton surmonté d'une croix fleuronnée ; murs couverts de peintures roses avec arabesques en or. Dans l'intérieur apparaît, environnée de nuages, la sainte Vierge revêtue d'une robe d'or et d'un collier de perles. A ses pieds une femme à genoux, robe bleue, manteau vert-olive doublé de rouge, le capuchon sur la tête. A côté la même personne debout. A ses pieds et lui demandant pardon, une jeune femme revêtue d'une tunique rouge, coiffée d'un petit capuchon rose-pâle à queue.

Dans le manuscrit de Paris, on retrouve aussi : Une femme à genoux devant l'image de Notre-Dame. 2° Les deux femmes et un homme. 3° Une femme demandant pardon. 4° Deux femmes s'approchent et s'embrassent en signe de réconciliation.

Queque talent avez d'oïr,
Conter vous vueil, pour resjoïr,
Un miracle et une merveille
Dont mes cuers se seigne et merveille.

Je truis que II dames estoient
Qui durement s'entrehaoient ;
L'une à l'autre faisoit tel duel,
Qu'estranglée l'eust son vuel ;
Quar son baron li fortraoit.
10 N'iert merveille se mal traoit ;
Quar fame a moult le cuer mari
Quant on li fortrait son mari.
Mes mieuz s'osast un des cieuz traire
Plus en osast dire ne faire ;

Quar ses barons jert si crieus,
Si musarz et si envieus,
Qu'erraument l'eust afrontée.
Si fièrement l'avoit dontée,
Por ses yex ne fust si hardie,
20 Que riens mesfeïst à s'amie.
Assez avoit honte et contraire
Por ce que plus n'en osoit faire.

A nuz genouz souvent déprie
Nostre Dame sainte Marie
Qu'envoit celui honte et vergoingne
Qui de son baron si l'esloingne
Et qui si li l'ot et fortrait,
Que nule foiz deduit rentrait.

Ainsi déprie Nostre Dame
30 Souvente foiz la lasse fame
Qui d'ire est toute faunoie
Et tant qu'à li une foie
S'est Nostre Dame démontrée.
« Diva, » fait èle, « es tu desvée,
» Qui toute jor me quiers veniance.
» De la lasse qui s'espérance
» Du tout en tout a en moi mise.
» Ele me sert si a devise,
» Faire nul mal ne li porroie.
40 » D'un douz salu dont j'ai tel joie
» Me salue de si bon cuer,
» Qu'endurer ne puis à nul fuer
» Que nule honte li aviengne.
» Or ne soit cèle que deviengne. »
Quant Nostre Dame li défaut,
Si a le cuer espris et chaut
De mautalent d'ardeur et d'ire,
Ne soit que faire ne que dire.
Que qu'èle estoit si forsenée,
50 Un jor a icele encontrée
Qu'èle haoit si fermement,
Si li a dit moult cruelment
Com fame enragiée et desvée :
« Di moi, di moi, di, trainée
» Comment m'oses tu encontrer ?
» Ne comment t'oses tu monstrer
» Ni aparaoir en lieu où je soie?
» N'iert, por Dieu, jà t'estrangleroie
» Ou murtriroie à mes II poins,
60 » Tant est mes cuers navrez et poins,
» Et embrasez d'ardeur et d'ire,
» Qui n'est bouche qui peust dire
» Com je te hez d'ardant haine ;
» Quar à celui qui d'amor fine
» Amer me souloit et chiérir,
» Souvent me faiz batre et férir.
» Certes, certes viens desloiaus,
» Douz me souloit estre et loiaus ;
» Mais tu le m'as si enjouté,
70 » Qu'en sus de moi l'as si bouté,
» Que il ne m'aimme ne me prise ;
» Ainz me froisse toute et débrise
» Quant un seul mot en os tentir.
» Tant ai de douleur, sanz mentir,
» Ains tant n'en out lasse de fame.
» Je cuidoie que Nostre Dame
» A cui clamée m'en estoit
» Plus doucement que je povaie

» De ton cors me feist veniance ;
80 » Mes ni ai mes point d'espérance,
» Q'èle me dit encor naguères
» Que comment que voist tes afaires.
» Nul mal afaire ne t'endure ;
» Quar doucement et par grant cure
» La salue mainte foiée.
» De duel en sui si fausnoiée,
» Por un petit Dieu ne renoi. »
« Diex ! aie ! qu'est ce que j'oi, »
Ce respont cele bèle amie.
90 As piez li chiet et si li prie
A chaudes lermes doucement
Qu'èle li die vraiement
S'èle li a vérité dite.
Cèle jure Sainte Espérite
Quenque puet onques dire et jurer
Pour lui du tout asseurer.
Que cest tout voir n'en doute mie.
Cèle erraument mercì li crie.
Si tendrement pleure et soupire,
100 Qu'à poine puet un seul mot dire.
Juré li a sanz démourée,
Face moilliée et esplorée,
Que ce Dieu plest et Nostre Dame
Jamès à lui n'à nule fame
De son baron tort ne iera.
Si chastement tout jors vivra,
Jamès d'omme toute sa vie
N'aura ne part ne compaingnie.
A Nostre Dame s'est donnée
110 Et chastéa a lors droit voée.
Et èle tint si bien son veu
Et si estaint en lui le feu
De vanité et de luxure,
Qu'ains puis ne n'out talent ne cure.
L'autre dame méesment
Plus en servi dévotement
La Mère au Roy qui tout cria ;
L'une à l'autre mercì pria
Et si sont entrebésiées,
120 Acolées et apésiées.
Tant com vesquirent s'entremmèrent,
Et bone vie andeus menèrent.
La pés i mist en tel manière
Cèle qui est tout jors manière
De faire pés et concordes.
Bien a déables en ses cordes
Pris et lacié l'omme et la fame.
Qui n'onneure et sert Nostre Dame,
33

Qui jour et nuit met et avoie,
130 Tant péchéeurs à droite voie.
Qui ne l'onneure samble afole.
N'est nule fame tant soit fole
Cèle sert la virge Marie,
Ne la retraie de folie.
Ne n'est nus hons tant soit péchiérres,
Ne tant despers ne tant léchiérres,
S'à son servise se veut traire,
Bien ne li face à force faire.
N'est nus si fous si la sert bien,
140 Ne li conviengne maugré sien,
Ainçois qu'il muire soit preudom.
De ça la Mère Dieu le don
Qu'il convient que sans soit par force.
Cil qui de lui servir s'efforce,

A li servir nous auvions
Endementiers que nos vivons,
Nous ne savons com longuement.
Saluons la dévotement
De bon cuer et de bon courage,
150 A nuz genouz devant s'ymage.
Nus n'est si soz ne si chaleureus
S'il arouse souvent ses lèvres
De son très savoureus salu
Qu'il ne maint au port de salu.
Sa langue a trop chière et trop mue
Cil qui souvent ne la salue ;
Car moult li plest cil douz saluz.
Diex à touz ceus mande saluz
Qui vont sa Mère saluant
160 Chascun lo que cest salu hant.

---

## D'un abbé et ses compaignons et autres genz que Nostre Dame secourut en la mer.

Des voyageurs voulant passer la mer, furent assaillis tout à coup, au milieu de la nuit, d'une si horrible tempête, qu'ils pensèrent tous périr dans les flots. Quand ils virent la mort de si près, chacun se réclama du saint en qui il avait une plus grande confiance. On invoqua tour à tour saint Nicolas, saint Cler, saint Andriu. On fit des vœux, on promit des pèlerinages. Il y avait parmi les passagers un abbé, homme de sens et d'une piété profonde, qui leur cria avec larmes de se recommander à Marie, la maîtresse des orages et des tempêtes. A ces mots, tout l'équipage se jeta à genoux et adressa une fervente prière à celle qui est appelée l'*étoile de la mer*. L'abbé, qui était à jeûn depuis deux jours, entonna, au milieu des prières des matelots, le beau répons : *Felix namque Virgo*. A peine avait-il commencé ce chant, qu'on vit descendre du ciel un grand cierge sur le mât du navire. La mer, qui roulait naguères des vagues écumeuses, s'apaisa tout à coup et devint calme comme une onde tranquille.

On doit donc prier et chérir une Dame dont la puissance s'étend sur le ciel et sur la terre. Aussi tous les navigateurs lui rendirent des actions de grâces, lorsqu'ils touchèrent au port. L'abbé fit le récit de ce miracle et servit sa bienfaitrice avec une grande ferveur pendant toute sa vie. Suit une prière à la sainte Vierge, où le poëte exalte toutes les vertus et le pouvoir de Marie. Etoile qui éclaire le monde et le gouverne ; force qui brise les verroux de l'enfer ; excellence de ses miracles sur ceux des saints qui lui empruntent toute leur valeur. Ah ! elle ne permettra pas que nous soyons engloutis par la mer de ce monde.

Miniature. Fond rouge-pâle orné d'arabesques d'or, bordé d'un ciel nuageux ondulé de vapeurs blanches. Sur des flots qui moutonnent, une espèce de batelet avec un mât et une voile. Un abbé, la mitre sur la tête, joint les mains et prie. Trois religieux du même ordre, la tête découverte, fixent leurs regards sur le cierge miraculeux qui vient de descendre sur le mât.

Le manuscrit de la Bibliothèque Nationale présente le même motif. On remarque dans une très-jolie barque, trois religieux, une femme et deux hommes ; dans le ciel des oiseaux, et sur le haut du mât une flamme brillante.

Entendez tuit clerc et lai,
Dire vous vueil, sanz nul délai,
Un miracle que fist en mer
Cèle que tant devons amer.

Genz je ne sai quel part aloient,
Mès que la mer passer voloient,
Une tempeste leur leva
Vers mie nuit qui les gréva
Et esmaia si durement,
10 Tuit cuidèrent certainement
Sans démourée estre péri.
Ne furent pas quoi ne seri
Quant la mort virent à leur yex ;
Mes tuit s'escrient qui miex miex
Et si reclaimment sainz et saintes
Quant de mer voient les enpaintes.
Li un crie : « Que feron las !
» Quar nous sequeurt saint Nicholas. »
Li autre huchent haut et cler
20 Et reclaimment souvent sainst Cler ;
Li autre apèlent saint Andriu
Que por aus weille prier Dieu.
Chascun le saint huche et reclaimme
Où plus se fie et que miex aimme.
Veus et voiages leur promètent,
Se hors de cest péril les mètent.

En cèle nef un abbé out
Qui preudom fu et qui moult sout,
Plorant leur cri : « Avoi, avoi,
30 » Bèles gens, qu'est-ce que je voi ?
» Vous faites mau veus par mes yex.
» Vous feissiés la moitié miex
» S'à haute vois reclamissiés
» Et vostre affaire meissiés
» Sus madame, sainte Marie ;
» Quar nul saint n'est de tel aie,
» Ne de si grant ne de si preste.
» Orages ne vens ne tempeste
» N'aura jà force ne durée
40 » En lieu où èle soit nommée.
» Ains la doit-on nommer ades
» Et puis les autres sainz après.
» En mer la doit-on reclamer ;
» Quar èle est estoile de mer. »

Lors ne demeure homme ne fame

Qui ne reclaint la douce Dame.
A haute vois chascun escrie :
« Haute Dame, sainte Marie,
» Aies pitié de no misère,
50 » Dame qui es la douce Mère
» Au douz Seigneur qui tout justise ;
» Par ta douceur, par ta franchise,
» Par ta pitié, par ta puissance,
» Sequeur nos tost sanz démourance
» En ces péris qui nous tourmentent. »
Que qu'ainsi pleurent et lamentent,
L'abbés qui fu espoantez
Et des tormenz si tormentez,
C'onques en deus jors, c'est la somme,
60 N'avoit riens mengié c'une pomme.
Hardiement son cuer reprist
Et à chanter hautement prist
Entre lui et ses compaignons
*Felix namque* le douz respons
Que nous chantons en la mémoire
De la douce Dame de gloire.

Si tost com le vers orent dit,
Apertement chascun d'eus vit
Ainsit com un grant cierge espris
70 Qui descendi de paradis
Moult bèlement et moult soef
S'asist sus le mase de la nef.
Toute la nef enlumina
Et li tourmenz lors droit fina.
La mer qui iert si borrouflée,
Si tempestée et si enflée
Qu'il sembloit bien que chascune unde
Deust noier trestout le monde,
Devint si quoie ignelement,
80 Qu'il sembloit tout apertement
Qu'èle n'osast nes undoier.
Tèle Dame doit-on proier ;
Tèle Dame doit-on amer.
Dame est en air, Dame en mer ;
Dame est de çà, Dame est de là.
Ains nus de cuer ne l'apela,
Ce sachiez bien de vérité,
Ne le getast d'aversité.

Cil de la nef grant joie firent
90 Du grant miracle que il virent
Que fait avoit la douce Dame.

N'out en la nef homme ne fame
Ne l'en rendist merçis et graces,
Jointes mains, à moilliées faces.
Bien est aidier qui èle aie
Qui de bon cuer requiert s'aie ;
A s'aie ne faudra jà.
La Mère Dieu tant les naia,
Qu'à grant joie et à grant port
100 Tuit arrivèrent à droit port.
Li bons abbés n'oublia mie
Nostre Dame sainte Marie ;
Ains la servi tout son aage
De bon cuer et de bon courage,
Et cest miracle fist escrire
Quoi m'avez conter et dire.

« Ha ! Mère au Roy qui tout cria,
» Ains nus de cuer ne te pria
» Que tu feisses sourde oreille.
110 » Dame tu faiz tante merveille,
» Que merveilliez tout le mont.
» Ta grant douceur tout nous semont
» A toi servir, pucèle monde.
» Tu es l'estoile qui le monde
» Et jour et nuit gouverne et guie.
» Douce Dame sainte Marie !
» Com tu es douce à reclamer.
» Cil qui noioient en la mer
» Saint Audri et saint Nicholas
120 » Huchèrent tant touz furent las.
» Assez reclamèrent saint Cler ;
» Mès je ne sai s'il ot bien cler.
» Qu'à cèle foiz n'oi il goute.
» Puissant pucèle, il n'est pas doute
» Que tu ne puisses plus aidier
» Que tuit ne puent souhaidier.
» Dame saint Cler et saint Thomas,
» Saint Audri et saint Nicholas
» Avoir n'i doivent nule honte
130 » Se ton povair le leur seurmonte ;
» Leur puissance ist du tuen povair.
» Jà ne si osast nes veoir
» En paradis se tu ne fusses,
» Se la porte ne leur eusses
» Desverroillié et desserrée.
» Eve l'avoit si fort serrée,
» Jà entre eus touz mes n'i entrassent
» Se tes miracles les leur passent ;
» Et se plus cler oiz qui ne font.
140 » Honte ne reprouvier n'i ont ;

» Quar tu es, Dame, sus eus touz.
» Assez doivent estre plus douz,
» Plus igneI, plus haut et meilleur
» Tuit tes miracles que li leur ;
» Quar tuit li leur des tuens descendent,
» De quan que font graces te rendent.
» N'est saint tant soit de grant renon
» Nul en face se par toi non,
» Tu par es tant de haute affaire
150 » Que toute seule puez plus faire
» Qu'ainques ne firent ne feront
» Tuit cil qui furent ne seront.
» Mes tu par es tant gracieuse,
» Tant débonnaire, tant piteuse,
» Que leur aides à parfaire
» Ce que par eus ne puent faire.
» De toi sont toutes leur estofes.
» Plus hardie es que sainz Cristofes
» Qui moult est granz, hardis et fiers ;
160 » Quar maintes foiz à Dieu requiers
» Ce qu'entr'eus touz requerre n'osent.
» Mainte foiée ce reposent
» Que tu faiz toute leur besoingne.
» Tu es cèle qui de touz soingne ;
» Tu es cèle qui de touz penses ;
» Tu es cèle qui les offenses
» Et les meffaiz qui fait li mondes,
» Par ta douceur jor et nuit mondes.
» Sade et douce es plus que nus miex ;
170 » Dame ente doit apeler miex
» Com ne doit ne sainte ne saint,
» Et plus qu'eus touz est droit com taint.

» Haute Virge, haute pucèle,
» Il fait moult bien qui les apèle,
» Qui les honneure et qui les nomme.
» Ma douce Dame, c'est la somme,
» Par droit te doit on miex nommer,
» Ainz servir et ainz reclamer ;
» Car de ton doit sordre convient
180 » Tout le bien qui par eus nous vient.
» Haute pucèle nète et munde,
» La douceur qui de toi sourunde,
» Par eus nous avale et dégoute.
» Douce Dame, ce n'est pas doute,
» Doucement les devons servir,
» Por leur aide deservir.
» Honnourer les devons en terre :
» Jour et nuit prier et requerre,
» Qu'il nous sequeurent et aient

| *Undè dicitur :* |
| Maca mare, maris stella, |
| invelvat nos procella |
| ni tempestas obvia. |

*Magister Adam dixit :*
O Maria, stella maris
pietate, singularis pietatis
sola. Nos digneris intueri,
ut exteris miserrri nau-
fragauti seculo.

190 » Et doucement por nous te prient
  » Que en la mer, mer de ce monde,
  » Qui tant parest grant et parfonde
  » Et où tant a de granz tourmentes,
  » A périllier ne nous consente;
  » Car nostre nef va si gaverant,
  » Que souvent plungient li autant.
  » Douce Dame, sainte Marie,
  » Nostre nef est si esbarie,
  » Par pou qu'èle n'asonde et noie.
200 » La mer du mont si fort undoie,
  » Et les undes si nous assaillent,
  » Qu'en nostre nef toute jour saillent.

  » Dame qui de mer es estoile,
  » Fiche ton vent en nostre voile
  » Qui tost nous maint et tost nous port
  » Au grant rivage et au grant port
  » De paradis où se déportent
  » Tuit cil qui ci honneur te portent.
  » Nus ne te puet honneur porter
210 » Tu ne le faces déporter
  » Au Roy qui tes ventres porta.
  » En toi servir grant déport a ;
  » Quar du ciel es fenestre et porte,
  » Buer fu portez qui s'i déporte. »

*Undè dicitur :*
Ave, maris stella, Dei
mater alma atque semper
virgo felix celi porta.

---

## Du riche homme à cui le Déable servi por vii anz por lui décevoir.

Gautier qui n'aime pas l'oisiveté parce qu'elle est la mère de la tentation et des mauvaises pensées, veut donc employer utilement son temps à raconter encore quelques miracles de la sainte Vierge. Celui dont il va entretenir ses lecteurs est des plus intéressants et des plus instructifs. Le voici :

Un homme riche et de naissance illustre, mais d'une charité exemplaire, faisait passer, selon le conseil de l'Ecriture, ses richesses au ciel par la main des pauvres. C'est assez dire que jamais ni l'ambition, ni l'avarice, ne purent avoir aucune prise sur lui. Son bonheur était d'aimer surtout à soulager les plus nécessiteux. Pour leur venir en aide d'une manière plus efficace, il fit bâtir à ses frais un bel hôpital où on devait soulager toutes les misères. Mais le démon, jaloux de cette utile fondation, se transforma en un jeune valet récemment mort, et se présenta devant la porte de l'homme riche, s'offrant de le servir avec désintéressement en qualité de domestique. Le maître, séduit par son langage, sa bonne mine et son air aisé, l'admit au nombre des serviteurs de sa maison. Et en effet, ce domestique se fit remarquer et aimer par ses brillantes qualités. Son mérite le plaça bientôt à la tête de l'hôtellerie, et le maître se reposa sur lui de toutes les dépenses de la maison. Le démon, heureux d'avoir réussi si facilement et au-delà de ses espérances, soigna les pauvres avec une attention délicate; il s'en fit aimer et attira des éloges à son maître. Dieu seul n'en est que plus enchanté de son valet. Profitant de la confiance illimitée qu'on avait en lui, le serviteur vint lui dire un jour qu'un malade demandait du poisson; que pour l'avoir plus frais et avec plus d'économie, il pensait qu'il vaudrait mieux l'aller pêcher dans la rivière, et il persuada à son maître de l'accompagner dans cette pêche qui serait très-agréable pour lui. Pendant près d'un demi-jour, le serviteur fit tous ses efforts pour noyer son maître; mais n'ayant pu y réussir, il l'emmena une autre fois dans une forêt pour chasser. Là, le malheureux essaya plusieurs fois de le tuer à coups de traits, mais il ne put venir à bout de son projet.

Voyant qu'il ne pouvait réussir dans ses funestes tentatives, le démon l'attaqua d'une autre manière. Il lui représenta la pauvreté dans laquelle il ne manquerait pas de tomber par suite de ses intarissables largesses, le mépris qu'on ferait de lui, quand il se serait ruiné par ses bonnes œuvres. Mais le démon n'obtint rien sur ce cœur résolu dans la voie du bien. Le maître voulut au contraire qu'on augmentât la somme de ses bienfaits. Sa réputation ne fit que s'accroître, et il devint un sujet d'admiration pour les malheureux, les grands et le clergé.

Un jour un saint évêque qui avait entendu parler de son inépuisable charité vint le visiter. On s'apprêta à fêter le noble visiteur, et le maître ne voyant pas paraître son serviteur pour préparer le festin qu'il voulait donner à l'évêque, l'envoya chercher. Le valet, dans la crainte d'être découvert, s'était caché, n'osant se montrer en la présence du saint évêque. Dès qu'on l'eut trouvé, on l'emmena devant les convives, et l'évêque, éclairé de la lumière d'en haut, n'eut pas de peine à deviner la ruse et à reconnaître l'employé de Satan.

L'évêque demanda à son hôte pourquoi il occupait un tel serviteur. Celui-ci lui répondit en faisant l'énumération des grandes capacités de son valet. L'évêque n'ayant pu le désabuser, commanda au démon, au nom de Jésus-Christ, de révéler lui-même sa malice. Le démon avoua que, pour tromper cet homme si charitable, il avait emprunté le corps d'un homme mort nouvellement ; mais il n'avait jamais pu venir à bout de ce dessein, empêché qu'il avait été par une prière latine que son maître récitait chaque fois qu'il sortait de sa maison. Il déclare qu'il a perdu tout son temps. A ces mots, il disparut, et l'on ne trouva près de la table qu'un cadavre.

Tous les assistants louèrent Dieu de cette grande faveur, et l'évêque pria son hôte de lui dire l'oraison qui l'avait préservé de tels malheurs. Le riche homme avoua son ignorance la plus complète. Il ne savait qu'une prière qu'il avait apprise étant enfant. C'était une antienne à la sainte Vierge intitulée : *O beata et intemerata et in æternum benedicta singularis atque incomparabilis Virgo*.

Miniature. Fond rose avec arabesques d'or. Une table couverte d'une nappe damassée en losanges. Une grande aiguière d'or semblable à nos cafetières ; une coupe ; un plat sur lequel est servi un saumon ; une saucière ; une assiette à compartiments. Deux personnages debout devant la table. L'évêque, une calotte sur la tête, revêtu d'une espèce de surcot bleu, adjure le démon qu'on reconnaît aux deux cornes de bélier qu'il porte au front. Il a les bras croisés et les cheveux à boudins. A côté de l'évêque, le maître de la maison, le couteau à la main et paraissant inquiet et saisi des révélations qu'on lui fait sur son serviteur.

Le manuscrit de Paris porte pour titre : *De l'oroison Nostre Dame*. 1° Une barque ; un prêtre, un rameur. 2° Un serviteur avec un arc ; un arbre, un prêtre. 3° Une table, un évêque, un prêtre, un serviteur ; un mort au pied de la table. 4° Un évêque crossé et mitré assis ; un clerc qui lit et un prouvaire. On voit qu'on a ici personnifié le riche homme par un prêtre.

Pour ce qu'oiseuse est morz à l'ame
En aucun dit de Nostre Dame
Aucune foiz despent ma cure.
Souvent nous dit sainte escriture
Qu'anemis assaut tost et tente
Home qui n'a aucune entente.
Légièrement n'est pas tensée,
A homme oiseus vaine pensée,
Et li pensers atrait le fait
10 Ainsi com vent la pluie fait.
Pour ce vaut miex qu'aucun bien die
De Madame sainte Marie,
Que mal fesise, par oiseuse.
D'une oroison la glorieuse,
Puisqu'au dire sui aroutez,
Un biau miracle or escoutez.

En escrit truis qu'il fu un hons
De grant richesce et de grant nons.
N'iert pas des riches qui or queurent,
20 Qui enclinent et qui aeurent,
Et qui tant aiment leur avoir,
Qu'il ne convoitent à avoir
Autre paradis n'autre gloire.
Ains fu de ceus, ce dit l'estoire
Qui leur trésor ou ciel assemblent
Por les larrons qui ne leur emblent
Ne que taingne ne que mau metent ;
Sages sont cil qui là le metent ;
Quar quant du cors l'ame dessemble,
50 Là le retreuve tout ensemble.
Tout son avoir, tout son argent
Transmist au ciel par povre gent.
Cil riches hons dont je vous cont
Il fist que qu'il vesqui le pont
Par où s'ame devoit passer.
Ainc n'el pout veintre ne lasser
Avarice ne convoitise
Qu'emmast Dieu et sainte Eglise,
Aumosne et hospitalité.
40 Tout estoit plains de charité
Et de bien faire iert si soigneus,
Pour aaisier les besoigneus
Un hopital de grant affaire
Fist estorer du sien et faire.
En lui trouvoient grant confort
Et povre et riche, et foible et fort,
Tout osteloit en son ostel.
Mais li déables un os tel
En son courtil ala lancier

*Dominus in evangelio:*
Thesaurizate vobis the-
sauros in cœlo, ubi nec
œrugo, nec tinea demolitur,
Vendite quæ possidetis, et
date eleemosinam.

*In libro Thobiæ:*
Melius est facere elee-
mosinam quàm thesauros
auri reponere. Sicut aqua
extinguit ignem, ita elee-
mosina extinguit peccatum.

*Paulus dicit:*
Dùm tempus habemus,
operemur bonum ad omnes,
maximè autem ad domes-
ticos fidei.

*Ibidem:*
Si habuero fidem ita ut
ad montes transferam et
tradidero corpus meum
ità ut ardeam, caritatem
autem non habuero, nichil
sum.

*Augustinus:*
Angeli corpora in quibus
hominibus apparent vide-
parvo aere sumunt, et
damque speciem ex orbitâ
elemento induunt per quam
humanis obtutibus mani-
festis demonstrantur.

50 Dont moult cuida desavancier
Son bon renon et son bon pris.
Moult est d'ardure et d'ire espris,
Et poignaument au cuer le point
Ce qui le voit en si bon point.
Anemis qui se transfigure
En forme d'angre et prent figure.
Quel qui veut assez souvent
Le cors d'un varlet de jouvent
De nouvel mort, par guile, a pris
60 A tel homme qui de grant pris
Ert por son bien en moult de lieus,
Simplement vient com li clos lieus.

« Sire, » fait-il, « por le renon
» Qui si renommée vostre nom,
« A vous m'en ving nomméement.
» Grant los avez de toute gent ;
» Moult plaisamment vous serviroie
» Tout por nient, si je cuidoie
» Que mes servises vous pleust.
70 » Ne cuit que nus varlet seust
» Servir preudom miex de mi.
» S'entour vous sui mois et demi
» De tel servise vous cuit estre,
» Mon acointement et mon estre
» Amerez moult si com je cuit. »

Li riches hons le vit recuit,
Biau varlet et langue enresniée,
Si le detint de sa mesniée.
Si bien ne fist onques mes hom
80 Quanqu'il convint fere en meson,
Et le seigneur et la mesniée
Maintenant out si atirée,
Que tout fu sires de l'ostel.
Un pris out lors et un l'ostel,
Tuit l'amèrent petiz et granz.
Li riches hons qui fu en granz,
De porvéoir s'ostellerie
Au Déable commande et prie
Qu'il la gart et la porvoie.
90 N'a nul serjant ou tant se croie,
Ne qui si bien le sache faire.
Li Déables qui son affaire
Bée a parfaire soutilment.
Les povres sert moult gentement,
Si plaisaument, si biau, si bien,
Qu'il l'aiment plus que nule rien
Et le seigneur moult en merçient.

Tout en plorant souvent li dient :
« Que Diex cest serjant li devoit,
100 » Si bien et si bel les servoit,
» Qu'il sevent bien, sanz nule doute,
» Qu'il aime Dieu et crient et doute,
» Et que sainz Espériz est en lui ;
» Car ainc mes ne virent nului
» De povres gens si curieus. »
Tant fust douz ne religieus
De biau servir ne se recroit,
Et li riches hons tant le croit,
Que sus lui met toute son affaire.
110 Li Déables qui à parfaire
Sa malice soutilment bée,
Au preudomme une matinée
Venuz en est et dit : « Biau sire,
» Nostre malade tout atiré
» De poisson demandent pitance. »
« Querez leur en sanz démourance, »
Fait li preudom, « biau douz amis ;
» Car por ce vous y ai-je mis
» Que je ne veil qui leur defaille
120 » Char, ne poisson, n'autre vitaille. »
« Faison le bieu, » dit le Déables,
« Li jours ort biaux et délitables,
» Pour nous déduire alons peschier.
» C'iert grant aumosne et conteschier
» Devra moult mieus à nos malades.
» Nostre poisson plus leur iert sades
» Se le prenons que s'en l'achate. »
« Ne sai nient de tel barate, »
Fait li preudom, « biau douz amis
130 » Ainc ne peschier ne m'entremis. »
« Certes, sires, » fait li déables,
« C'est un mestier moult délitables,
» Et j'en sai plus que bues d'arer.
» Je cuit en cui faire parer
» A nos malades grosses perches,
» Se j'ai l'aviron et les perches. »

A tant s'envont, sanz nul délai,
Bien demi jor parmi un lai,
Le va naiant li anemis.
140 De noier s'est moult entremis,
Et moult durement s'en efforce ;
Mes rien n'i vaut engin ne force ;
Car li douz Diex ne li consent
Qui son barat voit bien et sent
Cil qui maint mal set porchacier.

*Isidorus* :
Dùmque dyabolus adversùs hominem justum pugnare cessat. Facile vincimus hostem quem videmus; difficile autem à nobis expellimus.

*Eusebius* :
Major est qui vos defendit, quàm qui persequitur.

# LES MIRACLES

En une forest, por chacier,
Une autre foiz mené l'en a,
Por un malade qui tenre a
Ce dit le cuer de venaison.
150 Dite out le jor bone oroison,
Li bons preudom, si com je pens;
Car li maufez qui en porpens
Iert de li tuer et maumetre,
Por poine qu'il i seust metre,
Ennui ne mal ne li puet faire.
Tant i seust lancier ne traire
Maintes saiètes barbelées
Li a traites et entésées.
Mais maintenant que de l'arc issent,
160 En l'air hurtent et resortissent.
Trestout ausi com en un arbre
Un chaine fiert ou un autre arbre.
Quant il plus droit i cuide traire,
Tel duel en a et tel contraire
Par un petit qui ne part d'ire,
Ne s'en donne garde li sire.
Faire li doie nul ennui,
Ains s'i fie plus qu'en nului;
Car il le sert miex, ce li semble,
170 Que si varlet trestuit ensemble.
Quanqu'il fait si a devise
Qu'assez fait miex com ne devise,
Toute sa cure sus lui met
Li preudom qui ne s'entremet
De riens nule qu'il ait affaire;
Ains met sus lui toute son affaire.
De mautalent frit touz et art
Li Déables quant, par nul art,
A nul meschief ne le puet traire.
180 Quant voit que mal ne li puet faire,
En autre guise le ressaie;
Souvent li dit que moult s'esmaie
Où tout sera puisé ne pris
Li granz despenz qu'il a enpris,
Ne cuide pas soufrir le puisse.
« Sire, » fait-il, « lorsque s'abaisse
« Un riches hons à povreté,
» Chascun moult tost fuer l'a geté.
» Qui n'a nient moult treuve estrange
190 » Autrui guernier, autrui grange.
» Un puis puet-on tost espuisier
» Tant y puet-on souvent puisier.
» Por ce est-il folz qui trop s'espuise.
» Qui petit a et petit puise. »

Li Déables, ce est la somme,
En tel manière le preudomme
Cuide guiler et décevoir;
Mes eslochier ne remouvoir
Ne le puet de son proposement.
200 Ades va, par amendement,
S'il fu ier bons, meilleur est hui;
Jà refusez n'iert à nului
Ses hostiex ne sa charité,
Aumosne et hospitalité.
Si la lièvc et si le renomme,
Qu'évesque, abbé et maint preudomme
Vooir et visiter le viennent
Et en moult grant chierté le tiennent.

Si com Diex vout, un jour avint
210 C'uns évesques vooir le vint,
Qui sainz hons iert et de grant non.
Grant feste en fist li bon preudom.
De Dieu et de maint bien parlèrent.
Desus table, quequ'il mengèrent,
Li serjant li riche homme i furent
Qui servirent si com il durent.
Quant ne voit mie du Déable
Qui touz jors le servoit à table,
Ignélement querre l'envoie.
220 Destournez s'est que ne le voie
Li sainz évesques, li sainz hom,
Pour ce qu'il est de tel renom,
Grant peeur a qu'il n'en deçoive
Et sa malice n'aperçoive.
Cil qui le quistrent le trouvèrent
Et toutes voies l'amenèrent
Au saint évesque à la table.
Li sainz évesque le Déable
Connut lors droit qu'il l'avisa;
230 Quar sainz Espirs li dévisa,
Tout maintenant a dit : « Biau frère,
» De tel menestrel à fere
» Qu'aves? » fait l'évesques « biaus hostes »
« Sire, » fait-il, « en toutes costes
» M'ait de lui, quar ne sai rien
» Qu'il de sache fère trop bien;
» Ainc nus varlez ne fu mes tiex.
» Il est de tout bons menesteriex.
» Il set peschier, il set chacier,
240 » Il set trop bien genz solacier.
» Il set chançons, sonnez et fables.
» Il set d'eschez, il set des tables,
» Il set d'abalestre et d'airon;

» Ainc ne veistes nul garçon
» Ne nus varlet de tel affaire. »
« Encor set-il assez plus faire, »
Fait li évesques, « que vous ne dites,
» Si me consaut sainz Espérites. »
« Touz m'en merveil, » fait li preudom.
250 « Moult li a Diex donné grand don
» Quant il est tant sages et preux.
» Encor ai-je tiex trois neveux
» Que n'aim pas tant com je fai lui ;
» Et si m'i croi plus qu'an nului,
» Soutil et sage l'ai trouvé.
» Si longuement l'ai esprouvé
» Et si loial partout le truis,
» Que je jamais changier n'el ruis ;
» Ains li commant tout mon affaire,
260 » Car il la set assez miex faire
» Que déviser ne le sauroie. »
« Par un petit qu'en male roie, »
Fait li évesques, « ne vous a mis.
» Sachiez que c'est uns anemis,
» Uns Déables. Avec touz prestres
» Venez avant, » fait-il, « biau mestres,
» Et vostre guile m'apernez.
» De par celui qui fu penez
» En croiz à tort, vous commant
270 » Que me dies tout mon commant. »
Di tort fait, il le convient.
Por quoi, n'à quoi, ne dont ce vient
Què ci as faite tèle atente
Ne poras mise tèle entente.
« A cest preudomme décevoir, »
» Fait li Déables. « De ce voir
» T'aurai-je dit ignélement.
» Courrouciez ere durement
» Des granz aumosnes qu'il faisoit
280 » Et des povres qu'il aaisoit.
» Por lui guiler, ce est la somme,
» Muciez m'estoie en un mort homme,
» Si l'ai servi moult longuement.
» Mes sachiez bien certainement
» C'onques nel soi tant espier
» Que je peusse conchier
» Ne decevoir, en nule guise.
» Quiex Déables li ont aprise
» Ne sai quel prière en latin
290 » Qu'il route et dit chascun matin,
» Por quoi m'a tout destestué.
» Mil foiz l'eusse puis tué,

» Se ne fust icèle proière,
» D'aler en bois ou en rivière.
» Souvent li trouvoie à choison
» Por oublier cèle oroison.
» Mais ainc n'el poi tenir si cort,
» C'un pas issist hors de sa court
» Devant qu'il s'en fust aquitez.
300 » Mes jours y ai touz effritez,
» Et perdu mon temps et m'entente.
» Aient tuit cil ains qu'il devient
» Qui dite l'ont et qui la dient. »
Après ces mots, sanz nule aloigne
S'esvanouist et la charoigne
Devant la table lest chaoir.
La vertu Dieu et son pooir
Loèrent tuit petit et grant.
L'évesques fu forment en grant
310 D'oir l'oroison et savoir.
Le riche homme de dire le voir
Moult durement conjure et prie
Qui li aproingne et qui li die.
Li riches hons li dit : « Biau sire,
» Por vérité vous puis bien dire
» Que onques lettres ne connui ;
» Mes il est voirs quant enfes fui,
» C'une oroison par us apris,
» Que chascun à dire empris
320 » Une foiz à tout le mains,
» Genous et à jointes mains,
» Devant l'ymage Nostre Dame. »
« Di-moi comment a non, par t'ame, »
Fait li évesques. « Biau douz amis,
» Bien sai devoir li anemis
» Ne la penra nului en pièce.
» Si dolens est tout se dépièce
» Quant l'as eue en tel usage. »
« Cil qui la dient font que sage, »
330 Fait li preudom, « si com moi semble. »
Grant feste ont fait la nuit ensemble
Et font escrire l'oroison.
Il m'est avis qu'èle a anon :
*O beata et intemerata*
*Et in æternum benedicta*
*Singularis atque incomparabilis Virgo.*
A toutes genz conseil et lo
Qu'il l'ausent et qu'il l'apraingnent,
L'anemi boutent et empaignent.
340 Moult en sus d'eus et moult arrière
Cil qui usent ceste prière,

Porce que miex vous doie plaire,
Encore vous enverrai retraire,

Se j'ai loisir et se je puis,
Un biau miracle que j'en truis.

## D'un chevalier à qui Nostre Dame s'aparut quant il oroit.

La jeunesse est presque toujours le temps des illusions. On ne veut avoir pour maître que ses plaisirs et ses caprices. En voici une nouvelle preuve. Un jeune chevalier, fier de sa beauté, de sa naissance et de ses richesses, ne rêvait que les tournois, les jeux et les assemblées de dames. Léger et railleur, il ne voulait pas s'engager dans les liens du mariage. Il était d'ailleurs épris d'amour pour une dame d'une famille distinguée et qui ne répondait pas à ses avances, quoiqu'il joutât dans toute la contrée pour obtenir ses faveurs. Furieux de ce mépris qui cependant ne faisait qu'augmenter son malheureux penchant, il s'en vint trouver un abbé et lui raconte ses mésaventures et ses souffrances. L'abbé, en homme expérimenté, qui sait qu'il ne faut pas s'attaquer de front à des sentiments aussi impérieux, tourne la difficulté et s'étudie à disposer son visiteur à accepter des conseils plus sages. Il lui ordonne donc, s'il veut venir à bout de son dessein, de réciter chaque jour, à genoux, le *Rosaire*. Le chevalier promet d'en dire plusieurs, s'il le faut; rien ne lui coûtera, pourvu qu'il sorte triomphant de cette lutte. Le saint prêtre entre alors plus avant dans son cœur et lui fait part des inquiétudes qu'il éprouve relativement à cette faveur, si le jeune chevalier ne réforme sa conduite; il craint surtout que cet amour effréné de la chevalerie, des chasses, des réunions de plaisirs, ne lui fassent oublier cette promesse. Le chevalier la lui confirme de nouveau. L'abbé l'embrasse et le quitte.

Le chevalier change aussitôt de vie. Au lieu d'aller errer à l'aventure comme par le passé, il se renferme dans sa chapelle et y passe presque toutes ses journées à prier Marie.

L'année révolue, le chevalier croit avoir tout obtenu. Il était d'une gaîté extraordinaire en voyant arriver le moment fortuné après lequel il soupirait depuis si longtemps. Et, d'ailleurs, n'avait-il pas bien le droit de se dédommager après une année si complète de sacrifices? Un jour, par une belle matinée d'été, il partit pour la chasse dans la vue de se délasser. Mais il arriva que, s'étant éloigné de ses gens dans la forêt, il ne put retrouver le rendez-vous de chasse. Ayant rencontré sur sa route une vieille chapelle à demi-ruinée, il entre dedans et récite à genoux, devant une image de la sainte Vierge, le rosaire accoutumé, et réclame ensuite de cette bonne Mère l'accomplissement de ses souhaits.

Tandis qu'il se plaignait avec tendresse, la sainte Vierge lui apparaît, la tête ornée d'une couronne éblouissante de pierreries et le visage resplendissant d'une éclatante blancheur. La sainte demande alors au chevalier si la dame pour laquelle il soupire l'emporte sur elle en beauté. Le chevalier effrayé, les mains sur ses yeux, tombe sur le pavé du sanctuaire. La sainte le rassure et lui laisse la liberté du choix. Le chevalier ne balance pas, il se prononce pour Marie. La sainte lui fait alors connaître la récompense qui l'attend au ciel; elle n'exige de lui que de continuer pendant un an ce qu'il a déjà fait pour celle qu'il aime.

La chevalier s'en retourna trouver l'abbé auquel il raconta cet évènement. Il finit par renoncer à tout et voulut embrasser la vie religieuse. Au bout d'un an, il mourait dans les pratiques les plus saintes, et la sainte Vierge conduisait son âme au ciel.

Moralité. L'amour profane ruine l'âme, le corps et la fortune. Que d'amertumes, de chagrins il cause! S'y livrer, c'est s'éloigner du port et sombrer en pleine mer. Bonheur de ceux qui se défendent des affections coupables pour se donner à Marie. Pour elle, loyale dans son amour, elle ne demande que le cœur, tandis que les autres exigent la possession de l'âme, du corps et des biens. Les créatures, en s'attachant à des biens imaginaires et fantastiques, se damnent. Marie ne s'occupe pas de ces choses terrestres et passagères; la jeunesse, la beauté, la richesse ne sont pas plus pour elle que la vieillesse, les misères et la pauvreté. Elle n'est pas superbe ni dédaigneuse, mais amie franche et désireuse avant tout de conduire nos âmes en Paradis.

Miniature. Une chapelle avec clochetons. Murs peints en rose, rehaussés d'arabesques d'or. A l'intérieur, le chevalier agenouillé devant un petit autel surmonté d'une croix d'or fleuronnée; sur ses cheveux bouclés une espèce de coiffe alsacienne ; trois vêtements, celui de dessous rose, une tunique bleue et la chape ou manteau rouge. Derrière lui la sainte Vierge chaussée, robe rose, manteau bleu doublé de vert, un livre à fermoirs et couverture d'or à la main.

Manuscrit de la Bibliothèque nationale. 1° Un chevalier à genoux devant une femme assise. 2° Le chevalier agenouillé devant un religieux. 3° Devant la sainte Vierge. 4° Un moine à genoux devant un autel.

*Salomon dicit :*
Exaltatio juvenum fortitudo eorum et dignitas senum canities.

*Versificator :*
Laudis amore peris, si semi miles haberis.

*Ovidius :*
Castas inest pulchris sequaeque superbia formam.

Il fu ce truis uns chevaliers,
Jeunes et biaus, cointes et fiers,
De grant affaire et de grant non.
Ne désiroit se joustes non,
Tournoiements et assemblées.
Pour une dame qui emblées
Avoit de son cuer ij parties,
Granz données, granz départies
Faisoit souvent de son avoir
10 Pour pris et por loenge avoir.
E ce font encor li pluseur
Tant comme il sont en plaine fleur ;
Faire veulent que qu'il annuit
Quanqu'il leur siet et jor et nuit.
Cil dont vous weil conter et dire,
Moult redoutez iert et moult sire
En son païs et en maint lieus.
De tant iert foux malicieus,
Qu'espouser fame ne vouloit ;
20 Car li courages li baloit
Si durement pour cèle dame,
Qu'il ne véoit à ses yex fame
Qu'il daingnast penre n'espouser.
Ne s'en savoit ou doulouser,
Quex la dame iert de cète affaire
Qu'èle n'avoit de lui que faire.
Li chevaliers qui moult iert biaus,
Maint poigniez et maint cembiaus,
Mainte jouste et mainte encontrée
30 Faisoit por lui en la contrée.
Il ne savoit qu'il deust faire.
La dam estoit de tel affaire,
De tel biauté et de tel pris,
Que Chaalons brisié et pris
Cuidast avoir s'il peust faire
Riens nule qui li daingnast plaire.
Vers lui se tenoit si très chière,
Que nes de faire bèle chière
Lui faisoit-elle grant chierté.
40 Tant li torna si grant fierté
C'onques de lui ne pout avoir,
Por prière ne por avoir,

Ne por bèle chevalerie,
Soulaz d'amour ne druerie.
Que plus la prie et plus est roide,
Et quant il plus la treuve froide,
Tant est-il plus boillans et chaus,
Amors li fait si fiers en chaus,
Et si l'asaut en divers sens,
50 Par un petit qu'il n'ist du sens.
Quant ne peut vaintre la personne,
A un abbé, à un saint homme
A toute dite ceste chose,
Et il li dit à la parclose
Que s'il le croit. sache sanz doute,
Sa volenté en aura toute.

« Biau douz sire, » fait-il, « adonc
» Autres fames ont cuer de plonc ;
» Mais ceste là ce cuit de fer.
60 » Bien weil m'ame boille en enfer
» Ne ne me chaut qu'elle deviengne,
» Mais qu'à s'amour atiengne et viengne.
» Sire, tant l'aim, ce est la voire,
» Que je ne puis mengier ne boire,
» Dormir en lit ne reposer. »
Li preudom ne l'ose choser ;
Quar il soit bien que de tel chose,
Si faitement chastie et chose,
Que plus les esprent et atise.
70 Bien savoit que en nule guise
Conseil ne pout metre en ceste œuvre
Se Dieu et sa Mère n'i œuvre.

« Frère, » fait-il, « si tu me croiz,
» Et de ce faire ne te recroiz
» Et que je te rouverai faire,
» Saches porvoir de ceste affaire
» Si très bien conseillié seras
» Comme tu miex déviseras. »
« Tout vo plaisir, » sire, « ferai ;
80 » Vostre home, par ma gueule, serai,
» Se je venir en puis à chief.
» Ou monde n'a chose si grief
» Qui ne me soit légière à faire

*Versificator :*
Unam semper amo ei jus nos solvemur ab hamo.

*Versificator dicit :*
Femina nemo fuit nisi quem tua flamma peruxit ; femina tu leporem freis aprum prope amorem.

LES MIRACLES

» Por achever si haute affaire. »
« Frère, » fait-il, « ne doute mie
» A faire chose que je die.
» N'auras-tu pas trop grant ahan ;
» Tu me diras jusqu'à un an,
» Chascun jor, à jambes ploiés,
90 » Par cent et cinquante foiés,
» Le douz salu la Mère Dieu. »
» Voire, » fait-il, « par le cuer bien,
» Deus mile foiz se vous voulez.
» Por s'amor sui si adolez,
» Qu'il ne me chaut que onques face. »
« Mais que s'amour aie et sa grace, »
Fait li saint hons, « biau douz amis,
» La Mère Dieu a conseil mis
» En maintes choses plus grévaines ;
100 » Mes por la vie que tu maines
» Ai grant péeur que tu n'oublies.
» Tu aimes tant chevaleries,
» Rivière, chiens, bois et oisiaus
» Por ce qu'es joennes damoisiaus,
» Que péeur ai et grant doutance. »
« Ne me faillies de convenance,
» Sire, » fait-il, « vous me godez,
» Moines tonduz, et bertondez ;
» Serai ançois, par saint Jehan,
110 » En un cloistre jusqu'à un an,
» C'un tout seul jor en defausise.
» N'est nul meschief je n'en fesise.
» Por achever si haute chose.
» Mes cuers ne dort ne ne repose,
» Si m'a s'amour pris et lacié. »
Lors l'a li sainz hons embracié
Et dit en sorriant : « Biau frère,
» Por la prière de sa Mère
» Si te doint médéciner
120 » De cest mal puisses terminer. »

Li chevaliers atant s'en part,
Errer n'ose mes nule part ;
Bien tient convent, ce est la somme,
A Nostre Dame et au saint home.
Ne tournoie ne ne cemble
Ains est assis en sa chapèle.
Plus que il n'est en autre lieu
Et commencié a un tel gieu
Dont lui cherra miex qu'il ne cuide.
130 Moult met grant poine et grant estuide
En Nostre Dame saluer.

A poinc se puet remuer
Ne jor ne nuit de sa chapèle.
La haute Dame, la très bèle,
La Mère Dieu souvent déprie
Que joie lui doint de s'amie
Qui si est bèle, ce li semble,
Que la lune du ciel resemble.

Quant voit la fin de l'an venir,
140 Par les prés cuide bien tenir ;
Quar de s'amie tout por voir,
Sa volenté cuide bien avoir.
S'en a le cuer et le courage
Si tressaillant et si volage,
Si gai et si plain de clochètes,
Que sons nouviaus et chansonnètes
Chante et deschante nuit et jour,
Por ce qu'ennuiez de séjour
Près que tout l'an avoit ésté.
150 Bié matinet en un csté,
Por lui esbatre et soulacier
En la forest ala chacier ;
En la forest, si con Diex vout,
Perdi ses genz ; onques ne sout
Quel part tornée fut la chace.
Que qu'il la querre, que qu'il la trace,
Une viez chapèle a trouvée,
Moult déceue et moult gastée.
« Ha ! Mère Dieu, » fait-il, « merçi,
160 » Moult a lonc tens ne fui mais çi.
» Haute Dame, haute pucèle,
» Laiens en cèle viez chapèle
» Ce que te doi t'irai paier. »
A tant descent sans délaier,
S'entre dedenz la chapelète,
Devant une viez ymagète
De Nostre Dame, à genouz nus,
Dist cent et cinquante saluz.
« Ahi, » fait-il, « haute pucèle,
170 » De m'amie qui tant est bèle
» Car m'asouvis mon grant désir,
» N'est riens ou mont que tant desir.
» Tant parest bèle, ce m'est vis,
» De cors, de bras, de mains, de vis,
» C'onques si bèle créature
» Ne fist ne forma nature.
» Tout mon cuer ai en lui enté.
» Las ! se ne n'ai ma volenté,
» Partir estuet de mon cors l'ame. »

180 Devant l'ymage Nostre Dame
En tel manière se complaint.
Moult se doulouse, moult se plaint,
Maint soupir fait lonc et traitif.
La Mère Dieu qui maint chétif
A retrait de chétivité,
Par sa grant débonnaireté,
Par sa courtoise courtoisie,
Au las qui tant l'apèle et prie
Ignélement s'est démonstrée.
190 D'une coronne corronnée
Plaine de pierres précieuses,
Si flamboianz, si précieuses,
Pour pou li euil ne li esluisent.
Si nètement ainsi reluisent
Et resplendissent com la raie
Qui en esté au matin raie.
Tant par a bel et cler le vis,
Que buer fu nez, ce li est vis,
Qui s'i puest assez mirer.
200 « Cèle qui te fait soupirer
» Et en si grant erreur t'a mis, »
Fait Nostre Dame, « biau douz amis,
» Est-èle plus bèle de moi ? »
Li chevaliers a tel effroi
De la clarté, ne sai que face.
Ses mains giète devant sa face.
Tel hide a et tel fréeur,
Chaoir se laisse de fréeur ;
Mais cèle en cui pitiez est toute
210 Li dist : « Amis, or n'aies doute ;
» Je sui cèle, n'en doute mie,
» Qui te doi faire avoir t'amie.
» Or, pren garde que tu feras.
» Cèle que tu miex ameras
» De nous ij auras à amie. »
« Dame, » fait-il, « n'en weil mes mie
« Se je por lui vous puis avoir ;
» Vous en valez, ce sai devoir,
» Encor cinquante et un millier ;
220 » Ele puet bien aler billier,
» Se tèle eschange avoir en puis. »
» Se je loial amant te truis, »
Fait Nostre Dame, « biaus amis,
» Lassus en mont en paradis
» Me trouveras loial amie,
» Joie, soulaz et compaingnie
» De moi et de m'amour auras
» Plus que déviser ne porras.
» Mais il convient, n'en doute mie,

230 » L'autel com tu por l'autre amie
» As fait, cest an faces por moi.
» Onques n'en fai autre tornoi
» Pour moi n'autres chevaleries,
» Cent et cinquante saluz dies
» Jusqu'à un an sanz passer jor,
» S'estre veus, sires, de m'amour.
» Lors m'auras tu, sanz nule doute,
» Et si seras de m'amour toute,
» En teneur et en saisine
240 » Sanz finement et sanz termine. »

A tant de lui s'est départie.
Li chevaliers ne taria mie ;
Au bon abbé s'en retourna ;
Ploura li dist et esclaira
Ce que devant avez oy.
Li sainz hons s'en esjoi
Et durement en merçia
La Mère au Roy qui tout cria.
Moines devint, ce est la somme,
250 Par le conseil du bon preudomme.
Pour le siècle plus esloingner,
Bertonder fist et rooingner
Son chief qu'avoit bel et poli
A s'amie se retoli.
Si se donna à Nostre Dame,
De tout son cuer, de de toute s'ame.
L'ama et out en tel mémoire,
Que ne povoit mengier ne boire
Parfondément ne soupirast
260 Et qu'en son cuer ne remirast
Sa grant biauté sanz délaiance.
La Mère Dieu, sanz démourance,
Au chief de l'an le revint querre,
Ne le vout plus lessier en terre.
Ains l'enmena com voire amie
Lassus en pardurable vie,
Où tuit si ami nuit et jour
Joie et soulaz ont de s'amour.

Cist miracle bien nous ensaigne
270 Qu'à lui amer chascun se praingne,
N'est tèle amor comme la seue ;
Autres amors en male eue,
L'ame et le cors et l'avoir chacent.
De Nostre Dame amie facent
Cil qui de fol amor se duelent.

LES MIRACLES

*Versificator :*
Semper amore care ne re-
careas michi care.

*Hyblebertus renonce-
nensis episcopus ;*
Femina flamma vorax,
furor ultimus, unica clades,
et decet et discit quidquid
obesse solet. Femina tam
gravior quanto privatior
hostis ; invitat crimen mu-
nere ; vocc ; manu ; omnis
consumit , vicio consum-
mitur omni ; et predata vi-
ros preda fit ipsa sitis ;
corpus, opus, animos ener-
vat, diripit, angit ; tela
manus odium ; sugerit ; ar-
mat , alit.

*Ovidius :*
Non habet unde suum
paupertas pascat amorem
Diutius abiter luxariosus
amor ; non ego divitibus
venio preceptor amandi ;
nil opus est illi qui dabit
arte mea

    Ce dient cil qui amer veulent
    Qu'en tel amor a trop d'amer.
    Bien est cheus en la grant mer
    Et bien loinz est de bone rive
280 Qui s'entremet de tèle huidive.
    Tèle amor fait bon esloinguier ;
    Car en veillant fait bon soingnier
    Celui qui cuide plus savoir.
    Qui bèle amie veut avoir,
    A tèle amor ne s'abandoint.
    Mes tout s'outroit et tout se doint
    A la Royne débonnaire,
    Qui tout le firmament esclaire
    Et resplendist de sa biauté ;
290 Et si a tant de sa loiauté,
    Que qui vraiement l'espreuve
    Loial voire partout la treuve.
    Douce Dame sainte Marie
    Comme cil très loial amie.
    Sade, plesant et débonnaire
    Qui de toi veut amie faire.
    Les autres sevent assez guiles,
    Mais tu es cèle qui ne guiles,
    Ne ne deçoit homme ne fame.
300 Touz jours bées au preu de l'ame,
    Mais les autres ne béent mie.
    Moult a en toi loial amie,
    Car ne demandes à nul fuer
    A tes amis fors que le cuer.
    Mais les autres veulent avoir
    Le cuer, le cors, l'ame et l'avoir.
    Toutes les autres dampnent l'ame,
    Mais tu la sauves, douce Dame.
    Les autres sunt plaine d'ivraie ;
310 Mais tu véraiement est véraie.
    Nului ne déçois ne ne triches.
    Les autres n'aimment, fors les riches,
    Les blons, les polis, les pigniés,
    Les asséniez, les aligniés.
    Mais tu, pucèle de grant pris,
    Aimes les nuz et les despris,
    Les débrisiez et les boçuz,
    Les contrefaiz et les croçus,
    Et ceus à effaciées faces,
320 Moult miex que les plus biaus ne faces.
    Tu n'aimmes mie por hautesce,
    Por cointise ne por richèce,
    Por jouvence ne por beauté ;
    Ainçois aimmes por loiauté.
    Touz ceus aimmes com faiz qu'il soient

    Qui de bon cuer t'aimment et proient.
    Tuit cil qui de cuer te réclaimment
    Et bien amoureusement t'aimment,
    Sont ti ami et ti acointe.
330 Tu n'es espouse ne cointe,
    Ne despisans, ne dedaingneuse,
    Ains es si douce et si piteuse,
    Que nul povre homme ne dégiètes,
    Mes tez douz bras au col li giètes,
    Tout maintenant qu'il à toi vient.
    De ton Fils, Dame, te souvient,
    Qui nului n'aimme par parage,
    Por biauté ne por personnage,
    Autel fais tu, haute Royne.
340 Nului n'aimes por haute orine,
    Ne por orgueil ne por cointise.
    Tant par est ta franche franchise,
    Que trestout cil t'amour aquièrent
    Qui de bon cuer late requièrent.
    Qui veut avoir loial amie,
    Sanz fauseté, sanz doublerie,
    Amer te doit, ma douce Dame,
    Clère esmeraude, clère gemme.
    Ainc en t'amour n'out point d'amer.
350 Moult chay bien de toi amer
    Au chevalier dont j'ai retrait ;
    Sachié l'en out tost et retrait
    Quant de bon cuer la réclama.
    De la Dame qui tant ama
    Au chief de l'an fina sa vie ;
    En Paradis com fine amie
    L'ame enportas entre tes bras.
    La fais tu joie et grant soulas,
    Lui et touz ceus qui t'ont servie
360 Et bien amée en ceste vie.
    « Ha ! Mère au douz Roi qui ne ment,
    » Com soulaceus soulacement
    » Ont cil qui daignes soulacier !
    » Ha ! Mère Dieu, qui enbracier
    » Te puet, com doit amer sa brace !
    » Douce Dame, qui bien t'enbrace
    » Toute douceur a embracié ;
    » Mainte bonne sause as bracié.
    » A ceus qui ton servise bracent.
370 » Haute Dame, cil qui t'enbracent,
    » Haute avoée ont enbracée ;
    » Car jor et nuit es rebracée,
    » Por ceus garder entre tes bras,
    » Qui mal bracier veut faire a bras.
    » C'est anemis qui maint mal brace

» Por noient, Dame, se rebrace,
» Car mal à ceus ne puet bracier
» Qui bien te veulent enbracier.

» Tuit cil, Dame, qui bien t'enbracent,
380 » Bon bracement aus ames bracent.

## Du Juif qui prist en gage l'ymage Nostre Dame.

Les miracles de la sainte Vierge, dit le poëte, sont si doux et si nombreux, qu'il ne sait lesquels choisir. Il va donc imiter celui qui cueille des fleurs dans une prairie pour en faire un bouquet, sans s'inquiéter de leur ordre ni de leur arrangement.

Après cette espèce d'exorde, Gautier raconte qu'un riche bourgeois de Constantinople, très-fidèle serviteur de Marie, dépensa, tant au jeu qu'en largesses et en bonnes œuvres, toute sa fortune. Comme il ne possédait plus rien, il eut recours à des emprunts. Mais ses amis s'apercevant qu'il s'endettait de jour en jour sans pouvoir répondre à ses engagements, refusèrent de lui prêter. Alors ses créanciers le poursuivirent. Pour lui, il entra dans une profonde tristesse, lorsqu'il se vit obligé de renoncer à ses habitudes grandes et généreuses. Abandonné et méprisé de ses amis et de ceux auxquels il avait rendu les plus grands services au temps de sa prospérité, il s'en vient de dépit trouver un des juifs les plus opulents de la cité, pour lui exposer sa misère et l'ingratitude des siens. Comme il était entendu dans les affaires, il lui demande à emprunter une somme d'argent afin de rétablir sa fortune. Ce juif y consent, mais à la condition qu'il lui donnera une garantie suffisante. Le bourgeois lui propose de jurer sur l'image de Jésus et de sa sainte Mère; que si, au jour marqué, il ne s'acquitte pas de ses engagements, le prêteur pourra le revendiquer comme esclave et le vendre comme un vil bétail. Bien que le juif ne croie pas à la divinité de Jésus-Christ qu'il regarde seulement comme un grand prophète, il n'en accepte pas moins la proposition du bourgeois. Ils se rendent donc tous deux dans une église dédiée à Notre-Dame, et là le bourgeois, les mains jointes et agenouillé devant une image de la sainte Vierge, fait, les larmes aux yeux, la promesse convenue.

Le juif lui fait alors remettre une forte somme d'argent, et le bourgeois plein de joie obtient dans le port un vaisseau qu'il charge de diverses marchandises; il met bientôt à la voile et sillonne les mers en tous sens. Dieu bénit son entreprise, et son commerce dans ces pays lointains réussit au-delà de toutes ses espérances. Il amassa d'immenses richesses. Livré qu'il était à toutes les distractions du négoce, il ne s'était pas occupé du terme de ses engagements; il ne s'en rappela que lorsqu'il n'avait plus qu'un jour de délai, (et il lui en fallait plus de trente pour arriver du lieu où il était aux rives du Bosphore.) Le marchand s'attriste alors de son malheureux sort, et dans son désespoir il tombe évanoui. Quand il revint de son évanouissement, il s'abandonna aux larmes; mais, après avoir pris des forces dans la prière, plein de confiance, il jette à la mer et le recommande à Dieu, un écrin contenant des valeurs considérables destinées à solder son emprunt. En une seule nuit, l'écrin, ballotté par les flots, fit un trajet considérable, et le lendemain, avant l'aurore, il était en vue de l'antique Bysance. Un des domestiques du juif qui se promenait sur le port, apercevant cet objet flottant près du rivage, s'élance à la mer pour le saisir; mais l'écrin plonge et disparaît. N'ayant pu s'en emparer, le domestique vint en avertir son maître qui revint avec lui sur le rivage. A son approche, l'écrin ne fit aucune difficulté pour se laisser prendre. Le juif l'emporta secrètement dans sa maison où, après avoir vidé ce qu'il contenait, il le cacha au pied de son lit. Un livre placé dans ce petit coffre lui apprenait que son débiteur, après avoir traversé maintes contrées et y avoir amassé de grandes richesses, serait bientôt de retour. Toute la ville se réjouit de cette bonne nouvelle, et on s'apprête à fêter cet heureux retour. Cependant le juif, lorsque le marchand fut débarqué, n'eut pas honte de réclamer encore l'argent qu'il avait prêté, en le sommant de tenir sa parole. Le bourgeois lui dit de venir à l'église, et que là il lui montrera sa quittance. L'église est inondée par la foule; le marchand se jette sur le pavé du sanctuaire, et là, prosterné devant l'image de Notre-Dame, il l'invite à haute voix à rendre témoignage de sa conduite. La sainte fait entendre sa voix et confond le juif qui embrasse le christianisme.

Ce miracle montre que Dieu rend au centuple les biens qu'on distribue en bonnes œuvres. Gautier se plaint qu'on n'a pas assez de soin des pauvres.

Miniature. — Intérieur d'une chapelle. Sous une arcade à trèfle, la statue de la sainte Vierge tenant l'enfant Jésus. La Vierge est assise sur une estrade placée sur l'autel peint en bleu. Quatre personnages vêtus de différentes manières sont debout; l'un d'eux interroge la sainte.

Le manuscrit de Paris ne contient pas cette miniature, du moins notre inventaire n'en fait pas mention.

Tant truis escrit, foi que doi m'ame,
De douz miracles Nostre Dame,
Que je ne sai les quiex choisir;
Ne je n'ai pas si grant loisir
Que je les praigne touz à fait.
Ainz fais ausi comme cil fait
Qui les fleurs quiert aval la prée,
Qui toute est vers et enfleurie,
Et qui tant voit de fleurs diverses,
10 Vermeilles, indes, jaunes, perses,
Et par derrière et par devant,
Net set les quèles cueille avant.
Autel vous di, par sainte Gémme,
Des haus miracles Nostre Dame
Truis tant touz en sui esbahis,
Et puis que iés ai en vais
Retraire encore aucun en vueil.
Mais ce n'iert pas de fueil en fueil,
Tout en ordre ne tout à fait;
20 Car je n'aroie jamais fait.

En escris truis par vérité
Qu'en Bisance la grant cité,
Out un bourgois ça en arrière
Qui Nostre Dame avoit moult chière;
Riches estoit et de grant non,
Por pris avoir et por renon.
Por son affaire plus estendre,
Si largement prist à despendre,
Qu'en pou de tens si mal joa,
30 Son grant avoir tout aloa;
Et ces affaires à ce vint,
Sa terre vendre li convint.
Tant par estoit riches de cuer,
C'onques povresce à nes un fuer
Aver ne puet faire ne chiche;
Mais chière ades fist noble et riche
Et enprunta de plus en plus,
Et ça et là et sus et jus.
Ainz de povresce n'out péeur
40 Tant com trouver puet prestéeur.
Mais en la fin tuit le recrurent;
Tuit si ami quant aperçurent

Qu'en povreté trop s'endetoit
Et qu'à nului riens ne paioit;
Quar qui enprunte et riens ne paie
Et ses deteurs de riens ne paie,
Tost a perdu sa créance,
S'il estoit ore roys de France.
Li bons bourjois moult est plain d'ire,
50 Ne set que faire ne que dire
Quant ses debteurs voit qu'il l'asaillent
Et si ami du tout li faillent.
Moult a douleur, moult a destrèce,
Et moult a honte, ire et tristèce,
Quant ne puet mais au mains tenir
Dont puit largesce maintenir,
Ne dont aus povres puist bien faire,
Tant com il fu de haute afaire
Et tant comme out or et argent,
60 Moult fu larges à povre gent.
Mais envers lui si grant rancune
A encharchié dame fortune
Et tant li fait honte et ennui
N'a que donner lui ne autrui.
Ne sa cointance n'a nus chière,
Ainz li torne chascuns la chière,
Ne soit li las bourgois qu'il face;
Car nes cil li torne la face
Et cil le gabent tout à fait
70 A cui il a plus de bien fait.
Tiex est li siècles tout sans doute
Si tost com fortune jus boute
Aucun preudomme de sa roé;
Mais cil le boutent en la boé
Et plus le tiennent vil c'un chien
A cui il a plus fait de bien;
Et cil le gabent et despisent
Qui en s'onneur l'aimment et prisent.
La lettre maudit, c'est la somme,
80 Celui qui a fiance en home;
Car foiz si courte est et si rère,
Que li enfant faillent au père,
Et à la mère faut la fille.
Fous est qui por autrui s'essille,
Car puis qu'il vient à l'essiller,

*Gregorius dicit:*
Nulli parvus est census
cui magnus est animus.

*Unde dicitur:*
Maledictus homo qui
fidit in homine.
*Versificator:*
Loeti mensura distat
tendere cura.

Chascun li dit : « Alez billier. »
Quant li bourgois se voit despire,
Qui si avant et qui si sire,
Si longuement esté avoit,
90 Et qu'en la vile mais n'avoit
Parent n'ami, ce vooit bien,
Qui le prisast ne c'un vil chien.
Ne set que dire ne que faire,
Ne conseil metre en son affaire,
Par ce que Dex le vout espoir.
Tout aussi comme par désespoir
Alez s'en est iréement
Chiez un juif isnélement
Le plus riche de la cité.
100 « Juif, fait-il, » par vérité
» Tuites mes filles, tuit mi fil,
» Tuit mi ami et trestuit cil
» Qu'en cest monde ai plus de bien fait,
» Faibli me sunt trestuit à fait.
» De mon avoir sui décheuz ;
» Fous ai esté et durfeus,
» Quant je por ceus despendu l'ai
» Qui or me faillent cler et lai.
» Marchéant sui de grant savoir ;
110 » Se me prestes de ton avoir,
» Si bien le cuit monteplier,
» Jamais ne cuit autrui prier,
» Et si acomblé le raras,
» Que touz mais gré m'en saras. »
« Pour ce qu'as si larges esté, »
Fait li juif, « tout apresté
» T'ai maintenant moult grant avoir
» Se gage ou plege en puis avoir. »
Cil li respont : « Biau douz amis,
120 » Si m'ont du tout arrière mis,
» Tuit mi parent, tuit mi ami,
» Que nule cure n'ont de mi
» Et nequedent ies touz faiz,
» Par ma largesce et par mes faiz.
» Plege n'aroie de nului
» Parent, n'ami n'ai-je nul hui.
» Plege ne respondant n'aroie,
» Jà tant pener ne m'en saroie,
» Ne je n'ai voir gage ne nant.
130 » Mes je te jurrai maintenant,
» Seur ma foi et seur ma créance,
» Que tout au jour sanz détriance
» Raras ton prest et ton avoir. »
« Ainz si n'en pues-tu riens avoir, »
Fait li juif ; » car j'ai doutance

» Ne faussissiez de convenance. »
« Biaus douz amis, » fait-il, « et puis
» Que nant ne plege avoir ne puis,
» Pren en en plege, je t'en proi,
140 » Mon Créateur en qui je croi,
» Cil Jhésucrist, li Roys des ciex,
» Li Roys des Roys, li Diex des Diex.
» Se tu ton avoir ne ras
» A tel jour com tu nommeras,
» Seur Dieu te jur, juif, biau frère,
» Et seur sa douce chière Mère,
» Que tes vilains et tes sers ière
» En tel guise et en tel manière,
» Que tes sers ière de ma teste,
150 » Et tout ausi comme une beste
» Vendre me porras au marchié,
» En tant ai moult le col charchié. »
Li juif qui en son courage
Convoite et vieut moult son servage,
Riant respont : « Je ne croi mie
» Que Jhésucrist, le filz Marie,
» Que crucéfièrent en un fust,
» Nostre Ancesseur qui Diex fust ;
» Mais por ce qu'il fu si sainz hons
160 » Et prophète de si grant nons,
» Se tu le mes en plegerie
» Que tu mes sers toute ta vie,
» Sera se faus de convénance,
» Je le penrai sanz démourance. »
« Moult as bien dit, » fait-il ; » par m'ame,
» Alons au moustier Nostre Dame
» La glorieuse Mère Dieu. »
Maint crestien et maint ébrieu
Avec aus mainent à l'église.
170 Leur convenance, leur dévise
Assez l'oirent clerc et lai.
Li las bourgois, sanz nul délai,
Devant l ymage s'agenoille ;
De chaudes lermes lève et moille
Et arrouse toute sa face
Pour povreté qui le déchace.
Ne sait li las qu'il puisse faire.
Mais seur Dieu met tout son afaire,
A sa très précieuse Mère,
180 Plorant prie que de misère
Le daint géter et de servage.
Moult s'en redoute en son courage.
Quant a aouré à Nostre Dame,
En pied saut sus et dit : « Par m'ame,
» Amis Juis, vez ci mon gage,

» Par cest enfant, par cest image
» Te doing en plege Jhésucrist ;
» Il me cria et il me fist,
» Et il me plege cest avoir.
190 » Se bon plege n'en pues avoir
» Si m'ait Diex hui et demain. »
La main de l'enfant en la main
Du juif met, sanz délaiance
La plegerie, la fiance
A donc se rest agenoilliez
Piteusement à yex moilliez
En haut a dit oiant aus touz.
« Biaus, Sire Diex, qui puis et doux
» Et puissanz iés seur toute chose,
200 » Je te déprie à la parclose,
» A jointes mains, biau très douz Père,
» Par les prèces ta douce Mère,
» Que s'il avient par aucun cas
» Qu'au jour rendre ne le puis pas
» Cest avoir ci, que tant t'estendes
» Ta largesce que tu le rendes
» Et acuite sanz délaiance
» Ta plegerie, ta fiance
» S'un tout seul jor en trespassoie,
210 » Ses sers de ma teste seroie
» Tant com vivrai tout mon aage ;
» Seur sainz le jur et seur t'ymage. »
A tant saut sus face esplourée,
Et li juif sans démourée
Baillier li fait un grant avoir.
Cil qui vorra de son avoir
Doré-en-avant a droit user.
Nul talent a ; mais de muser
Trop amuse bien l'en souvient.
220 Eschaudez est chaude yaue crient.
Bien set et voit à escient
Que moult est vilz qui n'o nient.

Au bon bourgois qui Dex consaut
Le cuer alète, vole et saut
Quant de l'avoir est en sesine.
Une nef charche en la marine.
De diverse marchandise,
A dieu où s'espérance a mise,
De ce fait il moult grant savoir,
230 Commande lui et son avoir.
Par mer s'en va, voile levée,
Par mainte diverse contrée
Marchéande li marchéans.

Eureus est tant eschéans,
Que de povresce est respacez
Ainz que li ans soit touz passez.
Dex son avoir li monteploie
En touz les lieus où il l'emploie.
Et quant il voit que moult est riches,
240 De son avoir n'est mie chiches ;
Ainz en départ assez et donne
Por Dieu qui touz les biens foisonne.
En peu de tens riche devient,
Et d'un avoir à autre vient,
Et d'un avoir autre en aquiert.
Tant monteploie, tant conquiert,
Tant a d'avoir, ne set le conte,
Ce dit la lettre qui le conte.
Por gaingnier et por aquerre,
250 S'en va par mainte estrange terre.
Li uns jor va, li autres vient,
Du termine ne se souvient,
Qu'au juif doit rendre l'avoir
Qui moult en grant iert de l'avoir.
Tant a alé li tens avant ;
Souvenu ne l'en est devant
Qu'il n'a mes c'un tout seul jour.
Seur mer où il iert à séjour,
Par aventure l'en souvient.
260 Mais à pasmer le convint
Qu'en cuer li vint et en mémoire.
» Ha ! douçe Dame au Roy de gloire,
» Pucèle douce, débonnaire,
» Cil las, » fait-il, « que porra faire ? »
Si grant tristesce en lui s'embat,
Ses poinz detuert, son piz débat.
Les denz estraint et les dens serre
Et gist pasmez grant pièce terre.
Li sergant viennent et aqueurent,
270 Tout en tour lui crient et pleurent,
Quar très bien cuident tout sanz doute
Qu'au cuer li soit morz prise ou goute.
Moult ont grant duel et grant contraire,
Quar un seul mot n'en puent traire.
A grant doleur et à grant paine,
Sentent en lui ne pous n'alaine.
Quant il revient de pamesons,
Estendus s'est en oroisons
Et longuement pleure et soupire ;
280 Tant est dolenz ne sait que dire.
« Hé ! las ! » fait-il, « las meschéans
» Comme ai esté fous marchéans !
» Com laidement m'est meschéu !

» Com m'ont déable déçu !
» Com m'ont déable asoté
» Quant je le jour n'ai mieux noté ;
» Et en mon cuer parfont escrit
» Dont en plege mis Jhésucrist
» Et sa très douce Mère chière.
290 » Las ! bien doi faire mate chière,
» Le cuer avoir triste et mest,
» Quant jor et nuit membre ne m'est
» Du grant avoir soudre et paier
» Qui le jor me fait esmaier.
» Esmaier las ! en ai-je droit ?
» S'uns oiseaus voloit orendroit,
» Ne seroit-il pas à Bisante
» En xxx jours n'en en quarante.
» Las ! las ! cheuz sui en servage ;
300 » Bien ai honni tout mon lignage.
» Moult grant avoir, moult petit pri,
» Quant ainsi sui laciez et pris. »
Li bon bourjois moult se demente,
Assez soupire, assez lamente.
Et quant il s'est tant dementez,
Tant complains et tant tormentez,
Si com le sainz Espirs l'esprent,
Hardiement son cuer reprent
Et dit : « Que vois-je lamentant,
310 » Réconforter me doit en tant
» Que por moi mis celui en plege
» Qui pooir a du tout et ge.
» Seur son pooir du tout le met ;
» Seur lui plus ne m'en entremet ;
» Je dois l'avoir et il le pait,
» Par sa douceur ainsi m'apait.
» Je doi l'avoir rendre demain,
» Et je l'avoir tout en sa main.
» Encore an nuit tout le metrai,
320 » Ja puis ne m'en entremetrai.
» Bien en convigne à son povair.
» Autre conseil n'i puis voair,
» Tant par y voi grant le meschef
» Nus n'en venroit sanz lui a chief.
» Pleges en est, bien m'en acuit
» Faire n'en puis ore autre acuit. »

Un fort escrin, sanz plus atendre,
Fait li bourjois maintenant prendre ;
Enserrer fait dedenz l'avoir
330 Qu'au juif doit faire ravoir.
Sanz nul respit à lendemain

En mer le boute de sa main
Et en plorant l'a commandé
Au grant Seigneur et au grant Dé
Qui tout le monde a en sa garde,
Qui terre et mer gouverne et garde.
Cil qui tant est de haute affaire
Que nule riens qu'il veille faire,
Grief ne li est fors ne pesanz.
340 L'escrin qui vaut moult de besanz
Toute nuit a si gouverné,
Plus de mille lieues l'a mené
Ançois que l'aube soit crevée.
Droit à Bisante, à la journée
Arriva li escrins et vint,
Si com Dieu plout ainsi avint
Que seur la mer estoit manans,
Li riches juif et manans
Que cel avoir avoit presté,
350 Un suen vallet en un esté
Levé ce fut bien matinet.
Près de la rive l'escrinet
Voit jà qui près est arrivez.
En la mer saut touz abrivez
Prendre le cuide, mes il faut ;
Car li escrins plunge et tressaut
Quant il a lui sachier le cuide.
De l'avoir est en grant estuide ;
Mais il ne set tant la main tendre
360 Que li escrins le veille atendre.
Ainz semble bien que dire doie :
» Ne sui pas tuens, fui va ta voie. »
A son seigneur en vient tantost,
Sur la rive le maine tost,
Et li escrins touz abrivez
Droit à ses piez est arrivez.
Et est avis qu'il doie dire :
« Recevez-moi, Juif, biau sire.
» Diex le borgois à vous aquite,
370 » Dor-en-avant soit quite, quite. »
Le juif lors dedenz sa porte
Plus tost qu'il puet l'escrin emporte.
Quant widé l'a du grant avoir,
Por ce qu'en n'en puist riens savoir,
As piez le muce de son lit.
Un livre treuve qui le lit
Que moult après ne tarda pas
Que li bourgois qui maint trespas
Et mainte terre out trespassée,
380 A Bisance mainte navée
Ramena de mainte richèce.

*Psalmista dicit :*
*Omnia quæcumque voluit fecit*

Grant joie en out et grant léesce
Et si amis et si acointe,
Moult est la feste bèle et cointe
Que de lui font, par la cité.
De joie sont tuit escité,
Et feste en font et clerc et lai.
Li juif tost et sanz délai
Quant du borgois la joie entent,
390 Cèle part va plus n'i atent.
Moult l'aresne et aparole
Dite li a mainte parole :
Ainz que parlé ait de l'avoir
Que il verra s'il puet ravoir.
Quant assez ont goudé et ris,
En riant l'a par la main pris.
Le chief croulla et dist li an :
« Vrai crestien ; vrai crestien »
Li borgois commence à sorrire,
400 Puis li a dist : « Que vieut ce dire ? »
« C'est-à-dire que, par ma loi,
» Je t'ai presté plus d'un jaloi
» De mes deniers, de mon avoir
» Qu'à un termine dui ravoir
» Dont trespassée as ta fiance ;
» Et se tiens la convénance,
» S'un tont seul jor en trespassoies,
» Qu'à touz jours mais sers seroies.
» Se tu de ce point te varies,
410 » Je ne pris mie II blaries,
» Toi, ne ta foi ne ta créance. »
Qui en Dieu a s'espérance
Au juif dit : « Je ne doi rien. »
« Quanque te dui te paie bien, »
Dit le juif qui moult est sages,
« Du prest ai assez tesmoignages ;
» Mes n'en as nul du paiement.
» Ici n'a point d'esmaiement. »
« Assez, » fait-il, « arai monstrance
420 » De paiement et de quitance.
» Tout me fesisses le sanc belge,
» Se je n'eusse si bon plege
» Se tu venir vieus à l'église
» Où fu la plegerie prise,
» Moult bien te monstrerai ce cuit
» Tesmoignage de mon acuit. »
A l'église s'en vont ensemble
Et tant des autres, ce me semble,
Que toute en est plaine l'église.

430 Li borgois qui fichié et mise

En Dieu out toute s'espérance
Et qui moult fu fers en créance,
A jointes mains moult humblement
Couchiez s'est sur le pavement
Devant l'ymage Nostre Dame.
De tout son cuer, de toute s'ame
En soupirant le quiert et proie
Que son douz Fil le prit qu'il l'oie.
Adonc s'escrie à moult haut cris :
440 « Et si a dit roys Jhésucris
» Si vrais com iés li vrais Filz Dieu,
» Tesmoigne-moi cest ebrieu
» La vérité si comme èle est.
» Vrais Diex, vrais Diex, di de ce prest,
» Por essaucier toi et ton non,
» Se j'aquitez m'en sui ou non. »
Tout mot à mot respont l'ymage :
« Vers lui te port bon tesmoignage
» Qu'à jor li as paié moult bien,
450 » Quanque tu as eu du sien.
» A ces ensaignes, c'est la fins,
» Qu'encor muciez est li escrins
» Desouz son lit où prist l'avoir
» Que je por toi li fis avoir »
Quant li juif ot la merveille,
Si s'esbahist, si s'esmerveille.
Ne set qu'il die ne qu'il face.
Par le plaisir et par la grace
Du Saint Espir ce jor méesmes
460 Chrestienté prist et baptesmes,
Et puis fu fers moult en créance.
Chasqu'an, par fine acoustumance,
Pour remembrer ceste merveille,
Granz karoles font et grant veille,
Grant feste et grant sollempnité
En Bizance, la grant cité
Que Costentins qui cuer ot noble
Apela puis Costentinnoble.

Cist miracles bien nous desceuvre
470 En quel guise, bone foiz euvre.
Savoir devons tuit sanz doutance
Si li borgois, bone espérance
Et bone foi en Dieu n'eust,
Jà nus à ce ne l'esmeust
Qu'en mer getast si grant avoir ;
Car n'el cuidast jamais ravoir
Ne ne cuidast en nul endroit
Que Diex le conduisist si droit.

La douce Mère au Roy de gloire
480 Que doucement en son mémoire
Avoit adès tost l'out jété,
Quant il li plout, de povreté.
Quant il li plout, tost l'ot remis
Au desus de touz ses amis ;
Et lors qu'il out plaines ses mains,
Tiex ses cousins se fist germains
Quines ou quint ne li iert mie.
Hé ! Diex denrée ne demie
En tout le monde n'a de foi.
490 Cil qui se fie est fox, par foi.
Qui nient n'a n'aura ami.
Nes un tout seul non voir demi.
Qui raconter ot ce miracle,
Entendre y puet, par saint Romacle,
Que qui por Dieu le sien desploie,
Bien le marie et bien l'emploie.
Diex paie adès si riches souz,
Por un denier rent-il cent souz.
Mais par le nes souvent se prent
500 Qui por le siècle trop despent.
Qui por le monde trop aloe,
Si povrement le paie et loe,
Que lors c'un peu se frote au lange,
Le dos li torne si l'estrange.
Le borgois dont vous ai retrait,
Lorsque le suen en out fortrait
Et por parenz et por amis,
Arrière l'ont chascun tost mis.
Piéça, com dit, parent parent ;
510 Dolent celui qui n'a nient.
Bien chétis est, bien durfeuz,
Soz, estapez et deceuz
Qui por le siècle se despoille.
Siècle ne prise une viez paille.
Home puis qu'il est despoilliez,
Puis qu'un peu est agenoilliez,
Chascun le par boute en la boé
Et si li fait chascun la moé ;
S'il estoit roys ou empererès,
520 Si seroit-il nes de ses frères
gabez, despis et vientoiez.
Puis c'un petit fust destoiez,
De tout le mont est avillies.
Hons lors c'un peu est espillies,
N'est durfeuz trop n'ait d'amis.
Si tost com fortune a mis
Et enroé seur sa roële ;
Mais lorsqu'il trëauche et roël,

Chascun le lait glanel aval.
530 Lors que li hons chiet de cheval,
Chascuns le lait, nus ne n'a cure,
Chascuns le tient por boeleure.
N'a recouvrier à ceus n'à ces,
Car *pauper ubique jaces.*
Li povres hons est en touz lieus
Esgarez, mas, povres et vieus.
Li povres hons ne jor ne nuit
N'iert jà en lieu où tost n'anuit.
Li povres hons est en touz lieus
540 Ausi venus com uns gris leus.
Puis que li hons pert son avoir,
Ses nuis pert et son savoir.
S'ausi bons clers estoit com Tulles,
Si diroit-on qu'il est entulles,
Ydiotes et cerlovins.
Povres hons a moult d'autoins
Pour entrer en maleurtre.
Ne vaut en lieu où naist deurtre.
Petit treuve qui bien li face.
550 Ceus qui norris a de fovace
Bien li refusent de leur torte.
Chascun li dit : « Fui toi, torte,
» Puisqu'en ta borse fonz tenue a,
» Esbanoier au vent t'en va. »
Por ce di-je, par Nostre Dame,
Que bien est fous soit hons, soit fame,
Qui por le mont servir a gré,
Descent et chiet de haut degré ;
Et por le los du siècle avoir
560 Puer rue et gète son avoir ;
Car puis qu'un peu le piez li glace,
Siècle plus froit treuve que glace.
Quant de l'avoir est jus glaciez,
Touz treuve froiz et englaciez
Et ses parens et ses amis.
Quant ses avoirs li est remis,
Tuit si ami lors le remètent
Et en oblit trestuit le mètent.
Le cors het siècles et Dex l'ame.
570 Mais, foi que doi la bèle Dame,
Cil qui, por Dieu, le suen départ,
Touz tens en a la meilleur part.
Et se li cors en apovroie,
Riche en est l'ame toute voie.
Plus en donne, plus en remaint
En paradis là où Dex maint,
Sera s'ame sanz fin manans.
Lores ièrent biaus ses remanans,

Sièrles ne rent nul guerredon ;
580 Mais de Dieu vienent li grant don,
A celui fait moult bon donner
Qui touz dons set guerredonner.

Au borgois bien guerre donna
Ce qu'à povres por lui donna.
Mais siècles riens ne guerredonne,
Por ce est fouz qui trop li donne,

---

## De l'enfant que Nostre Dame résuscita qui chantoit les répons, Gaude, Maria.

Il y avait au pays d'Angleterre une femme très-pieuse et très-attachée à la sainte Vierge ; mais si pauvre, qu'elle ne vivait que d'aumônes ainsi que son fils unique. Cet enfant, quoiqu'élevé dans la misère, avait une figure ravissante et annonçait de grandes dispositions pour la vertu et les lettres. Sa mère se décida à le faire étudier. Ses progrès furent si rapides, que dans l'espace de six mois il savait tout ce qu'on n'apprend ordinairement qu'en quatre ans. L'enfant était d'ailleurs doué d'une mémoire si heureuse, qu'il n'oublia rien de ce qui lui avait été montré ; et sa voix était si harmonieuse, qu'on ne se lassait jamais de l'entendre ; car il faut ajouter que le pauvre enfant, pour gagner sa subsistance et celle de sa mère, était obligé de chanter aux portes des riches. Parmi les chants que l'enfant se plaisait à redire, se trouvait le répons *Gaude, Maria*. Dès qu'il se faisait entendre, le peuple s'attroupait autour du petit chanteur. Chacun le félicitait et le comblait de caresses et de bienfaits. Un jour qu'il se trouvait dans une rue de la ville où il y avait un grand rassemblement, tout le monde se réjouit de son arrivée et le pressa de chanter ; et chacun de pleurer de joie. Or, il y avait dans la foule plusieurs juifs qui supportaient avec dépit certaines paroles mal sonnantes pour eux et qui composaient ce répons. L'un d'eux voulait frapper l'enfant d'un lourd bâton qu'il portait à la main ; mais réfléchissant qu'il n'échapperait pas à la vengeance du peuple s'il se livrait à cet acte brutal, il attendit que la foule se fût écoulée et il attira l'enfant dans sa maison. Joignant la ruse aux séductions les plus perfides, il l'engage à chanter de nouveau cet admirable répons ; puis, fermant la porte, il décharge sur la tête du jeune musicien un coup de cognée qui le renverse à terre. Le sang coule et le crâne est brisé. Le crime consommé, le juif, pour en ôter jusqu'aux moindres traces, se hâte de l'ensevelir dans sa maison.

Pendant cette scène tragique, la pauvre mère, alarmée, éperdue, recherche son fils dans toute la ville. Semblable à une femme dont l'esprit est égaré, elle demande son cher enfant à tous les passants ; personne ne peut lui en donner de nouvelles. Morne et navrée de douleur, elle s'en retourne chez elle, faisant parvenir jusqu'à Marie la voix de ses pleurs. La malheureuse mère passe toute la nuit dans les larmes. Le lendemain, éplorée, elle recommence ses recherches dans les quartiers les plus éloignés de la cité. Elle apprend enfin que son fils a chanté dans la rue des Juifs où ces traîtres sont venus aussi l'écouter. Ne l'auraient-ils pas enlevé aux approches de la nuit, lorsqu'il regagnait sa demeure ? La ville entière s'émeut de cette singulière histoire. La pauvre mère redouble alors ses prières et ses veilles devant l'image de la sainte Vierge ; elle pleure, elle gémit sans vouloir prendre aucune nourriture. Tel était son chagrin, qu'elle eût mille fois préféré la mort à une vie aussi triste. Un jour qu'exaltée par la douleur elle parcourait la rue des Juifs, elle se mit à appeler son fils à haute voix, en s'arrachant les cheveux et en se frappant la poitrine. Rebutée de ce silence, elle s'adresse de nouveau à Marie et lui redemande son fils, mort ou vif. En disant ces mots, elle tombe évanouie. Cette scène de désolation arrache des larmes de tous les yeux et réunit dans la rue une foule de spectateurs. O merveille ! Voici qu'au milieu d'un immense et solennel silence, une voix sortie comme du sein de la terre entonne *Gaude, Maria*. Soudain, les transports de la joie la plus vive éclatent, et des cris de *mort aux Juifs*, circulent dans toute la foule ; ceux-ci se précipitent dans leurs maisons et se hâtent d'en fermer les portes. On y pénètre malgré eux, on en sonde tous les appartements. Enfin, on trouve dans une fosse le pauvre enfant sain et sauf, frais comme une cerise et vermeille comme une fleur nouvelle. Sa mère se jette à son cou, l'enlace dans ses bras ; tous veulent le contempler et voir la meurtrissure qu'il conserve sur la tête. L'enfant raconte qu'après avoir reçu le coup de hache il s'était endormi, et qu'une

Dame lui était apparue le gourmandant de sa paresse et lui ordonnant de chanter son répons. Cet évènement fut l'occasion d'une grande fête pour la ville, et beaucoup de Juifs se convertirent.

Le poëte exhorte ensuite ses lecteurs au service de la sainte Vierge; il veut qu'on lui donne des preuves de son affection en offrant devant ses autels de beaux luminaires. On est souvent avare sur ce point. On veut avoir une table richement éclairée jusqu'à des heures indues, et on laisse Jésus-Christ sur son autel dans la plus profonde obscurité. Les personnes fortunées n'auraient-elles pas à rougir de la conduite des pauvres qui consacrent une partie de leur salaire pour offrir de grands cierges à l'église? On voit que de son temps encore on avait l'habitude d'apporter de la cire pour l'autel aux grandes fêtes de l'année. On était déjà luxueux chez soi et économe pour l'église. Reproches mérités qu'il adresse à ce sujet.

Miniature. — Fond de losanges. Une maison; plusieurs personnes renfermées à l'intérieur. Un enfant sort de terre, une personne le prend par les mains; sa mère et plusieurs assistants. Les costumes de ces divers personnages sont très-variés.

Manuscrit de Paris. 1º Un enfant, sa mère et des clercs qui le prennent par la main. 2º Un homme lui fend la tête avec une hache. 3º Enfant sous une porte; un clerc monte les degrés d'une échelle. 4º L'enfant et le clergé.

*Salomon dicit :*
*Secreta regis celare bonum est, opera autem Dei*
*narrare et confiteri hono-*
*rificum est.*

Sainte Escriture nous esclaire
Com couvrir et com doit taire
Les secrez le roy et céler
Et les Dieu œuvres révéler.
Les œuvres Dieu sunt merveilleuses
Et à oïr moult délitenses ;
La lettre dit en moult de leus
Qu'en ses sainz est Diex merveilleus ;
Et quant li Roys puissant et pius
10 Et loinz et près en moult de lius
Miracles et merveilles maintes
Fait por ses sainz et por ses saintes,
Bien est buisnars qui se merveille
Se mainte merveillant merveille
Fait jor et nuit por la pucèle
Qui l'aléta de sa mamèle,
Qui le nourri, qui le berça.
De pitié tout me tresperça,
Quant je le lui et oy primes
20 Un miracles douz et saintismes
Qu'en Engleterre fist jadis
Li puissanz Roys de Paradis.

Ce me raconte ma matère,
Por essaucier le non sa Mère,
Qu'out jadis une povre fame
Qui moult amoit la douce Dame
En la contrée d'Engleterre.
Tant par iert povres, que por querre
Sa substance li convenoit
30 En la vile où èle manoit.
Un seul enfant avoit sans plus
Qui tant iert biaus et gens, que nus

Ne remiroit sa bèle face
Ne li donnast moult de sa grace.
Moult estoit biaus li enfes josnes,
Encor fust-il nourri d'aumosnes.
Son povre enfant, la povre fame,
En l'onneur Dieu et Nostre Dame,
Moult joenne fist à letre metre.
40 La Mère Dieu qui entremetre
Se veut d'aidier le clerçonnel,
Dedenz son cuer, en un moncel,
Amoncela si grant savoir,
Qu'en demi an li fist savoir
Plus c'uns autre ne sout en quatre.
Ne l'estut pas férir ne batre ;
Car tant par est de cler engien,
Qu'en oubliance ne met rien,
De bon qu'apraigne n'oie dire.
50 Tost set chanter et tost set lire.
De bien chanter est lors si duis,
Qui chançonnètes et conduis
Chante si affaitéement,
Que clerc et laï communément
Et trestouz cil qui chanter l'oent,
Sa clère vois et son chant loent.
Une vois a si très piteuse,
Si très plaisans, si déliteuse,
Ce dist chascun qui chanter l'ot,
60 Que c'est la vois d'un angelot.
Ains mais si faite mélodie
En tel enfant ne fu oïe.
Quant voit li enfes com se lot
Et que chascun volentiers l'ot,
De biau chanter moult tos se paine.

*Versificator :*
*Ex tenui vena vox tepida*
*sit amœna.*

A son mengier chascun le maine,
Et il y va moult volentiers.
Les demis pains et les entiers,
Les pièces de char et l'argent,
70 Et quanque li donnent l'agent,
Porte sa mère li clers josnes.
« D'autrui relief, d'autrui aumosnes
» M'avez nourri, » fait-il, « tout, mère ;
» Mais, foi que doi l'ame mon père,
» Souvent le duel le cuer me serre
» Quant je vous voi vostre pain querre.
» Moult durement au cuer me point.
» Dor-en-avant n'en querrez point,
» Ce vous je ma douce mère.
80 » Se Diex me sauve ma voiz clère
» Et il me garde sauf et sain,
» Il n'iert jà jour que plain mon sain
» Ne vous aport tout sans doutance
» De pain, de char et de substance.
» Se Dex plest bien nous fournirons
» Au moulin, mais n'à four n'irons,
» Se Dez plaist et la douce Dame. »
Ainsi la povre bone fame
Reconforte li clerronciaus.
90 Là où de genz voit les monciaus,
Chançonnètes et conduis chante.
Par biau chanter touz les enchante.
Tant fet ses chans et sa vois clère,
Que bien fornist lui et sa mère.
Entre les biaus chans qu'il savoit
Le biaus respons qu'apris avoit
De la Purification
Qui *Gaude, Maria*, a non.
Li diz en est douz et piteus,
100 Et li chans biaus et déliteus.
Li clerçonnez en la mémoire
De la douce Dame de gloire
Ou chanter si se délitoit,
Qu'à pleurer pluseurs escitoit.
Si le chantoit piteusement,
Que clerc et lai communement
Par fin estrif l'enfant prenoient,
Por eus déduire l'enmenoient.
Tant par est douce sa manière,
110 Que riche et povre l'ont moult chière.
Tant est serrez et tant est sachez,
Que nus nôter en ses aages,
En aie qu'il face ne qu'il die,
Ne puet fors sens et courtoisie
Et clerc et lai l'aimment et prisent.

Tuit le loent, tuit le fétisent,
Et tuit de lui font joie et feste.
A l'anuitier nul tens n'areste
Ne s'en revoist vooir sa mère.
120 De lui nouvèle moult amère
Orra par tens la bone fame.
Or en soit garde Nostre Dame.
Cil qui ne set barat ne guile
Un jour joant aval la vile,
S'en va avec ses compaignons,
Tant qu'en la rue des gaignons,
C'est-à-dire des faus gieus,
Venuz en est à un grant gieus
Où moult de clers venuz estoient.
130 De lui grant feste quant le voient
Font chevalier et cler et lai,
Tuit li prient que sanz délai
De Nostre Dame un petit chant,
Si tost com commence son chant,
De toutes pars les gens aqueurent
Et de pitié li pleuseur pleurent ;
Car tant chantoit piteusement,
Que tuit dient communement
Que chante bel et outre bien.
140 Nes li juif, li felon chien,
I sont venu avec les autres.
Un en y va des felons yautres
Qui de honte tout fermia,
Quant oy *Gaude, Maria*.
Quant en *Gabrielem* le vers
Ot le juif fel et pervers
Le grant obprobre à touz Juis
*Erubescat judeus infelix*
*Qui dicit Christum*
150 *Ex Joseph semine esse natum.*
Moult près s'en va que d'un baston
Ne la feru parmi le chief.
Mais il voit bien qu'à grant meschief
De s'enredie tost venroit.
A mourir lors le convenroit.
Jà ne verroit lors lendemain
Se seur l'enfant metoit sa main.
N'a en la vile home ne fame
Qui moult ne l'aint por Nostre Dame
160 De cui chante si doucement.
Cil qui de l'envimenement
Le déable est touz entouchiez,
Quant li pueples est deffouchiez,
L'enfant entrait en sa meson.
Doucement le met à reson,

Moult le losenge et moult l'acole.
« Clerçons, » fet-il, « à bone escole
» As conversé, ce m'est avis ;
» Car onques mais si à devis
170 » Ne chantas enfes con tu chantes.
» Par ton biau chant les gens enchantes.
» Moi méesmes as tout enchanté ;
» Hui par as tu si bien chanté,
» C'onques mes clers si ne chanta.
» En ce respons si douz chant a
» Et tant est biaus et bien ditiez,
» Li cuers m'en est touz à piticz.
» Foi que je doi l'ame mon père,
» Miex en sera ta povre mère,
180 » S'en ma meson viens avec moi,
» Par le grant Dieu en cui je croi,
» Ce respons vueil encor oir.
» Le cuer me fet tout esjoir
» Toutes les foiz que chanter t'oi.
» Ta mère, por amour de toi,
» Liverrai touz ses estouvoir. »
Bien cuides que ce soit touz voirs.
Li las enfes, li clerçonnez.
Simplement, comme un angelez,
190 Le juif suit en sa meson.
Tel cruauté ne fist mes hon.
Lors qu'enclos l'a dedenz sa porte,
Une coignée tost aporte
Et tel li donne de la hache,
Que morte en fust une grant vache.
Li clerçons chiet touz porfenduz
Contre terre s'est estenduz ;
Parmi sa bouche tenre et bèle
Li saut li sanz et la cervèle ;
200 Touz est froez et esmiés.
Cil qui mar fust onques criés
Dedenz son huys plus tost qu'il puet
Fait une fosse si l'enfuet.
La terre chauche et raonnie
La soue vie soit honnie.

Moult est dolente et esplourée,
Quant de son fil la démourée
Voit la lasse de povre fame.
Plorant déprie Nostre Dame
210 De son enfant daint estre garde.
Se sa douceur ne la resgarde,
Moult se doute ne l'ait perdu.
Ele a le cuer si esperdu,
Et si li défaut et desment,

Qu'èle s'en crient trop durement.
Comme desvée va courant,
Aval la vile tout plorant.
Assez le trace, assez le quiert,
Assez demande, assez en quiert
220 Et çà et là et sus et jus.
Et quant la lasse voit que nus
Nule nouvèle n'en soit dire,
Por un petit ne s'ocist d'ire.
Moult est dolente, moult est morne.
A son repaire s'en retorne.
Son enfant moult regrète et plaint.
A Nostre Dame se complaint ;
Mort veut, ce dit, et mort goulouse.
A Nostre Dame se doulouse.
230 « Douce Dame, sainte Marie, »
Fait la lasse, fait les Marie,
« Soiez garde de mon enfant.
» Je ne le sais demander tant,
» Nule nouvèle, nus m'en die.
» Lasse, povre lasse, mendie.
» Lasse, lasse plus de mil foiz.
» Mes las de cuer qui si m'est froiz,
» Desouz mes lasses de mamèles,
» Me dit qu'orrai froides nouvèles
240 » Se cil n'el fait, qui tout puet faire.
» Seur lui met-je tout mon affaire,
» Et seur sa douce Mère chière. »
La povre fame en tel manière
Toute nuit se plaint et doulouse ;
Son vis lève, son vis arouse
De maintes lermes ; ains la jornée
Lendemain mate et esplorée,
Par la cité quiert son enfant.
» Rien n'en savon, » font li auquant ;
250 » Mais bien savon par vérité
» N'a clerc ne lai en la cité
» Qui n'en eust au cuer pésance,
» S'il avoit nule mésestance.
» Auquant redient : Bone fame,
» Voz filz ersoir de Nostre Dame
» Chanta asses à un juif
» En lo grant rue des Juis.
» Moult chanta bel, moult chanta bien
» Mes li juif, li felon chien,
260 » Li faus guaingnon, li felon viautre,
» Ausi juindrent com li autre.
» De toutes parts s'i assemblèrent,
» Il puet bien estre qu'il l'enblèrent
» A l'anuitier quant s'en raloit ;

» Quar moult li cuers leur avaloit
» Et moult en ièrent mat et triste,
» Quant en leur ame et en leur triste
» Méesmement devant eus touz
» Chantoit les chans plesanz et douz
270 » De la Dame qu'il héent tant.
» S'il ont tué n'ocis l'enfant,
» Descouvers iert et revelez,
» Jà ne sera murtres celez. »
Aucun redient : « N'est pas doute
» Juif l'enfant n'ainmoient goute :
» Car il chantoit de Nostre Dame
» Si doucement, n'iert hons ne fame
» Cui tout le cuer n'en apitast.
» Mais quiconques s'i délitast,
280 » Il ne s'i délitoient point ;
» Car moult leur cuist et moult leur point
» Quant nus l'onneure et nus l'alose.
» La douce Dame, ceste chose,
» Révéler daint, par sa puissance.
» Hom les doit touz sanz délaiance
» Bruir en flammes et en tisons
» S'il est ainsi com nous disons. »

Communément par la cité
Esmeu sont et escité
290 Moult durement de ceste affaire.
Ne set que dire ne que faire
La dolente de bone fame.
Du tout se prent à Nostre Dame
Et bien li dit tout en apert
Que s'èle ainsi son enfant pert,
Jamais nul jor n'aura fiance
En sa douceur ne sa puissance.
Assez doulouse, assez lamente,
Moult se complaint, moult se demente,
300 Moult est en grant amaritude ;
Ne vous sai pas la multitude
De sa tristèce récorder.
Mes quant Nostre Dame acorder
Se vot à lui de son enfant,
Un miracles fist si très grant,
Que touz li mons s'en merveilla.
La lasse fame assez veilla
Devant l'ymage Nostre Dame.
La chétive de povre fame
310 Mainte soingnée y a portée.
De veillier est toute avortée.
Tant a ouré, tant veillié a,
Tant a gémi, tant ploré a,

Que ne puet mais mengier ne boire.
Moult sont dolent clerc et provoire
Du biau clerçon qui est périz,
Qui tant estoit douz et sériz
Et qui tant iert bien entéchiez.
Cist grant murtres est grant péchiez,
320 Longues ne puet estre célez ;
Car Diex vout qu'il fust révélez
Por son saint non gloréfier,
Por croistre et por magnéfier
Le non sa glorieuse Mère.
Ce me raconte ma matère
Q'uns jours ala, li autre vint,
Bien en passèrent plus de vint,
Ainz que nouvèle fust oie
De quoi fust liée n'el joie.
330 La dolente qui sanz séjour
Paumes batoit et nuit et jour,
Aval la vile aloit criant
Et Nostre Dame dépriant
Qu'èle la mort li otriast
Ou son enfant li renvoiast.
Si com Dieu plout un jor avint
Qu'en la rue des Juis avint
La chétive paumes batant.
Genz par son braire assembla tant,
340 Qu'il en i out plus de deus mile.
Effrée est toute la vile,
Et tuit se traient, cèle part :
« Fiz, fiz, fiz, fiz, le cuer me part, »
Fait la lasse, ce m'est avis.
« Fiz douz, fiz douz, se fusses vis,
» N'eusses pas tant démourée.
» Fiz douz, murtri et acovré
» T'ont cil juis, cil puant chien.
» Fiz douz, le cuer me dit moult bien
350 » Qu'en ceste rue t'ont tué.
» Fiz douz, fiz douz, où es tu é ?
» Trop par est dure ta matère,
» Quant ne paroles à ta mère
» Qui ci s'ocit, qui si s'afole.
» A tout le mains une parole. »
Lors chiet pasmée en mi la rue ;
Ses cheveus trait, ses cheveus rue.
Son pis débat et sa fourcèle.
« Durs cuers, durs cuers, durs, durs, »
[fait-èle,
360 « Trop me fait mal et trop me grèves,
» Quant tu ne fens ou tu ne crèves
» En ix parties ou en diz.

» Ha! Mère au Roy du paradis,
» Je t'avoie commandé tant,
» A jointes mains mon las d'enfant.
» Je le t'avoie tout donné,
» A lettres mis et coronné,
» Por servir toi et ton douz fil.
» Qu'en as-tu fait, Dame, où est-il?
370 » Di-moi, di-moi, où est-il donques?
» Ha! Mère Dieu, ce n'avint onques
» Que fust perdue n'adirée
» Riens qui à toi fust atirée
» Ou commandé entre tes mains.
» Ha! Mère Dieu, cest ou du mains,
» Di-moi, à toi n'ai nul estrif;
» Se tu rendre ne le veus vif,
» A tout le mains rent-le moi mort,
» Ou tu m'envoies tost la mort. »
380 Lors est pasmée sanz plus dire,
Tant a douleur et tant a d'ire,
Et tant est perse, noire et tainte,
Que chascun dit qu'elle est estainte.
De toutes pars les gens aqueurent
Qui de pitié tenrement pleurent,
Et de la mère et de l'enfant
Ont grant pitié petit et grant.
Mais de la lasse povre fame
Grant pitié prist à Nostre Dame;
390 Por ce cèle triste tristèce
Mua en joie et en léesce.

Queque cèle grant assemblée
A ce grant duel iert assemblée,
Par le plaisir de Nostre Dame
Le filz à la lasse de fame
Qui enterrez estoit et mors,
Par grant vertu, par grant effors,
Dedens sa fosse s'escria
Le respons *Gaude, Maria,*
400 Et commença à si haut ton
Et à si cler, ainz n'oy hon
Si haute voiz ne si très clère.
Quant son enfant oit la mère,
Comme desvée en haut s'escrie :
« Douce Dame, sainte Marie,
» J'oi mon enfant, j'oi mon enfant. »
A donc i out tumulte grant
Et escrié en mout de leus :
« Or aus juis, or aus gieus
410 » Qui no clerçon nous ont emblé. »
Et clerc et lai sunt assemblé,

Chiés les juis moult tost s'enbatent.
Juis trébuchent et abatent.
Juis batent et juis roillent.
Juis moult tost leur huys verroillent.
Mais clerc qui sont plain de desroi
Moult tost i font la clef le roy.
Juis hurtent et juis fièrent.
L'enfant apèlent, l'enfant quièrent.
420 N'i a chambre ne repostaillent
Où l'enfant querre chascun n'aillent.
N'est nus nouvèle leur en die
Et soent tuit la mélodie
Et la merveille du clerçon.
Ainz n'out vièle plus douz son
Quant de l'enfant entent la voiz.
Li pautonniers juis, li froiz
Qui murtri l'ont en sa meson
Si grant pëeur n'out mes nus hon,
430 Quant ot la noise et le tumulte.
Et la chose qui ert occulte
Voit par miracle revélée,
Moult a sa porte tost serrée.
Mais maintenant et clerc et lai
Ausi la froent sanz délai,
Com s'èle fust de viés escorce,
Se saillent enz a fine force.
« Céenz, » font-il, « est-il sanz doute? »
Tournoiant vont la meson toute.
440 « Par foi, » font-il, « c'est déable
» Que nous trouver ne poons mie,
» Et c'est céenz et céenz chante.
» Il nous deçoit, il nous enchante;
» Il est muciez, ce semble, en terre. »
Quant enuié sunt tuit du querre
Et il reviennent tuit à l'uis.
« Ici desouz chante en un puis, »
Font-il aucuns, « si com nous semble. »
Lors le deffuent tout ensemble
450 Et si le treuvent en la fosse
Ausi roont comme une cosse.
Ausi le treuvent sauf et sain
Com se l'eust dedenz son sain
La Mère Dieu ades gardé.
Bien l'ont demi jor esgardé
Ainçois que saoulé s'en soient;
Et cil et celes qui le voient
Les gardent tuit à grant merveille.
La facète a ausi vermeille,
460 Ausi rouvente et ausi belle
Comme est cerise ou fleur nouvelle.

Tant viennent genz à grant pooir
De toutes pars por lui vooir,
Que peu i puet nus avenir.
Quant la mère le pout tenir,
Si le tient court, si le tient chier,
Que peu i puet nuli touchier.
A la lasse de bone fame
Semble moult bien que plus soit dame
470 Que royne n'empereris.

Quant son enfant qui iert peris
Estraindre puet dedenz sa brace,
Cent foiz li baise front et face.
Si grant joie a dedenz son cuer,
Qu'èle ne puet a nes un fuer
Un tout seul mot parler ne dire.
De mautalent, d'ardeur et d'ire
Bien l'a la dame respassée
De cui huchier toute est lassée.
480 Du miracle est moult grant la feste.
Li clerçons a entour la teste
Tel cyrographe et tel escrit
Qui le miracle bien descrit.
Jà soit ce que mal ne li face,
Tout a le vis jusque en la face
Et dépecié et despané.
Mais si gari et si sané
L'a Nostre Dame soutilment,
Qu'ainz ni ot herbe n'oignement.
490 Entor l'enfant, c'en est la somme,
Assemblé sont li plus sage homme
Qui li déprient doucement,
Por Dieu, leur die isnélement,
Qui cil furent, qui cil estoient
Qui enfouy laiens l'avoient
Et dépécié ainsi la teste.
« Ersoir, » fait-il, « quant la grant feste
» De ceste rue fu partie,
» Un juif qui ne m'amoit mie
500 » De moi blandir tant se pena,
» Par ci devant me amena
» Et moult jura l'ame son père
» Que moult feroit granz biens ma mère
» Se ça dedenz chanter venoie
» Le biau respons que je savoie.
» Quant enserré m'out ça dedenz,
» Tout me fendi jusques es denz
» D'une hace qui courut querré.
» Ne sai s'il m'enfoui en terre,
510 » Car lors qu'il m'out féru ou somme,

» Je m'endormi, c'en est la somme.
» Si grant talent de dormir eu,
» Qu'encor m'est vis qui dormi peu,
» Ne m'esveillasse por nul ame.
» Mes devant moi vint une dame,
» La douce Mère Jhésucrist,
» Qui m'esveilla et qui me dist
» Qu'assez trop péréceus estoie
» Quant son biau respons ne chantoie
520 » Ausi com je souloie faire.
» La douce Dame débonnaire
» A tant se départi de moi,
» Et je au plus que j'onques poi
» En commençai son biau respons.
» Or vous ai dit tout et espons
» Tout mon affaire et tout mon estre. »
A tant s'escrient clerc et prestre :
« Sonnez, sonnez, sonnez, sonnez;
» Puis le biau jor que Dieu fu nez,
530 » Plus biau miracle mes n'avint. »
Se x langues avoie ou xx,
Ne seroit pas par moi retraite
La grant joie qui la fu fete.
Mainte grant cloche i ont sonnée;
Gloréfié et réclamée
Moult fu la Mère Jhésucrist
Qui cest très douz miracle fist
Par sa très douce pièté.
Pluseurs juis par la cité
540 Leur judaisme déguerpirent.
De cuer amèrent et servirent
La douce Mère au Roy de gloire.
Et tuit cil qui ne voudrent croire,
Ocis furent et maceré.
A sage tieng et à discré
Celui qui met entente et cure
En servir la pucèle pure,
La douce Virge débonnaire
Qui set si douz miracles faire,
550 Si très piteus, si délitans.
Escris trouvons bien délitans
Que plus est froiz et durs que fers,
De lui servir qui n'est engrès.

Savoir nous fait ceste matère
Que bon servir fait la Dieu Mère.
Tost li envoie ce qu'il quiert
Qui bien la sert, si la requiert.
Cest miracle bien dit et monstre
Que bestes sont tuit cil et monstre,

560 Et de leur ame peu leur chaut
   De lui servir qui ne sont chaut.
   Por Dieu n'alons tardant.
   Soions engrès, soions ardant
   De lui servir et jor et nuit.
   Gardons por Dieu ne nous ennuit
   Ses servises qui tant est douz.
   La douce Dame deffent touz
   Céans qui l'aimment d'aversité.
   Sachent tuit clerc de vérité
570 De paradis est ou sentier
   Qui l'aimme et sert de cuer entier.
   En paradis fet clers son lit
   Qui volentiers en chante et lit.
   Qui de li chante volentiers
   En paradis touz vole entiers
   Et devant Dieu va touz montez.
   Saintes ne sainz si granz boutez
   Faire n: puet com Nostre Dame.
   Grant bouté fist la povre fame
580 De son enfant quant li rendi.
   Je ne sai pas, si se rendi
   Ni quèle vie puis mena ;
   Car en mon livre plus n'en a.
   Mais espérer nous ne ne puis
   Moult très preudom qui ne fust puis.
   Assotez fu trop sotement
   S'il ne servi dévotement
   La douce Mère Jhésucrist
   Por la bonté qu'èle li fist ;
590 Et sa mère refu moult sote
   S'envers lui puis ne fu dévote
   Et toute à lui ne s'otroia.
   Les chandèles bien emploia
   Qu'èle enporta devant s'ymage.
   Entendre doivent tuit li sage
   Et bien le doivent tuit savoir,
   Que cil et cèle fait savoir
   Qui met souvent à granz soignées
   Les granz tortiz, les granz poignées
600 Devant l'ymage Nostre Dame.
   Ausi com fist la povre fame
   Qui mainte bèle et mainte grant
   En i porta por son enfant.
   Haute chose est de luminaire
   Que sages fait qui le puet faire.
   Qui enlumine sainte église
   Et qui esclaire sa servise.
   Mais je voi moult certes de cens
   Qui vain en sont et péréceus,
610 Méesmement tout li plus riche,
   D'alumer Dieu sont li plus chiche.
   Biens est en nous si amordis,
   Que granz cierges et granz tortis
   Voulons ardoir de sus nos tables
   Nous por cointir et lire fables.
   Voulons ardoir, cui qu'il ennuit,
   Granz cierges dèsqu'à mienuit.
   Mais seur la table où nos couchommes
   Le cors Jhésucrist et levommes
620 N'ardommes fors moscheronciaus,
   Et eirgetons et cirgonciaus.
   Fi ! que dirons quant les vieillètes
   Qui sollers n'ont ne chemisètes,
   En Dieu honnourer se déportent,
   Et granz chandèles li aportent
   Que gaaingnent à filochier.
   Fi ! que dirons ; fi, fi, lochier
   Doit Dex de nous souvent la teste.
   Les vieillètes, chascune feste,
650 Les granz chandèles li alument,
   Et nous les moucherons qui fument
   Et les cirges li alumons.
   De quoi l'autel tout enfumons.
   Aucun connois, par saint Sicaut,
   A cui de Dieu moult petit chaut,
   Qu'à ses messes, qu'à ses matines
   Art chandelètes si frarines,
   Qu'il n'ia cire se tant non,
   Q'un peu d'aube le limaignon ;
640 Et quant d'aucun veut feste faire,
   Tel clarté fait, tel luminaire
   Qui art tortis et cierges pains.
   En buisnardie est bien en pains
   Et moult set bien quant se pourpense,
   Ce m'est avis, que musars pense.
   Bien a les iex du cuer froiz
   Prestre qui art tortis dorez
   De sus sa table quant il soupe,
   Et un ciergot farsi d'estoupe
650 Qui ne puet rendre fors fumière
   Art devant la vraie lumière,
   Qui tant est vraie, saine et monde
   Que tout homme venant ou monde,
   Selon l'escriture devine,
   De vraie lumière enlumine.
   Encor connois tel menestrel
   Qui arderoit sus son autel
   Moult volentiers, par sainte Tiècle,
   Se vergoingne n'avoit du siècle,

*Johannes in evangelio ;
Erat lux vera quæ illuminat omnem hominem venientem in hunc mundum*

660 Chandèles de vaches ou de buef.
Bien art tortis duit ou de nuef
Quant se deschauce sus la couche;
Et sus l'autel met il couche
Le cors son Créateur et lieve
Si courte chandèle et si brieve,
Que ne porroit pas estre longue
Ne par aucent ne par ditongue;
Et s'est encor si chetivète,
Si très baingre, si très mégrète,
670 Que graille est plus que piez de mosche.
Jà n'ardera se on ne les mauche,
Et nequedent j'ai voir monchier,
Que ses doiz arde à les mouschier;
Car bien demonstré a son affaire
Qu'il n'a de Dieu guères affaire.
A son autel pent un borat
Qu'a tout rungié souris ou rat.
Aucune foiz, par saint Audrier,
Ai-je veu plus blanc cendrier.
680 Ses lis vestuz est et parez
Ses autex nus et esgarez.
Qui qui engast, je n'en puis rire
Et j'ai grant droit, car bien puis dire
Que c'est *ordo preposterus*.
Le portier d'enfer *Cerberus*
Ausi com il porter puet froc
Nul tens se ne li chantent coc.
N'orra jà vespres ne matines
Se li déables ne matines
690 Por cuisses de fer et d'araing,
Por eschauder si fet faraing.
Par saint Lucien de Biauvés,
Il est péréceus et mauvés.
En sa chambre a plus luminaire
Qu'en son moustier, par saint Hylaire.
Quant boire veut mestre Isorez
Tortis, pains et pipelorés
Alumer fait devant sa coupe.
Par le cuer bien Dieu m'oie coupe
700 Près va ne di fines merveilles.
Diex! Diex! tu dors ou tu sommeilles
Quant tex menesterex n'acravantes,
Quant tu tonnes ou quant tu ventes,
Vers le siècle est trop despendans
Et vers toi est si très tendans,
Si très avers, si très eschars,

Que cil avoit charchiez x chars
De fresche cire nète et clère
Ne n'aroit jà toi ne ta Mère
710 Biau cierge ne bèle chandèle.
Et s'il avoit xxx muis d'oile
N'en seroit jà plaine sa lampe;
Ne sai se la souris y rampe
Ne si li ras par nuit la vuident;
Car je la voi moult souvent vuide.
On ce fait espoir la moustoile,
Ausi dit-on qu'aimme moult oile.
Par saint Souplis (1) de Pierrefonz,
Ne sai se l'iaue sort au fons;
720 Car je vous ai bien en couvent
Que blanchoier li voit souvent.
Il n'iert jà tiex qu'il s'enresqueue
Que sa lampe n'ait blanche queue
Et pendue jà. par saint Pierre,
En lui de plommée une pierre
Qui souvent la veut alumer.
Ains i convient l'iaue lumer
Que li plungons i puist plungier.
L'autrier le dis mestre Hungier.
730 Que si sa lampe bien espie,
Ele resemble trop bien pie;
Mais tant i faut ce est la voire,
Que queue a blanche et pie est noire.
S'un petit ai ici bourdé
Ne vous griet pas por amor dé.
Aucune foiz à la parclose
De ces miracles di tel chose
Seur aucun mot où je m'enbat
Où je méesmes moult m'esbat
740 Et dont je faiz à la foiz rire
Ceus dont plourer ai fait au lire.
De ces miracles y a tieus
Qui tant sont douz et tant piteus,
Que pluseurs genz les cuers apitent
Et aplourer aucuns escitent.
Cèle que vois tant récitant
Par sa douceur nous escit tant,
Qu'ainsi soiommes escité
Com furent cil de la cité
750 Où le clerçon resuscita.
A s'amour touz les escita
Et nous touz ausi y escit;
Or, aus autres, finez est cit.

---

(1) Saint Sulpice, patron de l'église de Pierrefonds.

## Du miracle de l'escommenié qui ne poroit trouver qui l'asousist.

Un prêtre d'une très-sainte vie avait, au nombre de ses paroissiens, un homme d'une conduite scandaleuse et qui ne voulait pas se convertir, malgré les nombreux avertissements qu'il avait reçus en toute circonstance. Le prêtre fut enfin obligé de l'excommunier. Le coupable, réfléchissant alors que s'il mourait dans cet état il serait damné, vint en pleurant trouver son curé qui l'envoie à l'évêque; celui-ci le renvoya au pape. Étant arrivé à Rome, Dieu permit qu'il ne trouvât personne pour compatir à sa peine. Pendant sept ans il voyagea de déserts en déserts, d'hermitages en hermitages, cherchant des conseils auprès de quelques serviteurs de Dieu. On l'adressa à un saint ermite qui habitait la contrée d'Égypte et qui menait sur la terre une vie austère et angélique. Le saint anachorète lui persuada d'aller voir dans la ville d'Alexandrie un homme que l'on traitait comme un fou, mais qui avait été inspiré par le Saint-Esprit de tout quitter pour Dieu. Ce long voyage l'effraya beaucoup; mais enfin il se décida à partir, emportant avec lui une lettre de l'ermite. Après avoir marché pendant plusieurs jours en arrosant son chemin de ses larmes, le pèlerin arrive à Alexandrie et cherche longtemps le saint homme qu'on lui a dépeint comme un fou. À la fin, il rencontre un homme presque nu, paraissant hors de sens, et que l'on poursuivait dans les rues de la ville, en le couvrant de boue et en l'accablant d'injures. L'excommunié crut deviner que c'était là sans doute l'homme auquel il devait s'adresser. Il ne le perdit donc pas de vue; et quand il le vit à la nuit tombante se retirer dans une chaumière en dehors de la ville, il l'y suivit. Là, le saint homme avait allumé une grande chandelle et s'était acheminé vers une antique chapelle abandonnée et dédiée à la sainte Vierge. C'est là qu'il se retirait chaque jour pour pleurer ses péchés. Le pèlerin qui l'avait suivi dans cette pieuse retraite tombe à ses pieds qu'il baigne de ses larmes, et fait au saint homme l'aveu de toutes ses fautes. Tous deux se mettent en prières à l'autel de Marie, et bientôt la chapelle devient resplendissante, une troupe d'anges et de saints descend dans ce pauvre réduit et fait entendre des chants mélodieux. L'ermite mêlait sa voix à celle des anges, tandis que son compagnon tremblait de peur derrière un pilier où il s'était caché. Puis venant s'agenouiller devant la sainte Vierge, l'ermite prie pour ce malheureux et raconte que celui qui l'a excommunié étant mort, il ne peut trouver aucun conseil en terre. Marie veut bien adresser la parole au coupable et lui dit de chercher dans l'assemblée céleste le prêtre qui l'a excommunié, et qui pourra l'absoudre. Le pécheur l'a bientôt reconnu et reçoit avec attendrissement le bienfait du pardon.

Le sage fou le congédie en lui recommandant de ne plus s'exposer à mourir dans de pareilles peines. Le pèlerin touché par la grâce, lui déclare qu'il ne le quittera plus, et il demande à son libérateur pourquoi il mène une telle vie. L'ermite lui raconte qu'il était l'homme le plus riche d'Alexandrie; mais voyant que toutes ses immenses possessions ne le garantiraient pas de la mort, il avait quitté le monde aussitôt après le décès de son père et de sa mère. Il était venu consulter alors un saint ermite, le même qui l'avait envoyé vers lui, qui lui avait ordonné de retourner à Alexandrie, son pays natal, et d'y souffrir toutes les ignominies par amour pour Jésus-Christ. Il le prie de ne parler de cette révélation qu'il vient de lui faire, qu'après sa mort qui ne doit pas tarder; car Marie lui a fait connaître que dans sept jours ses souffrances seront terminées. Ce qui arriva comme il l'avait annoncé; au septième jour les anges étant venus chercher son âme. Sa mort causa un grand deuil dans toute la ville. On enterra le corps du saint homme dans cette vieille chapelle, sur les ruines de laquelle s'éleva plus tard une vaste église célèbre par une foule de miracles.

Gautier prend occasion de ce dernier évènement pour jeter de nouveau ses mépris sur les vanités du monde, et faire toucher du doigt les tristes ravages que la mort amoncèle chaque jour autour de nous sans égard pour l'âge et la condition. Puis, par une de ces peintures originales, il montre que souvent on porte la mort sous la chape et dans son sein, alors qu'on se croit en meilleure santé; qu'elle se cache plus volontiers sous les belles robes et attaque avec plus de plaisir dans un beau lit garni de vert et d'écarlate, que sous les guenilles de la misère et de l'indigence. Nous savons tous qu'il faut mourir, mais nous en perdons volontiers le souvenir, quoique la mort marche toujours l'épée à la main, menaçant de nous en frapper. Il est donc temps de nous amender et de ne pas nous reposer sur ces maisons que nous faisons bâtir, ni sur ces tables si bien servies. Prions la sainte Vierge de nous inspirer ce détachement.

La miniature de notre manuscrit représente l'arrivée de l'excommunié à Alexandrie. On le reconnaît à son costume de voyage et au bâton qu'il tient à la main. Il porte une robe verte et une chape bleue, le chapeau est de la même couleur. Dans un groupe, plusieurs personnes au milieu desquelles on reconnaît aussi le saint homme à ses pieds nus et au seul et unique morceau d'étoffe qu'il a pour se vêtir. On voit qu'on se moque de lui; un enfant l'insulte par derrière, et un chien lancé à sa poursuite essaie de mordre son bâton.

Manuscrit de Paris. 1° Un homme à genoux; un autre assis, le bonnet pointu sur la tête. 2° Un homme à genoux devant un clerc à longue chevelure. 3° Départ. 4° Le pèlerin à genoux; un moine lui impose les mains en présence de la sainte Vierge.

Un miracle veil reciter
Qui durement doit esciter
Pluseurs vassaux qui tant se prisent
Qu'escommunément despisent.

En escrit truis qu'il fu un prestre
De haute vie et de haut estre,
Et s'ama moult toute sa vie
Nostre Dame sainte Marie.
Cist prestres out une grant turche
10 De feus vilains en sa parroche.
En y out qui desus touz
Estoit crieus, fiers et estouz,
Et mainte foiz, par s'estoritie,
Fist honte, annui et froiterie
Au saint preudomme, au saint provoire.
En li avoit, ce est la voire,
Li prestres mal parroissien.
Tant le doutoit que par vis sien
N'entrast il y a qu'il peust;
20 Car maintes foiz tué l'eust
Ne le lessat por nul avoir.
N'il n'en peust loisir avoir;
Car iert li prestres si parfez,
Que durement de ses meffez
Le reprenoit en plaine eglise
Et si en fesoit la justise.
Onques por riens qu'il seust faire
N'el pout à bone voie traire.
Par maintes foiz le chastia,
30 En la fin l'escomménia
Quant vit que chastier n'el pout.
Chandèle ardaut au miex qu'il sout
Cil qui cuidoit assez valoir,
Tout ce mist si en nonchaloir,
Que pou ou nient l'en souvint.
Un jour ala, li autres vint;
Tant que li prestres dévia;
Ainc cil merçi ne li cria.
N'ains ne requist qu'il fust assouz,

40 Enrcides fust lonc tens et fouz.
Mais Dieu qui maint homme chastie
Quant il lui plest et humilie,
Quant il lui plout le chastia
Et durement l'umilia.
Bien vit dedenz sa conscience
Se mort le souprenoit en ce,
Que dampnez seroit et périz.
Si l'espira Sainz Espériz,
Que plourant vint à son prouvoire.
50 Sus li conta toute la voire
Et la purté de son affaire;
Mes li prestres ne soit que faire,
A son evesque l'en envoie,
Et ses evesques le renvoie
Tout maintenant à l'apostoile.
Bien li a dit, pas ne li cèle,
Que li mire est et li bon pastres
Qui sus touz maus doit metre emplastres.
Quant li péchiérres vint à Romme,
60 Ne trouva mie, c'est la somme,
Si bon conseil com il vousist;
Ne pout trouver qui l'asousist.
Moult est dolenz et esperduz,
Bien voit dampnez est et perduz
Se Dieu conseil ne li envoie.
Moult s'esbahit et moult s'effroie,
Et tendrement pleure et soupire.
A li meismes prent à dire
En soupirant, par maintes foiz :
70 « Ha! las! dolent! il est bien droiz
» Que de la honte boive assez;
» Car je n'en poi estre lassez
» De tourmenter, de honte faire
» Le saint homme de sainte affaire
» Qui por mon preu me chastioit. »
Li péchiérres merçi crioit
Moult doucement au Roy de gloire
Qui déprioit qu'à tel provoire
S'envoiast droit qui l'asausist,

DE NOTRE-DAME.

80 Ainz que mort vie li tosist.
Ne sont haut saint en nule terre
Que n'alast prier et requerre.
Sept anz chercha touz plains et plus
Par hermites et par reclus
C'onques conseil trouver n'en pout ;
Et quant Dieu bien esprouvé l'out,
Droit en Egypte l'enmena,
A un hermite l'asena
Par qui il fu bien assenez ;
90 Car il iert sages et senez
Et en paroles et en faiz.
Li sains hons iert et si parfaiz,
Qu'il menoit vie d'angre en terre.
Moult peust cerchier et querre,
Ains que trouvez fust ses pareus.
Par fors penrées ne par eus,
Ne par mengier fors galentines
Ne perdoit pas souvent matines.
Ne ne cuit mie par nos botes ;
100 Par trop mengier luz ne barbotes
Qu'il onques fust un jor malades.
Ains iert de Dieu servir si rades
Et menoit vie si austère,
Que pou bevoit de l'eue clère
Ne ne menjoit fors herbes crues.
Ne prisoit mie II letues
Le desirrier de la charoigne.
Li péchiérres sanz nule esloigne,
Face moilliée et esplorée,
110 Li a conté, sanz demorée,
Son affaire de chief en chief.
Li sainz hons en broncha le chief
Et si pensa moult durement.
Quant out pensé moult longuement,
Doucement l'a à reson mis.
« Ces prestres, » fait-il, « biaus amis,
» Ici deust grant conseil metre ;
» Car li douz Diex, ce dit la letre,
» A ses apostres dit jadis,
120 » Il iert loiez en paradis
» Celui qu'en terre lorreiz ;
» Et quanque vous delorreiz,
» En paradis ert desloié.
» Cest don nous a Dieu otroié
» Qu'à ses apostres otroia.
» Quant cist est mors qui te loia,
» Tes nouviaus prestres petit sout,
» Ce m'est avis, quant ne t'asout,
» Et tes éveques ensement.

130 » Mès bien puet estre qu'autrement
» Ne vouloit Diex qu'il avenist ;
» Quar ton grant preu espoir i gist
» Se mon conseil voulois faire.
» Un fol cognois de tel afaire
» Qui grant conseil y sauroit metre,
» Si s'en vouloit bien entremetre. »
Li péchiérres plorant s'escrie :
« Ha ! las dolens, com hés ma vie !
» Las ! dolereus, las ! durfeuz,
140 » Por quoi fu onques conçeuz !
» Las! quant ne truis sage homme en terre
» Tant le sache cerchier ne querre,
» Par quoi conseil je soie assouz.
» Comment m'asoudra donques un fouz?»
« Biau douz amis, » fait li hermites,
« Se me consaut Sainz Espérites,
» Il n'est pas fouz, n'e doutes mie ;
» Mais ce est voirs qu'il maine vie
» Selonc le siècle de fol homme.
150 » Mais tant est sages, c'est la somme,
» Que por l'amor de Dieu conquerre,
» Por fol se fait tenir en terre ;
» Quar li savoirs de ceste vie
» Est, ce sachiez, vers Dieu folie.
» Tiex est tenuz por fol au monde
» Qui moult a net et moult a monde
» Vers Dieu le cuer et le courage.
» Assez souvent tient Dieu por sage
» Tel que les genz tiennent por fol
160 » Et pendent le borrel au col.
» Au siècle estuet fol devenir
» Celui qui veut à Dieu servir ;
» Et por ce est il fous devenus
» Qu'il veut por sage être tenus
» Au haut Seigneur qui tant est sages,
» Qui de touz cuers voit les courages
» Et quenoist toutes les pensées,
» Ains que li cuers les ait pensées.
» Le siècle a tout arrière mis
170 » Por estre plus loiaus amis
» A Dieu et à sa douce Mère.
» Et sachiez bien, biau très douz frère,
» Qu'il est haut hons de grant hautesce ;
» Mais guerpi a toute richèce
» Et s'a eslite povreté,
» Por l'ame a puer le cors geté,
» Por l'ame faire à honneur vivre,
» A grant hontage le cors livre.
» Sages hons est et de grant sens.

*Salomon dicit :*
*Non affliget Dominus fa-*
*me animam justi ; initium*
*ie hominis aqua, panis*
*vestimentum.*

*Magister Petrus :*
*Maxima sobrietas tam*
*bus quam medicina : cor*
*imi et corpus conservat in-*
*columem.*

*Dominus in evangelio:*
*Sapientia hujus mundi*
*stulticia est apud Deum.*

37

180 » En trente lieues en tous sens
» N'a meilleur clerc, ce m'est avis,
» Ne si ne cuit qui soit hons vis
» Plus doucement ne plus à fait
» Serve la Mère Dieu qu'il fait.
» Se sa douceur por toi déprie,
» Ele aura tost, je n'en dout mie,
» Haut conseil mis en ton afaire.
» Mais moult auras paine et contraire
» Ainçois que tu viengnes à lui ;
190 » Tant par est loins ne sai nului
» Qui en sache la vérité.
» En Alixandre la cité
» Aler querre le te convient.
» La repaire et va et vient.
» Ne doute pas la longue voie ;
» Diex qui adresce et qui avoie
» Touz ceuz qui à lui se dementent
» Et qui de vrai cuer se repentent,
» Par douceur t'avoit et maint
200 » Sanz destorbier là où il maint. »

Li péchiérres pleure et soupire.
Esbahis est, ne soit que dire ;
Quar moult doute le lonc voiage.
Mais li sainz hons out douz corage
S'en conforta moult doucement.
Qui preudomme est entièrement
Moult a grant joie et grant deport,
Quant péchéeur puet metre à port.
Li bons preudomme, li bons hermites
210 Unes letres li a escrites ;
Et cil les prend, plus n'i séjorne,
De l'ermite plorant s'entourne.
Cil le saingne de sa main destre
Et le commande au Roy celestre.

A tant s'en va, plus n'i demeure,
Assez gemist, soupire et pleure.
Mainte jornée out amère,
Et mainte lerme chaude et clère
Plorer li convient et espandre,
220 Ainz que venist en Alixandre.
Quant il y vint à quelque poine,
Bien cercha tout une quinzaine
Ainçois que trouver le peust.
Pour poine que metre i seust
Tant i sercha, c'en est la somme,
Qu'aval la vile vit un homme
Nuz, despris et de paine,

Mègre, remis et escaine,
Friélens, pale et effunduz,
230 Touz bertundez et touz tonduz,
Bien sembloit estre hors du sens.
Les genz des rues en touz sens
Le suioient à granz tropiaux,
Çavates boué et ors drapiaux
Après la teste li ruoient,
Et tante honte li faisoient,
De rue en rue aloit fuiant ;
Et il aloient tuit huiant
Et escriant : « Au sot, au sot. »
240 Li péchiérres qui pas ne sot
Se c'estoit cil encore ou non
Qui vers Dieu est de tel renon,
Esbahiz fu, ne sout que faire.
Du tout apuié son affaire
A ma Dame sainte Marie,
Et moult doucement li déprie
Que ce s'est cil qu'il quiert et trace
Qu'enseigner li daint, par sa grace.
Ades le va de loins traçant
250 Quelque part que l'en va chaçant ;
Quar quant des genz départira,
Il veut savoir quel part ira.
Cil qui de Dieu est espérez,
Soulliez, batuz et descirez
Moult laidement est ains la nuit.
Et jà soit ce qui li ennuit,
Ne fart semblant chière ne frume
De son dos fait, por Dieu, enclume.
Ni a celui qui ne l'asaille,
260 Chascun le fiert, chascun le maille.
Cil le déboute, cil le sache,
Cil l'escopist, cil le décrache,
Cist le renpaint et cist le pince,
Cist le giète une viez cince,
Et cist li rue une viez nate.
Cist le refiert d'une çavate
Toute soulliée en mi le vis,
Que vous feroie lonc devis
Et viel et joenne le batoient ;
270 Car en lui batre s'esbatoient.
A la vesprée se départirent
Cil et celles qui le suirent.
Quant touz les vit désasemblez,
De la cité s'en est emblez
En une pauvre mésonnète
Où acointe out une viellète.
S'en est entrez privéement.

Laiens a pris ignélement
Une chandèle grant et bèle,
280 Et vient à une viés chapèle
Qui fu fondée et bénoie
En non de la Virge Marie.
Onques iert loins de la cité
Et fu de tèle antiquité
C'om ne fame n'i habitoit.
Cil qui forment se délitoit
Ou douz service Nostre Dame,
Por ce qu'il ne reperoit ame,
Laiens aloit souvent orer
290 Et ses péchiez plaindre et plorer;
Et si faisoit à la foiée
Grant lumière et grant soignée,
Quant il pooit argent avoir.
Cil qui son estre veut savoir
En la chapelle après lui entre.
Mais touz les cuers li tremble en ventre;
Quar il ne soit encore que c'iert,
Ne se c'est cil qui trace et quiert.
Mais lorsqu'il vit sa contenance,
300 En son cuer out grant espérance
Que ce fust cil qu'il demandoit;
Quar doucement se commandoit
Tout en plorant à voix serie
A ma Dame sainte Marie.
En oroisons moult démora.
Assez gémi, assez plora.
Que qu'à Dieu proier entendi.
Li péchiérres plus n'atendi;
Mais à ses piez est estenduz.
310 Les piez qu'il ont noirs et fenduz
Tout en plorant baisiez li a,
Et vers li moult s'umilia.
Mais au saint homme mout en griève;
Au plus tost qu'il puet le reliève
Et moult doucement li a enquis
Où va, dont vient ne qu'il aquis.
Cil li conte sanz démourance
De chief en chief sa meschéance,
Et les letres li a monstrées
320 Que d'el hermite out aportées.
Cil qui s'en sout bien entremetre,
Le sel brise et list la letre.
Quant la proière ot de l'ermite,
Touz li corages li apite,
Et du péchiérre r'apitie
Com cil qui fu plains d'amistie.
Moult le conforte doucement :

« Li très douz Sires qui ne ment, »
Fait-il à li, « biau très douz frère,
350 » Par les prèces sa douce Mère,
» Prochain conseil i daingne mètre
» La douce en cui, selon la lètre,
» Toute douceur maint et repose.
» Conseil doint mettre en ceste chose
» La douce Dame, la piteuse.
» En chose assez plus périlleuse
» Que ceste n'est conseil a mis
» Par maintes fois, biau douz amis.
» Biaus amis, chiers, biaus amis douz,
340 » Lès ce piler à nuz genouz,
» En oroison un petit soiés,
» Ne dites mot por riens que voiés ;
» Se de cuers pries et tu veilles,
» Ains une nuit verras merveilles. »
Li péchiérres s'est lors tapiz
A nuz genouz, batant son piz,
En un anglet de la chapèle.
A jointes mains prie et apèle
La Mère Dieu moult doucement.
350 Et li sainz hons ignélement
Devant l'autel se restendi.
La Mère Dieu ses mains tendi
Et doucement la reclama,
Com cil qui de douz cuer l'ama.
La Mère Dieu, la débonnaire
Ausi com èle souloit faire,
Quant li plaisoit à la foiée,
Ainz que la nuit fust bien moiée,
Descendue est à la chapèle
360 Et s'amena mainte pucèle
Et mainte virge et maint archange,
Mainte sainte ame et maint ange.
A grant clarté i descendi.
La chapèle si resplendi
Comme se fust plains miédis.
Tiex sept com sui non mie dis
Ne nus ne porroit pas retraire
La feste qui pristrent à faire
Ange, archange, sainz et saintes.
370 De cleres voies y oist maintes.
Qui fust delez le péchéeur,
Grant hide avoit et grant péeur
De la merveille qu'il véoet.
En tremblant, au miex qui poet,
Se tapissoit lès le piler.
Li bon soz qui bien sout giler
Sa char por sauver l'espérite,

Tant par estoit de grant mérite
Et tant estoit saintismes hons,
380 Qu'à haute voiz et à haut tons
Avec les anges s'escrioit,
Et en plorant gloréfioit
Dieu et sa glorieuse Mère
Qui sus les anges iert plus clère
Que les cirges sus les chandèles,
Ne li soulauz sus les estoiles.
En la chapèle eust feste grant.
Li sainz hons qui moult fu en grant
De conseillier le péchéeur
390 Qui moult estoit en grant fréeur,
Venuz en est à Nostre Dame,
Entor qui out mainte sainte ame.
As piez li chiet sanz démorée,
Face moilliée et esplorée,
Et jointes mains mérçi li crie.
Nostre Dame sainte Marie
A relever le commanda
Et doucement li demanda,
Jà soit ce que bien le savoit,
400 Por qu'il ploroit ne qu'il avoit.
Il respondi sanz fréeur,
Piteusement : « Un péchéeur
» Est ça dedenz dont je dépri
» Vostre douceur d'avoir mérçi.
» Douce Dame, ce est la voire,
» Moult fist d'anui un saint provoire.
» Li preudom l'escomménia
» Et si morut et dévia,
» Ainz que mérçi crier vousist,
410 » Ne déprier qu'il l'asousist ;
» Quar fouz estoit et desrées.
» Or est li las si conrées
» Que nul conseil ne treuve en terre,
» Tant le sache cerchier ne querre.
» De sainte église est déjétez,
» Se conseil, Dame, n'i metez,
» En péril est sa lasse d'ame. »
« Ameine lai, » fait nostre Dame,
« Puis que m'en pries, ciert tost fait,
420 » Se plus avoit encor meffait. »
Li sages foux sanz démorée
Devant la Royne honourée
Amené a le péchéeur.
« Or n'aiés mie de péeur, »
Fait Nostre Dame, « biau douz frère,
» Ton saint provoire, ton saint père
» S'avec nous céenz le véoies,

» Ses tu, se tu le cognoistroies ? »
« Douce Dame, certes oil, »
430 Ce li respont en plorant cil.
« Va donc partout seurement
» Si le mesenme ignelement. »

Li pécherres va tout en tour ;
Mais ainz qu'il ait parfet son tour,
De son provoire avise l'ame,
Au doit le monstre Nostre Dame.
La douce Dame au Roy de gloire
Lors commanda au saint provoire
Qu'il l'asousist ignélement.
440 Et si fist-il moult doucement.
Et lors qu'assous l'out li bons prestres,
La douce Mère au Roy célestre
De la chapèle est départie
A tout sa sainte compaignie.
Moult doucement en mérçia
La Mère au Roy qui tout cria
Li péchiérres quant fu assous.
Or voit-il bien, cil n'est pas fous
Par cui Dieu l'a si visité.
450 Cil qui plain fu d'umilité
Moult doucement li dist : « Amis,
» Moult douz conseil a en toi mis
» La douce Mère au Roy célestre,
» Quant tu assous es de ton prestre.
» Trop est de fors liens liez
» Hons qui est escommuniez.
» Or te garde de renchaoier,
» Tost t'en porroit si meschéoir,
» Qu'en pardroies et cors et ame.
460 » Or te consaut la bèle Dame
» Dore-en-avant où que tu soies
» Et si te maint par bones voies
» En ton païs et en ta terre. »
« Biaus, très douz sire, il ne puet estre
» Que je jamais de vous me parte
» Devant que la mort nous départe ;
» Jamais de vous ne partirai ;
» Mais touz jours mes vous servirai.
» Que par vous m'a bien visité
470 » La Mère au Roy de vérité.
» Mes por Dieu et por Nostre Dame,
» Et por le salu de vostre ame
» Vous pri que me daigniez retraire
» La vérité de vostre affaire.
» Porquoi vous menez tele vie. »
« Amis, ne t'en mentirai mie, »

Fait li sainz hons. « Se onques puis
» En escripture li saint truis
» Que l'ame ocist bouche qui ment,
480 » Et d'autre part si durement
» Coujuré m'as que je assentir
» Ne m'oseroie à mot mentir.
» Sachez-tu bien par vérité
» Qu'en Alixandre la cité
» Qui tant est riche et de grant non,
» N'a nus par droit riens se moi non.
» Par héritage, biau douz frère,
» Et de mon père et de ma mère,
» M'eschai toute ceste terre.
490 » La mort qui abat et aterre
» Et en terre quanqu'en terre a,
» Touz les ocist et enterra.
» Lors m'eschai ceste contrée;
» Mais je vi bien en ma pensée
» C'orguiex, cointise ne hautesce,
» Biautez, ne force ne proesce
» Ne me guarroient de la mort.
» Qui père et mère m'avoit mort,
» Bien vit que pas n'iert à amordre
500 » La mort mordant de granz mors mordre.
» Grant doutance oit ne me morsist
» Pour ce ne vouil que s'amorsist
» Mes cuers au siècle trop amer ;
» Car en s'amour a trop d'amer.
» Lors droit que vi que mort amère
» Si tost m'ont mort et père et mère,
» Bien m'aperçui qu'ausint morroie,
» Et qu'en la fin jà ne jorroie,
» Du siècle amer et maintenir
510 » Droite ne puet sa main tenir,
» Nus qui auques ait entre mains.
» Peu est de gens c'est or du mains
» Qui au siècle sauver se puissent.
» A tant d'abuissemenz s'abuissent,
» Que leur ames dampnent et perdent.
» Pour ce souvent s'en désverdent
» Cil qui se sevent bien amer;
» Car tout ainsint com en la mer
» Souvent y périllent et noient
520 » Cil et celles qui trop les croient.
» Li siècles est de tel affaire,
» Qui plus y a plus a affaire.
» Bien s'escervèle et bien s'asomme
» Qui en charce trop grant somme.
» Trop chier escot sus s'ame acroit
» Qui le siècle aime trop et croit.

» Ne le voil pas amer ne croire
» Ne sus m'ame noient acroire;
» Ains m'enfuy nus et despris
530 » Car l'evangile m'ont apris
» Que qui veut Dieu à consuir,
» Tout doit lessier por lui suir.
» Tel vouloir oi de lui ensuire,
» Que tout lessé por lui consuire;
» N'enporté chose qui soit née
» C'une viez coute despanée.
» De tout le siècle me demis,
» M'ame et men cors es mains Dieu mis.
» Et li douz Dieu tant me mena,
540 » Qu'au saint hermite m'asena
» Qui ça t'envoia et tramist.
» A raison doucement me mist.
» Sainz hons estoit et débonnaire,
» Si li contai tout mon affaire.
» Quant il la vérité entendi,
» Au ciel ses II mains estendi
» Et si me dist : « Biau douz amis,
» Quant tu ton cuer à ce as mis
» Que tout le siècle veus despire,
550 » Bien t'a visité nostre Sire.
» L'évangile nous dit, biau frère,
» Qui por Dieu lait père et mère,
» Terre, mesons, fame et enfanz.
» Ses guerredons en iert si granz,
» Renduz l'iert tout à cent doubles.
» Mai li pluseur par ont si troubles
» Et si oscurs les yex du cuer,
» Qui laissent Dieu et giètent puer
» Por les richèces de ce monde.
560 » Science humaine en aus habunde;
» A Dieu sont sot, au siècle sage.
» Grant sens as fait et grant barnage,
» Quant ton courage as tant plessié,
» Quant tout por Dieu as tant lessié;
» Car ausi tost muert, biau douz frères,
» Nus cuens, nus roys, nus emperères,
» Com fait uns pauvres mendians.
» Moult par est bons tes escians;
» Quant por l'amor de Dieu conquerre,
570 » As tout guerpi quant qu'as en terre.
» Qui ton affaire va notant,
» Ensagis est en assotant;
» Au siècle es fous, soz et lunages,
» A Dieu soutiez, discrez et sages.
» Por plus plaisamment à Dieu plaire,
» En Alixandre t'en repaire.

» Se de t'ame le preu porchaces,
» Garde cognoistre ne ti faces ;
» Ains soies nus, vuix et despris
580 » Là où tu fus jà de grant pris.
» Ceaux songiez soies tu et serf
» Qui sunt ti songiez et ti serf.
» Se dégabez es ne te chaut,
» Sueffre por Dieu et froit et chaut.
» Soies por Dieu povres et nuz ;
» Soies por Dieu povres tenuz ;
» Por folz, fu-il tenu por toi ;
» Por toi out-il et fain et soi.
» Maint félon mot et mainte estouz
590 » Out-il por toi et por nous touz ;
» Por nous pris-il humanité
» Et soufri mainte aversité ;
» Por nous fu pris et desachiez,
» Boutez, batuz et décrachiez ;
» Por nous fu-il, biau douz amis,
» Crucéfiez et en croiz mis,
» Et entre ii larrons penduz.
» Quant ces douz mos oi entenduz
» Que me disoit li sainz hermites,
600 » Si m'espira sainz Espérites,
» Qu'en Alixandre m'en reving.
» Por Dieu si viguereus deving,
» Que por lui voil en mon pais
» Estre tenuz por folz, nais.
» Touz mais deduiz et toute m'aise
» Fu en soufrir honte et mésaise ;
» Et mésaise si m'atourna,
» Que la couleur si me tourna,
» Qu'ainsi fui touz tainz et tornez
610 » Com se fusse en un four nez.
» Biaus et blans iere comme lais ;
» Mes en pou d'eure fu si lais
» Qu'ainc ne pui estre conneuz.
» Onques encor nus durfeuz
» Tant n'endura comme j'ai fait.
» Diex à touz ceus qui m'ont meffait
» Par sa douceur, sa grace doingne
» Et le péchié leur en pardoingne.
» Assez m'ont fait de granz ennuiz ;
620 » Mes ains por ce ne passa nuiz
» Sembler me poi de la cité
» Que par moult grant humilité
» A oroisons ci venisse
» Et que soignié n'i feisse
» Ce jeu de quoi petit ou grant
» Moult ai esté touz jors en grant

» De la Mère Dieu honnourer.
» Trop buer fu nez qui pouet plourer
» A nuz genouz devant s'ymage.
630 » Qui bien la sert il fait que sage,
» Il ne puet estre desconfiz.
» D'estre sauf soit seurs et fiz
» A lui servir qui se tenrra ;
» Car si douz cuer et si tenrre a,
» Touz ceuz qui l'aimment de cuer fin
» Maine touz jours à bone fin.
» Amée l'ai, s'ai fait savoir ;
» Quar jà m'a dit et fait savoir
» Qu'èle endurer plus ne puet mie
640 » Que j'endur plus si dure vie.
» D'ui en vii jors trespasserai ;
» D'ui en vii jors respasserai
» Des granz paines que j'ai souffertes.
» De paradis jà sunt ouvertes
» Toutes les portes contre m'ame
» Par la volenté Nostre Dame.
» Biaus, douz frère, biau, douz amis,
» Nostre Dame t'a çà tramis
» Por mon affaire revéler.
650 » Mais je te pri que le céler
» Tant que serai en ceste vie,
» Après ma mort le depuplie
» En touz les lius qu'il te serra. »
Li cuers adonc si li serra,
Que de pitié ne puet mot dire.
Piteusement pleure et soupire,
Et li péchiérres ensement
Soupire et pleure tenrement.
Tel duel en fist touz fu lassez ;
660 Mes ne puet estre trespassez
Le terme qu'out mis Nostre Dame.
Du saint home en parti l'ame
Saintement au septième jor,
Angre et archangre au saint séjor
De paradis l'ame enportèrent.

Lors que mort fu touz s'asemblèrent
En tour lui cil de la cité.
Quant il sourent la vérité
Que c'iert leur oir et leur droit sire,
670 Grant duel i out et grant martire.
Toutes et tuit grant duel en firent.
En la chapèle enfouirent
Qu'avoit hantée longuement.
Tant l'ennourent durement,
Qu'erraument firent sus li faire

Une église de haute affaire
En l'onneur Dieu et Nostre Dame.
Tant ama Dieu le cors et l'ame
De haus miracles i fist tant,
680 Que je ne sai à dire quant.
Nus n'i venoit tant fust enfers,
Ne tant desvez ne mis enfers,
Que vainement ne fust sanez.
Bon fu por Dieu ses cors tanez;
Buer fu por Dieu touz enfonduz;
Buer fu por Dieu en croiz tonduz;
Buer fu por Dieu brulez et ars;
Bien géta puer livres et mars;
Buer géta puer toutes hautèces;
690 Bien géta puer toutes richèces
Por estre povres mendians
Car s'ame en est lié et rians
En paradis lassus amont.

Cest miracles bien nous semont
De géter puer toute aise humaine;
Mais nos charoigne à ce nous maine
Que tuit voulons à aise vivre.
A geun sommes souvent yvre
Que nos charoignes feson dames.
700 Des espérites et des ames,
Des lasses ames ne nous chaut;
Mes se li cors ont froit ou chaut,
Tost i savommes conseil metre.
Mal sont bailli, ce dit la letre,
Nous et tuit cil qui aisommes
Nos cors plus que nous ne devommes,
Et qui amons les granz hautèces
De cest vil siècle et les richèces.
Se Diex m'aït et Nostre Dame,
710 Richèce chace à mal mainte ame.
Mainte ame a richèce honnie.
Richèce est mes si abonnie
Et si plaisant à mainte gent,
Plus convoitent or et argent
Que la gloire du ciel lassus.
Richèce est mes si au desus,
Que nus ne puet nul bien avoir
S'il n'a tout plain un val d'avoir.
Nus n'a mes rien par sa science.
720 Ne puet avoir nes audience
Nus povres hons por son savoir,
Ce pouvez-vous souvent véoir
S'à droit le siècle regardez.
On vorroit miex qu'il fust lardez.

Nus povres hons qu'avant fust traiz
Moult li convint savoir de traiz.
Savant se vient par son sens traire;
Mes riches hons ne puet m'estraire,
Car s'il était filz à un contrait,
730 S'en boute avant richèce et trait.
Tout a vaincu, tout a passé
Qui plus d'avoir a amassé;
Mes tiex le muce et tiex l'amasse,
Et tiex devise et tiex compasse
En son corage moult grant chose
Qui ne verra jà Pasque close.
Tiex le muce, tiex le repont,
Qui tost s'iroit rendre à Lonc Pont,
S'il savoit bien que la mort pense.
740 Qui de la mort ne se porpense,
Enragiez est et forsenés.
Il n'est ne sages ne senez
Qui bien ne voit et bien n'entent
Que mort partout ses bras estent;
Tout emble, tout ravist et hape,
Ni deporte ne roy ne pape.
Bien se devroit chascun mirer.
Parfondement doit soupirer
Qui en la mort souvent se mire.
750 Ausint tue, un sage mire,
Qui vestuz est de sebelin
Comme un sot vilain bobelin.
Sages et folz touz nous deffie.
Trop par est folz qui trop s'i fie.
Nus ne se puet vanter de mort,
Si mordanz est que par tout mort;
Morz en touz lieus ses denz effiche,
Mort n'espargne ne povre ne riche.
Mort prent le fil, mort prent le père;
760 Mort prent la fille, mort prent la mère;
Mort prent le bel, mort prent le lait;
Morz est cèle qui rien ne lait;
Touz prent la mort et tout atrape.
Tiex la porte desouz sa chape
Qui le cuer cuide avoir mout sain.
Tiex le porte dedenz son sain
Qui moult est fiers, cointes et gobes.
La mort desouz ces bèles robes
Plus volentiers se muce et trait
770 Que souz la cuisse à un contrait.
Mort a assez plus grant délit
Quant èle queuve en i biau lit
Couvert de ver ou d'escarlate,
Qu'en i paillier couvert de nate.

La mort plus volontiers enfiche
Ses denz en une dame riche
Qui la gorge blanche a et polie,
Que une vielle grézelie.
Mort est si plaine de desroi,
780 Qu'assaut plus tost un joenne roy
Qui l'orgueilleus fet et le baut,
Qu'èle ne fet un viel ribaut.
Que vous feroie plus lonc conte;
La mort n'espargne ne roy ne conte,
Joenne ne viel, ne droit ne tort.
Li sages solz n'ont mie tort
S'il la douta en son courage;
Quar tel tempeste et tel outrage
Li fist la mordanz morz amère,
790 Ne li lessa père ni mère.
De tiex tempez assez avons,
Et sanz doutance bien savons
Que cist tempez sus nous venra;
Mes jà ne nous en souvenra.
Dès que charra li charchans cous
Qui trop nous cherra sus les cous.
Bien est desvez et enragiez
Et de folie encouragiez
Que ce grant coup trop ne redoute.
800 Nous morron touz, ce n'est pas doute;
Mes trop peu nous en souvient.
Las! quant morir touz nous convient;
Las! bien véons qu'à l'ueil nous pent;
Las! por ce nul ne se repent,
Bien nous en devroit souvenir.
Las! bien véons la mort venir.
De meffaiture qu'il ait faite
La mort a jà s'espée traite
Et de ferir touz nouz nos ménace.
810 Or gart, chascun tant ne se hace
Qu'il ne s'amende, sanz delaie;
S'atendons tant que li coup chaie,
Bien porrons dire : « Atart, atart. »
D'amender soit nus ne s'atart;
Car bien est tens et saisons,
En ces sales, en ces maisons
Que nous faisons édéfier
Ne nous poons guaires fier.
Las! doulereus mot n'en saurons
820 Devant qui tiex maisons aurons
Qui moult seront froides et basses.
Nos charoignes qui sunt si crasses
Que si aaise avons norries.
Puanz seront tost et porries
Quant en terre seront boutées.
Li grant moncel, les granz boutées
Qu'amoncelé avons d'avoir,
Ne nous porront mestier avoir,
Puisque boutez serons en terre.
830 Laissons l'espargnier et l'aquerre,
Laissons le cors à aisier;
Quar tiex estoit moult aaise yert,
Qui demain iert espoir en bière.
Qui sages est traie s'arrière
D'amer la vanité du monde.
La sainte Virge pure et monde
Qui Dieu porta en ses douz flans
Haïr le nous face en touz tans,
Et envers lui nous doint tel grace,
840 Si bons et si dignes nous face,
Dignes soions de lui servir,
Si que nous puissions deservir
Sa douce aie et son conseil.
Servez la tuit, je vous conseil;
Car tant est douce et de douz estre,
Que desconseilliez ne puet estre
Nus qui la serve de bon cuer.
Tant par est douce qu'à nul fuer
Soufrir ne puet qu'ait si bien non.
850 Nus qui bien aint lui ne son non,
Servons la tuit d'entier courage
Ainsi com fist li bons filz sage
Qui le cors por l'ame assota.
Voir en celui sage sot a
Qui por l'ame le cors assote.
Mais puis que l'ame est du cors sote,
Trop sotement va assotant
Onques nus sages ne sot tant
Que Dieu ne le tenist por sot
860 Se ses cors s'ame amer ne sot.

### Des deux frères qui furent à Romme.

Il y avait à Rome deux frères. L'aîné, nommé Pierre, était archidiacre de Saint-Pierre. C'était un homme d'une très-sainte vie, faisant beaucoup de bien aux églises, mais un peu avare. Le cadet, nommé Etienne, était jurisconsulte. C'était un homme d'une sagesse consommée, sans être d'une équité exemplaire. Plusieurs fois même on avait eu à se plaindre de son injustice à l'égard des particuliers et des églises. Cependant il avait toujours conservé une très-grande dévotion pour saint Prix, dont il célébrait la fête avec beaucoup de solennité. Il paraît que dans cette circonstance, il invitait ordinairement le clergé à sa table et donnait aussi un banquet aux pauvres qui ne s'en allaient pas sans le combler de remercîments. Or, il arriva que le frère aîné vint à mourir et fut condamné à expier ses fautes dans le purgatoire. Le second frère eut alors une vision. Il lui semblait être ravi en esprit devant Dieu, et là, saint Laurent l'accusa de plusieurs vols et larcins. La sainte Vierge le regardait aussi de mauvais œil. Le jugement s'instruisit bientôt, et le malheureux se vit condamné à partager en enfer le sort de Caïn et de Judas. Cependant, saint Prix supplie la sainte Vierge d'intercéder pour lui, afin qu'il lui soit permis de reprendre son corps, à la condition de mourir dans trente jours. Dans ce voyage mystérieux, Etienne avait vu les tourments des damnés dont les cris perçants retentissaient jusqu'à lui. Quel ne fut pas son étonnement de reconnaître son frère parmi ces malheureuses victimes. Mais il lui déclare qu'il sortira bientôt de ce lieu par l'intercession de la sainte Vierge, après qu'on aura célébré pour lui la messe. Quant à lui, effrayé de sa vision, il ne voulut recevoir désormais la vie que comme un bienfait passager qui devait l'aider à corriger ses vices et à faire pénitence de ses péchés. Le lendemain, il annonçait à tous ses amis qu'il mourrait dans trente jours. L'évènement justifia sa prophétie.

Malheur de ceux qui sont sans respect pour les saints; avantage de ceux qui les honorent. L'exemple de ce juge le prouve abondamment. Sortie contre les avocats qui *vendent leurs langues à détail et pervertissent la vérité*. Un jour aussi ces hommes, enrichis par la fourberie, seront cités au tribunal du souverain juge pour y être condamnés. Vengeance que Dieu tirera de tous ces étudiants qui vont à Boulongne pour y apprendre seulement les détours de la chicane, sans s'occuper de bien rendre la justice.

Miniature. Fond diapré orné de têtes monstrueuses semblables à des têtes de démons affectant la forme des quatre-feuilles; des fleurs de lys rouges sur un rouge pâle. Un homme nu couché dans un lit; son âme, sous la figure d'un petit être, s'échappe de sa bouche mourante. Saint Prix, le nimbe circulaire sur la tête, revêtu d'une robe bleue avec un collet brodé d'or, se présente au chevet du malade. Un petit démon couché sur son lit s'élance pour saisir sa proie. Au pied du lit, une sainte aussi nimbée, vêtue d'une robe rouge et d'une tunique verte doublée de bleu.

La miniature de Paris porte : *Des deux frères Peron et Estiene*.

1º Un homme couché; son âme part de son corps. Un homme et une femme les mains jointes. 2º L'âme devant deux saints. 3º Jésus-Christ et la sainte Vierge. 4º Entrée dans l'enfer; une gueule de monstre ouverte laissant voir des têtes d'hommes et de religieux; l'âme marche sur ces têtes serrées pour chercher sa place. 5º Même figure. Le damné est attaché à une roue que deux démons font tourner. 6º Deux prêtres et une partie du clergé.

Li bons livraires vont cerchier
Et les bons livres moult reverchier :
Moult y treuve de tiex merveilles;
Quant elles vienent as oreilles
De ceux qui la lettre n'entendent
Qui à la foiz moult s'en amendent,
Et moult en criement Dieu et doutent.
Mais je voi moult de ceux qui se boutent
En terre leur sens et reponnent,
10 Et nul gaaing à Dieu n'en donnent,
N'à Dieu n'en rendent nul conquest.
De son chatel ne de son prest
Sachent de voir c'un jor venra
Que reson rendre en convenra.
Rende chascun il n'i a tel
Montes à Dieu de son chatel.

*Magister P. Abaielart*
Sit sibi non alius qui
nascit selis docere; tanquam
nil acieret; talis habendus
erit

Qui vieut à Dieu les montes rendre
De son chatel par tout despendre
Doit le sens qu'il l'i a charchié
20 Et s'en doit faire grant marchié ;
Car quant plus la loue et desploie,
Tant croit-il plus et monteploie,
Et s'il le coile et s'il le semble,
Il le se tout et il se semble.
Qui set nul bien dire ne faire
S'a ce n'a tourné son affaire
Qu'à Dieu rende guerredon
Et de sa grace et de son don.
Trop m'est niens, ce m'est avis,
30 Et autant mort vauroit com vis.
A Dieu sa grace guerredonne
Et croist et double sa couronne
Qui pense à dire et à retraire
Aucune chose dont atraire
Puist à bien faire et home et fame
Et dont sauver puist aucune ame.

Un miracle vueil raconter
Pour ébahir ceus et donter
Qui sainz et saintes ne redoutent,
40 Ou feu d'enfer par ce se boutent.

Jadis ce truis furent à Romme
Dui frère, dui moult vaillant homme.
Li ainnez Pierres avoit non,
Riches clers iert et de grant non,
Arcedyacres de Saint-Pierre.
N'iert triboulerre ne lechierre,
Ains estoit moult de haute vie.
Si com la letre certefie,
En s'église fist moult de bien ;
50 Mais avers iert sus toute rien.
Li autres non Estènes out.
En la cité à son tens n'out
Du sens du siècle plus sage homme ;
Les jugemens rendoit à Romme.
Moult estoit plain de grant savoir ;
Mais par servise et par avoir
Assez souvent se meffaisoit
Et souvent tort de droit faisoit.
Mains jugemens fesoit pervers ;
60 En tort prenoit et à travers,
Et sus et jus sanz nul relais,
As clers, au moines et as lais,
Si com prévost qui tout atrapent,
Qui tout vendangent, qui tot grapent,

Qui Dieu ne doutent ne resoignent,
Ne de leur ames point ne soignent.
Maintes genz ont mal atornées,
Maufé feront moult granz formées
Se leur ames, si com je cuit,
70 En feu d'enfer feront tuit cuit.
Assez faisoit de desresons :
Saint Lorens toli trois mesons,
Par un barat grant et soutil ;
De saint Agnès un grant courtil.
Et ne pourquant seur toute rien
Amoit saint Pri et servoit bien,
Et auscz en ce s'estoit
Que chasqu'an sa feste festoit,
Et fesoit faire son servise
80 Moult hautement en une église
De touz les clers qu'avoir pooit,
Et puis après ses asséoit
A hautes tables et à grandes.
Moult leur donnoit de granz viandes,
Granz escuèles et huvées.
Viande avoit acuvées,
Et touz les povres ensement
Ascoit-il si hautement,
Que quant venoit au départir,
90 Tuit merçioient le martir
Et moult prioient por celui
Qui leur fesoit tant biens por lui.
Si com Diex plout, un jor avint
Que ses frères à sa fin vint
Qui non avoit de moult preudomme.
En purgatoire, c'est la somme,
Menez en fu por les meffais
Qu'en sa vie out ouvrez et fais.
Guères après ne démoura
100 Que mors ocist et acoura
Ce grant seigneur, ce grant prévost,
Por jugement oir tantost
De ce que fait out en sa vie,
Devant Dieu fu s'ame ravie.
Et lors que saint Lorens la voit
A cui les troiz mesons avoit
Tolues, par guile et par plait,
Irée chière moult li fait.
Mautalentis et d'ire espris,
110 L'a saint Lorens par le bras pris
Et si estraint l'a par III foiz,
Qu'engoisseus est tant et destroiz,
Conter ne le vous sai ne dire.
Et saint Agnès, par autel, ire

Resgardé l'a tout en travers,
Com s'emportast tout en travers,
Nes les virges toutes ensemble,
Ce dit la lettre, ce me semble,
Por saint Agnès que moult out chière,
120 A ce prevost font laide chière.
Li vrais jugierres qui ne ment
Tost en a dit le jugement.
« Por ce, » fait-il, « qu'a choses maintes
» A sainz tolues et à saintes ;
» Por faus jugemenz qu'il a fais
» Et por ce que tant est meffais
» Que maint home a déscrité
» Et que vendue a vérité,
» Si com Judas qui me vendi,
130 » Le jugement en fais et di
» Que dampné soit avec Judas. »
Après ces mos, isnelepas
Vers enfer est menée tost
L'ame de ce dolent prevost,
Mais saint Pri prie saint Lorent
Et sainte Agnès leur mautalent
Por s'amour pardoingnent celui
Qui tel fiance avoit en lui.
Et si font-il moult doucement.
140 Saint Pri après moult humblement
Jointes mains prie Nostre Dame
Son douz fil prit por cèle ame.
« Filz biau, » fait-èle, « por saint Pri
» Qui moult m'en prie vous en pri. »
« Douce Mère, por vo prière
» Douz et propice, » fait-il, « ière,
» Repraigne tost l'ame son cors ;
» Au jor trentisme risse fors
» Quant confés iert et repentans
150 » Des grans péchiez dont a fait tans ;
» Lors sera saus, par vo prière,
» Bèle très douce Mère chière,
» Quequ'en enfer en la grant flamme
» De ce prévost en aloit l'ame. »
De loins oy vois moult piteuses,
Moult lamentanz, moult douleureuses.
Entre les autres qui gémissent
Et leur meffaiz espeneissent,
Peron son frère a connou.
160 « Frères, frères, » fait-il, « eu ;
» Qui cuidast or que ci fussiez
» Et si grant paine soufrissiez.
» L'en vous tenoit, par toute Rome,
» Biau très douz frère, à moult preudome. »

« Frère, » fait-il, « por ce ci sui
» Que trop avers au siècle fui. »
« Frère, » fait-il, « por Dieu merçi,
» Istères-vous jamais de çi. »
« Oïl, » fait-il, « par tens, biau frère,
170 » Se Dieu plest et sa douce Mère,
» Car soupire fin de convoitise.
» Toutes voies vers sainte église
» Fui moult devos et moult i fis
» De bien et assés j'aquis.
» Se l'apostoiles, mes bons sires,
» Et si cardonnal veulent dire
» Une messe por moi sanz plus.
» Li piteus Sire de lassus,
» Par les prières Nostre Dame,
180 » Me jetera de ceste flame
» Et serai touz tantost délivres. »
Lors à ce mot, ce dit li livres,
Cist las prévos chiet en enfer,
En un puis de broches de fer,
Avironné de toutes pars
De granz dragons, de granz lépars,
De granz serpens à granz eschardes,
De granz huivres, de granz lésardes
De mil espices, de vermine
190 Iert plains li puis et la santine.
N'iert qui vous seust retraire
La passion ne le contraire,
La grant tristèce, la grant ire,
La grant douleur, le grant martire,
Ne les tourmenz grans et divers
Que Judas li lerres pervers
Et pluseur autre traiteur
Soffroient en tèle péeur.
En cel ort puis et cel ort goufre,
200 En feu ardant, en puant soufre,
Brui estoient sanz séjour
Vint foiz ou trente chascun jor
Estoient tuit ars et noié.
Après restoient tournoié
Seur granz roes ardant de fer
Par touz les ors putiaus d'enfer.
Souvent restoient tuit plungié,
Là iert mors et dérungié
De couleuvres, de boutériaus.
210 Il n'est routiers ne cotériaus
Qui ce ne doie redouter ;
Annuis seroit nes d'escouter
La très grant tribulacion,
Les cris et l'ulaçion,

*Aristoteles dicit :*
Quid est maxima egestas?
avaricia.

*Crassus dicit :*
In nullo avarus bonus
est, in se pessimus inopia
parva desunt avaricie om-
nia.

Les pleurs, les croisseis de dens
Et la douleur de là dedens,
Ne le sai dire ne ne puis
De ce l'ort goffre, de ce puis.
Maintenant rest issue l'ame
220 Par la prière Nostre Dame.
Devant lui vient lors et repaire
La douce Dame débonnaire.
Lors li commande et lors li dit
Son cors repraigne sans respit;
Tout quanqu'il a de l'autri rende,
Gart qu'à Dieu face tele amende
En trente jors qu'il a d'espace,
S'amour avoir puist et sa grace;
Et gart tant peu com iert en vie,
230 Que chascun jor une foiz die,
*Beati immaculati.*
Li esperites tout ainsi
Isnelement son cors repris.
Bien a veu, bien a apris
Que de leur ames grant péeur
Doivent avoir tuit traiteur,
Tuit plaideur, tuit decretistre,
Tuit avocat et tuit légistre
Et trestuit cil qui por avoir,
240 Devoir font faus et de faus voir,
Et sera bien aperceu
Que bien sont sot et déceu,
Et bien leur ames cil afolent
Qui rien n'à saint n'à sainte tolent.
A l'apostole et au clergié
Comment d'enfer l'a défangié
La Mère Dieu conte et retrait.
Après leur conte tout a trait
Comment il a Perron son frère
250 Veu à duel et à misère.
Mais s'ame sauvé iert tote voie;
Mais l'apostoile por lui proie.
Quanqu'a veu sans contredit
Tout en plorant leur conte et dit.
A l'apostole son bras monstre
Qui bien ensaigne et bien démonstre
La vertu Dieu et le pooir.
Bien à son bras puet-on vooir
Que moult par est saint Lorens fors
260 Par tel vertu, par tel effors
Et par tel ire l'enpoigna,
Le bras perdu et le poing a.
Le bras de l'ame si estraint,
Que nes celui du cors destraint

Si durement sí com Diex plout,
Qu'il onques puis mouvoir nel pout;
Si noir, si taint l'a et si pers,
N'i a que les os et les ners,
Jusques aux espaules l'a tout sec.
270 Chascuns en a pitié et pec
Nes l'apostoile en soupire.
En plourant cil leur prent à dire :
« A ce sachiez sans contredit
» Qu'il en touz voirs quanque j'ai dit
» Qu'au jor trentisme m'en irai
» Et de ce siècle partirai;
» N'ai plus d'espace ne de terme. »
Maint soupir font et mainte lerme;
De pitié pleurent clerc et lai.
280 Confessez s'est sanz nule delai;
Et si s'espunge et si s'espure,
Que conscience a nète et pure.
Tout maintenant rent et restore
Qu'an qu'à d'autrui et plus encore.
Grans biens et granz aumosne fet.
Quant accompli out et parfet
Le termine qu'il avait dit,
L'ame rendi et l'esperi.
En paredis en ala l'ame
290 Par les prières Nostre Dame,
Par les prières de saint Pri.

Or entendez, je vous en pri,
Com est desvez et plain de rage,
Come est en grant de son domage,
Cil qui saint ne sainte guerroie,
Qui de terre nes une roie,
Leur tot ne riens, tant soit petite,
De paradis se désérite.
Qui désérite un saint en terre,
300 Vers touz les sainz du ciel prent guerre,
Vers Dieu et sa douce Mère.
Mais cil buer fu nes, par saint Père,
Qui les aime, sert et honneure;
Car il li rendent eu une heure
Plus qu'en cinc cens n'a por aus fet.
Bien garist cil s'ame et refet
Qui aucun saint puet tant servir,
Qui puet s'aie déservir.
Qui bien le sert, honneure et aimme,
310 Sache por voir si les reclaimme
Qu'au besoing pas ne li fauront.
En un seul jor plus li vauront
Que touz li mons ne porroit faire.

Mais pluseur sunt de tel afaire
Méesmement tuit li plus riche
Qui sunt plus fole que fole briche ;
Quar sains et saintes ades muisent
Et touz leur biens leur amenuisent
Et retaillent soir et main.
520 Mais à la fin tout main à main
Ou puis d'enfer droit en iront.
Sans finement là gémiront ;
Car il ne font en ceste vie
Riens dont leur sorde nule aie.
Sainte ne saint n'ont en mémoire
Qui por aus prit au Roy de gloire
A son preu faire petit voit
Qui en ce mont ne se porvoit
De faire ou ciel aucun ami.
530 Cil dont j'ai dit, par saint Remi,
Qui la feste saint Pri festoit,
Porce que plaiderres estoit
Et qu'il fesoit faus jugemens,
Ou feu d'enfer es grans tormens
Dampnée fust et arse s'ame,
S'en n'en priast saint Pri la Dame
Qui Royne est de tout lé mont.
Jà n'enterront lassus amont
Ne ne verront le Sauvéeur
540 Faus avocat, faus plaidéeur
Qui por denier et por metal
Leur langues vendent à détail
Et pervertissent vérité.
Maint povre homme ont désérité.

S'uns povres hons au riche plède,
Chascuns soustient le riche et aide.
Maintenant à iiij avocaz
Qui dient : « Fui, vilain locaz,
» Ne ses que diz ne cuns n'oiez. »
550 Par moz polis aplanoiez
Qui sac le boutent à envers.
Par moz soutilz, par moz divers
Qui li bestournent sa querèle,
Qu'encor li riche li querèle.
Maintenant l'ont si adoubé,
Que c ou a li font du b.
Et si le las partienent cort,
De son droit paie amende acort.
Tant le mainent par leur savoir,
560 Qu'au riche font de lui ravoir,
Là où ses droiz est tout apers.
Cous et domages et de pers

Par leur favèle, par leur gengle
Maint preudomme ont bouté en l'angle.
Par ce vestu sunt et monté
Miex qu'uns cuens n'est de sa conté.
Mais par la foi que doi le conte,
Devant Dieu ièrent à grant conte.
Là n'ièrent si aligoté,
370 Et desconfit et d'estroté,
Sachent, sachent qu'un jor venra
Que devant Dieu li convenra
Rendre raisons de tiex afaires.
Ades n'iert pas Gervins maires
Ne cuident li décertistre,
Li avocat ne li legistre,
Ne tuit li autre plaidéeur
Qui devant le vrai jugéeur
Messict leur ait leur sapience.
380 Devant Dieu n'a nus audience
Nului fors pure vérité.
Guile, barat ne fausetez
Devant Dieu n'ont nule audience.
Las ! avocaz ; audi en ce
Que je te die le cuer enfiche
Ne prise pas Diex une afiche.
Le sens ont touz ties afichiez.
Cil est bons clercs et affichiez.
Plus d'Aristote et de Platon
390 S'il n'avoit pas leu Chaton.
Qui de son sens soit Dieu servir
Tant que de s'amour puet desservir.
Mais cil est soz et nesciens
S'autant savoit com précieus,
Com Oraces ou com Virgiles
Qui tant aprent barat et guiles,
Qu'il en pert Dieu qui est li sens
Que tuit devons querre en touz sens.
Cil n'est pas plains de grant savoir
400 Qui paine et coust met en savoir.
C'en dont Dieu pert et dampne s'ame.
Peu est mais nus, par Nostre Dame,
Qui por le preu de l'ame apreigne.
Chascun son preu het et desdaigne ;
Chascun son preu fuit et esloingne ;
Chascun corre veut à Bouloingne
Barat et guile tant aprendre
Tout puist guiler et tout souspendre.
Chascun cuer mais à son noanz....
410 Chascun veut avoir encorsée
Chappe vaire, chappe fourrée
Et chapel avoir de bonnet.

*Jeremias :*
Multo melius est habere rusticitatem sanctam, quam peccatricem eloquentiam.

*Salomon dicit :*
Simplicitas justorum diriget eos, et supplantatio perversorum vastabit illos.

*Gregorius dicit :*
Prima sapientia est vitare malum ; secunda est facere bonum.

*Isidorus :*
Nichil sapientia melius ; nichil prudentia dulcius, nichil scientia suavius.

*Salomon dicit :*
Melior est sapientia ceteris preciosissimis et omne desiderabile non potest ei comparari.

Ains que bien sachent leur donnent
A Bouloingne s'en vont trotant.
Là se vont tant au mal frotant
Que quant il puent ratroter.
Maintes genz font leur dos froter.
Il aprennent, par saint Gile,
Tant de barat et tant de guile,
420 Et de *quare* et de *gotant*,
Que le mont vont tout argotant.
Férir les puist mal palazins,
Car n'est juif ne sarrazins
Cui tort vers droit ne soustenissent ;
Mais bue leur borses leur emplissent.
Au jugement quant Diex venra,
Moult grant vengence d'aus penra.
Jà n'oseront un seul mot dire ;
Jà seront plain de duel et d'ire ;
430 Jà parleront d'autre latin.
Diex parlera si fort latin,
Qu'il en seront tuit esgaré.
Tout leur *ergo*, tout leur querre,
Leur fallaces, leur argument
Valant la queue d'une jument,
Ne leur vauront en la présence
De Diex qui est fonz de science.
Dex les het tant, c'est sans douter,
Qu'il nes pourroit nes escouter.
440 Dex ne legistre n'avocat
N'escouteroit *neque vocat*.
Li plus sage là seront fol ;
Car la letre dit, par saint Pol,

Que la science de cest mont
Musardie est là sus amont.
Por ce qu'au bien point ne s'aploient,
Por leur savoir que mal enploient,
Por vérité qu'il pervertissent,
Por ce que plusieurs gens traïssent,
450 Avec Judas qui Dieu trahi,
Ou puant goufre où il chaï
Dont ci devant vous ai retrait,
A cros ardanz seront tuit trait.
Cil grant prévost, cil plaideeur,
Cil avocat, cil gengleeur,
Que que il soient clerc ou lai,
En cel ort puis, en cel ort lai
Balancié ièrent et plungié.
Là seront mort et dérungié
460 Sanz finement et sanz termine
De lézardes et de vermine,
De botereaus et de couleuvres ;
Car il font or les males euvres ;
Car il menjuent povre gent
Et mal leur boutent leur argent.
Plaidéeur vont le mont boulant.
Il n'est nus hons qui leur boule ant
Qui maugré suen ne soit boulènes,
Et plaideriaus et triboulènes
470 En la chaudière où Judas bout
Jeté seront trestout debout
Por ce que tout guilent et boulent
En enfer ardant tuit et boulent.

---

## Comment un hons noié en la mer fu délivré par l'aÿde Nostre Dame.

Les pélerinoges de Terre Sainte ont été longtemps célèbres dans toute la chrétienté. Les idées de foi alors si vives reportaient souvent l'imagination et les soupirs des vrais croyants vers ces contrées lointaines où s'était accomplie la rédemption du monde, et la Judée, cette terre si travaillée par les miracles, excitait comme naturellement la pieuse curiosité des fidèles et leur faisait espérer qu'ils trouveraient une entière miséricorde après avoir visité les lieux que le Fils de Dieu avait sanctifiés de sa présence et arrosés de ses sueurs et de son sang. C'est sans doute dans une de ces circonstances que se passa le fait dont nous allons parler.

Des pèlerins ecclésiastiques et laïques s'étaient embarqués pour se rendre au saint sépulcre. Pendant la traversée il s'éleva une tempête si furieuse, que le commandant du navire se regarda comme perdu ainsi que son équipage. On se précipita alors dans les barques de sauvetage; mais pendant cette opération, un des hommes vint à tomber à la mer et disparut sous les flots. A la vue de cet accident, le commandant et tous ses hommes fondent en larmes, parce que cet homme venait de périr sans avoir eu le temps de se confesser. Chacun d'eux craignant le même sort, s'empressa d'avoir recours au sacrement de pénitence. Bientôt le navire coula à fond. Cependant, un évêque qui était au nombre des pèlerins regardait attentivement de côté et d'autre, pour voir si quelques-uns des naufragés ne surnageaient pas : lorsqu'à son grant étonnement il aperçoit jusqu'à dix colombes blanches qui s'envolent vers le ciel. Il comprend que ce sont les âmes des bons pèlerins qui vont en paradis. Regrets du saint évêque de ne pouvoir jouir du même bonheur.

Après quinze jours de traversée, les naufragés arrivèrent enfin sur les côtes de la Palestine; et du rivage fixant leurs regards sur la mer, ils voient sortir des flots un de leurs compagnons de voyage. Tous l'embrassent avec une joie ineffable, surtout l'évêque qui ne peut revenir de son étonnement. On le fait asseoir sur le rivage, et là on le questionne en toute manière sur un évènement aussi extraordinaire. Alors le pèlerin raconte qu'il doit à la protection de Marie son salut et sa vie; mais on veut savoir comment s'est opérée cette merveille. Le naufragé raconte qu'au moment de sa chûte, il se réclama de la sainte Vierge, et qu'alors cette bonne mère, avant qu'il ait touché le fond du gouffre, était venue le couvrir de son manteau. C'est à l'aide de ce manteau qui l'avait préservé du froid, de la faim et de la soif, qu'il est arrivé au port.

Dans son épilogue, le poëte ajoute que, bien qu'il ne trouve plus rien dans son manuscrit, ce n'est pas une raison pour en finir si vite. Aussi avoue-t-il ingénument que lorsqu'il est en plein miracle, il est comme emprisonné dans un vaisseau ; mais qu'il est heureux lorsqu'une fois il vogue au large. Il prend occasion de cette merveille pour exhorter au service de Marie qui ne laisse périr ni en terre ni en mer aucun de ceux qui ont recours à elle. Ce miracle est plus éclatant que celui de Jonas qui ne fut que trois jours dans le ventre d'un poisson. Nécessité donc de recourir à Marie la maîtresse des anges, l'espoir des faibles, la force dans l'adversité, la terreur du démon. Avec elle plus de désespoir ; car, quand Dieu dans sa colère est prêt à frapper, elle cache sous son manteau le pécheur, et Dieu retire son bras vengeur ; il est désarmé. Puisse-t-elle, ajoute-t-il, au jour du jugement, me mettre sous le large et simple manteau qui couvre le monde. C'est là qu'il veut se cacher avec ses péchés. Il sent le froid des ans. Puisse ce manteau le réchauffer! Sous ce manteau qui n'est rien autre chose que son secours, on ne craint rien. C'est le grand refuge où il faut s'abriter au plus tost. Là le pécheur est en sûreté, et elle le rappellerait, s'il le fallait, du fond de la mer, comme le prouve ce miracle. Le poëte finit par une charmante prière à Marie.

Miniature. Un navire brisé par la tempête. A côté, dans une petite chaloupe, un évêque, la mitre en tête, les mains jointes, la chape rose doublée de vert ; trois personnes vêtues de robes bleues regardant le pauvre naufragé qui tombe au fond de la mer.

Manuscrit de Paris. 1° Naufrage ; trois oiseaux. 2° Deux barques ; un évêque, un passager montrant du doigt celui qui vient de tomber à la mer. 3° Un homme au fond de la mer. 4° L'évêque, le clergé et le naufragé.

Qui veut oïr, qui veut entendre
En quel manière set deffendre
La Mère Dieu toz ceus qui l'aimment
Quant la prient, quant la reclaimment,
Traient s'en ça et ses oreilles
Tende vers moi, sorra merveilles.

    Li livres dit ou leu l'ai
Qu'avint jadis que clerc et lai
En une nef la mer passoient,
10 Au saint sépulchre s'en aloient.
Mais ainz qu'il fussent en mi mer,
Tant felon vent et tant amer

De toutes part leur nes hurtèrent,
Qui d'une part si l'afrouèrent,
Que li mestres vit bien sanz doute
Sanz nul délai périroit toute
Chascun, tant com il peut, se vit.
Quant li mestres de la nef vit
Que la mort à l'œul li pendoit,
20 A demi pié voit, à plain doit,
Entrez s'en est ignélement
Et uns evesques eusement,
Et li plus haut qui là estoient
En une barge qu'il avoient.
Mais un de ceus qui en la barge

Cuida saillir de la nef large,
En mer chai et mer l'englout,
Tost afondra, nus nel vit puis.
Trop fu cheuz en parfont puis.
30 Qui en la barge furent fors
Et à quarant vindrent leur cors,
Li mestres lors ne se test mie,
Mes en plorant en haut s'escrie :
« Seigneur, Seigneur, il n'i a plus
» Et cuers et mains tendez lassus,
» Et si déprit chascuns por s'ame,
» Reclamez Diu et Nostre Dame
» Et soit confez ignélement ;
» Car sachiez tuit certainement
40 » Qu'il n'i a plus de vostre vie,
» La nef alée est et périe. »
Adonc i fu grant la criée
Et mainte lerme i out plourée.
Tuit se confessent qui miex miex,
Car la mort voient à leur yex.
La barge encor loin n'estoit mie
Quant afondrée est et perie
La nef où moult de genz avoit.
L'évesques qui moult de bien savoit
50 Et qui moult iert bénignes hons,
Et tuit si autre compaignon,
Leur compaignon assez lamentent
Qui ainsi voient en tormentent
Et moult déprient entre aus touz
A Jhésucrist le piu, li douz,
Qu'il ait merci de ceus qui noient,
Qui son sépulcre requéroient.
Li bons évesques moult prent garde
Et moult ententivement regarde
60 Aval la mer, savoir se nus
Despérilliez verroit desus.
Que qu'il regarde en tel manière
Sus et jus, avant et arrière,
Par le plésir du Saint Espir
Blans coulons voit de mer issir
Ça ij, ça iij, ça v, ça x,
Et voler droit en paradis.
Li blanc qui ou ciel vont
Bien set l'évesques que ce sont
70 Les ames des bons pélerins
Que li vrais Diex li enterins,
Que tuit li suen treuvent entier,
Au ciel conduit le droit sentier.
A donc li redoublé ses diels.
« Hé ! Jhésucrist, » fait-il, « Diex ! Diex !

» Douz Diex, douz Diex, je ne dout mie
» Qu'ains fesisse toute ma vie
» Un tout seul bien qui te pleust.
» Jà ta douceur soufert n'eust,
80 » Se fait un tout seul bien eusse,
» Que périlliez en mer ne fusse
» Avec mes autres compaingnons.
» Je amasse miex estre coulons
» Por voler seur les estoiles,
» Qu'estre arcevesque n'apostoiles.
» Il est devez qui a envie
» De nul honneur en ceste vie
» Où toute chose est variables
» Escoler genz et très passables.
90 » Mais qui lassus s'envoleroit
» A seurté touz jours seroit. »
Ainsi grant duel fait et demaine
L'évesque toute la quinzaine.
Et quant Dieu pleust qu'il arrivèrent,
Seur la rive de mer gardèrent.
De mer tuit sain seur le sablon
Issir virent leur compaignon.
Cui voiant eus si meschai
Que touz envers en mer chai,
100 Quant en la barge vout saillir.
Là ne dut pas joie faillir,
Et sachiez bien que non fist elle.
Seur leur sablon, seur la gravèle,
Tant le baisent et tant l'acolent,
Por un petit qu'il ne l'afolent.
Seur touz l'évesques li fait feste.
« Si grant merveille com est ceste, »
Fait li évesque, « foi que doi m'ame,
» Ne foi que doi la bèle Dame,
110 » Onques en terre mes n'avint. »
Dis fois le baise, voire vint
Ainz qu'un seul mot dire li oise.
Quant li évesque un peu s'acoise,
A donc s'asient tuit à terre,
Et si li prenent à enquerre
Por l'amour Dieu qui tout leur die
Qui sauvée li a la vie
Et garanti en mer son cors.
En soupirant cil respont lors :
120 « Vous vous merveillés de folie.
» Nostre Dame sainte Marie
» Qui pooir a partout le monde,
» Garanti m'a par tout le monde.
» Garanti m'a en mer parfonde,
» Et parmi mer parfonde

» Amené m'a après vo barge
» Et arrivé par grant deport
» Tout ausitost com vous à port. »

« Douce Dame, sainte Marie, »
130 Fait li évesques, « aie ! aie !
» Di moi, di moi, biau très douz cuers,
» Comment de mer ies issus fuers?
» Que t'avint-il quant tu chais?
» Quant tu venis en mer lais,
» En ce grant goufre, en ce grant fons
» Qui tant est grant et tant parfons,
» Que t'avint-il, que t'est avis?
» Lequel fus-tu ou mors ou vis?
» Por Dieu et por sa douce Mère,
140 » Di moi, di moi, biau très douz frère,
» Et desqueuvre ceste merveille ;
» Mes cuers si fort s'en esmerveille,
» Par Madame sainte Marie,
» Vis m'est ce soit enchanterie. »
« Sire, » ce dist li périlliez,
« Porquoi si fort vous merveilliez.
» On ne puet bien, ce est la somme,
» Ou feu d'enfer sauver un homme
» La Royne, la Virge monde
150 » Qui a sauvé trestout le monde. »
Respont l'évesques : « N'est pas doute ;
» Il est devez qui de ce doute,
» Que Madame sainte Marie
» Qui au monde a rendu vie
» Ne soit si de très haute affaire
» Que son plaisir puet partout faire.
» Mes savoir voulons toutes voies
» Par quel chemin et par quelles voies
» Et en quel manière et comment
160 » La Mère au douz Roy qui ne ment
» Ramené t'a et ci conduit ;
» Il a maint jour et mainte nuit
» Que voiant moi y trébuchas,
» Beus tu puis ne ne menjas. »
« Menjai? » ce respont cil lors droit ;
« Vis m'est que ce fut orendroit. »
« Orendroit? » fet l'évesque, « frère,
» Plus de quinzaine a, par saint Père. »
« Si m'ait Dieu, » fait cil, « demain
170 » Onques puis n'oi ne soif ne fain. »
Respondu a l'évesque lors :
« Foi que je doi m'ame et mon cors,
» Tu as esté en bon païs.
» Di-moi, por Dieu, quant tu chays,

» Que deis-tu? que t'avint-il? »
« Quoi? » ce respont en plorant cil.
« Quant je chai, quant trébuchai,
» La douce Mère Dieu huchai
» Et réclamai de tout mon cuer;
180 » Quar parler ne poi à nul fuer.
» Si trébuchai à une enpainte,
» Qu'ainz n'apelai ne saint ne sainte,
» Nes Dieu ne reclamai je mie ;
» Mais Madame sainte Marie,
» La douce Mère au Roy de gloire
» Qui tout ades en mémoire.
» Dès lors que je chai en mer,
» Ne la finai de réclamer
» Devant que fui venuz au fonz
190 » Qui tant est grant et tant parfonz
» Que n'el sai dire ne retraire.
» Et la pucèle débonnaire
» Qui Dame et Royne est du monde,
» En mer hideuse, en mer parfonde,
» De lez moi vint iguelement,
» De son mantel si doucement
» Me couvri lors la douce Dame,
» C'onques puis n'oi, foi que doi m'ame,
» Doute de mer ne de rien née.
200 » La pucèle ben eurée,
» La douce Virge glorieuse,
» Par mer horrible et ténébreuse
» Souz son mantel par grant déport,
» Amené m'a ici à port
» Et arrivée par son pooir
» Ici com vous povez vooir. »
L'évesque en plorant s'escrie :
« Douce Dame, sainte Marie,
» Haute Royne, sainte et digne,
210 » Pucèle piteuse et bénigne,
» Très douce Mère au Roy Jhésu,
» Gloréfiez soies tu.
» De quanqu'a en ciel et en terre
» Nus ne te vent de cuer requerre
» Qui moult ne soit tost conseilliez.
» Ce monstre bien cist périlliez
» Por miracle qu'ai retrait »
Moult longuement et moult atrait
Tout en plorant glorefièrent.
220 Et cil et cèles qui là èrent.
La Mère au Roy qui tout cria.
De ce miracle plus n'i a
Ne mes livres ne me raconte.
Mes par la foi que doi le conte,

39

N'est pas roison comme resqueue
Que je n'i face un peu de queue.
Souvent m'est vis, par saint Romacle,
Que que je sui en plain miracle
Qu'en prison sui en une barge.
250 Mes quant sui fors, lors sui au large ;
Lors pens et dis quanque je weil.
Quant moi convient suivre le fueil,
Je ne puis pas avec la lettre
Quanque je pens à joindre et metre ;
Car trop i auroit de délai.
Por ce laissié à la foiz l'ai,
Por ce les queues j'ai mises ;
Et si n'i faites tex devises
Que cui la queue ne plera,
240 Au paragrefe le lera.
Et qui la queue veut eslire,
Sans le miracle la puet lire.

Cist miracle qu'ai récité
A l'espurée vérité
Moult parest grant et merveilleux.
Vers s'ame est bien varons et leus
Et pires que vuars chagiez
Cil qui n'est moult encouragiez
De bien servir de tout son cuer
250 La Mère Dieu qui à nul fuer
Périr ne lest en mer n'en terre
Nului qui la veille requerre.
Où est qui n'osast nes penser
Q'un home vousist ainsi tenser
Ou fonz de mer une quinzaine,
Quant Diex ou ventre de la balaine
Sauva Jonam iii jors sanz plus ?
Jà ne fu il à ce tens nus
Qui n'el tenist à grant merveille.
260 Mes ce que veust tout ades veille
Li Roys du ciel, nostre douz Père
Por essaucier le non sa Mère,
Si non à terre a si haucié,
De seur touz nous l'a essaucié
Et si ou ciel l'a seur haucié,
Que seurlevée et essaucié
L'a de seur touz les sainz archanges
Et de seur touz les cuers des anges.
Qui tuit son cuer à li aploie,
270 Qui devant li souvent se ploie,
Qui l'onneure, qui la tient chière,
Nes de Dieu va si en rivière,
Que toute en fait sa volenté.

Trop est cil plains de dolenté
Et fors du sens est bien sanz doute,
Qui sa pensée n'i met toute
En faire chose qui li plaise.
Moult par puet cil estre à aise
Et seur en cors et en ame,
280 Qui servir puet la douce Dame,
La douce Mère au Roy celestre,
Tant qu'elle daint ses esnes estre
En toutes ses aversités.
Qui bien la sert, c'est véritez,
Ne puet douter Dieu ne déable.
Diex, non, non, non non, c'est fable.
Non est, si est, non est, si est,
Ci ne puet metre nul arest.
Qui bien la sert, ce sai-je bien,
290 Ne doit déable douter rien.
Mes devez en, ce n'est pas doute,
Qui ne crient Dieu, resoingne et doute.
Bien a parlé, par saint Silvestre,
Le Roy du ciel, le Roy celestre
Doit tout li mondes bien crémir
Et vers lui chascun fremir.
Bien as parlé et si as droit,
Mais je l'ai dit oreendroit,
Que nus n'a fait si grant meffait
300 Ne nus si grant péchié n'a fait
Par quoi Dieu doie tant douter
Qu'anemis le puist jà bouter
En despérance ne metre.
Puisque bien se weille entremetre
De bien servir la Virge monde
Qui acorde à Dieu et au monde.
De granz péchiez n'a nus tant fait
Ne tant vers Dieu ne s'est meffait,
S'il sert sa mère qu'il n'ait sa grace
310 Et qu'èle à lui sa part ne face.
Nes quant Diex est tant correciez
Que por férir est jà dréciez,
Et que poing clos li veut sus corre,
Si querre elle por le secorre,
Et de l'aidier si s'entremet
Que desouz son mantel le met.
Et lorsque voit li très douz Père
Que mucié l'a sa douce Mère
De souz son mantel et repost,
320 Son poing retraist a li tantost,
Et lors refroide toute s'ire.
Si très douz est li très douz Sire,
Si très douz Roy li très douz Père,

*Psalmista dicit :*
Timete Dominum omnes sancti ejus, quoniam non est inopia timentibus eum. Servite Domino et exultate ei cum tremore. Beati omnes qui timent Dominum.

*Isidorus dicit :*
Desperatio pejor est omni peccato.

*Mag. Philippus dicit :*
Per manum Dei, vindicta et ejus justicia designatur. Unum horrendum est, incidere in manus Dei viventis. Extendit ergo Salvator manus ad opprimendum quod dicit : Vindictam me de inimicis meis. Beata Virgo interposuit se medium quasi colons inter peccatores et filium pacem reformare ut qui sibi dyalogo videantur, vicissim disputare mater et filius qui ipsa et ipsa respondeat et ego vivere faciam, et ipse dicat ego percuciam, et ipsa respondet ego sanabo.

*Ma dicitur :*
ab tanta praesidium con-
sus, Dei Genitrix, nos-
deprecationes ne des-
pi<ias> in necessitatibus,
a periculis libera nos
per, virgo benedicta.

*Ma dicitur :*
ub tuam protectionem
<fugi>mus, ubi infirmi ac-
cunt virtutem, propter
ulbi psallimus : Dei Ge-
<ni>trix.

    Que desouz le mantel sa Mère
    Souz le secors la douce Dame
    Ne ferra jà home ne fame.
    A cèle Dame fait bone courre
    Qui nes vers Dieu puet caus rescorre
    Qui à li quert à refuge.
330 « Hé ! Mère Dieu, Mère au grant juge,
 » Qui tout le monde jugera,
 » Com buer fu nez qui mucera
 » Souz ton mantel et souz t'aie.
 » Douce Dame, sainte Marie,
 » Com est plaisanz et com est biaus,
 » Amples et larges tes mantiaus ;
 » Tant par est grant pucèle monde,
 » Qui tu en queuvres tot le monde.
 » Li las péchiérres, li destroit
340 » Qui de péchiez tainz est et froit,
 » Douce Virge de douz renon,
 » Ne soit où fuir s'a toi non,
 » Ne soit où mucier ne où vuandir
 » Por eschaufer, por eschandir ;
 » Ades s'enfuit souz ton mantel.
 » Qui avoir en puet un chantel,
 » Maintenant est eschaufiez
 » Et lors li esloingne li maufez.
 » Le froit en queuvres, douce Dame,
350 » Pour eschaufer la lasse d'ame.
 » Le chaut en queuvres qu'il n'oit froit
 » Et de bien faire ne refroit,
 » Tu en queuvres le péchéeur,
 » Por ce, Dame, que par péeur
 » Ne voit et chiet en désespoir.
 » Tu en queuvres et main et soir
 » Celui qui est tant entéchiez
 » Que tes douz flex por ses péchiés
 » Batre le veut, haute Royne,
360 » Et férir d'ulcion divine.
 » Hé ! Mère Dieu, les grans mantiaus
 » Qui tant est chiers, riches et biaus,
 » C'est tes secors, c'est tes confors
 » Qui tant est granz et tant est fors,
 » Que jor et nuit sequeurt le monde
 » Que de douz fins se le confonde
 » Por les péchiez, por les meffaiz (1).
 » Hé ! doux mantel, fort biauz et genz,
 » Tu as mestier à toutes genz,
370 » A toutes genz iès tu refuges.
 » Si tu n'estoies li granz juges
 » Qui jugera pensers et faiz,
 » Et jor et nuit por nos meffaiz,
 » Si durement nous jugeroit,
 » Que touz nous acraventeroit.
 » Pucèle douce et débonnaire,
 » Plus que ne puet langue retraire,
 » Tes mantiaus est par vérité
 » Escuz en toute aversité.
380 » Preudom qui es en bones euvres,
 » De ce mantel se tu ne te cueuvres,
 » Anemis si te requerra,
 » Qu'en aucun liu si te ferra
 » Qu'il occira ta lasse d'ame ;
 » Et se doux mantel Nostre Dame,
 » Las péchiérres ne te queuvres,
 » Li juistes juiges por tes euvres
 » Te batra si durement,
 » Que mors sera ignelement.
390 » Las ! las ! péchiérres, quant tu vois
 » Que férir te vient à la foiz
 » Cil qui tout voit, qui tout juge,
 » Fui tost, fui tost au grant refuge,
 » Fui tost, fui tost, biau très douz frère,
 » Souz le mantel sa douce Mère.
 » Là seras tu si asseur,
 » Que nes de Dieu n'aras péeur.
 » Nel di por ce, biau très douz frère,
 » Que le grant Roy, le puissant Père,
400 » Seur toute riens douter ne doies,
 » Mais por ce, le di toutes voies,
 » Qu'en n'en aies si grant doutance,
 » Que chaies en désespérance.
 » Vers toi n'iert jà si corréciez
 » S'il voit que tu soies muciez
 » Souz le mantel sa douce Mère,
 » Que jà te fière, biau douz frère,
 » Anui ne fait Diex ne hontage
 » A nului que de bon courage
410 » A sa Mère voit a refui.
 » Fui, las péchiérres, fui, fui, fui ;
 » Fui tost, fui tost, queur, queur, queur,
                                      [queur.
 » Se tu tant seulement souz leur
 » De son mantel te puet mucier
 » Et tant te puez esbérucier

---

(1) Il manque ici un vers.

» Que de bon cuer ta bouche die :
» Doiz de douceur, aie, aie,
» Sachiez, sachiez, sachiez sanz doute
» Que maintenant te fera toute
420 » A son Fil t'apaise et s'acorde
» La Mère de Miséricorde.
» Se de lez li t'ies bien tapis
» Couvers ies de riches tapis.
» Se li déables là t'espie,
» Douter n'en puez nez c'une pie.
» Foi que je doi le saint Espir,
» Se mucier ce seis et tapir
» Les la garite qui tout garde,
» Là n'auras tu de nului garde
430 » Por Dieu justes, por Dieu péchierres.
» Se li déables si trichierres,
» Qui tant set truc, barat et guile,
» Qu'à plus soutiex les ames guile,
» Décevoir te vient et guile,
» Fui tost, fui tost au fort piler
» Qui tout comporte et tout soustient,
» Qui tout gouverne et tout maintient.
» Se de bon cuer à lui t'apuies,
» Lors torneras li lerres en fuies.
440 » Sachiez, sachiez de vérité,
» En quelconques aversité
» Que soies en terre ou en mer,
» Se de cuer le vieus reclamer,
» Tout maintenant et tout le cors
» Auras sa aie et son secors.
» Nus ne la veut de cuer requerre
» En haut n'en bas, n'en mer n'en terre,
» Bon secors n'ait lors en s'aie.
» De Madame sainte Marie

450 » Ne seust bien si reclamer
» Qui afondez estoit en mer,
» Il fu noiez, ce puet bien croire,
» Si ne puest nier toute boire.
» La Mère Dieu, par son pooir,
» Ou fons de mer le vint vooir ;
» De son mantel la Virge monde
» Si le couvri de mer parfonde,
» C'onques de mer ne sente goute,
» Ne que s'il fu en une croute,
460 » Et sain et sauf à port le mist
» La douce Mère Jhésucrist
» Qui bien la sert tost a trové.

« Cist miracles l'a bien prové.
» La sainte Virge pure et monde
» En ceste mer, en ceste vil monde
» Qui assez est plus périlleus
» Que n'est la mer en moult de leus,
» Nagier nous doint et gouverner
» Si que nous metre et mener
470 » Au port qu'èle conquist jadis.
» C'est li douz port de Paradis
» Dont Eve touz nous dériva,
» D'ou ciel trouvé la rive a,
» Qui celui à son cuer arive
» Qui de touz biens fonz est et rive.
» Qui Nostre Dame servira,
» Au port du ciel arrivera.
» Qui arriver veut à tel rive,
» A li servir son cuer arive ;
480 » En Paradis ariveront
» Cil qui la bien la serviront. »

# Du vilain qui à grant poine savoit la moitié de son Ave Maria.

Un laboureur, homme avare et ignorant, ne songeait qu'à augmenter son bien, même au détriment de ses voisins. Il travaillait tous les jours, excepté le samedi depuis None, où il assistait à la messe et au service qui se célébrait à l'église. Quoiqu'il sût à peine pour toute prière la moitié de son *Ave Maria*, on le voyait souvent s'agenouiller devant une image de la sainte Vierge.

Cet homme étant tombé malade, les démons accourent en foule pour enlever son âme. Les anges viennent de leur côté au secours de ce malheureux. Bientôt une longue discussion s'engage entre les bons et les mauvais esprits. Ceux-ci prétextent de ses vols, de son ignorance, de ses profanations du dimanche pour le réclamer comme leur appartenant. Ceux-là objectent sa dévotion à Marie, ses ferventes prières qui ont touché le ciel. Ils font valoir l'excellence de ces brèves oraisons qui, partant d'un cœur sincère, sont bien autrement agréables à Dieu que ces longs offices où l'on chante sans attention, où l'on ne va que pour se faire remarquer. Ils terminent par une critique adroite de l'orgueil. Après cette curieuse contestation où les démons finissent par avouer toute l'horreur qu'ils ont du salut de la sainte Vierge, cette belle prière qui fait gémir et pleurer l'enfer en lui enlevant ses victimes. Quel bonheur pour eux s'ils pouvaient anéantir toutes ses nombreuses images répandues partout jusque dans les chapelles les plus abandonnées ! Cet aveu fait, les anges emportent l'âme au ciel.

Moralité. — Avantages de servir Marie. Plaintes contre les moines vagabonds et chasseurs. Invectives contre les vilains qui n'observent pas les fêtes et se laissent excommunier plutôt que d'obéir à la parole des prêtres. Haine des laïcs contre les clercs, propos outrageant d'un de ces hommes. Guerre entre les uns et les autres ; leur peu de foi, leurs discours calomnieux. L'auteur attribue leurs mauvaises récoltes, leurs afflictions, leurs misères, à leur refus de payer à l'église la dîme, cette dette si juste.

Miniature. Fond azur coupé par une grille noire carrée surchargée de losanges à lignes blanches qui se rattachent à des boutons blancs et rouges. Un arbre semblable au sureau. Un homme vêtu d'une tunique rouge assez courte, le capuchon rose en arrière, les souliers à pointe recourbée, tient les manches d'une lourde charrue portée par des roues à six rayons. Cette charrue est encore usitée dans plusieurs contrées, ou du moins celle dont on se sert s'en rapproche beaucoup. Deux bœufs non attelés.

Le manuscrit de la Bibliothèque nationale complète à son ordinaire toute cette légende. On voit : 1° Un homme qui laboure avec ses bœufs. 2° Un homme à genoux devant une image de la sainte Vierge. 3° Deux démons veulent emporter son âme ; deux anges s'y opposent. 4° Un de ces anges emporte l'âme ; la sainte Vierge un peu en arrière.

*Versificator dicit :*
*Cum tua rura metis, vi-*
*ri partito metis.*

Conter vous vueil sanz nul delai
Un miracle d'un homme lai,
Où il a moult amer veiller
Et moultes genz doiz esveiller
A honnourer la clère gemme,
La sainte Virge, la grande Dame,
La Royne l'empereris
Qui sauvez a tant d'espéris.

Il fu, ce truis, un labourierres,
10 Un guagnères, un fouerres
Qui moult iert lordes et lunages,
Et moult guès et moult sauvages ;
Assez petit de bien savoit,
De terre guainguable avoit
Entor demie charue.
Si avoit puer sa char rue
Que jor ne le pernoit en lit.
Moult li tornoit à grand délit,
Quant il pooit de l'autrui terre
20 Quatre roies ou v acquerre.
Volentiers bornes trespassoit,
Nus labeurs ne le lesssoit.
En tel estoit de lui accroistre,
Tant lourdas vilain, tant enchoistre,

Et tant sotart avoit en lui,
Que peu amez iert de nului.
De laborer en tel estoit,
Que povrement festes festoit ;
Et ne pourquant, tant vous en di.
30 Jà pais nommer le samedi,
Ne labourast por nule paine,
Et volentiers le diemaine
Ooit la messe et le servise.
Et la letre qui le devise
Dit jà soit que moult fust lordes
Et qu'ainsi fust roides et gordes
Comme une bestoë ou une eschame.
Devant l'ymage Nostre Dame
S'agenoilloit assez souvent.
40 Nouris n'estoit pas en couvent ;
Car ne cuit pas, par un apostre,
Qui seust nes son paternostre ;
Mais il avoit tant exploitié,
Ne sai le tiers ou la moitié,
Savoit du salu Nostre Dame
Que lui avoit apris sa fame.
C'iert ses pooirs et ses quanconques,
Ce disoit-il, ne finoit onques.
Nes à la queue d'un arberère

50  Disoit le salu la Dieu Mère,
    Et tout ades par fin usage
    S'agenoilloit devant s'ymage
    En touz les lieus où la trouvoit,
    Et envers lui si se provoit,
    Que quant menjoit n'estoit povre ame,
    Se pour l'amour de Nostre Dame
    Du pain li demandast, por Dieu
    Qu'il ne deist par le cuer bieu ;
    « Tu en auras ni fauras mie,
60  » Se ceens a crouste ne mie. »

    Ne tarda guaires quant li prist
    Un malage qui le souprist
    Si qu'à morir lors li convint.
    Por ravir l'ame lors i vint
    Un grant tourbes d'anemis
    Que Déables y a tramis.
    Par d'autre part angres revièvent
    De toutes parts cèle ame tiènent.

    Dient déables : « N'est pas vostres. »
70  « Si, » font l'angre, « èle est nostre,
    » Et maugré vertu, nous l'arons. »
    » Se robouers vilains larrons
    » Metez ou ciel, » font li déables,
    » Donc est la Dieu parole fable.
    » Dites, viaus, par quel raison
    » En paradis aura maison
    » Un sotars vilains calafres
    » Qui onques encore de ses lèvres
    » Un mot séant ne bel ne dist,
80  » Bien ne pensa ne bien fist.
    » En ne porront moult dolent estre
    » Chevalier, Dame, clers et prestre
    » Qui en enfer vont à grant torbes,
    » Si ce vilains qui put les torbes
    » Qui ne sout onques bu ne ba,
    » En paradis lassus s'en va.
    » Par quel raison puet estre saus
    » Vilains traitres, fel et faus,
    » Qui bestiaus est plus que beste,
90  » Qui bon jor ne garde ne feste,
    » Qui tante borne a trespassée
    » Et tante terre as recoupée ?
    » Par quel raison porra saus estre
    » Un bobelin vilain champestre,
    » Qui ains ne sout ne Dieu loer,
    » Qui ne fist onques fors hoer

    » Et essarter buissons et haies ?
    » Qui les angoisses et les plaies,
    » Qui langue et gueule, ieux et cervèle,
100 » Rate, poumon, visier, boële
    » Juroit de Dieu à chaque mot ? »
    « Taisiez, taisiez, trop estes sot, »
    Ce répondent li angre adonques,
    « Vous savez bien qu'il n'avint onques
    » Ne n'avenra jà à nul fuer
    » Que nus qui bien amast de cuer
    » La douce Mère au Roy célestre,
    » Dampnez ne perduz peust estre,
    » Cist l'a selonc son sens amée ;
110 » A la fin l'a moult réclamée
    » Et durement fust répentanz,
    » Plaidier en porriez cent ans
    » Quant i penroies nule rien.
    » Quel fous qu'il fust, vous savez bien
    » Nostre Dame a moult honnourée
    » Et s'ymage a moult aourée
    » Et salué jor et nuit. »
    « Partout, » font-il, « il nous griève et nuit
    » Cèle Dame, cèle Dieu Mère.
120 » N'est mais vilains tant soit chimère,
    » Tant sotinas ni tant lynages,
    » S'un peu encline ses ymages,
    » Qu'èle ne dist cist est miens.
    » Onques de lui ne nous vint biens,
    » Se ce vilain, ce charruier,
    » Qui ainz ne fist fors lors huier,
    » N'ainz ne sout nes sa paternostre,
    » Avez ainsi bien est tout vostre. »

    Dient li angre : « Sauvée est s'ame ;
130 » Car le douz salu Nostre Dame
    » Avoit ades entre ses denz
    » Et dehors moustier et dedenz.
    » Nes à la foiz bez son arrère
    » Saluant aloit la douce Mère. »
    Li lait maufé, li rechinié
    Adonc ont ris et eschinié.
    C'en font-il. « Merveillaus merveille
    » Por ce vilain plate oreille
    » Aprent vo Dame à saluer.
140 » Se nous vorro trestouz tuer,
    » Se regarder osons vers s'ame,
    » De tout le monde vieut estre Dame.
    » Ainz nule Dame ne fu tiez.
    » Il est avis qu'èle soit Diex
    » Ou qu'èle ait Diex en main bornie.

## DE NOTRE-DAME.

» Nule besoigne n'est fournie
» Ne terrienne ne celestre,
» Que toute Dame ne veille estre.
» Il est avis que tout soit suen;
150 » Dieu ne déable n'i ont rien;
» Ele detient tout à son eus.
» Quant ci vilains après ses beus
» Huchié avoit : *hez* ou *hari*,
» Lors si disoit : *Ave Mari*.
» Hé! com plaisant salu ci a!
» Quant il avoit dit *gracia*,
» Ains qu'il venit à *plena do*,
» Diz foiz disoit : ou *hez* ou *ho*.
» N'onques ne sot li vilains bus
160 » Outre le *mulieribus*.
» N'ainc bien ne le puet jurer nus abbes,
» A droit n'en dist quatre sillabes ;
» Por *i* metoit *o*; pour *a*, *c*,
» Tout en disant *haë*, *haë*. »
Dient angres : « Tort avez.
» Diex est tant douz, bien le savez,
» Qu'il ne prent garde à nes un fuer,
» Fors à l'entençion du cuer.
» Diex aussi tost, sanz nul délai,
170 » Comme le clerc entent le lai.
» Li lais ne fait mie agaber,
» Por ce s'il ne soit sillaber ;
» Puis qu'à bien pense et à bien tent,
» Comment qu'il die, Diex l'entent. »
Dient déables : « C'est merveille,
» Tiex toute jor rote et verseille
» Qui Diex ne vient l'oreille tendre,
» N'un tout seul mot ne vieut entendre. »
Dient li angres : « Bien puet estre ;
180 » Aucun clerc est, aucun prestre
» Qui toute jor saumoie et list
» Et sert ses cuers en fous délit
» Et en fol lieu coloie et tent,
» Et quant à ce qu'il dit n'entent.
» Sachiez que Diex ne l'entent mie,
» Ne li chaut de rien qu'il die.
» Mais Dieu entent, ce est la somme,
» La simple fame et le simple homme
» Qui tout son cuer souzlièvе es ciex
190 » Et dist » : « Merci, biau Sire Diex. »
» Ceste oroison est assez grande ;
» Qui plus ne sait plus ne demande.
» Briève oroison le ciel tresperce ;
» Tiex fuet es chanz ou herce ou herce
» Qui Diex prie de meilleur cuer

» Qu'aucuns moines ne fait en cuer
» Qui tient sautier, livre ou grael. »
Dient déable : « Il n'i a el
» Touz jors tient Diex ceste riote.
200 » Un vilain simple, un ydiote
« Aimme assez miex, c'en est la somme,
» C'un soutil clerc ne c'un sage homme.
» Ces fous agrestes, ces senglers,
» Ces vilains à ces durs souliers
» Aimme assez miex que roys ne dus.
» Plus maine Dex ou ciel lassus
» Des vilains aus blanches chapétes,
» De veuves fames, de viellètes,
» De mesiaus, de tors, de croçus,
210 » De contrefaiz et de boçuz,
» Qu'il ne face de bèle gent.
» Li fol, li pren, li bel gent,
» Les bèles dames de grant pris
» Qui traynant vont ver et gris,
» Roys, roynes, dus et contesses
» En enfer viènent à granz presses ;
» Mais ou ciel vont près tout à fait
» Tort et boçu et contrefait.
» Ou ciel va toute la ringaille,
220 » Le grain avons et Diex la paille. »
Dient li angre : « Foles bestes,
» Mat et irié et dolent estes,
» Porce que Diex vrais est et justes.
» Par votre orguex en enfer fustes,
» Ausi seront la riche gent.
» Angres ou ciel fustes bel et gent ;
» Mais lorsque vous en orgueillistes,
» Jus trébuchastes et chaistes.
» Les riches gens autel feront,
230 » Ou fous d'enfer trébucheront
» Quant il n'ont foi ne loiauté,
» Por sens, por force, por biauté,
» Por hautesces et por avoir,
» Que Diex leur consent à avoir.
» Envers lui si s'en orgueillissent,
» Qu'en enfer chient et périssent.
» Les povres gens qui nient n'ont,
» Simple et dévot et humble sont.
» Jor et nuit Dieu servent et prient,
240 » Et li au quant moult le merciant
» De la povreté qui leur donne,
» Et por ce Dex leur habandonne
» Plus tost la gloire de lassus
» Qu'as Roys, n'à Contesses n'as Dus,
» N'as riches gens cui petit chaut.

» Mes qu'uns jors viengne li autre aut
» De touz ses biens gré ne li sevent,
» Ainz le laidaignent et destrevent;
» Que plus leur met entre leur mains,
250 » Tant l'aimment il et prisent mains. »
As angres dieut li déable :
« Contée avez moult longue fable.
» Miex amons-nous assez les ames
» Des chevaliers, des bèles dames
» Que de vilains ne de povraille :
» Mes nequedent comment qu'il aille.
» Qu'il monte ou ciel ne qui y voise,
» Moult nous enuuie et moult nous poise
» S'en tel manière nous eschape
260 » Cis soz vilain à courte chape,
» Qui plus est durs et enchalis
» Que piex de soif ne de palis,
» Qui plus est soz et bobelins
» Que li moutons sire Belins. »
Dient li angre : « Nostre est s'ame.
» Li très douz salu Nostre Dame
» Lui et autrui ont moult valu. »
« Cil a, » font-il, « trop mal salu
» Par tout le mont, mais l'ont apris,
270 » Tout acrochié et tout a pris.
» Avions bien et en havé
» Quant vint en terre cist ave.
» Il n'i a mais vilain soutart,
» Fame morveuse ne dentart,
» Ne porcherel ne nul berchier
» Qui ne le vueille haubier.
» Tuit veulent estre clerc et prestre,
» Avis déables puist cor estre.
» Chacun salue cèle Dame.
280 » Son salu arde male flamme;
» Car ce ne fussent si salu,
» Ou tai d'enfer et ou palu
» Entaiées fussent moult d'ames
» Qui ou ciel sunt ors moult d'ames.
» Ses salu trop nous est enfers.
» S'il ne fust tout plain, fust enfers
» Tant d'ames englouties,
» Boire puissent males pouties
» Trestuit cil qui l'aimment et dient;
290 » Quar durement nous contrelient.
» Trop por nous fu pesme et amère
» L'eure que fist de lui sa Mère
» Li grant Sires de la amont;
» S'elle ne fust, trestout le mont
» Eust enfer jà engorgié.

» Quanque ce avons forgié,
» Nous redeffait en demie heure.
» Par lui gemist enfer et pleure;
» Baaille et est plus fameilleus
300 » Que n'est lions, vuareus ne leus.
» Moult la haons en nos courages,
» Et moult haons tuit ses images
» Dont sus et jus a tant esparses.
» Toutes bruies toutes arses,
» Fussent ore en un grant brasier
» Ses ymages, si viez chasier.
» Partout li mont sont si encors,
» N'est mes chapèle ne viez fors
» Où il ne n'ait ou trois ou quatre.
310 » Male foudre les puist abatre
» Et moult tourbeillons graventer!
» Tiex vent porro encor venter,
» Qu'as ses moustiers si hurterons,
» Que les parois trébucherons;
» Seur ses autiex, sus ses ymages
» Ne li poons autres domages.
» Ce poise nous es cuers ons faire;
» Car trop parest de haute affaire.
» Trop est Diex enfes, quand si Dame
320 » De tout le mont fait une fame.
» N'est nus qui ost nes contredire,
» Riens que vacille faire ne dire.
» Ce vilain ci nous a tost à force;
» Mais nous rarons de quert or ce
» Tant de vilains et d'autre gent,
» Que bien vaudra certes l'argent,
» Bien en raront l'équipollent,
» Jà n'en serons, par saint Pol, lent. »

De mautalent tout eschaufé,
330 A tant s'en partent li maufé.
Li angre ou ciel enportent l'ame
Par le plaisir de Nostre Dame.

Cist miracles bien nous aprent
Que grant cure de s'ame prent
Et bien le règne Dieu dessert,
Qui Nostre Dame honneure et sert.
Si grande bonté au vilain fist
Por son salut, que souvent dist
Que l'ariva à la fenie
340 Au port de salu et de vie.
Et por ce qu'enclinoit s'image
Et qu'il laissoit tout labourage
Adès le samedi puis Nonne;

## DE NOTRE-DAME.

  Mais bien jurer puet une nonne
  Si fait un moines, par saint Gile,
  Que maufé sont vilain de vile.
  Ades traveillent, ades bracent,
  Dès qu'à la nuit hurtent et chacent
  Asnes, chevaux, bues et jumens.
350 Vilains est si fous instrumens,
  Sachier ne se puet ne retraire
  De laborer ne de mau faire.
  Par saint Symon et par saint Jude,
  Vilain si fol sunt et si rade,
  Que bestial sunt comme bestes;
  Ne veulent mais garder les festes,
  Ne faire riens que prestres die.
  Nes quant on en escommenie,
  Si vont-il arer et hercier,
360 Buissons derompre et huys percier.
  Envers Dieu sunt si endurci,
  Que plus sunt dur de ce mur ci.
  Ne doutent Dieu ne que mouton,
  Ne ne donrroient un bouton
  Des sainz commanz sainte Eglise.
  Et Diex en prent si grant justise,
  Et li saint dont les festes sunt
  Deus ans ou III foirier les font.
  Maugré leur visages devant
370 Un mal leur donne si grévant,
  Que un grant temps languir les fait.
  Por ce touz temps les fuit à fait;
  Por ce tout temps leur fuit et font,
  Et por ce Dex touz les confont.
  Les fous vilains, les fous agrestes
  Qui ne veulent garder les festes,
  Honnorer Dieu, clerc ne provoire,
  Assez leur seuffre honte à boire
  Et paine leur donne et travail,
380 Plus que cheval n'ont en travail.
  Ades sont povre, mat et triste;
  Ades peu pain ont et mau giste.
  S'au bien voire dire un petit pain,
  Assez ont paine et petit pain.
  Ne dirai pas autel entre aus.
  Il y en a de si très faus,
  De si sotars et de si fous,
  Tost me donrroient du poing clos
  Ou de la paume lez l'orille.
390 Férir le puist mal morille!
  Pluseur vilain clerc héent trop
  Ausi com Esau Jacob.
  Touz les héent et guerroient;

  Moult en y a qui touz vourroient
  Clers et prouvoires avoir mors.
  L'autrier me dist un vilain ors,
  De pute affaire et de pute estre,
  Qu'il vorroit qu'il ne fust c'un prestre
  Par tout le mont sus et jus,
400 Et cil pendist touz tens lassus
  En une viez corbeille os nues.
  Là séjornast avec les grues
  Si haut que tout le mont l'oist,
  Ne taire jà ne se poist;
  Car ne vorroit por nule rien
  C'une cure eust repos ne bien.
  Tant parhéet clers, qu'encor dist-il
  S'enfanz avoit cinc cens ou mil,
  N'en aroit jà un tout seul merc,
410 Ne jà un tout seul n'en seroit clerc,
  Chantador ne prestre boulastre;
  Ains la froteroit d'une late.
  Encor dit-il li vilains sers
  Qu'il parhéet tant livres et clers,
  Mis y vorroit avoir cent livres
  Qu'il ne fust clercs, sautier ne livres.
  Encor dit-il, foi que Dieu doit,
  Qu'avoir vorroit coupé un doi,
  Qu'estranglé fusseut d'un lingneul
420 Tuit cil qui portent chapineul;
  Car n'ameroit por tout Peronne
  Le champigneul ne la coronne.
  A la fin dit-il une chose,
  Qui bien l'entent, qui bien la glose,
  Par quoi on puet onques noter,
  Par quoi sus terre puet tant router,
  A la fin dit-il et jargonne
  Que suns arnes avoit coronne
  Si le mesquerroit-il, par s'ame,
430 Ou de sa fille ou de sa fame.
  Cis mos espout quanqu'il dit.
  Por ce les héet, por ce mesdit,
  Por ce les a en tel haine;
  Por ce les héet et atine.
  Si font-il communement,
  Touz clercs héent moult noirement.
  Or consaut Diex clers et provoires,
  Car ne sunt mie toutes voires
  Les paroles que cil en dient
440 Qui volentiers des clers mesdient.
  Peu les aiment et mains les croient,
  Et loins et près trop les mescroient.
  Ne sai si c'est de voires faites;

Vilain cuident que braies traites
Aient ades clerc et provoire.
Mes ceste chose n'est pas voire,
Ne parest pas, je n'en dout mie,
Li leus si grant comme on le crie.
Vilain cuident bien, par saint Pierre,
450 De fust doient estre et de pierre
Tuit cil qui ont coronne es testes.
Touz tens le clerc héet li agrestes;
Méesmement en ceste terre
D'aus et des clers est-ce la guerre.
Touz tens du Loorent Guerin
Li las dolent, li las frarin,
Touz tens sus clers sunt acheni.
Plus félon sunt de ce chien i.
Chascun un poil, c'en est la somme,
460 A du déable en souz la somme.
Plus traiteur et plus félon
Sunt li pluseur de Guenelon.
En aus n'a foi ne qu'en un chien;
Por ce n'ont-il aise ne bien;
Ainz ont ades male aventure
Tant comme yver et esté dure.
Leur male foi trop chier achatent;
Touz tens rastèlent, touz tens gratent;
Tous tens houent et touz tens fuent;
470 N'assez du pain n'avoir ne puent.
Peu ont créance et foi petite;
Ne veulent disme ne débite
A Dieu payer n'à ses ministres;
Por ce seur eus chiet li bésistres;
Por ce touz tenz touz biens leur fuit,
Diex leur demande de leur fruit.
Des prémices est Dex plus bel,
Ne disment pas si comme Abel,
Mais pis encor ne fist Kaym.
480 Por ce en yver et en vuaym,
Et en printens et en esté
Seront chétif et ont été.
Por ce que petit leur souvient
De Dieu dont touz les biens leur vient,
Quant il vendangent et aoustent.
Por ce leur pain rungent et broustent
En grant sueur, en grant travail;
Et por ce au vent et au solau
Sont tout ades et à la bize.
490 Por ce de torte noire et bize
Ont assez peu tieu foiz avient;
Por ce leur terre croist et vient
Tant d'orties, tant de racines,
Tant de chardons et tant d'espines.
Se droite disme ades paioient
Et Dieu et le clergé amoient,
Et honnoroient sainte Eglise,
Dex est si plain de grant franchise
Et si vers aus se prouveroit,
500 Que touz biens leur aplouveroit
Et touz biens leur aroit foison.
Mais tant ont dure la toison,
Et tant par ont sotes cervèles,
Qu'entrer nus biens ne puet en èles.
Tant sont félon et de put estre,
Que préechierrès, clers ne prestre
En aus nul bien ne puet enbatre.
Ma teste assez i puis debatre
Quant nul bien y enbaterai.
510 Mais plus ne m'i debaterai;
Car ceus souvent tuent et batent
Qui leur folles contrebatent
Que mors n'i soie ou débatuz.
Cis soit, cis débatz abatuz.
Diex qui les suens chastie et bat
Tant que les vices en abat.
Aus et nous doit tel batement,
Du ciel aions l'esbatement.

*Gregorius dicit:*
Redime te, homo, dum
vivis. Redime te, inquam,
dum precium habes, nec
dum mors pervenerit,
vitam simul et precium perdis.

*Jhesus filius Syrach*
Decime in tribus sor[t]
gentium (alienarum).

---

## Du clerc qui fame espousa et puis la lessa.

Le poëte débute dans cette pièce par adresser des reproches à ceux qui n'aiment pas les choses sérieuses et édifiantes et qui préfèrent les conversations légères et badines aux bonnes et saintes paroles. Ce n'est donc pas pour ces sortes de personnes, mais pour celles qui chérissent « la glorieuse Dame qu'il veut encor deffermer ses livres de ses biaux fermoirs d'argent. »

Un clerc de Pise, bon et excellent jeune homme et chanoine de Saint-Cassien, s'était senti porté dès sa plus tendre jeunesse à une grande dévotion envers la sainte Vierge. Quoiqu'il ne fût que sous-diacre, il récitait son office comme s'il était engagé dans la prêtrise ou le diaconat. Et tel était son exactitude à remplir ce saint devoir, qu'il le disait toujours à jeûn. Ayant eu le malheur de perdre toute sa famille, il se vit bientôt à la tête d'une grande fortune. Ses parents vinrent alors lui représenter toute la honte qu'il y aurait à laisser passer son héritage en d'autres mains. Le jeune sous-diacre répond qu'il veut rester fidèle à ses engagements sacrés (1). Mais le démon, toujours envieux de ceux qui veulent vivre dans la chasteté, seconde les efforts de sa famille. On le presse si fort, que de guerre las, il consent enfin à se marier. On lui cherche donc une compagne digne de lui et de sa fortune. Bientôt le mariage se célèbre, et l'on entend de toutes parts dans la maison le bruit des instruments et les cris de joie. Déjà les tables du festin sont dressées et l'heure du dîner approche. Le moine se souvient qu'il n'a pas encore dit son office; voulant donc satisfaire comme de coutume à cette obligation, il quitte aussitôt la réunion et va s'agenouiller dans sa chapelle devant l'image de la sainte Vierge. Il avait déjà dit plusieurs petites heures, lorsque, arrivé à l'antienne *Quam pulchra es et decora*, sa tête s'incline comme malgré lui, et il s'endort. Pendant son sommeil, la sainte Vierge lui apparaît toute resplendissante de clarté, et lui reproche avec indignation le choix qu'il vient de faire en préférant une créature à la Reine des anges qui déjà lui préparait une place au ciel. Elle le menace de l'enfer s'il ose accomplir son projet.

Le clerc, effrayé de cette apparition, sort de sa chapelle et revient trouver sa famille, bien résolu à fuir sa nouvelle épouse comme on fuit devant une tempête. Mais, pour mieux exécuter son dessein, il feignit d'être content et gai, malgré l'ennui que lui causaient les divertissements, les plaisanteries des convives. Le souper terminé, les invités se retirent, laissant l'époux et l'épouse dans leur chambre. Mais celui-ci, aidé de la grâce et soutenu par la crainte d'offenser la sainte Vierge, triomphe des tentations les plus terribles. Vers minuit, quand il voit tous les convives endormis, il s'enfuit « en hermitage où il fist une fin haute et glorieuse. »

Ce miracle, ajoute Gautier, est une nouvelle preuve de la bonté et de la douceur de Marie. Exhortation à l'aimer, si on veut conserver toute sa pureté. Tout quitter pour elle, s'il le faut. N'est-ce pas une folie que de laisser le ciel pour la terre, le miel pour le venin, la rose pour l'ortie? Imiter l'exemple de ce prêtre dont parle saint Grégoire, qui de sa femme fit sa sœur lorsqu'il reçut le sacerdoce. Tous deux vécurent ensemble pendant quarante ans dans une grande sainteté, et à sa mort les apôtres vinrent chercher son âme. Lorsqu'il était près de mourir, sa femme, qui avait environ cent ans, se présenta près de son lit, pensant qu'il avait rendu l'âme. Ayant approché un peu son oreille pour écouter s'il respirait encore, le saint homme ramassa toutes ses forces pour lui crier de s'éloigner; l'étincelle des passions n'était pas encore morte, *adhuc vivit igniculus*. Le poëte en conclut qu'il faut à toutes les époques de la vie une extrême réserve avec les personnes du sexe, et une précaution extraordinaire, surtout quand on est jeune. La plus légère imprudence peut causer un vaste incendie. L'amour est un feu subtil que le démon attise et souffle, et les ravages qu'il cause dans l'âme sont terribles. Qui pourrait nous rassurer? notre force; mais Sanson qui avait emporté les portes de Gaza, brisé ses chaînes, ne put se défendre contre Dalila. La plus faible créature abattrait les plus fortes tours. La victoire et la couronne sont ici dans la fuite. S'unir à Marie, c'est prendre le paradis en mariage; sous l'égide de cette grande Dame de la chevalerie chrétienne, il n'y a rien à craindre; elle est l'écu qui repousse les dards de l'ennemi, la forteresse qui met à l'abri de ses coups. Sous son étendard, on n'a rien à redouter de toutes les machines de guerre.

(1) Dans les premiers siècles de l'église, le mariage n'était pas incompatible avec le ministère des sous-diacres, qui n'étaient originairement que les coadjuteurs ou adjoints des diacres dans la gestion et la distribution des aumônes. Ce ne fut guères qu'au XIIIe siècle, sous le pontificat d'Innocent III, que le sous-diaconat commença à être généralement compris au nombre des ordres majeurs et sacrés. En Orient, le sous-diaconat est resté au rang des ordres mineurs, et on n'y fait pas vœu de continence; mais aussi les fonctions sont toutes différentes et conformes à l'ancienne discipline latine. En occident, au contraire, et longtemps avant que cet ordre ne fût regardé comme majeur et sacré, les sous-diacres étaient obligés au célibat et à la récitation du bréviaire, non de droit divin comme les ordres supérieurs, mais de discipline ecclésiastique. Quant à l'époque où cette obligation a été imposée aux sous-diacres, on ne saurait la préciser avec exactitude; mais il paraît certain qu'elle existait au VIe siècle, puisqu'un canon du concile de Tolède, tenu en 527, ordonne que les lecteurs ayant dix-huit ans accomplis, l'évêque leur demandera, en présence du clergé et du peuple, s'ils veulent se marier ou non. S'ils promettent librement de garder la continence, on les fera sous-diacres à vingt ans. Le concile romain de 520 dit *Nullum subdiaconum ad nuptias transire permittimus*. Le concile d'Elvire, en 313, dissout le mariage des sous-diacres et les met en pénitence. Voyez *Liturgie catholique*, page 1158. Bergier, *Dictionnaire de Théologie*, art. Sous-Diacre. *Hist. des Sacrements. Cours complet*, T. 20, p. 586.

## LES MIRACLES

Miniature. — Intérieur d'une chapelle décorée d'un fond rose vif relevé de guirlandes d'arabesques. Devant un autel, un clerc en prières. La sainte Vierge richement drapée dans un manteau bleu doublé de rouge et sous lequel on aperçoit une robe verte ; un voile bleu descend sous sa couronne ; elle gesticule de la main gauche, tandis que de la droite elle tient un livre.

Dans le manuscrit de Paris, on voit dans le premier compartiment : 1° Le clerc et sa fiancée devant le prêtre, les assistants. 2° L'apparition de la sainte Vierge au clerc. 3° La nouvelle épouse ; le clerc qui la quitte. 4° Le clerc en prières dans un ermitage.

Vous qui amez de cuer entier
La fleur de lis et d'englentier,
L'odorant fleur, l'odorant rose
Qui souef i out seur toute chose,
Un biau miracle ore escoutez
Et ci lez moi vous acoutez.
Volentiers cont à ceus, par m'ame,
Qui de cuer aimment Nostre Dame,
Et cil à ci clerc, lai ne laie
10 Cui il annuit touz sans délaie,
Truie s'arière si s'en voise,
Je n'ai cure qu'il fasse noise
Ne qu'entour nous si s'en deruie
Qui au pourcel et à la truie
Respant ses pierres précieuses.
Il s'entremet de granz oiseuses
Qui miex aimme vaines paroles,
Espringueries et Karoles
Que la réfection de l'ame.
20 S'aucun biau dis de Nostre Dame
Voit s'en, voit s'en, jà ça ne viengne
Li boz saut lors fors de la vigne
Que li roisins prent à florir,
Endurer ne puet por mourir
La soatume de la fleur.
Ausi sachiez qu'il sunt pluseur
Qui tant sunt sot et soterel,
Qui resemble le boterel,
Bone odeur les tue et afole,
30 Lorsqu'il oent la Dieu parole
Qui souef ient à l'ame et flaire
A cui se doit dire et retraire,
Comme porcel lors se deruient,
Et lors s'en vont et lors s'enfuient.
En tiex genz n'a point d'escient ;
Tiex genz sunt et nescient,
Ne je ne continue por ceaus
Ne que feroie por pourciaus.
A tiex genz cis livres anuie ;
40 Car n'en plus c'une bèle truie
N'entendent-il, foi que doi m'ame.

A ciaus ne cont rien, naie, naie ;
Car une truie, une pasnaie
Ainc assez miex qu'un marc d'argent.
Tout autel font bestial gent ;
Tant par sunt plain de grant folage,
Qu'une risée, un rigolage,
Une grant trufe, une falorde,
Une fantaisie, une borde
50 Oient plus volentiers, par m'ame,
Que de Dieu ne de Nostre Dame
Un biau sermon, un biau traitié.
Ce livre cist n'est pas traitié
Por têles genz, bien le sachiez,
Ne de ses biaus fermiaus d'argent
Jà deffermez n'iert por tel gent ;
Mais por ceus qui de cors et d'ame
Aiment la glorieuse Dame
Qui Dame et Royne est des nues.
60 Qui n'aimment pas tant fanfelues,
Truferies ne vanité,
Com font raison et vérité.
Jor et nuit iert sachiez et traiz,
Bien mate cil par soutilz traiz
Et bien angle le déable
Qui de douz cuer et d'amiable
Aime la douce Mère Dieu
Et tout tens as le miex du gieu.
Mais en l'angle iert maz en la fin,
70 Ne jà n'ara pooir n'aufin
Roy, chevalier, fierce ne roc
Qui li vaille un bel oef de coc.
Cil quelqu'il soit, soit home, set fame,
Qui de cuer n'aimme Nostre Dame
Avoir ne puet cil nul bon gieu,
Qui moult n'aimme la Mère Dieu.
Qui la grant fierce aimme des cieus,
Ades gaaingne touz les gieus.
Qui à son gieu voir ne la sache,
80 Sainte ne sainz ne trait qu'il sache,
N'aront pooir de lui rescorre,
Qu'il ne l'estut en l'angle corre

*Salomon dicit :*
*In auribus insipientium*
*ne loquaris, quia despicient*
*doctrinam eloquii tui*

*Salomon dicit :*
*Qui diligit disciplinam,*
*diligit scientiam. Qui autem*
*increpationem odit, insipiens.*

*Jhesus filius Syrach.*
*Ne effundas loquelam ubi*
*non est auditus.*

Du fons d'enfer qui est parfons
Tant qu'il n'i a rive ne fons.
Diex ceus qu'il het laient en l'agle,
Eschec, eschec et mat en l'angle.
A trestouz ceus le dira Diex
Qui la grant fierce des sainz ciex
N'aront servie et honourée.
90 Or vous dirai sanz démorée
D'un clerc qui l'amoit durement
Et ele lui si doucement,
Qu'ele à joer si bien l'aprist,
Qu'il lessa fame et qu'il la prist.
Tiel trait li aprist Notre Dame,
Qu'en paradis traite en fu s'ame.
Qui Nostre Dame à son gieu traist,
Traire ne puet si soutil traist.

Mes livres conte et devise
100 Qu'il eust jadis un clerc en Pise,
Bon joenne homme, bon crestien,
Chanoine de Saint-Cassien.
Bien iert rentez, c'en est la somme,
Et moult estoit filz à riche homme.
D'aage estoit joenne, vieus de meurs;
En sa joennesce et en ses fleurs
Sainz Espéris si l'enflamma,
Que par amors si fort ama
La douce Mère Jhésus Crist,
110 Que son courage trestout mist
En li servir, en li amer.
Et jà soit ce qu'il fust en mer,
Mer apiau je grant et parfonde,
Cest siècle, cest décevant monde
Moult se démenoit nettement,
Et moult servoit dévotement
Notre Dame, sainte Marie.
Por nule rien ne lessast mie,
Chevauchast ou fust à séjor,
120 Que ses eures et nuit et jor
Ne li priast moult doucement
Et tout ausi entièrement
Com se fust prestres ou dyacres,
Et si n'estoit fors soudiacres.
Jà soit ce qu'à nului tempoire
Les heures la Dame de gloire,
Petit fuissent encor en us,
A ce ne l'amenast jà nus,
Que nul tens menjast ne beust
130 Devant que dites les eust.
Que qu'il servoit la douce Dame

Si doucement de cors et d'ame,
Si l'asailli la mort amère,
Ne li lessa père ne mère,
Ne sereur, ne frère nes un.
Lors viennent li parent commun
Au clerc et moult le tiennent court,
Qu'il s'aparaut et qu'il s'atourt
Com por tenir son héritage.
140 Avoir pourra moult grant hontage
S'en autre main laisse venir
L'éritage qu'il doit tenir
Qui moult est biaus, riches et granz.
Li clers qui pas n'en est en granz,
Respondi et dit leur a lues :
« Tant n'aimme mie ses alues,
» Que jà pour eus lest en sa vie
» La coronne ne le clergie. »
Non pueent vaintre tuit ensemble.
150 Rien ne veut faire, ce me semble,
Ne por parens ne por amis.
Mes en la fin li anemis,
Li Déables qui n'aimme mie
Ne chastée n'oneste vie,
Et si parent tant le semonent,
Tant l'arguent, tant le tangonnent
Et tart et tempre tant de foiée,
Sa volonté li ont ploiée.
Et dit que leur plésir fera
160 Et que clergie lessera.
Mes bien leur dit, jure et afiche
Qu'il convendra que moult soit riche,
Et que moult soit mignote cèle,
Espinolée, polie et bèle
Cui il mettra anel en doit;
Car bien le vaut et bien le doit.

Le las de clerc en tiel manière
Ont tourné ce devant derrière
Et si parent et si ami,
170 A leur oés l'aimment miex demi
Que tout entier à Dieu ne font.
Clerc qui croit lui bien se confond,
Et vers enfer le grant eslais
S'enfuit bien clers qui devient lais;
Et clerc qui trop ses parens croit,
De Dieu servir trop se recroit.
Cestui ont-il mal atourné,
De paradis l'ont retourné
Et mené l'ont par leur conseil
180 Et adrescié à mau conseil.

Mes n'est pas cil deseur Noion.
Diex! Diex! Diex! Diex, que ne noion
Moines et clers, que qu'il soient,
Qui parent aimment trop et croient;
Car li parent, par Nostre Dame,
N'aimment du clerc ni le cors ne l'ame.
Tant sai-je bien de leur affaire
Se bien leur preu ne poont faire,
Petit aimment, par le mien chief,
190 Que li lais aint clerc chief à chief.
S'aucuns biens voir n'en dégoute,
Ne l'aimme ne ne le prise goute.
S'au lais du clerc grant bien ne vient,
Si l'aimme peu ne l'en souvient,
Por fol le tient et por chimère;
S'il estoit or c fois son frère,
N'en prise pas un oef de quaille
S'il n'a du suen ou grain ou paillle.
Ades couvient comment qu'il soit
200 Qu'il entor lui moissont ou soit.
Se sa fontaine ades ne sourt,
Au besoing tost li fait le sourt.
S'il ne li poile la toison,
La mors li puet avoir foison.
S'ades les guernons ne li poile,
N'el prise mie un grain de soile.
Se povres est, por fol le tiènent
Trestuit cil qui li apartiènent.
Se sages iert plus de sainz Pous,
210 Se dient-il qu'il est touz fous.
Plus le tient vil et plus l'estrange
Li plus prochains que li estrange.
Gart soi, gart soi le clerc du lai,
Por lui garnir ainsi le doi.
Li lai du clerc ont empirié,
Cestui ont-il mal atirié.

Quant retolu l'ont Nostre Dame,
Une pucèle, gentil fame
Qui bèle et joenne est à devise,
220 Pourchaciée li ont et quise.
Li clers sanz nule démourance
Voiant touz ses amis fiance,
A moult grant joie la pucèle
Qui moult estoit plaisanz et bèle
Jointe acesmée et espinoée.
Li déables qui a minoée,
Moult tost une male porée
Ou foiée ou cuer en la corée
Cèle pucèle si li plante,
230 Que Nostre Dame li souplante;
Por ce que tant est bèle et gente,
S'en cuer met si et s'entente,
Qu'il en troublie Nostre Dame.
La Mère Dieu pour une fame
A boutée li clers arrière.
Grant feste y a et moult planière
Quant espousée a la pucèle.
Mainte harpe et mainte vièle,
Et maint estrument, sanz mentir,
240 J'oissiez le jour retentir.
Quant du mengier aproche l'eure,
Sanz délaiance, sanz demeure,
Les tables fount erraument metre
Cil qui se doivent entremetre.
Si com Dieu plest ainsi avient
Qu'à l'espousé a donc souvient
Que ses heures n'a mie dites.
Por ce que li sainz Espérites
Et Nostre Dame li daint joie
250 De la pucèle qui noçoie
Ainz que menjut dire les vient
Ainsi com il faire le sent.
La feste lesse. En sa chapèle
Qui assez est plaisant et bèle,
Alés s'en est ignelement;
Agénouilliez s'est humblement
Devant l'ymage Nostre Dame
Que joie li daint de sa fame.
A jointes mains moult li déploie,
260 Devant l'ymage ainsi se ploie
Dévotement comme une none.
Toutes ses heures jusqu'à none,
Jointes mains, à jambes ployés,
Moult doucement a salmoié.
Mes moult se prent à merveillier
De ce qu'il l'estuet soumeillier.
Ainz que none est bien parfinée,
Moult tost la teste a enclinée.
Quant *pulchra es et decora*
270 Cuida dire *absque mora*,
Endormis s'est devant l'ymage.
La Mère Dieu qui douz courage
A plus com ne porroit retraire
Et qui franche est et débonnaire
Envers touz ceus qui l'ont servie,
Plus que conter ne vous sai mie,
Ignelement en la chapèle
A lui s'apiert issi très bèle,
Si resplendissant, si très clère,

280 Qu'il n'est, ce croi, nus ne de mère
   Qui la seust bien lors décrire.
   Iréement li prent à dire
   La Mère au Roy de paradis :
   « Di-moi, di-moi, tu qui jadis
   » M'amoies tant de tout ton cuer,
   » Porquoi m'as-tu jeté puer?
   » Di-moi, di-moi, où est dont cèle
   » Qui plus de moi bone est et bèle?
   » Plus qu'à si bèle me tenoies
290 » En m'entiène qu'ore disoie,
   » Porquoi m'as-tu tant abaissié
   » Que por une autre m'as laissié?
   » Et ne ses-tu certainement
   » Que vivre doivent chastement
   » Et tuit li clerc et tuit li prestre,
   » Et mi ami doivent tuit estre?
   » Porquoi, porquoi, las durfeus,
   » Las engignez, las déceuz,
   » Me lais pour une lasse fame,
300 » Qui sui du ciel Royne et Dame?
   » Enne fais-tu trop mauvais change,
   » Qui tu por une fame estrange
   » Me laisses, qui par amors t'amoie
   » Et jà ou ciel t'apareilloie
   » En mes chambres un riche lit
   » Por couchier t'ame à grant délit?
   » Trop par as faites grant merveilles.
   » S'autrement tost ne te conseilles,
   » Ou ciel serra tes lis deffaiz,
310 » Et en la flamme d'enfer faiz. »

   Li clers à tant s'est éveilliez.
   Durement s'est émerveilliez
   De la merveille qu'a veue.
   Bien sert de voir qu'a esmeue
   La douce Mère au Roi célestre.
   Si dolanz est, ne vorroit estre.
   De mautalent plains est et d'ire.
   Ne set que faire ne que dire
   Du mariage qu'il a fait.
320 Bien set et voit que tout à fait
   A perdu tout le cors et l'ame
   S'il ne s'acorde à Nostre Dame,
   Et se sa fame ne guerpist.
   De la chapèle moult tost ist,
   Et à ses noces s'en revient
   Por ce que faire li convient.
   Biau semblant fait et bèle chière,
   Dor-en-avant n'a il point chière

   Ne la feste ne l'asemblée.
330 Par biau semblant leur a emblée
   La volenté de son courage
   Comme tempeste et comme orage.
   Dor-en-avant fames fuira.
   Bien voit qu'assez trop li cuira
   Et que dampnée en sera s'ame,
   Se d'amours fauce Nostre Dame.
   A fuir béc tout le monde,
   Por la pucèle pure et monde
   Amer et servir mondement.
340 Les tables sirent longuement ;
   Assez i ont vins et viandes.
   Après mengier furent moult grandes
   Les karoles, les balerics.
   Tout ce ne prise ij allies
   Dedenz son cuer li espousés ;
   Quar il est jà touz arousez
   De la grace du Saint Espir.
   Ainz le souper fait maint soupir ;
   S'estre pooit jà voudroit estre
350 Fors de la court et fors de l'estre,
   Ne voit de chose ne li anuit.
   Quant tout sopé orent la nuit
   Et desparties sont les genz,
   En un biau lit qui moult est genz,
   En une chambre bien jonchié
   Ont l'espousée tout couchié
   Qui moult estoit bèle meschine,
   Et blanche plus que fleur d'espine.
   Quant li parent, par grant délit,
360 An deus les ont mis en un lit,
   La chambre cloent, ce me semble,
   Si s'en départent tuit ensemble.

   Or consaut Diex notre espousé
   De ce qu'avoit moult goulousé
   Est, ce m'est avis, aers,
   Se plus n'est durs et froiz que fers,
   Ardoir porra touz et bruir,
   Ainz que laisir ait dou fuir.
   Que par la sale font grant bruit
370 Et jouent dès qu'à mienuit....
   Mes bien li dit li espéris,
   S'il ne se tient qu'il est péris.
   « L'ame crie, hareu ! hareu !
   » Hai ! hai ! hai ! hai ! le feu ! le feu !
   » Fui-t'en, chétif ! fui-t'en ! fui-t'en !
   » Tu es desvez et fors du sen
   » Quant tu n'en iés pieça fuis.

## LES MIRACLES

» Touz sera jà ars et bruis.
» Fui-t'en, fui-t'en, las déceus,
380 » N'en seras mot, n'en seras cheus.
» Lors s'auras perdu t'ame
» Et l'amor de la douce Dame. »
A tost espris bèle fame home,
Si a laide aucune foiz.
Tiex est touz vieus, tiex est touz froiz,
Que n'en set mot s'est échaufez ;
Quar grant pooir a li maufez.
S'onques avient-il avient pou
Qu'astoupes n'ardent près du feu.
390 Estoupe est hom et feus est.
Tost est espris home de tiel flamme.
Tiex estoupes, près de tiel feu
Ne puet hom certes garder preu.
Qui ardoir ne veut ne bruir,
Il n'i a tiel com de fuir ;
Quar anemis si fait feu soufle,
Si qu'un preudom art à un soufle,
Por ce dist saint Pous com la fuie,
Por ce se metent à la fuie
400 Et por ce les fames esloignent
Cil qui Dieu aiment et resoignent.
Li espéris ne le veut mie ;
Mès la grant Dame qu'ont servie
En sa joennesce, en s'enfance,
Li envoia ceste constance,
Ceste vigueur, ceste grant force.
Car qui de li servir s'aforce,
Ele li donne tiel effors,
Qu'au grand besoing est ades et fors.

410 Li las de clers quant la méniée
Vers mie nuit voit aquoisiée
Et endormis aval la sale.
De dras que noir ne sunt ne sale
Tout coiement est jus glaciez.
Du las courant s'est délaciez
Ou près s'en va n'a esté pris,
Sa fame lesse et son pourpris ;
Et quanqu'il a entout le monde
Por la pucèle pure et monde
420 Cui mondement vorra servir
Tant que s'amor puist déservir.
De courre à Dieu si fort s'eslaisse,
Que tout por lui guerpist et lesse.
En tiel manière, ce me semble,
Por Dieu trouver au monde semble
Com cil qui bien set touz les estres.

Ne sai par huys ou par fenestres
Issus s'en est et si s'enfuit.
Bon chemin va, si com je cuit,
430 Ne puet aler fors bone voie
Quant Nostre Dame le convoie ;
Ainsi s'en fuit en hermitage,
Fame et avoir et héritage
Lait et guerpist por Nostre Dame.
Bien set ne puet avoir à l'ame
Tel espouse ne tel amie
Com ma Dame sainte Marie,
Por li servir jeta tout puer
Et la servi de si bon cuer,
440 De si douz, de si amiable,
Qu'à la grant joie perdurable,
Quant il fina enmena s'ame
Par la douceur la douce Dame.
Haute fin fist et glorieuse.
Nus n'en puet faire fin douteuse,
Soit clers, soit lais, soit hom, soit fame,
Qui de fin cuer aint Nostre Dame.
Tuit qui l'aimment et de cuer fin,
Définer de très fine fin
450 De Dieu ont chartre et privilège.
A li servir por ce bé je
Le musage paie et la bée
Qui que il soit qui moult n'i bée.

Cist miracles qui j'ai conté
La grant douceur, la grant bonté
De Nostre Dame bien démonstre.
Bien sunt-il cil bestes et monstre
Provoire et clerc mécsmement
Qui ne la servent doucement
460 Et nettement et volentiers.
Plus souef flaire que esglentiers
A Nostre Dame clers et prestre
Quant il cler sunt et de net estre.
Mais cil li puent comme sète
Qui la guerpissent por fauseté.
Por fol s'i prent, por fol s'i fie,
Et de son fil touz les deffie
Nos clerc, nos provoire, nos moine.
S'estre voulons net aoyne,
470 D'amer par amors Nostre Dame,
Fuir devons trestoute fame,
Ausi com la suie fin ivi
Cil dont vous ai conté ivi.
Si par amors amons la Dame
Qui l'esmeraude est et la gemme

*Undè dicitur :
Salve, splendor
menti, tu caligino-
sule super irradia.*

Qui ciel et terre renlumine.
Empereriz n'est ne royne
Que ne doions por lui despire.
Qui la Dame aime de l'empire
480 Qui durra sanz définement,
Amer la doit sanz finement,
Que dédaigner doit tuit le mont
Ses cuer sooir doit si amont,
Qu'amer ne doit por nul pooir
Fame qu'il puist as yex vooir,
Tant soit mignote ne polie.
Il m'est avis qu'il fait folie
Qui por la terre lait le ciel,
Qui prent venin et lait le miel.
490 Il m'est avis qu'il fait sotie
Qui lait la rose por l'ortie.
Bien pert li clerc sa lasse d'ame,
Qui lait por pucèle ou por Dame
La douce Mère au Roy de gloire.
Ne semblons pas un fol provoire
Dont maint vilain et maint agreste
Chiflent encore et font grant feste....
Le fous prouvoire oblions tuit,
Car en ses faiz n'a point de fruit ;
500 Mès prenons garde au bon provoire
Ou dialogue saint Grégoire,
Qui vers fame fut moult recuit.
Aucune foiz eust été cuit,
Si com je cuis de l'estencèle.
Une prestresse avoit moult bèle
Ou tempoire que prestres fu (1) ;
Mes si l'embrasa de son feu
Sainz Espériz et de sa flame,
Que sa sereur fist de sa fame
510 Tout maintenant qu'il devint prestres.
Tant devint sainz et nez leur estres,
Ce truis ou livre, ce me semble,
Que XL anz furent ensemble
C'onques ensemble n'atouchièrent,

N'onques ensemble ne péchièrent.
Com sa sereur l'amoit de cuer ;
Mes ne l'aprochast à nul fuer
Ne que son anemi mortel.
Li bien sage sunt encor tel
520 Nes leur sereus ne leur parentes
Fuient ausi comme Tarentes.
Ne ce qui l'oist ne font-il mie
Por plus esloingner la folie.
Quant cist prestres qui de cuer fin
Tant ama Dieu, vint à la fin,
Si com raconte saint Grégoire,
Les mi paroles sunt moult voires,
Li apostres li apparurent
Qui l'ame pristrent et reçurent.
530 Por ce douter ne devons mie
Qui moult ne fust de sainte vie,
A la fin fut de grant éé.
Moult ont dolente et effréé.
La vielle fame et le courage
Qui bien avoit cent anz d'aage,
Quant èle voit mourir celui
Que pou amoit mains lui que lui.
Quant à la fin la vielle fame
Cuida qu'alée s'en fust l'ame,
540 Au lit s'en vint sériement ;
Des narines moult doucement
Li aprocha un peu s'oreille.
Ainsi s'escoute, ainsi s'oreille
S'alé s'en est li espériz.
Li sainz hons qui tant est séris
C'on n'i sentoit ne pou n'alaine,
A moult grant force, à moult grant paine
S'efforça tant qu'un pou parla :
« En là, » fist-il, « en là, en là ;
550 » En sus, ma suer, en sus, en sus,
» *Adhuc vivit igniculus.*
» En sus, ma suer, trop près te mes,
» Encor vit li feuconnez.

*Gregorius dicit in dialogo :*
Habent sancti viri hoc proprium, nam ut semper ab illicitis longè stant à se plerumque etiam licita abscidunt.

*Undè dicitur :*
Recede à me, mulier, recede ; adhuc vivit igniculus. Paleam tolle.

---

(1) *De egressu animæ Nursini presbyteri.* Qui ex tempore ordinationis acceptæ presbyteram suam ut sororem diligens, sed quasi hostem cavens, ad se propiùs accedere nunquam sinebat, eamque sibi propinquare nullâ occasione permittens, ab eâ sibi communionem funditùs familiaritatis absciderat. Habent quippè sancti viri hoc proprium ; nam ut semper ab illicitis longè sint, et à se plerumque etiam licita abscidunt. Undè idem vir, ne in aliquam per eam incurreret culpam, sibi etiam per illam ministrari recusabat necessaria. Hic ergò venerabilis presbyter, cùm longam vitæ implesset ætatem, anno quadragesimo ordinationis suæ inardescente graviter febre correptus, ad extrema deductus est. Sed cùm eum presbytera sua solutis jam membris, quasi in morte distentum, si quod adhuc ei vitale spiramen inesset, naribus ejus apposita curavit aure dignoscere. Quod ille sentiens, cui tenuissimus inerat flatus, quantulo adnisu valuit, ut loqui potuisset, inferverscente spiritu colligit vocem, atque erupit dicens : Recede à me, mulier, adhuc igniculus vivit, paleam tolle.

Voir *Dialogue de saint Grégoire*, liv. 4, ch. XI. Patrologie, T. 77, page 336.

» Garde l'estrain, garde la paille,
» Encor m'en doute le feu n'y saille. »

Hé! douz Jhésu, douz Roy de gloire,
Com sa chanoinne doit poi croire
Qui bien prent garde à ce preudomme;
Car bien avient, c'en est la somme,
560 Qu'à la foiz chiet qui plus est fors
Cuide estre assez qu'aciers ne fers.
Nostre aciers tost devient esteins,
Et tost espris est nostre estreins;
Car cis sainz hons qui tant ert vieus
Qu'à paines mes ouvroit ses yeus,
D'une vielle toute escrépie
Se douta plus que mile pie
Ne se doute de nul garçon,
Tant tiengne arbaleste n'arçon....
570 Qui chastée vieut maintenir,
Moult li convient serre tenir;
Ou se ce non tost li m'eschiet,
Un chevaus à quatre pies chiet.
Qui bien nette vieut tenir s'ame,
Ades fuir doit fole fame.
Fole? Mes la fole et la sage,
Ce dit Jéroimes en sa page
Fuir devons soir et main.
Seulement d'atouchier la main
580 Ou le doit d'une bèle fame
Est la foiz bléciè l'ame.
Fame blèce home à pou d'avoite,
Nes li voons s'on la convoite,
Blesce et corront l'ame et le cuer.
Por ce nus preudom à nul fuer
Ne se doit lès aprochier,
Se plus n'est fort d'un grant rochier.
Fors? qu'ai-je dit, sainte Marie!
Puis que fame home tarie,
590 S'èle fait-èle lors clochier
S'il estoit fors plus d'un clochier.
Lors le trébuche, lors l'abat
Pour cist trop foux qui si enbat.
Mes cil truant, cil grant esmofle
Qui jaune sunt com pié d'escoufle,
Ce m'est avis, si sunt seur,
Qu'il ne ont doute ne péeur;
Ne chouète pas chouettant
Com vont à èles chouétant.
600 Ades conseillent et musètent
Com choues à chouz choutent
A ses joennes papelardes.

Ne sai que dire d'aus ne d'èles,
Ne croi entre èles ses ermofles
Ne que feroie granz escoufles
Entre bien tendre pocinez.
Si me consaut saint Martinez,
Mainte en ont frainte et endouée
Et s'en ont faite aucune ovée;
610 Papelardiaus et papelardèles
Ont à la fois papelart d'èles.
Croire ne puis qui que les croie,
Marbre et liais nous font de croie;
Il sunt de croie non de marbre,
Au fruit doit-on cognoistre l'arbre.
Il n'i a mes si fol vachier,
S'il set s'aumuce avant sachier
C'on ne dit vez la saint Vitre,
Il lui convient ou croce ou mitre.
620 Vez la saint Lubin de Covrèle
Qui faiz vertuz à sa chapèle.
Ci faites genz moult tost déçoivent
Ceus qui leur guile n'aperçoivent.
Il semble ades por ce haz,
Que s'ame soient de deus bras.
Ne sai s'il ont nient perdu,
Ades sunt-il tout esperdu.
Mes de ceus ont la vie chère
Qui font au siècle bone chère
630 Et qui défuient vanité
Et font œuvre de charité;
Car as œuvres, c'en est la somme,
Puet-on cognoistre chascun homme?
Isidorus li bon clerc dit
Qu'ades soit liez qui bien vit,
Et tout ades soit corrécié
Conscience qui est bléciée.
Au preudomme c'est voir covient,
Et moult li siet bien avient
640 Qui ne soit mie asbalestres,
Mais d'estre si enchevestres
Ne d'estre si ensevelis,
N'est pas à Dieu moult grant déliz,
Bon est selon la vérité
Qu'en gart ses yex de vanité....

Ne soions pas museteur;
Mes tout ades aions péeur
D'ou soutil feu qui si souprent
Et tout homme qui si tost esprent;
650 Quar anemis qui à mal souffle
Moult volentiers l'atrie et soufle.

*Sapiens dicit:*
Frons tua populo contestatur; intus omnia dissimulata sunt.

*Isidorus dicit:*
Bona vita gaudium semper habet. Reus animus numquam est securus.

*Abaielardus dicit:*
Nolis ex habitu populi captare favorem. Falsus pellis ovina nequit.

*In evangelio legitur:*
Attendite à prophetis falsis qui veniunt ad vos in vestimentis ovium, intrinsecùs autem sunt lupi rapaces; à fructibus eorum cognoscetis eos.

Moult fait tiel feu bon esloingnier;
Preudomme le doit plus resoingnier
Qu'il ne face feu griés.
Ne le vous di pas entiés;
Ainz le vous di tout en françois.
Un bien preudom le fuit ançois,
Et ausi tost s'en trait arrière
Com il feroit d'une crulère.
660 Quant mieudres est tant plus se doute
Tant plus se crient, ce n'est pas doute.
Li sages hons ades se garde.
Au bon prouvoire prenon garde
Que tout ades douta tel feu,
Nes ou lit mortel là où il feu
Qui XL anz s'estoit de fame
Gardez ançois qu'il rendit l'ame....

   Fuions tout tans les bèles dames
Qui les cors poilent et les ames.
670 Fame est trop fors, c'en est la somme,
Et por peler et por tondre homme,
Si com Sanson fit Dalida.
La plus simplète est *callida*
Por décevoir home et guiler.
Sanses qui rompi le pilier
Et l'estaches qui tant fu fors,
N'out pas assez vertu n'effors
Por lui deffendre de sa fame.
Foi que je doi la bèle Dame,
680 Fame si est de tiel effors,
Que la plus fèble est assez fors
Vezié, sage et recuite,
Por abatre apetit de luite,
Un jaiant fort comme une tour;
Por ce qu'èles sèvent un tour
Dont preu garder ne set hom.
   Li apostre, li saches hom
Commande à nous que foible sommes,
Que jor et nuit les deffuiommes;
690 Quar ou fuir, c'en est la voire,
Est la coronne et la victoire.
Fuions la tuit et clerc et moine;
Prenons tuit garde au bon chanoine
Dont je vous ai conté et lit,
Qui se glaça jus de son lit
Et si lessa la bèle fame,
Et si s'enfui à Nostre Dame
En hermitage et désert.
Ainsi du mont se désacrt;
700 Ainsi du mont se varia;

Ainsi du cuer se maria
A ma Dame sainte Marie.
Certes qui du cuer se marie
Et tout i fiche son corage,
Paradis prent en mariage.
Cil qui haut cuer a tant et riche
Que tout le plante et tout l'enfiche
En ma Dame, sainte Marie.
Nule autre amor ne pris-je mie
710 Ne tout le monde une eschalope.
Vers paradis point et galope
Et jà moult près est de la porte,
Cil qui bon cuer et vrai li porte.
Moult fait haute chevalerie,
Qui puet faire si haute amie
Com est la Royne de gloire
Et du monde a bien la victoire.
Assez est plus de granz effors
C'onques ne fu Sansons li fors,
720 Qui por amer si haute Dame
Guerpist et lesse toute fame.
Bien ront l'estache et le piler,
Bien set le déable guiler
Et bien confont les anemis,
Qui tout son cuer en li a mis.
Seurement puet rendre estour
A l'ennemi qui seit maint tour,
Qui de bon cuer à lui s'attache.
Nostre Dame est si fors estache,
730 Qui que de li fait son escu,
Tout a outré, tout a veincu
Anemis, si Dieu me consaut,
Qui moult set d'estour et d'asaut.
Vaintre ne puet ne homme ne fame
Qui face escu de Nostre Dame.
Moult fait grand sens et grant proesce,
Qui de lui fait sa forteresce.
Qui de la Mère au Créateur
Son refuge fait et sa tour,
740 Sa garite, son estendart,
Ne puet douter quarrel ne dart
Que li déable sache traire;
Ne li puet faire nul contraire
Ne pardevant ne parderrière,
De maugonnel ne de perrière,
Ne d'engien nul dont jeter sache.
Li fors piler, la fors estache
Est Nostre Dame qui tout porte,
Qui tout soustient, qui tout conforte.
750 Maz ne puet estre ne vaincus,

Cil cui deffent ses fors escus.
Nostre Dame est touz nos refuiz.
Sachés, sachiés qui queurs et fuiz
De bon courage à Nostre Dame,
Qu'à garison as mise t'ame.
C'est la garite qui tout garde,
Se tu la queurs, tu n'auras garde.
Quant d'aucuns sens les assaus,
Touz les valoz, touz les grans saus,

760 A la garite, à la garite
Fui tost, fui tost, et guari te.
Se Nostre Dame à garite as,
Sauvé de mort et gari t'as.
Ne sai, par sainte Marguerite,
Nule si garissant garite.
Alons nous y tost garitant,
Ainz garite ne gari tant.

## Le miracle Nostre Dame de Sardenay.

Une dame très-distinguée selon le monde, mais d'une piété éclairée, avait pris le parti de renoncer aux vanités du siècle pour aller se retirer dans un désert loin de Damas, sa ville natale. Ayant donc fait bâtir en ce lieu un ermitage dans lequel elle avait fait élever un petit oratoire en l'honneur de la sainte Vierge, elle y vécut en bonne religieuse. La charité avec laquelle elle accueillait les hôtes qui se présentaient à la porte de son ermitage, eut bientôt fait connaître son nom et ses bienfaits. Un moine de Constantinople qui allait à Jérusalem pour visiter les saints lieux, vint un jour lui demander l'hospitalité. Il y fut reçu avec tous les égards d'une personne consacrée à Dieu, et le lendemain, la bonne religieuse apprenant qu'il se rendait au saint sépulcre, lui recommande avec larmes de prier pour elle lorsqu'il sera dans la cité où mourut le Christ; elle le supplie de lui rapporter, en souvenir de ce saint voyage, une image de la sainte Vierge qu'elle placera avec honneur dans son petit oratoire. Le moine lui promet en partant de remplir ses pieuses intentions. Son pèlerinage terminé, le moine quitte Jérusalem sans se ressouvenir de l'image qu'il avait promis de rapporter. Il était déjà assez loin de la cité, lorsqu'une voix du ciel lui reprocha son oubli; il retourne aussitôt sur ses pas et achète dans la rue des images une tablette où était représentée la sainte Vierge. Aussitôt cette acquisition faite, le moine se remet en chemin; mais après avoir longtemps erré, il arrive dans un endroit où il aperçoit un lion furieux caché dans quelques broussailles. Le pèlerin effrayé se met en prières. Le lion naguère si féroce devient doux comme un agneau et se couche à terre pour lui lécher les pieds.

Le moine était à peine sorti de ce danger, qu'il tombe entre les mains d'une troupe de voleurs embusqués pour détrousser les voyageurs. Mais un avertissement du ciel leur défend de faire aucun mal au bon pèlerin. Le moine, convaincu que c'est à son image qu'il doit attribuer cette étonnante protection, songe à la reporter en son pays, sans retourner chez la religieuse. Dans cette intention, il s'embarque sur un navire au port d'Acre. Le vaisseau volait à pleines voiles sur la mer, lorsqu'une affreuse tempête se leva tout à coup. Le moine se sentant si près de la mort, se disposait à jeter à la mer son image renfermée dans son sachet; mais un ange lui défend avec menaces d'exécuter ce dessein et lui commande avec autorité de la lever au contraire vers le ciel. Les flots naguère si agités se calment, un vent d'occident se lève et les repousse dans le port d'où ils viennent de sortir.

Le religieux commence enfin à comprendre que pour accomplir la volonté de Dieu, il doit repasser chez la bonne femme. Il arrive à son ermitage; mais la religieuse ne reconnaît pas son ancien hôte, elle avait reçu tant de personnes depuis son départ. Pour lui, il n'a garde de se faire connaître, tenté qu'il était toujours de s'approprier l'image miraculeuse. Le lendemain matin, le pèlerin ayant pris congé de son hôtesse, entre dans son petit oratoire pour recommander son voyage à Dieu. Après avoir fait une courte prière, le moine veut partir, mais il se fatigue inutilement à chercher la porte, il ne peut la trouver. Vaincu par tant de marques de la volonté de

Dieu, le moine raconte toutes les aventures qui lui sont arrivées à l'occasion de l'image. A ce récit, la religieuse se jette en pleurant devant l'image, et tous deux témoins de ces merveilles prennent la résolution d'honorer Marie en un lieu qu'elle s'est choisi. Depuis, on les vit passer les jours et les nuits devant cette image miraculeuse. La sainte Vierge montra combien ce service lui était agréable, en faisant découler du tableau une espèce de sueur qui, recueillie dans des vases d'airain, avait la propriété de guérir de diverses maladies. La religieuse voyant que les pèlerins s'y pressaient en foule, avait eu la pensée de faire exécuter un siège plus brillant pour y placer le tableau ; elle avait mandé à ce sujet un prêtre de grande réputation pour opérer ce déplacement. Mais cet ecclésiastique ayant porté les mains au tableau, tomba malade et mourut trois jours après.

Depuis cet évènement si extraordinaire, personne n'osa plus toucher l'image, ni songer à l'ôter du lieu qu'elle occupait ; mais la liqueur miraculeuse continua à couler, et elle fut reçue dans un vase de cuivre d'où les pèlerins en emportaient pour leur usage. Le soudan Voradius vint de Damas à Sardenay, pour solliciter la guérison de son aveuglement ; l'ayant obtenue, il fit présent à la chapelle de trente-cinq mesures d'huile.

Les aumônes des autres fidèles permirent à la religieuse de faire bâtir en ce lieu un magnifique monastère.

Dans la partie morale de cette curieuse histoire, Gautier s'élève avec force contre les mécréants qui ne croient pas plus aux miracles qu'aux contes de Renouart. Pour lui, il se fait fort de prouver celui-ci. Un bourgeois de Soissons, encore vivant, avait été en pèlerinage à Notre-Dame de Sardenay, et en avait rapporté de l'huile miraculeuse. Il en avait donné à Saint-Médard. Plusieurs chevaliers du temple qu'il avait vus lui avaient raconté le même fait, et avaient rapporté de ce pays de saintes reliques.

A cette occasion, il rapporte un autre miracle arrivé à Châtellerault, sous le roi Philippe-Auguste. Un méchant homme ayant frappé une statue en pierre de la sainte Vierge, il en sortit un sang vermeil. Plus de dix mille personnes furent témoins de cet évènement. Plus de vingt personnes lui avaient certifié ce prodige, et un moine du couvent Seriaus de Rivière, qui accompagnait le roi, avait rapporté à saint-Médard de ce sang vermeil.

L'enfer doit être le partage de semblables incrédules qui veulent ôter à Dieu sa gloire. Pires que les magiciens de Pharaon, ils ne reconnaissent pas le doigt de Dieu.

Ce miracle doit nous exhorter à aimer Marie avec ardeur et à imiter la conduite pieuse de la sainte nonne. Beauté et douceur de l'*Ave, Maria*. Manière de réciter cette belle prière. Vive instance de la réciter à genoux. Il cite à ce propos l'histoire d'un chartreux qui aimait tant la sainte Vierge, qu'il passait souvent les jours et les nuits à prier devant son image ; dans la ferveur de ses oraisons, la sueur lui découlait partout le corps. Un jour un de ses confrères se cacha pour l'observer, et il le vit se dépouiller de ses vêtements pour se mettre à genoux. Il aperçut, au moment où il priait, une dame magnifique et d'une blancheur éclatante, qui descendant du ciel venait essuyer la sueur du religieux. Cet heureux moine ne tarda pas à mourir, mais avant sa mort, il révéla ces faveurs à son prieur et à ses frères.

Nouvelle exhortation à imiter cette foi vive. Ces faits ne viennent-ils pas confirmer tous les autres, comme la naissance de Jésus d'une vierge ? Il cherche à accréditer la vérité de ce grand mystère par une foule de comparaisons prises dans la nature. Marie est l'étoile de la mer qui a caché le vrai soleil de justice et qui nous le révélera à la fin des siècles.

Miniature. — Intérieur d'une chapelle, toit en plomb avec bardeau. Fond rose vif orné d'arabesques ; un moine et une religieuse soutenant une image de la sainte Vierge et de l'enfant Jésus. On voit que cette peinture était faite sur bois avec encadrement à trèfles, semblables à nos diptiques. La Vierge porte une robe bleue, un manteau rose doublé de vert.

Manuscrit de Paris : 1° Un moine et une religieuse assis. 2° Le moine, un ange qui apparaît, une image de la sainte Vierge. 3° Le moine, un lion et l'image. 4° Une barque en mer et l'image. 5° Le moine et la religieuse devant l'image. 6° Le soudan de Damas en roi, le peuple en foule devant l'image.

A la loenge de la Dame,
De l'esmeraude, de la gemme
Qui tant sainte est et précieuse,
Resplendissanz et glorieuse,
Que Diex en vout faire sa Mère.
Le biau miracle vueil retraire
De l'ymage de Sardenay.

Encore conté miracle n'ay,
Ce m'est avis, plus merveilleus,
10 En latin et moult de leus
Et ce latin est biaus et genz ;
Mais por ce que toutes les genz
N'entendent pas très bien la lettre,
Ici le vueil en roman metre.

Tant com yvers et esté dure,
Aient cil bone aventure
Qui volentiers l'escouteront
Et qui un peu s'acosteront,
Ci delez moi por bien entendre
20 Comment on doit jor et nuit tendre
A bien servir de cuer entier
La fleur de liz et d'églentier
Por cui Diex fait toutes merveilles,
Que lassez sunt pluseurs oreilles
De l'escouter et de l'oir.
Que Dex vous doint de vous i oir,
Et par les preces Nostre Dame,
Santé vous doint de cors et d'ame.
Or entendez entativement
30 Com li Fiz Dieu euvre piément.

Ce dist la lettre de ma page,
Q'une dame vaillant et sage,
Riche et puissant, de grant manière,
Où Damas ça en arrière,
Qui moult amoit de cors et d'ame
La grant Royne, la grande Dame
Que tuit li mondes doit amer.
Por le siècle que vit amer,
Faus et glaçant et plain de guile,
40 Fors de Damas, loins de la ville,
Com vaillanz dame preux et sage
Edificia un hermitage
Et si fist faire un oratoire
En l'onneur de la Dame de gloire,
None velée là devint;
Le mont lessa et à Dieu vint.
A Dieu dona et cors et cuer
Et tout le monde jeta puer.
Moult fu plaine de charité;
50 Ses nons, par hospitalité,
En peu de tens si loins vola,
Car renommée grant vol a,
Moult vienoient clerc et lai,
Ce dit la lettre où lui l'ai.
Si com Diex vout qu'un jor avint
Qu'à son ostel osteler vint
Uns moines de Constentinoble.
La dame hostel li fist moult noble.
Por Dieu et por religion
60 Son corage, s'entençion
La sainte none moult enquist.
Il respondi que Sainz requist
Et se Dex de mal les viroit

Qu'au saint sépulcre droit iroit,

La sainte none quant l'entent,
Moult doucement les mains li tent
Et en plorant li prent à dire :
« Por Dieu, por Dieu, biau très douz sire,
» Quant vous venrez en la cité
70 » Où li Sires de vérité
» Daingna morir por tout le monde,
» Priez por ceste lasse immonde
» Et accueilliez par bon courage
» En vostre saint pélérinage.
» Et si vous vueil prier et dire
» Que reveigniez par si, biau sire,
» Et por Dieu et por vostre ame,
» Une ymage de Nostre Dame
» De Jerusalem m'aportez.
80 » Moult seroit liez et confortez
» Mes las de cors, ma lasse d'ame,
» S'une ymage de Nostre Dame,
» La douce Mère au Roy de gloire,
» Avoie en mon povre oratoire;
» Moult grant confort en li aroie
» Et moult bon gré vous en saroie. »
« Douce Dame, » ce dit li moines,
» Ne me détenra nus essoines
» Que je par ci droit ne reviengne
90 » Et que de ce ne me souviengne
» Dont me priez si bonement. »
Au départir, moult doucement
Embracié l'a la bone fame.
L'image de la douce Dame
A mains jointes, à mains ploiées
Li ramentoi maintes foiées.
Et il li dist tout entresait
Que jà de ce doutence n'ait,
Que sanz délai et sanz aloigne
100 Moult bien fera ceste besoingne.

A tant li moines s'en ala;
Moult fu joians quant il fu là.
Quant le sépulcre out visité
Et les sainz lieus de la cité,
Et touz baisiez et aorez,
Assez peu i est demorez;
N'out nul talent de séjourner.
Au repairier, au retourner
Mist son cuer et son corage.
110 De la nonnain et de l'ymage
Ne li membra ne ne souvint.

Mais une voiz du ciel li vint
Lors qui fu hors de la cité,
Qui durement l'a escité
Et dit qu'il fait moult grant folage
Quant oublie ainsi l'ymage
Que promise à la bone fame
Qui tant aime la douce Dame.
De la voiz, de la grant merveille
120 Souvent se seigne et esmerveille
Et est ausi com en angoine.
Bien voit qu'un ymage, une ycoine
A estrous querre li couvient.
A la cité tantot revient.
Tant va et vient sanz attendue,
Des ymages treuve la rue.
Ymages voit jus et sus maintes,
Et d'entailliés et de paintes,
Et ça et là assez coloie.
130 Ne net laquelle penre doie.
En la fin voit une tablette
Qu'il y a painte une ymagete
De Nostre Dame moult très bèle.
N'i a si boenne com est cèle
Por porter loins, ce li est vis.
Sanz lonc marchié, sanz lonc devis
L'a achetée, si s'en tourne.
En la cité plus ne séjorne;
Ainz s'en départ igncllepas.
140 Tant a erré qu'à un trespas
S'est embatuz qui ot non Ghis.
L'a sert un gros lions tapis
Qui tant ert fiers et plain de rage,
De gens fesoit moult grant damage ;
Maint home ot mort et dévoré.
Mes le moine alors a oré
Qu'il aprisme de lui et vient.
Si douz et si simples devient,
Qu'à terre s'est touz plaz couchiez ;
150 Si li baise et lèche les piez.
De lui le moine se part tost ;
N'a que faire de son acost.
Encore li face-t-il bèle chière,
N'el a il mie grantment chière.
Joians et liez passe sa voie;
Bien voit que cèle le convoie
Dont il porte son saint ymage.
Se l'en merçie en son corage.
N'out pas alé granment avant,
160 Quant li resaillent audevant
Larron qui en branchie estoient

Por pélerins qu'il desroboient.
Mes Madame sainte Marie
Li renvoia à moult tost aie.
Une voiz d'angre descendi
Qui leur cria et deffendi
Que por riens nule ne touchacent
Ne près de lui plus s'aprochacent.
Li mau larron, li desroié
170 De la voiz sunt si effroié
Et tel paour en ont pour vooir,
Ne puent piez ne mains monooir,
N'un tout seul mot ne puecnt dire.
En tel manière nostre Sire
Deffent celui, garde et conforte
Qui l'ymage sa Mère porte.

Quant de larrons est eschapez
Li moines qui fust entrapez,
Trop malement, si Dieu ne fust,
180 L'imagète qu'il tint defust,
Moult souvent resgarde et remire.
Bien soit et voit que nostre Sire
Miracles fait por cèle ymage.
Por ce propose en son corage
Qu'il s'en ira en sa contrée
Quant tiel ymage a encontrée.
Jà la nonne ne verra mie,
Miex veut que soit en s'abbeie
Que l'eust ceste estrange fame.
190 A tout l'ymage Nostre Dame
Ainsi vers Acre s'en ala
En une nef qui trouva là
A tout l'ymage entra lors droit ;
Vers Constantinople tout droit
S'en va la nef voile tendue.
Mes ains que fust à port venue,
Trop laidement fut arestée.
D'un tiel tempeste fu tempestée,
Que qui miex miex en mer getoient
200 Et clerc et lai quan qu'il portoient.
Quant voit la mort à l'ueil li moine
Et que si granz est li moines
Com de noier en un moment,
Son sachet sache ignelement
Où s'ymagète avoit muciée.
En mer l'eust tantost lanciée ;
Ne fust un angres qui li crie :
« Fui, fui, fui, fui, ne jète mie
» En mer l'ymage Nostre Dame,
210 » Tu perderoies cors et ame ;

« Mes prie Dieu d'entier corage
» Et vers le ciel liève l'ymage. »
Face moilliée et esplorée,
L'ymage au ciel lors a levée
Li moines qui a grant péeur,
Et merçi crie au Sauvéeur.
La mer qui fu fiers et orrible
Tantost devint coist et paisible.
Mais lors leva, ne tarda guères,
220 Un vent qui si li fu contraires,
Et d'aus grever si s'entremist,
Queus ou port d'Acre les remist.

Quant li moines se voit arrivé,
Bien voit qu'il s'entremet d'uisdivé
Quant ce vient tolir à la none
Que Diex et sa Mère li donne.
A donc se pense en son corage
Que reporter vorra l'ymage
A sa hostesse, sa bone amie.
230 Bien voit tolir ne le puet mie,
Puisque la Virge douce et piue
Veut à estrous qu'èle soit siue.
Tant a alé qu'à li revient.
La bone fame n'en souvient
Ne ne l'a mie conneu.
Ele avoit puis tant osté eu,
Et tiex trespas par li venoit,
Que de li ne li souvenoit.
Nequedent bien l'a reçeu
240 Bénignement et bien veu
Com home de religion.
Cil qui avoit entençion
Qu'èle le deust reconnoitre,
Ne se vieut pas faire connoitre;
Mes bien s'afiche en son corage
Qu'il en reportera l'ymage
Et qu'èle mais n'en ara mie.
La sainte none, la Dieu amie,
Jà soit ce que n'en reconnoisse,
250 Moult requiert Dieu et moult l'angoisse
Par oroisons et par prières,
Que de Jerusalem arrières
Remaint le moine sauf et sain,
Que li las cuer dedenz son sein
Porte si amoreus corage,
Por amor de la bèle image
Q'aporter doit de Nostre Dame.
Rien est avis la sainte fame
Et bien le voit en son corage

260 Que s'èle avoit aucune ymage
Qui li ramenast à mémoire
La douce Mère au Roy de gloire,
Que de bone eure seroit née.
Li moines l'a mout resgardée;
Mes èle pas ne le regarde,
Car de tout ce ne se prent garde.

La matinée lendemain,
Li moines moult se leva main;
Car moult estoit esmerveilliez,
270 Quant il se fu appareilliez,
S'ymage muce souz guiart,
Por précieus et por truiart
Le tient ses cuers si ne l'enporte,
Son ne li clot l'us et la porte.
De tant fait-il que bien apris,
Qu'a s'ostesse congié pris,
Et puis s'en entre en l'oratoire
Por congié prenre au Roy de gloire.
Mes je croi bien que Nostre Dame,
280 Pour amor de la sainte fame
A cui il veut tolir s'ymage
Par musardie et par folage,
Son congié tant délaiera,
Que maugré suen la paiera.
Quant a oré assez briement,
Aler s'en cuide ignelement;
Mes il ne puet, par nul pooir,
De la chapèle l'us veoir.
Enserrez est maugré ses denz,
290 Ne puet issir de là dedenz.
Li fol moines, li frénétique,
Ne que cil fait que les reliques
Et le saintuaire aporte.
Diex li a si glosé la porte,
Qu'aler ne puet n'avant n'arière,
Ne que parmi une quarrière;
Et sus et jus assez coloie
Et longuement ainsi foloie.
De ce qu'il voit trop se merveille;
300 Bien cuide dormir, mes il veille.
Quant plus ne puet jus, met li choine,
Com cil qui est touz en agoine,
Et maintenant qui l'a jus mise,
De l'oratoire l'us revise;
Lors cuide issir de l'oratoire.
L'image Nostre Dame de gloire
A donc remucé souz sa suite,
Mout parest foux quant à Dieu luite

Et quant à Dieu rend tant destors ;
310 Quar Dieu set trop de divers tors,
A l'issir fors met grant estuide ;
Mes maintenant en issir en cuide,
Dieu l'enprisone et l'enjaiole
Plus que ne set jais en jaiole.
Tantost com remet jus l'ymage,
L'uis voit ouvert et le passage ;
Et maintenant qu'il la prent,
L'huys ensemble si se reprent.
Et Diex si tost li rematone
320 Qu'assez i luite et tastone ;
Mes ne puet de fors glacier,
Ne puet que s'il estoit d'acier.
Ainsi du jor a mout gasté ;
Et quant il a tant tasté
Et tant alé et sus et jus
Qu'il est si las qu'il ne puet plus,
Lors li monstre sa conscience
Que trop petit a de science
Et trop le cuer a enjolé,
330 Quant contre Dieu a tant alé.
Bien set et voit li entestés
Que la divine poestés
Veut que l'ymage là demeurt
Et que li pueples là l'aeurt
Et garde en soit la bone fame
Qui tant aime la douce Dame
Et qui l'ymage en sa pensée
Tant doucement l'a désirée.

Quant voit que faire le convient,
340 A la nonnain souvent revient
Et tout li conte mot à mot
Comment alé et venu ot.
Bien li raconte et bien li dit
Qu'outréement, sanz contredit,
Vieut li douz Diex, li très douz Père,
Que l'ymage sa douce Mère
Là dedenz soit et là remaingne.
Por tout le trésor d'Alemaingne
Ne fut a donc la nonne si liée.
350 Plus de cent foiz humiliée
En plorant s'est devant l'ymage.
Tant a grant joie en son corage,
Que nel set dire c'est du mains.
Plus de cent fois tent ses II mains
La sainte femme vers les nues.
Des choses qui sunt avenues
Merçie Dieu tout en plourant.

L'ymage va tout aourant
Et devant lui prent tante vaine,
360 Que tout en est lasse et vaine.
Le moine acole moult et baise.
« Sire, » fait-èle, « tant a aise
» Est mes las cuers que n'el puis dire ;
» Tant m'avez fait Diex le vous mire,
» Que je mérir ne le porroie
» Autant de bien com je vourroie
» Vous doint la douce Mère Dieu. »
« Dame, » fait-il, « en cest saint lieu
» Ici me plest à demourer
370 » Por servir et por honnourer
» La Mère Dieu tout mon aage
» Qui por s'ychoine et por s'ymage
» A jà tant de merveille faite. »
« Or m'est ma joie bien parfaite, »
Fait la nonne, « biau douz amis,
» Quant compagnon m'a Diex tramis
» Méesmement moine et prouvoire.
» La douce Mère au Roy de gloire
» En merçi de tout mon courage.
380 » Or servirons lui et s'ymage
» Et jor et nuit, biau trez douz père,
» Li Roys des roys, sa douce Mère
» Moi et vous doint si bien servir
» S'amour puissommes déservir. »

Ainsi andui sont demouré.
De trop fort vin ne de mouré
Ne furent pas moult souvent yvre.
A sobrement et à bien vivre
Andui se mistrent leur entente
390 Que plus que mugues ne que mente
Flaira souef leur renommée.
La sainte ymage est honnourée
Et jor et nuit à leur povair,
Apertement peut-on véoir
Par le miracle qui avint
Que leur servise à gré vint
A ma Dame sainte Marie ;
Car moult grammant ne tarda mie
Qu'à suer prist la sainte ymage
400 Une liqueur qui maint malage
Par le pais asouaga.
Cèle qui tout courage a
En honourer la sainte ichoine,
D'un biau candal et d'un sydoine
Souvent la prist à essuier
Quant la liqueur li vit suer.

Et quant vit que plus l'essuoit
De plus en plus ades suoit,
Un biau vaissel d'airain fist faire
410 Pour reposer en ce saintuaire.
Saintuaire est ce sanz doute;
Quar il n'est nus tant ait fort goute
Ne maladie tant diverse,
S'un petit sus l'en met et verse
Où oint un peu la sainte fame,
Par la vertu de Nostre Dame
Qui maintenant ne soit sanez.
Des miex vaillanz, des miex vanez
En peu de tens y a grant alé.
420 N'est maladie tant soit male,
Se la liqueur de sus dégoute,
Qui ne s'enfuie lors sanz doute.
De toutes pars granz genz aqueurent
Qui enclinent et qui aeurent
Et honneurent la sainte ichoine
Qui tant est sainte et tant ydoine;
Et tantes genz sané et guarist,
Que tout li mont s'en esbarist,
Et touz li mons s'en esmerveille.
430 Chacune nuit devant li veille
La sainte nonne avec la gent
Qui luminaire y font moult gent.

La sainte nonne preus et sage,
Quant voit que cèle sainte ymage
En tel révérence ont les genz,
Un siège qui moult est plus genz
Que li premiers li a fait faire.
Un provoire de grant affaire
Et qui moult est de bone fame,
440 A fait venir la bonne fame
Por remuer la sainte ymage
Et por metre en plus haut estage.
Li prestres sanz arestement
Vesti un moult biau vestement;
Mes je ne sais ne ne l'ose dire
Porquoi s'aira nostre Sire
De la douce Dame de gloire
Si durement à ce provoire;
Quar lorsque ses mains y touchèrent,
450 Tantost moururent et séchèrent;
Et si le prist tel maladie,
Qu'il départi de ceste vie,
Droit au tiers jor ne vesqui plus.
Ainz plus cèle merveille;
N'ousa touchier la sainte ymage

N'oster de son premier étage.

Après la mort de cest provoire,
Pour ce que vout li Roys de gloire,
Li puissant Roys, li puissant Père
460 Que l'ymage sa douce Mère
Fust en plus grande auctorité
Et com l'eust par vérité
En plus grant vénéracion,
Ausi com d'incarnacion,
La vesti toute contre mont,
De les mamèles en amont
Et si li fist II mamelètes
Nestre du piz moult petites,
Dont la liqueur à sordre prist
470 Si durement, que moult tost fist
La nonne de saintisme affaire
Un vaissel atourner et faire
De cuivre, je croi, ou d'airain,
Assez plus grant du premain,
Por recevoir la sainte goute
Qui jour et nuit sourt et dégoute
Des mamèles la sainte ycoine
Qui tant est sainte et tant ydoine.
Por la sainte ymage requerre
480 A donc vindrent de mainte terre
Et pélérins et pélérines
Por faire envers touz maus mécine
En enpoulles l'oille emportoient,
Et trestout cil en garissoient
De touz malages sanz doutance
Qui oint en ièrent par créance.

En ce tempoire que c'avint,
De Damas uns soudans y vint,
Un Sarrazin de grant orgueil.
490 Lonc tens n'avoit eu q'un ueil;
Et en celui li prist tel goute,
Qu'il le perdi ne n'en vit goute.
Des miracles qu'il a oiz
Moult parest liez et esjoiz.
Quant raconter ot li paiens
Que li haut Diex as crestiens
Qui touz est sires et pères
Por l'ymage sa douce Mère
Faisoit miracles si granz,
500 De l'aler là fu moult en granz.
A Sardenai sanz délaiance
Venuz en est et à créance
Que li granz Diex, que li grant Père,

Se l'en prie sa douce Mère,
A bien vertu, force et pooir
D'un aveugle faire vooir
Et de lui rendre sa veue
Et sa clarté qu'il a perdue.
Devant l'ymage tout plaz gist ;
510 La douce Mère Ihésuscrist
Prie et requiert ententilment
Qu'à son douz Filz déprit piument
Que ses prières daint entendre
Et sa veue li daint rendre.
Quant d'oroison levez se fu,
Les yex ouvri et vit le fu
En la lampe devant l'ymage.
Lors a tel joie en son courage,
Ne set qu'il puist dire ne faire.
520 La veue si li esclaire,
Que plus cler voit, se li est vis,
C'onques ne fist homs qui fust vis ;
Et il et touz ceus qui là èrent
Dieu et sa Mère mercièrent
Et loèrent moult durement,
Et por ce que premièrement
La lampe ardant avoit veue.
Quant recouvré out sa veue,
A Dieu voa ignelement
530 Qu'asseroit perpétuelment
A l'usage de sa chapèle,
D'oile d'olive clère et bèle
Chascun an xxx et v mesures.
Il et li suen granz aleures
A Damas joiant s'en ralèrent.
Dieu et sa Mère moult loèrent
Et miex l'amèrent et servirent
Cil et cèles qui puis le virent.
Du veu qu'out fait n'oblia rien,
540 Sa rente assist et paia bien
Et bien paiée d'an en an
Fu dèsqu'au tens au soudan
Qui Voradius fu appelez.
N'aroie en pièce révelez
Les haus miracles, les haus faiz
Que fist adonc et qu'a puis faiz
Et fait encore sanz séjour
Et tempre et tart et nuit et jour
A Sardenai li très douz Père
550 Por essaucier le nom sa Mère,
Et por l'amour la sainte fame
Qui de l'ymage Notre Dame
Tel désirer en avoit

La sainte nonne ne savoit
Que pust faire de l'ymage.
La bone none en son aage
Moult amenda le lieu et l'estre,
Et por la Reine célestre
Honnourer et gloréfier,
560 Biau moustier fist édéfier
Qui tant fu grans, biaus et aoines,
Que puis i out nonnains et moines.
Mes ades par ancessorie
Aux nonnains est la seignorie,
Pour l'amour de la sainte fame
Qui tant paramoit Notre Dame
Et qui le lieu édéfia.
Ainsi li Roys qui tout cria,
Por essaucier la rose pure
570 En cui il prist nostre nature,
Ouvra adonc en Sardinai
Et ouvre encore, bien le sai,
Por ceus qui l'ont bien esprouvé.
Mais il sunt maint larron prouvé
Qu'il nul miracles tant soit granz
Ne prisent mie leur viez ganz.
Créance et foiz en aus défaut,
Maint loudier et maint brifaut
Qui ne font fors gouder et rire
580 De touz les biens qu'il oent dire.
De tiex connois, par saint Romacle,
Quant conter oent un miracle,
Qui lors les nes en vont fronchant
Et par derrière en vont grouchant,
Ausi com fait li botereaus.
Je ne sui pas si sotereaus
Bien ne connoisse tiex lourdiers.
Je leur dourroie ens eschoifiers,
Et Nostre Dame en vengeroie ;
590 Plus volentiers ne mangeroie.
C'est une chose donc trop mir,
Quant leur venin n'osent vomir.
A donc dient, par saint Gile,
Ce n'est mie toute évangile.
Com dit au four me chante as noces,
A tiex larrons le bez saint Joces
Puist or donner male aventure.
Ne croient pas sainte escripture
Li mescréanz, li faus hérite,
600 Li plain de mauvès espérite
Des miracles le Sauveur
Si bien com font un jongleur
De Renouart au grant tinel.

  Jà ne vorroient oïr d'el,
  S'aucun y a si afronté
  Qui le miracle qu'ai conté
  Croire ne veille, viengne avant;
  Maugré son visage devant
  Ce miracle li prouverai;
610 Car à Soissons li trouverai
  Le bon borjois qui encor vit,
  Qui à ses yex l'ymage vit
  De Sardenai donc ai conté.
  De saint Maart si grand bonté
  Nous fist n'a pas iij ans passez
  Qu'il nous donna de l'oile assez
  Qu'il sourt du piz la sainte ymage;
  Et maint templier vaillant et sage
  Qui ou pais ont répairié,
620 Assez m'ont dit et esclairié
  Que l'ymage ont assez veue
  Et la liqueur ont reçeue
  Qu'il enportent en leur repaires
  De quoi il font hauz saintuaires.

  Véritez est, éprouvé l'ai.
  Assez sont cler, assez sont lai
  Qui de croire voi sont si laniers,
  Que ne plus voirs c'uns viez paniers,
  Ne tient leur cuer ne foi ne créance.
630 De ce méesmes ont doutance
  Qu'à leur yex voient soir et main.
  Ou feu d'enfer tot main à main
  Leur convenra payer la hanse;
  Car mauvez panier sanz anse
  Ne prisent chose com leur cont;
  Mais par loppe derrier en font.
  Diex! des miracles qu'ont retrait,
  Pour qu'est nus tiex que langue entrait
  Ne fait la loppe, ne fait la lippe.

640 Quant au tens le sage Philippe
  Qui fu uns des bons roys de France
  Avint por affermer créance,
  A Chastel Raoul, par saint Pierre,
  Que sainna l'ymage de pierre.
  Ce vit maint hons et mainte fame,
  Lorsque l'ymage Nostre Dame
  Qui de fust estoit ou de pierre
  Féri un fous ribaus, lechierre,
  Qui de gieu iert boillans et chaus.
650 Lors en sailli le sanc vermaus.
  Encore est vis de ceus x mile
  Qui adonc ièrent en la vile,
  Quant ce miracle y avint.
  De ceus veus ai plus de vint
  Qui bien l'ymage sainner virent.
  Grant sanctuaire du sanc firent
  Tuit cil qui en puèrent avoir.
  Un nostre moine i out por voir
  Que bien connu ça en arrière.
660 Les bons Seriaus de la Rivière
  Menez avoit en l'ost le roy;
  Bien vit le sanc et le desroy
  Que l'ymage fist le ribaus.
  Du sanc qui tout estoit vermaus
  En aporta à Saint-Maart.
  Li feu d'enfer certes jà art
  Pour graillier ceus et bruir
  Qui refroidier et acruir
  Veulent les genz par leur boufoi
670 Qui sont fondé en vrai foi
  Par les miracles, par les faiz
  Que fait li vrais Diex et a faiz.
  Petit ont foi et pou créance,
  Quant il à Dieu de sa puissance
  Ne veulent rendre gré ne grace,
  Ne dire bien de rien qu'il face.
  Tolir à Dieu veulent l'onneur.
  Honte aient-il et deshonneur.
  Moult a de fiel en leur vaingnons
680 Voir ies hez plus ne fez vaingnons;
  Voir jà nul bien ne vendra d'aus;
  Touz tens groignoient com wans d'iaus
  Qui ades dient waon, waon.
  Très parmi outre le chaon
  Aient-il ore mau de hait.
  Il sunt poieur tout entresait;
  Et assez sunt de poieur suite
  Que li enchanteur de guite,
  Li Pharaon enchanteur,
690 Au mains de Dieu orent péeur,
  Quant il ne porent contrefaire
  Les granz merveilles que Diex faire
  Faisoit adonc par Moysen.
  Se viaus non tant orent de sen,
  Que le pooir Dieu regehistrent
  Et que apertement distrent:
  *Digitus Dei est iste.*
  Mes nul miracle tant liste
  Ne tant poli cist ci ne voient
700 Que jà leur cuer en amoloient,
  Ne le pooir Dieu reconnoissent.

## DE NOTRE-DAME DE SARDENAY.

  Ainz en empirent et reboissent,
  Se n'iert doutance il pardiroient
  Li mescréant qui pas ne croient
  Que Diex tant de pooir eust
  Que de virge nestre peust.
  Il sunt plus dur que Pharao.
  Jà Diex merçi n'ara d'aus. O !
  Com Diex voit bien tout leur affaire!
710 Voir se n'eusse tant affaire,
  Volentiers un peu les tapasse.
  Mes je voi que l'eure passe
  Et sai encore moult à passer,
  Por ce les vueil or trespasser.
  Les haz plus certes les auquanz,
  Qu'érites ne Popeliquenz.

   Cist biaus miracles, ce me semble,
  Bien nous enorte touz ensemble
  Qu'amer devons d'entier courage
720 La Mère Dieu, et qu'en s'ymage
  Servir et grant honneur porter,
  Nous devons bien tuit déporter
  Ausi com fist la sainte nonne.
  Ainçoins demain sonneroit Nonne,
  Que dit ne retrait vous eusse,
  Subtilier tant y seusse,
  Com la servoit dévotement.
  Tant paramoit très doucement
  La douce Mère Jhésuscrist,
730 Que Diex se clos miracle i fist,
  Por lui, com vous avez oi.
  Le cuer avoit tout esjoi
  Et tout saoul la sainte fame,
  Quant l'ymage la sainte Dame
  Servir pooit et aourer,
  Et encliner et ennourer.
  La sainte nonne à nuz genouz
  Disoit souvent son salu douz.
  Et sachez bien la Dieu amie
740 En bauboiant n'el disoit mie
  Ausi com font de tiex y a
  Qui dient *Ave*, *Maria*.
  Tiex salus n'est ne biaus ne genz.
  Si par le hastent maintes genz
  Qu'ençois x fois l'ont bauboié
  Com le deust avoir moié.
  Je ne cui pas, foi que doi m'ame,
  Que tiex salus aint Nostre Dame
  Vaillant la queue d'une fresc.
750 Ausi com coc pardessus bré

  S'en passent outre tiex y a
  Et dient *Ave*, *Maria*.
  Tiex saluz n'est mie dévoz.
  *Maria* par est si douz moz,
  Que lorsque la langue le touche,
  Le cuer, la langue et la bouche
  Suscier le doit, par saint Christofle,
  Ausi com le glou de girofle.
  Quant on le veut bien essaier,
760 Seur *Maria* bien délaier,
  Doit-on un peu et demourer
  Pour bien le mot assavourer.
  Qui bien le susce entre ses denz
  Si grant douceur treuve dedenz,
  Que toute l'ame en est saoule.
  Mes il me semble que la coule
  Tout li pluseur s'en doient courre
  Por l'estuef tolir et rescourre.
  Quant il saluent Nostre Dame,
770 C'est une riens, foi que doi m'ame,
  Qui pluseurs foiz corroucié m'a
  Tantost com il venoit à *Ma*.
  De mautalent souvent m'en ri
  Qu'uns asniers dit n'aroit hari.
  Diex ! qu'est-ce sainte Marie a ?
  Tant a douz mot en *Maria*,
  Qu'on le doit si bien prononcier
  Et si hautement annoncier,
  Que toute en soit plaine la bouche.
780 A oroisons porquoi se couche
  Convers ne moines, hom ne fame
  Devant l'ymage Nostre Dame
  Quant vint saluz à bauboiez,
  Ançoiz qu'on les eust roiez?
  Saint Augustin dit que li hom
  Qui ou cuer n'a dévoçion,
  Oroison n'a nete ne monde.
  Qui à la Dame de tout le monde
  Saluer veut ententiument,
790 Saluer la doit si piument,
  Que toute soit enpiumentée
  De dévoçou sa pensée.
  Qui parleroit, c'en est la somme,
  En bauboiant à un haut homme
  Il le tenroit por fol bricart;
  Et d'un baton ou d'un clicart
  Tost li dorroit de lez l'oreille.
  Et cil qui parole ou conseille
  Privéement à la Dieu Mère,
800 En est-il bien sonz et chimère

S'il ne parole en tel manière
Qu'èle écouter daint sa prière.
Oïl certes, c'en n'est pas doute,
Cil qui bien l'ame et bien la doute,
Moult a envis dit *Maria*,
Voir si grant haste Marie a.
Cil qui au dire ainsi se haste ;
Car il n'a pas en un grant haste
De la longe de bon porc tenre
810 Tant à suscier ne tant à penre
Com a en non, n'en doutez mie,
De ma Dame, sainte Marie.
Cil qui son cuer en li mis a,
Garde ne die *Maria* ;
Mes *Maria* devons tuit dire.
Cist moz si haut est et si sire,
Com le doit dire à plaine bouche,
Sitost com la langue y atouche.
Qui bien le veut asavourer
820 Et un peu sus veut demourer,
Si bon le treuve et si très douz,
Que de douceur seuronde touz,
Et toute en est l'ame refaite.
La sainte nonne, la parfaite,
Si atrait ce salu disoit,
Assez souvent quant se gésoit
A nuz genouz, devant s'ymage,
Que tout le cuer et le courage
Li refaisoit et toute l'ame.
830 De bien servir la douce Dame
Ardoit ses cuers et tout bouloit.
De le servir se saouloit
Moult plus la sainte crestienne,
Que de viande terrienne.
Il avint moult foiés
Qu'avoit ses jambes tant ploiés
Et tant aloit à genoillons,
Que la suer à grant boillons
Li découroit aval le vis.
840 N'est biau chans, n'est pas bien vis
En l'amor la très douce Dame,
Ce m'est avis, soit home soit fame,
Qui à la foiz devant s'ymage
De douz cuer et de douz courage
Souvent ne se ploie et enbronche.
A son preu faire dort et ronche,
Qui jor et nuit ne se ploie ;
Quar moult bon vin porte, tiex ploie.
Méesmement no clerc, no moine,
850 De tenir ne doit nus essoine,

Que tart et tempre ne voissons
Devant s'ymage à oroisons.
Se nous souvient devant s'ymage
Dévotement, de douz courage
Afflictions prenons et vaines,
Lors s'enfuiront pensées vaines.
Mes quant li cors s'abesse jus,
L'ame se doit drécier lassus.
Quant li cors fait afflictions,
860 Devant Dieu soit l'intentions.
Quant li génoil sont en la porre,
Lors doit li cuers devant Dieu corre
Et lui et sa Mère aourer
Et leur douceur à savourer.
Alez, est en bon usage
Cil qui devant la sainte ymage
La Mère Dieu tant s'agenoille,
Que la sueur le vis li moille.
Adonc est l'ame en bone estuve
870 Adonc se baingne en tèle cuve
Que toute est plaine de florètes,
De fleurs de lis, de violètes.
En si fait baing à haute chose,
Miex l'aimme l'ame qu'iaue rose.
Tèle yaue rose sans aloingne
De l'ame oste toute la roingne
Et toute ordure de péchié.
Nous qui souvent avons péchié,
A ce por Dieu nous aploions.
880 Que devant lui tant nous ploions,
Que tuit soiommes tressue ;
De son mal à moult tort sue
Et termine cil qui s'estuve
Auques souvent en tèle estuve.

Il fu un moine de Chartreuse
Qui la Virge, la Dieu espeuse,
Si com je truis, tant parama,
Qu'en paradis grant lieu s'ame a.
Jor et nuit demouroit souvent
890 Ou moustier après le couvent
Pour penre vaines, pour orer,
Pour encliner, pour aourer
La Mère Dieu devant s'ymage
Que moult amoit de douz courage.
Tant li faisoit d'afflictions
Penre sa grant dévotion
Devant l'ymage à nuz genouz,
Qu'assez souvent tressuet touz,
Ne demouroit deseur li vaine

900 De vaine penre ne fust vaine.
La Mère Dieu tant aouroit,
Que la sueur li decouroit
Assez souvent aval le vis.
Tant qu'il avint, ce m'est avis,
Qu'uns sien compains garde s'enprist.
Une nuit l'espia s'el vit
Si longuement en la chapèle.
Devant une ymage moult bèle
Tout en plorant le vit aler,
910 Et puis ses chauces avaler.
Quant ses genouz a despoilliez,
Devant l'ymage agenoilliez
S'est à la terre tantes foiz
Et tant a fait enclins et ploiz,
Que touz tressue et touz dégoute
Afflictions en une route
Cinquante ou cent bien li voit prendre.
Lors voit devers le ciel descendre,
Celi est vis, une pucèle
920 Si très florie, si très bèle,
Que riens ne feist noix négié
D'une touvaille moult dengiée,
Et moult clère et moult plus blanche
Que noif négiée n'est sus branche.
Le vis le moine qui tressue
Si sadement tert et essue,
Que tant seulement de vooir
Est si refaiz de granz pooir,
Qu'avis li est que buer fu nez.
930 Trop est boiteus et esclumez,
Ce m'est avis, par Nostre Dame,
A aprochier le pren de s'ame,
Que ce miracle si entent
Se moult ne bée et moult n'entent,
A tiex enclins, à tiex ploiz;
Car c'est à l'ame grant esploiz.
A ce por Dieu nous aploions
Que si faiz ploiz souvent ploions,
A lui amer moult tost aploie
940 La Mère Dieu qui touz plois ploie.
Cil qui ce vit tant com fu vis,
La Mère Dieu plus a devis
Servi et plus dévotement,
Ne vesqui pas puis longuement
Qu'il out veue ceste chose.
Sa vision à la parclose
A son prieur pas ne cela,
Et au moine la révéla
Privéement et à conseil.

950 A mes amis et amant à touz
Qu'il n'aiment pas tant leur genouz
Qu'autel ne facent à la foiz.
Quant li cors a genouz froiz,
A donc est l'ame en baing tout chaut.
De la charoigne ne nous chaut
S'a froit et chaut por sauver l'ame.
Alons souvent la douce Dame
Devant s'ymage saluer.
Touz preudommes doit arguer
960 Li miracles de ce bon moine
Qui devant lui sanz nule essoine
Aloit ades après matines.
S'ame a paist bien de galentines,
De luz, de bars, de venoisons
Qui va souvent à oroisons
Devant l'ymage Nostre Dame.
De la nonnain la sainte fame
Souvent nous redoit souvenir ;
La liqueur fit sourdre et venir
970 Sa bone foi de l'imagète.
La bone foi de lui m'a jète
Dedenz mon cuer créance ferme.
Mes n'a pensée tant enferme
Tant soit guif ne mescréanz,
Qui ne doie estre bien créanz.
Par tiex miracle, par saint Pierre,
Quant Dieu sainier fait une pierre
Et d'une estoile sourdre oile,
Bien fait solail nestre d'estoile
980 Et enfanter virge pucèle.
Quant Diex vout nestre de s'ancète
Qui tant est granz, puissanz et hauz,
De l'estoile issi li solaus
Qui toutes choses enlumine.
Quan d'un buisson ou d'une espine
Fait Dex issir et fleur et rose.
Bien est devez qui douter ose
De riens que sa puissance face.
Jà ne verra Dieu en la face
990 Qui est en dubitaçon
De sa sainte incarnaçion.
Quant Dex, par son grant esciant,
Cria et fist de tout nient.
Bien a les yex du cuer clincorgnes,
Bien est aveugles et bien borgnes,
Qui s'esbahist, qui se merveille
De miracle ne de merveille,
Ne de vertu que veille faire.
Tant parest Diex de haute affaire,

1000  Que de nient fist et cria
　　　Le monde et quanqu'il y a,
　　　Et d'une virge fist sa Mère.
　　　C'est l'estoile luisanz et clère
　　　Qui resplendist par tout le monde.
　　　La Mère Dieu, la Virge monde
　　　Qu'apelons estoile de mer,
　　　De lui servir, de lui amer
　　　Mete nos cuers en tel esveil,
　　　Que nos ames le clerc soleil

1010  Qu'il a en lui aumbrement,
　　　Puissent vooir au finement.
　　　Tuit le verrommes à la fin,
　　　Se la servommes de cuer fin.
　　　L'estoile clère, pure et fine,
　　　Qui tout espire et tout afine,
　　　Si finement afint nos fins,
　　　Que ce solail qui tant est fins
　　　Vooir puissons *sine fine*.
　　　Amen, amen, ci ai finé.

## Le Miracle Nostre Dame de Sardenay.

Le poëte, en annonçant que le miracle qu'il va raconter sera le dernier de son recueil, avoue ingénument qu'il n'a pas la prétention ridicule de donner ce travail comme parfait, et qu'il serait trop heureux s'il trouvait quelque Aristarque pour lui indiquer ses fautes et les corriger. Pour lui, il n'a pas assez de santé ni de loisir pour le faire ; encore attribue-t-il le peu de force qui lui reste à la protection évidente de la sainte Vierge dont il a célébré les bienfaits et la grandeur.

Après ce préambule qui nous laisse deviner quelque particularité de la vie de ce bon prieur, Gautier arrive au fait du miracle de Notre-Dame de Sardenay. Entre toutes le églises de Constantinople, on citait une magnifique chapelle très-connue sous le surnom de Luzerne, et dans laquelle il y avait une belle image de la sainte Vierge. Ce célèbre tableau était toujours dérobé à la vue des fidèles, excepté depuis le vendredi avant les vêpres jusqu'au samedi après la messe. Il y avait alors affluence dans la chapelle pour voir la sainte image et la merveille que Dieu y opérait en découvrant miraculeusement le tableau.

Le poëte conclut de ce fait que Dieu lui-même veut qu'on honore Marie. Au reste, servir cette grande reine, n'est-ce pas *s'avoyer au paradis* ; et mépriser son culte, c'est s'acheminer vers l'enfer. Reproches aux clercs qui ne chantent pas ses louanges. Malheur de ceux qui ne fêtent pas le samedi ; ils n'entreront pas dans les prés fleuris de l'éternité où, mêlés aux anges et aux vierges, ils béniront Dieu dans les fêtes du ciel. Bonheur et récompenses de ceux qui lui seront dévoués ; joie dont ils jouiront alors dans les siècles des siècles.

Miniature. — Fond rose découpé de lignes symétriques formant des damiers ornés de fleurons et de croix. Un autel sur lequel on célèbre la messe ; un sous-diacre tenant un livre. Sur le gradin de l'autel, une vierge assise, tenant dans ses bras l'enfant Jésus. Au-dessus, sous une arcade, Dieu le père ôtant de ses mains divines le voile qui couvrait la représentation de la mère de Jésus et de son fils. Le prêtre est revêtu d'une aube blanche, d'une chasuble bleue doublée de rouge avec collet brodé d'or. Le diacre porte une dalmatique verte fendue sur les côtés, avec collet piqué d'or, et tient avec le voile la patène qu'il montre au peuple. Le sous-diacre porte une tunique rouge et un livre garni d'or. Quelques assistants, les uns à genoux, les autres debout.

Le manuscrit de Paris n'offre ici rien de particulier et porte pour titre : *Le miracle qui défendi le samedi Nostre Dame.*

　　　A Bisance la cité noble,
　　　Qui dite or est Constentinoble,
　　　Fait li douz Diex, li très douz Père

　　　Por honnourer sa douce Mère,
　　　La douce Virge, la piteuse,
　　　Une merveille merveilleuse

Qu'encor vous weil retraire,
Et puis à tant me vorrai taire.
De miracles ai rimez tanz,
10 Qu'aucun dit jà que trop est granz
Et mes livres et mon volume
Por ce que ne li face frume
Et com n'el dont à contrescrire.
Un seul miracle encore vueil dire,
Et puis si me reposerai
Et les autres escouterai
Que se Diex plest diront après.
Je sui tout las et il sunt frès.
S'escouterai et cil diront
20 Qui sens assez por bien dire ont.
Se faire veulent plus biau dit,
Seur ce méesmement que ai dit
Or ont matère davantage.
Ne m'en tien mie à tant sage
Qu'en ce qu'ai dit n'ait à repenre;
Qui très bien garde y vourroit penre
Et qui n'i ait moult à limer
Qui taillaument vorroit rimer,
Asses de tiex mos i trespas
30 Où grant laisir ou n'ai pas
De regarder ne d'aluchier
Por chascun mot espuluchier.
S'aucun l'amende et miex veut dire,
Bon gré l'en sai et Diex li Mère;
Quar tout à lingne et à compas
Si grant livre ne fait-on pas!
N'ai or laisir que plus en face.
De la santé ou de l'espace
Que m'a donnée li douz Père
40 D'un peu loer sa douce Mère
Soit-il graciez et loez !
Touz mes amis m'a si hoez
Et essartez la mort amère,
Que croi ce ne fust la Dieu Mère
Ne m'eust jà tant lessié vivre
Que fait eusse ce grant livre.
La tierce part et non la moitié
De ce que tant ai esploitié
De tout mon cuer, de toute m'ame,
50 Graces en rent la douce Dame
Et v cent foiz l'en rent merçi
Et li déproi, par sa merçi,
Dorenavant ma fin porvoie
Si que voist m'ame bone voie.
Bone voie tuit cil iront
Qui de bon cuer la serviront

Et nètement et volentiers ;
Car c'est la voie et li soutiens
Qui touz les suens ou ciel adrèce ;
60 Trop vient celui de grant proesce
Qui ne la sert moult liément.
Or, entendez com faitement
La grace du saint Espérite
A son servise nos escite,
Et comment Dex nous amoneste
Que de sa Mère façons feste.

Il m'est avis que truis ou fueil
Un miracle que conter veil
Qu'il a dedenz Constentinnoble
70 Une chapèle bèle et noble
De ma Dame sainte Marie,
Moult honnourée et moult servie
De trestouz cèus de la contrée.
Luzerne seurnon est nommée.
Selonc la coustume grézoise
Qui assez est bèle et courtoise
Une image a en la chapèle
De Nostre Dame moult très bèle;
D'un riche paile, d'un syndoine
80 Est cèle ymage, cèle ycoine
Si aumbrée, si couverte,
Que nus n'en voit sa face aperte
Ne nus ne l'oseroit vooir
Ne descouvrir por nul pooir
Devant que Diex, par devine euvre,
Au peuple la monstre et desqueuvre.
Ades quant vient la sexte fère
Et les vespres de la Dieu Mère,
Chanter et célébrer doit-on,
90 Sanz ce que n'i touche nus homs,
En haut s'en va, plus n'i atent,
En l'air se desploie et estent
De seur l'ymage li sydoine.
Lors pert li vis biaus et ydoines
De l'ymage la Mère Dieu.
De toutes part lors vièrent grieu
Por la sainte ymage aourer,
Por le servir, por l'onnourer,
Dès les vespres, desqu'à la messe
100 En lendemain y a grant presse.
Touz li clergiez communement
Là chantent vespres hautement
Et chante messe lendemain.
Ainsi li douz Diex de sa main,
C'est-à-dire, par son pooir,

Por l'ymage faire vooir,
Le paile chascune semaine
Au vendredi en haut enmaine.
Dès les vespres du vendredi
110 Dès qu'à nonne du samedi
En haut en l'air tient le sydoine
Por recouvrir la saint ycoine,
L'ymage de sa douce Mère.
Ades à nonne li douz Père
Jus le ravale au samedi.
Si biau miracle com je di,
Si biaus affaires, si biaus giex
Fait por sa Mère li douz Diex.

Par ce miracle que j'ai dit,
120 Bien nous moustre sanz contrédit,
Et enseigne li très douz Père
Que jour et nuit sa douce Mère
Servir devommes doucement
Les samedis méesmement.
Veut li haut Roys qui tout justise,
Que sa Mère ait propre servise,
Et c'on la serve hautement,
Bien le nous moustre apertement.
Se de l'orloge nous souvient
130 Qui si à point va et revient;
Cil orloges si à devise
Va et revient qu'ades dévise
Le samedi du diemaine,
Si bien la trempe, si le maine
Li puissant Roys de vérité,
Que sainte sollempnité
Dela sa Mère si départ,
Qu'adez chascun en a part.
Li puissant Roys bien moustre en ce
140 Qu'il veut par grant révérence
Et tempre et tart et jor et nuit
Sa douce Mère servons tuit
Méesmement le samedi.
Quant li douz Diex le vendredi
Quant vespres doivent commencier,
De seur l'ymage fait haucier
Le saint sydoine en l'air amont.
Bien nous moustre, bien nous semont
Que nous devons grant feste faire.
150 Trop parest cil de povre affaire
Et bestiaus est plus que beste
Qui Dieu les vespres et la feste
Encommencier voit por sa Mère,
Quel voiz qu'il ait ou quassé ou clère,

Se sa gorge moult n'i estent,
Vers paradis moult petit tent;
Mais vers enfer tient droit sentier
Qui ne la sert de cuer entier.
Servons la tuit ainsi le lo je,
160 Quant Diex méismes tient l'orloge
Por bien servir sa Mère à point.
Cil à son preu ne bée point
De lui servir qui ne s'efforce,
Et qui n'i met toute sa force,
Et ame et cors, vaines et ners.
Mes asses voi moines et clers
Qui tant sont vain et péréceus
Qu'ades se taisent, et de ceus
Qui bien s'efforcent vont guignant,
170 Et par ça derrière esquingnant,
Ne quièrent jà garder en livre
Ne haut chanter s'il ne sunt yvre.
Chanter ne tiènent mie à giex
Jà se moilliez n'iert leur flagiex
Ne leverunt en haut leurs testes
N'en samedis n'en bonnes festes.
De douceur n'a en lui nes point
Qui ne s'esmuet, qui ne s'espoint
Au douz servise Nostre Dame,
180 Ne se ne cuide avoir point d'ame.
Saint Grégoire nous dit que l'euvre
Por veuc l'amor moustre et desqueuvre.
Qui très bien aimme Nostre Dame,
Il ne se puet tenir, par m'ame,
Qu'il ne s'effort à son servise
Tout son povair, tout y deslice.
Qu'à s'amor si au cuer li point,
Qu'à fétardir ne si puet point,
Le cuer plus dur ont que chailleu.
190 Qui moult n'aimment la Mère Dieu,
Trop bestiaus est clers et prestre
Qui de la Mère au Roy célestre
Qui Royne est de paradis,
Ne chante au mains les samedis
Sollempnelment et au haut ton;
Quar ne puet, bien le set-on,
Se tost de Dieu avoir la grace
Por nule servise qu'il li face.
Com por servir sa douce Mère.
200 Bien est chetis, bien est chimère,
Bien jète s'ame et rue puer,
Qui ne l'aimme de très douz cuer
Et sert de trestout son povair;
Car en maint lieu puet-on vooir

Que touz ceus maine à bone fin
Qui bien la servent de cuer fin.
Onques n'oi, c'en est la somme,
Parler ne de fame ne d'omme,
Tant fust chétis ne tant chétive,
210 Qu'il n'arivast à bone rive,
Se bien ama la Mère Dieu.
Tout paradis à un seul gieu
Gaaingné cil à un trait
Qui Nostre Dame à amour trait,
Et bien endort et bien enchante
Le déable qui de lui chante.

Chantons, chantons, clercs et cler-
                        [gesses,
Les samedis les bèles messes
De la Dame de paradis.
220 Chantons, chantons les samedis
Les déliteuses kyrièles,
Les séquences plaisans et bèles
A haute voiz et à haut tons.
Beste cornue est et moutons
Et s'est chiffres en argorisme
Clers qui ce jor de lui meïsme
Ne festoie la Mère Dieu
Ou siècle n'a nul si biau gieu
Com de festoier la grant Dame
230 Qui maine ou ciel, en chantant, l'ame
Et de celui et de celui
Qui volentiers chante de lui,
Et la servent de cuer entier
La fleur odouranz d'églentier,
La fleur de liz, la fresche rose.
En paradis à la parclose
Fera touz ceus vivre sanz fin
Qui ci la servent de cuer fin.
Qui ne la sert et tart et tempre
240 Si mal s'ause, se destrampre,
Qu'ou feu d'enfer sera tremprez.
Jà n'enterra ès floris prez,
Es biaus vergiez nes vers praieus
Où Nostre Dame merra ciaus,
Por déduire avec ses pucèles,
Qui les ympnes, les kyrièles
Li chantent or les samedis.
Jà n'enterra en paradis

Qui ci ne la sert par grant cure;
250 Mais ou brasier et en l'ardure
Du feu d'enfer seras conduis.
De biaus sonnez, de biaus conduis
N'orra il guaires là dedenz.
Tel grosseis ara dedenz
Et tant y a duel et d'ire,
Qui porra bien en allant dire :
Ici est sanz rédemption
*Fletus et stridor dentium.*
Mes cil qui Nostre Dame servent
260 Si grans dessertes en déservent,
Que si tost com leur fins venra,
La Mère Dieu les enmerra
En ses chambres en paradis;
Et se j'avoie langues dis,
Raconter pas ne vous porroie
La grant feste ne la grant joie
Qu'entor lui font sanz nul sejor
Ange et archange nuit et jor,
Saintes virges, saintes pucèles
270 Dont mil milliers y a de bèles.
M. milliers : voire, par saint Gile,
Plus de mil foiz mile mile,
Qui toutes chantent biaus conduis,
Bèles chançons et biaus déduis.
Diex! quel déduit! Diex! com saint gieu!
Hé! savoureuse Mère Dieu!
Com de bone eure fu or née,
Et com par iert fu bonneurée
L'ame qui te porra vooir
280 En ta grant feste en ton pooir
Là où tu siez jouste ton fil!
Buer furent né Dame tuit cil,
Et moult se devront resjoir
Qui vooir porront et oir
Les granz déduiz, la bonne vie,
Les karoles, la mélodie
Qu'entor ton Fil font tes pucèles
Et tes virges qui sunt tant bèles,
Et entour toi et nuit et jour
290 En cèle feste, en ce séjour,
En cèle grant bone aventure
Qui tèle est, ce dit l'escripture,
Qu'ains ne la puet bon clerc descrire,
Ne cuer penser, ne bouche dire.
Mener en pense douce Dame,
Quant toi plaira ma lasse d'ame
Et par ta très grant courtoisie,
Bonne fin donne et bonne vie

A touz ceus et à toutes cèles,
500 Clers et lais, dames et pucèles,
Qui cest livre déporteront
Et qui honneur li porteront.
Dorenavant chascun l'enport

Si chant et lise par déport
Maint miracle jà déportant,
Et si a d'autre déport tant
Que chascuns se doit déporter
En lui tenir et comporter.

*Ici fenissent les miracles Nostre Dame du second livre.*

Dans cet épilogue, le poëte trouve que la lecture de ces nombreux miracles qui attestent tous la puissance et la bonté de la sainte Vierge, doit exciter singulièrement à propager son culte ; il croit que pour lui, il est temps de finir. Les louanges de Marie sont un abîme sans fond comme la mer ; et dût-on en parler pendant un siècle, qu'on n'ajouterait rien à ce que la sainte Ecriture en a dit. Il va donc suspendre sa lyre ; les chants, si harmonieux qu'ils soient, s'ils durent trop longtemps, finissent par causer de l'ennui.

Il déclare qu'il s'en tient à l'ouvrage qu'il vient de terminer et l'envoie au bon prieur de St-Blaise, dom Robert de Dive, un des plus grands serviteurs de Marie et qui le pressait sans cesse de hâter cette composition. Il paraît que Robert lui-même avait écrit sur la sainte Vierge, et c'est cette ressemblance de goût et de piété qui paraît les avoir unis si étroitement. Cette affection sainte, il l'avait même étendue jusqu'aux religieux de Saint-Eloi de Noyon (1).

Envoyer son livre à cet ami si pieux et si tendre, c'était une bonne fortune pour cet ouvrage ; personne ne devait le lire plus volontiers. L'espoir du poëte allait plus loin ; il comptait bien que cet ami le copierait et qu'il ornerait son livre de ces délicieuses miniatures qui donnent aujourd'hui tant de prix à nos anciens manuscrits ; ce qui prouverait qu'à Saint-Eloi de Noyon il y avait un de ces ateliers de peinture qui ont laissé à la France tant de chefs-d'œuvre de patience et de talent.

Le prieur de Vic commande donc à son livre de partir pour Noyon et d'y saluer de sa part son cher ami Robert. Ce n'était pas toutefois pour y rester ; car aussitôt la transcription faite, il devait aller trouver les rois et les reines, les ducs et les duchesses, les comtes, les comtesses, les abbés, les abbesses, les moines et les religieuses, enfin tous ceux qui avaient quelque dévotion à Marie. Il lui assure qu'il sera bien reçu partout (2).

(1) Nous pensons que ce Robert de Dive dont parle Gautier est le même que Robert devenu abbé de Saint-Eloi de Noyon en 1230, qui se démit de sa dignité et mourut en 1249 plein de jours. *Cujus vita et regimen ad laudem et gloriam nominis Christi et profectum animarum nostrarum in longum perseverat.* Gallica Christ., T. IX, p. 1069.

(2) Ceci nous rappelle l'épître d'Horace à son livre. On voit que le poëte chrétien, placé à un point de vue bien différent, avait aussi une autre opinion du succès de son livre. Nous avons cru devoir faire sentir cette différence en donnant ici la traduction de cette épître xx :

« Il me semble, mon livre, que tu as les yeux tournés du côté de la place publique, apparemment pour être élé-
» gamment relié et exposé en vente chez les Sosies. Tu n'es pas, je le vois, de ces livres modestes qui aiment à
» rester dans le cabinet sous la clé. Tu t'affliges d'avoir peu de lecteurs ; tu prétends qu'il est beau d'être au public.
» Ce ne sont pas les sentiments dans lesquels tu as été élevé. Hé bien, pars, puisque tu le désires ; mais je t'en
» avertis, dès que tu auras pris ton essor, il n'y a plus de retour pour toi. Malheureux, diras-tu quand tu te verras
» maltraité ! qu'ai-je fait ? de quoi me suis-je avisé ? Tu sais comme on te replie, quand le lecteur rassasié s'endort.
» Voici, si je ne me trompe, ce qui t'arrivera : d'abord tu seras assez bien reçu, parce que tu auras le mérite de la
» jeunesse ; ensuite, lorsque tout le monde t'aura lu, manié et souillé, on te jetera dans un coin, où tu seras à la

Il lui mande surtout d'aller saluer de sa part les comtesses de Blois et de Soissons qu'il connaissait d'une manière plus intime (1), et de les avertir d'être toujours fidèles dans la voie du bien. Il se recommande ensuite aux prières de ses lecteurs. On s'aperçoit que le bon prieur, s'il est content d'un côté de renfermer dans les armoires du couvent les manuscrits scellés à leurs grandes chaînes, ne veut pas terminer son œuvre sans rimoier encore une épître qu'il enverra à ses amis pour leur donner quelques avis salutaires.

Miniature. — Sous une arcade polylobe, un religieux assis confie à un homme du peuple un livre orné de riches fermoirs, en lui donnant quelques avertissements. Sous l'entrée d'une autre arcade cintrée, un religieux debout reçoit le volume que lui apporte l'envoyé. Il est facile de reconnaître le sujet de l'épilogue, l'envoi de Gautier à son ami dom Robert.

Dans le manuscrit de Paris, on voit : 1° Gautier lisant son livre à un autre religieux. 2° Le poëte le présente à une reine et à d'autres personnes.

  Qui ces miracles a leuz,
  Bien est chaitis, bien durfeuz,
  Et bien souflé l'a li maufez,
  Se soupris n'est et échaufez
  De bien servir la doûce Dame
  Qui tant homme a et tante fame
  En paradis sachie et trait.
  A mon povair vous ai retrait
  De ces miracle grant partie ;
10 Sa grant douceur, sa courtoisie
  Assez vous ai dite et retraite.
  Or cornerai ci la retraite
  Que touz sui las, foi que doi m'ame,
  Tant vous ai dit de Nostre Dame,
  Que plus n'en sai, ne plus ne puis
  Ne plus entrer nous en son puis ;
  Quar tant est granz et tant parfons,
  Que je ne truis ne rive ne fons.
  N'est nus bons clers tant ai bon sens,
20 Qui en son puis, par nul assens,
  Apouier puisse ne fons prendre.
  N'est nus bons clers, tant sache apprendre
  N'estudier tant com il vive,
  Que jà y truist ne fons ne rive
  Ne plus qu'en palagre de mer ;
  Et por ce, par saint Audemer,
  Ne mi ore plus enbatre ;
  Ançois iroi mon chief esbatre
  Et ma cervèle recrier.
30 Je n'en saurais tant crier,
  Ne tant chanter ne feroie nus
  Devant cent anz qu'il n'en fust plus.
  On treuve tant de lui à dire,
  Tant à chanter et tant à lire,
  Et tant en dit sainte Escriture,
  Qu'il n'est humaine créature,
  Subtilier tant y peust,
  Loer assez qui la seust.

» merci des vers, sans oser te plaindre ; ou bien il faudra te réfugier à Utique, peut-être même qu'on t'enverra lié » et garrotté à Lérida. Qui alors se moquera de toi? celui dont tu n'auras pas voulu suivre les conseils, comme ce » rustre qui, ne pouvant retenir son âne, le pousse dans le précipice. C'est bien fait, le moyen de sauver qui veut » périr ! Une autre disgrace, ce sera d'aller vieillir et bégayer dans les faubourgs avec des marmots pour leur ap- » prendre à lire.

» Lorsque tu seras dans tes beaux jours et qu'on te fera parler dans des cercles nombreux, tu diras de moi que, » né d'un père affranchi, sans biens, je me suis élevé au-dessus de ma condition ; de manière que tu me rendras » en qualités personnelles ce que tu m'auras ôté du côté de la naissance. Tu ajouteras que j'ai eu l'honneur de plaire » à ce qu'il y a eu de plus illustre parmi nos concitoyens, guerriers et magistrats; que j'étais d'une taille au-dessous » de la médiocre ; ami du chaud, prompt à colère, mais m'apaisant aisément. Si par hasard on te demande aussi » mon âge, tu diras que j'étais dans ma quarante-quatrième année sous le consulat de Lollius et de Lepidus. »

(1) La comtesse de Soissons était Ade, mariée en troisièmes noces à Raoul de Nesles *li bons cuens* de Soissons. *Chronique de l'abbaye de Longpont*, p. 249. Cette comtesse, ainsi que son mari, avaient été inhumés dans le chapitre de Longpont. On lisait sur sa tombe cette inscription qui atteste sa dévotion à Marie :

  A. Comitissa pia de Soissons quæ iacet ici.
  Regno felici tecum sit Virgo Maria.
  Mater egenorum, multorum plena bonorum,
  Heu ! laus tantorum cibus est modo vermiculorum.

Vilains de ses temples et sers
40 Est en maufé, moines et clers,
Soit cardonnaus, vesques ou abbes,
Qui assembler soit ij syllabes,
Nul tout seul mot de nul bien dire,
Se moust ne tent et moust ne tire
A bien dire de Nostre Dame.
Si vraiement ma lasse d'ame
En paradis la puist vooir,
Com je ai dit à mon pooir,
Chante et lit quanque peu onques,
50 Et puis que j'ai fait m'en quanc'onques
De biau chanter et de biau lire.
Bien puis en sauf metre ma lire
Et traire arière ma viele.
Fous est qui trop chante et vièle;
Quant biau chant souvent ennuie.
Il n'est sequence n'alleluye,
Bèle note ni kyrièle
Tant soit plaizans ne tant soit bèle,
Qui trop n'ennuit s'èle trop dure,
60 Ne porquant si très bien dure
La teste eusse et bien délivre,
Encor feisse le tiers livre;
Mais dangereuse l'ai et tendre,
Por ce n'i weil plus atendre.

Qui que me tiengne à sot n'à saive,
Mes au bon prieur de saint Blaive,
Mon ami, Dom Robert de Dive,
Qui est un des moines qui vive,
Qui plus aimme la douce Dame,
70 Congié en prenoie, par m'ame,
Rien sai-je n'en aroie point.
Ades m'escite, ades me point,
« Ades, » dist-il, « ades, ades.
» Avant, avant, après, après.
» Après, après, or tost, or tost. »
Et lorsque j'ai riens fais tantost
Des poinz le me trait et sache.
C'est un des moines que je sache
Plus à biaus dis de Nostre Dame,
80 Pour ce qu'il l'aimme, l'aim, par m'ame,
Pieça que l'aim par bone foi;
Et il niera, si com je croi,
Son nautalent bien pardonné.
Bon compaignon m'a Diex donné.
Moi et lui doint amer la Dame
Qui de s'amour la nostre enflamme.
Pour lui nous entr'amon en dui.

Si m'ait Diex en ce jour d'ui,
Maint salu eu de lui eu
90 Ains qu'il m'eust onques veu.
Tout maintenant qu'acointié l'oy,
Touz les seigneurs de saint-Eloy
Amai por lui, si faiz encor
De tel enque qu'ai en mon cor.
Tant de salu pas n'escriroie
Com je li mant à ceste voie
Par cest livre que li envoi.
Il m'est avis que bien l'avoi
Quant tout premier l'envoi à lui;
100 Quar ne connois certes nului
Plus volentiers de lui le lise,
Ne qui plustot le contrescrise,
Ne qui mies le sache atourner,
Flourir, ne paindre, n'aourner.

———

Li livres or tost, vat-en, vat-en,
Va à Noion, plus n'i aten,
Bien sai-je que jor et nuit l'abée
Robert qui m'a m'amour robet,
Mil foiz le me salueras;
110 Et lorsque contrescrit seras,
Garde d'aler, jamais ne fines.
Salue mi Roys et Roynes,
Dus, Duchesses, Contes, Contesses,
Evesques, Abbés, Abbesses,
Moines et clers, Rendus, Provoires,
Toutes Nonnains blanches et noires
Et trestouz ceus communement
Qui de cuer aimment doucement
La douce Dame de pitié
120 Por cui amor j'ai tant ditié.
Ses miracles partout raconte.
N'est court à Roy, n'est court à Conte
Où tu ne sois bien ois,
Et festoiez et conjois.
Mes garde bien où que tu soies,
A Roynes ou à Duchesses,
Qu'à saluer pas ne m'oublies
Mes deus espéciaus amis,
Mes deus Contesses, mes deus Dames,
130 Desquèles daint metre les ames
En paradis li Roys des Roys.
L'une est la Contesse de Blois,
Et l'autre est celle de Soissons.
Diex leur doint de faire tex moissons

Dont leur ames soient peues
Quant au pays seront venues
Où vivre estuet de droit chatel.
Di leur, di leur : « Il n'i a tel
» Com de bien faire soir et main ;
140 » Quar nous n'avons point de demain »
Et gardes bien que leur conseilles
Privéement en leurs oreilles
Que por leur preu leur mant et proi
Qu'èles n'oublient pas leur ploi
Qu'à Villeneuve (1) leur apris
Quant enserré m'eurent et pris
En la chapèle Nostre Dame.
De chascuns le cors et l'ame
Par sa douceur daint garder cèle
150 Qui enfanta virge et pucèle,
Et par sa sainte courtoisie
A trestouz ceus daint bone vie
Et bone fin quant il mourront,
Qui ces miracles ci orront
Et si diront por la moi ame
Le douz salu la douce Dame.

A tant puis clorre le grant livre
Qui matère me donne et livre.
Leu y ai tant que ma teste
160 Qu'èle se deust, moult bien m'ateste.
Or l'en report en nos armaires
Où nos prieurs, où nos armaires

Je n'i bée ore plus à penre,
Ains y lerai un autre à penre.
Qui ore veut lire s'i lise
Et biaus miracles y eslise,
De biaus, de genz et de granz pris,
Plus en y lais n'en ai pris.

Quant issus sui et eschapez,
170 Du grant livre as granz cleus chapez,
Ains que cestui ai finé,
J'ai dit *tu autem, Domine*.
A une espitre rimoier
Un peu me veil esbanoier
Qui à pluseurs iert bone à lire.
Ains briserai ma tirelire,
Puis que vient à la parclose
Qu'encor n'en traie aucune chose
Qu'à mes amis envoierai,
180 Un peu les accrocherai
Et un peu les vorrai repenre
Por ce qu'au siècle sunt trop tenre.
Ne les bé pas ore à flater,
Ançois les weil un peu grater
Por faire entendre leur folie.
Cist siècles si les enolie,
Que petit pense à la mort
Qui a tex denz et qui si mort,
Que ne li puet riens née estordre
190 Maint point à fer batre et détordre.

Ci fenit le second livre des Miracles Nostre Dame et commance de la doutance de la mort et de la brièveté de la vie.

---

# De la doutance de la mort et de la brièveté de la vie.

Gautier, ce poëte si pieux, si moral, ne veut terminer aucune de ses œuvres sans donner à ceux qui l'écoutent des avis utiles. Il envoie donc aux personnes du monde un livre précieux sous ce rapport. C'est celui *de la doutance de la mort et de la brièveté de la vie*. Il commence par répéter cette maxime célèbre de l'évangile, que d'après

---

(1) Petit village près de Soissons où les sires de Coucy avaient autrefois un château en face de l'abbaye de Saint-Médard et qui fut donné par Enguerrand VII, en 1390, aux Célestins.

l'Ecriture, il n'est pas possible de servir deux maîtres. Nécessité donc de fuir l'amour du siècle, si l'on veut servir Marie et éprouver la douceur de sa sainte affection. Pour lui, il la louerait si volontiers! Il lui est redevable de tant de faveurs, que toute son assurance à la mort et au jugement de Dieu repose sur sa puissante protection. Ne pas attendre la vieillesse, où les cheveux qui blanchissent avertissent l'homme de la fin qui s'approche; la jeunesse est la saison de semer, et la vieillesse celle de moissonner. Exhortation à mépriser un monde dont les jouissances et les plaisirs n'enfantent que la mort. Ses joies et ses délices peuvent bien engraisser le corps, mais elles amaigrissent et tuent l'âme. Pour comprendre le sort réservé aux enfants de la terre, il suffit de jeter un coup d'œil sur les cimetières où sont amoncelées les dépouilles des générations qui nous ont précédés. Ce spectacle nous oblige de penser quelquefois aux rigueurs de la mort. D'ailleurs elle nous suit de près, son glaive homicide est implacable; il n'épargne rien : l'or, l'argent, les prières, l'âge, les positions la trouvent insensible. La gloire de ce monde, si brillante qu'elle soit, ses biens, ses honneurs, sa science, n'ont aucune valeur réelle; toutes ces distinctions superbes n'aboutissent qu'au tombeau, et cependant que de personnes se laissent tromper par ces vains dehors, ces apparences mensongères et fausses! Il faut donc le fuir le monde, puisqu'il trompe tous ceux qui se fient à lui. Son bonheur est d'ailleurs sans consistance, ses amis ne sont pas sincères, et telle est sa fragilité, qu'il faut toujours être prêt au départ comme le voyageur dont les effets sont déjà emballés. A quoi serviront donc les belles et riches propriétés, les maisons somptueuses, les parures magnifiques, les joyeux repas, les douceurs de la table, puisque demain peut-être un linceul de rebut nous enveloppera? Notre vie aura-t-elle été semblable à celle des martyrs et des apôtres qui ont versé leur sang pour conquérir le ciel? Espérons-nous avoir les mêmes récompenses en nous accordant toutes nos aises? Nécessité de recourir à Marie, dont le pouvoir immense peut être si utile à notre cause au jour douloureux de la mort. C'est la meilleure avocate que nous puissions réclamer. De son éloquente parole elle confond le démon et ouvre la porte du ciel; elle est l'étoile qui nous conduit sur la mer orageuse de ce monde.

Puis le poète, après avoir dit qu'il va se reposer de ses fatigues, ne peut cependant s'empêcher d'écrire, à la vue de ces merveilles innombrables que Marie a répandues sur le monde; aussi sa puissance est-elle aussi vaste que la terre, aussi étendue que les cieux. Paris, Chartres, Sens, Arras, Reims, Laon, Soissons, ont été témoins de ces prodiges, surtout Soissons qui, dans la cruelle épidémie des *ardents*, a vu accourir dans son sanctuaire les peuples d'au-delà du Rhin. Le nom de Marie, sa gloire ne peuvent que croître, puisque le fils de Dieu a bien voulu s'enfermer dans son sein comme dans un cloître, pendant neuf mois. Marie est l'étoile qui précède le crépuscule et commence à dissiper les ténèbres qui environnent la terre. Obligation de la servir comme une reine. Ce n'est pas toutefois qu'elle ait besoin de ces hommages, son bonheur est si grand au ciel; mais c'est Marie toujours si aimante, qui pense à nous au milieu des tribulations de cette vie. Efforçons-nous donc de la servir. Malheur de celui qui ne l'aime pas. Joie au contraire de celui qui l'aime, saveur de ce nom divin et de son doux salut.

Le poète termine cette digression morale en avertissant ceux qui liront ce livre de ne pas user leur temps dans les vanités du monde, mais de se dévouer à celle qui a le privilège de défendre généreusement et puissamment ses serviteurs sur la terre, et de les faire entrer en paradis après la mort. Suit une recommandation pressante de prier pour lui, afin qu'il obtienne une bonne et sainte mort.

Première miniature. — Gautier, assis sur une estrade, tient de la main gauche un livre orné d'une fermeture ouvragée. Il lève la main droite et semble donner des avis aux quatre personnes présentes.

Le manuscrit de Paris porte : *De la misère d'homme et de fame et de la doutance qu'on doit avoir de mourir.* Un évêque, un abbé, le poète et d'autres personnes.

Deuxième miniature. — Une délicieuse chapelle gothique, plusieurs personnes à genoux. Toit bleu avec bardeau; une lanterne imbriquée surmontée d'un bouquet de végétation. Portail avec rosaces à compartiments; croix fleuronnée. Cette chapelle est complète; on y remarque des ailes très-bien disposées qui circulent autour de l'abside, des contreforts soutenant la corniche qui déroule ses gracieuses arabesques; des fenêtres multipliées ornées de leurs verrières. Ce petit monument nous paraît d'une composition charmante, et il nous semble qu'il serait facile de la reproduire sans des dépenses trop considérables comme chapelle de château, de communauté ou de petite paroisse.

---

Gautiers qui est de cors et d'ame  
Sers à touz les sers Nostre Dame.

Cest livre où a mise sentente,  
A touz ceus envoie et présente

Qui en cuer ont et en mémoire
La douce Mère au Roy de gloire,
Comme leur sers, comme leur frère
En Dieu et en sa douce Mère,
Touz les salue doucement;
10 A jointes mains moult humblement
Leur déprie par amitié

Qu'à la Royne de pitié
Qu'èle le consaut prier veulent
Por ce que en leur faiz l'acuellent.
Un povre ditié leur envoie,
A chascun prie qu'il le voie
Des yeux du cuer et de la teste
Oes que cist amoneste.

---

Sainte Escriture fait savoir
Qui de Dieu veut l'amour avoir
Le déable doit jeter puer;
Car nus ne porroit à nul fuer,
Ce dit la lettre, ce me semble,
Servir à ij seigneurs ensemble.
Nus ne porroit, ce n'est pas fable,
Servir à Dieu et à déable,
Li quiex que jà n'en jorroit,
10 Li uns à l'autre tout torroit.
Qui l'amour Dieu veut bien aquerre,
L'amour du siècle ne doit querre.
Qui veut amer sa douce Mère
Qui tant est bèle et tant est clère,
Qui tant haute et glorieuse,
Qui tant douce et tant piteuse,
Qui tant est sainte et tant est digne,
Tant débonnaire, tant bénigne,
Le siècle doit tout jeter puer.
20 Qui la pucèle veut amer
En qui amour n'a point d'amer,
Amer la doit de tel courage,
Qu'il n'ait le cuer fol ne volage.
Elle par est si vraie amie,
Que riens ne set de doublerie.
Elle ne prise un faus denier
Hom qui a le cuer d'oublier;
Car lorsqu'amour a amant double,
Fause devient l'amour et trouble.
30 Qui veut avoir si vraie amie
Com Madame sainte Marie,
Vrais amans li convient estre.
Amons la tuit et clerc et prestre,
Ou monde n'a si vraie amie.
C'est la moele, c'est la mie,

C'est li noiaus de tous les biens.
Amons la tuit, car il n'est riens
Si très sade soit à amer,
Qui en s'amour n'out point d'amer,
40 Ne point de venin ne de fiel.
Aimons la tuit, car n'a souz ciel
Si douce amour comme est la siue.
Ele est tant douce, èle est tant piue,
Que de tous ceus fait ses amis
Qui leur courage ont en li mis.
Sa douce amor tuit cil deservent
Qui bien l'aimment, loent et servent.
La douce Dame, la bénigne,
Sus toutes douceurs douces et digne,
50 Qui Dieu porta en ses douz flancs,
Loer la devons en tout tens
Plus doucement que nous savons;
Car tous les biens que nous avons
Et qui par tout le siècle habundent,
De sa sade douceur seurondent.
Por ce loer la devons tuit
Et tempre et tart et jor et nuit.
N'est clers ne lais, homme ne fame
Loer ne doient Nostre Dame.
60 Moult volentiers la loeroie
Si m'ait Dieu si je savoie,
Si voirement com je di voir
De m'ame doint merçi avoir.

Quant coureu aurai mon cors,
Se jà donques n'ai son secors,
Bien sai qu'à mon plai encourrai
Les trèz granz à lui courrai,
Quant li jugemenz devra courre,
S'encor me daigne encor secourre

44

## DE LA DOUTANCE DE LA MORT

70 La Mère tant encoureuz
Tost ne soit secoureuz.
Partant aurai mon cors parfait,
Lors me touverra saillir à fait;
Lors me tourra le saut saillir
Qui tautes genz fait tresaillir.
La Mère Dieu veille estre au saut
Qui m'ame gart se nus m'asaut.
Légièrement pourrai plaidier
S'èle me daingne à court aidier.
80 Jà déables ne sa parole
N'iert escoutez s'èle parole.
Qui à son plest la veut avoir,
N'est mie plains de grant savoir,
S'il ne la sert en ceste vie,
Por ce qu'au besoing ne li die
De wide main, wide prière.
Droiz est qu'on la prit et requière,
Aim et honneur et serve en terre
Qui au besoing la veut requerre.
90 Servons la tuit et clerc et prestre,
Tant qu'èle daint devant Dieu estre
A nostre plait nostre anparlière,
Ses serjans s'èle daingne ière.
Tant peu comme je mais vivrai,
Jour et nuit m'aviverai
A lui servir où que je soie.
Bien soie que cil moissonne et soie
Bone moisson et riche à s'ame
Qui moissonne à si riche Dame.
100 Nus n'est si soz, nus n'est si veules,
S'il entre nes en ses estuèles,
Qui ne face riche moisson.
Por ci volentiers i moisson.
Foz est qui en ses chans ne déglane
Que miex i vaut demie glane,
Qu'en autres chans ne font ni jarbes.
Moult ont de fol poil en leur barbes
Tout cil qui en ses chans ne soient
Et moissonnent que que il soient.
110 Entour lui fait bon répairier.
Bien se doit chascun atirier
A lui servir honnestement.
Servir se veut moult nètement,
De cuer entier et de cuer vrai,
Issons, issons, issons du tai.
Trop i avons lonctens esté.
Quant aprochons tuit vers esté
Qui ses blanches fleurs nous envoie,
Querre devons la bèle voie

120 Et lessier le fiens et la moue
Qui le cors soille et l'ame enboue.

Que qu'aions fait en no joennesce,
Quant aprochons tuit de viellesce
Qui blanchir nous fait et florir,
Bien devons au siècle morir.
Ces blanches fleurs ce sunt les chennes
Et li blanc poil qu'aval les quenes
Nous met viellèce la chanue.
Cil seur cui giète et sur cui rue
130 Viellèce ses fleurs et ses chennes,
Débatre doit souvent ses quenes.
S'il a talent de requanner,
Sa jonesce nous fist vaner
Nostre ferme et geter puer.
Viellesce qui tout soit par cuer,
Monstrer nous doit par sa doctrine
C'on ne doit pas vaner farine,
Mais buleter ou saacier.
Viellesce nous doit aacier
140 Les denz de mengier et de mordre
Quan qu'est contre Dieu et contre ordre.
S'au siècle amer nous amordons
Et se ses douz morsiaus mordons,
Tost i prenrons tèle amorsure
Dont trestouz nous mordra mort sure.
C'est mors d'enfer qui l'ame mort,
Quant li cors sunt porri et mort.
Por ce si fait si mal à mordre,
Par cèle foi que doi mon ordre.

150 Le siècle et sa douceur laissons.
Après Dieu tost nous eslaissons.
Qui Dieu se veut droit eslaisier,
Tout li couvient por lui laisier,
Terres et fiez, pères et mères,
Parens, amis, sereurs et frères.
Nous meismes estuet lessier;
Ce est à dire que plessier
Devons nos cuers et nostre affaire
Por le vouloir Jhésucrist faire,
160 Por Dieu se lesse et giète puer.
Cil qui por lui refraint son cuer
Et qui por lui laisse le monde,
Por l'ame faire nète et munde,
Tout doit leissier por lui ensuirre.
Cil qui le veut tost à consuirre,
Qui son vouloir et s'aise ensuit,
Dieu ne sa Mère n'a consuit.

Por ce dist Diex en l'évangile,
S'ensuirre le voulons sans guile
170 Que nous et le siècle lessons ;
Pour Dieu nos ames encressons
Qui sunt tant et pales et mègres.
Laissons le siècle, trop est aigres ;
Le corps repest et l'ame affame,
Le corps norrist et tue l'ame.
Siècle ne pense fors du cors.
Fuions, fuions, fuions en hors.
Il en est tens pieça passez.
Touz voyons mors et amassez
180 Sus et jus par ces cimetères,
Parens, amis, pères et mères.
Il est bien droiz d'enfance issons
Et qu'à bien faire enveillissons.
Quant nos dras voions en maler
Por chévauchier et por aler
Après ceux qui jà sunt porri.
De male heure fûmes norri ;
Bien sommes tuit tué et mort
Si nous ne pensons à la mort.
190 Qui bien i veut son cuer mirer,
Plaindre et gémir et souspirer
Maintes foiée le couvient.
Fuions, fuions, quar la mort vient.
Moult nous suit près, moult nous aproche ;
Moult tost apoint, moult tost abroche,
N'en savons mot si nous ferra.
Mort à nous touz mortel guerre a
Ou n'a point de miséricorde.
Mors porte miséricorde.
200 Lineron sunt si afilé,
Qui èle en point tout afilé.
Mors a un glaive qui tout tue ;
Mors fait jouer à mouche mue
Les miex vaillans, les miex apris.
Mors tiex tournoi a, a nous pris
Où il n'a point de raençon.
Jà n'i aura si brébençon
Qui pris ne soit à ce tournai.
Tel poour ai que touz tournai
210 Quant tournoier m'estuet à li
Tout ai le vis taint et pali.
Quant de son glaive me souvient ;
Quant voit qu'à son glaive couvient
Por estouoir que touz morons

Je ne pris mie ij suirons (1)
Toute la gloire de ce monde.
Je ne voi dame tant soit blonde,
Ne chevaliers tant soit pigniés,
Hardis ne preus ne aligniés
220 Qui en autant d'eure ne muire
Comme une vache met à muire.
Tout englout mors, menjue et pape,
L'empéréeur et puis le pape.
Les roys, les dus et les duchoises
Englout ainsi com lus vendoises.

Fi, fi, fi, fi, que vaut hautesce !
Que vaut honneur ! que vaut richesce !
Que vaut au roy sa royauté !
A royne que vaut biauté !
230 Que vaut à home ses avoirs !
Que vaut à clerc ses granz savoirs !
Que vaut aise ! que vaut dégras !
Que vaut déduit ! que vaut soulaz !
Que vaut bon mengier et bon boires !
Que vaut joie ! que vaut baudoires !
Que vaut gloire n'onneur terrestre,
Quant on ne peut asseur estre !
Que vaut honneur ! que vaut cointise !
Porquoi fait nus grant ademise,
240 Boban demoinane ne dangier,
Quant li convient l'ame avengier
Ainçois c'on ait nes sanglouté ?
Por qu'à nus hons tant englouté
D'orgueil ne forfait ne d'outrage,
Qu'il ne se pense en son courage
Que puant ver le mengeront,
Cervèle et oil li suceront.
Que vaut ! que vaut ! que vaut orgueus !
Quant nus ij doie non plain peus
250 De mort ne puet avoir respit.
Certes, certes en grant despit
Doit avoir le monde et sa gloire
Qui en lui a sens et mémoire.
L'anemi tuit cil bien en nossent
Qui le siècle et sa gloire endossent.

Siècle n'est preux, se Diex me saut ;
Car au besoing son ami faut.
Siècle touz nous déçoit et guile ;
Siècle glaçanz est comme anguile

(1) Ciron, petit insecte presqu'imperceptible qui s'insinue entre l'épiderme et la peau.

## DE LA DOUTANCE DE LA MORT

260 Qui plus l'enpoingne et plus li glace.
Siècle glaçanz est comme glace,
A lui se fait mal apoier.
Hui n'est mie cil qui fu ier,
Demain n'iert pas cil qui fu hui.
Je l'apelerai mes or le hui.
Huer le doit-on et fouir
A touz preudommes doit fouir.
Bien musars est qui s'i afie;
Car en riant les suens conchie.
270 Qui en li a point d'escient,
Dire en puet bien nient, nient,
Et puis après, fi, fi, fi, fi.
Qui qui s'i fit, point ne m'i fi.
Tuit ausitost sont cil alé
Cil qui boivent citovale
Com cil qui boivent la godale.
Tuit en irommes en cèle alé,
Tuit nostre ami s'en sont alé.
Tuit nostre drap sont enmalé
280 Por après eus tost chevauchier.
Mors nous fera par tens chaucier
La terre froide sus les yex.
Fi, fi, fi! que vaut orguex,
Ne que vaut aise ne deliz
Qui demain sera sépeliz!
Pourqu'à il hui le cuer si gobe?
Que vaut à home bèle robe,
Bèle meson ne bèle sale?
Puis que la mors d'un lincuel sale
290 Li queust et taille son suaire.
Fi, fi! que valent letuaire,
Espèces fines ne clou fin,
Quant la mort trait de son cofin
L'amère espèce, l'amère herbe
Qui touz nous ocit et enherbe!
Las! las! las! las! que devenrommes
Quant l'amère mort venrommes,
Quant les ames s'en partiront!
Lasses! lasses! quel part iront
300 Quant li déables acourra
Et derainier tous nous vorra?
Las! las! las! las! que porrons dire
Quant li déables vorra lire
Et raconter touz les meffaiz
Que nous avons pensez et faiz!
Qui nous porra vers Dieu aidier!
Las! las! las! las! pour souhaidier
N'aurons-nous mie paradis
Ne que li saint eurent jadis

310 Qui tant soufrirent de martire.
Nus ne sauroit penser ne dire
Crucéfiez ne fust saint Pierres,
Sainz Estiennes tués de pierres,
Sainz Pous en out le chief coupé.
Tuit furent mort et découpé
Pour la gloire du ciel conquerre.

Nous qui voulons avoir en terre
Les granz aises, les granz soulaz,
Les granz déduits, les granz dégras,
320 Cuidons-nous donc avoir les liz
Que Dieu a fait por ses esliz?
Nanil, nanil, ainsit n'iert mie.
Ains nous convient en ceste vie
Que nous façons donc le por quoi,
Pour richoier en quoi n'à quoi,
Pour bien mengier ne por bien boire,
N'aurons-nous mie la grand gloire
Où Diex ses bons amis amaine.
Ains convient soufrir grant paine;
330 Du corps pener et traveillier,
De jeuner et veillier,
De Dieu servir, d'aumosne fère.
De loins nous convient eue traire
Se ne voulons morir de soif.
Paredis n'est pas clos de soif,
Qui n'i puet pas entrer à force
Que de Dieu querre ne s'efforce,
Tant com il vit en ceste vie,
L'ame ne trouvera mie.
340 Nous devons Dieu cerchier et querre
Que com le puet trouver en terre.
Alons, alons, alons après.
Apelons lai que qu'il est près.
Qui ne le sert en ceste vie
Et ma Dame sainte Marie,
N'aimme de bon cuer et d'entier
Chemin ne voie ne sentier
Vers paradis ne trouvera;
Mes d'enfer moult tost le sera,
350 La grant porte desverroillié
Si iert aval en la roillié
Et en la jaole d'enfer.
Bien ont les cuer plus durs de fer
Tuit cil qui n'aimme Nostre Dame.
Ou feu d'enfer et en flame
Rosti et greillié seront
Cil et cèles qui n'ameront.
Toutes les riens qui à lui montent

Légièrement devant Dieu montent.
560 Tuit cil qui èle veut aidier,
Qui devant Dieu veut bien plaidier
A son plaint maint sa douce Mère ;
Là n'iert la chose tant amère
Ne la querèle si grevaine,
S'èle veut mètre un peu de paine,
Que maintenant à chief ne vingne.
N'est nus qui contre celui viègne
Por qui èle opère et repont
Nes li déables se respont.
570 Quant l'ot respondre et opposer,
Nus ne se doit jà reposer
Tempre ne tart de lui servir.
Qui s'aide puet déservir
Sa querèle a tost déramiée.
Devant Dieu est si enramiée
Tex pléderesse et tex parlière
Qui de li fait sa amparlière,
Il a la court et s'a le plait,
Et quant qu'il veut de la court fait.
580 Si soutilment dit sa parole,
Que lors c'un tout seul mot parole,
Sont anemi tuit enchanté.
Assez vous ai dit et chanté
Que la servez et jor et nuit.
N'est nus à la court Dieu n'ennuit
Ne jà besoigne bien i face,
S'il n'a s'aide et sa grace.
Amons la tuit et tenons chière ;
A court aura moult bèle chière,
590 Cil qui Nostre Dame merra,
Diex meisme joie en merra,
Et tuit cil joie en demerront
Qui en la court du ciel serront.
Qui qu'èle veut à la court maine ;
Car èle en est Dame demaine.
Par lui y vont maint et maint.
La grant douceur qui en li maint
Vers li nous doint si demourer,
Touz nous y doint mètre et mener.
600 Touz ceus i maine main à main
Qui bien la servent soir et main.
La Mère Dieu qui est l'étoile
Qui à droit vent et à droit voile
Maine et conduit touz nos amis,
Arivé m'a et à port mis.
Ne m'os or, plus en mer enbatre,
Ains prendrai port s'irai esbatre
Et recrier un peu ma teste.

Chantons en chantonnet ma teste
610 Qu'à la foiz fait bon reposer
Joie et travail entreposer.
Repos demant et repos weil ;
Li chief me deut, si fons li cil.
Pluseur me dient que ce doit
Que je ne dis encor avant ;
Nes mes cuers m'en va destravant
Quant Nostre Dame encor lo.
Mes mes chies m'a pieça dit ho !
Et puisque j'ai mal en mon chief,
620 Tuit mi membre sunt à meschief.
Por le chief finer me convient.
Jà soit ce que finer me convient
m'atire grant et glorieuse
Des merveilles la merveilleuse.
En tant lieus fait tantes merveille,
Tout li mondes s'en esmerveille.
Si miracles partout s'esclairent,
Partout soef vuelent et flairent ;
L'oudeurs s'espant et ça et là,
630 Par deçà et par delà.
Je n'ai leuz et oi tans,
Qu'en nul endroit ne quiex ne quanz
Conter ne dire ne vous puis ;
Et d'autre parfont puis
Ne bé-je mie à espuisier.
Qui voudra son sens aguisier,
Commencier puet là où je fin.
D'entier courage et de cuer fin,
De tout son cuer, de toute s'ame
640 Doit chascuns loer Nostre Dame.
Moult avoit le cuer plain d'ire
Qui trouver set ne nul bien dire.
S'il aucun bien ne dit de lui,
Trop a son sens ensévelí
Qui por lui trop ne le desploie.
Cil qui son sens en plaitoir ploie,
Ensevelit, muce et repont,
Semble geline qui ne pont,
Moulin oiseus, for qui ne cuit.
650 Cil qui son sens muce, je cuit
Que l'évangile n'entent mie,
Qui toute jour nous huce et crie :
« C'on ne doit déporter mie
» Arbre qui fruit ne veut porter,
» Mais metre ou feu et errachier. »
Bien nous doit touz encourachier
La grant douceur, la courtoisie
De ma Dame sainte Marie,

A lui servir, à lui loer,
460 Qui ne la loe, mu joer,
Et son sens en male mu joe
Qui de vrai cuer ne l'aimme et loe.
N'est preudons ne preudefame
Se ne loons tuit Nostre Dame.
Qui loorons dont Diex me saint,
En paradis ont tuit li saint,
Angre et archangre et tuit eslit,
En lui loer tout leur délit ;
C'est leur loenge, c'est leur gloire,
470 C'est leur coronne et leur victoire.
Miracles granz et vertus maintes
De mainz sainz et de maintes saintes
Puet-on retraire et raconter ;
Mes ce ne puent nient monter
A haus miracles Nostre Dame.
Fous est qui veut à une gemme
Comparer un petit de glace.
Droiz est que Diex por cèle face
Qui l'aleta de ses mamèles,
480 Miracles et vertuz plus bèles
Que por touz ceus qui sunt en gloire.
S'aucuns fous musars ne veut croire
Ces miracles qu'ai mis en rime
L'escripture ne Dieu meismc
A tout le mains croie ses yex.
De jour en jor, de miex en miex,
Puet oir dire et puet véoir
Ses miracles et son povair,
Tant a ovré par tout le mont
490 Et par aval et par amont,
Et euvre encore la Dieu Mère,
Qu'en li seule a plus de matère
Qu'en touz les sainz qui sunt en gloire.
Bien est cil fors de son mémoire
Qui ne la sert et soir et main ;
Quar tel povair a en sa main,
Que puissaumment et puissance euvre
En touz les lieus que li cieus euvre.
Tant com li cieus la terre afule,
500 N'a région ne terre nule
Où merveilles ne face tantes.
Nus ne sauroit à dire quantes
Mèesmement à nos assens
A Paris, à Chartre, à Sens,
A Arras, à Rains, à Loon.
A grant loenge la loon
Por les miracles qu'èle fait
Par ses églises tout à fait.

Mes à Soissons à un souler
510 Font le moustier bruire et crouler
Les genz qui d'outre le Rin viennent
As merveilles qu'il i aviennent.
La haute Dame glorieuse,
La sainte Virge, la piteuse,
A lui servir bien nous esveille ;
En tanz lieus fait tante merveille
Qu'ou ciel n'a pas tantes estoiles.

Quant Innocent li apostoiles
De Rome vint por dédier,
520 Franchir et privilégier
La franche église saint Maart,
Li puanz feus d'enfer s'aart
A tantes genz à ce tempoire,
Tuit fussent ars, ce est la voire,
Ne fust li soulers Nostre Dame.
Du puant feu qui art sanz flamme
Tout li pluseur tout vif arsissent,
S'au saint souler ne là ersissent.
Par le païs ardoient tuit
530 L'église as Dame jor et nuit
Dedenz estoit plaine et foucie.
La douce Dame qui soucie
Est à touz et enmielée,
A son souler avoit donnée
Tèle vertu, tèle puissance,
Qui l'atouchoit sanz demorance,
Mais qu'en créance eust cuer fer,
Guaris estoit du feu d'enfer.
Bien monstre li Roys de lassus
540 Qu'il moult en aimme le seurplus,
Quant le souler en aimme tant.
S'il fait-il voir riens n'aimme tant
Comme la miclée pucèle
Qui de s'emmielée mamèle
S'emmielée bouche aleta.
Mestre Hue moult bien treta
Les biaus miracles qu'adonc vit.
Finez est ; mais ses livres vit
Encore ou cloistre Notre Dame
550 Où il y a mainte gentil fame.
Une bible m'estrouvrait faire
Se toutes vouloie retraire,
Toutes redire et remouler
Les merveilles qu'à son souler
Fist à Soissons à ce tempoire
La douce Mère au Roy de gloire
Et fait encore chascun jour.

Ele n'est onques à séjour,
Mais doucement touz ceus aie
560 Qui de bon cuer quèrent s'aie.
Li Roys du ciel bien nous esclaire
Que sa Mère est de grant affaire,
Quant nes son souler fait requerre
D'outre le Rin et d'aval terre,
De partout vient et a enchaus
Puèples en langes et deschaus.
Quant Dieu fait tant por son souler,
Qui oseroit guernons crouler,
Contrester chose ne desdire
570 Qu'osast nes de son biau pié dire.
Beneoiz soit hui et touz tens
Ses sades piez poliz et blans,
Ses blanches mains et tuit li membre
Et trestout cil qui souvent membre.
De ses biaus membres remembrer,
Me doit à Dieu de ceus membrer
A cui de sa mère ne membre.
Tout pièce à pièce et membre à membre
Enfers touz ceus desmembrera
580 Qui doucement n'en membrera.
Onques ne fu fame formée
En touz biens si enfourmée.
Bon jor ait hui sa bèle forme
Et li formiers qui fist la forme
Où cil soulliers fu enformez,
Et buer fu fait et enfourmez
Le pié que cèle enfourma
En qui sainz flans cil se fourma.
Qui touz nous fait et touz nos forme
590 A sa samblance et à sa forme.
Tout a ouvré et tout à fait
Par tout le monde tout a fait.
La douce Mère au Roy de gloire
Ne plus que je porroie boire
La mer de Grèce à un seul trait,
N'ièrent par moi dit ne retrait
Par home vivant ne par fame
Li miracle la haute Dame.
De jor en jor ses haus nons hauce,
600 Auctorize, lième et essauce.
Bien doit aler ses nons cressant
Qu'èle porta le cler cressant
Qui n'accourcist ne ne decraist,
Mais chascun jor esclaire et craist.
Bien doit li nons de cèle croistre
Qui tel cloistrier out en son cloistre.
Diex en son cloistre s'encloistra;

Por ce touz tans ses nons croistra.
Bien doit croistre quant en ses costes
610 Nuef mois touz plains fu cil ses hostes
Qui l'anemi du monde osta.
Riche ostesce est qui tel hoste a;
En ses costes fu nes et mundes.
I cil cloistriers qui touz li mundes
Contenir ne puet ne comprendre,
Ses nons ne doit mie descendre,
Mais seur touz nons li plus estre;
Quar c'est l'étoile dont vout nestre
Li clers solaus et la lumière
620 Qui la bruneur et la fumière
Et l'oscurité géta du monde.
Bien doit ses nons monter amont,
Qu'èle et ses nons netoie et monde
Les immundices de cest monde.
Qui ne l'onneure et sert en terre,
Mortel haine et mortel guerre
A pris à sa chétive d'ame.
Non pas por ce que Nostre Dame
Nul mestier ait de no service;
630 Mais tant es plaine de franchise,
Que touz jors veut que la servommes.
Tant que s'aide deservommes,
De son service li est peu;
Se ce n'estoit por nostre preu,
La douce Dame débonnaire
De no servise n'a que faire;
Quar ou ciel sanz nul séjour
Servie d'angres nuit et jour.
Dieu et li angre et si saint tuit
640 De lui font feste et jor et nuit.
En paradis siet à la destre
De son douz Filz le Roy celestre.
Là est de tous ses sainz servie,
Et honourée et conjoie,
D'angres, d'archangres encensée.
Jà ne sera de cuer pensée
Retraite d'omme ne fame
La feste que de Nostre Dame
Font jor et nuit et saintes et saint.
650 Comment seroit donc Diex me saint,
Ne comment porroit avenir
De nous li daingnast souvenir.
Et ce comment et donc avient
Que la Dame du ciel souvient
De tel merdaille com nous sommes,
Qui d'ors pechiez portons granz sommes.
S'ausint fust cointe et desdaigneuse,

Despisanz, fière et desponeuse
Com maintes dames qui or sunt
660 Qu'orguiex conchié et confont,
Trop oubliait nostre mesaise,
Puisqu'èle fust auques aaise.
Mais por ce fist de lui sa Mère
Li Roys du ciel nostre douz Père
Qu'en lui avoit plus de pitié,
Plus de douceur, plus d'amistié
Qu'en toutes cèles qui estoient,
Qu'onques fussent ne mais soient,
Tant est plaine de charité,
670 De douceur et d'umilité
La sade Virge au sade non,
Quèle ne quiert sa choison non
Que vers son filz nous aidier.
Langue ne sauroit souhaidier
La grant douceur qui en li est,
De lui servir soions prest;
De lui servir soions en grant
Et joenne et viel, petit et grant,
Tant qu'à choison loial i truisse
680 Dont vers son fil aidier nous puisse,
Apertement se dampne et pert
Et bien het Dieu tout en apert,
Qui n'aimme et sert sa douce Mère,
Bien est cheuz en grant misère
Qui n'est espris de lui amer.
Bien lait languir et affamer
En son cors las sa lasse d'ame
Que le douz non la douce Dame
Entre ses denz souvent ne suce.
690 L'ame toute s'esresberuce
Quant èle sent tel letuaire.
Moult baise cil haut saintuaire
Qui de bon cuer son non atouche
Et à ses yeux et à sa bouche,
Nes l'ame en est toute refaite.
L'ame plus volentiers l'alaite
Qu'enfes ne fait voir sa norrice.
Miex aime l'ame tèle espèce
Que tout l'avoir de Damiète.

700 La Mère Dieu est la miète
Et le noiaus de touz les biens.
La Mère Dieu, n'en doutez riens,
Est li noiaus et la mouèle
Qui toute l'ame paist et saoule.
Qui bien la suce à saveure,
Ne puet estre ne l'en dequeure

Au cuer tel liqueur et tel goute,
Que l'ame en est refaite toute.
Qui saouler veut a droit s'ame,
710 Le sade salu Nostre Dame
Asavourer doit jor et nuit.
Por Dieu asavourons le tuit,
N'i a si savoureuse espèce
A Montpellier n'en toute Grèce.
Il est tant douz lorsqu'on i touche,
Qu'il fait bon cuer et bone bouche
Et l'ame toute rasazie.
Nostre Dame sainte Marie
Qui tant est de très douz renon,
720 Son douz salu et son douz non
Si bien nous doint à savourer,
Et li servir et li honnourer,
En cest siècle tant com i sommes
Sa douce avoir puissommes.

Diex qui touz biens départ et livre
Touz ceus qui liront en cest livre
Giet de péché et de misère;
Et si leur doint aimer sa Mère
Qu'à li servir leur cuer ausent.
730 Et en la fin chetis se claimment
Cil et cèles qui bien ne l'aimment;
Mais cil qui bien l'aimment et servent
Si grans désertes en déservent,
Qu'en paradis en met les ames.
Biaus seigneurs, et vous, bèles dames,
Qui lirez en cest livre ci,
A jointes mains, por Dieu, vous pri
De tout mon cuer, de toute m'ame,
Que vous priez à Nostre Dame
740 Par sa douceur si fin me face,
Sanz fin voie sa fine face.
Tout ont perdu cil en la fin,
Qui ne la servent de cuer fin.
Servons la bien toutes et tuit
Et tempre et tart et jor et nuit;
Car en touz lieus nous garde et tense.
Nostre Dame est nostre deffense
En toutes nos bencurtez;
Nostre Dame est nos seurtez;
750 Nostre Dame est nostre fiance;
Nostre Dame est nos soustenance,
Nostre proesce, nos valeurs,
Nostre hautesce, nos honneurs,
Nostre loenge, nostre gloire,
Nostre couronne, no victoire,

Nostre clartez, nostre lumière,
Nostre avocat, nostre amparlière,
Nostre granz soulaz, nostre grant joie,
No droit chemin, no droite voie,
760 No droite rive, no droiz pors,
Nostre déduiz, nostre dépors,
Nostre confors, nostre espérance,
Nos fors escuz, nostre fors lance,
No fors espiez et nos fors dars,
Nostre refuiz, nostre estendars,
Nostre ensaigne, nostre banière,
Nos mangonniaus, nostre perrière,
Nostre avant piz, nostre avant garde,
Nostre deffense, nostre garde,
770 Nostre vie, nostre saluz.
Diex à touz ceus mande saluz
Qui l'ont en cuer et en mémoire ;
Et si leur mande qu'à sa gloire
Et à sa joie partiront
Quant de leur cors départiront
Les ames, et touz tens seront
En paradis où averont
Joie, si coucheront ès liz
Qu'il a parez por ses amis.
780 A Jhesucriz, haus Roys des ciex,
Roys de touz Roys, de touz Diex,
Com buer fu née ceste Dame !
Diex ! Diex ! Diex ! Diex ! com fait à s'ame
Riche chevez et riche lit
Qui l'aimme et sert par grant délit !
La haute Dame glorieuse
En touz endroiz est tant piteuse,
Et tant sainte et tant est digne,
Et tant est douce et tant bénigne,
790 Tant débonnaire, tant humaine,
Qu'à bone fin conduit et maine
Et fait finer de sainte fin
Touz ceuz qui l'aimment de cuer fin.
A lui servir chascun s'afint,
Ançois qu'il muire ne qu'il fint.
Qui s'ame veut bien afiner,
De lui servir ne doit finer.
Touz ceuz qui l'aimment finement
Affine si au finement
800 Com ors recuit sont affiné
Ains que mi jor soient finé
Ne nostre vie soit finée.
La Mère Dieu qui afinée
Est plus n'est en fournaise ors fins,
Si finement afint nos fins,
Qu'avoir puissions la joie fine
Qui ne défaut ne ne define.
A ces vers ci mon livre fin.
Diex nous maint touz à bonne fin.
Amen.

---

## De la chastée aux nonnains.

Cette épître, adressée aux religieuses de Notre-Dame de Soissons, est une longue exhortation pour les engager à être fidèles à leurs promesses. Ce livre, comme il l'appelle, doit aussi aller trouver l'abbesse de Fontevrault qu'il avait en grande estime. Les religieuses sont des personnes séparées du monde, consacrées à Dieu qu'elles ont pris pour époux ; nécessité de fuir et de mépriser le monde, de conserver toujours son cœur pur. Les vierges chrétiennes sont des pierres précieuses, et elles seront un jour autant de reines dans le ciel. C'est pour conquérir ce royaume qu'elles ont fait le sacrifice de leurs biens, de leur famille et de leur blonde chevelure, ainsi que de toutes les vanités du monde qui perdent tant d'ames. Chérir la pauvreté du cloître ; rentrer souvent en soi-même ; considérer la vie des Saints comme un miroir qui ne flatte pas, surtout la vie de la sainte Vierge et celle de sainte

## DE LA CHASTÉE AUX NONNAINS.

Madeleine : l'une est le miroir des âmes pures et innocentes, l'autre est celui des âmes pécheresses mais pénitentes. Il montre l'excellence de la virginité, cette parenté qui nous allie à la noble famille des anges. Nécessité de l'humilité pour conserver cette vertu. L'orgueil est souvent la cause des chûtes, et mieux vaut, ajoute-t-il d'après saint Paul, *humble chasteté qu'orgueilleuse virginité*. Le premiére de ces vertus suit la seconde comme une voisine, une parente de très-près ; ce sont deux fleurs parfumées, deux roses nouvellement épanouies. Eloigner les tentations et les folles pensées ; la mortification de l'esprit doit précéder celle de la chair. D'ailleurs les personnes pieuses sont plus exposées aux assauts du démon, à cause même de leur piété et de la guerre continuelle qu'elles font à Satan. Aussi le démon tressaille-t-il d'allégresse, lorsqu'il peut faire tomber une de ces âmes privilégiées. Recourir à Marie dans ces dangers. Malheur de celui qui ne le fait pas. Impossibilité de recouvrer la virginité une fois qu'on l'a perdue. Les religieuses sous leurs voiles ressemblent à des fleurs d'été qui doivent toujours craindre les frimas de l'hiver. Elles sont comme des violettes, ces fleurs si pures qui ne croissent ni dans le fumier ni dans la boue, mais sur le penchant des montagnes et dans les lieux sains et élevés. Fuir l'ordure du péché qui précipite dans les enfers l'âme des religieuses. Si leur vie est sainte, elles seront destinées à embaumer le ciel ; mais pour cela, il faut que le cœur et la chair se maintiennent dans une grande pureté. S'armer du signe de la croix comme d'un bouclier au moment du combat ; devant lui s'enfuiront les ennemis du salut, les chagrins, les mauvaises pensées. Être fidèles à Jésus comme à un véritable époux ; aimer à s'élever à lui sur les ailes de l'amour. Bonheur d'avoir été choisies de Dieu pour vivre avec lui dans le cloître. Renoncer aux faux biens du siècle, afin de recevoir en échange la gloire du ciel et ses délices ineffables. Joie qu'on doit éprouver d'avoir tout abandonné pour Dieu qui deviendra notre héritage. Nombreux périls du monde. Conformer ses pensées à son habit, et ne pas se laisser séduire par l'exemple de celles qui prennent les habitudes du siècle ; être simples comme des tourterelles. Veiller surtout à sa réputation ; car si Dieu pardonne au repentir, le monde n'agit pas de même, il ne pardonne jamais. Ne pas regarder en arrière comme la femme de Loth, qui fut convertie en une statue de sel. Aimer le cloître ; c'est le terrain où croit et se développe la plante de la virginité. Laisser les choses passagères pour s'attacher à Dieu qui leur rendra, au lieu de cette chevelure qu'elles lui auront sacrifiée, une couronne d'or semée de pierres précieuses. Vous ressemblez pendant la vie à cette femme qui sent approcher son heure ; elle s'agite, se tourmente ; mais à peine est-elle délivrée, que ses souffrances sont oubliées, et une grande joie a remplacé sa tristesse. Le moment de la mort sera aussi celui de votre délivrance ; vous ne vous souviendrez plus des tribulations de la terre. Vous êtes ici dans la vie présente comme dans les douleurs de l'enfantement, à cause du travail auquel vous êtes condamnées, des veilles qu'il faut passer ; mais bientôt une félicité ineffable vous dédommagera de ces peines de la vie présente. Redoublez donc d'amour pour Dieu, ne faites rien qui puisse lui déplaire. Prier Marie, cette étoile dont la clarté dirige les âmes ; Marie, cette tour puissante qui résiste au démon, qui ne craint ni les orages ni les tempêtes. Le poëte revient à plusieurs reprises sur l'abandon généreux qu'elles ont fait des biens et des espérances du monde, et sur les récompenses qu'elles obtiendront dans le ciel. Ne pas se laisser tromper par les séductions du monde qui n'ont rien de réel. Quelle joie de recevoir le paradis en douaire ! Quelle haute alliance que celle d'être l'épouse de Jésus-Christ ! Gautier termine par une espèce d'épithalame où il célèbre ces noces spirituelles de l'âme avec son Dieu. Il se recommande ensuite aux prières de cette illustre et sainte maison.

Miniature. — Fond rose-pâle orné de lignes carrées et de fleurons. Sous l'arcade d'une chapelle, un abbé tenant la crosse de la main gauche, gesticule de la main droite. Un groupe de religieuses bénédictines à genoux et revêtues de la cape noire.

Nous n'avons pas trouvé ce sujet dans le manuscrit de Paris ; mais une pièce intitulée : *Le prologue de saint Jérôme sur la virginité, envoyé à Eustochium, fille de sainte Paule*.

Ici me prent, ici m'aart
Grant volenté, par saint Maart,
Qu'à mes Dames que moult ai chières,
Aus damoiselles, aus cloistrières
De Nostre Dame de Soissons
Envoi un mes de tiex poissons
Com j'ai peschié à Vi-sus-Aisne.
Par un garçon sus un aisne
Leur tramet-je pas cest présens ;

10 Ains leur envoi, ains leur présens
Par ces biaus livres et par ces pages
Qui parleront plus bel c'uns pages,
Q'uns trote à pié ne c'uns corbiex.
De toutes cèles qu'en cors liex
Por Jhésucrist ont eslevez,
Doit cist présens estre levez,
Et le miracle de sa Dame
Qui jeta puer le cuer por l'ame.

## DE LA CHASTÉE AUX NONNAINS.

    Par le miracle et par la queue
20 Daint Diex vouloir qu'encor esqueue
    Aucune bonne crestienne
    D'amer la joie terrienne.
    Livre, va-t'en isnelement;
    Salue-moi moult doucement
    L'abbesse de Nostre Dame
    Qui moult est certes douce fame,
    Les demoisèles les cloistrières
    Salue-moi, quant en cloistre ières,
    Cent mile foiz à tout le mains.
30 Et si leur di qu'à jointes mains
    Moult doucement leur quier et proi
    Qu'èles prier veulent pour moi.
    En tous biens cil les face croistre
    Qui reclus cèle chambre et cloistre
    Fist de la virge pure et monde
    Qui tout espure et qui tout monde.
    La douce Dame, par sa grace,
    Vielles et joennes tex les face,
    Et fors de cloistres et en couvent
40 Qu'à leur espous tiennent couvent;
    Et si le servent de cuer fin,
    Vivre avec lui puisse sanz fin.
    Quant de Soissons départiras,
    V, c foiz saluer m'iras
    L'abbesse de Fontevvaut
    Que je moult aim et qui moult vaut.
    De son affaire ai tant apris,
    Que je moult l'aim et moult la pris.
    De touz les cloistres qu'èle garde
50 Et de li daint cèle estre garde
    Qui en ses flans IX mois garda
    Le Roy qui tout en sa garde a.
    La douce Dame glorieuse,
    La débonnaire, la piteuse,
    Leur cors garder daint et leur ames,
    Toutes rendues, toutes dames
    Noires et blanches qui le monde,
    Por l'ame faire pure et monde,
    Avez guerpi et geté puer.
60 Dorenavant d'ententif cuer
    Entendez la page présente
    Que vous tramet, que vous présente
    Li prieur de Vi, dant Gautiers.
    Vos oroisons et vos sautiers,

    Vos douz *ave*, vos douz salus
    Désire plus que bars ne lus.
    Por la douceur de Nostre Dame
    Toutes vous prie que vous s'ame
    En touz les biensfaiz accueillez
70 Que jor et nuit por vous cueillez.
    La sainte Virge pure et monde
    Qui touz les suens netoie et monde,
    Si vous netoit et si vous mont,
    Et si vous face ce vil mont
    Et cest vil siècle seurmonter,
    Qu'en paradis puissions monter.
      Amen.

    Vous damoiselles, et vous dames,
    Qui de cuer, de cors et d'ames
    Au Roys du ciel estes douées,
80 Qui benoites et sacrées
    Estes au Roy de Paradis,
    Prenez garde que fist jadis
    L'empereriz de grant bonté (1)
    Dont ci devant vous ai conté.
    Puisque por Dieu ne fu lousée
    Et d'anel d'or l'out espousée,
    Si li fu bons, si li fu douz
    Qu'à lui ses cuers se donna touz,
    N'ainz puis son cuer ne li toli.
90 Si biau baron ne si poli
    Com Diex est ne poez avoir,
    Et doit chascune bien savoir
    Que nul amant tant amoureus,
    Qui tant vrai, tant douz, tant savoureus
    Com Diex est voir ne povez.
    S'en lui laciez, s'en lui nouez
    Vostre courage et vostre cuer,
    Tant vous iert douz que nés un fuer
    Ne vourriez nul autre avoir.
100 L'empereris fist grant savoir
    Quant èle à lui se maria
    Et quant son cuer si varia
    De toute humaine créature,
    Qu'èle onques puis talent ne cure

*Psalmista dicit :*
*Gustate et videte quàm*
*suavis est Dominus*

---

(1) Allusion au miracle qu'il venait de raconter d'une impératrice de Rome qui avait quitté la cour et le monde pour embrasser un genre de vie plus parfait.

N'out de nule homme, tant fust biaus,
Et nequedent de granz cembiaus
Assez li fist li anemis.
Mais si parfont enté et mis
Avoit en Dieu courage et cuer,
110 Que tout le monde jeta puer
Et que tout homme desdaigna.
L'amour de Dieu si l'empreigna,
Qu'à la mort vie li conçut
Et Diex ou ciel l'ame en reçut.
Faites autel com èle fist
Por la douceur de Jhésucrist.
Fuiez et despisez le monde;
Tenez le cuer et le cors monde,
Si com la sainte empéreris
120 Sachiez que li sainz Espériz
En nous habite et en nous maint.
S'en vo de faute ne remaint,
Por Dieu tenez net le manoir
Où habiter doit et manoir
Et reposer jor et nuit Diex.
Aiez les cuers espiritiex,
Aiez net cuers, aiez net or,
Netes et pures com fins ors
Estre devez et glorieuses,
130 Et plus que pierres précieuses
Estre devez clères et bèles.
Sachiez, sachiez vos damoisèles
Qui à Dieu estes mariées,
Qu'estrangées et variées
De tout le mont devez estre.
Vous qui por règne célestre
Guerpi avez pères et mères,
Parens, amis, sereurs et frères,
Et coupées vos tresses blondes.
140 Gardez, gardez que cil vils mondes
A vous amer ne vous rapiaut.
L'amour du monde mort espiaut
Et mort perpétuel engenre.
Por ce li fait perilleux penre,
Ostez du siècle vos ententes.
Se vos sereurs, se vo parentes
Ont leurs lorains, ont leur sambues,
Se parées sunt et vestues
Et richement apipoudées,
150 A vous qui estes bertoudées
Por Dieu servir et rooingnées,
En cloistre mises et coignées,
Gardez por Dieu de riens n'en chaille;
Vous savez bien sans nule faille

Que cist vilz mondes et sa gloire
Ne vaut la queue d'une poire.
Comme fumière trésira,
Tout en nient tout porrira.

Vous, damoisèles, vous, velées,
160 Cui à s'amour a apelées
Li crières qui tout cria,
Le siècle a tout quanqu'il i a
Haïr devez et défouir,
Et plus que fiens vous doit puir.
Siècles est ors vilz et puanz,
Et se par est si engluanz,
Qu'issir n'en puet ne remuer
Cil qui sa gluz puet engluer.
Fuiez le mont, fuiez ses vices,
170 Ses chières morsiaus, ses granz devices
Que plusieurs aiment tant cest diels,
Que de leur ventres font leur diels.
Se vos parentes ont les tables
Et les viandes délitables,
Les bars, les luz et les saumons,
Ne vous en chaille. Salomons
Dit : « que miex vaut une bouchiée
» De pain sec à joie mengiée,
» Que plaine meson de vitaille
180 » mengiée à noise et à bataille. »
Vo povreté prenez en pais.
Les granz du siècle ont moult grant faiz
D'acquerre ce mauvesement
Qu'il redespendent folement.
Cil grant seigneur et ces granz dames
Por ce souvent perdent leur ames
Qui au besoin leur fuit et faut.
Vous en avez, si Diex me saut,
Ce m'est avis, le miex parti.
190 Miex ameroie un oef parti,
Un oef pochié, ou un oef blanc,
Que trente mes boulis en sanc.
Miex vaut un mes sanz cuisençon,
Que trente mes de raençon.
Maus mors avale et male monte
Qui raençon englout et donte.
Se vos sereurs et vos parentes
Ont les granz terres, les granz rentes,
Les granz trains, les granz atours,
200 Les granz palais et les granz tours,
Les biaus barons, les rois, les ducs,
Ne vous en chaille, car moult plus
Vaut Diex que roys ne dus ne face.

*Apostolus dicit:*
An nescitis quoniam membra vestra templum est Spiritûs sancti?

*Gregorius dicit:*
Tergat ergò sordes pravi operis qui Deo preparat hospicium mentis.

*Salomon dicit:*
Vanitas vanitatum et omnia vanitas.

*Augustinus:*
Letitia seculi vanitas.

*Gregorius dicit:*
Presentia gaudia sequuntur perpetua lamenta.

*Jeronimus dicit:*
Modica est seculi hujus glora caduca, et fragilis temporalis potencia.

*Jacobus dicit:*
Que enim est vita nostra vapor est ad modicum parens.

*Paulus dicit:*
Nolite diligere mundum neque ea que in mundo sunt.

*Versificator:*
Quisquis amat Christum, mundum non diligit istum.

*Salomon dicit:*
Melior est buzella panis sumpta cum gaudio, quam domus plena victimis cum jurgio.

*Salomon dicit:*
Comedent panem impietatis et vinum iniquitatis bibunt.

## DE LA CHASTÉE AUX NONNAINS.

*Salomon :*
*Speciosa forma pre filiis hominum.*

La biauté de Dieu onques n'efface.
Mes biauté d'omme est tost faillie
Et tost la face a empalie.
Tant par a d'incouvénient
En tout homme, que c'est nient.
Touz li plus forz, touz li plus biaus
210 A moult tost fait ses combiaus.
D'omme est si faible la nature,
Que petit vit et petit dure.
Tost saut, tost muert et tost dévie ;
Courtes et brièves de sa vie
Sont moult les bousnes et les mètes,
Et por ce crie li prophètes :

*Isaias dicit :*
*Omnis caro fenum, et gloria ejus quasi flos agri.*

« Que toute char, c'en est la voire,
» Est herbe sèche, et que sa gloire
» Descroit et deschiet com fleur de fain. »
220 D'omme mortel talent ne fain
Ne devez jà nul jour avoir ;
Mais vostre espous, le vrai voir,
Devez touz tens vielles et touses
Désirrer com vraies espouses.
Car tiex biautez en lui s'aune,
Que li solaus et que la lune
S'esmerveillent de sa biauté.
Se vous li portez loiauté
Et fetes ce que li serra,
230 De sus le chief vous aserra
Couronnes d'or clères et fines
Et fera vous toutes roynes.
Portez lui foi où que soiés ;
Se li lerres, li renoiez,

*Incubus dicit :*
*Resistite dyabolo et fugiet à vobis.*

*Isidorus dicit :*
*Dyabolus serpens est lubricus cujus si primæ suggestioni non resistatur totus nos sentitur, illibatur. In omni cogitationis principio totaliter evadisse est.*

*Versificator dicit :*
*Mente bonis fulta moritur temptacio multa.*

*Ovidius dicit :*
*Principiis obsta serò medicina paratur, cùm mala per longas convaluére moras.*

Li déables, li anemis
Qui de maint mal s'est entremis,
Vous aiguillonne, point et tente,
Deffendez-vous par grant entente.
Tenter vous cuide tant et poindre,
240 Départir vous puist et desjoindre
De vostre ami, de vostre espous.
Bien set de lui et de vous
Faire pooit *divorcium*,
En vous aroit grant porçion.
Gardez si près tout vostre afaire,
Qu'il ne vous face chose faire
Dont vous soiés de lui sevrées.
Es mireors de vos pensées
Vos consciences si mirez
250 Et si vos ames atirez,
Que vostre espous n'i voie chose
Dont il vous hace à la parclose.
Les bèles dames deçà fors

Moult bel acement leur biau sors
Et souvent mirent leur biaus vis
Por ce que veulent à devis,
Estre plaisanz à ceaus et bèles
Qui leur amour ont mise en èles.
Vous damoisèles, vous cloistrières
260 Qui guerpi les robes chières
Avez por les cotèles blanches
Et por les fros aus noires manches,
Se vous voulez que vostre espous
S'amour assièce toute en vous
Et en viellèce et en juvent,
Gardez que vous mirez souvent
Ou mireeur de conscience ;
Gardez nule inconvenience
Vos sainz espous en vous ne voie
270 Por quoi s'amour tolir vous doie.
Leur vis mirent seculers dames ;
Mais vous devez mirer vos ames.
Le vis mirent et vous le cuer.
Leurs mireeurs jetez touz puer ;
Leur mireeur ne vous sont preu,
Ni puet avoir l'ame nul preu.
Es mireeurs de sainte esglise
Qui cler et bel sunt à devise.
Mirer se doivent cil et cèles
280 Qui veulent ames avoir bèles.
Li mireeur, li essens plaire,
Porquoi devons tuit à Dieu plaire,
Ce sunt li livres où vies maintes
Trouvommes de sainz et de saintes,
Et saintes vies et sainz faiz
Des sainz hommes et des parfaiz,
Des saintes virges, des pucèles
Qui tant à Dieu parfurent bèles.
Mirer se doivent bone gent ;
290 Tel mireur sunt bel et gent,
Tel mireur sunt régulier.
Nus n'a le cuer si séculer,
Si bien se veut souvent mirer,
S'ame ne puist si atirer
Que volentiers la verra Diex
Et s'en fera s'espouse ès ciex.

*Basilius dicit :*
*Christus non in corpore, sed in anime pulchritudine delectatur.*

Des mireeurs dont je vous cont,
Deus en y a qui propre sont
A vous cloistrières, à vous dames ;
300 Ce sont ij resplendissanz gemmes,
Deus saintes pierres glorieuses,
Deus esmeraudes précieuses

*Unde dicitur:*
Illa mundi imperatrix;
ista beata peccatrix.

*Jeronimus dicit:*
Tricenarius fructus est
bonorum congregatorum;
sexagenarius continenciam
ac viduarum; centenarius
virginum sanctarum. Bona castitas conjugalis, melior continencia vidualis, optima perfectio virginalis.

*Jeronimus dicit:*
Semper est angelis cognata virginitas. In carne, preter carnem vivere, non terrena vita est, sed celestis.

*Isidorus:*
Qui casti perseverant et virgines, angelis Dei efficiuntur equales.

*Sanctus Bernardus:*
Laudabilis virtus virginitatis, sed magis humilitas necessaria. Illa contulitur, ista precipitur. Beata virgo respexit Deus humilitatem ancille sue.

*Gregorius dicit:*
Custos virginitatis humilitas.

Dont tout li mondes resplendist.
Mais tout autant qui voir ne dist
Est plus clère de l'autre l'une
Com li solaus plus de la lune.
La première de ces ij gemmes
Où remoier devez vos ames,
C'est la pucèle glorieuse,
310 C'est la Royne précieuse
Qui Royne est de tout le monde.
La Magdeleine est la seconde.
Vous pucelètes, et vous touses,
Qui amies et qui espouses
Estes au Roy de vérité,
Pour garder vo virginité,
Pour fuir toute vilanie,
Mirez-vous bien, ne lessiés mie
Ou mireeur que cèle porte
320 Qui du ciel est et pons et porte
Qui plus fu pure que purs ors,
Virge de cuer, virge de cors.
Virginitez par est si fine,
Qu'as angre du ciel est cousine.
Virginitez par est si nète,
Que fleurs de lis ne violète
Nient si souef comme èle fait.
Escripture dit tout à fait
Ceste vertu qui puet aquerre,
330 Il maine vie d'angre en terre.
Mais sachiez bien certainement
Ne flaire pas très doucement
Au Roy du ciel virginitez,
Se n'est avec humilitez ;
Por ce que tant s'umilia
La Mère au Roy qui tout cria
En ses sainz flans Diex descendi.
Humilitez Diex nous rendi
Qu'orguiex tolu si nous avoit.
340 Que de nous touz cure n'avoit
La Mère au Roy de vérité
Ne dist pas la virginité
Veue à Dex de sa pucèle,
Mais l'umilitez de s'ancèle.
Qui veut avoir virginité
Gart de vraie humilité.
Bien lait enclose et bien couverte,
A donc soit seure et certe
Que la pareille iert aus archanges
350 Et coronnée avec les anges.

Qui le mireoir Nostre Dame
Qui est tant biaus por mirer l'ame
A à dire, frait et perdu,
N'ait pas le cuer si esperdu
Que maintenant l'autre ne preingne
Et à la Magdeleine apreigne
Que tant douceur a Dex en lui,
Que jeter puer ne veut nului ;
Mais à ij mains reçoit et prent
360 Celui qui de cuer se reprent.
S'aucune y a qui soit cheue,
Gart que ne soit si durfeue
Que pas ne chièce en désespoir ;
Quar c'est por son grant bien espoir
Diex sueffre bien, ce n'est pas doute,
Qu'aucune qui d'orgueil est toute
Estançonnée et sépiuée,
Aucune foiz soit enbuiée.
Li douz Diex bien sueffre et endure
370 Celi qui plus cuide estre pure,
A chanceler et à glacier
Por orgueil qu'il en vieut chacier.
Moult vaut miex humble chasteez
Qu'orgueilleuse virginitez.
Avec orgueil n'est bons nus biens ;
Quar Diex le het sus toute riens.
El mireoir la Magdeleine
Qui tant fu nète et tant fu saine
Après que cèle out tant meffait,
380 Moult bon mirer, certes, se fait,
Nule n'en soit désespérée.
Qui virginité lesmérée
Ne peut avoir chastée chière
Et soit en Dieu seure et fière ;
Car chastéez en suit ades
Virginité de près en près.
Ce sunt ij dames, ij voisines
Qui sunt parentes et cousines.
Ce sunt ij dames, ij pucèles
390 Qui sunt au sièclc et à Dieu bèles,
Moult sunt bèles, moult sunt polies.
Cèles qui aimment les folies,
Luxure, yvrèce, gloutonnie,
Qui en enfer maint gloutonnie,
Touz ceus banissent de leur rue,
Plus les héent que crapout rue.
Mais sachiez bien de vérité
Que moult aimment sobriété,
Et d'astinence et de geune
400 Grant joie demaine chascune.
Moult sunt sobres, blanches et nètes

*Paulus:*
Melior est humilis castitas quam superba virginitas.

*Augustinus:*
Castitas fructus est suavitatis, pulchritudo inviolata sanctorum. Castitas securitas est mentis et sanitas corporis.

*Cezarius dicit:*
Longa castitas post peccatum imitatrix est virginitatis.

# DE LA CHASTÉE AUX NONNAINS.

Et plus assez que violettes
Défuiant tai, fumier et sanc.
Moult sont leur chaisne bel et blanc,
Et bien ridé et bien lié,
Souef flérant et délié.

Virginitez et chastéez
Sunt bien de toutes netécz;
Ce sunt ij fleurs si enfleurées,
410 Que qui les a bien odorées,
Plaisant li sunt seur toutes choses;
Plus souef flairent que ne font roses
Quant de nouvel sunt espanies.
Toutes ordures sunt de lez banies
Et toute netée assise.
Bien a amour à sa devise
Qui a amie d'une d'èles.
Eles sunt tant blanches et bèles,
S'en èles bien vous remirez,
420 Comme flourètes blanchirez,
Et si serez, n'en doutez mie,
En l'autre siècle, en l'autre vie,
Des saintes fleurs de paradis.
Mirez-vous y com fleurs de lis,
Seriez flairiés douces et bèles.
Sachiez de voir se vous en èles
Des yex du cuer bien vous mirez,
L'anemi tost abaubirez.
Mais tant set de la vielle dame
430 S'il voit en vous point d'inconstance,
De tiex pensées vous en merra
Par quoi moult tost vous souspenra.
Quant li cuivers, li envieus,
Pensers vous amaine enverseux,
Refusez-les, getez-les puer,
Se soulevez à Dieu vo cuer
Et commanciez le Dieu salu
Qui montes genz a moult valu.

Sachiez de voir, vous damoisèles,
440 Vous cloistrières, vous jouvencèles,
Se par prières ne tensez
Temptacions et fols pensez,
Li déable, qui saint maint tor,
Tant vous ira souvent entor,
Q'un mauvès plest vous bastira.
De vostre espous vous partira,
Se vous de lui ne vous guetiez.
S'asavourez et alotiez
Dedenz vos cuers foles pensées,
450 Jà ne serez vers lui tensées;
Car nus ne puet sa char tenser
S'avant ne tense le penser.
N'à Dieu n'est chastes à nul fuer
Qui avant n'est chastes de cuer.
De chastée nus ne se vant
Se de cuer n'est chastes avant;
Por ce se fait moult bon tenser
Et retraire de fol penser.
Mais anemis, si Dex me saut,
460 Les chastes cuers moult plus assaut
Qu'il ne face le dissolus.
Il est assez plus esmoulus,
Plus trenchant et plus afilez
Vers vous, Dames, qui le guilez,
Qui li tolez vos bèles ames,
Que vers pluseurs séculers dames
Qui à la char tant obéissent,
Les ames dampnent et périssent.
Fame qui voit que toute est seue,
470 Qui toute va à male veue,
N'asaut-il tant com celui
Qui cure et garde prent de lui.
Li déables de joie visèle
Quant une sainte damoisèle
Qui por Dieu a guerpi le monde,
Qui tant est pure et tant est monde,
Qu'out plus souef que fresches rose,
Puet tant tenter qu'à la parclose,
Fait le penser devenir fait,
480 Et tant qu'à Dieu puir la fait.
Damoisèles, se ne tensez
Vos courages et vos pensez,
Vous êtes mortes tout à fait;
Car li pensers nourrist le fait.
Du fol penser vient la fole euvre.
De fort escu qui ne se queuvre
Envers déable et escremist,
Tel coup li donne dont gemist
Et fait grand duel la lasse d'ame.
490 La cloistrière, la bonne dame
Doit tant savoir de l'escremie,
Que déable ne la puist mie
Férir à nu n'à descouvert.
Se l'ueil de cuer n'a moult ouvert,
Tant li fera de soutils tours,
S'èle estoit fois comme une tours,
S'il la feroit-il chanceler.
Il soit ses cous si bien celer
Et si set tant d'èle retraite,

## DE LA CHASTÉE AUX NONNAINS.

500 Qu'ains qu'èle soit arière traite
La fera-t'il en tel endroit,
Qu'èle n'ira jamès si droit
Comme èle a fait dès qu'à cèle eure.
Quant li déables li queurt seure,
Se tost n'apèle Nostre Dame
De tout son cuer, de toute s'ame,
Tost li fera par son abet
Un tel tort pié, un tel jambet
Dont perdra en un moment
510 Ce qu'a gardé si longuement.
Mais sache bien, si Diex me saut,
Se de cuer veut quant on l'assaut
La douce Mère Dieu huchier,
Garde n'ara de trébuchier ;
Et s'èle oublie en nule guise
La Mère Dieu et son servise,
Ne puet estre ne lui meschièce,
Ne puet estre qu'èle ne chièce
Et glast en aucune manière.
520 Bien pert s'ensaingne et sa banière,
Bien est vaincuz en tout estor,
Bien pert son chatel et sa tor,
Cil et cèle qui pert l'aie
De ma Dame sainte Marie.
Tout a perdu à la parclose
Qui ne l'aimme seur toute chose.

Pour Dieu, por Dieu, vous damoisèles,
S'estre voulez plaisanz et bèles
A vostre espous, à vostre père,
530 Aimez de cuer sa douce Mère.
Se s'amour bien au cuer vous point,
Ne douterez déables point.
S'en Nostre Dame vous mirèz,
Si net chemin touz tens irez,
Jà n'avez garde de la boë
Qui l'ame soille et l'ame enboë.
Son mireoir qu'elle vous moustre
Bien vous mirez plus que nul moustre.
Défuirez home et sa consorce
540 Et dont serez de si grant force,
Que jà brisié n'iert ne malmis
Li veus qu'avez à Dieu promis,
Ni li sceaus virge deffais
Qui tant par est si soutilment faiz,
Qui qui le pert, par nul ouvrier,
Avoir n'en puet nul recouvrier.
Gardez, n'en soit jà dépéciez,
Virges, sceaus lorsqu'est bléciez,

Tant en mau met, tant en empire,
550 Que pois devient la virge cire.
Jà n'iert mes tex come a esté.
Damoisèles qui fleur d'esté
Desouz les voiles resemblez,
Gardez qu'à Dieu ses fleurs n'emblez.
Les fleurs Dieu estes et les roses.
Guidez seur toutes choses
Que ne vous fière la gelée,
Car vos biautez seroit alée.
Gardez, gardez votre sael ;
560 Gardez les fleurs de vo praël.
Gardez vos cuers et vos chars nètes ;
Sembler devez les violètes
Qui toute ordure si desdaingnent,
Que converser n'estre ne daingnent
En tai, n'en boé n'en fumier,
Touz tens fuient le bétumier ;
Mais ès montaignes, ès haus leus,
Es biaus praiaus, ès biaus peleus
Et conserver veulent et croistre.
570 Et vous, damoisèles de cloistre,
Toute ordure devez fouir,
Si ne voulez à Dieu puir.
La violète en sa nature
Moustre com doit fuir luxure;
Toute religion ensemble
Et noire et blanche, ce me semble,
Resembler doit la violète,
Touz tens doit estre pure et nète.
Et de fuir le bétumier
580 Qui en l'ort fane et ou fumier,
Du taie d'enfer entaie l'ame
Et fait ardoir en l'ardant flamme
Qui art de tant ardant ardure,
Si com tesmoigne l'escriture,
Du nostre feu ardant est plus
Bien la moitié, n'en dout jà nus,
Qui li ardant nostre feus ardant n'est
Plus de celui qui pourtrais est.
Por ce le fait bon défuir
590 Péchié qui fait l'ame bruir
En tel brasier et en tel flamme.
Sachiez por voir que Nostre Dame
En paradis ses violètes
Fera de vous et ses flourètes
Por enflourer par grant délit
Sa bèle chambre et son biau lit.
Se la servez en netée
Et gardez bien vo chastée ;

*Seneca :*
*Si continenciam diligis,*
*turpis fugite antequam accidant.*

*Isidorus dicit :*
*Virginitas si lobitur,*
*nullatenus reparatur.*

*Jeronimus dicit :*
*Qui omnia potest Deus suscitare, virginem non post ruinam. Vos quidem liberare de pena, sed non vult reformare corruptam.*

*Crassus dicit :*
*Maximo periculo castitas quod multis placet.*

*Paganus dicit :*
*Si scirem deos ignoscituros et homines ignoturos tamen peccare dedignarer.*

## DE LA CHASTÉE AUX NONNAINS.

*Gregorius dicit:*
Nec castitas magna est
sine bono opere, nec opus
bonum est aliquid sine cas-
titate.

Se la servez bien finement,
600 Vos ames au définement
Toutes menra ou ciel lassus.
Por Dieu, por Dieu, en sus
Soiés touz tens de la folie;
Si que vo char blanche et polie
Soit ades pure et esmerée.
Touz tens soit forte et acérée
Vostre pensée et vostre chars;
Si que déables ses eschars
Ne se gabois faire n'en puisse.
610 De rien qu'en cuer, ne qu'en char truisse,
Quant vous asaut li fel, li froiz,
Du signe de la vraie croiz
Se doit couvrir, bien vous savez.
De touz ses tours garde n'avez,
S'en vostre escu est la croix pointé
Et en vo cuer parfont enpointé.
De rien douter ne le povez;
Car cil sera vos avouez
Qui par la croiz et par le fer
620 Les trébucha ou fonz d'enfer.
Quant vous viennent pensées vaines,
Aflictions, pesnes et vaines,
Devant le signe de la croiz
Se vous pensez bien à la foiz
Et à la plaie qu'out ou flanc.
Por vo péchiez, et en cler sanc
Que respandi en croiz pour vous,
Vos sainz amis, vos sainz espouz,
Se bien l'amez, se vous cuira,
630 De vostre cuer lors s'enfuira
Toutes males temptacions.
Tournez vos cogitacions
De tout en tout à votre ami.
Ne l'amez pas à cuer demi;
Mais donnez-li cuer et cors tout.
Amors qui ne frémie et bout,
Vraie n'est pas ne ne vaut rien.
Boulir doit touz qui aimme bien,
Et si fait-il, n'en doutez mie,
640 Cuers qui bien aimme ades frémie,
Méesmement de l'amour fine
Qui ne faut onques ne ne fine.
Quant aucun aimme d'amour fole
Qui le cors tue et l'ame afole,
Ou a la fole amour enclose,
Penser ne puet fors à la chose.
Dire puis bien que vraie nonne
Qui aimme bien s'à celui non, ne

*Versificator dicit:*
Per crucis hoc signum
fugiat procul omne mali-
gnum.

*Gregorius dicit:*
Sicut capite reguntur
membra, i'à et cogitationes
deponuntur.

*Versificator:*
Nec nive nec ventis alget
dilectio mentis.

Doit jà penser qui li a mis
650 L'anel ou doit com vrais amis.
Nonne doit estre si très monde
Qu'amer ne doit tant rien ou monde
Ne tant ne doivent si penser
A rien qui soit ou mont penser,
Comme à celui qui est espouse,
Por cui se tont, por cui se touse.
Sachiez, sachiez que vous,
Le Roys du ciel, vo vrai espous,
Devez amer de si vrai cuer,
660 Qui ne past jor à nes un fuer,
Que vos espirs cent fois ne mont
Pour lui voir lassus amont.
Gardez por Dieu vous soiés tèles
Qu'à lui volez souvent des èles
De simple contemplation.
De vilaine temptation
Touz tens devez vos cuers tenser
Par bien souvent à Dieu penser,
Si faites vous tèles y a,
670 De bonne eure Dex vous cria
Et nées fustes de bone eure,
Quant s'amour si vous aseure
Que vous l'amez plus que nului
Et touz homes laissiez por lui.
Moult vous vient certes de haut cuer,
Quant mortel homme jetez puer.
Qui petit dure et petit vaut
Por le Seigneur qui maint en haut
Qui touz tens dure et touz tens vit.
680 En son cuer tout à ce pourvit
L'empereriz dont j'ai conté.
Ne roy, ne conte, ne conté
Ne prisa pas vers Dieu un pois.
A la grant livre et au grant pois
Tout bien que Diex li renderoit
Quant qu'elle pour s'amor feroit.
Moult joua, moult fist bon trait,
Quant de richesce se retrait
Por enserrer en povre cloistre.
690 Moult se sout bien ou ciel acroistre
Quant à terre s'apetisa;
L'amour de Dieu bien l'atisa,
Bien l'embrasa et bien l'esprit,
Quant lessa Homme et cloistre prist.
Moult joua bien et gentilment
Et moult traist bien et soutilment,
Quant por le ciel geta fuer Rome
Et quant por Dieu guerpi son homme,

*Salomon dicit:*
Omni tempore diligitur
qui amicus est et frater in
angustiis comprobatur.

*Beda dicit:*
Contemplativa vita cari-
tatem Dei et proximi tota
mente retinere, cunctis tran-
sitoria despicere; omnia
visibilia postponere, so-
lummodo que celestia sunt
considerare.

*Gregorius dicit:*
Hominis amor ducit in
dolorem. Amor Christi il-
luminat cor et deducit in
vitam eternam.

46

## DE LA CHASTÉE AUX NONNAINS.

Et quant perdre vout son afin
700 Pour le Roy qui durra sans fin.

Vous damoisèles, et vous cloistrières,
Qui les robes riches et chières
Avez guerpi por noirs fros,
Et vos chevaliers et vos ros
Avez perdu por Dieu avoir.
En l'eschiquier du ciel porvoir,
Vous fera Diex toutes roynes.
Ses pucèles et ses meschines
Fera de vous les clère gemme,
710 La grant Royne, la grant Dame
Qui du ciel est Royne et fierce.
Vespres et nonne, prime et tierce,
En ses chambres li chanterez
Et ses chapelains serez,
Li et son fil vo saint espous,
Et jor et nuit loerez-vous
En la grant tourbes des archangres,
Des saintes virges, des sainz anges.
Moult paravez haut esciant,
720 Quant por auques lessiez nient.
Vous savez bien sanz nul redout
Que niens est envers Dieu tout.
Moult parest plains de grant savoir
Qui por nient set tout avoir.
Moult est soutilz, moult set de changé
A paradis qui s'est moult changé,
De haut sens iètes aengées,
Quant les joies changez changées
Avez à Dieu qui pas ne change ;
730 Seur toutes genz savez de change.

Vous cloistrières, vous damoisèles,
Vous joennes touzes, vous pucèles,
Qui à Dieu estes espousées
Et qui tondues et tousées
Avez por Dieu vos blondes tresces
Et vo biau cors mis en destrèces
Et en moult grant subjections,
Et qui vos grant possessions
Avez por Dieu getées puer,
740 Aiez grant joie à vostre cuer
Et grant léesces en vos courages ;
Car Diex sera vos héritages
Et vos douaires en paradis.
Por Dieu ausi com fut jadis

L'empereris saintisme et monde
Fuiez et despisiez le monde.
Tant par est faus et decevables,
Fuiant, glaçanz et variables.
Plus a de periex en li amer,
750 N'ait en diz foiz passer la mer.
Buer fustes nées quant forcloses
Estes de lui et de ses choses.
En s'amour a tant d'enfortume,
Touz ses amanz en enfer tume,
Ne vous soit riens de lui amer ;
Car tout ausi com en la mer
Y périllent souvent et noient
Cil et cèles qui plus le croient.
Ausi com en la mer parfonde
760 Souvent y pérille et afonde
Qui droit ne s'i gouverne et nage.
Por Dieu, por Dieu vostre courage
De tout en tout en jetez fors,
Puis que jeté s'en sont li cors
Gardez, li cuer jà n'i habit,
Entre vos cuer et vostre habit
Gardez qu'il n'ait diversité.
Vo sainz habis, par vérité,
Qui tant est humbles et dévos,
770 Tesmoigne et dit si fait li nos,
Que devons de cors et de cuer
Guerpi le monde et jeté puer.
Se par euvre l'en desmentons
Et de nos veus nous repentons,
Foi que je doi la bèle Dame,
Mort sont en cors, mort sont en ame,
Et nequedent tout sanz doutance
Grant différence et grant distance
A ce sachiez de nous avons.
780 S'aucun musart veez de nons
Issir de cloistre et folooir
Et vers le monde colooir,
N'i tournez pas por cèles chières,
Mais tenez-vous nètes et chières
Et simples comme torterèles.
Assez devez-vous, Damoisèles,
Plus vergundeuses estre d'omme ;
N'avez c'un coup, c'en est la somme,
Ne plus que li hanas de voirre.
790 Douter devez comme tonnoire
Et mal renon et mal fame.
Vous savez bien que toute fame
Est de si tenre renommée,
Lors c'un petit est denommée

*In evangelio legitur:*
Omnis qui reliquerit aut fratres, aut sorores, aut patrem, aut matrem, aut filios, aut agros propter nomen meum, centuplum accipiet et vitam eternam possidebit.

*Jheronimus apost. dicit:*
Qui carnalia pro Domino dimisit, spiritualia recipiet.

*Johannes apost. dicit:*
Nolite diligere mundum neque ea que in mundo sunt, quia quidquid est in mundo concupiscentia oculorum, superbia vite.

*In vitâ Patrum:*
Bonum est corporaliter remotum esse a mundo, sed multò meliùs est voluntate.
Manet in solitudine qui perseverat in remota mentis intentione.
Religionis habitum mentitur qui religionis opera non sectatur.

*Abaielardus dicit:*
Majori parti ne cedas, sed meliori. Stultorum numerus innumerabilis est qui enim diligit mundum.

*Sanctus Bernardus:*
Dùm plus quàm Deum, seculum quàm claustrum, gulam quàm abstinentiam, luxuriam quàm castitatem, sequitur dyabolum et ibit cum eo in supplicium eternum.

*Ambrosius dicit:*
Maluit Dominus aliquos de suo ortu quàm de matris pudore dubitari. Sciebat enim teneram esse virginis verecundiam et lubricam famam pudoris.

## DE LA CHASTÉE AUX NONNAINS.

*Versificator:*
Tumor de veteri fuoles
ventura timeri, evas pote-
runt fieri turpia sicut eri.

*Versificator:*
Multi multa ferunt que
nunquam vera fuerunt.

*Solomon dicit:*
Melius est hominem bo-
num quam divitie multe;
super aurum et argentum
gratia bona.

*Unde dicitur:*
Corporis pulchritudinem
infimia devenustat.

*Jhesus filius Syrach:*
Post concupiscentias tuas
non eas, et a voluntate tua
avertere.

*Respiciens uxor ejus
retro, versa est in statuam
salis.*

*Veritas dicit:*
Nemo manum suam mit-
tens in aratrum et respiciens
retro aptus est regno cœ-
lorum.

  D'assez petite vilanie,
  Moult a enuis, s'en cure et nie.
  Ne puet chaloir que li hons face
  En peu de tens grate et efface,
  Quant vient bien faire les meffaiz
800 Qu'en vint anz a ovrez et fait.
  Mais renommée est si estoute,
  Que s'une fame s'ardoit toute
  Por assez petit de meffait,
  Si diroit-on èle à ce fait,
  « C'est une tiex, c'est une quèle.
  » Touz jours, » dit-on, « èle fu tèle. »
  Et s'èle à Dieu son meffait monde,
  Pour ce n'est pas mondée au monde.
  Diex est si pius, Diex si est doux,
810 Que les péchiés pardone à toux,
  A trestouz ceus qui se repentent,
  Qui de cuer pleurent et lamentent.
  Mais li siècles riens ne pardonne,
  Touz jors mesdit, touz jors jargonne
  Trente anz ou plus après la mort.
  Mesdit li siècles, runge et mort
  Méesmement seur nos genz d'ordre.
  Plus en parfont veut siècle mordre
  Qu'il ne face seur autres genz.
820 Damoisèles, vos biaus cors genz
  Honnestement gardez ades,
  Por Dieu avant et puis après,
  Por le siècle qui vous espie.
  Quant vous por Dieu avez guerpie
  De tout le mont la vanité,
  Et quant guerpi et puer geté
  Avez le monde por sauver l'ame,
  Por la douceur de Nostre Dame,
  Gardez que vous ne facez chose
830 Dont Dieu perdez à la parclose.
  Puisque por Dieu estes velées
  Et en la voie estes entrées
  Qui au Dieu règne vous avoie
  Et jà estes près qu'en mi voie.
  Por amor Dieu très bien gardez
  Qu'arrière vous ne regardez
  Ausi com fist la fame Loth
  Cui li angres deffendu l'ot;
  Car vous seriez mes bailliées
840 Et fors du règne Dieu baniées.
  Ce dit la lettre, par saint Père,
  Que qui sa main met à l'arère,
  S'arrière lui regarde un pas,
  Du règne Dieu digne n'es pas.

*Hyldebertus dicit:*
Ne careas vita ludos,
spectacula vita, multis lux
celeri dux fuit exciei.

*Versificator dicit:*
Respuit affectus carnales
nobile pectus Res defec-
tivas contempnit quisque
Dei vas.

*Ambrosius dicit:*
Quem terra, pontus,
ethera colunt, adorant, pre-
dicant trina, regentem, ma-
chinam claustrum Marie
bajulat.

  Gardez touz tens vers vostre espous;
  Gardez touz tens si devant vous,
  Que droite voist votre charrue.
  Qui puer por s'ame la char rue,
  Qui por s'ame son cors enserre
850 En povre cloistre et en fort serre,
  Seur toute rien de ce se gart
  Que vers le siècle ne regart;
  Quar por assez petit mefait
  Aroit perdu quanque aroit fait.

  Vous jouvencèles et vous touses
  Qui amies et qui espouses
  Estes au Roy qui tout cria,
  Fuiez le siècle; quar n'i a
  Se barat non, engien et guile.
860 Siècle glaçanz est comme anguile
  Et plein de grant mal aventure,
  De lecherie et de luxure.
  Gardez ne l'aprochiez,
  En dementres que vous flochiez,
  Que nues estes et nouvèles,
  Chastes et virges et pucèles.
  Donnez à Dieu cuers et courages,
  Virginitez et pucelages.
  Vous béneoites, vous sacrées,
870 Que que vous estes si enerées
  En plaine fleur, en plaine croie,
  Gardez vos cuers ne se recroie
  D'amer en cloistre vostre espous
  Que ix mois fu cloistriers por vous
  Ou virge cloistre la pucèle
  Qui virge cloistre, virge cèle
  Est de toute virginitez.
  En cloistre doit par vérité
  Toute honnestes et tout bien croistre;
880 Por ce fait-il bon estre en cloistre.
  Tiengne soi chière, tiengne soi chière
  Nos cloistriers et nets cloistrière;
  Car Diex sus toutes riens a chières
  Bons cloistriers et bones cloistrières.
  En touz biens cil les doint acroistre
  Qui por nous touz ou virge cloistre
  De la pucèle s'encloistra.
  Qui virge cors mis en cloistre a,
  Por Dieu, por Dieu tiengne son cloistre.
890 Virginitez ne sout pas croistre,
  Ça fors au siècle moult espesse.
  C'est une herbe qui moult tost cesse,

## DE LA CHASTÉE AUX NONNAINS.

Qui tost engiéle et qui tost faut,
S'enclose n'est de mur moult haut,
Et s'èle n'a moult bone garde;
Se Diex meismes ne la garde,
Fructefier ne puet ne croistre.
Il m'est avis que s'èle en cloistre
Moult durement ne vient et point,
900 En autre lieu ne vient mes point.

Vous cloistrières, vous jouvencèles,
Qui virges estes et pucèles,
Tant est vo char et pure et nète
Que fleur de lis ne violète,
Rose espanie n'esglentiers.
S'à Dieu avez les cuers entiers,
Si souef veulent com vous faites,
Vraies amies et parfaites
Estes au Roy de la amont.
910 Fuiez, fuiez l'amour du mont
Que vous por lui avez laissiée.
Ele est si noire et si fessiée,
Que nus son cuer mestre n'i doit.
De Dieu près estes à plain doit.
Alez avant si l'embraciez,
Des bras de l'ame l'enlaciez
Et acolez si durement,
Dire puissiez seurement
Avec la virge sainte Agnès :
920 « Mon ami tieng qu'ai quis adés ;
» Mon ami tieng, mon ami voi
» Que je tant aim en bone foi ;
» Plain de léesce est mes cuers touz
» Quant tieng le bel, le bon, le douz
» Que mes cuers a tant convoitié. »
Diex com parai bien esploitié
Quant puis estraindre près de moi
Mon ami douz, le fil, le Roy
Qui tant es biaus et tant est haus
930 Que nes la lune et li solaus
Se merveillent de sa biauté.
Vous qui vioez en loiauté,
Et por celui vos cors tensez
Qui set et voit touz vos pensez,
Qui por l'amor du Roy de gloire
Laissiez la gloire transitoire,
Qui chevaliers, contes et dus
Lessiez por cloistre et por renclus
Et jeter puer tresces et crins ;
940 Sachiez que Diex en ses escrins

En paradis en son trésor
Tresces vous garde de fin or.
Quant Diex plera et de vos cors
Vos nètes ames iront fors ;
Adonc vous rendra vos crins,
Et puis après coronnes fines
Plaines de pierres précieuses
Resplendissanz et glorieuses
Deseur le chief vous aserra.
950 Por Dieu avoir quanqu'en terre a,
Por Dieu avoir jetez tout puer,
Reclamez lai de tout vo cuer.
S'aucune foiz la char vous point
Qui à vo preu ne bée point,
Vous avez ore assez tristesce,
Assez douleur, assez destresce.
Vous avez ore la forte œuvre
Que la fame à qui crie et pleure
Quant l'eure aproche d'anfanter ;
960 Mais je vous puis bien créanter
Prochainement c'un jour venra
Que jà ne vous en souvenra.

Quant la fame va mal d'enfant,
Ele a angoisse et douleur grant ;
Mais maintenant qu'a enfanté,
Ele a de joie tèle plenté
De son enfant quant à bien vient,
De ses douleurs ne li souvient.
Quant vos ames blanches et bèles,
970 Toutes virges, toutes pucèles,
De vos nez cors départiront
Et devant Dieu chantant iront,
A donc aurez bien enfanté.
Lors aurez joie à grant planté.
Es joieus cieus lassus à mont
De quant qu'aurez meffait ou mont
Ne vos sera né tant ne quant.
Vous alez ore mal d'enfant ;
Vous penez ore et traveilliez ,
980 Chascune nuit assez veilliez,
Criez et braiez toute nuit.
Soufrez, soufrez, ne vous ennuit,
L'eure venra prochainement
Que vous aurez délivrement,
Et plus de joie aurez cent tans
N'ont les mères de leurs enfans
Quant sont à joie délivrées.
Estre devez si enyvrées

*Sancta Agnes dicit :*
Ecce quod concupivi jam video, quod speravi jam teneo.

*Sancta Agnes dicit :*
Christi sum desponsata cui angeli serviunt, cujus pulchritudinem sol et luna mirantur.

*In evangelio :*
Mulier, cùm parit, tristitiam habet.

*Salomon dicit :*
Qui futura vitæ præmia diligenter cogitat, mala præsentis vitæ æquanimiter portat.

*Versificator :*
Sit leve quod toleras, si prima prospera speras.

De l'amour vostre espous celestre,
990 Que nule riens ne doit vous estre,
De l'eure fort, de l'eure dure
Que votre char por lui endure ;
Et quant por lui tant endurez,
Gardez qu'aiez si espurez
Les cuers que chose ne faciez
Dont envers lui vos méfaciez.
Quant tout cest siècle avez perdu,
N'aiez le cuer si esperdu
Qu'à nul péchié vous aardez
1000 Par quoi l'autre ne Dieu perdez.
La Mère Dieu, la douce Dame
A jointes mains, de cuer et d'ame
Priez Dieu et soir et main
Que si vous tiengne par la main,
Qu'èle vous gart de chanceler.
Se la voulez bien apeler,
Jà n'endurra que vous chaiez
Ne faciez rien dont honte aiez.
/ Vielles et joennes, soiés toutes
1010 A nus genous et à nus coutes
Devant s'ymage nuit et jour.
Servez, servez sans nul séjour
La douce Dame, l'amiable,
Qui votre espous espéritable
En ses douz flans ix mois porta.
S'ame arivée à droit port a
Et bien du ciel les portes s'euvre
Qui met s'entente, qui met s'euvre
En lui servir et honnourer,
1020 En encliner, en aourer
Dévotement, de douz courage
Sa semblance, son douz ymage
Ausi com fist l'empereris.
Bien espire sainz Espéris
Et toutes cèles et touz ceus
Qui les cors vains et pareceus
A lui servir souvent escitent,
Qui souvent dient et récitent
Devant s'ymage à nuz genous
1030 Le savoureuz salu, le douz,
Qui tant est biaus et déliteus.
Por Dieu, por Dieu, de cuer piteus
Suppliez vous à la Dieu Mère
Qui l'estoile est luisans et clère,
Li mireoirs, li essamplaires
Où de vos ames les viaires
Et jor et nuit devez mirer ;
Jà ne lera vos cuer virer

Ne remouvoir de droit sentier
1040 Si la servez de cuer entier.
C'est la bretesche, c'est la tours
Qui du déables et de ses tours
Garde et deffent touz ses amis.
S'en li vos cuers bien avez mis,
Tel force arez et tel eur,
Qu'adez serez plus asseur
Que n'est chastiaus ferme sus mote,
Ne douterés, ne terre mote,
Ne tourbeillon, ne vent, n'orage,
1050 Se bien l'amez en vo courage.
Vous noires dames et vous blanches,
Gardez, gardez que par les manches
La Mère Dieu tenez adez
Si bien vo cuer de lui sunt prez.
Dormez, dormez, tout asseur
De ce moult bien vous asseur
Que doute nul ne regart
Ne puet avoir riens qu'èle gart.

Vos nides fleurs, vous violètes,
1060 Qui les pelices d'erminètes,
Qui la soie, le ver, le gris
Avez lessié pour les dras bis,
Qui por les ames faire blanches
Vestez le fros aux noires manches,
Sachiez que Diex en paradis
De vous fera ses fleurs de lis.
Vous blanches fleurs, vos détiaus
Qui aflubez de blans mantiaus,
Qui les pliçons, qui les chemises
1070 Por blans buriaus avez jus mises,
Jà sont au ciel appareilliées
Blanches chemises déliées
Et les robes à or batues
Dont vos ames seront vestues.
Por Dieu, por Dieu, blanches et noires,
Gardez, ne prisez pas deus poires
De cest faus mont la fausse joie,
Car touz les siens guile et fausnoie.
S'en vo biauté, s'en vo jouvent
1080 Tenez le veu et le couvent
Que vous avez à Dieu promis,
Com vrais espous, com vrais amis
De paradis vous douera.
Bon jou à s'ame jouera
Cèle qui despira tout homme
Pour Jhésucrist qui est la somme

De toutes joies, de touz biens.
Certes, certes, sur toutes riens
Joians et liées devez estre,
1090 Quant vous avez le Roy celestre
Et à baron et à espous.
Moult doit grant joie avoir en vous,
Quant si haut estes mariées.
Au siècle sont mesmariées
Vos parentes tèles y a.
« Mal est qui me maria, »
Ce dient en leur chançonnètes ;
Mais entre jous et gablètes
Les pluseurs a certes le dient
1100 Comment qu'entre èles se marient.
Hautement estes mariées.
Gardez ne soiés variées ;
Car Jhésucris vo biaus espous
Set bien, sans vous taster le pous,
Se vostre amour est vrai et nète.
Le comment de la chançonnète
Face qui est vraie amie.
Por Dieu ne vous repentez mie
Ce dit de loiaument amer
1110 En votre ami n'a point d'amer ;
Ains est très sade et très douz,
Vrais, bons et biaus et hauz seur touz.
Bien vous povez d'amour vanter
Et liement devez chanter,
Vous cloistrières, vous damoiséles,
As vois qu'avez plaisans et bèles.

―――

La fontenelle y sourt clère,
Bone aventure ait manière
Qui si bien nous y maria,
Dire puet bien tèle y a.

La fontaine y sourt serie ;
Jhésucrist, le Filz Marie,
Tout entier le cuer qui a,
Dire puet bien tèle y a.

La fontaine i sourt serie.
Diex, Diex, mon cuer n'ai-je mie,
Li doux Diex, li doux Diex l'a.
Dire puet bien tèle y a.

Mère Dieu, Virge Marie,
Mes cuers à toi se marie
Et tes Filz tout mon cuer a,
Dire puet bien tèle y a.

Li cuer d'amour me frémie,
Cil l'a tout je ne l'ai mie
Qu'en la croix pendre voi là,
Dit cèle qu'en voile a.

La fontaine i sourt serie.
Diex, mon cuer je ne n'ai mie,
Jhésucrist mes amis l'a,
De chanter ne finez jà.

Diex, mon cuer je ne n'ai mie ;
Cil l'a sans parçonnerie
Qui d'anel d'or m'espousa,
Mes chiés por Dieu ne tousa.

Mon cuer a, je ne n'ai mie,
Et aura toute ma vie.
Jà por nului nel sera,
S'amour me plaist et plaira.

Mon cuer a, je n'ai mie,
M'ame ou ciel comme s'amie
A grant joie espousera.
Jà mes cuers nel fausera.

Mon cuer a, je n'ai mie ;
Por ma crine qu'ai guerpie,
Couronne d'or me donra
Qui de mal me semonra.

Ne de nule vilanie
Dex le cors escommunie,
L'ame dampne et dampnera,
Tèle male y a.

Se du siècle sui banie
Por ma noire seurquanie,
Comme flourète espanie
M'ame ou ciel en ira.

Ne sui Marthe, mes Marie ;
Mes Marie le fiex Marie
Qui les suens ou ciel marie,
M'ame ou ciel mariera.

*Sancta Agnes dicit :*
Annulo suo subarravit me
Dominus meus Jesus Chris-
tus tanquam sponsam de-
ravit me coronâ.

*Versificator :*
Hic michi sponsus erit
qui non corrumpere queril.

*Apostolus dicit :*
Si quis templum violа-
verit, dispendet illum Deus.

Ceste page est si fenie.
Dame qui l'avez ouïe,
Li povres prieurs vous prie
Que vous ne l'oubliez mie.
*Immo mente sedula.*

Priez la Vierge Marie
Que par sa grant courtoisie
Vous et lui doint bone vie
Et sa douce compagnie
*Per eterna sœcula.* Amen.

---

Miniature. — Intérieur d'une chapelle ; murs et arcades peints en bleu avec les pleins en rose et ligne rouge ; le fond or avec lignes et croix fleuronnées. Le poëte, les mains jointes et à genoux au pied de la statue de la sainte Vierge assise sur une estrade, tenant l'enfant Jésus dans ses bras, semble dire .

A la fin de cest livre où j'ai pené jour maint,
Saluer vueil la Dame où toute douceur maint.
A sa douceur depri doucement que tant m'aint,
Que bone fin me doint et que m'ame ou ciel maint.
Amen, amen, amen.

---

## Les salus Nostre Dame.

Cette longue pièce de poësie et d'un rythme différent est une espèce de paraphrase de la salutation angélique. Le poëte explique avec complaisance la grandeur de Marie, cette nouvelle Eve conçue dans la grâce, ornée de toutes les vertus et venant réparer la faute de la première. Eve la pécheresse n'annonce que la tristesse, et l'autre la joie ; l'une est l'hiver avec tous ses frimas, l'autre l'été avec toutes ses fleurs parfumées. Autant Eve rappelle la terre et ses amertumes, l'enfer et son désespoir ; autant Marie nous rappelle le ciel et ses ineffables délices.

Marie est assise dans la gloire au-dessus de toutes les célestes hiérarchies, à la droite de son divin fils. Telle est la beauté de son nom, sa douceur, qu'il réjouit le ciel et fait tressaillir la terre. Jean-Baptiste s'agite dans le sein de sa mère. Ce nom est plus doux à la bouche qu'un rayon de miel ; il est le canal de toutes les grâces, la fleur de tous les biens. Marie plane au-dessus des étoiles ; son visage resplendissant l'emporte sur l'éclat des astres les plus brillants ; sa lumière éclaire les cieux et trouble l'enfer.

Marie est la source des grâces ; elle implore le pardon du pécheur et fléchit la colère de Dieu. Par elle les quatre sœurs la *vérité*, la *justice*, la *paix* et la *miséricorde* se sont embrassées. C'est ce qu'avaient entrevu les patriarches et les prophètes qui avaient de loin salué son entrée dans le monde, en disant qu'il tomberait du ciel une douce rosée et que les nues enfanteraient le juste. Pour devenir mère, Marie n'a pas perdu sa virginité. L'esprit saint, son époux céleste, est passé à travers sa substance visible comme le soleil qui pénètre la verrière transparente sans nuire à son éclat.

Gautier, après cette belle image qui donne une magnifique idée de l'Incarnation, rapporte que le Sauveur naquit de Marie comme la rose qui sort de l'épine ; puis il rappelle les diverses circonstances de sa naissance, de sa mort et du massacre des innocents au nombre de 144 mille. Il compare Jésus-Christ au pélican qui donne son sang pour nourrir ses petits. C'est en effet un des plus beaux symboles sous lequel on puisse figurer Jésus-Christ donnant son sang pour tous les hommes et les nourrissant de sa chair divine.

Après tant de souffrances pendant la vie, quelle ne doit pas être la récompense de cette divine Mère? Aussi Marie est en quelque sorte la nourriture du ciel. Plus heureuse que toutes les créatures, elle est la Mère et l'amie de Dieu; elle est non seulement la reine du monde, mais la porte du ciel. C'est elle qui dépouille et brise l'enfer. La sainte Vierge est cet arbre mystérieux sur lequel a été enté le fruit de vie, le pain vivant descendu des cieux, la manne qui nourrissait dans le désert, la verge d'Aaron conservée dans le tabernacle. C'est le rameau fleuri de Jessé. Marie est la trésorière de Dieu, l'étoile qui dirige à travers les tempêtes de ce monde, le vaisseau qui conduit au port du paradis. Prions-la donc de nous faire arriver à cette heureuse terre où nous jouirons dans cette patrie fortunée d'une saison qui ne connaît pas les hivers, où les roses sont sans épines et où règne une verdure perpétuelle, où coulera dans les siècles des siècles un fleuve de douceur, de miséricorde et d'amour.

Suit un chant pieux qui résume tout ce qu'il a dit plus longuement, mais sans détail nouveau. C'est un véritable cantique.

Six miniatures d'une composition charmante et très-riche d'exécution accompagnent cette paraphrase. Nous avons cru devoir les réunir ensemble plutôt que de les offrir séparément comme elles sont dans le manuscrit.

Le titre porte : *Ave, Maria, gratiâ plena, Dominus tecum, benedicta tu in mulieribus, et benedictus fructus ventris tui. Amen.* Ce titre et les titres suivants sont inscrits en lettres d'or et encadrés au milieu d'ornements extrêmement variés de formes et de couleurs qui produisent un effet délicieux.

Au centre de ce tableau, sur un fond à damier bleu et rose, semé de têtes fantastiques inscrites dans un cercle et flanqué d'ornements semblables à de petits équerres, on distingue un ange largement drapé, aux longues ailes, nu-pieds, déroulant un phylactère sur lequel on lit : *Ave, Maria, gra...* La Vierge est nimbée, mais sans couronne; le fond du nimbe vert est environné d'un cercle d'or. Elle est vêtue d'une robe bleue, d'un manteau rose doublé de jaune; elle tient à la main un livre et porte la main gauche à son cœur. L'ange porte un nimbe uni, une robe verdâtre, un manteau gris-cendre doublé de rouge; ses ailes sont d'un rouge de feu. Entre l'ange et la Vierge, on aperçoit un vase d'où s'élance une tige ornée de trois lys.

Le manuscrit de Paris reproduit ce même sujet.

A gauche de ce médaillon central, sous une espèce de voûte arcaturée formée par la lettre A, en or, on voit, sur un fond rose avec arabesques, la Vierge assise sur une estrade, tenant d'une main et sur ses genoux l'enfant Jésus qui est debout; sa robe est brune, son manteau bleu doublé de rouge. Jésus n'a pas de chaussures. Il porte une robe verte et une boule à la main. A ses pieds, un personnage couronné, revêtu d'une robe rouge et d'un manteau gris.

Au côté gauche, *Gratiâ plena*. Sous une arcature qui se découpe en feuilles orlées de perles, la sainte Vierge encore assise sur une estrade, mais plus simple. L'enfant Jésus donne un cœur à sa Mère et bénit avec les trois premiers doigts, à la manière latine; sa robe est rose, et celle de la sainte Vierge est blanche. Un personnage couronné à genoux, les mains jointes; longue tunique bleue doublée d'hermine; bas rouges, souliers tressés en losanges. Le champ du tableau est occupé par des fleurons ou quatre-feuilles bleus avec des contours rouges et des fleurs-de-lys rouges.

Le 4ᵉ Tableau *Dominus tecum*. Magnifique encadrement à fenêtres ogivales avec trèfles. Fond d'azur traversé de lignes d'or avec croix fleuronnée. La Vierge, robe bleue, manteau rouge doublé de rose, tient à la main une branche fleurie. Jésus sur ses genoux s'incline pour donner un cœur enflammé à un personnage qui prie devant lui.

Dans le tableau suivant, *Benedicta tu in mulieribus*, arcature très-ingénieuse avec tête de griffon et masques; fond damier rose et bleu à croix or fleuronnée, Vierge assise sur une estrade à ogive, robe bleue, manteau rose. Jésus bénit le personnage suppliant qui se prosterne devant lui.

Dans le dernier tableau, *et benedictus fructus ventris tui. Amen*, fond d'azur, lignes et fleurons d'or. La Vierge debout, vêtue d'une robe bleue, manteau rose doublé de rouge, tient toujours à la main droite le lys de la virginité, tandis qu'elle porte Jésus sur le bras gauche. Sur la main gauche de l'enfant se repose un chardonneret qui semble vouloir le pincer. Une reine à genoux lit dans un livre ouvert sur un banc garni d'une étoffe verte doublée de rouge.

Ci commence le prologue des salus Nostre Dame.

De par la Mère Dieu, cent mile foiz salu
Touz ceus et toutes cèles qui aiment son salu.
De touz ceus qui ne l'aimment doit-on dire ades fi :
De Dieu et de sa Mère et de moi les deffi.

Le salu Nostre Dame devommes tuit amer ;
De mort nous délivra et de morsel amer
Qu'Eve mort en la pomme dont touz nous enherba.
En *ave* douce espèce et moult très douce herbe a.

Sages est qui d'*ave* souvent se desgeune ;
10 Quar n'est si douce espoie ne si sade nes une.
Des espèces du ciel est *ave* touz confiz,
Qui l'a souvent en bouche il n'iert jà desconfiz.

Quant à sa douce Mère envoia Diex *ave*,
Livrez iert touz li mons atristé, et *ave*
Pour saluer sa Mère fist Diex *ave* d'*Eva*,
Marie a recouvré quanque perdu Eve a.

Per Eve laidement fu li mons bestournez ;
Jamais n'eussiens joie s'il ne fust retournez.
Li douz Diex, débonnaire, moult bel le bestourna
20 Pour saluer la bèle en cui flans y tourna.

*Ave* moult est douz mos, mais tiex nomme le mot
Qui n'entent espoir mie, la douceur ne le mot.
L'eure soit beneoite qu'*ave* vint à Marie ;
Car lors releesça toute chose esmarie

*Ave* moult est douz moz, moult biaus et moult assius ;
Mais *Eva* est plus aigres que ne soit nus aisius.
Quant *Eva* voit venir trop en sui en malaise ;
Mes quant *ave* revient lors requevre ma aise.

Durement ci dui mot sunt contraire et divers ;
30 Quar li uns est estez et li autres yvers.
*Eva* l'iver aporte, la tristèce et l'esmai ;
*Ave* l'esté nos donne et les fleurs et le mai.

47

Ave douz est et sades, *Eva* plain d'amertume.
Ave vers le ciel vole, *Eva* vers enfer tume.
Ave à ses amis du ciel cuvre la porte ;
Mais *Eva* li chetis en enfer le suens porte.

Li *ave* touz nous sauve, touz nous pert li *Eva* ;
Tout le cors me fremie quant devant li *Eva*
Soit touz tens par derrière se laist à la voie,
40 Jà Dieu ne plaise mais qu'èle devant la voie.

Que par sa folie nous fit jà tel levain,
S'*ave* ne le lavast qui moult flairont levain ;
Lessons donc l'*Eva* si détenons l'*ave* ;
Quar par l'*ave* sunt tuit du mal levain lavé.

Par *ave* touz li monz de touz maus fu lavez ;
*Ave* si lavanz est, s'en la bouche l'avez,
De touz maus, de touz vices touz vous eslavera :
Buer fu nez qui en bouche et en cuer la aura.

*Eva* le ciel nous clost, mes *ave* le nous euvre ;
50 Laissons *Eva* tout quoi nous n'en ferions euvre.
*Ave* en bouche aiez, mes *Eva* vous devé ;
Quar touz est plain de fiel, de tristèce et de vé.

Saluons Nostre Dame et biaus dis en disons,
S'autant de sens avoie com il a en dis hons.
Biau trouver ne biau dire n'en porroie-je assez,
De loer Nostre Dame ne me sera jà sez.

Saluons tuit ensemble Nostre Dame et s'ymage,
Sa douceur, sa franchise, le cuer espris s'ymage,
Ne me puis plus tenir cent foiz ne la salu,
60 Ce puist estre à mon preu et à votre salu.   Amen.

## Ci commence li salu Nostre Dame.

### Ave Maria.

Ave, Dame de gloire, *ave* des angres,
*Ave* qui couronnée siés desus les archangres ;
*Ave* jà t'a assise tes douz fiex à sa destre ;
*Ave* sus toute chose doiz-tu douce et sade estre.

*Ave*, Dame cui nons encommence par A,
Tu ne porroies estre trop loée, par m'ame.

## LES SALUS NOSTRE DAME.

Li roys de Paradis tant l'aimme et tant l'ama,
Que jà desus les angres ton cors t'ame mise a.

*Ave*, Dame, en ton non met-on M et puis *a*;
70 *Ave*, Dame, en ton non si parfont puis a,
Touz li mons ne porroit afondrer n'espaisier,
Touz li mons soutis mos penre y puet et puisier.

*Ave*, qui moult ne t'aimme, il mescroit et meserre;
De ton non ai jà, après metrai un R et puis I,
De lez lors si arai Mari,
De tant sanz plus seront li déable marri.

*Ave*, Dame, si wueil mettre avec *a*,
Lors porrai assembler et dire *Maria*;
Lors aurai ton douz non dont tantes joies issent,
80 Que Dex et lait li angres ou ciel s'en éjoissent.

*Ave*, M, *ave*, A, *ave*, R, *y* et A.
En ces cinc saintes lètres moult de joie out et a.
Cist joieus moz le monde de touz maus espiaurist
Et s'est tant débonnaires que lors qu'hom l'espiaut rist.

*Ave*, Dame au cinc lètres qui nommée ies Marie.
Buer fu né de sa Mère qui à toi se marie;
Car li sainz Espéris à toi se maria
Le jor que li sainz angres dist *ave Maria*.

*Ave*, Dame as cinc lettres, qui à fins cuer entiers
90 Qui le déable enchantent tuit cil qui volentiers
De toi lisent et chantent en paradis seront
Mené tout en chantant tuit cil qui de toi chanteront.

*Ave*, Dame as cinc lètres qui le monde conduisent.
Cil qui en toi loer s'esbatent et déduisent,
Par toi seront en gloire joieusement conduit
L'ame iert béneurée qui aura ton conduit.

*Ave*, Dame au cinc lètres, plaine bouche as de non.
Tant parest tes nons biaus et tant de grant renon,
Que le ciel et la terre s'en doivent esjoir;
100 Qui ne joist ton non ne puet de lui joir.

*Ave*, Dame as cinc lètres, tant parest tes nons biaus,
Qu'en l'évangile, dist ta cousine Isabiaus,
De toi et de ton non si très grant joie issoit,
Qu'en son ventre ses enfés tout s'en esjoissoit.

*Ave*, Dame qui es i royne des archanges,
Royne des apostres, des virges et des anges,

740    LES SALUS NOSTRE DAME.

Royne des martyrs, royne des confès;
Quï le croit ainsi mourir puist desconfès (1).

*Ave*, Virge Marie, de touz maus nous délivres.
110 *Ave*, quant ton douz non escrit voi par ces livres,
Ades rit, ce me semble, tant para bèle chière,
La page où est escrite plus en est bèle et chière.

*Ave*, Virge Marie, qui ton douz non atouche
A son front, à ses yex, à sa face, à sa bouche,]
Bien puet dire qu'il a besié haut sanctuaire,
Tes douz non sont soef plus de nul letuaire.

*Ave*, Dame au douz non c'on doit portraire d'or,
Quant j'ai nommé non, moult aaise me dor,
Tant parest déliteus, tant parest plain de joie,
120 Plus m'est douz et plaisans que riens nule que j'oie.

*Ave*, tes nons est plein de précieuses pierres;
En paradis grant joie et sainz Pous et sainz Pierre,
En paradis grant joie font de ton non li saint,
Li augre, li archange, les saintes et li saint.

*Ave*, Dame, ton non pourtrait Dex à ses doiz;
Seur toute créature et sade et douce estre doiz.
Tes douz nons, douce Dame, tout le monde adoucist,
De ton douz non partout renommée douce ist.

*Ave*, Dame au donz non, douce es plus que mielée;
130 Quant je nom ton douz non, la bouche en ai miclée.
Touz sui asavourez quant ton non à saveur
Seur touz nons a li tuens savoureuse saveur.

*Ave*, Dame au douz non, buer fusses engenrée;
Plus ies douce à cent doubles que nouviaus miex en rée.
Qui bien ne t'asaveure, il s'occist bien et dampne.
Buer fusses engenrée de Joachim et d'Anne.

*Ave*, de tous les biens ies l'entiteleure;
Tes nons de touz les biens est la florisseure.
Cil qui n'iert de t'amour enluminez et poinz,
140 En enfers iert boutez, balanciez et enpainz.

(1) Il ne faut pas prendre rigoureusement ce qu'avance ici le poëte. Il veut seulement dire que ceux qui ont une confiance entière en Marie ne périront pas pour la vie éternelle s'ils sont fidèles à cette dévotion. Marie leur obtiendra les grâces nécessaires pour se convertir au Seigneur, soit en leur inspirant la contrition parfaite, soit en leur facilitant le bienfait de la confession. Ce sentiment est accepté par saint Bernard et il se trouve consigné dans le *Memorare*, prière si recommandée par l'église et qui a sauvé tant de pécheurs.

*Ave*, Dame, ton non pooir n'ai de descrire;
Plus i gist de bons moz n'ait de goutes en Crise (1).
Jà par homme vivant ne sera bien descriz
Tant soutilz trouverres ne tant sachent d'escriz.

*Ave*, qui de biauté n'eus onques pareille,
Solaus, lune, n'estoile à toi ne s'apareille.
Si parest biaus tes vis, si très frès et si nues,
O! comme cil que Diex fist et portraist à son ves.

*Ave*, qui moult ies clère mil tans que Lucifer;
150 Ta biauté toute esbloe les déables d'enfer.
Lucifer ies adroit, car le jor aportas,
Et le périllié monde à rive aportás.

*Ave*, qui plus ies clère que l'estoile jorniex;
En ton servise ai fait de trop povres journiex.
Désormais si m'apren à ovrer en ta vigne,
Qu'au loier pardurable ma lasse d'ame avigne.

*Ave*, qui du ciel ies et clartez et lumière;
Cure moi plus sui ors n'est crassez et lumière.
Tant ai fait d'ors péchiez, m'ame en ert noire et tainte;
160 Daingne alumer ma lampe, grant pièce a qu'est estainte.

*Ave*, qui tant ies digne et tant de haute affaire,
Que Diex vout et daingna de toi sa Mère faire.
Daingne tant amender mon afaire et mon estre,
Qu'en cest siècle et en l'autre tes chapelains puisse estre.

*Ave*, Virge Marie, je te pri finement
Que près de moi daingne estre à mon définement,
Que qu'au cors l'iver facent quant gerra sous la lame (2),
Pucèle douce et piue biau lui porchace à l'ame.

*Ave*, qui tant ies douce que nus ne le set dire;
170 Au jor du jugement, au jor de duel et d'ire
Nos peureuses ames nos conduis et à destre
Tes douz filz par tes préces nous doint metre à sa destre.

---

*Graciâ plena.*

*Ave*, à cui li angres dist *plena gracia*.
Dame, toi tant de bien et tant de grace y a,
Par quoi nous pardonna son mautalent et s'ire
Cil qui Diex est des Diex et des roys mestre et sire.

---

(1) Petite rivière qui tombe dans l'Aisne, près de Soissons.
(2) La tombe.

*Ave*, à cui li angres dist *gracia plena*.
*Ave*, n'est nus vivans, se cuer forsené n'a
Et s'en enfer ne veut glacier et esluer,
180 Jour et nuit ne te doie à genouz saluer.

*Ave*, qui *plena* fus de *sancto Spiritu*,
Se je ainsi ne le croi à mon las d'espérit tu.
En tes flans s'aumbra, Dame, sains Espéris ;
Qui ne le croit ainsi dampnez est et périz.

*Ave*, plaine de grace, *ave*, de tout bien plaine,
. . . . . . . . . . . . . . . . . . . . . . . .
Ennourer te doit-on et en terre et en mer,
En tout lieu te doit-on et servir et amer.

*Ave*, plaine de grace, *ave*, pucèle monde ;
190 *Ave*, clartez du ciel, *ave*, clartez du monde.
Tu lumière es du monde, tu le monde mondas ;
Tu haut non as au ciel, tu haut non ou monde as.

*Ave*, plaine de grace, de touz biens ies la sorse.
La grace Jhésucrist par ton doiz nous est sourse.
Ta grace, douce Dame, a sauvé tout le mont ;
Qui t'amour puet aquerre bien a monté le mont.

*Ave*, Dame, tes graces Dieu au monde apésièrent,
Nes les iiij sereurs par toi s'entrebésièrent,
Véritéz et justise, pais et miséricorde
200 Par toi s'entr'acolèrent et furent en concorde,

*Ave*, plaine de grace, pieça fu prononciée
Ains que fus née, mil anz fu annunciée ;
Patriarche et prophète et cil qui Dieu servirent
Par le saint Espérite te connurent et virent.

*Ave*, Dame, tes graces sistres Dieu tant et plurent,
Que le ciel desour toi rousillèrent et plurent.
Toutes les prophécies de toi sont avenues,
Le juste seur la terre pieça plurent les nues.

*Ave*, plaine de grace, du ciel vint grant rousée
210 Quant du saint Espérite fu sa chair arousée.
Li mont et tuit li tertre lait et miel dégoutèrent,
Quant tes saintes mamèles le Filz Dieu alétèrent.

*Ave*, Virge, Isaies de toi prophétisa ;
Daniel, Jheremies, chacun t'autorisa ;
Tuit parlèrent de toi et de t'anonçion
Mil anz et plus assez ainz l'incarnation.

*Ave*, seur toutes fames a bien faire alignée,
Estraite fus et née de la David lignée.
Tuit li prophète distrent plus de mil anz devant
220 Que le Filz Dieu seroit nourriz en ton devant.

*Ave*, Virge, à cui Diex envoya Gabriel ;
Tu fus la porte close que vit Ezechiel.
Diex la sout si bien faire et si bien conpasser,
Que nus fors lui touz seus ne la puet trespasser.

*Ave*, Virge, en toi Diex si soutilement se mist,
De rien ne t'empira, de rien ne te mau mist.
Ne plus que li solauz empira la verrière,
Pucèle fus avant, pucèle fus arrière.

*Ave*, virge Marie, tu fus la porte close
230 Où la char précieuse tu serrée et enclose,
Qui fu por nos meffaiz en la croix clou fichée,
Por nous li fu la lance dèsqu'au cuer enfichée.

*Ave*, Virge, de toi fu Dieu nez par merveille,
Ne porquant li Juis por nient s'en merveille.
La rose ist de l'espine et la fleur de la ronce,
Bien devroient vooir li murtrier larron ce.

*Ave*, virge Marie, tu portas Jhésucrist ;
Juif ne le veulent croire, se verront Antécrist.
Si partout assoté nule raison n'entendent.
240 Messyas est venuz, par folie l'atendent.

*Ave*, Virge, Juif nului ne veulent croire ;
D'aus roillier et d'aus batre, d'aus ne doit nus recroire.
Tant les haz voirement je ne les puis vooir,
S'ière roys ies feroie touz en puis nooir.

*Ave*, Virge Marie, de touz biens ies la saimme ;
Qui t'aime de bon cuer bien démontre qui s'aime ;
Qui ne t'aime et honneure onques bien ne s'ama,
Et si puis por voir dire qu'oubliée s'ame a.

*Ave*, virge Marie, moult es douce à amer.
250 On treuve moult d'amors où il a moult d'amer.
Toute amor vers la toue coureuse est et amère ;
Qui t'aime loiaument buer fu nez de sa Mère.

*Ave*, toutes amors, vers la toue sont fausses
Cèle ies qui tes amans ne triches ne ne fausses.
Trop sommes fausonnier quant onques te faussommes ;
Vrais seur toutes voies fai nous bons, quar faus sommes.

*Ave*, com buer furent cil qui à toi s'aclinent;
Car tuit li saint du ciel t'aeurent et enclinent.
Bien te doit touz li mons en parfont encliner,
260 Quant Dex en tes sainz flans se daingna acliner.

*Ave*, pucèle, en toi de touz biens est la somme.
Bien déçoit le déable, bien l'ocit, bien l'asomme
Qui t'apèle et reclaimme quant il sent ses assaus;
Car lorsqu'il t'ot nommer, s'enfuit-il les granz saus.

*Ave*, pucèle, en toi touz les biens Dex a mis;
Confors ies et victoire partout à tes amis.
Fous est qui à nommer à son besoing te targe;
Car à touz tes amis ies-tu escu et targe.

*Ave*, n'est si maus hom, ne n'est si male fame,
270 Tant soit de mau renon, tant soit de male fame,
S'à toi servir s'aploie maintenant tel nel faces,
De toutes vilanies le planes et effaces.

*Ave*, Dame du ciel, dame terrestre
Par ta sainte douceur fai moi tel en terre estre,
Haïr puisse le monde por vivre mondement;
Car bien voi qu'au besoing quanqu'à ou monde ment.

*Ave*, Dame, par cui pécoiez fu enfers,
Fai-moi haïr ce siècle qui tant parest enfers,
Moi et touz ceus qui t'aimment à toi servir afferme,
280 Et les portes du ciel à la fin nous defferme.

*Ave*, qui plus ies clère que solaus en esté.
Jà soit ce que péchierres et chétis aie esté.
Je te prie à mains jointes, bèle très douce Dame,
Que des tourmens d'enfer deffent ma lasse d'ame.

*Ave*, Dame, qui es la clarté et la raie
Qui touz tens resplendist et tous tens list et raie,
Enlumine nos cuers et toutes nos pensées,
Et la joie nous donne qui jà n'ièrent pensées.

*Ave*, doiz de douceur, sequeur moi sanz demeure.
290 Tant ai faiz d'ors péchiez que plus sui noirs que meure.
Fontaine de douceur, fons de miséricorde,
Moi et touz pécheurs à ton douz Fil acorde.  Amen.

*Dominus tecum.*

*Ave*, à cui li angres *Dominus tecum* dist,
Au vouloir Dieu parfaire ses cuers ne s'escondist.

Moult l'ama quant à toi envoia tel message,
Et tu, Virge senée, respondis comme sage.

*Ave*, Dame, en tes flans se dormi *Dominus*,
En si honneste chambre ains mais ne dormi nus ;
Selonc l'umanité Diex dormi en ta garde,
300 Jà soit ce que ne dort cil qui Israel garde.

*Ave*, en tes sains flans por nous se herberga
Cil qui la sus ou ciel si riche herberge a ;
Por nous fu Dieu si povres qu'il n'out où herbergier,
Quant les angres chanter oirent li bergier.

*Ave*, en Bethleem du Fil Dieu acoucha,
En une povre craiche povrement le couchas.
Li roys des roys, por cui li soulaus liève et couche,
Por nous devint si povres, qu'il n'out ne lit ni couche.

*Ave*, Dame qui d'angres levée est et couchiée ;
310 Du Fils Dieu acouchas comme povre acouchiée ;
Tu n'eus lit ne couche quand de Dieu acouchas,
Tu qui deseur les angres ton lit et ta couche as.

*Ave*, le roy des angres alaitas de ton lait ;
Pour ce, Dame, en ta main le belas et le lait.
Mère ies au roy de gloire, il y doit bien paroir,
Et le ciel et la terre as graingne por voir.

*Ave*, Dame, avec toi fu Diex, bien y parut
Quant l'estoile aus iii roys deseur toi apparut.
Hérodes au retour les cuida décevoir ;
320 Mais li angres la nuit leur dist bien de ce voir.

*Ave*, por ton douz Fil ocierre et entreprendre
Cent et xliiij milliers d'enfants fist prendre
Hérodes li tirans, et tous les démembra.
Hérodes vit encore et maint membre a.

*Ave*, Dame, Juif firent trop grant desroi.
Quant Dieu crucéfièrent, onques puis n'ourent roy ;
Quant il le saint des saints crucéfièrent,
Leur oncion cessa puis ne fructéfièrent.

*Ave*, Dame, tes cuers moult fu passionnez
330 Quant veis que tes Filz fu apassionnez.
De sa mort pareus si grant compassion,
Que près d'autant com il soufris de passion.

*Ave*, ce poise moi quant on touz nes martire
Parmi t'ame fichièrent l'espée de martyre.

La mort du grant martyr si te martira,
Plus soufris de martyre que maint martyr y a.

*Ave*, toutes douleurs en ton cuer assemblèrent ;
Por la mort du Filz Dieu de toute rien tremblèrent,
Tuit les quatre élément por sa mort s'esperdirent,
540 Li solaus et la lune leur clarté en perdirent.

*Ave*, Dame en cui Diex touz les biens assembla ;
Tes fiex le pellican en la croix resembla ;
Son clerc sang repandi pour nous resusciter.
Ceste chose à s'amour touz nous doit esciter.

*Ave*, selonc la lettre et selonc les escriz
De mort résuscita au tiers jor Jhésucriz,
Et Jonam au tiers jor jeta fors la balaine.
Li liens au tiers jor se remuet et alaine.

*Ave*, Dame, tes fiex ce fu tansés li fors,
550 Qui les portes d'enfers brisa par son effors ;
Sansés ses auemis en mourant amorta,
Et tes Filz en la croiz en mourant mort morte a.

*Ave*, ce dit la lètre qui pas ne le devine,
Tes Filz ont ij natures, l'umaine et la dévine.
La dévine l'umaine de la mort escita,
Par la mort de la croiz touz nous résuscita.

*Ave*, quant en la croiz tes douz Filz reçut mort,
Mau gré la mort issirent du sépulcre li mort.
Mors mourut en la croix quant vie dévia ;
560 Mort cuida tuer vie, mais mors morte vie a.

*Ave*, virge Marie, pucèle pure et monde,
Moult eus le cuer noir quant le Seigneur du monde
Veis pendant à la croix à si très grant meschief,
Qu'il n'ont mis tant de lieu où reclinast son chief.

*Ave* par ta pitié qu'eus de lui adonques,
Te dépri que le pries qu'endurer ne daint onques
Que muire devant qu'aie tant amendé mon estre,
De ceus soie por cui il vout morir et nestre.

*Ave*, Dame, tes prières tout le monde soustiennent ;
570 Buer furent cil né qui à t'amour se tiennent.
Par toi toute chose est sauvée et sustenue ;
Seur toute créature doit chière estre tenue.

*Ave*, Mère au Seigneur qui tout fist et cria,
Que me daingne secorre jour et nuit te cria.

## LES SALUS NOSTRE DAME.

Sequeur moi, douce Dame, car à toi m'en a fui;
Ne sueffre que mes soié si chaitis com jà sui.

*Ave*, Dame, mon cuer et mon courage escure
De toute humanité, de toute humaine cure.
Mon volage de cuer, Mère Dieu si m'espire,
380 Que l'amour de ce monde haïr puisse et despire.

*Ave*, Dame, cist monde resemble à mer parfonde;
Qui droit ne s'i gouverne, tost pérille et afonde.
Se ma nef n'i gouvernes, tost y porra noier,
Asses plus grant doutance en ai hui n'en oi ier.

*Ave*, Virge piteuse, *ave*, pucèle humaine,
De ceste mer me jette et à droit port me mainne.
Par tes piteuses prèces, tes piteuz fluz tant maint,
Qu'au port de paradis m'ame conduie et maint.

*Ave*, Mère au Seigneur qui fist le firmament,
390 Déprie à ton douz Fil ains que muire m'ament;
Moi et touz crestiens par tes prèces tiex fasse,
Qu'en paradis voier puissions sa clère face.

---

*Benedicta tu in mulieribus.*

*Ave*, cui li angre dist *benedicta tu*.
Dame le biau diterres, ce biau dit à tu.
Si volentiers l'ois quant l'angre aperçeus
Qu'en tes flans le Filz Dieu de joie conçeus.

*Ave*, virge Marie, *in mulieribus* soies la bénoiète.
Il n'est certes si bas bien revoie en apert.
Que soz est et chalevres
400 Cil qui souvent n'arouse de ton salu ses lèvres.

*Ave*, qui bénoiète ies deseur toutes fames:
Paradis tu saoules et en enfer afames.
Testuit cil qui ne t'aimment sont maigre et afamé,
Et si sont jà ou ciel devant Diex diffamé.

*Ave*, seur toutes fames bénoiètes doiz estre;
Quar tant parama Diex ton affaire et ton estre,
Que de toi daingna faire et sa Mère et s'amie,
Tu ies de touz les biens la mouèle et la mie.

*Ave*, seur toutes fames bénoiète estre doiz;
410 Miex vaut que touz li mondes uns de tes petiz doiz.

N'est créature en terre qui servir ne te doie.
Qui ne t'aime il est jà près d'enfer à deus doie.

*Ave*, qui bénoiète ies deseur toute chose,
Tuit li saint du ciel dampnent et Diex les blasme et chose.
Trestouz ceus qui ne t'aimment soient clerc, soient lai,
Cil qui te sert à s'ame moult vièle douz lai.

*Ave*, qui bénoiète ies devant toutes cèles
Qui fusseut onques nées et dames et pucèles.
Tuit cil qui touz leurs cuers à toi servir n'avivent,
420 A leur mort furent né, à leur dampnement vivent.

*Ave*, cui li sainz angres doucement salua;
*Ave*, tant de douceur en ton douz salu a,
Que touz li mondes est sauvez par ton salu,
Por ce, Virge piteuse, volentiers te salu.

*Ave*, Dame, des angres cuer penser ne puet mie,
Com de Dieu ies amie, sa Mère ies et s'amie ;
Sa Mère ies et sa fille, tes filz est et tes père ;
Qui ne le croit ainsi laidement le compère.

*Ave*, virge des virges, qui le Filz Dieu portas ;
430 Du ciel, virge espurée ouverte la porte as.
Buer fu nez qui l'onneure et qui bon te porte ;
Car royne ies du monde et du ciel pons et porte.

*Ave*, Dame par cui à nous se démoustra
Li granz roys, li granz sires qui tué le monstre a,
Qui Adam engingna par Evain sa moillier ;
Touz nous a ressuiez, garde-nous de moillier.

*Ave*, virge des virges, dame des dames,
Nous te devommes tuit servir de cors et d'ames ;
Car par toi fu brisiez et despoilliez enfers
440 Et déable en buie en bouies et enfers.

*Ave*, Dame, en cui flans le Filz Dieu s'aumbra ;
Avis m'est que cist bien tressailli son umbre a
Qui puet faire en cest siècle chose dont gré li saches ;
Car touz ceus qui te servent traiz tu ou ciel et saches.

*Ave*, virge Marie, *ave*, virge pucèle,
A Dieu et à ses sainz voir put cil et put cèle.
Qui n'aime doucement quanqu'à toi monte et t'aint,
Chascun lo por son preu qu'il t'onneurt et qu'il l'aint.

*Ave*, se tu ne fusses, touz li mondes fu dampnez.
450 Mais Diex tout porveu ains que fust Adam nez,

## LES SALUS NOSTRE DAME.

Ains qu'Eve fust formée li roys te compassa
Qui les filz Israel parmi la mer passa.

 *Ave*, tant parfu sainte et tu et ta parole,
Si com dist l'évangile ou saint Luc en parole,
Qu'ens ou ventre sa mère saint Jéhan s'esjoi,
Maintenant que ta voix et ta parole oy.

 *Ave*, de ta venue dut bien grant joie faire ;
Car tant ies et tant fus de glorieuse affaire,
Qu'en ta char précieuse s'estoit Diex encharnez.
460 Qui ne le croit ainsi moz fu voir encharnez.

 *Ave*, Virge, en qui char, la char Dieu fu membrée,
Seur toute douceur ies de douce ramembrée ;
Qui ne t'aimme et alose et qui ne te ramembre,
Dieu a tout oublié et Dieu de lui ne membre.

 *Ave*, qui norresis ton Père et alaitas.
Tant ies douce et benigne, maint pécheur lait as.
Fait li si bel et si gent, que plus iert blanc que laiz ;
Mes qui tant t'aim longuement ne puet mie estre laiz.

 *Ave*, qui du Fil Dieu sacraires fu et temples ;
470 Ses poinz doit bien détordre et débatre ses temples,
Qui n'a de toi servir le cuer ardant et chaut,
Qui ne te sert de cuer de s'ame n'a li chaut.

 *Ave*, qui l'eschièle ies qui dès qu'au ciel atainz ;
Certes trop laidement les yex du cuer a tainz,
Qui moult n'aimme et tient chier quanqu'à toi tient et monte ;
Car nus en paradis sans t'aye ne monte.

 *Ave*, qui de touz biens compas ies et orloge ;
A touz mes bons amis consoil et orloge
Qui porchacent t'amor ; car n'en est nule tèle ;
480 Tous ceus qui de cuer t'aimment muces-tu desouz t'èle.

 *Ave*, virge Marie, je te pri à mains jointes
Qu'à toi servir efforce et mes os et mes jointes ;
Chascun devroit derompre et ses noirs et ses vaines,
Apenre devant toi afflictions et vaines.

 *Ave*, vers toi se doit touz li mons soupploier ;
Chascun doit devant toi braz et jambes ploier.
Pucèle débonnaire, s'aucune foiz me ploi,
Moult sont bien emploié, ce m'est avis, un ploi.

 *Ave*, Dame, cui piez nes li angres se ploient ;
490 Tuit cil qui ne te servent tout leur tens mal emploient ;

Mais cil qui t'aimme et sert il fait bien son esploit,
Por cels et conseil que chacun s'en esploit.

*Ave*, Dame, en cui fourme le Filz Dieu se fourma,
Qui cria tout le monde dement et forma;
Si voir com essamplaires de touz biens ies et forme,
Mon cuer et mon courage à toi servir enforme.

*Ave*, Dame, en cui Diex fist sa loge et sa teute;
Deffent-moi du déable qui jor et nuit me tente.
Si m'asaut, si m'argue et si souvent me point,
500 Se tu n'ies en ma force, de fiance n'ai point.

*Ave*, Dame, à cui Diex son chier Filz commanda;
Moult est bien comandé quanque te commende a.
A ta très grant douceur jor et nuit me commant;
De mon cors et de m'ame fai, Dame, ton commant.

*Ave*, Dame et Royne, de quanque Dex a fait;
De touz mes biensfaiteurs te dépri tout à fait,
Dame qui du ciel ies sentiers, voie et adresce.
Aus et moi à la gloire de paradis adresce.

---

*Et benedictus fructus ventris tui.*

*Ave*, *fructus ventris tui*, soit béneoiz,
510 Se ière ausi bons moines com fu sainz Bénoiz,
Ne seroit jà ma bouche de son fruit disner digne;
Vivre doit dignement qui si digne fruit digne.

*Ave*, Verge florie, de ce douz fruit fus lente,
Por ce que de Dieu faire à nul jor ne fu lente;
En tes fleurs précieus li roys du ciel s'enta,
Bon cuer et bone bouche qui tout douz fruit s'enta.

*Ave*, bénoiez soit *fructus ventris tui*;
Du feu d'enfer seront tuit ars et cil brui,
Qui ne croient qu'en toi prist Diex humanité,
520 Sans nul enfraignement de ta virginité.

*Ave*, virge florie, en toi prist char humaine
Cil qui à son plaisir toute chose demaine;
Celui puet tes sains ventres porter et soustenir
Que ne puet ciels ne terre comprendre ne tenir.

*Ave*, béneoiz soit li douz fruit de ton ventre;
Nez doit être li cors et la bouche où il entre.

Tes fruiz est li vis pains qui du ciel descendi,
Et la sustance as angre c'en croi-je et cendi.

 *Ave*, virge florie qui aportas la manne;
550 Bien devons béneistre les mamèles sainte Anne,
Touz ceus et toutes cèles qui ta bouche norrissent;
Car Dieu et tuit si angre quant fu née nous ristrent.

 *Ave*, virge florie, dès le tens Pharaon
Fus-tu préfiguré par la verge Aaron.
Le doz fruit de ton ventre bien nous sénéfia,
La verge sanz racine qui si fructifia.

 *Ave*, qui des mains Dieu fu faite et figurée;
En ce viez testament moult fu préfigurée.
Bien te dut nostre Sires de loinz préfigurer,
540 Quant sa sainte figure voit en toi figurer.

 *Ave*, virge florie de Jessé née et traite;
Ainz qu'Eve fu tout Diex fet et portraite;
Tu nous as touz sanez, Eve touz nous navra,
Qui ne t'aimme de cuer jà l'amour Dieu n'aura.

 *Ave*, Dame, par cui fu toz mondez li mondes.
En tes mondes costez char et sanc prist li moudes
Qui de son monde sanc tout le monde monda;
C'est le Roys qui crié de nient le monde a.

 *Ave*, virge espurée, tant par ies nette et pure,
550 Que ta pure purtez touz nos vices espure.
Ta puretez purement, Virge, nous espura
De la puant purée qu'Eve seur nous pura.

 *Ave, ave, ave*, cent mile foiz ensemble;
Tant par ies douce et sade, qu'assez souvent me semble
Quant noma ton sade non que la bouche m'enbasme;
Tes nom est tous confiz de piument et de basme.

 *Ave*, pucèle piue, Dieu si t'enpiumenta,
Qu'en toi tant de douceur et tant de piument a,
Que plus flaires souef et plus flaires piument
560 A cinc cens mile doubles de basme et de piument.

 *Ave*, douce pucèle, qui Marie ies nommée,
Seur toutes douceurs ies de douce renommée.
Touz li mons, douce Dame, doucement te renomme,
Nes Dex en paradis douce Mère te nomme.

 *Ave*, Dame, en cui flans Dex vit et reposa;
*Ave*, Dame, en cui Diex tout son trésor posa;

*Ave*, qui de ton Dieu fus garde et trésorière,
Tes clers et tes vicaires, se Dex plest, trésorière.

*Ave*, virge pucèle, *ave*, virge Marie ;
570 Bien doit estre cis mas et bien cèle esmarie,
Et bien doit le courage triste avoir et taint,
Qui n'aimme doucement quantqu'à toi monte et taint.

*Ave*, Dame, tu ies la columpne et l'estache
Qui soustiens tout le monde qui bien à toi s'atache ;
Et bien à toi s'apuie il n'iert jà confonduz,
Li siècles se ne fusses fust pieça tout fonduz.

*Ave*, qui moult ne t'aimme bien a brisié le nés ;
Car tu ies li dromonz, la grant barge et la nés
Qui touz les amis jetes de l'horrible tempeste
580 De la mer de cest monde qui toutes gens tempeste.

*Ave*, Virge Marie, droiz est chascuns te serve ;
. . . . . . . . . . . . . . . . . . . . . .
Donne-nous, douce Dame, tiel cuer de toi servir,
Que gloire pardurable en puissions deservir.

*Ave*, qui aletas celi qui te norri,
Pucèle débonnaire en aucun tens nous ri ;
Quant trespassez serons, ma douce Dame chière,
A nos chétives d'ames por Dieu fai bèle chière.

*Ave*, virge Marie, ains que mort me soupraigne,
590 A ta douceur dépri que toi servir m'apraigne.
Qui bien ne t'aimme et sert il est bien chose aperte
Qu'il ira à déclin, à douleur et à perte.

*Ave* touz ceus qui t'aimment mes à la fin et maines,
Lassus en paradis en tes chambres demaines.
Fai-moi, Dame, ains que muire demener,
Qu'en toute la plus povre daingne m'ame demener.

*Ave*, douce Dame, qui en tes chambres enterra,
Il aura oublié moult tost quanqu'en terre a ;
Quanque cuer puet penser aura cil en despense
600 Qui à touz servise en cest siècle ades pense.

*Ave*, virge piteuse, *ave*, virge bénigne ;
Il n'est chaus ne deschaus, biau dis, loenge n'igne
Qu'en tes chambres lassus saint et saintes n'enchautent ;
Angres, archanges et pucèle jour et nuit y deschantent.

*Ave*, Dame, en tes chambres estez sans yver dure ;
En touz tens y a roses, florètes et verdure,

En touz tens y a joie, n'i puet entrer ennuiz,
En nul tens n'i aproche ne la mors ne la nuis.

*Ave*, Dame, en tes chambres a si joieus séjour,
610 L'espace de mil ans n'i semble mie un jor.
Weilliez, Dame, que soie de si joieus jor nez,
Qui puisse estre sanz fin à joie sejournez.

*Ave*, fluns de douceur, fontaine, doiz et puis,
Je t'ai loé et lo quanque je sai et puis.
Ma loenge est petite, petit ai de savoir,
Ne porquant, douce Dame, gré m'en daingne savoir.

*Ave*, Dame, à la fin te déprie finement
Bone vie me doingnes et bon définement.
Touz ceus et toutes cèles qui t'aimment de cuer fin,
620 Fai, pucèle afinée, finer de fine fin.

*Ave*, piteuse virge, *ave*, piteuse Dame;
Je te prie à mains de cuer, de cors et d'ame;
Touz ceus et toutes cèles délivrer daingne *ave*
Qui por moi prieront quant diront cest *ave*.

*Ave*, virge Marie, je te pri de cuer fin,
Qu'avec celui nos faces vivre et durer sans fin,
Qui por nous donner vie en la croiz devia,
Ci finé ton salu le prieur de Vi a.

---

# Chant de l'Ave.

### I.

Entendez tuit ensemble et li clerc et li lai
Le salu Nostre Dame : nus ne set plus douz lai.
Plus dous lais ne puet estre qu'est *Ave Maria*.
Cest lui chanta li angres quant Diex se maria.
   Eve à mort nous livra
   Et Eve aporta *ve;*
   Mais touz nous délivra
   Et mist à port *ave*.

### II.

*Ave*, à cui li angres dist *plena gracia*.
Dame, en toi tant de joie et tant de grace y a,

Que de toi son sacraire fist li sainz Espéris.
Qui ce ne croit sans doute dampnez est et périz. Eve...

### III.

*Ave*, en ton saint ventre s'endormi *Dominus*;
En si honeste chambre ains puis ne dormis nus.
Celui puet tes sainz ventres porter et soustenir
Que ne puet ciex et terre comprendre et tenir. Eve...

### IV.

*Ave*, virge Marie, *in mulieribus*
Sois-tu béneoite; n'est si soz ne si bus
Se enfer ne vieut s'ame glacier et esluer,
Jor et nuit ne te doie à genouz saluer. Eve...

### V.

*Ave*, roys est des angres *fructus ventris tui*.
Juif ne veulent croire tuit fussent or brui;
De l'espine ist la rose et la fleur de la ronce;
Voir moult bien devroient li murtrier larron ce. Eve...

### VI.

*Ave*, virge Marie, dès le tens Pharaon
Fus-tu préfigurée par la verge Aaron.
Le douz fruit de son ventre bien nous sénéfia,
La verge sanz racine qui si fructéfia. Eve...

### VII.

*Ave*, Virge, Isaies bien te prophétiza;
Daniel, Jhérémies, chascun t'autoriza;
Assez, Dame, annuncièrent toi et ta naçion
Mil ans et plus assez ains l'incarnation. Eve...

### VIII.

*Ave*, douce rousée, des cieus vint et d'amont;
Miel et let degoutèrent li haut tert et li mont,
Quant tes saintes mamèles aleta Jhésucriz.
Juif ne verront goute ains venra antécriz. Eve...

### IX.

*Ave*, quant tant t'amommes, tuit sont d'ire acovré
Juif qui terre engloute com Dathan et Choré.

## SÉQUENCE.

Tant les het mes courages, je ne le puis nier,
Sere roys ies feroie trestouz en un puis nier.    Eve...

### X.

Ave, se tu ne fusses, touz li mons fu dampnez;
Mais Diex tout porveue ains que fust Adam nez.
Pour saner la grief plaie dont Eve nous naivra,
Qui ne t'aimme et honneure jà l'amor Dieu n'aura.    Eve...

### XI.

Ave, pucèle piue, pigment enpigmenté;
Sunt tuit cil qui te servent et aiment pigment é.
Pucèle enpigmentée, tu flaires plus pigment
A cinq cent mile doubles de basme et de pigment.    Eve...

### XII.

A la virge Marie prions tuit de cuer fin
Qu'avec celui nous face vivre et durer sanz fin,
Qui por nous donner vie en la croix dévia;
Sa chanson ci finée li prieurs de Vi a.    Eve...

---

## Sequence.

Ave, gloriosa
Virginum regina,
Vite generosa,
Vite medicina,
Clementie resina.

Ave, copiosa,
Gracie piscina,
Carnis maculosa,
Munda nos sentina,
Mundicie cortina.

Claritate radiosa,
Stella matutina.
Brevitate legis glosa,

Per te lex divina
Irradiat doctrina.

Venustate vernans rosa,
Sine culpe spina,
Caritate viscerosa,
Aurem huc inclina,
Nos serves à ruina.

Cedrus pudicicie,
Cypressus puritatis,
Mirra penitencie,
Oliva pietate,
Tu mirtus lenitatis.

Vitis habundantie,
Tu palmes honestatis,
Palma pacientie,
Tu nardus caritatis,
Fons ortus voluptatis.

Stilla roris, odor floris
Verne novitatis,
Fons dulcoris, vas decoris,
Templum Trinitatis,
Compages unitatis.

Stelle decor placans equor,
Portus salutaris,
Dulcem precor, ducem sequor,
Parens expers paris,
Maria stella maris.

O Maria! Mater pia,
Sinus penitencium,
Debilium presidium,
Columpna firmitatis,
Alumpna sanctitatis.

O Maria! laude digna,
Jubilus letancium,
Flebilium solatium,
Medela sanitatis,
Tutela libertatis.

Tu federis oraculum,
Caracteris signaculum,
Itineris vehiculum,
Tu limes equitatis,
Tu lumen caritatis.

Tu pauperis umbraculum,
Tu misereris latibulum,
Tu sceleris piaculum,

Tu lumen claritatis,
Tu luna pravitatis.

Tu thronus Salomonis,
Prelata celi thronis,
Tu vellus Gedeonis,
Tu rubus visionis,
Tu thalamus pudoris.

Tu balsamus odoris,
Tu libanus candoris,
Tu clibanus ardoris,
Tu medium discordium,
Connubium amoris.

Humilium refugium,
Remedium languoris,
Consilium errantium,
Auxilium laboris,
Compendium currentium.

Stipendium victoris,
Mundicie tu speculum,
Tu glorie spectaculum,
Per gracie miraculum,
Es mater conditoris.

Ave, speciosa,
Rutilas aurora,
Nubes pluviosa,
Cœlitus irrora,
Cor aridum dulcora.

Ave, gratiosa,
Gratiam implora.
Prece pretiosa
Filium implora,
Adesto mortis hora.    Amen.

## Prières.

Femme resplendissant, royne glorieuse,
Porte de paradis, pucèle gracieuse,
Dame seur toute autres plaisans et déliteuse,
Daigne oir ma prière à l'oreille piteuse.

## PRIÈRES.

A toi, pucèle, à toi haute royne,
Doivent tuit péchéeur secours querre et méçine ;
Quar tu ies la fontaine et la sainte pécine
Qui touz péchiez esleue par la vertu dévine.

La doiz ies, douce Dame de pais et de concorde,
10 De pitié, de douceur et de miséricorde.
Dame, ançois que la mort qui partout mort me morde,
Au roy de paradis me rapèse et acorde.

Tant a esté ma vie desmésurée et gloute,
Ne gart l'eure que terre par mes péchiez m'engloute.
Douce Dame, piteuse, qui m'espérance ies toute,
Es yex du cuer m'esclaire grant tens à ne vi goute.

Annemis en ses buies tenu m'a moult grant pièce.
Dame, par ta douceur deront les et dépièce.
Ne daingne consentir jamès tant ne meschièce,
20 Qu'en nule vilanie qui Dieu déplaise enchièce.

Rose gemme, esmerée, qui fenestres ies et porte,
De gloire pardurable droiz et raison l'aporte,
Ce dolent péchéeur qui si se déconforte,
Par ta sainte pitié releesce et conforte.

Virge seur toutes autres servie et honourée,
Virge qui ies des archanges et d'angres aourée ;
Se pitié n'a de moi, sanz nule démourée
En enfer sera m'ame de serpens dévourée.

Si sui vix, si sui fraille, si sui péchierres, Dame,
30 Que plus péchierres nez ne fu onques de fame.
Douce Dame, piteuse, se pitié n'a de m'ame,
En enfer iert dampnez en pardurable flamme.

Pucèle qui sacraires fu du saint Espérit,
S'envers moi ta prière ton piteus flux n'apite,
Toute enportera m'ame ne li iert contredite,
Déables qui l'a jà en ses tables escrite.

Royne glorieuse, de son escrit m'efface,
Jointes mains je te prie et à moilliée face
Et si m'otroie et donne que jamais ne face
40 Péchié ne vilanie dont vers Dieu me m'efface.

Fontaine de pitié, fluns de miséricorde,
Met conseil en ma vie qui tant est vix et orde ;
Ne consent jamais, Dame, qu'à nul péchié m'acorde
De quoi ma conscience me repraingne et remorde.

Pucèle précieuse, en cui flans précieus
Char et sanc daingna penre li haut roy glorieus,
Déprie à ton chier Fil qui douz est et piteus,
Qu'il me doint paradis qui est tout déliteus.

Royne glorieuse qui nommée ies Marie,
50 Par cui toute est chose soustenue et garie,
Deffent-moi du déable qui souvent me tarie
Et en tantes manières mon courage varie.

Jointes mains te pri, Dame, par la compassion,
Qu'eus ton douz Filz quant soufri passion,
Que de mon cuer esloignes male temptation
Et met en lui... en lui dilation.

Virge, qui de ton Père mère fus et norrice,
Deffent-moi du déable qui tant set de malice;
Il m'a fait enchoiz tant de foiz en tant vice,
60 Tel péeur ai de m'ame touz li piaus me hérice.

Pucèle douce et humble, qui par t'umilité
Temples fus et sacraires de sainte Trinité,
Eslonge de mon cuer orgueil et vanité,
Convoitise et rancune et toute iniquité.

Pucèle glorieuse, pucèle nète et pure,
Ne me lais déliter ou délit de luxure.
Dame, trop sui malades, entrer vueil en ta cure,
. . . . . . . . . . . . . . . . . . . . . .

Dame, en toute escripture, toute bontez assigne,
70 De toi loer ma bouche n'est pas nète ne digne;
Mes tant par ies piteuse, débonnaire et bénigne,
Péchéeur ne dédaignes qui son péchié résigne.

Sainte escripture, Dame, si douce te tesmoingne,
Que quant nom ton douz non, il me semble com moigne,
Pucèle glorieuse, ains que la mort me poingne,
Au grant Seigneur m'acorde qui tout le mont enpoingne.

Virge où tout péchéeur se doivent souploier,
Ne sui pas nes ne dignes de ton douz Filz proier.
S'à ma prière faire t'apoie aploier,
80 Adoint tost la roies et fait amoloier.

Rose en toutes douceurs emmielée et souciée,
Jointes mains te déprie que por moi le déprie;
Tant a esté puans et desloiaus ma vie,
Se tu ne fusses, terre ne me soustenist mie.

Virge qui plus ies douce à cent doubles de miel;
Virge qui aletas le puissant Roy du ciel,

Virge qui ies en gloire pardesus saint Michiel,
Osté de mon courage le venin et le fiel.

 Dame qui es des archanges et d'angres encensée,
90 Grant fiance a à toi mes cuers et ma pensée;
Dame qui plus ies douce que nouviaus miels en rée,
L'eure soit béneoite que tu fus engenrée.

 L'eure soit béneoite que tu fus conçeue;
Car devant tout le siècle t'avoit Dex porveue
Por apésier la guerre que nous avoit meue
Nostre première mère qui trop fu déçeue.

 Dame, par toi sons fors de la subjection
Où déables nous mist par suggestion.
Douce Dame, en plorant par vraie entençion,
100 Met-je mon cors et m'ame en ta protection.

 Pucèle glorieuse, qui assise ies à destre
De ton Filz Jhésucrist en la gloire célestre,
Tel volenté m'envoie qu'il me face tel estre
Que te puisse servir et amender mon estre.

 Douce Dame, où douceurs et pitez habonde;
Dame de paradis, en cui touz biens seuronde,
Fai-moi tel que te puisse, tant com sui en ce monde,
Aourer et servir de net cuer et de monde.

 Dame où toute pitiez et toute douceur maint,
110 Por ce grant espérance y ont maintes et maint,
Déprie a ton douz Filz, si li plaist que tant maint,
Par sa très grant douceur qu'à bone fin me maint.
  Amen.

## Les cinc Joies de Nostre Dame.

 Dame de paradis, Dame de tout le monde,
Pucèle glorieuse, pucèle pure et monde,
Sourse, doiz et fontaine de cui sourt toute joie,
A ta douceur dépri qu'elle m'oroison oie.

 Porte, pons et fénestre de paradis le douz,
En souspirant, jointes mains, à genous,
Que me doingne escouter et que m'oroison oie
Qui recorde et récite tes cinc très joiaus joies.

### Première Joie.

    Dame, par la grant joie qu'out tes cuers de l'*ave*,
10 Qui du forfait Evain a le monde lavé,
Eslaver de tous vices daingne ma lasse d'ame ;
Ça te prie à mains jointes, bèle très douce Dame.

### Deuxième Joie.

    Dame, par la grant joie que du Fil Dieu eus,
Quant virge l'enfantas, virge le conçeus.
Tel volenté me fai consevoir en mon cuer
Qui iert toute luxure et toute ordure puer.

### Troisième Joie.

    Dame, par la grant joie qui ton cuer escita
Quant Jhésucrist tes Filz de mort résuscita,
M'ame morte en péchié daingne résusciter
20 Et à toi servir mon courage esciter.

### Quatrième Joie.

    Dame, par la grant joie que tu eus jadis
Quant ton douz Filz veis monter en paradis,
Fai-moi faire tiex euvre, tant com je sui en ce mont,
Que m'ame en paradis et nète et pure mont.

### Cinquième Joie.

    Dame, par la grant joie que tes Filz te donna
Quant ou ciel à sa destre t'asist et corona,
De bien faire en cest siècle tiel volenté me donne,
Que je de paradis ne perde la coronne.

    Dame de Paradis, por toutes les grans joies
30 Qu'eus de ton douz Filz, te pri que tu li proies
Qu'en la joieuse joie faces m'ame esjoïr,
Qu'ains cuers ne pout penser n'oreille d'omme oïr.

    Dame, qui de touz sains la joie ies et là gloire,
Moi et touz ceus qui t'aimment et qui t'ont en mémoire,
Ains la fin fai si fins, si finons finemènt,
Qu'aions la fine fin qui n'aura finement.
    Amen, amen, amen.

De ce las d'omne te souviengne,
Ançois que l'eure amère viengne
Où touz vivans convient venir.
Quant morir, Dame, ne te souvient,
Ne sai que puisse devenir.
Virge esmérée, pure et fine,
Eu m'oroison qui ci define,
Te pri de vrai cuer et de fin
Que tu déprics finement
10 Le roy qui m'ama finement,
Venir me fasse à bone fin.   Amen.

Doux Diex, qui sanz fin ies et sans inition,
Qui toute créature as en subjection,
En ta grant providence, en ta protection,
Commant m'ame et mon cors et toute m'action.
Deffent-moi queque face de despération,
D'orgueil, d'ire, d'envie et de détraction,
D'ivresce, de luxure, de fornication.
Fai-moi haïr touz mes vices, toute inquination.
Très douz Diex, donne-moi, par t'impération,
10 Volenté de bien faire et méditaçion.
Donne-moi, très douz Dex, sens et discrétion
De haïr ce viex siècle et sa déception ;
Et si te pri, douz Sire, par vraie entençion,
Par la très grant pitié, par la compassion,
Que m'envoie à la fin vraie confession,
Vraie reconnaissance, vraie contriction,
De ton précieus cors vraie perception ;
Et si te pri, doux Pères, par intercession
De ta très douce Mère, qu'en ta grant mansion
20 Puist sans fin m'ame avoir participation,
Si que puist eschaper la tribulaçion,
La gloire, la froidure, le brasier, l'arsion,
Les granz cris, les grans brais et l'ululaçion,
La mort perpétuel et la dampnaçion,
*Ubi erit fletus et stridor dentium.*   Amen.

*Hoc opus expletur, Deitati gratia detur,*
*Et Matri Domini quæ nostro sit pia fini.*

FIN.

# GLOSSAIRE

CONTENANT

L'EXPLICATION DES MOTS LES PLUS DIFFICILES A ENTENDRE, QUI SE TROUVENT DANS CE VOLUME.

Aacer, Aacier, agacer.
Aage, âge, vie, *ævum*, *ætas*.
Aaise, à l'aise, richesse, aisance, content.
Aancre, à l'ancre.
Aancrer, jeter l'ancre.
Aates, habile, agile, ajusté, *aptus*.
Aatines, hâte, empressement, fâcherie.
Abai, mépris, aboi, abbé, forêt de sapins.
Abaier, aboyer, aspirer, écouter avec attention, être aux abois.
Abalestre, arbalète.
Abat-quatre, courageux.
Abaubir, se moquer, effrayer, étonner.
Abeie, Abbeie, abbaye. — Abbeie blanche et noire, monastère où il y a des religieux vêtus de robes blanches ou noires.
Abessier, abaisser.
Abet, ruse, tromperie, finesse.
Abeuvrer, abreuver, désaltérer, arroser, remplir.
Abit, habit, habitation, maison, *habitatio*.
Abonnir, abonner, convenir, enclore de murs, être voisin, rencontrer, approcher.
Abrivez, vif, prompt, rapide, près de la rive.
Abrochier, approcher, embrocher, se courber en avant.
Abrochier, mettre au croc, à la broche.
Absot, absous, *absolvere*.
Abussant, heurtant.
Abussement, achoppement, occasion de chute.
Abusser, heurter, chopper.
Accointance, familiarité, société, promesse.

Accointer, Accointier, se familiariser avec quelqu'un, faire connaissance, le rencontrer, avertir.
Accointement, rencontre, avertissement.
Accord, consent, accorde.
Accordance, accord, convention.
Accorder, convenir, accorder.
Accouchié, couché, *accubare*.
Accuita, acquitta.
Acemont, ornement, parure, atours de femme.
Acené, Acesmé, paré, orné, ajusté, préparé.
Acharier, transporter, charrier.
Achater, acheter, payer.
Achené, acharné.
Acliné, Aclinans, incliné, porté à la douceur.
Acoiser, Acoisier, abattre, apaiser, calmer.
Acoler, donner une accolade.
Acomblé, accompli, rempli, augmenté.
Acopart, achète; — droit de vente.
Acorer, affliger, arracher le cœur, faire mourir.
Acort, accueil, société, parti.
Acoster, se mettre à côté, atteindre, arranger, placer, côtoyer.
Acourer, Acouvrer, Acovrer, arracher les entrailles, couvrir de tapisseries, remplir.
Acouvrir, couvrir, se couvrir.
Acquerre, Acqueurre, acquérir, gagner, acheter, *acquirere*.
Acravanter, aggraver, écraser, briser.
Acrocier, accrocher.

Acroupi, Acrousté, assis sur les talons, mis en tas, en morceaux; adoration, génuflexion, abaissé, rendu petit.
Acruir, endurcir.
Acust, accuse.
Acuvé, couvert.
Ademettre, admettre, décliner, baisser, avancer tête baissée, *dimittere*.
Ademise, démission, *dimissio*.
Ades, incontinent, aussitôt, sans interruption.
Adeser, toucher, atteindre une chose élevée, s'attacher à quelqu'un, l'aider.
Adirer, mettre en colère, *adirare*, déchirer, égarer.
Adolenté, tourmenté, passionné.
Adoler, rendre triste, affliger, chagriner, *adolere*.
Adolez, triste, affligé.
Adont, Adonques, Adonc, bon, alors, d'où *ad tunc*.
Adoser, mépriser, mettre derrière le dos.
Adossé, rendu à dos, appuyé sur le dos, *deorsùm*, attaqué.
Adoubé, armé des vêtements et armes de la chevalerie, réparer, remettre en état.
Adurer, endurer, amener, conduire, cotoyer, durcir.
Ae, vie, âge, *ætas*.
Aengiez, ensorcelé.
Aengé, arrangé, doué du droit d'aînesse.
Aerder, attacher, brûler.

AERDOIR, brûler.
AERER, s'attacher, adhærere.
ALNS, brûlé, attaché, saisi.
AEUVRER, s'occuper, ouvrir.
AFEBLOIER, s'affaiblir, perdre ses forces, se décourager.
AFERMER, affirmer, affirmare, appuyer, affermir.
AFETARDER, négliger, ralentir, énerver, de tardere.
AFFAITIEMENT, affectueusement, poliment.
AFFET, affectueux.
AFFICHIER, entiché, attaché.
AFIER, assurer, donner sa foi, compter sur quelqu'un, fidere.
AFILET, il convient, il appartient, il faut.
AFINER, conduire à sa fin, mourir, soutenir, finire.
AFOLER, rendre fou, faire mal, blesser au moral comme au physique.
AFONDEZ, enfoncé, coulé à fond, fundus.
AFONDRA, ira au fond.
AFONDRER, enfoncer, plonger, couler à fond.
AFROUER, voyez AFOLER.
AFUBLEUSE, coiffure, habillement de tête, manteau, de fibula ou infula.
AFULER, affubler, habiller, coiffer, de fibula.
AGABER, agacer, quereller, exciter à badiner.
AGREGIER, rassembler, tourmenter, s'appesantir, se trouver plus mal, aggravare.
AGREVER, fouler, abattre, faire tort.
AGUABOIS, bois aigu, pique.
AGUETANS, aux aguets, faire sentinelle sur une guérite élevée.
AGUISIER, aiguiser, affiler, acuere.
AGUS, aigu, aculus.
AHAM, AHAN, peine, fatigue, tourment.
AH! exclamation : ah! hé!
AHURTANT, heurtant, choquant.
AIDIER, aider, adjuvare.
AIE, aide, secours, soulagement, adjutorium.
AIESE, à l'aise, tranquille.
AIESIER, donner de l'aise, mettre à l'aise.
AIGNIAUS, agneau, agnus.
AINÇOIS, AINCOINS, avant que, antequam, mais, aucun.
AINNEZ, aîné.
AINSUIT, ainsi, auparavant, antè.
AINT, AINC, AINNC, mais, avant, jamais, plutôt.
AINZ, AINÇOIS, engin, hameçon.
AIRE, hâte, colère, violence, courroux.
AIRE, terrain vague ; air, manière.
AIRELZ, AIREEMENT, en colère, avec vigueur, courageusement, acharné, dépit, chagrin.
AIRIEZ, en colère, irasci.
AIRON, aviron.
AISIER, mettre à l'aise, contenter, rendre heureux, du grec aizios.

AISILZ, AISIUS, vinaigre.
AISNE, âne, asinus ; — rivière, Axona.
AISONNER, mettre à l'aise.
AITRE, parvis, porche d'une église, atrium.
AJOURNER, devenir jour.
AJOURNÉ, jour venu.
ALAINE, respiration, souffle, haleine, halitus.
ALENÉE, essoufflée, respirer péniblement.
ALENTIS, rendu lent, retardé, de lentus.
ALETER, allaiter, haleter.
ALEURE, allure, train, pas.
ALIE, franc alleu, fruit d'alisier.
ALIEVER, élever, soulager, alléger.
ALIGNIE, de haute maison, recherché dans son maintien, affectant de grands airs, de se tenir droit.
ALIGNOTE, malin.
ALITIER, allaiter.
ALIXANDRE, Alexandrie, ville d'Egypte.
ALLIES, aile, d'ala.
ALLIGIÉ, allégé.
ALLELUYE, alleluia, chant de joie.
ALOÉ, alouette.
ALOER, louer, laudare.
ALOIGNE, ALOINGNE, délai, détour, retard, longitudo.
ALOSE, poisson.
ALOSER, louer, vanter, faire l'éloge, laudare.
ALUCHIER, attirer par ruse, cultiver, labourer avec un louchet.
ALUES, avoir, alleu, héritage, alodium.
AMANDER, corriger, emendare.
AMARITUDE, amertume, amaritudo.
AMASSIERES, avare.
AMASSOUR, homme qui amasse de l'argent, amassator.
AMAUFLÉ, mauvais.
AMBER, enjamber, tourner au tour ; au figuré, ambitionner, ambire.
AMBESAS, Bezet, mot employé au jeu de trictrac : il signifie deux unités ou deux as ; d'umbo. (Dict. de Roquefort).
AMBLEUSE, enlèvement de force, marche d'un cheval.
AMELOT, nom d'un chansonnier.
AMENDER, amener, amender, AMENT, amendant.
AMENUISER, diminuer, minuere.
AMER, aimer, amare.
AMIABLE, aimable, amabilis.
AMIGNOTER, traiter doucement.
AMIRANT, amiral, échevin, émir, gouverneur de province.
AMNOMIE, aumône, nom.
AMOIER, aimer, chérir, s'employer, avoir à cœur.
AMOLLIIER, attendrir, adoucir, rendre un bâtard légitime.
AMONESTER, avertir, encourager, exhorter.
AMONESTEMENT, avertissement.

AMONT, dessus, au haut, au faîte, à l'extrémité, ad montem.
AMORDRE, s'attacher, amorcer, s'appliquer, mordere.
AMOR, AMORS, amour, amitié.
AMORSURE, amorce, morsure.
AMORTEZ, malade à la mort.
AMORTIR, AMORTIZ, AMORTA, détruire, éteindre.
AMPARLIERE, avocat.
AN, année, annus ; en, a.
ANCELLE, servante, ancilla.
ANCESSEUR, ancêtre.
ANCESSOIRE, prédécesseur, ancêtre, antecessor.
ANCESTRE, ancêtre.
ANCHANTERIE, enchanterie.
ANCOIS, avant que.
ANÉAUS, anneau, annulus.
ANEL, agneau, anneau, agnus.
ANEMIS, ennemi, inimicus.
ANES, angelot, petit ange.
ANGELEZ, petit ange, angelus.
ANGLE, ANGLET, coin de l'échiquier, angulus.
ANGOINE, ANGOISSE, chagrin, ennui, tristesse, dépit.
ANGOISSER, causer de la douleur, du chagrin, rendre triste, angustari.
ANGRES, ange.
ANNE, année, annus.
ANNONE, année de revenus, annona.
ANNUIS, ennui.
ANNUNCIER, annoncer, annuntiare.
ANON, nom, nomen.
ANONÇION, annonciation, annuntiare.
ANPARLIERE, avocat.
ANPOSTURE, imposture.
ANQUE, avant que.
ANTÉCRIZ, antéchrist ; tyran qui, d'après l'Apocalypse, doit régner sur la terre.
ANTIÈRE, entière.
ANTRAPER, embarrasser dans une trappe ou dans un piège.
ANTRUPES, tour de passe-passe.
ANUITER, faire nuit, à la tombée de la nuit.
AOIENNE, propre, convenable.
AOISER, augmenter.
AOMBRER, ombrer, faire de l'ombre, couvrir de son ombre, umbrare.
AORER, AOURER, prier, orare, adorare.
AOURNER, orner, embellir, adorer, adornare, adorare.
AOUSTER, moissonner, augustare.
AOVNE, propre, convenable, idoneus.
APAISIER, apaiser.
APAREOIR, apparaître ; APPARANT, apparaissant, s'APARIAT, apparut, apparere.
APELIT, appela, d'appeler, appellare.
APENRE, apprendre, prendre, disposer, apprehendere.

APENSER, penser, examiner, *pensare*.
APERNER, apprendre.
APERS, clair, savant, *apertus*.
APERT, EN APERT, *in aperto*, ouvert.
APERTEMENT, ouvertement, *aperté*.
APESIER, apaiser.
APIAU, droit seigneurial, domanial.
APIERE, approuver.
APIPONDÉ, paré avec affectation et recherche.
APITER, avoir compassion, apitoyer, toucher, attendrir, exciter la pitié.
APLOYER, se plier à ce qu'on souhaite de vous, acquiescer, condescendre.
APLOUVOIR, venir en grand nombre, en affluence, tomber comme une pluie, *appluere*.
APOCRIFE, apocrife.
APOIER, appuyer, payer.
APOINDRE, apparaître, piquer des éperons.
APORT, offrande, apporte.
APOSTOILE, APOSTOLE, pape, d'*apostolicus*.
APOUIER, appuyer.
APOVROIE, appauvrisse.
APPAREILLIER, préparer, s'appareiller.
APPAROIR, apparaître.
APPIERT, adroit, industrieux, à découvert.
APPRESSÉ, oppressé.
APRESTÉ, prêt.
APRIS, sage.
APRISURE, enseignement, coutume.
APROINGNE, apprenne.
APUIT, appui.
AQUIS, fatigué, réduit à l'extrémité, *aqus*.
AQUOIER, AQUOISIER, tranquiliser, apaiser.
AQUOIS, tranquille, *quietus*.
ARAING, airain.
ARBALESTRES, arbalête.
ARBERERE, fût d'arbalête, arbrisseau, bosquet.
ARCHÉDYACRE, archidiacre.
ARCHIÉE, carquois, espèce de fenêtre et de créneau qu'on faisait dans les murs d'une forteresse pour tirer des flèches aux ennemis.
ARDANT, feu des ardents.
ARDER, ARDOIRE, brûler, rougir, *ardere*.
ARDEUR, colère, feu, pétulance, ardeur, *ardor*.
ARDURE, feu.
ARE, aride, sec, desséché, *aridus*.
ARER, labourer, semer, planter, *arare*.
ARESNER, arrêter, retenir, attacher par les rênes.
ARESTEMENT, délai, incommodité, obstacle.
ARGORISME, arithmétique.
ARGOTANT, ergotant.
ARGUER, réprimander, blâmer, *arguere*.
ARMAIRE, armoire, *armarium*.
ARMEUR, armure, *arma*.
ASNES, âne, *asinus*.
AROELE, oreille, *auricula*.
AROIT, aurait.

AROUTER, mettre en route, ranger, marcher, s'acheminer vers un lieu.
ARRAPINER, rapiner.
ARRAUMANT, erraument, aussitôt.
ARRERE, sillon de charrue.
ARRIENS, Ariens, hérétiques qui niaient la divinité de Jésus-Christ.
ARRIER, ARRIERE, désert.
ARS, hart, lien.
ARSE, brûlée.
ARSION, brûlure, incendie, embrasement.
ARSISSANT, brûlant, d'*ardere*.
ART, malice, science, art, *ars*.
ARTU, ruse.
ARZON, arçon.
AS, a, aux, avec.
ASACÉ, fertile, riche.
ASACER, rassasier, remplir.
ASOIT, s'assit.
ASÉGIÉ, assiégé.
ASERRA, assurera, mettra en sûreté.
ASIGNIES, guéri, conseillé.
ASOLEIN, terrain vague en semence.
ASOLER, mettre à la sol.
ASOMMER, terminer, achever, compter.
ASOUSIR, ASOUDRE, absoudre, *absolvere*.
ASPÉRER, espérer, rendre rude, âpre.
ASPRE, âpre, vaillant, ardent, empressé, *asper*.
ASPREMENT, extrêmement.
ASPROIER, poursuivre, *asperare*.
ASSAUT, attaque.
ASSAUDRA, assaillira.
ASSAUSIT, absolve.
ASSEMBLER, rassembler.
ASSENER, ASSENIER, adresser, amener, conduire.
ASSENS, assentiment, consentement, accord, *assensus*.
ASSENTIR, consentir, *assentire*.
ASSÉOIR, assiéger.
ASSEUR, assurément.
ASSINS, convenable.
ASSISTRENT, fixèrent.
ASSORBIR, absorber, éteindre, anéantir, priver de lumière.
ASSOTER, ASTOTER, être ou faire le fou, *infatuatus*, apprivoisé, traiter de fou.
ASSOUDRE, absoudre.
ASSOAGER, soulager, consoler.
ASSOUZ, absous.
ASTÉ, hâté.
ASTINENCE, abstinence.
ASTOUPES, étoupes.
ATAINSIT, atteignit.
ATALENTER, avoir pour agréable, apprendre, tâcher de faire quelque chose, désirer.
ATANT, au temps, alors.
ATART, trop tard.
ATERMINER, prêter à usure.

ATIENGNE, ATTIENGNE, atteigne, ajourner, assigner un jour.
ATIFÉ, paré avec affectation.
ATINE, dispute, querelle, chagrin, dommage.
ATIRIER, ATISIER, attiser, attirer, parer.
ATOUCHIER, toucher.
ATOUR, ornement de tête pour les femmes.
ATOURNER, s'atourner, tourner, changer, arranger, se parer.
ATRAIRE, attrait, attirer, *traherer*.
ATRIE, attise, attire.
ATREMPER, arranger, mesurer, accorder, *temperare*.
ATRUPERIE, fourberie.
ATTENDOIE, attendit.
ATTENDUI, délai, attente.
AUBE, commencement du jour, *alba*.
AUCENT, accent.
AUCQUES, ONCQUES, aussi, plus, peu, assez.
AUCTION, action.
AUCUN, chacun.
AUDEINGNICOURT, AUDEIGNECOURT, Audignicourt, village du canton de Coucy (Aisne).
AUDIENCE, confession.
AUFIN, enfin.
AUMBREMENT, ombre.
AUMBRER, ombrer.
AUMÔNIÈRE, petit sac où on mettait les aumônes, aimer à faire l'aumône.
AUMUCE, habit de fourrures pour les chanoines.
AUNÉE, foule, réunion.
AUNER, réunir ensemble, mesurer, *adunare*.
AUQUANT, quelques-uns, avec.
AUQUES, autant, quiconque, alors, aussi.
AUQUETONS, habit militaire, cotte de mailles, cuirasse.
AUS, eux.
AUSER, oser, employer, habituer.
AUSIAUMES, nom de saint.
AUSINT, aussi bien.
AUTEL, faire autel, se conduire avec éloge, éloge, pareil, semblable, église, chapelle.
AUTOINS, autre.
AUTRIER, AUTRIEX, autrefois.
AVAINE, avoine.
AVAL, au bas, le long de, parmi, dessous.
AVALER, descendre, entraîner, jeter dedans, précipiter.
AVENGIER, venger, *vendicare*.
AVENT, avant.
AVENIR, arriver, convenir, exiler.
AVERAS, auras.
AVERE, avers, avare.
AVERONT, auront.
AVERSAIRE, adversaire, *adversarius*.
AVERSE, *adversus*, ennemi.
AVERSIER, avaricieux.
AVERSITÉ, adversité, *adversitas*.

51

AVERTURE, s'avertisse.
AVEUC, avec.
AVEULE, aveugle.
AVIAUX, bijoux, tout ce qu'on souhaite, ayeux, chemins non frayés.
AVIENT, ils avaient, *habebant*.
AVILEZ, avili, *evilescere*.
AVINQUES, avec.

AVINT, arriva.
AVIRONNÉ, environné.
AVISER, voir, regarder, désirer, instruire, donner avis.
AVIVER, faire vivre, rendre vif, éveiller.
AVOER, avouer.
AVOIER, mettre dans la voie, envoyer, acheminer.

AVOIR, bien, fortune, richesse.
AVOLER, s'envoler, étourdi, étranger.
AVOIT, était.
AVORTEZ, sans fruit.
AVOUÉ, patron, avoué, champion, celui qui se bat pour un autre, défenseur, *advocatus*.
AYEUGLES, aveugle.

BAAILLER, BAILLIER, bailler, prendre, affermer, avoir envie de dormir.
BAASTIANT, battoir, raquette, bâton, *baculus*.
BAILLANT, dormant.
BABELINS, singe, bouvier.
BAE, baie, ouvert.
BAER, ouvrir la bouche, souhaiter, rire.
BAI, de couleur brune.
BAIE, fruit.
BAIENS, brun; pois baiens, pois noirs.
BAIGNEOIR, lieu où l'on prend un bain.
BAILLIS, BAISLIS, soin, administration, régie.
BALAINE, baleine, vaisseau corsaire.
BALAI, battait.
BALE, pelotte ronde, amas de marchandises.
BALERIE, danse, divertissement.
BALLER, chanceler.
BANNIÉ, banni, abandonné, exclus, rejetté.
BAPTISIER, baptiser.
BARAS, BARAT, ruse, trahison, tromperie.
BARBELÉ, gelée blanche, les barbes des plumes qui sont à l'extrémité des flèches, de *barbatus*.
BARBELOTTE, grenouille ou espèce de lézard qui se trouve dans les fontaines, *bourbelotte*.
BARBOIÈRE, mentonnière, boutique de perruquier.
BARETER, tromper, friponner.
BARETEUR, enjoleur, trompeur.
BARGE, barque.
BARJONNA, bourgeonna.
BARNAGE, désordre, confusion, naissance illustre, baronie, bagage.
BARNESSES, noblesse, baronie.
BARON, traître, époux, seigneur, maître.
BARS, poisson.
BASE, baise.
BASME, baume.
BASTICULER, basculer, tromper.
BATTE-Z, battement, battant, pelouse battue par les pieds des pasteurs.
BATIL, bataille.
BAUBOIER, barbouiller, dire précipitamment, balbutier, *balbutire*.
BAUDOIRE, joie, badineries.
BAUT, beau.
BAUTISE, baptise.

BAUTISÉ, baptisé, *baptizare*.
BAUTOIE, baptise.
BÉ, BÉE, tombé ; on dit encore, *bé*, *bée*, ouvert, béant, avoir désir, volonté, désirer ardemment de faire quelque chose.
BEGE, roux, roussâtre.
BEISE, baise.
BELAS, balance.
BELGE, quereleur ; le sang belge, *Belgium*.
BENDER, bander.
BENDIAUS, bandeaux.
BENEIE, bénie.
BENEISTRE, bénir.
BENEOIT, bénit, *benedictus*.
BENEURÉ, bienheureux, fortuné.
BENOIET, béni, Saint Benoît.
BER, bon, baron, homme.
BERBIS, brebis.
BERCHIER, BERGIER, berger.
BERTONDER, tondre, raser les cheveux inégalement, à la façon des anciens moines.
BERTRAN DE ROIS, Bertrand de Roye.
BESANS, pièce de monnaie des empereurs de Constantinople.
BESCHES, bêche.
BESCHEUS, bêcheur.
BESCOCIÉ, secoué, agité, trompé, escamoté ou escofié.
BESIER, baiser, embrasser.
BESISTRE, mauvais temps, corde nommée *issas*.
BESLOY, loi contraire à une autre, *bislex*.
BESOING, besoin, affaire, travail.
BESOINGNER, travailler, se mettre à l'ouvrage.
BESOIGNEUS, nécessiteux.
BESOINGNEUSE, désireuse, travailleuse.
BESSANT, baissant.
BEST, baise.
BESTOER, BESTOURNER, rendre bête, tourmenter l'esprit, le renverser, changer.
BESTREMIL, Barthélemy.
BETER, emmuseler, chasser, poursuivre.
BEU, BEUS, BU, beau, agréable, bœuf.
BEVER, boire.
BEVRAGE, BEUVRAGE, brevage.
BEZ, fini, bon.

BIAU, beau.
BIAUTÉ, beauté.
BIAUVÉS, Beauvais, ville du départ de l'Oise.
BIE, BIES, ruisseau qui conduit l'eau à un moulin, vase de terre pour boire, bien.
BILLER, jouer à la boule, s'amuser, se divertir.
BIQUETANS, becquetant.
BISANTE, Bizance ou Constantinople.
BISE, couleur grise ou rousse.
BLANCHIR, faire peau blanche, blanchoier.
BLARIE, blé provenant de terrage, office de messier.
BLENDIR, flatter, cajoler, amadouer, *blandiri*.
BLECIÉ, blessé.
BLIAUT, vêtement, sorte de robe, juste-au-corps, manteau, habillement de dessus.
BLOSTRE, BLOUSTRES, petite motte de terre renversée par le soc de la charrue, tumeur, petite vérole.
BOBAN, BOBANCE, BOBANT, ostentation, luxe, orgueil, pompe, magnificence.
BOBELIN, bouvier, vacher.
BOBERS, BOBES, fanfaron, vaniteux, fier, rempli de soi.
BOCE, bosse.
BOÇU, bossu.
BOE, pus, boue.
BOEN, BOENS, bon ; Saint Bon, évêque de Clermont, *bonus*.
BOENNE, bonne.
BOER, puer comme de la boue ; le pus qui sort d'une plaie.
BOIDIE, tromperie, trahison.
BOIF, bois, verre.
BOILLANT, bouillant, *bulliens*.
BOILLER, bouillir, *bullire*.
BOILLONS, bouillon, ciselure, relief.
BOIVRE, boire, *bibere*.
BONBANCE, bombance, grande chère, jactance.
BONDER, retentissement de la cloche ; avoir en abondance.
BONFOI, moquerie.
BORAT, voyez BARAT.
BORDELIER, qui aime le bordel, homme qui hante les lieux de prostitution.

BORDES, mauvaise maison, ferme, métairie; espèce de masure.
BORGOIGNE, BOURGOIGNE, Bourgogne.
BORNÉE, fermée.
BORRELET, bourrelet, ornement de la coiffure, espèce de coiffure.
BORROUFLÉ, soulevé, boursouflé, enflé.
BORSE, bourse.
BOTERAUS, BOTEREL, crapaud.
BOTES, crapaud, souliers, chaussures.
BOUSCHIÉ, bouché.
BOUDAIRE, jour.
BOUDINE, le nombril; boucles, intestins, boyaux.
BOUIES, bouillonne.
BOULE, tromperie fine.
BOULLANGIE, tromperie.
BOULENGIER, tromper.
BOULEURE, BOULERREL, BOULIÈRES, rusé, fin, trompeur.
BOULI, bouilli.
BOULOIGNE, Bologne, ville d'Italie.
BOURBE, bourbier.
BOURDER, dire des sornettes, mentir, tromper, plaisanter.
BOURDES, tromperie, fausseté, raillerie.

BOURETIER, bourbier.
BOURRE, poil, chanvre commun ou étoupes de chanvre, grosse toile.
BOURS, bourse, bourg, fisc, trésor royal.
BOUSNES, bornes, roches.
BOUTÉE, amas, bout, morceau de terre.
BOUTER, mettre, jetter, pousser, heurter.
BOZ, crapaud, bœuf.
BRACEMENT, embrassement.
BRACER, BRACIER, piller, broyer, embrasser.
BRAERIE, cri.
BRAIES, habit, culottes, haut de chausses.
BRANCHIER, cacher, se cacher, se nicher comme un oiseau qui se perche sur les arbres.
BRÉ, bruit.
BREBENÇOIR, BREBANÇON, Brabançon, habitant du Brabant, vaurien, pillard.
BRESILLIÉ, réduit en braise, rompre, briser en pièces.
BRET, cric.
BRETESCHE, tour, citadelle, château, rempart.
BREZE, braise.
BRICART, bègue, homme qui bégaie.
BRICHE, biche, ordure, fumier, tronc.
BRIEMENT, brièvement.

BRIÉS, bréviaire, brevis.
BRIFART, vorace, gourmand.
BRIFFER, manger gloutonnement.
BROCHER, piquer, éperonner, percer.
BROHON, brouillon, murmure.
BROION, pieux pointu.
BROILLAT, brouillard.
BRONCHER, agiter.
BROUSTER, brouter, manger lentement.
BRUIER, BRUILER, BRUIR, brûler, griller, rôtir, sécher.
BRUIRE, faire du bruit.
BRULEURE, brûlure.
BUBUIS, bubon, tumeur, enflure.
BUCHETTE, brin de bois, petite bûche.
BUIE, bout.
BUIES, feu, brasier, liens.
BUES, bœuf, bouvier.
BUISNARS, insensé, hébété, imbécile.
BULETER, passer au blanc.
BURELURE, brûlure.
BUSCHER, abattre du bois, faire des bûches.
BUSIANT, buvant.
BUS, BUES, bœuf.

CAILLO, cailloux, calculus.
CAINZ, ceint, écharpe, taquin.
CAINTURER, ceindre, ceintures.
CALAFRE, disputeur, calomniateur.
CALLIDA, rusé.
CAMUS, étoffe de soie très estimée, dont on faisait les bannières.
CANDAL, CENDAL, souliers.
CANTORBILE, Cantorbéry, ville d'Angleterre.
CAPPER, voler.
CARDONNAL, cardinal.
CARDONNAUS, cardinaux.
CARIOLE, voiture.
CATAILLIER, harceler, attaquer.
CAVATE, vieux soulier.
CAUS, CEAX, CEAUS, ceux.
CEENS, ici.
CEENZ, séant, présent.
CELE, cette, cellule, cabane.
CELER, cacher, celare.
CEMBIAUS, assemblée, joûte, danse.
CENDAL, CENDÉ, étoffe de soie; Voyez CANDAL.
CENER, donner la cène, manger, communier, faire un repas, cœnare.
CEP, en cep, prison, fers, entrave dans lequel on mettait les pieds du criminel pour lui donner la question.

CERBERUS, chien qui garde les enfers.
CERCHIER, chercher, quærere.
CERTÉFIÉ, certifié.
CERS, cerf.
CERVEL, cerveaux.
CERVOISE, bière, boisson, cervisia. On croit que cette boisson était différente de la bière et qu'on en faisait plus de cas.
CERVOLINS, cerveau vide.
CEST, s'est, cet, celui, celle-là.
CESTE, celle.
CESTUY, celui, celui-là, cet, ces.
CEUVRER, couvrir.
CHAALONS, ville de Champagne.
CHACE, renvoi de la balle, action de poursuivre vivement.
CHACER, chasser, tirer une chasse.
CHACHINNER, moquer, taquiner, cacinnare.
CHAEL, chef, capitaine.
CHAER, tomber, cadere.
CHAGIER, commercer.
CHAIÈRE, chaise, chaire.
CHAIGNIE, lieu où l'on rendait la justice, place de commerce.
CHAILLE, de chaloir, il me soucie, il m'importe.
CHAILLOU, caillou.
CHAINE, chêne.

CHAISTES, tombâtes, de chaer.
CHALER, écaler; chalemens, action d'écaler des noix.
CHALEVRE, CHALEVRES, CHALEURES, chaleurs, sot.
CHAMBRE, demeure.
CHAMORGE, morveux.
CHAMPARTIR, droit qu'a un seigneur de prendre un certain nombre de gerbes dans la moisson des tenanciers de sa seigneurie, campi pars.
CHAMPIR, combattre, échapper.
CHANDELETTE, petite chandelle.
CHANDOILE, chandelle, candela.
CHANER, blanchir, chania, occupa.
CHANESTIAU, échaudé, corbeille, panier.
CHANOLE, l'os du coude, le radius, canne, roseau.
CHANDINNE, chair, chanoine.
CHANS, champs, campagne, campus.
CHANTADOUR, chantador, chantre.
CHANTEL, petit chant, graduel, dos de la main.
CHANTONNET, petite chanson.
CHANU, chauve, qui a les cheveux blancs, vieillard, vieille.
CHAOIR, CHAON, chaer, chaitive, tomber.
CHAPELE, chapeau, capeilles de coport.
CHAPELETE, petite chapelle.

CHAPÊTE, petite chape, capuchon.
CHAPETER, chapitre, assemblée, chapitrer.
CHAPTEEUR, celui qui convoque le chapitre ou range les chapes.
CHAPINEUL, CHAMPIGNEUL, porte-chape.
CHAPOLE, écaille, enveloppe de noix.
CHARBONNÉ, droit pour le charbon dont on use.
CHARCHANT, cherchant.
CHARCHÉ, CHARCHIÉ, chargé, confié.
CHARCHE, embarras, charge, ce qui cause de la peine, ce qu'on paie pour le guet ou la garde de quelque chose.
CHARLEMAINE, Charlemagne, *Carolus Magnus*.
CHARNAGE, temps où il est permis de manger de la viande.
CHAROIGNE, chair, charogne.
CHARRA, tombera.
CHARRIER, charnière, voie, chemin.
CHARRUIER, charretier, homme propre à la charrue.
CHAS, CHAZ, chat, travée, cuisine, galeries couvertes.
CHASIER, chassis de tableau, panier à fond dont on se sert pour égoutter le fromage, *caseus*.
CHASTÉE, chasteté.
CHASTEL-RAOUL, Château-Roux, Chastellerault.
CHASTIAUX, château, bâtir des chastiaux en Brie, comme on dit encore bâtir des châteaux en Espagne.
CHASTRE, prison.
CHAUCEMENT, soulier, botte, chaussure, *calceamentum*.
CHAUCHER, couvrir, fouler avec force.
CHAUNER, CHANU, couvrir, blanchir.
CHAUT, chaud, avoir en chaut, *estimer*, *priser*, convient, inquiète, touche.
CHAUTEL, morceau, échantillon.
CHAUZ, brûlant, chaud.
CHEANT, content, tombant.
CHEF, commencement, tête, le premier, *caput*.
CHENEVOZ, chenevis.
CHENNES, cheveux.
CHENU, blanchi.
CHERE, visage, réception, accueil gracieux, *carus*.
CHERRA, cherchera, tombera.
CHÉTIS, chétif, mesquin, malheureux, pauvre.
CHÉTIVETEZ, captivité; bassesse, chose vile, de peu de valeur.
CHEUZ, tombé.
CHEVAIZ, chevet, la partie de l'église qui est derrière le chœur, *caput*.
CHEVAUCHIER, chevaucher, conduire, aller à cheval.
CHEVÉ, chétif, creusé.
CHEVEL, cheveu, capital, principal.
CHEVES, accueil.

CHEVESTRES, licol, le haut de la bride, joug des bœufs.
CHEVOUS, cheveux.
CHICHE, ménager, mesquin, avare.
CHIER, CHIÈRE, CHIENT, chose de prix, tomber, tombe, tombent.
CHIÈRE, accueil, chaire, figure, apparence, signe de tête.
CHIÉRIR, chérir.
CHIERS, chef.
CHIERTÉ, prix.
CHIERTÉ, cher, amour.
CRIÈS, chez, tête, chef.
CHIEVI, Chivy, village près de Laon.
CHIFLER, vanter, siffler.
CHITARISTE, joueur de cytare.
CHOGHIER.
CHOINE, orne, ajuste, agréable, pain blanc.
CHOISON, choix, occasion, dessein.
CHOULTER, faire la chouette.
CHOUTER, choues à choues, parler bas.
CHRISTOFLE, village près de Vic-sur-Aisne.
CHULEURE, chaleur.
CI, ici.
CIANS, ceux.
CIBOIRE, reliquaire, trésor.
CIERGOT, cierge.
CIERGONTIAUS, petit cierge.
CIFLER, siffler.
CIEST, c'est.
CIL, celui-ci, celui-là, ce, cet, ceux.
CINCE, ceinture, sangle, *cingulum*.
CINCERELLE, petite mouche, cousin, petit cable.
CINCENS, fâcheux, désagréable, méprisable.
CINQUISME, cinquième.
CIRETTE, un peu de cire.
CIRGE, cierge.
CIRGETON, petit cierge.
CISEL, ciseau.
CIST, ce, ces, ceux, ceux-ci, ceux-là.
CITOUAL, canelle ou zéduaire, graine aromatique qui ressemble au gingembre.
CLAMER, CLAMMER, crier, *clamare*.
CLERÇON, CLERÇONNET, CLERÇONNIAUX, petit clerc, jeune clerc, enfant de chœur, *clericus*.
CLÉRICATRE, faux clerc, clerc de mauvaise vie, ignorantin qui tranchait de la science.
CLEUS, clous.
CLICART, morceau de pierre, crosse, mail.
CLINCORGNES, de côté, de travers, en clignotant.
CLINGY, Cluny, abbaye de Bénédictins.
CLOCHIER, boiter, marcher en boitant, clocher.
CLODOVEUS, Clovis.
CLOER, fermer, clooit, de clore, *claudere*.
CLOÎTRIER, cloîtré.
CLOÎTRIÈRE, fille ou femme de mauvaise vie.
CLOUCIFIER, crucifier.
CLUIGNY, abbaye de Cluny.

COC, COC EN PLEU, avantageux, suffisant.
COCODRILLE, fard?
COÊCHE, couche.
COFIN, instrument de moissonneur, corbeille, manne.
COFLET, coffre.
COGITACION, pensée, réflexion, *cogitatio*.
COGNOISTRE, connaître, *cognoscere*.
Coie, *quietus*.
COIEMENT, en cachette, tranquillement.
ÇOIGNÉ, mis dans un coin.
COIL, parties honteuses, testicules.
COILER, cacher, céler.
COILLU, E, cueilli, ramasser, *colligere*.
COINTE, agréable, gentil, sage, élégant, coquet.
COINTIER, orner, parer.
COINTISE, discernement, ornement, politesse, courtoisie, coquetterie.
COINTROIE, voyez COINTIER.
COISSIN, coussin.
COIST, tranquille.
COL, cou, *collum*.
COLER, servir, honorer, chérir, rendre hommage, *colere*.
COLLOCUTION, entretien, *colloquium*.
COLOIER, COLOOIR, cultiver, roucouler, être de mauvaise humeur, souffleter.
COM, comme.
COMBLE, plein, petite mesure, litron.
COMBLÉE, avoir tout ce qu'il faut.
COMMANDÉE, recommandé, prières pour les trépassés.
COMMANT, commandement, recommande.
COMMENIER, communier.
COMPAIGNE, compagnie.
COMPAINS, compagnons, ami, associé.
COMPASSER, ajuster, mesurer, proportionner.
COMPERE, compère, acheter, mériter, perdre, punir.
COMPERENT, comprennent.
COMPLAINDRE, plaindre.
CON, qu'on, comme, avec, quoique.
CONCHIER, vaincre, souiller, tromper.
CONDOMER, condamner, *condemnare*.
CONDUIT, cantique, action de grâce.
CONFÈS, confessé, avoué, déclaré, *confessus*.
CONFIRE, remplir.
CONFORT, consolation, soulagement.
CONFRAINDRE, briser, *confringere*.
CONILUS, conil, lapin.
CONJOIER, se féliciter, se réjouir ensemble, *congaudere*.
CONNUI, connais.
CONQUERRIE, conquérir, amasser, gagner, *conquirere*.
CONQUESTER, plaindre, acquérir.
CONRER, apprêter un festin, un repas? tanner, avoir soin.

DAM        DAU        DEB        771

onroier, traiter quelqu'un, préparer, prendre soin.
onroy, compagnie, suite, repos.
onsauis, conseil, projet.
onsent, conseille, consentement.
onsevoir, concevoir, *concipere*.
onsorce, conversation, compagnie.
onstentinoble, Constantinople.
onsuir, poursuivre, atteindre, frapper, imiter.
onter, raconter; Conter, narration, discours.
ontechier, s'attacher, toucher.
ontraire, contrariété, accident, malheur.
votrait, *contractus*, contrefait, estropié, difforme.
ontralier, contredire, contrarier.
ontrelient, contredit.
ontremont, en remontant, en haut, en montant, *contra montem*.
ontrester, contester, résister, s'opposer.
onvenir, arriver, citer en justice, *convenire*, convigne.
onvent, couvent, convention, convient, accord.
onverser, rester avec, demeurer, *conversari*.
onvetai, convoitai.
onvive, repas, festin, coutenance, disposition, *convivium*.
onvoiteur, désireux.
op, un coup, une fois.
opoier, blamer, *culpare*.
oquembert, Coquebers, nigaud, sot, impertinent.
oquille, vase en forme de coquille pour les offrandes.
orage, courage, cœur, volonté.
orbiex, corbeau, *corvus*.
orceant, forçant, corrigeant.
orde, paix, concorde, attache.
ordelle, petite corde.
orée, curée, fressure des bêtes de chasse.
ornez, biberon.
oron, coin.
orporiens, corporels.

Corre, courir, *currere*.
Corronner, couronner, *coronari*.
Corront, corrompt.
Cort, cour, court, *curia*.
Cos, crocs, cou.
Coste, Cotelles, Cotériaux, côtillon, coute, veste, petit corset.
Coterel, espèce d'arme, épée, grand couteau.
Cou, coup, ce, cela.
Couart, lâche, poltron.
Couche, femme en couche, grosse.
Couchier, coucher.
Couennes, cuir.
Coulons, pigeons, colombe, *columba*.
Coulorer, Coulourer, colorer, orner, embellir, *colorare*.
Courre, Corre, cour, courir; Courreu, couru, *currere*.
Court, cour de justice, la cour, le cortége d'un souverain, cour.
Courtil, maison, jardin potager, verger.
Courtine, rideaux, tour de lit.
Courtoisée, gentillesse, affabilité, manières honnêtes.
Cousteus, coûteux, de grand prix, très-cher.
Coute, robe courte, cotte, pointes courtes, habit, matelas, coussin.
Couté, côté, une coudée, impôt.
Coutelet, petit couteau.
Coutre, *custodia*, gardien de l'église, barre de fer perpendiculaire à la charrue.
Couvers, couvert.
Couvertoir, couverture.
Cover, cafsard.
Covrele, Couvrelles, village du Soissonnais.
Craiche, crache.
Craist, croit.
Crapout, crapaud.
Cras, grasse.
Créance, foi, confiance, *credere*.
Créanter, promettre, donner des garanties.
Crémi, Cremoit, craignit, craignait.

Cresserelle, crécelle, aigu.
Crester, élever, peigner, maltraiter.
Crestienté, chrétienneté.
Cretine, Christine (sainte).
Crever, fatiguer, harasser, voir, apparaître.
Crien, Crient, Crier, craint, griève, redoutent, croire, créer.
Crières, créateur.
Criefment, cruellement.
Crieus, cruel, criard.
Crieve, crève.
Crines, cheveux.
Crise, petite rivière du Soissonnais.
Crocs, crochets.
Croier, croître, augmenter.
Croisse, croise, voies croisées.
Croisseiz, croisée.
Crouller, se remuer, bouger, tomber, dire un mot, le chief croulla.
Crout, croupe et groupe.
Crucefit, crucifix.
Crucier, tourmenter, *cruciare*.
Crulere, *couleuvre*, criblure.
Cube, chute.
Cueiller, honorer, *colere*.
Cueins, comte, ceux.
Cuer, cœur, chœur, *cor*, *chorus*.
Cuert, cour du souverain.
Cui, qui, à qui, quels, dont.
Cuirée, cuir, chasse au loup, curée.
Cuisaument, d'une manière cuisante.
Cuisenson, cuisson, souffrance, soin, inquiétude.
Cuit, pense; Cuida, pensa; Ecuidier, penser.
Cuivers, envieux, infame, perfide.
Culeuvre, couleuvre.
Curer, nettoyer, pourrir, soigner, guérir, *curare*.
Cuvers, vassal, libertin.
Cuvrechief, couvrechef.
Cymeterre, sabre.
Cyrographe, écrivain.
Cyrurgiene, chirurgienne.

aber, Gaber, railler, se moquer.
aignies, daignez, daint, daigne.
alida, Dalila, femme de Samson.
am, dame, seigneur, maitre, dommage.
amager, faire tort, causer du dommage.
amoiseaus, jeune homme.
ampnacion, damnation.

Dampneement, forte damnation.
Dampner, damner.
Dance, danse.
Dancier, danger, difficulté, délai.
Dant, dom, seigneur, maitre.
Dartru, trait, javelot, dard.
Daufin, machine de guerre.

Daus, Dieu.
De, Dieu.
Deables, diables.
Deablie, diablerie.
Debareter, décoiffer, vaincre, tromper.
Debite, dette, impôt, toute redevance.
Debonnaireté, douceur, affabilité, gracieuseté.

DEBRISER, rompre, briser, estropier.
DEBTEUR, débiteur, créancier, *debitor*.
DECEPLINER, recevoir ou donner la discipline.
DECEVABLE, trompeur et facile à être trompé.
DECEVENEZ, trompeur, fourbe, *deceptor*.
DECEVOIR, tromper, *decipere*.
DECEU, déchu, déçu.
DECHACER, chasser dehors.
DECHAUT, qui marche pieds nus.
DECIRER, déchirer.
DECOIVRE, decevoir, tromper.
DECONFORT, découragement, affliction.
DECORS, fête, honneur, gloire, illustration.
DECOURRE, couler, découler, déclin.
DECRACHIER, couvrir de crachats.
DECRAIST, décroie.
DECRÉTISTE, jurisconsulte.
DEDENS, dedans, en, dans.
DEDIRE, dire le contraire.
DEDUIT, plaisir, amusement.
DEDUIRE, se divertir, se réjouir.
DEFAILLIR, manquer, achever, tomber en faiblesse ; DEFAUSSISSE, manquât, *fallere*.
DEFAIRE, abîmer, tuer.
DEFAUT, manque, péché, faute.
DEFERMER, ouvrir, mettre dehors.
DEFFENS, diffidens.
DEFF. ER, creuser.
DEFINEMENT, fin, déclin, défaillance.
DEFINER, terminer, cesser, dépérir, languir.
DEFONCHIER, défoncer, partir.
DEFOR, dehors.
DEFOUIR, ôter de terre, s'enfuir, se retirer.
DEFRAINER, être en déroute, rompre.
DEFRIRE, DEFRIANT, échauffer.
DEFROER, briser, rompre, dépouiller de ses biens.
DEFROISSIER, briser, broyer, enlever en froissant.
DEFUERS, dehors.
DEFUIR, s'enfuir, se retirer.
DEGABER, se moquer, rire de quelqu'un.
DEGLANER, glaner.
DEGOUTER, tomber goutte à goutte.
DEGRAS, bonne table.
DEITEZ, divinité.
DEJETTER, rejetter, se jeter de côté et d'autre.
DEL, de, du, des, ces.
DELAIENCE, délai.
DELAIER, DELAIERA, délai, mettre du délai, mettra du délai.
DELITABLE, DELITEUS, délicieux, agréable, qui plaît.
DELITER, se plaire, se réjouir.
DELIVRE, libre, affranchi, être en liberté.
DELIVREMENT, facilement, sans gêne, librement.
DELOYAUS, déloyal, perfide.
DEMAINER, DEMAINE, régir, gouverner, seigneur, dimanche.

DEMANGIER, faire, causer du dommage.
DEMANT, je demande.
DEMENER, conduire, traiter, arranger.
DEMENTER, se lamenter, tomber en démence.
DEMENTRE, démence, démontrer.
DEMESURE, sans mesure, outre mesure.
DEMOISSANCE, folie, obsession du démon.
DEMORER, demeurer, retarder, loger, *demorari*.
DEMORS, mordu, délai.
DEMORSE, délai, absence, séjour.
DEMORSER, manger.
DEMORT, mort.
DEMOUREE, séjour, absence, retardement.
DEMOURER, rester, demeurer.
DENOIER, dénier, refuser, *denegare*.
DENTARDE, terme injurieux, ébréché, sans dent.
DEPAINE, déguenillé, mal vêtu.
DEPARTIR, partir, s'en aller.
DEPÉCIER, briser, déchirer, mettre en pièces.
DEPERILLIEZ, en péril.
DEPLORER, prier en pleurant, *deplorare*.
DEPORT, DEPORZ, plaisir, joie, délassement.
DEPORTER, DEPORTANT, se réjouir, porter, conserver.
DEPRIER, prier, *deprecari*.
DEPUPLIER, publier, annoncer.
DEQUEURRE, il découle, de dequérir, *decurrere*.
DERACHIEZ, arraché.
DERAIENS, dernier.
DERAISNIER, prouver son droit en justice, plaider, terminer, choisir.
DERRANNER, arracher.
DERAUNIER, éclairer, débrouiller.
DERIFLER, écorcher.
DEROBÉ, sans robe.
DEROMPRE, DÉRONT, briser, rompre, casser, *disrumpere*.
DEROUTE, rompue, brisée, confusion.
DERROIER, devoyer, hors de la voie, *deviare*, on mettre en déroute, *deruere*.
DESACOINTIER, cesser d'être l'ami de quelqu'un, se séparer, se brouiller.
DÉSAERT, détacha, de *desaerire*, se détacher, quitter, abandonner.
DESAMORT, il ôte l'amour.
DESAMORDRE, démordre.
DESAVANCIER, reculer, empêcher, *retarder*.
DESCEUVRIR, découvrir, apercevoir.
DESCHAUT, DÉCHAUT, déchaussé, discordant.
DESCHAUSSIER, déchausser.
DESCONFESSE, sans confession, qui meurt sans confession.
DESCONFIT, battu, perdu, ruiné.
DESCONFORT, découragement, douleur, tristesse, accident fâcheux.
DESCONNEU, méconnu.
DESCORDE, discorde, débat, procès, querelle.
DESCOUPER, tirer d'embarras, disculper.

DESDIRE, contredire, contester.
DESENIRE, *desanire*, perdre le sens.
DESENIVRER, désenivrer.
DESERITER, déshériter, *deseris*.
DESERRA, desservira.
DESERTES, deservice, crime, méfaits.
DESERVIR, obtenir, mériter, gagner.
DESESPERANCE, DESPERATION, DÉSESPÉRANCE, désespoir.
DESEUR, dessus, sur, par-dessus.
DESGRAS, la graisse.
DESIERIER, DESIRIER, désir.
DESIERROIT, désirerait.
DESIEUNE, DESJUNE, déjeûne.
DESLAIER, ôter, mettre du délai, devenir déloyal.
DESLAVEMENT, lavasse.
DESLIÉ, délié.
DESLIT, péché, *delictum*.
DESMENT, démentir, donner un démenti, fausser.
DESONNEUR, déshonneur.
DESPANCE, dispense, dépens, boisson de valet.
DESPENSER, DESPENT, DESPENDU, prodigué, dépensé.
DESPERS, désespéré, pervers, dur, méchant, cruel.
DESPIR, mépriser, braver, dédaigner, *despicere*.
DESPISÉ, DESPISANT, méprisant.
DESPIT, mépris, dédain, méchanceté.
DESPOILLIER, dépouiller, mettre à nu.
DESPOIR, désespoir.
DEPOISE, dépense, mélange d'argent et d'étain pour diminuer le poids et la bonté de la monnaie.
DESPREUVE, épreuve.
DESPRISER, mépriser.
DESPRIT, mépris.
DESPUTAIRE, sans prudence, méchant, cruel, bas.
DESPUTE, dispute.
DESQU'A, jusqu'à, as, aux.
DESRAI, tort, insulte, injustice.
DESRAINER, défendre en justice, plaider, choisir.
DESRAISON, déraison, tort, insulte.
DESRÉE, égaré, perdu.
DESRENGIER, ôter, avancer, s'ébranler.
DESROI, effroi, désastre, infortune.
DESROTE, hors de la voie.
DESSEMBLER, déguiser, changer la ressemblance, diviser.
DESSEUREZ, mal assuré, détaché, délié, séparé.
DESSIET, ne convient pas.
DESTESTUE, destitue.
DESTINÉ, conscience, malheur.
DESTOIEZ, délacé.
DESTOMBER, tomber.
DESTOURNIER, troubler, empêcher, détourner.
DESTRAINT, détruit, arrêté, réprimé, pressé.

ESTRANIEZ, affligé.
ESTREVER, presser, contraindre.
ESTRIER, cheval de main, palefroi propre à un homme d'armes, aux joûtes.
ESTREU, détresse.
ESTROIZ, contraint, effrayé, affligé, mauvaises mœurs.
ESTROMPER, détromper.
ESTROTÉ, agité, poussé, détroussé.
ESVÉRÉ, fou, extravagant, rempli de chagrin.
ESVÉRIE, méchanceté, manie, folie.
ESVEILLER, ne pas vouloir.
ESVERDIR, déverdir, se faner.
ESVER, bisquer, se chagriner, endêver.
ESVEZ, fou, hors du sens.
ESVOULOIR, ne pas vouloir.
ESVUIDER, dévider.
ÉTAINT, éteint.
ÉTANGIER, distancé.
ÉTENDRE, étendre.
ÉTENIR, DÉTENIR, retenir, arrêter, retarder, *detinere*, retirer.
ETIAUS, endetté, débiteur, répondant, caution.
ETIRER, tirer, arracher.
ETRÈCE, deuil.
ETRIANCE, délai, retardement, prolongation.
ETRIER, étrier, retarder, retenir, assigner aux puînés une portion légitime.
ETRIVEZ, déchaîné.
ETUERT, DETUERDRE, débattre.
EU, du, Dieu.
EUS, deux.
EUSTRE, se plaint.
EVE, quitte, défend, empêche, *vetare*.
EVENDRAI, deviendrai.
EVEROILLIER, déverouiller, ôter les verrous.
EVERURER, dévorer.
EVICE, mignardise, délice, richesse, vice.
EVIER, mourir, sortir de la vie, du chemin, *deviare*.
EVIN, divin.

DEVIS, plaisir, joie.
DEVISE, parole, causerie, plaisir, testament, explication, ordonnance.
DEVSÉ, division, partage.
DEVISER, dire, parler, stipuler.
DEVOURÉ, dévoré.
DÉDIMI, mont dans la ville de Césarée où était l'église St-., Mercure.
DIE, DIEL, DIEUS, Dieu, dit, *dictum*, parole, chagrin.
DIEMAINE, dimanche.
DIEX, Dieu.
DIGNE, non digne, indigne.
DIS, dics, dit, paroles, le jour, dé à jouer.
DISER, dire ; DISTRENT, ils disent, disent entre eux, *dicere*.
DISPENSATION, dispense, permission.
DIT, parole.
DITÉ, écrit.
DITERRES, paroles.
DITIER, écrire.
DITIEZ, dit.
DITONGUE, diphthongue.
DIU, Dieu.
DIUS, désireux.
DIVORTIUM, divorce.
DIX, parole.
DOCHERRY, Donchery, ville sur la Meuse.
DODINS, indolent, négligent, diminutif de Claude.
DOIENNICE, doyenné.
DOIGNE, DOINGNE, donne.
DOINGE-JE, donne-je.
DOINT, daigne.
DOIANS, devons.
DOIZ, doit, conduit, doigt.
DOLENT, triste, affligé.
DOLEREUX, douloureux.
DOLEZ, chagrin, affligé, *dolere*.
DUBITACION, doute, *dubitatio*.
DOLOREZ, dolerer, ê re dans la douleur.

DOMAICHE, dommage.
DOMAGIER, endommager.
DOMAINE, mine.
DONRA, donnera.
DONT, D'ONT, donne, d'où, *unde*.
DONTER, dompter, *domare*.
DOR, dormir, d'or?
DORENLOT, mignard, parure recherchée.
DOU, du, de.
DOUBLERIE, double.
DOUBLES, petite monnaie de cuivre qui valait deux deniers.
DOULOIN, se plaindre, souffrir, gémir, *dolere*.
DOULOUR, douleur, *dolor*.
DOURRA, DOUERA, donnera.
DOURRAI, donnerai.
DOUT, il doute, il craint.
DOUTE, crainte, peur.
DOUTER, croire, craindre, redouter.
DOZ, doux.
DRAPEL, chiffon, morceau de linge.
DRAPELET, petit morceau de linge ou de drap, lambeaux, haillons.
DRAS, robe, habit, vêtement.
DRECIER, dresser, rendre droit, redresser.
DROIT, DROIZ, de suite, juste, droit, il est juste.
DRUZ, gros, épais, fort, gai, ami, amant, chéri.
DU, de, eh!
DUEILLE, deuil, chagrin, tristesse.
DUELLER, peiner, se dueller, s'affliger, *dolere*.
DUIT, avisé, *doctus*, deux, habile, instruit.
DUIZ, appris, expérimenté.
DUMAINS, du moins.
DUREMENT, extrêmement, beaucoup.
DURER, soutenir, supporter, subsister, *durare*.
DURFEU, malheureux, abandonné, effronté, paresseux, lâche.
DURTÉ, dureté, rudesse, cruauté.
DUS, duc.

BRIEU, hébreux, juif.
CLARER, éclairer.
CRISTER, écrire.
DÉFIER, édifier, construire.
DEX, Dieu.
FFANCE, enfance, *infantia*.
FFANTER, enfanter.
FFONDRÉ, enfoncé, coulé à fond.

EFFONDRER, enfoncer, éventrer.
EFFOUDRER, éclairer, lancer la foudre, aller comme la foudre.
EFFRÈCHE, fraîche.
EFFRÉS, EFFREZ, effrayé.
EFFRITER, trembler, avoir peur.
EFFROIER, effrayé.
EFFUNDUS, fondu, coulé à fond.

EGRES, aigre.
EGRIR, aigrir.
EILES, elle.
EINZ, ainsi
ELE, aile.
EMALER, ôter de la malle.
EMBATTRE, pousser, jeter, fondre sur l'ennemi, se divertir.

EMBLER, enlever, fuir, partir
EMBLÉE, embuscade, enlèvement.
EMBOUÉ, sali, taché, couvert de boue.
EMBRACIER, embrasser.
EMMER, aimer.
EMMILLER, emmieller.
EMMOI-JE, aimai-je?
EMOI, danger.
EMPALÉ, pal.
EMPÉRERES, empereur.
EMPÉRIAUX, impératrice.
EMPÉRIR, empirer, périr.
EMPIRER, rendre plus mauvais.
EMPOLES, ampoules.
EMPRIS, appris.
EN, AN, est, ne.
ENAIGRIR, rendre aigre.
ENBASMÉ, embaumé.
ENBATTRE, abattre, jeter à bas, battre.
ENBESOIGNIER, mettre en besogne, faire travailler.
ENBEUZ, imbu, garni, rempli.
ENBLASMÉ, embaumé.
ENBOER, tacher, salir, empester.
ENBOEZ, plein de boue.
ENBUIÉ, rempli de pus, attaqué.
ENCAPPER, couvrir d'une cape.
ENCHAÏR, tomber.
ENCHALIS, tombé?
ENCHANE, enchante, blanchit.
ENCHARGÉ, ÉE, chargé.
ENCHAUDER, échauffer.
ENCHOIR, ENCHIÈRE, ENCHOISTRE, tomber.
ENCLIN, incline, inclination.
ENCLORER, enfermer.
ENCOCHER, mettre une flèche dans la corde d'un arc, tendre la corde d'un arc.
ENÇOIS, avant, auparavant.
ENCOISTRE, augmenter.
ENCOMBRIER, ENCOMBRISER, encombrement, perte, malheur, ennui.
ENCORDELÉ, garni de cordes.
ENCORDER, mettre dans les cordes, enlacer.
ENCORSÉ, fortifié.
ENCOURACHIER, encourager.
ENCOUREUX, courageux.
ENCOURTINÉ, orné de courtines.
ENCROER, mettre au croc.
ENCROISSER, augmenter.
ENCRESSER, engraisser.
ENCUSE, accuse.
ENDITIÉ, instruit, persuadé, informé.
ENDOLÉ, celui à qui on assigne un douaire.
ENDOURER, endurer.
ENE, ne.
ENFANÇON, ENFANÇONNET, petit enfant.
ENFANTIS, enfantin.
ENFANTOMERIE, art d'évoquer les fantômes, sortilège.

ENFERS, maladie des ardents, infect.
ENFES, enfant, jeune homme.
ENFONDRE, fondre, briser
ENFORRER, enfermer.
ENFOSSÉ, enfoui dans un fossé.
ENFRÉNER, mettre un frein.
EFFROER, effrayer.
ENFRONTEZ, hardi, effronté.
ENFUERS, pour, en place, pour le prix, enfoui.
ENFUET, enfoui
ENFURNES, caché.
ENGALEZ, engage, surpris, en gale.
ENGENT, engent.
ENGIEN, engin, machine de guerre, sorcellerie, ruse.
ENGIÈTE, jette.
ENGIGNER, séduire, tromper.
ENGLACIER, glacer.
ENGLOUT, englouti.
ENGORGIEZ, ENGORGIEUS, homme glorieux, qui aime à se pavaner.
ENGRANT, agréable, empressé.
ENGRES, ardent, violent, jaloux, empressé.
ENGROUTEZ, encroûté.
ENGUIGNEZ, trompé.
ENHERBÉ, rempli d'herbes.
ENJELIR, donner des joyaux.
ENJOUTER, tromper, séduire, enlever.
ENJUPER, donner ou mettre une jupe.
ENMALER, mettre dans la malle.
ENMURER, fermer de murs, clore.
ENNASSÉ, être dans la nasse.
ENNE, est-ce que?
ENNEAUS, anneau, chaîne.
ENNEGIÉ, couvert de neige.
ENNOSSER, tuer, enlever par une maladie, enterrer.
ENNUILIER, donner les saintes huiles.
ENPAIENNÉ, plein de payens, d'idolâtres.
ENPAINTE, secousse, agitation de la mer.
ENPEIGNER, exciter, entraîner.
ENPEINDRE, employer, dépenser, se peindre.
ENPIGMENTER, parfumer.
ENPOIGNER, empoigner.
ENPOINTIER, mettre en bon état.
ENPOLLENTER, empoisonner, empester.
ENPOZ, salé.
ENPRENDRE, apprendre, entreprendre, expier.
ENQUERREMENT, par enquête.
ENRAGIEZ, enragé.
ENRANIE, enrayé.
ENREIDE, ENREDIE, effronterie, impudence, rage, fureur.
ENRESNIÉ, enlacé par la ruse.
ENRESQUEUER, recourir.
ENROBER, mettre ou donner une robe.
ENROÉS, enrhumé.

ENROÉ, enroulé.
ENSACHER, mettre dans un sac.
ENSAFRAINÉ, couvert de safran, jaune.
ENSAGIÉ, être sage.
ENSAIGNER, enseigner, faire le signe de la croix.
ENSCELER, enfermé.
ENSECHIÉ, desséché.
ENSEIGNE, signe de la croix.
ENSEMENT, semblablement, pareillement.
ENSEIRER, enserrer, enfermer.
ENSE, ENSIZ, ainsi, aussi.
ENSIGNE, enseigne.
ENSUIRRE, ENSUIVRE, suivre.
ENTAIER, entasser, enfoncer.
ENTAILLIER, entailler, graver, sculpter.
ENTE, greffe.
ENTERINS, intègre, parfait.
ENTERRE, entre.
ENTECHIÉ, entaché.
ENTENDUS, entendez.
ENTENTIS, attentif.
ENTENTIEUMENT, ENTENTILMENT, attentivement
ENTASÉ, préparé, ajusté.
ENTESTÉ, entêté.
ENTIENNE, antienne.
ENTITULEUSE, ENTITELEUSE, titre, intitulé.
ENTOR, ENTOUR, autour.
ENTOUCHIER, entacher.
ENTOURNER, s', s'en retourner.
ENTRAMMER, entr'aimer.
ENTRAPEZ, attrapé.
ENTREMETTRE, entreprendre, s'occuper.
ENTRESAIT, en même temps, pendant ce temps, cependant.
ENTROIGNE, accomplisse, exécute.
ENTROUBLIER, suspendre, troubler, faire trêve, s'oublier.
ENTUCHIEZ, entiché, opiniâtre.
ENTULLES, fol, étourdi, pauvre tête.
ENVAIE, assaut, choc, attaque, envie.
ENVERS, vers.
ENVESSELLER, mettre dans un vase.
ENVIESIR, vieillir, s'user, périr par le temps.
ENVINEMMENT, envie.
ENVIS, envie, avec peine, à regret.
ENVOISER, avoir de la voix, envoler, se réjouir.
ENVOISIÉ, réjoui, gai, joyeux.
ENVOIST, en aille.
ENZ, dans.
EPOINDRE, piquer, élancer
EQUINOXTION, équinoxe.
EQUIPOLLENE, équivalent.
ERAAILLER, ERAIER, arracher.
ERBE, herbe, herba.
ERCHEBOCLES, escarboucles.
ERDUZ, friche.
ERMINÈTE, petite hermine.

ERMOFLES, hypocrite, faux dévot, hermite.
ERRACHER, arracher.
ERRAGIEZ, enragé.
ERRAUMENT, aussitôt, égarement.
ERE, ERENT, était, étaient.
ERITES, hérétique.
ERRE, arrhes, route, chemin, voyage, diligence, ordre, manière de vivre.
ERSOIR, hier soir.
ERT, sera.
ESBANOIR, se divertir, s'épanouir, prendre ses ébats.
ESBARI, ébahi, étonné.
ESBATRE, réjouir.
ESBAUBIR, se récréer, se réjouir, confondre, surprendre.
ESBERUCIER, ranimer, s'agiter.
ESBLOÉ, ESBLOIS, ébloui.
ESBOULER, ébouler.
ESCANDEL, scandale.
ESCANDRES, éclat, dispute ?
ESCARINE, chauve.
ESCARTELER, écarteler.
ESCERVELER, ôter la cervelle.
ESCHAI, échu.
ESCHANCE, chance.
ESCHANE, marchepied, tabouret, lattes qui servent à couvrir les maisons.
ESCHAPER, échapper.
ESCHAR, moquerie, avare, qui épargne.
ESCHARDER, ménager, épargner, être avare.
ESCHARNIR, déchirer à belles dents, calomnier.
ESCHIT, échappe.
ESCHINER, échignier.
ESCHIQUIER, jeu d'échecs.
ESCHIVER, délivrer.
ESCHOIFFIERS, fabricant de chaloupes, habitant d'une échoppe.
ESCIANT, science.
ESCIENT, sachant.
ESCLARCI, éclairé.
ESCLUSION, exclusion.
ESCOLEZ, école.
ESCOMMUNEMENT, excommunion.
ESCONDIST, conduisit.
ESCONDUIRE, éconduire.
ESCOPEZ, lâche, poltron, insolent.
ESCOPIZ, conspué, mauvais plaisant.
ESCOT, écôt, dépense.
ESCOUFLES, monnaie flamande.
ESCOUTER, écouter.
ESCREMIR, délivrer, craindre, combattre, attaquer, défendre, préserver.
ESCREPIE, décrépi.
ESCRINET, petit écrin.
ESCRIPTURE, écriture.
ESCRISIEZ, écriviez.
ESCRIVEINS, écrivain.

ESCUELE, écuelle.
ESCURER, nettoyer, excuser.
ESCUZ, bouclier, écu.
ESDUIZ, en dehors du sentier.
ESE, ai-je ?
ESGARD, égard.
ESGARDER, regarder.
ESJOIT, réjouit.
ESJOIE, ESJOISSEMENT, joie, réjouissance.
ESLAIS, bond, élan, élancement, rapidité, course, soulagement, aisance.
ESLAISSER, ESLAISSIER, s'en aller, échapper, courir.
ESLANCHES, le bras gauche.
ESLAVACE, grande pluie, déluge d'eau.
ESLAVER, laver, défricher.
ESLEISSIÉ, réjoui, élancé.
ESLEPS, galop, rapidité.
ESLESSER, abandonner.
ESLIMER, limer.
ESLIRE, ESLIT, choisir.
ESLIZ, élu.
ESLOCHIER, ébranler, déplacer d'un lieu.
ESLOINGNE, délai.
ESLONGÉ, allongé, éloigné.
ESLONGER, éloigner, écarter.
ESLUIR, éblouir.
ESMAIER s'étonner, s'émerveiller.
ESMARIS, affligé.
ESMAUVEILLIER, émerveiller.
ESMENGIER, manger.
ESMERÉ, émaillé, recherché, précieux, richement travaillé.
ESMESMENER, malmener.
ESMEU, ému.
ESMIER, émietter.
ESMOFLE, mou.
ESMOLUZ, fin, mou, aiguisé, repassé sur la meule.
ESMOUR, émouvoir.
ESMUTE, muet, qui a perdu la parole.
ESNASÉ, ENASÉ, privé du nez.
ESNUER, mettre à nu, dépouiller.
ESNE, Aisne, rivière qui traverse le Soissonnais.
ESPAIGNE, Espagne.
ESPAISSIER, apaiser ?
ESPANEIR, expier, subir la peine due à un crime.
ESPANI, épanoui.
ESPARGNIER, épargner.
ESPELUCHER, éplucher.
ESPENDRE, ESPANDRE, répandre.
ESPENAISSENT, expient.
ESPENSE, surprend, pense, épouse.
ESPENSER, épancher.
ESPERDU, perdu.
ESPÉRITALABLE, spirituel, céleste.
ESPÉRIZ, esprit.
ESPÉS, ESPESSES, épais, épaisse.

ESPIAURAT, expiat.
ESPICE, épicerie, toute espèce de sucreries.
ESPIEZ, épée.
ESPILLIÉS, appauvri.
ESPINCÉ, arrangé avec affectation, pomponné.
ESPINOÉ, ESPINOLÉ, recherché, épinglé.
ESPIRER, inspirer.
ESPIT, esprit.
ESPLOITTÉ, conduit, travaillé, avancé.
ESPLORER, éplorer.
ESPOENTABLE, épouvantable.
ESPRAIGNER, prendre, occuper.
ESPREUVER, éprouver.
ESPREVIER, épervier.
ESPRINGUERIES, ESPINGLERIES, espiègleries.
ESPRISER, priser.
ESPUNGER, purifier.
ESQUENIÉ, ESQUEMENIÉE, excommunié.
ESQUET, recherche.
ESQUEVINS, échevin.
ESSACHIER, arracher.
ESSAILLIR, assaillir.
ESSAMPLE, exemple.
ESSAUCER, ESSAUCIER, exhausser.
ESSEILÉ, ESSILIÉ, exilé.
ESSIAN, sachant.
ESSIL, exil.
ESSOIGNE, ESSOINE, soin, besoin, empêchement.
ESSOURBER, troubler.
ESSUEZ, essuyé.
ESTABLE, stable.
ESTACHE, attache.
ESTAL, rang, place, piédestal.
ESTALON, étalon, cheval entier.
ESTALOFIEZ, domestique qui soigne les chevaux.
ESTAMPER, étaler, exposer en vente.
ESTANCÈLE, ESTENCÉLE, étincelle.
ESTAPEZ, étendu en vente.
ESTATINE, étalage ?
ESTENDEILLIER, s'étendre comme en sortant d'un sommeil.
ESTENES, Étienne.
ESTER, être, origine.
ESTERLINS, sterling, pièce de monnaie anglaise.
ESTEUDE, attention.
ESTEULE, chaume de blé, éteuil.
ESTEZ, été, saison.
ESTINGUER, éteindre; *extinguere*.
ESTOFFES, étoffes.
ESTOIE, était.
ESTOIRE, histoire.
ESTOLE, robe, *stola*.
ESTORER, restaurer, bâtir.
ESTORITÉ, autorité.
ESTORZ, choc, mêlée, désordre, trousseau.
ESTOUDIÉS, garni, rempli ?
ESTOUPER, mettre ou boucher avec des étoupes.
ESTOUTE, toute entière.

55

ESTOUVIENT, convient.
ESTOUVOIR, ESTUET, EXTUIT, falloir, nécessité, convenance, besoin.
ESTRACION, extraction.
ESTRAGÈRE, étrangère.
ESTRAIER, ESTRANIER, quitter.
ESTRANI, paille broyée.
ESTRAINDRE, faire des contorsions.
ESTRAINT, étend.
ESTRAMIER, petit chaume.

ESTRANGE, ESTRANGIER, étrange, étranger.
ESTRANGER, traiter en étranger, éloigner, chasser.
ESTRIER, étrier, étriller, penser, poursuivre.
ESTRIF, querelle, discussion, bataille.
ESTROIT, étroit.
ESTROUS, à l'instant, sur-le-champ.
ESTRUIT, instruit.
ESVANUIT, évanouit.
ÊTRE EN GRAND, s'occuper, être en peine.

EUF, œuf.
EUFRATEN, Euphrate, fleuve de l'Asie.
EUGÈNE, archevêque de Tolède.
EUIL, œil.
EUR, EURE, heure, sort, chance.
EUREUX, SE, heureux, heureuse.
EUVRER, travailler, ouvrer.
EVAIN, Eve.
EVESCHIÉ, évêché.
EVESTUER, s', évertuer, se donner du plaisir.

FACÈTE, petite face.
FACONDE, facilité à bien dire.
FAILLE, tromperie, faute.
FAILLIR, tomber.
FAIN, faim, foin.
FAINTISE, feinte, tromperie.
FAIRE, foire.
FAITEMENT, parfaitement.
FAITER, accorder.
FAITICE, beau, agréable.
FAITURE, forme, figure, bonne grâce, maléfice.
FAIZ, faits.
FALLACE, trompeur, fallax.
FALOIR, tromper, manquer, fallere.
FALORDE, tromperie, bêtise.
FAME, femme, réputation.
FAMEILLEUS, affamé.
FAMILLIEUS, familier, familiaris.
FANC, sang.
FANFELUES, fanfreluche, bagatelle.
FANTÔMERIE, fantôme.
FARAING, FARDEL, FARDIAUS, fardeau, fard, déguisement.
FARSI, rempli.
FART, fait.
FAUDRA, tombera.
FAURER, manquer.
FAUSNOIÉ, fourvoyé.
FAUT, manque.
FAVÈLE, cajolerie, flatterie, fable.
FÉBLE, faible.
FEING, DE FEIGNER, feindre, se flatter.
FEIST, fit; FISTRENT, firent.
FEL, faux, félon.
FELOIER, tromper.
FENELESSE, finesse.
FENI, IE, fini.
FER, dur.

FERE, FERIA, SEXTE FERE, sixième férie, vendredi.
FERE, faire; FAÇONS, faisons; FEISSENT, fassent; FESIT, fit; FEROIE, ferait; FEISTES, fîtes, faisiez.
FÉRIR, frapper; FÉRIT, fend, frappe; FIERT, frappe; FEROIE, frappait; FERA, frappera; FERU, frappé, FERRAI-JE, frapperai-je?
FERMETÉ, rempart, château, fermeture.
FERMIÉ, FREMIT, fermé, promit.
FERS, ferme.
FERU, DE FERIR, frapper.
FES, fais.
FESSIÉ, fatigué.
FESTER, fêter.
FESTUZ, fétu de paille.
FERVESTU, revêtu de maille de fer.
FET, fait.
FETARDIE, paresse, nonchalance.
FETARZ, fainéant, paresseux.
FETISER, faire fête.
FEUCIONNEZ, petit feu, igniculus.
FEUS, fou.
FÉVERIEUS, février.
FEZ, fait, action.
FIANCE, confiance, foi.
FICHER, moquer, s'en ficher.
FICHIER, fixer, ficher.
FIE, fiance, foi, fides.
FIEMENT, avec confiance.
FIENS, fumier.
FIER-A-BRAS, nom donné au Démon.
FIÈRE, extraordinaire.
FIEUVREUX, fiévreux, attaqué de la fièvre.
FIEZ, fils.
FIL, FILZ, fil.
FILATIÈRE, FILACTÈRE, philactère, châsse.
FIERTES, FIRTRES, châsse, feretrum.

FILOCHIER, filasser, filoquer.
FINEMENT, fin, parfaitement.
FINER, finir, mourir.
FINIEMENT, fin.
FIS, FILZ, fils.
FIZ, assuré.
FLAEL, fléau, flagellum.
FLAGIEN, fléau, terreur, épouvante.
FLAIRER, odeur.
FLAMBE, flamme.
FLAMESCHE, flammèche.
FLATI, flatta.
FLATIR, enfoncer, toucher d'un fer chaud, faire tomber, frapper, flétrir.
FLERANT, flairant.
FLERRER, flairer.
FLERS, odeur.
FLESTRI, flétri.
FLOCHIER, tomber à flocons.
FLOIBLE, faible.
FLORETTES, petites fleurs, nom donné aux saintes du Ciel.
FLORIR, fleurir.
FLORISSEURE, floraison.
FLOS, fleur, flot.
FLOTE, troupe, foule de peuple.
FLOTTE, multitude, flux.
FLUNS, fleuve, fluvius.
FOIÉE, FOICE, fois.
FOILLUE, UE, feuillu, e.
FOIRIER, dyssenterie.
FOISON, abondance.
FOLAGE, folie.
FOLEUR, extravagant, fou, étourdi.
FOLOIOR, extravaguer, faire des folies.
FONCIÉ, enfoui.
FONS, fontaine, fond.
FONT, font.

GAR GET GLU 777

'ONTENETTE, petite fontaine.
'ONTEVRAUD, Fontevrault, abbaye.
'ORGÈLE, cœur, poitrine, ventre.
'ORFET, forfait, crime.
'ORMÉE, service pour les morts, lettre scellée du sceau public ou royal pour mettre une sentence à exécution.
'ORMENT, fortement, extrêmement.
'ORMIERS, fabricant de formes.
'ORNAISE, FORNÈSE, fournaise.
'ORS, dehors, excepté, puissant, fort, forteresse.
'ORSCLORE, fermer contre le dehors.
'ORSENORDIE, serait hors du sens.
'ORSMETTRE, mettre dehors.
'ORSVOYER, fourvoyer, mettre en dehors de la voie.
'ORT, difficile, pénible, terrible.
'ORTATEZ, très-puissant ?
'ORTRAIRE, tirer dehors.
'OSSIERS, fossoyeur, larron.
'OUERRES, qui creuse la terre, qui aime le labour.
'OUCHÉ, entassé.
'OUIR, fuir, creuser.

FOULZ, fou, foudre, tonnerre.
FOUMENTE, fomente.
FOURCÈLE, le creux de l'estomac, la poitrine.
FOURMAGE, fromage.
FOURME, forme.
FOURNEL, petit four.
FOUS, feu.
FOUX, fou, cruel, soufflet.
FOVACE, féroce ?
FOX, fou, méchant.
FRAILLE, fragile.
FRAINDRE, FRAINGUER, broyer, rompre, frangere.
FRAIT, brisé, fractus.
FRAMBAUX, frembaux, bourse ?
FRANCHIR, affranchir.
FRARINE, de peu de valeur, menu, misérable, maigre.
FRASSER, écosser, décortiquer.
FREEUR, FREUR, frayeur.
FREMANZ, frémissant.
FREMIER, frémir.
FRES, frais.
FRESAIE, oiseau de mauvais augure.
FRESCHE, fraîche, friche, terre inculte.

FRESE, fraise.
FRIELEUS, frileux.
FRIENT, cuisent dans une poêle, frissonnent.
FRISE, ornement d'architecture.
FROER, briser ; FROÉRONS, briserons, frangere.
FROISURE, brisure.
FROIT, froid.
FROITERIES, froidure, brisure.
FRONCHER, froncer, dormir, ronfler.
FROTER, frapper.
FRUCTEFIER, fructifier.
FRUME, grimace, humeur désagréable.
FU, feu.
FUEL, FUEILLE, feuille.
FUER, fois, manière, occasion, prix, valeur, hors, dehors, chasser, cacher.
FUI, fus.
FUIEZ, FUIES, fuite.
FUIS, fût.
FUMIÈRE, fumée.
FUSICIEN, NE, médecin, physicienne, bois, javelot.
FUST A FUST, lance à lance.
FUST, tonneau.
FYERCE, dame, reine, la seule pièce des échecs.

, quelquefois employé pour Y.
GAAIGNAGES, gain, granges, terre labourée et ensemencée.
GAING, gain, profit.
GABELÈTES, gambades.
GABER, moquer.
GAIGNGNE, gain, profit, cultive.
GAINGNON, chien, mâtin.
GAITIÉ, guetté, veillé, gaîté.
GALATINE, GALENTINE, gelée de viande ou de poisson.
GALER, dépenser pour la bonne chère, gula d'où gala, festin.
GALIE, GALICE, sorte de vaisseau, galère.
GALIOT, pirate, corsaire, sorte de vaisseau long et dont les bords sont plats.
GARCE, jeune fille, fille vierge.
GARCETTE, petite fille au-dessous de 12 ans.
GARDONS, poissons, réservoir pour le poisson.
GARGATE, gosier.
GARISON, guérison.
GARITE, guérite.
GARITER, garnir de guérites, de sentinelles, garantir.

GARNIR, fortifier, garantir.
GAROULON, sorcier ?
GARREZ, gardez, guérissez.
GARRONS, garderons.
GART, garde.
GAVAI, gosier, estomac.
GEMIRAI, gémirai ; GEMIT, gémit.
GELINE, poule, gelina.
GEMME, pierre précieuse, gemme.
GENGLE, jonglerie, habil.
GENGLEUR, GENGLIER, jongleur, farceur, médisant.
GENOIER, s'agenouiller.
GENOUILLON, à genoux, agenouillé.
GENOIL, genoux.
GENT, gentil, aimable.
GENT, nation, peuple ; GENTMENUE, petit peuple.
GERE, serait.
GERROIER, guerroyer.
GERROIT, gisait.
GES, je.
GESIR, coucher.
GETER, jetter.
GEU, couché.

GEUN, GEUNE, jeune.
GEUST, gent, gît.
GHIS, nom d'un mauvais passage près de Damas où se tenait un loup.
GIET, jette ; GIETE, qu'il jette ; GIÉTAT, qu'il jetât.
GIEX, GIEU, jeu, juif.
GIFFARDE, jouflue, servante de cuisine.
GIGUE, fille réjouie, égrillarde.
GILER, attraper, duper, tromper.
GISARMES, hallebarde, pique, hache.
GIST, repose.
GISTE, gîte.
GIUS, jeu.
GLACER, SE, se glisser, se couler, détourner un coup.
GLACIER, glisser, pénétrer.
GLAIS, iris, glaïeul.
GLETIEUS, rempli d'ordure.
GLOREFIER, glorifier.
GLOSER, moquer, critiquer, expliquer, dire.
GLOTONNÉE, gloutonnerie.
GLUEUSE, colle de glu, paille qui fournit beaucoup de chaume.

GOALIARDOIS, bouffon, gourmand, méchant.
GOBE, fou, vain, plein de vanité.
GOBER, mépriser, se mettre en débauche.
GOBOIS, vanité, moquerie.
GONFANONIERS, gonfaloniers, porte-enseigne.
GORDES, pêcherie, espaces d'une rivière où l'on a placé des pieux pour la pêche.
GORCIÉE, gorgée.
GORIANT, glorieux, bien paré.
GOTER, goûter.
GOUARROU, loup.
GOUDER, s'accoster, fréquenter, critiquer.
GOULAFRE, gourmand.
GOULIÉ, goulée.
GOULOUSANT, plaisantant, jalousant, enviant.
GOUTTES, larmes.
GRAVÈLE, gravier.
GRACIER, remercier, rendre grâce.
GRAEL, graduel, livre de chant.
GRAILLE, grille, corneille noire.
GRAILLIÉ, grillé, crier comme la corneille.
GRAMMENT, grandement, beaucoup.
GRANCHES, granges.
GRANMENT, GRANTEMENT, grandement.
GRANT, grand, EN GRANT, en peine.
GRANTÉE, gré, promesse.
GRAPER, vendanger, voler, rapiner.
GRAVENTER, endommager, remercier.
GRAVERANT, chargé, s'enfonçant.

GRÉ, souhait.
GRÉE, féauté, lignée, agrée.
GREGEUR, GREIGNEUR, plus grand, plus considérable.
GRELLÉE, grêle.
GRESLES, chicanes, cor avec lequel on sounait le repas.
GREVAINS, grave, difficile.
GREVEINE, guive.
GREZELIE, grise.
GREZOISE, grecque.
GRIEMENT, GRIEFMENT, grièvement.
GRIES, GRIET, grière, grief, fait mal, chagrin.
GRIEU, peine, affection, malgré.
GRIEVENT, incommodent, chagrinent, tourmentent.
GRILLE, noir, noirâtre.
GRIVELEZ, fraudé, trompé.
GROING, groin.
GROINGNOIER, murmurer.
GROINGNER, grogner.
GROS, grosses paroles.
GROSSEIS, grincement.
GROUCE, bruit des grenouilles en croassant, murmure.
GROUCHER, se plaindre, parler entre ses dents.
GROUCIER, grouiller.
GUAINGNE, gain.

GUAGNES, qui fait des gains, qui réalise des bénéfices.
GUAINGNABLE, gagnable.
GUARRES, guerres.
GUACETTE, fillette au-dessous de 12 ans.
GUARRER, garder.
GUARIR, guérir.
GUARGETER, batailler, frapper au cou.
GUENELON, GANELON, traître.
GUENGERA, gagnera.
GULLE, bouche.
GUERLES, louche, duché de Gueldres.
GUERPIR, quitter, partir, abandonner.
GUERREDON, récompense, salaire.
GUÈS, gué, sentinelle.
GUERNONS, GUERNUS, grenu, grenat.
GUERNIER, grenier.
GUÉTIER, guetter.
GUIART, habit, gilet.
GUIE, guide.
GUIGNANT, regardant, pour surprendre.
GUILEEUR, trompeur.
GUILLE, tromperie, ruse, supercherie.
GUILLERS, ruse, qui se contrefait pour surprendre.
GUINGNONS, guignons rue des Gueux.
GUISE, forme, manière, ruse.
GUITE, guitarre? guidé.

HABITACLE, séjour, *habitaculum*.
HABUNDER, abonder.
HABUNDANCE, abondance.
HACE, hait ; HAISSE, haye ; HEENT, haissent.
HAIE, hait, hideux, horrible.
HAINGRE, maigre
HAÏR, quitter, abandonner.
HAIRES, Hilaire.
HAIT, haine, joie, santé.
HAITIÉS, gain, soin, *hilaris*.
HALEIGIÉ, léger.
HALES, entrepôt.
HANAP, bâton, coupe, vase avec anse et pied.
HANTE, hauçant.
HANTER, fréquenter.
HANZE, bienvenue, impôt sur les marchandises.
HAPPER, prendre, se saisir, enlever.
HARUEL, HARBEUX, habits de femme, parures.
HARDIEMENT, hardiment.

HAREU, gamin, cri pour réclamer justice, pour demander du secours.
HARIOPLAT, importunité, désordre, punition.
HARPER, pincer de la harpe.
HARPEEUR, jouer de la harpe.
HARRAS, auras.
HART, osier, branche d'osier.
HASTIVEL, très-hâtive.
HAUBERT, grand seigneur, orgueil.
HAUBERS, armure du chevalier, cotte de mailles.
HAUCER, hausser.
HAUSSAGE, orgueil, hauteur.
HAUT, distingué.
HAUTEMENT, solennellement.
HAUTESCE, hauteur.
HAVE, avait.
HAZ, saut, enjambée, bais.
HEBERGIER, HERBERGIER, donner l'hospitalité, nourrir.
HEN, haine ?

HERAUS, Raoul, nom propre, hérault.
HERBERGE, nourriture.
HERICER, hérisser.
HERCIÉ, hersé, mottes écrasées avec la herse.
HERCIER, herser, conduire la herse.
HERITES, hérétiques.
HES, baie.
HEURES, prières.
HIAUME, HEAUME, casque à visière, armure de tête.
HIDE, frayeur, effroi, horreur.
HOCQUETEEURS, trompeur batailleur.
HOER, remuer la terre avec une pioche.
HOM, HONS, homme.
HONNERER, honorer.
HONNIR, mépriser.
HONTAGE, honte.
HORE, maintenant, à l'heure, *hora*.
HORRIBLETE, horrible.
HOSTE, hôte.

## JOE — JOU — JUY  779

OSTIEX, offrande, aumônes.
OURE, cri dont on se sert à la chasse pour animer les chiens.
UCHE, crie.
UCHIER, crier.
UE, HUON, Hugues-Farsit, auteur d'un livre

des Miracles de Notre-Dame.
HUER, remuer la terre à la bêche, enterrer.
HUI, HUY, aujourd'hui.
HUIANT, criant, huchant.
HUIDIVE, oisiveté, paresse.
HUIE, cri.

HUIS, porte.
HUIVRES, serpent, vipère.
HUNGIER, le docteur Hugues de St-Victor.
HURTER, heurter, frapper.
HUVÉE, pot à boire du vin.
HUYS, issue, entrée, porte.

IUE, IAUS, IAVE, IAUE, eau.
CHONIE, image.
IL, ceux.
ER, hier, *heri*
RT, est; IES, êtes, tu es; IERENT, ils sont.
ST, CE, cette.
U, qui répand une bonne odeur, yeux.
NELEMENT, promptement, vivement.
NEL, LE, prompt, ardent.
NELEPAS, aussitôt.
LIERS, flancs, côtés, intestins, *ilia*.
PÉRATION, commandement.

INCORPORIENS, qui est sans corps, spirituel.
INCOVENIANCE, inconvénient.
INDES, couleur de bleu foncé, d'azur.
INDUCES, trèves, *induciæ*.
INITION, commencement.
INQUINATION, souillure.
IRAIGNÉ, araignée.
IRE, colère, emportement, *ira*.
IRÉ, fâché, en colère.
IREI, irai,
IREMENT, IRIEMENT, avec colère.
IRIER, fâcher, être en colère.

ISIDORUS, saint Isidore.
ISNELEMENT, aussitôt.
ISNELEPAS, agilement, promptement.
ISSIR, sortir; ISSIS, ISSUS, sorti; ISTIL, sort; ISSOIT, il sortait; ISSITES, êtes sorti; ISSINT, ils sortent; ISTE, qu'il sorte; ISTERA, ISTRA, il sortira; ISTEREZ, sortirez.
IEX, IUS, yeux.
IUE, œil.
IU, aujourd'hui.
IVI, ici, alla.
IVRAIE, mauvaise herbe.

iant, géant.
IOLE, cage, prison.
AIS, geai, oiseau.
ALIR, jetter.
AMBE, donner le croc-en-jambe pour jeter quelqu'un à terre.
AMBET, croc-en-jambe, embûche, surprise, droit de jambage.
AMES, gemme, pierre précieuse.
AMÉS, jamais.
ANGLE, caquet, bavardage, mensonge, plaisanterie, *joculatio*.
IOLE, prison.
AQUES, Jacques.
ARBES, gerbes.
EHAN, Jean.
EMME, gemme, pierre précieuse, *gemma*.
EROIMES, saint Jérôme.
IUITIAUS, petit juif.
OIANS, JOANT, jouant, joyeux.
OENNETTE, jeune, toute jeune.
OENNE, jeune, adolescens, *juvenis*.

JOI, Jouy, village près de Vailly (Aisne).
JOIANS, JOANT, gai, enjoué, plaisant, s'amusant, joyeux, *jocosus*.
JOINTE, jointure.
JOIOLE, prison.
JOIR, jouir.
JONANS, Jonas, prophète.
JONCHIER, Joncher.
JONES, jeune.
JONESSE, jeunesse.
JORNER, crépuscule du matin, journée.
JORNIER, *journier*, jour, du jour.
JORRONS, jouirons.
JOU, jeu.
JOUIZ, possédez.
JOUSTE, selon, près.
JOUSTER, jouter, lutter, combattre.
JOUSTRE, lutte, joute, tournoi, combat.
JOUVENCELLE, jeune fille galante.
JOUVENCIAUX, très-jeune homme.
JOUVENTE, jeunesse.

JUER, jouer.
JUGIER, juger.
JUGIERRES, juge.
JUGLEEUR, jongleur.
JUI, israélite, juif, *judæus*.
JUIGE, juge, *judex*.
JUINDRE, joindre.
JUISE, jugement, décision, *judicium*.
JUISTES, juste.
JUITEL, rue, quartier des juifs.
JUNQUES, J'ONQUES, donc.
JUPPER, faire certain cri pour appeler, épouvanter, se moquer.
JUR, serment, jurement, *juramentum*.
JURERE, jureur.
JUS, de haut en bas, *jussùm*.
JUSNET, jeune.
JUSTISER, JUSTIZER, rendre justice, tourmenter, condamner, rendre juste, *judicare*.
JUTER, faire le juif.
JUVENT, jeunesse, *juventus*.

54

KARESME, carême.
KAROLE, danse, concert, comédie bouffonne, divertissement.

KAYM, Caïn.
KESPILIERCA, nom d'une ville d'Angleterre.

LA, elle.
LADES? labours, fautes, maladies, lèvres.
LABEURER, labourer, travailler.
LABOURIERES, laboureur.
LACIÉ, lacé, enlacé.
LADOIER, attaquer, insulter, *lædere*.
LAGAN, beignet, gauffre, espèce de pâtisserie, largesse, abondance, dissipation, naufrage, droit que le seigneur riverain avait de recueillir à son profit les débris des vaisseaux naufragés.
LAI, laïc, laïque, homme du peuple, séculier.
LAI, chant, récit, plainte, complainte, lamentation.
LAI, lac, étang, île nouvellement formée dans une rivière.
LAIDAIGNER, attaquer, *lædere*.
LAIENS, DE LAIER, quitter, abandonner, laisser, marquer dans une forêt les arbres qu'on veut couper.
LAIENS, là en ce lieu ?
LAIS, laid.
LAISIR, loisir.
LAIROIE, laisserait.
LAISSIER, laisser.
LAIST, qu'il laisse.
LAMBROISSIER, lambrisser.
LAME, tombe en cuivre ou en pierre.
LAMPIER, lampe.
LAMPROIE, poisson.
LANCIER, jetter, lancer.
LANIER, lent, lâche, paresseux.
LANZ, lent.
LARRECIN, larcin, vol.
LAS ? hélas !
LAS, lacet.
LASTE, laisse, fatigué.
LASUS, là-haut, là-dessus, au ciel, *illèc, sursùm*.
LAVOIES, lavait.
LAZARON, Lazare, nom d'homme.

LE, celle, celui, des.
LÉCHERES, LÉCHERESSE, pécheur, pécheresse, débauché, homme de bonne chère, de plaisir.
LECHESSÉ, libertinage.
LÈDE, laide.
LÉDEMENT, laidement.
LEDENGER, attaquer, outrager, mépriser.
LEDURE, laideur.
LÉE, étendue, largeur, allée, chemin large.
LEENZ, là dedans, *illic intùs*.
LEESSE, joie.
LÉGERIE, légèreté.
LEISSIER, laisser.
LENDIT, taxe, impôt, foire de chaque année.
LEPARS, léopard.
LEPE, fripon, voleur.
LERMES, larmes.
LEROIES, laisserais.
LERRES, larron.
LERT, laisse, abandonne.
LES, laisse, legs, donation par testament, auprès, tout proche.
LESAST, offensât.
LESBARIE, étonné, surpris ?
LESMERÉ, précieux, émaillé ?
LEISSES, laisses.
LESSIER, laisser.
LESTRE, lettre, science.
LESVIROIT, tirait pour éviter.
LET, quitte, laisse, offense, vilain, affreux.
LETREURE, littérature.
LETUAIRE, électuaire, élixir, composition de médecine, sorte de médicament.
LEU, leur, lieu, loup, lu.
LEUVE, louve.
LEVASSENT, l'eussent levé.
LÈVE, soulève.
LI, les, elles, lui.
LIAIS, pierre dure et lisse, espèce de quartz.
LIÉ, liez, joyeux.
LIEMENT, joyeusement, avec plaisir, *lœti*.

LIÉS, lève.
LIESE, lice ? joie ?
LIÉVER, lever.
LIEX, lieux, endroits, *loci*.
LIGIER, léger.
LIGNÉE, race.
LIMER, corriger.
LINCUEL, linceuil.
LINE, ligne, lignée.
LINERON, petit filet.
LINGNE, ligne.
LINGNEUL, corde, ficelle.
LINOS, bête, niais.
LIPPE, agitation de la langue par dérision.
LIRE, lecture, livre.
LIST, luit.
LISTE, bordure, bande, bordé, qui a une lisière.
LISTES, litre, bandeau noir.
LIT, lui.
LIVRAIRES, livres.
LIVRER, donner.
LIVROISON, livraison.
LIZ, lit.
LO, lui, leur, lers, loue.
LOBER, tromper.
LOBERIE, tromperie, tricherie.
LOCHIER, ébranler.
LOCUZ, terme de mépris.
LOER, louer ; LOT, loue ; LOA, loua ; LOONS, louons.
LOIER, LOUIER, attacher, lier, prix, récompense, salaire.
LOINZ, loin.
LONCPONT, Longpont.
LONGE, morceau de porc.
LONGIS, Longin, celui qui perça le côté du Sauveur.
LONGUES, longtemps, longue vie.
LOORENT GUERIN, personnage d'un poëme.
LOORONS, louerons.

LOPPE. Voyez LIPPE.
LORDE, sordide?
LORAINS, espèce de petite monnaie, rênes, freins.
LORENT, Laurent.
LORES, alors.
LORRAINS, guides, freins.
LORREIZ, lirez.
LORS, l'on, lorsque.
LOS, les, consentement, héritage, louanges.

LOZANNE, Lauzanne, ville de la Suisse.
LOSENGIER, louer.
LOUDIER, couverture piquée, qui habite une cabane, terme de mépris.
LOUPE, nœud, bosse, pierre précieuse imparfaite.
LOURDAS, LOURDIEUS, lourdaud, sot, maladroit.
LOUS, loup.
LU, lui.

LUCAN, Lucain, poëte latin.
LUES, aussitôt, à l'instant, lus.
LUI, lut, elle.
LUISAIGNON, lumignon.
LUITE, lutte.
LUNAYE, lunatique.
LUS, LUZ, poisson.
LUZERNE, chapelle à Constantinople dédiée à la Sainte-Vierge.

MAAILLÈTE, petite monnaie pour impôt.
MAÇAGRE, massacre.
MACERE, massacre.
MAÇUE, massue.
MAGNEFIER, glorifier.
MAHAUS, Mathilde, abbesse de N.-D de Soissons.
MAIEUR, maire.
MAILLE, impôt ou redevance d'une maille, frappe, endosse la cotte de mailles.
MAIN, matin.
MAINE, mène, conduit.
MAINS, moins.
MAINT, mainte, plusieurs.
MAINTENROIT, maintiendrait.
MAIS, jamais, pas, mai, pétrin.
MAL, mâle, mauvais, mauvaise.
MALAGE, mal, souffrance, maladie.
MALAN, défaut, maladie, lèpre, *malum*.
MALEMENT, mal, très-mal.
MALEURTE, malheur.
MALPAS, Maupas, fief près de Soissons.
MAL TALENTIS, mal conseillé.
MANANT, demeurant, roturier.
MANDE, commandement, souillure.
MANGIER, manger.
MANGOUNEL, machine de guerre propre à jeter des pierres dans les villes assiégées.
MANIÈRE, coutumière, savoir.
MANOIER, manœuvrer, venir au logis, tenir dans la main.
MANOOIR, mouvoir.
MANT, mande, ordonne.
MANTEL, MANTIAUS, manteau.
MANT-JE, MEND-JE, faire savoir.
MAR, grand, hart, mardi, mauvais, méchant, mal à propos.
MAREST, navigue.
MARCHIENNES, Marchiennes, abbaye.
MARIOLE, jeune fille sans expérience, fou mariage.

MARIS, affligé, *marions*, mari.
MARMITE, hypocrite, qui fait le bon apôtre.
MAROIS, Marie.
MAROS, mariage.
MARS, mare, espèce de monstre.
MARTYRE, souffrance.
MARTYRIER, martyriser.
MAS, mat, abattu, chagrin.
MASCHER, mâcher.
MASLART, méchant?
MASTIN, mâtin, chien.
MATE, mât de vaisseau.
MATER, vaincre, dompter, *mactare*.
MATÈRE, matière.
MATINER, être matineux, se lever de bonne heure.
MATINET, matineux.
MATRONA, femme, matrone, dame..
MAU, MAUS, mauvais.
MAUBAILLI, maltraité, détruit, ruiné.
MAUCHE, mouche.
MAUDEIST, maudit.
MAUFETEEUR, malfaiteur.
MAUFEZ, *maufé*, mauvais.
MAUFLÉ, mauvais, Satan.
MAUGRÉ, malgré.
MAUS, maux.
MAUTALENT, courroux, dépit.
MAUVESCE, mauvaise.
MAUVÈSEMENT, par une mauvaise voie.
MAZULAINE, Madelaine.
MECHAIGNIEZ, estropié, mutilé, meurtri.
MÉCINER, donner des remèdes, des médicaments à un malade.
MÉCOINGNES, mensonges.
MÉDECINER, soigner, traiter un malade.
MEDI, *meedi*, midi.
MÉESMENT, principalement, *maximè*.
MÉESMES, même.
MEFFAIRE, mauvaise affaire.

MEFFEZ, malfait.
MEGRE, maigre.
MEGRÈTE, MAIGRÈTE, devenue plus maigre.
MEISNIÉE, gens pour la mêlée.
MEISSIEZ, mettrez.
MEIST, mit.
MELLIE, mêlée, querelle, combat.
MEMBRER, souvenir.
MÉMORIANS, se souvenant.
MEN, m'en, moi, en.
MENESTEREX, *menextriex*, MENESTREUX, menestrel, ménétrier, jongleur, joueurs d'instruments de toutes sortes qui allaient par les châteaux et les villes.
MENI, poussé, maltraité, sorti.
MENIÈRE, habitué, manière, forme.
MENJIER, manger.
MENJUE, mange.
MENRAI, mènerai.
MENTÉ, planté pour m'enté.
MENTERRES, menteur.
MENTEURRONT, mentiront?
MENUSER, diminuer.
MENUMENT, en menu, en petit, en détail.
MERC, marque, signe pour reconnaître quelque chose, droit qu'on paye pour le bornage des terres. (V. p. 626.)

Tant parhéet clers, qu'encor dist-il
S'enfanz avoit cinq cens ou mil,
N'en aroit jà un tout seul *merc*,
Ne jà un tout seul n'en seroit clerc.

MERCI, pardon.
MERCURION, St Mercure, patron de Césarée.
MERDE, *merdier*, fard.
MERDAILLE, peu de chose, terme injurieux et de mépris.
MÉRI, récompense.
MÉRIR, récompenser, mériter.
MERLIER, besoin.
MERRA, mènera.

Mert, coup d'épée?
Merveilleus, étonnants.
Merveillier, étonner.
Mes, Met, Mesque créanz, bien que croyant.
Mesacointes, mal accompagné.
Mesaise, *mesaisie*, malaise, tristesse, chagrin, affliction.
Mesavenir, mauvaise aventure, insuccès dans une affaire.
Meschié, faute.
Mescheaux, mal arrivé, malheur.
Mescheoir, tomber dans l'infortune, tourner à mal.
Meschief, méfait, mon chef, tête.
Meschinette, petite fille, petite servante.
Mesdire, médire, *mesdeit*, médit.
Mesèle, demoiselle.
Mesenne, amène.
Meserre, s'égare, sort de la voie.
Mesestance, mauvaise situation, malaise, chagrin.
Mesestraire, exister tristement.
Mesiaus, lépreux.
Mesjove?
Mesfié, maison, gens de la maison, domesticité.
Meson, maison.
Mesquerroit, éloignerait.
Messias, le Messie.
Messie, garde-moisson, garde-champêtre, envoyé, intendant.
Mester, *mestier*, église, besoin, utile, service, office, juridiction; *mestier avoir*, secourir.
Mestrait, commande, force.
Mestre, maître, maîtresse.
Métes, terme, bornes, *meta*.
Meure, Maure, homme noir.
Meurs, mœurs.
Meu, Meüe, excité, excitée.
Mi, mes.
Miauli, *miauliment*, *miauleis*, miaulement.
Miche, pain d'aumône dans les monastères.
Mie, pas.
Miellé, doux comme le miel.
Mienne, même.
Mie, mi; Mienuit, minuit.
Mieudre, meilleur, *meliùs*.
Mieux, miel.
Mignos, mignon.
Mignotes, mignonnes.

Miles, Milon de Bazoche.
Minoer, faire le minois.
Mire, encens, médicament contre la frénésie.
Mirer, changer, regarder
Mireeur, *mireor*, miroir.
Miserèle, le psaume *Miserere*, prière pour obtenir le pardon de ses péchés.
Misericors, miséricorde.
Mistrent, mirent.
Mive, mienne.
Moe, mou.
Moflet, mollet.
Moie, mienne, tas, monceau.
Moiet, moyen?
Moigne, amener, conduire, témoigner.
Moillié, mouillée.
Moillier, femme, épouse, *mulier*.
Moiseler, s'agiter comme le cœur d'une jeune fille, faire des embarras. On dit encore en Picardie : « faire le moisilon, » terme de mépris en parlant d'une personne qui veut s'en faire accroire.
Moissont, moissonne.
Mollier, mou, molle.
Monde, pur.
Mondement, purement.
Monder, purifier.
Moncel, Monciaus, monceau, amas, tas.
Moniage, profession monastique.
Mons, monde.
Monstrera, montrera.
Mont, amont; Admonteur, en haut.
Mont, monte.
Montepélier, *monteployer*, multiplier, croître, augmenter.
Montes, marches, hauteur.
Moques, mottes, terrain élevé et durci.
Morille, morve, maladie, *malmorille*.
Morir, mourir.
Mormeler, murmurer.
Morot, Marot, Virgile.
Morrunt, mourront.
Mors, *morsel*, *morsiaus*, moreeau.
Morsist, mordit.
Morsure, mort.
Mortex, mortel.
Morz, mordu, tué, mort.
Mosche, mouche.
Moscherionciaus, petit morceau, moucheron.

Mosmai, se met en peine.
Moucherons, fumeron.
Mouelle, moëlle.
Moure, *mourus*, petit sac qu'on suspend à la tête des chevaux pour leur faire manger l'avoine, mûre.
Mourer, manger, écraser.
Mouschier, moucher.
Mousterez, montrez.
Mousteret, petit moustier ou monastère.
Moustier, monastère, église.
Moustoile, fouine, belette.
Moustres, monstres.
Mout, Moultes, beaucoup.
Moz, muet, mort.
Mu, *mue*, *mues*, muet.
Mucelotte, petite cachette, petite mouche.
Mucier, cacher.
Mué, mort, changé, remué.
Muele, mouille, meule de moulin.
Muer, changer; Mua, changea.
Muers, mœurs.
Muert, change, meurt.
Mugués, muguet.
Muguélias, muguet, lilas.
Muians, muet.
Muir, mugir, mourir.
Muire, mourir.
Murmuler, murmurer.
Muis, moux, je remue.
Muiser, moisir, muser.
Muiz, mœurs.
Mundes, net.
Murdrire, meurtrire.
Murir, mourir, murir.
Murissiens, qui prend des mœurs pures.
Murmuire, murmurer.
Murtre, meurtre.
Musardie, jonglerie.
Musars, *musart*, bateleurs, gens dont le métier est de faire rire.
Museline, Muser, perdre son temps, s'amuser à des bagatelles.
Muserie, jonglerie, paresse, dissipation.
Museter, s'amuser.
Museteur, paresseux, sot, stupide, musard.
Mustereul, Montreuil.
Mut, meut, part.

Naie, charpie, chiffon pour mettre sur les plaies.
Naiens, Naient, rien.

Naier, nager, naviguer.
Naine, ne jamais, *ne unquam*.

Naint, n'aime.
Naivra, navra.

Nanil, non, nenni.
Nant, nantissement, gage.
Narile, narine.
Nariner, respirer difficilement.
Narraz, narre, raconte.
N'arroie, je n'aurais.
Nattes, filets.
Nateite, petite natte.
Navée, charge d'un vaisseau, barque.
Négié, neigé.
Neine, ni onques.
Neis, même, de même, aucun, nullement.
Nel, ne, le, ni, lui.
Nequedent, cependant, néanmoins.
Nerci, Norci, chagrin.
Ners, nerf.
Nés, si ce n'est, même, jusqu'à, ne aucun, excepté.
Nes, nef, vaisseau.
Nés, coupable, net.
Nesciens, ignorant, *nesciens*.
Nestre, naître, naissance.
Nestroit, naîtrait.
Nesun, aucun, nul, pas un.

Nez, net, né.
Ni, nid.
Nice, Nices, simple, niais, novice.
Nides, propre.
Nient, rien.
Nier, noyer.
Niera, ne sera.
Nigne, niais ?
Nit, nettoyé, purifié, *nitidus*, nid d'oiseau.
No, notre, n'a.
Noanz, noçant.
Noçover, épouser, se marier, faire la nôce.
Noé, l'écorce verte de la noix, nage.
Noel, noyau.
Noier, nettoyer, noyer.
Noez, Noé, patriarche.
Noif, neige.
Noion, Noyon, ville du Vermandois.
Noirs, découper les noirs et les vaires.
Nois, noix.
Noise, foule, querelle, bruit, dispute.
Noistes, n'entendez pas.
  Par vérité dire porrez
  Qu'ains *noistes* conter nului.

Nonchaloir, négligence.
Noncer, apprendre, annoncer, *nuntiare*.
None, nonne, religieuse, petite heure du bréviaire, *nona*.
Nonniaux, religieux.
Nons, non, *nomme*, nom, *nomen*.
Norreture, nourriture, mère nourrice.
Norri, nourri.
Notrier, autre?
Nourresis, nourrit.
Nouviaus, nouveau.
Novacle, rasoir, *novacula*.
Novèle, nouvelle.
Noviau, nouveau.
Noz, nos.
Nuble, jaune, sorte de pâtisserie légère, oublie, longe de veau, échine de porc, qui ne voit pas clairement.
Nuef, *nues*, neuf.
Nuitié, nuit, l'espace d'une nuit.
Nuller, annuler.
Nului, aucun, *nullus*.
Numbrer, nombrer, quantité, *numerare*.

O, a.
Obediens, obéissant, *obediens*.
Obli, oubli.
Obprobre, opprobe.
Occiere, occir, *occire*, tuer, *occidere*.
Occultement, en cachette.
Odourans, odorant.
Oef, œuf.
Oel, œil.
Œuvre, ouvre.
Ogier, chevalier.
Oi, eut.
Oiel, œil.
Oignement, onction.
Oil, oui.
Oile, *oisle*, huile.
Oir, entendre, ouïr.
Ois, oins.
Oississiez, entendiez.
Oisiau, oiseau.
Oison, petite oie.
Oist, entendit; Oistes, entendites.
Oit, eut.
Oitroiance, don.
Olie, olive.

Ome, *omme*, homme.
Oncques, jamais.
Onde, eau, *unda*.
Ondouer, sentir, parfumer.
Oneste, honnête.
Ons, homme.
Ont, a.
Odor, odeur.
Odorer, sentir, *odorare*.
Oies, entendez.
Or, maintenant.
Oraces, Horace, poëte latin.
Orde, sale.
Ordener, ordonner.
Ordo proeposterus, ordre en second.
Orendroit, dorénavant, à l'avenir, à cet instant.
Orent, ils eurent.
Orer, prier; Orant, priant, *orare*.
Orest, il aurait.
Orgenex, organiste.
Orgueil, orgueil.
Orguement, orgue.
Orine, origine.
Orliens, Orléans, ville du Loiret.
Orloge, horloge.

Oroison, oraison, prière, *oratio*.
Orrez, vous entendrez.
Orront, ils entendront.
Orrunt, ils honoreront.
Ors, or.
Ort, sale, saleté, ordure.
Orte, il exhorte.
Orz, sale.
Os, osé, hardi, eux.
Oscurté, obscurité.
Osèque, obsèque.
Oseuse, oisive.
Ost, foule, armée, ennemi.
Ostel, hôtel, maison.
Osteler, loger, héberger, donner l'hospitalité.
Oster, ôter; Oste, il ôte.
Ote, eut, ôte.
Otroyer, octroyer, accorder, *otrans*, *otriast*.
Ou, au.
Oublée, hostie consacrée, le pain eucharistique, l'*oblata*.
Oubliance, oubli.
Ouil, œil.
Ouraison, oraison.
Ourdi, observé, épié.

784 PAR

OUBER, prier, orare.
OUSER, oser.
OUT, ont, eu.
OUTRE, plus que.

PEL

OUTRECUIDANCE, arrogance.
OUTREEMENT, autrement.
OUTROI, octroi.
OUVRAIGNE, ouvrage.

PIG

OUVRER, travailler, faire.
OVÉE, triomphe, ovatio.
OVRER, travailler.

PACIENS, patient.
PAIES, paiement.
PAILLIER, tas, meule de paille.
PAINDRE, peindre.
PAINE, painne, peine, pœna.
PAINS, peint, peine, douleur.
PAIOT, payait.
PAIS, paix, pax.
PALAGRE, pleine mer, pelagus.
PALAZINS, paladin, héros aventurier.
PALEFROIZ, cheval de parade ou de service.
PALESTRE, palet à jouer.
PALIS, pieux.
PALPOIÉRE, paupière, pierre à jouer.
PALU, marais, mare.
PAMESSON, évanouissement.
PANCE, ventre.
PANTONNIER, garde pont, homme de peu de considération.
PANZ, partie de l'armure ancienne qui couvrait le côté, gage, sûreté, rempart, écusson.
PAOUR, peur.
PAPELARD, papelardiaux, papelardèles, hypocrite, faux dévot.
PAPER, papeter, mâcher, manger à la façon des enfants, faire l'hypocrite.
PAR, très, beaucoup, si, pour, semblable.
PARAGE, parentée.
PARAMER, aimer beaucoup.
PARANS, parent, visible.
PARBOULLIR, bien cuire, jeter en bas
PARCLOSE, à la perclose, conclusion d'une chose, enfin, à la fin.
PARÇON, épargne, portion.
PARÇONNIER, avare.
PARCONTER, raconter de point en point.
PARDIRE, achever de dire, finir de raconter.
PARDOINGNE, pardonne.
PARDROIES, perdrait.
PAREDIS, paradis.
PAREST, paraît, semble.
PARESTOIT, paraissait.
PAREUS, pareil.
PARFAIRE, exécuter, perficere.
PARFECTE, parfaite, perfectus.

PARFET, bien achevé.
PARFINER, achever.
PARFITE, parfaite.
PARFONDE, profonde.
PARIEST, paraîtra.
PARLAISSE, parlasse.
PARLIÉRE, avocat.
PARMI, par le milieu, moyennant.
PAROIL, il parle.
PAROLER, parler.
PARROCHE, paroisse.
PARS, joue.
PARSENT, sont.
PARTENS, partout.
PARTI, œuf parti, écoulé.
PARTIES, contrées.
PARTIR, se partager.
PARTISTES, êtes parti.
PASME, défaillance, pamoison.
PASNAIE, passage, droit de paisson.
PAST, il passe, repas, pait, pâturage.
PASTOREL, PASTRE, pâtre, berger, pasteur.
PASTORÈLE, bergère.
PATENÔTRE, prière.
PATERLIE, certaine prière de Pater noster.
PATEZ, fort en pâte.
PATREMOINE, patrimoine.
PAUMES, mains.
PAUNIER, poignée.
PAUTONNIER, Voyez PANTONNIER.
PATER, étendre la pâte, patroit.
PÉCHIÉ, PÉCHIER, pechoier, pécher.
PÉCINE, piscine.
PEÇOIER, bosseler, pointiller, mettre en pièces, briser, couper, hacher.
PÉCUNE, argent, pecunia.
PÉDOINS, bédouins ?
PÉET, pied, pitié, paix, tranquillité.
PÉESTES, prêt.
PELAIN, poil, peau, défaite, eau de chaux qui sert à piler les cuirs.
PELER, ôter la peau, le poil.
PELEUS, pelouse.
PELICAN, oiseau.
PELICE, plisse, vêtement garni de peaux ou de fourrures.

PELOTE, jeu de balle.
PELU, pelé, velu, couvert de poils, sale.
PENDRE, prendre.
PENER, se tourmenter.
PENSÉS, pensées; pens, pense.
PENRE, prendre; penrai, prendrai; EN PENRE, répandre.
PENST, prend soin.
PENSTECOSTE, Pentecôte.
PEOUR, peur.
PER, par.
PERCEPTION, réception,
PERDURABLE, éternelle.
PERÉ, péril.
PERECEUS, periceus, paresseux.
PERENT, périssent, paraissent.
PERER, paraître.
PERIUS, PERIEX, péril.
PERILLER, courir un danger, être en péril.
PERRIÉRES, pierriers, défense.
PERRON, pierre, nom d'homme, bord, rivage.
PERT, aperçoit; PAROIT, il est clair.
PES, paix, pax.
PESANCE, poids, regret, chagrin.
PESAST, souciant, affligeant.
PESAZ, cosse de pois, paille de pois.
PESCHIERRES, péché.
PESME, mauvais.
PESNE, peine.
PESSONS, nourrissons.
PEST, nourri, pastus.
PESTRE, nourrir, repaître, pascere.
PET, perte.
PETELER, attaquer, fouler aux pieds.
PETIT, un peu.
PETITET, tant soit peu.
PEU, PEUE, nourri, rassasié, pastus.
PEUS, peux.
PEUSSIENT, pouvaient.
PIAUS, peau, poil.
PIE, pieux, pius.
PIÉÇA, temps, espace de temps, tout-à-l'heure.
PIEX, pieu.
PIEZ, pieds, pedes.
PIGMENT, parfum, odeur.
PIGNES, peigne.

## POI        PAR        PUT      785

PILER, piller.
PIPELORÉS, chargé d'ornements.
PIS, poitrine, *pectus*, prie, mauvais.
PITEUSEMENT, avec compassion.
PITEUX, compatissant.
PIU, *piue*, pieux, *pius*.
PIUMENT, pieusement.
PIZ, picu, poitrine.
PLAI, proie, jugement.
PLAIDERESSE, plaideuse.
PLAIDERIAUS, plaideurs.
PLAIDIER, plaider.
PLAINNENT, plaignent.
PLAINS, plein, plait.
PLAINSIST, plaignit.
PLAIS, plaisir.
PLANER, ôter la pelure.
PLATINE, fer à cheval, plaque.
PLAZ, plat.
PLEDER, plaider.
PLÈGE, *plegerie*, caution, gage.
PLENIÈRE, entière.
PLANTÉ, foule, multitude, abondance, plantation.
PLERA, plaira.
PLES, plaid, assemblée.
PLESSA, blessa, entourer de claies.
PLESSIER, bois tailli, entourer de haies.
PLEST, plati.
PLEZANS, plaisant, agréable.
PLICON, vêtement garni de peaux ou de fourrures.
PLOIS, PLOIZ, pli du genou.
PLOM, plomb.
PLOMME, plombe, couvre de plomb.
PLOURER, pleurer, *plorare*.
PLOURS, pleurs, larmes.
PLOUVIERS, pluvier, oiseau.
PLONGIER, plonger.
POACRE, POACREUS, vilain, avare, dégoûtant, sale.
POCHIER, pocher, casser.
POCINEZ, boire, prendre une potion.
POET, il peut.
POI, peu.
POIANNE, peine.
POIEN, payen.
POIER, payer.
POIEUR, prie.
POIGNAUMENT, énergiquement, vaillamment.
POIGNIES, poignées, attaques.
POIL, peau.
POILER, ôter le poil.
POINDRE, piquer, exister.
POINGS, mains.
POINGNANS, poignard, dard.

POINGNIES, flambeaux.
POINT, pointe, peint, peinte, marche, dirige, observe avec attention.
POIS, poix.
POIS BOIEN, pois cassé, bon pois.
POISE, pèse, chagrine, pense.
POISSONS, astres, un des douze signes du zodiaque.
POIST, fâche, chagrine.
POL, Paul.
POMON, poumon.
PONNENT, ils posent.
PONT D'ARSI, Pont-Arcy, à 25 kil. de Soissons.
PONTENIER, celui qui a soin des ponts, qui fait payer le pontage.
POOERS, POOIR, pouvoir.
POPELIQUENZ, hérétiques manichéens.
POR, pour.
PORCEL, pourceau.
PORCHEREL, petit porcher.
PORCHIER, porcher.
PORCIAUS, pourceaux.
PORÉE, purée.
PORENT, parent.
PORQUANT, pourtant.
PORRIZ, pourri.
PORRE, pauvre.
PORRETURE, pourriture.
PORS, *portaus*, porte.
PORT, il porte.
PORTASTER, tâter autour, environner.
PORTENDRE, mettre en vue, placer poser.
PORTIAU, portail.
PORTRAIRE, représenter en portrait.
PORVÉANCE, précaution.
PORVEOIR, *porvoir*, pourvoir, prévoir.
POVAIR, pouvoir.
POU, peu, pou, vermine.
POUC, pouls; POUCLI EMBATANT.
POUINE, peine.
POURCHAZ, poursuivi, recherché.
POURPEILLIONS, poupard.
POURPENSE, réfléchit.
POURPRIS, enclos, enceinte, dépendance d'une maison.
POURQUERRE, poursuivre, chercher partout, *perquirere*.
POURTRAITE, peinte.
POTS, pouls, saint Paul.
POUT, put.
POUTIÉ, poussier, poussière.
POVRAILLE, pauvre.
POZ, pot.
PRAÉE, *praez*, volé, pris, pillée.
PRAEL, pré.
PRAERIE, prairie.

PRAIAUS, prairies, préaux.
PRAIGNE, prenne.
PRANER, prendre.
PRÈGNE, PREING, prend.
PREIS, pris; PREISSE, prisse; PREISSIONS, prenions.
PREMAIN, PREMERAIN, premier.
PRENS, sort.
PREST, PRESTE, prêt, prête.
PRESTAIT, prêtait.
PRESTEMENT, habilement, vivement.
PRÉSUMPCIEUX, PRÉSUMPTUEUX, présomptueux.
PRÉSUMPCION, présomption.
PREU, *prou*, salut, gain, utilité, prix.
PREUDOMME, prud'homme, juge.
PREUDE FAME, femme sage.
PRÉVOSTÉ, prévôté.
PRIEUR, premier, *prior*.
PRIMES, premier, d'abord.
PRINTENS, printemps.
PRIS, estime, prix, pris.
PRISTRENT, prisent.
PRIT, prie.
PRIVÉ, connaissance, du pays.
PRIVÉE, communs, latrines.
PRIVEEMENT, secrètement, en particulier.
PROESCE, PROESSE, prouesse, valeur.
PROESTES, pouvoir, *potestas*.
PROIER, prier.
PROIÈRE, prière.
PROLIPSE, prolixe.
PROMISTRENT, promirent.
PROPICE, utile.
PROPINQUITÉ, parenté.
PROPOSEMENT, propos, résolution.
PROUVEZ, prouvé, connu.
PROUVENCE, Provence, province.
PROVANCE, preuve.
PROVENDE, prébende, provision.
PROVOIRE, *prouvoire*, prêtre, curé.
PSALMOIER, *psaumoier*, psalmodier.
PUCELETTE, petite fille, *puellula*.
PUENT, peuvent.
PUES, peux.
PUEUR, puanteur.
PUIR, puer.
PUISSE, pense.
PURA, sentira mauvais.
PUREFIER, purifier.
PURÉ, pur, purifié.
PURTEZ, pureté.
PUT, PUTE, puant, mauvais.
    Ils font assez de *putes* œvres.
PUTIAUS, fumier.

## Q

QUAISSE, caisse.
QUANCONQUES, quelque chose que, tout ce que, *quantecumque.*
QUANTES, combien , *quanti.*
QUANQU'EST, tout ce qui est.
QUANTEL, combien.
QUANTITÉ, grandeur.
QUANZ, combien *quantus.*
QUAR, car.
QUARE, pourquoi.
QUARNES, Créneaux , fentes.
QUARREL, trait d'arbalète.
QUARRETE, charette.
QUARRIEU, carrieu.

QUARS, *quart*, quatre, quatrième, *quartus.*
QUARTRUNIÈRE, fièvre quarte.
QUAS, cas, accident, chûte.
QUASSÉ, cassé.
QUEILLIR, cueillir.
QUENES, cruche, vase.
QUENOIST, connalt.
QUE QUAN, que tant.
QUEQUE, tant que, tout ce que, lorsque, quoique , ce que.
QUERRE, quérir, chercher; *querra*, cherchera, courir, *querromes*, cherchâmes.
QUEST, QUEURS, court.
QUERRE, querrent.

QUIET, je cherche, je demande, pourroit.
QUIETE, tranquille, soucieux, malade.
QUIEX QUI, quelque, quoi, qu'il est-ce, *quieusque*, qui est-ce qui?
QUINE, cinquième degré, quine jeux de loto; dispute.
QUINT, cinquième, *quintus.*
QUINTOIER, faire la quinte en musique.
QUIST, il chercha; *quistrent*, ils cherchèrent, demandèrent.
QUITE, je crois, je pense, je cherche.
QUOI, de, duquel.
QUOIE, tranquille, *quietus.*
QUORONS, coin, tablier.

## R

RA, déjà, a de nouveau.
RAANCLER, cracher, racler.
RAANCHES, crachats ; RAQUION, crachat tiré avec efforts de la poitrine.
RABARDIAUS, miracles de la Sainte Vierge.
RACHACER, rechasser, ramener.
RACHETERRES, rédempteur.
RADE, raide, fidèle, dispos, vif.
RADONE, redonne.
RADOUTÉ, redouté.
RAENÇON, rançon.
RAESPRIS, repris.
RAFAIRE, refaire.
RAFLE, emporte, *rapèce*, jeu de hazard, gâle, croûte d'une plaie.
RAHOUS, Raoul.
RAI pour r'*ai*, j'ai encore, j'ai de nouveau.
RAIE, rayon, rayonne, brille.
RAINBER, rançonner, voler.
RAINS, la ville de Reims en Champagne, Remi.
RAINSELET, goutelette, rincerette.
RAJETE, rejette.
RALER, arrière, retourner.
RALOIE, rapproche, rappelle, rallie.
RALON, retournons.
RAMEMBRER, rappeller à sa mémoire, se ressouvenir.
RAMENTEU, *ramentoi* de *ramantevoir* et *ramantoir*, faire ressouvenir, rappeler à la mémoire.

RAMIS, remis, ramené.
RAMPONNES, raillerie, dérision, moquerie, reproche, correction.
RANDON, violence, secousse rapide, force, courage, impétuosité.
RAOIT, RAONNÉ, rassemblé.
RAPARA, reparut, repara.
RAPASE, rapaise, adoucit.
RAPEUST, repu.
RAPITER, avoir pitié.
RAPIANT, ravit.
RAPLIÉ, replié.
R'ARONT, de *ravoir*, auront.
RASOTÉ, devenu sot, hébété.
RASOUAGE, soulage, tranquillité.
RASTELER, rateler, ramasser avec un rateau.
RASSEAIR, rasseoir,
RATIERGER, revenir sur ses pas, retourner.
RATIRER, retirer.
RATROTER, retrotter, revenir grand train.
RAVID, ravi.
RAVOIER, remettre dans la voie, renvoyer.
REBISER, retrousser, relever, rehausser.
REBOISSER, refuser, empêcher, s'opposer.
REBOULANS, bouvier.
REBOUS, rebut, revêche.
REBRACE, retrousse, relève.
RECET, lieu de défense et de retraite, forteresse, tour, *recessus.*
RECHAUNE.

RECHINGNÉ, rechigné, qui fait la moue, la grimace.
RECINER, petit goûter entre le repas de midi et du soir, *recenare.*
RECLAINT, réclame.
RECLORE, fermer, enclore.
RECONFORT, consolation, courage.
RECONFORTER, redonner des forces, consoler.
RECORDER, se ressouvenir, *recordari.*
RECOUPER, enlever des morceaux.
RECOUVRIER, ressource, secours, recommencer.
RECREANZ, joyeux, lâche, découragé, mécontent.
RECREA, lasse, rebuté.
RECRIERAI, recrier.
RECROIRE, revenir, lasser, relâcher, négliger, se recroire, se dégoûter.
RECUI, reçu.
RECUIT, fin, malin, rusé.
REDESPENDENT, ils dépensent.
REDOUT, doute.
RÉE, rayon de miel.
RÉESLESCER, relaisser.
REFAIT, redit.
REFENIR, frapper de nouveau ; *reflert*, il frappe.
REFLAMBOIE, reclaire.
REFORCIER, renforcer.
REFRAINGNIEZ, modéré.
REFRAIT, rafraichissant.
REFRAINDRE, réprimer, refrener, *refringere.*
REFROIDE, refroidi, devient froid.

REFROUIGNEEZ, refrogné.
REFU, *refuiz*, refuge, asile, appui.
REGARS, inspecteur, administrateur d'hôpitaux, défiance, sentinelle.
REGEHISTRENT, ils reconnurent.
REGIBANZ, regimbant.
REGLACER, glacer de nouveau.
REGULER, régulier.
RELINQUIST, il abandonne, *relinquere*.
RELESCIER, réjouir, délasser, amuser.
RELESTE, relève.
REMAINDRE, retourner, revenir.
REMANDER, ramener.
REMAINGNE, ramène, reste.
REMANOIR, rester.
REMANT, reste, demeure.
REMATONE, radoucit, faire le lait caillé, *pâtichonner*.
REMEMBRANCE, souvenir, mémoire.
REMERRA, ramènera.
REMIRER, admirer, se mirer, regarder dans le miroir.
REMOIER, retremper? rimer?
REMÉS, resté, délaissé.
REMOLLER, raconter.
REMORDER, avoir des remords.
REMOULER, repasser.
REMUER, toucher, changer.
RENARD, le roman du renard.
RENCHACHIER, rechasser.
RENCHAOIER, tomber en rechute.
RENCLUS, reclus.
RENDU, frère couvers.
RENDUROIES, endurais.
RENOIÉ, apostat.
RENOIER, renier, apostasier.
RENOIERIES, renoncement.
RENON, renommée.
RENPAINT, repeint.
RENPOINGNA, rempoigna.
RENT, il rend.
REPAIRIER, retourner, revenir, retour.
REPAIRE, retour, séjour, foire.
REPASSER, réchapper, relever d'une maladie, rétablir.
REPENRE, reprendre.
REPERA, retournera.
REPERAIT, trouvait, *reperire*.
REPLANIES, réparés.
REPONNER, cacher, écarter, couvrir.
REPORT, reporte.
REPORTAILLER, reporter, reposer.
REPORTRENT, reportent.
RÉPROUVER, condamner, reprocher, sentence.
REPU, *repuel*, nourri.
REQUANNER.
REQUERIR, implorer.
REQUEILLIR, recueillir.

REQUIER, requérir, revenir.
REQUOI, repos, *requies*, à l'écart, en particulier.
RERE, rare, raser.
RÈS A RÈS, rase à rase.
RESBAUDIR, réjouir.
RESCHAPPER, échapper.
RESCOE, secoure.
RESCORRE, secourir.
RESCOUREMES, recouvrâmes.
RESCOUT, *rescousse*, secourt, arrache, recouvrement, délivrance.
RESCRIRE, recrire, recrivent.
RESDRECIER, redresser.
RESEMBLER, rassembler.
RÉSIGNER, renoncer.
RESJOIR, réjouir.
RESNABLE, raisonnable.
RESOIE, il fait des filets.
RESORDRE, résusciter, rétablir, ranimer.
RESOIGNENT, appréhendent.
RESON, raison.
RESPASSER, guérir, revenir en santé.
RESPITER, regarder en pitié.
RESPLENDIR, briller.
RESQUEUER, recouvrer, reprendre.
REST, il est, est revenu, reste, *restoie*, restait.
RESTAINS, éteint.
RESTORER, restituer.
RESTORDRE, restaurer.
RESTRAINDRE, éteindre.
RESTRUIS, rémis.
RESVE, rêve.
RETAILLER, récompenser, ôter, prendre ou ôter la taille une seconde fois.
RETOLLER, enlever, diminuer, reprendre, *retoltu*, *retollé*, enlevé.
RETORNÉ, retourné.
RETORS, *retort*, retiré?
RETOURT, retourne.
RETRAIRE, retirer, sans être terminé.
REULE, règle.
REUST, eut de nouveau.
REUVE, rêve.
REVA, va de nouveau.
REVEIGNIEZ, revenez.
REVELEUX, SE, rebelle qui se révolte.
REVENIR, reprendre connaissance.
REVERCHIER, rechercher soigneusement, renverser.
REVERDIE, plaisir, joie.
REVESQOI, revêtit.
REVESTOIES, revêtissais.
REVOISE, revienne.
RIBAUDAILLE, canaille.
RIBAUS, libertins, débauchés, traînard.
RICHOIER, devenir riche.
RIENS, terre, chose.
RIEULE, règle.

RIGOLAGE, risée, libertinage.
RIME, vers.
RIMOYER, rimer, art de faire des vers.
RIN, Rhin, fleuve.
RINGAILLE, racaille.
RIOTES, querelles, disputes, combats.
R'IRA, ira de nouveau, *risse*, qu'il aille.
RISTRE, pousser, forcer à faire quelque chose.
RIVE, port.
ROBARDEAUX, recherché dans ses habits et dans sa parure.
ROBER, dérober, dévaliser.
ROBERIE, vol, larcin.
ROBEUR, *robin*, ROBOUERS, voleur.
ROCHIER, rocher.
ROELE, cierge, monnaie, sort.
ROES, petite roue.
ROGNE, teigne.
ROGUE, roi des ribauds, bourreau.
ROIDE, raide.
ROIDEUR, raideur.
ROIE, *raie*, chemin, sillon, droite ligne.
ROIEZ, ROIE, petite ville de Picardie.
ROIFLE, bouton de la gâle, enflure.
ROILLIÉ, rouillé.
ROILLIER, rosser, donner une roulée.
ROINE, reine.
ROINGNE, rouille, teigne.
ROISSIER, rosser, bâtonner.
ROISINS, raisin.
ROISON, raison.
ROLLER, voyez ROILLIER.
ROMANZ, latin dégénéré qui a donné en grande partie naissance à la langue française.
RONCEROLLES, lieu rempli de ronces, village de Normandie.
RONCIN, roussin, cheval, poussin, cheval de service.
RONCHIÈRES, village de la Brie-Champenoise.
RONCHE, ronce.
RONT, rompt, ont.
ROOINGNE, rouille, teigne.
ROOINGNER, rogner, raser, couper.
ROONT, rond.
ROS, rosée, rosse, mauvais cheval.
ROSE, eau.
ROSILIER, dégoutter comme la rosée.
ROSNIE, couleur de rose.
ROST, rôti, reste.
ROTER, jouer sur la vielle.
ROTERIE, chanson, air propre à jouer sur la rote.
ROTRUENGNE, air, chanson, refrain de chanson.
ROUSIÉ, rosée, rosier.
ROUSILLIER, tomber en rosée.
ROUT, brisé, rompu.
ROUTE, troupe armée, compagnie, alignement.
ROUTER, rompre, briser, casser.

ROUTEEUR, routier, traînard, soldat peu discipliné.
ROUVENTE, rouge, vermeil.
ROUVER, *rouverer*, demander, ordonner, prier.
ROUVRER, trouver, ordonner.
ROUZ, mauvais cheval, rosse.
ROYAUS, royal.
RUER, précipiter, jeter.
RUIS, je demande, j'éloigne, je range.
RUNGENT, qui corrode et consume, qui ronge.
RUNGIER, ronger.

# S

SA, pour s'a, si, a.
SAACIER, mettre en sac.
SABLON, sable.
SACHER, tirer, jeter.
SACHES, sage.
SACRAIRES, sanctuaire, reliques, reliquaires, tabernacle.
SAEL, sceau, secret.
SAIES, robes grossières.
SAIETE, flèche.
SAIGNE, signe, saigner, faire un signe de croix.
SAILLANT, léger.
SAILLEIS, saillis, danses.
SAILLIR, sauter, jaillir.
SAILLUZ, santé.
SAIMME, somme.
SAIMMER, saigner.
SAIN, sein.
SAINE, saigne.
SAINIEZ, sain.
SAINT, signe.
SAINTÉE, sainteté.
SAINTINE, sentine.
SAINT-MAART, Saint-Médard, ancienne abbaye près de Soissons.
SAINTUAIRES, corps saints, reliques, châsses.
SAINZ, sanctifié, saint.
SAISSINE, possession.
SAIVE, sain.
SALMODIE, psalmodie.
SAMBLANCE, portrait, image.
SAMBLER, sembler.
SAMBUES, harnois, litière, équipage somptueux.
SAMIS, étoffe de soie fine précieuse, brochée de fils d'or ou d'argent, espèce de taffetas ou satin.
SANC, sens, sang.
SANEZ, guéri, *sanatus*.
SANSES, Samson.
SANSSUES, sangsues.
SANTIS, en santé.
SANTISSIME, très-saint.
SAOU, SAOUL, SAOL, rassasié, rempli.
SARDENAY, nom de ville de l'Asie-Mineure.
SAROIT, saurait.
SAUDRA, viendra, sautera, *saltire*.

SAUMOIER, psalmodier.
SAUS, SAUT, sauvé, sot, sait, saute, sort.
SAUTÈLE, palpite.
SAVEUR, savoure.
SAVEREUX, SE, savoureux, savoureuse.
S'AVEUT, s'avoue.
SCEL, sceau, seau.
SE, si, *Satant ne quant*, si jamais.
SÉANS, convenable.
SÉANT, debout.
SEAU, sceau.
SEAUME, psaume.
SEBELIN, martre zibeline.
SECORRE, SECUERT, secoure.
SECORRUNS, secourant.
SECORS, secours.
SECOUREUS, secourant, qui aime à aider.
SÉCULER, séculier.
SEEL, sceau, cachet.
SEELEMENT, seulement.
SEETTE, flèche, dard.
SEIGNIER, faire le signe de la croix.
SEILLE, seau, baquet, faucille.
SEIS, sais.
SÉJOUR, *sejor*, séjourne, délai.
SELONC, selon.
SEMBLANS, semblable, il semble.
SEMONOIER, sermoner, sermoneur.
SEMONT, avertit.
SEN, sens, s'en, son, sien.
SÉNÉFIER, signifier.
SENEZ, sensé, rangé, plein de sens.
SENGLANT, sanglant, cruel.
SENGLEMENT, simplement, seulement.
SENGLERS, sanglé.
SENTENTE, attention, sentence, *sententia*.
SEOIR, siéger, s'asseoir.
SEOIT, semblait.
SÉPELIZ, enseveli.
SEPINÉE, environné de pieux.
SEPTISME, septième.
SEQUENCE, prose, *sequentia*.
SEQUEURE, secoure.
SEQUORANT, secourant.
SERCHER, chercher.
SERCIAUS, cerceaux.

SERÉ, puîné.
SEREUR, SEREUS, sieur.
SERIAUS, vassaux.
SERIAUTERIAUS, petit vassal.
SERIEMENT, sérieusement.
SERIS, agréable, joli, mélodieux, paisible, lent.
SERJANT, serviteur.
SEROIE, serait.
SERRA, sera, conviendra.
SERS, serf, vassal.
SERVISE, service.
SERVOMMES, servons.
SES, sa, son, les, sienne.
S'ESLESSA, s'adressa.
SESNE, synode, assemblée, vieillard, *senex*.
SET, sait.
SÈTE, punaise, flèche, espèce de loutre fort puante.
SETENCION, pensée.
SETUEILLE,
SEU, si.
SEUE, sauvée, sienne.
SEUR, lever.
SEUR, SEURE, sur, sûre.
SEUREMENT, sûrement.
SEURENT, surent.
SEURMONTÉ, surmonté.
SEURQUAINE, sournoise?
SEURONDE, déborde, découle.
SEURSAILLIE, surprise.
SEURSEMÉ,
SEUS, seul.
SEURT, seust, sut, il accoutume.
SEVENT, savent, souvent.
SEVIR, servir.
SEXTE, sixième, petite heure du bréviaire.
SI, se, ses.
SIAGRIUS, évêque de Tolède, successeur de St Ildéfonse.
SIAUME, psaume.
SIE, assied, *sedat*.
SIÈCE, qu'il s'asseoie; SIES, assise; SIEZ, asseyez.
SIEN, lui, sens, soi.
SIENT, conviennent, siens.

## TAN

Siet, siège, convient.
Sieuz, sait? suis.
Sifler, se moquer.
Sil, poil des paupières.
Simplette, très-simple.
Sirent, s'assirent, prirent séance.
Sire, seigneur.
Sis, six, assis.
Sist, convient.
Sistres, assis.
Siue, sienne.
Soair, savoir.
Soatume, senteur.
Soé, sienne.
Soef, suave.
Soefler, Soer, être doux, agréable.
Soffire, souffrir.
Soi, *Soie*, sienne, son, soif.
S'oi, j'entendis.
Soie, sait, scier, soif ardente.
Soier, couper du foin, scier les blés; *soia*, coupa.
Soile, seigle.
Soille, soulier, souille.
Soilliez, souillé.
Soingne, soin.
Soingnies, chandelle de veille, bougies.
Soit, sait.
Soiz, haie, clôture.
Solail, *solaus*, soleil.
Soler, payer, avoir coutume.
Solfir, délier, *soluta fieri*.
Soller, soulier.
Solempnité, solennité, pompe.
Sollempnellement, solennellement, pompeusement.
Soloit, avait coutume, acquittât.
Son, air, chanson, *sonus*.
Songiez, vassal, serviteur.
Sonnez, sonnet.

## TAR

Sooir, s'asseoir.
Sor, sale.
Sorde, sourde, vilenie.
Sordre, sourdre, sortir.
Sorent, surent.
Sorro, saura.
Sorriet, sourit.
Sons, manières, façon, sorcier.
Sorce, source.
Sort, sourd.
Sos, sos, héritage, soir.
Sosmettre, soumettre.
Sotars, sot, ignorant.
Soterel, *soteriaus*, sot, simple, nigaud.
Sotines, *sotie*, sottise, folie, extravagance.
Sotiseur, homme qui donne des sottises, maladroit.
Souacier, soulager.
Soubiser, faire périr.
Soubite, subite.
Souciant, soucieux.
Soucier, avoir des soupçons.
Soudées, gages de serviteurs, solde des gens de guerre, récompense.
Soudeant, appuyant, soutenant.
Soudorant, acquittant?
Soudre, solder, tenir, accomplir.
Souef, suave, agréable.
Souez, doux.
Soué, sienne.
Soufferte, souffert.
Soufière, suffire, *soufire*, suffire.
Sougiez, sujet, inférieur.
Souhaidier, *souhaittier*, souhaiter.
Soulaceus, qui soulage.
Soulacier, soulager.
Soulaz, *soulaiement*, soulagement, plaisir, consolation.
Soulauz, soleil.
Souler, avoir coutume, *solere*, *souloies*.

## TEM

Soulerez, souillier.
Soumeillier, sommeiller.
Souplanter, supplanter.
Souprenant, surprenant.
Soupresure, souspresure, surprise.
Sourdre, sourcer, sortir, jaillir.
Sourent, surent.
Sourt, sort, source.
Souspence, surprendre.
Sout, sut.
Sourvende, découle.
Soutillier, subtile, être subtil.
Soutilement, subtilement.
Soutis, *soulix*, *soutiex*, subtile, subtilité.
Souventes, souvent.
Souviengne, souvienne.
Souvrist, sourit.
Souz, étable à porc.
Sovent, souvent.
Sovit, s'ouvrit?
Subtilie, pense.
Subtilier, subtil.
Suelle, seuil.
Suens, sien, sens.
Suer, sueur.
Suestre, souffre.
Suie, sienne.
Suir, suivre.
Suioient, suivaient.
Suirons, ciron.
Suite, robe.
Sun, pour Si un.
Suns, son.
Sunt, sont.
Surfeux, souffrant.
Sus, dessus, au-dessus, *sus et jus*, haut et bas.
Suscier, sucer.
Sydoine, syndoine, linge, suaire, mouchoir pour essuyer.

Tablette, petit tableau.
Tai, tas, monceau.
Taiche, tache.
Taillant, piquant.
Taillaument, tellement.
Taingne, teigne, *tinea*.
Taint, teint.
Tais, tais-toi.
Talent, désir, volonté, résolution.
Tamer, inquiéter, préoccuper.
Tané, fatigué, ennuyé.

Taner, faire de la peine, tourmenter, lasser, fatiguer.
Tanesie, liqueur sans valeur.
Tangonner, presser.
Tans, ans, fois, temps.
Tantost, tant, ose.
Tanz, *tant*, *tantes*, tant, *tantus*.
Tapasse, qu'il frappe.
Targe, bouclier, épée, sorte de vaisseau de mer.
Targer, *targier*, se couvrir comme d'un bouclier, différer, tarder.

Tarier, attaquer, tourmenter, irriter, contrarier.
Tarne, les démons reprochant à la Sainte Vierge son indulgence :

Souvent nous mesjove, et mestrait ;
Souvent nous fait d'Ambesas Tarnes
De II et de II quines quarnes.

Tart, jamais.
Taster, *tastonner*, tâter; *tastons*, tâtons.
Tatres, poutres.
Teche, tache.
Tempest, tempête.

TÉMOIGNE, témoignage.
TEMPEZ, tempête, ouragan.
TEMPOIRE, temps.
TEMPRE, sort.
TEMPTACION, tentation.
TEMPTER, tenter.
TENCE, tençon, querelle, dispute, contestation, chanson.
TENDANT, avare, dur.
TENDI, offrit, présenta.
TENDIROIS, l'on dirait.
TENIST, tint.
TENOIES, tenais.
TENRAS, tu auras.
TENREMENT, tendrement.
TENREUR, tendresse.
TENS, temps.
TENSER, défendre, protéger, garantir.
TENTIR, retentir, résonner.
TENU, léger, mince.
TERMINE, terme.
TERRIEN, terrestre.
TERT, tertre, essai.
TERVAGAN, disciple de Mahomet.
TESIEZ, taisez.
TESTE, tête.
TESVE, ennuyeux.
TEX, tel.
THACHE, tache.
THOULÈTE, Tolède, ville d'Espagne.
TI, tes.
TIBERGEON, chansonnier.
TIEL, tel.
TIENDRAS, s'appliquera.
TIENG, tient.
TIERRÉ, très-irrité.
TIÉRI, Thierry.
TIERS, tierz, tierce, troisième.
TIEUZ, tieus, tels.
TIEX, tel.
TINDRENT, tinrent.
TINEL, tonneau, cuve, gros bâton, hôtel, rez-de-chaussée.
TOILLE, enlève, ôte, de tollere.
TOIRE, tienne?
TOLLIR, enlever, tollere, tolra, enlèvera.
TOLUE, enlevé.
TONNOIRLE, tonnerre.
TOPACE, topaze, pierre précieuse.
TOR, taureau, évolution, action de tourner.
TORBES, tourbes, troubles.
TORDEILLON, tourbillon.
TORCHEPOT, Cendrillon.
TOREL, tors, taureau.

TORRER, tourner, gagner.
TORS, TORT, tortu.
TORTE, tourte, pain de seigle.
TORTERÈLE, tourterelle.
TORTIZ, chandelles, flambeaux.
TOS, tôt, vite.
TOST, ôté ; toscit, enlevât.
TOSTÉ, tourmenté, ôté, rôti ?
TOT, ôte, enlève aussitôt.
TOUAILLE, bonnet, serviette, mouchoir.
TOUE, ta, tienne, tua.
TOUDRAIENT, enlèveraient.
TOUNER, falloir.
TOURBEILLONS, tourbillon.
TOURNAI, tournois.
TOURNAY, ville de Flandre.
TOURNIER, tourner.
TOURNOIEMENT, tournois.
TOUS, toutes; TOUSI, tondu.
TOUSIQUE, TORIQUE, blâme, critique ?
TOUSIST, enlevât.
TOUT, ôte, enlevé, tollit.
TOZ, tous.
TRACER, chercher sur les traces.
TRAIBLOIER, TREMBLOIER, trembler.
TRAIRE, tirer ; TRAIEZ, tirez ; TREERA, tirera ; TRAISIST, qu'il tire ; TRAOIT, tirait ; TRAITOIE, trahere.
TRAISON, trahison.
TRAIT, ruse.
TRAITES, traiteur, traitre.
TRAITIER, traiter.
TRAITIF, soupir tiré du fond du cœur.
TRAINE, traîne.
TRAIZ, entraîné.
TRAMIS, envoye.
TRANSGLOUTER, avaler, engloutir.
TRANSITOIRE, passager.
TRANSLATER, traduire.
TRAPER, mettre dans la trappe.
TRAVANT, travaillant?
TRAVEILLIER, travailler.
TRÉAUCHÉ, triché ?
TRÉBUCHIER, trébucher, tomber.
TRÉGETERRE, magicien, enchanteur.
TREIET, ruse.
TREITIÉS, traité.
TRÉMELEEUR, joueur de trémerel, trompeur.
TRÉSIRA, envolera.
TRESPAS, passage mauvais.
TRESPASSABLE, très-passager.
TRESPASSANT, passant.
TRESPASSER, passer outre, oublier.

TRESPERCER, transpercer.
TRESSUER, transpirer, se couvrir de sueur.
TRESTANT, tant.
TRESTOUS, tous.
TRESTRE, trestre en trestre.
TRÉTA, traita.
TREU, trou.
TREUVE, trouve.
TRIBOILLIER, inquiéter, peiner, vexer.
TRIBOULER, vexer, faire injustice.
TRIBOULEUR, triboullerres, escamoteur, gens qui jouent à de mauvais jeux, qui tiennent ou fréquentent de mauvaises assemblées.
TRIOLAINES, allées, venues, pas, démarches, peines, soins.
TRISTRE, triste.
TRIVE, trève.
TROIES, ville de Champagne.
TROIZE, treize.
TRONT, trop, trompe?
TROPIAUS, troupeaux, troupes.
TROUBLIER, troubler.
TROVAIT, trouvait.
TROUT, trous.
TROUVEURS, trouverres, gens qui allaient dans les châteaux pour débiter les contes et fabliaux qu'ils avaient inventés.
TROUVOMMES, trouvons.
TRUANDER, mendier, gueuser.
TRUANT, mendiant, paresseux, coquin, gueux.
TRUE, science, tromperie.
TRUFFER, médire, calomnier, tromper.
TRUFLERIE, tromperie, calomnie, mensonge, moquerie.
TRUIE, machine de guerre pour lancer des pierres.
TRUIS, TRUIZ, trouve.
TRUISSE, trouve, trouva.
TRUILLÈRES, trompeur.
TRULART, paresseux.
TRUT, TRUIT, tout, trève, tour, finesse, ruse.
TUENS, tiens.
TUERDRE, tordre.
TUER, tout, tort.
TUERT, tord.
TUIÉ, tienne.
TUIT, tout.
TULLES, prénom de Cicéron, Tullius Cicero.
TUMÉ, enflé, tumefactus.
TUMER, tomber, enfler, jeter.
TURCHE, foule.
TUYANS, tuyaux.
TYRANS, maître.

UEIL, œil, *oculus*.
UEVRE, œuvre.
UISDIVE, injustice? récidive?
UIS, porte.
ULACION, hurlement, *ululacio*, *ululatus*.

ULCION, vengeance.
UMANITÉ, humanité.
UMBRAGÉS, ombrageux.
UMBRE, ombre, *umbra*.
UMILITÉ, humilité.

UNDE, eau, *unda*.
UNDOIER, faire des flots, mer agitée.
Us, usage, coutume, nul.
USLER, houler, moutonner en parlant de la mer.
USLAGES, pirates, forbans, écumeurs de mers.

VAEL, veau.
VAI, vain.
VAINT, vaine.
VAL, vallée, le long?
VAILLANT, voulant.
VAILLISSANT, valant, vaillant.
VAINE, veine.
VAINGNON, loup, vanité, vengeance.
VAINTRE, vaincre.
VAIS, veine.
VAISSELLE, vase.
VALET, valet, domestique.
VALLETON, jeune valet, écuyer.
VALOUR, valeur.
VALOZ, jeune homme en âge de puberté, fils de grand seigneur.
VANÉ, choisi, pur.
VARIER, retirer, quitter, changer.
VARONS, méchant.
VATE, le bâton du fléau qui bat les gerbes.
VAUREUX, vaurien.
VAUS, vallée, petit hameau du Soissonnais.
VAUS, vaut, veut.
VAUSIST, valut.
VE, malheur.
VEANT, voyant, *videns*.
VEAUS, vœu.
VEEL, veau.
VÉER, voir, *veez*, voyez, défendu, *vetare*.
VÉGILE, vigiles, *vigiliæ*.
VEILLA, veilla.
VEILLAST, veillât.
VEILLÉES, veuille.
VEILLER, veiller, vouloir.
VEINCUZ, vaincu.
VEIGNIEZ, *bien veignez vous*, soyez le bienvenu.
VEINTRE, vaincre.
VEISTAS, vîtes.
VENAISON, chasse.

VENDREZ, viendrez.
VENGIER, venger, vengeance.
VELÉE, voilée.
VENDOISES, de Vendôme.
VENIANCE, venue.
VENIR A CHIEF, à tout, venir à bout.
VENISSENT, vinssent.
VENIST, vint.
VENOISSONS, venaison.
VENRAS, viendra, vaudra.
VENT, vend.
VENTER, jeter au vent, venter, souffler.
VEOIR, voir, *veoet*, voyait.
VEPREZ, soir, *vesperæ*.
VER, printemps, varié, émaillé, vallée.
VERAIEMENT, vraiment.
VERBLOIER, provoquer quelqu'un en duel?
VERGIERS, verger.
VERGOINGNE, honte, pudeur.
VERGUNDEUSE, modeste, qui a de la retenue, *verecundus*.
VERMAUZ, vermeil.
VERT, verd, verset, *versus*.
VERSEILLER, chanter les versets, psalmodier, versifier.
VESCI, voici.
VESPRÉE, soir.
VESQUE, évêque.
VESQUI, vécut.
VESSEL, petit vase.
VESSIÉ, enflé comme une vessie.
VESTE, vêti.
VEST-JE, VET-JE, *vestoit*, vêtissait.
VEU, vœu.
VEULES, paresseux, lâche, mou, débile.
VEZIÉ, fin, rusé, subtile, adroit, dissimulé, *versutus*.
VI, VIC, *Vi-sus-Esne*, Vic-sur-Aisne, petit bourg du Soissonnais.
VI, veut, vit.

VIAIRE, visage, avis, manière de voir, voie.
VIAURE, marchandise.
VIAUS, chemin, sentier, vallée, voyage.
VIATCHE, bâtard, chien de chasse.
VIAUX, vieux, âgé.
VICAIRIE, bénéfice ecclésiastique.
VIEL, vieux.
VIELER, jouer de la vielle.
VIELETTE, vielle.
VIEGE, *Viengne*, *Vigne*, Vienne; VIENGMÉ, veniez.
VIENTOIER, mépriser.
VIEUS, *vies*, *viex*, *viez*, veut, vieux.
VIF, *vis*, vif.
VIGUEREUSE, vigoureuse.
VILANER, injurier, outrager, déshonorer.
VILANIE, injure, affront, outrage.
VILE, ville.
VILETTE, petite ville, ou vrille
VILLEGRUIS, Villejuif, près Paris.
VILMENT, vilement.
VILTANCE, *vilte*, mépris.
VINGUE, vienne.
VIRER, chasser, mener devant soi.
VIRGE, Vierge; VIRGE-CIRE, cire-vierge.
VIS, vit, vil, visage, vivant, visible, avis.
VISDAME, vidame.
VISIER, vue.
VISTES, vif, prompt.
VITAILLE, vivres, aliment, provision, *victus*.
VITRE, être en vie, *vivere*.
VIX, vieux, vil, abject.
VO, votre.
VOA, voua.
VOAIR, VOIAR, voir.
VOEL, vœu.
VOEL, saint Voué, pieux reclus de N.-D. de Soissons.
VOIAGE, pèlerinage.
VOIER, voir.

792 YER

VOIES, voie, chemins.
VOINE, veine.
VOIR, voix, vérité, voire.
VOIRE, vrai.
VOIRRE, vue.
VOIREMENT, vraiment.
VOIS, voix.
VOISEUX, SE, voisin, voisine.
VOIST, VOISE, aille; *Voissons*, voyons.

YMN

VOLAGEMENT, légèreté.
VOLENTÉ, volonté.
VOLENTIERS, volontiers.
VOLOIT, voulait.
VORRAI, VORRO, voudrai.
VOT, veut.
VOUIL, voulait.
VOULEZ, volez.
VOURA, voudra.

YVR

VOURREZ, voudrez.
VOUT, veut, voulut.
VUACHIER, vacher.
VUANDIR, aller.
VUAROL? VUAREUX, loup?
VUARS, protégé, défendu.
VUAYM, vendange? automne?
VUEIL, veux.
VUIX, vide, ville.

WAIGMIERS, chien, gros mâtin.
WANDLE, vandale.
WAON, vallon.
WARIE, nom de sainte.

WEIL, veut.
WICENT, ancien port près de Boulogne.
WIDIER, WIDER, vider, sortir.
WIS, porte, entrée d'une maison, cour, vide.

WISDIVE, folie, singularité.
WUEL, veut.
WUISDIVE, vouloir.

YCHOINE, YCOINE, image.
YDOINE, savant, capable, propre à une chose, *idoneus*.
YERT, hier, était.

YEX, yeux.
YGLISE, église.
YMAGETE, petite image.
YMNE, hymne, *hymnus*.

YSABIAUS, Élisabeth.
YSENGRIN, héros de roman.
YVER, hiver.
YVREEL, ivresse.

FIN DU GLOSSAIRE.

# AVERTISSEMENT.

Nous aurions pu insérer ici les *errata* nombreux qui se sont glissés dans notre publication; mais nous avons pensé que ces *errata* que personne ne lit, le lecteur attentif et intelligent saurait parfaitement les reconnaître, sans qu'il soit nécessaire de les lui indiquer. Qu'il nous suffise donc de lui en signaler seulement quelques-uns. Ils consistent pour la plupart dans des séparations de mots qui auraient dû être réunis, dans une absence ou une addition d'accents ou de ponctuation qui peuvent changer le sens de la phrase.

Colonne 13, endormant *pour* endorment. — C. 18, restordre *p.* rest orde. — C. 19, en serra *p.* enserra ; lente *p.* l'ente. — C. 33, ferte *p.* feste. — C. 37, avoie, ier *p.* avoieier. — C. 38, m'enteurront *p.* menteurront ; chier *p.* chiet. — C. 39, tort *p.* tost ; par iert *p.* pariert. — C. 40, n'ois *p.* neis. — C. 42, dieu *p.* dient. — C. 44, en poingne *p.* enpoingne. — C. 45, retorme *p.* retormé ; pompense *p.* pourpense. — C. 48, m'acorde *p.* ma corde. — C. 49, s'acointance *p.* sa cointance. — C. 57, t'acorde *p.* ta corde. — C. 69, estreuglé *p.* estrangle ; en herbe *p.* enherbe. — C. 72, s'eust *p.* seust ; dorz *p.* d'orz. — C. 79, o es *p.* oes ; nu lui *p.* nului ; r'est drecié *p.* restdrécié ; en mi *p.* enmi. — C. 80, a pris *p.* apris. — C. 85, en sache *p.* ensache. — C. 91, taillie *p.* taillié. — C. 93, preud on *p.* preudon. — C. 103, me pris *p.* mépris. — C. 106, appareillie *p.* appareillié. — C. 116, cour *p.* com. — C. 117, cour *p.* com ; ail *p.* a il. — C. 119, de routes *p.* déroutes. — C. 123, anes *p.* a nes. — C. 156, en bourse *p.* enbourse. — C. 157, a eure *p.* aeure. — C. 161, dire *p.* d'ire ; sont *p.* sout. — C. 166, avis *p.* a vis ; es nasée *p.* esnasée. — C. 171, de seur *p.* deseur. — C. 172, voies *p.* folés. — C. 176, Moy sen *p.* Moysen. — C. 178, de vit *p.* devit. — C. 184, m'estuer *p.* mestuet ; de fi *p.* défi ; mot *p.* m'ot. — C. 189, atrait *p.* a trait. — C. 217, doien nice *p* doiennice. — C. 218, en boez *p.* enboez. — C. 219, tont *p.* tant. — C. 232, la cole *p.* l'acole. — C. 280, a umbrant *p.* aumbrant. — G. 294, tendiroie *p.* en diroie. — C. 307, en malez *p.* enmalez. C. 315 (au bas de la page, note), Sursitus *p.* Farsitus. — C. 321, meie *p.* méce. — C. 328, m'effaces *p.* meffaces ; r'est venuz *p.* restvenuz. — C. 352, délivrés *p.* de livres. — C. 353, defu *p.* de fu. — C. 351, député *p.* de pute. — C. 366, la sousist *p.* l'asousist. — C. 377, mes charnissez *p.* meschernissez ; guere don *p.* guerredon ; m'a baie *p.* ma baie. — C. 389, laint *p.* l'aint. — C. 401, m'ont *p.* mont. — C. 405, repairies *p.* repairiés. — C. 434, la ales *p.* alès. — C. 438, demorse *p.* demorsé. — C. 456, confés *p.* confés. — C. 487, sa use *p.* s'ause. — C. 508, poutie *p.* poutié. — C. 513, fausnoie *p.* fausnoié. — C. 579, dipsme *p.* depsme. — C. 602, d'estrote *p.* destroté. — C. 697, arive *p.* a rive.

# TABLE DES MATIÈRES.

| | Pages |
|---|---|
| Dédicace | V |
| Introduction | VII |
| § I. — Forme et titre du Livre des Miracles. — Frontispice ; son explication. — Table des matières. — Musique. — Miniatures et ornementations. — Lettres majuscules. — Procédés. — Divers manuscrits du même auteur. — Date présumée du manuscrit de Notre-Dame de Soissons | IX |
| § II. — Histoire de la Sainte-Vierge. — Prédiction de sa venue. — Sa vie. — Sa grandeur. — Ses miracles. — Son culte dans l'univers. — Recueil de Gautier de Coincy. — Nature et but de ce recueil. — Table des sujets | XXIV |
| § III. — Gautier de Coincy. — Lieu de sa naissance. — Son éducation. — Sa profession religieuse à Saint-Médard. — Sa nomination au prieuré de Vic-sur-Aisne. — Son genre de vie ; ses occupations poétiques ; son caractère ; ses vertus ; ses relations d'amitié. — Son rappel à Saint-Médard en qualité de grand prieur claustral. — Sa mort. | XXXIV |
| § IV. — Opinion erronée de quelques écrivains sur Gautier de Coincy. — Réfutation du compte-rendu de Louis Racine, de M. Amaury Duval, Philippe Lebas. — Reproches. — Réfutation. — Beautés. — Symbolisme | XLIV |
| Conclusion | LXI |

## Les Miracles de la Sainte-Vierge. — Livre premier.

| | |
|---|---|
| Ci après commence le Prologue des Miracles de Nostre-Dame en la première partie | 1 |
| Prologue | 3 |
| Chansons pieuses, au nombre de sept | 11 |
| Ici commencent les Miracles de Nostre-Dame. — Premièrement de Théophile | 26 |
| De Saint Hyldefonse, archevêque de Tolete | 75 |
| Miracle de Sainte Léochade | 108 |
| § I. — Comment Sainte Léochade fu trouvée | 129 |
| Complaintes. — Comment le corps de Sainte Léochade fu parduz | 130 |
| Comment le corps de Sainte Léochade fu retrouvez | 132 |
| Comment Sainte Léochade, par sa prière, defendi tout le pais de la foudre | 135 |
| Les Miracles de Notre-Dame de Soissons | 138 |
| Prologue | 145 |
| De l'enfant qui fut ravi en avision | 147 |
| Du bouvier puni et gari | 153 |
| De la fame qui recouvra son nez qu'elle avoit perdu | 161 |
| Comment Nostre-Dame guari celui qui avoit le pié perdu | 177 |
| Les Miracles de Notre-Dame de Laon | 191 |
| Les Miracles de la fierte de Loon et du cierge qui y aluma | 209 |
| Des marcheans qui donnerent l'offrende Nostre-Dame et puis li retolirent | 211 |

## TABLE

| | Pages |
|---|---|
| De la laine aus marcheans qui fu arse. | 213 |
| Comment la fierte fu boutée hors de l'église. | 216 |
| Comment le dragon arst l'église et toute la vile. | 223 |
| De une fame de Loon qui fu délivrée du feu par le miracle Nostre-Dame. | 231 |
| De la pucèle d'Arras à qui Nostre-Dame s'aparut. | 267 |
| Le miracle comment Nostre-Dame fut ferue d'un quarrel au genoil. | 275 |
| Du filz au juif qui à Borges fu délivré du brasier par le miracle Nostre-Dame. | 281 |
| De Girart qui s'ocist par decevement au déable com il aloit à Saint-Jacques. | 287 |
| Du clerc de Chartres en qui bouche v roses furent trouvées quant il deffouy du fossé. | 295 |
| De Saint Bon qui fu évêque de Clermont. | 299 |
| Du cyerge qui descendi sus la viele au vieleeur devant l'ymage Nostre-Dame. | 310 |
| Du prestre que Nostre-Dame deffendi de l'injure que son évesque li vouloit faire parce que il ne savoit chanter que une messe de Nostre-Dame. | 323 |
| Du moine que Nostre-Dame deffendi du déable qui le vouloit tuer en guise de lion. | 325 |
| Du sacrestain que Nostre-Dame visita. | 331 |
| Comment Nostre-Dame guari un clerc de son let qui trop griément estoit malade. | 339 |
| Du moine que Nostre-Dame guari de son let. | 343 |
| Du clerc qui mist l'anel ou doi Nostre-Dame. | 353 |
| Des cinc roses qui furent trouvées en la bouche au moine après sa mort. | 359 |
| Du clerc à qui on trouva une rose en la bouche. | 361 |

### Les Miracles de la Sainte-Vierge. — Livre second.

| | |
|---|---|
| Ci après commence le prologue des Miracles Nostre-Dame en la seconde partie. | 373 |
| Prologue. | 375 |
| Chansons pieuses. | 383 |
| Le miracle de Saint Basile. | 395 |
| Comment Nostre-Dame deffendi la cité de Constentinnoble. | 415 |
| Comment Saint Jéroime raconte de l'ymage Nostre-Dame que le Juif jeta en la chambre coie. | 423 |
| Le miracle du riche homme et de la povre vieillette. | 425 |
| De l'enfant que le Déables vouloit enporter. | 441 |
| D'un moine resuscité de l'une et l'autre mort par la déserte Nostre-Dame. | 453 |
| Du moine que Nostre-Dame resuscita qui estoit péris par son péchié. | 459 |
| De la nonnain que Nostre-Dame delivra de grant blasme et de grant poine. | 474 |
| De la nonnain à qui Nostre-Dame abreja son Ave Maria. | 481 |
| Du moine qui onques ne fist as heures de Nostre-Dame, et pour ce il fut sauf. | 487 |
| Du chevalier à cui la volenté fu contée pour fait après sa mort. | 491 |
| Du larron que Nostre-Dame soustint par iii jours as fourchées pendant et le délivra de mort. | 501 |
| Le miracle du Sarrazin qui aoura l'ymage Nostre-Dame. | 505 |
| Des deux fames qui s'entrehaoient que Nostre-Dame racorda. | 511 |
| D'un abbé et ses compaignons et autres genz que Nostre-Dame secourut en la mer. | 515 |
| Du riche homme à cui le Déable servi por vii ans por lui décevoir. | 522 |
| D'un chevalier à cui Nostre-Dame s'aparut quant il oroit. | 531 |
| Du Juif qui prist en gage l'ymage Nostre-Dame. | 542 |
| De l'enfant que Nostre-Dame resuscita qui chantoit les répons, Gaude, Maria. | 554 |
| Du miracle de l'escommenié qui ne pooit trouver qui l'asousist. | 574 |
| Des deux frères qui furent à Romme. | 594 |
| Comment un hons noié en la mer fu délivré par l'ayde Nostre-Dame. | 603 |
| Du vilain qui à grant poine savoit la moitié de son Ave Maria. | 615 |
| Du clerc qui fame espousa et puis la lessa. | 627 |
| Le miracle Nostre-Dame de Sardenay. | 647 |
| Le miracle Nostre-Dame de Sardenay. | 671 |

DES MATIÈRES.                                                              797

| | |
|---|---|
| Ici fenissent les miracles Nostre-Dame du second livre ................ Pages | 679 |
| Epilogue............................................................. | 680 |
| Ci fenit le second livre des Miracles Nostre-Dame et commance de la doutance de la mort et de la brièveté de la vie .................................................... | 686 |
| De la chastée aux nonnains.............................................. | 706 |
| Les Salus Nostre-Dame ................................................. | 734 |
| Ci commence le prologue des Salus Nostre-Dame ........................... | 737 |
| Ci commence le Salu Nostre-Dame ....................................... | 738 |
| Chant de l'Ave ......................................................... | 755 |
| Sequence .............................................................. | 756 |
| Prières ................................................................ | 757 |
| Les cinc joies de Nostre-Dame .......................................... | 761 |
| Glossaire.............................................................. | 765 |
| Avertissement......................................................... | 793 |
| Table des matières .................................................... | 795 |

# OUVRAGES DU MÊME AUTEUR.

| | |
|---|---|
| HISTOIRE DE LA VILLE DE CHATEAU-THIERRY, 2 vol. in-8°, ornée d'un grand nombre de dessins et d'un plan de la ville | 12 » |
| COURS DE CONFÉRENCES ARCHÉOLOGIQUES SUR L'ÉPOQUE GAULOISE, un vol. grand in-8°, deuxième édition | 3 » |
| NOTICE HISTORIQUE ET DESCRIPTIVE SUR L'ÉGLISE ABBATIALE D'ESSOMES (Aisne), brochure in-8°, avec plan intérieur, coupes et détails, vue de l'ancienne abbaye | 2 » |
| NOTICE HISTORIQUE ET ARCHÉOLOGIQUE SUR LE BOURG ET L'ABBAYE DE SAINT-PIERRE DE CHÉZY-SUR-MARNE (Aisne), brochure grand in-8° | 2 » |
| NOTICE HISTORIQUE ET ARCHÉOLOGIQUE DE LA CATHÉDRALE DE SOISSONS, suivie de la BIOGRAPHIE DE SES ÉVÊQUES, et un plan de l'église, in-24 | 1 50 |
| CÉRÉMONIAL DU SACRE DES ÉVÊQUES DE SOISSONS, portrait in-24 | 1 50 |
| ANNALES DE L'INSTITUT DES SOURDS-MUETS DE SAINT-MÉDARD, 1 vol. in-8° | 3 50 |
| PÈLERINAGE A L'ANCIENNE ABBAYE DE SAINT-MÉDARD-LÈS-SOISSONS, in-8°, avec dessin, deuxième édition | 2 » |
| NOTICE HISTORIQUE ET DESCRIPTIVE DE L'ABBAYE DE SAINT-LÉGER DE SOISSONS, accompagnée de dessins et de gravures sur bois, grand in-4° | 5 » |
| Idem, 2e édition, in-8° | 2 » |
| LES GLOIRES ARCHÉOLOGIQUES DE L'AISNE, château, église et bourg de Fère-en-Tardenois, château de Nesles, avec treize grands dessins et gravures représentant le château et l'église, les armoiries, blasons, les plans des édifices | 8 » |
| Le même ouvrage sans gravures | 3 » |
| PRÉCIS HISTORIQUE ET ARCHÉOLOGIQUE SUR VIC-SUR-AISNE. Château, église et bourg, suivi du poème de sainte Léochade par GAUTIER DE COINCY, avec sept dessins et cinq miniatures, in-8° | 3 » |
| NOTRE-DAME DE SOISSONS ET SAINT-PIERRE, son histoire, ses églises, ses tombeaux, ses abbesses, ses reliques, avec deux dessins | 2 50 |
| FRONTISPICE DU MANUSCRIT DE GAUTIER DE COINCY, poëte soissonnais du XIIIe siècle, avec une explication | 1 » |
| LES MIRACLES DE LA SAINTE VIERGE, par GAUTIER DE COINCY, un vol. grand in-4°, petit in-fol., avec 64 miniatures | 50 » |
| ALBUM DES MINIATURES DES MIRACLES DE LA SAINTE VIERGE, avec un texte explicatif, 2 vol. in-18 | 12 » |
| LES AVE DE LA SAINTE VIERGE, six magnifiques miniatures feuilles carrées | 1 » |
| PLAN MONUMENTAL DE L'ABBAYE DE SAINT-MÉDARD, à vol d'oiseau, vue ancienne | 1 » |
| Vue moderne | 1 » |
| CÉRÉMONIAL DE LA CATHÉDRALE DE SOISSONS, publié par la Société archéologique de Soissons, avec un fac-similé du chant et des lettres ornées, et une introduction | 20 » |
| COUTEAU HISTORIQUE DE L'ABBAYE DE LONGPONT, avec un dessin colorié, brochure in-8° | 1 » |
| PROMENADE ARCHÉOLOGIQUE DANS LES ENVIRONS DE SOISSONS, avec huit dessins, composant les deux Notices suivantes | 3 » |
| NOTICE HISTORIQUE SUR AMBLENY, son château, son fort, son église | 2 » |
| Idem SUR CŒUVRES, château, église; abbaye de Valsery | 2 » |

IMPRIMERIE DE ÉD. FLEURY, RUE SÉRURIER, 22.

Lightning Source LLC
Chambersburg PA
CBHW050601230426
43670CB00009B/1215